房地产估价：回望与前瞻

2021 中国房地产估价年会论文集

中国房地产估价师与房地产经纪人学会　主编

中国城市出版社

图书在版编目（CIP）数据

房地产估价：回望与前瞻：2021中国房地产估价年
会论文集 / 中国房地产估价师与房地产经纪人学会主编
. —北京：中国城市出版社，2022.12
ISBN 978-7-5074-3554-2

Ⅰ.①房…　Ⅱ.①中…　Ⅲ.①房地产价格—估价—中
国—文集　Ⅳ.①F299.233.5-53

中国版本图书馆CIP数据核字（2022）第237032号

责任编辑：陈夕涛　徐昌强
责任校对：张辰双

房地产估价：回望与前瞻　2021中国房地产估价年会论文集
中国房地产估价师与房地产经纪人学会　主编

*

中国城市出版社出版、发行（北京海淀三里河路9号）
各地新华书店、建筑书店经销
华之逸品书装设计制版
北京市密东印刷有限公司印刷

*

开本：787毫米×1092毫米　1/16　印张：59¾　字数：1561千字
2022年12月第一版　　2022年12月第一次印刷
定价：**160.00**元
ISBN 978-7-5074-3554-2
（904531）

序

  房地产估价行业作为现代服务业和房地产业的重要组成部分，与经济社会发展和房地产市场密切相关，在促进房地产交易公平、保障金融安全、维护司法公正、保障社会稳定等方面发挥着非常重要的作用。

  当前，房地产估价行业发展的内外部环境发生深刻变化。经济社会发展、房地产市场发展和房地产业发展，都处于大转型时期，带来了估价需求、业务类型、业务渠道、作业方式等的重大变化，使得房地产估价行业也处于"大转型时期"。头部房地产估价机构积极拥抱新发展阶段经济社会发展，主动拓展新兴业务，不断捕捉和挖掘社会对房地产估价的新需要和新要求，围绕城市更新、老旧小区改造、住房租赁市场发展、社会稳定风险评估等国家重大战略积极开展相关咨询顾问业务，有效应对行业发展新形势，把握发展新机遇，抓住契机促进行业转型升级，开创行业发展新局面。

  长期以来，中国房地产估价师与房地产经纪人学会（以下简称"中房学"）坚持每年主办一次房地产估价年会。该年会已成为我国房地产估价行业一年一度的高层次、大规模的学术实践研讨平台和"思想盛宴"。为了回顾总结房地产估价行业发展历程和经验，查找发展中存在的问题和不足，把握未来发展趋势和要求，引导广大房地产估价机构突破发展困境，创新发展思路，开拓服务新领域，2021年12月21日，中房学以线上方式举办了主题为"房地产估价：回望与前瞻"的2021中国房地产估价年会。本次年会邀请了有关专家学者、我国内地知名房地产估价机构负责人围绕行业重大议题做了主题演讲，并公开征集论文。征文活动得到了广大房地产估价机构、房地产估价师和专家学者的积极响应，共收到论文280余篇，中房学按照与本次年会主题的紧密程度、实际指导意义、研究的前瞻性和引领性、启发思考、涉及问题的深度等标准，从中遴选出较好的汇编成本论文集，并公开出版。

  本论文集整体分为新形势下估价行业的挑战与应对、未来发展趋势与展望，新兴估价业务实践与经验、传统估价业务深化与拓展、估价机构人才吸引与培养、估价机构内控制度建设与风险防范及其他七个部分，全面、系统、翔实地展现了房地产估价机构、房地产估价师及有关专家学者对当下房地产估价行业发展现状的分析与思考，以及对未来发展方向的展望与求索。

今后，中房学还将继续举办中国房地产估价年会，努力推动行业高质量发展，为房地产估价行业持续健康发展贡献更多的智慧和成果。

中国房地产估价师与房地产经纪人学会

目　录

第三部分　新兴估价业务实践与经验

第六部分　估价机构内控制度建设与风险防范

第七部分　其　他

第一部分

新形势下估价行业的挑战与应对

房地产估价行业发展现状和面临的机遇挑战

赵　华

摘　要：经过 20 多年的发展，房地产估价行业已成为市场经济中不可或缺的专业服务业，为金融行业、政府税收、司法处置、城市更新、存量不动产经营及房地产销售定价等多个领域提供专业意见。虽然房地产估价行业在不断进步，但依然存在问题，也面临不少挑战，因此改革创新刻不容缓，本文通过介绍房地产估价行业发展现状，分析房地产估价行业存在的问题和面临的机遇挑战，并提出应对措施。

关键词：房地产估价行业；发展现状；机遇；挑战；应对措施

一、房地产估价行业的发展现状

（一）行业机构级别结构需进一步优化，管理和执业水平需进一步提高

截至 2020 年底，全国共有房地产估价机构 5566 家，其中一级机构 826 家，二级机构 2415 家，三级机构 1323 家，一级机构分支机构 1002 家（图 1）。

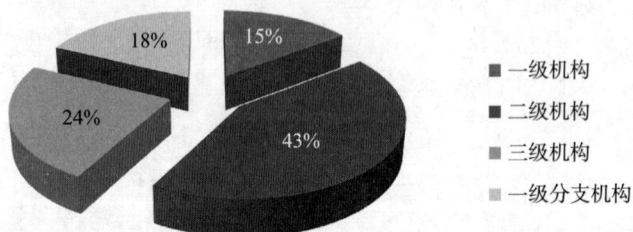

图 1　房地产估价行业机构级别现状

根据以上数据可以看出，目前房地产估价行业中的估价机构，高质量的一级机构所占比例较少，二级、三级机构和一级机构的分支机构所占比例较多。根据对估价机构企业管理审查和估价报告的抽查，二级机构、三级机构及一级机构的分支机构的管理和估价师执业能力参差不齐。

近年来，房地产估价机构中一级分支机构数量出现井喷式增加，很多具有前瞻性的一级机构着眼全局，陆续在全国范围内设立分支机构，机构的数量增加了，但是监督管理水平和执业能力并没有相应提升，问题随之而来。目前一级机构对一级机构分支机构的报告管控模式是：分支机构估价人员撰写报告后，传输给总部对应管理人员审核。但是房地产行业是一个地域性特别强的行业，地域的差异导致总部管理人员无法深入、及时地了解分支机构所处城市的社会经济环境、房地产政策和房地产市场变化情况，因此只能针对报告格式是否符合

房地产估价规范、测算过程是否正确进行审核，而无法对房地产的区域因素、个别因素及地域消费偏好等方面进行审核，从而无法全面把控评估结果的准确性。

（二）估价机构同质化严重，业务类型单一，竞争激烈

在大多数的估价机构中，估价业务类型比较单一，很多是以银行的抵押评估业务为主。近年来，因竞争激烈，抵押类业务收费水平出现断崖式下跌，对不少估价机构的营业收入产生不小影响。对估价师来说，抵押类业务评估简单，重结果不重过程，不利于估价水平的提高。对估价机构而言，估价业务单一也导致整个评估业务收入水平较低，抗风险能力较差。若不寻求转型，长此以往就会落入估价师水平低，公司营业收入水平低，竞争能力低下的境地。

估价机构同质化严重。评估机构业务类型单一是导致估价行业竞争激烈，甚至存在不正当竞争的重要原因。每个行业中都或多或少存在着竞争，合理的竞争能促进估价机构和行业更加健康发展，但不正当的竞争则会破坏行业内部的平衡，影响行业的长期健康发展。由于房地产估价行业内部的激烈竞争，"低收费，高报价"俨然成为估价机构之间相互竞争的手段。以抵押类业务为例，经常会出现商业银行的客户经理对估价机构提出较高的评估价格要求，若不满足就要换评估机构，在此情况下，估价机构陷入丢失业务或承担高风险的两难境地，不少机构为了生存下去，只能出具评估价较高的评估报告。此外，因银行明白估价机构之间业务竞争激烈，从而大幅度压缩评估时限，不少银行甚至提出当天下单，第二天出具报告的要求。在此情况下，估价报告质量和估价风险控制都很难尽如人意。

（三）从业人员技术水平需提高，技术部门地位偏低

房地产评估机构人员执业水平不尽如人意，主要原因有以下几个方面：一是房地产评估行业入行门槛较低，很多从业人员所学为非评估及相关专业；二是为了降低运营成本，相对于专业水平高、薪资要求高的人才，评估机构更愿意选择专业能力不强、能机械制作评估报告但薪资要求低的人员；三是因为估价机构不重视培养估价人员或提升其待遇，导致从业人员流动性和流失率都较大，从事评估业务人员的技术水平难以提升。

评估机构重销售、轻技术。一方面，技术部门话语权弱，业务部门强势，业务部门为了获取业务，利用提高评估值、减少评估程序、压缩评估工作时间等条件，迎合估价委托方；另一方面，忽视理论研究和技术应用，不重视收集和分析房地产及其相关行业的数据，导致评估操作过程中的重点参数，如超高层建设成本、报酬率、成本利润率等参数取值无依据、误差大，从而导致评估程序不够严谨，评估结果不够准确，评估风险难以控制。

二、房地产估价行业面临的挑战和机遇

（一）传统估价业务萎缩严重

一直以来支撑估价机构的传统业务包括司法鉴定、银行抵押、课税和拆迁评估业务，业务量萎缩严重。根据统计数据，与 2019 年相比，2021 年司法鉴定业务减少了 85%，银行抵押业务减少了 80%，课税评估业务减少了 70%，而拆迁业务逐渐转变为城市更新业务（图2）。

司法拍卖需要估价的业务，大致流程为双方协商、定向询价、网络询价和委托评估公司评估，如果前三者能解决问题，就不会进入委托评估公司估价的程序。司法拍卖平台的大数据估价，对估价机构的业务量影响巨大。阿里大数据（淘宝网）、京东大数据（京东网）、工行大数据（工商银行融e购）已进入房地产评估行业，用大数据抓取、整合、修正的方法为

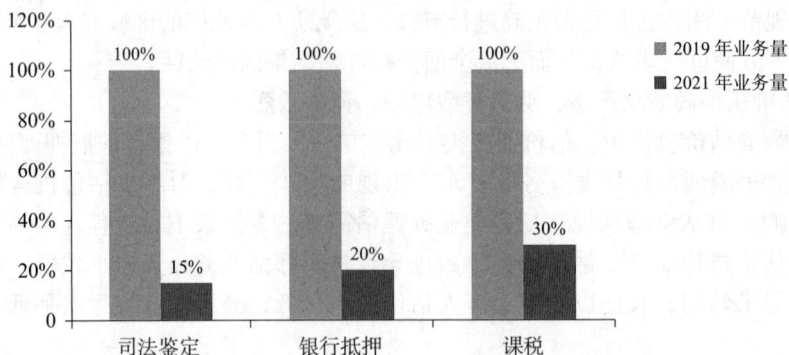

图 2　估价机构 2021 年、2019 年传统业务量对比

人民法院提供房地产评估价值依据。虽然传统的房地评估报告的法律效力要远高于阿里、京东、工行等出具的询价建议书，但相对于传统的房地产估价机构出具评估报告的高成本、低效率，大数据的成本低、效率高，越来越多的评估委托方愿意选择后者。

银行、担保公司等金融机构相继设立内部评估部门，通过开发或购买自动估价软件，对样本量较大且影响因素相对简单的房地产住宅，通过内部评估或运用自动估价软件评估，不再需要房地产估价机构评估。只有规模大、类型复杂、业态多样的工业房地产、商业综合体及在建工程才需要房地产评估机构评估。在此趋势下，房地产估价机构的业务量急剧减少，得到的评估业务的评估难度却陡然上升。

税务业务的减少主要有三个方面原因，一是房地产交易市场逐步成熟、规范，从业人员的综合素质不断提高，运作体制趋于完善，税务争议也越来越少；二是纳税评估系统日渐完善，逐步实现存量房地产市场价格批量评估类型与区域的全覆盖，纳税评估系统利用房地产市场价格动态监测体系定期更新，及时应对房地产价格波动，有效减少价格波动对房地产顺利交易及纳税的负面影响；三是自 2020 年初，新冠肺炎疫情席卷全国，对经济造成明显冲击，加上国家实行的房地产价格备案制、土地竞买资金审核制，房地产市场进入冷静调整期，市场交易减少。

传统拆迁业务也在减少。2020 年 7 月 10 日，国务院办公厅发布《国务院办公厅关于全面推进城镇老旧小区改造工作的指导意见》（国办发〔2020〕23 号）。意味着老旧小区改造的前期摸排已完成，那些年代较早、失养失修失管、市政配套设施不完善、社区服务设施不健全或者居民改造意愿强烈的待更新区域，政府不再优先考虑"拆"，而是优先考虑"修"。目前，国有土地上房屋征收基本停止，随着城市化进程放缓，集体土地上房屋征收业务量也逐渐减少。

（二）新型估价业务兴起

城市更新的目的是对城市中某一衰落区域进行拆迁、改造、投资和建设，以全新的城市功能替换功能性衰败的物质空间，使之重新发展和繁荣。城市更新不同于传统的拆迁，相对于拆迁仅仅出具简单的评估报告来说，城市更新是一个系统的工程，需要政府的土地利用、规划、产权人和登记等房地产相关部门协调，需要房地产估价机构、会计审计机构、规划设计院、造价事务所等咨询机构通力合作，根据房地产现状和拟更新指标进行多次调整和测算，推动城市更新项目。城市更新过程中估价机构提供的测算、评估和咨询服务，对城市更新项目推进起着举足轻重的作用。目前，我国的城市发展已经由增量城市发展阶段向存量城市发展阶段过渡，亟须从粗放型发展向精致型发展转型。从客观发展规律来看，增量发展阶段是短期的、暂时的，存量发展阶段是长期的、常态化的，而此类估价业务也将成为估价机构的重要业务类型。

租金评估和国有资产市场价值评估。随着国家对国有资产管控的加强，各个地方不仅对转让、兼并和合作入股的国有资产需要评估，对存量国有资产出租租金亦要进行评估，以了解国有资产的运营管理情况，国有存量不动产运营评估成为新的业务类型。国有存量资产的使用形式主要有自用和出租，国有资产出租是指国有企业将拥有所有权或出租权力的资产，包括土地使用权、房屋建筑物、设施设备等，出租给自然人、法人或者其他组织，使用并收取租金的经营行为，而出租租金需要以第三方估价机构评估的租金评估结果作为依据。国有资产市场价值评估是在资产出租过程中，为了评估承租商的运营能力，衡量承租方的租赁经营管理行为对房地产价值的影响，以此指导续租决策。此类评估多是针对商业房地产，因为运营商运营能力的高低会对商业房地产市场价值产生巨大影响。

破产管理和企业重组也已经成为估价行业重要的业务类型。司法类业务的减少，除了网络平台的竞争，还有一个重要的原因是相当一部分的破产评估业务不再经法院委托评估公司，而是由破产管理人通过公开招投标的方式委托评估公司评估，这类项目大多是产权关系复杂、物业类型多样的项目，或是在建工程项目。企业重组则是另一类型的评估业务，企业重组贯穿于企业发展的每一个阶段。企业重组是针对企业产权关系和其他债务、资产、管理结构所展开的企业的改组、整顿与整合的过程。而不动产作为企业的重要资产，无论是从资产价值确定的客观性还是从财务入账的必要性来讲，不动产价值的确定都需要估价机构通过评估确定。

三、面对机遇与挑战的应对措施

（一）延伸拓展业务

很多估价机构业务单一，基本上只开展房地产评估业务，尤其是以银行的抵押评估业务为主，工作繁杂收入低。针对这种现象，房地产估价机构也应该放开手脚，积极走向多元化的发展道路，贯穿房地产、金融、咨询顾问等多个环节，开展房地产登记代理、咨询顾问、可行性研究分析、金融公司贷后管理、商品房及商品房装修定价等多方面业务，不断延伸拓展与房地产相关的新型业务、新客户。

（二）抵制低价不正当竞争

《中华人民共和国资产评估法》第二十条规定，评估机构不得以恶性压价、支付回扣、虚假宣传，或者贬损、诋毁其他评估机构等不正当手段招揽业务。《中华人民共和国反不正当竞争法》第五条规定，国家鼓励、支持和保护一切组织和个人对不正当竞争行为进行社会监督。国家机关及其工作人员不得支持、包庇不正当竞争行为。少部分估价机构为了招揽业务，只顾眼前利益，低价不正当竞争，甚至为获得业务资源而给相关客户经理吃回扣，造成了严重的不良影响，破坏了整个估价行业的形象。为了房地产估价行业的良性发展，房地产估价协会应当加强估价行业自律，引导、规范会员单位依法竞争，维护市场竞争秩序。房地产估价机构应该利用专业技术能力，为客户提供优质的评估服务，提升整个房地产估价行业的社会声誉。

（三）顺应信息化时代发展

在新的形势下，估价机构需要顺应大数据时代的要求、适时转型，将数据转化为盈利点，为客户提供更优质的服务，以获得更高的收益。估价公司可以与云估价合作，现已上线有：①云查勘3.0系统——专业的手机查勘工具，GPS定位物业位置、查勘员位置，手机拍照后即可传送查勘资料、产证图片等；②估价宝系统——一款SaaS（软件即服务）类软件，可随时调取云估价数据中心接口，获取业务相关数据，包括有楼盘资料、周边配套、栋座资料、物业资料以及市场案例数据等，估价师可自定义上传测算模板、预评及报告模板，在进行报告作业时可针对不同的评估对象、业务类型选取相应模板在线测算、自动生成报告，如此这般，在加快信息化发展的同时，提高服务水平，降低成本，提高效率。

（四）重视人才培养

房地产估价机构的发展创新离不开人才，如估价报告标准化的推行、批量评估技术的研究，都离不开人才，只有加强人才培养，提高构建模型的能力，鼓励人才进行积极探索和研究，才能减少评估管理中的不确定性。房地产估价人员要切实提高专业技能，熟练掌握各种房地产估价方法，坚持依法评估。房地产估价协会及房地产估价机构应该不定期、经常性地组织估价人员进行相关培训，提高从业人员的专业能力及职业道德。估价机构开发利用数据是必然趋势，但是人才在大数据时代也是非常重要的，依赖数据开发的自动估价系统始终代替不了房地产估价师，数据与人才同样都是企业的核心竞争力。

四、结语

通过以上分析可以看出，房地产估价行业的现状是估价机构的数量与日俱增，但是质量并没有同步增长，反而因为估价机构数量多、同质化严重、估价业务萎缩，造成低价竞争更为严重，估价报告质量不高，对估价行业造成负面影响。在目前大数据的背景下，线上评估系统对传统的估价行为造成巨大的冲击，简单的传统估价业务数量急剧减少，与此同时，新的估价类型也不断出现，比如城市更新、存量国有资产运营、破产管理和企业重组等，只是新出现的估价业务对估价机构的要求更高，需要估价师有更强的执业能力，更宽泛的知识面，更强的合作协调能力。因此，估价机构只有提升自身水平，提高估价报告的质量，培养提升技术人员的能力，才能完成新出现的难度高、类型复杂的评估业务。

参考文献：

[1] 李海燕，林燕民，郑建伟."互联网＋"形势下房地产估价机构发展路径初探[J].科技经济导刊，2020，28（13）.

[2] 唐燕，杨东，祝贺.城市更新制度建设：广州、深圳、上海的比较[M].北京：清华大学出版社，2019.

[3] 李君成，邱斐，李彤皓.浅析资产评估行业发展现状与对策[J].中国商论，2020（08）.

作者联系方式

姓　　名：赵　华

单　　位：江苏省房地产估价与经纪协会

地　　址：江苏省南京市建邺区万达商务区福园街129号1110室

邮　　箱：2451836889@qq.com

房地产估价行业内卷现象分析及对策

崔永强

摘　要：目前由于过度竞争，内卷现象非常严重，耗费了大量社会资源，制约了行业高质量发展，房地产估价行业经过二十多年的快速发展，也深受社会变革的影响，行业内部为争夺有限的资源，存在严重的内卷现象，造成了行业执业质量和公信力的下降。因此，正视行业内卷现象，分析内卷现象的成因，找出治理行业内卷的对策，对房地产估价行业的健康发展具有重要意义。

关键词：房地产估价；内卷现象；分析；对策

内卷是近几年来中文网络上特别流行的一个词，一般用于形容某个行业或领域中过度竞争导致人们进入了互相倾轧、内耗的一种现象。目前，我国经济发展速度放缓，由于过度竞争，造成不必要的人力、物力的极大浪费，社会众多行业内卷现象严重，和中央"十四五"时期经济社会发展要以推动高质量发展为主题的发展理念相违背。

房地产估价行业市场化后，由于机构众多、竞争加剧，行业发展进入调整期，大家对行业未来发展前景堪忧，为了争取存活下来，内耗加剧，存在严重的内卷现象。如果不对行业的内卷现象进行治理，大家把精力都放在行业内部无效的竞争上，无力关注行业未来的发展，会造成行业执业质量和公信力的下降。因此，分析房地产估价行业内卷现象的原因，重视内卷现象造成的不良后果，找出治理行业内卷的对策，对提高行业影响力，促进行业高质量发展具有重要意义。

一、内卷的相关概念

（一）内卷的概念

内卷本身是一个学术名词，在学术文献中经常能看到，但现在内卷已经成为一个网络流行词，常用来形容一种社会现象，指同行间竞相付出更多努力以争夺有限资源，从而导致个体收益努力比下降的现象。内卷是低水平的复杂化，这种复杂化消耗了大量的能力、精力、资源，但是并没有提高整体水平，内卷就是向内演化，更宽泛一点说，所有无实质意义上的消耗都可称为内卷。

（二）内卷和努力的区别

目的不一样，内卷是为了获得别人的关注，在意外界的眼光，努力是为了自我的成长，目的是为了自己；心态不一样，内卷的结果一旦不如意，就会产生沮丧情绪，努力往往不轻言放弃；行为不一样，内卷一般是被动的，跟随别人的行为，努力是主动的，为了目标主动选择；效果不一样，内卷是内部消耗，整体水平没有提高，努力是创造了价值，可以把蛋糕做大。

（三）内卷和竞争的区别

一般说各行业内卷化，是指这些行业的发展空间没有了，已经无法增长了，再容纳更多的人才也无法改变这一事实，必须有新的产业形式或制度产生，改变现有的生产模式，才有可能发展；而竞争激烈是代表进入一个行业的人才越来越多，在这个行业内个人能找到更好的位置或发展比较难，但越是新兴的、有活力的、有发展前途的行业，才会竞争激烈。

二、房地产估价行业的内卷现象

（一）预评估报告成本高

房地产估价行业内卷最严重的，就是金融机构要求评估机构出具的预评估报告。预评估报告是金融机构在借款人获取贷款前，由评估机构评估抵押物的价值，供金融机构判断能否给借款人贷款和贷款额度，待金融机构确定能够贷款，再出具正式评估报告，评估机构收取约定的评估费用，有些金融机构甚至要求几家评估公司同时预评估，再根据一定的标准选择一家作为正式的评估机构。据了解，受借款人的条件和抵押物价格的影响，在众多的评估项目中，仅有三成左右的业务能转化出正式报告，获得相应的报酬，其余项目人力、物力支出全部成为沉没成本。

（二）招标入围报价恶性竞争

金融机构一般要招标确定入围评估机构，再从中确定项目评估机构，金融机构确定入围评估机构的服务期至少一年，未入围评估机构在这一年内不能做该金融机构的任何项目。因资源有限，出现了招标入围名额为五家但几十家评估机构投标的现象，大多数金融机构为了降低内部成本，秉承最低价中标的原则，因此投标报价没有最低只有更低，近两年来，笔者所在城市按单报价从1000多元已经下降到现在的300元，此价格已远远低于评估机构的实际成本支出。

（三）报告质量同质化严重

为规范会员从业行为，根据《资产评估法》的规定，协会定期对会员出具的评估报告进行检查，并将检查结果公示，进而促进各机构评估报告质量的提高。初期，确实达到了一定的效果，各机构不只是重视业务，更关注评估报告的质量，但随着时间的推移，一些机构拿到了各种报告"模板"，估价专业人员只知道"套版凑数"，报告中各处分析缺乏针对性，不知道选择各种参数的原因。表面上看，这类报告和高质量的估价报告差距不大，该有的都有了，但总在关键的地方缺少点"灵魂"，外行不一定看出。由于受费用的限制和客户对报告质量的忽视，各机构缺少对报告质量重视的动力，造成估价报告质量一直停滞不前。因此，低水平的模仿和复制也是一种内卷现象。

（四）评估人员行业内流动不合理

行业内部人员合理流动本身是正常的经营现象，但一些小的机构或异地经营的机构，对一些评估人员许诺高薪，"挖"到人后可尽快稳定和产生收益，水涨船高，对其他评估人员心理上造成"跳槽获益"的影响，行业出现了嫌培养人周期太长、其他优秀的人才难以进入本行业、挖人可尽快获益的短视现象。但实际上，一个根基不牢的机构是不能持续支付高额薪酬的，许诺不能兑现，这些人往往是再跳槽，一直没有安稳的归宿；另外，挖来的人能否融入企业，认可企业文化也是一个未知数。评估人员不合理的内部流动，阻碍了创造性人才的进入，限制了行业的发展。

（五）信息化重复建设

在一定时期，各个大的评估机构和平台都在建立自己的自动评估系统和数据库，房地产估价机构的信息化探索和尝试确实提高了机构的信息化水平和作业效率，有了自动评估系统就显得公司高大上，各个机构都不遗余力投入巨资重复建设，其产品大同小异，同质化非常严重，且后期需投入人员进行研发和维护，都认为其产品在某一方面领先于其他机构，期望在客户产品采购时分得一杯羹，一些评估机构甚至将信息化作为主营业务进行建设，忘记了评估的初衷。但事实上，评估公司的主要客户，包括金融机构、税务部门、平台公司也同时在建设类似的评估系统，前期几百万元的投入现在几万元就能达到同等效果。

三、产生内卷现象的原因

房地产估价机构产生内卷现象的原因，表面上是因为估价机构过多，大家都有从众心理，别人怎么做我也怎么做，不能落后了，各机构之间过度竞争，竞争导致投入大幅度增加，但竞争获胜者其收益没有增加，参与者直呼行业没有前景，缺乏对未来发展的信心。

分析其深层次原因，第一，房地产估价行业缺乏清晰的战略规划，小的机构和大的机构争业务，大的机构和小的机构抢饭碗，业务没有差别化；第二，房地产估价行业的风险意识淡薄，由于客户时间和费用的限制，许多项目不能按技术规程的要求查勘现场、尽职调查、评估测算，有些项目甚至"立等可取"；第三，房地产估价行业的产品同质化严重，大家都在拼价格，很少有机构在产品质量和服务上下功夫；第四，房地产估价行业缺少有效的监督管理，低价竞争、报告质量、挂证等问题的处理流于形式，不能深度触动违规经营者的灵魂。

四、内卷现象造成的后果

首先，作为经济鉴证类中介机构，行业内卷造成最大的后果是质量风险。以预评估为例，其存在相当大的不确定性，是否能够收费不确定，是否真的能够使用不确定。由于受费用和成功率的限制，评估机构接收这样的业务，注定使用简易程序处理这类业务，如果金融机构凭预评估报告确定给借款人贷款，评估机构就会依据一个通过很粗糙的程序得出过于随意的结果，出具正式评估报告时，会遇到前后矛盾的难题，在评估程序上和计算过程中会存在不符合技术规程的风险。

其次，不能留住优秀的人才。行业内卷严重，大家关注点在业务竞争上，竞争的结果造成行业利润下降，不能留住优秀的人才，目前整个行业呈现重业务、轻技术、轻管理的现状，行业缺少优秀的管理人才和技术人才。以笔者所在省份为例，房地产估价专业人员年龄以 35 ～ 50 岁为主，估价师的受教育程度以大专和本科为主，硕士学历仅为 4.54%。

最后，会造成社会公信力的下降。房地产估价机构具有独立、客观、公正的行业特性，在服务社会主义经济建设、维护正常的经济秩序、适应政府职能转变等方面发挥着重要作用，具有社会公信力的社会属性。不按行业技术标准执业，不能提供专业的估价服务，缺乏有效、合理、规范的竞争，丧失公正的立场，这一系列乱象，使行业在公众心目中的专业形象大打折扣，造成行业社会公信力的下降。

五、治理内卷现象的对策

（一）有清晰的经营定位

房地产估价行业经过脱钩改制后的二十多年发展，法律基础、服务领域、技术体系趋于完善，房地产估价行业已过了生存期和高速发展期，目前正处在行业的高质量发展期，但整个行业已习惯了整齐划一，学习别人，成为别人，跟着别人走，没有明确的战略定位。每一家企业都应该有自己独到的定位，能告诉客户我跟别人不一样的地方在哪里，一般说来别人做什么，自己就不去做，即使要做，也一定会找到差异化的要素。根据行业特点，我们有延伸型、多元化、聚焦式、升级型、差异化等发展模式，到底哪种更适合，各机构应该根据自身情况，有清晰的经营定位，这样才能使机构不盲从，在复杂的市场中找准位置。

（二）拓宽业务边界

改变内卷现象最有效的方式是拓宽业务边界，创建更大的平台。目前我国经济形态正在发生重大调整和变革，新形势、新政策、新理念、新工具的出现，导致房地产估价业务类型变化、服务模式变化、市场格局变化、盈利模式变化，总体来说是整个行业生存生态正在发生变化，新的环境下客户会产生新的有效需求，房地产估价机构可以评估为基础，做大平台，以解决客户痛点为目标，拓宽业务边界。

（三）明确预评估报告的效力

根据《房地产估价机构管理办法》，房地产估价报告应当由房地产估价机构出具，加盖房地产估价机构公章，并有至少2名专职注册房地产估价师签字；而预评估报告则是对评估对象的一个简单的预测，项目不能履行完善的委托、查勘、调查、测算、审核、签字程序，因此，目前的预评估报告不能是严格意义上的估价报告，预评估报告的法律效力不明确，一些金融机构甚至以预评估报告为依据放款，给双方造成一定风险。评估机构不能随意出具预评估报告，应明确预评估报告的效力和使用条件，这样也能使报告使用方知晓预评估报告的限制，慎重使用预评估报告，减少各方的风险。

（四）评估收费的自律管理

目前行业收费混乱的主要原因是行业的自律管理不到位。金融机构以低价中标确定评估机构，各机构为了生存以恶性压价手段招揽业务，这是《资产评估法》禁止的行为。作为实行自律管理的行业协会，可以组织制定各类评估项目的成本价格，各会员机构根据成本价格和自身情况制定出合理的收费标准，并在协会备案，协会根据自律管理办法的相关规定，对在经营活动中违反备案收费标准的行为坚决处理，增加恶性压价的违约成本，改变单纯靠价格竞争获取业务的现状。

（五）行业数据库的联合建设

各机构为了能在信息化时代领先其他机构，竞相增大信息化的投入，重复建设数据库，造成极大的社会资源浪费。当今的社会是信息共享的社会，大家应该有分享的意识，主流的评估机构或行业协会可以联合建设行业数据库，加大数据库的权威性和使用效率，其他机构需要时再购买服务，这样可以合理地配置资源，节约社会成本，创造更多社会财富。因为自动评估系统和数据库对评估机构来说，仅是一种作业工具和手段，中小机构不应在此投入过多的精力。

六、结语

由于原来的粗放式经济发展模式，目前社会发展中出现缓慢阶段很正常，关键是要有效地进行理性竞争，各个行业应正视非理性的内卷现象，积极探索去内卷化的改革之路。

房地产估价行业应该重视内卷现象，认清内卷造成的行业危害，尽早找出合理的解决方案。应对内卷从宏观层面来说，最理想的方式是获取更多的资源，但是从目前社会现状来说，房地产估价行业从外部缓解内卷现象是不现实的。因此，我们需要从行业大局出发，监管部门、行业协会、估价机构联动，制定出有效的内卷治理方案，促进房地产估价行业高质量发展。

作者联系方式

姓　　名：崔永强

单　　位：河南省中地联合房地产资产评估有限公司

地　　址：郑州市紫荆山路方圆创世商务楼 A 座 1608 室

邮　　箱：1498442800@qq.com

注册号：4120190038

顺势而为　借势而进

——浅析国有资产梳理和盘活业务给房地产估价机构带来的机遇和挑战

蔡　庶　罗静珊

摘　要： 众所周知，国有企业是我国国民经济和社会发展的主力军，由于历史原因积累了大量国有资产，为了健全国有资产管理体制，国家出台了多项文件加强国有资产管理与监督，如何加快实现从"管企业"向"管资产"转变，抢占资产管理先机，成为众多国有企业关注的焦点，许多国有企业采取了积极的资产管理策略，开始对名下存量资产进行资产梳理和盘活，给房地产估价机构带来了巨大机遇，同时也带来了很大的挑战。

关键词： 国有资产梳理和盘活；机遇；挑战

众所周知，国有企业是我国国民经济和社会发展的主力军，伴随国企改革的不断深入，国有企业在专注发展的同时也积累了大量资产，为了加强国有资产管理与监督，健全国有资产管理体制，国家先后出台了《国务院关于深化国有企业改革的指导意见》《国企改革三年行动方案（2020—2022年）》《行政事业性国有资产管理条例》《中央行政事业单位国有资产处置管理办法》等文件，各级国资委对国有资产管理监管力度逐步加大，如何加快实现从"管企业"向"管资产"转变，如何借鉴优质经营性物业发展趋势及行业先进经验，抢占资产管理先机，成为众多国有企业关注的焦点。基于上述政策形势，许多国有企业采取了积极的资产管理策略，作为国有资产有效管理的前提条件，首先需要对名下资产进行梳理，有效的国有资产梳理是搜集关于资产本身的前世今生的所有资料，追本溯源，深入分析资料之间的逻辑关系，挖掘可能存在的资产；而国有资产盘活是一个全流程的系统工程，需要针对资产分等定级、经营性资产表现评价、资产证券化等全盘综合考虑，让国有资本灵活进退，实现保值增值。估价机构作为专业的服务咨询机构，具有相关专业技术、专业人员的优势，我们应该利用好我们的优势，顺应国企改革的大好势头，积极开展国有资产梳理、盘活及其相关衍生的咨询业务，把握机遇，迎接挑战。

一、当前国有资产梳理和盘活业务可能面临的一些问题

（一）国有资产权属关系混乱

很多国有公司由于历史原因或资产管理制度不健全，国有资产的取得、购置、处置等没有按照规定的程序审批或处理，人为的因素比较多，公司早期"重规模""轻权证""轻管理"的思想严重，资产权证办理比例偏低，加上缺乏必要的约束和监督机制，导致很多国有资产

的权属关系混乱，构成复杂，甚至游离于资产管理部门监控之外。

（二）国有资产"账实不符"

很多国有平台公司的资产规模都很大，往往都是上百亿、千亿级别的，其形成是一个长期的、动态的过程，由于历史原因导致的"账实不符"现象比较常见。比如一些资产由于城市拆迁、道路占用、绿化占用等原因实物资产已经灭失了，但会计账面上还没有处理，导致账面价值和资产真实状况脱节。再如，国资部门划拨资产的权证手续不完善、相关交接手续不规范，实物资产是存在的，而账面上没有记录或无法入账，导致"账实不符"。

（三）国有资产使用效率偏低

国有平台公司常有大量的下属公司，人员众多，如果资产管理人员的责任心不强，总是一种"事不关己高高挂起"的工作态度，国有资产就有可能处于闲置状况，不能发挥其应有的功能；有些国有资产租赁管理混乱，资产部门和财务部门彼此信息不对称，租金拖欠和租金偏离市场租金现象较为普遍，且公司内部审计多流于形式，不能有效地实施监督，国有资产使用效率低下的现象也就在所难免了。

（四）国有资产管理模式滞后

由于历史和理念上的原因，一些国有公司仍采用粗放式的传统资产管理模式，资产档案管理不规范，资料分散于多个部门，没有统一归集管理，有的甚至仍然采用简易的纸质文档来记录资产管理台账，一旦相关人员调动、离职、退休，极易造成上述资料的缺失，国有资产管理缺乏系统化的资产出租、处置、巡查等细分管理制度，严重影响了国有资产的管理效率，急需采用现代化的国有资产管理工具，重建资产管理流程体系。

二、国有资产梳理和盘活业务给房地产估价结构带来新的机遇

（一）资产梳理和分等定级业务

一些国有公司早期的资产梳理就是按照财务、运营、资产管理等部门填写的相关表格数据进行清查，一般不会核查其原始资料，不会追本溯源，实质是一个报表梳理的被动过程。我们倡导的资产梳理是主动地寻找可能的资产，充分利用我们估价人员的资产识别能力、信息整合能力、实物甄别能力，搜集这个项目"前世今生"的所有资料，追本溯源，深入分析不同资料之间的逻辑关系，最大限度挖掘可能存在的资产。只有这样才能厘清国有资产，实现"账实相符"的目标。在完成资产梳理的基础上，我们还可以开展国有资产的分等定级业务，充分利用我们估价的专业知识，结合企业的业务发展方向和战略规划，构建必要的、有指导性的评价维度，设计不同类型、不同用途的资产评价体系，通过将国有资产的分等定级，可以有效了解现有国有资产质量，针对不同等级的国有资产制定有针对性的资产管理策略，从而提高国有资产的质量和市场竞争力，为国有资产有效管理提供决策依据。

例如：某国有平台公司在我们入场前资产规模约 900 亿元，虽然经过了多次的资产梳理但还是不能达到他们想要的效果，原因是他们之前的资产梳理就是一种基于财务表格的传统资产梳理，没有做到刨根问底，追本溯源。我们进场 5 个月，充分利用我们的专业知识，对其国有资产进行了有效的资产梳理，特别是针对国资部门划拨资产权证手续不完善、交接资料不规范、不完整等情况进行了有效梳理，我们完成资产梳理工作后，发掘了不少"隐形"资产，使他们的资产规模直接破千亿元。资产梳理完成后，我们也借势开展了资产分等定级业务，综合考虑其企业背景及其发展规划，从资产价值、战略发展、协同关系等多维度进行

综合评价，最终圆满完成工作任务，为该企业后期信用评级的提升提供了重要帮助，受到了客户高度评价。

（二）协助国有资产权属调查业务

国有资产权属关系的调查是国有资产梳理和盘活工作的重要内容，权属关系明确、产权清晰的项目一般都是国有公司重点关注的资产，是其后期融资、租赁、资产证券化等业务重要的资源。国有资产权属关系的调查工作一般由国有企业的资产部门完成，但是由于上述工作的工作量较大，涉及的专业性强，全部由资产管理部门完成难度较大，估价机构恰恰可以利用自己的专业优势，协助完成权属关系调查工作，并且针对不同的调查结果制定不同的权属办理策略，提高房地产咨询服务的附加值，提升我们的服务质量，增强与客户的黏性。

（三）国有资产梳理和盘活的衍生业务

1. 国有资产的出租或处置评估业务

通过有效的资产梳理和盘活业务，可以发现客户闲置资产和价值被低估的资产，在政府去杠杆、财政补贴减少、债务危机加剧的大背景下，国有企业为回笼资金，获取现金流，迫切需要进行国有资产的出租和处置业务，为了获取准确的资产价值，实现国有资产的保值增值，需要进行房地产评估。

例如：四川省国有资产出租和处置一般在《四川政府采购网》《四川省公共资源交易信息网》《西南产权联合交易所》等公开媒介发布相关资产信息，在公开招标板块有很多国有资产出租和处置的项目，根据相关资产交易要求，国有资产对外出租或出售时，事前要做好尽职调查工作，防止利益相关方违规经营带来不必要的纠纷和损失，并且为了防止国有资产流失，实现国有资产的保值增值，每一宗资产交易前都需要进行评估，确定交易底价，随着国企改革的不断推进，此类项目也不断增加，给估价机构带来了不少的业务。

2. 国有资产的入账价值评估业务

通过有效的资产梳理和盘活业务，可能会发现客户"账外"资产，根据会计核算原则，凡是已投入使用的资产，或产生了经济效益的资产，就应当进行财务入账，因此可将该部分未入账资产进行评估入账，提升资产规模，估价机构可以在入账价值评估业务中大显身手，发挥我们的专业优势，协助资产管理部门实现"账实相符"的目标。

3. 经营性资产投资后评价业务

通过有效的资产梳理和盘活业务，可以对企业整体资产的情况做到"知己知彼、了然于胸"，对于国有企业的经营性资产项目，重视项目投资后评价，从立项、实施、运营、持续发展等方面，客观评价投资效果，实现投资目标，减少国有资产损失，估价机构可以在经营性资产投资后评价项目中发挥专业能力，提供相关专业服务。

4. 资产证券化相关业务

通过有效的资产梳理和盘活业务，可以发现客户优质资产，盘活企业存量资产，优化债务结构，有利于国有企业依法开展基础设施、商业、办公物业等作为底层资产的资产证券化业务。对于上述资产证券化业务，我们可以利用专业知识，在现金流预测、合理的收益模式分析、市场调研、市场分析等给予企业更多的助力，体现我们的专业价值。

例如：受众多投资人追捧的 2021 年 6 月首批上市的基础设施公募 REITs 项目，上交所有 5 单，深交所有 4 单，分别为华安张江光大园封闭式基础设施证券投资基金、浙商证券沪杭甬杭徽高速封闭式基础设施证券投资基金、富国首创水务封闭式基础设施证券投资基金、东吴苏州工业园区产业园封闭式基础设施证券投资基金、中金普洛斯仓储物流封闭式基础设施证券投资基金、中航首钢生物质封闭式基础设施证券投资基金、博时招商蛇口产业园封闭式基础设施证券投资基金、平安广州交投广河高速公路封闭式基础设施证券投资基金和红土创新盐田港仓储物流封闭式基础设施证券投资基金。项目类型涵盖收费公路、产业园、仓储物流和污水处理、垃圾处理及生物质发电等基础设施领域。上述基础设施公募 REITs 原始权益人都是国有公司，且基础设施公募 REITs 底层资产的资产估值全部由评估公司完成，上述资产估值对于其上市定价和后期派息率有着非常重要的意义。

三、国有资产梳理和盘活业务给房地产估价结构带来新的挑战

（一）与委托人资产管理涉及的各个部门充分沟通

由于国有资产梳理和盘活项目一般涉及的国有企业部门比较多，特别需要企业内部人员的积极配合，该类项目初期需要和企业内部多个部门进行充分的沟通交流，需要进行公司高层的访问，了解企业未来的战略规划，需要定期召开工作例会、周会、月会，确定工作进度和工作难点，对于估价人员，特别是对于项目负责人的沟通协调能力要求较高，平时需要加强对于项目演讲、PPT 汇报、高层访谈提纲设计等相关能力的训练，我们可以利用专业知识给客户提供一些专业性的建议，增强彼此的信任，建立良好的沟通机制，为后续开展工作打下良好的基础。

（二）加强机构内部管理、做好项目进度管理和人员调配

国有资产梳理和盘活项目一般涉及的资产规模较大，需要较多的估价人员配合，有的项目为了提高效率甚至需要派遣专业人员驻场处理，持续的工作时间较长，工作中经常会遇到一些特殊的情况需要沟通、讨论，没有现成的模式可以遵循，需要快速做出响应，压力较大，估价机构应该按照公司内部的管理制度加强人员管理，对于参加项目的同事精挑细选，明确工作职责、工作内容、工作纪律，按照工作进度做好计划管理，同时重点加强职业道德的学习和心理压力的舒缓，提高法律和风险防范意识。

（三）加强多方合作沟通，实现国有资产现代化、信息化管理

国有资产梳理模块是国有资产信息化管理的基础，我们需要结合国有公司的资产管理的不同诉求，量身定制国有资产梳理模块，同时加强和国有公司相关部门的沟通，充分了解其国有资产管理的痛点，与软件公司密切配合，针对不同国有企业国有资产运营的特点，量身定做国有资产管理系统，通过资产管理系统的使用，改变国有资产管理的模式，完善资产管理的流程，实现国有资产信息化的有效管理。

总之，借助国企改革的春风，国有资产梳理和盘活业务对于估价机构而言，时不我待，势不等人，压力与动力同在，机遇与挑战并存。估价机构一定要提前做好准备，认真总结上述业务的特点和难点，充分利用我们专业知识、专业服务、专业人员的优势，在今后的业务实践中不断探索，在同行交流中互相启发、在日常沟通中凝聚共识，最终形成一套完整的国有资产咨询业务的服务体系，切实有效地帮忙解决国有资产管理的"痛点"，增强客户与我们提供的服务之间的黏性，实现客户和估价机构的双赢！为提升估价机构和估价人员的社会地位贡献我们的力量，同时让我们的咨询业务也能借势"火"起来！

参考文献：

[1] 徐进亮．国资平台资产管理与评估系统应用 [J]．中国房地产估价与经纪，2020（06）．

[2] 张敏．浅议如何盘活企业存量资产 [J]．中国国际财经（中英文），2018（01）．

作者联系方式

姓　名：蔡　庶　罗静珊

单　位：深圳市戴德梁行土地房地产评估有限公司成都分公司

地　址：四川省成都市武侯区人民南路四段三号成都来福士广场 T 1 座 30 楼

邮　箱：53321792@qq.com

注册号：蔡　庶（5120060057），罗静珊（5120180020）

浅析当前房地产估价机构的现状和面临的挑战

吴俊杰

摘　要：房地产估价行业经过三十年的发展，现已成为充满活力的行业，发展势头良好。但近年来房地产市场快速发展，城市楼市分化，热点城市房价上涨较快，调控政策频出，社会对估价行业的要求也越发严格，房地产评估行业面临新一轮的机遇与挑战。本文针对我国房地产评估机构的现状和面临的挑战，存在的问题进行分析，进而提出相关建议。

关键词：房地产估价；行业现状；竞争挑战；发展对策

一、当前房地产评估行业现状

1.房地产评估行业发展势头良好

我国自 1992 年建立房地产估价师执业资格制度，房地产估价行业经过三十年的发展，现已成为充满活力的行业。2020 年，房地产估价机构和人员规模继续壮大，截至 2020 年底，全国共有房地产估价机构 5566 家，自 1995 年以来，取得房地产估价师资格证书的人数达 71368 人。各评估机构的业务范围也从单一的房地产交易评估发展到涉及房地产抵押、征收、司法诉讼及城市基准地价、标定地价、资产证券化、不良资产等各项经济活动，这使得房地产评估行业在我国市场经济中的重要作用越来越明显。

2.估价机构内部基础工作薄弱

目前，大部分估价机构特别是中小机构，估价基础工作相对薄弱，具体表现在两个方面：一是缺乏房地产市场价格资料，没有建立自己的案例库，多数都是需要时才从网上去查寻挂牌价格，而网上挂牌价格混乱，致使比较法难以正常运用；二是缺少必要的专业技能，从业人员以缺乏经验的年轻人为主，只会套模板作测算，不会根据估价对象的类型等自身情况作调整，更不会从市场资料中去提炼估价参数或分析判断参数的合理性，降低了估价质量，增加了执业风险。

3.估价的外部环境变动明显

近年来，房地产市场变动明显，从 2015 年的低迷、2016 年、2017 年的火热，到 2018 年、2019 年各大房企疯狂加杠杆，国家出台限购、限贷、限售等调控政策，再到 2020 年房企"三道红线"、银行"两道红线"出台，2021 年首次集中土拍的火热、二次集中土拍的冷清，华夏幸福、恒大等知名房企的"爆雷"，几大热门城市推出二手房指导价……这些市场变化和重大调控政策都对估价行业产生了巨大的影响。外部环境的剧烈变化使得估价所依赖的理论方法及数据与市场情况差距过大，房企的频频"爆雷"，也加大了估价机构的执业风险，对估价机构及行业的品牌建设产生不利影响。

4. 行业竞争激烈，并面临产业上下游的竞争

目前，全国房地产估价机构五千六百多家，竞争激烈。除同行之间的竞争，估价行业还面临产业上下游（房地产经纪、专业调查机构等，大数据平台）的竞争。

二、当前房地产估价机构面临的挑战

1. 风险意识不强，估价体系模式化，技术流程流于形式

由于估价机构之间竞争激烈，为了降低运营成本，满足客户时效需求，部分估价机构风险意识不强，使估价体系模板化，采用流水线的工作形式，使得估价各个环节长期停留在初级模式上，三级审核如同虚设。有些机构查勘用专职查勘员，查勘员只负责拍照，市场调研不到位，估价师不去现场，在办公室套用模板测算和撰写报告，审核人员不了解物业特殊状况，对案例真实性不核实，机械照搬规范审核测算过程和报告文字。在这种估价体系下，估价过程只需要在固定的模板上稍作修改就能够完成，因此，所整合的资料、撰写的报告上，都存在着极大的信用体系建设风险。

2. 传统抵押估价业务量减少，评估机构之间存在恶性竞争

随着"房住不炒"政策深入人心，中国银保监会关于涉房信贷"两道红线"出台，作为银行主要利润来源之一的房贷业务规模受限，传统抵押估价业务量也相应减少。部分地方实行银行付费，银行为了降低成本，纷纷压低评估费。部分以房贷业务为主的评估机构之间竞争激烈，为了生存，评估机构之间普遍存在恶性竞争的现象。估价机构为了业务资源，迎合客户的不合理要求，随意调高或者调低评估价格，使估价结果的公平、合理受到了很大的影响。

3. 评估方法应用不足、参数取值随意

房地产估价目前常用的评估方法主要有成本法、收益法、比较法、假设开发法等。规范要求评估时要采用两种以上方法，但实际执行中，对住宅、办公、公寓类物业，因为租金偏低，收益法评估结果往往达不到客户需求，于是只采用比较法，而对面积较大的商业物业，找案例嫌麻烦，又只采用收益法，评估方法应用不足。另外，我国房地产评估成本法中对利润率、收益法中对折现率、假设开发法中对建安成本的确定都还不完善，更多依赖评估人员的主观判断，甚至以客户需求值倒推，参数取值随意，致使评估结果与真实市场价值存在较大偏差。因此，整体来看，房地产评估机构对评估方法应用还有待改善。

4. 从业人员素质参差不齐，优秀估价人员流失

目前房地产评估公司技术人员普遍专业性不强，平均年龄较低，或与所学专业并不匹配，远达不到估价师的水平。部分年轻技术人员，缺乏吃苦精神，主动学习的动力不足，评估知识更新不及时，法律、造价、财务、管理等与房地产估价相关的专业知识欠缺，导致从业人员素质参差不齐，评估报告撰写质量不高。

从评估机构的角度而言，使用缺乏经验的年轻估价人员的成本远低于有工作经验、专业性强的估价师。评估机构在估价师人数满足机构设立条件后，宁愿用成本低的年轻人，也不愿再招聘经验丰富的估价师。有经验的估价人员待遇得不到提升，职业上升渠道狭窄，工作几年之后一般会选择转行，流失到其他行业，这种现象已成为评估行业的一个恶性循环。

5. 估价人员过于注重规范和流程，忽略对房地产政策的学习和市场趋势的研究

房地产市场变化太快，地区之间分化严重，不同地区不同时间房价的变化较大，甚至同

一地区不同板块之间，因为规划调整，房价差异也很大。目前大多数评估机构，既要追求效率、效益，又要把控风险，测算、报告模板化，要求估价人员必须严格按流程和估价规范操作。估价人员为了少犯错和提升效率，过于注重估价规范和流程，忽略对房地产政策的学习和市场趋势的研究，不能及时发现潜在的风险，准确把握估价对象的真实价值。

三、房地产评估机构的发展对策

房地产估价是一项专业性很强的中介服务，专业化发展是房地产估价行业持续健康发展的根本，同时，房地产估价要坚持独立原则，不能为了经济效益而丢失独立性，无原则地满足客户的不合理要求，因此，房地产估价机构发展的对策应是进一步提高专业化服务水平，行业协会也要加强监管，从而保持行业持续健康稳定发展。

1. 建立估价报告上传备案机制

解决估价体系的套路化问题，是房地产估价机构走向专业化服务的必经之路。规范估价体系应当建立房地产估价报告电子备案制度，规定机构在出具报告前要将估价报告和必要附件进行电子备案，获得二维码标识，并将此二维码作为该估价报告的重要防伪标识。行业协会直接从电子备案报告中抽选，这样做对估价机构有极大的警示作用，可以有效遏制违法违规的估价行为。

2. 严禁估价机构低价恶性竞争

为了规范行业管理，禁止低价恶性竞争，提高行业整体水平，地方房估协会可要求会员单位将自己的最低收费标准向协会报备，并签订承诺书，承诺绝不低于报备的最低标准收费。一旦违反，协会可约谈并要求立即改正，严重者记入诚信档案。特别是政府、银行的公开招标项目，协会可征求会员意见，牵头统一最低报价标准，若有会员单位低于最低报价中标，其他会员可向协会举报。协会收到举报，应要求违反者立即纠正，不能弃标撤回的，后续协会要对出具的评估报告质量进行检查。报告质量低下者，通报批评，严重者记入诚信档案，以严禁估价机构之间低价恶性竞争。

3. 不断提升房地产估价人员的专业能力

房地产估价人员要切实提高专业技能，熟练掌握各种房地产估价方法，坚持依法评估。可从以下四方面来实现：一是鼓励技术人员积极参加房地产估价师考试，今年起房地产估价师、土地估价师考试合并后，只需要通过考试，就相当于取得了两个资格证书；二是评估机构要积极开展房地产估价理论、方法、特殊项目评估案例、市场分析方面的培训工作，给技术人员及时充电，让技术人员与时俱进；三是严格遵循房地产估价规范，估价师要参与现场查勘和市场调查，测算和写报告不能完全依赖模板，要根据评估对象具体情况进行调整，特别是市场背景分析和相关政策要及时更新，要严格执行三级审核制度，审核人员要经常给予作业人员予以指导，发现错误及时要求估价人员修正，提升估价人员专业技能；四是比较特殊的物业或新型评估项目，二级、三级审核人员提前介入，组织作业估价师一起讨论，确定采用的评估方法和技术路线，若客户对评估值有异议，需要重新核定评估值而评估人员内部有分歧时，更应讨论决定。

4. 创新服务模式，提高核心竞争力

目前我国多数房地产评估机构业务模式比较单一，基本上只开展针对房地产的评估业务，不能满足社会经济发展对评估业务多元化的需求。未来评估机构走向多元化发展道路，创新业务模式是必然趋势。目前市场上已经出现了更多与传统评估业务不同甚至差异较大的新型业务机会，如项目可行性分析与预测，投后监管，模拟退出清算，能源、环保等公募REITs现金流预测等，评估机构应顺应时代发展，充分挖掘评估人员技术潜力，积极探索新的评估方法和技术在这些新型业务中的运用。

特别是互联网＋、大数据的普及，5G、人工智能、智能机器人的运用，都使得估价行业面临更多更大的挑战。评估机构及估价人员不及时更新知识体系，跟上时代潮流，就有被淘汰的风险，只有不断地学习和进步，创新服务模式，提高核心竞争力，才能更好地发展。

四、总结

目前的国际形势错综复杂，国内经济下行压力加大，传统估价业务量减少，评估机构之间存在恶性竞争，估价体系模式化，从业人员素质参差不齐，估价人员风险意识不强，不注重政策和市场趋势的研究分析，欠缺金融、造价等评估相关知识，所有这些评估机构面临的严峻形势和挑战，评估机构必须想办法克服困难去解决，努力提高估价工作的专业性，提升估价人员的技术能力，同时配合协会监管，不断改进和提高报告质量，创新服务模式，探索新型业务，提高核心竞争力。

当前的房地产评估行业仍属于新兴行业，长远看，评估行业的发展前景还是巨大的，值得房地产评估行业从业人员为之探索和奋斗。唯有如此，才能让评估机构生存壮大，让评估行业持续健康发展。

参考文献：

[1] 康鹏. 当前房地产评估行业问题及对策分析 [J]. 武汉工程大学，2017（08）.

[2] 丁金礼. 房地产估价行业的现状及发展对策 [J]. 中国房地产估价与经纪，2017（03）.

[3] 李军武. 房地产估价机构发展面临的形势、挑战及建议 [C]//2018 中国房地产估价年会论文集，2018.

作者联系方式

姓　　名：吴俊杰

单　　位：深圳市世联土地房地产评估有限公司

地　　址：重庆市江北区庆云路 6 号国金中心 T5 栋 502、503 室

邮　　箱：wujunj@ruiunion.com.cn

注册号：5020040115

房地产估价行业面临的挑战及未来发展思路

金智辉

摘　要： 我国的房地产估价行业起步较晚，经过不断地探索发展，整个行业也逐步迈入快速发展的轨道。但随着社会的进一步发展和科学技术的不断进步，国内外政治经济形势不断变化，市场和专业分工越来越精细，社会需求的要求越来越严格，房地产估价行业也面临着外部和内部的严峻挑战。如何直面挑战，从困境中寻得机遇，从僵局中谋求发展是整个房地产估价行业面临的共同课题。本文将从房地产估价行业的现状出发，结合经济社会新形势变化，重点分析当前房地产估价行业发展面临的挑战，再一一破局，为如何应对挑战提出相关思路。

关键词： 房地产；房地产估价行业；挑战

一、房地产估价行业发展现状

近些年来，房地产估价行业获得了巨大的发展，规模扩大，势头强劲，越来越多的专业人员开始从事相关职业，越来越多的专业机构逐渐显现出来。根据全国房地产估价行业管理信息平台显示，2021年全国共有房地产估价机构5750个，其中备案等级为一级的房地产估价机构有952个，占比约为17%，与2020年底相比增加126个。备案等级为二级的房地产估价机构有2497个，占比约为43%，备案等级为三级的房地产估价机构有1239个，占比约为22%，其余还有部分三级（暂定）或者分支机构（图1、图2）。但是行业的发展同时也面临机构实力不平衡，规模差异化严重的问题，尤其是一级资质评估机构较少，行业影响力有限，再加上业务范围局限，过度依赖传统估价业务，创新能力不足，整个行业发展逐步进入瓶颈期。近期受国内外市场大环境的影响，传统业务量有所减少，一些比较小的评估机构抵御风险能力较差，无法适应激烈的竞争而被淘汰，与此同时，其他评估机构也积极开启创新探索，寻求出路。

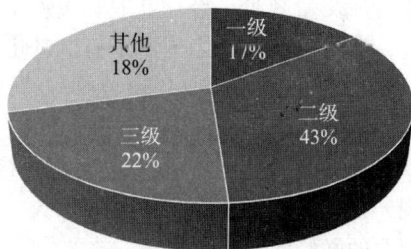

图1　2021年全国房地产估价机构备案等级分布情况

土地出让评估
6.8%

房屋征收评估
1.2%

咨询顾问
17.3%

其他
16.3%

抵押估价
56.3%

司法鉴定评估 1.4%

房地产转让估价 0.7%

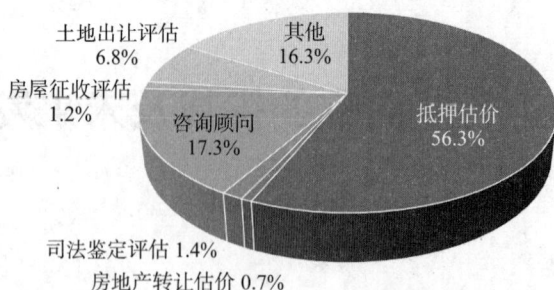

图 2　2020 年底全国一级房地产估价机构各类评估业务评估价值占比分布

资料来源：房地产估价信用档案系统

二、当前房地产估价行业发展面临的挑战

如今房地产估价行业面临的形势用"内忧外患"来形容一点也不夸张。一方面，经济周期波动，国家政策调控，信息技术传播，社会环境变化，宏观外部环境对房地产估价行业的发展带来了深远的影响。另一方面，整个行业内部也步入发展的瓶颈期，内卷严重，剑拔弩张，亟须一场大刀阔斧的改革以求旧貌换新颜。

（一）外部挑战

1. 国际形势复杂，全球竞争带来残酷挑战

随着经济全球化和"一带一路"倡议的推进，越来越多的行业逐渐融入全球经济市场，寻求资源最佳配置。房地产等实体经济领域的竞争进一步加剧，与房地产密切相关的房地产估价行业也面临着更加激烈的国际国内竞争，与此同时，对于房地产估价机构的估价水平和服务质量的要求也更加严格。另外，全球性新冠肺炎疫情蔓延波及经济发展，国际政治环境变化导致经济低迷，国内经济虽然顶住了重压仍旧强劲发展，但也存在各行各业发展不平衡，抵御风险能力不一的实际情况，这样的大环境对于房地产估价行业也提出了新的挑战。

2. 国内市场变化，调控和疫情的双重挑战

房地产市场变化与房地产估价行业发展存在着牵一发而动全身的关联。近些年来，房地产市场的调控力度进一步加大，2016 年底中央经济工作会议首次提出"房子是用来住的，不是用来炒的"，之后相关部门陆续出台相关配套政策，"房住不炒"成为房地产市场主基调。房地产土地市场遇冷，拍地要求越发严格，开发商拿地热情减退，市场交易趋于理性，新房市场热度相应降低；信贷市场受挫，受"三道红线"影响，银行等金融机构上调贷款利率，严控信贷规模，一方面开发商贷款难度加大，新房建设速度和供应受到影响，另一方面，市场需求得以遏制，新房、二手房成交量减少。叠加新冠肺炎疫情影响和经济下行趋势，房地产企业现金流承压，业绩下滑，房地产行业迎来前所未有的冲击。在房地产估价行业，传统抵押贷款等评估业务量减少，对一些小型或者业务较为单一的评估机构形成致命性的打击，对于整个房地产估价行业来说，也是一个巨大的警示。

除此之外，在房地产市场形势的不断变化下，市场出现价格回跌或者企业破产的情况，一些潜在的评估风险开始呈现，评估行业的执业风险不断加大。如何防范风险，应对市场变化，也成为整个房地产估价行业的必修课题。

3. 信息技术发展，大数据技术带来的挑战

房地产估价机构开展业务需要依靠大量数据信息作为支撑，传统房地产估价机构最突出的优势在于对市场的把握和对价格的了解，通过真实有效的市场信息为客户提供专业的价值参考和决策建议。随着互联网技术的发展，信息经济时代的到来，人们获取信息更加方便快捷，房地产市场价格越来越公开透明，网络询价覆盖的范围越来越广泛，在这种情况下，传统房地产估价机构的信息优势不再突出，甚至已经不足以满足庞大的数据需求。大数据应用于房地产估价领域相对于传统的估价方式来说，具有天然的优势，通过大数据手段获取的数据覆盖面更广泛更全面，智能估值相对人工估值来说也更加高效客观。大数据技术进一步发展，其行业渗透也不断拓展。越来越多的房地产估价机构开始意识到大数据对于评估行业的意义，大数据估值已经逐步改变传统估价模式，占领了部分业务空间，未来大数据智能估价替代传统成套住宅估价的趋势将会进一步加强，这对于传统的评估行业来说是巨大的挑战。而当前很多房地产估价机构都面临着信息化水平较低、评估效率较低、技术欠缺、人才匮乏等问题。

4. 社会发展进步，业务拓展升级面临挑战

在经济发展方式转变深入推进的社会环境下，经济结构不断优化，行业划分日益精细，对房地产估价服务也提出了更高的要求。传统的估价服务，服务方式和内容已经越来越难以满足客户的投资、理财、消费等多方面的需求，房地产估价行业面临着服务对象进一步拓展，服务内容进一步丰富，服务要求进一步升级的全新挑战。除了传统的估价业务外，租赁市场、城市更新、产业升级、金融创新、咨询服务等各个领域的新奇多样的业务需求层出不穷，如何为客户提供更为专业化、个性化、定制化的服务，挖掘客户物业信息背后的市场价值，寻找更加广泛的发展空间是房地产估价行业需要应对的新问题。

（二）内部挑战

1. 行业法律法规不完善，制度规范相对滞后

自房地产估价市场化发展以来，行业内相关法律法规更新速度较为缓慢，行业相关准则规定不够完善。例如《房地产估价规范》自1999年发布以来，时隔16年才进行修订，于2015年发布新的《房地产估价规范》，期间房地产市场以及估价市场均发生巨大变化。另外，关于基准地价及体系的编制、估价报告评审标准的规定等相关标准更新也严重滞后，房地产和土地估价规程中的一些规定和影响因素随着社会的发展已逐渐不能满足估价业务的实际需求，估价报告的呈现也在很大程度上无法匹配客户的业务要求，需要与时俱进行完善。相关制度规范建设的不健全和滞后性，致使很多估价人员格式化地按照原先规定的标准和形式完成业务，缺乏创新思考，制约了整个行业的进步与发展。

2. 估价机构间恶意竞争，品牌管理面临挑战

房地产估价行业内部同质化竞争激烈，估价机构之间为了争夺业务和市场，开展恶性竞争，通过降低收费标准、提高评估价格等迎合委托方的方式来获取评估业务，扰乱了整个行业的市场秩序。另外，为追求高效率和低成本，流水线式生产估价报告的行为大肆盛行，降低了房地产估价的专业能力和专业形象，使整个评估行业的信誉度受到了很大的影响。房地产估价行业面临如何获取专业认可和树立品牌形象的挑战。

3. 评估人员专业性不强，人才流失现象频繁

通过对一些房地产估价机构的走访和调研可以发现，鉴于房地产估价传统业务重复性高，替代性强的特点，房地产估价人员的实际入行门槛不高。有一些估价机构，从事评估

业务和撰写估价报告的工作人员很多都不是具有执业资格的房地产估价师，他们对于房地产估价也缺乏专业的理论知识和丰富的工作经验，面对评估业务时，不能独立思考和业务探究，显而易见，这样提供出来的评估结果和报告很难符合市场需求。除此之外，房地产估价行业还面临人才流失的问题，由于行业内容的限制和职业发展的局限，房地产估价相关专业人才缺乏明确的发展和晋升途径，很多经验丰富的估价人员在后期选择转行或者另谋职业，这对于房地产估价行业的发展是很大的损失，也是未来房地产估价行业要面临的一个巨大挑战。

4. 评估技术和业务局限，创新发展思维欠缺

传统的估价方法对于一些因素的调整、比率的确定都过多地依赖估价师的个人经验和人工判断，评估技术较为单一，评估结果受估价师主观影响较大。另外，评估流程趋于形式化，比如有些评估人员现场勘查只是简单拍照记录走个过场，在评估价格时，直接套用固定模板，对于市场价格并没有真正地考察验证，使得房地产估价行业存在很大的信用体系建设风险，不利于行业技术进步和长远发展。

以工业地产抵押评估为例，传统评估主要采用政府最低保护价作为市场法比较依据，评估价格过于保守，与实际的市场交易价格有很大的背离，对于金融机构来说，失去了现实参考价值，人工评估也会存在更多的主观影响和时间成本。除此之外，随着客户对于房地产估价衍生出更多个性化的需求，一些特殊的房地产估价或者批量评估通过传统的估价技术很难实现，所以关于评估技术和评估方法应用的探索仍然任重而道远。

在我国，房地产估价机构的传统估价业务占据绝对主力，而一些大型国际估价机构早已优化调整业务结构，传统估价业务整体占比不足十分之一。面对传统估价业务受整体市场环境影响的情况，很多估价机构坐吃山空，仍以传统抵押估价、征收估价业务为主，没有积极创新，寻找新的业务方向。虽然一部分评估机构已经开始逐步转型，例如渗透到咨询行业，但总体来看，咨询业务规模较小，市场影响力有限，相关经验积累欠缺，专业人才队伍建设不足，咨询水平与专业机构相比还存在一定差距，甚至有些机构并不是积极主动地开展咨询业务，而是在客户需求的基础上被动地提供咨询附属服务，这在一定程度上限制了拓展业务的发展。

无论是评估技术还是业务发展的局限，究其原因都是估价机构考虑问题仍然停留在传统思维上，不能打破桎梏，进行开拓创新，这是制约行业跨越式发展的最主要难题。

三、房地产估价行业未来发展思路

"危机并存，危中有机，危可转机"，与其说房地产估价行业发展面临严峻的挑战，倒不如说这其实也是房地产估价行业迎来的前所未有的发展变革机遇。坐以待毙没有出路，唯有革新才有未来。

（一）顺应时代趋势，拥抱大数据

当前大数据发展速度和规模都呈现出指数级增长的势头，大数据已经逐步渗透各行各业，成为重要的生产因素。大数据相对来说具有获取和处理数据方便快捷、数据系统稳定科学、数据人才队伍专业、数据分析客观科学等特点，估价机构应用大数据技术是必然的趋势。所以我们不要用排斥或者竞争的眼光去看待大数据，而应该用开放的眼光和创新性思维迎接大数据时代的机遇，加强信息化建设和数据人才队伍建设，将大数据作为加速企

业创新、引领行业变革的重要武器，挖掘大数据深度价值更好地为己所用，利用大数据打破条块分割的地域限制，提高抵御房地产市场调整变化的能力，促进整个房地产估价行业的长远发展。

拥抱大数据，一方面是充分发挥其数据收集和处理的优势，建设强大的大数据系统，为房地产估价以及咨询等相关业务提供海量的数据和丰富的信息作为支撑，提升行业整体服务水平；另一方面全方位的大数据处理技术也是转变传统服务形式、拓展业务内容的重要基础，通过大数据和人工智能技术的结合，实现线上智能估值、出具 AI 智能报告、建设自动估价系统等各式各样的业务形式，不仅可以提高决策效率，降低成本，也可以衍生增值服务，扩充附加服务。

（二）立足用户需求，拓展业务线

"穷则变，变则通，通则久"，面对传统房地产估价行业的发展困境，唯有勇于变通，推陈出新，才能冲破束缚，豁然开朗。当前行业面临的一个重要问题就是业务的局限，单一且固化的业务形式无法抵御市场的风险，也无法满足社会的需求，因此房地产估价行业需要开启多元化发展路径，积极主动地贴合市场需求，拓展更广泛的业务线条。

市场形势不断变化，用户需求多种多样，谁掌握了用户，谁才拥有未来，因此要想在激烈的市场竞争中站稳脚跟，一定要以用户思维为核心，立足用户需求，拓展业务范围，提升服务水平。一成不变的业务模式终将不能应对现实的层层考验，行业需要保持迭代创新思维，打破传统固化模式的束缚。未来房地产估价行业需要充分利用大数据时代的信息工具，专注于寻找需求亮点、挖掘用户需求和提高用户体验。例如通过掌握的市场数据和研究成果为用户拓客提供专业服务，通过智能估值和标准化产品研发来快速响应用户需求，通过完善产品模型和提供专业咨询服务助力用户防范市场风险，想用户之所想，供用户之所需。尤其是作为房地产估价行业重要业务的抵押贷款估价业务，更是需要估价机构和估价人员充分了解金融机构的实际需求，与金融机构合作进行金融产品创新，提供更加便捷、高效而又具有竞争性的超值服务。

估价机构开展咨询等拓展业务具有良好的基础优势，包括对市场的了解把握，与客户的资源维护，以及资金、技术、人员实力，因此这是行业可以探索并实现重大提升的关键领域。房地产估价机构可以根据自身实际情况，适时地开展房地产咨询顾问、可行性分析、专题研究、系统建设等拓展服务业务，各取所长，优势互补，培养人才，形成规模效应，终能将行业做大做强。

（三）提升评估技术，开展良性竞争

恶性竞争终将害人害己，结果是对整个行业的致命性打击，良性竞争才可以实现双赢。因此行业的发展要摒弃低价竞争、减少无谓的内耗，通过提升评估技术，创新评估方法，提高工作效率，实现业务增值，推动行业发展。

依托互联网技术和大数据的发展，信息数据的整合和处理变得更加快捷高效，数据系统的建设和维护技术逐步成熟应用，这为行业提升评估技术提供了良好的条件。评估机构可以在充分运用自身行业积淀的基础上积极与大数据技术相结合，加强行业专业研究队伍建设，加强对房地产价格影响因素的模型研究，加强房地产自动估值和智能估值的技术研发，聚焦于如何提供更能反映市场真实水平的价格数据，聚焦于如何提供更加完善优质的评估服务，聚焦于优化评估技术提高评估效率和质量，从而增强自身的核心竞争力，在激烈的竞争中稳住一席之地，也为行业的发展进步积极助力。

（四）强化人才建设，支持制度完善

企业的发展创新离不开人才，行业的长远建设更是离不开人才。如果说传统的房地产估价更多的是依靠经验的积累和专业的判断，那么产品的迭代和业务的拓展则更能体现人的主观能动性。无论是估价模型的深入研究，产品标准化的设计推行、估价报告的优化展示还是估价系统的建设完善，都需要具有扎实专业基础、创新思维模式、广阔知识视野、强大研究能力的人才支撑。因此房地产估价机构一方面要加强现有人才队伍建设，在提升估价人员的专业技能的基础上，进一步提升其创新思维和研究能力，使其更能适应行业发展需求。另一方面要加强高端人才的引进，积极引入具有行业执业经验、数据分析能力和创新研究能力的复合型人才，使其更好地为行业的发展进步贡献聪明才智。

人才建设是行业发展的重要内容，制度完善也是房地产估价行业的必然趋势。"不以规矩，不成方圆"，行业要想获取长足的发展，必须有其相关的法律法规和制度约束。一方面，随着房地产市场和估价市场的不断变化，相关法律法规也要与时俱进，不断完善，如有需要，一些配套的法律法规也应补充到位；另一方面，行业内相关规范和标准也不能一成不变，而要经过科学论证和市场检验而推陈出新。除此之外，还需要重视估价执业风险防范，加强估价质量管理规程建设，同步完善系列制度，提升整个行业的市场信誉和专业认可度。

参考文献：

[1] 杨丽艳 . 当前我国房地产评估行业存在的问题及对策研究 [J]. 经济·管理·综述，2019（08）.

[2] 曲卫东，叶冰阳 . 房地产市场发展变化给评估行业带来的机遇和挑战 [C]//2012 中国房地产估价师与房地产经纪人学会年会论文集，2012.

[3] 何哲，石法良 . 浅析当前房地产市场发展变化给估价机构带来的挑战、机遇及对策 [C]//2012 中国房地产估价师与房地产经纪人学会年会论文集，2012.

[4] 袁彩云、方慧寒 . 大数据时代下房地产估价企业的发展前景分析 .[J]. 经济研究，2020（02）.

[5] 罗靖华 . 大数据时代对房地产估价行业的影响及对策 [J]. 经济视野，2020（03）.

[6] 洪成表 . 房地产估价行业现状及发展 [J]. 区域经济，2015（12）.

[7] 王炜 . 大数据对房地产估价行业发展的影响分析 [J]. 经济·管理·综述，2018（10）.

作者联系方式

姓　　名：金智辉

单　　位：江苏中策行土地房地产资产评估咨询有限公司

地　　址：江苏省苏州市工业园区领汇商务广场 1 幢 1705 室

邮　　箱：365174954@qq.com

当前房地产估价行业发展面临的挑战

王艳艳　　郭　婧

摘　要： 经过二十余年的高速发展，当前的房地产评估行业已经进入瓶颈期，面临着诸多的挑战。业务来源层面，存在着传统业务断崖式下跌的风险；业务风险层面，存在着国家监管趋严、业务风险加大的挑战；估价机构和估价专业人员等层面存在评估人员专业性不强，评估机构管理混乱等问题。这些问题是房地产估价行业面临的巨大挑战，必须给予足够重视并着手解决，才能维持行业持续健康发展。

关键词： 房地产估价行业；挑战；业务来源；业务风险；估价机构及专业人员

一、房地产估价业务来源层面面临的挑战

（一）政策层面

1. 经济转型的影响

当前我国企业经营面临着转型升级的巨大挑战，叠加疫情影响，企业经营状况更加艰难。在此背景下，减轻企业及个人负担成为社会共识。如多部委联合发文要求减轻企业负担，作为中介费用之一的评估费首当其冲；在抵押贷款领域，国家要求银行不得转嫁经营成本，由银行支付评估费；在司法评估领域，《最高人民法院发布关于人民法院确定财产处置参考价若干问题的规定》明确申请执行双方可以采取当事人议价、定向询价、网络询价、委托评估等方式，委托评估不再是参考价确定的唯一方式，且是其他路径走不通之后的无奈选择，其业务量必然大幅萎缩；在其他层面，为适应简政放权、放管结合、提供高效服务的要求，许多不动产抵押登记中心已不再要求提供房地产评估报告，从业人员都感觉到了业务量的断崖式下滑，观察到了"凛冬将至"的气象。如何适应转型时期的形势，降低收费、提高服务质量，提供更具性价比的估价服务，成为摆在估价机构和估价人员面前的一大挑战。

2. 新技术及"互联网+"带来的冲击

现阶段，新技术及"互联网+"是我们国家大力推动的。与传统估价相比，自动估价系统估价效率优势显而易见。如传统估价作业模式一般流程是银行客户经理要求询价，估价机构根据提供的信息初步做预估，将估值信息反馈给银行，如价格合适需再重复一遍此流程并出具正式报告。而自动估价系统则输入关键信息，立等可取，还可以批量。这样不仅效率大大提高，也降低了银行、担保业的成本。现阶段自动估价系统已被银行等大规模采用与推广，传统抵押评估业务大幅萎缩。

如何面对新技术带来的冲击，参与技术变革，将新技术为我所用，成为摆在估价机构和估价人员面前的又一大挑战。值得欣喜的是，国内很多估价机构已经通过扫楼、数据抓取软件等途径建立起自己的自动估价系统。

（二）需求层面的变革

房地产估价需求结构发生着深刻变革。首先，至 2020 年，棚改政策在全国范围内已基本结束，征收评估业务难以为继。其次，税务机关现阶段采用以批量评估模式为主，线下评估为辅的模式，取代了个案评估。最后，如上文所述，司法业务量也面临着下降的危险。综上，原来集中于金融贷款抵押、房屋征收、司法鉴定、课税等领域的传统业务都已大幅减少。而随着社会变革，租金评估、金融贷款抵押线上评估、为财务报告服务、住房抵押证券化估价及企业各种经济活动涉及的房地产估价等，正纷至沓来。

在鉴证性业务不断萎缩的背景下，咨询类评估需求也越来越多，业务来源也变得越来越广。原来房地产评估主要限于企业房地产，现在自然资源资产、历史文物、文化体育等新型房地产的评估需求越来越多；原来主要集中于单一的评估业务，现在基于价值发现、价值创造的综合需求越来越多；原来主要集中于国内市场，现在境外评估需求会越来越多。估价需求不再只是一纸文书以便通过政府部门对相关经济行为的审批，而是希望通过房地产评估对在发现提升价值等领域帮助企业解决问题。

如何解放思想、适应需求层面的变革，由过去的重资质、重业务转变为提升专业能力、提供增值服务，成为摆在估价机构和估价人员面前的又一大挑战。

（三）房地产行业困境的影响

根据国家统计局数据，2021 年新建商品住宅价格由涨转跌，二手住房持续下跌，且跌幅进一步扩大；房地产销售方面，商品房销售面积大幅下降。结合我国城镇化发展进程减速提质的大趋势，再加上人口老龄化问题，行业销售规模必将进入下行通道。结合目前"三条线"管控，恒大等头部开发商深陷融资困境，不难发现房地产行业经过二十余年的迅猛发展后，已结束黄金白银周期，正在步入寒冬。房地产估价行业的繁荣与房地产行业周期基本保持一致，搭乘房地产行业迅猛发展的快车，房地产估价行业取得高速发展。新阶段房地产行业的风光不再，房地产估价行业又将去向何方？

二、房地产估价业务风险层面面临挑战

从风险控制角度，做好风险防控是估价机构实现健康持续发展的基本前提。风险从来都不是来自项目评估报告，而是来自项目自身。估价行业如何建立"风险隔离墙"，防患于未然是其持续健康发展的又一大挑战。

（一）政府对评估行业的监管方式发生变化

政府对房地产估价行业的监管有两大变化：一是依法监管。现阶段国家正在推进全面依法治国，强调国家治理能力和治理体系现代化，意味着监管部门按照法律法规和协会相关规定行使对评估机构、评估人员的监管职责。二是监管趋严。简政放权背景下，减少事前监管，增加事后监管，成为当前的普遍选择，综合各方反馈，事后监管会更加严格。我们也可以明显地看到，这几年，受到各类处罚的机构和专业人员越来越多，以往一些不受处罚的情形和行为现在也会受到处罚，有的甚至会被追究刑事责任。

（二）现行法律体系不健全

尽管我国已经制定并颁布了《城市房地产管理法》，以行政许可的方式确定了房地产评估的地位，但并没有后续的说明和相应配套的司法解释，不能成为行业规范和道德标准的法律依据。在这种情况下，社会很难认可评估的效果。另外，实践中也面临着很多困惑，如

《资产评估法》同时要求对收集的权属证明、财务会计信息和其他资料进行审核验证，但在实际操作中却无法核查验证。很多法律进一步明确了估价机构和估价师的法律责任，但却未明确因不可抗力或其他原因未达到法律规定要求相应的免责条款，一方面没有法律细则保护从业人员，另一方面估价对象往往是各方利益冲突的汇集点，巨大的法律风险正隐藏在其中。

（三）从业人员风险意识不强

部分从业人员对估价机构的认识还停留在有电脑有客户就可以躺着赚钱，估价人员主要工作就是打字，日常主要工作就是复制和粘贴，完全缺乏对所出报告内容的基本认识、缺乏对评估价值所代表的意义的敬畏。由于可以不顾底线地迎合委托方的需求，行业内已经逐步在形成"劣币驱逐良币"的现象，折扣越打越低，价格越做越虚，让行业内的有识之士痛心疾首却又无可奈何。

三、房地产估价行业地位及从业各方面临的挑战

决定战争胜负的有很多因素，但最终决定战争胜负的是参加战争的人。同理，决定行业发展的有很多因素，但最终决定行业发展的是行业内的从业各方。但现阶段行业地位及从业各方的表现，给行业前途蒙上一层阴影。行业是否仍具有一个光明的前途，需要行业内从业各方的共同努力，也给各方带来了很大挑战。

（一）行业协会主体地位尚显不足

伴随着我国房地产估价行业发展的二十余年，行业协会也经历了从无到有、从管理到服务的模式，在拟订并推行房地产估价执业标准规则、加强自律管理及国际交流与合作、提高房地产估价专业人员和机构的服务水平、维护其合法权益方面发挥了巨大作用，但较国外同类行业协会在公共政策领域、会员权益保护方面的作用，尚显不足。如英国皇家测量师协会每年要发布数百份研究报告，包括资本市场、城市规划、环境保护、房地产发展状况等方面，提出相关政策建议。众所周知，行业是科学与艺术相结合的，但因行业相对弱势的地位，在如何界定合理设定与滥用假设、如何认定合理经验是否可作为估价依据、如何界定合法与非法、如何更合理地维护从业人员合法权益等领域，普通从业人员也期待行业协会发挥更大作用。

（二）估价机构自身存在的问题

估价机构自身面临着机构管理粗放、风险意识较差、片面追求经济利益等问题，普遍存在恶性竞争的现象。估价机构为获取业务竞相提高回扣比例并大打价格战，并通过商业贿赂来获取业务，这种现象致使我国房地产估价行业商业贿赂屡禁不止。商业贿赂之外，还可以按照客户意愿修改评估结论，难以保证估价结果的公平、合理。

估价行业是一个专业技术服务的行业，应该走一条靠技术水平赢得业务之路。在未来的发展中，机构如何改变现状，如何更重视培养技术精英，如何走上共同期待的以技术促进业务、以技术水平赢得业务之路，正面临着巨大挑战。

（三）从业人员专业性不足、流动性大，专业人员相对匮乏

因重业务而轻技术，导致目前估价机构技术人员普遍专业性不强。大多数机构，做报告的是普通估价员，往往是刚毕业或者专业不对口的人，但因廉价，被估价机构大规模招录使用。但从行业发展的角度来讲，这些人难以深刻理解估价结论的含义，不明白自己笔下一个

数字对于报告使用方就是一笔不菲的价值，不明白自己出具这个数字背后的巨大责任。考取了估价师资格证书和有经验之后，机构又往往不重视人员待遇的合理提升，导致很多有经验的估价师选择转行。干几年考取资格证后挂证转行，已是评估行业的普遍现象。

随着房地产估价行业业务继续萎缩、风险增加，从业人员流失更加明显。新人待不住，老人待几年就走，培养出的人员外流过快，增加了管理难度和现有人员的不稳定性。另外行业之内的人才也呈现捉襟见肘之势，有的老一辈估价师故步自封、经验主义至上；有的新一辈估价师急功近利，坐不下来钻研；对于目前的形势，新老估价师均出现了难以适应的情况。如非对行业充满热爱之人，在风险如此高、收益如此低、权责如此不对等的情况下，是很难坚持的。

从业人员在如何提高自身、适应变革。如何提高自身数据分析能力、运用新技术能力，如何督促自己多掌握一些法律、税务、财务知识方面需要面对巨大挑战。另外如何培育行业自信和职业自信也是挑战之一。

四、结语

从长远来看，估价行业的前景还是巨大的，值得每一个热爱这个行业的人员去努力探索和奋斗。大浪淘沙，始得真金，经历过行业低潮期，让那些对行业不坚定的人退出这个行业后，剩余的全部是愿意全身心投入行业、愿意为行业发展去努力和奉献的热爱行业之人。笔者坚信，未来估价将无处不在，但这需要行业协会尽快推进各项工作，需要从业各方努力提升估价工作的专业性，彰显行业价值，需要估价行业和社会形成合力。让我们共同努力，去提升自我，迎接挑战，推动行业更快更好地发展。

参考文献：

[1] 周福星，申晓东，赵川.当前中小房地产估价机构发展面临的形势和挑战[C]//2018中国房地产估价年会论文集，2018.

[2] 王斐.房地产评估存在的常态问题简析[J].建筑工程，2021（01）.

[3] 葛锐，李希晨.后疫情时代的资产评估专业建设：冲击、重构与提升[J].中国资产评估，2021（08）：59-61.

[4] 杨松堂.评估行业如何转型升级[J].国有资产管理，2020（11）：19-23.

[5] 廖凡幼.房地产估价机构持续发展问题探讨[J].中国房地产估计与经济，2008（04）：19-23.

作者联系方式

姓　名：王艳艳　郭　婧

单　位：山西智渊房地产资产评估规划测绘咨询有限公司

地　址：太原市小店区晋阳街202号英语周报大厦

邮　箱：749951277@qq.com

注册号：王艳艳（2220140019），郭婧（1420130004）

变革时代房地产评估行业的挑战机遇

张天宇

摘　要： 本文分析了当前形势下，房地产行业变动以及新技术对房地产评估行业带来的冲击及影响，论述了房地产评估行业在住房租赁市场、城市更新领域、新农村建设、大数据应用等方面的机遇，并提出了基于上述机遇下的突破路径。

关键词： 住房租赁；城市更新；新农村建设；大数据应用

一、房地产评估行业面临的挑战

（一）房地产行业变动影响

在宏观政策调控下，2021年房地产市场发展节奏趋缓，市场向更加平稳和健康的方向发展。近几年来，国家坚持"房住不炒"总基调不变，市场调控核心仍以稳定为主，继续加强房地产金融监管，加速推进供给侧结构性改革，调控政策向精细化、科学化发展。

总体定位层面，2021年初全国两会政府工作报告指出，要坚持房子是用来住的、不是用来炒的定位，强调稳地价、稳房价、稳预期。7月30日，中央政治局会议中，再次强调"房住不炒"定位，并提出防止以学区房等名义炒作房价。8月31日，在"围绕努力实现全体人民住有所居"新闻发布会上，住房和城乡建设部部长王蒙徽表示将继续全面落实房地产市场长效机制，建立人、房、地、钱四位一体的联动新机制。

金融监管层面，2020年12月31日，人民银行与银保监会共同发布《关于建立银行业金融机构房地产贷款集中度管理制度的通知》。《通知》明确划定房地产贷款占比和个人住房按揭贷款占比两道红线，并根据金融机构资产规模、机构类型等因素分五个档次设定房地产贷款集中度上限管理的差异化要求。3月26日，银保监会、住房和城乡建设部、人民银行联合印发《关于防止经营用途贷款违规流入房地产领域的通知》。《通知》要求全面收紧经营贷监管，强化贷前、贷中贷后、银行内部、中介机构等多领域管理，严防经营用途贷款违规流入房地产领域。9月29日，银保监会、央行在"房地产金融工作座谈会"上提出，金融部门要准确把握和执行好房地产金融审慎管理制度，不将房地产作为短期刺激经济的手段。

"供给侧"改革层面，2021年2月18日，自然资源部发布住宅用地分类调控文件，要求22个重点城市住宅用地实现"两集中"，即集中挂牌、集中出让，一年内发布住宅用地公告不能超过3次。6月3日，财政部、自然资源部、税务总局、人民银行联合发布《关于将国有土地使用权出让收入、矿产资源专项收入、海域使用金、无居民海岛使用金四项政府非税收入划转税务部门征收有关问题的通知》，并自7月1日起，在河北、内蒙古、上海、浙江、安徽、青岛、云南省份开展试点后逐步推开。

综上分析，以房地产为经济支柱的投资拉动发展模式正在悄然改变，国民经济不再过度依赖房地产业趋势明显。因此，在房地产调控政策不断升级，金融监管持续加强的背景下，房地产市场整体"遇冷"。而房地产评估作为房地产衍生行业，也因房地产业的变动深受影响。特别是与房地产关联紧密的征收评估、土地出让评估、抵押评估、房地产开发咨询等传统业务数量缩减明显。

（二）新技术冲击影响

2021年3月，《"十四五"发展规划及二〇三五年愿景目标纲要》提出，要深入推进服务业数字化转型，促进数字技术与实体经济深度融合，赋能传统产业转型升级，催生新产业、新业态、新模式，壮大经济发展新引擎。10月10日，国务院办公厅印发《国家标准化发展纲要》，要求加快先进制造业和现代服务业融合发展标准化建设，推行跨行业跨领域综合标准化。建立健全大数据与产业融合标准，推进数字产业化和产业数字化。

在数字化时代，现阶段许多科技服务公司利用自身数据和技术优势发展智能化房地产评估系统。智能化房地产评估系统具有快速、便捷、高效、批量处理等优势，可以较好地满足银行、担保公司等金融机构以及个人对批量和简单价值的评估需求。因此，在数字浪潮冲击下，上述领域业务正逐渐被智能化评估蚕食取代，新技术发展倒逼评估行业升级转型。

二、房地产评估行业面临的机遇

（一）住房租赁引领评估行业迎来新增长

2021年3月，全国两会《政府工作报告》指出，今后要解决好大城市住房突出问题，通过增加土地供应、安排专项资金、集中建设等办法，切实增加保障性租赁住房和共有产权住房供给，规范发展长租房市场，降低租赁住房税费负担。3月16日，国务院副总理韩正在国家发展改革委召开座谈会，指出要解决好大城市住房突出问题，大力增加保障性租赁住房供给，持续加强房地产市场调控。4月15日，住房和城乡建设部等六部门发布《关于加强轻资产住房租赁企业监管的意见》，引导住房租赁企业回归住房租赁服务本源，促进住房租赁市场健康发展。6月24日，国务院办公厅印发《关于加快发展保障性租赁住房的意见》，从土地、审批、税费、金融等六个方面，明确了保障性租赁住房基础制度和支持政策。

综上分析，在国家大力扶持住房租赁发展背景下，围绕租赁领域，开展前期咨询、中期建设运营、后期清退等评估、咨询服务将日益增加。

（二）城市更新带动新型评估业务不断涌现

2021年3月，《"十四五"发展规划及二〇三五年愿景目标纲要》中提出，将实施城市更新行动，推动城市空间结构优化和品质提升，城市更新已升级为国家战略。4月13日，国家发展改革委发布《2021年新型城镇化和城乡融合发展重点任务》，再次明确要实施城市更新行动。8月10日，住房和城乡建设部发布《关于在实施城市更新行动中防止大拆大建问题的通知》，要求各地有序推进城市更新行动，防止出现大拆大建。

可以看出，城市更新正带动城市向纵深化、高质量发展，并催生了大量改造升级、盘活再利用等房地产新型评估、咨询业务。因此，未来围绕城市更新行动开展相关评估、咨询类业务将是行业发展方向之一。

（三）乡村振兴促使农村领域评估成为业务蓝海

2021年2月21日，国务院办公厅印发《关于全面推进乡村振兴加快农业农村现代化的意见》，提出要积极探索实施农村集体经营性建设用地入市制度。完善盘活农村存量建设用地政策，稳慎推进农村宅基地制度改革试点。加强农村产权流转交易和管理信息网络平台建设，提供综合性交易服务。9月1日《土地管理法实施条例》正式实施，更是进一步明确了集体建设用地使用范围和方式，集体经营性建设用地使用和入市管理措施等。

综上分析，随着乡村振兴战略进一步实施，未来乡村领域宅基地评估、集体土地入市底价评估、作价入股评估等逐步将成为重要业务领域。

三、房地产评估行业突破方向

（一）顺应数据时代要求，巩固传统型评估业务

大数据、人工智能等新技术对评估行业的冲击不可避免。行业机构应顺应时代要求，及时做出升级转型。重视基础数据的收集整理、编码处理、分析鉴别、存储传递，建立动态数据库，及时更新、维护，形成数据优势。同时，还应不断巩固传统业务，不断延伸业务内容，向专业化、纵深化发展。特别是在商业、工业、特殊用途等不确定性因素较多，大数据、人工智能技术无法直接替代的房地产评估项目中形成专业技术优势，提供更加全面、优质、准确的咨询服务。

（二）迎合住房调整机制，深耕租赁住房评估领域

目前国家提倡租购并举，大力发展住房租赁市场，带动了租赁领域相关估价业务的增长。结合住房租赁发展过程，未来可从建设、运营、清退三个时期深挖、拓宽住房租赁市场评估业务。如，在建设阶段，针对保障性租赁住房项目，估价机构可为政府或投资者提供一体化的租赁住房建设前期咨询服务，包括前期可行性研究、土地价值测算、项目投资收益价值预测评估等；在运营阶段，可利用自身数据储备和专业技术优势，为保障性租赁住房、公共租赁住房等运营服务企业或政府提供动态市场租金监控，为其运营和决策提供依据和参考；在清退阶段，则应重点拓展整体租赁经营转让的价值评估业务。总体而言，行业各机构应主动迎合住房调整机制，深耕租赁住房评估领域。

（三）围绕城市更新行动，向全过程咨询、集成化发展

目前城市更新与估价直接相关的业务类型主要有权属调查、项目课题研究、政策应用分析研究、更新改造项目一体化设计等。由于城市更新往往是一项整体性项目，涉及前期可行性研究、中期设计实施、后期运营多个阶段。房地产评估机构，特别是集团化机构，一般拥有工程咨询、空间规划及测绘、拆迁评估、工程造价、大型房地产评估等多业务领域。其服务领域与城市更新全过程咨询需求相吻合。因此，集团化评估机构可通过整合内部资源，集中内部优势，以提供全过程城市更新咨询服务为特色，开辟新业务。而服务内容和技术优势相对单一的评估机构，则可以通过联合其他机构或其他业务领域咨询机构，组合开展咨询评估服务。由此可见，无论是业务需求，还是自身发展要求，机构"集成化"是未来行业发展趋势。

（四）响应乡村振兴战略，拓展新农村评估市场

过去农村建设长时期落后于城市建设，但随着国家全面实施乡村振兴战略以及土地制度改革，农村土地及房产权益的变更、转让等业务不断增多，市场需求潜力巨大。未来以集体土地以及房产的买卖、租赁、抵押、作价入股等流转过程中的评估业务以及围绕农村土地开展的整体资源开发咨询评估将成为业务蓝海。因此，未来应以大数据为依托，不断积累农村评估业务项目经验、形成数据固化资产，不断拓展新农村评估领域市场。

（五）重视人才培养，打造综合型人才队伍

即使在大数据、人工智能高速发展的时代，人才依然是企业不可复制的核心竞争力。特别是在专题技术研究、数据开发利用、特殊复杂类项目评估等领域仍需专业技术人员处理。同时，随着行业的不断发展，对人员的专业技术要求，不仅仅局限于房地产评估报告撰写能力，对数据处理、文字处理、沟通表达、政策法规分析等能力也提出了更高要求。因此，各个估价机构应该充分认识到人才的重要性，重视对人才的培养。通过多种渠道提高技术人员的专业素质和综合处理能力，打造综合型人才队伍。

四、结语

目前房地产评估行业受宏观政策和整体环境影响，表现为传统、简单业务缩减，新型业务不断涌现的新形势。行业整体处于调整与变革阶段，机遇与挑战并存。为应对时代浪潮，各机构应紧抓政策风向标、及时调整战略方向，深挖潜在市场，重视人才吸引和培养，以动态视角、审慎态度、挑战者的姿态迎接新时代。

参考文献：

[1] 马佰林. 经济新常态下房地产估价机构的短板及补足路径分析 [J]. 营销界，2021（09）：157-158.

[2] 王延龙. 新时期下房地产估价机构业务拓展思路与实践 [C]//2017 中国房地产估价年会主题报告集，2017.

作者联系方式

姓　名：张天宇

单　位：北京市金利安房地产咨询评估有限责任公司

地　址：北京市丰台区美域家园南区 4 号楼底商

邮　箱：345327231@qq.com

注册号：1120210091

浅谈疫情背景下内地与中国香港地区
房地产估价行业的机遇与挑战

黄西勤　梁天齐

摘　要：新冠肺炎疫情对内地与中国香港房地产估价行业产生直接冲击，短期内表现在业务量缩减，业务开展难度增大等方面。然而疫情对该行业的影响是长期而深远的，随着疫情管理的常态化，后疫情时代中的房地产估价行业将是一个风险与机会并存的不确定状态。本文从房地产市场现状、房地产估价方法、香港房地产测量业潜在业务增长点、香港与内地估价标准相互融合的契机等方面，浅析疫情大背景下两地的房地产估价行业将面临的各种机遇和挑战。

关键词：房地产估价行业；北部都会区；香港测量业；粤港澳估价标准融合；"一带一路"

一、中国房地产估价行业的机遇与挑战

（一）疫情对中国房地产估价行业的总体影响

中国房地产估价的萌芽可追溯到一千多年前人们对房屋土地的课税、典当行为。改革开放以后，中国房地产估价行业快速发展，并于 20 世纪 90 年代初期孵化出第一批房地产估价师，此后，国家陆续出台多项法律法规，对房地产估价行业进行规范化管理，行业进入平稳发展阶段。然而 2020 年初爆发的新冠肺炎疫情对中国房地产估价行业来说影响是显著的。首先，房地产估价业务体量很大程度上依托于房地产行业的市场活跃度。根据国家统计局公布的数据显示，我国办公楼 2020 年销售总面积为 3334.33 万 m^2，同比下降 10.4%，办公楼销售额总为 5047.47 亿元，同比下降 5.3%；我国商业营业用房 2020 年销售总面积为 9888.91 万 m^2，同比下降 8.7%，商业营业用房销售额总为 9288.46 亿元，同比下降 11.2%；2020 年全国房屋竣工面积 91218 万 m^2，同比下降 4.9%。房地产市场活跃度的下降将必然伴随着房地产评估行业业务量的缩减。

其次，新冠肺炎疫情对房地产评估行业本身以及房地产评估所在的评估咨询行业也造成了一定的冲击。评估咨询行业的特殊性决定了业务开展离不开现场勘查、实地走访、信息采集等活动，但由于疫情管控，评估行业专业人员工作的正常开展受到了很大限制，进而导致项目进度缓慢，资金回流速度受阻等不利后果。时至 2021 年 11 月，行业内仍屡有发生因突发疫情或疫情管控导致合同签订受阻、原定项目行程取消、勘查活动无法进入现场的情况，疫情对评估行业工作正常开展的影响仍然持续存在。

（二）疫情将持续影响全国房地产估价师注册执业人数新增速度

2020 年全国房地产估价师新注册执业人数的增速幅度出现明显下降情况，主要受疫情

背景下的行业发展趋势以及疫情管控措施使考场受限双重因素的叠加影响。根据房地产估价信用档案系统的数据显示，2020 年，全国房地产估价师资格考试报考人数为 16903 人，实际参加考试人数为 14254 人，其中 4432 人取得资格证书，注册执业人数为 4111 人，同比增长 8.4%，但相对于 2019 年 22.7% 的增幅出现明显回落现象。2021 年 11 月，由于全国范围内多个地区仍有新增本土病例，众多省市，包括贵州、河北、陕西、青海、北京、甘肃、吉林、四川、重庆、黑龙江、宁夏、内蒙古、河南、大连、常州、新疆、天津、上海均发布了《关于停考 2021 年度房地产估价师职业资格考试的通知》，宣布取消或延期本年度房地产估价师资格考试。预计 2021 年全国房地产新估价师注册执业人数的增速幅度将继续保持低值甚至出现负增长现象。这对我国的房地产评估行业来说影响是双面性的。一方面，注册执业人数增速的放缓有助于已持证的房地产估价师在因疫情导致业务量缩减的背景下避免评估业务供过于求、竞争过激、恶意压价等现象；另一方面，若注册执业人数的增速持续放缓甚至出现负增长的现象，则有可能面临行业萎缩，新鲜血液无法及时补充的风险。

（三）疫情将倒逼房地产评估行业现代信息技术应用的发展

疫情极大影响了房地产评估专业人员实地走访、现场勘探的脚步，许多评估标的现场密闭的环境也会增加病毒传播的风险。在此限制下，现代化评估技术应用的重要性被凸显出来，甚至可能影响整个房地产评估行业的发展趋势。2021 年 8 月，中国房地产估价师与房地产经纪人学会发布的《关于全面加强房地产估价经纪和住房租赁企业新冠肺炎疫情防控工作的通知》中指出"房地产经纪机构要提倡通过 VR 看房、App 签约等线上方式带看、签约，尽量减少与客户线下接触的频次和时长；接待客户要全程佩戴口罩，并对客户进行健康码核验、体温检测；进入社区要严格遵守疫情防控管理规定。住房租赁企业要倡导通过网上交流、视频看房、App 签约等方式，线上办理出租、承租业务"。因此，实时视频通信、远程在线查勘等线上评估方式正发挥越来越重要的作用，未来我国若进入疫情常态化管理阶段，线上评估与线上管理等业务模式甚至将可能成为房地产估价的主流模式。在疫情期间，笔者所在的企业也审时度势、主动探索，开发出了公司自己的"房地产管理与价值赋能系统"，将询价回价、评估测算、报告审批、数据可视化等功能嵌入到系统之中，以达到减少线下操作环节和提高评估效率的目的。各房地产评估机构也应把握时代特殊时期蕴生的机遇，积极参与到传统房地产评估和现代信息技术融合的队伍之中，努力提高信息化、自动化、系统化等技术手段，争取从众多竞争者队伍中脱颖而出。

（四）疫情影响下房地产评定估算方法选用应更细致谨慎

新冠肺炎疫情让全世界进入了百年未有的大变局，疫情对经济、文化、政治、医疗以至于全人类和世界秩序都进行了重新的塑造。对于房地产行业来说，疫情更是将其进行了重新而彻底的洗牌，因此房地产估价师在后疫情时代采用估价方法时，应充分考虑疫情因素产生的影响。例如，在选用市场法时，由于疫情前后的房产供需、经济形势、买卖双方资金实力与心态都发生了重大变化，若采用疫情前的交易价格作为可比案例，则该可比案例的可参照性可能显著降低，估价人员选用时应谨慎考虑。再例如，选用收益法进行价值评估时，由于疫情对未来市场变化带来的巨大不确定性，在确定未来各阶段的投资收益时应慎重采用固定不变的收益总额与折现率取值，评估人员需对标的实际情况进行细致分析，充分将疫情的潜在影响体现在评估假设，参数选择及其他评定估算环节之中。

二、中国香港房地产估价行业的机遇与挑战

（一）疫情对中国香港房地产测量行业的总体影响

香港是世界上人口密度最高的地区之一，作为一座高度繁荣的国际大都市，其房地产市场一直是国际资本和舆论关注的重点，因而服务于房地产市场的房地产估价专业团体也显得尤为重要。在香港，这一类评估人员被称为专业测量师，由专业测量师组成的香港测量师学会是香港测量业唯一的自律专业团体，截至 2021 年 4 月，会员人数达 10679 人。事实上，香港房地产市场与资本市场密切相连，房地产市场也伴随综合经济形势呈周期性变化。2020年新冠肺炎疫情对香港经济的冲击是巨大的，根据香港统计处的数据，2020 年中国香港地区名义 GDP 为 27107.30 亿港元，与 2019 年按可比价格计算，实际缩减 6.1%，这个数字既低于深圳，也低于广州；同年在世界经济论坛发布《全球竞争力报告》中，香港在全球 141个经济体中的排名从 2019 年的第 3 位跌落至第 5 位。疫情引发的经济萧条也直接反映在了房地产市场上，2020 年香港房地产，专业和商业服务业的净产值同比实际下跌 5.30%。在此形势下，香港房地产测量业也正面临着重重困难与考验。

（二）北部都会区规划成为香港测量业潜在巨大的业务增长点

在此严峻的背景下，香港房地产测量业也并非没有机遇。疫情导致经济萧条，楼市不振，香港特区政府也在积极寻找振兴经济、创造就业机会、焕发房地产市场活力的破局之道。2021 年 10 月 6 日，香港特区行政长官林郑月娥发表任内最后一份施政报告，正式对外官宣了关于新界北发展规划，并公布《北部都会区发展策略》。在规划中，北部都会区将成为未来香港 20 年城市建设和人口增长最活跃的地区，未来香港的增量人口和增量住宅供应，将主要交由北部都会区来完成，整个北部都会区发展完成后，总住宅单位将达 90.5 万至 92.6 万个，共计容纳约 250 万人口居住。北部都会区的建设对于香港房地产测量业是难得的机遇，一大重要原因是新界区大部分土地仍处于未完全合理利用开发的状态，主要为乡郊、农业用地和鱼塘，香港特区政府计划建设超过 300km² 的都会区，必将大量征用私人土地以支持规划实施。届时，对私人业主的法定赔偿与对被征用土地、房地产的评估估价将是北部都会区建设过程中必不可少的环节，香港测量师也将在征地收地得以顺利实施的过程中扮演无可替代的重要角色。

（三）北部都会区规划是实现粤港澳三地估价标准统一的良好契机

《北部都会区发展策略》除了将刺激产生大量的房地产评估、土地评估的业务需求外，对香港房地产测量业还有着更深刻的意义。该规划最大的目的在于深度促进深港交流，意图在香港和深圳接壤地带打造一个全新的 CBD 和新增长极，是香港主动融入粤港澳大湾区发展规划中的标志性举措。在规划中，港深西部铁路不仅将连接至深圳前海，规划的北环线将向北伸延经落马洲河套的港深创新及科技园接入新皇岗口岸；除此之外，还计划将北环线向东伸延，接驳深圳罗湖、文锦渡一带。超过 300km²，覆盖由西向东的深港接壤土地被划入了到同一个发展规划蓝图中，意味着香港测量业与深圳房地产评估行业将发生有机碰撞，这是中国香港房地产行业估价标准与内地房地产估价标准互相学习与借鉴，加速估价行业互通融合的绝佳机会。另一方面，澳门房地产评估行业因没有自己单独的房地产估价标准，一直沿用和借鉴香港的房地产估价标准，因此这也是澳门参与进入粤港澳大湾区行业标准融合的机会。在大湾区规划加速落实的今天，推动粤港澳三地评估行业融合发展已成为大趋势，由

于内地与港澳不同的社会制度，经济发展基础不一，评估行业的发展及标准也各不相同，要实现粤港澳大湾区评估行业的融合发展，就需要在统一的评估标准下进行作业。因此，统一粤港澳大湾区房地产估价标准，有助于推动大湾区评估行业融合发展，提高大湾区评估行业专业服务水平和质量，对于促进区域产业升级转型和经济高质量、健康发展具有重要意义。

　　基于上述背景，在中国房地产估价师与房地产经纪人学会的指导之下，由国众联资产评估土地房地产估价有限公司牵头，深圳市国策房地产土地估价有限公司等企业参与，共同制定了《粤港澳大湾区房地产估价标准细则（试行）》（以下简称"标准"）。《标准》通过对比、分析、整合统一粤港澳三地的房地产技术标准和道德规范标准，形成了一份适用于整个粤港澳大湾区的房地产估价标准细则，起到了规范粤港澳三地房地产估价活动，保证房地产估价质量的积极作用。《标准》将在澳门率先试行，随后陆续在大湾区其他地区施行，并最终希望申请取得国家标准委员会的通过，正式实现"湾区标准"的落地和实施。"湾区标准"的诞生有着其深远而重要的意义，当前我国外向型经济在积极参与"一带一路"建设，推动全面开放新格局逐渐形成的过程中，评估咨询行业通过为我国企业的对外投资提供并购资产价值评估、并购方案咨询、风险管理等多元化服务，充分发挥评估咨询行业在规范境外并购市场经济秩序、引导资源在全球范围内合理配置等方面的重要作用，从而实现行业价值和转型升级，国际化评估咨询行业在"一带一路"倡议中大有可为。然而，一些"一带一路"沿线国家评估咨询行业尚未形成完整的监管程序，所应用的会计准则和规章制度没有与国际标准接轨，尤其是在境外并购业务方面，双方很难在资产价值评定中形成统一的结论，一定程度上阻碍了"一带一路"的商业合作。因此，我国房地产评估行业想要走出国门与国际顺利接轨，首先必须实现评估准则内部的统一，才能以一个更完备、成熟的姿态融入"一带一路"评估咨询行业的开拓与发展之中，《粤港澳大湾区房地产估价标准细则（试行）》正是在这重要的行业发展节点上应运而生。未来，为了更好地突破行业间标准不一这一障碍，我国评估咨询行业还将积极地与其他国家进行深入的学术交流，谋求形成国家与国家之间统一的行业规范与制度，促进各国评估咨询行业的国际化发展。

参考文献：

[1] 宋梦美，刘朵 . 2020 年房地产估价行业发展现状及 2021 年展望 [EB/OL]. https：//mp.weixin.qq.com/s/10cGRYf7TRKN35s4EtiQ_w，2021.

[2] 陈佳 . 2020 全年中国房地产行业市场现状及发展趋势分析，国房景气指数处于适度景气水平 [EB/OL]. https：//www.huaon.com/channel/trend/683283.html，2021.

[3] 南方新闻网 . 香港提出港深融合大动作！拟建 300 平方公里北部都会区 . [EB/OL]. https：//baijiahao.baidu.com/s?id=1712954841366122409&wfr=spider&for=pc，2021.

作者联系方式

姓　　名：黄西勤　梁天齐

单　　位：国众联资产评估土地房地产估价有限公司

地　　址：广东省深圳市罗湖区深南东路 2019 号东乐大厦 901 室

邮　　箱：qtliang@cmqs.gzlchina.com

注册号：黄西勤（4420000321）

疫情期间的房地产价值评估

王胜斌 许崇娟

摘 要：疫情期间的房地产价值评估怎样考虑疫情冲击带来的影响，是各种目的估值服务的必答题。不仅估价当事人对此有歧义，评估行业内也有不同的声音，亟待探讨解决。本文以房地产司法处置参考价评估争议为切入点，分析了疫情期间的房地产市场变化导致的估价工作路径的改变及其价值类型选择，探讨了疫情影响价值取向对应的估价目的的分类与归因，以及疫情期间公平市场价值评估的技术处理方法，希望能对疫情期间的房地产价值评估工作有所帮助。

关键词：疫情期间；房地产价值；评估方法

一、问题的提出

某评估机构以新冠肺炎疫情期间成交的房地产市场交易案例为参照，采用比较法对某酒店进行司法处置参考价评估，房屋产权人（被执行人）对评估结果不满意并提出异议，认为没有排除疫情对房地产市场造成的冲击而导致房地产价格的不合理下降。而评估机构的估价说明则坚持认为，遵循价值时点原则，以价值时点的房地产市场状况进行价值评估符合规范规定。双方各执一词，互不相让，导致异议人诉诸专业技术评审寻求帮助。笔者在近期办理的 8 起房地产涉执司法评估专业技术评审案件中，有 4 起当事人提出了疫情影响异议，占比达 50%。其实，疫情期间的房地产价值评估要不要排除以及怎样排除疫情冲击带来的价值影响，也就是要进行公平市场估价还是按疫情现状的市场价值估价，不仅是涉执财产处置参考价评估面临的问题，也是其他各种房地产流转性估值服务的必答题。估价当事人对此有歧义，评估行业内也有不同的声音，亟待探讨解决。

二、疫情影响估价工作路径及价值类型选择

可能有人会问，疫情冲击带来的房地产价值的变化是客观事实，遵循价值时点原则，以疫情期间的房地产市场状况进行价值评估，没有违反评估规范，还有什么可讨论的呢？其实不然。从价值时点原则讲，似乎评估不应考虑是否存在疫情，价值时点的市场状况是什么，就评估什么样的市场价值。然而，遵循价值时点原则评估，通常都是依托在价值时点的房地产市场是正常、公平的市场之上，评估结果一般也都是公平市场价值。而疫情的出现，打破了这个常规。

公平市场遵循价值规律运行，价格围绕着价值上下波动，非自愿、急买急卖等交易行为导致的价格波动被认为是偶然的，属于个别特殊交易情况。而疫情期间的房地产市场运行则

正好相反：从2002—2003年的SARS疫情影响趋势以及新冠肺炎疫情一段时间来的表现看，受疫情冲击影响，全国大部分地区房地产市场从宏观上发生了改变，表现为整体、短暂的单边下行，量价齐跌且幅度较大（一、二线城市有所不同）。从交易情况看，房地产成交量大幅下挫，那些正常的交易主体大多已经退出市场观望，仍然在进行市场交易的买卖双方，尤其是出卖者表面上是自愿交易，实际上是为了资金回笼，或受生活所迫需要财产变现等不得不交易，某种程度上带有一定的"强迫交易"性。而购买人则可能存在绝对的刚性需求或者是抱持"买便宜"的投机心理。此时的房地产市场交易行为，整体都带有特殊交易性质。在这种情况下，评估机构还按照常规进行评估，可能事与愿违。即坚持以疫情期间的市场状况为参照进行评估，得到的评估结果并不是以公平市场交易为前提的房地产的内在真实价值（以下简称公平市场价值），而是疫情期间房地产市场上最有可能实现的交换价值（以下简称疫情期价值）。也就是说，评估机构的评估出现了错位，原本可能想要评估公平市场价值，结果却评估了疫情期价值。如果真实评估需求就是疫情期价值，可以这样评估；如果期望的评估结果是要得到公平市场价值，还需要合理把握疫情影响程度，调整原来的工作路径，将疫情期价值还原为公平市场价值。评估机构只有对疫情期评估工作路径这一变化认识清醒，才能合理确定房地产疫情期价值与公平市场价值评估技术路线，提供恰当的估值服务。

一般来说，房地产属于长期性资产，突发性的疫情导致房地产价格下跌也是短期的，从长期性看，对房地产价值影响较小。常态性的经济行为看待房地产价值并不是看其短期的交换价值，而是看其在公平市场上长期稳定的内在价值。因此说，评估公平市场价值，是委托评估的普遍性需求，但也不能排除经济活动中当事人了解或者是使用房地产疫情期价值的可能性。评估机构要改变惯性思维，在疫情期价值和公平市场价值之间，根据估价委托，准确地分辨出对应的经济行为需要哪一种估值，做出合理的选择。

明白了这个道理，前述司法评估当事人的异议就可以解释了，主要是双方就评估的价值种类没有共识。双方分歧在于，评估机构要么是认为疫情期间的房地产市场就是公平交易市场，疫情期价值本身就是公平市场价值；要么就是认为司法处置参考价评估无需考虑公平交易，就是评估随行就市的疫情期价值。而异议人则认为疫情期价值不是公平交易市场价值，司法处置参考价评估必须为公平市场价值。解决双方分歧的关键，就是要明确疫情期的司法处置参考价是否应当是公平市场状况下的价值。如果是，则评估机构的评估存在错误，缺乏必要的修正。如果不是，则异议人的异议不能成立。目前，涉及这方面的法律、政策和评估规范还没有明确，直接的相关规定、相关的理论研究也很少见，评估实务工作者往往无所适从。

三、疫情影响价值取向对应的估价目的分类与归因

我们知道，房地产估值估价目的不同，价值类型和价值内涵也应变化，进而评估出满足与估价目的对应经济行为使用需求的估价结果。站在疫情下的房地产估值角度反观这一逻辑关系，可以得出这样一个结论：要想使评估结果满足对应的经济行为的使用需求，就需要明确评估的是疫情期价值还是公平市场价值，做出选择的依据就是估价目的。而估价目的不是随意确定的，取决于委托人的委托意愿、对应的经济行为需要以及符合法律政策规定，要确认可行。

（一）评估房地产疫情期价值的估价目的

评估房地产疫情期价值的估价目的包括但不限于：地价动态监测的目的是监测适时地价变化情况，必须评估土地的疫情期价值；房地产转让估价，因转让双方或者是某一方是想要了解或使用疫情期间房地产的价值而委托评估，那么评估的一定是房地产疫情期价值；疫情期间房地产交易环节的课税评估，因税基是房地产实际成交价格，也应评估房地产疫情期价值。

（二）不考虑疫情影响而评估公平市场价值的估价目的

疫情期不考虑疫情影响而评估公平市场价值的，主要涉及政府制定的房地产价格体系的评估，如基准地价、标定地价和各类房屋的重置价格。这类有一定使用周期的，政府调控房地产市场的指导价格，一定是公平市场价值，评估不能考虑疫情影响。房屋征收评估也是如此，因为疫情期房屋价值市场范围狭窄，常规评估的房地产价值，没有足够的供给保证被征收人买到类似房地产，有损公平补偿原则。如果评估参照的是疫情期的价值，应当进行疫情影响除斥修正。

（三）适当考虑疫情影响而评估公平市场价值的估价目的

对于房地产作价出资入股评估、土地使用权出让底价评估、房屋保险价值评估、房地产抵押价值评估、房地产证券化评估、房地产司法处置参考价评估、房地产存量财产课税评估等大部分估价目的，都应当评估受疫情影响的公平市场价值，不应评估疫情期价值。这是因为：一是这些估价目的对应的经济行为对房地产的需求属于长期性资产需求，评估采用的价值观点也应该是长期性的。突发、短期性的疫情导致房地产价格下跌对房地产长期的价值观点影响较小。二是这些估价目的对应的经济行为都是建立在房地产公平市场基础之上的。疫情下的房价下降，脱离了房地产的真实价值，与对应的经济行为的价值取向不一致，会给房地产权利人造成损害。三是疫情对房地产经济性损害是永久性的，评估公平市场价值时完全视而不见也是不妥的。房地产在疫情期间收益降低、建设成本增加、经济寿命相对缩短等都是永久不可恢复的经济性损害，这些损害必然反映到房地产价值上。因此，对于上述估价目的，在评估房地产的公平市场价值时，也必须适当地考虑这些损害对价值的影响，扣除疫情期间造成的价值损失。

鉴于疫情期此类估价目的的评估的重要性，以司法处置参考价评估为例，再作进一步的剖析。

最高人民法院印发《关于依法妥善办理涉新冠肺炎疫情执行案件若干问题的指导意见》（法发〔2020〕16号）的通知规定："在疫情期间进行网络司法拍卖，也要适当考虑疫情影响和财产实际情况，把握好拍卖时机，有效实现财产变现价值最大化。被执行人有充分证据证明疫情期间进行拍卖将严重贬损其财产价值，申请暂缓或中止拍卖的，人民法院可以准许。"据此规定，在司法处置参考价评估时，应当平衡各方利益。一是不能评估疫情期价值。以疫情期价值处置财产，价值已经低于正常价值了，再加上可以预期的两次降价，无疑是雪上加霜，一旦疫情结束，房价如果能迅速恢复到疫情前的水平，将会严重损害产权人的利益。二是也不能评估完全公平市场价值。如果评估完全公平市场价值作为司法处置参考价，人民法院又恰恰就是在疫情期间处置财产，以完全公平市场价值拍卖房地产，大概率是没有人会买的；以完全公平市场价值为基础变现抵债，对债权人也不公平，还将导致人民法院没有执行效率。因此，评估房地产司法处置参考价应该在完全公平市场价值的基础上，对疫情造成的无法恢复的永久损害，进行适当地修正。或者是直接评估疫情影响下的公平市场价值。以疫情影响下的公平市场价值作为人民法院确定司法处置参考价的依据，即便是以公开竞价方式没有变现，再以其他方式处置，也能为各方所接受，从而兼顾到执行申请人和被执行人双方的利益，实现定分止争。

四、疫情期公平市场价值评估的技术处理

（一）关于评估方法选择

评估公平市场价值时，在评估方法选择上，可以把疫情期看作房地产市场低潮期，尽量不采用比较法评估。即便是采用了比较法，因收益法和成本法评估受疫情的影响程度远远低于比较法，应该同时采取其他评估方法，并降低比较法评估结果的权重。采用多种方法评估时，应当注意各评估方法之间的估价前提要保持一致。

（二）各种估价方法对疫情影响的技术处理

1. 收益法

2002—2003年的SARS疫情影响趋势表明，在疫情期间，房地产资产运营收入会减少，成本会增加。在疫情结束后，房地产收益会有一个报复性上涨，之后渐趋正常。当下的新冠肺炎疫情与2002—2003年的SARS疫情影响相似，但影响范围更大，持续时间更长。因此，在采用收益法评估时，应该合理预测收益流模式，分为疫情期和非疫情期进行折现。疫情期报酬率应该高于非疫情期。

如果是评估完全公平市场价值，在确定预期收益时可以剔除不正常的收益期，收益流模式按照假设无疫情预测。

2. 成本法

疫情期房屋的建设成本高于非疫情期，资金成本因建设期、销售期延长而相应提高，额外增加的成本应该作减值修正，把国家应对疫情制定的税费优惠及财政补贴政策也考虑进来。利润率取值应该趋向保守，房地产经济寿命要相对缩短。

如果是评估完全公平市场价值，当采用静态法评估时，所确定的建设成本应为预测疫情结束后的建设成本。

3. 比较法

可比实例有两种选择，处理的技术手段也有所不同。以疫情前案例作为可比实例的，应当先将疫情前案例价值修正为价值时点的，假设未受疫情影响的市场价值，然后适当考虑疫情期影响，把以收益法或者成本法等推算的疫情影响值（即没有疫情的收益和有疫情的收益差值的折现、疫情带来的成本损失及房屋折旧增加等），从未受疫情影响的市场价值中扣除，得到疫情期公平市场价值。

以疫情期间发生的交易案例作为可比实例的，先以疫情期间房价较疫情前房价下降幅度为基准，预测疫情结束后总体下降幅度，修正成为价值时点的，假设未受疫情影响的房地产价值。再以收益法或者成本法推算疫情影响值并进行相应扣除，得到疫情期公平市场价值。评估比较时，适当考虑物业管理、物业未来发展前景因素。

如果是评估完全公平市场价值，疫情造成的价值减损不作扣除。

疫情期间进行房地产估价，无论是什么估价目的，采用什么样的价值类型，评估报告中都必须对疫情影响进行披露。同时，还要对如何使用评估结果提出意见和建议，以便报告使用者准确把握评估价值内涵且在他们对应的经济行为决策中合理使用评估结果。另外，因疫

情结束期判断困难，报告有效期设定也要短一些。评估疫情期价值时，评估报告的有效期不能超过疫情期间。

作者联系方式

姓　　名：王胜斌　许崇娟

单　　位：长春银达房地产土地估价有限责任公司

地　　址：吉林省长春市朝阳区建设街 2980 号，融诚担保大厦 7 楼

邮　　箱：wangshengbin66@163.com

注册号：王胜斌（2219960005），许崇娟（3120040025）

浅析新形势下房地产估价面临的挑战与发展

郭忠伟

摘　要： 20世纪80年代，我国各地相继建立了固定的房地产交易市场，房地产交易市场的发展催生了房地产估价，随后我国建立了房地产估价师考试制度，《中华人民共和国城市房地产管理法》从国家层面将房地产估价设立为行政许可，进而推动了整个估价行业不断前行，但随着各类细分估价行业的出现，出现了"九龙治水"局面，2016年国家出台了《中华人民共和国资产评估法》，让估价行业更加规范化，更好地服务于整个市场经济，明确了估价师的权利与职责，新形势下，各类"新、奇、特"评估项目的不断涌现，房地产估价行业面临着众多挑战与发展机遇，本文笔者通过相关实践经验并结合理论对当前房地产估价行业状况进行浅析。

关键词： 职业道德发展；房地产评估技术与方法；全局服务意识

房地产估价（Real estate appraisal）是指专业房地产估价人员，根据特定的估价目的，遵循公认的估价原则，按照严谨的估价程序，运用科学的估价方法，在对影响估价对象价值的因素进行综合分析的基础上，对估价对象在价值时点的价值进行估算和判定的活动。

一、职业道德发展

职业道德是各行各业生存与发展的基础，是社会各行各业劳动者在职业活动中必须共同遵守的基本行为准则，是判断人们职业行为优劣的具体标准，也是社会主义道德在职业生活中的反映。国家标准《房地产估价规范》GB/T 50291—2015中对估价职业道德做了最全的解释，也是每一名注册房地产估价师在执业过程中坚守的道德底线。但在实践中，估价师和估价机构受到主观或客观因素的影响，职业道德受到了严重挑战甚至违背。

《房地产估价规范》GB/T 50291—2015估价职业道德8.0.3规定，房地产估价师和房地产估价机构应正直诚实，不得作出任何虚假估价，不得按委托人或其他个人、单位的高估或低估要求进行估价，且不得按预先设定的要求及价格进行估价。但在实践中，往往因为各种利益交织，委托方通常会要求估价机构按着设定的要求估价，比如抵押报告，往往需要高估满足其贷款的要求，课税评估又要在原则基础上尽量低评，目前估价行业竞争加剧，由于委托方是支付评估费一方，若评估机构不满足其要求，轻则损失一项业务，重则损失相关关联业务。一些估价机构，往往"定力"不足，违背了基本职业道德。

《房地产估价规范》GB/T 50291—2015估价职业道德8.0.7规定，房地产估价师和房地产估价机构应该维护自己的良好社会形象及房地产估价师声誉，不得采取迎合估价委托人或估价利益关系人不当要求、恶性压价、支付回扣、贬低同行、虚假宣传等不正当手段招揽业务，不得索贿、受贿或利用开展估价业务之便谋取不正当利益。在实践中，某些估价机构因利益驱使采用违背该条职业道德手段，通过采取迎合估价委托人不当要求或者恶性压价、支付回扣手段招揽评估业务。目前，江苏省房地产评估机构在省住建厅的指导下，省评估协会进行牵头，各地估价机构纷纷签署反不正常竞争承诺书，严格按照承诺书要求开展业务，各地房地产估价协会对签署机构进行监督、检查，在一定程度上维护了评估市场秩序，提高了房地产估价口碑，维护了机构声誉。

职业道德发展中，房地产估价师也须提高其沟通水平，很多估价项目，技术手段只是基础，而良好的沟通能够达到"事半功倍"的效果，也是人际关系的"润滑剂"。比如一起司法评估项目中，房地产估价师不仅要了解怎么评估，也要了解"为什么评估"，维护相关当事人的合法权益，房地产司法评估中涉及的隐蔽工程，往往是房地产估价师忽略的关键点，若被执行人当初也确实花费了该笔费用，估价师此时可以与委托方沟通，可以通过让委托人提供审计资料或结算资料，甚至进行必要钻探了解其深度等，对其价值进行显化，每次现场勘察结束后，估价师都可以和相关方进行沟通确定勘察范围，最终签字确认，同时也避免后续出现不必要的异议。

二、房地产评估技术与方法

根据《房地产估价规范》GB/T 50291—2015，房地产评估中主要采用比较法、收益法、成本法、假设开发法。每种方法使用的对象及测算过程，规范中都予以了明确，也为估价师评估各类房地产提供了估价依据。俗话说"巧妇难为无米之炊"，比较法中，应该选择成交实例，但由于房地产市场发展不够完善，一些成交案例往往无法调取，或者寻求可比案例的成本相当大，这就制约着比较法的熟练运用。再如，收益法中，未来收益往往是根据现状进行预测，但房地产市场是不断变化的，存在低迷、复苏、扩张、萧条等各阶段，也存在国家行政调控因素。估价师预测后期发展趋势难度较大，不确定性极大，往往根据现状进行预测与后续发展大相径庭。又如，成本法中，房屋建安费的确定也是估价师的一个"痛点"，一些司法鉴定评估，异议人提出估价报告中房屋建安费确定无充分理由，认为是"拍脑袋"定出的价格，或者房屋评估价与实际建造的成本差距太大……这就要求估价师熟悉各类房屋的建造成本，对房屋的建筑成本、装修成本、设施设备价格等都要及时搜集，对房屋施工中采用的特殊工艺、特色造型须重点关注，及时沟通，避免矛盾的产生，从某种层面上说房地产评估是一门技术，更是一门艺术。

新形势下，各类"新、奇、特"房地产业务不断涌现，人们对价值的理解也不断深化，要求注册房地产估价师不但要熟练掌握基本评估方法，对新评估方法还要了解、熟悉。房地产评估中衍生的方法，诸如：多元回归分析法、修复成本法、损失资本法、价差法等，一般房地产评估虽然极少运用，但熟练掌握一种或多种衍生方法能够提高估价师解决各类评估问题的能力，比如因房屋浸水产生的损失评估，可以采用修复成本法，首先确定损失部位，其次通过人工费、材料费、必要机械费、管理费、利润确定直接费用，再计算规费、税金综合确定其损失金额。再如，针对大量相似的房地产批量估价，就可以采用多元回归分析法。新形势下，估价师要不拘于四大基本方法，更要灵活运用衍生方法，不断创新，推动房地产评估方法与技术的不断发展、突破。

三、树立全局服务意识

人们常说"不谋全局者，不足以谋一域"，事实上，今天一地的发展，不仅需要着眼全局来谋划，也需要在全局中看清自己的位置、履行好自己的职责。房地产评估行业同样如此，有些咨询类项目，房地产评估往往是其中的一环，比如征收拆迁评估，估价师可以从前期策划、资金测算介入，到协助产权确认、面积测量、征收评估，再到协助谈判、残值报告出具、政府底稿编制等全过程、全流程参与项目。再如，房地产抵押中，从抵押报告出具、协助办理不动产抵押、贷后重估、债权价值分析报告等，多角度、多维度为客户提供增值服务。房地产估价师要跳出"为了评估而评估"思想，亟须树立全局服务意识，为客户想之所想，挖掘潜在的价值，成为不动产价值的发现者，成为客户的好伙伴。

目前我国大多数一级房地产估价机构正在走专业化、综合化道路，比如申领了造价资质、测绘资质、工程咨询资质，进行了资产评估备案等，甚至设立了会计事务所、律师事务所，全方面为客户提供专业服务，协助政府提供全过程拆迁、征收咨询，协助企业进行可行性研究，申报环境影响评价，进行造价审计，在建工程房地产抵押评估，协助政府对房屋面积进行测绘，后续为企业股改提供资产评估服务、年报审计服务、法律咨询服务等。全方面、全过程为客户提供专业服务，但这对估价机构也提出了各项挑战（资金、人才、管理等），需要注册房地产师不仅要翔实掌握本专业知识，还要熟悉法律、财务、管理知识（笔者公司要求估价师掌握房地产行业法律知识不低于律师水平），具有良好的人际沟通能力，树立全局服务意识。

四、结语

习近平总书记指出，"当前中国处于近代以来最好的发展时期，世界处于百年未有之大变局，两者同步交织、相互激荡"，逐步形成国内大循环为主体、国内国际双循环相互促进的新发展格局，同样，房地产评估从前期简单的银行抵押、司法鉴定、征收拆迁逐步过渡到新形势下的"新、奇、特"为主的"私人定制"估价，更加规范化、精细化、专业化，房地产估价理论与技术伴随着时代发展不断完善中，衍生评估方法在未来估价活动中亦大有作为，注册房地产估价师也要树立全局服务意识，将房地产评估真正融入解决各类问题中，为客户排忧解难，扮好"参谋长"的专业人士角色，把握未来发展趋势和要求，不断提升机构变革与创新能力，为经济社会高质量发展服务添砖加瓦，为我国"十四五"规划发展贡献自身的力量。

作者联系方式

姓　　名：郭忠伟

单　　位：江苏鑫鼎土地房地产资产评估咨询有限公司

地　　址：江苏省常州市武进区湖塘镇永安花苑 366 栋

邮　　箱：544871714@qq.com

注册号：3220140154

当前房地产估价行业发展面临的挑战

王思明　范小龙

摘　要：房地产为国民经济发展作出了积极的贡献，行业发展日趋成熟，行业分工变细，对行业提出了新的要求，如房地产评估体系等。我国房地产评估行业也迎来了新的发展机遇，但同时时代给这一行业带来的挑战也不容小觑。对此，本文结合当前房地产评估行业发展所面临的挑战，基于当前评估行业发展形势，提出了适合房地产评估行业的发展方向。

关键词：房地产估价行业；估价需求

自20世纪90年代初，我国房地产评估职业资格制度实施至今，经过30来年的发展，成为房地产具有活力的行业。当前，房地产评估行业规模较大，机构从业范围也从原来的房产交易，逐渐向保险、房产抵押贷款、司法诉讼、征收、破产清算等综合业务体系发展，促使房地产评估行业为我国市场经济发展的贡献力逐渐攀升。回顾我国30来年来的房地产评估发展历程，虽然起步较晚，但由于发展速度较快，使得我国房地产评估行业的发展态势趋于良好，但是从属于的发展阶段却相较滞缓于西方先进国家，需要对行业不断深化与引导，以激发行业新活力，促使其获得巨大的发展潜力与空间。

一、当前房地产评估行业发展所面临的挑战

（一）估价体系机制的单一化

房地产估价行业内部竞争恶劣，存在着压低价格的"恶性竞争行为"，其目的在于实现工作业绩和降低运营的成本。有些评估体系进行模式化的处理，造成房地产评估机制的流水线、机械化问题严重，机制运行方式也较为单一，即房地产评估停留在初级的模式上，没有进行模式升级转化。从根本上讲，各机构为了生存空间，抢占市场，没有对评估技术实力等方面的要素进行客观评价，导致这些方面仍然在"原地踏步"。

如现场勘查中，估价机构工作人员为了完成流程仅做了一些简单的拍照、记录等，并没有对估价物进行深入了解就作出评价，结果的准确性也较为缺失。从另一角度来说，某些评估机构体系工作仅停留在表面上，如信息搜索，缺乏对评估对象真实性的考察。估价则按照评估模板进行稍加修改就能完成。对此，评估报告及资料收集整理上，信用体系并没有建设完全，容易造成信用体系的建设风险。

（二）评估方法不适用

我国评估方法和国际通用评估方法一致，包括价格指数法、收益法、比较法、假设开发法、成本法等。从现有方式的发展来说，我国的房地产评估成本法确定利润率、收益法

对折现率还存在一定的不足之处，对估价人员自身依赖较大，进而评估结果会因为估价人员主观臆断而造成偏差。从方法论来看，我国房地产评估方式主要采用比较法，参考评估房地产的交易和案例时间不一致，很容易受到客观环境影响，无法准确预期行业的未来发展变化趋势，进而使得评估结果并不是很准确。所以，房地产评估机构在方法应用上仍然有待加强。

（三）评估机构恶性竞争问题没有解决

评估机构因为私利和生存而互相争斗，恶性竞争现象严重。导致这一现象的原因包括：房地产评估行业监管力度的缺失，使得业务竞相抬高客户回扣的比例，回扣比例在评估结果中有所体现；各大评估机构为争夺资源，获得更多的客户源，价格被任意调高或调低，对评估结果产生的影响是非常大的。另外，评估机构的业务还从金融机构、政府部门、大型企业所获得，会给贿赂提供"温床"，这也会给评估行业带来一定的负面影响。

（四）重视业务、轻视技术现象普遍存在

房地产评估行业从属于专业性服务行业，对技术和业务能力要求较高，技术地位高则更容易获得市场份额。但是，在评估市场环境下，评估机构没有重视公司品牌的确立，经营目标侧重于盈利而忽视技术成果的优化发展，集中表现在：估价机构工作人员结构中，业务人员占比较多，技术人员占比相对较少；评估机构愿意支付高额的业务开发成本，而却较少地将资金资源用在技术方面；技术部门的工作人员薪资待遇相对于业务部门较低。从以上现象来看，很多评估机构之间的竞争核心是业务模块，并非技术主流。

二、当前房地产估价行业发展的影响因素

（一）房地产行业给评估行业带来的影响

城市化进程加快，人们生活水平的提升，人们从关注生存转化成为关注生产生活环境，对住宅建筑需求和要求变高，促使21世纪成为房地产行业的快速发展期，同时也成为评估行业的黄金期。但是经过楼市"冷却"，再加上市场微观调控和政府宏观调控，楼市调控政策开始实施，不仅对房地产行业的发展带来一定的影响，同时也使得房地产评估业务结构发生改变。再加上银行放贷规模、额度条件变高，进一步导致业务紧缩，促进企业间项目合作、生产合并等经济行为，给评估行业带来了希望。正面和负面影响作用下，房地产评估行业的发展呈现阶段性浮动变化，业务量也不是很稳定。

（二）经济科技给房地产评估行业带来的影响

信息或技术产业革命，给房地产评估行业发展带来的影响不可忽视。但是辩证地看，技术产业革命或市场环境发生变化，对房地产评估行业带来挑战的同时，也带来新的机遇。就机遇而言，一些房地产评估机构能够借助互联网保存、整理与分析大量信息数据，房地产公司也会将很多数据通过网络终端传输给评估机构。新时期房地产评估机构则是借助于计算机系统为客户提供服务或定制专门服务，工作效率比传统方式高出很多。但是面对着互联网技术的发展，客户业务需求量增加，逐渐对传统评估业务需求量缩减，进而导致新旧业务没有实现流畅对接。

（三）信息技术的快速发展对房地产评估业务的影响

互联网、云计算、物联网技术的快速发展，以及电子商务等模式的普及，大数据时代已经悄然来临。大数据后台分析人们生产生活信息，通过系统分析来发现规律，是计算机、互

联网技术发展的产物。而计算机数据化运算功能是人工操作所无法比拟的，即能够评估大量数据。可以说，互联网技术的发展，使得数据收集、整理、分析等模块打破了传统操作方式，说明房地产评估行业也进入到了"大数据"时代，能够对涉及面广、数据量大、反映内容多样化的"大数据"加以处理和应用。

（四）国家对评估行业发展的影响

国家在执业资格证考核制度上已经采取了管理措施，保留了房地产估价师的考试制度。从宏观层面上进行分析，国家认可房地产评估行业，与国际对该行业发展的态度相一致。这一政策调整利于房地产评估行业的规范化发展，也为整顿市场环境带来了积极影响。

三、房地产估价行业将挑战转变为机遇的必备条件

（一）注重房地产评估人才的培养

同其他行业一样，保障房地产评估行业竞争力的基础条件就是人才。当前，我国房地产评估行业从业人员整体结构存在明显的不平衡问题，集中在做基础性工作的从业人员多，技术型人才较少。造成这一现象的主要原因是业务人员比技术人员各方面待遇条件要相对好一些，入行门槛低，这部分从业人员的发展空间受到一定的限制，进而导致综合人才比重偏低。对人才能力评价，不仅表现在业务技术上，还体现在是否持有房地产估价师注册资格。随着房地产市场逐步打开，行业涉及领域越来越大，对从业人员专业领域的扩展提出了要求，房地产评估从业人员需要从知识储备和专业技能两个方面进行强化，不断提升自己的专业水平和职业素养，培养自己各方面的评估能力，才能更好地为客户提供最佳估价方案。面对这种市场环境，房地产评估机构应该为房地产估价师提供培训机会，以储备干部和技术主管的方式激励从业人员积极参与岗位培训。评估行业范畴并不是一成不变的，而是随着社会发展而愈加丰富，房地产评估时应该在估价从业中不断进行知识补充和技能锻炼，才能不被市场淘汰，提升自己的行业水平，为房地产评估机构可持续发展发挥作用。

（二）转变管理思路与方式

房地产评估是区域房地产产业链条中的基础环节，要求从业人员应该具备一定的专业知识和技能，且鼓励从业人员获得职业资格证书，其专业服务于房地产各个方面。房地产估价师的工作要求其应该具备前瞻性、综合性的眼光，这一"技能"也要与时俱进。对此，专业能力突出的房地产估价师往往也可以为政府、大型企业承担投资顾问的工作职责，作为专业群体，为房地产投资评价、项目开发、项目策划、市场调查等提供依据。并且，评估期望值是否能满足经营方案，或估价方法的可行性及对绩效做出科学化决策，为相关方案提供配套服务。在此基础上，咨询、估价、服务等"三位一体"，加深了服务范畴，以服务和咨询为支撑点的房地产评估行业开始向多层次服务方向发展。在房地产评估机构展开多元化的经营基础上，仍然要优化发展主营业务，稳定利润才能谋求发展。房地产评估机构需要依据自身发展实力与发展空间，提出新的战略定位，挖掘自己的已有条件，稳打稳扎并避免因过度开发而使得资源分配失衡，从而陷入发展困境。

（三）塑造行业形象和打造品牌

品牌效应在房地产评估行业中也是常见现象，是评估机构多面要素形成的结果，体现了评估机构的综合实力与形象。优质的房地产评估机构在专业性、服务性等方面较好，客户为打消顾虑，借助于估价服务从心理或资质上自我确定评估结果的差异性。一般情况下，客户

或通过各种渠道对传播资料、设备技术、估价人员行业声誉、价格等方面进行自主评估，以确定估价服务的质量。而这种证据或者标志间接反映了房地产从业人员的职业素养、评估能力、服务优劣程度等。对此，一个品牌口碑需要经过时间的"打磨"，同时也需要专门化的市场运作，评估机构应该长期致力于品牌建设，需要长时间积累与沉淀。集中体现在：房地产估价人员根据经验积累和专业知识，以及对所掌握信息，对评估对象加以评价，但是这些信息具有时效性和不对称性，甚至会表现出易消失和可变性特点，这些不确定因素会要求房地产评估从业人员表现出较好的工作能力，才能妥善化解变化因素产生的不利影响。这也要求房地产估价人员应该不断提升自己的职业素养与能力，注重知识技能的更新，而房地产评估机构在人才配置上，应该具有互补性。

总之，房地产评估机构品牌效应的形成，代表着估价报告与技术服务的差异化，同时也表示房地产评估机构具有附加优势。显而易见，品牌对于房地产评估行业的竞争作用也愈发突出，从业人员与评估机构为了加强业务水平，占据市场更多份额，提升从业人员和机构的知名度变得越来越重要。

（四）紧跟时代发展步伐

大数据技术已经深入到各行各业中，并呈现出成熟化、常态化发展态势，业务流动性、对接性强度变大。在房地产评估机构机制中，加强数据基础建设水平，并与金融机构等进行合作，能够打破传统评估领域"鼎立"的情形，促使房地产评估领域进行业务合作，以实现共赢，利于行业可持续发展，也有利于业务扩展。但是，大数据技术不能完全替代传统评估行业的某些方面，如法律效力和专业性等，要求从业人员在提升业务水平的同时，掌握大数据应用技术，才能使得大数据为人所用。当前时代背景下，房地产评估行业融合大数据技术催化出自动估价系统，相比较传统估价系统，其能够对市场变化进行快速反应，能够适用于案例多、市场活跃度较高的普通住宅评估体系，而相对于厂房、商业性建筑等项目评估表现出局限性，要求"新旧机制"进行优势互补，以此减少资源缺失所带来的发展阻碍。

（五）面向市场积极扩展业务领域

多数房地产评估机构的业务模块较为单一，服务功能有限，基本面向房地产领域进行业务往来。但是房地产行业发展呈现出明显的多元化趋势，这就要求房地产评估机构应该积极适应市场环境，逐渐向多元化道路过渡，如开发扩展新业务，介入房地产置业顾问与方案分析等附属服务，打造新业务模块。其他行业在与房地产企业进行项目合作中，应该发展企业客户，与金融行业展开业务交流。

（六）建立健全房地产评估体系

房地产评估行业应该加强制度建设，优化行业环境，规范从业职业规范。并且，通过完善房地产评估机构管理办法，来协调管理机构之间的不正当竞争关系，促使各机构能够按照规章制度进行估价，不能为私利超高估价，以保障行业竞争的公正公平。

对此，房地产评估行业应该加强市场调研，正确预测市场发展趋势，是保障房地产评估行业又好又快发展的必要内容。即精准定位市场发展前沿，把握市场发展动态，了解同行竞争情况，准确捕捉行业发展的新动态，开发业务服务，这些都需要以市场调研为基础，研究分析所收集的信息数据，以此进行判断。

四、结语

总而言之，很多房地产机构估价人员在业务往来上局限于房地产和金融领域，对于数据技术等方面的积累较少。再加上房地产评估机构运营资金有限，无法引进大量高层次的人才，对于行业改革和机构发展有一定的不利影响。对此，房地产评估机构应该从"整体 + 局部"的方向上，加深改革力度，如人力资源管理、业务开发、品牌建设等方面着手，做到"物尽其用人尽其才"，充分调动从业人员的技能优势，并为其提供上升空间，以此才能促使房地产评估行业始终保持着活力。

参考文献：

[1] 童玲 . 浅谈估价机构如何应对估价需求的演变 [J]. 居业，2021（07）：5-8.

[2] 胡警卫 . 物联网技术与房地产估价融合应用模式 [J]. 住宅与房地产，2021（05）：1-2.

[3] 弭丽 . 大数据对房地产估价行业的影响分析 [J]. 住宅与房地产，2021（06）：6-7.

[4] 王红蕾 . 探讨大数据对房地产估价机构的影响及应对 [J]. 全国流通经济，2020（19）：112-113.

[5] 李开猛，邱斐，黄国柱 . "互联网 +"时代背景下房地产估价行业转型探讨 [J]. 全国流通经济，2020（06）：142-143.

[6] 叶剑锋，丁兆民 . "双元制"引导下的房地产估价人才培养模式研究 [C]// 估价需求演变与机构持续发展：2019 中国房地产估价年会论文集 . 北京：中国城市出版社，2019：5.

作者联系方式

姓　名：王思明　范小龙

单　位：湖南邵房房地产评估有限责任公司

地　址：邵阳市大祥区城北西路 10 号

邮　箱：365728568@qq.com　504438608@qq.com

注册号：王思明（4320150008），范小龙（4320160021）

提升自我　打造平台　重塑行业

——谈如何应对当前房地产估价行业面临的困境

陈文升

摘　要： 中国共产党成立100周年之际，房地产估价行业也走到了一个发展前行的十字路口，面对新的挑战，估价行业的改革创新势在必行，如何才能让行业持续健康地发展值得深思。本文从估价师、估价机构和估价行业三个角度谈谈个人的浅见，讨论思考该如何适应新时代的发展，提升行业的地位。

关键词： 新挑战；改革；团结协作；制度机制

2021年，中国共产党成立100周年之际，我们实现了第一个百年奋斗目标：打赢脱贫攻坚战，全面建成小康社会。展望第二个一百年奋斗目标，站在新的历史舞台，房地产估价行业也将迎来了新的挑战和机遇。回顾历史，房地产估价行业已经缓缓走过20多个年头。1993年，人事部、建设部共同建立了房地产估价师执业资格制度，这是中国最早建立的专业技术人员执业资格制度之一。1994年公布的《城市房地产管理法》第三十三条规定"国家实行房地产价格评估制度"，第五十八条规定"国家实行房地产价格评估人员资格认证制度"。这两条规定，明确赋予了房地产估价法律地位，使房地产估价成为国家法定制度。自此，房地产估价行业走上了快车道，迎来了一段短暂而美好的发展阶段。然而，随着新时代的变革发展对传统评估业务的冲击，估价行业陷入停滞不前的困境，行业的志士仁人都在寻觅新的发展方向。

笔者曾发表了《浅析内外环境变化给估价机构发展带来的新问题》一文，试着从外部环境和行业内部分析当前面临的新形势和新问题。身处如今这个大变局的时代，我认为估价行业是时候掀起一场改革创新，真正做到"不破不立"。回顾过去展望未来，我想从估价师、估价机构以及估价行业三个方面谈一谈自己的一点浅见。

一、估价师

评估机构作为中介服务行业，机构最重要的就是估价师。估价师不仅是机构成立的首要条件，更是能够赖以生存和发展的核心关键。就在不久前，住房和城乡建设部、自然资源部联合印发《房地产估价师职业资格制度规定》和《房地产估价师职业资格考试实施办法的通知》，正式落实了土地和房地产两证合并以及进一步放宽对考试限制条件，无疑是有利于吸引人才的重大利好消息。从行业主导政府部门的一系列行为能够看出未来对房地产估价师的重视，而我认为今后不仅要从数量上提升从业人员，更要从质量上提高估价师的水平。我认为，未来的估价师必须做到"四有"：

一是有坚定发展的信心。几年前，我曾经在做项目时听过某企业的财务总监直言他曾从事过评估工作，但很快选择了离开。行业的恶性竞争、无序混乱以及职业风险不断加大让他看不到行业未来的发展前景，最终选择黯然而去。这些年过去了，面对目前的行业困境，每每回想起他的言论，我深感对许多事情的无能为力，因而也曾怀疑自己和动摇对未来的信心。但是，当我看到我们所长 20 年如一日默默坚守在这个行业，不断奉献自己的绵薄之力，面对困境从不自怨自艾，而是努力站稳脚跟，一步一步地实现自我提升，这真的让我惭愧万分。如果我们对自己都失去信心，那么这个时代终究也会抛弃你。正因如此，我们应该坚定信念，尤其是估价师作为行业核心人员应该把眼光放长远，切不可因小失大。困难是一时的，最终迎接我们的必将是希望的曙光。

二是有持之以恒的学习态度。以前那种简单地复制粘贴和套模板的时代已经过去了，从业人员必须意识到未来需要的是个性化和差异化的评估。从业人员不仅要在考证过程中学习理论知识，更要在今后的每一天充实自己。学海无涯，不进则退。如果估价人员只顾着当下忙业务冲绩效，以各种理由忽视学习提升，最终失去的将是一切。在这样一个技术革新的年代，评估业务也在不断地推陈出新。近些年，因应国家发展需求应运而生许多新的评估方向，诸如农用地、集体用地的开发利用、海域使用权价值、历史古建筑价值等，乃至于国家为实现碳中和目标所产生的评估业务方向，这些新兴业务都需要我们不断完善自身的理论知识，扩充知识库，才能有机会走在行业的前端。目前估价行业正面临着青黄不接的局面，中青年一代更要负有时代责任感，除了扎实的技术功底外，更要学会老一辈能够对内做好管理、对外团结合作一切力量的本事经验，这样才能逐渐成为公司的骨干力量，进而能够成就自己的抱负与理想，为行业振兴做出一点贡献。

三是有乐于分享的精神。估价师要意识到未来不需单打独斗，而是需要团结协作。估价师之间需要竞争发展，但更要互助共存。每个人都有自己擅长的领域，如果能够实现 1+1 > 2，那必将能够产生巨大的影响力。我认为，机构内部的估价人员要乐于分享彼此的所见所闻和所思所想，定期开展分享会促进学术交流；行业的领军机构和先进技术骨干，应该主动协助和提升行业技术水平，有条件的积极开展各类线上培训，甚至在疫情过后开展实地参观学习，将成功的经验复制推广。

四是有强健的体魄。如今我们常常只关注提升技术水平和寻找新的业务来源，却往往忽视了核心人员的身体健康。"身体是革命的本钱！"估价师经常加班熬夜，工作过程常常是久坐不起。这的确是行业存在已久的顽疾，但不应成为我们的借口。强体魄，首先要做到自律。要做到生活作息规律，坚持运动锻炼。机构可以开展各种形式的活动来丰富大家的工作生活，例如节间操、户外爬山、亲子游等，有机构党支部发起了全体学习"长征精神"，每天坚持走万步的党建活动，回顾历史并践行于实际之中，收效甚好。此外，讲求身心健康，除了注重体质问题外，心理健康更是要引起重视。保持良好的心态，要懂得找宣泄口，学会倾诉，兼顾平衡生活和工作。

二、估价机构

（一）企业目标

大部分估价机构只有年度目标或者短期目标，但企业长远发展的规划目标往往是白纸一张。气魄大，方成大业；起点高，方能入高境界；立意远，方能奔腾。只有那些树立远大目标，并为之奋斗的企业才能长盛不衰。美国行为学家 J.吉格勒指出，设定一个高目标就等于达到了目标的一部分。属于我们的这个年代是快速发展变化的，估价机构也可以仿效国家一样制定短期、中期以及长期的发展目标，这尤其需要管理者及其团队有高瞻远瞩的格局。没有目标的企业是没有希望的企业。企业目标就是企业发展的终极方向，是指引企业航向的灯塔，是激励企业员工不断前行的精神动力。

（二）企业文化和核心价值观

成功往往各不相同，但是失败都有共同点。估价机构无法做大做强，往往都因忽略或缺乏企业文化这个主心骨。首先，我们机构一定要树立属于自己特有的企业文化，这个需要通过历练和践行而来，不能采取照搬照抄的拿来主义。山西的某估价机构实行一种"家"的儒学企业文化，在其企业中运用得当使公司不断发展壮大；有的估价机构走的是"无为而治"的企业文化，讲求员工自主自律。没有哪种企业文化是对或是错，只有是否合适。企业在不同阶段有不同的企业文化要求，面对不同的人员组成也可能产生不一样的企业文化需求。我们应该梳理总结我们评估工作所产生的价值和意义，与个人的理想目标相结合，从上而下地进行宣导推广，让每个人从心里认可并尊重自己的工作成果。企业文化可以演变发展，但最关键的核心价值观则必须牢固树立。有了这样的指导思想，选人用人乃至未来的发展方向都有了标准依据，才能在前行的道路上站得稳、走得远。

（三）企业管理机制

大部分的估价机构往往都是家族式经营的小微企业，要想真正往百年老店去发展经营，必须实现真正的现代化企业管理。管理从来不是空想而来，而是讲究方式方法，更是要有耐性和坚韧不拔的意志。要践行管理改革，首先要得到机构实际经营者的支持和肯定。要想方设法破除一种疑虑：没有改革还能缓慢生存，一旦改革容易瞬间分崩离析。实际上，管理机制的完善与落实，总会遇到各种阻力，但我们应该将其视作一个系统化的建设工程，绝非一蹴而就。在这个过程中，机构要逐步完善组织框架、管理制度和考核晋升体系，逐步在培养精英骨干的过程中挖掘合适人才成为长期合作人。同时，企业管理机制的核心就在于懂得分享经营成果，变被动为主动。只有每个人都把机构的事当作自己的事，这样才能最大化激发他们的潜力。要持之以恒，脚踏实地，定好目标方向，循环往复，不断完善管理机制。

三、估价行业

（一）提高行业地位

估价行业目前所遇到的困境，我认为很大程度源于我们行业没有得到足够的尊重认可。作为合作双方，我们凭借专业知识提供评估服务，却受到各种不公平的待遇。评估机构作为提供服务的中介，时常夹在利益双方间迷失自我。一方面，为了生存我们时常要在委托方面前委曲求全，无法表达真实的观点；另一方面，估价机构越来越难以保持"独立、客观、公正"，因为来自各方面的势力都在不断向我们施加压力。中介可以借助自身的资源优势来胁迫我们，甚至长久以来在中介机构门店悬挂的评估收费标准都是错误的却无人监管，造成中介机构赚取的费用可能比从业人员更多；打着各种减负的旗号，诸如银行等各类招投标项目无视行业标准，制定所谓的"上限价"，逼迫行业内卷，损害整个行业利益，我们却只能敢怒不敢言。为了生存更是不惜在收费问题上不断"秀下限"，反而成了他人的笑柄。为了维护行业权益和持续健康发展，行业协会是时候引领我们全体从业人员团结一致，共同抵制各种不合理的要求，关键就是要重新在社会上树立我们估价师的权威。针对各地不同的情况，我认为可以先制定新的行业守则和全国统一的收费标准，各地视当地情况允许有差异化地落实执行，杜绝行业恶性竞争和损害估价人员权益的行为，采取严厉的奖惩措施，积极为行业发声，让估价师这一职业得到重新的认识。

（二）与资产评估如何互助共存

随着《资产评估法》的出台，许多政府部门单位都依据这一法规去开展具体的评估工作，而非考虑属于哪种业务类型。长此下去，房地产估价师的发展也必将受到严重的影响。土地、房地产与资产三个执业资质未来的发展将何去何从，我想值得每个从业者深思，房地产估价行业作为现阶段三种资质中从业人数最多、业务范围最广的存在，应该率先针对这一问题提出方向。作为行业内部的细分问题，我想一方面我们应该厘清彼此间的优劣势，另一方面应该找到一种合作共存的关系，尤其是资产评估的过程中，往往需要配套房地产估价的技术思路，二者不应被某些因素导致变成竞争排挤关系。

四、结语

曾经的我误打误撞进入了估价行业，对这个行业一无所知，只希望能够得到学习和锻炼的机会。一晃十载，现在作为估价师的我，房地产评估就像是一个"熟悉的陌生人"，依然有些看不清前路，但却多了一份对行业的热爱。不管面临怎样的挑战，我坚信只要我们坚定信念、夯实技术，在行业志士仁人的正确指引下，估价行业的明天一定会越来越美好。

参考文献：

戴志华.抓住核心问题，提升管理水平，实现转型升级 [J].中国房地产估价年会论文集，2019（04）.

作者联系方式

姓　　名：陈文升

单　　位：珠海仁合土地房地产与资产评估有限公司

地　　址：珠海市吉大石花西路 17 号、19 号二层

邮　　箱：328571611@qq.com

注册号：4420180057

新形势下房地产估价行业发展的挑战研究

张　攀　陈纪荣

摘　要： 房地产估价行业作为房地产市场的一部分，在市场经济中发挥着重要的作用。当前，在经济新常态的背景下，房地产估价行业在供给和需求端都出现了相应的问题，本文通过梳理当前房地产估价市场中需求和供给方面的挑战，并结合问题给出相应的应对措施，以期对未来房地产估价行业发展提供参考。

关键词： 房地产估价；供给；需求；挑战

我国房地产估价行业自20世纪80年代兴起以来，经过三十余年的发展，在促进房地产交易、维护金融安全、保障司法公正、维护社会稳定等方面发挥了不可或缺的作用。党的十九大以后，中国进入新时代，房地产市场面临转型升级；新冠肺炎疫情对宏观经济的冲击、互联网大数据的应用、人工智能和区块链等新兴技术的不断涌现，这些都对房地产估价行业带来了巨大的挑战。行业的发展离不开市场，本文从市场供需的角度对新形势下房地产估价行业发展的挑战进行分析，以期能够为行业发展提供参考。

一、房地产估价行业需求方面的挑战

（一）新形势下的房地产估价行业发展因素分析

当前我国经济整体发展形势向好，随着我国步入"十四五"新发展格局，国内优越的市场空间和已形成的产业链生态系统，将推动我国经济稳步复苏。房地产市场"房住不炒"调控主基调将长期坚持不变，住房租赁政策将加快完善，新型城镇化及都市圈发展机会显现。在新冠肺炎疫情的影响下，直播、视频会议等新兴业态的消费服务模式不断涌现，社会运行模式、商业运营模式不断发生变化。传统估价业务市场的萎缩，互联网公司等市场参与者的增加，房地产估价行业竞争加剧。有核心竞争力的估价机构通过加强与新经营业态的合作，构建良性的估价服务市场，为企业提供全方位的咨询服务成为吸引客户的重要法宝，其优势将会得到不断发挥。

（二）新形势下的房地产估价行业需求分析

房地产估价需求最初以政府方面的业务类型为主，在房地产征收、抵押、土地招拍挂等方面为政府机构和部门提供房地产价值参考。根据中房学2020年度行业发展报告看出，传统的抵押、征收等业务类型的需求数量在逐渐减少，对房地产估价机构从传统业务类型向新的业务类型转变提出挑战。

新的房地产市场将不断萌发出新的估价服务业务类型，房地产估价行业也将从单一的价值评估业务向房地产估价、调研、咨询等多方向发展，原有的房地产估价知识和理论将不足以应对新兴业务的需要，特别是在地理信息系统、信息化收集与分析、大数据应用等方面，对新技术和新知识的需求也将对原有的房地产估价机构和人员带来新的挑战。

新兴业务类型的出现也将对机构从业规范、行业监管要求等方面带来影响。如何把握时代脉搏，制定切合市场和消费者需求的估价服务，在服务的标准化、服务质量的有效性、监管的可行性和便利性等方面都对估价机构和监管部门提出了新的挑战。

二、房地产估价行业供给方面的挑战

在房地产估价行业中估价机构、协会和相关科研院校等是主要的参与者，均面临不同程度的挑战。

（一）房地产估价协会

房地产估价协会作为行业发展的自律管理组织，在促进行业健康稳定发展和维护行业发展秩序等方面发挥着重要的作用。经过三十余年的发展，行业协会在开展房地产估价、研究、交流、教育及宣传活动，推行相关技术标准和执业规则，加强行业自律管理，开展国际交流合作等方面的工作日益健全。但还存在行业法规不健全、估价操作规范不完备的问题，在新形势下，一方面，协会在如何进一步加强对估价机构开展业务、提升服务质量指导方面面临挑战；另一方面，协会在如何加强对行业人员的培训，增强监管的效力，发挥规范的指引作用方面面临挑战。

（二）房地产估价机构

房地产估价机构是行业发展的主力军。目前我国房地产估价机构规模和服务质量不一，根据中房学 2020 年度行业发展报告显示，主要存在着如下的问题。

一是注册房地产估价师年龄结构不合理。截至 2020 年底，注册房地产估价师平均年龄 45 岁。新形势下，新兴业务对 GIS、大数据、人工智能等新技术的要求不断提升，这将对年龄偏高的从业人员带来巨大的挑战。二是房地产估价机构业务结构单一。咨询类业务在 2020 年度占比仅为 17%，抵押等传统业务类型比重过高，不利于业务转型。在房贷收缩、城市更新节奏变缓等背景下，未来房地产估价市场的发展需要不断开拓咨询类新兴市场，这对房地产估价机构业务转型升级提出了挑战。三是房地产估价机构创新动力不足。多数二级及以下房地产估价机构人员较少，在传统依靠业务量赚取收入的模式下，估价机构没有激励员工拓展新业务的动力，估价人员普遍也没有学习新知识的动力，导致这类机构和从业人员受到的冲击较大。四是房地产估价机构恶性竞争严重。由于需求减少、监管不足、市场竞争加剧等因素，房地产估价机构恶性竞争严重，一方面损害了行业形象，另一方面也对房地产估价服务质量造成了损害，不利于行业的整体发展。

（三）房地产估价相关科研院校

房地产估价市场的发展最终靠人才，房地产估价科研院校在人才培养、理论研究等方面为行业发展提供基础保障。目前，我国房地产估价行业在人才培养和理论研究方面还存在问题。一是房地产估价人才培养数量和质量有待提高。现阶段我们尚未开设专门针对房地产估价的本科专业，仅在高职层次开设房地产经营与估价专业，在本科和研究生层次仅开设了资产评估专业，在知识结构和能力培养方面缺乏专门的房地产方面的知识教育和培训，在人才培养方面难以应对市场的需求和要求。二是房地产估价理论研究缺乏。近年来，随着我国房地产市场的迅速发展，房地产估价的研究多集中在估价理论的应用方面，在房地产估价基础方面的研究不足，不能有效保障行业的健康发展。

三、应对新形势下房地产估价行业发展挑战的举措

（一）加强行业指导和规范

行业协会要发挥引导、监管作用。一是通过调研、国际交流合作，加强对房地产估价机构开展新兴业务的激励，促进新兴业务的开展；对新涌现的业务开展指导和规范，通过加强培训和制定指南、指引等方式，加强对行业服务的规范。二是加强监管和惩治，对恶性竞争、行业违规等行为进行惩治，以维护行业健康有序发展。

（二）加强机构建设，促进创新活力

房地产估价机构要结合自身业务发展方向和业务结构开展进行网络直播等新的推广方式，拓展业务发展新模式。具备条件的机构要充分利用大数据信息网络的优势，通过自行研究开发和合作积累数据、积累案例、积累地方行业信息，同时也要学会利用大数据为自己服务，促进企业转型升级。在人才引进和培养方面，要敢于和善于引进具有复合型、创新型的人才，通过培训、激励等方式提升员工素质和能力，不断优化员工年龄、专业结构，为促进企业转型升级打好人才基础。估价人员要保持对未知领域的好奇心，保持强烈的学习欲望，进一步提升自身特点的专业性，才能够有强大的应变能力，变则通、通则达，让自己在不断变化的服务市场的竞争中处于优势地位。

（三）加强专业研究，提高人才培养质量

房地产估价作为专业的服务，高质量的人才供给和有力的专业基础支撑是保障行业发展的基石。高等院校作为专业的人才培养机构，在培养合格的房地产估价人才方面承担着义不容辞的责任，建议教育部门针对当前房地产估价行业现状及未来发展趋势合理设置专业，院校一方面要科学开展专业调研，合理设置课程体系，加强与估价机构合作交流，为行业提供人才保障；另一方面，要加强与行业的沟通合作，开展行业基础理论研究和应用研究，为行业健康发展提供理论保障。

参考文献：

宋梦美，刘朵.2020年房地产估价行业发展现状及2021年展望[J].房地产蓝皮书：2021（18）.

作者联系方式

姓　　名：张　攀　陈纪荣

单　　位：广东陆地土地房地产估价有限公司

地　　址：珠海市吉大九洲大道中2010号202房

邮　　箱：893186063@qq.com

注册号：张攀（1320180071），陈纪荣（4420140032）

进入深水区的房地产估价行业如何求"氧"

孙梦璐

摘　要：房地产估价行业作为房地产行业的附属行业，跟随着房地产经济潮起潮落。随着"VUCA 时代"的到来，存量市场里传统单一的项目业务量面临"腰斩"，如何在增量市场里找到生存的根基并存活下来成为众多估价机构和估价师关注的问题。

关键词：房地产估价；VUCA 时代；定位；创新

一、房地产估价行业的"前世"

改革开放 40 年来，中国的经济得到了迅猛的腾飞，有这样的成绩，房地产行业的崛起及发展起到了不可替代的作用。房地产估价行业作为房地产经济发展中不可或缺的组成部分，自 20 世纪 80 年代以来，伴随着国有土地使用制度的改革拉开了序幕。1987 年，中国开始了土地估价试点，先后颁布了《城镇土地定级规程（试行）》和《城镇土地估价规程（试行）》。之后，随着城镇国有土地有偿使用和房屋商品化的推进，中国房地产估价活动开始兴起。

过去的十几年是房地产行业高速发展的黄金期，房地产估价行业作为房地产的附属行业，也得到了蓬勃发展。估价机构在全国范围内如雨后春笋般林立起来，在增量市场上大快朵颐，并且如鱼得水。在更多的人都想节省时间挣快钱，并且可以挣到快钱的时代，多数机构往往更愿意承接像抵押贷款、法院拍卖等较为单一的传统业务。项目周期短、收费高且快，久而久之，便形成了"不动脑子赚大钱"的局面，普通员工不必具有系统的专业知识。对于市场人员来说，只需要"关系到位"便可抓住客户；技术人员依靠着"万能"模板"走天下"，部门里仅需两位可以签字的估价师即可。当大多数企业适应了这种"闭着眼睛挣钱"的日子，"VUCA 时代"来到了。

二、房地产估价行业的"今生"

"VUCA"是指 volatility（易变性）、uncertainty（不确定性）、complexity（复杂性）和 ambiguity（模糊性），非常形象且准确地描述着"现在"的市场。房地产估价行业依然是那个"资源密集型行业"，却已不是那个可以"闭着眼睛挣钱的行业"。就深圳来说，过去三四年，曾经业务模式单一的大部分房地产估价机构都在努力寻求转型，特别是经历了 2018 年出台的《最高人民法院关于人民法院确定财产处置参考价若干问题的规定》后，法院司法拍卖的业务量开始萎缩，2020 年房企"三道红线"试点；中国人民银行、中国银行保险监督管理委员会发布的《关于建立银行业金融机构房地产贷款集中度管理制度的通知》（银发〔2020〕322 号）和深圳市住房和建设局发布的《关于进一步促进我市房地产市场平稳健康发展的通知》（深建字〔2020〕

137 号）等政策出台后，房地产经济的活跃度呈断崖式下滑，抵押贷款等传统估价业务量腰斩。在深圳市实施二手房备案价交易及放贷以来，二手房市场更是月月下探底线。根据深圳市住建局统计，2021 年 9 月份深圳二手房仅成交 1765 套，同比去年同期成交的 8820 套，跌幅超过八成，而这也已经是深圳二手房成交量连续 6 个月下滑。政策影响着市场，市场牵制着行业。在增量市场上，每个人的注意力大部分会放在自己身上，而在存量市场上，也许注意力就会放在别人身上了，这样，便更加加剧了竞争，只为抢占那被砍掉后剩余的小部分市场份额。

安逸的环境和机械的操作并不会教会行业或机构学会反思总结，而"穷"会。"穷则变，变则通，通则久"，于是现在大部分的企业开始"睁开眼"，开始"动脑子"，开始从单纯地"拉关系"、机械地"套模板"转换到思考"客户需要什么"，"我"能提供什么。或者"我"可以做些什么，超过客户预期，从而获得客户认可。提供的服务也从单纯的估价报告，延伸到了某种经济行为的全流程咨询服务。比如在证券化项目的承接中，估价机构不仅可以是出具报告的角色，也可以是联通各项目参与方，作为一个前期牵引方推动项目，参与到各个环节，提供专业建议。比如在集体资产交易环节，估价机构的存在不仅可以为集体资产的价值守住底线，也可以通过对政策进行梳理研读，指导相关方应该如何推进作业。发展，必定伴随着阵痛，但也只有熬得住磨难，才能守得住未来。

三、房地产估价行业的"来世"

估价行业经历了几十年的发展，早期快速崛起的模式早已不适用，规模的壮大和监管的明晰，都意味着行业发展已经进入深水区。不管是对行业、机构还是个人，挑战和变化均从各个方面袭来，站在这四面迷雾的十字路口，未来发展势必需要关注如下三个层面。

（一）行业协会：引领 + 监管

在行业从"粗放型"发展向"精细化"发展的过程中，首先，行业协会作为"掌舵者"，我认为除了起到监管的作用，也应该作为引导者，引导机构找到并加深加宽专属的"护城河"。每个机构由于各自发展历程的差异，逐渐形成了各自专属的风格以及业务主打版块。在此状态下，协会可以作为主办方邀请各类业务主打版块中的佼佼者开展宣讲、培训活动，帮助及引导还未找到方向的中小机构。引导机构意识到合作做大潜在市场会比竞争瓜分既有市场"赢"得更多。

其次，众所周知，房地产估价是个复杂且牵扯利益相关方众多的行业，在项目承接的过程中应该保证结果的客观、合理、公正。如此，监管时做到规范化落实细节就显得尤为重要。如可以对估价机构及估价人员建立信用档案，通过抽查报告，分季度、年度对机构及执业人员进行诚信等级打分，对于高分的机构及个人进行奖励，对于不合格的机构及个人进行例如降级等方式的惩罚，如此促进机构和从业人员在行业思想认知上进行不断改良。

（二）估价机构：找准定位 + 发展创新

在发展的过程中，机构首先应该有其明确的战略定位。明确自身目标是什么，要做成什么样子，需要借助怎样的发展模式达成，是"走价"还是"走量"或是其他？了解自己的基因，找出自身与众不同的优势，着眼于细分市场找准公司定位，培育核心竞争力，也可以寻求新的发展模式。比如校企合作，通过与高校建立合作关系，提前储备、引进人才，提升行业准入门槛；将实践经验传递到高校，让理论研究人员与市场实践人员进行思想碰撞，让理论成为"有效理论"，即能够有效为市场服务的理论，解决如当下存在的"理论"不能很好适应市场需求等问题。又比如找到合适的出发点与其他平台进行深度联盟，融合双方的优势，把品牌做大做强，创造"1+1＞2"的效应。

其次要紧跟时代步伐，快速适应已来的"VUCA 时代"，及时更新思维模式，用好时代给予行业的红利，比如大数据、人工智能，积极寻找到"估价+"模式，如"估价+大数据""估价+人工智能"等。依附新的复合模式来实现差异化和规模化的发展，不仅做好经济链条中的一个点，更要着力构建价值生态链，以应对在当前房地产估价行业中面临的新变化，让新的"时代血液"为我们所用，而不是替代我们。

（三）估价师：适应趋势＋能力培养

要使机构在市场上立于不败之地，人力成本投入首当其冲。未来的趋势一定是专业知识先行，支撑专业能力推进项目，从"资源型"模式向"智源型"模式转换。高质量的发展需要复合型人才，这些年房地产估价行业已逐渐脱离曾经约定俗成的单一的资格等级制度，市场对估价从业人员除了在房地产估价的理论知识方面有要求外，还要覆盖工程造价、会计、金融、税收、法律等多个专业层面，需要估价师以多层次、多角度来理解与分析房地产市场的变化趋势。

基于对实际情况的梳理，房地产估价师的核心能力主要包括基本执业能力、沟通协调能力、职业判断能力、团队协作能力、市场感知能力、系统思维能力、风险预测能力、信息收集处理能力以及报告撰写能力等。在实际操作过程中，我们发现员工的风格或者说思维方式在很大程度上也取决于企业文化和企业制度，所以机构除了对从业人员进行专业知识的培训外，还需关注企业文化、制度的培训。好的企业文化和制度不仅能够善导从业人员，而且能够通过好的激励机制，让员工找到专属于自身发展的职业通道。

四、总结

回望过去是为了更好地展望未来，"VUCA 时代"的到来标志着我们不能再像过去一样"单一"、不能再像过去一样"无感"。作为行业的估价人，我们应该严格规范自身，做好自我监督管理；作为机构的估价人，我们应该积极为团队方向规划定位，寻找护城河，谋求创新；作为自我的估价人，我们应该及时更新自己的储备，包括但不限于思维模式、专业知识、职业技能等。未来已来，"没有估价的时代，只有时代的估价"！

参考文献：
[1] 邓杰，宋夏云. 我国房地产估价师的能力框架研究 [J]. 审计与理财，2021（01）.
[2] 弭丽. 大数据对房地产估价行业的影响分析 [J]. 住宅与房地产，2021（06）.
[3] 童玲. 浅谈估价机构如何应对估价需求的演变 [J]. 居业，2021（07）.
[4] 谭芳. 从"内卷化"的中小房地产估价机构探其发展对策 [J]. 商讯，2021（08）.
[5] 吴善发. 新时期下房地产价格评估管理的规范化 [J]. 现代商贸工业，2021 42（31）.

作者联系方式
姓　名：孙梦璐
单　位：深圳市世鹏资产评估房地产土地估价顾问有限公司
地　址：深圳市福田区车公庙天安数码城泰然五路天济大厦五层 F4.85A
邮　箱：313281149@qq.com

理性审视估价行业现状，科学营造行业发展空间

王友娟

摘　要： 从事房地产估价业务十余年来，笔者亲身经历着估价行业的发展变化。概括讲，房地产估价行业从兴起到现在基本趋于成熟、饱和，包括业务类型、业务市场、机构数量等，如何让估价行业在"互联网+"、大数据等现代经济碰撞挤压的环境中继续前行，需要我们每位从业者探究和深思。

关键词： 行业生命周期；经济体制改革；住房制度改革；创新发展；行业暖春

一、房地产估价行业发展历程

自房地产估价行业兴起发展到现在，从行业生命周期理论来讲，行业的生命发展周期主要包括幼稚期、成长期、成熟期（成熟前期和成熟后期）、衰退期[①]。有人说房地产估价行业已经变成夕阳产业，说不定哪天就像拍卖公司一样一夜间消失，为什么会有这样的声音？这种服务于经济活动的产物将会何去何从？不妨让我们一起回顾和思考一下估价行业的发展历程和现状。

（一）探索形成——幼稚期

1. 国家经济体制改革，计划经济转向市场经济是房地产评估行业产生的根本原因

回首40多年的改革历程，我国坚持解放思想、实事求是、与时俱进、求真务实，不断破除计划经济体制束缚，逐步建立和完善社会主义市场经济体制。实践也证明了只要依靠改革，坚持破除不合理的体制机制，才能更好地激发无限创造活力，持续推动我国经济社会发展。

2. 1978—1988年的探索试点阶段

住房制度改革举措是房地产评估行业产生的直接原因。作为我国经济体制改革的一项重要内容，住房制度改革是指对传统的福利分房制度进行变革，以建立起符合市场经济机制的住房体制，实现住房的商品化和社会化。根据相关重大决策出台以及实践中执行的效果，我国住房制度改革大体上经历了三个阶段：

1991—1993年的全面推进和配套改革阶段；

1994—1998年的深化和全面实施阶段。

1998年7月，国务院发布《关于进一步深化城镇住房制度改革加快住房建设的通知》，

[①] 行业生命周期指行业从出现到完全退出社会经济活动所经历的时间。行业的生命发展周期主要包括四个发展阶段：幼稚期，成长期，成熟期，衰退期。参考资料来源于：百度文库—行业生命周期理论。

提出了发展住房交易市场，加快住房建设的改革目标。自此，实行近 40 年的福利分房制度从政策上退出历史舞台，"市场化"成为住房建设的主题。

3. 房地产估价行业应运而生

随着经济体制和住房制度改革进程的推进，尤其是《中华人民共和国土地管理法》（1988 年 12 月 29 日第七届全国人民代表大会常务委员会第五次会议修订通过）和《城市房地产管理法》（1994 年 7 月 5 日全国人大常委会通过）的颁布实施，明确赋予了房地产估价的法律地位，使房地产估价成为国家法定制度，房地产估价业务逐步形成并发展。

（二）扩张发展——成长期

随着房地产市场化的快速发展，房地产估价行业为适应经济活动和政府职能部门的改革，逐步脱钩改制成为独立的法人单位，独立的第三方服务机构，开始了近二十年的发展，业务需求和机构设立的迅猛增速，带动了从业人员和超额利润的同步增加。通过全国房地产估价行业管理信息平台可知，全国注册房地产估价师队伍也是从 1994 年的 140 人，迅速增加到 2021 年的 67700 人；房地产估价机构也同样增速明显，目前有 6820 家 [含三级（暂定）]。

同时，随着相关法律法规、技术规范等的不断完善，估价行业也形成了一套较为完善的估价标准，理论和实践内容也得到充分发展和提升。这时的估价行业有着朝气蓬勃的生命力，各地公司业务和收入也都很可观，因此也被视为最具发展潜力的行业之一，受到从业人员和其他行业的青睐。

（三）稳步前进——成熟期

随着房地产法律法规政策的不断出台，估价理论和方法、技术标准的日趋完善，估价行业已经发展到成熟阶段，主要表现为：行业机构趋于饱和，估价业务增长率降低，业务范围相对稳定，各年营业收入变动和利润增长幅度较小，竞争更加激烈，甚至有一些小型公司已经退出或被合并、兼并。

二、房地产估价行业目前存在的问题

笔者从事房地产估价行业十年之久，亲身经历着行业过去的发展和现在面临的困境。事实上，现在估价行业正面临着前所未有的挑战和考验，这种挑战和考验主要来自于外部和内部两方面，具体分析如下：

（一）创新经济发展，尤其是大数据、"互联网 +"等的外部冲击

举一个最明显的例子，现在涉执房地产评估项目大部分通过网络询价方式来确定处置参考价，较传统评估方式而言，网络询价方式方便省时、成本费用低，与此同时各种抵押快贷系统的应用也极大地提高了银行抵押评估业务的处理时限，这就是大数据、"互联网 +"等创新经济方式带给我们的福利，同时也对传统估价业产生了巨大的冲击。

（二）行业内部自杀式的扩张发展

以山东为例，通过全国房地产估价行业管理信息平台可知，目前山东共有各资质等级房地产估价机构 466 家，分布于全省各地市，市场瓜分明显，行业竞争异常激烈。主要表现为以下几个方面：

1. 行业市场趋于饱和，评估机构良莠不齐

蛋糕没做大，但是分蛋糕的人多了。房地产估价机构不断增加，使原有的市场竞争越来越激烈，每个公司都以生存发展为目的，有的公司甚至通过各种方式压低收费、恶意逢迎，

导致估价行业的不健康发展。

有客户这样跟我说过："你们做抵押报告很简单，一个模板，粘贴复制一下就可以，几百块钱就干了。"当时我只是礼貌性地微笑了一下，因为我知道，行业里确实不乏有这样的公司，我也不想过多地评判这种现象的本质。"一分钱一分货"，我们公司一直秉承着合理收费、保质保量这样的从业理念。不同的从业观念影响公司的发展方向，一个只以逐利为目的的公司，不可能有大的发展，同样也会对整个行业的发展带来不利影响，这也正是我们估价行业得不到外界充分认可和尊重的原因之一，也是估价行业走到现在面临的主要挑战之一。

2.各自深耕一片田，同行业之间探讨交流甚少

从这一点讲，其实我们自己也并未做到学人之长、补己之短。从学术研究角度看，我们每一位估价师既是别人的老师也是别人的学生，要相互沟通和交流，这样才能有新的思想火花和灵感。经过了解，我所接触的包括我们公司在内的估价机构基本很少有估价师在遇到疑难问题时主动走出去和行业专家、资深估价师学习交流，大家都存在畏难心理，主观能动性受到心理约束。还有就是，自认为已经做得很完美了，不需要学习别人的，思想固化，不能做到推陈出新。

3.风险应对能力差，创新发展意识不强

在这样一个日新月异的数字经济中国，任何一种事物都不能一成不变，落后就要挨打就要被抛弃，这是一个亘古不变的真理。估价行业同样也面临这样的困难，主要表现在传统业务范围不断收紧，外延增值服务无法拓展，专业技术水平没能得到进一步提高，对大事件大政策变动的风险应对能力差，创新发展意识不强。

从我们公司讲，从事评估工作二十余年，主要业务一直是司法鉴定、征收、抵押、课税、价格咨询等，并未有业务上的明显突破和发展。估价方法和估价标准趋于固化，专业技术水平也得不到很好的提升，创新能力不足，公司发展受限。

三、房地产估价行业未来发展建议

其实，对于每位从事房地产估价工作的同仁来说，估价行业确实面临前所未有的挑战和困难，令我们每个人对行业的未来发展感到担忧。正因如此，更需要我们团结一致，攻坚克难，提出更好的建议，让我们房地产估价行业迎来"暖春"。如何应对房地产估价行业面临的挑战和困难，我个人提出了以下几点看法：

1.提供更高质量服务，用专业水平塑造行业未来

从估价机构到估价从业人员都应该做到质量优先，专业过硬，才能保证经济效益最大化。如何做到高质高效、专业客观，这就需要我们时刻跟紧国家社会经济发展的这一风向标，掌握好国家出台的关于房地产行业的政策措施要求。同时，我们要积极参与行业协会关于重大疑难问题处理的研讨，加强行业内部交流，做好从业人员专业职业素质培训，做到专业扎实、训练有素。专业水平的体现不仅是理论知识掌握牢固，还要在具体工作过程中做到独立客观，合法合理；此外，还应该有过硬的心理素质。

2.行业协会作为估价行业的"大家长"，要通过多种途径、多种方式为会员单位提供学习机会

除了制定健全完善的行业保障机制外，还要做好估价机构的孵化培训工作，只有整个行

业水平提高，才能立足于经济发展的浪潮中。大的方面讲，协会可以通过到基层调研考察，了解不同地市估价机构现状，充分发挥统筹纽带作用，输送好新经验和新做法，以强带弱，强强联合。

3. 创新是关键，在具体工作中突破常规经验做法，抓取新的业务增长点

说实话，对于不同行业来讲创新都有一定的难度，尤其是对于我们这样的第三方服务行业，自下而上的创新更是受限，我们估价遵循了一系列的法律法规政策、技术标准等，且我们的工作主要是为政府部门、司法机关、国有企业等重要单位提供服务。

随着 2016 年不动产登记制度的持续深入推行及近期房地产估价师和土地估价师考试政策的调整，我们正好以此为契机，将不动产业务更好地融合为一体，打破原有业务范围的桎梏，重新调整业务市场划分。

试点已久的房产税征收政策也在逐步浮出水面，作为覆盖范围和社会影响力如此之大的政策而言，我们估价行业在这当中也起到了至关重要的作用，同时也为我们估价行业提供了做大行业蛋糕的机会，因此我们更要在经济浪潮中提高我们的服务水平，为房产税征收政策的普及提供技术支持和专业辅助。

勠力同心才能行稳致远。在严峻紧张的内外环境中，我们估价行业的同仁志士都应该为行业的未来发展建言献策，共同肩负起我们的初心使命，迎接我们的"暖春"。

参考文献：

[1] 吕萍. 房地产基本制度与政策 [M]. 北京：中国建筑工业出版社，2017.

[2] 柴强. 房地产估价业务的来源与获取 [J]. 中国房地产估价与经济，2020（04）：49-52.

作者联系方式

姓　名：王友娟

单　位：山东广和土地房地产资产评估有限公司

地　址：山东省济南市市中区英雄山路 165 号国际艺术家驻留中心 320 室

邮　箱：290452746@qq.com

注册号：3720150165

疫情影响下产生的房地产纠纷及房地产估价业务变化趋势浅谈

焦　阳　张丽萍

摘　要： 本文主要分析疫情期间容易产生的房地产纠纷类型和相关估价问题，以及疫情影响下估价业务的变化，提出一些浅见，与同行进行探讨，以期共同推动房地产估价业务的变革创新。

关键词： 疫情；纠纷；房地产估价业务；变化趋势

自 2020 年以来，随着新冠肺炎疫情的暴发，各行各业遭受冲击。随着复工复产推进，很多经济纠纷显现出来，也给估价行业带来许多新的问题。

我们就疫情期间容易产生的房地产纠纷类型和相关估价问题，以及疫情影响下估价业务的变化趋势，提出一些浅显的观点，与同行进行探讨。

一、房地产买卖合同纠纷及相关估价问题

通常情况下，一手房买卖合同纠纷常见类型有逾期交房、房屋质量问题、一房二卖、广告宣传失真、面积差异、房产证办理问题、配套设施缺乏等。二手房买卖合同纠纷常见类型有逾期支付、逾期交房、一房二卖、户口纠纷、要求解除合同或认定合同无效、房屋质量或相关设施问题、卖方隐瞒房屋相关情况等。

新冠肺炎疫情对建筑行业造成影响，势必会对新建商品房的销售、交付以及过户登记造成影响。疫情期间，为响应政府防控疫情号召，减少人员流动和密集接触，多处房屋交易管理中心提倡市民在疫情防控期间尽量减少到公共办公场所办理业务；一些中介公司停工，导致通过中介公司居间签订的二手房买卖合同在交易过程中，受到不同程度的影响。买卖双方可能会因此要求迟延履行、变更甚至解除合同；买卖合同当事人因患有新冠肺炎，或者作为密切接触者被隔离，一方可能因此延迟交房、办理注销抵押登记、办理变更登记手续、支付房款等，或提出解除合同的请求。当事人无法依约完成房屋买卖交易的，正常履约的当事人可能会提出要求不能履约的当事人承担违约责任。

针对此类纠纷，参考《天津高院关于审理涉新冠肺炎相关民事案件的法官会议纪要》，其具体规定包括：

（1）因疫情及防控工作的直接影响，商品房无法按时交付的，可认定出卖人具有免责事由。

（2）疫情及防控工作发生于当事人履行迟延之后，不予免除责任。

（3）以疫情及防控为由，拒绝继续履行房屋买卖合同的，或主张解除房屋买卖合同的，

除符合法律规定的情形外，一般不予支持。

房地产买卖合同纠纷评估时，大多评估纠纷房地产的市场价值。疫情导致的房地产买卖合同纠纷评估，市场价值时点的确定是难点，也是双方当事人容易产生争议的焦点，需要估价人员特殊注意。

二、房地产租赁合同纠纷及相关估价问题

以往的房地产租赁合同纠纷，通常有租金支付纠纷、押金纠纷、转租纠纷、变更房屋用途纠纷、人身或财物损害赔偿等。

疫情发生后，为响应政府疫情防控号召，从企业到个人，都采取各种各样措施减少人员聚集。部分商场、饭店、网吧、KTV、酒吧、电影院等娱乐性经营场所暂停营业。未停业的经营场所客流量也大量减少，营业收入受到影响。为此，众多房地产公司、业主（房东）纷纷主动减免租户的租金。但由于种种原因，部分业主没有减免租金，其中部分承租人起诉至法院，要求予以减免，迟延支付租金，甚至解除合同。此外，部分地区还出现由于承租人来自疫情地区，出租人强行解除租赁合同的情况。疫情带来的房地产租赁合同纠纷中，受到影响较为明显的有商铺的承租人、长租公寓的承租人和厂房、写字楼的承租人。各地区对疫情积极防控的过程中，商业、服务业受到巨大冲击，大量闭店停业，造成商铺的承租人处于歇业状态，厂房写字楼处于停止生产和停止办公状态，故承租人提出出租人减免疫情期间发生的租金。长租公寓的承租人则面临着疫情防控导致的无法回到租住地，或者自疫区返回小区时被隔离等情况，承租人此时会提出要求出租人退还房屋空置期间的租金。

面对这类情况，北京市通州区人民法院建议：

（1）出租方应密切关注相关部门发布的与疫情相关的法律法规和管理措施；主动了解所在地区的相关部门是否有租金减免的相关规定；加强与承租方的沟通，及时掌握出租房屋的实际经营状况；加强与承租方的协商，最好及时签订书面补充协议，以稳定租赁关系、降低风险；在承租方提起诉讼请求解除合同或减免租金时，积极应诉。

（2）承租方应仔细审核合同条款，特别是是否有关于不可抗力、情势变更或其他租金减免的相关条款；全面留存疫情对居住、生产造成实质影响的证据；加强与出租方的沟通、交流，力争达成补充协议；如协商未果，可先行支付相关款项，再通过商议"延长租期"等方式主张权利；积极采取合理措施以减少疫情带来的损失。

（3）房屋中介企业应该严格落实各项防控措施，积极配合开展联防联控、群防群控；充分发挥中介职能，引导租赁双方协商处理相关租赁纠纷。

关于疫情期间产生的房地产租赁合同纠纷，可能会进行一些房地产租赁价值的评估，而在该种评估工作过程中，租赁价值对应的租赁时间段的确定是工作难点，估价人员需要重点注意。

三、建设工程施工合同纠纷及相关估价问题

通常情况下，建设工程施工合同纠纷包括：施工工期纠纷、施工质量纠纷、合同法律效力引起的纠纷、"黑白合同"引起的纠纷、施工材料和人工费异常变动引起的纠纷、工程变更或索赔引起的纠纷等。

　　防控疫情期间，各地建设工程项目纷纷停工停产。复工复产后，项目现场长期进行疫情防控，包括现场的排查、消毒、防护用具的购买，导致施工成本增加。生产材料方面，部分材料生产厂家停工停产，导致材料供应受限，交通管制及运输劳动力的缺乏造成材料运输困难，间接影响工程建设进度及建设成本。另外，疫情期间，大量建筑工人返乡，疫情管控、交通管制、各地不同的隔离期限要求、社会及工人心理影响等导致劳动力缺乏，难以及时到岗，人工成本也随之上涨。这时可能会因施工材料和人工费变动、工程变更或索赔引起纠纷。

　　针对上述问题，上海一中院建议：

　　（1）相关行政管理部门加强工程复工指导，就疫情期间工程计价等问题及时提出指导意见，并加大监管力度，防止出现为抢工期、节约成本而影响工程质量的现象。

　　（2）人民法院和仲裁机构在案件裁判中应准确、审慎把握不可抗力、情势变更等条款的适用，适时发布典型案例明确裁量尺度。

　　（3）相关行业协会、商事调解机构等应加强多元纠纷化解职能，努力促成各方当事人达成和解方案、共渡难关。

　　在疫情期间，建设工程施工合同纠纷过程中可能产生一些在建工程房地产价值评估业务。在进行此类在建工程房地产价值评估时，需要慎重确定价值时点及各类费用的确定，是否考虑疫情的影响，都是此类评估工作的重点难点。

　　综上，在面对突发状况时，利益相关各方积极沟通，及时关注国家政策及相关规定，妥善解决矛盾，尽量减少各方损失，是减少和解决纠纷的有效途径。

　　另外，房地产纠纷估价与其他目的的房地产估价相比，其特殊性在于，估价结果利益相关人员较多。有时一个案件有数十个当事人甚至更多，而每个当事人是独立的个体，具有不同的立场和意见。因此，估价人员在估价作业过程中要充分了解各方的想法，严格按照相关法律、文件的规定，客观、公正、严谨地做出科学的鉴定，争取能够协调各方当事人利益，有效地解决纠纷。

　　那么，除了产生一些房地产纠纷及引发相关评估问题外，疫情又给传统估价业务带来哪些变化呢？

　　疫情期间，为响应政府号召，本着对员工人身安全负责的态度，大多房地产评估公司停止在公司办公，员工们改为居家线上办公。视频会议、线上交流、OA线上办公等多种现代化方式相结合，传统的办公形式开始朝着多元化发展。

　　另外，由于疫情原因，许多小区采取封闭式管理，外来人员禁止进入小区，查勘人员无法进入项目内部进行查勘。对于无时效要求的评估项目，可暂停评估流程，待复工复产后进行现场查勘恢复评估工作。

　　对于时效要求比较紧的评估工作，参考中国土地估价师与土地登记代理人协会发布的《土地估价与登记代理行业有序复工工作指引》，指引指出："在确保估价师安全的前提下，应该按照规程的要求进行实地查勘。在存在风险的情况下，建议评估机构结合委估宗地所在地疫情情况，对估价委托方做好相关解释工作，与委托方达成一致意见，可在委托方现场协助下采用视频查勘、利用新技术等进行估价作业，例如在允许使用无人机的地区，取得当事人许可后，可以采用无人机的方式进行无接触现场查勘，并做好有关资料的存档工作，有关情况须在土地估价报告'需要特殊说明的事项'中予以明确说明，提示委托方和报告使用方充分了解评估机构在特殊时期所采取的实地查勘措施，评估机构应在疫情解除后监督承办估价师补充实地查勘。估价师如认为远程查勘方式不能客观反映估价对象实际情况，可能对于估价结果产生重大影响，可以请求推迟评估项目。"

目前，疫情趋于稳定，虽然各行各业都受到了影响，但疫情也让我们成长，引发我们更多的思考，以此推动房地产估价业务变革创新。关于传统估价业务未来的变化趋势，引用柴强博士的观点："房地产估价行业伴随着房地产市场的发展不断壮大，但现阶段面临的挑战也越来越大。传统的粗放式估价做法基本上走到了尽头。专业化、高端化、品牌化、多样化等，将是该行业发展的趋势。"

作者联系方式

姓　　名：焦　阳　张丽萍

单　　位：深圳市同致诚土地房地产估价顾问有限公司

地　　址：深圳市福田区侨香路裕和大厦九层 901-906 室

邮　　箱：1085800477@qq.com；407202895@qq.com

注册号：焦阳（1120180040），张丽萍（1220100040）

第二部分

未来发展趋势与展望

树立信心耐心，走市场化专业化咨询化发展道路

柴　强

一、关于估价年会的定位和主题

（一）关于估价年会的定位

长期以来，中房学坚持每年主办一次房地产估价年会。该年会已成为我国房地产估价行业一年一度的高层次、大规模的研讨平台和"思想盛宴"。为了便于大家更好地参与年会，提前做好相关准备，共同办好今年及未来的年会，在此先有必要讲一下中房学对年会的定位。

年会不同于一般的继续教育活动，不是业务培训班，也不是宣贯中房学的相关估价指导意见，而主要是关注估价行业尤其是估价机构发展，重在"战略问题"和"思想交流"，参会对象主要是估价机构负责人特别是"掌舵人"。年会的内容并不是传授估价方法，解决实际估价项目中的技术难题，而主要是面向未来、思想碰撞、互相启发，引导估价机构和估价行业发展方向，观点可以各不相同，而且应当有所不同。每年中房学都会根据当年估价行业内外发展形势和情况，选定一个主题，围绕主题，大家撰写文章，各位演讲者畅所欲言，各抒己见。对于来年年会选择什么主题，欢迎大家建言献策。

（二）关于今年的主题"回望与前瞻"

今年估价年会的主题是"回望与前瞻"。回望是为了更好地前瞻，前瞻是为了更好地发展。今年为什么选择这个主题？

近年来，估价机构普遍、明显地感到进一步发展遇到了瓶颈，再上台阶很艰难，甚至出现了业务下滑、收费下降、风险加大、成本上升、人才流失的现象，面临下一步何去何从的发展问题。因此提炼出"回望""前瞻"两个关键词。"回望"并不是简单地回顾总结，更不是对过去恋恋不舍，而是要"复盘反思"，回想一路是怎样走过来的，是怎样克服一个又一个困难而不断发展进步的，以准确认识和把握当前发展过程中的痛点、难点及其原因。"前瞻"就是要预见未来前景和发展趋势，开创未来，捕捉未来发展机会，为未来发展做好思想等准备。

二、房地产估价行业发展内外环境

（一）房地产估价机构必须转型升级

当前，房地产估价行业发展的内外环境已经发生并还将发生深刻变化。经济社会发展、房地产市场发展和房地产业发展，都处于大转型时期，带来了估价需求、业务类型、业务渠道、作业方式、质量要求等的重大变化，使得房地产估价行业也处于"大转型时期"，要求广大房地产估价机构进行深层次变革、实质性改进。简要地说，走过场的"假估价"的好

日子就要过去，拼专业的"真估价"的好日子就要到来。需要广大估价机构根据内外环境的这些变化，做好自己的未来发展定位和规划，谋划业务转型升级，学习并掌握新的知识和技术，建立健全内部管理制度，加强人才队伍建设等。

（二）内外环境变化的五大影响因素

一是高质量发展阶段。我国经过改革开放40多年的成功发展，现已进入城镇化中后期，住房供求总量基本平衡，经济粗放、高速增长阶段已经过去并正在转向高质量发展阶段，各行各业、各个方面都需要更加科学化、精细化。这就更加需要包括房地产估价在内的专业服务，同时房地产估价本身要更加科学、客观、准确、可信。

二是绿色低碳和可持续发展。包括城市更新、老旧小区改造等。

三是新一轮科技革命。数字化、数字经济、移动互联网、大数据、人工智能等技术将带来房地产估价领域的深刻变革，比如批量估价、自动估价、远程查勘等。

四是房地产市场转型。从大拆大建的开发建设阶段，转向房地产投资（包括房地产租赁经营）和证券化阶段。美国等发达经济体的房地产市场发展过程表明：第一个阶段是开发建设，第二个阶段是房地产投资（购买后持有出租），第三个阶段是证券化。可以说我国开发建设阶段快要过去，可能是第二个和第三个阶段同步到来。相应的房地产估价业务可分为下列3大类：

（1）涉及房地产的各种融资估价，包括间接和直接融资，其中较低端的是个人住房抵押估价，较高端的是房地产投资信托基金（REITs）估价。估价机构要跟进融资工具的创新发展，提供相应的房地产估价服务。

（2）各种形式的房地产流转估价，包括并购（房地产开发项目）、股权转让（以股权转让形式转让房地产）、不良资产处置等估价。

（3）房地产资产管理（包括投后管理）、优化配置、合理利用等估价。

五是估价机构融合趋势。2016年资产评估法出台后，取得房地产估价、土地估价、资产评估三种资格的机构越来越多。2021年原房地产估价师和土地估价师合为新的房地产估价师后，房地产估价和土地估价机构更加融合发展。估价机构融合打破了"行业壁垒"，将会突出"专业优势"，特别是有利于房地产估价机构从事国有单位的房地产评估（国有资产中的房地产评估）业务。

三、做好房地产估价机构转型升级

（一）放弃幻想、端正态度

要把梁振英先生的话当作警示。2019年，梁振英先生在《足迹与梦想：评估行业回顾与展望》一书的序中写道："房地产评估并不需要高深的学问"，"在房地产评估问题上，要集中力量学习的，不是技术，是操守，换句话说，是要学做人"。我认为，梁先生是恨铁不成钢，是"爱之深恨之切"。的确，如果没有职业道德底线，将一切免谈。实际上，提供高质量的估价服务，依法为委托人争取利益或减少损失、防范化解有关风险，以及估价机构和估价师自身为了防范估价风险等，都需要有高深的估价学问、高超的估价技术。

（二）树立信心和耐心

房地产估价市场依然广阔。这是由估价对象（房地产占社会财富的50%～70%）、估价目的（众多估价需求）决定的。但同时必须搞清以下两个基本问题：一是未来客户主要根据什么选择估价机构？二是估价机构主要依靠什么获取估价业务？

我简单归纳了一下，有以下七个选项：（1）专业能力：估价报告使用人主要是委托人；（2）口碑品牌：估价报告使用人主要是第三方，比如服务于证券化、服务于财务报告的估价，口碑品牌需要通过专业而长期的服务达到；（3）资质资格：比如资质等级、行业排名；（4）特殊关系：但这种难以持久，因为"人一走茶就凉"；（5）低价竞争：但这种最后是"搬起石头砸自己的脚"，等于"集体慢性自杀"；（6）高估低评：迎合委托人的高估低评要求，但这种既没有尊严，又有很大潜在风险，风险迟早会爆发；（7）报告速度：客户可快速、便捷收到估价报告。

（三）坚持市场化、专业化、咨询化发展方向

一是市场化。我们希望有更多的"法定评估"，但不能过于依赖"法定评估"和"鉴证性估价"，要立足于"自愿评估"。因为"自愿评估"业务的空间更广阔，更具成长性、持续性、稳定性。

二是专业化。在思想观念上要改变客户离不开我们的想法，要深刻理解经济学讲的"分工与合作"，即"分工、专业化、交换"的本质含义，既要比别人做得好（专业），又要比别人做得快（效率），通过交换实现互利共赢。此外，要处理好专业化和多元化的关系，不能过度多元化，而是有限、相关多元化。

三是咨询化。要站在委托人的角度，替委托人着想，依法为委托人带来利益或者减免损失。

房地产估价机构需要从目前的"多样化＋本地化"逐步转型为"专业化＋咨询化＋全国化"。在美国存在专门做游艇码头和离婚等估价业务的机构，能和其他投资服务商一起突破地域限制，实现全国化，进而也可做强做大。

（四）脚踏实地、循序渐进、持续努力

面对当前形势，既要有紧迫感，又不能急于求成，要做"长跑者"。估价机构转型升级是一个系统工程，是一个较长期的日积月累过程，不是今天做明天就有明显成效的。要面向未来不断创新，不仅开拓新客户，还要有"回头客""转介绍"（老客户推介新客户。老客户是最好的传播者）"终身客户"。尤其是"第一印象"很重要。在为新客户第一次提供估价服务时，就要展现自己的专业能力。通过良好的"第一印象"，把新客户变成"回头客"。

最后谈几点感慨。一是人无远虑必有近忧。要从未来看现在怎么做，而不是眼前埋头瞎做。二是千里之行始于足下。要实现远大的目标必须从今天开始，把握未来大势一步一步地去做。三是英雄敌不过时代，君子顺势而为。要顺应时代的发展，没有成功的企业，只有时代的企业，企业不可能永远成功，但只要跟上时代的步伐，就可以做到永远成功。四是坚持专业主义，坚持长期主义。坚持好这两个主义，估价专业服务就能持续发展下去，估价机构就能生存发展下去，也会做强做大。

（本文根据2021中国房地产估价年会演讲整理）

作者联系方式

姓　名：柴　强

单　位：中国房地产估价师与房地产经纪人学会

从金融视角看房地产趋势

尹中立

金融和房地产互为因果，过去 20 年主要表现为金融因素决定房地产走势，未来 20 年很有可能是房地产走势决定金融发展趋势。

一、金融周期与房地产周期

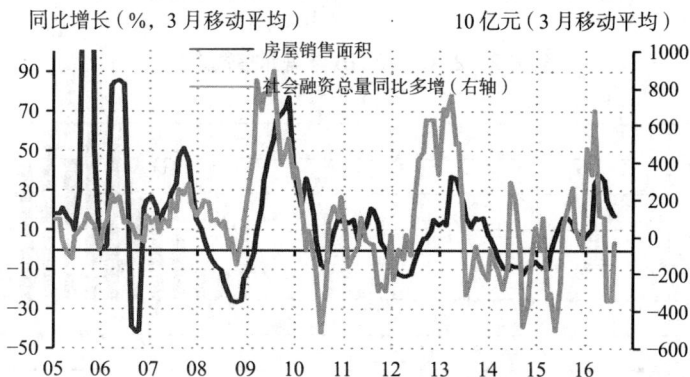

图 1　金融周期与房地产周期的关系

图 1 中有两条曲线，一条是房屋销售面积，一条是社会融资总量的增长速度，两条曲线之间的波动趋势呈高度正相关。2009 年以来的三次金融扩张对应着房地产市场的三轮上涨，但每一次金融扩张的原因各不相同。2009 年出现金融扩张的背景是全球金融危机，各国协调一致进行宏观刺激，我国为了稳增长出台了著名的 "4 万亿投资" 计划，2009 年信贷增量近 10 万亿，约是 2008 年的两倍。受此影响，房地产市场出现了井喷行情，有些房地产价格年度涨幅超过 50%。

2015 年至 2021 年上半年房地产市场出现持续六年的大牛市，持续时间之长是历史上少见的。2013 年底，美联储准备结束始于 2009 年的量化宽松政策，当美联储货币政策回归常态化，全球美元货币回流美国，美元指数重新走强（图 2），金砖国家经济增长速度明显减速，并出现货币贬值，资本流出等现象。2013 年之后中国经济进入 "新常态"，房地产市场不景气，2013—2014 年持续了两年多的熊市，原因就是大量资金外逃。

从图 3 能够更直观地看出，从 2001 年中国加入世界贸易组织以来，外汇储备一直处在净增加的状态，2014—2016 年连续出现外汇储备大幅度减少。2014 年外汇储备曾达到 4 万亿美元，不到 2 年时间，外汇储备减少到 3 万亿美元。在外贸净顺差背景之下，外汇储备下降了 1 万多亿美元，可见资金外流的数量是相当有规模的。导致该结果的原因是美国开始紧

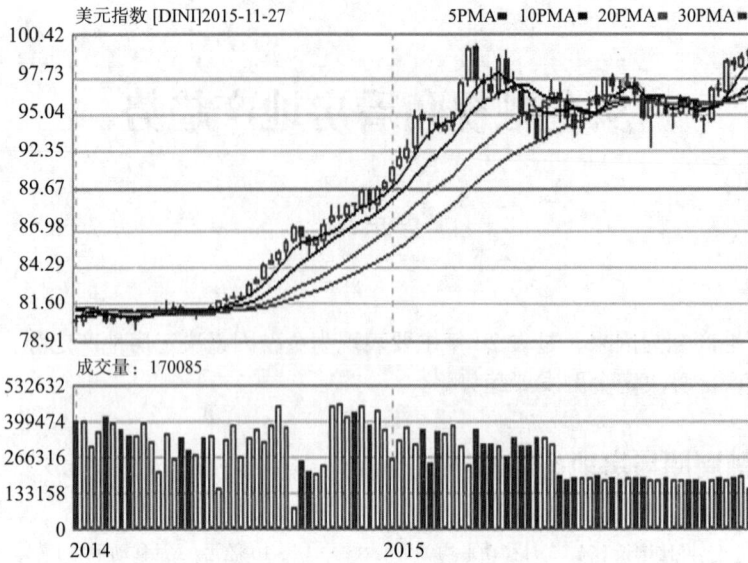

图2　2013—2015年美元指数走势

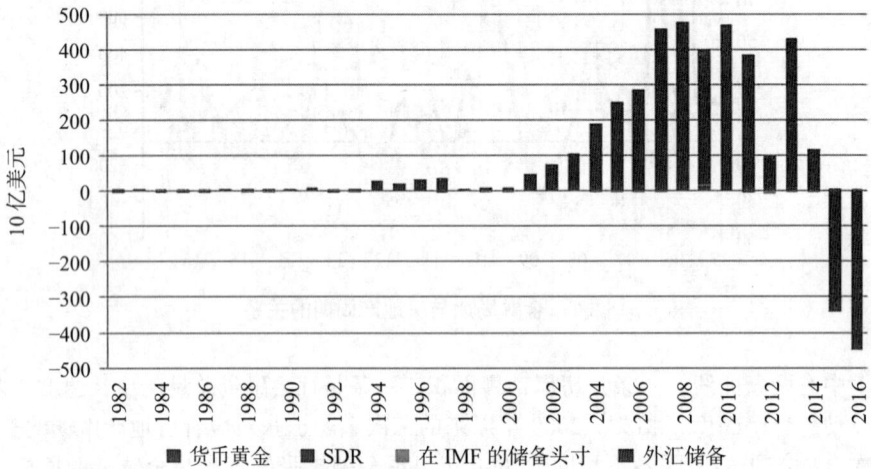

图3　中国年度外汇储备

缩货币。因为大量资金流出，期间我国房地产市场日渐颓势。不光是房地产市场日子难过，股票市场也出现了变故，股票市场在2015年出现"股灾"，之后中国经济一度出现了硬着陆的状态。2015年第三季度，中国经济进入了改革开放以来最差的谷底状态，为了稳定经济增长，决策层启动了房地产去库存政策。

二、当前的房地产金融形势与房地产走势

（一）2021年下半年融资收紧的表现

房地产市场在2021年下半年和上半年呈现冰火两重天的局面，可以从金融角度来分析。

从图 4 可以看出，2021 年第一季度新增房地产贷款与前两年的第一季度基本持平，略有减少；但从第二季度开始，新增房地产贷款同比大幅度减少，减少幅度近 50%；到第三季度减少幅度更大，下降了接近 60%，连续两个季度新增房地产贷款大幅度收缩，房地产企业的资金链骤然紧张；第四季度数据还没统计出来，预计和第二、三季度情况大致类似，不会出现大的改观。

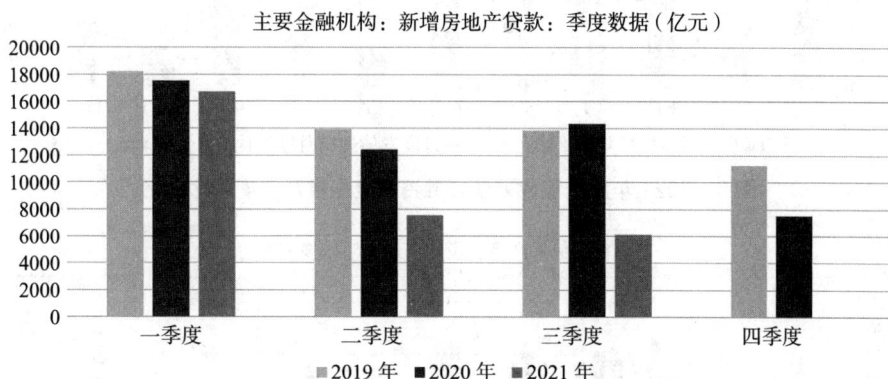

图 4 2019—2021 年新增房地产贷款

贝壳研究院数据显示（图 5），2021 年 1—11 月房企境内外债券融资累计约 8466 亿元，较 2020 年同比下降 19%。从图 6 可以看出，2021 年下半年开始债券融资规模一直处于负增长状态，12 月境内债券融资有所恢复，但是由于 2021 年下半年受到一系列事件冲击，很多企业出现债务违约，美元债价格大幅度下跌，现在已经有几十支美元债价格低于 50 元（面值是 100 元，折价大概超过了 50%）。在这种背景下，借新还旧美元债市场已经完全冻结了，这是未来房地产企业所面临的一个很大的风险或隐患，也是国家外汇储备面临的风险。2000 多亿美元的债务陆陆续续到期，如果不能借新还旧，都用外汇储备兑换成美元去还，且不说人民币从哪里来，美元外汇储备下降的幅度也是相当大，占中国外汇储备接近 10%。

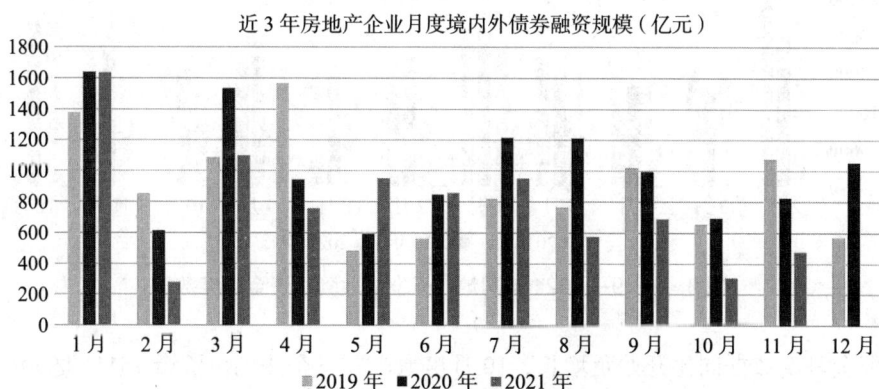

图 5 近 3 年房地产企业月度境内外债券融资规模

根据益信托网数据显示（图 7），2021 年下半年以来，发行的国内集合信托产品中，投向房地产领域的资产规模快速萎缩，11 月同比下降 67.4%。根据国家统计局公布的数据显示（图 8），上半年房地产企业的到位资金一直处在增长状态，从 7 月份起，房地产开发企

2021年，房企境内外融资月度规模及月度同比变化

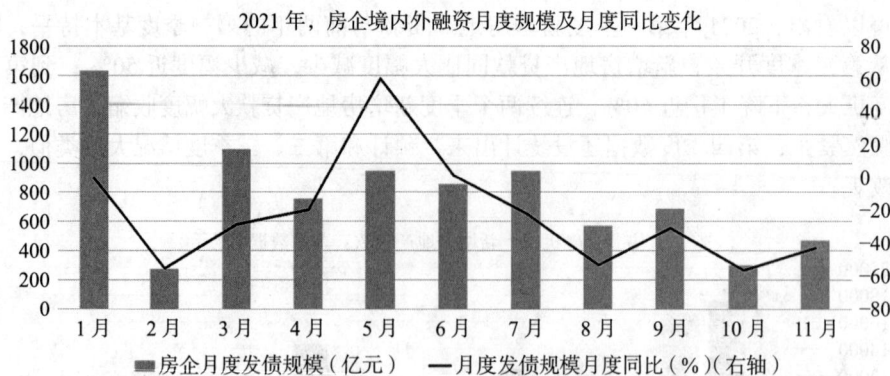

房企月度发债规模（亿元）　月度发债规模月度同比（%）（右轴）

图6　2021年房企境内外债券融资月度规模及月度同比变化

国内集合信托产品：投向房地产领域规模（亿元）

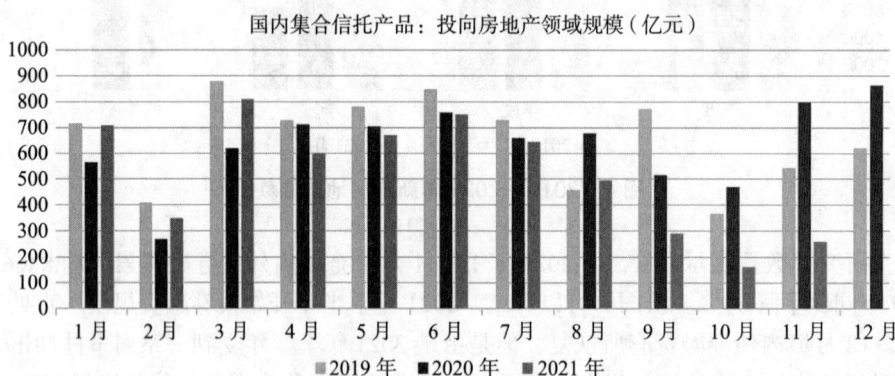

2019年　2020年　2021年

图7　2019—2021年国内集合信托产品投向房地产领域规模

房地产开发企业到位资金月度数据（亿元）

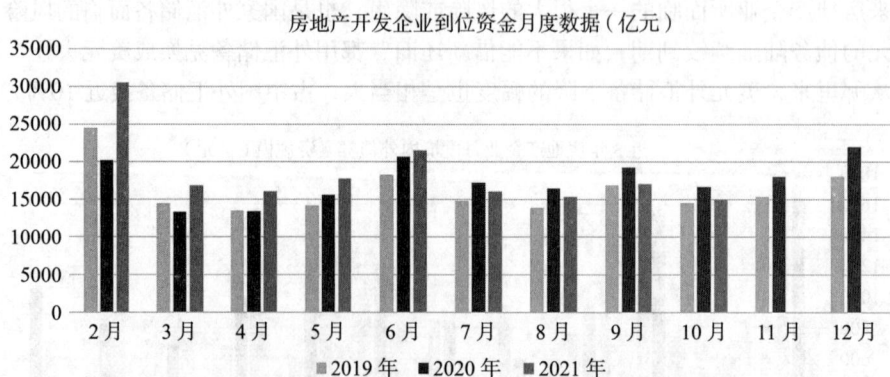

2019年　2020年　2021年

图8　2019—2021年房地产开发企业到位资金月度数据

业到位资金月度数据同比开始负增长，10月房地产开发企业到位资金15111亿元，同比下降9.5%。

（二）2021年下半年融资收紧的原因

2021年下半年融资收紧的原因早在年初就有答案。融资紧缩是2021年货币政策的既定思路，与国际金融环境有关，也与出口超预期增长有关。

2021年初制定的政府工作报告中对于各项经济指标的安排已经暗示了紧缩的信号（图9）。

第一个紧缩信号是 GDP 增长目标为 6%。2020 年受到疫情影响，中国经济增长速度只有 2%，处于低谷，在基数比较低的情况下，2021 年初市场预期 2021 年中国可以实现 8% 以上的经济增速，但是国家最高决策层给出的答案是 6%，这意味着在年初就有踩刹车的准备。

		2016	2017	2018	2019	2020	2021
经济社会发展年度目标	GDP 增速目标	6.5%—7%	6.5%	6.5%	6%—6.5%	未提	6% 以上
	CPI	3%	3%	3%	3%	3.5%	3%
经济社会指标上年完成情况	GDP 增速目标	6.9%	6.7%	6.9%	6.6%	6.1%	2.3%
	CPI	较低水平	2%	1.6%	2.1%	2.9%	2.5%
财政政策	财政赤字	2.18 万亿	2.38 万亿	2.38 万亿	2.76 万亿	3.76 万亿	3.57 万亿
	赤字率	3%	3%	2.6%	2.8%	3.6% 以上	3.2%
	专项债	4000 亿	8000 亿	1.35 万亿	2.15 万亿	3.75 万亿	3.65 万亿
货币政策	M2	13%	12%	M2 和社会融资规模合理增长	M2 和社会融资规模要与国内生产总值名义增速相匹配	引导 M2 和社会融资规模增速明显高于去年	M2 和社会融资规模增速与名义经济增速基本匹配；小微贷款增速不低于 30%。

图 9　2016—2021 年政府工作报告列示的主要经济指标

第二个紧缩信号是财政赤字的安排。2021 年赤字总量计划是 3.57 万亿，2020 年是 3.76 万亿，财政赤字的减少是不言而喻的。类似的情况出现在 2018 年，2018 年宏观政策目标之一是"去杠杆"，经过一年的努力，2018 年中国的宏观杠杆率下降了 4 个百分点，而 2021 年 1—11 月份我国宏观杠杆率已经下降了 7.1 个百分点，也就是说，2021 年金融紧缩的力度远远超过了 2018 年。从总体宏观杠杆率来看（图 10），居民、企业、政府中，这轮"去杠杆"首当其冲的是企业，其中非金融类企业去杠杆力度比较大，房地产作为重要产业，成为去杠杆首当其冲的行业，这就是今年之所以出现这样一个状况的重要原因，是宏观总体的安排。

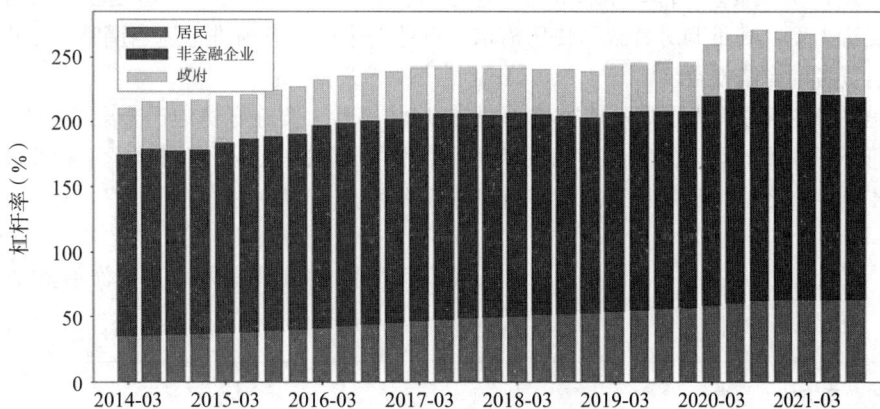

图 10　总体宏观杠杆率

（三）2021年下半年融资收紧的必要性

之所以采取货币紧缩的措施，一是中国成功控制疫情，使得2020年和2021年出口超预期，在出口远超预期的背景下，金融扩张可以防止经济过热（图11）。二是为美联储缩表作准备。2013年之后，美国准备结束货币宽松政策，美元开始新一轮升值，新兴市场国家出现货币危机，为了防止出现类似的一幕，我国只有未雨绸缪，才能做到货币政策以我为主。

近3年来，出口金额月度数据（亿美元）

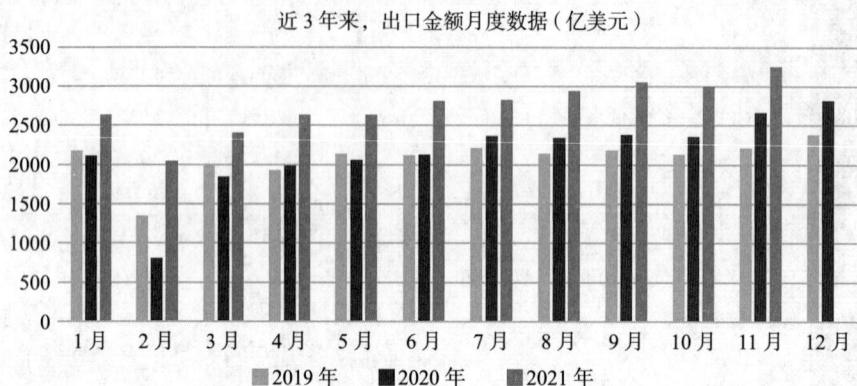

图11　近3年来出口金额

三、如何促进房地产业良性循环

一是要保证房地产企业合理的资金需求。"三条红线"和"贷款集中度"政策都是立足于房地产行业的长期健康发展，对积极防范化解房地产"灰犀牛"风险起到了至关重要的作用，而且这些政策都预留了充分的时间过渡期，但在实际执行过程中，部分金融机构对这些政策存在明显误解并由此带来较大的执行偏差，从而导致房企现金流的不堪重负。因此，执行层面纠偏势在必行，而且刻不容缓。

二是预售资金"管好不管死"。一般监管资金符合条件自由支取是缓解房企现金流压力的重要方面。重点监管资金严格按照工程进度提取，一般监管资金则应允许房企根据资金需求合理取用，实现资金"管好不管死"。坚持"房住不炒"的前提下，适度加大对首套购房群体的支持力度，满足购房者合理住房需求，有些约束政策应当进行适当调整，以更好地维护住房消费者的合法权益。

三是"房住不炒"的原则不能突破。"坚持房住不炒，实施好房地产金融审慎管理制度"仍是当前不可动摇的政策方向，其构筑了房地产不可放松的边界。稳健经营、稳步发展、稳妥化债才是生存之道，也是长久之计，行稳才能致远。

（本文根据2021中国房地产估价年会演讲整理）

作者联系方式

姓　名：尹中立

单　位：中国社会科学院房地产金融研究中心

回望与前瞻 方向和信心

——关于行业发展逻辑的若干思考

闫旭东

一、回望

房地产估价行业定位是中介服务——房地产评估、咨询服务。中介服务从属于委托方的经济行为，不是孤立存在的。

回望过去，改革开放波澜壮阔，为估价行业发展提供了蓬勃动力。土地有偿使用制度改革、住房体制改革、国企改制、物权法实施等带动了行业发展。土地分等定级、城市基准地价、地价动态监测，国有集体土地及房屋的征收拆迁评估，土地出让地价评估，国企改制土地资产处置评估，房地产开发经营抵押评估，房地产交易评估，个人和企业房地产抵押贷款评估，司法处置评估，银行不良资产评估等都是改革开放为评估行业提供的机会。

回望过去，取得的成就也是巨大的。全国房地产（住宅＋非住宅）资产总值约600万亿，银行金融业信贷底层资产超60%为房地产抵押，企业资产中超50%为房地产类底层资产，个人家庭财富70%是房地产资产。

二、前瞻

往前看，有一个词叫作"变化"，变化是时代唯一不变的旋律。这些年行业不断变化发展，依靠制度红利保护，简单评估就挣钱的模式已不可持续，依托专业、服务、科技，实现行业转型升级正在进行时。

（一）金融领域

金融领域是评估行业最大的一个领域。传统业务流程由抵押贷前的线下评估，向贷前、贷中、贷后、处置全流程、线上线下结合、跨区域的评估综合服务扩展。资金主体由银行向非银行金融机构（如基金、信托、REITs、资产管理公司AMC）延伸。融资方式由借贷间接融资向股权、债券、证券等直接融资转移。项目模式由投资开发向投资、运营、管理转变。需求由单一抵押评估向投、融、管、退全流程咨询服务发展。以仁达、世联等投后管理为例，涉及投前市场尽调、投资可行性研究、投资交易咨询、投后驻场管理、营销监管咨询、工程成本咨询、退出模拟清算、资产评估、房地产评估、土地评估等一系列服务。

（二）征收拆迁领域

传统旧城改造、新区开发、棚户区改造、大基建涉及的征收拆迁评估规模在下降。新兴城市更新、土地整备、整村统筹、新型城镇化、乡村振兴方兴未艾。征收拆迁领域的发展机会有两个方面：一是《国有土地上房屋征收与补偿条例》（国务院令第590号）从制度上取消了拆迁公司，其空位需要补充专业力量，二是城市更新等新模式涉及利益主体多元化、流程长，利益测算平衡更需要专业服务。

征收拆迁全流程咨询服务，广阔天地大有作为，很多评估公司已经进行有益尝试，以首佳、格衡等征收拆迁全过程管理服务为例，服务涉及征收全程或过程顾问类（包括补偿安置方案制定测算及顾问、征收实施方案筹划及顾问、征拆信息系统设计及顾问、征拆宣传党建方案策划及顾问、征拆法律顾问）、征拆前期咨询类（征拆宣传与党建引领方案、征拆实施方案策划、征拆政策方案诊断）、征拆管理全过程落地类（征拆全过程管理督导服务、征拆全过程管理推进服务、征拆全过程管理谈判服务）、征拆管理过程支持类（前期摸底调查、入户调查与谈判签约、安置房（选房）代理）。

（三）资产管理与处置领域

房地产现已由"增量"变为"存量"时代，法治保护的不动产财产权规模扩大，资产清查、运营、管理、处置等都需要专业服务。评估机构在国有企业、企业集团、资产管理公司、特殊资产、不良资产、司法处置等方面都存在大量机会。

以恒通评估为例，他们提供网络司法拍卖全程服务，包括司法辅助、风险评估、评估鉴定、税务咨询、过户办证等一条龙服务，同时提升了评估公司的服务能力。以世联为例，世联的瑞联资信平台秉承互通、开放、生态的服务宗旨，连接投、融、管、退全链条中评估、咨询、投后管理、工程咨询、工程财务监管、工程税务筹划、大数据监测活动，实现生态在线，助力客户资产保值、增值与管理创新，提供覆盖项目全周期、全链条的金融咨询全场景服务。

（四）自然资源国土领域

2021年房地产估价师和土地估价师进行整合后，房地产估价师也可以从事自然资源国土领域业务的工作。三次土地改革，包括集体农用地承包经营权、国有土地有偿使用制度改革、集体建设用地改革都涉及资产简化、交易、处置等一系列业务。同时，按照自然资源相应职责部门的要求，包括自然资源资产清查、评价，自然资源有偿使用，建立空间规划体系，自然资源开发利用和保护监管等，都存在大量的清查（调查）、评价、评估、各类规划、代理等专业服务机会。

以上海城市评估为例，为持续推进综合一体化业务发展，加大创新融合的研发与应用能力，于2021年4月成立了"产业发展研究中心""城市更新研究中心""乡村振兴与生态修复研究中心""城市数字化应用中心"。"产业发展研究中心"聚焦产业调查、产业评价、产业策划、产业规划、产业信息平台搭建，并逐步向产业地图、产业招商、高端产业咨询方向探索发展。"城市更新研究中心"聚焦城市更新调查评价、更新规划、实施方案、算法模型搭建与编制，并逐步向城市更新政策创新、数据算法集成、投融资渠道建设等方向探索发展。"乡村振兴与生态修复研究中心"聚焦乡村发展各类要素相关调查评价、乡村规划设计、产业策划、土地综合整治，并逐步向政策研究、数据集成、生态修复技术和工程设计等方向探索发展。"城市数字化应用中心"聚焦数字仓库、数据安全、平台建设、数据分析应用的研究与实践，并逐步向数据三维建模、数据智能应用、数据产品标准化、市场化、平台化等方向探索发展。可以看到，估价机构正在往全链条、产业深入发展的角度不断深化，而不仅仅是评估工作，更多的是咨询服务型工作。

以广西方略评估为例，其土地业务包括地价体系建设及配套服务、数据信息及咨询顾问服务、国土开发利用研究服务、自然空间规划设计服务、测绘服务、税务、物价、住房与建设（含公积金管理）服务、不动产流程化服务、培训与交流等各种服务，评估只是服务之一。

因此，当前评估行业的发展，不能单纯的只是做评估，必须要提供全流程、全方位咨询服务才能转型升级。我们面对机会的同时也存在很多挑战，如多领域专业人才缺乏、机构组织变化、跨区域管理难度大、技术数据平台缺少等。

三、方向

（一）两个平台

一是房地产平台，即评估是围绕房地产的全生命周期服务。包括土地开发，建设、运营，再开发，以及销售策划代理、开发顾问、项目管理、投后管理、物业管理、资产管理等。二是财务会计平台。如资产价值入账，公允价值、税务核算，新金融工具准则，工程造价审计等工作需要与财务会计平台结合操作。

（二）信息数字化

随着市场信息越来越透明，原来的区域属地化局面正在被打破，数字化、线上化，线上线下相结合的模式不可阻挡，这就涉及对内作业操作的信息化和对外业务连接的数字化，需要我们加大科技投入。

（三）困难的选择

房地产估价机构在发展中面临着全牌照还是单牌照，规模化还是属地化，大强专精等经营模式选择，适合的才是对的，活下去才是最重要的。

请大家思考一下，我们提供的服务是在计算价格还是在发现不动产价值？前者是评估，后者是咨询。我认为，房地产估价专业人员的价值不是计算价格，而应该是发现不动产的价值。只有发现不动产的价值，才能为委托人提供更好的服务。

"年年难过年年过""我命由我不由天""信心比黄金珍贵"。我相信经过我们自身的努力，一定可以实现评估行业的转型升级。

（本文根据 2021 中国房地产估价年会演讲整理）

作者联系方式

姓　　名：闫旭东

单　　位：北京仁达房地产土地资产评估有限公司

新发展阶段房地产估价行业创新发展

潘世炳

一、新阶段房地产估价行业面临的机遇与挑战

（一）从国际环境看

目前，世界经济格局正在深度调整，经济全球化遭遇逆流，世界经济受新冠肺炎疫情等因素影响陷入衰退，这个过程可能很漫长。一旦疫情好转之后，世界产业链可能会重构，对中国的影响暂不确定。

（二）从国内发展看

目前，我国经济发展面临需求收缩、供给冲击、预期转弱三重压力。在疫情冲击下，百年变局加速演进，外部环境更加复杂、严峻以及充满不确定性，同时，国内经济也面临着很多压力。2021年的中央经济工作会议强调因城施策，促进房地产业良性循环和健康发展。目前，国内加快构建以国内大循环为主体，国内国际双循环相互促进的新发展格局。同时，实现碳中和、碳达峰是推动经济高质量发展的内在需求，要坚定不移推进。此外，我国经济面临重大转型，智能化、信息化、网络化正快速发展。

（三）评估行业面临巨大变革

当前，评估行业面临着巨大变革：一是跨界机构强势加入，特别是大数据、信息化公司的加入，给行业造成很大压力；二是行业从政府主导转向市场主导，从高速发展转向高质量发展，但是行业低价竞争、同质化、报告质量低下等问题比较严重；三是定制化服务难度大，业务更为复杂；四是咨询业务需求增加，虽然有些传统业务在减少，但是新兴业务会产生；五是专业人才断层，机构转型压力大，"小、散、弱"格局长期存在。

二、基于"六位一体"管理体系下的实践探索

（一）技术——创新研发延伸产业链

1. 城市更新发展历程

城市更新工作是旧城改造或者老旧小区改造、棚户区改的一个延续，也是房地产市场发展的一个重要阶段。从2007年佛山市颁发《关于加快推进旧城镇旧厂房旧村居改造的决定》及3个相关指导意见，成为全国第一个提出三旧改造的城市，到2021年住房和城乡建设部办公厅发布《关于开展第一批城市更新试点工作的通知》（建办科函〔2021〕443号），城市更新正式进入试点阶段。目前黄石市作为湖北省唯一试点城市，永业行承担了黄石市城市更新相关工作，为此也开展了很多培训。

2. 城市更新的目的

城市更新有以下几个目的：一是更加注重片区统筹以及全局化思维。站在大片区城市更

新角度统筹推进，注重城市整体价值提升和社会福祉提升；二是注重增存并举，确保供需平衡。城市建设已由大规模增量建设转为存量提质改造和增量结构调整并重；三是注重城市风貌流存以及城市功能再升级。要强化历史文化保护，塑造城市风貌；注重城市安全，构建韧性城市；坚持系统理念，建设智慧城市；以绿色发展为导向，建设绿色城市等；四是注重对当地经济水平及产业发展能力的提升。通过实施城市更新，拉动当地就业以及企业发展，切实推动当地经济水平提升；围绕产业进行迭代升级，为战略性新兴产业、高科技产业提供更多产业空间，而非以开发更多房地产为着力点。

3. 城市更新是评估咨询的新方向

在我国社会经济面临转型升级的大背景下，城市空间拓展从"新区开发的增量发展"转向"城市中心重构的存量挖掘"，城市更新的趋势已经从"点状更新"转向"片区更新"，按照"留、改、拆"并举的思路，综合了文化挖掘再造、产业经济升级、空间集约高效、民生服务提升等手段，对城市中心区域存量空间进行系统性的更新改造。城市更新过程中包含的政策顶层设计、资源梳理、全过程拆迁服务、区域发展策略研究、项目运筹设计、项目包装策划、规划编制、专项债服务等一系列工作都可以作为评估咨询业务。但估价机构能否做成，关键在于人员素质和人员水平的高低。

4. 城市更新叠加新型城镇化

城市更新和新型城镇化有很多相同之处，也有不同的地方。包括污水处理；公厕、基础设施等自动化改造、区域改造等。2021年7月，国务院办公厅印发《关于全面推进城镇老旧小区改造工作的指导意见》（国办发〔2020〕23号），改造范围重点是2000年底以前建成的老旧小区，改造时间是2020—2025年，我们还有四年时间可以去做很多工作，关键在于怎么去做。

5. 地方政务专项债券咨询服务

2019年6月10日，中共中央办公厅、国务院办公厅印发《关于做好地方政府专项债券发行及项目配套融资工作的通知》，提出允许将专项债券作为符合条件的重大项目资本金，明确特定条件下专项债可与市场化融资相结合，也就是债贷组合。实际上专项债配套工作目前面临两个问题：一方面是要有专项债，因为地方政府压力很大，没有专项债，其发展就会受影响；另一方面是专项债目前面临的地方债务风险问题，整个地方债的总规模已经超过GDP，到达底线，如何协调和平衡相关关系，都是我们要做的工作。地方政府专项债涉及市政及园区基础设施、老旧小区、医疗卫生、教育文化、停车场、生态治理等多个领域。评估咨询机构可积极参与地方政府专项债相关的延伸服务，包括发债情况分析、项目谋划策划、专项债申报、融资平台的工作、新增专项债券使用的正负面清单等。

6. 生态环境导向的城市开发（EOD）模式

EOD模式对资源开发利用、项目谋划策划、产业运营管理提出了更高的要求。强调生态环境治理项目与资源开发利用、产业运营二者有效融合、协调发展，推动生态环境治理资源化、市场化和产业化，推动经济价值内部化、显性化。EOD项目包括生态环境保护治理项目、自然资源资产开发利用、特色产业运营等。自然资源包括土地、水、大气、矿产、森林、草原、海洋、能源等，都需要进行分析、评估、规划、设计以及相关的项目包装。同时，区域综合开发工作也需要做策划、方案。

7. 基础设施REITs咨询服务

我国探索和发展REITs已有十余年时间，截至2019年底，境内交易所已累计发行类

REITs 产品 77 单，累计规模达 1458 亿；与标准公募 REITs 产品不同，此前的类 REITs 产品主要为面向特定投资者的私募形式，投资门槛高。2020 年推出的标准公募 REITs 应用在基础设施领域，产品面向普通大众投资者，投资门槛较低，融资效率相对更高，对持续发展基础设施和完善金融市场具有重要意义。而相关领域的研究基础较为薄弱，且我国公募 REITs 所配套的法律法规、税收优惠政策等还不完善，相关指导意见也比较缺失。因此，研究我国公募基础设施 REITs 对公司后续开展相关业务具有实际指导意义。

8. 碳达峰、碳中和咨询服务

面对全球气候变暖的严峻形势，中国展现出负责任的大国担当。习近平总书记在第七十五届联合国大会上郑重承诺："中国将提高国家自主贡献力度，采取更加有力的政策和措施，二氧化碳排放力争于 2030 年前达到峰值，努力争取 2060 年前实现碳中和。"2021 年湖北省公布的省级近零碳排放区 3 个城镇试点示范项目中，有一个项目就是由永业行承担。主要工作包括选取减排潜力较大或低碳基础较好的区域、园区、社区、校园、建筑及企业等，分批推进近零碳排放区试点建设。

（二）市场——企业发展的关键

一是技术研发和推广方案。永业行很注重技术研发，每年投入近 1000 万的研发费用，研发出来的成果可能有些并不一定产生效果，但至少是要研发。二是商机管理，其涉及面很广。三是市场拓展管理。通过论坛、高层对话等形式分层次开展，多种渠道参与市场竞争。四是投标管理和合同管理。目前很多项目都要投标，这就需要做好投标相关事宜，尤其是注意合同中的细节问题。五是项目管理。其关键在于模块化，目前永业行在不断探索模块化工作，因为很多咨询服务不是一个标准化产品，要求高、难度大，不能单纯套模板。六是客户管理。包括大、中、小客户如何去服务，以及项目收款和归档等问题，现在各方压力都很大，所以收款较为困难，归档工作也很重要。七是市场评价和复盘。包括市场现状和未来发展趋势都需要探讨。永业行制定了市场管理的改革方案，要求整合、升级、扩充房地产相关资质，强化市场品牌竞争力；搭建客户服务体系，优化营销模式，紧跟国家政策导向，参与顶层制度设计，提供全方面、全过程服务，增加服务黏性；运用信息化手段划分区域，完善人员考评制度，促进人才优胜劣汰。

（三）管理——规范运行的基石

1. 管理创新是持续发展的基础

管理是规范运行的基石，也是可持续发展的关键。一是强调法治和人治的关系，将两者有机结合。二是项目思维与全局思维。用全局思维去考虑问题，而不单单只考虑某个项目。三是制度执行和考核。包括绩效考核制度、项目管理制度、财务制度等，而且制度关键要落地执行，否则有较大的风险隐患。四是监督检查与奖惩。监督的重要性不言而喻，是企业规范运行的关键环节，特别是大公司内部会存在腐败、形式主义、官僚主义等很多问题。五是管理体系。包括市场、技术、财务、人力资源管理、品牌文化、行政后勤、会议管理、风险控制等一系列工作都要做到位。

2. 组织结构创新

以华为为例，华为初期一直采用直线式管理结构，在 1998 年引进事业部制。之后开始转向矩阵结构、二维组织结构。2009 年之后成立了以客户经理、解决方案专家、交付专家组成的工作小组，形成面向客户的"铁三角"作战单元。其精髓是为了实现目标，打破壁垒，形成以项目为中心的团队运作模式。

3.重要岗位轮岗交流

长期不调整岗位不利于人才的培养。中国共产党注重对人才的培养，轮岗交流有利于促进业务水平的提高。当一个人长期在同一个岗位工作，思维方式就会变得很僵化、固化。所以多渠道培养人才很关键，同时激发团队活力。此外，还要规避各种风险，促进可持续发展。

（四）数字化——提质增效打基础

对公司而言，所谓数字化是要打造共享云平台，开发利用线上办公系统实现灵活云办公，从而进一步提升管理工作质效。此外，还应不断升级办公系统，完善数据集成、动态管理、实时查询、导出调用等综合分析功能，为各层级管理人员提供准确可查的统计报表和相关分析数据。永业行目前致力于数字化发展，利用以下方式方法在管理信息化和业务信息化方面取得了一定成效。

一是拥抱信息科技。利用无人机、5G、AI、大数据、云计算等先进的信息技术，探索形成了咨询行业的孪生交付模式，现已完成PPP绩效管理平台、自然资源资产管理平台、不动产征收管理平台等。二是挖掘数据价值。构建了专业的行业大数据管理平台，如永矿通APP。三是优化管理模式。深入思考分析目前业务管理痛点与难点，以信息化、数字化管理方式构建从产品研发、市场拓展、渠道建设、项目管理、技术执业管理、财务管理、人员管理全过程闭环，通过数字化能力提升管理效率，防控管理风险。

（五）文化——企业发展的灵魂凝聚力

企业的文化是企业的灵魂。包括以下几个方面：一是增强内部员工认同感与企业凝聚力；二是企业与员工价值观与企业内部运营氛围一致；三是内部骨干员工培养与人才梯队建设；四是企业运作效率应快速跟上市场发展的脚步。在党建引领方面，永业行于2009年成立了评估行业的第一个中共党委，将党建工作和企业管理工作有机结合在一起，强化党建的发展引领作用，力争做到抓好党建促发展，企业发展助党建。在公益事业方面，永业行于2010年发布全国评估咨询行业第一个社会责任报告。在2020年武汉疫情发生第一天，永业行就捐款10万元用于支持防疫工作，目前累计捐献防疫物资价值超过100万元。

（六）风控——筑牢发展安全线

要做好风险防控，一要常年聘请法律顾问，引入第三方审计机构；二要设立自检、互检流程，严格把控项目质量和进度，定期对项目成果进行抽检；三要大力推进业务信息化建设，对项目质量、项目流程、项目节点进行全流程管控，建立技术风险事前、事中、事后控制全过程管控机制；四要完善技术与市场管理制度，全域覆盖所有专业项目的市场审核、技术审核管理；五要建立项目分级、项目与人员匹配机制，梳理风险防范要点，强化人员事前风险防范意识；六要通过开展内部监督审计，不断完善管理漏洞，实现技术风险管控常态化。此外，还要加强警示教育，建立赔偿机制，追究违法者责任。

（本文根据2021中国房地产估价年会演讲整理）

作者联系方式

姓　　名：潘世炳

单　　位：永业行（湖北）土地房地产评估咨询有限公司

估价机构数字化转型与实践思考

王常华

一、数字转型与产业重构

（一）理念转变

数字转型，是当前国家重点推进的战略。上海市"十四五"规划与2035远景目标提出"全面推进数字化转型是面向未来塑造城市核心竞争力的关键之举，全面推进数字化转型是超大城市治理体系和治理能力现代化的必然要求"。探索新经验，应用新技术，转换新动能，成为数字化转型的然趋势。房地产估价行业应顺应形势，积极响应，做好业务的数字化转型，进行产业重构。一是从经验评估转向数字评估和批量评估；二是从单一评估转向全过程评估，即通过一个数据平台、一张图来解决问题；三是从本地化业务转向跨行业、跨区域发展，带来更多的整合和创新机遇。

（二）发展特点

从行业发展特点来看，信息整合和分析是估价行业最传统的业务。过去的信息相对来说比较简单、单一，更注重市场化的价格分析。在行业发展过程中，伴随数字化技术的应用，未来对于信息收集会更加多元化，涉及社会的方方面面；分析手段也会更加贴近市场，估价师可以运用一些最新的量化分析方法，优化估价模型，扩展行业分析渠道、分析手段，同时，运用前沿的信息化数据为客户创造更大的价值。

（三）市场需求

从目前的市场情况来看，对于数字化转型的市场需求非常大，归结了其中的三点：一是数据大规模集成、评价、估算，主要实践领域包括房地产税研究，征收动迁过程中的全过程管理，以及自然资源价值核算等。二是项目全过程管理、集成、分配，主要聚焦于城市更新方面，包括城市产业园区的成片开发，还有一些国有资产的管理优化方案评估等。三是数据大规模集成、评价、估算，这部分目前也有非常多的应用，比如城市大脑、城市管理，产业投促招商、收益评估优化，楼宇经济评价等，都是巨大的市场需求。

（四）数字化响应

从这些市场需求的摸索中，探索数字化响应的模式与方向，包括四个方面：一是建立动态可视化数据库；二是建设一套全过程管控体系；三是构建一套统一的业务标准；四是搭建整体便捷化的应用平台。这四步为我们解决了"有什么、做什么、怎么做、做得好"的问题。通过一些管控手段和管控体系，运用统一的业务标准和平台可视化的展示方式，提供给客户更多的服务和应用分析。

二、数字实践与场景实现

（一）数据仓库应用

上海城市房地产估价有限公司开发了城市不动产应用平台，集聚了传统估价业务相关数据。通过现代化信息手段，做了相应的开发和研究，形成一些数据产品，为客户提供服务。着重体现四个方面：一是场景应用；二是算法模型；三是筛选统计；四是多维分析。目前已经涵盖了住宅、办公、长租公寓等，并且住宅基本上做到了全覆盖。同时，平台上对于房地产价格的一些相关因素进行了归集、统一和可视化展示，为估价服务提供帮助。在数据基础上，构建了多因素价值影响分析模型，进行更加精细的价格分析和测算，为估价能够提供很好的支撑和服务。

（二）城市更新——区域开发全过程管控集成

1. 区域成片开发特点

从目前城市更新成片开发工作的需求来看，区域成片开发涉及很多参与主体和流程，包括几个方面：一是建立区域统筹决策机制；二是建立项目实施协同推进机制；三是建立资金管控体系；四是建立一二级联动开发业务管理体系。最终实现全周期、高质量、大平台的目标，通过平台搭建，提供更好、更高效的服务，解决"干什么、谁来干、怎么干"一系列问题，实现全周期精细化管理，建立相关标准，为整个区域成片开发工作提供支撑。

2. 平台建设目标

搭建数据化平台的整体目标是实现整个项目的"征收总控、规划总控、建设总控、资金总控"，可概括为4个"一"，即搭建一个多元可视化数据库，构建一套全生命业务管理流程，制定一套统一规范的业务标准，打造一个成片开发业务的管控大平台，为整个成片开发工作提供支撑和数据服务。

3. 数据地图

目前形成的数据产品，包括数据地图，涵盖地形、规划、航拍、风貌、配套、产业等诸多要素，将不同的图层叠加在一起，最终形成综合复合效应。解决人、房、户、产的对应关系，进行更加直观的要素分析，对整个项目建设的进度、资金、指标等进行统筹分析，做到精细化管理。

4. 流程管理

通过数据化平台，建立一套完整的征收管理全流程。一是流程管控、节点锁定，把征收的整个服务周期分割成不同的模块和流程，通过流程控制、模块控制，进行业务流和时间流的双管控。二是定时预警、及时推送，直观地体现整个项目征收的进度，以及用时统计，各种达标率的提示等。三是职责清晰、人员追溯，加入人员管理，明确全程办理职责，追溯具体人员操作。

5. 资金使用

平台也体现了资金管控职能，从资金使用全程对比分析，体现整个项目资金运用效率，可以实现地块内成本资金的纵向和横向全程对比，进行区域内、外平衡，把资金效率使用提高到一个更高的高度。

6. 场景大屏——智能算法、实时追踪

通过数据化平台的展示页面，即场景大屏，进行各种信息的汇总，更加直观地体现整个项目的运作过程，可覆盖征收、净地、交付全过程，实施追踪项目进展，锁定推进进度和项目用时，还能够进行智能地监测，远程管理，依据相关安全管理标准进行智能分析，及时发现各种问题，为整个项目保驾护航。

（三）乡村振兴——宅基地数字管理平台

1. 宅基地数字管理

乡村振兴是国家正在重点推进的战略，宅基地管理是乡村振兴中非常重要的一项管控目标。进行宅基地数字化管理，可以更加高效地体现管理成效。首先，可以开展宅基地专项调查，全面摸清宅基地的规模，布局、权属、利用状况等基础信息。在此基础上，可以建立农村宅基地数据库，进而编制宅基地的数据台账和利用现状图件，并且做相关的一些数据分析。同时，因地制宜建设宅基地管理信息系统，实现宅基地申请、审批、流转、退出等业务全流程数字化管理，包括限制利用等方面，形成宅基地一张图，为相关管理工作提供了便捷的手段。此外，通过这个平台，还可以去探索研究一些重点制度的改革，比如宅基地的"三权分置"，完善农民闲置宅基地和闲置农房相关政策，探索宅基地有偿使用制度等。

2. 宅基地评估利用分析

在平台相关数据的基础上，可以开展宅基地的评估利用分析。以宅基地现状底板为基础，把生态资源、市政公共配套、现状及近期规划、郊野单元规划、基准地价等相关的一些图层信息进行叠加。在图层叠加效应下，实现筛选识别、评价分类、场景匹配、资源对接，为宅基地的使用，乃至周边整个区域地块的使用形成数据化产品，为整个区域的产业招商等提供便利条件，以及精准的判断和支持。

3. 平台应用

利用平台还可以开展一些政策研究、课题研究，包括上海农民宅基地若干政策研究，农村宅基地及其房屋审批及日常管理机制研究，空闲宅基地处置与盘活利用机制研究，以及宅基地三权分置改革制度研究等，为制定政策提供相应的辅助手段，也为整个乡村振兴战略提供相应的服务和支持。

三、平台搭建与创新共享

（一）数据产品与数据技术

数据化转型正在向纵深发展，通过不断地研究、探索，上海城市房地产估价有限公司目前已经形成了一部分数据产品，包括资产管理、城市更新、产业招商、资源调查等。其中，资产管理既包括了土地管理，也包括了相应的楼宇管理；城市更新包括了成片开发、旧城改造等；产业招商就是为建设项目的后期提供一些服务；资源调查包括工业用地调查等调查工作。

在数据产品背后，是前端化的数据技术支撑，这些数据技术包括三维建模、智能算法、数据构架，以及新型BIM、CIM运用等，为整个数据平台建立良好的数据归集、数据整合，体现出数据产品的核心竞争力。

（二）共享平台、跨越发展

从应用场景上，包含了整个房地产开发和管理的各个方面。包括产业招商、规土管理、资产管理、建设管理、房屋管理，以及应用数据分析等，形成了一体化建设的产品套餐，涵盖整个土地管理、建设项目全过程，为客户提供综合性服务。在整个过程中，上海城市房地产估价有限公司还在不断地探索和摸索跨区域的标准化，重应用模块化，以及成体系的合作模式等。同时，这些数据产品通过模块化可以进行搭建和自由组合，能够应对客户的各种需求，进行跨区域发展。

通过本机构数字换转型实践过程中的经验与教训，对于估价机构的数字化转型有几个方面的认识。第一，这是一个大趋势，是国家大的战略，势在必行，我们需要积极地响应，这是行业未来发展的大方向。第二，对于数据化转型后的市场潜力是非常巨大的，包括房地产管理的方方面面。第三，运用现在最新的科研技术，可以使一些天马行空的想法能够很好的落地，转化为数据化产品。第四，这些数字化产品背后的管理理念和技术，都是相通的，为机构跨区域发展提供了基础。在整个长三角一体化建设中，希望能够充分发挥数字化产品的效益，乃至为整个国家数字化转型战略提供帮助和支撑。

（本文根据 2021 中国房地产估价年会演讲整理）

作者联系方式

姓　名：王常华

单　位：上海城市房地产估价有限公司

聚焦可持续发展　探索房地产估价新趋势

陈夏青

一、聚焦可持续发展

（一）什么是可持续发展

根据联合国定义，可持续发展是指既能满足当代需要，又不损及其后代满足其需要的发展模式。同时联合国也提出了可持续发展的目标，包含无贫穷、零饥饿等 17 个维度。在可持续发展目标趋势下，近几年来，投资人更加关注可持续发展议题，房地产和建筑行业也在探讨如何建立可持续性城市和社区等。联合国倡议投资人要坚持"负责任投资原则"，核心逻辑是倡导大家把环境（Environment）、社会（Social）以及公司治理（Governance）相关的议题纳入到投资决策中去，即 ESG 投资理念（图 1）。

图 1　联合国可持续发展目标

（二）利益相关方日益关注可持续发展

1. 投资者

根据统计，全球可持续投资资产从 2012 年的 13 万亿美元增长至 2020 年的 35 万亿美元，增幅达 169%。中国 2020 年发行的与国际接轨的绿色债券达 325 亿美元，与 2017 年的 235 亿美元相比，增长了 38%。

2. 监管机构

从香港市场来看，港交所要求上市公司每年需披露符合 ESG 汇报指引的 ESG 报告。香港绿色和可持续金融跨机构督导小组推出策略计划，其行动纲领包括相关行业必须在 2025 年或之前按照气候相关财务披露工作小组（TCFD）的建议，就气候相关资料作出披露。从国内市场来看，人民银行发布《关于构建绿色金融体系的指导意见》，明确了我国要分步骤建立覆盖上市公司和发债企业的强制性环境信息披露制度。

3.企业及员工

近年来，人们对气候变化这一风险的认知度和重视度日益提升。从全球 215 家企业报告来看，来自气候变化相关风险的经济影响高达约 1 万亿美元，而且预计会在未来 5 年陆续浮现。到 2025 年，75% 的劳动人口将会是千禧世代，他们对任职企业的社会目标和责任有更高期望。同时，消费者对产品背后的公司有更高的期望，他们期望企业以道德和负责任的方式经营业务，而且要求企业提高业务经营的透明度。

（三）为何气候变化成为市场日益关注的风险

2021 年，全球遭遇了非常多的极端气候变化，比如郑州大水、澳洲山林大火等，热浪、洪水、干旱、森林火灾和海平面上升等极端天气气候事件都是由于气候变化导致的环境风险，气候变化成为了人类需要面临的全球性问题。

二、探索房地产估价新趋势

（一）可持续发展理念如何看待房地产价值

气候变化正在对房地产市场及建筑产生一些影响，并影响到物业价值评估。以个人工作经验为例，本人在海南评估海景房价值时，发现越靠近海边的房地产价值越高。但是在金融经济学期刊发表的一项国外市场研究结果表明，距离海边越近的房子，会有一定的价值减损，因为当地的购房者会担忧气候变暖导致的海平面上升，可能在未来对房地产造成不利影响。由此我们可以看到不同地区对于可持续发展议题，包括买房人的心态，存在很大的差别。

（二）房地产及建筑业对环境有哪些影响

根据统计，房地产和建筑业的能源消耗约占到整个社会的 35%，温室气体排放约占38%，水资源消耗约占 20%，废弃物处理占比 30%，房地产及建筑业对环境确实会产生比较大的影响（图 2）。

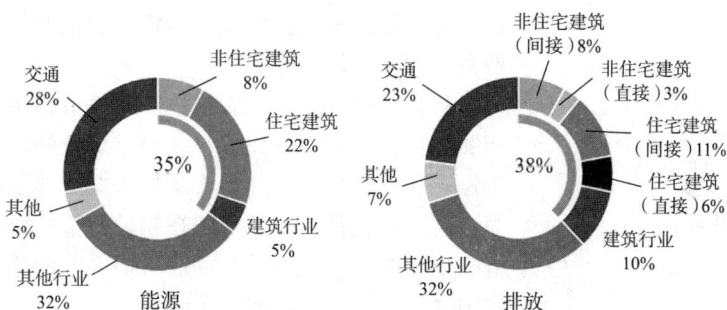

图 2　房地产和建筑业的能耗及碳排放

资料来源：国际能源署、联合国《2020 全球建筑现状报告》

（三）绿色建筑带来哪些环境及社会价值

近几年来，估价师在评估商用建筑、写字楼和商场时，会发现一些建筑带有绿色认证标识，这对于估价师来讲是一个挑战，因为涉及专业领域的跨界。

绿色建筑（Green Building）是指在全寿命期内，最大限度地节约资源（节能、节地、节水、节材）、保护环境、减少污染，为人们提供健康、适用和高效地使用空间，与自然和谐共生的建筑。相对于传统建筑，绿色建筑具有可持续的特性（Sustainable Features），能够产生环境效益、降低环境成本与风险，并且在运营方面具备更高性能表现。

全球的绿色建筑认证体系的维度包括几个方面：一是关注建筑室内环境质量，包括提升室内空气质量，提高居住舒适度；二是材料与资源，鼓励使用可持续建筑材料，并减少废弃物等不利影响；三是能源和大气，改进建筑能耗性能；四是用水效率，考量建筑内外的用水量，比如是否有雨水收集系统用于绿化和灌溉等；五是可持续场址，尽可能减轻对生态系统的影响；六是选址和交通等。估价师可以通过了解绿色建筑和普通建筑有哪些性能差异，对日后开展此类估价工作提供一些帮助。但并非所有绿色建筑的特性都需要引起估价师的注意，只有对物业价值和市场营销产生实质影响的特性才会被纳入重点考量（图3）。

研究指出，绿色建筑有助于提升空间舒适性和租户体验，并减少对环境和资源的不利影响，包括降低能耗、温室气体排放、水资源使用以及固体废弃物排放等，从而间接地降低物业在运营阶段的相关成本，改善净运营收入。

（四）可持续发展理念对房地产估价有何影响

国际上已经对可持续发展与房地产估价之间的关系做了很多的研究和探讨，本人引用英国皇家特许测量师学会（RICS）全球可持续性与商用物业估价指南中的若干最佳实践要点来做分享。

最佳实践要点之一，评估标的物业在当前市场对可持续性预期的满足程度，并就这些影响价值因素的可能性得出观点。比如，当地市场同类物业在建筑材料、能耗等级、用水效率等可持续特性的平均投入水平如何？当地政府是否出台相关激励措施（例如税收优惠、容积率奖励、节能补贴等）来促进开发企业对建筑采用更多的可持续策略；再比如，当地市场的第三方机构如银行和保险公司，是否为具备某些可持续特性的物业提供例如贷款利率和保费费率方面的优惠等。

最佳实践要点之二，描述和收集待估物业与可持续性相关的特征和属性，比如是否经过绿色建筑认证，选址是否没有化学污染，场地是否具备公共交通条件等，并在适当情况下对包括未直接反映在当前价值的可持续性因素进行收集和披露，分析其与物业价值之间的关系，并作出这些因素关于收益或风险的评论。

最佳实践要点之三，就这些收益或风险随时间的推移对资产价值产生的潜在影响提供意见。举两个例子，一是资本化率，相关研究表明可持续性物业的投资回报不同于普通物业，尤其是像养老基金等特别关注可持续性的投资者，可能会对这些物业有更多偏好，因此需要估价师遵循责任投资原则了解相关背景，并且分析这些因素是不是真的能够带来市场价值的差别。另外，对于某些比较敏感因

图3　全球常见绿色建筑认证标识

素，比如火灾和洪水风险，可能对资本化率的影响比租金影响更大；楼宇的灵活度、建筑的韧性等可能也会在长时间内对资本化率产生一些影响，这些都需要估价师寻找相关市场证据进行分析。二是关于现金流折现，在全球减碳背景下，可持续性物业的租金增长率在长期可能造成较大差异。同时，一些可持续性因素将会造成物业的淘汰、过时，从而造成相关的价值减损。比如某大型城市的 CBD 区域，经过绿色建筑认证后会带来一定的物业优势，当该区域中大部分楼宇都完成绿色认证时，未经过认证的物业会有一定的贬值风险。因此对于估价师来说，如何考量可持续性，需要结合当地市场的接受度以及市场特性来具体分析。

展望未来趋势，在估价报告中会有更多的有关可持续性的内容分析，以国外估价报告为例，估价师会把环境相关的信息披露也纳入到估价报告中去，比如披露洪水、污染、高压设备、噪音污染等内容。同时会对物业的可持续性相关资料进行收集，包括土地利用、设计与配置、建筑材料和服务、位置和交通等。并在报告附录中，附上法定许可证和证书，比如绿色建筑认证，消防安全，设置残疾人通道等与可持续发展相关的内容。

三、总结

RICS 全球可持续性与商用物业估价指南已经把可持续性相关内容纳入其中，建议估价师在报告中对绿色可持续物业的相关特性做出识别、描述和评判，并对这些特性与物业价值的关联度和影响度进行分析。这不仅是最佳实践的推荐，更是对估价师的专业性，以及估价报告内容的详尽程度提出了更高的标准和要求。估价师需要关注可持续性对估价的影响，包括可能影响价值的众多物理、社会、环境和经济因素。随着商业市场对可持续性问题变得更加敏感，可能在租户偏好和买家行为等方面，为传统价值驱动因素提供新的补充。在估价作业方面，比如现场查勘、调研和记录时，建议评估师收集和记录适当且足够的可持续性相关数据，即使当前可能不影响资产价值。在评估方法和推理方面，建议将可持续性和环境相关内容融入评估方法和推理的组成部分中，以支持报告结论。

最后，对最佳实践进行总结。一是评估物业在当前市场对可持续性通常预期的满足程度；二是描述和收集与可持续发展相关的特性和属性；三是就这些收益或风险随时间推移对资产的潜在影响提供意见。作为估价师，在可持续发展的趋势中，需要学习更多的，甚至是跨专业领域的知识，以便充分理解市场对于房地产价值的驱动因素。同时，需要参考一些其他专业人士的专业意见，比如投资尽调时的环境风险检测，以及 ESG 净值调查、工程尽调等。

未来，期待可持续发展理念为我们的估价思路带来新的补充。

（本文根据 2021 中国房地产估价年会演讲整理）

作者联系方式

姓　名：陈夏青

单　位：戴德梁行大中华区估价及顾问服务部，可持续发展服务平台

改变思维　坚定信心
回归专业属性是估价行业长期发展的趋势

丁金礼

摘　要： 房地产估价行业经过三十年的发展，已经伴随着宏观经济形势和房地产市场的变化进入了不可回避的转型期。目前，行业面临传统业务量急剧下滑、执业风险增加的局面。出现这种情况并不偶然，也不是未来借助某个大势可以根本扭转的，只不过随着疫情暴发提前来临而已，实质上也是房地产市场变化的一个缩影。对此，房地产估价机构和估价师要有清醒的认识，应改变惯性思维，坚定行业信心，秉持合法估价、规范执业、拓展创新的发展方向，促进行业长期健康发展。

关键词： 回归；专业属性；估价；发展；趋势

当前，多数估价机构遇到了前所未有的困境，特别是偏重商业经营模式的机构，在抵押估价业务锐减及付费方式改变的情况下已经无法适应。同时，估价法律责任追究机制日益完善，真正的估价风险已经到来。对行业发展走向判断不清，缺乏行业自信，疑惑下寻出路、迷茫中求生存，是相当一部分机构的心态。本文通过回顾房地产估价行业的发展历程，指出当前存在的主要问题及原因，对行业未来持续健康发展提出粗浅的建议。

一、回望过去，快速发展时留下隐患

20世纪90年代初，随着房地产市场发展及管理需要房地产估价应运而生，但业务由房地产管理部门的估价机构承办，估价目的主要是为房地产转让征税提供计税依据。2000年底房地产估价机构脱钩改制开始实施，房地产估价市场迎来重大发展机遇，至2019年底近二十年间，房地产估价行业处于快速发展时期。房地产估价行业作为房地产市场的一部分，其走势与房地产市场的宏观形势基本吻合。2020年初随着疫情暴发及宏观经济、房地产市场形势变化，加之网络询价系统的冲击，估价市场萎缩已经制约部分机构的正常运行，有的甚至出现生存危机。部分估价机构在快速发展时留下的不足和隐患开始显现，具体表现在以下四个方面：

（一）粗放型经营模式流行甚广

在房地产市场蓬勃发展的大背景下，房地产估价行业迎来了千载难逢的机遇，部分机构选择粗放型经营模式，特别是非专业人员主导管理的机构更加崇尚这种经营理念，而且粗放型经营"短平快"的示范效应十分明显，大部分机构或多或少地存在这种基因。粗放型经营模式的特点包括以下几点。

1.重资质等级，轻执业质量

估价资质等级意味着机构的规模、能力、知名度，等级越高承接业务的范围越大、竞争力越强，一级资质还能设立分支机构。因此，大部分机构重视资质等级，但对估价质量只要求能满足升级、保级中的报告抽查即可，并未得到根本重视。大部分机构信奉资质等级是第一生产力，估价质量要保证升级、保级。

2. 重业务承接，轻执业程序

在估价专业服务未得到应有的敬畏时，估价活动很容易变成商业经营行为。大多机构重视业务承接，把人员分成业务、估价两大类，业务人员的多少、公关能力的高低一般与机构业绩成正比，估价专业人员往往被动执业，甚至出现专业人士配合业务人员的现象，估价程序得不到全面规范履行。

3. 重估价结果，轻计算过程

房地产价格是房地产市场博弈的核心，估价报告使用人或利害关系人往往站在自己的立场上对估价结果有所预期。部分估价机构在争做业务的冲动下，由于主观、客观原因常常迎合这些要求，其主观原因是估价机构了解房地产市场状况并具有相应的估价执业水平，但判断迎合的估价结果不会带来风险，估价过程就成了"走过场"；客观原因是估价机构不掌握房地产市场状况甚至技术能力有限，也不会过多地考虑风险，估价计算过程十分简单甚至没有。有的凭经验只求估价结果适当，轻视估价计算过程。

4. 重客户需要，轻资料分析

粗放型估价在市场中的表现有两点：一是片面强调以客户需求为中心，主要精力用在联系客户、满足客户上，经营中可实现"短平快"目标；二是不重视估价资料搜集、分析，认为这样做投资大、周期长、见效慢，甚至会认为阻碍以客户为中心的经营思路，极少在房地产市场调查、研究上投入更多人力物力。

（二）机构发展方向偏离专业服务主线

房地产估价本来是对房地产价格或价值进行评定的专业服务活动，有房地产法律法规做依据，有《房地产估价规范》做准则，有房地产市场资料做参照，房地产估价应该突出其专业属性，机构发展的方向应该是专业服务。但是，在房地产形势总体看好、房地产价格持续走高的快速发展阶段，部分机构走上了粗放型经营之路，从而偏离估价行业专业服务的主线。

1. 满足现实经营效果，不思未来行业走势

过去，估价机构关注更多的是业务取得、报告模板、结果高低、收费多少，偏重商业经营效果。当这种模式取得了不错的经济效益又没有风险的情况下，大多考虑的重点是如何适应估价市场的现实需求，缺乏长远发展的思维。特别是一些靠部门保护的机构往往立足现实，不能也不愿思考专业服务的问题。

2. 缺乏宏观分析能力，不能洞察发展方向

部分机构缺乏对宏观经济、房地产市场形势分析的能力。具体表现在两个方面：一是多数报告中有关宏观经济、房地产市场形势的分析不客观，没有深度及针对性，甚至与估价对象毫无关联，且在估价参数选取中不能反映房地产市场状况、走势及判断；二是在涉及房地产市场形势分析中，各地几乎没有估价师的声音，只见经纪行业头头是道的分析。估价机构不关注宏观经济、房地产市场形势的后果，不仅是报告质量存在不足，还会影响对估价发展方向的正确判断，更谈不上采取前瞻性的措施。

过去几年，行业组织连续讨论估价风险、转型升级、高质量持续发展、洞察大势等问题，实际是在提醒、督促机构和估价师正确认识行业发展大势，并采取相应措施，但仍有部分机构不以为然或无能为力，这部分机构未来的生存无疑会更加困难。

3.技术能力未受重视，专业服务尚需提高

当前宏观形势对以抵押估价为主的机构来说，影响十分明显，这部分机构普遍存在技术能力不足、专业服务意识淡薄的问题。对估价质量要求不高的项目趋之若鹜，对技术能力要求较高的业务望而生畏，不能为当地提供全面、合格的房地产估价专业服务。

（三）同质化经营严重影响行业健康发展

房地产估价同质化竞争，是指同一类估价项目，在业务取得方式上相互模仿、报告格式上相互抄袭、结果确定上相互比较、服务收费上相互压价，以至于估价产品的技术含量、使用价值和服务收费逐渐降低趋同的现象。粗放型经营模式催生房地产估价同质化竞争，其直接后果就是在市场上失去话语权，竞相压价打价格战，迎合不正当估价需求，最终危害行业健康发展。目前，抵押估价特别是成套住宅抵押估价基本走到了这一步，在银行付费的情况下，收费进一步趋低。对多数估价机构而言，抵押估价是主要业务，过去同质化竞争的恶果，因当前宏观形势的影响已经暴露无遗。

（四）执业风险积累成为估价机构痛点

粗放型执业过程中，部分机构有意无意中积累了风险，包括财务风险、业务取得风险、估价质量风险等。过去对风险的认识仅仅停留在"行业提醒、自己未醒"的层面。近两年在少部分专业人员被刑罚后，大家才感到风险真正来临。虽然以往积累的风险大部分未出现，但已成为机构的痛点，特别是专业能力不足又过多承办金融机构、政府部门、司法机关重要估价项目的机构，风险积累较多。

二、现实分析，适时转型已别无选择

从现实分析，估价机构快速发展的背景已经不可能再出现，市场容量已无情缩减，反腐及违法、违规估价追责机制已经健全，沿用过去习惯思维将难以生存。粗放型执业环境的消失，使部分机构感到不适，过分依赖粗放型执业的机构更觉经营困难，难以为继，部分机构不得已裁员降薪。目前，机构适时转型已经到了关键节点。

（一）估价行业快速发展的背景条件已不复存在

人们常言：存在即合理。虽然对此有不同的解释和理解，但也说明某种现象存在应当有其适宜的背景和条件，如果背景和条件变化或不存在，这种现象也会改变或消失。房地产估价行业快速发展并延续二十年，历史已经给了我们需要感恩的"厚爱"，但不可能永远眷恋我们，行业快速发展终有尽头。

1.房地产业蓬勃发展为估价行业带来了机遇

自20世纪90年代住房制度改革开始，房地产市场就处于培育发展期，2001年房地产市场出现过热，2003年房地产业被国家认定为国民经济支柱产业，之后近二十年房地产市场处于蓬勃发展状态。房地产估价市场是整个房地产市场的一部分，支撑房地产估价行业生存发展最主要的需求，来源于房地产投资开发销售。例如，抵押估价、房屋征收估价都直接来源于房地产开发建设；司法鉴定估价一大部分间接来自房地产开发、买卖纠纷。房地产市场蓬勃发展使抵押、转让行为频繁，房地产估价需求剧增，估价机构经营收入随之增加，使估价行业有了足够的业务支撑。

2.目前房地产估价市场萎缩已成定势

我国房地产市场快速发展也有"历史欠账"的背景，未来不可能按过去的增长趋势一直

发展下去，当房地产开发拥有量接近或达到饱和时就会发生变化。随着2020年初疫情暴发及宏观经济、房地产市场形势变化，多地房地产市场遇冷。即使今后出台各种调控措施，但"房住不炒"及稳地价、稳房价、稳预期的主基调不会改变。近期，第十三届全国人民代表大会常务委员会第三十一次会议决定授权国务院在部分地区开展房地产税改革试点工作，已经释放了明确信号。房地产市场不会再有过去的大幅增量及频繁的交易行为，且一部分评估精度要求不高的业务被询价系统取代，房地产估价业务量急剧减少的趋势无法改变，不能幻想估价市场在不远的将来再现昔日的辉煌。

（二）估价风险已经真正来临

房地产估价风险，我们已经提了多年，但一直没有被真正重视。过去，房地产市场价格一直处于上涨趋势，价值时点的乐观高估风险被后来的价格上涨大潮淹没抵消，粗放型执业经营的危害几乎被遗忘。近年因征收、抵押、司法处置估价被刑罚、判决赔款的案例出现，才使机构和估价师看到了危险。实际上，房地产估价的特点决定了其具有高风险的特性，其客观原因有以下几点：

（1）复杂的房地产状况造成估价难度增加。估价理论方法是建立在房地产法律法规体系完善、市场发育完备条件下的估价应用技术。但在现实中，房地产状况十分复杂，包括房屋与土地权属登记不一致、登记状况与实际状况不相符、早期取得的土地使用权缺失规划条件、未经征收程序改变土地状况等，造成估价难度增加。特别是征收、司法鉴定估价，在缺乏依法认定或书面说明的情况下，出具报告的风险很大。

（2）人为因素干扰估价结果。估价报告使用人、利害关系人出于利益考虑，会以各种方式影响估价结果，特别是法治观念淡薄的地方或依赖公关承揽的估价业务，容易受到人为因素影响。

（3）估价误差与重大差错的界限难以厘清。房地产估价结果存在非唯一性，不是一个绝对准确的数值，有一定幅度或误差很正常，特别是市场上很少交易的大型房地产，不同机构及估价师评估的结果出现较大差异的可能性很大，很容易被认定为重大差错报告。

（4）权属证书核查验证的要求难以实现。《资产评估法》要求对估价对象的权属证书进行核查验证，现实中估价机构和估价师根本无法满足该程序，一旦追究报告问题，特别是当提供权属资料不完整且与档案资料有差异时，难免被追责。

房地产估价快速发展的阶段，也是相关法规不断完善的时期。因过去违规执业处罚具体措施滞后，违法成本及处罚概率较低，机构和执业人员对违规估价的法律责任认识不到位，没有看到不负责任的估价结果对社会的危害。随着反腐败全覆盖措施的逐步落实及违法、违规估价追责机制的健全，估价活动全程风险日益凸显，过去的习惯思维已不适应，转型发展迫在眉睫。

（三）房地产估价业务取得方式逐步改变

目前，房地产估价业务取得方式正在改变，涉执司法处置评估及司法鉴定估价网上随机抽取机构已成为常态，其他估价业务取得方式正逐步减少人为因素，靠业务人员攻关取得业务的模式会逐渐失去市场，即使投入再多的业务人员，也不会有过去的业务量及经济利益。同时，税务监管系统的升级、网上选取机构大数据分析的功能无疑要增加攻关取得业务的风险，对机构而言，有时可能是危及生存的危险。业务取得方式的改变将促使机构转变惯性思维，不再依赖业务人员公关，而是要依靠机构的整体实力、创新能力和专业服务水平赢得市场。

目前，房地产估价市场面临的现实已经倒逼机构转型，沿用习惯的粗放型执业经营模式将难以持续，估价机构除适时转型已别无选择。

三、展望未来，估价专业服务前景可期

房地产估价行业在面临传统业务减少的同时，还存在很多机遇，除传统业务的服务广度及深度亟待挖掘外，还有一些新的估价需求，需要机构和估价师改变思维，努力探讨、创新。

（一）传统房地产估价业务数量减少但会长期存在

房地产估价源于市场发展、管理需要，伴随着房地产市场而存在。房地产市场在快速发展之后经过过渡期会逐步进入相对平稳阶段。未来，传统房地产估价数量减少的趋势不可避免，但会长期存在，有的需要进一步拓展、延伸或衍生出新的需求。房地产估价业务类型也不是一成不变的，会随着社会经济发展而变化。例如房地产估价发展历程中的初始估价项目——交易课税价格评估，在2012年因征税核价体系变化而转变为存量房评税系统更新维护，今后随着房地产税改革又会转变成房产税计税依据评估。

（二）房地产租赁价格评估业务增加趋势明显

近年，国有及集体经济资产管理逐步规范，在经营活动中房地产租赁价格不再由租赁双方通过协商方式确定，一般委托第三方评估。在取缔非公办学校对原有房地产处置利用时，政府往往通过租赁方式继续使用非公办学校房地产，租赁价格一般也由第三方评估。同时，在房地产转让市场降温的背景下，租赁市场会有新的发展机遇。这些因素将促使房地产租赁价格评估业务明显增加。房地产租赁价格评估虽然不是创新业务，但估价机构做的项目数量不多、专业服务不精，且对租赁价格评估的特点及估价技术并未完全掌握，不能满足社会需求。房地产租赁价格不仅涉及价格内涵，起始价格还与未来变化趋势有关，评估难度一般要高于转让市场价值的评估。

（三）司法鉴定涉及的房地产估价需求增加

房地产司法鉴定估价，包括处置目的的估价及其他诉讼需要的估价，前者由加入最高人民法院名录的机构承办，后者由入册当地中级人民法院的机构承接。其他诉讼需要的估价涉及分家析产、房地产价值分配、损害赔偿等，这些业务属于高难度、高质量的估价服务，部分估价需求我们还不能满足，需要行业深入探讨、研究、创新，有利于解决矛盾促进社会和谐发展，同时也开拓了业务渠道。

（四）城市旧区改造中估价咨询有市场潜力

城市更新、老旧小区改造是政府关注的重点，一般由政府主导，主要考虑城市面貌改观、城改任务和惠民政策，对长期可持续发展及经济可行性分析没有具体要求，造成类似项目主要由政府投资，民间资本一般不愿涉足。房地产估价机构可以利用专业优势，在政府城市更新、老旧小区改造宏观政策下，建立一套完整、科学的分析和评价绿色建筑体系，对实施方案后房地产溢价进行评估，为城市更新、老旧小区改造提供经济可行性分析，有利于政府科学决策、落实居民出资责任、推动社会力量参与等措施的有效落实。

四、持续发展，综合能力需要进一步提升

回归专业服务属性的房地产估价需要三大要素：足够的基本资料、熟练的估价技能、适

当的前瞻意识。机构持续发展需要进一步提升综合实力和水平。

（一）建立健全估价基本资料体系

房地产估价涉及宏观经济形势、房地产市场状况、城市规划建设、房地产法规政策、房地产市场租售数据、房屋建设成本、存贷款利率等基础资料，同时，还需要从市场资料中分析测算各类估价参数。这是估价机构所必需的基本资料，不仅直接影响估价质量，也影响业务承接范围及数量。但在粗放型执业经营时期，部分估价机构轻视了基础资料及参数体系建设，不能满足越来越严格的估价要求。未来，这部分机构亟须补充基础资料，建立估价参数体系，其他机构也要及时更新基本资料数据，为规范执业奠定坚实的基础。

（二）提升估价专业人员执业能力

评估专业人员的执业能力决定机构的估价水平。提高估价技能有两个途径：一是机构自己培养，并至少有一个技术全面的技术负责人或几个分项技术熟练的专业人员，一般限于大中型机构，他们一般拥有此类人才；二是接受其他机构提供的技术服务，对一些中小机构，因地域、人才原因，接触估价类型有限，很难出现或培养技术能力全面的人员，可以与估价创新、研发能力强的机构合作，通过购买技术服务等形式提高执业能力。今后会出现估价数据、技术输出的综合型估价机构或联盟，做中小机构的"大众专家"，或中小机构成为其分公司，通过多种形式全面提升估价行业的执业水平和公信力。

（三）关注宏观形势把握行业动态

房地产价格与宏观经济及房地产形势密切相关，分析研究宏观形势不仅对估价本身有益，而且有利于估价机构预判估价市场变化趋势，有前瞻性地进行估价研究创新，以推动房地产估价进步。一些知名的大机构之所以在疫情及宏观形势下未受到大的影响，是因为对宏观形势有清晰的分析判断，具有估价研究的创新能力，并有适当的应对措施。

五、结语

房地产估价行业已经到了转型期，这是我国房地产市场发展到一定历史时期估价行业无法回避的阶段。从宏观经济和房地产市场发展大势理性看待房地产估价行业发展走向，会帮助我们正确分析认识估价行业所面临的形势。未来，房地产估价不再适应粗放型商业经营模式，回归专业服务属性是必然趋势，正像住房要回归居住属性一样。改变惯性思维，围绕专业服务主线，完善估价基础工作，提升专业人员执业能力，为社会提供优良的专业服务，是我们今后健康持续发展的必然选择。

作者联系方式

姓　名：丁金礼

单　位：河南宏基房地产评估测绘有限公司

地　址：河南省南阳市两相路与明山路口福成商务楼5F

邮　编：473000

邮　箱：nydjl@163.com

注册号：4119960016

发展新阶段　评估新征程

常忠文　凌　祥

摘　要：党的十九届五中全会指出，我国将进入新发展阶段，准确把握新发展阶段，深入贯彻新发展理念，加快构建新发展格局，推动"十四五"时期高质量发展是新发展阶段的重要任务。房地产评估经过数十年的发展，取得了长足的进步，完成了一定的历史使命。进入新发展阶段，房地产评估必将迈入新的征程。本文将从新发展阶段的特点出发，分析评估机构在进入新阶段时自身的现状，进而探索在新阶段评估机构该如何发展，实现评估行业的新征程。

关键词：新阶段；评估；创新；新征程

党的十九届五中全会指出，我国将进入新发展阶段，这是以习近平同志为核心的党中央作出的重大战略判断。这一重大判断，集中体现了以习近平同志为核心的党中央胸怀两个大局，高瞻远瞩，审时度势的深刻洞察，科学界定了国家发展新的历史方位。精准把握新发展阶段的新特点是推进新时代中国特色社会主义伟大事业的前提和依据。房地产评估行业在新发展阶段应充分把握新发展阶段的新特点，转变机构发展方式，推动内部产品变革、质量变革和效率变革，使得房地产评估机构不断实现更加均衡更加充分发展，成为新发展阶段建设的一分子。

一、新发展阶段的特点

在中华民族伟大复兴进程的历史上，有过很多重要时刻，每一个时刻都对中华民族伟大复兴的进程起到了重要影响作用。在国内外环境复杂变化的新阶段，我们进入新发展阶段，这个"新"究竟新在哪？我们评估行业的"新"又体现在哪？这是在新发展阶段要深刻理解把握的第一个问题。

（一）不断满足人民美好生活需要的发展新阶段

"十四五"时期我国将进入新发展阶段，人民对美好生活的向往呈现多样化、多层次、多方面的特点。社会公平、正义、规范是这一新阶段的基础和特点。房地产评估行业也在朝着这一方向不断努力和前进。从《人民法院委托评估工作规范》的发布到中房学《涉执房地产处置司法评估指导意见（试行）》的施行，从全国性司法鉴定评估机构库的建立到人民法院委托鉴定系统的上线，作为房地产评估领域重要组成部分的房地产司法评估正在向着规范化、信息化完善。这一改变首先解决了原有司法评估周期长的问题，《人民法院委托评估工作规范》对相应工作时限都有具体规定，通过信息平台的督促和提示，要求评估机构在规定时限内完成评估工作，大大缩短了评估工作周期。其次逐步消除了各方的信息不对称。评估机构的收费、评估报告、查勘记录都在信息系统上展示，避免了信息不对称带来的乱收费，程序不合法的情况。司法评估领域的改革规范人民法院委托评估工作，提高委托评估工作效率，保护当事人、利害关系人的合法权益，保证了司法公平，促进了司法效率。这正是满足人民美好生活的一个缩影。因此，评估行业发展新阶段的第一个"新"就是通过评估行业的发展，促进社会公平正义，不断满足人民美好生活需要。

（二）更加均衡更加充分的高质量发展

习近平总书记在党的十九大报告中指出："我国经济已由高速增长阶段转向高质量发展阶段"。新发展阶段就是需要更加均衡更加充分的高质量发展。评估行业也不例外。

评估行业第一要改革创新，提供高质量服务。从近几年的发展状况来看，传统评估业务在不断下滑，新兴的评估业务在不断兴起，特别是咨询类的评估业务在不断提升。所以在新阶段，评估行业要抓住机会，改革创新，提供新阶段的高质量服务。

评估行业第二要可持续发展。可持续发展要求长远发展，健康发展。要求评估机构在追求业务增长，规模扩张的同时，要严格控制风险，重视质量；更要不断提高机构内部管理水平，提升管理效率，由粗放式管理向精细化现代管理转变。

（三）不断向评估行业的现代化征程迈进

在党的十九大报告中，习近平总书记浓墨重彩地描绘了在 2020 年全面建成小康社会之后向第二个百年奋斗目标进军的宏伟蓝图，吹响了全面建设社会主义现代化国家新征程的号角。房地产评估行业也是随着我国房地产行业发展而诞生的，在发展初期，肩负着特定的历史使命。在我国迈入发展新阶段，向第二个百年奋斗目标进军的历史时期，房地产评估行业也应与时俱进，开创房地产评估行业的发展新征程。房地产评估行业的发展新征程要求评估机构在深耕专业领域的基础上，顺应经济发展潮流，向着精细化、系统化、信息化的现代化之路发展。

二、房地产评估行业的发展现状

（一）市场扩张迅速，竞争激烈

伴随着房地产业和金融业的快速发展，房地产评估行业在过去十几年也迎来了蓬勃的发展，各地评估机构数量和从业人员数量有了大幅度增长。从评估机构实力看，一级房地产估价机构数量也在不断增加。随着机构数量的增多，不可避免地出现竞争，由于房地产评估机构固定生产成本低，资金门槛不高，涌入的大部分评估机构规模较小，提供的服务同质化严重，为了抢占市场，机构间开展价格战，收费价格与服务价值对比严重失衡，对行业的发展造成不良影响。

（二）业务同质化严重，创新不足

房地产评估行业虽然在过去十几年中得到了长足的发展，但是大部分评估机构规模还是较小，人员较少，提供的评估服务比较单一，业务同质化严重，创新不足。我国多数评估机构业务来源还是依靠金融抵押评估和征收评估这两个传统板块，这种单一的业务来源造成提供的评估服务同质化严重，只能依靠价格战来抢拼市场，必然不能提供高质量的差异化服务。同时，由于陷于低价竞争泥潭，也难以有精力进行技术创新、业务创新，这样就走进了恶性循环之路。

（三）管理水平不高，人才结构不合理

目前的大部分评估机构由于规模较小、从业人员较少，在公司内部难以形成有效的管理机制，加之评估机构的管理者都是专业技术人员出身，管理意识和现代管理水平还有待提高。评估机构还停留在传统的管理模式上，在组织创新、项目管理、质量管理等方面还存在较大的提升空间。人员结构方面，由于我们国家开设房地产评估专业的大专院校较少，相应科班人才较少，从业人员多为相关专业或者其他行业转行过来的，这就造成了从业人员整体素质不高，专业服务能力较差的状况。

三、房地产评估行业新阶段的实现路径

（一）不忘初心，继续当好经济活动的公平旗手

房地产评估是市场经济中不可或缺的部分，日常经济行为中，存在众多对房地产评估的需要，比如房地产转让和租赁的需要、房地产抵押的需要、房地产征收和征用的需要、房地产司法拍卖的需要等。在这些经济行为中，房地产评估充当价值的发现者，以独立客观的第三方发表专业意见，为经济行为参与者提供价值参考。这是房地产评估的主要功能和作用，也是房地产评估行业发展的初衷。无论新阶段的发展方式如何，房地产评估行业的初衷不应改变，要不忘初心，继续当好经济活动的公平旗手。

（二）脚踏实地，努力践行创新高质量发展之路

创新发展，高质量发展需要评估机构脚踏实地去践行，从创新高质量发展的思路来看，评估机构应该朝着以下几个方向努力：

第一，更加全面服务新经济行为下的各种需求。

经济发展新阶段必然会带来新的评估需求，即使是传统的评估需求在新阶段也会产生新的变化，这就要求我们要不断地更新知识和专业技能，更加全面地服务新阶段的各种评估需求。例如，在兴起的新能源行业中，新能源汽车公司在厂房的建造中，其厂房的要求与一般工业厂房的要求相差就比较大，在我们评估中就要加以区分，如以了解投资强度为目的评估，就需要清楚了解该行业厂房的不同，量化厂房成本之间的差异性，客观真实地反映房地产的价值。如果是房地产抵押目的的评估，则要充分揭示该类厂房拟处置时受让群体，如果受让方从事其他工业生产，那么新能源汽车厂房的这种超额投入在房产处置时就会产生价值贬损。所以在新阶段，要充分考虑不同行业的特点和评估需求，评估相应条件下的房地产价值。

第二，评估业务的深度创新。

在市场竞争日益激烈的今天，我们有部分评估机构过于浮躁，什么收入高，就拓展哪种类型的业务，把机构的业务范围扩展到房地产评估、土地评估、资产评估、测绘、规划、造价等领域。如果相应人员能够配备充足，那确实能够形成良性的促进作用。但如果是盲目地拓展和扩张，那么就会加剧评估机构执业风险，同时由于精力分散，难以专注提供高质量服务。

在新阶段，评估机构的业务创新要从自身特点出发，要以深度创新为业务的拓展方向。以征收评估业务为例，过去的征收评估，仅仅对被征收房地产价值进行评估，为征收双方确定补偿依据提供参考，近几年，由这种单纯的征收评估不断创新延伸出征收的社会稳定风险评估、征收的全流程服务等，这就属于在传统评估业务基础上的深度创新。还比如通过房地

产评估来确定土地拍卖市场的最高限价和未来商品房的备案价，用来调控房地产市场等。这种类型业务评估报告的核心不仅是一个评估结果，更多的是通过评估结果反映出的政策建议。这种深度创新业务的可替代性弱，一旦在某一领域的业务创新形成一定的专业壁垒，那么自然会带来业务的增长和规模的扩张。

（三）守正出新，开启评估行业的现代化征程

房地产评估行业的发展新征程要求评估机构在深耕专业领域的基础上，顺应经济发展潮流，向着精细化、系统化、信息化的现代化之路发展。具体方向如下：

第一，既要里子，也要面子。过去我们的评估报告大多数是鉴证类的评估报告，报告阅读者仅仅关心评估价值，对其他的内容并不关心。未来我们的咨询类评估业务将增加，报告的可读性和美观就凸显了重要性。因此，我们的报告内容首先要充分满足报告阅读者的需求。其次要在报告的版式、设计和美观度方面形成辨识度。目前越来越多的评估机构开始重视机构的 VI（视觉识别系统）建设，这种 VI 的建设包括公司的产品、内部办公环境、对外的办公用品等。通过这种 VI 建设形成自己的评估品牌，形成一定的品牌溢价，这也是大型评估机构做大做强的必经之路。

第二，学会专注，专注才有擅长。从目前我国的评估机构发展状况来看，在各领域均实力强劲的评估机构屈指可数，更多的是中小型评估机构。中小型评估机构在新阶段要利用专业优势、地理优势，力求在某一细分领域做专做强。因为只有专注才有擅长。在机构精力和资源都有限的情况下，更应该发现自己的专长，深耕自己所擅长的细分领域，在细分领域做专做强后，再拓展其他领域和扩展规模。

第三，重视管理，管理是基石。我国大多数评估机构成立时间都不长，成立时间大多在十年左右，在管理上还停留在粗放式管理阶段，在评估行业的现代化征程中，管理水平是衡量一个评估机构现代化的重要指标。提升管理水平需要系统地学习管理知识，进行管理实践，从组织管理、人员管理、项目管理、营销管理、战略管理等多方面提升机构的管理水平，通过提升管理水平来实现机构的高质量发展。

第四，不断创新，创新是未来。过去我们的业务类型多数是鉴证类评估业务，我们的技术准则主要依据国家有关部门和行业学会发布的相关规程规范。随着咨询性质的业务越来越多，我们的技术需要从等待向探索发展，在规程规范的框架下大力推进技术创新，针对客户的难题，在实践中创新，在创新中总结提升。

作者联系方式

姓　名：常忠文　凌　祥

单　位：安徽中安房地产评估咨询有限公司

地　址：合肥市经济开发区百乐门广场尚泽国际 1109 室

邮　箱：356130938@qq.com

注册号：常忠文（3420030054），凌祥（3420150034）

面向未来　创新发展

袁东华

摘　要：评估行业已经发展了近三十年了，目前传统业务正面临着市场萎缩的严峻形势。面对困难和挑战，我们必须从创新着手，破解困局。我们认为可以从业务创新、创新业务和模式创新三个方面寻求发展与突破。业务创新即是在传统业务的基础上，对相关联的业务进行纵深挖掘。创新业务是估价机构以前从未涉足过的业务类型，属于在市场的竞技场上，另外开辟全新赛道。模式创新是从单点式的单一服务向套餐式的综合咨询转变。从单纯的评估服务向融合不动产评估、造价咨询、规划设计、测绘、资产评估、信息技术和投资管理等服务的全流程综合一体化服务。

关键词：业务创新；创新业务；模式创新

一、评估行业面临的发展瓶颈和应对举措

评估行业已经发展了近三十年了，船到中流浪更急，目前传统业务正面临着市场萎缩的严峻形势。

首先是占据业务量70%以上的抵押类评估，由于自动估价系统、批量评估技术的发展，业务量逐渐减少。而且随着近年来由客户直接付费，改由银行承担的政策实施，强势的定价话语权被银行掌控，直接导致了单个项目平均收费大幅降低。其次为涉税评估业务，上海已宣布，2021年第二季度开始，非居住类的涉税评估已经取消，代之以税务部门自行核价，此项业务在上海原来要占估价营收的10%左右。最后是伴随着估价机构长达二十多年，估价营收占比20%以上的动拆迁征收评估业务，由于上海已明确中心城区成片二级旧里改造明年全面完成，征收评估业务预计也将随之大幅下降。

抵押、涉税、征收三大类的传统评估，占据着机构营收半壁江山的传统业务日渐式微。过去依靠这三大类业务支撑起估价机构好日子的光景，正在离我们远去，留下的是"白头宫女在，闲坐说玄宗"的回忆。其实这种情况的发生并不让人意外，因为它符合产品生命周期的规律。

面对困难和挑战，何以解忧？"躺平"不是"城市"人的选择，我们必须从创新着手，破解困局。

二、业务创新

业务创新即是在传统业务的基础上，对相关联的业务进行纵深挖掘，从而拉长业务链，做大服务蛋糕，以抵押、征收、涉税为例：

房地产抵押评估业务衍生出的业务包括但不限于向出租房机构开展租金评估，向物业管理机构开展物业管理服务价格评估，向信托私募基金等机构开展贷款后和投资后管理外包服务，向保险、国企等机构开展自有经营性物业资产管理外包服务。同时抓住数字经济兴起的机遇，可以为金融机构的客户提供信息系统平台，包括为银行机构开发抵押品自动评估和管理系统，为潜在的合作金融机构提供地产金融知识系统平台，为银行机构开发抵押品自动评估和管理系统，为潜在及合作金融机构提供地产金融知识共享平台，为开发商提供潜在土地及项目合作数据库，为投资基金等机构提供大宗物业资产数据库等。

虽然大规模疾风骤雨式的旧区改造动拆迁评估即将谢幕，但城市更新和乡村振兴涉及的拆迁评估仍会长期存在。估价机构除去开展征收评估业务外，还可参与征收全流程中的各类服务，包括前期的基本情况调查、入户调整、协助制定房屋征收方案、征收成本测算、征收项目可行性研究和社会稳定风险评估等。

以交易课税为目的的评估，虽然受到税务局对非居项目自行核价的冲击，评估的数量急骤减少，但我们仍可以从中开拓出税务咨询服务。涉及的业务有房地产税务顾问、房地产税收筹划、房地产成本管理、土地增值税专项清算、房地产清查清算等。

三、创新业务

创新业务是估价机构以前从未涉足过的业务类型，属于在市场的竞技场上，另外开辟全新赛道。当然创新业务离不开国家和上海的发展战略引领，为此我们要坚定这样的信念：只有主动融入时代主流，同国家和上海的发展战略同频共振，公司的未来发展，才能走上一条充满光明前景的康庄大道。

（一）城市更新

当前，城市的发展已经进入城市更新的重要时期，上海在 2020 年还专门成立了上海城市更新中心。城市更新的推进意味着大量资源、资产的重组或重新配置，将释放出大量相关咨询业务的需求并孕育业务机会。具体涉及业务有：城市更新区域可行性评估、政策路径解读和选择、产业定位设计方案与公共要素落实、经济性评估、设计方案建设、招商运营建设、整片区更新、零星用地更新、城中村更新、旧区改造、风貌区更新等。本公司已深度参与上海力波啤酒厂转型、"上生·新所"城市更新、上海机场东片区整体转型等 30 多个城市更新项目实践。

（二）产业更新

在"以国内大循环为主体，国内国际双循环相互促进"的新发展格局下，上海提出发展"3+6"的产业体系（3 指集成电路等三大产业，6 指电子信息等 6 类高端产业集群），在产业升级、经济转型的重要历史节点，为服务好产业领域相关业务，公司将在产业发展研究的基础上，形成产业调查与评价、产业定位与研究、产业空间规划、产业政策与开发机制、产业信息数据平台等全流程咨询服务。

由房地产咨询拓展到产业咨询，将为公司在市场中开辟出一条全新的赛道。十年前公司曾派员工远赴伦敦，在英国一家规模最大的房地产估价咨询公司进修。每周我们都会收到有关这家公司的各种第一手资讯。

下面是 2010 年 9 月 13 日至 9 月 20 日在英国进修的员工发回的一段备忘录：

"公司业务以英国为本部，以欧洲特别是中欧和东欧为重点发展方向，不断扩大在法国和德国的业务量。

"从产业链上来说，公司涉足房地产估价的各个领域，包括但不限于，房地产经纪（工业、办公、商业、居住、出租咨询）、房地产咨询（与其他各细分领域均有重叠）。物业管理、税务、工程咨询、机械设备等，目前正准备进入石油能源领域。"

看到最后一句，我起先不理解，房地产同石油似乎沾不上边。但很快我就弄清楚了，原来这家公司不单纯做房地产咨询，他们是在跨界做产业咨询。这一讯息可以说十年前我们就掌握了。但限于主、客观条件，直到经过长期的人才储备和经验积累，2021年公司才正式提出开展产业咨询探索与实践的构想，并开始付诸实施。我们深知在各种名目繁多的咨询业务中，产业咨询是皇冠上的明珠，对人才具备综合专业知识有特殊要求，我们相信，这一业务的开展，将会极大促进公司整体的专业水准提升，同时也会带动高端人才队伍的进一步集聚。为推动实现上海"3+6"的产业体系作出公司应有的贡献。

附带说一句，英国这家公司立足英国，着眼欧洲，重点扩大法、德的业务量，也给我们以启示，上海的今天就是中国其他城市的明天，尤其是长三角地区。中央已将长三角一体化发展提升到国家发展战略的层面。上海作为长三角的龙头，任务艰巨，责任重大，作为上海的一分子，公司要在立足上海的同时，打破地域的限制，把在上海先行先试取得的经验，向长三角地区进行推广和分享，为此公司已经开始有计划地探索和行动。

（三）投后管理

房地产投后管理是投资资金"募、投、管、退"四环节之一，在实际投资后到项目完全退出的整个时间周期内，为降低资金风险而进行的一系列管理活动。在这个过程中，可以完善投前至投后整个周期的服务内容，具体如下：

项目筛选阶段：城市进入性研究、市场可行性研究、项目开发前景研判、投资可行性研究。

投资论证阶段：市场详细尽调、抵押物价值评估、市场价格/租金咨询、项目开发方案合理化建议、项目风险评价。

投后管理：市场动态监控、抵押物动态监测、工程进度监管、合约监管、资金使用监管、章证照监管、债务额度管理。

投资退出：退出模拟清算、标的物处置建议、标的物价值评估、大宗价值交易、股权评估。

（四）资产证券化

目前我国的房地产资产证券化产品主要以商业物业抵押贷款支持证券/票据（CMBS/CMBN）、类REITs、物业费ABS、购房尾款ABS、保理资产ABS、酒店收益权ABS，租金收入ABS为主。其中，CMBS和类REITs产品占比超过一半。

对围绕上述资产证券化的开展，涉及评估机构的业务有：项目前期可行性评估、项目收益式现金流预测、项目的市场调研及分析、项目退出期的投资份额分摊价值评估等。

（五）乡村振兴

2021年2月，国务院"扶贫办"改为国家乡村振兴局，乡村振兴战略是社会主义新农村建设的升级版。

2020年1月1日新修订的《土地管理法》正式施行，该法修订的重点主要集中在土地征收、农村宅基地管理制度改革和集体性经营性土地入市三大方面。

具体涉及业务有农村土地补偿、集体建设经营用地及宅基地评估、社会稳定性评估、土地整理、土地复垦、规划到镇、表土剥离、农民集中居住等。其中每项业务如能深入挖掘和扩展，都蕴含着巨大的市场潜力。

（六）产业用地绩效评价

上海土地后备资源有限，增量不足，必须从存量中挖掘潜力，为此上海近年出台了《关于本市全面推进土地资源高质量利用的若干意见》等文件。由此产生产业用地绩效评价的需求就为房地产评估机构创造了一个较好的机遇。具体涉及业务有工业园区土地集约利用、企业绩效调查、资源利用效率评价、低效工业用地调查、国土三调、节地评价等。每一项业务的开展都可以带动相关业务，像农民集中居住项目一样，从点到面，从珍珠到一串项链的重构，取得综合效应。

（七）数字化转型可视化产品

不久前，上海发布《关于全面推进上海城市数字化转型的意见》。全面推进区域城市数字化转型，是上海"十四五"规划确定的重大战略，事关上海全局和长远发展。

未来五年，上海将整体性改变，推进"经济、生活、治理"全面数字化转型；全方位赋能，构建数据驱动的数字城市基本框架；革命性重塑，引导全社会共建共治共享数字城市。

估价咨询机构可以从自身在房地产领域长期的基础积累，研究城市数字化管理所需要的，与房地产行业相关的产品和服务，并着力发展相关业务，为客户提供高效便捷一体化解决方案。目前公司已完成数十个数字可视化产品，包括政府类的有：土地储备管理平台、房屋征收系统、保障房源管理系统、区房管局房屋全生命周期管理系统、农村宅基地调查管理系统；资产类的有：国家级高新技术园区规土一体化平台、大型国企资产评估管理系统、镇级集体资产管理系统；产业类的有：产业地图与产业评价等。

随着城市数字化转型工作的不断深入，在数字化建设的赛道上，一定会涌现出一批善于运用新技术、新工具、新方法的行业机构，为上海的数字化城市实现作出更大贡献。

上面谈了业务创新和创新业务，需要特别指出的是这二者之间并不存在天然的鸿沟和隔断，相反可以相互依存和延展。以创新业务国土三调为例，按照国家的统一步骤，我们完成了上海多个区域的相关工作，紧接着我们就利用三调的数据，主动为政府和大型国企开发出了建设用地全生命周期管理系统、规土一体化平台、资产管理评估系统等。如果说我们把国土三调项目列为创新业务，按时间节点圆满完成此项目后，我们用业务创新的思维纵深挖掘，很好地实现了创新业务和业务创新的无缝对接。在创新意识的统领下，业务创新和创新业务形成了两个轮子，不断推动公司的发展。

由此也更坚定了我们创新就是公司持续发展的不竭之源的理念，公司将秉持这一理念长期坚持，并贯彻在各项工作中。

四、模式创新（从单点到套餐）

作为一家从评估起家的公司，过去的业务模式就是单纯地出一份评估报告。但在学习了国外大行的成功经验之后，公司筚路蓝缕地开展了近二十年的业务多元化拓展。从房地产评估到造价咨询、规划设计、测绘、资产评估、信息技术、投资管理、环境咨询和综合咨询等专业服务领域，形成了业务多元的网络格局。就像上海造地铁，1995 年上海一号线建成通车，实现了地铁在上海从 0 到 1 的突破。但对于国际大都市的上海来说，一条地铁线，毕竟影响有限。而今天经过二十多年的努力，上海的地铁已开通建设了 20 条以上的线路，形成了覆盖上海全域的网络，成为上海老百姓绿色出行的便捷高效的交通工具。

同样，公司业务多元的网络形成，也极大方便了公司的广大客户，对他们的各种业务需求，可以实现一门进入，既可直达也可择站换乘，一路享用公司同一标准下专业高效的服务，顺利到达最终的目的地。对公司内部员工，多元化的业务会为他们提供非常多的锻炼机会。员工可以加入各种各样的项目团队，在各个专业的方向寻求发展，充分激发自身的潜力和创造力，使个人的职业素养更为丰富和完善。多元化平台的搭建吸引了众多的专业人士和青年才俊，起到了很好的筑巢凤栖的积极效应。

公司成立二十年来，每年都会参加中房学组织的行业年会，并用走出去请进来的形式，同业内机构进行面对面的交流学习。从中我们发现，但凡发展得好的行业头部公司，都具备善于学习、善于创新并利用自身的比较优势赢得市场的特质。譬如不久前我们同深圳的国众联进行互访，在行业中国众联走的是全国布局的发展模式。公司董事长告诉我们，深圳是全国改革开放的先行者，是个典型的移民城市，要想在深圳把公司的业务做强做大，受到诸多客观条件的限制。包括市场容量狭小、公司众多、竞争异常激烈等困难。为了突破困境，在分析了形势后，他们发现深圳作为新兴城市，相比北、上、广有着独有的人才流动优势，几乎绝大多数的人才都是外地引进的，来自全国各大城市。如果业务向全国扩张，把来深圳的人，经过考察，选出合适人选，再把他们派到原籍地，绝对是一条切实可行的路径。正是这一举措的实施很快就让国众联实现了全国布局的计划。可以看到这是国众联运用创新思维，发现深圳这个新兴城市同北、上、广相比，具备的独有的比较优势，并有效地把它运用到了公司跨越式发展的实践中，取得了令人瞩目的成绩。

同国众联深入交流后，我们也一直在思考，如何发挥城市测量师行的比较优势。随之而来的问题就是何为公司的比较优势？显然公司多年来已形成的业务综合一体化的实践和成功运行，就是公司的比较优势。

生活中不知大家注意到没有，不管你在汉堡店吃份快餐，还是到电信局去办个通信业务，再到装饰公司洽谈房子装修事宜，前者推荐你的是名目繁多的套餐，后者推销的往往是全屋整装。似乎单点的消费，已经退出了历史舞台。这同社会的发展告别了短缺经济有关，在一分钱恨不得掰成两半花的年代，有进店单点一样食品品尝的机会，生活中已经少之又少，要想再尝尝其他食品的滋味，一摸口袋，囊中羞涩，可以说几乎是不可能的。但时代进步了，过去你要想在家里装个座机电话，必须找人托关系，耐心等待好长时间。今天你进入电信局，有使用座机、手机、宽带的需要，电信局给你个优惠套餐，多数情况下，消费者都乐此不疲，欣然接受。还有现如今你进入麦当劳，点个汉堡，一定会配给你薯条、可乐。总之套餐经济已经在我们的日常生活中形成了一种常态。

生活中你我都是消费者，工作中角色会出现互换，公司是卖方，客户是买方。当公司各种物品货源充足，质量上乘，是不是可以学习电信局，学习快餐店，为买方提供专业服务的套餐。当然说实在的，多年来我们已经在努力践行了，具体来说就是为客户提供综合一体化的服务。就以乡村振兴中农民集中居住为例，在深入研读了上海相关乡村振兴的政策，梳理了进城镇集中居住项目工作流程之后，我们公司在项目进展的不同阶段，涉及的业务和可以参与的部门，用附表即可把它清晰地展现出来。

如果在公司成立的二十年里，我们没有付出坚韧不拔、矢志不渝的努力，客观上业务没有形成多元化的格局，不具备提供完整的业务链服务的能力，那么今天我们在单纯地完成附表里涉及房屋评估的工作后就只能结束了。但当公司具备了综合一体化的实力，就会把这项

进城镇集中居住项目工作流程示意图

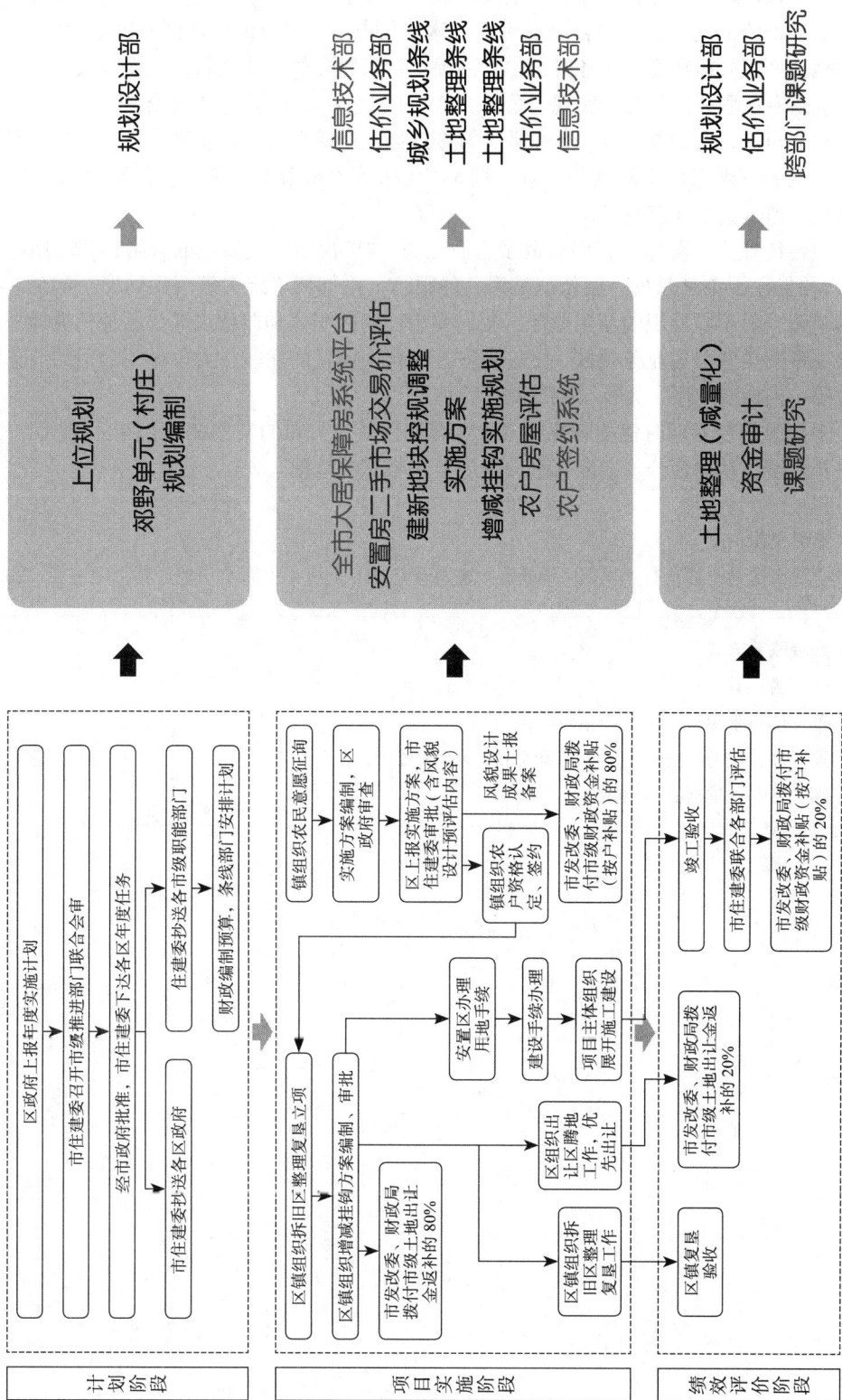

参与部门

- 规划设计部
- 信息技术部
- 估价业务部
- 城乡规划条线
- 土地整理条线
- 土地整理条线
- 估价业务部
- 信息技术部
- 规划设计部
- 估价业务部
- 跨部门课题研究

涉及业务

- 上位规划
- 郊野单元（村庄）规划编制

- 全市大居保障房系统平台
- 安置房二手市场交易价评估
- 建新地块控规调整
- 实施方案
- 增减挂钩实施规划
- 农户房屋评估
- 农户签约系统

- 土地整理（减量化）
- 资金审计
- 课题研究

计划阶段

- 区政府上报年度实施计划
- 市住建委召开市绩推进部门联合会审
- 经市政府批准，市住建委下达各区年度任务
- 市住建委抄送各区政府
- 住建委抄送各市级职能部门
- 财政编制预算，条线部门安排计划

项目实施阶段

- 镇组织农民意愿征询
- 实施方案编制，区政府审查
- 区上报实施方案，市住建设计预评估（含风貌内容）
- 风貌设计成果上报备案
- 镇组织农户资格认定、签约
- 市发改委、财政局拨付市级财政资金补贴的80%
- 安置区办理用地手续
- 建设手续办理
- 项目主体组织展开施工建设
- 区组织出让区腾地工作，优先出让
- 市发改委、财政局出让土地出让金补的20%
- 区镇组织拆旧区整理复垦立项
- 区镇组织增减挂钩方案编制、审批
- 市发改委、财政局拨付市级土地出让金返补的80%
- 区镇组织拆旧区整理复垦工作
- 区镇复垦验收

绩效评价阶段

- 竣工验收
- 市住建委联合各部门评估
- 市发改委、财政资金局按市级财政资金补贴（按户补贴）的20%

业务从一颗珍珠，用综合一体化这根线，最终将散落的珍珠串连成一条完整的项链，为客户创造更多价值的同时，我们自身的价值也体现其中了。可以说进城镇农民集中居住的项目，很好地诠释了公司在经营业务时从单点到提供套餐服务的模式创新，从而极大丰富了公司为社会提供专业服务的品类，实现了公司（卖方）和客户（买房）双赢的结果。

行文至此，我们既看到了传统业务日渐式微的严峻形势，也发现了社会发展，时代进步所带来的新兴业务的不断涌现。真可谓是"无边落木萧萧下，不尽长江滚滚来""东边日出西边雨，道是无晴却有晴"。

对传统业务的萎缩，我们要敢于直面现实，"黑夜给了我黑色的眼睛，我却用它寻找光明"，如果说困难是黑夜，创新就是黑色的眼睛，用创新思维去破解困局，一定会追寻到光明的前路；对不断涌现的新兴业务，我们要用长期的积累和储备去抓住各种稍纵即逝的业务机会，不断拓宽公司业务领域，更好地完善综合一体化的实践，力争做到公司的业务链纵向有深度，横向有广度，为社会创造更多价值。

只要我们能紧随时代的脚步，善于学习和创新，公司的发展在"十四五"期间一定会更上一个台阶，从而为公司未来长远的发展奠定坚实的基础。

参考文献：

上海市房地产估价行业发展"十四五"规划研究 [R].上海：上海市房地产估价师协会，2020.

作者联系方式

姓　　名：袁东华

单　　位：上海城市房地产估价有限公司

地　　址：上海市北京西路 1 号新金桥广场 18 楼

邮　　箱：ydh@surea.com

共同富裕引领房地产估价行业发展

尚艾群　吴法胜

　　摘　要：共同富裕是伟大时代党中央提出的宏伟战略，本文通过对共同富裕战略的内涵介绍，延伸至共同富裕的特征，在以人民为中心的发展思想指引下，该战略的实施也为房地产评估行业的未来发展指明了方向。

　　关键词：房地产评估；乡村振兴；共同富裕；行业发展

一、共同富裕内涵

　　"治国之道，必先富民。"共同富裕是人类社会孜孜以求的美好愿景。习近平总书记指出："共同富裕本身就是社会主义现代化的一个重要目标。"中国式现代化新道路要求最终达到共同富裕这个目标，一方面是要实现社会生产力高度发展、社会全面进步的发达状态，即"富裕"，另一方面是要让现代化成果由全体人民共享，满足全体人民的美好生活需要，即"共同"。共同富裕所描述的不是少数人富裕、贫富差距巨大的状态，也不是平均主义的同等富裕、一样富裕的情况。共同富裕意味共同致富和共同发展，全体人民都有追求发展、勤劳致富的共同权利和机会，通过共同努力和共同奋斗的过程，最终实现全体人民的共同发展、注重公平。

二、共同富裕基本特征

　　1. 发展性

　　"发展是人类社会永恒的主题"，要推动共同富裕取得实质性进展，基础是经济，只有经济的高质量发展，才能为共同富裕注入源源不断的动力，实现共同富裕首先要保证"富裕"。中国现在是中等收入国家，没有国家的发展，就不会有中国的富裕，也没有城乡的共同富裕。所以，共同富裕的前提必须保障高质量可持续发展，也只有高质量可持续发展才能够很好满足人民日益增长的美好生活需要。

　　2. 创新性

　　习近平总书记指出："创新是民族进步的灵魂，是一个国家兴旺发达的不竭源泉，也是中华民族最深沉的民族禀赋。"在激烈的国际竞争中，唯创新者进，唯创新者强，唯创新者胜。实施创新驱动发展战略，是加快转变经济发展方式、提高我国综合国力和国际竞争力的必然要求和战略举措，要"把创新驱动发展作为面向未来的一项重大战略实施好"。把创新摆在发展的核心位置，才能推进共同富裕取得实质性进展，才能促使经济保持高质量发展。

　　3. 共享性

　　改革开放取得的伟大成果必然要全中国人民共享。在发展中维护好人民的利益，能够增加全体人民的获得感、幸福感、安全感，推动共同富裕取得实质进展。共享性是共同富裕的底色。共同富裕的共享性必须体现"共同""公平""平等"等元素，但又要避免走入平均主义的歧路。共享实质就是坚持以人民为中心的发展思想，体现的是逐步实现共同富裕的要求。

4.协调性

协调发展是共同富裕的内在要求，也是经济社会健康持续发展的重要因素。共同富裕要实现和谐共赢，中国当前面临着发展的不平衡等难题，主要体现为城乡差距、地域差距和收入差距。这三大差距是当前中国面临的主要社会问题，严重阻碍了经济发展。推进共同富裕，主要是消除三大差距，解决中国经济社会发展不平衡的问题。

5.可持续性

共同富裕的可持续性，包括发展的可持续和共享的可持续。发展的可持续性意味着发展要与人口、资源和环境的承载能力相协调，持之以恒推动生态环境改善，让绿水青山造福人民、泽被后人。要以碳达峰、碳中和为抓手，树立绿色低碳发展理念，形成人与自然和谐发展新格局。共享的可持续性需要有适宜的个人税赋安排和社会政策、适宜的社会保障水平来实现。

6.开放性

全球化是大趋势，我们的产业链和需求市场已经嵌入全球经济体系，中国离不开世界，世界更离不开中国。当前，虽然部分国家逆全球化浪潮，走贸易保护主义之路，但是整个世界的开放、融合，互相依赖的格局不会变。我们必须坚持对外开放的基本国策，推动形成国内国际双循环格局，更好推动经济发展，达到更高层次的富裕。

三、共同富裕引领房地产估价行业发展路径

（一）坚持"发展是第一要务"

房地产评估行业最大的"蛋糕"就是助力国家共同富裕战略的实施。共同富裕既是党中央的决策部署也为我们房地产评估业的发展指明了方向。只有做大房地产评估行业"蛋糕"，该行业才具有吸引力，才能有技术、资金、人才的持续流入。"发展是第一要务"，国家的战略导向就是行业的发展和服务方向。助力共同富裕，主要从以下三个着力点入手：

1."坚持房子是用来住的、不是用来炒的"定位

"坚持房子是用来住的、不是用来炒的定位，加快建立多主体供给、多渠道保障、租购并举的住房制度，让全体人民住有所居"，是习近平总书记在党的十九大报告中提出的指示精神；房地产评估行业加快产业升级，除了在传统的房地产的抵押、征收、税务等业务以外，对公租房、租赁房、共有产权房、限价房、经济适用房的租金的调研、租赁方式、租赁条件、租金监测监管服务、限价水平的咨询服务等方面进行业务拓展。

2.为房地产税的稳步推进服务

房地产税在积极稳步推进，2021年10月23日，全国人民代表大会常务委员会关于授权国务院在部分地区开展房地产税改革试点工作的决定，授权国务院在部分地区开展房地产税改革试点工作。对试点地区的房地产税征税对象予以明确规定，也明确国务院制定房地产税试点具体办法、试点地区人民政府制定具体实施细则；房地产税立法、改革和试点，是基于规范调节高收入目标，为了房地产市场的健康发展，抑制房地产不合理的上升而进行的，不是降房价，它的本质是调节税，这是共同富裕实现的路径之一，同时也为地方财政寻找新的税源。房地产评估行业是房地产税的直接介入者，无论何种税基，一定有课税

的价值,通过房地产评估来实现。鉴于房地产税的复杂性,房地产评估机构可以根据各地实际向当地政府建言献策,为促进房地产市场平稳健康发展和人民的美好生活奉献专业力量,提供专业服务。

3. 助力乡村振兴,为城乡均衡发展奉献

实现评估行业在"城镇化"和"逆城镇化"服务中相得益彰。

目前中国城市化率已经达到较高水平,房地产评估在城市化过程中建功立业,成效显著。党的十八大以来,以习近平同志为核心的党中央实施"精准扶贫"战略,脱贫攻坚成果显著,为共同富裕奠定了坚实的物质基础,但农村仍然是共同富裕的薄弱环节。乡村振兴战略的实施,实际上是实现农民农村的共同富裕,与精准扶贫相比其内涵更丰富,要求更高。促进共同富裕,最艰巨最繁重的任务仍然在农村。实现共同富裕,重点在乡村振兴,难点在城乡均衡。乡村振兴的关键,归根到底靠发展,产业振兴的可持续性是发展的关键。必须依托农业农村独特资源优势,加快推进乡村产业振兴,发展壮大富民兴村产业,让农民更多参与产业发展、分享增值收益。在乡村产业化过程中,面临着资金、技术、信息、人才、市场、渠道等稀缺,要吸引这些要素进入农村,只有交换。而农村可以用于交换的富余闲置资产是人力和农村集体土地资产,尤其是农村土地资源的利用。只有实现农村产业化的良性可持续运行,才能实现政府有财政税收、企业有商业回报、农民有奔小康的利益获取的多赢。探索以产权为核心的农村土地制度改革,让沉睡的"资源"变成"资产",对农村土地资源的利用恰恰是房地产评估机构的优势和未来产业发展的新方向。房地产评估机构通过对农村集体经营性建设用地的出让、租赁、入股、建设租赁住房或者对农村土地经营权的出租(转包)、入股、再流转、抵押、融资担保以及土地承包经营权转让、互换,以及荒山、荒沟、荒丘、荒滩的利用进行评估,提供相关专业意见,一方面开拓了业务范围,另一方面促进了社会资源的有效配置。目前已经有不少房地产评估机构进行探索和布局,紧跟城市化和乡村振兴战略实施步伐,实现将业务拓展至城市更新、共有产权房、新建改建租赁性住房、保障性住房租赁、农村集体土地租赁与征收,农村集体经营性用地入市的房地产价格评估等方面,走出一条新的为"城镇化"和"逆城镇化"服务的发展之路,为城乡均衡发展添彩。

4. 积极拥抱新技术,融入新业态,做大行业"蛋糕"

积极拥抱互联网、智慧评估、智能化,充分利用大数据、人工智能、云计算等新技术共同建立新平台,采用合作、股份制等形式积极涌入新业态,为房地产评估提供新动能、拓展新市场、开发新业务。智能化是时代的产物,是智慧的结晶,也是未来发展的方向;智能化已经进入寻常百姓家,进入人们的日常生活,也进入政府管理,如公共管理和服务各项工作,交通出行、疫情控制和管理、物业管理等;房地产评估业务也正在实现智能化和信息化,点击网络平台,会进入房地产估价平台;越来越多的专业机构通过整合房地产价值影响因素开发自动估价系统,实现线上评估。目前传统的房地产估价已经基本可以通过周边同类市场的租售情况进行后台的数据演算,实现了初步的自动估价功能。随着各个城市更新数据越来越丰富,市场透明化加强,计算机与互联网工具进一步发展,自动估价服务系统将越来越完善,一个效率更高、质量更优、速度更快的估价系统也会越来越受老百姓欢迎。利用估价技术的智能化,积极开发相应的估价辅助工具,为估价师撰写、审核、提交估价报告以及为委托人了解估价进展、接收估价报告提供便利。将简单重复的工作交由智能化,把估价师精力从重复性的劳动中解放出来,转而投入到个性化、复杂化的项目中,促使评估效率的提升。

（二）坚持"人才是第一资源"，走"人才兴企"之路

所有的创新均需要人才，共同富裕需要的高质量发展更需要人才。房地产估价行业属于知识密集型且以人力资源为主的行业，人才的吸纳和培养是估价行业可持续发展的动力源泉。必须广泛吸纳和培养人才，坚定行业从业人员使命感、责任感和自豪感。首先，人才是吸引来的。"栽得梧桐树，引来金凤凰"，房地产估价行业只有提升行业影响力、专业知名度、职业吸引力和自豪感，才能吸引人才。当行业影响力大，职业远景美好，自然会吸引人才进入；反之，人才则会流失，尤其是那些复合型人才更易流失。其次，人才也是培养来的。人才的培养是一项复杂的工程，需要各评估机构能够系统性培养人才，建立科学的招聘体系、入职培训体系、员工管理体系、全面的技术和继续教育体系、员工考核制度体系和公司文化价值体系。使得不同专业特长、不同职业岗位、不同能力水平的各方面人才各得其所、各展其长，做到"人尽其才、才尽其用、用有所成"，把源源不断的人才优势转化为澎湃不竭的发展优势。坚定行业从业人员使命感、责任感、自豪感，明确从事房地产评估行业的人员是和行业和伟大时代一起进步一起发展的，肩负着一定的历史使命，同时也为伟大祖国的繁荣昌盛，为助力共同富裕的伟大战略奉献力量，增强职业的自豪感，提升自信心。

（三）坚持"创新是第一动力"，走创新性发展之路

我们所处伟大时代的脉络就是创新，唯有创新才能跟上时代的发展，唯有创新才能适应新需求。一方面，共同富裕需要创新性发展，以加快转变经济发展方式，增强经济总量，提升国力；另一方面，行业的发展也只有通过实施创新驱动发展战略，提高社会劳动生产率，提高群众收入水平，为共同富裕打下坚实基础。房地产评估业尤其需要创新性发展，其业务范围、估价理论、估价方法甚至是估价思路和流程、估价对象的需求都在变化，唯有时时创新才能永不落伍，才能进步发展；只有创新才能做到人无我有，人有我精，才能先人一步，抢占先机。唯有创新，才能完成更多业务，提供更优服务，也才能立于不败之地。

（四）不忘初心，走标准化、规范化发展之路

习近平总书记指出："一切向前走，都不能忘记走过的路；走得再远、走到再光辉的未来，也不能忘记走过的过去，不能忘记为什么出发。"房地产评估的初心是为社会提供公平、公正、真实、客观的房地产价值，追寻与表现其客观、真实、可信的价值与价格。该价值作为经济社会"信用基石"，起着"平权衡正度量"的作用，也是估价的根本。尤其是在司法鉴定、税务征收等鉴证类评估过程中，必须坚守底线，牢记估价的"初心"，做行业忠诚卫士，做公平、公正的"守护者"，同时也为共同富裕的"共同""公平""平等"站岗。

（五）开放合作，走多元化、国际化、联合跨界发展之路

1. 开放型发展

助力共同富裕，实施走出去战略，一方面可以在全球市场开展业务，另一方面也可以在全球战略中分享成果，有自己的声音和提高中国房地产估价行业在世界的地位。

2. 多元化发展

多元化一方面可以分散风险，另一方面也可以拓宽企业或行业的发展路径。当一个行业发展遇到瓶颈，或者企业拥有多元化的资源，能够促进企业发展的时候，那么多元化的发展将是较好的选择，"东方不亮西方亮"就是较好的诠释。对房地产评估行业来说，其多元化路径往往是和房地产业相关、与评估行业相关的前向发展、后向发展和旁侧发展。前向发展是以评估为支点，形成房地产的经纪业务、房地产造价、房地产开发、房地产可行性研究、社会稳定风险评估、参与地方征收方案的研究与制定等业务；后向发展是房地产评估以后的房地产价格动态跟踪，财务咨询、企业融资、合作、股份制、设立甚至参与破产清算业务、资产重组业务咨询，进行全局化、动态化、多元化的项目调研和策划工作等业务；而旁侧业务则是估价类业务，资产评估、价格评估、财务咨询等业务；目前这些业务有不少机构正在进入，业务开展状况也较好。

3. 行业联合发展

"单丝不成线，独木不成林"，房地产评估行业内企业强强联合、跨区域跨界发展、相互合作已成共识。目前情势下，面对传统业务的萎缩，新业务转型的困难，竞争将不可避免，竞争惨烈使得一些公司选择合作，共同发展和联合发展成为常态。没有永远的朋友也没有永远的敌人，只有永远的利益。在竞争与合作关系选择上，合作是最佳选择，竞争虽然可以使效率更高，产品或者服务更好，但也存在着资源的浪费，你死我活的结局更令机构心存忌惮。只有合作，才能各方共赢。强强联合是趋势，有的是行业内联合，有的是跨区域联合，还有的是跨界联合。一些规模较小、实力较弱的评估公司，如果既没有核心竞争力又不能顺应形势变化，必将会自行消亡或者被兼并；反之哪些有核心竞争力能够顺应形势变化的评估公司将会壮大，强强联合能够在相关领域联合，更可以在异质领域进行合作，如与互联网、智能化、金融机构等组成新的联合体。房地产评估机构通过跨区域、跨界的发展与联合，能够实现在不同区域的业务类型、客户资源、人才资源和技术资源的共享，既可以顺应时代需求，也可以抵御系统性风险，使得这些房地产估价机构或者联盟在资源、技术、业务范围、市场拓展直至经济效益方面都得到巨大提升，如中瑞世联、国众联、深圳国策、戴德梁行、中房评、中估联行等。

四、结语

"浩渺行无极，扬帆但信风"，房地产估价行业虽然面临一定的困难，我们要不忘初心，克服困难，遵循习近平总书记"发展是第一要务，人才是第一资源，创新是第一动力"的指示，积极融入伟大时代的洪流，助力共同富裕，房地产评估业的发展一定能够实现新的辉煌。

参考文献：

[1] 习近平. 扎实推动共同富裕 [J]. 求是，2021（20）：4-8.

[2] 柴强. 房地产估价原理与方法 [M]. 北京：中国建筑工业出版社，2005.

[3] 王灵桂. 实现共同富裕：新发展阶段的崭新目标 [J]. 江淮论坛，2021（04）：5-10.

[4] 张占斌. 共同富裕是中国式现代化的重要特征 [N]. 人民日报，2021-10-12（10）.

[5] 郁建兴. 接续推进从全面小康迈向共同富裕 [N]. 光明日报，2021-06-23（03）.

作者联系方式

姓　名：尚艾群　吴法胜

单　位：安徽中安房地产评估咨询有限公司

地　址：安徽省合肥市经济技术开发区繁华大道百乐门尚泽国际 1109 室

注册号：尚艾群（3419940124），吴法胜（3420040023）

觉醒年代

——估价行业创新与合伙人制度的思考

许　军

摘　要： 近年来，估价行业面临着行业巨变，国内国际经济双循环及国内大循环的经济转型升级、政府对市场调控的深度和力度不断加强，估价行业内部服务同质化的持续加剧，使得估价行业内部竞争持续激化，行业整体发展速度已渐渐难以适应外部市场结构性变化以及客户不断升级的需求。创新是估价行业发展的唯一出路，结构性的、有序的、逐步深入的创新是行业有志之士共同参与并推进的，笔者认为，估价行业的变革已进入深水区，行业变更之势势不可挡，行业需要加快创新的突破。本文尝试从估价行业面临的行业环境变化入手，探寻行业发展的创新之路，从估价企业的整合和合伙制的运用角度出发，初步提出行业创新的三个法则和模式创新的三个关注，并对行业的企业发展模式创新的重点——估价行业的"合伙人"制度做探讨，希望对推动我国估价行业的创新探索能够提供一定的参考借鉴。

关键词： 估价行业；创新；发展模式；合伙人制度

一、行业环境及背景研究

（一）估价行业面临市场转型和政府管理方式的转变

近年来，估价行业经历的变化非常多，其中最重要的一个变化，是市场转型和政府管理方式的转变。从市场转型来说，由于世界政治格局及经济发展的变化，以及国内国际双循环及国内大循环的经济转型，各种行业的发展竞争格局有大的变化，也对我们估价行业产生了较大的影响。从政府管理的角度来看，我们意识到政府对未来市场的掌控力度和对估价行业的监管力度，都在不断提高，政府对市场的调控力度不断加强，持续的调控政策研究也不断延展，可以预见，未来一段时间内，政府及相关国企在市场当中的参与度和重要性会越来越高，管理精细度加深，宽度扩展，管理方式上会有更新的一些需求，因此对我们专业咨询服务行业如何做好与之相匹配的服务提出了新的挑战。

（二）行业内部服务同质化严重、竞争持续加剧

由于传统估价的服务对象及服务内容都相对单一，估价行业产品同质化的现象一直存在，高度同质化的产品使得行业恶性竞争似乎在所难免，在当前质量和服务越来越趋于同质化的今天，价格的恶性竞争现象将越来越严重，内部竞争持续加剧。这也是值得我们深思的问题，行业同质化、价格战、内卷等问题经年已久，新的出路到底在哪里？

（三）行业创新缓慢无法满足市场需求的持续升级

如前所述，首先，行业外部环境瞬息万变，但估价行业仍局限于内卷的资源消耗，适应

外部环境的转变速度是相对缓慢的，估价行业的管理规定和制度以及我们行业内创新企业发展模式的探索与突破，都还停滞在一个比较慢速变化的状态当中。在外部变化加速、行业监管日趋加强的背景下，我们的行业过去多年以来所积累的一些风险也日趋加剧。其次，我们的市场需求也在不断升级，在市场需求持续升级的同时，我们的行业因发展速度较慢，估价行业的整体服务能力无法满足外部市场的需求变化，两者之间的匹配度存在一个落差，且这个落差在不断加大。

估价行业正在经历一个巨变的年代，我们要面对高质量发展，要面对供给侧结构性改革，也要面对数字化转型，在这样一个时代背景下，我们的服务与人才，以及我们的行业都需要加快升级。多年以来，我们行业的升级速度比较慢，市场已经提出了新要求，我们的改变还不足。行业对创新改变的意识还不足，行动还不够迅速。

二、创新是行业发展的根本出路

（一）结合历史发展过程对行业创新体系的思考

2021年是我党建党百年，回首历史，中国共产党波澜壮阔、大刀阔斧的百年征程给我们的国家带来沧桑巨变。对照我党过去百年的奋斗征程，我们可以看到，在发展遇到问题的时候，我们要去发现问题的根结、去解决问题，这就需要创新。我们可以看到，越是重大的问题，它的解决方法就越要往下层去钻，要去做更深层次的创新。

比如当我们的根据地打不下来的时候，我们要去思考战略战术的问题。当我们的战略战术没有办法解决问题，那可能是我们的人才团队存在一些不足，如果人没有问题，那就可能是我们的组织能力的问题，或者再深一层次就是我们选择的道路问题。再比如，在改革开放和社会主义建设新时期，我们曾面临的一些重大问题或挑战，我们应该走什么样的道路，是姓资还是姓社，是计划经济还是市场经济，是闭关锁国还是改革开放。当这些重大的问题在人才、组织等层面无法解决的时候，我们发现面临的是下一层的制度和道路选择的问题。在这个关键的创新突破点上，我们选择了改革开放，选择了一国两制，选择了走中国特色社会主义道路，使得我们今天的中国特色社会主义经济取得了飞速发展，人民物质文化生活水平有了极大的提高（图1）。

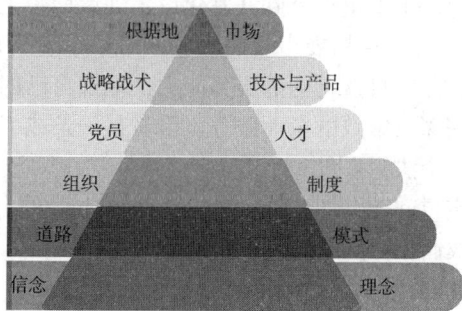

▍创新是遇到问题/困难、解决问题/困难的根本方法

图1 历史发展的总结与估价行业创新结构图

（二）估价行业的创新反思

我们发现了一个创新的结构问题，把对中国共产党的发展历程中所做出的重大改变和

转折的经验总结起来，对应到估价行业，那就是图中的右侧所示：市场—技术与产品—人才—制度—模式—理念，这样的一个创新结构层。

当我们的行业经历如此深刻的变化，碰到了一些难于克服的困难和问题的时候，我们每一层的创新突破在哪里？我们所面对的问题在哪一层，是市场打不开，还是我们的技术产品有问题，或者是我们的人才培养引进的问题，再或者是体制、制度以及我们的模式问题？

估价行业真正发展的动力在哪里？创新是唯一的出路，而且创新是有结构的，近些年来行业创新提及的频率较高，较多估价机构也做了相应的探索，但是大家也可以看到，过去我们关注更多的是业务创新，其实是希望迅速去打开一个新的市场，我们需要得到更多新的业务。但是，在这个市场层面上的创新思考是否就足够？我们会发现，其实我们这些年做的相关探索和努力较多，但是成果并不那么明显，或者说还没有达到我们的预期。

创新是有路径、有定位、有结构的，不能说我们要去创新，就只要去做新的事，就算是创新了，或者就只是一门心思去向外寻找新市场就够了。有时候我们恰恰要向内、向更深层次的问题上思考创新问题，应该深入研究创新的结构问题。当我们发现我们的行业市场突破不了的时候，可能要研究的是我们的技术和产品，我们的技术和产品是否能打动客户，是否能满足客户市场的一些相关的需求。当我们的技术和产品研发不出来的时候，要思考我们的人才是否能够匹配我们的技术和产品。当我们的人才找不到的时候，可能就是应该反思企业的制度和模式的问题了。

三、估价行业的创新路径、定位与结构

（一）行业创新的三个法则：路径、定位与结构

前述提到估价行业的变更需要全面的、结构性的创新思考，我们认为：估价行业创新，需要从路径、定位、结构三个方向入手做深入分析，我们提出了行业创新的三个法则。

第一个法则是路径，即围绕房地产价值链的创新路径。房地产是有生命周期的，它有多个价值链条，行业细分有红海也有蓝海，我们希望去探索新的蓝海市场，发现新的增长点，但是我们发现，如果盲目地散点似地往外探索，很可能会迎来一个低效且不达预期的成果。估价行业应沿着特定价值链的方向去突破，包括资产管理、项目投资全过程服务、土地规划与城市更新等，把一个价值链的全过程服务覆盖。比如房地产资产的运营管理，在这个价值链条上可以看到，从房地产土地出让，到开发建设，到后期竣工、运营、销售、运营等，是一个资产运营的管理价值链，在拓展市场的时候，可以沿着资产运营管理这个价值链去思考，去抓住客户和项目，深度打造自己的服务能力，提升自己的竞争力，从全生命周期的角度去看待房地产，去做好深入细致的全面服务。沿着某一条或者是几条价值链去探索，去创新，这是笔者认为的第一个法则（图2）。

第二个创新法则是定位问题，即"新估价"和"跨估价"的定位问题。在估价行业中，我们有三种估价：第一是我们相对熟悉的传统估价，也可以说是"老估价"。第二是"跨估价"，跨估价即跨行业、专业的一种组合，比如有估价机构进入规划、造价、审计、拍卖等相关领域，去整合两个行业的专业经验，希望能够得到一些新的成果，这是一种估价的探索，我们称之为"跨估价"。第三是新估价，指的是在新的领域，适应新的需求估价，运用新的估价技术，以及在估价行业发展上新模式的探索。比如说：用估价的经验去做经纪行业，这就属于跨估价，但是如果我们尝试用数据技术去做估价，那就是新估价。选择"新估价"还是"跨估

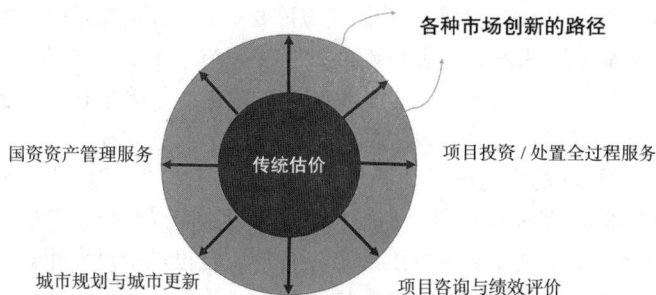

图2　沿着价值链的创新路径

价",是值得每一家估价公司需要深入思考的。因为选择了不同的赛道,意味着选择不同的对手,要面对未来不同对手的竞争,因此要根据自身的特点情况判断准确(图3)。

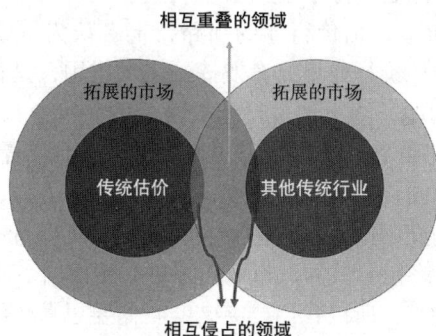

图3　跨估价市场拓展

第三个行业法则是厘清估价创新的结构,具体而言,一家估价公司,是选择市场创新还是服务产品创新,抑或是技术方法创新或模式创新,都需要与自身的资源禀赋、人才团队、组织架构特征等相适应。重点是判断自己的企业到了什么阶段,遇到的是什么瓶颈,然后对应进行的是什么层次的创新突破(图4)。

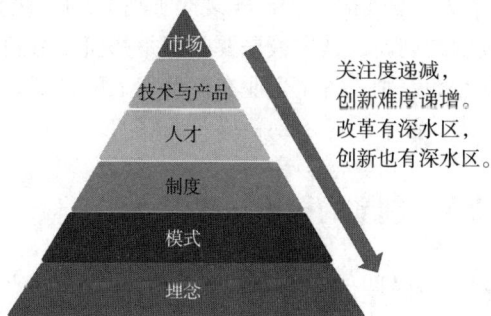

图4　创新的结构

(二)估价企业发展模式创新的三个关注

估价企业不同层次的创新都会对应很多可以开展研究的内容,大多数估价机构会关注市场,而极少企业会关注制度和模式的创新。我们发现结构层次递进,关注度是递减,而其创新的难度也越高。所以这些年估价行业的创新始终难以有大的突破,与我们关注的创新层次过浅有关。当遇到困难始终无法突破的时候，我们就应该要有勇气往更深层次去探索创新的问题。

从过去几年的创新探索来看，行业创新的探索多聚焦于服务产品的创新、技术方法的创新等，对于发展模式创新的探索较少，也缺少相应的成果。笔者尝试从日前大家关注度较低的发展模式创新角度出发，尝试提出发展模式创新的三个点：规模、人才、制度。

第一个关注点，即规模的问题，企业是"大而强"还是"小而美"，过去我们的行业始终过于弱小，从上海的数据来看，单个估价公司的年平均营业收入不到3000万元，企业规模经济效益并不明显，单个企业的研发投入十分有限，也很难推动整个行业的创新发展。因此，此前业内同行已初步形成共识，当前市场环境下，估价行业做大做强是更优的选择，小而美的企业导向在当下市场环境下并非错误，只是在业务相对同质的行业环境下追求小而美相对较难，所以我们会将更多的思考放在如何做强做大，如何形成品牌、扩大市场占有率，积累更多的数据和知识，获得强大的技术支持和研发资源，同时也吸引更优秀的人才。

第二个关注点，即人才问题，除了上面所说的企业规模之外人也很重要，人是规模的基础。我们要重新定义人的价值，估价行业的出路，笔者认为不是"资合"而是"人合"，资本在这个知识型、服务型的估价行业里究竟发挥了多大作用，是行业从业者值得深思的。另外，我们要复盘思考人的问题，当下估价行业较为分散，行业自身和个体都存在一些不足，但是市场对行业、对我们的服务，已提出了更高的要求，服务需求的广度和深度都在不断加剧，一方面，现有人才因固化思维应变速度在减缓，另一方面，多数企业新鲜血液的注入始终不达预期。在这种内外交困的市场环境下，我们是否还要选择孤军奋战？没有形成"人合"的趋势，我们的力量始终是分散的。市场需要的是更综合、业务素质更全面的人，如何才能吸引到，目前是越来越难，所以我们要突破，我们要思考传统的物质激励是否能吸引到优秀的人才？笔者认为答案并非肯定，在物质激励的同时，我们要思考另一个层面的问题，即人的价值实现，员工的兴趣点、关注度是否在我们这个行业，员工的潜能是否被全面挖掘出来，每个员工在其工作岗位上是否能全力以赴实现自己的价值，在第一个问题得到肯定的回答后，我们要思考的是如何才能让员工的潜能得到全面挖掘、全力以赴实现自身价值，达到企业和员工的双赢。

第三个关注点，即企业的制度问题，所谓的价值创造和分配的制度到底是什么？如何设计一套良好的企业制度以开发人的潜能，实现企业管理的升级。企业整合做大做强的基础，应该是企业体制和制度的创新，其中最重要的就是如何创造利润和分配利润，如何去评估判断长期利益和短期利益的差别，每家企业在这个点上取舍都会有不同，笔者认为这个点也是非常值得行业从业者去关注、思考、创新以及突破的。

四、联城行"合伙人"制度的探索与思考

笔者所在的估价机构上海联城行于2018年开始尝试以"合伙人"的新制度进行企业整合，从创立至今，每年平均增长速度超过50%。其中核心的一个原因是我们在"合伙人"制度方面的探索。

联城行在推行"合伙人"制度的时候，首先想到的是合。行业中也有一些企业在原有的有限公司模式上，做内部的合伙人制度的变革尝试。而联城从诞生之初，就在用合伙人制度来整合这个行业的资源和力量，我们认为就是要用这样的一种制度来重新定义估价企业的模式，我们把这个当作是联城的使命。估价这个市场过于分散，团队人力不足，整体而言人才

较为稀缺，我们认为"人合"是企业发展的根本，"人合"具体是合什么，我们通过思考后发现是合能力、合专业、合市场、合资源，能力要全面提升，市场要互补和强化。同时资源上有一个整合，包括人才、客户、技术和数据等。那么怎么合？既然要合我们是否可以考虑联盟的方式或有限公司的整合，联城在探索、思考、尝试了较长时间以后，我们最终采用合伙制的方式来突破。当我们思考合的时候，同时也想到了另外一个字，即分。合与分是相辅相成的，合伙制最重要的问题是解决如何分，具体而言是责任、权利和利益怎么分。首先，责任就是各有分工，根据专业、资源等特点，合伙人各自承担一部分重要工作，去担当。其次，权力上要进行分权，分工要基于制度的权力约束，而不是基于股权的。最后就是利益分配问题，根据贡献度，设计一套机制和规则进行分配。所以我们需要不断地去探索，去思考合伙人的意识、规则和相关制度如何建立？过去三年联城行探索制定了大量的合伙人的制度和规则。总体来说，联城行想做的事情，以创新为方向，以整合为方法，以合伙为制度，以行业领先为目的。整合行业志同道合的力量，实现合伙平台的整体价值最大化。这个整体价值包括了客户、合伙人、团队、员工和社会价值。合伙人合的首先是理念，也就是之前创新结构图的最底层，如果这个底层的理念，不能达成一致的话，很可能这个制度，未来基于此的整体大厦是要倒塌的，所以在这个理念上绝对不能出任何问题。我们认为理念为先，达成一致的理念，需要我们跳出原有的框架，打破门户之见、鸡首之见、传统的血缘传承之见等，打通成为合伙人的行业人才成长制度和通道。我们的估价行业需要在这个创新结构层里最难的企业发展模式的创新上有真正的觉醒。

2021年是中国共产党的百年诞辰，中国共产党在建党初期的时候，对于未来的探索，也做了很多的尝试，走了很多弯路。《觉醒年代》这部建党百年的连续剧里面说到觉醒年代的历史，那到底觉醒的是什么？其实觉醒年代最重要的就是面对最严峻挑战的时候，中国人民觉醒了要用更深层次的创新和突破去破局，要在选择什么样的道路和发展模式上去反思，需要有勇气去创新、去革命、去改变这个时代。

作为深深热爱估价行业并持续不断在思考实践行业创新的一分子，我认为当下也是我们估价行业的觉醒年代，估价行业也是到了该去思考如何真正觉醒的时候。过去十几年，我们做了大量探索，我们做了各种各样的尝试，但是我们真正要突破的到底是什么？应该有更深层次的问题要去面对，要思考，要去敢于革命，敢于突破。基于这样的一个思考，联城行得出一个结论，我们要用一种合伙创新的方式来实现估价行业模式发展的创新突破，实现行业的价值连城。过去十年是估价行业的觉醒年代，未来的十年会是行业的革命年代，我们相信十年之后乃至百年之后合伙人制度不会辜负估价行业。

作者联系方式

姓　　名：许　军

单　　位：上海联城房地产评估咨询有限公司

地　　址：上海市静安区康定路 979 号

邮　　箱：XJ@uvaluation.com

注册号：3119970004

以不懈的专业主义精神面对未来

张　引　崔太平

　　摘　要：房地产估价行业也在谈论内卷，行业的发展面临着各种各样的问题，估价行业的资深人士都在积极寻求发展之路。本文旨在发出一个声音，即以不懈的专业主义精神来面对未来的各种挑战，提出了房地产估价专业人士的大人生观，探讨了专业主义精神在房地产估价行业的具体体现，以及房地产估价专业人士的变与不变。

　　关键词：专业主义；估价；职业操守；企业制度

　　这几年，内卷成了一个热词，房地产估价行业也不例外。如果要评选房地产估价行业最近几年的年度词汇，信息化、大数据、批量评估、创新服务、内卷、恶性竞争、迷茫可能都会榜上有名。估价业内思想者可能都会思考这样的问题：如何面对估价行业内部的竞争，如何面对估价行业外部的打劫？面对未来，面对未来的一切未知数，我们该如何自处？在过去的30年里，我曾经有大学老师、律师等各种不同的身份，但自己得以安身立命的身份标识却是房地产估价师。作为一名在行业打拼了30年的估价师，针对上面的问题，我自认为找到了答案，那就是以不懈的专业主义精神面对未来。

一、房地产估价专业人士的大人生观

　　傅斯年有句名言："一天只有21小时，剩下3小时是用来沉思的。"房地产估价专业人士每天在研究解决房地产价值问题之余，也该静下心来沉思一个问题：我们该有什么样的大人生观？

　　身处艰难困苦之时，具有信仰的人可能相对容易使自己心态平和，因为他们更有心灵的依靠。在思考大人生观时，我想到了孔子，想到孔子与其弟子季路和子贡的对话。季路向孔子请教生死这个大问题，问曰："敢问死，"孔子回答说，"未知生，焉知死？"孔子还教导他的弟子子贡，"不怨天，不尤人，下学而上达，知我者其天乎！"我想，尽人事而听天命，这应是我们面对未来无常的一种人生态度。面对未来的不确定性，对于非我所能把控之事，尽可以听天由命，而不需要杞人忧天。对于我们自己能够有所为之事，当然是要尽人事。就尽人事而言，丰子恺在其散文《渐》中呼唤"大人格"与"大人生"，这是值得借鉴的。丰子恺先生在《渐》一文中说，"他们（具有大人格与大人生者）能不为'渐'所迷，不为造物所欺，而收缩无限的时间并空间于方寸的心中。故佛家能纳须弥于芥子。"

　　人之不同于动物，在于人有对于永恒的追求，追求留下身后传世之作品。普罗大众留下的作品乃是其后代，虽然动物亦能为之，但动物系出于本能，而人却是出于自觉而传宗接代，以便自己留存于世的基因能够超越于自己的生命周期。卓尔不群的人呢？他们追求能够在历史上留下的传世作品可能是伟大的科学发现、技术发明，或是艺术作品，从而能流芳百世，造福人类。

资深的估价师同仁们，我们可以留下什么样的传世之作呢？走过结婚生子的人生历程，我们已经有经典的传世之作品。除此之外，我们还可以有什么样的传世经典？我曾经告诉我的同事们，"也许，你会感叹自己并非卓尔不群之士，哪还有什么经典之作传世。其实，你已经是自觉不自觉地在参与一项经典的传世之作的创作活动，只不过你是身在其中而不自知而已。我们每个人都是创作者，我们在共同创作恒通评估这一经典作品，如果我们成功了，恒通评估就会有超越于我们个体的生命长度，我们每个人的优秀品质会增添到恒通评估这一法人组织的优秀品质当中"。

我认为，开阔自己的心胸，跳出个人的利益格局，把房地产估价机构做得长久，让估价机构这一法人的生命长度超过创业者作为自然人的寿命，资深的老一辈估价师给年轻的下一代估价师搭舞台，实现薪火传承，这应该是我们房地产估价专业人士的大人生观。

二、专业主义精神在房地产估价中的体现

2006 年，在参与全国人大资产评估法立法的时候，我就有一种信念，那就是估价师与律师、医生一样，其所从事的是一个专业活儿。我们虽然需要依靠评估谋生，但是评估却不是一门生意，就如同医生靠给病人看病谋生，但看病不能说是一门生意一样。房地产估价师是专业人士而不是商人，房地产估价机构是专业服务机构而不是普通的商业机构。我认为，房地产估价执业活动不应该有过度的商业化操作，我们应该追求体面的生存，追求客户的信任，追求社会的认可，追求职业的尊荣，而不能以追求财富为唯一目的。

我们要努力追求自己所创立的估价机构成为传世之作。那么，靠什么来打造这件作品？如何去精雕细琢？我认为，唯有依靠专业主义精神才能打造好传世经典。我们从事评估工作该具有什么样的专业主义精神？对于估价专业人士，专业主义精神体现在我们的专业能力上，体现在我们的诚实守信和职业操守上，体现在我们的团队协作精神上，体现在我们为客户负责、同时内心认可社会公众才是我们的真正委托人的信念上。对于房地产估价机构，专业主义精神体现在机构的人合而非资合上，体现在估价机构的合伙企业文化上，体现在以机构合伙人新老传承为标志的日趋完备的企业制度上。

专业主义精神还体现在做事情的持之以恒和精益求精上。恒通评估企业公众号从开通以来持续更新，从不间断；每年的恒通台历体现了专业主义精神品位；持续办了 13 届的恒通读书会，拓展了我们专业人士的视野，开阔了胸襟；2005 创刊的《恒通资讯》持续办了 16 年……专业主义精神体现在估价专业人员把一件件值得去做的事情努力做好，并持续不断地做下去。

不是每个法人组织都会成为传世的经典作品，不是每个法人组织都值得员工去精雕细琢。15 年前，在我提交给全国人大的《财产评估师法（专家建议稿）》当中，我提出评估机构的组织形式应该是合伙制，可以分为普通合伙和特殊的普通合伙两种形式，我的想法至今没有改变。我建议，估价行业组织大力倡导这样一种合伙理念：估价机构虽为创始人所开办，却非创办者所私有；建立估价机构合伙人进入退出制度，合伙人的合伙收益不能是终生享有的，合伙人的合伙利益虽是暂时的，但其荣誉可以是终生的；合伙企业文化决定了估价机构不但是每个员工的安身立命之所，也是估价专业人士共同的精神家园。估价机构合伙人

只有树立起这样的理念，员工才愿意为之付出心血，才愿意共同参与打造这部作品，这样的估价法人组织才有机会成为传世之作。因此，完善估价机构内部治理结构，完善合伙人的进入退出机制，完善机构的绩效考核分配制度，着力吸引培养一批年轻的有专业水平和专业服务意识的估价师核心骨干队伍，可以说是势在必行，刻不容缓。

三、房地产估价专业人士的变与不变

面对世事无常，面对估价行业未来发展当中的一切未知数，不变的是我们的专业主义精神，变的是我们的服务能力、服务领域和服务空间的不断拓展。

我记得很多年前招商银行有一个口号非常响亮，那就是"因您而变"。估价机构的专业人士面对未来，要因时而变。那么，我们在哪些方面应该有所变化呢？前不久，我去拜访一家资产管理公司，资产管理公司的高管告诉我说："你们的评估啊，是我们工作的一个流程，不过呢，仅仅是我们的一个程序性需要。我们资产管理公司内部也有评估，对于收购不良资产包，或者收购以后对资产包进行资产处置，我们自己的评估才是最重要的。"这位资产管理公司高管所讲的，其实是对我们整个估价行业提出的一个挑战，怎样让我们的评估对于资产管理公司、对于其他所有客户真正有价值，而不仅仅是一个流程或者一个程序性的需要。我们目前的估价业务中，有相当一部分是针对银行贷款之初的押品估值服务，当贷款出现不良的时候，又涉及不良资产的估值业务。针对这两种不同的估值业务，我们同样面对来自于客户和社会公众的一个质疑，那就是针对同一标的的估值，评估结果为什么会差异那么大？客户和社会公众还会质疑，同样的评估对象，同样的评估目的和评估时点，为什么不同评估机构评估出来的结果有时候会有那么大的差异？提高我们的专业水平，提升专业服务能力，响应社会公众对我们的质疑，为客户真正创造价值，这是我们所要努力改变的方向之一。

不同评估机构之间的竞争，不能仅仅停留在收费差异和评估结果的差异上，而应该体现在评估服务的各个环节不同的服务品质上。说到服务品质的差异化这方面，我们自认为是专业服务机构中的专业人士，似乎是比餐饮、美容等行业要"高尚"一些，可是餐饮、美容等生活服务行业还有被社会广泛认可的星级服务标识，我们的专业服务目前没有被社会公众认可的星级服务标识，服务品质的差异化连餐馆和洗脚房都没有赶上。每当想到这一点，自己都觉得汗颜。努力打造能够被社会广泛认可的专业服务品牌，提升服务品质，这是我们所要努力改变的方向之二。

由于估价专业人员能力之不足，大量的房地产交易活动本来是我们估价人员可以大有作为、可以有极大发挥空间的，但是实际上却见不到估价专业人士的身影。比如，二手房买卖、租赁等交易活动就见不到房地产估价专业人员的身影，也听不到估价师的专业声音。当事人买卖、租赁房屋，当事人挂什么价，以什么价成交最合算？当事人其实是需要得到专家给予帮助，给出价格建议，帮助谈判成交。房屋买卖和租赁这些交易活动，现实上往往由经纪公司的经纪人一手托两方，由于缺乏单方咨询顾问，交易活动的当事人往往要临时抱佛脚，学习房地产交易的有关专业知识，自己去进行市场调研，了解市场动态，学习谈判艺术。房地产交易活动当事人的所有这些行为都是要支付成本的，这既有时间成本，也有金钱成本。我们房地产估价专业人员在房产买卖和租赁交易活动当中的缺位，不是交易当事人不需要我们的服务，而是我们目前尚没有能力提供他们所需要的服务，只要让当事人购买专业

服务所支付的成本低于他们自己所付出的成本，我们就应该大有可为。同样，我们传统估价业务当中的客户有对于不动产的其他需求，他们有可能需要扩大生产规模，或者因为其他原因需要转产，企业的合并和分立，企业的破产和清算，都有对于大宗物业或者是高端不动产的经纪需求，都有房地产交易活动所涉及的税务筹划。客户的所有这些需求，需要我们在日常的估价活动当中去挖掘和发现，当然，更需要我们手里边有金刚钻，能够去揽这样的瓷器活儿。努力拓展我们的服务领域，挖掘客户需求，以房地产估价为技术手段，以估价服务为切入点，努力上下延伸拓宽我们的服务空间，这是我们所要努力改变的方向之三。

总之，面对未来的不确定性，希望估价行业的同仁们尽人事而听天命，坚守评估的专业主义精神，平权衡、正度量，努力去做一个专业的、体面的、受社会公众认可的专业人士。

作者联系方式

姓　　名：张　引　崔太平

单　　位：四川恒通房地产土地资产评估有限公司

房地产数据业务的发展变化及对估价行业的启示

韩宣伟 蒋文军

摘 要：曾经的房地产"大数据"热潮不再，期间探索出的诸多业务模式和技术方法被估价行业广泛采用，数据业务发展过程中积累的经验和暴露出的问题，也给房地产估价行业的未来发展带来诸多启示。

关键词：数据业务；变化；发展；启示

一、前言

十年前，房地产"大数据"在估价行业引起了巨大反响，多家实力雄厚的房地产估价机构与盟友一道，掀起了技术创新和业务创新的高潮。历经十多年的市场考验和发展蜕变，估价行业的"大数据"热潮已经退去。随着数字经济时代的到来，房地产数据业务不断深化，目标客户和数据产品逐渐聚焦，服务模式逐渐成熟，广泛应用于金融、税务、司法等领域的线上线下数据产品，正在转变为房地产估价行业新的"传统业务"。

本文的房地产数据业务，是指近十年来在估价行业兴起的，以房地产基础数据、房地产价格评估为服务主线，基于批量估价、互联网、数据采集、统计分析和现代信息通信技术的线上线下房地产数据产品和相关增值服务。

二、国内房地产数据业务的起源

国内房地产数据业务，源于财政税务部门对存量房交易计税价格独立、公平、公正的迫切需求。

十多年前，房屋买卖双方为达到避税目的，在存量房交易价格申报时常常隐价瞒价，"阴阳合同"现象普遍，课税个案评估的独立性、公平性缺乏有效的监督和制约，国家财税部门决定选择试点城市试行存量房最低交易计税基准价。

此外，房地产数据业务的快速发展，离不开国内互联网和现代信息技术的进步，同时也得益于国家税务总局、财政部在2008—2013年的相关文件精神和要求，特别强调在国内各市县推广实行房地产评税技术、批量估价技术、建立房地产数据库、建立健全数据管理制度等要求，对房地产数据业务发展起到了指导性作用，对全国各地房地产数据业务的市场需求也起到了激发和引导作用。财政部、国家税务总局的相关文件精神和要求见表1。

国家财税部门涉及房地产数据、估价的文件精神和要求　　　　表1

序号	文件号	文件名	涉及房地产估价、数据相关要求
1	国税函〔2008〕309号	国家税务总局《关于应用评税技术核定房地产交易计税价格的意见》	（1）参照市场价格核定计税价格，逐步将房地产评税技术应用到计税价格核定工作中； （2）按照房地产评税原理，在测算房地产基准价格和价格影响因素修正系数的工作基础上，开发计税价格核定模块
2	财税〔2009〕100号	财政部、国家税务总局《关于开展应用房地产评税技术核定交易环节计税价格工作的通知》	北京、山西、内蒙古、辽宁、湖北、四川、浙江省作为试点地区，……抓紧将评税技术应用到房地产交易环节税收征管中，选用或参照杭州版、丹东版软件，……集中力量采集数据，尽快发挥示范效应
3	财税〔2010〕105号	财政部、国家税务总局《关于推进应用房地产评估技术加强存量房交易税收征管工作的通知》	（1）合理选择工作模式，确定评估技术方案； （2）建立房地产信息数据库； （3）建立规范、稳固的信息来源渠道
4	财税〔2011〕61号	财政部、国家税务总局《关于推广应用房地产估价技术加强存量房交易税收征管工作的通知》	要应用房地产批量估价技术确定存量房交易价格估值，……不得使用其他方法进行评估
5	税总发〔2013〕129号	国家税务总局《关于进一步加强存量房交易税收征管工作的通知》	要建立健全数据管理制度，评估技术标准专家会审制度，评估结果检验制度，确保税源基础数据完整与准确，技术标准符合当地实际情况，评估结果准确并具有公信力

三、房地产数据业务的发展阶段及特征

　　笔者结合国内估价行业房地产数据的发展历程和亲身体会，大致将房地产数据业务的发展分为萌芽期、培育期、扩张期、调整期、务实期五个阶段，各发展阶段具有不同的持续时间、具体表现和主要特征见表2。

房地产数据业务发展阶段及其特征　　　　表2

阶段	名称	大致时间	具体表现	主要特征
第一阶段	萌芽期	2004—2006年	（1）源于浙江某地财政局一次性提供全区存量房的计税基准价； （2）国内尚未明确提出批量估价和数据服务概念	（1）国内尚无批量估价、数据采集的公开先例可参照； （2）通过优化个案评估思路，批量完成存量房价格评估； （3）参与此类项目的房地产估价机构凤毛麟角

续表

阶段	名称	大致时间	具体表现	主要特征
第二阶段	培育期	2007—2010年	（1）个别大城市开始存量房计税基准价项目； （2）国家税务总局确定试点省市利用评税技术采集数据核定存量房基准价； （3）中房学、省市行业协会关注批量估价； （4）少数估价机构、大专院校开始参与项目实践； （5）境内外相关技术交流增加	（1）数据采集和批量估价技术进入系统性探索研究金额实践应用阶段； （2）少数估价机构开始拓展房地产数据的应用范围； （3）数据服务平台开始酝酿
第三阶段	扩张期	2011—2015年	（1）数据联盟或平台出现并迅速扩张； （2）互联网、大数据技术与估价行业快速融合； （3）数据业务创新加快并向多个领域延伸，不再局限于存量房计税核价； （4）新的业务模式、合作模式、技术服务模式出现； （5）缺乏市场调研，务虚产品出现	（1）估价行业的"激情时代"； （2）业务开展与国家税务总局、财政部相关文件同步； （3）机构联盟对数据业务前景过于乐观； （4）规模扩展过快、业务研发和技术研发投入过大； （5）超前、宽泛业务类型或服务模式，市场接受度不高，产品定位不准，聚焦度低
第四阶段	调整期	2016—2018年	（1）进入反思期； （2）扩张热度减退； （3）更加注重市场调研； （4）调整产品和客户； （5）研发规模逐步收缩	（1）数据产品和服务由务实、务虚并重，转向务实； （2）注重平台成员软实力（如评估技术等）培育； （3）压缩成本开支
第五阶段	务实期	2019年至今	依托自身优势和特点，提供数据相关服务	（1）服务产品逐渐聚焦； （2）客户定位基本明确； （3）服务模式基本固定； （4）谨慎开发新产品

四、数据业务的发展现状及特点

当前房地产数据产品的类型、目标客户和服务方式已发生重大改变，已由最初的为财税部门提供房屋交易计税基准价的单一服务，发展成为金融机构、司法机关、税务部门、政府决策部门、开发商、房地产估价机构及社会公众提供多种线上线下数据产品及相关专业服务。

（一）组织形式

现阶段，开展房地产数据服务机构的组织形式，主要有以下几种：

（1）加盟方式，表现为以平台为纽带的机构联盟；

（2）合作方式，与加盟方式类似，但成员关系更加紧密；

（3）独立方式，依靠下属分支机构开展数据业务；

（4）其他方式。

（二）服务方式

表现为依托于互联网、云计算、现代信息通信技术的线上线下的融合服务，主要通过平台系统、电脑终端、手机 APP、微信小程序、微信公众号等实现。

（三）主要产品

虽然各家数据联盟、平台机构的优势不同，客户定位和数据产品有所侧重，但主流数据产品和服务差异不大，主要包括：

（1）在线询价系统；

（2）线上委托和报告回传系统；

（3）在线估值系统；

（4）批量复估预警系统；

（5）评估业务分发系统；

（6）估价报告作业系统；

（7）征收评估作业系统；

（8）现场查勘回传系统；

（9）信息采集系统等；

（10）押品名址标准化；

（11）GIS 技术服务等。

（四）产品主要特点

历经了十多年的创新、优化、调研和市场验证，各家联盟的房地产数据产品和服务模式，更加符合现阶段的客户定位和市场需求，并表现出以下特点：

（1）以房地产估价为主线，提供相关数据服务；

（2）线上产品的优势更加突出；

（3）估价结果的独立性强，人为干预少；

（4）估价结果的专业性强、可信度高，可与同类物业纵横向比较；

（5）服务方便快捷，工作效率高；

（6）与传统估价模式相比，服务成本明显降低；

（7）提供传统估价模式难以比拟的增值服务，如房价指数、租赁指数、地价指数、价格预测、押品风险评级、市场分析报告等。

五、数据业务发展过程中所暴露的问题

国内房地产数据业务发展，至今已有十余年，期间暴露出的一些估价机构的问题或通病，值得深思。主要表现为：

（1）对市场需求变化的敏感度不高；

（2）惯性思维，缺乏危机感，缺乏机构长远规划；

（3）对新技术环境的变化不敏感；

（4）缺乏核心竞争力的培养意识，急于"挣快钱"；

（5）不注重市场调研，数据产品开发过多，拳头产品不足；

（6）忽视房地产估价服务的主线，缺乏专业性；

（7）缺乏客户服务精准性等。

六、对估价行业未来发展的几点启示

房地产数据业务的发展历程，给房地产估价机构业务创新和发展带来以下启示：
（1）估价是房地产数据业务的生命力所在，是估价机构开展数据业务最基础的服务；
（2）不合时宜、激进地照搬某些新技术、新模式，或盲目扩张，可能会步入发展误区；
（3）盲目悲观、拒绝新事物，或彷徨、观望、因循守旧，可能错失发展良机；
（4）线上业务估价结果的独立性、不受人为干预，是吸引客户的亮点；
（5）数据平台提供的系统性增值服务，是传统估价模式无法提供的专业性服务；
（6）市场需求在变，技术环境在变，估价机构应勇于拥抱新技术、适应新需求。

七、结语

房地产数据业务，曾经是互联网大数据技术环境下的一个新生事物，针对它所持的积极或消极的态度及其发展过程，是估价机构应对新事物的一个缩影。

据说，不久的将来，基于区块链技术、交互技术、电子游戏技术、人工智能技术、网络及运算技术、物联网技术所搭建的"元宇宙"，将颠覆未来的人类社会，可实现虚拟世界和现实世界的相互融通。届时，相信会有比数据业务来得更猛烈的业务模式和估价技术模式，等着我们去面对。

作者联系方式

姓　　名：韩宣伟　蒋文军
单　　位：浙江恒基房地产土地资产评估有限公司
地　　址：杭州市西湖区天目山路 294 号杭钢冶金科技大厦 19 楼
邮　　箱：1966hxw@sina.cn
注册号：韩宣伟（4119970084），蒋文军（3320020045）

促进房地产估价师数字化，开拓行业新局面

李秀荣 林 晓

摘 要：数字经济浪潮深刻影响房地产估价行业的发展，但是众多机构的数字化转型收效甚微，问题的症结在于机构只重视软硬件投入、系统建设，却忽略了对房地产估价师的数字化转型。本文建议，要根据房地产估价师的特点，区别传统的培训，通过微课程学习、嵌入式学习、创新实践等方式，实现以数字化赋能估价师，为机构、用户创造全新价值的目标。

关键词：估价师；数字化；转型；房地产估价

2021 年 10 月 18 日，中共中央总书记习近平在中共中央政治局第三十四次集中学习时强调："数字经济发展速度之快、辐射范围之广、影响程度之深前所未有。"

一、房地产估价机构在数字化转型中面对的困难

机构转型主要遇到的问题有：重投入，轻结果；重数据，轻洞见；重系统，轻人才。

数据孤岛、数据非标准、数据的沉淀都无法成为估价行业的新动能，只有通过分析建模，打破数据壁垒，开发出数据的有效应用场景，才能实现数据化。

交易案例的价值，其数据来源和估价报告的关系，如何在数字转型中实现新的业务逻辑，这就是商业模式的改变。将原来估价师通过市场调查的方式，改为用银行、客户、经纪、估价师同时在线的服务平台，直接获取交易信息，完整地实现信息服务线上化，再造估价师的工作流程。

通过洞察房地产的全域监测决策，个别因素的分析开发出变现能力，用移动互联实现跨区域的数字交互，该系统一旦获得银行认可，成为"兴业兴家"这样的平台产品，将重构行业流程，改变商业模式。

二、机构转型成功的关键是房地产估价师的数字化转型

（一）数字化估价师在未来数字经济中的重要作用

房地产估价师能洞察客户的需求。过去曾出现估价师勘查现场时不尽责，只是采用简单的资料做了报告，后来发现勘察标的物与估价对象不符。利用区块链公开透明、可溯源、难篡改的特性，我们构建了估价可信共享平台，使评估资料、勘察信息、评估报告等实现多方验证和存证，成为社会信用体系的一部分，并获得国家级高端信用智库国信研究院的认证。

房地产估价师能主导数字与估价的结合。估价师在个性建模的时候，必须掌握大数据建

模的基础知识，我们依靠大数据领域的博士团队，进行微观和个性化的区位因素、个别因素建模，给估价对象定价。

房地产估价师能发现估价的新价值。房地产的变现能力分析涉及因素众多，精确分析却是估价师个人能力所难以胜任的。我们通过大数据和科技，重新建立了变现能力分析，使它成为估价分析报告中的一个亮点。这个变现能力要根据每个城市、每个小区位置的不同进行定期调整，通过洞察房地产全领域的监测来引导正确决策。

（二）什么是房地产估价师的数字化能力

房地产估价师的数字化应该包括下面三个方面：数字思维力、数字洞察力、数字执行力。

衡量数字化成功与否的标志，并不是机构收集了多少数据，也不是机构所拥有的数据粒度有多么的精细，而是房地产估价师应用数据的能力。

"创新力平台"是专为估价师定制的学习平台系统，定位为让普通的大学毕业生主动成长为数字评估师，包含知识管理、知识社区交流和微课程学习等模块，深度整合机构的估价师学习、执行力管理、知识运营和意愿度运营系统，帮助房地产估价机构构建估价师数字化能力、执行力、意愿度提升等一体化的智能运营平台，实现从企业学习、执行力管理、知识运营、激励运营、人效提升的效能提升闭环。

估价师的数字化能力要从思维模式开始，综合社会经验，培养的起点是院校里未来的人才。这次房地产估价师考试政策的改革，取消了专业要求，广开大门，顺应了人才梯队建设和社会呼唤新型房地产估价人才的要求。

三、如何有效地培养房地产估价师的数字化能力

（一）注册房地产估价师的特点

根据《中国房地产发展报告（2021）》统计显示，全国注册执业的房地产估价师共63772名，从年龄看，平均45岁；从学历情况看，本科及以上学历占比为65.2%，总体受教育程度较高；从执业年限看，平均从业年限达11年。

房地产估价的主要业务以抵押类以主。2020年，全国一级房地产估价机构完成的评估业务，抵押类评估价值占总评估价值的56.3%。

从这些数据上看，一方面，工作经历时间长、受教育程度较高，有利于房地产估价师的数字化转型；另一方面，年龄较大、普遍接触的业务类型单一、技术含量低。

传统的课堂教学模式存在召集人员难、学习成本高、影响日常工作等问题，已无法满足人们变化中的需求。被动学习的方法早已过时，数字化转型要求估价师在学习和处理信息时更加积极主动。针对估价师的特点，采取新的教育技术和模式，创新式设计培训方案。

估价师需要营造怎样的数字化工作环境，亟待解决跨区域合作，呼唤新一代90后、00后的年轻人加入估价行业，为机构领头人规划企业市场布局和多种类业务服务发展规划提供数字化产品。

（二）采用微课程学习，针对性地开展房地产估价师数字化教育

微课程具有"选题独立，内容精悍"的特点。它连接估价工作场景，可以是传播新知识，也可以是传授新技能、解决实际问题，特别适合房地产估价师的数字化转型教育。机构在开发微课程时要注意以下几点：

（1）及时总结，转化知识。微课程内容来源于工作中遇到的问题、取得的经验。机构在

获得数字化转型的典型案例时，要及时还原过程，从"案例与背景、任务与挑战、行动与思考、结果与影响"四个方面进行拆解；深度分析获得的经验和教训，把个人知识转化为组织知识，把隐性知识转化为显性知识，通过中央数据库和技术协作平台，实现解决方案的共享和创新。

（2）聚焦目标，解决问题。微课程简短明确，时间有限，所以必须有的放矢。聚焦任务，聚焦问题，针对性地将估价师需要掌握的数字化技术提炼成干货，形成有场景、有方法、有效果的解决方案。让估价师通过学习，达到"学了能做，做了有效"的目标。

（3）场景演练，交流学习。从真实的业务场景中遇到的挑战开始，聚焦同类人群的问题。通过设计针对性的学习内容，采取角色扮演的方式，促进房地产估价师彼此间的交流和学习，锻炼和培养以数字化技术解决问题的能力。

（三）采用嵌入式学习，激发房地产估价师学习数字化技术的热情

很多房地产估价师缺乏对数字化转型的直观认识，如果在开始推动阶段，让估价师们在工作中感受、践行数字化技术对估价技术的影响，会大大提高他们对数字技术的兴趣，降低推进数字化转型的阻力。以下是关于数字技术应用于估价的案例。

1.神经网络技术模型改造比较法

经典的比较法模型中，通过选取三个可比实例，经修正后得到估价对象的市场价值。这里存在两个问题，一是所选取的实例、确定的修正因素都依靠估价师的经验，难免受人为因素的干扰。二是模型中各因素对房地产价格的影响都被假设为线性关系，而现实中各因素的影响效果常有递减效应，因此是非线性的。神经网络模型能拟合非线性的关系，在短时间内评估大量的实例，降低人的主观意识的影响，所以它更能模拟出接近客观规律的模型，更具有可信性。网络输出的房地产评估价格与实际价格相比，最大误差3.04%，说明这个模型不仅在技术上可行，而且结果可信。估价师通过这个实例，会对比较法的原理产生全新的认识，更深刻地理解数字化技术对评估方法的影响。

2.利用人工智能开发工程估价专家系统

在成本法、假设开发法的应用中，确定工程造价一直是房地产估价师的一个难题。针对这个问题，研究人员从厦门市公布的造价指标中提取样本数据，训练基于RBF神经网络的工程估价专家系统，预测目标案例的平方米造价，最后输出结果与实际值的最大误差为12.33%，属于投资估算的误差允许范围内。该模型可运用于实际房地产估价中工程造价的辅助估算。经过这次实践，估价师切实体验到数字化技术是如何赋能估价，给估价技术带来变革的。

3.传统的估价作业流程中的数字化场景

我们在传统的估价作业流程中，不断嵌入数字化技术产品应用。在现场勘察端，通过VR看房、估价师刷脸认证，全面提升了客户对勘察的体验；在制作报告端，采用区块链技术，将估价报告上链，端对端传输给委托方，更安全可靠。诸如此类的数字化细节，都会潜移默化地影响估价师的数字化认知。

（四）在创新实践中学习，实现房地产估价师数字化转型的飞跃

数字化的价值并不取决于知识或信息技术，而取决于估价师对知识的使用。房地产估价师需要不断地学习、实践、反馈、小结，把知识转化成行动的能力，并且最终形成自身的竞争优势。对估价师的教育应该具有实践性，我们在工作中采用实践学习的方式，让估价师参加新型项目，通过观察、模仿、实践来学习，快速掌握数字化能力。以下就是几个体现估价师创新业务的例子。

1. 用物联网技术确定租金

北京某国企在繁华街区拥有一个大型的购物中心，内有近千间的商场内店面，租金的精准确定关系到国有资产的增值和管理。房地产估价师创新式地采用物联网技术，通过探头监控人流，通过手机信令的数量来测算繁华度，精准绘制出整个商场的繁华度热力图，为科学制定租金奠定数字基础。

2. 区块链技术运用于勘察

批量复估是银行押品管理中的一个常见需求，但房地产估价机构一般关注的是价值的变动，而忽略了金融机构还需要到现场复核抵押物的需求，特别是非建筑类的抵押资产。房地产估价师采用了估价师刷脸认证、GPS 定位，再通过 VR 虚拟视频、区块链时间戳等一系列技术，解决了勘察信任的问题，承接了线下勘察复核的业务。

3. 房屋变现能力分析

一般对小区区位优劣的判断，可通过繁华度、交通、配套、环境四个维度加以评价，但这些评价指标以定性为主，定量不足。我们组织房地产估价师在此基础上进行综合研究，精选了若干因素，提出了小区的禀赋指数概念，量化了小区资源的优劣度，并作为研究成果公布于社会。禀赋指数向社会发布后，受到了金融机构的关注，并定制研发了以此为基础的各物业类型的变现能力分析，使金融机构能针对不同小区给出个性化的贷款政策。

小区的禀赋指数还指出了各小区资源配置的差异，对于一个小区来说，某类资源不足，也就意味着存在尚待填补的市场空隙，可为相关企业提供选址咨询服务。

4. 租房通勤指数和选房模型

数字化能赋予估价行业崭新的商业模式，在小区资源禀赋指数的基础上，将其中关于交通的部分精细化研究，设计出通勤指数，以此为核心设计选房模型，提供给租房用户使用。目前该项目与银行合作，作为"兴业兴家"的拳头产品，为社会大众提供服务。

四、结语

房地产估价属于知识密集型行业，它的数字化本质上就是房地产估价师的数字化。从数字到"数智"，洞察市场变化，满足用户需求，研发估价技术，创新商业模式，都离不开房地产估价师。估价师的数字化既不是行业转型的手段，也不是行业转型的途径，而是最终目的。采取正确的方式让更多的估价师参加到数字化进程中，这具有良好的商业意义。

我们为机构创始人、负责人、估价师和估价新人，构造了一套全平台化的数字化产品和服务，培养数字化的估价人才梯队，最终让机构实现跨区域一体化规划，全域布局。

参考文献：

[1] 潘家华．中国房地产发展报告（2019）[M]．北京：社会科学文献出版社，2019．

[2] 中国房地产估价师与房地产经纪人学会．中国房地产发展报告（2021）[M]．北京：社会科学文献出版社，2021．

[3] 中国信通院．2021 年中国数字经济发展白皮书 [R]，2021-04-28．

[4] 叶青．人工智能方法在估价领域的研究与应用 [D]．泉州：华侨大学，2011．

作者联系方式

姓　名：李秀荣

单　位：厦门云评众联科技有限公司

地　址：厦门市思明区金星路 41-2 号

邮　箱：Lixiurong@vip.sina.com

姓　名：林　晓

单　位：厦门均达房地产资产评估咨询有限公司

地　址：厦门市思明区金星路 41-2 号二楼

邮　箱：1500725439@qq.com

注册号：3520100021

新发展阶段房地产估价行业的创新发展

高藕叶　张弘武　张　帆　王竞一

摘　要：新发展阶段是我国全面建设社会主义现代化国家、向第二个百年奋斗目标进军的阶段，也是中华民族伟大复兴进入不可逆转的进程、实现大跨越的阶段。新发展阶段对经济发展提出了全面的高质量要求，各个领域也在按照这个要求对业务范围进行整合，我们估价行业也应该按照此阶段经济全面发展的特点对业务范围提出新的要求。本文从创新发展的必要性、内容以及创新发展阶段对估价师、估价机构的要求进行了论述。以达到解放思想、推动估价行业的创新发展。

关键词：新发展阶段；创新发展；技术创新；绿色低碳

一、当前房地产估价市场现状及创新发展的必要性

（一）当前房地产估价市场现状的特点

从 2020 年的疫情到现在，估价机构已经能明显感到生存的艰难。具体有以下几个特点：一是受疫情影响经济发展速度缓慢，国家对房地产行业管控越来越严，原有的传统业务呈现出数量明显减少，粥少僧多，估价机构承接业务困难的趋势；二是因为各地财政吃紧，各级政府都在压缩开支，利润越来越低；三是所承接的业务历史遗留问题明显增多，其解决难度大，技术要求高，业务周期越来越长；四是回款周期越来越长，有些单位甚至用远期承兑汇票支付服务费。

（二）估价行业在新发展阶段创新发展的必要性

市场经营环境的改变以及社会主义新发展阶段高质量发展战略方针，对估价机构提出了更高、更新的要求。在新发展阶段，估价机构只有通过不断地创新才能适应新时期发展的机遇，才能使机构进步，才能具备"以估价基础理论知识之不变应市场的万变"的适应能力。另外，按照辩证法，运动是绝对的，静止是相对的，如果估价机构仍然故步自封、安于现状，只能让自己落后于时代，尤其是跨界打劫的残酷现实会让一个行业消失。淘宝网对司法拍卖的介入已经让拍卖行无业务可谈，并且也影响到估价机构的二手房估价业务。目前二手房抵押贷款评估、司法鉴定评估也岌岌可危。我国的快速发展是世界有目共睹的，在新发展阶段，碳中和、碳达峰的战略方针，粤港澳大湾区、京津冀一体化……政策的调整、新经济体的产生，估价机构的服务对象在不断发展、不断调整方向，作为服务商的我们如果不及时创新发展，就会落后，就会被淘汰。

二、新发展阶段房地产估价创新发展的内容

创新发展是指打破现有的思维模式，突破现状，敢于挑战，谋求新发展路径的思维定式。对房地产估价行业来说，新发展阶段创新的内容实际包括了估价技术创新、管理模式创新、公司领导者和估价师思想创新、经营创新和结构创新等内容。其中公司领导者和估价师的思想创新是相对比较重要的一个方面，领导者思想创新能够保障估价企业沿着正确的方向发展，估价师思想创新可以增强企业的凝聚力，估价师的创造力是企业可持续性发展的源泉。

新发展阶段房地产估价行业的思想创新发展是指自己有创造需求的思维。随着城市棚户区改造工作的结束，征收评估也接近尾声，估价企业已经意识到单靠传统评估业务已经无法生存。根据国家的战略政策调整寻找新的需求，是行业生存的法宝。估价行业的思想创新需求可从深度和广度两个维度进行挖掘，深度是指客户的需求，每个行业都需要有自己创造需求的能力，不能仅仅依靠政府、国家机关的行政指令带给行业需求，估价机构可以利用现有的客户深度挖掘需求。客户是机构发展的原动力，随着新发展阶段战略调整，我们的客户在工作中会不断出现新问题、新现象。而估价机构服务的本质就是利用自己的专业知识为客户解决实际问题，成为客户的智囊团和外脑。这些新问题可能就是新需求和新业务，估价师要善于开发新客户、建立客户的信任度、实现客户高满意度、锁定客户的高忠诚度，在老客户中挖掘新业务。

广度是指估价业务范围的宽度，即除征收、抵押贷款、司法鉴定、交易课税等传统业务以外的与不动产相关的业务。

为了简政放权，各级政府对专业性比较强的业务多采用购买第三方服务，估价机构的业务类型由原来的法定评估类转为多方位多角度的咨询业务。例如高校物业前期调查、物业巡查、各类社会稳定风险评估、集体土地征转前的成片开发方案编制等新型房地产咨询业务。

结合以上内容，笔者简单整理总结了近年新增的常见咨询类业务，分享给行业精英。

（一）服务于各级政府

自 2020 年 3 月 1 日起施行的中华人民共和国财政部令第 102 号《政府购买服务管理办法》，要求各级政府"发挥市场机制作用，把政府直接提供"的一部分"服务事项""交由具备条件的社会力量承担"。政府购买服务的具体范围和内容实行指导性目录管理，依法予以公开。我们可从每年每月的指导性目录中，寻找估价行业可以从事的业务内容。

在政府采购的内容中，社会稳定风险评估是经常见到的项目。现在已经涵盖经济发展各个领域，可预防和化解社会矛盾，为实现共同富裕提供科学决策的基础数据。其中可能在较大范围或较长时间内对人民群众生产生活造成影响的有关资源开发利用、环境保护以及城乡发展、征地拆迁等重大工程项目建设等均纳入社会稳定风险评估范围。

2011 年国务院令第 590 号《国有土地上房屋征收与补偿条例》第十二条"市、县级人民政府作出房屋征收决定前，应当按照有关规定进行社会稳定风险评估；房屋征收决定涉及被征收人数量较多的，应当经政府常务会议讨论决定"。此阶段征收稳评可与房地产评估内容有效结合。

2021 年 9 月 1 日起施行的《中华人民共和国土地管理法实施条例》第二十六条"需要征收土地，县级以上地方人民政府认为符合《土地管理法》第四十五条规定的，应当发布征收

土地预公告，并开展拟征收土地现状调查和社会稳定风险评估"。以征地拆迁评估为主业的评估机构，在原来评估基础上可以深度挖掘客户的需求，并能利用原有资源高效、快捷完成后期服务内容。社会稳定风险评估应当对征收土地的社会稳定风险状况进行综合研判，确定风险点，提出风险防范措施和处置预案。社会稳定风险评估应当有被征地的农村集体经济组织及其成员、村民委员会和其他利害关系人参加，评估结果是申请征收土地的重要依据。

在民政部门有贫困、低保户调查、群众满意度调查等；住建系统有老旧小区提升改造后的物业管理评价调查等第三方调查与评价；集体建设用地入市评估、存量建设用地盘活调查评估、自然资源资产调查评价、建设用地供后监管不动产登记部门的代办职能、土地挂牌前的成本核算、建立各类社会评价指标体系等可整理归纳出几十种相关业务，不在此赘述。

（二）服务于政法机关

政法机关在司法活动中，需要有一定专业技术能力才能完成的技术辅助工作。房地产估价师可以利用现场查勘的技能进行实地勘验、拍照、VR 视频，了解拍卖物现状及有无瑕疵等。另外估价师还可以从事拍卖咨询、代理查勘、尽职调查、税费测算、诉前评估等司法技术辅助工作。

（三）整合关联专业服务于新发展阶段的多项经济活动

房地产评估不仅仅就是价格评估，房地产是评估对象，围绕房地产进行评估的内容和目的是没有边界的，其关联服务内容多样化。房地产运行需要多项服务，没有万能的专业技术服务业，但各种服务的最终目的是量化价格变化，房地产估价师应该是各项服务的整合者。

1. 城市更新

在城市更新领域我们可以帮助客户梳理闲置物业并将闲置物业进行盘活，老旧社区公共服务配套已经不能满足现有需求，将其整合成资源包，一方面到相关委办局寻求配套资金，另一方面利用社会资本进行提升、改造，并将盈余配套设施进行社会化经营，估价师可做前期可研分析报告、提升改造后的运营策划以及提升改造后的长效管理——后期物业管理巡查，将其所考评的项目设计为表格，巡查人员按照其内容进行打分考核。

2. 高校物业运行

目前大部分高等院校招投标办公室在对物业管理公司的招投标前期准备工作比较单一，只是根据院校总建筑面积确定所需物业管理人数、管理范围等，在此模糊数据基础上简单确定物业管理费用。高校是一个小社会，是业态复杂的各类物业的集合体。物业管理的供求双方，迫切需要了解管理所需的专业数据。招标前调查、确认所管理物业的基本信息成为高校物业管理的首要任务，但由于高等院校物业特殊性、其统计工作量的复杂性、管理范围的广泛性等原因。估价师现场查勘的技能可以非常顺利地完成此项任务，目前我们已经完成天津大学、山东大学、河南警官学院等高校物业基本信息调查确认，一方面可以详细确认物业管理的工作量，另一方面对工作流程也是有效补充，杜绝了随意确定招标控制价的行为。

3. 绿色低碳运行

围绕国家战略方针调整，估价企业应及时投入技术力量研发绿色低碳运行新业务。2021年9月22日，中共中央、国务院提出《关于完整准确全面贯彻新发展理念做好碳达峰碳中和工作的意见》，其中与自然资源有关的内容丰富，给我们提出了新的发展思想，指明了新阶段的发展方向。第二十二条"巩固生态系统碳汇能力"其中固碳作用的模式、严控新增建设用地规模，推动城乡存量建设用地盘活利用、加强节约集约用地评价，推广节地技术和节地模式等均可产生新的业务种类；第二十三条"提升生态系统碳汇增量……积极推动岩溶碳汇开发利用"。具体业务种类可按照文件与现有服务对象进行深度研究、挖掘，以期达到再次合作。比如生态修复类业务——生态保护咨询、生态补偿金评估，是以保护和可持续利用生态系统服务为目的，以经济手段为主调节相关者利益关系，促进补偿活动、调动生态保护积极性。生态补偿金评估是对因生态补偿而得到收入的评估。另外，各个企业需要编制碳中和规划、进行低碳能源可再生能源地质调查评价等。

三、新发展阶段技术创新发展对估价师的要求

新发展阶段，新业务、新问题的出现，对估价师从研发能力、风控能力及业务拓展能力也提出了新的要求，对估价机构的综合实力也提出了更高的要求。

（一）对估价师的研发能力提高了要求

新发展阶段业务特点决定了估价师不能只会简单地凑数，要对瞬息万变的房地产市场进行分析、判断，对各类业务需要进行分析、研判，以达到解决问题的目的。解决客户不断出现的新问题就需要估价师进一步提升专业知识和能力，三大基本估价方法已经不能满足目前的业务需求。估价师需要学会在其基础上进行延展和提升。

（二）对估价师的风控能力提高了要求

估价师要具备风险控制能力、沟通能力、预测能力、研究能力及承受风险的能力。

风险控制是指估价师采取各种措施和方法，消灭或减少估价报告形成过程中的风险事件发生的各种可能性，或减少风险事件发生时造成的损失。一般指对估价报告形成过程中的风险识别、判断、化解和回避能力。另外，房地产市场变化大、受政策影响明显，估价参数难以取得，交易案例不易搜集等都会增加估价报告的风险系数。

作为专业性较强的咨询服务公司，其业务类型具有专业性、复杂性、唯一性、重复率低、类型多的特点，尤其是原来可批量估价的任务越来越少，重复率低的特点日渐显著。不同于传统服务公司，机构客户多为专业客户，对其管理也不同于传统服务行业。

四、新发展阶段创新发展对估价机构的要求

（一）积极招揽各种专业人才，提升各类专业技能

估价机构业务范围扩大和技术能力提升，从机构而言就是要延揽各种专业的人才，提高评估报告的专业水平；不但评估价格要合理，分析测算也要科学合理。

（二）迫使估价机构做大做强，提升机构在社会的影响力

房地产估价服务于经济社会发展的新领域，客户对估价机构的综合实力及社会公信力也提出更高的要求，随着行政许可范围越来越小，房地产评估机构可拓宽评估范围，在咨询服务类别上也有许多拓展的余地，跨界评估非法定评估咨询业务的机会越来越多，即除现有房地产评估以外还可以向土地类、资产类以及自然资源评估领域进军，业务种类的增多，迫使估价机构做大做强，积极参与各个行业的排名，提升机构在行业的影响力。

（三）围绕国家战略方针调整，及时投入技术力量研发新业务

围绕国家战略发展大局发展估价行业，不断巩固拓展高质量发展态势，大力实施创新驱动发展战略，服务好现有客户，挖掘客户的潜在需求，随着碳中和、碳达峰等国家战略政策，挖掘估价行业的业务种类提升估价技术，为国家新阶段发展战略贡献力量。

作者联系方式

姓　名：高藕叶

单　位：天津博成房地产土地资产评估有限公司

地　址：天津市河西区洞庭路与黑牛城道交口中海财富中心 22 层

邮　箱：sdz2001@sina.com

姓　名：张弘武

单　位：天津市房地产估价师协会

地　址：天津市南开区立达公寓

邮　箱：qfpx203@sina.com

姓　名：张　帆

单　位：天津市住房保障服务中心

地　址：天津市和平区西康路 48 号

邮　箱：blacksnowner@sina.com

姓　名：王竞一

单　位：重庆文理学院经济管理学院

地　址：重庆市永川区红河大道 319 号 402160

试论"十四五"时期房地产评估机构的新发展

朱　晓

摘　要：在共同富裕奋斗目标引领下，"十四五"时期房地产估价行业将面临城乡和区域社会一体化融合发展以及绿色发展、数字改革新形势，面对机构小而散、业务类型单一、缺乏复合型人才等问题，需要注重相关政策研究，关注社会经济发展和城镇化进程，加强行业自身建设。

关键词："十四五"时期；房地产估价机构；挑战；新发展

"十四五"开局之年，全面建成小康社会目标顺利实现，开启了迈向实现共同富裕第二个百年奋斗目标。面对宏观经济社会发展新形势，房地产估价机构的发展将面临新的挑战和机遇。

一、"十四五"时期行业发展相关形势

第一，城乡社会将一体化融合发展。随着城乡统筹发展，各地人才引进战略深化实施，农村用房交易和农村集体建设用地入市，户籍和土地管理制度改革、公共服务均等化将对房地产行业产生深刻影响。

第二，城市建设中的绿色发展理念。近日，中共中央办公厅、国务院办公厅印发的《关于推动城乡建设绿色发展的意见》，要求落实碳达峰、碳中和目标任务，加快转变城乡建设方式。"十四五"期间，"低碳之城"绿色发展道路将使城市综合环境改造提升工作得以大力推广，老旧小区综合提升改造、未来社区建设将带来住宅价值的进一步提升，房地产业将从侧重开发建设向存量交易经营转变。

第三，区域经济一体化融合发展。"长三角区域一体化""粤港澳区域一体化"等，城市间基础设施互联互通，城市群将成为新型城镇化发展新形态，都市圈的兴起将进一步影响房地产业新布局。都市圈同城化建设趋势及不同区域城市房地产交易形势将进一步分层。

第四，数字化改革不断深入。政府部门以优化营商环境为改革切入点，大力推动政府数字化转型，各地围绕房地产估价行业简政放权、简化办事流程等数字化改革举措不断推陈出新，房地产估价相关行业信息平台化加速，房产交易数据共享和 VR 看房技术应用缓解了交易双方信息不对称，为提升房产交易效率提供了技术支撑的同时，对房地产评估专业能力形成新考验，并推动本行业积极应用大数据技术，从传统房地产估价向大数据开发转型。

二、面临的挑战

面对宏观经济社会发展的新趋势，房地产估价行业发展因不适应以下三方面而将面临新

的挑战。

第一，规模小而散。据全国房地产估价行业管理信息平台数据统计，全国现有登记备案的房地产估价机构 6831 家，其中一级机构 935 家，二级机构 2136 家，专职估价师人数在 50 人以上的仅有 3 家一级机构，分别是 75 人、62 人、53 人，其余一级机构专职估价师均只有 20 人左右，二级机构是 10 人左右的规模。总体来看，行业集中度低。

第二，业务类型单一。由于大部分评估机构规模小而散，造成多数从业机构和人员专注于当前的评估业务，埋头于评估业务中的技术应用，业务类型比较单一，业务规模小，对与本行业相关联的宏观政策关注不够，数字化技术投入和应用不足，不利于本行业在新形势下的持续健康发展。

第三，复合型从业人员缺乏。当前房地产估价行业从业资格仍然实行职业资格考试和注册管理制，住房和城乡建设部和自然资源部于 2021 年 10 月共同印发了《房地产估价师职业资格制度规定》和《房地产估价师职业资格考试实施办法》，通过四门科目考试方可取得职业资格。由于考试科目及继续教育集中于房地产估价行业内容，加之从业企业规模小，业务单一，与本行业发展趋势密切相关的政策分析、大数据分析等专业人员相互交流学习机会少，不利于复合型从业人员的培养和成长。

三、适应新形势发展的对策建议

（一）注重相关政策研究

第一，关注宏观政策。当前重点要研学国民经济"十四五"发展规划和住房和城乡建设部等房地产估价行业相关部门的"十四五"发展规划，了解未来五年内国民经济发展趋势和行业发展趋势及重点发展领域，把握房地产估价行业这一领域在宏观经济社会全局发展背景中的定位和发展方向。

第二，研究行业相关政策。如"房住不炒"定调下的房地产相关政策，将进一步稳定房地产行业，商品房的流动性将逐步减少，导致交易相应减少，同时人才房、租赁房建设规模将逐步增大，老旧小区改造、未来社区建设步伐进一步加快。各地住房保障政策如"租购同权"以及房地产税的试点，都将对房地产资产价值评估产生重大影响。

第三，重视金融政策对房地产估价行业的影响。如《关于租房租赁资产证券化相关工作的通知》（证监发〔2018〕30 号）明确了房地产估价机构在住房租赁资产证券化估值工作中的主体地位，国家金融制度改革过程中的具体措施和创新为房地产估价行业创造了新机遇，需要加以重视。要高度关注房地产金融调控政策对房地产业发展的重大影响，特别是贷款首付比例、期限和利率等具体规定。

第四，重视相关行业政策研究。如各地人才引进政策、居住证积分落户实施细则等城镇户籍准入政策研究，分析判断由此发生的人口变化趋势，重点关注人口净流入城市，房地产交易相对活跃地区，预测各地房地产行业评估需求。

（二）关注社会经济发展

一是老龄化社会的影响。据第七次全国人口普查结果统计，2020 年 11 月 1 日我国社会人口中 60 岁及以上人口为 264018766 人，占 18.7%；其中 65 岁及以上人口为 190635380 人，占 13.5%，比 2010 年第六次普查分别增加了 5.44%、4.63%。房地产评估中应逐步考虑居家养老对社区配套的需求因素对房地产估价的影响。

二是鼓励多胎生育政策的实施。与独生子女政策不同，多子女家庭对社区公共服务供给需求的变化，以及配套设施完善、教育资源配置需求，对房地产资产价值带来新的影响。

三是社会基本保障影响。如教育资源配置、医疗卫生等城镇常住人口基本公共服务覆盖率，就业率及薪资水平对人口净流入的影响。

四是城市基础设施建设发展，如区域路网密度，高速公路总里程数，轨道交通网络规模等指标对区块地价影响，城市公共交通体系及城际铁路公交化打造的都市圈轨道交通网络，对房地产业带来的影响。

五是人口流向及城市集聚度，产城融合、职住平衡、生态宜居、交通便利、城市宜居指标，以及城镇人均居住面积，甚至包括城市营商环境等。

六是会展业如奥运会、亚运会举办城市，对于区域土地价值的影响。

（三）重视城镇化进程

注重收集各地"十四五"规划中对于城镇化率指标的设定，对比"十三五"指标分析该进程对常住人口及房地产行业产生的变化和影响；注重研究各地城镇租房保障受益覆盖率、城镇人均居住面积、城镇老旧小区改造规模等"十四五"指标体系，分析研判各地是否已进入存量房时代，如出现改善需求增加，房地产交易需求相应增加。在关注新型城镇化进程的同时，还应关注农村"三权一房"确权以及农村土地征收、集体经营性建设用地入市改革。

（四）重视行业自身建设

一是加强行业间交流。房地产估价行业是房地产行业的重要组成部分，与房地产开发、房地产中介交易等共同组成了本行业生态链，有基本相同的行业语系，加强与行业生态链中各环节从业人员交流，有助于增强行业全局观。

二是推进产业联盟合作。针对当前全国房地产估价行业小而散的现状，充分发挥协会行业牵头引领作用，及时发布全国各地房地产评估行业需求指数预测，指导全国机构合理布局。

三是注重复合型人才培养。取得房地产估价职业资格是行业入门的必要条件，要适应"十四五"行业新发展，还需增强政策研读能力，要具有政策敏感性，关注宏观政策的变化，善于利用自身从业理论功底和实践经验优势，积极争取业内相关政策制定或征求意见时的话语权，应用数字化思维和数据分析能力，分析研判新政策实施对于本行业未来发展的影响，提前谋划对策思路。

作者联系方式

姓　名：朱　晓

单　位：浙江亿安联诚土地房地产评估有限公司

地　址：杭州市中山北路 631 号晶晖商务大厦 2103 室

邮　箱：13505711110@ 139.com

注册号：3320000132

北京市房地产估价行业发展回顾与展望

王 凯 龚秋平 王 鑫

摘 要： 三十余年来，随着市场经济的进一步发展和经济体制改革的深化，北京市房地产估价行业不断发展壮大。本文首先回顾了北京市房地产估价行业的发展历程，梳理了各阶段北京市房地产估价业务情况，并结合新的发展形势，对北京市房地产估价业务发展进行了展望。考虑北京市已进入减量发展和高质量发展的新阶段，建议广大估价行业从业人员要强化使命担当，把握发展机遇，开拓创新，奋力在新时代北京市发展建设过程中贡献智慧和力量。

关键词： 北京；房地产估价；回顾；展望

一、北京市房地产估价机构发展历程之回顾

北京市从解放初期即建立了房屋交易价格评估制度，并制定了各类房屋的估价办法，对保护交易双方的合法权益与调控房地产市场价格起到了重要的作用。自改革开放以来，随着我国土地使用制度改革和住房制度改革的稳步推进，自20世纪90年代起，北京市房地产业发展迅速，房地产市场交易活动日趋活跃，客观上对房地产估价产生了迫切的需求，促使了1992年北京市第一家现代估价机构应运而生。随着1993年和1994年原建设部和人事部对房地产估价师认定工作的有序推进，为加强北京市房地产估价管理，1994年原北京市房地产管理局发布了《关于批准房地产价格评估机构的公告》(〔94〕京房市字第1号)，审核批准了39家房地产价格评估机构可受托开展房地产价格评估业务，其中除了国家部委、北京市及相关区县主办或所属行政性质和企业性质的估价机构外，还不乏清华大学、人民大学、中国社会科学院、北京经济学院等高等学校、科研机构开设的房地产估价机构，此外也有与香港等地合办的中外合资性质的房地产评估机构。与此同时，北京市相关部门也加紧制定和完善了相关政策法规，并出台了《北京市基准地价》《北京市地价评估技术标准》等技术文件，还对《北京市房屋估价办法》做了补充和修改，较好地促进了北京市房地产估价工作的开展。

伴随着1995年1月1日起《中华人民共和国城市房地产管理法》正式实施，我国确立了"国家实行房地产价格评估制度""国家实行房地产成交价格申报制度""国家实行房地产价格评估人员资格认证制度"。从法律层面明确了建立房地产价格评估制度是培育社会主义房地产市场的重要环节，也是促进房地产公开交易的基本保障，其对促进房地产宏观调控、确定国有房地产价值、有效保护当事人合法权益等有着积极作用。

从此以后，北京市房地产估价行业随着市场经济的进一步发展和经济体制改革的深化不断发展壮大，根据《北京市房地产价格评估市场调查》等相关资料显示，截至1996年年底，北京市辖区内经原建设部、原国家土地管理局、原北京市房地局批准各类房地产估价机构已

多达 79 家，比同时期的上海和深圳均多出 32 家，比香港多了 33 家，注册房地产估价师约 345 人。根据《北京房地产估价师和土地估价师协会筹备工作报告》显示，截至 2004 年 10 月，北京市房地产估价机构和土地估价机构已有 135 家，全市已注册执业的房地产估价师已达 1105 人，估价行业逐步壮大。根据 2014 年 8 月北京房地产估价师和土地估价师协会（以下简称"北估协"）成立 10 周年纪念活动资料显示，2004～2014 年的十年间北估协会员单位已增加到 160 家，从业人员已近万名。根据中国房地产估价师与房地产经纪人学会官网（http：//www.cirea.org.cn）显示，截至 2021 年 10 月所在地为北京的房地产估价机构已多达 196 家，估价行业稳步发展。

二、各阶段北京市房地产估价业务情况之简述

根据《北京市房地产价格评估市场调查》等相关资料显示，仅在房地产估价行业发展之初的 1996 年，全年评估的房地产总值已达 389.7 亿元，其中出让及抵押估价两项合计占项目总值的 2/3 以上。根据 2014 年 8 月北估协成立 10 周年纪念活动资料显示，伴随着北京市房地产行业的蓬勃发展，2004 年至 2014 年的十年间，年均实施估价业务总量已达 11 万笔，评估涉及的土地及房屋建筑面积各约为 4 亿 m^2，北京市房地产估价行业在房地产抵押估价、房屋征收拆迁估价、房地产出让转让估价、司法鉴定估价、房地产课税估价等方面开拓创新、持续发展。

党的十八以来，习近平总书记十分关心北京的发展，2014 年、2017 年两次视察北京，明确提出了首都"四个中心"的功能定位等要求，这也标志着首都北京的建设已经站在新的历史起点上。当前，北京市深入学习贯彻党的十八大、十九大精神，以习近平新时代中国特色社会主义思想为指引，落实市委市政府决策部署，紧紧围绕新发展理念和首都城市战略定位，按照推动高质量发展的要求，在《北京城市总体规划（2016 年—2035 年）》统领下，积极优化城市功能和空间布局，疏解非首都功能，完善地区公共服务设施，补齐地区配套短板，努力提升城市发展质量，改善人居环境，加紧建设国际一流的和谐宜居之都。在此期间，广大房地产估价从业人员，强化使命担当，在以往相关传统业务基础上，奋力在新时代北京市发展建设过程中贡献智慧和力量。

（一）新增房地产方面

为落实党的十八届三中全会决定关于农村土地征收、集体经营性建设用地入市和宅基地制度改革的要求，2014 年 12 月 31 日，中国中央办公厅、国务院办公厅印发了《关于农村土地征收、集体经营性建设用地入市、宅基地制度改革试点工作的意见》，在全国范围内决定选取大兴区等 30 个左右县（市）行政区域进行试点。在此项工作中，估价从业人员依据《大兴区人民政府关于印发大兴区农村集体经营性建设用地入市试点工作方案》等文件，开展了相关工作过程中综合测算土地增值收益，合理评估项目预期，最大限度保障国家、集体及农民等相关方的利益。

近年来，北京积极贯彻执行国家相关政策方针，多措并举，认真落实党中央、国务院决策部署，优化住房供应结构，大力推动住房供给侧结构性改革，以建立租购并举的住房体系为主要方向，建立了包括商品住房、共有产权住房、棚改安置房、租赁住房等多种类型，一二三级市场联动的住房供应体系，以政府为主提供基本保障，以市场为主满足多层次需求，加强需求端有效管理，建立促进房地产市场平稳健康发展的长效机制，努力实现人民

住有所居。为规范本市共有产权住房价格评估活动，维护共有产权住房购房人和政府的合法权益，保证共有产权住房价格合理，北估协发布了《北京市共有产权住房价格评估技术指引（试行）》《公共租赁住房项目市场租金评估技术指引》和《社会单位利用自用国有土地集中建设的公共租赁住房项目投资者权益价值评估指引（试行）》《北京市公共租赁住房整体价格评估技术指引》等技术文件，有效指导了估价人员开展相关估价工作。

（二）城市更新方面

1.历史文化遗产保护

近年来，依据《北京城市总体规划（2016年—2035年）》和《北京市"十三五"时期加强全国文化中心建设规划》等文件，北京市的房地产估价从业人员受托开展了文物保护腾退（征收）项目的价格评估、核心区历史文化街区平房直管公房申请式退租补偿估价等工作。北估协制定了《核心区历史文化街区平房直管公房申请式退租补偿价值评估技术指引》，并着手开展《北京市核心区不可移动文物腾退政策梳理与路径研究》等工作。

2.老旧小区综合整治

为完善城市功能，切实改善民生，让人民群众共享发展成果，北京市提出了"立足改善，整治和提升相结合，增强和优化社区服务功能"的老旧小区综合整治工作思路，并制定了《老旧小区综合整治工作方案（2018—2020年）》（京政办发〔2018〕6号）和《2020年老旧小区综合整治工作方案》等文件，统筹推进老旧小区综合整治和有机更新。在此类工作中，估价从业人员主要承担了物业服务费用评估、物业服务质量评估、老旧小区拆除重建项目社会稳定风险评估等服务工作。为配合北京市东、西城范围内的城镇私有住宅的土地使用权出让手续下放及北京市养老等相关公共服务设施完善等工作的开展，北估协开展了东、西城城镇平房住宅区片地价、养老及惠民物流等产业用地和公共管理与公共服务用地的地价研究工作。

3.疏解腾退涉及的空间资源再次利用

近年来，根据中央对京津冀一体化发展的总体要求及《北京城市总体规划（2016年—2035年）》，北京市着力疏解非首都功能，优化提升首都核心功能，大力开展"疏解整治促提升"专项行动。北京估价从业人员积极开展了多个疏解腾退项目地上物评估及相关更新改造项目的国有建设用地使用权出让（用途或容积率调整）、租赁、作价出资、作价入股、授权经营等地价评估和房地产转让及涉税评估工作等。与此同时，估价从业人员依据《北京市人民政府关于加快科技创新构建高精尖经济结构用地政策的意见（试行）》（京政发〔2017〕39号）等文件，在相关区县受政府部门或国有平台公司委托开展了多个老旧厂房项目的收储、回购估价、涉税评估及咨询工作。除此之外，还承担了首钢园区内多个项目的物业现状调查、产业定位、开发策略和运营管理等顾问服务工作。北估协发布了《北京市企业国有建设用地使用权收购补偿价格评估技术指引》和《北京城市更新协议出让地价评估技术有关问题的说明》等文件，并受托开展了创新性产业用地地价等课题研究工作。

三、新形势下北京市房地产估价业务发展之展望

房地产估价行业是伴随着我国土地使用制度改革和房地产分配制度改革而产生并发展起来的，随着多年的发展，现已形成了一支具有一定人员规模和一定专业水准的服务队伍，在以往及现阶段相关工作中均发挥了重要的作用。考虑北京市已进入减量发展和高质量发展的新阶段，为了下一步更好地服务首都建设工作，在京的房地产估价从业人员应把握未来发展

趋势和要求，抓住如下机遇，不断提升机构变革与创新能力，更好地为北京市经济社会高质量发展服务，同时实现自身更好发展。

（一）新型城镇化不断深入和城乡统一的建设用地市场建立带来的机遇

自改革开放以来，我国城镇化发展不断调整演变，2019 年 8 月 26 日修订并颁布的《土地管理法》，较原《土地管理法》的最大变化是删除了关于非农业建设使用土地必须使用国有土地或者征为国有的规定，取消了多年来集体建设用地不能直接进入市场流转的二元体制，为城乡一体化发展扫除了制度性的障碍，集体建设用地进入土地市场，参与城镇化建设，为农村集体经营性建设用地与国有建设用地同价同权、同等入市打下法律基础，这也标志着我国城乡统一的建设用地市场框架现已基本形成。同时，还允许进城落户的农村村民依法自愿有偿退出宅基地、鼓励农村集体经济组织及其成员盘活利用闲置住宅，使农村宅基地能得到有效利用，宅基地使用权人得到进城定居的资本。在传统的城镇化模式中，房地产估价、经纪等专业机构主要服务对象为政府部门或房地产开发商，业务类型主要涉及征收补偿及相关回迁安置房屋估价和经纪服务等。但随着我国新型城镇化不断深入和城乡统一的建设用地市场建立，相关的专业咨询服务对象范围必将扩大，估价行业在深化传统业务的同时，服务内容也必将转向诸如投资咨询顾问、不动产运营管理及资产证券化等方面的全流程服务。

（二）加快发展保障性租赁住房，促进解决好大城市住房突出问题带来的机遇

加快发展保障性租赁住房，帮助新市民、青年人等群体缓解住房困难，促进解决好大城市住房突出问题，是党中央、国务院作出的重大决策部署，是"十四五"时期住房建设的重点任务。从 2020 年 10 月党的十九届五中全会首次提出保障性租赁住房，到 2021 年 6 月 24 日国务院办公厅印发《关于加快发展保障性租赁住房的意见》，均明确了保障性租赁住房的基础制度和支持政策。北京作为人口净流入的特大型城市，正多措并举，加快发展保障性租赁住房，积极缓解新市民、青年人等群体的住房困难。保障性租赁住房主要利用存量土地和房屋建设，包括利用农村集体经营性建设用地、企事业单位自有闲置土地、产业园区配套用地和非居住存量房屋建设，适当利用新供应国有建设用地建设。在此基础上，广大估价从业人员应充分认识发展保障性租赁住房的重要意义，增强工作的积极性、主动性，借鉴以往相关经验，充分发挥房地产估价从业人员多为复合型或专项人才的优势，积极参与保障性租赁住房项目的权籍调查与判别、政策咨询、总体设计与土地功能布局研究、改造后项目租金研究、项目适用性再利用分析（改造项目的最高最佳使用分析）、更新计划的编制、不同功能载体定位、开发策略和开发顺序的确定、运营管理咨询、资产证券化所涉及的估价工作等，以及保障性租赁住房项目的媒介推荐、权属登记服务、居间经纪等工作。

（三）北京市疏解腾退涉及的老旧厂房空间资源再利用带来的机遇

2021 年 8 月 31 日，住房和城乡建设部印发的《关于在实施城市更新行动中防止大拆大建问题的通知》，明确城市更新不是搞大拆大建，而是将建设重点转向存量提质改造，通过要素优化配置，从源头上促进经济发展方式转变。北京作为全国第一个减量发展的城市土地、房屋等资源，减量发展、绿色发展、创新发展，成为首都追求高质量发展的鲜明特征。近年来，北京市全面落实京津冀协同发展规划纲要和北京城市总体规划，加快疏解非首都功能，注重减量提质，推动城市的有机更新，大力开展了"疏解整治促提升"专项行动。疏解腾退涉及老旧厂房腾退再利用，对北京疏解非首都功能、提升"四个中心"功能建设有着非常重要的意义。2021 年 6 月 10 日发布的《北京市人民政府关于实施城市更新行动的指导意见》及其配套细则之一的《关于开展老旧厂房更新改造工作的意见》，均聚焦于推动老旧厂房的转型升级及再利用，不鼓励对原有厂房进行大拆大建。现阶段，面对首都城市更新带来的机遇与挑战，北京的房地产估价从业人员应加紧学习城市更新相关文件和梳理城市更新工作流程，寻求新的发展机遇，以便尽快融入首都城市更新相关工作当中。同时，鉴于老旧厂房再利用所涉及的估价对象种类多、用途广、影响因素杂，建议在已开展的相关研究基础上加紧完善或制定相关估价工作指引，并推动政府部门完善相关政策，以便更好地开展相关估价工作。

参考文献：

[1] 杨于北 . 北京市房地产价格评估市场调查 [J]. 中国房地产估价师，1998（01）：19-20，23.

[2] 薛洪江 . 北京市房地产价格评估 [M]. 北京：中国人民大学出版社，1995.

作者联系方式

姓　　名：王　凯　龚秋平

单　　位：北京京城捷信房地产评估有限公司

地　　址：北京市朝阳区芍药居甲 2 号内一楼北楼四层 410

邮　　箱：517300972@qq.com

注册号：王凯（1120050131），龚秋平（1120000079）

姓　　名：王　鑫

单　　位：北京华中兆源房地产土地评估有限公司

地　　址：北京市大兴区黄村镇兴政街甲 23 号 2 幢 5 层 502 室

邮　　箱：xinxinln@sohu.com

注册号：1120080013

新发展阶段房地产估价行业转型升级及创新发展思考

陈爱兰

摘　要：本文简述了房地产估价行业发展现状，探讨了新发展阶段房地产估价行业转型升级及创新发展的措施及重要意义，以转型升级创新思维，发掘各类房地产估价业务，不断发展房地产估价行业。

关键词：估价行业；转型升级；创新发展

随着棚户区改造项目的日渐淡化，持续占据估价行业业务主导地位的房屋征收估价业务逐步萎缩，面对房地产市场快速高效的发展，传统房地产估价业务已逐步无法满足信息时代的发展，新发展阶段下估价行业转型升级及创新发展或将成为估价机构立足的必然趋势。

一、房地产估价行业发展现状

当前房地产估价行业受传统估价行业的影响，一定程度上限制了房地产估价行业的发展，主要表现在以下几个方面。

（一）区域性影响

受房地产自身特点——区域固定性的影响，一些传统的房地产估价行业很难适应，例如房屋征收补偿估价业务，对区域性要求非常严格，受各区域补偿政策的影响及区域性市场行情熟悉程度等限制条件，通常跨区域从事征收补偿或其他估价业务的难度较大，在一定程度上限制了估价机构的对外发展。

（二）估价机构发展滞后的影响

当前除个别规模较大或发展意识比较强的估价机构，大多数估价机构的信息化发展水平较低，多数还停留在传统的估价模式，不能够通过开发估价软件、房地产大数据系统、报告模块化软件等信息化软件系统，提高工作效率和估价结果的公信度，导致传统的房地产估价业务如：抵押估价、简易市场价值咨询、涉税估价等业务受"互联网＋"的影响及信息化技术的不断发展的影响大幅度萎缩，严重加剧了房地产估价行业的生存危机。

（三）行业社会信用度的影响

不同估价机构因其业务能力、管理水平、市场分析能力、工作经验等因素的影响，其社会的公信力也不同，尽管行业主管部门已加大对估价机构的管理，但实际借用设立分支名义实质资质挂靠、人员相互借用、估价师自由裁量权过大等现象比比皆是，尤其是在房屋征收估价业务中表现尤为突出。受这些因素的影响，长此以往将导致房地产估价行业社会信用度严重降低，制约估价业务行业的发展。

（四）行业间恶性竞争的影响

受上述因素的影响，传统估价业务的市场存有量非常有限，各估价机构为了生存，彼此间竞争更加激烈，比较常见的就是采用低价恶性竞争，比如：市场上有过 1 份房地产估价报告收费 50 元，不仅这类估价报告的质量无法保证，而且诋毁了注册房地产估价师的社会地位，也严重影响房地产估价行业的长期发展。

二、新发展阶段房地产估价行业转型升级及创新发展

借鉴当前国家改革创新的思路和各类新型经济政策的影响，房地产估价行业逐渐在城市更新改造、房地产市场调控、全过程咨询服务、大数据应用等各个环节中创新出新的业务类型。

（一）城市更新改造服务

受国家宏观政策的影响，旧城改造已逐步淡化，城市更新改造成为城市改造发展的重点，所谓城市更新改造其目的是对城市中某一衰落的区域进行拆迁、改造、投资和建设，以全新的城市功能替换功能性衰败的物质空间，使之重新发展和繁荣。它包括两方面的内容：一方面是对客观存在实体（建筑物等硬件）的改造；另一方面是对各种生态环境、空间环境、文化环境、视觉环境、游憩环境等的改造与延续，包括邻里的社会网络结构、心理定式、情感依恋等软件的延续与更新。从更新改造的内容里面不难发现，有传统的房屋征收估价业务、也有新型的改造平衡测算、城市调查（主要包括房屋建筑现状和土地使用情况等）、更新改造费用估算、融资可研估价等业务，实际上也是传统业务的升级，但需要规模较大、综合资质、能力较强的估价机构完成，涉及设计、造价、房估、土估、可研等综合业务，对估价师的能力水平要求较高。

（二）房地产市场调控

2020 年 5 月 22 日，国务院总理李克强在政府工作报告中报告指出："坚持房子是用来住的、不是用来炒的定位，因城施策，促进房地产市场平稳健康发展。完善便民设施，让城市更宜业宜居。"促进房地产市场平稳健康发展不仅是政府对行业的要求，更是遵循客观规律的行业需要。随着房地产市场的快速发展，传统的税收和金融业务已然不能够满足行业调控需求，成本测算如商品房备案成本、开发成本、安置房销售成本及房地产市场分析等已悄然成为市场调控的新型业务。通过商品房成本备案控制局部房地产价格波动较大的区域是当前政府常用的一种手段，为解决安置房矛盾，多数政府在地块挂牌时采用附条件模式，这里的附条件一般要求安置房成本价销售，而开发商在竞拍卖地价时通常需要进行成本控制测算，这些成本价的确定一般由专业房地产估价机构完成，除此之外房地产专业机构出具的市场研究分析报告，也是市场调控决策的重要依据。

（三）全过程咨询服务

通常全过程咨询服务内涵比较广泛，这里的全过程咨询服务主要包括正常开发条件下的全过程咨询服务和特殊情况下全过程咨询服务，正常开发条件下的全过程咨询服务一般融合于建设工程全过程项目管理，主要包括前期的手续办理咨询、开发过程中的成本估算、融资评估、合作作价估算、资金拨付以及后期的税务咨询、权属办理、利润分成、市场销售价咨询等一系列的全过程咨询服务。而特殊情况下的全过程咨询服务有政府回购的在建工程（通常所说的烂尾楼）、破产或重组项目工程，这类特殊情况下的咨询服务除了正常开

发条件下的业务咨询外，还需要参与特殊收购或重组的协议洽谈或拟订等咨询服务，因此这类业务类型相对比较特殊而且复杂，对综合性要求特别高，作为房地产估价师不仅要有较强的房地产估价专业知识，还要有一定工程理论、财务分析、项目咨询分析、法律等专业知识，通常也以合作为主。

（四）大数据开发应用

通过建立"互联网＋"加快房地产估价业务信息化建设和创新，一方面提高工作效率，另一方面利用大数据平台提供市场数据分析，同时也为跨区域服务提供保证。过去受房地产自身区域性因素影响，跨区域服务很难，难在基础数据的取得、市场发展方向的了解等，但现在有了大数据平台，我们可以利用平台数据结合现场调查，能够很快掌握第一手评估参数，了解市场发展的方向，扩大了区域服务的范围。

三、转型和创新房地产估价行业的措施

针对传统房地产估价行业发展现状，面对新发展阶段房地产估价行业转型升级了创新发展需要，房地产估价机构应当从内部管理、人才建设、品牌建设、市场建设等方面入手，加大转型升级及创新发展房地产估价行业的措施。

（一）加强机构的内部管理，发挥机构内部发展的动力

面对当前估价行业的发展现状，估价机构应当顺应时代发展，加强内部管理，完善内部管理各项制度，加大机构规模化、信息化、多资质化、多元化等综合性发展建设，提高机构内部质量控制和档案管理水平，杜绝恶性竞争，发挥机构内部发展的动力，以达到快速提升自我、转型升级和创新发展的目的。

（二）加强人才建设，提高估价机构综合水平

新形势下出现的房地产估价业务新类型与传统的估价业务类型相比，最突出的问题就是对估价人员的综合素质要求明显提高，例如城市更新改造、全过程咨询、房地产市场研究等业务，估价人员除了具备相应的估价专业知识外，对工程、经济、财务等专业知识也要有一定的了解，因此估价机构要适应市场要求，就要加强人才建设，加强综合类人才的培养力度，为这类业务的开展提供优质的估价服务。

（三）加强机构品牌建设，为创新发展估价行业提供服务平台

新型房地产估价业务类型对比传统房地产估价业务综合性要求高，业务服务领域深度、市场熟悉度、服务层次面、社会认可度等各方面都有所提高，是真正发挥估价机构专业能力的新业务类型，同时也是估价机构创新发展的大好机会，估价机构应当借此机会快速转型、加强自身服务建设，创建良好品牌，为创新发展提供更大的服务平台。

（四）加大市场建设，是创新发展估价行业的关键

市场是企业赖以生存的根本，房地产估价创新发展离不开市场建设，估价机构在内部管理、综合人才、品牌建设的同时，对市场的开发建设是至关重要的关键点，市场的开发建设渠道多样：利用品牌优势引领市场、利用服务优势延伸市场、利用团队优势在竞争中发展市场、利用媒体等宣传手段开拓市场等。房地产估价机构只有在不断地创新发展中加大市场建设，才能拓展估价业务新类型，立于不败之地。

四、转型和创新房地产估价行业的重要意义

（一）当前估价行业现状的需要

当前行业现状受传统估价业务的影响已严重制约了估价行业的发展，通过创新发展新的估价业务类型，使估价机构自觉加强自身建设、提高综合水平，同时对行业整体综合水平的发展和社会信用度的提高有着积极的推动作用。

（二）新形势下经济发展格局的必然

党的十九大尤其是 2020 年新冠肺炎疫情之后，国际发展环境使得中国发展战略的安全价值取向越来越突出，构建区域经济发展新格局，就是要以新发展理念贯穿始终，以更高质量、更加协调、更加安全为发展导向，随着房地产市场经济发展的不断深入，传统房地产估价行业已然不能适应新的发展格局，估价机构在适应新形势、新经济的发展中必然会不断寻求创新发展道路，为估价机构的发展带来新的机遇。

总之，面对房地产估价行业发展现状，估价机构在进行现状分析的基础上，以转型升级创新思维，发掘各类房地产估价新类型业务，做好估价专业服务，为房地产估价行业的持续发展提供有力的保证。

参考文献：

[1] 程刚，李传明. 房地产信用档案的建设与管理 [J]. 城乡建设，2007（04）：10-12.

[2] 傅渊. 论房地产经纪行业信用体系建立 [J]. 上海房地，2002（07）：25-27.

作者联系方式

姓　名：陈爱兰

单　位：江苏仁禾中衡工程咨询房地产估价有限公司

地　址：盐城市盐都区高新区服务大厦 1188 号 20 楼

邮　箱：827488205@qq.com

注册号：3220020123

浅析房地产估价行业的现状及创新发展

谢继军

摘　要：我国房地产估价行业自产生以来，经过多年发展，目前已成为价值评估行业中的重要组成部分。但不可否认的是，在发展过程中，评估行业也从市场开发、机构管理、人员发展等方面暴露出各种问题，本文对上述问题及其产生原因进行分析，对未来发展方向进行了探讨。

关键词：房地产估价行业；现状；创新发展

我国房地产评估行业源于人员在经济活动中产生的对房屋价值评价的需求。随着我国经济的高速发展，经济体系不断完善，房地产业已经成为我国经济体系的重要组成部分，与之相关的房地产评估行业也迎来了稳定的发展期。但由于房地产的特殊性，国家不断强化对房地产市场的管控和干预力度，我国房地产估价行业也受到了很大的影响。

近年来，随着我国住房制度及金融政策的不断变革，加上科技水平不断地提升，各项新的技术不断出现，传统估价业务市场不断受到压缩。房地产估价行业如何迎接传统业务萎缩的局面，为未来的发展开拓出更广阔的空间？笔者结合多年评估行业的经验，对此展开进行分析。

一、房地产估价行业现状及存在的问题

中国房地产评估行业评估理论已成体系，技术水平也较为成熟，已获得了社会的普遍认可，全国房地产估价机构及从业人员不断增长。但在发展的过程中，也不可避免地暴露出机构竞争力不足、行业从业人员整体素质不高等亟待解决的问题。

（一）多数房地产估价机构体量小，抗风险能力较弱，未来发展缺乏战略规划

首先，我国房地产估价机构中，多数为10人以下的小规模机构，抗风险能力很差，在市场中缺乏核心竞争力。随着市场经济的不断发展，以及我国房地产制度的改革，房地产估价机构数量也有了很大的增长。但这些机构多数为小型、微型评估机构，体量大、人员多、功能全的大规模估价机构非常少。小规模机构无论是管理水平、技术能力、人员素质都存在先天性的不足，很难抵御市场竞争中的各类风险。

其次，国内较多房地产估价机构是由原政府行政部门的二级单位改制而来，与相关行政机关保持着较好的关系，业务上也主要以行政机关的"照顾业务"为主。这种经营模式使得这些评估机构安于现状，将主要精力投入与个别领导的私人关系上，对市场的变化反应不够及时，对自身未来发展也没有清晰的战略规划。

随着我国法制体系建设的不断完善，政府集中采购及招投标制度逐渐规范，这些房地产估价机构必将受到较大的影响。

（二）房地产估价从业人员继续教育的实际效果不足

在从业过程中，较多机构都不同程度地存在着重市场、轻技术的现象，很少在从业人员的培养上投入成本。水平较高的技术人员未能得到理想的报酬，造成房地产评估行业人才流失情况较为严重。而很多从业的助理人员都是套用他人的模板进行评估工作，知其然不知其所以然，对评估的原理没有深入的理解。

同时，虽然我国相关规定要求房地产估价师有参加继续教育的义务。但由于后续教育多为网络教育，监管力度有限。同时，后续教育的内容也与实际工作的需要存在一定程度的脱节，加上不少估价机构及估价师本人对继续教育的重要性认识不足，导致多数继续教育沦为形式，继续教育未能发挥其实质的作用，也未能为估价从业人员素质的提升提供帮助。

以上原因，导致房地产估价师较其他咨询类服务人员如律师、注册会计师、税务师、造价工程师等在从业人员素质及专业性的社会认可度上明显有所不足。

（三）房地产估价传统业务不断萎缩，急需开拓新的市场

首先，受各种因素的影响，估价传统业务的发展空间不断萎缩。

房地产抵押估价是众多评估公司最主要的传统业务，占较多评估公司业务量的七成以上。但近年来由于金融政策调整，原由贷款方付费的抵押类评估业务，现改由银行付费。相比之下，银行的议价能力明显更强，处于强势地位，很大程度压缩了房地产抵押估价的利润空间。

其次，各金融机构的科技力量较强，出于经营成本的考虑，纷纷通过调整贷款政策等手段，执行贷款抵押物免评或金融机构自行评估，这也较大程度造成房地产抵押估价业务的市场空间萎缩。

在传统的司法评估中，《最高人民法院关于人民法院确定财产处置参考价若干问题的规定》文件中，新增了当事人议价、定向询价、网络询价三种确定财产处置参考价的方式，这对房地产司法估价业务也是一次巨大的冲击，使司法评估不再依赖房地产评估机构。

以上种种原因，导致我国各房地产估价机构被迫在传统业务的红海领域通过低价中标的方式参与市场竞争，损害了整个行业成长环境。而其结果就是陷入利润空间不断压缩、从业人员不断流失、技术水平不断下降，为参与市场唯有更大程度地压低市场价格的恶性循环。

二、房地产估价机构创新发展方式探讨

目前，我国房地产估价行业在机构、人员、市场上均存在不同程度的问题，为了破解困局，笔者结合自己从事评估的经验，以及对评估行业的一些思考，认为应当做好以下几个方面的工作。

（一）努力拓展新的市场和业务，做到多元化发展

目前，随着经济结构的不断优化及房地产制度的持续变革，传统业务正不断受到挤压，但我们如果拓宽视野，认真分析市场环境的变化，一定能寻找到更多业务发展的契机。

例如，随着我国企业会计制度的改革，会计计量属性正逐步从历史成本计量方式向市场价值计量方式转化。最典型的就是投资性房地产会计科目，其公允价值计量方式改变了企业的收入统计模式。特别是对于上市公司而言，能更真实地反映出其经营成果，较好地改善其相关报表的结构，促进其相关指标的完成。但目前多数企业因持有房地产公允价值不能持续可靠取得，尚未大规模采取公允价值计量方式，企业对于其所持有房产的公允价值评估需求必将有一个新的增长。

同时，企业采取公允价值计量方式后，对其当期利润会产生较大的影响，税务部门也会

关注到企业持有房地产的公允价值及相关收益的确认是否真实，也会在一定程度上带来房地产评估业务的需求。

随着我国房产税的逐渐走近，其两种计税模式需要税务机关对房屋原值或租金价值进行认定，也必将带来新一轮房地产评估业务的增长。

与此类似的，随着我国市场经济的发展、法律的不断完善及人们的法律意识不断加强，各类与房地产相关的价值评估需求层出不穷。如地役权价值的评估、居住权价值的评估、共有产权房屋的评估、历史建筑的追溯性评估等，这些业务都需要房地产估价机构认真研究市场、培育市场，而这也必将是房地产估价行业的业务增长点。

（二）加大人才引进和培养力度，提高核心竞争力

对于房地产估价机构而言，专业的技术水平及高质量的服务才是其核心的竞争力。房地产估价机构想要在上述新业务的开拓上有所发展，必须要在人才培养上投入成本，不断吸收各方面的人才加入房地产评估行业。

同时，新业务的发展也需要房地产估价从业人员不断提高自身的业务素质。一方面，要不断加深对估计原理理解的深度，确保执业过程的合法合规；另一方面，要不断拓宽知识面的宽度，深入学习包括法律、财税、造价等与房地产相关的各类知识。只有这样，才能应对未来对房地产估价行业的挑战。

（三）做好数据经济，迎接新的挑战

现阶段，大数据技术已深入到我们生活的方方面面，大数据产品、数据库应用等对传统的经营模式也造成了较大的冲击。

近几年来，简单的房地产评估业务正越来越多地被原有客户利用数据软件自行评估，对此，我们要清醒地认识到，这是未来经济技术发展的必然趋势，我们无法违背，只能顺从。但我们也要认识到，房地产评估行业对于收集房地产交易的数据具有天然的优势，如能抢先运用各渠道进行房地产估价相关数据的积累，充分发挥房地产估价机构的专业性，建立的智能估价平台或 APP 等，对外提供网络自助估价服务。同时做好对上下游产品的开发，并采取横向、纵向一体化的模式，进行市场的纵向开发、机构的横向联合，优势互补、资源共享，定能促进我国房地产评估市场的新发展。

三、结语

我国的房地产估价行业已经经历了行业的成长期，逐渐进入了成熟期，以后朝哪个方向发展？是遵循一般规律，走向衰落，还是认真分析、寻找突破点，实现我国房地产估价行业的第二次腾飞，需要我们每一位从业人员认真思考并为之奋斗。

作者联系方式

姓　名：谢继军

单　位：湖北永业行评估咨询公司鄂西分公司

地　址：湖北省宜昌市西陵区沿江大道 52 号宜化大楼 10 楼

邮　箱：53394708@qq.com

分析房地产估价机构面临的挑战及
如何调整与创新发展方式

张　磊　李　越

摘　要：随着我国经济与科技的不断发展，房地产行业得到了较好的发展机会，房屋建筑不仅能够满足人们的居住需求，同时还能够带来一定的经济效益。房地产估价行业是房地产行业中非常重要的部分，自从《资产评估法》出台之后，房地产估价行业面临的各项政策以及市场环境又发生了变化，进一步增加了估价机构的经营风险以及市场竞争。在这样的发展环境中，房地产估价机构出现了价格战以及恶性竞争的情况，严重影响行业的持续发展。总的来说，房地产估价行业面临极大的变革，自身应改变传统经营理念，调整机构经营模式，实现创新发展，这样才能够推动整个行业的健康发展。

关键词：房地产估价机构；调整方法；创新发展；发展方式

我国市场经济经历了不同的发展阶段，当前已经由高速增长阶段转向高质量发展阶段，这就意味着我国各行业将逐渐改变之前粗放型管理的发展模式，合理开发和利用社会资源，减少资源的浪费，更加重视科学技术的发展与进步，最终实现高管理水平、高劳动素养的集约型发展形势。房地产估价机构应该抓住国家发展的机遇与政策，总结传统发展模式中存在的弊端，了解市场经济发展带来的机遇，融合更多先进管理技术，及时调整行业发展方式，实现创新性、高质量发展。本文从我国房地产估价行业发展历程、房地产估价机构发展存在的问题以及房地产估价机构如何调整与发展方式三个方面进行相关论述，以供参考。

一、我国房地产估价行业发展历程

现代房地产估价行业起步于 20 世纪 80 年代，我国深圳市首先试行了土地使用有偿出让政策，也是从那时起我国各地开始出现土地有偿使用相关交易活动。同时，我国迎来了改革开放与经济发展的契机，城镇国有土地使用权有偿使用制度也在不断完善，也正是从那个时候开始出现了规模性的房地产估价活动。行业发展至 1993 年，人们充分学习和借鉴欧美发达国家房地产估价经验，建立了房地产估价师职业资格制度，通过职业考核的方式认证了我国第一批具备专业资质的房地产估价师，这也是我国最早的专业技术执业资格制度之一。在后续的发展中，我国逐渐出台和完善了房地产以及房地产估价行业发展相关法规与标准，进一步规范了估价行业的发展，提高了房地产估价人员的专业性，同时也扩大了房地产估价机构的社会影响力，得到了社会大众的认可。

二、房地产估价机构发展面临的挑战

（一）大数据技术的冲击

随着我国信息技术与大数据技术的发展，各行业经营管理方式也都发生了变化，房地产行业也不例外。互联网和信息技术从根本上改变了人们获取房地产信息的渠道以及开展房地产交易活动的方式，进而颠覆了房地产估价行业的思维模式，在对传统估价行业造成冲击的同时也带来了极大的发展机遇。在大数据时代背景下，房地产评估专业人员数量急速增加，房地产估价市场活跃度上升，人们通过互联网获取海量房地产信息，这些都对传统估价机构的经营发展提出了全新的要求。然而，并不是所有房地产估价机构都能够融合现代化信息技术，抓住科技发展的机遇，其中很多机构无法灵活应对时代与市场的变化，最终丧失竞争力，被市场淘汰。

（二）行业法规不够健全

《中华人民共和国资产评估法》经过多轮商讨与修订，于 2016 年 12 月 1 日施行，成为房地产估价机构服务与工作的基本准则，政府希望通过该法规的制定规范行业发展的情况，推动行业走上法治的道路。但是从实际实施情况来看，相关成效并不显著。尽管我国政府在《中华人民共和国刑法》以及《城市房地产管理法》中也增加了有关房地产评估违规行为的处罚内容，但是其中很多规定细节缺失，处罚力度较小，无法对估价机构产生震慑效果。

（三）行业存在不正当竞争

我国传统的房地产估价工作指的是从事房地产价值或价格评估的机构，其出于不同的目的对房地产价值与价格进行科学的评估。传统估价业务包括房地产抵押估价、税收估价、司法鉴定估价等。由于行业准入门槛较低，再加上近年来房地产行业面临较好的发展空间，我国出现了大大小小的房地产估价机构，这些机构抢占了传统估价业务的市场份额，同时还引发了市场的无序竞争，有的甚至出现低价竞争等现象，扰乱了市场格局，反而降低了行业整体服务质量。

三、房地产估价机构调整与创新发展策略

（一）融合大数据技术

信息技术改变了人们生产生活的方式，也推进了各行业的创新与发展。现代科学技术带来的一定是发展的机遇，这从其他行业发展情况以及生产效率增长情况上就能够看出来，因此，房地产估价机构也应该顺应时代发展的潮流，主动探寻将信息技术融入行业发展的机遇，提高行业服务水平与管理效率。比如，很多房地产估价机构与金融机构都开始使用"自动估价系统"与"自动询价系统"，这个仅显示出行业融合大数据技术发展的趋势，同时也敲响了那些坚持老旧发展理念机构的警钟。从当前的发展情况来看，自动估价系统使用的估价数据主要购买于各大估价平台，因此能够自行开发自动化估价信息系统的机构并不多，且当前使用的自动估价系统功能限制于住宅，再加上各种评估项目数据的限制，自动化评估系统出具的评估结果并不够精准，仅供参考。因此，房地产估价机构应该抓住时代发展的机遇，充分发挥自身的专业性，推进估价系统的智能开发，完善系统功能，提高估价结果的准确性，提升自己的市场竞争力。

（二）实现多元化发展

房地产行业是近几十年来发展变化速度比较快的行业，其容易受到政府政策以及市场发展的影响，在当前房地产制度持续改革的环境中，房地产估价机构应该坚持创新发展，开发更多功能与服务，提升自身的核心竞争力。比如，机构可以利用自身专业优势，拓展房产税评估、农村建设用地入市流转价格评估、风险评估、房地产动态监测、违法建筑处理、企业投资决策、资产整合等开发咨询、方案策划业务等多种功能，实现多元化发展。在创新发展的过程中，房地产估价人员应该主动学习新的估价知识，在坚守传统业务的同时实现个人与行业的进步发展，推动行业转型发展。

（三）提高行业专业化、国际化

随着我国房地产行业的不断发展和成熟，房地产市场对于估价工作有了更加细致的需求。房地产市场的细分改变了传统估价工作格局，对房地产估价机构和评估专业人员都提出了新的要求。在这样的发展环境中，估价机构不仅需要开展传统估价服务，出具价值评估报告，同时还需要对特定类型物业进行投资价值评估等工作，比如港口码头、游艇、大型综合性商场、办公楼等，根据委托方的要求出具可行性分析、投资分析、项目管理等报告。这样才能够应对不断变化的房地产市场，推动估价机构业务的专业化发展，提升其自身的技术竞争力。

另外，随着我国"一带一路"倡议的实施，我国政府倡导房地产估价机构能够发挥自身的基本功能，为境外并购、境外国有资本管理、维护公共利益等方面做出自身的贡献，引导全球范围内房地产资源的合理配置。因此，房地产行业以及估价行业在未来的发展过程中必将迎来更加广阔的市场，机构自身应当具备国际化的视野与专业能力，了解全球房地产发展情况，收集更多专业评估数据，立足于全球经济一体化发展背景，推动评估理念的国际化发展，同时参与到国际化评估监管与实践工作中去。另外，积极参加国际化的房地产估价组织，转变自身经营管理模式，培养更多国际化人才，采取国际标准与规范进行人才培养，推动我国房地产估价机构的国际化发展。

（四）加强资源投入与支持

房地产行业依赖于国家政策与市场需求，如果缺乏市场需求就会散失经济回报，这样的情况下，房地产估价机构以及估价人员就会缺乏发展的环境与动力。因此，各地房地产管理部门以及协会应该从估价机构的长远发展出发，建立和完善估价技术以及创新服务激励机制，鼓励房地产估价机构的创新发展，对在行业发展中取得突出研究成果的机构与个人进行表彰和奖励，带动整个行业人员的工作积极性，强化技术人员的创新发展意识。另外，当地政府应该给予估价机构一定的支持，成立业务创新研究发展基金，鼓励机构与个人的创新发展，为机构前期对市场的调查与分析提供经费，促进房地产估价机构的持续性创新发展。

四、结语

综上所述，创新是推动社会发展的动力，同时也是促进房地产估价行业转型发展的关键。房地产估价机构应该主动融合现代化信息技术，不断探索前瞻性的创新研究，培养出更多专业化和国际化的评估人才，促进房地产估价行业的持续发展。

参考文献：

[1] 彭靖 . 房地产估价机构如何适应并服务于房地产市场 [J]. 房地产世界，2020（20）：10-12.

[2] 张玉霞 . "互联网＋"趋势下房地产估价机构的发展路径分析 [J]. 住宅与房地产，2020（24）：5+8.

[3] 李君成，邱斐，李彤皓 . 浅析资产估价行业发展现状与对策 [J]. 中国商论，2020（08）：232-233.

[4] 万建国 . "互联网＋"趋势下房地产估价机构发展路径初探 [J]. 轻工科技，2020，36（01）：115-116.

[5] 罗凯 . 新形势下房地产估价机构的发展思路与机构建设 [J]. 住宅与房地产，2019（28）：40.

作者联系方式

姓　　名：张　磊　李　越

单　　位：北京盛华翔伦房地产土地评估有限责任公司

地　　址：北京市朝阳区东三环南路 58 号 2 号楼 701 室

邮　　箱：shxllwkt@163.com

注册号：张磊（1120170020），李越（1120160017）

新形势下房地产估价机构如何调整和
创新发展方式

杨侠威 王 鹏

摘 要： 大数据的发展促使房地产估价机构转型升级，疫情的到来更是加速了这一进程，同时房地产业也开始出现萎缩，多重影响下，房地产估价行业正面临前所未有的变革，这对估价行业来说是历史性的。如何调整和创新发展方式是所有房地产估价机构面临的难题，单一模式已经不适合高速发展的市场经济，房地产估价机构朝多元化发展已成趋势，咨询类业务市场目前并不充分，需要房地产估价机构去深挖细掘，也是创新的一个重要方向。打造专长业务，形成品牌效应是未来房地产估价行业的核心竞争力。房地产估价机构在立足传统业务的基础上，发展延伸服务，适当扩张服务领域，吸纳高端人才、加强人才培养，才能提高自身的自主创新能力。

关键词： 多元化；咨询类业务；专长业务；延伸服务

一、房地产估价行业所面临的形势

（一）大数据对房地产估价行业的影响

大数据的发展已经有几个年头，各行各业都受到了不同程度的影响，作为以数据为支撑的房地产估价行业，影响颇为剧烈。尤其是传统抵押估价业务，受到了很大的冲击，以银行为主体的金融机构先后引进大数据应用平台，对传统的房地产抵押估价业务依赖度逐渐降低，收费方式变成了银行付费，评估费用大幅下降，极大压缩了原先的行业利润。以传统抵押估价业务为主的中小企业生存面临着极大地挑战，转型升级迫在眉睫。

（二）疫情对房地产估价行业的影响

2020年新冠肺炎疫情席卷全球，全球经济都处于低迷状态，我国疫情虽然得到了有效地控制，但是国民经济依然受到了很大的影响。不仅房地产估价行业，所有的行业都受到了不同程度的影响。疫情期间，为了业务能够正常运行，金融机构推出了线上服务平台，提高了客户办理业务的便捷度，减少了对房地产估价机构的依赖度。而这些线上服务平台的上线，对于金融行业来说是积极的，不会因为疫情结束而消失，而这些线上服务平台已经对接了房地产大数据，直接就可以线上查询到甚至给出相应价格，对房地产估价机构不再过度依赖，从而加速了房地产估价行业的变革。另一方面，疫情期间估价师不能够到现场进行实地查勘，只能通过相关软件进行线上查勘，对于估价机构来说虽然减少了成本，却增加了执业风险。所以说，这种查勘方式是不是可以常规化，如何规避风险，成了房地产估价机构当前要面临的问题。

（三）房地产业萎缩对房地产估价行业的影响

习近平总书记在第十九届全国人民代表大会上提出"房子是用来住的，不是用来炒的"，要求回归住房居住属性，为当时火热的楼市降了降温，全国各地相继出台政策稳定房价。对房地产开发企业而言，房地产业的发展已经达到了瓶颈期，而我国的城市化率已经达到了60%左右，房地产已经出现了泡沫，预示着房地产业开始走下坡路，其中较为明显的就是房地产业的龙头企业万达集团，从2017年就已经开始抛售旗下持有的房地产，特别是疫情形势下，去地产化程度越来越高。疫情的冲击加剧了房地产业的萎缩，房价下行趋势越来越明显，房地产企业通过降价打折回笼资金成为缓解资金压力的主要途径。房地产开发企业的下行，预示了房地产业开始走向萎缩，房地产业的发展依靠金融业，房地产低迷，首先影响的就是金融业，金融机构的相关业务量减少，继而影响房地产估价行业的发展，所以说房地产估价机构也应该减少对传统抵押估价业务的依赖。

二、房地产估价机构如何调整发展方式

（一）房地产估价业务多元化发展

"不要把鸡蛋放到同一个篮子里"的商业思维大家都知道，房地产估价行业同样适合。大数据时代对传统抵押估价业务的冲击，使得很多的以传统抵押估价业务为主体的中小房地产估价机构处境堪忧，甚至一些机构已经退出了房地产估价这个行业，这对我们是一个警示，我们要把自己的业务面拓宽，多元化发展。在这一点笔者认为我们可以向腾讯学习，大家都知道腾讯有很多产品，其中有些产品一直是亏钱的，但是没关系，这些产品中总有一款是盈利的，他就用这款盈利的产品去养着那些不盈利的产品，腾讯最厉害的就是，当这款产品不行了之后，总会有一些原先不盈利的产品会出彩，来代替原来的盈利产品，各个业务互相关联，互相提携，这样就形成了一个良性循环，不至于出现当一个产品不行的时候，整个企业就垮掉的局面。多元化发展对于房地产估价机构而言，是百利而无一害的，既拓展了业务范围，也能够从容应对各种风险。

（二）重心向咨询类业务转移

大数据的普及压缩了传统抵押估价业务的利润，这些利润甚至不足以支撑房地产估价机构可持续发展，这个时候我们急切地想要突破现阶段的瓶颈，而咨询类业务就是房地产估价行业实现自我突破的一个方向，房地产估价是专业性的，房地产估价行业属于服务行业，过去我们的服务对象一直侧重于金融机构，而忽略了一般客户对估价专业的需求，比如房地产租赁市场评估、房地产项目可行性研究、房地产市场调研、项目资金平衡方案等，现在很多的投资者开始朝多元化方向发展，进入房地产领域后急需全过程的项目咨询服务，这些都是一些尚未开发完全的潜在市场主体。笔者认为当前房地产估价机构在面临大数据、疫情、房地产业萎缩的这些外部压力下，想要突破自身瓶颈，这是一个很好的切入点。房地产估价机构应该利用自身的专业性去为更广泛的主体服务，当然估价机构也应该完善自身，做好专业知识培训，为客户提供高质量的服务。

（三）打造专长业务

发展专长业务，打造特色领域，所谓术业有专攻，在做好目前传统业务的同时，发展自己的特色业务是尤为必要的。这或许会成为未来房地产估价市场的主流。对于社会大众来说，通常也只有具有相应估价专业知识和经验的估价师得出的估价结果才令人信服，才具

有公信力，估价因此必然会出现适当的专业分工，形成按照估价对象划分的不同专业和相应的估价师。特别是随着市场经济的发展，评估范围也有了相应的拓展，比如可行性研究报告、商业计划书、工程预决算、征收补偿、节能评估、矿产资源评估和特殊物业（古建筑物、在建工程等），如果我们机构比较擅长做其中某一方面，那么就应该更深层次地去研究去发展该项业务，使得我们的公信力得到最大幅度的提升，得到社会的广泛认可，这就是品牌形象。所以说，房地产估价机构在做好传统业务的同时，适当开拓自己1~2项专长业务，是十分必要的，这必将成为我们估价行业发展的潮流。

三、房地产估价机构如何实现自主创新浅析

（一）传统业务延伸服务

房地产估价机构在做好传统业务的同时，还有必要对原有业务内容进行进一步的拓展，可根据金融机构的实际需求，利用大数据的便捷性和自身的专业性为金融机构提供增值服务，比如贷后房地产动态监测估值、不良资产处置、批量复估等，加强与金融机构的沟通与联系，寻找新的业务拓展点。在旧有基础上想要创新难度很大，我们可以从服务和细节方面入手，把服务做到极致，把细节做得更完美。另一方面，金融机构普遍都开发打造了属于自身的金融平台，我们可以利用自身累积数据和经验沉淀与金融机构平台进行数据共享，从而实现共赢。所以房地产估价机构既应该夯实传统业务，又要跳出原先的固有思维，去开拓更细致的延伸服务。

（二）服务领域适当向外扩张

房地产估价行业发展到现阶段，已经到了阶段性的瓶颈期，把服务领域适当向外扩张，未尝不是一个很好的选择。服务业发展到现阶段，客户追求更完美的服务体验，不懂行的客户更倾向于完整的全程服务，"一站式"服务成了客户的迫切需求，那么，我们是不是可以给客户提供一些除了估价以外的服务呢？笔者认为我们的服务可以从客户有意向开始介入，随着客户的业务进度完成而完结，拿抵押估价业务来说，如果我们从客户有意向抵押贷款开始介入，到最后抵押业务办理成功提供全程的服务，肯定能给客户完美的贷款体验，同时也能提高我们的收益。虽然有些"跨界"嫌疑，但未尝不是一种可以尝试的方向。

（三）吸纳高端人才、加强人才培养

颠覆一个行业的永远是行业之外的事物，在这个大数据泛滥的时代，我们还需要多方面的高端人才，举个例子，由于目前房地产估价师的门槛并不高，很多估价师对高等数学都只是略知一二甚至不懂，更不要说利用高等数学来突破目前的理论桎梏，利用高等数学来使我们的估价结果更加合理和具有说服力。所以说估价行业要突破现阶段的瓶颈，需要引入高端人才来进行课题研究。很多房地产估价机构没有属于自己的精通计算机的高端人才，经验丰富的估价师空有经验，却运用不到目前的这些服务软件上面，虽然我们可以和外界的专业人员通过暂时合作来沟通解决，但是很多东西是需要大量并且反复实验的，需要两种或多种思想碰撞来实现，在大数据高速发展的时代，这成为影响估价行业发展的桎梏。房地产估价机构可以培养现有人才往多方面发展，实现估价业务和服务的创新。

四、结语

房地产估价行业面对大数据、疫情、房地产业萎缩的冲击，这既是挑战，也是机遇，调整和创新发展方式才能立于不败之地。房地产估价机构要朝多元化发展，并且把重心向咨询类业务倾斜，打造专长业务，形成核心竞争力。在做好传统业务的同时，细挖延伸服务，服务领域适当向外扩张，吸纳高端人才，并且加强内部人才培养，才能形成良好的自主创新能力，为迎接未来的挑战打好坚实的基础。

作者联系方式

姓　　名：杨侠威　王　鹏

单　　位：河南天健房地产土地资产评估有限公司

地　　址：郑州市金水区姚砦路 133 号 9 号楼 12 层 1201 号

邮　　箱：1059382494@qq.com

注册号：杨侠威（4120190092），王鹏（4120060046）

"纵横拓展"房地产估价大有可为

——以北京为例

王晓东　　张　伟

摘　要： 房地产估价机构在保持传统业务的同时，一直在不断探索新型业务的发展领域，但是每个机构拓展新业务领域的角度和思路存在差异，笔者结合实际工作经验，从纵向—房地产全生命周期服务，以及横向—全服务领域知识角度，认为纵横的交点就是房地产估价机构服务房地产市场的重要专业领域，在此提出相应建议。

关键词： 纵横拓展；新型业务；全生命周期；北京市

一、房地产市场现状

2016年年底的中央经济工作会议首次提出"房子是用来住的，不是用来炒的"，此后，与房地产相关的部门陆续出台了与之相配套的政策，涉及房企融资、购房者信贷等方面。受新冠肺炎疫情及经济下行压力影响，房地产市场趋于平稳，加之房地产开发企业融资环境持续收紧，在严格的信贷政策下，房地产开发企业融资出现困难，"三道红线"政策让房地产开发企业更加谨慎拿地。2021年第二次土地集中入市出现了土地流拍，部分房地产开发企业加快售房回款来保持现金流。可以说房地产市场失去了热度，转向求高质量发展的阶段。

二、房地产估价机构面临主要问题

（一）传统业务量下降

根据《2020年房地产估价行业发展现状及2021年展望》（以下简称"报告"）数据显示，2018—2020年，三大传统房地产估价业务（抵押估价、司法鉴定、征收评估）中房屋征收、司法鉴定等估价业务占比较少。征收评估业务可以说是多数房地产估价机构的经济支柱，但是北京市定位为国内首个减量发展城市，并且在城市总体规划中明确了常住人口规模和城乡建设用地规模双控的目标。也标志着北京市进入存量房时代，新增大规模拆迁逐年减少，这样也就直接影响了房地产估价机构的收入。与此同时，房地产咨询顾问业务呈逐年增加趋势。

（二）应届人才招聘存在困难

从北京的人才市场来看，可以说北京市聚集了大量的应届毕业人才，但是从实践来看，校园招聘的成果并不明显，通过现场访谈了解，行政单位、事业单位、央企和国企相对房地产估价机构来讲，具有解决户口的指标，对人才具有极大的吸引力。房地产估价机构作为民营企业，能做的就是强调专业性和提高工资待遇为着力点，但是也很难转变应届毕业生的认知。

（三）房地产领域相关知识储备不足

房地产估价机构在承接的业务中遇到其他领域的委托需求时，出现机构人员知识单一，没有胜任新领域业务能力的现象。比如，在征收拆迁评估中，涉及构筑物的价值评估，运用北京市房屋重置成新价评估技术标准是不能够满足价值评估要求的，往往需要利用广联达软件计算其重置成本。

（四）新型业务研发投入不够

对多数机构而言，对能够拓展的新型业务认知不够，没有部署专人从事新业务的研发和拓展，更多的是被动地在委托方咨询之后，才有所关注。然而却没有有意识地进一步投入人力物力去思考、去研究，从而错过了最好的业务研发时期。

三、房地产估价机构业务横向拓展思考

（一）横向人才和知识拓展，打造一站式服务

一是造价方面，房地产估价机构应有意识地招聘具有造价知识的专业人才，且熟练使用广联达软件，该类知识往往在征收拆迁补偿中的构筑物、可行性研究报告中的房屋建造成本估算中起到重要的支撑。二是机器设备资产评估方面，部分征收拆迁评估工作中，涉及了大型机器设备的一次性补偿价值评估，或机器设备的搬迁费用评估，可为委托方提供一站式的补偿评估服务。三是测绘方面，房地产估价机构可申请测绘资质，对现状与登记不符的房地产价值评估时，评估机构可一站式为委托方提供面积测量和价值评估服务，在出具专业结果意见时做到更好的量、价协调。

（二）横向业务领域拓展，不断拓宽服务面

一是房屋征收社会稳定风险评估领域，房地产估价机构参与房屋征收评估业务，对征收流程、征收人、被征收人均比较了解，从事房屋征收社会稳定风险评估具有天然优势，建议房地产估价机构积极沟通委托方，在补充相关专业知识的基础上，做好房屋征收社会稳定风险评估工作。二是房地产经纪领域，现实中基于转让评估的业务，需要由专业机构了解不动产登记政策和流程，为委托方策划好完善的过户登记手续。三是基于房地产的财务评估领域，房地产估价机构可与上市公司、一线 VC/PE 投资机构、大型券商、律师事务所等专业机构合作，基于房地产估价机构对房地产现金流收益评估的专业知识，参与实施投融资、兼并收购、财务咨询、估值咨询等项目。

四、房地产全生命周期纵向业务拓展思考

首先，房地产估价机构应努力提升自身视角，尝试站在开发商角度思考房地产全生命周期的各类需求。房地产开发商是贯穿房地产全生命周期的主线，需要委托更多细分专业领域的机构共同完成房地产开发项目。因此，房地产估价师应具备房地产开发经营知识，房地产估价机构在为开发商提供全生命周期顾问服务时具有先天优势。

（一）一级开发领域

一是参与土地一级开发实施方案编制。一级开发多为政府土地储备机构实施，包括办理控规、立项、钉桩、征地、拆迁、市政建设等多个程序，涉及专业服务众多，作为房地产估价机构，可参与土地一级开发实施方案的编制工作，统筹考虑项目的规划、项目进度、土地上市价值等多个方面内容，论证项目在经济上是否可行、在技术上是否可能、在社会效益上是否符合等。

二是参与土地一级开发项目绩效评估报告编制。土地一级开发项目多使用政府专项债资金，在资金发放之前，需要制定资金的使用计划，并编制绩效评估报告，不仅包括分析项目的基本概况，而且需要制定项目的总体绩效目标和具体绩效指标。通过一定的评估程序，论证项目在必要性、公益性、收益性、合规性、成熟度等方面是否可行。从而得出专项债资金的事前绩效评价结果。为政府发放专项债提供决策依据。

（二）二级开发领域

在房地产二级开发阶段，房地产估价机构不仅能够开展传统的在建工程抵押评估，更可以参与资金贷后监管业务，而且该项业务是部分估价机构已经拓展相对成熟的一项业务。估价机构还能够服务的领域包括共有产权住房的产权份额评估、房屋预售前资金平衡咨询、公租房配租前的市场租金评估等，都是房地产估价机构专长的业务领域。

（三）存量更新领域

千年古都正在深刻转型，北京成为全国第一个减量发展的城市。近几年北京不断疏解非首都功能，减量提质的同时，也出台了城市更新的"1+4"政策，目前正在制定城市更新行动计划，可以说北京市面临着一个存量时代的二次迭代。目前来看，城市更新以拆、改、留三个方向为主，房地产估价机构要研究城市更新的主要模式、做法，并且按照住房和城乡建设部《关于在实施城市更新行动中防止大拆大建问题的通知》精神，从一个城市、一个区域、一个项目做起，以"绣花"的功夫，房地产评估的专业经验，综合原产权单位、开发商和政府的需求，制定城市更新项目实施方案，促进项目的实施，推动城市更新工作的不断深入。

五、总结建议

房地产估价机构，是房地产全生命周期内不可或缺的专业，也是最接近以开发商视角思考的专业领域。建议房地产估价机构，在深耕现有传统业务的同时，横向融合其他专业服务知识和人才，纵向挖掘房地产全生命周期专业服务需求，积极努力探索新的业务领域。房地产估价机构作为纵横交点，依托专业为委托方提供优质服务的同时，更为社会创造价值。

作者联系方式

姓　　名：王晓东　张　伟
单　　位：北京盛华翔伦房地产土地评估有限责任公司
地　　址：北京市朝阳区东三环南路 58 号 2 号楼 701 室
邮　　箱：13811517706@163.com
注册号：王晓东（1120150014）

内强素质　外塑形象　夯实基础　创新发展

井元霞　张付喜

摘　要： 近年来，估价行业发展进入寒冬期，面临传统业务衰减、竞争加剧、费用降低、创新发展意念低下、人员技能不能很好地满足公司发展需求等局面，"活下去"成为很多机构的新目标。面对如此危局，估价机构要如何开创新局，孕育新的发展机遇，笔者认为要继续着力内部素质建设，外部加强形象塑造，在夯实本行业基础上谋求行业的创新发展，迎接行业的新春天。

关键词： 现状；素质；形象；基础；创新

2018 年，某地产公司"活下去"事件一时间闹得沸沸扬扬，房地产行业已进入深度调整期，而与之有关联的房地产估价行业从去年至今，受大环境政策、疫情反复等影响，在后评估时代也面临"活下去"的危局，估价机构发展进入了阵痛期和调整期。在此转型与调整的危局下，估价机构如何在危局中开新局，在调整中孕育新的发展，值得探讨。

一、估价行业现状

（一）业务现状

对于大多数估价机构来说，业务还是集中在抵押评估、司法鉴定评估、征收评估三大传统评估业务。传统业务衰减、竞争加剧、评估费用降低，是估价行业业务现状面临的严峻形势。

一是在优化营商环境的大环境下，在不动产抵押登记时，很多抵押登记机关已不再需要抵押估价报告，抵押当事人出具价值确认书就可以作为抵押价值证明；对于零售业务，简单的住宅、办公用房已实现在线实时询价，很多询价系统基本等于是免费使用，而此类业务数量占比还是比较大的；对于银行等资方机构为了满足内部风控的需要，需要的第三方评估服务机构主要集中在公司业务方面，这类业务一是占比少，二是项目成功率小；目前已有银行成立自己的内评机构，不再需要第三方评估机构服务；抵押评估业务是三大传统业务中衰减量最大的。

二是在国家的强监管下，要求银行等资方机构不得转嫁成本，目前很多银行等资方机构都自己支付评估费用，不再让企业承担此项成本；银行为了控制成本，采用招投标形式来确定业务的评估机构，招标控制价也是几经变化，对评估机构越来越不利，招标控制价历经了行业标准—行业标准的和行业自律的 60%—行业标准的 20%～30%—行业标准的 20%～30% 兼容单笔业务封顶 1 万～5 万不等（2 万、3 万封顶居多）几个阶段。零售业务早已经降到几百一单，有越来越低的趋势，基本都是在赔本赚吆喝。

三是三大评估行业融合加快，行业竞争加剧。目前，同时具备房产、土地、资产评估备案证书基本是估价机构的标配，但市场蛋糕已呈现严重萎缩状态，势必造成行业竞争加剧。笔者曾去参加一个竞标会，控制价占行业标准收费的30%左右，有机构报价不及控制价的一半中标。一些机构坦言，现在形势不好，有业务就做，人闲着也是闲着，虽然是不同专业类别，但我们总归是一家。一个大行业，长此以往，累死自己，饿死同行真的不是危言耸听。

四是征拆业务量减少，费用回收周期长，司法鉴定业务成了香饽饽。征拆业务尤其是大型征拆业务需要人员多、持续周期长，大家相对比较审慎，尤其在报价方面不会恶性竞争，一般是按行业标准收费或者给予极低的优惠率，但目前在国家的政策导向下，大规模的征拆重建已经一去不复返了，征拆工作进入慢时代，征拆评估业务量随之衰减；而且机构一般都是先垫资干活，现在地方财政吃紧，会面临费用回收周期长甚至要不到费用的情况。2018年司法鉴定评估业务的改革，对原来以司法鉴定业务为主的机构影响较大，但对于大多数入围机构来说，业务量相比于改革前是增长的，虽然有的业务单个核算是亏损的，但整体来说，司法鉴定业务相比于其他两大传统业务，一是因其技术要求高其收费相对抵押估价可观，二是在出具报告时可以先实现一定额度的收费，其优势明显。

五是创新发展领域收缩。前几年，评估行业机构还有延伸的融资业务服务、司法拍辅业务等，这两年，听到机构掌舵人讲得最多的就是不能乱创新，还是要老老实实立足本行业进行稳健发展，创新发展领域收缩。

（二）人员现状

人员储备不能满足公司发展需求，全牌照评估机构目前是主流，申请了相应的备案证书，只是具备了形式上的可以开展此类业务的前提条件。房地产土地资产，虽然都属于大评估行业，有相通的地方，但各专业类别有各专业类别的规范准则要求，从一个专业类别到另一个专业类别的转型也不是一朝一夕的事；目前评估行业外延业务如社会稳定风险评估业务、绩效评价业务，还有这几年自然资源评估评价业务的全面开展，人员储备也不能满足开展此类业务的需求，经常出现有人没活干、有活没人干的尴尬局面。

（三）机构现状

机构规模从几人到几十人不等，营收从百十万到几千万不等，在外部要求越来越高的情况下，一些规模小、资质低的尤其是业务单一的机构已经难以为继停止经营，一部分机构自行整合以节俭成本报团发展，一部分机构实施减薪裁员轮休轮岗，一些机构也逐渐收紧新型业务拓展范围，着眼于深耕挖潜现有业务渠道和业务类型。终极目标都是为了机构能持续经营下去，能够在这个阵痛期和转型期活下去。

二、如何在调整中育新局

（一）内强素质

首先要培养新人才，房地产估价行业已经进入后评估时代，即以专业化、综合化的顾问咨询为主，房地产估价为辅的一个全新的估价时代。人才是企业的核心竞争力，是第一生产力，后评估时代加强人员培养，尤其要培养人员的多元化技能，三大基本专业类别估价都要掌握是估价机构未来人员培养的基本要求。其次新人才要做个杂家，法律、财务、造价等和估价及估价咨询关联的专业也要基本掌握，专业化保障前提下的多元化人才是后评估时代人才的新要求。

其次要留住新人才，做好企业内部制度组织构架，薪酬合理分配。公司掌舵者要把钱分好，把权分好，把名分好，给予优秀人才平台，激发员工的工作积极性，提高工作效率；为员工提供更好的发展平台，让员工找到发展的方向；制定合理的奖惩制度，创造良好的企业文化，提高员工的责任感和凝聚力；使企业具有吸引力，认同公司的发展理念，利于留住新人才，和公司共同应对外界变化，能和公司共患难共甘甜。

最后要加强风险控制，不管外界环境如何变化，不管未来发展方向如何，估价质量是估价机构的立身之本；做好风险控制是保障估价质量的必要有效手段。做好风险控制工作主要把握两个关键点，一是要严格履行估价程序等，二是要能对我们自己出具的价格负责，要能经得起各方的质证。简短的两点，是对每一个估价人的基本要求也是最高要求。

（二）外塑形象

后评估时代，除了常规的抵押评估，对单一的价值需求评估是可预知的，大部分咨询客户的需求是全新的，要求我们首先要从客户的真实需求出发来进行分析。笔者接触最多的就是补偿评估咨询，近期一个客户来咨询合同提前终止的评估，客户和学校合作建房做宿舍楼，客户收益为每年收取的学生住宿费，因政策变化，房屋不再有住宿费收益，学校方提出对房屋价值进行评估即现值评估，客户认为这个价值比每年收益价值低很多，因此需要咨询评估事宜。我们给出的专业建议如下：一是看合同，是否约定合同提前终止的补偿方式；二是最好不要单方面找机构来做评估，最好和政府沟通共同委托评估机构，避免另一方因为选定评估机构没有参与而不认可评估结果的可明显预见的一个风险点；三是为了更好地解读合同，可以找专业律所进行合同分析工作。

笔者在实践工作中，一直认为保证服务效率至关重要，只要客户要求成果时间合理，我们即使加班加点也要完成承诺时限要求，甚至出现过跨城送达评估报告的情况。我们急客户之所急，客户后续费用支付会更快，后续业务选取也会更倾向于我们。

外塑形象，要有较强的沟通协调能力做支撑，既要有扎实的理论基础，丰富的实践经验，也不能忽略言语表达能力、理解能力，能领悟客户的需求，能准确表达自己的专业意见，能用客户听得懂的言语进行表达，提出的意见能让客户乐意接受，即使拒绝客户，也能做到客户不反感。

估价行业已进入后评估时代，一味满足客户的价值需求已不再是留住客户的法宝，在坚持价值原则底线的基础上，专业、诚信、服务高质量、急客户之所急，从客户的角度来解决问题等外部形象的塑造更有利于留住客户，有利于储备吸引新客户。

（三）夯实基础

目前，房产土地资产三大资质已融合，对于房地产估价机构来说，土地评估、资产评估是新的业务需求类型。每一个行业首先要夯实专业基础，制定合理的人员配置和工作实施计划方案，扎扎实实做好接触到的每一类评估业务，夯实评估人员基础，夯实评估技术基础，这样才能在新入的评估行业类别有一个良好的开端，夯实客户基础。

（四）创新发展

估价现在已进入后评估时代，这就需要顺应需求，延伸估价链条，充分挖掘新业务。创新发展要有政策的敏感度，这几年，自然资源评估评价是业务风口，很多以房地产估价业务为主的机构亦涉猎；《中华人民共和国土地管理法实施条例》规定，需要征收土地，县级以上地方人民政府认为符合《土地管理法》第四十五条规定的，应当发布征收土地预公告，并开展拟征收土地现状调查和社会稳定风险评估。除了征收评估需要进行社会稳定风险评估外，又一个新的创新业务点可以关注；这几年国家全面实施绩效评价管理，三大资质融合的大部分机构亦关注到这个业务类型，自然资源评价业务、社会稳定风险评估业务和绩效评价业务，是传统估价业务链条上的延伸创新业务，相较于 REITs 等业务，不受地域限制不受市场环境限制且已经有很大的市场需求，可以充分挖掘，实现现阶段机构的创新发展。

三、结语

2015 年，许军许总说过，在房地产估价行业，价格将死，价值永生；资格将死，专业永生；关系将死，信誉永生；报告将死，服务永生；保守将死，创新永生。经过这几年的检验，抛开估价做估价，做房地产价值的发现者，问题的解决者，用专业、信誉、服务才能更好地适应行业发展。虽然估价行业目前已进入阵痛期和调整期，机构生存发展受到严重威胁，但我们还是要抱有希望，充满信心，奋力前进，要着力进行内部素质建设，外部形象塑造，在夯实本行业的基础上延伸创新发展业务，以期在调整中育新局，做好准备，迎接行业发展的新春天再一次到来。

作者联系方式

姓　名：井元霞　张付喜

单　位：河南开源房地产资产评估咨询有限公司

地　址：郑州市金水区经六路 26 号豫发大厦 B 座四层

邮　箱：58360811@qq.com

注册号：井元霞（3220070140），张付喜（4120090021）

顺势而为 创新发展 实现新跨越

李 韧

摘 要： 2021 年中央调控重点进一步转向对供给端的关注，在资金监管、土地集中供地等宏观政策措施下，房地产市场热度持续下降。由此带来的是传统估价业务萎缩、跨界竞争冲击、行业人员流失等现象。为了生存和发展，我们要正视现状问题，寻求和探索创新发展之路。估价机构要开拓视野、努力学习、夯实基础、创新发展，才能实现新跨越。

关键词： 顺势而为；开拓视野；创新发展

2021 年中国房地产行业"房住不炒"的主基调保持不变，房地产调控政策不断完善趋严，从"三道红线""两集中"供地，严查经营贷和消费贷违规流入房地产市场等来看，中央调控重点进一步转向供给端，房地产金融宏观审慎制度加速完善，房地产全渠道融资监管持续加强；2021 年 7 月住房和城乡建设部等八部门联合发文，加大房地产市场秩序整治力度，因城施策突出整治重点，依法有效开展整治工作，建立制度化常态化整治机制，促进房地产市场平稳健康发展。

从国家宏观政策层面来看，就是要降低房地产、金融、教育、互联网等的利润和垄断，以及由此引发的过去长期对民生和实体经济的挤压和负重，大力发展制造业、硬科技、实体经济、新能源、新基建、资本市场等。这是百年未遇之大变局，也是百年未有之大机遇。看清这一大趋势至关重要，每个企业每个人最终都是时代的产物，在这个趋势之下，估价机构只有把握机会、顺势而为，才能逆流而上，更上一层楼，再创辉煌。为了生存和发展，我们要正视现状问题，寻求和探索创新发展之路。

一、估价行业面临的问题

（一）政策调控下传统业务日渐萎缩

在宏观调控持续加码的情况下，楼市开始下行，房地产市场观望氛围加大。从深圳市的房地产市场来看，2021 年上半年市场成交量持续卜降，根据深圳市住建局资料，2021 年 9 月深圳二手房交易量只有 1766 套，同比 2020 年高峰时期成交量下滑了 82%。下图是深圳市住建局 2019 年 9 月 30 日至 2021 年 9 月 30 日三年期间深圳市二手房成交量趋势图，从图中可以明显看到自 2020 年 9 月开始深圳市二手房成交量在持续下降（图 1）。

二手房成交量的持续下降直接导致估价机构传统个贷评估业务萎缩严重。从深圳戴德梁行、世联、同致诚、国策等几家较大的估价机构 2021 上半年个贷评估报告出具情况来看，二手楼贷款报告相比去年同期大幅下降，个别估价机构单月报告出具总量与以往高峰时期某

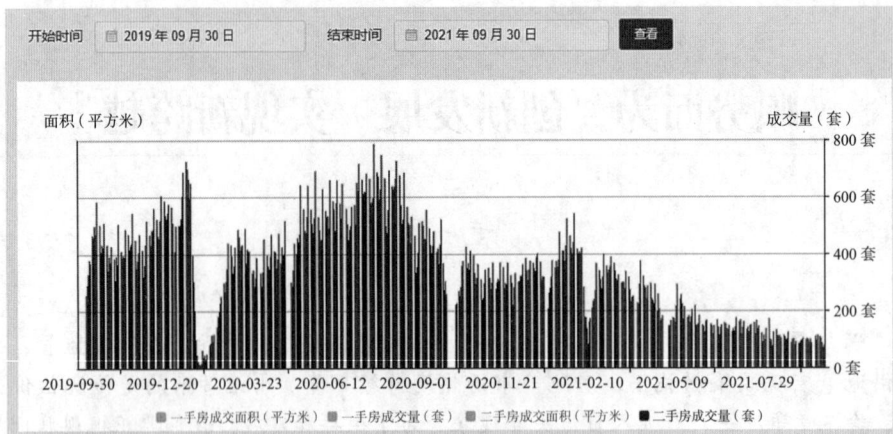

图 1　深圳市二手房成交量趋势

个工作日当天出具的报告数量基本持平。

除了传统个贷评估业务缩减之外，由于土地"两集中"供地以及房地产融资渠道监管等原因，房地产开发企业贷款等相关评估业务锐减，相应地房地产投资及信托等评估业务也同比下降。

（二）常规估价需求转移，客户衍生服务要求提升

基于大家对房地产市场走向持谨慎态度，再加上金融政策、税收政策等多种因素的不确定性情况下，客户需求较以往发生了变化，比如以往抵押评估只需要提供一份常规价值评估报告即可，现在有些评估项目还需要在此基础上附带一份物业还款现金流分析报告；个别房地产投资项目，在做估值评估时除了要分析当地近期房地产市场情况外，委托方还要求分析当地近三年以来房地产市场情况以及土地成交情况等。客户需求提升，衍生的需求增加，以往能够轻松完成的工作，现在要付出加倍的努力才能满足客户的要求。

（三）跨界竞争对传统估价冲击较大

为了加强对押品的管控，很多金融机构也在自主研发或外聘数据公司进行房地产数据库建设。随着互联网、大数据和人工智能等先进技术的发展，第三方数据机构平台的自动估价系统也日渐成熟；另外贝壳、京东、淘宝等借助自身大量的数据库和渠道等优势也开始进入评估行业。外来竞争者强大的资金铺垫和渠道建设，伴随着大数据及人工智能、自动估价系统等的发展，对房地产估价机构传统抵押贷款、税务评估、法院评估等方面造成了直接冲击甚至完全取代。

（四）技术骨干流失严重

相比社会上其他行业，房地产估价是一个相对比较小众的行业，社会认可度不高，再加上一些机构薪酬待遇、管理机制等各方面的原因，估价人员流失严重。培养一位技术骨干通常需要 3～5 年的时间，由于技术人员流失太快，有些估价机构出现青黄不接、缺乏中层核心技术力量的现象，技术空心化的问题严重。

（五）专业能力未能适应客户和市场的需求

技术空心化、人手不足等问题严重影响了估价机构专业能力的沉淀和提升。由于长期人手不足，在专业钻研方面缺少人力和物力的投入，造成专业能力的深度、广度以及创新程度不够，在面临市场变化及客户需求提升时无从应对，不能适应客户的需求、提升服务质量、开拓新的服务领域。

二、创新发展，提高自身的核心竞争力

大浪淘沙、不进则退，估价机构在新的经济形势下更应该积极探索、创新发展，提高自身的核心竞争力。创新是引领发展的第一动力，是推动高质量发展、建设现代化经济体系的战略支撑。面对新形势新要求，估价机构要顺势而上，积极开展技术创新、服务创新、优化流程、精简架构、提升技能。

（一）技术创新

评估机构可以在大数据及信息构建的基础上发展专、精研究，借鉴国外估价机构的经验，在租售比、报酬率、递增率等方面进行深度的专业调查及研究，形成系统的权威的数据研究报告，创新开拓估价行业参数研究细分领域，为银行、政府部门及同行机构提供专业数据服务。发掘估价机构的自身优势，纵向细分、横向延伸，创新发展成为某一个估价细分领域的领衔者，以自主创新带动传统估价转型升级，提高企业的核心竞争力。

（二）服务创新

应客户需求的变动，估价服务也要与时俱进。依托全面的专业能力，主动引导客户的需求，创新服务，为客户提供高附加值的服务。提高服务质量，让客户从单纯的甲乙方发展成为长期战略合作伙伴，发挥技术全面、服务创新、客户满意、长期合作服务理念，拓展高端服务领域，提升机构综合实力。

（三）优化流程

有些评估机构经过了几十年的发展，内部各种审批流程繁杂，财务审批流程、合同审批流程、行政审批流程、业务收费审批流程、招投标审批流程等，种类繁多。在新的情势下，我们要结合公司业务发展特点，对流程进行优化管理，减少不必要的流程设置，做到合理、简洁、高效。

（四）精简架构

精干务实的管理组织架构有利于公司快速反应、高效决策。结合公司发展战略及业务发展趋势，合理调整组织架构，对于短期内效益不高的产品线及事业部，重新做调整，结合产品创新重新部署公司未来 5～10 年发展计划及人员计划，在控制管理成本的同时使组织更加扁平、决策更加专业、沟通更加高效。

（五）提升技能

在客户需求不断提升的形势下，专业机构以及专业技术人员要有专业敏感性和危机感。通过专业敏感性感知客户需求的变化趋势引发服务质量提升，通过专业危机感才能时刻保持进取精神。要不断学习、提升自己的专业短板，掌握最新的政策动态与全面的知识技能，才能引导客户需求、提高服务质量，实现自身价值。

三、依托专业技能，拓展延伸传统业务

（一）传统个贷类评估的延伸

可以预见，随着大数据与人工智能的快速发展，不久的将来，传统个贷评估将被取代。那么传统个贷评估事业线将何去何从呢？只能因势而变。一是可以结合以往数据及专业积累

建立自己的数据库和自动估价系统；二是可以依托专业知识在估价专业细分领域中探索新的业务增长点，在指数研究、参数研究等专业细分领域开拓新业务；三是可以寻求与互联网信息公司的强强联手，各取所长，合作发展。

（二）常规价值评估的转变与延伸

信贷政策收紧直接导致了企业常规抵押贷款评估减少，也引发了客户需求的转移和提升。根据近几年的评估项目接洽来看，更多的估价需求来源于咨询顾问类服务，如近几年产业地产开发带动的产业研究类咨询顾问服务，需要为客户提供产业园土地价值评估、园区经济效益测算、客户定位研究、产业定位研究等一系列的咨询顾问服务。这些是在以往常规价值评估的基础上延伸的服务，客户需求提升了，估价机构和专业人员的综合实力也要相应提高，及时转变思维，才能在业务接洽时更好地引导客户的需求。同时发挥自身专业特长，提高服务质量，延伸更多的服务领域。

（三）传统征拆评估的发展延伸

近几年，征拆评估的发展也有了很大的变化和延伸，以往的征拆评估就是简单地清点和出具被拆迁房屋的价值评估报告，但现在由于城市更新、土地整备、棚户区改造等业务的多元化需求，征拆评估相应有了更多的延伸，如征地补偿方案撰写、集体留用地非农指标评估、棚户区改造风险评估、村集体与开发商开发后利益分成比例测算等，这些是传统征拆评估的延伸。只要有过硬的、全面的估价专业技能，才能在征拆、更新、三旧改造、土地整备等各个环节为客户提供满意的服务，估价机构发展之路才能越走越宽。

四、开拓新视野，实现新跨越

新的形势，也是新的转机。我们不仅要深耕传统估价业务，也要拓宽思路，挖掘新的业务增长点，提高服务质量，结合客户需求，不断探索新业务类型。今年是"十四五"规划开局之年，新时代新方向，我们要开拓视野、努力学习、夯实基础、创新发展，才能实现新跨越。

参考文献：

[1] 柴强.提供高品质估价服务——估价机构的出路[R].中估联行，2018-07-02.

[2] 全国经济专业技术资格考试参考用书编委会.高级经济实务（建筑与房地产经济）[M].北京：中国人事出版社，2021.

[3] 于文华.智能时代房地产估价机构的出路[J].中国房地产，2018（05）.

作者联系方式

姓　名：李　韧

单　位：广东品创土地房地产评估有限公司

地　址：深圳市南山区科技园南八路工勘大厦17G室

邮　箱：334233134@qq.com

注册号：4420130205

重塑房地产估价行业公信力

王　鹏　任小寅　成宗勘

摘　要：目前房地产估价行业传统抵押类业务对估价质量要求低、占总估价业务比重过大，再加上大数据的发展使得此类业务竞争激烈，收费不断降低，传统业务渐渐沦为一种形式，且部分机构存在有挣快钱现象，行业及估价人员受到大众质疑愈来愈多，社会公信力和社会认可度不断下降。加之内在估价人员学习动力不足，外在干扰估价因素多、势力强，估价机构及估价人员做出改变已经迫在眉睫。

关键词：质量；学习；变革；品牌

房地产估价行业发展近三十年来，在社会经济发展和维护社会稳定方面做出了很大贡献，同时也收到了可观的经济效益，并赢得了社会的尊重。但近些年随着行业竞争加剧，市场环境变幻，部分估价机构及从业人员的职业操守和执业质量下降，导致了社会对行业产生了偏见与质疑，严重影响了行业发展。

一、估价行业现状

现在占比较大的传统估价业务中，大多数客户对估价的认知仅仅是一个办事环节。这部分客户认为房地产评估只是某个环节的要件，是半强制性、形式大于实质的，尤其是在抵押贷款、缴纳税费的过程中，客户这种意识尤为强烈，并表现在以下几个方面。

（一）质疑声日益增多

在日常的估价业务中，面对估价结果的质疑和质询增多。抵押估价中，除金融机构的质疑，还有更多来自客户的质疑，不仅质疑估价结果，对估价程序或计算过程也提出问题。这是客户和社会进步的一种表现，但同时也是对估价第三方独立、客观、公正的质疑。这种现象在司法鉴定报告中尤为明显。

（二）易受外界因素干扰

在抵押估价业务中，银行业务经理经常会向估价师表达预期价格，并且会通过多种形式向估价机构施压，必须满足其要求。在司法鉴定估价中，有部分法官也会向估价师施压，并且这种施压有时是带命令性的，不容商量的，与平等探讨、协商的概念是完全不同的。在其他估价目的评估中也不乏出现此类情况。

（三）大数据应用逐步成熟

各个大数据平台都提供免费估价服务，客户也在利用大数据的结果和我们人工的结果做对比。在大多数人的心中，大数据是客观的，是人为因素干扰最小的，而我们人工的估价是避免不了干扰的，所以更多的人愿意相信并不精准的大数据估价结果，而不相信人工估价准确的个别结果。

（四）服务不能完全满足客户需求

现在行业竞争激烈，但还是集中在各个传统业务领域，并且绝大多数公司还在依赖传统业务生存。随着经济发展、社会进步、客户的个性化需求日益增多，对估价服务的要求也在提高，但是大多数估价机构的技术研发和进步跟不上社会发展，跟不上客户的需要，满足不了市场要求。这类机构在行业高质量的发展中掉队，给外界一种房地产评估是一直在吃政策福利而不是完全市场化的行业的印象。

二、造成的后果

（一）公信力受损，认可度下降

大多数机构不能满足客户的个性化需求，只能在传统业务领域拼杀。传统领域的工作流程、方法和报告模板已经成熟，容易被模仿，且报告同质化现象严重、受干扰因素较多，评估价格出具比较随意，难以保证评估结果的客观公平。尤其在司法鉴定报告中，受当事人质疑不能做出合理解释，对行业的形象和口碑都造成了不良影响。作为第三方机构立足的根本受到了质疑，直接导致客户对估价报告和估价结果的不满，使得行业公信力受损，认可度下降。

（二）收费逐步降低

公信力受损，认可度下降，造成了估价工作结果受到质疑，劳动不被尊重。客户认为得到的与其付出的不相匹配，会千方百计与我们进行付费价格谈判，再加上行业生存压力增加，部分公司不能严守职业操守，恶意竞争，打价格战，直接导致了行业议价能力的丧失，只能被动成为价格的接受者，行业收费一降再降。

（三）市场空间受挤压，发展前景不明朗

大数据在抵押评估、司法鉴定中已经受到了比较广泛的应用，并且达到了预期的需求，虽然还有不足，但其发展进步也是有目共睹的。反观房地产估价机构，除少数领头机构，大多数机构仍在坚守传统业务，技术研发学习不足，以致新业务拓展受限，而这些传统领域正是大数据业务侵入和发展的优先选择，市场空间必定受到挤压。对于土地估价和资产评估来说，近几年都有新的政策业务类型出现，比如自然资源评价、节地利用评价等，并能形成连续业务。而房地产估价近几年似乎没有看到明朗的利好政策，大多数公司看不到市场发展前景，预期普遍悲观，发展动力不足。

三、形成原因

（一）低端同质化业务过多

在传统业务和新兴业务中，估价机构似乎更关注传统业务的防守，因为这直接关系到公司的生存，只有生存下来才能发展。但是传统业务在现实工作中，工作流程、工作方法基本趋近于一致，最后出具的报告也是趋于相同，估价师的工作相当一部分是修改模板，但这正是大多数公司和同仁们的工作日常，并且这种工作能一直为公司和个人带来不错的收益，导致大部分机构对该类业务形成了依赖，直接影响估价师学习进步的欲望。学习成长进步的过程是困难并痛苦的，有安逸的日子作为现状，也造成公司不愿意投入研发，估价师不愿意投

入学习，恶性循环下对低端同质业务依赖性更强。

（二）自我质量要求低

行业发展中已出具了多个规范性文件，本人认为这只是从业者要达到的基本条件，是刚刚及格的要求，要想进步就必须以此为基础进行提高，尤其是死搬硬套规范的做法不可取。新业务有新需求，就会产生新的要求，我们要在现有规范基础上去研究创新，通过不同类型的服务去满足客户个性化的需求，不能以一套模板打天下而忽视了高质量发展对我们的要求，要在继承中发展，在学习中进步。

（三）有挣快钱现象

行业发展近三十年，是大家共同努力和维护的结果，不少人是把行业作为一生从事的事业在做，付出了大量的心血。但随着行业壮大，也出现了少数为了挣快钱、挣大钱的企业，他们一般是看到行业成立门槛不高，产品质量要求不高，并且基本不存在垫资、负债的情况，以纯商业行为来经营企业，把估价报告看成简单商品，进行商业交换，赚取利润。为了争取更多客户，无节制满足客户要求，压低收费，基本不顾潜在风险，把快速赚钱作为第一目标，达到目的快速脱身，积累的风险留给接盘者，严重影响了行业健康发展。

四、改变的方法

（一）鼓励学习

不论在行业层面还是公司层面，都需要鼓励专业人员加强学习。现在社会在整体进步和变革，新事物、新现象、新知识不断出现，估价师本就是一个综合性的人才，知识的更新更必不可少。在高质量发展阶段，需求已经变化。作为估价行业的供给者，供给也必然要进步。行业进步归根结底是行业人才的进步，学习是一定要坚持和鼓励的，这也是行业活力的一种表现，是适应高质量发展的必需，是估价师能力提升的有效手段。

（二）提高个性化业务的研究

传统业务严重萎缩，但个性化的需求在不断出现，这种业务不会产生大量、连续的需求，但估价目的非常明确，一般技术难度较高，耗时较长，但收益相对高。以往估价公司和估价师都会在考虑眼前机会成本的情况下选择放弃，但现在来看，传统连续性的业务是最容易被大数据替代的，这类业务通常不是客户自愿的但却是急需的，对报告质量要求也普遍不高，造成客户更愿意接受快捷便利的大数据询价。而个性化业务一般是客户自愿的，是为客户决策或谈判等重大事项提供实在的技术帮助的，这需要估价师有较高的专业能力，公司有较深厚的技术储备。这类业务提交的成果是公司专业技术能力的体现，是能给客户争取潜在或实在经济利益的依据，是客户个性化需求的满足。这是市场正常的需求，也是需求升级的表现，是我们要努力研究和发展的一个方向，也是估价机构具体能力的展现。

五、结语

社会是在不断变化的，不同的历史阶段总会起着不同的历史作用，但所有的历史阶段都只是社会发展的一个过程，行业发展亦是如此。我们经历了萌芽、发展、壮大阶段，现在应该到了变革的时期。当前行业竞争异常激烈，大家用各种方法和手段在行业中求生存，而近两年的疫情更加重了这种现象，低价竞争日益加剧，严重影响了行业的健康发展。那么，市场是否形成了供过于求的形势？是不是到了应该淘汰一部分机构的时候？尤其是一些执业质量差、职业操守低的机构，优胜劣汰是市场的必然选择，也能促进行业健康发展。但行业主管部门要正确引导这种趋势，防止出现劣币驱逐良币的现象。

日月潜息、四时更替是自然运行的法则，行业变革也是社会发展的规律。行业洗牌、机构退出是正常行业的发展过程，虽然近两年有加快趋势，但这也是一个行业自我蜕变的阶段，淘汰一些劣质公司，留下一些优质机构，从而度过供大于求的阶段，达到一种新的供需平衡，在新的平衡中提供优质的服务，营造一个健康的市场发展环境。所以，要正确看待行业现状，困难只是暂时的，在危机中寻找机会，在迷茫中寻找方向。要树立信心，继续加强质量控制和风险防范，规范估价程序，打造公司品牌，提升行业形象。

作者联系方式

姓　　名：王　鹏　任小寅　成宗勖

单　　位：河南天健房地产土地资产评估有限公司

地　　址：河南省郑州市金水区姚砦路 133 号金成时代广场 9 号楼 1201

邮　　箱：1059382494@qq.com

注册号：王鹏（4120060046），任小寅（4120180158），成宗勖（4120200030）

发挥专业优势 践行使命担当

——学习《建设高标准市场体系行动方案》有感

王 鑫 王 凯 龚秋平

摘 要： 本文通过对相关政策学习研读，充分认识到建设高标准市场体系的重要性、紧迫性及任务的艰巨性。笔者对相关工作进行思考后，建议广大从业人员要强化使命担当，把握发展机遇，开拓创新，奋力在健全农村集体产权制度及实施农村集体经营性建设用地入市制度过程中贡献智慧和力量。

关键词： 房地产估价；市场体系；专业优势

一、相关政策的学习研读

近日，中共中央办公厅、国务院办公厅印发了《建设高标准市场体系行动方案》（以下简称《方案》），指出建设高标准市场体系是加快完善社会主义市场经济体制的重要内容，明确提出要健全农村集体产权制度，全面推开农村集体产权制度改革试点，完善农村集体产权确权和保护制度，分类建立健全集体资产清产核资、登记、保管、使用、处置制度和财务管理监督制度。要完善集体产权资产评估、流转交易、担保等综合服务体系，加强农村土地经营权流转规范管理和服务。同时提出推动经营性土地要素市场化配置，完善建设用地市场体系。积极探索实施农村集体经营性建设用地入市制度。加快推进城乡统一的建设用地市场建设，统一交易规则和交易平台，完善城乡基准地价、标定地价的制定与发布制度，形成与市场价格挂钩的动态调整机制。

其实，早在 2013 年 7 月，习近平总书记在出席二十国集团领导人第八次峰会时发表讲话指出，中国将加强市场体系建设，推进宏观调控、财税、金融、投资、行政管理等领域体制改革，更加充分地发挥市场在资源配置中的基础性作用。2013 年 11 月，党的十八届三中全会提出要加快完善现代市场体系，建设统一开放、竞争有序的市场体系，使市场在资源配置中起决定性作用和更好发挥政府作用。2017 年 10 月 18 日，习近平同志在十九大报告中指出，要以完善产权制度和要素市场化配置为重点，加快完善社会主义市场经济体制。2020年 4 月 9 日和 5 月 18 日，中共中央、国务院分别发布的《关于构建更加完善的要素市场化配置体制机制的意见》和《关于新时代加快完善社会主义市场经济体制的意见》中再次明确指出要充分发挥市场机制对资源的高效配置作用，促进要素自主有序流动，进一步激发全社会创造力和市场活力，推动经济发展。2020 年党的十九届五中全会审议通过的《中共中央关于制定国民经济和社会发展第十四个五年规划和二〇三五年远景目标的建议》将"高标准市场体系基本建成"作为"十四五"时期的目标任务之一，明确"十四五"期间将健全城乡统一的建设用地市场，积极探索实施农村集体经营性建设用地入市制度。

通过对习近平总书记相关讲话的学习及上述政策文件的研读，有了如下几点认识：

一是重要性，建设高标准市场体系是党的十八届三中全会提出"使市场在资源配置中决定性作用"的重大部署，是党"十九大报告""贯彻新发展理念，建设现代化经济体系"的重要任务之一。

二是紧迫性，《方案》中明确提出要通过5年左右的努力，基本建成统一开放、竞争有序、制度完备、治理完善的高标准市场体系。

三是艰巨性，我国幅员辽阔，地域差异性大且相关情况复杂，这些无不增添了高标准市场体系建设所涉及的农村集体产权制度健全和实施农村集体经营性建设用地入市制度等相关工作的艰巨性。

二、对相关工作的几点思考

市场体系是市场制度构成的首要部分，是包含要素市场以及由要素市场衍生而来的各类市场的有机统一体。土地作为工业生产活动最基本的生产要素之一，是经济社会发展的基本载体。建设高标准市场体系就需要加快推进土地等要素市场化配置改革。结合以往相关工作经验，对《方案》中所涉及的农村集体不动产确权、集体产权资产评估及实施农村集体经营性建设用地入市制度等相关工作有以下几点思考：

一是扎实做好相关基础工作，进一步明确相关制度设计和法律规定，加快健全相关操作流程与工作指引。

随着城乡统一、开放的市场体系的逐步建立，越来越多的民事主体入市必将超出我国农村原有的"熟人社会"范围，相关经济活动急需保护交易安全的产权确权登记制度。故首先要扎实做好相关基础工作，应扎实做好各类农村土地的确权登记颁证工作，明确"三权"归属。其次，坚决贯彻落实党中央决策部署，尽快完善立法及法律保障，进一步明确相关制度设计和法律规定，分类建立健全各类集体土地资产清产核资、登记、保管、使用、处置制度和财务管理监督制度，以便相关工作的稳步推进。再次，建立城乡一体、同地同价的土地市场，彻底破除原有的城乡二元土地制度，让各类资源能够在城市与城市之间、城市与农村之间、农村与农村之间按需配置，借鉴现已较为成熟的城市国有土地地价确定方式、划拨与有偿出让等流转交易及抵押担保等流程，建立健全城乡统一土地流转规范管理制度，加快健全相关操作流程与工作指引，确保土地规范有序流转。

二是加紧建立统一的土地资源交易平台，完善地价发布及价格动态监测与评价机制。

利用现有的土地利用数据和城镇地籍数据，加快建立城乡统一的土地资源交易平台；整合城市监测地价、基准地价、标定地价、交易地价及土地成本构成等数据，建立与完善城乡基准地价（交易不发达地区的最低保护价）、标定地价的制定与发布制度；在以往开展的地理国情普查、国土资源调查、经济调查、不动产登记及地价动态监测等工作基础上，建立城乡统一的建设用地地价动态监测系统及土地集约节约利用评价体系。

三是充分发挥相关领域专业人员作用，建立与完善服务保障体系。

借鉴国内外相关专业人士开展相关工作的成熟经验，在健全农村集体产权制度及实施农村集体经营性建设用地入市制度过程中完善或建立必要的估价与经纪服务、法律咨询及融资中介服务机制，在现有的职业资格基础上，相关领域加快推进资格认证及人才培育。充分发挥相关领域专业人员作用，法律、规划、土地等相关领域应做好协同配合，加紧推进相关领域的专业研究及试点地区实践经验的总结。依托专业人士开展政策咨询，及时调节各类纠纷，定期开展流转土地供需情况调查与信息发布，加快培育设立或完善集体土地资产评估、流转交易、担保等综合服务体系，确保相关工作的有序推进。

三、相关建议

二十几年来，接受过良好的高等教育且通过职业资格考试后，我国数以万计的从业人员从事着各类房地产估价或房地产经纪业务，形成了一支具有一定人员规模和一定专业水准的服务队伍，在以往及现阶段农村土地制度改革工作中均发挥了重要的作用。为更好地促进相关工作的开展，积极推进行业建设和加强行业监督管理，我国现已建立了全国性行业自律性社会团体（中国房地产估价师与房地产经纪人学会），各省、市、自治区也相应成立了地方行业协会。各级协会通过拟订并推行相关技术标准和执业规则，加强行业自律管理，开展国际交流合作，不断提升房地产估价、经纪租赁人员及机构的专业胜任能力和职业道德水平。

据悉，具备相关技术能力的房地产估价师结合自身专业知识，在集体产权确权及推动农村经营性土地要素市场化配置过程中，现已积极参与了农村集体经营性建设用地、宅基地、其他建设用地，以及耕地等农村集体土地资源资产价值估价等工作。为了便于今后相关业务的有序开展，对广大房地产估价人员提出如下建议。

（一）提升服务意识，强化使命担当

广大房地产估价及经纪从业人员要把服务好建设高标准市场体系建设与发展作为使命与担当，不断提高服务意识，充分发挥房地产估价与房地产经纪从业人员多为复合型或专项人才的优势，借助以往工作经验，奋力在建设高标准市场体系过程中贡献智慧和力量。

（二）提升服务能力，积极参与农村集体产权制度建设

建议广大房地产估价从业人员要加紧学习相关知识，尽快提升服务能力，积极参与农村各类不动产登记所涉及的调查、权属审核、登记发证及档案管理等制度建设的全过程服务。在法律赋权的前提下，积极参与高标准市场体系建设所涉及土地、房屋、林木等资产的媒介推荐、政策咨询、居间经纪、交易申请、交易鉴证、权籍调查与判别、权属登记服务等工作。

（三）充分发挥专业优势，为资产清产核资和城乡统一的建设用地市场建设等做好服务工作

以土地为例，其资产清产核资核心要素包括土地数量、价格和价值。从资源核算的角度来看，其既包括对一定范围内资源的实物量调查，又包括对资源价值量的估算。故应充分发挥房地产估价师在以往城市土地有偿使用权价格评估和地价动态监测及集约利用评价成功经验，在集体产权确权及流转交易过程中做好农村集体经营性建设用地、宅基地、其他建设用地，以及耕地等农村集体土地资源资产价值评估工作。同时，积极参与农村经营性建设城乡基准地价、标定地价的制定与研究及城乡统一的建设用地地价动态监测系统及土地集约节约利用评价体系相关工作。

参考文献：

[1] 中共中央办公厅 国务院办公厅印发《建设高标准市场体系行动方案》[J]. 中华人民共和国国务院公报，2021（05）：4-10.

[2] 陈伟伟. 着力推动建设高标准市场体系 [N]. 经济参考报，2021-02-23（007）.

[3] 高妍蕊. 建设高标准市场体系，构建新发展格局 [J]. 中国发展观察，2021（Z1）：41-44.

作者联系方式

姓　名：王　鑫

单　位：北京华中兆源房地产土地评估有限公司

地　址：北京市大兴区黄村镇兴政街甲 23 号 2 幢 5 层 502 室

邮　箱：xinxinln@sohu.com

注册号：1120080013

姓　名：王　凯　龚秋平

单　位：北京京城捷信房地产评估有限公司

地　址：北京市朝阳区芍药居甲 2 号内一楼北楼四层 410

邮　箱：517300972@qq.com

注册号：王凯（1120050131），龚秋平（1120000079）

浅谈房地产估价行业未来发展趋势

——人工智能化

陈 欣

摘 要：房屋估值在房地产行业经常引起争议，因为房主时常认为估值并不能准确反映房地产价值，房地产经纪也时常对不够准确的估值导致房屋未能成交颇有微词。在科技不断发展的今天，人工智能发展势头强劲，并逐渐渗透到社会生活的各个领域中，开始替代人们做简单重复的事情，速度快且准确度更高，人工智能化俨然成为未来大多数行业的发展趋势。在未来的房地产估价行业里，是否也可以使用人工智能去替代部分人工呢？本文在此分析了现有估价系统与人工智能的区别，并对人工智能对估价行业的推动及其未来的发展进行了讨论。

关键词：房地产估价；人工智能；行业发展；人才培养

在当今时代，人工智能是各个国家重点抓的项目。从早些年遥不可及的天方夜谭，到20世纪书本描述中的未来展望，再到如今各领域的实际运用，人工智能已经走过了近二十个年头。人们对于人工智能的认知也从国家高科技项目慢慢转变为老百姓的日常工作生活，同时也从早些年间的实验室开始走向了产业。诸如百度的智能辅助驾驶、手机等各类设备的人脸识别、扫描支付等技术，每时每刻都对我们的生活起到助力作用。对于我们房地产估价行业的发展，人工智能也逐渐开始慢慢影响到大小事项。自动估价系统、大数据平台等一众项目应运而生。基于底层的各类智能算法，人工智能得以学习、模拟、衍生人类的各项行为习惯，来取代人类做部分简单重复且琐碎的工作。

一、人工智能和现有智能化系统的不同之处

（一）设计层面

智能化系统只是程序开发人员基于计算机语言实现人们在电子产品上的互动需求，它是由程序员预先设定好的，无法像人一样做出灵活变动，为人们节省了时间，操作简单但仍需要大量人员配合。而人工智能相比智能化系统就更为庞大、复杂和智慧。庞大是因为它是由机器人、语言识别、图像识别、自然语言处理、专家系统、GIS系统等各项组合而成；复杂和智慧是因为它需要经过一系列的计算得出不同结果去优化处理，同样由计算机和人做相同的运算，计算机的处理结果可以是毫秒级别达到千亿次的计算，同时能将误差降到最小，这是人类所无法达到的。

以往房地产项目的估值计算，往往都是人工操作的。估价师们通过各种不同的信息渠

道，针对估价对象以及价值时点，运用多种不同的估价方法，最后得出估值。这类操作本身是严谨且合规的，但是估价工作中存在着大量简单基础的工作，这些工作同时会耗费较大的工作时间，增加了企业的时间成本和人力成本。

（二）操作层面

运用智能化系统进行估值，一个估价人员在成熟之前必定会不断地犯错，并需要专业人员进行审核，估价机构在培养人员时仍需付出大量的成本。相比之下，人工智能可以很好地规避错误，并且快速接单出单，此时只需专业人员进行审核，省时省力。同时，人工智能也可以做审核工作，及时为估价从业者报错和评分。自20世纪60年代以来，国外许多专家和学者就致力于主观题的机器阅卷技术研究，也出现了各种不同的自动批改系统。比如美国的MBA、托福考试中应用了E-rater系统等。

既然如此，房地产估价为何不能通过人工智能，教会机器人系统学习如何估价。未来的智能估价，应该是由人对估价对象查勘拍照，然后实时上传到数据系统平台，由机器人针对估价对象的照片进行智能识别，判断出不同的场景，然后大数据链接到装修建材领域、房屋价格领域、地理信息领域等一系列和估价有关的行业领域，最终通过多维度的计算得出估价结果。这样的操作模式可以大大节省不同层面的人工工作，并且估价的结果更为客观、高效以及全面。

二、人工智能对房地产估价行业带来的助力

传统的估价项目里，更多的是对现有已经完成的估价对象进行计算的一种过程。人工智能的介入，可以对更多咨询类的估价报告带来巨大的推进。因为每一个项目都有独一无二的特性存在，需要考虑资金、人员、项目类型等多方面。依托于算法加持，对于这类项目完全可以由人工智能在后台去进行演算。白天可以由人员对于演算结果进行获取及修改调整并加以应用，晚上可以由机器人进行图形识别、演算等分析处理。这样不光可以节省时间，还可以使估价的结果更全方位。因为相较于人类的思考和计算，机器人可以借助互联网的优势，通过图像识别对更多的项目进行选择和对比判断，加之全面的运算评估方法和逻辑思维，相较于传统的人工处理，规避人为因素的干扰，就显得更加严谨公正，这正是房地产评估行业所需要的，可想而知人工智能对房地产评估行业有着重大的推动作用。

三、估价机构人工智能人才的招聘与培养

目前大多数房地产估价机构都已经采用了智能化系统，将相同的格式变为模板化，相比于从前减少了很多工作量，但估价前期工作仍然是在做重复化的东西，想把书本上所学的复杂变换公式灵活自如地运用到测算中，也要等到工作几年之后。如果将人工智能融入估价机构中，相关专业的学生在从事工作时就可以做比现在更上一个层次的工作，也可以将大学所学内容做到真正的实践，同时为估价机构的工作提速及创效。

根据住房和城乡建设部发布的历年房地产估价师通过人数情况来看，2017年之前每年取得房地产估价师资格的人数基本维持在2000人左右，近两年通过人数有所提高。相比于其他热门行业，房地产估价行业的缺口巨大，加之估价报告的时限性，也给估价行业带来了不小的压力。如果运用好人工智能，可以减压，也可以促使更多的人加入到房地产估价行业

中来。

人工智能领域离不开人，离不开专业的人才招聘和培养。自2020年初的新冠肺炎疫情暴发以来，因为涉及人员的流动问题，国家加大了人工智能取代基础化的进程。中国人工智能有关的岗位人才，自从2018年来，缺口已经从当年的520余万达到了2021年年初的千余万，各个行业领域对人工智能类的人才渴求已经到了迫在眉睫的地步。房地产估价行业对于人才的渴求虽然不那么迫切，但我们认为也需要进行提前准备。不然轻者，各行各业对于人才的争夺将势必带来新一波的人员成本增长；重者，可能会对行业的良性健康发展带来负面影响。

四、对人工智能的管理

在这一方面，我们认为有必要针对现在的行业进行一个统一整顿管理。每个估价公司规模大小不一，大部分都是一些人员不超过三十人的小型公司。资金及发展规模可能在短时间内无法达到或者踏入人工智能，导致还是在运用原始的操作方式，从而对行业的整体发展带来不利影响。通过行业协会出面整合，把一些发展较好的估价机构的评估系统通过有偿使用的方式共享出来，可以使小规模的估价机构也能搭上人工智能的顺风车，降低其日常运营成本，从全局层面加快整个行业的发展。

同时，我们需要警惕的是被不法的估价公司或者个人利用人工智能达到不可告人甚至违法违规的目的。房地产估值的精准与否一直是行业这些年来头疼的问题，少数估价机构为了达到客户需求导向的目的，人为在估价报告中对估值进行调整。那对于人工智能而言，是不是也可能被少数别有用心的人员或者机构加以利用，来达到微调的一个过程呢？所以，我们必须加紧加快出台相应的操作规范或制度，对行业内的从业"机器人"及背后的人员进行相应约束。以往的行业制度都是针对估价机构和估价从业人员进行管理，那人工智能化的到来对机器人也必须进行同样的管理。当然，更多的是针对人工智能背后的机构和人员从不同的领域进行处罚和规范，谨防人工智能这把利器被违法人员所利用。

五、关于人工智能在估价领域的讨论

目前，谈及人工智能和房地产估价的文章相对较少，有的机构也对这个问题避而不谈，我们认为原因有二：一是认为人工智能现在的发展还不够成熟，无法批量投入估价机构，估价行业也并没有一套完美成熟的估价体系，还需要不断地进行尝试；二是担心将人工智能引入估价系统，可能会导致房地产估价从业人员的减少，加剧估价行业的竞争。人工智能的慢慢普及，需要一个循序渐进的过程。时下离我们能充分运用尚有一定的发展距离，我们应该在完善估价体系的同时思考人工智能在估价领域的应用。

参考文献：
徐长林.人工智能在房地产估价领域运用展望[J].中国房地产估价与经纪，2017（03）：5.

作者联系方式

姓　名：陈　欣

单　位：深圳国策房地产土地估价有限责任公司上海分公司

地　址：上海市虹口区四川北路 1666 号 2401 室

邮　箱：dorischen1123@126.com

注册号：3120170015

智能时代下房地产估价业务发展现状与变化趋势

柳　君

摘　要：智能时代，房地产估价行业也在不断发展变化，房地产估价业务虽然平稳增长，但业务类型单一，保障机制有限，估价机构规模实力有限，还存在地域分布不均、创新能力有限等问题，而估价从业人员作为行业重要的支撑力量，虽然水平在不断提升，但是面对新经济环境和业务发展转型等各种情况，需求明显不足。在大数据时代，信息技术、云计算以及人工智能正在不断改变着业务发展内容与行业发展模式，技术融入业务发展的深度和广度也还有待加强，未来，行业发展前景虽然良好，但是仍然面临着各种问题，本文旨在探讨智能时代下，房地产估价业务未来发展趋势及对策，希望能够为智能时代，行业稳步快速发展和深化改革带来有利影响。

关键词：智能时代；房地产估价业务；发展现状；变化趋势

一、引言

房地产估价行业作为房地产行业的一个重要组成部分，在新经济常态下，面临行业转型、疫情常态化以及经济下行压力等多重影响。在新形势下，我国房地产市场正在逐步从卖方市场转向买方市场，经营主体从开发转向存量房，经营模式由建设模式为主转向运营模式为主的变化，这些转变都为房地产估价行业带来了积极的发展空间。特别是在大数据时代，信息技术、云计算以及人工智能正在不断改变着行业发展内容与发展模式。在智能时代的背景下，如何在不断巩固传统估价业务稳步发展的同时，积极拓展新型业务，将会成为房地产估价行业未来发展的重点内容。

二、当前房地产估价业务发展现状与困境

（一）房地产估价行业发展现状

1. 房地产估价业务发展现状

1）房地产估价业务发展平稳增长

根据房地产蓝皮书（2021）了解到，2020年全国一级房地产估价机构累计完成评估项目189万个，评估总价值约达30万亿元，业绩完成情况较2019年有所增长，通过图1可以看出，增长幅度不大，业务量平稳增长。而2020年全国一级房地产估价机构平均营业收入为1966万元，同比下降了3.5%。但营业收入排名前十的机构和收入前百的机构收入总额均有增幅，整体发展仍呈现出稳定增长的趋势。

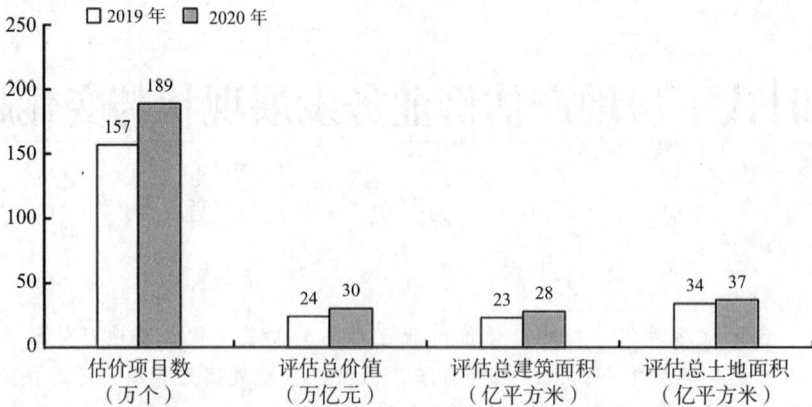

图1 2019年和2020年全国一级房地产估价机构业绩完成情况

资料来源：房地产蓝皮书：中国房地产发展报告 No.18（2021）

2）房地产估价业务保障机制有限

房地产估价行业从20世纪80年代开始发展，已经经过了30多年的发展历程，但是行业立法有待完善，估价业务没有直接具体的法律规定作为保障，而且我国房地产估价行业受到我国国情的特殊影响，政府在行业的影响举足轻重，业务发展有着非常浓厚的行政色彩，对于行业的业务发展、机构发展和人员发展都没有建立强有力的保障机制，因此在实际发展中存在许多问题，在某种程度上也制约着房地产估价业务的发展。

3）房地产估价业务类型结构单一

房地产估价业务的类型主要集中在抵押估价，司法鉴定和征收估价这三类业务上，从图2可以看出，2020年全国一级房地产估价机构抵押估价业务占比最高，而图3表明，2018年到2020年，这三类传统估价业务的评估价值占总评估价值的比重基本保持在58%以上，这说明房地产估价业务类型结构较单一，新兴业务增长缓慢，而在城市化进程进一步加快和经济转型进一步深入的情况下，对房地产咨询顾问、农村集体建设用地入市、城市更新（老旧小区改造业务）、租赁住房估价等新领域的业务需求将会越来越多，势必会倒逼房地产估价行业的业务类型做出转型和升级，以适应经济市场的变化和行业需求的转变。

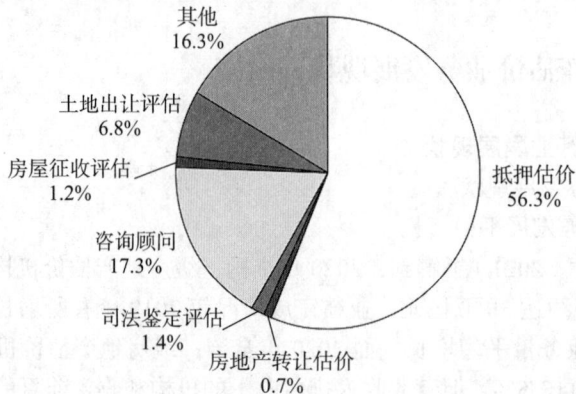

图2 2018—2020年全国一级房地产估价机构传统估价业务评估价值及占比情况

资料来源：房地产蓝皮书：中国房地产发展报告 No.18（2021）

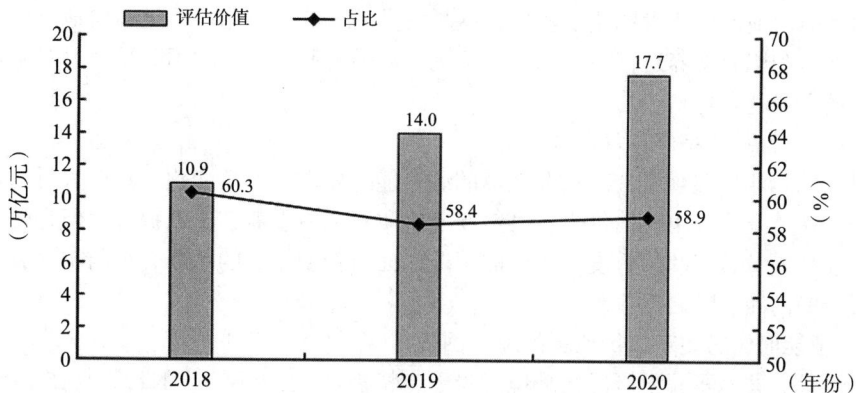

图 3　2020 年全国一级房地产估价机构各类估价业务评估价值占比情况

资料来源：房地产蓝皮书：中国房地产发展报告 No.18（2021）

2. 房地产估价机构发展现状

1）估价机构整体实力有限

根据房地产蓝皮书（2021），截至 2020 年底，全国共有房地产估价机构 5566 家，与 2019 年底相比，继续保持平稳增长势头，我国房地产估价一级机构（包括一级分支机构）占比 32.8%，二级机构占比 43.4%，三级机构占比 23.8%，中小机构市场比重非常大，由此说明我国估价机构整体实力有限，而中小估价机构往往创新能力不强，抵抗风险能力弱，这极大程度地影响估价行业的转型升级。

2）估价机构地域分布不均

从机构的地域分布来看，一级房地产估价机构主要位于东南沿海和长三角等经济发达省市，房地产估价行业与经济市场有着十分紧密的联系，因此经济水平对于房地产估价机构也有着十分关键的影响，这对于经济发展相对滞后及十分落后的地域而言，房地产估价机构的发展会受到严重的制约。

3）估价机构创新水平滞后

随着信息技术的不断更新，云计算、人工智能、大数据也不断深入到各行各业，房地产估价行业也无可避免地受到了智能技术的影响，特别是在疫情期间，房地产估价机构采用实时视频连线、远程在线查勘等形式，创新业务模式，但是智能化手段常规融入业务模式，却还未形成常态，估价机构对新技术的认识、估价的技术水平、开拓新技术运用到业务活动中的能力还有待加强。

3. 房地产估价人员发展现状

1）估价从业人员水平持续增长

随着房地产估价业务规模的不断扩大，从业人员的数量也水涨船高，目前行业的从业人员达到 25 万人以上，而其中取得房地产估价师证书的人数达到 71368 人。近年来，房地产估价从业人员的平均年龄不断下降，根据房地产估价信用档案系统数据，截至 2020 年底，注册房地产估价师平均年龄为 45 岁，从学历情况来看，房地产估价师的总体学历水平也较高，整体水平呈现持续增长态势。

2）估价从业人员储备力量明显不足

随着房地产估价行业的不断深入发展，业务量不断地扩展，对执业人员的需求也越来越大，虽然当前房地产行业发展速度较快，但是人员的后续储备明显不足，房地产估价从业人员的专业能力和职业素养还存在不达标的情况，而随着业务范围的不断扩大，对专业从业人员的需求量也会越来越高。

3）估价从业人员综合能力有所欠缺

就目前的行业情况来看，对从业人员的综合能力要求在不断变化。从业人员的主要业务范围仍集中在传统业务中，估价人员虽然专业素质和能力素养在不断提升，但是估价从业市场中仍然存在人员素养和信誉度不达标的情况，面对新型业务的不断转型与扩大，估价人员的专业素养的内涵也随之发生改变。

（二）智能时代房地产估价业务的发展困境

在当下信息技术迅猛发展的大环境背景下，特别是"互联网+"的理念与技术不断深化，给传统的估价业务模式带来了一定的冲击，同时也带来了巨大的发展空间，如何将信息技术与房地产估价业务模式有效地融合起来，更高效、更公正、更具体地实施估价业务，已经实实在在地摆在房地产估价行业、机构与人员的面前，如果业务发展仍然墨守成规，不在观念上、机制上、技术上和模式上思考改革与创新，就会面临被社会、市场所淘汰的危机。

1. 估价行业有待完善制度体系，为业务转型提供支持

房地产估价行业要做到健康有序的发展，建立完善制度体系是必不可少的，要做到有法可依和有据可依，保障行业发展的公正性、客观性和独立性，才能确保估价行业可持续发展。因此应当不断建立健全法律法规，从业务发展、质量监管、信用评价、行业自律等多个方面建立完善的制度体系，制定政策规定，规范行业行为与业务模式，为估价行业传统业务的稳步发展和新型业务的转型发展带来强有力的支持保障。

2. 估价业务有待丰富结构类型，为业务发展奠定基础

时代的发展给估价业务类型带来了新的裂变和迭代。2020年以来，有关于房地产估价行业的相关政策主要是围绕着开展基础设施公募REITs、推进房地产司法评估等内容，而民法典的颁布也提到了居住权，这些内容会给业务发展带来新的机遇，在稳定传统估价业务的同时，估价行业也亟须对新兴业务及新型业务进行拓展，估价机构与估价人员也应当及时应对新形势的变化。

3. 估价行业有待加强人才培养，为业务转型储备力量

随着房地产估价行业的深入发展，业务模式的转型和新兴业务的拓展，对从业人员的综合能力要求越来越高，而随着新兴业务的不断深入，智能技术融入估价业务领域，对从业人员的需求更加多元化，市场和行业面对转变与革新，势必需要更多复合型评估人才，这就要求从业人员不仅需要不断提高自身的专业能力和职业素养，还需要培养包括大数据运用能力、数据分析能力、创造性思维和金融律法等方面的综合性能力。

4. 估价业务有待加强技术结合，为业务发展拓宽道路

在智能时代，信息技术在行业中所发挥的价值越来越大，效果越来越明显，估价机构在面对新经济环境和信息技术介入行业发展的新形势下，应当积极创新工作思维，思维的转变会带来实力提升，为业务拓展扫清障碍，拓宽道路。房地产估价行业应当如何顺应发展要求，拓宽业务发展模式，都是值得思考的重点问题。

三、房地产估价业务发展趋势与对策

（一）发展前景良好，健全行业标准体系

通过以上分析不难看出，房地产估价行业的发展前景良好，行业规模不断壮大，估价机构在面对疫情的冲击下，营业收入并没有太大的波动，估价业务类型也在不断深化，在传统估价业务依然强势的发展劲头下，新兴业务也在崭露头角，特别是在疫情期间，信息化应用到行业发展所取得的效果明显。为了能够稳定并且促进行业向稳向好地发展，行业必须建立健全标准体系，主管部门不断优化管理手段，加强监管力度，在人力与资金等方面给予必要支持，探索建立房地产估价行业的信用评价体系，促进机构健康发展，建立良好的执业环境。

（二）服务领域拓宽，革新业务发展理念

房地产估价行业要持续性稳定发展，就务必要将服务领域拓宽，在传统业务做到既"精"又"专"的同时，还要积极扩展新型业务，丰富新产品，例如 2020 年《国有资产评估管理办法》迎来了其实施 30 年以来首次修订，此举能为房地产评估业务带来新的机会。而新的政策和红利会带来新的机遇与挑战，需要行业、机构和从业人员转变发展理念，提升创新思维，在发展中保持前瞻性和竞争力。

（三）业务结构丰富，引入智能信息技术

在新时代下，我国经济发展基本特征就是由高速增长阶段转向高质量发展阶段，未来房地产估价业务的结构类型会越来越丰富，金融领域对房地产估价行业的服务需求会越来越多。面对新形势的影响，估价机构应当积极运用智能手段和大数据技术对估价方法、业务模式等工作内容进行适当的革新，侧重引入智能技术，包括人工智能、大数据、云计算、物联网等新技术、新方法和新手段，对评估对象作出动态评估，从多角度分析数据和发现问题，这将是行业主要的发展趋势和潮流，也是转变业务模式的重要路径之一，将会开创房地产估价行业更好地服务实体经济的新局面。

（四）专业能力提升，加大人员培养力度

为保证行业的持续稳定高效发展，专业人员的培养至关重要。要培育好优质的行业人才，一定要管控选拔人才，严格按照房地产估价师资格考试制度进行推广，要借助行业自律组织的力量，做好后续审查和继续教育工作，加大对法律政策、规范性文件和新技术等方面的学习力度，进一步提升专业水平。

四、结语

未来的估价行业发展会呈现出信息化、规范化、市场化和国际化等诸多特点，这将是估价行业持续提供高质量服务的前提和保证。房地产行业建立起完善的信息数据库，共享行业信息数据和成就，鼓励技术人员大胆创新，规范估价技术。行业也会逐步与国际接轨，引入并采用国际通行评估标准，参与国际市场的竞争，让业务理念、机构理念以及估价机构的人才进一步向国际化发展。同时减少主管部门对估价的主观影响，让估价更加客观，更加接近市场。

在智能时代，行业应改变传统思维，树立起"命运共同体"的发展理念，建立完善的行

业标准体系，共同拥抱智能技术，构建一个和谐的行业发展新生态，进入一个崭新的、共享的、普惠的绿色时代，满足房地产评估行业今后持续发展的需求。

参考文献：

[1] 易成栋，毕添宇，夏西.中国房地产中介服务业发展研究——基于四次经济普查资料 [J].中国房地产，2021（15）：22-26.

[2] 马佰林.经济新常态下房地产估价机构的短板及补足路径分析 [J].营销界，2021（09）：157-158.

[3] 弭丽.大数据对房地产估价行业的影响分析 [J].住宅与房地产，2021（06）：6-7.

[4] 蒋宇芳.房地产估价行业发展现状、趋势及对策分析 [J].住宅与房地产，2019（22）：9.

[5] 王文华.智能化时代房地产估价机构的出路 [J].中国房地产，2018（05）：65-68.

[6] 林永民，赵娜."互联网＋"时代房地产估价转型研究 [J].合作经济与科技，2018（03）：40-41.

[7] 中国社会科学院国家未来实验室，中国房地产估价师与房地产经纪人学会.房地产蓝皮书 中国房地产发展报告 No.18（2021）[M].北京：社会科学文献出版社，2021.

作者联系方式

姓　　名：柳　君

单　　位：岳阳鑫链房地产经纪有限公司

地　　址：岳阳市岳阳楼区鹰山社区南 37 栋

邮　　箱：67260233@qq.com

房地产经纪人管理号：306202105432000000169

"互联网+"时代下房地产估价机构如何脱颖而出

陈海清　　汪　娟

摘　要：在传统房地产估价行业中，估价机构信息化程度普遍较低、估价人员缺乏竞争力、作业方式及管理水平较滞后、缺乏估价数据等问题普遍存在。目前，"互联网+"已逐步渗透到社会各行各业，推动行业运作的信息化，提高各行业的工作效率。本文在认识"互联网+"的前提下，根据房地产业的发展现状和存在的问题，结合"互联网+"时代下房地产行业发展趋势，浅析了房地产估价机构应如何把握机遇，在转型中脱颖而出。

关键词：互联网+；房地产估价机构；发展趋势

一、"互联网+"的基本内涵

2020年5月22日，国务院总理李克强在2020年国务院政府工作报告中提出，全面推进"互联网+"，打造数字经济新优势。"互联网+"是两化融合的升级版，将互联网作为当前信息化发展的核心特征，提取出来，并与工业、商业、金融业等服务业全面融合。其中关键就是创新，只有创新才能让这个"+"真正有价值、有意义。正因为此，"互联网+"被认为是创新2.0下的互联网发展新形态、新业态，是知识社会创新2.0推动下的经济社会发展新形态演进。通俗来说，"互联网+"就是"互联网+各个传统行业"，但这并不是简单地两者相加，而是利用信息通信技术以及互联网平台，让互联网与传统行业进行深度融合，创造新的发展生态。"互联网+"通过其自身的优势，对传统行业进行优化转型升级，使得传统行业能够适应当下的新发展，从而推动社会不断地向前发展。

二、我国房地产估价行业的发展现状及存在的问题

（一）发展现状

我国房地产估价行业起步于20世纪80年代中期，行业发展起步较晚，应用范围也略狭窄。受我国的基本国情所影响，导致整体房地产估价行业一直都是由政府主导，且具有强烈的行政色彩，初期的业务基本以"关系型"的动拆迁业务为主。随着我国社会经济的不断提高，房地产估价业务需求越来越多。进入21世纪后，以不动产为抵押物的金融产品越来越多样，抵押评估业务逐渐取代动拆迁评估业务，成为估价业务的最大来源，土地出让价格评估、房地产买卖价格评估、司法拍卖评估、课税评估等业务也越来越多。

（二）存在的问题

近几年来，随着信息技术的发展，"互联网+"时代的到来，大型房地产数据系统、自

动估价系统、银行询价系统、京东大数据评估询价平台等相关系统的应运而生，导致抵押估价、涉税估价、法院拍卖估价等传统估价业务萎缩。目前越来越多的银行自己搭建 OA 询价系统，让各评估公司在其询价系统上进行询价、调价，未来银行将有自己的数据库，逐步告别传统的估价模式。同时随着房地产估价机构激增，房地产估价机构的水平参差不齐，有些估价机构为了争夺业务，以高评低估、低收费等恶性竞争的行为来瓜分房地产估价行业这个大蛋糕，破坏房地产估价行业的生态平衡，降低房地产估价机构的专业形象。

三、新形势下房地产估价行业的发展趋势

（一）信息化

政府政策及市场政策都直接影响着房地产行业的健康发展，而房地产估价行业作为房地产行业的主要部分，需要时刻了解掌握房地产市场及相关领域的各类信息，不断完善、不断及时更新数据库，让积累下来的信息成为有效的数据库。所以信息化将是新形势下房地产估价行业的主要发展趋势。

（二）规范化

一个行业的健康发展、高速发展离不开行业法规与技术规范，评估行业的发展，除了可以借鉴其他行业的规范性文件，还可以借鉴国际通用的评估标准指导评估工作，加强立法与技术规范，贴近实际不断完善规范性文件，使行业的专业性与规范性能更优化，从而更有效地规避行业风险、完善规范体系。

（三）市场化

在拓展房地产估价业务中，估价公司的高效、专业、客观的服务更能得到客户信赖及认可。而企业文化、数据信息、核心竞争力是企业的重要展示面。经济的发展使房地产估价业务越来越多样化，而客户的选择使优胜劣汰的竞争机制越来越明显，市场化仍是未来行业的一个重要发展趋势。

四、房地产估价机构如何在"互联网+"时代下脱颖而出

现在已是"互联网+"时代，各行各业都面临着转型，房地产评估行业也需要在发展中转型，目前房地产评估行业转型困境主要有：员工的业务水平难以适应变化、评估机构思维保守，行业标准体系很难支持行业转型。在转型困境中，一些信息化水平低、数据缺乏、规模小、行为不规范、思想守旧的估价机构将面临更大的挑战，如无法紧跟时代步伐，势必会被时代淘汰。在"互联网+"形势下，房地产估价机构必须走多元化发展的道路，拓展业务领域、增强企业竞争力、提升企业知名度，从众多估价机构中脱颖而出。

（一）完善估价系统

在"互联网+"时代，数据库是一种大优势，一个公司只有积累了大量数据，才能提升房地产估价业务的信息化程度。估价机构的估价系统不断更新改进、不断积累资源，只有系统稳定、安全、高智能，才能提高工作效率、才能提升房地产估价服务质量。房地产估价是科学与艺术的有机结合，在"互联网+"时代，估价系统与房地产估价师是相辅相成的。智能估价系统作为时代的产物，是估价机构的一个优势。

（二）拓展业务领域

大数据时代是房地产估价行业技术创新的突破口。在保留优质传统业务的基础上，利用大数据的优势开展新业务，促进房地产估价行业的多元化发展。目前我国大多数估价机构的业务仍较为单一，要敢于接受挑战，拓展新业务，如贷后批量重估、标定地价、各类租金评估、物业管理费评估、一手房销售价格评估、历史建筑物评估、科研课题研究等。

（三）提高服务水平

高效率的专业服务、高质量的专业意见、独具见解的专业分析，是服务的核心竞争力。服务水平作为房地产估价机构的一张活名片，要想在行业提高名气，房地产估价机构必须重视人才培养，不断优化人才队伍，提高企业的核心竞争力，为客户提供更优质的服务。

（四）创新估价技术

随着时代发展，人民的法律、维权、利益意识不断增强，涉及估价对象、估价目的、估价要求各不相同，对于新、奇、难、急业务，传统的估价方法、估价思路、估价模式已难以满足日渐趋多的客户需求。一个优秀的估价师必须紧跟时代的步伐，不断拓展知识面、学习估价相关领域专业知识、创新技术思维，同时能善于运用经济、财务、测绘、造价、资产评估、建筑等相关学科知识进行结合，辅助完成估价工作。只有估价技术水平够硬，才能适应不同客户的估价需求，才能做出高质量的"报告"。估价技术水平作为估价机构的底蕴，只有底蕴够深厚，才能赢得客户的高度认可，在客户与同行中拥有优秀的品牌形象与口碑，从而提升企业知名度。

五、结语

在"互联网+"的时代下，房地产估价行业的可持续发展离不开大数据，大数据的发展离不开优秀的人才，要全面跟上时代的步伐才能在行业内走得更稳。房地产评估机构势必要抓住时机、把握机遇、顺势转型，在改革创新中走多元化发展道路，才能走得更远。

作者联系方式

姓　名：陈海清　汪　娟
单　位：深圳市国资源土地房地产资产评估有限公司
地　址：深圳市罗湖区深南东路华乐大厦 1308
邮　箱：1013398391@qq.com；918314132@qq.com
注册号：陈海清（4420200047），汪娟（4420190018）

"一带一路"下的评估咨询行业新机遇

黄西勤　黄荣真　毛小源　梁天齐　段雯瀚　冯元景

摘　要： "一带一路"为国内评估咨询行业提供了千载难逢的发展机遇，应深刻认识并把握住这一历史机遇，设施联通和贸易畅通不仅为"一带一路"沿线国家和地区提供良好的硬件支持和经济基础，还因对相关专业服务的需要而为我国估价机构走出国门、走向国际带来难得的机遇。本文对"一带一路"沿线部分国家和地区的政治、经济、法律以及估价行业等方面做了论述与分析，并就如何把握"一带一路"带来的机遇提出了若干建议。

关键词： "一带一路"；沿线国家；评估咨询业概况；机遇；建议

一、"一带一路"最近动态

2013年9月和10月，中国国家主席习近平分别提出建设"新丝绸之路经济带"和"21世纪海上丝绸之路"的合作倡议。倡议提出依靠中国与有关国家既有的双多边机制，借助既有的、行之有效的区域合作平台，旨在借用古代丝绸之路的历史符号，高举和平发展的旗帜，积极发展与沿线国家的经济合作伙伴关系，共同打造政治互信、经济融合、文化包容的利益共同体、命运共同体和责任共同体。

2021年11月19日，习近平出席第三次"一带一路"建设座谈会时强调，完整、准确、全面贯彻新发展理念，以高标准、可持续、惠民生为目标，巩固互联互通合作基础，拓展国际合作新空间，扎牢风险防控网络，努力实现更高合作水平、更高投入效益、更高供给质量、更高发展韧性，推动共建"一带一路"高质量发展不断取得新成效。

截至2021年11月20日，中国与141个国家和32国际组织，签署了206份共建"一带一路"合作文件。

二、"一带一路"沿线部分国家与地区评估咨询业概况

（一）几个典型国家的行业现状

1. 印度尼西亚

自荷兰殖民时期起，印度尼西亚已经存在评估咨询相关工作。自1967年，当地政府便开始邀请外来投资商发展本地市场，随着印度尼西亚银行重组局（IBRA）的成立，银行资产评估的业务需求开始普遍起来。但在这一时期，由于评估行业还没有成型，缺少专业评估资质的认定机制，导致评估师的服务范畴与会计师十分相似，相关工作通常由包括银行、投资及税务机构等金融机构完成。

印度尼西亚评估咨询行业的规模正在逐步扩大，从 2015 年 117 家评估机构及 113 家分支机构，发展到 2019 年 127 家评估机构及 348 家分支机构。这些机构的规模大小不一，他们负责提供不同的评估及咨询服务，包括房地产估价、商业评估、厂房及设备评估等。

2. 新加坡

新加坡于 1959 年 6 月实现自治，此后于 1965 年 8 月成为独立的主权国家。原先殖民政府设立的土地管理局和物业税部门负责土地行政和转让事宜，而财产税、估价和拍卖则由财政部的物业税部门管理。随后，通过独立政府法定委员会组织，对这些部门进行重组，新设立新加坡土地管理局（SLA）和新加坡税务局（IRAS）。

新加坡税务局下设地产代理委员会，对新加坡的房地产估价师和房地产经纪人进行监管，目前，新加坡大约有 1000 名持牌房地产估价师和约有 29500 名持牌房地产经纪人。

3. 日本

不动产估价与咨询服务主要由大型咨询公司和不动产鉴定士独立机构的认证不动产鉴定士提供，并根据客户不同的业务需求，为客户提供评估报告。

最常见的不动产鉴定业务就是企业之间、私人之间的不动产买卖，交易双方都必须在作出决定之前，仔细参考不动产鉴定士所提供的评估报告。

此外，银行不动产抵押业务也是不动产鉴定业务的一大来源，银行会聘请不动产鉴定士为顾客所抵押的不动产价值做出估值，以便为顾客放出符合要求的贷款额度。公开审查土地价格也是不动产鉴定士的主要业务，如为《标准地价表》提供准确的土地价值数据。法院也会聘请不动产鉴定士进行司法评估，公开拍卖、套利和遗产税的相关不动产鉴定是主要业务。不动产鉴定士在协助城镇规划、基础设施的开发项目规划中也发挥出重要作用。因此不动产鉴定士通常与当地政府有良好密切的关系。2018 年，日本共有 5247 名不动产鉴定士。

4. 马来西亚

1957 年独立后，马来西亚招募了 10 名实习评估师，分别在英国和马来西亚接受教育，他们构建了专门估价服务机构。这个名为估价和物业服务部门（VPSD）的组织在深度和广度上都迅速发展，从吉隆坡的一个办事处发展到在几乎所有主要城镇和所有州都有分支的大组织，包括设于普特拉贾亚的总部（共计 40 个分支）。

VPSD 的发展并不仅仅局限于估值领域。1999 年，VPSD 成立了国家物业信息中心（NAPIC），通过分析各类物业在交易和供应上的数据，开发了马来西亚的房价指数（MHPI）。如今，NAPIC 已成为马来西亚房地产销售、房地产供应和房屋价格变动信息和数据的主要提供者。

在 21 世纪初，VPSD 还成立了国家财产研究中心（NAPREC）。该机构资助对房地产行业各方面的研究，并对马来西亚房地产市场状况进行实用性分析。

（二）几种典型的行业政策制度

1. 印度尼西亚

在 1981 年 10 月 20 日，印度尼西亚评估师协会（MAPPI）正式成立。印度尼西亚评估师协会是唯一受政府认可的专业组织，拥有众多专业评估师。印度尼西亚评估师协会负责监督当地评估师的教育和培训，维护行业准则体系，并制定道德规范。鉴定专业证书、教育、培训和其他相关的活动，以培养和发展会员的能力。此外，印度尼西亚评估师协会与政府、社会及国际评估界积极建立友好的合作关系。评估师的执业证书由印度尼西亚财政部进行审批，取得执业证书是评估师成为印度尼西亚评估师协会会员成员的首要条件。

2. 新加坡

在新加坡，尚未为商业评估制定组织机构，因为商业评估服务提供商不需要获得许可证、证书或专业资格。因此，有很多公司提供类似的商业评估服务，例如投资银行，管理咨询公司，会计公司等。

市场上目前没有组织机构或制度化的发牌或专业要求，以便公司提供房地产评估和代理工作以外的资产评估。因此，商业估值，动产、仪器、艺术品、葡萄酒、收藏品和其他无形资产（如商标、特许权、特许经营权、权利、商誉和品牌）的评估领域是对其他服务提供商开放的，如投资咨询、基金经理、商业顾问、管理顾问和一般的会计师事务所。估值领域没有对应的认证机构，也没有专门的管控条例。

3. 日本

大多数不动产鉴定士通过了国土交通省的考核后，都加入了日本不动产鉴定士协会联合会。

不动产鉴定机构主要是中小企业，为律师所、会计师所和银行等机构提供独立评估服务。大型开发商和银行有时会拥有自己的不动产鉴定部门，评估报告主要供内部使用。政府也会设立鉴定评估公共部门，例如每年公布的土地公共价格、固定资产税评估、公开拍卖评估等，通常由省区政府的不动产鉴定士进行相关工作。

不动产鉴定业务通常只能由认证不动产鉴定士完成，没有取得专业资格的人士并不能进行相关工作。然而有时候，房地产经纪、会计师也会提供类似的鉴定评估服务而不收取任何费用，但评估结论不能用于正式的评估报告中。

4. 马来西亚

1961 年马来西亚测量师学会（ISM）成立，后更名为皇家特许测量师学会（RISM），是涉及土地测量、工料测量、建筑测量和房地产测量等领域的机构。到了 1974 年，RISM 已经全面开展专业考试，并得到政府的认可，以审查和培训发展中国家的未来评估师。

大约在同一时间，玛拉技术学院开启值文凭课程，以培训细分专业团体。由于对专业评估师的需求不断增长，马来西亚科技大学于 1973 年也开设了这一专业。发展到现在，马来西亚目前有 4 所公立大学和 5 所私立大学为评估师提供专业的教育和培训。

三、"一带一路"给国内评估咨询行业带来的新机遇

（一）全行业的业务总量增加

"一带一路"倡议的深入推进促使评估咨询行业的业务总量有比较迅猛地增长。"一带一路"深入推进的一个最明显的具体体现之一，即是世界市场的进一步融合。当今更清晰的表现是区域经济一体化的长足发展，跨国经营的加剧，必然导致竞争在更广泛的范围和更激烈的程度上进行，行业与企业各个层次上的并购与重组都会急剧地增加。

以新加坡为例，新加坡致力于"一带一路"沿线地区的战略合作发展，与中国签订政府合作项目"中国（重庆）—新加坡战略合作互联互通示范项目"。截至 2021 年 3 月底，在中新互联互通项目框架下，累计促成 260 个合作项目，总金额达 338 亿美元。其中累计推动中双方签署各类商业合作项目 110 个、金额达 207 亿美元，跨境融资项目 150 个、金额达 131 亿美元。在这些合作项目中，需要相应的评估和咨询服务，新加坡专业的评估咨询行业可以为"一带一路"倡议合作项目提供估价和咨询服务以及法律咨询服务，如缅甸的电力项目耗

资 3 亿美元，该项目得到了毕马威等咨询服务公司的支持。通过"一带一路"倡议，新加坡评估咨询公司的业务总量从越来越多的合作项目中受益。

（二）提升行业服务质量

世界市场的融合以及企业的全球战略也向评估咨询行业提出了前所未有的挑战。因为在全球市场上进行战略投资的选择需要统一的、至少是可比的价格标准，而国际评估咨询行业虽然经过多年的努力已在不少领域达成了共识，但目前尚未形成一个完善的统一准则体系。"一带一路"倡议的发展无疑会成为推动国际评估咨询行业标准进一步完善的巨大推动力。

（三）促使行业加速进入成熟期

行业的成熟阶段是一个相对较长的时期。在这一时期里，少数大型评估咨询机构将会占据大部分行业的市场，每个机构都占有一定比例的市场份额。由于彼此势均力敌，市场份额比例发生变化的程度较小。评估咨询机构与产品之间的竞争手段逐渐从价格手段转向各种非价格手段，如提高质量、改善性能和加强后期服务等。

（四）加快行业国际化进程

"一带一路"是构建开放型经济新体制的重大举措。2015 年 9 月，中共中央、国务院发布了《关于构建开放型经济新体制的若干意见》，明确指出要重点实施"一带一路"倡议、京津冀协同发展战略和长江经济带战略，推动东西双向开放，促进基础设施互联互通，扩大沿边开发开放，形成全方位开放新格局。这将使得我国对外开放的地理格局发生重大调整，对我国参与经济全球化具有重大深远的意义。

四、把握"一带一路"机遇的几点建议

（一）提供"一带一路"沿线国家的政治、经济与法律相关辅导与专题分享

针对"一带一路"倡议背景下，国内评估机构开展境外业务可能遇到的政治、经济、法律问题，评估咨询行业从业人员应充分认识到只有知己知彼，熟悉了解其他地区评估咨询行业与自身的异同点，才能更好地克服地区差异带来的政治、文化、执业标准的困难，实现有效联动和多方合作，为客户提供更优质的评估咨询服务。因此，一方面评估人员平时应当积极查阅有关当地政治、经济、法律方面的文件资料进行研读，加深了解，形成丰富的经验积累和知识储备；另一方面，行业协会应发挥自身的协调和引领职能，组织评估机构共同学习和讨论，邀请相关领域专家进行集体辅导与专题分享；邀请国外专业评估人士宣讲该地区的经济和法律政策，并印发相关专题资料供会员学习。

（二）尽早出台"一带一路"评估项目中相关技术的指引性政策

由于"一带一路"政策实施过程中企业境外投资业务的多样性和复杂性，尤其是不同国家和地区投资环境、技术标准、法律法规都可能有着较大的差异，评估机构可能会面临一些新的技术问题和难点。针对这一情况，我国评估行业应当积极参与国际评估理论研究、重大课题研讨，组织行业内专家进行讨论，将研究和讨论的成果分类整理、梳理成册，并尽早出台"一带一路"评估项目中技术难点的指引性政策，为房地产评估、资产评估等业务在服务于"一带一路"相关项目时提供规范的框架与明确的边界，指导评估机构境外业务的顺利开展，和国际评估实践相接轨。

（三）搭建"一带一路"资源共享平台

在"一带一路"这个群雄并起、机遇与挑战并存的大舞台上，为了提高我国评估行业

的整体专业素质和能力，使中国评估咨询行业在"一带一路"倡议的实施过程中成为各地区评估咨询行业的"领军者"，行业协会可以积极组织国内不同评估机构之间的交流，并搭建"一带一路"资源共享平台。平台分享的资源包括但不限于评估业务机会的识别、海外评估经验分享、具备跨国业务能力的人才培养与培训等。通过行业间分享、交流和培训，让国内众多评估机构在积极正式参与"一带一路"相关的境外投资评估服务之前及时吸收经验、打下基础，同时实现不同评估机构之间的优势互补，为我国评估机构国际化业务的开展提供有力的支持。

（四）制定评估项目的风险管理与防范相关文件

面对"一带一路"倡议背景下开展境外评估业务可能面临的风险，包括但不限于自然风险、社会风险、政治风险、经济风险、技术风险、财产风险、信用风险等，相关监管机构应当尽快制定风险防范和管理方面的文件，针对不同的风险提出相应的应对预案和防范措施。同时行业协会应组织评估机构进行项目风险管理培训，督促评估机构在承接业务时进行项目风险评估，进行长周期、政策导向的评估项目的管理及风险防范，提升评估机构境外业务风险防范能力，为"一带一路"下评估咨询机构境外投资评估业务的顺利开展保驾护航。

（五）有计划培养一批国际化人才

通过制定和实施评估咨询行业人才规划，采取有效措施，有计划、有步骤、多渠道、分层次地培养评估咨询从业人员队伍，注重加强业务水平高、实务能力强、综合素质过硬的高端行业人才和国际化人才的培养，特别是培养出具备开展国际评估咨询市场评估业务能力的高端复合型人才。在人才培养的过程中，不仅要通过对在国际上具有重要影响的典型案例的分析、讲解和学习，开拓我国评估咨询专业人员的执业视野和专业能力，而且还要通过对我国从事评估咨询业务的成功典型案例的宣传，提升国际影响力，让国际社会逐步认识和认可我国评估咨询服务行业的评估水平和能力，从而逐步接纳我国的评估咨询服务机构融入国际评估市场。

（六）将现行的规范与国际标准相衔接

一些"一带一路"沿线国家评估咨询行业尚未形成完整的监管程序，所应用的会计准则和规章制度没有与国际标准接轨，尤其是在境外并购业务方面，双方很难在资产价值评定中形成统一的结论，一定程度上阻碍了"一带一路"的商业合作。基于此，中国房地产评估机构的"走出去"，在经济全球化的今天服务于"一带一路"沿线国家的评估市场，必须建立国际通用的评估准则，应尽快将现行的《房地产估价规范》《房地产估价基本术语标准》与相关国际标准相衔接。在此，特别提一下由中国房地产估价师与房地产经纪人学会牵头，国众联资产评估土地房地产估价有限公司承接并主导研究的《粤港澳大湾区房地产估价标准研究》课题，本课题针对粤港澳三地房地产估价行业发展不同步、估价标准不统一的现状问题，课题组在对粤港澳三地的房地产估价技术标准、法律规范、职业道德等方面的异同作出了深入细致的分析比较的基础上，博采众长并结合湾区实际情况，提出了统一的《粤港澳大湾区房地产估价技术标准》与《粤港澳大湾区房地产估价职业道德标准》。为助推粤港澳大湾区房地产估价事业发展，提升区域企业"一带一路"影响力，促进区域行业创新作出了努力尝试。《标准》将在澳门率先试行，随后陆续在大湾区其他地区施行，并最终希望申请取得国家标准委员会的通过，正式实现"湾区标准"的落地和实施。

（七）加强从业人员职业道德建设

遵守职业道德是从事一切评估咨询业务的前提，职业道德建设是评估咨询行业建设的重要组成部分。"一带一路"倡议的实施，带来了广阔的舞台和无数的机遇，也伴随着相应的诱惑和风险。身处这样一个时代的洪流之下，评估咨询从业技术人员除必须具备相应的专业知识和技能，还应不忘初心、恪守本分，保持高度的职业道德水平和为公众服务的意识。与此同时，行业主管部门应通过建立职业道德标准来规范专业技术人员的行为，适时引入合理的监管机制和奖惩机制，对专业技术人员的从业道德进行有效的监督与管理，保证为客户提供专业、客观、公正的咨询服务，助力"一带一路"健康、顺利发展。

参考文献：

[1] 李明月，张程，徐成林."一带一路"背景下我国房地产估价行业的创新发展——以英美国家估价行业为鉴 [C]// 高质量发展阶段的估价服务——2018 中国房地产估价年会论文集，北京：中国城市出版社，2018：758-762.

[2] 杨蕾. 我国房地产估价行业可随"一带一路"而提升 [C]// 估价无处不在——让估价服务经济社会生活的方方面面——2017 中国房地产估价年会论文集，北京：中国城市出版社，2017：397-402.

[3] 胡莉华，陈利."一带一路"倡议对我国房地产估价行业影响分析 [C]// 估价无处不在——让估价服务经济社会生活的方方面面——2017 中国房地产估价年会论文集，北京：中国城市出版社，2017：459-463.

[4] 甘立彩，周庆，胡春桥，等."一带一路"给我国房地产估价行业带来的机遇与挑战 [C]// 中国房地产估价师与房地产经纪人学会. 估价无处不在——让估价服务经济社会生活的方方面面——2017 中国房地产估价年会论文集，北京：中国城市出版社，2017：482-486.

作者联系方式

姓　名：黄西勤　黄荣真　毛小源　梁天齐　段雯瀚　冯元景

单　位：国众联资产评估土地房地产估价有限公司

地　址：深圳市罗湖区清水河街道清水河社区清水河三路 7 号中海慧智大厦 1 栋 1C 201b

邮　箱：yjfeng1@gzlchina.com

注册号：黄西勤（4420000321），黄荣真（4419960027）

浅谈新形势下的估价发展之路

张业城　郑延涛　舒　颐　李燕红

　　摘　要：随着"互联网+"、大数据、人工智能的不断应用，传统评估业务正逐步萎缩，与此同时，银行付费的趋势下导致估价机构间的价格竞争也愈发激烈，信息化以及日趋严峻的市场竞争环境，迫使估价机构转变思维，发掘自身优势，选择合适的发展方向，谋求新的发展，并与时俱进，迈向高质量估价服务。

　　关键词：房地产估价机构；发展方向；高质量服务

一、房地产估价机构面临的形势

　　我国房地产估价服务行业起步晚，发展速度相对较快。但发展至今，大多数房地产估价机构的主营业务仍集中在传统抵押估价业务，发展模式较为单一。随着信息技术的不断应用，近年来已陆续有银行等金融机构参考并认可世联、新永基等估价机构"自动估价系统"执行个贷内评。

　　在《最高人民法院关于人民法院确定财产处置参考价若干问题的规定》中明确规定，人民法院确定财产处置参考价，其采取的评估方式网络询价优先于委托评估。加之现今房地产市场价格越发透明化，包括"中原地产""贝壳找房""乐有家"等中介平台都能搜索到房屋的真实成交价和小区均价，以及过去成交的历史数据。自2020年起，各单位为了响应国家主推的"房住不炒"政策，多地如深圳、广州、宁波、北京、东莞相继推出"指导价"指导意见。各大中介平台相继下架楼盘放盘价格，隐藏真实成交价格。这一操作极大缩小了市场供需，也极大降低了评估需求，影响了评估收费，其传统评估业务逐步走向萎缩。与此同时，银行付费的趋势导致估价机构间在对公业务上的价格竞争也愈发激烈，加剧了估价机构乃至估价人员的执业风险。

　　在此竞争环境下，"维稳求变"成为必然趋势，其中，"维稳"就是守住传统业务，估价机构应做好数据化建设，拥抱大数据，自主研发自动估价系统形成市场的有效竞争，同时估价人员也应不断完善自身的沟通和专业能力。"求变"是在原有传统估价的基础上研发新产品，围绕传统估价拓展新领域，即金融顾问咨询业务。估价机构应打造自己的品牌优势，并结合自身优势特点，找准发展方向，实现多元化发展，培养复合型人才，估价人员也应选择并规划好自身发展方向，持续学习，不断更新相关知识，开拓视野，努力提高自身综合专业水平和创新能力，以适应公司的发展战略。

二、房地产估价人员的发展方向

（一）重视现场查勘

估价对象现场的界定是估价的关键，因此，做好估价对象的界定尤为重要。目前很多评估事故都是估价程序问题，而当中大多由估价对象查勘失误所导致。在《房地产抵押估价指导意见》《房地产估价规范》《中华人民共和国资产评估法》等与我们估价执业密切相关的管理规定中，都有对房地产估价实地查勘的描述，体现了现场查勘的重要性。估价人员应勤勉尽责，避免过于信赖领勘人而出现"张冠李戴"的现象，并对现场进行复核印证避免失职。

此外，还应区别不同的估价对象所必须相关的查勘要求，如商业类项目，考虑由于疫情影响，项目所处商业氛围、业态和租金可能发生改变，包括一些复估和续贷的项目，应重新复勘现场再行估价。

笔者建议，在条件允许的情况下，查勘中其照片的内容尽可能覆盖估价对象本身，可通过拍照＋录像的方式进行归档。

（二）深入市场调研

在对估价对象做出充分界定以后，应该对估价对象的用途、特点及方法使用性进行针对性的市场调研。应先确定房地产市场调查的目标，以便制定好准确的市场调查方案和路线，再者是根据房地产市场不同区域间的需求差异，收集不同调查对象的基本参数。在市场调研的方式中，估价人员可借助网络、电话以及实际调查，汇总分析并筛选合适的可比案例。特别是涉及国有资产处置，一定要对可比实例进行现场调查并拍照存档。

查勘现场和市场调查是估价的重要组成部分，缺一不可，后续评估值的沟通和确立都是围绕这两部分展开，估价人员应保有谨慎勤勉的工作态度，认真负责。市场调研方面，一些复杂的政府类或法院纠纷案件项目可通过录音的方式进行归档，以便后期调档取证以备不时之需。

（三）充分协调沟通

经过现场查勘和市场调研后，在确定估价结果阶段，业务人员应当做好"桥梁"工作，应当与客户充分沟通，了解客户的业务真实需求，不能只停留在片面的价格评估，应不断寻找合理诉求进而在估价中尽可能达成共识。

（四）加强外部沟通能力

估价专业人员不应只是呆板负责项目技术，"技术＋沟通"才是符合新时代估价的要求，应不断加强外部沟通能力。首先，机构可以以自主命题的方式定期开展内部演讲比赛，提高沟通表达能力；其次，一些复杂类项目的沟通在适当时机应给予历练的机会，强化外部沟通能力，独当一面。

（五）加强服务意识

笔者认为，加强服务意识的关键，需要实现技术与业务的有机结合，业务端掌握着项目的真实情况，技术端掌握着市场动态，唯有相互结合才能在把握风险的情况下，兼顾客户的价格需求。在实际工作中，估价人员应打破壁垒，代入业务思维，实现"技术＋业务"的融合，并学习业务人员的沟通技巧，在充分掌握项目的真实情况后，应围绕项目的实际情况和委托人进行充分沟通，在平衡业务需求和风险的基础上做出公允的估价判断。

（六）持续学习的心态

估价是一个综合性的知识体系，不仅需要学习估价本专业的知识，还需要了解各相关领域知识的学习，如城市更新政策、规划、造价、税筹等，不断拓展自己的知识面，成为一名学习型的估价人员。知识的积累有助于开阔自己的视野，视野的开拓能更好地打开估价思维和发现"商机"，洞察潜在的评估业务，应持之以恒。

三、房地产评估机构的发展方向

（一）构建估价基础数据库

数据之于评估，没有数据支撑的评估，便失去存在的价值。估价机构之间的竞争很大程度取决于数据库的完善，包括成交实例、租赁实例、法律法规等基础数据，能够在日常工作中做到"即插即用"，既提高了工作效率，又节约时间和沟通成本。

（二）自主研发估价系统

信息化和大数据的应用，极大影响了常规评估的需求和评估收费，因此估价机构应尽快适应高质量发展阶段的要求。未来无纸化办公是必然趋势，估价机构通过自主搭建数据平台，并自主研发形成的估价系统，通过实现与机构 OA 自动办公系统的衔接，将询价端的基础数据一键生成报告，提高工作效率。

此外，对于自动估价系统，短期内肯定能赢得更多的市场份额，但并不能一直"独领风骚"，针对现阶段仍在自主研发估价系统的估价机构，笔者建议，估价机构应与时俱进，如果能够适时针对现存的估价系统存在的不足，以及目标客户服务群体的感受建议做出调整，是能够实现"弯道超车"的，正如增量房地产市场做产品定位一样，不同时期客户的需求也在发生改变，如此以往，有助于估价机构重新掌控评估市场，获得市场份额。

（三）提高估价报告质量

《资产评估法》的发布标志着房地产估价机构发展必然更加规范化，估价机构应建立严格的内部审核制度和估价质量管理体系。估价报告是提供估价服务的最终载体，估价机构必须始终注重估价报告质量。从规范上，高质量的估价报告要严格按照现行国家标准《房地产估价规范》，遵循估价原则，按照估价程序，选用适宜的估价方法，综合分析影响房地产价格的因素，通过研究、分析和测算，保证估价结果的客观、公正、合理；从具体内容上，估价报告的形成过程就是项目价格的推导过程，应在报告中完整描述项目的区位因素、实物状况、宏观市场背景、价格内涵、特殊要点及价格推导，确保报告内容的完整性，让报告需求者读懂项目的"来龙去脉"。

（四）高度重视人才培养

人才是估价机构的核心竞争力，未来估价机构之间的竞争，更多是对优质人才的竞争。随着估价行业的深化发展，估价范围涉及面之广要求估价机构不仅需要培养估价理论知识和实践经验的人才，还需培养跨行业的综合型人才，比如工程造价、会计、规划等，以适应新时代的发展需求。

（五）加强专业能力提升

机构内部应建立学习交流机制，加强内部培训和分享，如定期开展例会、培训，或以日常工作碰到的疑点、难点相互分享讨论，形成持续学习、交流的良好氛围，或在工作中建立 AB 角制，在起到工作互补的同时，也能全面提升个人专业能力。

（六）拓展房地产咨询业务

围绕金融估价板块展开，挖掘客户需求包括税务筹划、工程造价咨询、投融资咨询等，并打造房地产投资顾问团队实现"一站式"服务。

（七）组织外部培训

组织外部培训，如协会或者相关协会组织的培训，以及同行业优秀同行考察学习，也可以对近期出台的政策和房地产价格走势展开讨论，提高公司知名度的同时，深挖客户需求。

（八）树立品牌效应

在目前品牌为主的模式中，品牌意味着商品定位、经营模式、利润回报。可通过参加各类相关的活动，如政府、企业、银行等机构招标入围磋商汇报，伺机推出自身优势产品和新型产品，同时利用各类媒介平台加强品牌建设，从而提高市场认可度。

四、结语

在这个机遇与挑战并存的时代，高质量的房地产估价服务，是房地产估价机构的生存之本，未来发展的根基。互联网、大数据逐步改变获取专业信息的渠道，信息的透明化改变了传统专业服务的需求，其传统评估业务逐步被取代，为顺应时代要求，高质量估价服务是房地产估价市场长期可持续发展的必由之路，在新形势下，估价机构应树立品牌形象，提升行业影响力，注重数据积累，研发或深化自动估价系统，方能在行业间站稳脚跟。

作者联系方式

作　　者：张业城　郑延涛　舒　颐　李燕红

单　　位：深圳市世鹏资产评估房地产土地估价顾问有限公司

地　　址：深圳市福田区天安数码城泰然五路天济大厦 AB 座 5A 室

邮　　箱：sp22211203@163.com

注册号：张业城（4420190148），郑延涛（4420170049）

房地产发展趋势与估价行业的未来

苏　里　薛　颢　任　鑫　冼寒露

摘　要：经历市场化的飞速发展，房地产与房地产估价似乎同时来到了转折的十字路口。行业发展方向在内外环境震荡的过程中前后摇摆、法令政策在修正市场失灵的过程中左右发力，而疫情下更加速了其中要素的发酵或重构，变化成为不变的主题：人口总量与人口结构的变化、城市空间分异与资源配置的变化、房地产行业在国家经济箱体中分量的变化、估价行业需求主体和需求结构此消彼长的变化等相继涌现。变化淘汰旧的存在，也催生新的机遇，新的机遇则带来新的市场内生需求。这其中，房地产未来发展趋势的预判对估价行业精准捕捉市场内生需求至关重要。本文通过世界与中国的两个视角，从人口、城市、科技三大核心维度去观测房地产未来发展趋势，进而辨析房地产估价行业的未来。

关键词：变化；房地产发展趋势；估价行业；未来

一、房地产发展趋势

1998年中国房地产市场化之后，2003年国务院发布的《关于促进房地产市场持续健康发展的通知》（国发〔2003〕18号）中明确房地产业的高关联度、强带动性，已成为当时国民经济的支柱产业，房地产业的发展与国民经济、产业联动、城市化进程、国民人均收入的增长显著相关。随着我国全球经济体量排名的上升，经济的结构化调整和发展的高质量转型成为生产力在新时代的新需求，房地产从经济舞台的核心位置中移步。2016年中央经济工作会议提出"房住不炒"原则是对房地产投资属性过热的降温，2021年国务院在《关于加快发展保障性租赁住房的意见》（国办发〔2021〕22号）中首次明确的住房保障体系顶层设计则标志着基于"效率—公平"的二元目标、"市场—救济型""市场—福利型"和"市场—保障型"的递进城市住房问题求解范式的实践应用。尽管市场供给、融资等多领域结构性短缺与过剩并存的资源错配现象依然存在，但房地产业平稳健康发展的目标始终未变，人民对房地产"住有所居"并持续改善的需求始终未变。基于此，房地产的未来是向左向右？通过世界去看中国，通过历史去看未来，从人口、城市、科技三大核心维度中去观察有助于我们分析房地产的未来发展趋势。

（一）从世界看中国

德国、美国、日本等发达国家的城市化进程均先于我国，这些国家的城市化率趋于稳定并已长期处于峰值水平，其中地缘差异等原因导致相互间城市化率峰值呈现高低差异，而排除移民等因素的人口总量则趋于稳定甚至下降（图1）。

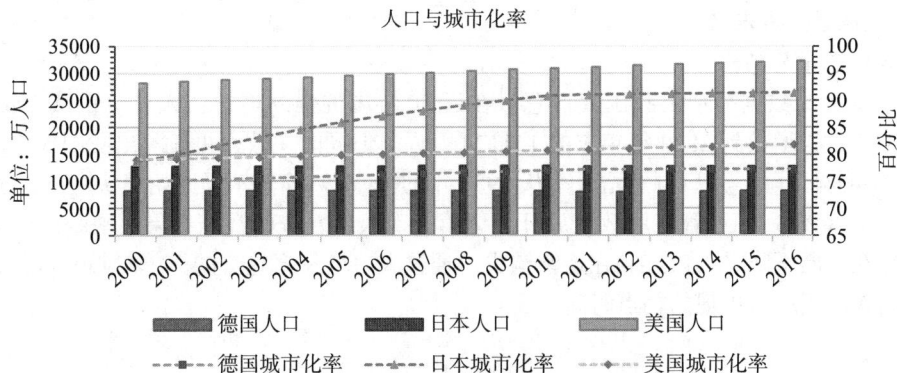

图 1 德国、美国、日本等发达国家人口与城市化率

数据来源：世界银行及 CEIC

　　城市化进程中以枢纽型城市尤其是港口城市为中心的核心城市、都市圈、城市群陆续出现。由城市化到都市圈、由都市圈到城市群过程中人口、就业、教育等大量资源在大规模聚集小规模分散的同时作用下发生区域性偏斜。房地产的市场需求与发展特征一定程度体现在区域间明显差异的房价上，而全国人口总量、全国房地产价格均值、人均 GDP 等宏观数据在城市化末期的变化形态则更为清晰（图 2 ）。

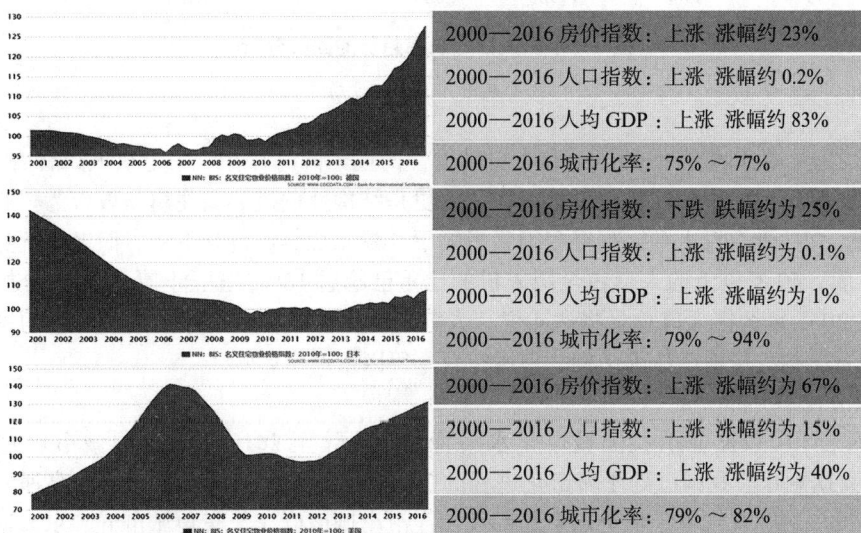

| 2000—2016 房价指数：上涨 涨幅约 23% |
| 2000—2016 人口指数：上涨 涨幅约 0.2% |
| 2000—2016 人均 GDP：上涨 涨幅约 83% |
| 2000—2016 城市化率：75% ～ 77% |
| 2000—2016 房价指数：下跌 跌幅约 25% |
| 2000—2016 人口指数：上涨 涨幅为 0.1% |
| 2000—2016 人均 GDP：上涨 涨幅约为 1% |
| 2000—2016 城市化率：79% ～ 94% |
| 2000—2016 房价指数：上涨 涨幅约为 67% |
| 2000—2016 人口指数：上涨 涨幅约为 15% |
| 2000—2016 人均 GDP：上涨 涨幅约为 40% |
| 2000—2016 城市化率：79% ～ 82% |

图 2 德国、美国、日本（由上至下）等发达国家宏观数据变化形态图

数据来源：世界银行及 CEIC

　　市场化商品房的另一侧，保障性住房如共有产权住房在 1980 年左右英国政府的"共有产权计划"中启动，随后发展到美国、日本及欧洲各国。例如美国的共有产权住房包括限制性契据住房（deed-restricted housing）、社区土地信托住房（community land trusts housing）、有限权益合作住房（limited equity cooperatives）等多种形式，并以较为完善的金融体系为支点来支撑保障房的建设和运营。

（二）从过去看未来

1. 人口总量与结构

国家统计局数据显示出我国人口总量在近 70 年内的强劲增长：人口总量从 1949 年年末的 54167 万人增长到 2020 年年末的 141178 万人。但同时，数据也显示出我国人口出生率在近 30 年明显下降：人口自然增长率从 1987 年的 16.61‰峰值水平开始掉头向下，至 2019 年的 3.34‰（图 3）。尽管三胎政策放开，但第七次人口普查的数据结果反映我国的人口增长率仍然在不断下降，人口红利在逐渐消失。通过人口增长率趋势的简单回归分析，我们可能判断出人口负增长出现的拐点时间。

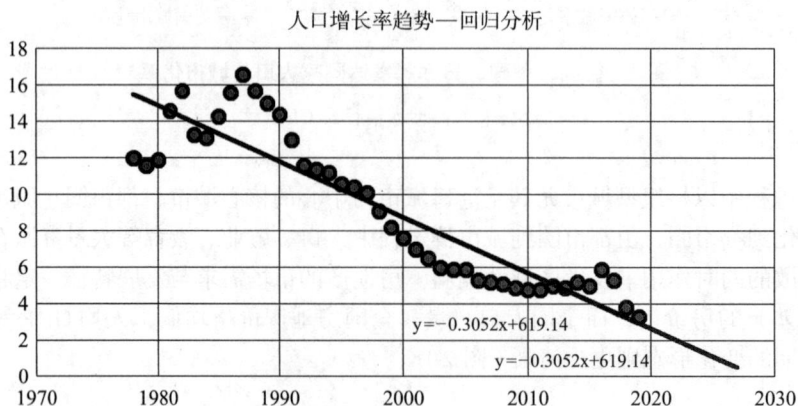

图 3　中国人口增长率趋势的回归分析

数据来源：国家统计局

拐点之上，人口增长率的压力和人口结构性的压力同时存在。第七次人口普查中 1.3‰的总和生育率反映的不仅仅是总量性危机，而更是结构性危机。在住房与教育为核心的生活成本加剧、女性受教育水平提高等多因素影响下，少儿抚养比持续下降、而老年抚养比持续上升。目前，60 岁以上的人口占全国人口的比重已超过 18%，联合国人口司的分析数据预测我国在 2055 年老年人口总量将达 4 亿。人口老龄化在我国城镇居民消费升级的过程中将持续对消费结构、房地产需求结构、住房空置率等因素产生影响。

2. 城市化率与都市圈

国家统计局数据显示我国城市化水平稳步上升，至 2019 年末我国城市化率已达到 60.6%，数据意味着我国已处于城市化进程的中后期，未来都市圈与城市群的高速发展符合世界城市发展的客观规律。从美国东北部大西洋沿岸城市群、长三角城市群、东海道太平洋沿岸城市群等世界六大城市群的特征共性中可以看出，交通枢纽型核心都市特别是港口型核心都市为中心的城市群仍然会在较长时间内保持其规模优势。对城市内部而言，外延式扩张与内涵式发展将逐渐形成多中心的城市内部特征，通过老城功能疏散、行政中心转移、开发区建设等方式进行着城市空间结构调整、驱动着资源要素的空间再分配。

3. 科技的量变与质变

产业的发展有助于地方政府摆脱对土地财政的依赖，而科技的质变将影响房地产乃至整个社会的发展形态。例如 5G 及更高传输速度的网络普及，可能进一步打破房地产中地理性、区位性的先天优势，教育、医疗等各种资源将网络化再分布与再配置；量子计算机可能加速人工智能的迭代，让城市智能化程度大幅跃进，城市空间与容量得到更有效地利用。

（三）房地产的未来

从上述两个视角、三大核心维度去观察，房地产未来可能呈现出的四种趋势：一是由分散到集中：三线、四线城市向一线、二线城市集中；零星城市向大型都市圈、城市群集中；资源向城市功能分区的核心部集中。二是由增量到存量：增量房屋的产能会逐步下降，存量房的交易份额比重将会相对提高；旧房升级改造更广泛地替代原有拆建模式。三是由均衡到差异：核心都市圈与非核心都市圈、城镇房价差异可能进一步拉大；城市内核心资源区域与郊区差异更为明显。四是由规模到平衡：房地产开发企业的数量可能会逐步减少，建设规模将趋于平衡；融资水平趋于均衡与合理。

除此之外，随着住房产品的升级迭代、住房消费将向实用型、舒适型、健康型、功能型方向转变。而《民法典》中新增的"居住权"则是对房屋权益属性内涵的扩展，是从法律层面出发在"住有所居"思想下推进"租购并举"的房地产发展趋势定义。环境与产业长期协调发展的要求推动建筑行业面对"碳达峰""碳中和"时代所必须做出的节能减排努力。2021年国务院办公厅明确了以共有产权、保障性租赁住房、公租房为主的住房保障体系顶层设计，也从政策层面揭示了房地产业未来产品结构：以绿色低碳建筑、装配式建筑为主的改善型住宅、养老地产、租赁住房、保障性住房等会占据未来房地产市场相当程度的份额。围绕核心城市群的投资成为发展新逻辑，相对单一的居住型产品向多元化产品转变以适应城市发展规律并满足人们多样化、差异化的房地产消费需求。

二、房地产估价行业的未来

（一）业务范式因地制宜

区域间及城市间发展的特点和差异愈加明显，发展幅度的差异甚至方向性差异可能同时存在。"一城一策""因城施策"是中央政府针对这种差异化的房地产发展现状与趋势所作出的明智决策，估价行业也要迅速适应缺乏统一业务范式时代的来临。例如东部某城市存量租赁物业评估需求、保障房评估需求上涨时，西部某城市对于增量房地产的评估仍保有较高需求。这种情况下，业务复制粘贴的可能性、成功率逐渐变小，而针对区域、城市发展定位和发展阶段分析所判别的非共性化需求则更为重要。

（二）估价大融合

2016年颁布实施的《资产评估法》不仅是调整估价行业内外要素关系的法律，也是估价行业大融合的标志。房地产估价、土地估价、资产评估之间的边界红线趋于淡化，各类估价服务的客户群体、市场定位、技术思想都会在融合的过程中相互理解、渗透。这种融合并非跨界、并非多元化，而是一种同元演化，体现出共性层面的绝对融合与个性层面的相对独立，其本质是市场内生需求在升级过程中对估价服务供给侧资源、效率等多方要素优化、融合的需求。

（三）增量估价向存量估价过渡

虽有城市间存在差异，但由人口总量和结构状况、社会经济发展状况等决定的房地产增量转存量的总体趋势依然存在。增量转存量的过程中市场需求主体和需求内容都将在一定程度上发生变化，估价机构需要在转变的过程中调整思路，结合本地状况分析业务结构与业务规模的变化增减，挖掘存量房地产在转移环节特别是持有环节的新生需求。例如在建工程类、土地出让类评估的数量规模随着转换的过程而趋于减少，但持有环节的相关房地产税收评估、持有商业地产的最高最佳利用价值的评估等可能成为新的增长点。

（四）租赁住房的发展潜力巨大

无论是 2016 年国务院办公厅发布《关于加快培育和发展住房租赁市场的若干意见》以来中央政府所表达的对住房租赁市场的重视，还是研究机构预测 2030 年 4.6 万亿元的中国房屋租赁市场规模都标志着租赁住房市场未来巨大的潜力。尽管长租房产业的发展遇到诸多令人诟病的问题，但"迫切"的资本最终还是迎来了"迟到"的监管。过热的资本在恰当的监管下回归理性必将促进长租房市场的健康平稳发展，在满足城市"新市民、青年人"等群体住房需求的同时催生估价行业的潜在业务，使"租售同权"时代的价值评估、租金评估以及与之关联的 REITs 相关评估需求的大规模增长成为其中可能。

（五）保障性住房的关注度提升

在对发达国家城市化先行者的观察中发现，保障性住房的存在并非偶然。在国内外长达数十年的实践过程中证明，保障性住房是国家城镇住房体系中的重要组成部分。经济适用房、限价房等探索已经成为过去式，2021 年 7 月中央首次在《关于加快发展保障性租赁住房的意见》中明确了以公租房、保障性租赁住房和共有产权住房为主体的住房保障体系。未来房地产发展结构版图中保障性住房的位置愈发清晰，则相关的估价需求一定会相继浮现。

三、结语

房地产业发展的新趋势和国家宏观微观政策都会带来新的机遇，市场主体的内生新需求在转变与发展的过程中不断产生、壮大。新生需求与估价有着更高的结合点，对估价服务有更高的品质要求，这要求我们不断地创新以适应需求不断的变化。其中，信息化、智能化手段是估价的新型载体与方法，解决的是赋能问题，尤其是共性类、泛用类评估的赋能问题；而技术创新才是估价涅槃的动力核心，解决的是寻找结合点的问题，尤其是个性类、定制类评估的供需契合。

把握未来以"估"全大局；

齐足并驱以"价"驭未来。

参考文献：

[1] 唐小飞，刘伯强，王春国，等.我国房地产行业发展趋势影响因素研究 [J].宏观经济研究，2014（12）：59-66.

[2] 王振坡，宋嘉卓，王丽艳，等.我国城市住房问题演变与求解：基于政府—社会—市场关系的回顾与展望 [J].学习与实践，2021（07）：35-44.

[3] 张平.中国"人口转变"下的增长与"双循环"发展战略 [J].社会科学战线，2021（10）：44-55.

[4] 何海云.房价对城镇家庭生育行为的影响研究 [J].上海房地，2021（09）：29-34.

[5] 何林浩，陈梦.夫妻博弈与家庭生育率 [J].世界经济文汇，2021（04）：74-88.

[6] 张焕明，马瑞祺.中国城镇居民消费结构变动趋势及其影响因素分析 [J].经济实证，2021（13）：117-121.

[7] 贾丽娜，张文涛.人口老龄化对我国住房空置率影响的区域异质性分析 [J].科技资讯，2021

（21）：168-170.

[8] 孙彪，杨山.多中心作用下大城市房价空间分异的特征及影响因素——以合肥市为例 [J].长江流域资源与环境，2021（07）.

[9] 于洋，贾广葆.后疫情时代楼市发展趋势分析——以大连市为例 [J].上海房地，2021（08）：39-44.

[10] 吕新峰.房地产行业发展现状及趋势 [J].住宅与房地产，2020（10）：1-2.

[11] 王振坡，王营营，薛珂.我国房地产市场发展现状及发展趋势探讨 [J].工程经济，2017（10）：60-64.

作者联系方式

姓　名：苏里
单　位：西安天正房地产资产评估顾问有限公司
地　址：陕西省西安市高新区科技二路与沣惠南路十字西南角泰华.金贸国际 4 号楼 29 层
邮　箱：suli_tzfdcpg@163.com
注册号：6120140017

姓　名：薛颢
单　位：西安天正房地产资产评估顾问有限公司
地　址：陕西省西安市高新区科技二路与沣惠南路十字西南角泰华.金贸国际 4 号楼 29 层
邮　箱：xuehao@tzgw.club
注册号：6120000004

姓　名：任鑫
单　位：西安天正房地产资产评估顾问有限公司
地　址：陕西省西安市高新区科技二路与沣惠南路十字西南角泰华.金贸国际 4 号楼 29 层
邮　箱：renxin@tzgw.club
注册号：1120210016

姓　名：冼寒露
单　位：西安天正房地产资产评估顾问有限公司
地　址：陕西省西安市高新区科技二路与沣惠南路十字西南角泰华.金贸国际 4 号楼 29 层
邮　箱：xianhanlu@tzgw.club

专业化还是多元化

——交易费用视角下的房地产估价机构发展战略刍议

周来友 柯惠芳

摘 要：受经济政策和环境的影响，近年来，房地产估价机构的传统业务逐渐萎缩，而且受到互联网技术和大数据技术的冲击。在此背景下，房地产估价机构未来如何发展，是摆在业内人士面前的一道难题。基于此，本文从经济学的交易费用理论出发，对企业选择多元化还是专业化经营的问题给出了一个判断准则，即：开拓新业务节省的交易费用和增加的交易费用要相等。

关键词：专业化；多元化；交易费用；估价机构

一、引言

近年来，由于传统估价领域业务逐渐萎缩，且互联网和大数据技术迅速发展，使得传统房地产估价业务受到极大的冲击。特别是新冠肺炎疫情发生，加之房地产市场调控政策等外部因素，房地产估价机构普遍存在生存困难、盈利压力增大等问题。房地产估价机构的发展问题再一次摆在业内人士面前，是坚守自己的主业、继续走专业化的经营道路，还是不断拓展新业务、走多元化的经营道路？这在业内并没有明确的答案。学界的研究发现，无论是专业化还是多元化，均有其优缺点，但学界并未给企业一个明确的选择准则或原则。因此，关于专业化经营还是多元化经营仍存在不清晰的地方，有进一步探讨的空间。有鉴于此，本文从经济学的交易费用理论出发，探析房地产估价机构的发展方向，并就选择"专业化"经营还是"多元化"经营给出一个判断准则。

二、"专业化"和"多元化"经营的收益与成本分析

在企业选择经营业务时，专业化和多元化是企业面临的重大选择，企业家经常会面临"把鸡蛋放在几个篮子里"的问题。如果把鸡蛋放在一个篮子里，那么企业家就需要确保这个篮子要选对，这意味着有较大的经营风险；如果把鸡蛋放在几个篮子里，虽然抗风险的能力增强，安全系数更高，但是经营成本会急速上升。这就说明，无论是专业化经营还是多元化经营，都有其优缺点。下面结合房地产估价机构特征，对"专业化"和"多元化"经营所面临的收益和成本进行分析。

（一）专业化经营的收益和成本

1.专业化经营的收益

专业化经营可以让企业专注于某一领域、某一技术，并且形成企业的核心竞争力，进而获取行业的垄断地位。比如，某估价机构在房地产抵押评估中技术精湛、业务量大，做出的估价报告不仅质量较高，且对市场行情把握较准，行内企业无人能够模仿和超越，抵押估价逐步形成自身的业务优势。也即是说，专业化经营可以获得规模经济、降低成本的收益。

在企业经营规模上，专业化经营"小而强"，公司管理和运营标准化、专业化，日常分工明确、协调成本低、管理方便，这些优势可以为公司日常运作节省较多的交易费用。

2.专业化经营的成本

专业化经营在市场环境比较稳定、政策环境可预期的背景下容易显示出其优势。一旦市场环境突变，抑或政府频繁调控房地产市场，这种依赖某一类业务的专业化经营的风险就极高。这是因为市场环境突变致使房地产估价机构的经营策略在当前已不适应环境变化，亟须改变经营策略应对新变化。但是这种改变谈何容易，以往的经营历史和经验已经形成惯性，在未来的一段时间会继续存在，继而制约了估价机构的转型或发展。因市场环境突变而引起的经营风险是专业化经营的最大成本。

（二）多元化经营的收益和成本

1.多元化经营的收益

多元化经营因其业务类型多样，企业有限的资源可以合理地配置在不同的业务部门，从而提高资源的配置效率；此外，在面临新的投资机会时，企业相对来说能够做出迅速地反应，可以规避因不良业务带来的风险；再者，多元化经营还可以将外部不确定性内部化，继而不断地扩大市场规模，做大做强企业。

2.多元化经营的成本

多元化经营虽然能够给房地产估价机构带来上述收益，但它是一把双刃剑，同样会给企业带来不小的成本。随着业务的扩张，企业需要的办公面积、管理人员、资金、技术和耗材等也会不断增加，这意味着企业的经营成本增加；此外，如果出现部分业务对资金需求旺盛，在企业资金资源有限及融资能力不足的情况下，很容易出现资金链断裂的问题。

三、交易费用视角下的房地产估价机构发展战略选择

从上述专业化经营和多元化经营的收益成本分析来看，无论选择哪种经营策略，都是既有收益、也有成本。从经济学的交易费用理论看，选择某一种经营策略，既能节省某一方面的交易费用，但另一方面的交易费用就会上升。房地产估价机构决策的临界点就是：节约的交易费用与增加的交易费用相等时，企业的经营策略、规模等就处于最优状态。

进一步来看，专业化经营和多元化经营其实是对立统一的。说其是对立的，是因为估价机构选择了多元化经营，就没办法做到专业化经营；反之亦然。说其是统一的，是因为专业化经营是多元化经营的基础。估价机构都是从专业化经营起步，逐步延伸出多元化经营。这样，从交易费用的视角看，专业化经营能够节省企业经营成本，企业可以心无旁骛地做一个主业，并在此领域不断地做大做强，继而降低交易费用、增加企业经营利润。但是，专业化经营的交易费用也很明显，无法解决企业因市场突变、政策改变的经营风险，经营风险也是交易费用的一种。在这种情况下，企业有动力降低其经营风险，即降低交易费用。那么走上

多元化，分散经营风险，成了企业的一个必然选择。但是，分散了经营风险，看是交易费用下降了，但是另一个方面的交易费用却增加了，比如企业的管理成本、资金等都在增加。所以，企业的决策点就是降低的交易费用要等于增加的交易费用。如果降低的交易费用大于增加的交易费用，企业会继续进行新业务的扩张；如果降低的交易费用小于增加的交易费用，企业则会收缩其业务、缩小经营规模，以保持最优状态。

四、结语

从上文的分析可以看出，企业要做多少业务，不是看这个业务是否能盈利，而是看企业做新业务节省的交易费用能否大于做新业务增加的交易费用。如果能，则进行新业务扩张，反之则要谨慎而行。由于多元化化发展对企业的投资水平、管控能力、财务管理能力等都提出了更高的要求，许多中小企业没有足够的驾驭能力，走专业化道路是它们更好的选择，大企业则可以尝试多元化投资。

不过，无论是专业化还是多元化经营，都能节省或增加交易费用。在现实世界中，很少企业会选择纯粹的专业化经营，只做一种业务类型的估价机构在现实世界中几乎没有，大部分企业都具备房地产、土地和资产评估资质，有些机构还具备矿业权评估、测绘、土地规划、工程造价咨询和招标代理等资质。业务范围涵盖自动估价信息系统研发及应用、土地分等定级、房地产市场分析报告、区域房地产发展战略调研、各类专项债券发行中的评估和资产证券化评估。

然而，估价机构的业务类型不是越多越好，业务不在于多而在于精。在拓展新业务时，估价机构一定要突出核心专长和核心竞争力，对已有的主业要精耕细作，不断完善和创新，盲目新增业务是不可取的。关于专业化和多元化经营，关键是把握一个"度"的问题。而这个"度"，就是本文前面提及的"节省的交易费用与增加的交易费用相等"，这也是企业决策的一个临界点。

参考文献：

[1] 中国房地产估价与房地产经纪人学会.房地产估价理论与方法[M].北京：中国建筑工业出版社，2017：3-13.

[2] 穆铭.经济"新常态"背景下企业多元化战略与绩效[D].北京：北京外国语大学，2015.

[3] 杨娟.关于我国企业专业化与多元化经营战略的选择研究[D].苏州：苏州大学，2006.

作者联系方式

姓　　名：周来友　柯惠芳

单　　位：福建中诚信德房地产评估有限公司

地　　址：福建省福州市湖东路154号中山大厦23层（电梯25层）

邮　　箱：zlydgytxm@163.com，709568188@qq.com

注册号：周来友（3520130019），柯惠芳（3520150018）

房地产估价行业未来发展趋势

钟 玲 李鹏燕 张子君

摘 要：近些年，随着社会经济的发展和大数据的应用，房地产估价行业发生了明显的变化，本文基于当前房地产估价行业出现的变化，分析其未来的发展趋势，并提出应对行业发展变化的对策。

关键词：房地产估价行业；估价机构；趋势

我国房地产评估行业发展起步较晚，自20世纪80年代才开始推广，前期带有浓厚的行政色彩，之后逐渐与政府部门剥离，才迎来了快速发展。在这个过程中，房地产评估业务不断拓展，从出让土地和房地产买卖的评估业务，拓展至司法仲裁、抵押贷款、房屋拆迁补偿等领域，估价业务短时间大量爆发，评估机构和从业人员也快速增加。

但近几年，随着我国经济进入高质量发展阶段，房地产市场逐渐转型，大数据蓬勃发展，房地产估价行业发生了重大变化。

一、房地产估价行业的发展变化

（一）行业竞争激烈，大小机构之间出现明显分化

我国的评估机构数量多，且短时间爆发，加剧了行业竞争。一二线城市实力较强的机构，凭借自身积累的行业经验和客户资源，不断扩大业务范围，提升服务质量。中小机构的业务受到当地经济发展水平的影响，范围较窄，局限于传统的估价和少量的咨询服务。业务范围的狭窄和传统业务的萎缩使得中小机构之间的竞争更加激烈。部分相对有实力的机构为了生存，已经出现了优势互补，相互联合。

（二）传统业务大量萎缩，新兴业务不断增加

当前，传统估价在大数据、互联网、新技术的影响下，基本实现了线上评估、批量评估等，传统的抵押估价、转让估价、征收估价等业务不断萎缩，出现了新的服务领域和服务内容，如投融资咨询、城市更新、数据类服务、专业培训输出等。这些新兴业务不仅涉及的范围广，而且需要的服务层次更深。

（三）客户对于行业专业度的要求提升，部分机构的专业度受到质疑

前些年，行业发展不规范，客户对估价报告的专业度要求不高，很多时候只是走形式，这也导致评估机构为了拿业务拼关系、给折扣、打价格战，不专注自身专业度的提升，很多从业人员的能力已经不能满足当前的业务需求。随着金融环境的变化，银行不良贷款产生，提高了对估价的要求，部分估价机构的专业度也因此遭受了质疑。

（四）新技术普遍应用，但应用场景受限

大数据等新技术在估价领域快速应用，主要是相关数据系统的建设。目前数据系统基本应用在自动估价、批量估价、网络询价等比较同质化的产品中，应用范围较为狭窄。就其中的自动估价而言，基本是依托估价模型，在大数据的支持下完成估价，但估价的过程无法展现，因此无法拓展应用于司法仲裁等要求严格的场景。当前大数据在估价机构的更多应用场景还有待挖掘。

二、房地产估价行业的发展趋势

基于房地产估价行业已经出现的上述变化，我国房地产估价业务呈现出以下几个明显的趋势。

（一）行业走向规范化，大企业的头部效应越来越明显

我国房地产估价行业的相关法律法规相对缺失，监管力度也不足，早期市场发展较为混乱，行业竞争的加剧必然推进行业发展进程，促使市场走向规范化。规范化是房地产估价行业健康发展的基础。

得益于自身实力以及城市经济发展，当前一二线城市中实力较强的评估机构在业务范围和专业度上已经与其他机构拉开了较大差距，根据"马太效应"，这种差距会越来越大，大企业的头部效应将会越来越明显。

（二）业务多元化发展，并涉及众多领域

房地产估价行业传统业务的萎缩导致大量新兴业务的出现，打破了估价行业的原有边界，使得其不断地与房地产、金融、司法等其他领域融合，从而衍生出更多的业务场景。在激烈的市场竞争下，业务的多元化是房地产估价机构存活的基本路径。

（三）从业人员素质提高，专业化程度明显提升

房地产估价机构已经经历了粗放式的发展，逐步走向精细化和专业化发展模式。无论是基于行业自身的发展，还是基于市场的需求，都要求房地产估价行业提高从业人员的素质，提升专业度，以更好地服务客户，服务社会，发挥应有的价值。

（四）技术化范围更广，应用程度更深

大数据和新技术融入房地产估价行业已经不可逆转，只会与行业的结合越来越深入。当前的应用场景仍然受限，一方面是技术发展不到位或融合应用不到位的原因，一方面是行业所处的阶段，尚未来得及探索出更多的应用场景。但随着后期技术的发展和融合的深入，行业的技术化程度将会越来越深，应用范围越来越广。

三、房地产估价行业发展对策

（一）构建完善的法律法规，并加强行业自律

国家应当着手出台相关的法律法规，让我国的估价行业有法可依，有规可循，从而规范竞争市场。对于实力较大的头部企业更应当加强监管，引导其为行业树立榜样。行业内也应当加强自律，充分发挥行业协会的作用，引导各类估价机构合法规范经营，使房地产估价行业平稳健康发展。

（二）估价机构积极拓展新业务，拓宽服务领域

在竞争激烈的市场中，估价机构更应当在原有业务的基础上，积极地拓展新业务，着眼于城市更新、租金定价、集体建设用地征收、数据服务等相关业务的拓展。实力较弱的机构，可以尝试与优势互补的机构相互联合，共生发展。

（三）培养高素质的从业人才，提升机构专业度

估价行业的专业度更多地体现在评估人才上。随着评估业务的多元化，对于人才的要求也越来越综合。培养综合性人才，既需要房地产评估师的自主学习，不断优化自身知识结构和专业素养，也需要评估机构给予相关的专业培训和学习机会，更需要行业自身做好人才审核和管理。

（四）注重技术研发，贴合业务场景

当前市场仍有众多应用场景需要去发现，有多种技术需要去开发和融合，评估机构应当注重对技术的开发和应用，深入业务之中，从细处挖掘，才能创造更多的服务场景，提升服务体验，为企业赢得一席之地。

我国房地产估价行业处于转型期，估价机构的发展仍面临着巨大挑战。行业发展环境的优化，业务的多元化，人员的素质提升以及技术的广泛应用，都对估价机构的发展有着重要的推动作用。行业的阵痛也必然带来新生，房地产估价行业必将激发更多的创造力，迎来前景广阔的明天。

参考文献：

[1] 高彬彬.房地产估价行业发展回顾、分析与思考[C]// 估价需求演变与机构持续发展——2019 中国房地产估价年会论文集.北京：中国城市出版社，2020：808-811.

[2] 宋生华，虞达锋.以新思维、新技术迎接房地产估价行业的未来[C]// 估价需求演变与机构持续发展——2019 中国房地产估价年会论文集.北京：中国城市出版社，2020：194-199.

[3] 郝俊英，廉楠.新形势下房地产估价行业的发展状况及趋势[C]// 估价需求演变与机构持续发展——2019 中国房地产估价年会论文集.北京：中国城市出版社，2020：21-24.

[4] 蒋宇芳.房地产估价行业发展现状、趋势及对策分析[J].住宅与房地产，2019（22）：9.

作者联系方式

姓　名：钟　玲　李鹏燕　张子君

单　位：江苏中策行土地房地产资产评估咨询有限公司

地　址：江苏省苏州市工业园区领汇商务广场 1 幢 1705 室

邮　箱：365174954@qq.com

经济高质量发展背景下的中小房地产估价机构如何持续发展

王 娜 吕 静

摘 要：随着中国经济增长方式逐步由粗放型向集约型转变，为适应经济转型保障中国经济的高质量发展，各行各业都在为适应高质量发展做出相应的改革。尤其是和国民经济有着重大联系的房地产业，房地产行业的转型给依靠以房地产估价业务为主要收入的中小房地产估价机构的发展带来危机，加上中小房地产估价机构自身发展过程中存在一些问题，使得中小房地产估价机构面临的风险越来越大，亟须改革。

关键词：高质量发展；房地产估价；转型

一、房地产估价行业发展现状

从发展规模来看：截至2020年1月24日，从全国房地产估价行业管理信息平台显示，全国共有5655家房地产估价机构，其中一级704家，二级2024家，三级1487家，三级（暂定）和不详590家，分支机构850家，从数据显示可以看出房地产估价机构大部分为中小企业，中小房地产估价机构占到整个房地产估价机构的87%左右。现有注册房地产估价师67731名，房地产估价行业规模和队伍在不断壮大。

从发展质量上来看：2020年一级房地产估价机构平均营业收入1966万元，同比下降3.5%，但前百的机构营业收入有所增长，全国房地产估价机构收入近315亿元。法律法规进一步完善，行业内整治工作的开展对于净化行业、推动房地产估价行业健康发展起到推动作用。服务领域持续深化与拓展，相关咨询业务积极开展。

现阶段，由于互联网、人工智能快速发展对房地产估价机构这种人力密集型产业的冲击，同时受房地产市场发展变化的密切影响，房地产估价机构特别是中小房地产估价机构面临着众多的挑战。中小房地产估价机构业务主要是传统抵押类，对咨询、经纪等业务接触较少。传统估价业务发展受限，如果不能跟上经济发展转型的步伐，中小房地产估价机构将会面临淘汰和重组的危险。这需要我们考虑中小房地产评估机构存在的价值，以及中小房地产估价机构该如何与大型房地产估价机构共存并在市场中持续发展。

二、中小房地产估价机构面临的挑战分析

（一）外部因素带来的挑战

1.经济与社会

过去房地产行业发展的黄金时期和城市化进程的快速推进催生了大批房地产估价机构的

迅速崛起，而今经济发展方式的转变，城市化进程的初级阶段已经完成，城市化快速扩张劲头不再，以前依靠大量传统业务来生存的中小型房地产估价机构该如何持续发展，要求房地产估价机构尤其是广大中小房地产估价机构适应经济高质量发展，转变服务模式。

2. 政策措施

过去十多年房地产行业在一味地承担建设城市的义务，大城市在不断地扩张，房地产市场的大量估价需求孕育了大批中小房地产估价机构。现阶段，经济发展的需求要求供给侧结构性改革，为了促进房地产行业的平稳发展，出台了房地产税收等政策措施来规范房地产市场发展。《最高人民法院关于人民法院确定财产处置参考价若干问题的规定》除了保留委托评估这一传统确定财产处置参考价方式的基础上，又增加了当事人议价、定向询价、网络询价三种确定财产处置参考价的方式。这使得依靠房地产司法评估业务收入为主要来源的中小房地产估价机构面临业务缩减的风险。

除了经济大环境的影响，中小房地产估价机构本身存在的问题也是使得中小房地产估价机构面临挑战的原因。

（二）中小房地产估价机构自身不足

1. 社会公信力差

我国房地产评估行业起步晚、发展快速，行业内法律法规和体制建设都还不健全，难以对行业内形成有效的约束，常常是问题已成隐患却没有得到规制。尤其是中小房地产估价机构在管理、服务、资金、人才等方面都存在劣势，使得中小房地产估价机构在业务竞争时，为满足委托人的需求留住业务，出现违背行业道德规范的情况。专业人才的不足和中小机构管理上的低效等发展上的问题造成中小房地产估价机构社会公信力的降低。

2. 人才储备不足、准入门槛低

与一级房地产估价机构相比，尤其是那些位于非经济发达区域、非省会城市的中小房地产估价机构，人才的吸引力不够。除此之外，中小房地产估价机构业务单一，营业收入少、规模小，资金难以支撑专业人才就业，机构内注册房地产估价师数量少，导致中小房地产估价机构人才储备不足且准入门槛低。

3. 服务产品结构单一、服务质量不高

中小房地产估价机构估价业务单一，服务质量不高。目前，大型房地产估价机构已经在紧跟经济高质量发展的趋势，转变服务模式，提供专业顾问服务。而中小房地产估价机构受资金、人才、技术等原因限制，仍然以传统房地产估价业务为主。

三、中小房地产估价机构存在的价值

中小房地产估价机构是构成房地产估价行业的部分，由于房地产市场本身具有区域性的特点，房地产估价业务作为依托房地产市场快速发展需要应运而生的服务，尤其是中小房地产估价机构，主要业务是传统估价业务，其本身也具有很大的区域性特征。一级机构大多分布在大型城市、经济发展快速和省会城市，所以在中小城市，中小企业依然是房地产估价机构中的主体。中小房地产机构的优势在于熟悉掌握当地的社会经济发展状况和历史文化现状，对于地方房地产市场交易的信息更容易获取，所以中小房地产估价机构在促进地方房地产市场交易公平、维护一方稳定发挥了重要的作用。在面对大型房地产估价机构抢占业务市场时，具有区域性中小房地产估价机构如何表现其不可替代的价值？这就需要中小房地产估价机构在发挥房地产估价专业价值同时根据需求创新服务模式、建立本地市场交易信息库、为地方提供更好的服务。房地产市场交易容易受区域影响，所以中小房地产评估机构在本土化市场仍具有很大的市场需求和吸引力。

四、如何跟随经济发展，做好中小房地产估价机构的持续发展

（一）规范行业发展，提高中小房地产评估机构的公信力

估价的价值就是对研究对象的客观价值显化，为委托人提供参考。中小房地产估价机构作为房地产估价行业的重要组成部分，要与大型房地产估价机构共存甚至做大做强，就必须遵守行业规范，发挥房地产估价客观、公正的原则，不能违背估价的初心，为业务而不顾原则。实现良性竞争，促进整个房地产估价行业的规范化。房地产估价行业整体社会公信力的提高，整个"蛋糕"做大，中小房地产估价机构才有机会分得更多的"蛋糕"。规范行业发展，重要的是加强行业内法律法规建设，让业内机构与人员有规可循。健全体制机制建设，为行业规范化发展提供法制保障。充分发挥中国房地产估价师与房地产经纪人学会等协会、组织对房地产估价行业的引导和监督作用。

规范中小房地产估价机构发展，推动房地产估价行业标准化发展，才能最大限度激发估价的效用，促进房地产市场健康发展以及经济高质量发展。

（二）做好人才储备，提高中小房地产估价机构的竞争力

要想提高中小房地产估价机构的核心竞争力，人才培养必然要抓紧。当前，专业技术人才的短缺，是拉大中小房地产估价机构与大型房地产估价机构差距的重要因素。中小房地产估价机构需要加大对人才的培养，吸引优秀青年房地产估价师就业，为中小房地产估价机构长远发展做好人才储备。

中小房地产估价机构还应加大对现有人才的继续培养，不断提高人员整体素质。规范估价人员行为，在对估价人员的专业知识、能力进行不断培训的同时，对于估价人员的职业道德素质也要时刻进行督促，避免估价人员不良行为给估价机构带来不可逆的风险。

（三）做好服务升级，推动中小房地产估价机构适应经济高质量发展

房地产估价是市场经济体制发展到一定阶段的产物，作为提供服务的机构，一定要注重服务质量的提升。随着房地产市场市场化程度的提高和居民对于财产权利合法保护意识的提高，对于房地产估价需求会越来越大。这也需要房地产估价市场做好相应的服务升级，优化服务机构，在提供传统估价业务的同时，拓宽服务类型，例如房地产咨询顾问业务、房地产经纪业务等。主动学习大型房地产估价机构，紧跟行业内发展趋势，以免没有蛋糕可分。

在经济高质量发展背景下，中小房地产估价机构要抓好互联网发展的机遇。一些大型房地产估价机构已经建立信息大数据平台、开始提供自动估价服务，中小房地产估价机构必须把握契机，着手互联网、大数据的学习和投入，以科技进一步推动机构发展。大数据、人工智能在中小房地产估价机构的应用利于提高中小房地产估价机构估价业务的质量，提高估价结果的准确性，避免人为的主观和投机取巧等弊端，建立社会公信力。建立以需求为导向（市场资产评估需求、估价人员需求、新技术发展需求）的房地产估价服务业务市场，结合互联网的发展，让房地产估价服务更好满足社会需要。

五、结语

中小房地产估价机构作为房地产估价行业中主要的参与主体，在经济高质量发展过程中，要实现自身高质量发展以适应经济高质量发展，同时发挥房地产估价的价值以促进经济高质量发展。中小房地产估价机构要适应经济转型、抓住契机，以高质量服务、优质产品赢得客户信任，促进房地产行业的良性竞争，发挥房地产估价促进房地产交易公平、维护权益公正的效用，拓展房地产估价服务领域，以更好地服务相关产业，促进经济发展。

参考文献：

[1] 谭芳.从"内卷化"的中小房地产估价机构探其发展对策 [J].商讯，2021（08）.

[2] 马佰林.经济新常态下的房地产估价机构的短板及补足路径分析 [J].营销界，2021（09）.

作者联系方式

姓　　名：王　娜

单　　位：山西财经大学公共管理学院

地　　址：山西省太原市坞城路 696 号

邮　　箱：809312600@qq.com

姓　　名：吕　静

单　　位：山西财经大学公共管理学院

地　　址：山西省太原市坞城路 696 号

邮　　箱：735988503@qq.com

第三部分

新兴估价业务实践与经验

专业、创新：助力国有企业高质量发展

——国有企业房地产评估咨询顾问服务研究

顾弟根　邵晓春　杨　斌　贾明宝　裘　炯　周志良　杨云林　黄　静

摘　要：本文在分析国有企业房地产现状特征的基础上，总结了国有企业对房地产评估咨询顾问服务的需求，提出了为国有企业提供房地产评估与咨询顾问、建设房地产管理信息系统的服务方案，向房地产估价行业提供了发展建议，同时也给予国资管理部门和国有企业合理建议，以期共同促进行业的未来发展。

关键词：国有企业；房地产；评估；咨询顾问

在我国经济转向高质量发展阶段，国有企业经营中担负着资产保值增值的要求、提升经济效益的目标，并承担一些政府功能和社会责任。房地资产作为重要的资源要素，国有企业要提高利用效率、优化资源配置、促进经济动能升级转换，需要专业服务机构的助力，以提升效率和水平。

一、国有企业房地产现状特征与问题

（一）房地产规模总量大，用途类型多，分布散，房屋状况差异大

国有企业在发展过程中形成了较大规模的房地资产，以上海市的主要市属国有企业为例，2020年底仅出租经营的房地产约34000处，出租房屋建筑面积达4200万 m² 以上，包括商业、旅馆、办公、住宅、厂房和仓储，以及教育、文体、医疗、交通设施等，还有大量待开发或闲置土地，类型多样。一些企业的房地产分布在各区，甚至乡村、外地，呈零星分布。目前国企房地产以存量房为主，存量房多以20世纪70、80年代甚至更早年代建造完成，由于早期国企经营管理比较粗放，对于存量资产缺乏有序的维护保养，部分资产未得以充分有效地利用。另外，近些年新出让土地对开发建设的商业、办公房都要求自持，因此新增了一定数量的新开发商办物业；国有房地产企业也是保障性租赁住房的开发主体，今后将有较大数量的租赁住房的持有量。因此，国有企业的房地产经营的难度较大，资源利用效率和管理水平有待适应新形势的发展需要。

（二）房屋来源多样、产权复杂，权属不完整的房地产较多

国有企业的房地产来源多样，取得途径有自建、联建、划转、收购、置换、抵债、托管、拍卖、征拆安置等；房地产的权属类型有出让土地上房地产、划拨土地上的房地产、使用权房等。大部分房地产权属清晰，具备产权证明文件，但仍有较多的仅有部分权属文件或没有任何权属证明资料的房地资产，包括发展过程中伴随着一些改建扩建等活动，但未及时

更新办理产证等以及存在临时搭建等情况，这些问题也给房地产管理运营带来诸多困难，包括无产权房屋的租赁不符合监管要求等。

（三）存在较多历史遗留问题，经营管理中与市场化要求存在差距

国企房地产经营管理中普遍存在一些历史遗留问题，包括解决改制企业困难职工的出路问题，租赁给职工的房屋租金普遍较低；早年因国企资金困难等未对状况差的房屋进行修缮，以现状租赁给承租户，由承租户修缮改扩建，给予租金上较多的优惠和免租期较长等内容；因重组合并时转入了或者后续购置了带租约房地产等，因延续历史合同的原因存在租金低、租期过长、租金长期不变等问题；存在企业内部租赁行为。总体看在租金定价、免租期设定、租金增长方面比较随意，与市场化水平存在较大差异，容易产生国有资产流失的风险。

（四）企业内部房地产管理制度不够完善，管理效率不够高

不同企业的房地产经营管理制度建设方面存在较大的差异，部分企业仍停留在"管起来"的阶段，制度体系建设方面有待进一步建设完善；部分企业建立了相对较为完善的管理制度，但在公开交易机制、租金定价机制、风险防范机制以及集团内部的监督检查机制等方面仍有一定的欠缺。此外，企业的房地资产经营管理权限通常分散在不同的层级公司，不同层级公司对于房地资产管理标准不够统一，在房地产管理工作中集团层面的管理主体责任往往不能到位，缺乏从集团到实际经管单位的管理体系，不能有效指导下级公司的房地产经营管理工作。

（五）房地产经营管理人员的专业能力存在不足，重视专业力量的支持不够

国有企业的房地产经营管理人员大多缺乏房地产专业知识，对于市场价格的熟悉程度有限，还存在岗位调动频繁等情况，因此在房地产经营管理的专业性上普遍存在专业人员不足、管理水平和能力有待提升的现象。而房地产的经营管理需要投资、工程、招商、代理、估价、运营等多方面的专业知识和人员，因此国有企业在经营管理中需要各类专业团队的服务和支持。

二、国有企业房地产评估咨询顾问服务的需求

根据国有企业房地产特点和管理中的难点，结合对部分国有企业访谈调研，国有企业在以下方面需要专业的评估咨询服务。

（一）房地产调查与梳理

由于国有企业房地产数量规模大、种类多、分布广、来源复杂等特点，要提高房地产的利用效率，首先要做好调查梳理。房地产调查梳理工作内容包括：第一，收集调查房地产权属来源、证明材料、资产台账或档案等资料，实地查勘、盘点核对、记录房地产的实物状况。第二，整理分析房地产的权属状况，包括房地产的权利性质（产权或使用权）、范围、建筑面积（或使用面积）、用途等；分析房地产的利用状况，包括维护保养情况、实际用途、使用人、租赁情况等。第三，在调查整理分析的基础上，分门别类立档建库。房地产调查梳理是企业对自身房地产的"体检"，可以使国有企业全面清晰地了解自身房地产的构成，发现内在价值、了解潜在的隐患，提出可能的发展方向以及相关的政策路径，实现房地产更好地规划、开发、运营。

（二）房地产开发与建设

当前在城市更新、旧区改造、保障房建设方面，国有企业占据主导的地位。这类项目建

设存在前期土地与房屋征收、工程建设、基础设施和公益设施建设的成本投入，甚至还有历史风貌区或历史建筑保护的难题，需要在项目策划、供地方式、价格评估、成本分摊、经济效益分析等方面进行方案比较、分析测算。开发的前期咨询还有房地产市场趋势调研分析、开发定位、制定投资预算等。在建设与销售阶段，在资金监管、融资策划、税务筹划、一房一价销售价格备案、项目竣工补地价咨询、建成后对投资费用进行复核、经济效益评价、确定合理的物业服务费价格等方面都需要专业的评估咨询服务。

（三）房地产盘活与更新

国有企业是城市更新的重要参与主体，通常国有企业在中心城区、产业园区内拥有较多的存量房地产，需要转型或提升利用效率。在土地供需矛盾的背景下，国有企业对于存量房地产的更新需求日益迫切。在存量盘活与城市更新中，以土地价值评估为核心，需要对相关政策文件（如城市更新政策等）进行解读分析、探讨更新与盘活路径、研究规划方案和产业定位等、进行项目盈亏平衡分析，以及资金监管、审核和评价等评估咨询服务。

（四）房地产经营与管理

国有企业在房地产经营管理时需要进行招商、出租和运营管理。对于招商运营的项目尤其是商业项目，定位及可行性分析十分重要，体现为商业地产市场调查及分析、项目定位分析等相关的咨询服务。随着国有企业对管理合规性的重视，房地产租金评估成为必要流程，在租赁决策的各个阶段有不同的需求，如租赁前可将评估专业意见作为租赁谈判的技术支持，以控制成本，规避操作风险；租赁中可监测市场变化，及时调整租赁方案，包括起始租金、租期、租金增长率、续租条件；租赁后对租赁情况进行的审核与评价等。

（五）房地产转让与处置

国有企业在生产经营中，持续面临着主营业务定位、资产布局的调整优化，存在一些非主业、闲置、经营价值不高的房地产需要进行处置。根据国有资产管理的要求，处置时需进行评估。基于不同的处置或交易方式，依据的法规文件和流程有差异，需要进行适当的评估，如司法处置或强制变现的，除了市场价值以外需要了解可能实现的成交价，征收补偿时除市场价值以外，需要了解补偿价值的构成、最佳补偿方案、最终补偿价等。除此以外，企业都非常重视交易或处置过程中应缴纳的税费（增值税、土地增值税、所得税等）估算；对于划拨、授权经营等房地产的交易中还会发生的补缴地价款的估算；转让或处置之后还可能要接受上级部门的审核与评价。

（六）房地产登记与办证

对于历史遗留问题较多的房地产，一般都未办理产权登记。在优化资产提高经营效率的目标下，国有企业不仅需要政策咨询，还需要协助办理产权登记手续。另外，在开发经营的各个环节，也可能需要协助办理各类证照。登记和办证需要具备土地、房管、税务、测绘相关知识，也需要相关的实践经验以及协调沟通能力。

（七）房地产管理信息系统

国有企业房地产在量大复杂的情形下，依靠人工管理的方式，很难准确掌握实际具体情况，难以进行精准管理。另外，国有企业房地产管理工作涵盖内容复杂，包括房产租售市场、住房保障、房屋物业、房屋使用安全等方面，涉及细分管理对象多元，并且随着社会经济发展，房地产的形态和利用方式越来越丰富，对于管理精细度的要求也越来越高。为进一步提高管理效能，必须利用数字化的信息系统解决治理难题，以数据驱动监督和管理流程再造，着力提升管理能力和运营水平。

三、国有企业房地产评估与咨询顾问服务方案

（一）服务目标与定位

房地产估价机构为国有企业提供房地产评估与咨询顾问服务，应当以专业、优质、高效的服务，显化、挖掘国有资产价值，保障国有企业在资产经营、对外投资等经济活动中获得合理价格与理想收益，避免国有资产或国有资产收益的流失，促进国有资产的保值增值。

房地产估价机构在为国有企业提供鉴证类评估服务活动中，既要遵循房地产、土地估价的技术标准和执业准则，接受房地产估价行业自律管理，也要遵守国有资产监督管理的相关法律、法规，接受资产评估质量管理的相关政策或执业要求。

房地产估价机构在为国有企业提供咨询顾问服务活动中，需要做好企业专业顾问的角色，站在企业的角度，让房地产发挥最优的利用效率，实现最高的价值。

（二）服务情形与内容

房地产是国有企业资产的重要组成部分，也是其中最为复杂、特殊的一项实体资产，需要进行评估和咨询的情形多样。

1. 房地产评估

根据国有资产管理的相关法规文件，国有企业资产处置（包括转让、置换、租赁等）、投资或企业改制重组等行为涉及的资产，应当依照相关规定委托具有相应资质、符合条件的评估机构进行评估。房地产估价是资产评估法认定的资产评估的一种类型，房地产估价师是资产评估法认定的资产评估专业人员之一。房地产估价机构及其执业的房地产估价师，作为资格准入、行政许可的评估机构和专业人员，无疑是国有企业房地产的租金或价值评估所需要的最符合条件和具有相应资质的评估机构和专业人员。另外，土地、房地产估价经过近30年的发展，已形成了从术语标准到估价规范、规程，以及对于一些特定社会经济活动（如土地出让、房地产抵押与信托、房屋征收等）针对性的行政法规、技术标准体系。因此，企业在各类生产经营或资产处置活动中，以土地、房地产为主体的资产价值或租金的评估均适宜委托有执业资格的房地产估价机构承担。需要评估的情形主要包括：

（1）房地产处置评估，包含房地产转让、置换、拍卖，以及房屋租赁等涉及的价值或租金评估。

（2）房屋征收或征用涉及的房地产或房屋、土地使用权估价，包含国有企业房屋被征收、土地被收储，或国有企业代行土地储备或进行成片开发时，或作为划拨用地单位，需要对征收房屋对象、被收储土地单位进行补偿时的房地产价格、收储成本等评估。

（3）房地产涉税评估，包含房地产处置、企业重组改制中需核定土地增值税、增值税、契税额等需要进行的土地、房地产计税价格，以及核定土地增值税扣除额、土地取得成本、房屋重置价等的评估。

（4）房地产抵押、证券化等融资活动中的评估，包括企业以房地产抵押、担保等所需的抵押价值评估，以房地产信托发行债券募集资金涉及的房地产预期租金、底层资产价值评估等。

（5）企业投资、合作等活动中所涉土地、房地产估价，包括企业以各种方式获取土地使用权时的出让或划拨或租赁土地使用权估价，收购房地产时的收购价格评估，投资以房地产为主的股权项目时的投资价值评估等。

（6）企业改制、重组估价，包括改制中需要进行土地使用权处置的土地使用权估价，所涉需要清产核资或折算国有资本出资额或股份的房地产单项资产价值的评估等。

（7）房屋租赁估价，包括企业持有的各类房屋出租经营时和收储房屋改造装修后再出租时的出房租金评估，以及收储房屋时的收房租金评估，也包括企业租入作为办公、商业、仓储、宿舍等使用时的租金或退出时的承租权益价值评估。

（8）财务报告目的下涉及的房地产价值评估，以及为复核房屋出租或监测资产保值增值情况所需进行的租金或房地产市场价值评估。

（9）企业房地产涉诉、保险等情形下的估价。

2.房地产咨询顾问

房地产咨询顾问的目的是满足国有企业在经营中与房地产价值实现的相关需求，提高运营效率与质量，服务的情形和内容存在于房地产存续的全生命周期中，主要包括：

（1）政策咨询。房地产受政策的影响较大，在开发经营的每一个阶段都有相应的法规文件规定，尤其在土地征收、土地出让、房屋征收、房地产开发、产权登记、司法处置、交易税收、更新改造、存量转型等阶段都有一系列的政策规定，非专业人员不易了解和理解。比如，房屋征收时除了对市场价值外，可将相关政策中的补偿方式和补偿金额构成给予咨询，对停产停业损失、搬迁费的处理给出建议。

（2）辅助决策。在企业房地产开发经营前，除了价格以外，还需要一些经济数据或指标来指导决策，比如现状情况、市场未来走势、投资回报率、回收期、应税金额等，需要进行房地产现状调查分析、市场调查分析、产品定位分析、项目建议书、投资预算、融资策划、税务筹划、可行性研究等，为投资决策程序提供依据。

（3）监督评价。在企业房地产开发经营过程中或结束之后，会对投资的金额、效益等进行审核或评价，比如根据开发进度进行资金监管、对特定区域的房价或租赁价格监测、对于投资成本进行审核、经营效益评价等。

（4）代理服务。包括对土地使用权和房屋来源的追溯调查、补办手续，协助办理开发经营活动中的各类证照、办理房地产登记和产权证，比如建筑工程规划许可证、施工许可证、不动产权证等。

（5）辅助数字化转型。国有企业要对规模较大且分散的房地产进行有效管理，需要数字化、信息化工具，比如把房地产的产权、位置、物理信息标准化、数字化，建立房地产信息数据库，融入房地产价格信息，结合经营管理流程建设管理信息系统。

（三）服务要点与方法

房地产估价机构为国有企业的房地产评估和咨询服务时，应以房地产、土地估价相关规范、规程为基础，选择适当的技术方法，以下方面尤需重视。

1.房地产评估

（1）界定评估范围

房地产评估的对象，可以是单纯房地产，也可以房地产为主体，包括装饰装修、设施设备和其他附属物，以及与房地产相关的家具、机器设备等在内的整体资产，一般根据估价目的确定。

（2）明确估价目的

国有企业在不同经济活动中需要进行房地产价值评估的目的不同，相应需评估的价值或价格的类型、内涵，以及需遵循的估价原则、估价报告的适用范围、有效期等也会有所不同，因此要区分和确定估价目的。

（3）定义价值或价格类型与内涵

国有企业经济活动中涉及的经济行为复杂、多样，不同的估价目的和不同的房地产类型，需要评估的价值类型和内涵可能会有所不同，主要包括市场价值、公允价值、投资价值、重置成本价或现值、拍卖底价、清算价格、资产净值等，也有市场租金、成本租金或福利租金。例如：房地产处置时，一般首先需要评估正常市场价格，若采用拍卖方式，有时候还需要结合当时的市场状况和房地产规模等给出拍卖底价或保留价，若和其他资产一起采用股权方式处置，如果要求受让方承担相关税费，还需要在正常市场价格基础上扣除拖欠的费用、产权交易时的税费等，评估房地产净值；以财务报告为目的时，需与企业会计审计人员沟通，根据会计计量规则，确定是评估以市场价值为标准的公允价值，还是评估历史成本或可变现净值等；国企在对外投资时，往往需要根据投资报酬率目标和房地产的客观收益能力，测算投资对象房地产的投资价值，而不是简单地根据市场状况评估市场价值。

（4）技术方法

在房地产评估时，应采用现行国家标准《房地产估价规范》《城镇土地估价规程》规定的评估方法，常用方法有市场比较法、收益法、成本法、假设开发法，但对于一些新兴的房地产类别，以及一些经济属性较弱或不突出，缺乏充分的市场交易或经营收益数据的房地产，需要创新探索新的技术路线和方法。对于大量相似房地产可采用批量评估的方式，比如标准价调整法、多元回归分析法等，也可通过在基础数据和交易数据基础上建设的自动化评估系统进行分析测算。

2.房地产咨询顾问

（1）明确服务目的

在国有企业复杂多样的经济活动中，每一项工作都有预定的目标，为实现目标、解决难题可能需要专业咨询顾问的服务，因此在房地产估价机构除了提供估价服务以外，要清楚企业经营的难点所在、需要达成的目标，咨询顾问就要提供解决问题的可行性和方式方法。因此开展房地产咨询顾问服务首先要能够发现问题、明确服务目的。

（2）确定工作流程

房地产咨询顾问服务的工作流程通常包括：访谈调研、收集资料、调查核对、分析测算、撰写报告、汇报沟通、提交成果等。访谈调研是了解企业房地产经营活动中需要解决问题的首要环节，房地产估价机构可利用估价服务的契机，了解企业的难点和需要，争取提供咨询服务的机会。收集资料是各项专业服务的必要程序，同时也要对资料信息进行整理分类。调查核对包括实地调查、信息核对等，由于房地产是不可移动的，所以实地查勘、权益核对是非常重要的。分析测算是咨询服务的重要工作，一般政策咨询以分析为主，辅助决策和评价类的服务通常还需要进行必要的测算与经济分析。咨询报告不要与估价报告的内容形式相同，应根据服务目的、工作内容有针对性地撰写。咨询报告一般都要进行多轮地汇报、沟通或解释，充分争取企业的意见，在取得企业的认可后提交成果。

（3）主要技术依据

房地产咨询顾问服务的依据非常广泛，第一类是法律法规文件，尤其在做政策咨询时要熟悉相关的法律文件，甚至要对文件制定背景有所了解。第二类是市场信息数据或统计信息数据，这类信息数据是辅助决策、政策咨询以及监督评价的基础和依据。第三类是工程建设、规划、造价、评估、评价等相关的技术规范或规程，这些是进行定量分析和测算的依据。

（4）常用技术方法

在房地产咨询顾问中，估价的基本方法也是常用的技术方法，市场比较法的替代原理同样能用于比较分析中，收益法的资金时间价值原理和现金流量是进行经济评价和盈利能力分析、融资分析的最有效计算工具，成本法计算原理适用于投资估算以及相关审核，此外，数理统计中的多元回归模型拟合也会得到使用。除了这些计算分析的方法以外，咨询中还会使用文献研究法、问卷调查法、实证分析法、SWOT分析等方法。总之，咨询顾问是要站在企业的角度去分析问题成因、计算相关指标、研究解决办法，提供行之有效的实施方案。

3.房地产管理信息系统

房地产管理信息系统是国有企业进行房地产信息化数字化管理的有效工具，房地产估价机构具有丰富的房地产评估咨询服务经验，可以协助企业建立适合自身特点的管理系统，打造资产一体化管理系统，满足不同业务需求，帮助企业快速掌握资源现状、资产价值和利用评价；推动实现房地产数字化、精细化和智能化管理。系统功能设计可从以下方面考虑：

（1）资产总览

把企业所有房地产的基础信息、位置信息、经营使用状况、价值或价格信息等集成，通过信息整合和数据归集，利于资产数据存储、查询、分析、利用。通过各类筛选可以查询关注的资产，并通过建立的一地一档进行产证信息、规划信息、价格信息的查询（图1）。

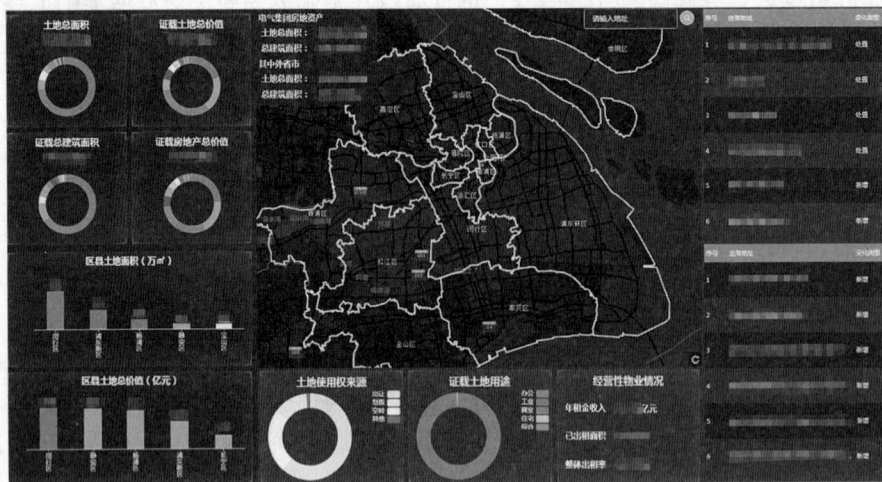

图1　某公司房地资产总览图

（2）房地产价值管理

将房地产的土地价值、房地产价值、租金的评估结果导入，方便统计房地产的资产价值，为统筹发展、二次开发等提供整体的信息参考。同时，在系统中设置业务流程，对各个管理节点中的数据进行保存、统计。以物业租赁管理为例：可集成租金评估价、合同价、租赁期限及应收实收租金等信息，合成统计分析功能，做到实时更新。

（3）经营评价

参考资产利用效率评价办法，结合企业实际经济特点和发展导向，以产值、税收、能耗等作为核心指标实施利用评价，将结果展示在系统中。

（4）利用规划

以价值体系和经营评价结果为依据，对房地产进行分类归纳，结合现行存量盘活、更新改造、产业发展政策，可直观地分析存量房地产最合理的利用方式，后续转型开发计划。

四、相关建议

（一）给房地产估价行业的建议

围绕国企房地产的评估咨询服务，房地产估价行业要练好"内功"，秉持专业，积极创新，以优质服务助力国有企业的高质量发展。

一是要强化服务意识，拓展服务范围。房地产估价行业应加强与国资管理机构及国企的交流，了解国资房地产管理和国企房地产管理、运营、投资等方面的难点和痛点，通过评估、咨询、代理等服务，为国资管理和国企解决难题；同时，要提升服务意识，围绕国有企业的经济活动和房地产全生命周期，发掘可以提供估值、咨询顾问服务的机会和企业需求。

二是要提升技术水平，优化服务质量。围绕国有企业在供给侧结构改革、产业转型升级、城市更新、数字化转型等重大发展战略中的服务需求，积极开展前瞻性政策、价值评估、项目策划和投资分析，以及大数据技术等研究。同时，研究解决国企各类经济活动中房地产价值评估及咨询顾问需求中的疑难问题，不断提升估价和咨询服务技术水平，取信于企业和社会。

三是要优化人才结构，提升服务能级。针对国企房地产估价及咨询服务的特点和要求，房地产估价机构需要在足够的土地、房地产估价专业人才基础上，积极引进或培养熟悉房地产相关政策、建筑经济、项目策划、空间规划、大数据和信息技术、登记代理等方面的专业人才，确保满足国有企业各种类型房地产的估价和相关项目的咨询顾问或代理服务需求。

四是要积极数字转型，契合国企发展需求。在国资系统积极推进数字化转型的新形势下，房地产估价行业和机构要积极推进自身数字化建设，与国资管理和国企房地产的经营管理架起数字化桥梁，利用专业的房地产信息大数据和批量评估技术以及系统开发能力，为国资管理部门和国有企业的房地产信息数字化及监管数字化转型，为批量的房屋租赁、处置等业务及其监管，提供评估咨询服务或技术支撑。

（二）给国企及国资管理部门的建议

国企及国资管理部门要围绕国资保值增值目标，顺应新形势，积极拥抱专业服务，推进国企房地产经营与管理和国资监管工作的高质量发展。

一是依托第三方专业服务，促进国资经营和监管工作高质量发展。随着土地、房地产管理的精细化、专业化程度越来越高，国有企业也应优化专业分工，节省人力以专注于企业生产运营、投资开发和资产监管，将涉及房地产专业性的工作委托房地产估价专业机构承担。除了专项的房地产租金或价值评估和咨询顾问项目，还可以聘请一家或多家专业机构，以长期咨询顾问的方式，及时给企业提供房地产管理、运营、投资方面的政策咨询或代理服务。国资管理部门也有必要依托专业的第三方机构，定期或专项对国有企业房地产的数量、质量和使用情况进行复核、评价、审计，尤其是对经租、处置或投资行为所涉房地产的客观价值或租金进行评估，及时掌握企业经济行为的规范性、合理性。也可以利用房地产估价机构熟悉政策和市场的优势，为国资监管、资产盘活、结构调整和转型升级献计献策，促进国有企业和国有资产监督管理工作的高质量发展。

　　二是加快建设国资系统房地产信息平台建设，助推国资监管和国企发展的数字化转型。国有企业应尽快理清家底，完善产权登记，建立全面、清晰的房地产信息数据库，将房地产的基础数据和利用状况等进行数字化，并构建资产流转、处置、租赁等管理模块，实现数字化管理；还可叠合城市规划、土地利用规划、旧区改造计划等空间规划信息，为及时分析存量盘活、制定转型开发战略提供便利的数字化支撑。同时，为了有效、高效实施国有资产监管，国资管理部门有必要在各国有企业房地产数据库的基础上，打造国资系统统一的房地产信息平台，整合全部国企各类土地、房屋信息，构建数据上报、复核、审批、审计与评价系统，便于整体分析和及时准确把握国资房地产的变动情况、经营情况和更新盘活潜力，并可定期或及时联合房地产估价机构开展房地产经租、处置、投资等行为的针对性的复核、评估或评价，实现全系统的资产数字化监管，促进国企资产管理与运营的数字化转型，提升国资监管质量和工作效率。

参考文献：

柴强.房地产估价理论与方法[M].北京：中国建筑工业出版社，2017：14-27.

作者联系方式

姓　　名：顾弟根
单　　位：上海市房地产估价师协会
地　　址：上海市徐汇区肇家浜 159 号友谊时代大厦 6 楼（邮编：200031）
邮　　箱：sreaa@valuer.org.cn

姓　　名：邵晓春
单　　位：上海市房地产估价师协会
地　　址：上海市徐汇区肇家浜 159 号友谊时代大厦 6 楼（邮编：200031）
邮　　箱：sreaa@valuer.org.cn

姓　　名：杨　斌
单　　位：上海百盛房地产估价有限责任公司
地　　址：上海市浦东新区民生路 600 号船研大厦 8 楼（邮编：200135）
邮　　箱：bin.yang@shbrea.com
注册号：3119960042

姓　　名：贾明宝
单　　位：上海房地产估价师事务所有限公司
地　　址：上海市浦东新区南泉北路 201 号房地大厦 10 楼（邮　编：200120）
邮　　箱：jiamb@mail.sh.cn
注册号：3119980110

姓　　名：裘　炯
单　　位：上海城市房地产估价有限公司

地　　址：上海市黄浦区北京西路 1 号新金桥广场 16 楼（邮编：200003）

邮　　箱：qiujiong@139.com

注册号：3120020006

姓　　名：周志良

单　　位：上海八达国瑞房地产土地估价有限公司

地　　址：上海市静安区江宁路 212 号凯迪克大厦 11 楼（邮编：200041）

邮　　箱：bdpg0001@163.com

注册号：3120030038

姓　　名：杨云林

单　　位：上海信衡房地产估价有限公司

地　　址：上海市黄浦区中华路 1600 号黄浦中心大厦 9 楼（邮编：200021）

邮　　箱：xhrea@163.com

注册号：3119980200

姓　　名：黄　静

单　　位：上海东洲房地产土地估价有限公司

地　　址：上海市长宁区延安西路 726 号 6A（邮编：200050）

邮　　箱：huangjing1994@163.com

注册号：3119970092

试论房地产估价服务于经济社会发展的新领域

常忠文　凌　祥

摘　要："十四五"规划为我国今后一段时期经济社会发展指明了方向，国企发展、社会文明、生态文明、民生福祉等众多领域在新发展阶段都将带来新的发展需求。房地产估价作为重要的智力服务形式，在新发展阶段具有更加广阔的发展空间。本文结合"十四五"规划，梳理未来经济社会发展中与房地产估价契合度较高的重要方面，在新发展理念指引下，探寻新发展阶段房地产估价服务于经济社会发展的新领域。

关键词：资产管理；司法实践；乡村振兴；健康中国；绿色发展；房地产估价

当前，房地产市场持续健康发展政策、金融行业化解系统性风险措施等一系列宏观调控办法的实施，对房地产估价传统服务领域的生态产生重要影响。同时，伴随着抵押估价业务银行付费、房屋征收项目减少、不同评估领域业务交叉等情形的出现，房地产估价传统业务的"蛋糕"在变小，有些业务类型甚至存在消亡的危险。实现房地产估价行业历久弥新，必须在正视发展不足、提升服务质量的基础上，努力提高创造力，提升从业人员整体素质，积极拥抱新发展阶段经济社会发展对房地产估价的新需求，捕获新的业务领域和服务机会。

一、经济社会发展的新方向

《中华人民共和国国民经济和社会发展第十四个五年规划和二○三五年远景目标纲要》明确了"十四五"时期经济社会发展主要目标：经济发展取得新成效；改革开放迈出新步伐；社会文明程度得到新提高；生态文明建设实现新进步；民生福祉达到新水平；国家治理效能得到新提升。为实现上述目标，我国经济社会发展必然会出现新的方向和趋势，也会出台一系列新的举措。各行各业都应结合本行业实际，在经济社会发展的新领域谋篇布局，房地产估价行业也不例外，应顺应经济社会发展的趋势，提升估价行业的生命力和创造力。

我国已进入新发展阶段，发展基础更加坚实，发展条件深刻变化，进一步发展必将面临新的机遇和挑战。"十四五"规划系统全面地阐述了我国未来经济社会发展的内容和任务，对房地产估价行业产生深远影响，房地产估价服务在每个方向都大有可为，可以催生新的估价服务内容，有效扩大房地产估价服务的范围，提升房地产估价服务的影响力和美誉度。以下四个新方向更值得我们关注。

（一）强化国家战略科技力量，发展壮大战略性新兴产业

战略性新兴产业包括新一代信息技术、生物技术、新能源、新材料、高端装备、新能源汽车、绿色环保以及航空航天、海洋装备等，融合化、集群化、生态化是未来战略性新兴产业的发展目标。在这一过程中必然会诞生一大批新兴科技企业，新建众多面向未来的科研中

心、新型园区，制造和购置全新特种设备和装置，促进整个实体经济转型升级。

（二）加快发展方式绿色转型，大力发展绿色经济

坚持生态优先、绿色发展，以"碳达峰、碳中和"发展战略为指引坚决遏制高耗能、高排放项目盲目发展，大力发展光、水、风等清洁能源，提升非油化能源比重。加快新能源、绿色能源产业发展，大力发展盐湖提锂产业，推进新能源及其相关设备的应用。建立统一的绿色产品标准、认证、标识体系，完善节能家电、高效照明产品、节水器具推广机制。

（三）坚持农业农村优先发展，全面推进乡村振兴

实施乡村振兴，需要大力发展农业产业，建设高标准农田，改善乡村居住环境，盘活农村集体经济组织资产，加快资源整合和资产处置的步伐。完善乡村基础设施，提升农房建设质量。推进城乡基本公共服务标准统一、制度并轨，增加农村教育、医疗、养老、文化等服务供给，提升农民的幸福指数。

（四）积极应对人口老龄化，健全婴幼儿发展政策

制定人口长期发展战略，优化生育政策，以"一老一小"为重点完善人口服务体系，促进人口长期均衡发展。推动养老事业和养老产业协同发展，健全基本养老服务体系，实施健康中国工程。发展普惠托育服务体系，健全支持婴幼儿照护服务和早期发展的政策体系。加强对家庭照护和社区服务的支持指导，增强家庭科学育儿能力。减轻家庭生育、养育、教育负担。

二、房地产估价服务经济社会发展的新领域

依据"十四五"规划，聚焦经济发展、社会文明、生态文明、民生福祉等发展领域，结合房地产估价行业的专业特点和发展现状，挖掘房地产估价可以深耕和探索的服务机会，分析未来房地产估价应重点关注的新发展方向和服务领域。

（一）为"资产管理"服务，提高房地产估价的专业作用

1. 服务于国有资产管理

国有资产是全体人民共同的宝贵财富，是保障党和国家事业发展、保障人民利益的重要物质基础，一定要管好用好。国有资产评估是国有资产管理的重要手段，能够显化国有企业资产保值增值的程度，有效防止国有资产流失。房地产是国有资产的重要组成部分，国有企业房地产的评估属于法定评估。

国有企业在合并、分立，产权转让、资产抵押等方面涉及房地产的，都需要进行房地产估价，房地产估价机构应当服从国有资产管理监督管理机构的管理，加强人才队伍建设，提升估价业务素质，依据估价目的，提供高质量专业服务，出具合格估价报告。国有房地产在对外出租时，需要确定租金价格水平，房地产估价机构可以提供专业服务，这类业务属于周期性业务，一般情况下，每年都应根据市场状况重新确定房地产租金水平，是一类新增的可持续服务的估价业务，房地产估价机构应当充分重视。

2. 服务于房地产投资信托基金

2020 年 4 月 20 日，中国证监会、国家发展改革委联合发布《关于推进基础设施领域不动产投资信托基金（REITs）试点相关工作的通知》，标志着基础设施领域不动产投资信托基金正式起航。在 REITs 正式发行前的准备过程中，需要对不动产等底层物业进行客观审慎的估价，以此作为 REITs 发行时定价的重要参考。此外，住房租赁领域也在积极发展房地产信

托基金，同样需要对长租公寓等租赁住房进行房地产估价。

房地产估价机构应依据《房地产投资信托基金物业评估指引（试行）》，对相关房地产进行信托物业状况评价、市场调研及价值评估等三方面评价评估工作。

3. 服务于不良资产处置

不良资产处置是盘活不良资产、化解债权人财务风险的重要保证。不良资产定价需要房地产估价机构提供专业服务，客观、明确的价格是处置工作开展的基础。房地产估价机构还可以积极开展不良资产的尽职调查工作，查明不良资产的瑕疵和卖点，分析不良资产产权交易过程中的难点，预测不良资产处置过程中的交易税费，核算全部交易成本，为债权人合理确定处置价格提供全方位、多角度咨询建议，协助债权人提高不良资产处置的成功率。

（二）为"司法实践"服务，扩大房地产估价的社会影响

1. 提高回顾性估价质量，为审判案件服务

在司法诉讼实践中，很多案件纠纷往往都发生在过去，在解决讼争的过程中，经常需要评估诉讼标的在过去某个时点的价值，回顾性房地产估价在司法审判案件中不可或缺。

为准确评估出过去某个时间或某段时间的房地产价值，需要估价机构持续进行资料收集整理，注重市场调查，加强信息提炼，规范档案管理，提高机构信息化水平。只有这样才能在回顾性评估需求产生时有能力评估出估价对象在过去某个时点的客观价值，维护当事人的合法权益，协助司法机关解决诉讼纠纷。

2. 规范估价行为，为执行案件服务

很多执行案件的办案周期长、难度大，当事人利益难以保证。当然，被执行标的物情况复杂、难以变现是执行案件标的物处置不成功的主要原因，司法拍卖价格确定不合理也是重要原因之一。

最高人民法院已出台《关于人民法院确定财产处置参考价若干问题的规定》，并建立最高人民法院全国法院询价评估系统，有效规范了被执行房地产价格评估的程序。房地产估价机构应以此为契机，扩大评估服务范围，规范机构执业行为，提升估价师专业素养，准确评价估价对象，提高评估效率，提高价格评估精度，为执行案件的成功保驾护航。

3. 重视租金评估，为涉诉租赁纠纷服务

随着存量房地产市场的到来，房地产投资经营行为越发普遍，越来越多地房地产持有者自己并不经营房地产，而是把房地产出租给别人用于经营，因各种原因引发的房地产租赁纠纷也时有发生。在涉诉租赁纠纷解决过程中，房地产租金评估是不可缺少的环节。

租金评估相对于传统的价值评估而言，标的较小、效益较低，但是随着房地产市场发展阶段的不断演变，其市场需求数量将会越来越大，需求质量也会越来越高。估价机构应当早做安排，区分标准化与非标准化租金评估业务，提升租金评估业务的承接能力，在行业竞争中努力实现弯道超车。

（三）为"乡村振兴"服务，延伸房地产估价的业务范围

1. 为宅基地制度改革服务

2020 年中央 1 号文件要求，以探索宅基地所有权、资格权、使用权'三权分置'为重点，进一步深化农村宅基地制度改革试点。三权分置制度的探索为宅基地有偿使用方式的建立提供了制度保证。宅基地使用权可以退出，也可以合理取得，还可以抵押融资，包括宅基地上建筑物在内的农村住宅价值确定工作必不可少，房地产估价机构将增加一项新兴的估价业务。

宅基地制度改革对估价机构也提出了新的要求：要认识农村住宅房地产市场；合理确

定宅基地使用权价值和地上住房价值；在盘活农户资产的同时，要维护农村稳定。这都是估价机构要积极面对的新课题。

2. 为集体经营性建设用地入市服务

2021年中央一号文件明确指出，民族复兴，乡村振兴，要坚持把解决好"三农"问题作为全党工作重中之重。其中，将探索实施农村集体经营性建设用地入市制度，作为深入推进农村改革，完善农村产权制度和要素市场化配置机制，充分激发农村发展内生动力的重要事项。

农村集体经营性建设用地，是指具有生产经营性质的农村建设用地，包括农村集体经济组织使用建设用地兴办企业或者与其他单位、个人以土地使用权入股、联营等形式共同举办企业、商业所使用的农村集体建设用地。这类集体建设用地主要为工业、商业两种类型，他们在入市过程中和入市以后，包括地上的工业厂房和商业房在内的房地产需要进行出让、转让、抵押、征收等多种目的的房地产估价。这类业务同农村住宅评估一样，都是新兴房地产估价业务，未来大有可为。

（四）为"健康中国"服务，提升房地产估价的精度等级

"健康中国"是我国的重要发展战略，为提升广大人民群众的医疗保障水平，积极应对人口老龄化带来的影响，构建养老、早教、健康产业体系势在必行。相关产业的蓬勃发展，为房地产估价的发展又带来了新的机遇。

1. 为"一老一小"产业估价

"康养"产业是以老年人为主要服务对象的社区综合性服务行业，包含居住、健身、医院、休闲等众多功能。近年来，人口出生率一直低于预期，已经成为十分严重的社会问题。提升生育意愿、提高养育能力、减轻教育成本是提高人口出生率不可回避的三大课题。"康养"产业和婴幼儿成长产业的规模将随着健康中国发展战略的实施而不断壮大。

房地产估价以前很少涉及"一老一小"产业，需要房地产估价师更加关注产业内专有设施设备，充分分析研究其与房地产共同发挥作用所产生的整体价值，不能仅仅采用累加的方式分别计算房地产的价值和各类设施设备的价值，重视此类产业对周边区域和城市房地产市场价值的影响。

2. 为医疗行业估价

医院、健康体检机构等医疗机构和医疗生产企业是医疗行业的中坚力量，随着人们健康意识的持续增强和民营资本的不断进入，医疗机构的规模一直在扩大，医疗机构在发展经营过程中的估价需求也从无到有、从少到多，一些房地产开发企业开始转型新建或投资医疗产业。

与"一老一小"产业估价类似，医疗产业专业性也很强，其房地产及配套设施不同于其他行业，只有具备专门知识和经验的估价师，才能全面、客观了解医疗产业房地产的特点和使用维护状况，才能准确估算出医疗产业的房地产价值。在不久的将来，我国也许会出现专门的医院估价师或养老中心估价师。

（五）为"绿色发展"服务，促进房地产估价的持续发展

1. 服务于"碳达峰碳中和"发展战略

《2030年前碳达峰行动方案》发布后，碳达峰碳中和"1+N"政策体系正在加快形成。碳强度作为"十四五"规划约束性指标，"十四五"期间需要下降18%，各地区各部门都要分解完成该指标，碳排放量控制势在必行。清洁能源完全替代化石能源是一个漫长的过程，在此过程中，碳排放交易应运而生，碳排放交易量会在 2030 年之前逐步增大，碳排放权交易市场潜力巨大，新能源产业前景广阔。

房地产估价机构应当践行"绿色发展"理念，促进估价行业的可持续发展。认真了解各类实体经济企业二氧化碳排放水平和规律，积极投身到碳排放交易量和交易价水平测算、定价模型体系建立等研究中，开拓符合新发展理念的房地产估价。

能源在经济社会发展中的作用与血液在人体中的作用相当，没有能源社会必将停滞消亡。以光伏、风电、水电、锂电等为代表新能源产业规模大、分布广、资产构成复杂，价值评估需求较大，当前房地产估价机构涉足新能源领域不深，房地产估价行业可以将新能源企业整体资产评估作为重要研究对象，出台技术指南，引导估价机构提升相关专业水平，积极开展新能源领域房地产估价业务。

2. 开展绿色发展第三方评价服务

中共中央办公厅、国务院办公厅印发的《关于推动城乡建设绿色发展的意见》明确指出，建立健全"一年一体检、五年一评估"的城市体检评估制度，将绿色发展纳入评估指标体系；健全社会公众满意度评价和第三方考评机制，由群众评判城乡建设绿色发展成效。房地产估价机构可以从测算房屋能耗、评估房屋节能水平入手，研究建立房屋能耗标准，将能耗水平纳入绿色建筑价值评估范围，量化不同等级绿色建筑价值水平的差异程度，以第三方的角度参与评判绿色写字楼、绿色工厂、绿色园区、绿色城市。

城市体检评估制度的建立，为房地产估价机构新增了一个业务领域。"一年一体检、五年一评估"的城市体检评估制度，有利于估价机构持续关注城乡绿色发展措施和进程，跟踪评价绿色发展成效，保障估价机构良性发展，提升估价机构的第三方评价水平和评价成果质量。

三、结语

当前，随着新发展理念的不断贯彻落实，越来越多的经济社会发展领域都在发生着革命性的变化，还有很多领域值得房地产估价行业认真研究，进行业务延展，例如"双减"背景下房地产市场的变化趋势、房地产税对住宅房地产市场的影响等。房地产估价机构应立足城乡发展实际，紧跟经济社会发展规划，积极服务于经济社会发展的新领域。

参考文献：

[1] 钱忠好，牟燕．乡村振兴与农村土地制度改革 [J]．农业经济问题，2020（04）：28-36.

[2] 谭荣．集体建设用地市场化进程：现实选择与理论思考 [J]．中国土地科学，2018，32（08）：1-8.

作者联系方式

姓　名：常忠文　凌　祥

单　位：安徽中安房地产评估咨询有限公司

地　址：合肥市经济开发区百乐门广场尚泽国际 1109 室

邮　箱：56949408@qq.com

注册号：常忠文（3420030054），凌祥（3420150034）

产业用地交易中房地产估价机构的新角色探索

杨丽艳

近年来，为了防止房地产价格过快上涨，影响产业发展和百姓安居，国家一直在强调"房住不炒"，坚持通过多项调控政策确保房地产市场健康发展。政策的变化和调整一定程度上给传统的房地产估价业务带来了冲击。如何适应新趋势和变化，突破常规思维，寻找新的市场机会，是估价行业要思考的问题。

一、背景分析

（一）全国产业用地出让情况

近几年，国家出台了多项关于产业用地的政策，包括《节约集约利用土地规定》（2014年国土资源部令第 61 号）、《关于支持新产业新业态发展促进大众创业万众创新用地的意见》（国土资规〔2015〕5 号）、《关于深入推进城镇低效用地再开发的指导意见 (试行)》（国土资发〔2016〕147 号）、《产业用地政策实施工作指引》（自然资办发〔2019〕31 号）等。一系列政策的出台，在推动新旧动能转换、经济结构升级，以及保障民生服务设施建设等方面起到了一定促进作用。各省市都在不断提升产业用地供应水平，加大招商引资力度，以推动区域经济及产业发展。

（二）深圳产业用地供应情况

深圳市的突出特点是空间狭小，一方面存在产业用地资源不足、现有产业用地利用效率低下的情况，另一方面大批优质企业外迁，包括华为、飞利浦、三星电子等；现有产业空间动力不足，对深圳经济发展造成一定的影响。为了缓解产业用地利用矛盾、优化产业布局，同时更快更好地保障优质企业扎根深圳，保持城市核心竞争力，深圳市政府在 2018—2019 年陆续出台《深圳市总部项目遴选及用地供应管理办法》《深圳市工业及其他产业用地供应管理办法》，希望通过多样化产业用地供应方式，以低成本土地吸引一些优质企业进入深圳，或者是把原有企业留在深圳。2021 年底《深圳经济特区城市更新条例》正式出台，为城市转型升级，进一步拓展产业空间提供了有力的保障。

目前，深圳在产业用地供应上主要有两种方式：一是政府净地出让。无论是总部企业用地、重点产业项目用地，还是一般产业项目用地供应，都有一个比较严格的"全年期、全过程"产业监管要求，主要是为防止产业"空心化"，切实落实产业地产"产业化"。因产业用地获取成本较低，政府会对产业准入条件、建成后物业的租售条件等方面设置一些限制，所以整体利润空间有限。基于这样的政策背景，从出让总量上看，深圳 2017 年来产业用地出让总量骤减；从价格上来看，企业用地成本单价在不断下降，这也符合政府在产业用地供应中的原则和趋势。二是工改工城市更新项目。城市更新项目相对于净地出让，监管没有那么严格，开发完成以后，开发企业可以自主选择租售模式，存在一定的利润空间。同时，工改工项目也需要产业来落地、实施产业监管，但后续监管的具体执行尺度相比净地来说较为宽松。但工改工城市更新项目也存在一些弊端，比如：立项难度比较大，拆迁谈判专项规划难，周期长、不确定因素多，优质项目市场交易成本高等。

二、产业用地交易中的痛点及需求

（一）产业用地交易中的痛点

1.企业信息渠道和政府信息资源未能完全匹配

从企业角度来说，从事一般生产经营的企业，不同于房地产开发企业，缺乏专业团队开展用地拓展和投资工作，信息渠道比较闭塞，对政府政策也不是特别了解。从政府角度来说，虽然政府非常希望招商引资，引入优质企业，但是由于政府的一些编制、人手问题，难以深入挖掘企业在产业用地方面的真实需求；很难真正地主动走出去，挖掘到优质企业。由此导致这两者之间的信息渠道和资源，未能完全匹配。

2.因企业缺乏产业空间规划而引起的需求错配

目前，很多企业缺乏长远战略规划，对产业用地面积需求不明确、预期过小或盲目跟大，导致规划空间与实际需求不匹配。结果就是，可能因为拿地不足，导致后备产业空间匮乏；或者因为拿地过多，导致企业资金浪费和产业空间使用效率低下。企业用地需求规划不足导致的错配现象是比较常见的。

3.因企业缺乏产业地产专业分析能力而导致的决策失误

部分企业由于缺乏专业团队，因而对产业用地相关政策理解不够、产业用地交易方式及流程不清楚，未能选择最优的产业空间获取途径，导致实际投入成本过多或错失政策红利，在获得同等使用效益产业空间的条件下，支付了高额的项目成本。

4.专业从事城市更新的房地产企业与产业资源很难有效衔接

当前从事工改工城市更新项目的主体是房地产企业，这些房地产企业和产业资源很难有效链接。由于缺乏相应的产业资源，工改工城市更新项目前期立项申报存在一定的困难，或者在建成以后，产业空间存在出租、销售困难。还有一些真正做产业的企业，由于其对城市更新各方面政策及流程不是特别了解，很难去针对自身需求，做一些更新规划。

（二）产业用地交易中的需求

对应上述痛点，企业在产业用地中的需求主要有四个方面：一是信息整合和资源链接；二是多维拿地方案比选与最优决策；三是需要专业支持与沟通协调；四是在投资建设过程中，对于风险的把控分析与规避。

（三）估价机构的服务优势

作为专业的房地产估价机构，在产业用地交易中具有一定的服务优势。一是能够准确判断各地产业用地的价格。因为估价机构经常受政府政府委托评估产业用地的出让底价、受企业委托进行融资估价，所以能够更加准确地判断产业用地的价格和投入成本，对经济效益评价和估算更为准确。二是熟悉各地的产业政策。由于房地产估价机构长期以来，都在产业用地和房地产交易中提供相关服务，所以对各地方政策非常了解。三是作为第三方独立的专业估价机构，估价机构在政府和企业中的信任度和依赖度比较高。

基于产业用地交易中的痛点、需求和房地产估价机构的服务优势，房地产估价机构完全可以将传统的估价服务进行延伸，为有用地需求的企业提供从拿地途径选择到项目地块落地的全流程顾问服务。

三、服务内容与案例分享

（一）企业背景与需求

某上市公司总部位于深圳，成立于 2004 年，属于国家级高新技术企业，年营业额约 20 亿，纳税额超过 1 亿元。该企业希望在深圳一个高新产业聚集区，拥有一栋属于自己的总部大楼，以进一步提升企业形象，解决后续产业空间使用需求。

（二）服务内容

深圳市国房土地房地产资产评估有限公司对该企业提供了产业用地项目的全流程服务：包括企业目的和自身因素分析，拿地途径和方向选择，目标区域及目标地块遴选，目标地块对比，协助与政府洽谈，编制产业运营方案和产业规划布局，协助联合拿地谈判、合作协议签署、协助用地出让等相关工作。

（三）服务流程

首先，开展企业高层访谈，对企业各个部门、事业板块进行摸底，结合下一步资金预算等对企业自身情况进行综合分析。其次，对比不同拿地途径的要求及优劣势，在对企业偏好进行充分了解后，给出比较明确的拿地途径意见和建议，并通过内部董事会达成一致意见。再次，开展目标区域及目标地块遴选、优质地块比对分析，并与企业内部、政府部门以及其他相关企业进行多轮沟通与探讨。最后，利用自身专业优势，结合当地政府用地政策，以及目标区域的潜在可供应地块，参考相关单位意见，积极促成该公司通过联合拿地的方式，和另外一家企业联合竞买深圳某中心区的总部地块，共同建设总部大厦。

（四）服务效果与进度

一是帮助企业实现了经济效益和社会效益的最大化，使政府和企业实现双赢。二是帮助企业降低风险，当时企业想跨界进入工改工的城市更新项目，深圳市国房土地房地产资产评估咨询有限公司认为这个决策风险非常大，以该企业当时的资金情况，根本不能匹配工改工的长周期项目。目前，该企业总部用地基本确认，现正处于用地出让环节。

（五）后期衍生服务

对估价机构来说，提供产业用地全流程顾问服务一方面是获得了一定的经济效益，另一方面服务团队得到了政府还有企业的专业认可和长期信任，便于开展后期衍生业务。后续，我们还可以为企业提供如：项目前期报批报建手续代办，项目开发过程中的融资，建成后物业的租售，后续产业监管相关事项跟踪等衍生服务。

四、服务要点与角色转变

（一）服务要点

1.以风险防范为首要原则

风险防范包括几个方面：一是政策变动风险，为此要加强政策研究分析，做好方案备选、比对，并根据政策变动及时调整方案。二是市场风险，需要根据企业实际需求和市场情况，提前制定产业运营及发展规划，避免因盲目求大而引起的巨额投资建设损失及物业运营损失。三是项目周期风险，需要关注宏观环境，综合企业预期分析各类拿地途径项目实施周期，做好项目实施计划及进度控制，落实项目资金，避免项目实施周期过长，甚至项目烂尾。

2. 以企业需求和自身条件梳理为出发点

产业用地咨询服务要对企业足够了解，从企业需求和自身条件出发，对相关内容进行充分梳理。梳理的内容既包括企业类型、企业技术、生产能力，注册资本和净资产，以及上一年度产值规模、纳税额、地方财力贡献等；也包括企业现在及潜在产业空间需求量，目标预算和项目时间进度等；还包括企业对目标项目的区位条件、拟建设物业类型、交通便捷度等偏好。

3. 深入政策研究为关键

产业用地咨询服务需要对政策进行深入研究，比如不同的用地供应模式对拿地主体的准入门槛、物业租售限制条件，地方财力贡献，项目产值规模，土地产出率等要求各异，同一拿地路径不同行政区的要求也不尽相同，因而，需要针对政策进行深入分析，将政策要求与企业自身条件相匹配。

4. 以多方面、多维度对比为基础

多方面多维度对比包括以下几个方面：一是拿地路径选择要结合企业自身的条件及关注点进行比对分析，包括相关政策要求对比，各路径的经济效益、时间周期、项目风险对比等。二是目标用地区域选定需要结合企业目的及偏好进行综合比对，包括区域潜在土地供应情况比对，各片区的地理位置、区域规划、产业氛围比对等。三是优质地块选定要进行多维度的比对，根据与政府部门的沟通情况，结合不同的地块规模、容积率等，针对潜在可供应地块进行未来的投入建设资金、经济效益概算及打分比选，为企业确定最为优质、最适合的备选地块。

（二）角色转变

专业估价机构在产业用地交易服务过程中的角色转变主要体现在四个方面。一是服务结点转变。以往传统的估价通常是聚焦一个单独的结点，但产业用地咨询属于全流程服务，周期较长，涉及多点服务。二是服务内容转变。以往传统估价更多的是做价格评估和经济分析；但产业用地咨询在此基础之上还要去做一些需求分析、空间规模规划、方案对比等。三是服务方式转变。传统估价的估价服务终点是出具估价报告；但是在产业用地咨询服务中，不仅要提供相应的报告，还需要在不同时点，说服企业听取我们的专业意见和建议，与政府进行沟通、谈判，和法律、规划等相关部门进行沟通协调等。四是服务定位转变。在产业用地咨询服务中，我们不仅是一个简单的受托方角色，有时候还要成为委托方的代表去谈判，代表企业去统筹法律单位、规划设计单位，甚至包括统筹企业内部的行政管理部门和人员。简单来说，在产业用地交易服务中，估价机构要有充分的主人翁精神，突破原有单一化的传统估价服务，向多样化、全程化、综合化的咨询角色转变。

总的来看，随着全国经济转型和升级，各地对于产业用地的交易咨询需求也会越来越多，专业的房地产估价机构将在产业用地选址、开发建设及后续运营中发挥越来越重要的作用。估价机构应积极探索产业项目市场，发挥专业优势，提升专业素养，打开产业用地咨询服务的新蓝海。

（本文根据 2021 中国房地产估价年会演讲整理）

作者联系方式

姓　名：杨丽艳

单　位：深圳市国房土地房地产资产评估咨询有限公司

以转让股权方式转让房地产估价服务实践

刘洪帅

一、股权方式转让房地产是常见合法方式

（一）股权方式是常见方式

企业转让房地产，可选择房地产资产买卖或者交易企业股权两种方式。现实中，有的企业进行公司分立以实现股权方式转让房地产的目的；有的企业搭建很复杂的股权结构，在股权结构最上层进行股权交易，实质是转让房地产；还有一些企业在转让房地产时，把很多房地产项目一次性打包，通过一次性股权转让交易方式转让房地产。比如今年关注度很高的黑石集团收购 SOHO 中国的项目，就是一个典型的以股权形式收购房地产的项目。SOHO 中国核心物业资产包括北京的前门大街项目、光华路 SOHO 二期、望京 SOHO 的塔 3、丽泽 SOHO、上海的 SOHO 复兴广场、SOHO 天山广场、古北 SOHO、外滩 SOHO 等，总估值在人民币 500 亿元到 600 亿元。

（二）股权方式是合法的房地产转让方式

根据《城市房地产转让管理规定》（2001 年 8 月 15 日建设部令第 96 号令发布，对 1995 年 8 月 7 日建设部令第 45 号修正）第三条，本规定所称房地产转让，是指房地产权利人通过买卖、赠予或者其他合法方式将其房地产转移给他人的行为。其他合法方式，主要包括下列行为：（一）以房地产作价入股、与他人成立企业法人，房地产权属发生变更的；（二）一方提供土地使用权，另一方或者多方提供资金，合资、合作开发经营房地产，而使房地产权属发生变更的；（三）因企业被收购、兼并或合并，房地产权属随之转移的；（四）以房地产抵债的；（五）法律、法规规定的其他情形。所以，因企业被收购、兼并或合并，房地产权属随之转移的，属于合法的房地产转让方式，以股权方式转让房地产应归类为房地产转让的范畴。

（三）交易标的是公司股权，核心价值是房地产价值

股权方式的交易标的是公司股权，交易发生在股东层面，企业资产保持不变，也就是说企业资产的数量、类别、账面价值、财务核算等保持不变，只是股东发生了变更。企业主要资产是房地产，公司股权核心价值就是房地产的价值。

二、股权方式与资产买卖方式差别

（一）主要差别

一是税务差别，资产买卖方式涉及的税种比较多，包括土地增值税、印花税、契税、所得税。股权交易一般情况下只涉及印花税和所得税。二是交易程序差别，股权可以实现一次性过户，可变更企业内多项房地产。资产买卖方式需要逐一办理过户。三是交易金额差别，

在承债收购时，股权交易金额会远远小于纯资产买卖，只需要交易公司的净资产，可以继续承担后续债务，具有杠杆效应。而资产买卖需要按照资产价值足额支付。四是交易目的的差别，股权交易目的更为多样，如合理避税、优化公司业绩、集团内房地产业务整合等。资产买卖方式单纯是为了交易资产。

（二）股权方式是否缴纳土地增值税

在股权方式与资产买卖方式的主要差别中，税是最核心的关键因素之一。众所周知，土地增值税对于增值较大的房地产交易来说，是很大的一项负担。目前，股权方式是否缴纳土地增值税需要个别认定。《中华人民共和国土地增值税暂行条例》及相关税法规定在征收管理上的认定尚不明确，关于土地增值税，各地具体的执行情况也不完全统一。根据国家税务总局 2000 年发布的《关于以转让股权名义转让房地产行为征收土地增值税问题的批复》（国税函〔2000〕687 号）以个别复函的形式明确：对一次性转让公司 100% 的股权，且这些以股权形式表现的资产主要是土地使用权、地上建筑物及附着物，经研究，对此应按土地增值税的规定征税。

（三）股权方式所得税影响

股权方式对所得税也有影响，如果房地产增值较大，如采用股权交易方式，企业资产账面价值不变，作为买受人来说，享受不到未来经营过程中房地产增值部分折旧对企业利润的抵减，需要多负担所得税。

（四）无法采用股权方式的情形

有一些情形无法采用股权形式交易，比如企业有其他无法剥离的资产，而买方主要想要房地产，不想要其他资产，但是无法剥离，这类公司不能进行股权转让。还有一些项目公司在历史沿革上有一些法律瑕疵风险，也无法采用股权方式交易。

三、股权方式转让房地产估价

（一）企业房地产转让交易分类

企业房地产转让交易可分三类，第一类是开发类，即房地产开发企业转让房地产项目、并购房地产项目，目的是把房地产项目纳入企业开发体系，进行开发、销售或转为自营物业。第二类是投资类，保险、各类基金以及其他企业或个人购置投资性房地产，以获取经营收益或者增值收益。房地产投资信托基金是一个典型的投资类目的的投资机构。第三类是自用类，有一部分企业购置自用生产或者办公房地产，也会通过股权交易方式。

（二）股权方式估价对象是股东权益

以股权方式交易，需要明确估价对象是股东权益。股东权益如何确定？企业股东权益价值是企业所拥有和控制的资产、资源带来的未来收益现值。由于企业价值主要是房地产，所以要分析企业所拥有房地产产生的最大净收益现值，即为房地产企业股权价值。这里涉及一个估价原则，即最高最佳利用原则，无论企业采用何种模式收回收益，经营、出租还是转让，最大净收益即为企业价值。

（三）房地产开发企业股权转让估价

1. 企业资产特点及企业价值分析

房地产开发企业主要资产为待开发土地、在开发在建工程、已竣工待销售房地产等，开发完成后房地产用于销售或转为自营。房地产开发企业的股权价值，取决于其所开发房地产项目的未来净现金流量现值（未来销售或经营收入扣除成本和相关税费折现值），需要从企业角度考虑相关税费。

影响企业价值的核心因素主要是房地产开发项目的盈利能力，项目盈利能力主要取决于项目的售价水平和畅销程度。其中，关于畅销程度，比如日光盘（当天销售当天回笼资金）的现金流是最好的，资金回笼快，按照折现模式，盈利能力最强。反之，如果销售期非常长，现金流收入慢，企业盈利能力就差。

如果房地产开发企业存货资产为土地，企业价值取决于其拥有的土地市场价值。房地产开发企业有多少土地储备，这些土地储备将来会给企业带来多少销售收入和现金流。但是如果这些土地没有开发计划，又有明确的现值，可以按照土地现时价值计量。

2. 估价方案

房地产开发企业股权转让的估价方案，主要采用假设开发法（动态分析法）进行估价，依据开发项目的开发计划、融资方案、销售方案、经营计划、预计售价、预计经营收入、预计投入成本、预计税费（包括土地增值税、所得税等）负担等对企业未来经营收益净现金流进行预测。说起来简单，现实中可能有的计划、方案等不具备，有的虽然具备，但是不客观不合理，这对于估价师的要求是很高的，需要估价师花心思去研究，或者跟各方充分交流之后，去确定未来净现金流。

折现率建议参考房地产开发项目的市场客观收益率，市场客观收益率要以上市公司相应的公开数据作为参考，以往确定折现率的方式常用累加法，并没有跟市场结合验证，这需要我们去调查和研究。

根据买受人要求评估投资价值，应从买受人自身品牌、营销能力、开发方案和产品设计角度进行估价。比如知名的房地产开发企业，拿地后能够做到比较快速的销售，其投资价值和正常市场价值不是一个概念。

（四）投资性房地产企业股权转让估价

1. 企业资产特点及企业价值分析

投资性房地产企业主要资产为投资性房地产，持有房地产目的主要为赚取经营收益或资本增值。买受人购置目的为投资获益，股权价值取决于企业房地产未来经营净收益现值，或者转让房地产净收益现值（市场价值扣除转让税费）。

买受人最高出价即为交易价格。买受人最高出价是在可选择的经营模式下（持续经营、持有加转售等）产生的最高收益，等于企业内房地产未来经营净收益现值和转让房地产净收益现值中的价值高者。

股权方式有可能免交土地增值税，转让方因交易税负降低而实际收益增加，但是买受人再次转让时有可能面临更高的土地增值税，因此免交增值税所带来的好处不能转让方独占，要在买卖双方之间进行利益分配。但不管如何分配，估价师很难定价，可以给予相关建议，具体情况具体分析。如果资产以后都以股权方式转让，就不存在土地增值税问题，可以完全归转让人。此外，相较资产转让多负担的所得税，买受人应获得补偿，在评估价值中考虑。

2. 估价方案

投资性房地产企业股权转让的估价方案，根据上文所述，可以分别采用全剩余寿命模式、持有加转售模式进行估价，选择其中价值高的模式作为估价结果。全剩余寿命模式下，评估房地产未来经营收益净现金流现值；持有加转售模式下，评估企业内房地产经营收益净现金流现值加上房地产转让净收益（市场价值扣除转让税费）现值。持有加转售模式包含持有期是零的特殊状态，即按照当日市场价直接卖掉。此外，未来经营收益净现金流需要考虑企业所得税。转让税费的确定，需要考虑所得税以及是否缴纳土地增值税。

（五）自用型房地产企业股权转让估价

1.企业资产特点及企业价值分析

自用型房地产企业一般是生产型企业，主要资产为自用生产或办公房地产，持有房地产目的主要是为组织生产服务，通过租金收益获利可能性小或者无资本增值预期。买受人购置目的为自用，非为投资获利，其心理价格预期比照重新购建价格。转让方亦倾向于将重新构建价格作为最低售价。相较资产买卖多负担的所得税，投资者应获得补偿。

2.估价方案

自用型房地产企业股权转让的估价方案，是评估房地产市场价值，扣除相较资产买卖多负担的所得税。

（六）估价注意事项

股权方式转让房地产估价需要特别注意的事项。一是财产范围，以评估价值时点的资产负债表内资产作为财产范围，资产负债表是经过财务审计、会计师审计后的报表；二是价值时点，按照财务报表原则，一般以年底或者月底会计结算日作为价值时点；三是其他类别资产估价，一个企业里不可能只有房地产，可能还有其他的资产负债等，需要聘请相关专家或相应类别评估师提供专业帮助；四是价值类型，存在投资价值和市场价值两种。还有一些其他事项，比如需要了解转让人、买受人对转让对象状况、转让价款支付方式、转让税费负担等约定条件作为估价前提；五是注意会计科目之间勾稽关系，避免重复评估或漏评。

另外，估价师还须注意保持独立性，不得分别接受交易双方就同一笔交易委托评估。

四、估价及咨询服务主要内容

估价及咨询服务主要内容可分为六个方面，一是前期标的尽调，包括产权调查、合同调查、资产清查、资料收集；二是市场调查，包括房地产售价及销售进度、租金及空置率、市场供求状况等；三是价值分析，根据估价对象特点及市场状况进行价值分析；四是价值评估，选用适合估价方法、参数进行估价；五是提供相关建议，比如交易方式选择建议、税务建议、报价建议；六是谈判支持，解释估值、协助谈判方案制定，提供不同方案估值测算等。

估价师还需要向委托方详细解释估价模型和参数，委托方重点关注估价结果确定合理性。

五、实践感悟

第一，估价师在提供估价结果之外还应主动提供相关建议。第二，估价师应注重扩展知识结构，注重会计、法律、税务等相关知识的学习。第三，估价师应了解投资机构的投资逻辑，熟悉企业价值评估方法。第四，估价师须注重价值分析能力培养，一方面根据估价对象特点，另一方面根据市场条件。估价就是测算、分析、确定估价结果的过程，只有测算没有分析，结果确定就是空谈。

（本文根据 2021 中国房地产估价年会演讲整理）

作者联系方式

姓　名：刘洪帅

单　位：北京中企华土地房地产资产评估有限公司

人民防空工程估价业务拓展与实践

高藕叶

人防工程属于在地下设立的建设用地使用权，可利用部分的地下人防空间主要用于商业、停车场、文化娱乐、仓储等方面，其所发挥的经济效益和社会效益日趋显著，尤其是在一线城市诞生了一批专门从事地下人防工程的运营商，这种公司专门寻找闲置的地下人防工程整体租赁再进行投资包装进行商业运营，人防工程估价业务也应运而生。

一、估价行业的业务拓展

（一）估价行业现状的特点

最近几年房地产估价行业的发展遇到了一定困难，尤其是从 2020 年疫情暴发到现在，估价机构已经能明显感到生存的艰难。具体有以下几个特点：一是因为各地财政吃紧，各级政府都在压缩开支，利润越来越低；二是所承接的业务历史遗留问题明显增多，其解决难度大，技术要求高，业务周期长；三是回款周期越来越长，有些单位甚至用远期承兑汇票支付服务费；四是因为受疫情影响经济发展速度缓慢，国家对房地产行业管控越来越严，原有的传统业务呈现出数量明显减少，粥少僧多，估价机构承接业务困难的现象。但与此同时，新兴的估价业务也不断涌现，以人防工程为估价对象的各种目的估价就是其中之一。

随着新发展阶段的战略调整，估价机构的发展思路也要随之调整，原来的粗放式估价管理模式需要调整为精细化估价模式，具体体现在对市场深度挖掘和报告的高质量发展两个方面。为此，有必要对新出现的人防工程估价业务开展和估价技术难点进行研究和探讨。

（二）人防工程估价的业务种类

《人民防空国有资产管理规定》基本上概括了各种人防工程的估价目的，虽然人民防空国有资产不等于人防工程，但人民防空国有资产包括了大部分人防工程。其中第二十三条规定："人防国有资产发生下列情况之一者，必须按照《国有资产评估管理办法》进行人防资产评估：(1) 资产有偿转让、租赁、抵押、拍卖；(2) 企业兼并、出售、联营、股份经营；(3) 开办中外合资、合作经营企业；(4) 企业清算；(5) 依照国家和人防国有资产管理的规定，需要进行资产评估的其他形式。"

根据不同的估价目的，人防工程的业务种类大致有以下几类：

一是租金评估：地下车库、地下商场、超市、广场地下空间、仓库用房等；二是市场价值：在建工程含地下室建筑物整体转让；三是抵押价值：在建工程含地下部分整体抵押；四是成本价值：报废原因需了解人防工程建造成本；五是残余价值：由于征收、城市更新、报废等原因对人防工程进行拆除；六是司法拍卖：人防车位使用权等。

（三）潜在客户群体

根据业务种类，我们在拓展业务过程中需要把握潜在客户，大致可分为以下几种客户群，包括但不局限于这些客户群体：各区县人防办公室、各房地产开发企业、物业管理公司、各级人民法院、区县征收部门、区县武装部、各军事设施管理部门等。

二、人防工程的特殊性

（一）定义

人防工程是指为保障战时人员与物资掩蔽、人民防空指挥、医疗救护而单独修建的地下防护建筑，以及结合地面建筑修建的战时可用于防空的地下室。按照其定义分为平战结合可利用部分、机密不可利用部分。

（二）特殊性

人防工程的特殊性在区位状况、实物状况和权益状况中均有所体现。

1. 区位状况特殊

人防工程属于在地下设立的建设用地使用权。无论是单建人防工程还是结建人防工程，其空间位置都在地下。因此，人防工程没有自然通风和采光，必须靠相关设施设备解决工作所需的空气和光线。因为人防工程所处深度的不同，其价值也不同程度受到负面影响，这是决定估价结果的重要因素。

2. 实物状况特殊

建筑物的结构类型较多，但绝大部分人防工程的建筑结构都是钢混结构。结建人防工程的墙体不仅起着围护作用，而且还要承受和传递上部荷载，要求具有较强的抗压能力。同时由于其区位的特殊性，对防水性能、采光和通风都有较高要求，加大了建造成本。

3. 权益状况特殊

目前，绝大多数地区人防工程不计入建筑面积，也未确权没有权属证书。估价师必须通过其他方式方法了解权益归属，掌握房地产估价必需相关信息。其权属主要指所有权、使用权及收益权。

《人民防空工程管理办法》第四条中对所有权明确规定，县级以上人民防空主管部门负责本行政区域内人防工程规划、建设、维护和使用的监督管理；《中华人民共和国人民防空法》第五条说明了使用权与收益权的归属，人民防空工程平时由投资者使用管理，收益归投资者所有。

三、在人防估价实践的技术浅见

人防工程估价的实践中有很多需要注意的地方，在此列举几个内容与各位读者共享。

（一）确定财产范围和空间范围

与普通房地产不同的是，人防工程绝大多数处于地下，除了《房地产估价规范》GB/T50291—2015中所要求的四至之外，还应明确上下界限高程。估价的空间范围是指界址点所构成的垂直面和上下界限平面封闭所围成的空间范围。

对于人防工程的土地使用权分摊，目前既无证载也无法规明确规定。估价机构在承接项目时，应协助委托人明确土地分摊确定方法并在委托合同中明示。

（二）索要估价对象基本信息

由于人防工程比较特殊，一般不进行确权即没有权属证书。但权益状况对于估价相当重要，因此需要通过其他方法掌握估价当事人与估价对象的权属关系。比如可要求委托方提供以下资料：土地权属来源资料、建设工程符合规划的资料、房屋已经竣工的资料、房地产调查或者测绘资料、相关税费缴纳凭证、建设项目总平面审批图、人防建筑面积审批文件等。

（三）收集资料

基于几种估价方法测算的需要，必须收集此类建筑物的各种相关信息。用成本法时必须收集地下工程的建造成本、满足战时需要的各种设施设备的采购成本和安装成本；用市场法时需要收集人防工程转移的实例；用收益法时不仅需要收集人防工程租赁实例，而且还需要掌握设备运行的成本，因此必须了解设施设备性能、能耗、养护周期等相关信息。

（四）实地查勘环节的注意事项

相对于普通房地产估价对象，人防工程的估价有许多特殊之处需要重点关注。

1.确认类别

对人防工程进行实地查勘时，首先应确认查勘人防工程的类别。人防工程的实物状况是由功能、抗力和防化等级决定的，而实物状况影响着人防工程的收益、使用成本和建造成本，因此也就影响了估价结果。所以，人防工程估价的实地查勘首先要判断人防工程的类别。

人防工程按不同的方法进行划分，比如可按功能、抗力、防化等级进行不同分类。

2.确认体量

出于防空功能的需要，有些人防工程的空间不一定是标准的立方体，而且每个部位的标高未必一致。因此，人防工程的体量和规模，不能像普通房地产一样完全用平方米面积表示。实地查勘时，应核查验证人防工程的净面积和净高度。

基于人防工程内部不同功能的特殊需要，人防工程各个部位的形状和净高不尽相同，因此估价对象的体量宜以内部净空间体积为准。

3.特殊部分的查勘

由于人防工程不同于普通房地产，有许多特殊的部位和构件，比如防护密闭门、密闭门、防毒通道、洗消间以及防空所需的供电、通风、照明、警报等设施和设备，在对这些特殊的部分进行现场查勘时，要根据其特点选择查勘方式和查勘重点，完整记录并留下影像资料。

4.不可进入部分的查勘

人防工程可能涉及国防建设属于国家秘密的，出于保密工作的需要或因其他原因，估价师无法进入估价对象内部进行实地查勘，但是地下人防工程会随同地上建筑物一起进行权属转移，估价师应当要求委托人代查勘后在房地产估价报告中出具实物状况说明，应进行必要的合理假设并写明未进行实地查勘的原因。

（五）估价原则

首先，人防工程是一种房地产，其备房地产市场价值评估的基本原则：独立、客观、公正原则；合法原则；价值时点原则、替代原则、最高最佳利用原则。

其次，人防工程是一种特殊的房地产，对于结建工程，由于人防工程部分是人防工程本身和上部建筑共用，不仅是人防工程的围护结构，同时还承受和传递上部结构的荷载，在估价时要考虑其贡献原则。

（六）依据、技术准则

在进行人防工程估价时除遵守一般房地产估价的依据外，还需要遵循特殊的法律法规和技术准则。如《中华人民共和国人民防空法》《人民防空国有资产管理规定》《人民防空工程管理办法》等法律法规，以及《人民防空工程战术技术要求》等技术准则。

（七）估价假设

任何房地产估价都是有前提条件的，并且是在一定假设下作出的。由于人防工程一般无权属证书，无法确认其明确的权属状况，在实际评估中应当作出依据不足假设。同时，由于人防过程的特殊性，需要进行保密或者由于实物状况不允许进入内部进行现场查勘时，在估价报告中，也应作为估价假设中的依据不足假设予以说明。

对于非回顾性和预测性估价，其价值时点为现在的，一般以估价作业期特别是实地查勘估价对象期间的某个日期（如完成估价对象实地查勘之日）为价值时点。若其价值时点不是实地查勘之日，应当进行合理假设。

（八）估价方法

人防工程在实际估价中依然采用常见的四大方法，但是在具体测算中各有侧重和不同。

1. 比较法

可比实例的选取，应按照《人民防空工程战术技术要求》的分类，选择与估价对象同一类别的人防工程交易实例。

首先，由于人防工程结构的特殊性，在选取可比实例时应当选取同一类别的，比如类似功能、类似抗力或类似防化等级的人防工程。其次，在对人防工程实物状况进行分析时，要考虑人防工程的特殊构造，对影响其功能的特殊构造进行比较分析修正。

进行实物状况调整时，应充分考虑到估价对象和可比实例之间在主体、口部、防空专业队工程、人员掩蔽工程、配套工程、清洁区、染毒区等空间以及专用设备的差异进行比较和修正，将可比实例在自身实物状况下的价格调整为在估价对象实物状况下的价格。

2. 成本法

人防工程在结构上存在特殊性，人防工程按功能可分为不同的类型，不同使用功能的人防工程造价各有不同，其成本也会千差万别。在考虑人防工程的成本时，要考虑其特殊构造，包括主体、口部和配套工程及特殊设备的成本。对特殊设备的使用寿命确定，要现场认真查勘，并结合特殊设备的实际情况确定其折旧。

对于结建工程，由于人防工程部分是人防工程本身和上部建筑共用，因此其建造成本也应由各部分分摊。

在测算折旧额时，对于人防工程中短寿命项目，应根据不同设备的实际情况确定折旧年限。

3. 收益法

实际生活中人防工程可用于不同用途的出租，对于不同出租用途的人防工程其收益也各不相同，在对人防工程进行测算时要针对特定用途进行分析。

再者由于人防工程实物状况的特殊性，并不是所有的面积均可产生收益，在用收益法测算预期收益时应该考虑可使用部分产生的收益。同时，因为人防工程一般为地下室，其对通风、采光等方面的要求可能更高，在运用收益法测算运营费用时，要重点考虑特殊需求所增加的使用成本。

如果通过租赁收入测算净收益，在测算有效收入时，只考虑能产生收益的空间；在测算出租人负担的运营费用时，应充分考虑人防工程的照明、通风和维持正常使用所需设备运行的特殊需要，确定物业服务费、管理费用、维修费、水电费等必要支出。

4.假设开发法

对于结建人防工程来说，同时还承受和传递上部荷载，在进行测算时，只计算人防工程空间范围内的价值；测算后续开发的必要支出，只计算用于人防工程空间范围内的必要支出。

总之，评估公司需要围绕国家战略发展大局发展估价业务，不断巩固拓展高质量发展态势，大力实施创新驱动发展战略，服务好现有客户，挖掘客户的潜在需求，尤其是随着碳中和、碳达峰等国家战略政策，挖掘估价行业的业务种类提升估价技术，为国家新阶段发展战略贡献力量。

（本文根据 2021 中国房地产估价年会演讲整理）

作者联系方式

姓　　名：高藕叶

单　　位：天津博成房地产土地资产评估有限公司

城市更新带来的变化及应对策略

高喜善

近年来，随着对房地产增量市场的管理和严控，增量开发呈见顶之势，房企高负债、高杠杆、高周转发展模式走向终结。在市场由增量向存量转型过程中，城市更新势头正劲、扑面而来，蕴含巨大的业务机会。针对如何主动跟进、积极应对、抓住机会，我们提出以下观点和应对策略。

一、存量时代来临，城市更新登场

（一）我国城镇化已进入到中后期发展阶段

2021 年 7 月，住房和城乡建设部负责人在国务院新闻发布会上表示"2020 年，我国城镇化率达 63.89%，城镇化已进入到中后期发展阶段"。北上广深等一线城市的城镇化率均已超过 85%，城市开发渐趋饱和，土地资源供给到达瓶颈。城市发展由大规模增量建设转为存量提质改造和增量结构调整并重。

以施行减量规划的北京市、上海市为例，近 10 年两地商品住宅交易均以存量为主（图1、图 2），已提前进入存量时代。

从北京市《2015 年—2021 年建设用地供应计划》数据来看，北京市土地供应量整体呈逐年减少态势；在供应总量中，存量建设用地占比大于 55%，2021 年该指标达到 60% 以上（表 1）。

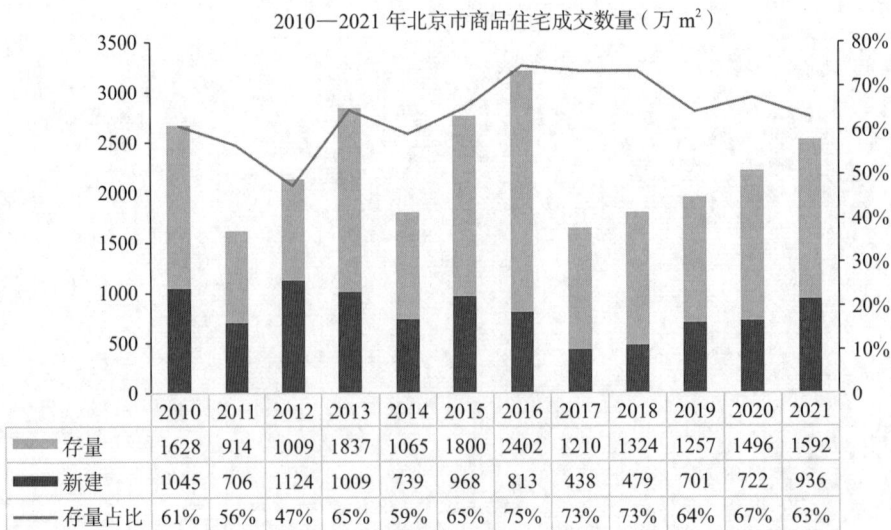

2010—2021 年北京市商品住宅成交数量（万 m²）

	2010	2011	2012	2013	2014	2015	2016	2017	2018	2019	2020	2021
存量	1628	914	1009	1837	1065	1800	2402	1210	1324	1257	1496	1592
新建	1045	706	1124	1009	739	968	813	438	479	701	722	936
存量占比	61%	56%	47%	65%	59%	65%	75%	73%	73%	64%	67%	63%

图 1　2010—2021 年北京市商品住宅成交数量

2012—2021 年上海市商品住宅成交数量（万 m²）

	2012	2013	2014	2015	2016	2017	2018	2019	2020	2021
存量	1392	2265	1461	3020	3122	1205	1282	1794	2409	1959
新建	937	1279	975	1488	1383	633	646	773	919	968
存量占比	60%	64%	60%	67%	69%	66%	66%	70%	72%	67%

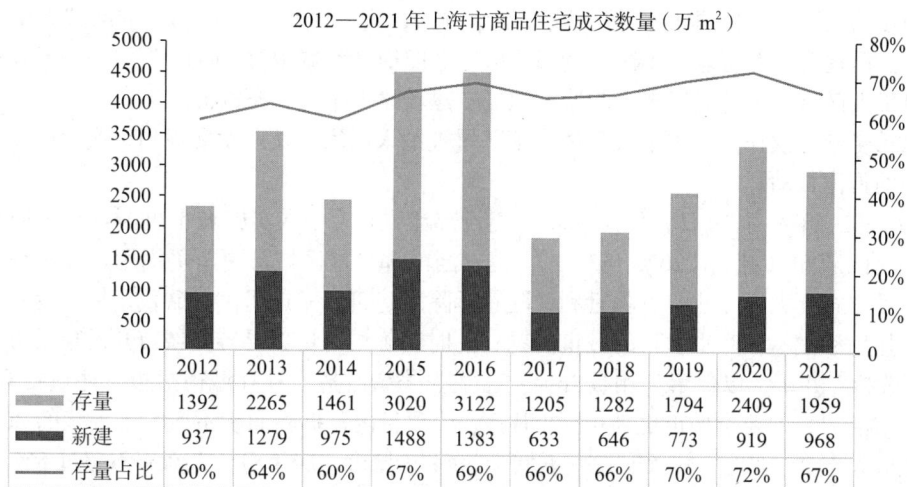

图 2　2012—2021 年上海市商品住宅成交数量

北京市 2015—2020 年建设用地供地计划数据　　　　表 1

年份	北京市建设用地供应（公顷）	其中存量建设用地占比
2015 年	4600	≥ 55%
2016 年	4100	≥ 55%
2017 年	4140	≥ 55%
2018 年	4300	≥ 55%
2019 年	3760	≥ 55%
2020 年	3710	≥ 55%
2021 年	3710	≥ 60%

（二）城市建设由"增量开发"进入"存量运营"

在新型城镇化战略、生态文明建设战略和国土空间规划"三区（城镇空间、农业空间、生态空间）三线（城镇开发边界、永久基本农田保护红线、生态保护红线）"划定控制下，大规模"外延式、增量式、粗放式"城市建设基本结束，中国城市会陆续（城市化进程不同，会有先后）进入到"内涵式、集约式、高品质"发展，从"增量开发"进入"存量运营"时代。

在此背景下，城市更新作为破解资源约束、实现可持续发展的重要手段，将以中国城镇化"下半场"的"主角"之姿走向台前。

二、新政策、新模式应时而生

（一）城市更新政策发布

1. 中央层面政策

（1）2021 年 3 月 12 日，《中华人民共和国国民经济和社会发展第十四个五年规划和

2035年远景目标纲要》提出：转变城市发展方式，实施城市更新行动，推动城市空间结构优化和品质提升。并将老旧小区、老旧厂区、老旧街区和城中村（简称"三区一村"）作为改造提升重点区域，推进老旧楼宇改造，积极扩建新建停车场、充电桩。

城市更新首次作为一项重大整体决策部署被纳入国家中长期发展规划，成为国家层面要求实施的具体行动。

（2）2021年8月30日，住房和城乡建设部印发《关于在实施城市更新行动中防止大拆大建问题的通知》（建科〔2021〕63号），提出当前部分地区城市更新仍沿用过度房地产化的开发建设方式、大拆大建、急功近利，随意拆除老建筑、搬迁居民、砍伐老树，变相抬高房价，增加生活成本，产生了新的城市问题；同时明确城市更新要转变城市开发建设方式，坚持"留改拆"并举、以保留利用提升为主，加强修缮改造，补齐城市短板，注重提升功能，增强城市活力；并要求城市更新单元（片区）或项目内，拆除面积不应大于现状的20%，拆建比不应大于2，就地、就近安置率不低于50%；城市住房年租金上涨率不超过5%。

城市更新由"拆改留"向"留改拆"转向，原有大拆大建模式被叫停，给地方政府、实施主体和开发企业造成一定程度的影响。

（3）2021年9月3日，中共中央办公厅、国务院办公厅印发《关于在城乡建设中加强历史文化保护传承的意见》，明确历史文化保护"既要保护单体建筑，也要保护街巷街区、城镇格局，还要保护好历史地段、自然景观、人文环境和非物质文化遗产"。要求城市更新中，禁止大拆大建、拆真建假、以假乱真，不破坏地形地貌、不砍老树，不破坏传统风貌，不随意改变或侵占河湖水系，不随意更改老地名，不随意拆除具有保护价值的老建筑、古民居；要活化利用历史建筑、工业遗产，在保持原有外观风貌、典型构件的基础上，通过加建、改建和添加设施等方式适应现代生产生活需要；疏解与历史文化保护传承不相适应的工业、仓储物流、区域性批发市场等城市功能；对于因公共利益需要或者存在安全隐患不得不拆除的，应进行评估论证，广泛听取相关部门和公众意见。

（4）2021年11月4日，住房和城乡建设部办公厅印发《关于开展第一批城市更新试点工作的通知》（建办科函〔2021〕443号），明确21个城市更新试点城市，在严格落实防止"大拆大建"底线要求的基础上，因地制宜探索城市更新的工作机制、实施模式、支持政策、技术方法和管理制度，形成可复制、可推广的经验做法，试点期限为2年。

城市更新是一项长期性、复杂性工程。当前，配套政策尚待完善，立法也才刚刚起步，限制"大拆大建"，通过小规模实施，试点探索经验、机制，不失为明智之举。从试点城市选择来看，对一、二、三、四线城市进行了全覆盖，因城施策、分类探索、互学互鉴，在探索建立政府引导、市场运作、公众参与的可持续实施模式过程中，对估价行业和估价机构来说，蕴含着巨大的机遇。

2.地方层面政策

北、上、广、深4个一线城市2021年陆续出台了城市更新相关的法规文件，包括《北京市人民政府关于实施城市更新行动的指导意见》（京政发〔2021〕10号），《上海市城市更新条例》《深圳经济特区城市更新条例》《广州市城市更新条例（征求意见稿）》，明确了各地城市更新的定义、范围、类型、流程、责任单位等内容。

以北京市为例，《关于实施城市更新行动的指导意见》（京政发〔2021〕10号）及配套细则发布后，又陆续出台了《北京市城市更新行动计划(2021—2025年)》《北京市"十四五"时期老旧小区改造规划》等规划、计划类文件，此外还出台了《关于进一步推进非居住建筑改建宿舍型租赁住房有关工作的通知》(京建发〔2021〕159号)、《北京市关于深化城市更新中既有建筑改造消防设计审查验收改革的实施方案》等配套衔接政策,在城市更新项目规划变更、土地利用、项目报批、消防验收、设施经营等方面有所突破,打通审批环节堵点,通过存量建筑可混用、配套用房可经营、多种业态可兼容,实现存量建筑功能最高最佳利用。

存量建筑可混用:《关于进一步推进非居住建筑改建宿舍型租赁住房有关工作的通知》(京建发〔2021〕159号),明确"办公、商业、旅(宾)馆、厂房、仓储等非居住类型的现有存量建筑可改建宿舍型租赁住房和公寓型租赁住房,同一项目内可兼容多重功能,租赁住房、研发、办公、商业用途可混合利用"。

配套用房可经营:《关于老旧小区更新改造工作的意见》明确"老旧小区现状公共服务设施配套用房可根据实际需求用于市政公用、商业、养老、文化、体育、教育等符合规划使用性质正面清单规定的用途"。

多种业态可兼容:《关于开展老旧楼宇更新改造工作的意见》明确"商业、商务办公建筑内可安排文化、体育、教育、医疗、社会福利等功能"。

3.2022年房地产工作定调

2021年12月8日至10日的中央经济工作会议部署2022年房地产工作,提出:要坚持房子是用来住的、不是用来炒的定位,加强预期引导,探索新的发展模式,坚持租购并举,加快发展长租房市场,推进保障性住房建设,支持商品房市场更好满足购房者的合理住房需求,因城施策促进房地产业良性循环和健康发展。

从中央对2022年房地产发展定调来看,房地产调控从严大方向不会变,中国经济转型从长期看还将坚持逐步"去地产化",市场处于持续收缩阶段;坚持租购并举,大力发展保障性租赁住房和长租房市场,意味着开发销售模式在踩刹车,持有运营模式在增加,引导开发行业向存量运营转型升级。在当前房地产市场由增量市场向存量市场转型过程中,新的发展模式可概括为4个方面:一是实现公租房、共有产权房、保障性租赁住房多元房屋类型供应;二是通过用地、用房主体(村集体、企事业单位、园区主体、商业办公主体等)引入开发企业或合伙、入股开发,实现多元化主体供应;三是通过盘活存量、新增供地弹性年期、多用途综合开发实现多元化用地供应;四是通过专项债、REITs、ABS等新的融资模式,来代替原有的高杠杆模式,未来资金支持会以"投资基金化,建设信贷化,运营证券化"为主导。

(二)城市更新模式探索

城市更新政策体系逐步完善的过程中,新的改造模式也在实践探索中逐步成型并推广。我们整理了当前北京市几个比较成功的更新案例,并对其模式进行解析。

1.办公改居住:顺义天竺商业办公项目改建宿舍型租赁住房项目

项目条件:顺义天竺万科中心D座、万科28街区2#楼商业办公项目交通便利、配套设施完备、区位优势明显,改造后能较大程度解决周边职工的居住问题,缓解区域职住平衡压力。

改造内容:对周边园区企业需求调研后,对改建户型与租赁标准进行充分可行性研究,最终确定改造规划宿舍874间。

改造手续:此类改造项目直接核发装修改造施工许可,不再核发规划审批手续。

运营管理:项目运营期间其土地视同城镇居住用地管理,租赁户使用水、电、气、热执行居民价格。改建后不得以租代售、分割销售、违法转让、用于非租赁住房。项目运营期间因城市规划建设需要征收、拆迁的，按原用途和建筑面积予以补偿。

对于既有建筑使用功能转变的项目，需要估价人员认真思考其价值如何量化以及评估技术路线如何确定。

2. 改造＋运营＋物业：劲松北区老旧小区改造

项目条件：劲松北区，建于 1978 年，总建筑面积 19.4 万 m²，共有居民楼 43 栋，总户数 4199 户，常住人口 9494 人。楼本体、配套设施、小区环境均需要改造完善。

改造内容：引入社会资本愿景集团，投入 3000 万元改造资金用于劲松北区的综合治理，包括增加电梯、邻里食堂、便民商店、绿化环境、活动场地等。

投资收益：愿景集团获得了社区里低效闲置空间 20 年的经营权，并为小区提供专业物业服务。

模式解析：探索了将小区公共空间利用经营与物业服务打包，社会资本通过投资改造获得小区公共空间和设施的经营权，提供物业服务和增值服务的新模式。

3. 租赁置换：真武庙老旧小区改造项目

项目条件：真武庙五里 3 号楼建成于 1981 年，为 4 层砖混的老楼，改造前楼体外立面老化破损、基础配套设施老化、公共服务缺项、无专业物业管理。

改造方式：给付原居民租金外迁，并辅助以免费找房、搬家、保洁增值服务，形成定制化置换方案。对腾出的房屋进行改造装修后再出租，解决金融街周边高端人才就近居住的需求。

投资收益：面积 60 m² 左右 2 室或 3 室的房子，可改造成为 2 个带有独立卫浴的套间，每个套间的租金为 5000 ～ 6000 元 / 月。

模式解析：租赁置换属于轻资产的运营模式，短期看可能是靠"二房东"的模式来赚取差价。长期来看更像一个完善的管理公司，依靠输出品牌形成市场规模。

4. 并购→改造→运营→退出：大悦春风里改造项目

项目条件：项目位于大兴核心区，紧邻地铁黄村大街站，毗邻大兴区政府，建筑面积约 15 万 m²。其前身火神庙以百货和小商品零售等中低端业态为主，物业硬件落后，业态组合日渐落伍，无法满足南城居民消费升级的需求。

改造方式：大悦城与高和资本成立母基金及项目基金，收购火神庙国际商业中心。历经近两年改造，借助大悦城强大的招商资源，引入新品牌、新业态。

角色分工：大悦城控股负责项目的设计、定位和运营，例如目标客群的划定、物业形态和空间重整；高和资本主要负责项目的投资谈判、交易架构设计及退出方式。

模式解析：筛选有潜力的物业，通过收购、改造、重新定位和运营管理提升物业价值，在周期波动中，通过资产证券化或者大宗交易实现退出。这种通过资本运作和专业服务相结合的方式，可能会成为未来城市更新主要的运作模式。

三、如何应对市场及需求的变化

城市建设由"增量开发"进入"存量运营"过程中，如何应对市场及需求的变化值得估价行业以及从业人员深入思考和研究。首佳顾问结合当前城市更新政策、案例及实践经验，提出以下五点内容。

第一，以增量开发为基础衍生的传统估价业务随着增量开发项目一同快速收缩是一种趋势。拆迁评估、抵押评估等传统估价业务严重"内卷"，估价行业要积极顺应形势，转变发展模式。

第二，越来越多的城市进入到以存量运营为特征的城市更新阶段，其中蕴含着大量的新型不动产估价服务需求，要主动跟进、积极应对、抓住机会，探索新的业务空间。

对比房地产开发和城市更新项目，二者在建设方式、盈利模式、实施主体、实施方式、资金来源和实施目的等方面都存在较大差异（表2）。城市更新项目改造前需要策划、论证，包括资产梳理、产业选择、产业导入、投融资模式研究等多个方面；改造后运营管理阶段更侧重现金流分析，其中蕴含着大量业务机会。

城市更新与房地产开发的差异性　　　　　　　　　　　　　　表2

对比内容	城市更新	房地产开发
建设方式	渐进式，"留改拆"并举，以保留传承为主，项目个性化强，难复制	大拆大建，标准化且可复制的建设方式
赢利模式	以运营为主，小规模投资，依靠资产管理和运营获取现金流；长期、微利、可持续收益的一种赢利模式	以散售为主，高杠杆、高负债、高毛利、高周转的一种赢利模式
实施主体	原产权单位、平台公司、社会资本投入单位等	房地产开发企业
实施方式	片区统筹，规划引导，由政府、企业、社区、原居民共同参与实施	土地招拍挂市场拿地，由房地产开发企业实施开发
资金来源	政府财政、社会企业投资、产权单位自有资金、居民、私募基金	少量自有资金，银行贷款为主
实施目的	改空间、补短板、升产业、留文化、保民生、美环境，主要解决城市可持续发展问题	推倒重建，主要解决城市发展的增量需求问题

第三，"增量→存量"的转变，使房地产赢利模式由"短周期、高利润、一次性"转变为"长周期、低利润、可持续"，估价服务要主动适应这种变化，不仅关注"静态价值"，更要注重"现金流分析"。如何做好现金流分析，对估价机构是一个巨大的考验和挑战，既要关注投资类型、周期、成本，又要科学判断各种业态的产出情况和不同阶段的变化，才能做好长周期的预测和判断。不仅要了解"客观收益"状况，更要重视"个别收益"能力和可持续性。在物业价值中，哪些是运营收益，哪些是物业本身价值提升，如何科学界定，都值得探索和研究。

第四，树立"估价总包"的理念，由"单点、单向、零散估价"主动向"提供一站式、组团式服务"转变。一方面既有服务要向产业链前后延伸，纵向发展，突破有形报告束缚，在价值实现或落地过程中借鉴设计总包、施工总包、造价总包的概念，树立"估价总包"的理念，主动搭建提供一站式服务的模式和能力。另一方面要横向发展，城市更新止处于起步阶段，各参与主体都在探索中，由相关服务方构成的产业链尚在磨合过程中。因此，在提供新产品与服务的过程中，要特别注重主动链接有独特优势的服务机构，组团开展服务。

第五，面对市场挑战和日益提高的客户需求，估价行业更应该回归估价理论本源，更加重视城市更新背景下影响物业价格变化的关键因素的分析研究。城市更新的本质是既有物业的业态类型、功能结构已经不能满足目标人群需求的变化，进而对其进行针对性地改造与提升，使既有物业重新焕发生机，提升价值。估价机构需要发挥专业优势，找准导致使用价值下降的关键因素，并深入分析各种影响因素的变化趋势和影响权重，才能够重新进行科学定位和精准提升。

　　当下，城市更新虽起步时间不长但已成扑面而来之势，随着实践探索的丰富，政策的陆续出台，围绕着既有物业和区域的价值分析、价值呈现、价值提升等工作，房地产估价师和估价机构大有可为。希望大家一起努力，抓住城市永续发展的新机会，在城市更新发展过程中占据更加有利的位置。

（本文根据 2021 中国房地产估价年会演讲整理）

作者联系方式

姓　　名：高喜善
单　　位：首佳顾问，中估联行

城市更新视角下老旧厂房微改造的咨询评估业务研究

徐进亮　毛胜波

摘　要：本文从城市更新视角出发，通过分析老旧厂房的更新路径模式及存在问题，分析估价机构存在的业务机会，为房地产估价机构更好地服务于老旧厂房自行更新、改造与管理，深化与拓展咨询评估业务渠道与方向提供思路。

关键词：城市更新；老旧厂房；咨询评估

2019 年 12 月，中央经济工作会议首次强调了"城市更新"这一概念。城市更新不仅指拆旧建新或是城市实质环境的改善，而是综合运用保护、修缮、整治、重建等多种物质更新手段以及其他有关社会经济各方面的非物质更新手段，促进城市土地有计划再开发利用，优化城市环境，完善城市功能，增强城市活力，提升城市品质的城市开发建设活动。

一、城市更新视角下老旧厂房微改造的背景

《中华人民共和国国民经济和社会发展第十四个五年规划与二〇三五年远景目标纲要》明确提出："实施城市更新行动，推进城市生态修复、功能完善工程，统筹城市规划、建设、管理，合理确定城市规模、人口密度、空间结构，促进大中小城市和小城镇协调发展。"

住房和城乡建设部原部长王蒙徽在《实施城市更新行动》指出：随着我国经济发展由高速增长阶段进入高质量发展阶段，过去"大量建设、大量消耗、大量排放"和过度房地产化的城市开发建设方式已经难以为继。实施城市更新行动，推动城市开发建设方式从粗放型外延式发展转向集约型内涵式发展，将重点由房地产主导的增量建设，逐步转向以提升城市品质为主的存量提质改造，促进资本、土地等要素根据市场规律和国家发展需求进行优化再配置，从源头上促进经济发展方式转变。

2021 年 8 月住房和城乡建设部印发了《关于在实施城市更新行动中防止大拆大建问题的通知》，要求以内涵集约、绿色低碳发展为路径，转变城市开发建设方式，坚持"留改拆"并举、以保留利用提升为主，加强修缮改造，补齐城市短板，注重提升功能，增强城市活力。原则上城市更新单元（片区）或项目内拆除建筑面积不应大于现状总建筑面积的 20%。提倡分类审慎处置既有建筑，推行小规模、渐进式有机更新和微改造。

根据仲量联行《2019 中国城市更新白皮书》，在面对城市发展的土地资源瓶颈和城市产业结构转型升级的双重压力之下，全国多数重点城市结合自身的条件和特点展开了不同路径的城市更新实践，包括旧城改造、棚户区改造、中心区功能提升、低效工业用地改造等形式。作为城市老城区核心主体之一的老旧厂房存量巨大，由于受到历史文化保护、基础

设施条件和经济发展水平等多方面的制约,其盘活利用难度大。通过老城区老旧厂房自行改造,存量盘活利用,有助于为城市更新"调结构、促转型"夯实基础,全面提升用地承载力和利用效益。

二、老旧厂房的更新路径模式及存在问题

根据对多个城市老城区的老旧厂房利用情况的初步研究,将老旧厂房更新路径归纳为四类(表1)。

老旧厂房更新路径　　　　　　　　　　　　　　表1

工改工	工改商	工改住(工改居)	工改混
普通工业用地(M1)改变为新型产业用地(M0)	M1改变为B类	M1改变为C类	M1改变为混合
将旧工业区升级改造为新型产业园,包括新型产业用房、配套商业、配套公寓等多种物业形态	将工业用地改为商业办公旅游等经营性建设用地	将符合城市总体规划的"工业功能区"改为"住宅功能区"	将"工业用地功能"转变为"工、住、商、公服"等"综合用地区"
现有土地用途、建筑使用功能不符合社会经济发展要求,通过"工改工",促进城市产业转型升级、提升土地利用效率	要求符合总体规划。"工改商"后的土地需要通过"招、拍、挂"等方式公开出让	通过"工改住"后,属于"住宅"区域的产权一般不能分割单独出让	这种升级改造类型复杂,涉及的利益主体较多,要经过详细规划才有可能实施

以上"四种"城市更新改造类型的地价评估,对于"工改住"来说,一方面由于政策制度、产权关系等原因,难以在市场进行"有效交易";另一方面,项目因无法销售没法实现好的现金流,使得改造积极性有限。对于"工改混"类型,涉及情况比较复杂,包括不同用途混合、不同用途占比结构差别、不同容积率等,需要极为专业的微操作,才能使得改造项目具备可行性。基于以上原因,本文重点研究"工改工""工改商"两种类型,常见情况如下。

一是民营企业长租更新。民营企业通过长租获得老旧厂房的经营权,一般更新为文化创意产业园或科技创业园,如苏州蓝芳华。(工改工)

二是产权人自行更新为产业园。国资平台或民营企业获得老旧厂房产权,一般自行更新为文化创意产业园或科技创业园,如南京国创园。(工改工)

三是产权人自行更新为商办经营用途。国资平台或民营企业在原有工业企业改制、搬迁或关停时购得老旧厂房产权,改造更新对外租赁,多为办公与酒店、餐饮、商铺旅游等商业经营的集合体,如景德镇陶溪川·CHINA坊。(工改商)

综合上述老旧厂房的业态功能和更新途径,进行以下不同利用路径的成功之处与存在问题的分析。

(一)文化创意产业园路径分析

1.成功之处

目前以民营企业长租更新为文化创意产业园的利用效果最好,国资平台自行更新的文化创意产业园招商能力表现略逊一筹。文化创意产业园的发展符合老城区旅游和文化新经济产业功能区的建设方向,一方面促进传统旅游业的转型和产业全域发展,另一方面通过发展当下热门的创意产业提升老城区经济活力,是产权人、运营方、政府管理者均在积极推进的产

业转型方向。各地的文化创意产业园经过近十年的发展，已基本完成从第一代到第二代的转型升级。升级后的第二代文化创意产业园积极引入创意设计、文创 IP、国际品牌、艺术展览、影视传媒、直播电商、网红轻餐等多元化业态，顺应时代发展趋势和年轻潮流品位，有利于全面带动老城区旅游和文化产业的可持续发展。

2. 存在问题

一是市场问题。目前文化创意产业园在各地的老城区中逐渐呈现遍地开花的状态，仅有部分产业园有明确的策划定位，很大部分的产业招商标准较为随意，导致入驻企业品质良莠不齐。任其以目前的趋势发展，出现无序同质化竞争的"内卷"局面，不利于文化创意产业园的长远发展。二是产权问题。基于目前国资平台持有产权的房产一次性租赁期限通常不得超过 3 年的规定，导致文化创意产业园投资方不敢轻易租赁此类产权的老旧厂房，而偏向能租赁更长时间的私有产权老旧厂房。国资平台自行更新的文化创意产业园亦有类似的租赁年限问题，企业入驻前首先会考虑无法续租的风险，成为导致这类产业园招商不力的关键原因之一。

（二）科技创业园路径分析

1. 成功之处

科技创业园是许多城市老旧厂房微改造利用第二利好的路径，为科技企业孵化、大学生创业、中小型企业培育提供了良好的服务平台，也能带来一定的税收收益，是老城区产业升级转型、聚集经济活力的重要路径。

2. 存在问题

通过调查发现，老城区科技创业园招商能力普遍较弱，加之老城区居住、停车和基础设施条件明显弱于新城区，难以吸引高端人才，入驻企业普遍存在科技实力偏低和经济效益不高的问题，目前整体局面不利于老城区产业升级和可持续发展。政府与运营方需从多方面进行鼓励支持，保障老城区科技创业园的先进性。

（三）产权人自行更新为办公、商业或旅游场所路径分析

1. 成功之处

民营企业作为老旧厂房产权人自行更新的办公、商业和旅游场所，普遍为老一代的产业转型思路，是简单直接的利用模式，能够快速产出经济效益，维持正常运转。其中不乏利用成果较为出色的案例，能创造持续可观的营收，其成功一定程度上也得益于其优越的地理位置和良好的功能布局。

2. 存在问题

私有企业产权人自行更新的大部分老旧厂房的利用效益偏低，无法满足投资回报率，存在巨大风险。一是厂房更新后的实际用途跳出了文创科创等"准工业"类型，功能的改变涉及政策合法性；二是各地补地价政策不一，"工改商"需要缴纳的地价款可能覆盖了微薄的改造利润；三是囿于自身条件，外部交通不便，而且内部局促，改造方案不易通过消防审批，并且工程质量安全难以达标，迫使业主只能维持原样低价租赁或空置。这些存在利用困难的老旧厂房存量亟须一系列的政策支持。

综上，在城市更新视角下，老旧厂房改造在产业规划、更新规划、定位策划、项目评价、产权租赁、功能改变、用地政策、地价评估、优惠条件以及流程审批等方面，无论是政府管理部门还是产权方、投资人、经营者及金融机构（市场主体）等都迫切需要第三方专业咨询服务。

三、老旧厂房微改造的咨询评估业务分析

房地产估价机构在资产管理、产权咨询、策划定位、价值评估方面有一定专业基础，应积极参与城市更新。通过拓展自身咨询服务，全面介入老旧厂房自行更新、改造与管理行为。具体如下。

1. 各级规划编制服务

客户是政府部门。机构参与国土空间总体规划（城乡规划）、历史名城（历史地段、工业遗产）保护规划、保护图则等编制工作；并以此为基础，根据"总体到详细、分层次分专项、点线面结合"原则，编制区域存量盘活更新规划和区域存量盘活更新单元（片区）详细规划。

2. 产业发展指引编制服务

客户是政府部门。机构参与当地城市更新的政策研究工作。参与编制老城区产业发展指引，明确产业正负面清单。明确规划弹性空间，预留"白地"，实行"刚弹结合"，由使用单位自行确定各类用途的性质和比例等。明确产业用地计划、兼容比例设置和开发强度要求，提升老城区对互联网＋、科技研发、医疗研发、高端文创等业态的吸引力。

3. 基础调查测绘服务

客户主要是政府部门。有时也会有市场主体参与，如万科集团曾对南京老城内所有的存量老旧工业厂房进行整体调查。机构要积极争取此类核查资产的咨询业务，包括测绘服务，特别是要发挥估价机构专业性特征。

机构参与对老城区老旧厂房存量建筑与存量建设用地的调查和上图入库工作。调查存量建筑的数量、质量、分布、实际用途、登记用途、权属、实际使用和保护线等；存量建设用地的结构、数量、分布、权属、用途、产出、容积率、企业税收贡献等重要信息和利用指标。参与构建老城区老旧厂房存量建筑与存量建设用地调查成果数据库。

4. 产权权属登记代理

争取未登记的老旧厂房权属初始或转移登记及产权证办理的代理咨询业务，包括权证办理、发放及交接。面对由于缺少资料无法立即办理产权证的情况，估价机构要发挥自身专业性、挖掘当地社会资源，探索解决路径，尽量做好相关资料的补办工作。

5. 用地政策制定或解读

客户是政府部门，机构积极参与政策文件的制定。客户是市场主体，机构参与政策解读。

老旧厂房自行改造用地政策包括临时改变建筑使用功能和永久调整用地性质两种情况，对于各自情况如何适用上位政策、是否符合5年过渡期政策，以及涉及多部门的审批程序等相关规定，机构要熟悉掌握，以能为政府管理部门提供专业建议或为市场主体提供解读意见。

6. 地价评估或政府收购价评估工作

客户是政府部门，机构参与改变用途补地价评估工作或政府收购价评估。客户是市场主体，机构参与项目经济评价的地价评估工作。

机构应熟悉相关更新的支持政策、地价评估技术和年收益计算方式。利用存量老旧厂房发展新产业新业态的，在5年过渡期内免于缴纳土地年收益；5年过渡期满后，可按新用途、新使用权类型计算评估价，补交出让金取得土地；或按规定缴纳年收益，继续改变使用功能

使用。针对城市更新中的老旧厂房改造，机构有能力提出地价评估的专业意见，提高原市场主体退出低效工业用房的积极性，鼓励投资者参与老旧厂房更新改造行为。

7.项目改造方案编制

客户是市场主体。针对具体的老旧厂房改造项目，有实力的机构可参与项目改造方案编制。

（1）项目定位策划

结合老旧厂房建筑现状、市场需求和产业导向，编制项目市场功能定位策划报告；针对用途更改是否符合相关政策也要提出专业咨询意见。

（2）改造方案设计

编制老旧厂房建筑微改造设计方案，力求老旧厂房在经过改造设计后焕发新的生命力，创造不同的空间，空间结构及尺度符合现代商业经营的需求。

（3）项目可行性评价

客户是市场主体。从项目角度出发，计算项目财务效益和费用，分析盈利能力和清偿能力，评价项目在财务上的可行性。建设项目经济评价是估价机构较为擅长的专业工作；但要注意的是，经济评价应符合市场实际情况，避免过于理论化、纸上谈兵、脱离市场。

8.前期沟通咨询服务

客户是产权人，机构可参与老旧厂房的清租补偿方案编制、回租方案编制、租金评估、装修评估、全程咨询、清租谈判、协议文本编制、社会稳定性评估、环境调查与评估等咨询业务。

产权人需要整体出售物业时，机构可参与资产交易处置的咨询服务，包括股权转让、资产转让、增资扩股、资产合作、债权转让、协议文本等专业服务。

产权人需要整体长租物业或作价入股时，机构可参与资产租赁或作价入股的咨询服务，包括股权转让、资产转让、增资扩股、资产合作、债权转让等专业服务。

客户是收购人或租赁人等，机构可参与资产的前期调查，编制销售合同或租赁合同，代理产权过户等咨询服务。

9.项目审批流程代理

客户是市场主体。如果是国有资产过户或股权合作，需要完整的财政手续，通过产权所交易或竞拍方式才能转移产权或股权，其中资本评估、审计、合同文书编写、提交财政流程申报，交易或竞拍程序，产权过户代理等都需要由第三方机构提供服务。

老旧厂房微改造的审批流程非常复杂，涉及规划审批、产业备案、用地审批、消防审批、工程质量评估和审批、补贴申请等流程，涵盖资规、住建、消防、财政、发改等多部门，为了提高审批效率，机构应争取审批代办咨询服务，发挥机构专业特征。

10.项目基础设施建设咨询服务

客户是市场主体。有些机构涉及基础设施建设的业务领域，可参与老旧厂房更新改造项目的水电、空调、电梯等基础设施、绿化景观等规划、策划、建设咨询等。

11.建筑改造工程咨询服务

客户是市场主体。有些机构涉及工程咨询的业务领域，可参与老旧厂房更新改造项目的建设工程管理相关的工程招投标、合同管理、BIM、工程造价、工程咨询、工程部承包全过程管理（EPC）、工程监理、工程验收、项目管理、项目审计、装修工程管理等咨询服务。

12. 项目经营的相关咨询服务

主要包括以下方面：

销售代理，业务集中在产品定位、案场包装、物料设计、媒体计划、广告推广、房地产销售代理、回笼资金等。

招商租赁，涉及租赁空间运营策略、编制招商计划、设计招商手册、搭建招商运营体系、营销管理、租金定价、比例分配谈判、租约合同、装修协调等。

金融服务，一是提供资产评估服务，显化资产量，为抵押贷款服务；二是帮助引入多元化金融手段，除了商业银行贷款外，争取老城保护基金、新产业扶持基金、相关房地产信托投资基金等多种途径。

物业管理服务，包括租户/消费者管理、现场运营品质管理、秩序管理、物业维修管理、设备维护保养管理、环境绿化管理、安全管理、有偿服务管理、应急处理、危机公关和配合活动等。

文化展示宣传，如果改造的老旧厂房属于工业遗产，机构可参与其宣传服务。在保护好历史信息、建筑风貌等物质载体的基础上，深入挖掘并展示建筑蕴含的历史文化信息，在商业运营中进行文化展示宣传，提升线上与线下的宣传推广方式，讲述历史故事、打造老厂名片，为广大公众所知。

作者联系方式

姓　　名：徐进亮

单　　位：苏州天元土地房地产评估有限公司

地　　址：苏州市姑苏区十全街 747 号

邮　　箱：xjl@tybdc.cn

注册号：3220000210

姓　　名：毛胜波

单　　位：苏州天元土地房地产评估有限公司

地　　址：苏州市姑苏区十全街 747 号

邮　　箱：maoshengbo.123@163.com

注册号：3220210040

上海市城市更新中房地产估价新趋势探究

——以上海市静安区旧改"协议置换"的创新实践为例

施　平

摘　要： 协议置换是最近几年来上海市城市更新理论和实践中探索较多的旧改模式，与传统的房屋征收模式相比，协议置换在实施主体、项目启动要求、房屋评估、签约、估价程序等诸多方面存在诸多不同，代表了新时期上海市城市更新发展的基本方向。为更好地理解新时期城市更新的政策和理念，以提供更高质量的估价服务，值得进一步深入的探讨。

关键词： 城市更新；协议置换；创新实践；房地产估价

2017 年，上海市人民政府发布了《关于深化城市有机更新促进历史风貌保护工作的若干意见》(以下简称"意见")，该文件对深化城市有机更新、促进历史风貌保护工作明确提出了开展研究"协议置换""居民抽稀""征而不拆"等多种实施方式。"意见"发文以来，上海市积极开展相关的试点和实践工作，取得了不错的反响和成果，其中，以"协议置换"方式，最受各级政府和被征收人所欢迎。2018 年，上海市住房和城乡建设管理委员会、上海市规划和自然资源局、上海市房屋管理局联合发布了《关于进一步规范本市房屋协议置换工作的指导意见》(沪建房管联〔2018〕853 号)，该文对协议置换的工作范围、开展条件、指导原则、工作职责等内容做了进一步规范。在该文件的基础上，各区县相关部门，如静安区、普陀区分别针对本区县发布了指导意见或实施办法。最近两年来，旧改中"协议置换"的方式，已进入项目落地的阶段。在可预见的未来，"协议置换"将成为上海市旧改中较为常见的模式，将为城市更新带来新的思路和机遇。

"协议置换"是上海市为了更好地解决城市更新转向内涵提升、存量更新为主的新阶段出现的新问题而取用的模式。与传统的"房屋征收"相比，"协议置换"在指导思想和操作模式上有根本的不同，对房地产估价服务也提出了不同的、更为严格的要求，本文以笔者亲自负责的上海市静安区昌化路 600 弄协议置换项目为例，探讨城市更新中房地产估价的新趋势。

一、房屋征收和协议置换的主要区别

房屋置换，就是有换房需求的居民以自己的不动产来置换房地产开发商或他人的房屋。在上海市政府文件《关于进一步规范本市房屋协议置换工作的指导意见》的指导下，"协议置换"即是中心城区的老旧小区的居民和国有地产企业或其他实施主体进行房地产权置换，置换得到安置房屋和货币，实施主体再对置换得到的房屋进行统一改造的行为。"协议置换"

实施主体从人民政府过渡到街道（镇）、国有房地产企业等，这是其中较为重要的变化。

协议置换通常适用于难以达到符合房屋征收条件的项目，和传统的房屋征收相比，协议置换的实施主体，项目启动要求、房屋评估要求和估价程序、房屋评估和签约等均有较大的变化，具体区别见表1。

房屋征收和协议置换主要区别　　　　　　　　　　　　　表 1

比较项目	房屋征收	协议置换
实施主体	区（县）人民政府	街道（镇）、国有房地产企业及其他实施主体
项目启动	二轮征询制：首轮征询居民改造意愿，需达到90%，第二次征询主要征求居民对改造方案的意见，需达到85%	满足启动条件，落实相关资金和房源，经区人民政府同意即可启动
房屋评估	均价保护：被征收房屋的房地产市场评估单价低于评估均价的，按评估均价计算	一房一价
签约	由区政府设定签约期限内的签约生效比例，原则上不低于2/3	没有签约期限内签约率的要求，签约一户搬迁一户
估价程序	复估、鉴定、司法仲裁、强制执行等	没有复估、鉴定、司法仲裁、强制执行等规定

协议置换是一种"慢更新"的模式，项目的启动没有二轮征询制的约束，也不设置整体签约率的要求，仅对愿意实施房屋置换的居民进行一对一的补偿，不愿意搬迁的居民不受影响，其目的不是为了"拆除重建"，而是将房屋置换之后实施改造，强调尊重居民意愿，是一种低碳的、有机的城市更新新途径。

二、静安区昌化路600弄协议置换项目介绍

（一）项目概况

静安区昌化路600弄小区是由5幢老旧的七层新工房组成的小区，小区位于静安区江宁路板块，毗邻苏州河，距离轨道交通1号线、12号线、13线均在1km以内，距离市中心人民广场通勤距离仅5km，通勤时间20分钟以内，是名副其实的寸土寸金的市中心（图1）。

昌化路600弄小区的房屋建造于20世纪90年代，房屋外观较为老旧，但由于该项目地理位置优越，房屋结构（砖混）较好，当前仍具有较高的再利用价值，静安区人民政府经慎重考虑，拟对该小区实施协议置换，置换后的房屋经改造更新后将作为公租房和人才公寓对外提供。一方面解决了原产权人的改善居住条件的诉求，另一方面最大化地实现了房屋的再利用价值。

（二）项目实施的具体特点

昌化路600弄协议置换项目是上海市首个公开招标的房屋协议置换项目，和以往的房屋征收的方式相比，在实施流程和评估要求上等方面，具有非常多鲜明的特点。

一是项目的实施主体是国有房地产企业上海市闸北公共租赁住房投资有限公司，不再是人民政府或相关政府部门，这种把旧改工作交给房地产企业的模式，是近年来上海市"政企合作、市区联手、以区为主"的旧改新模式，体现了上海市政府以开放的态度引入合适市场主体开发建设，让最专业的人来做专业的事。

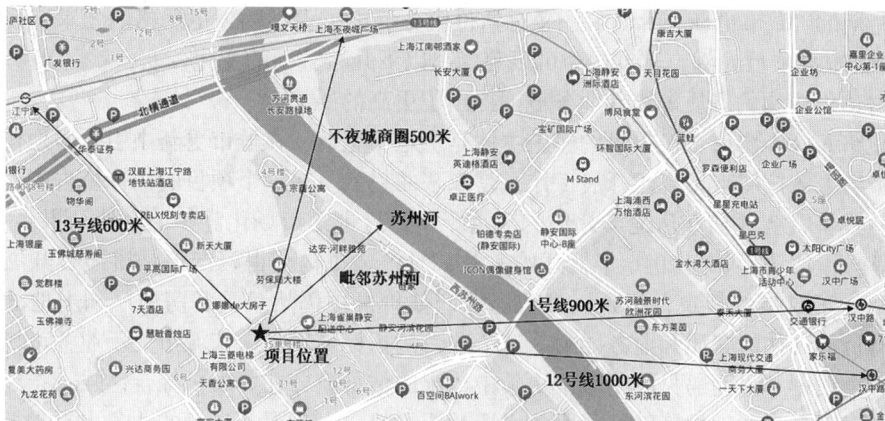

图 1 项目优越的地理位置

二是项目的启动需要满足落实相关资金和置换房源，同时做好协议置换方案的备案工作，无须对居民进行"二轮征询制"的意见调查。

三是项目选择估价服务机构首先是通过公开招标确定候选机构，再由被征收人投票选定，而不是房屋征收项目通常所采取的从候选库直接投票、摇号、抽签等方式，引入公开招标流程能够充分体现"公开、公平、公正"的市场竞争原则，有利于以较低的价格获得优质的服务。

四是招标文件要求投标人同时具备资产评估资格和房地产估价服务资格，或者是房地产估价企业和资产评估企业组成的联合体，对估价服务的资质水平提出了较高的要求。

五是协议置换中，被置换房屋的评估不再设置基地评估均价，实行"一户一价"，因此每一户房屋的评估价格都极为重要，这对房屋评估的精确性提出了更高的要求。

六是不设置签约期内基地签约生效率，也不设置复估、鉴定程序。房屋征收有法院强制执行的相关条款，复估和鉴定程序是房屋征收评估中被征收人寻求技术救济的重要途径，而在协议置换方式中，不强制要求居民签约和搬迁，充分尊重居民意愿，签约搬迁一户即补偿一户，因此无须设置复估、鉴定程序。

综上所述，协议置换不是一种追求整体拆迁的城市更新模式，是一种低碳的、有机的城市更新新途径。根据上海市"十四五"规划的相关要求，"十四五"期间计划完成中心城区零星二级旧式里弄以下房屋改造 48.4 万 m^2。实际上，至 2022 年，上海市中心城区大规模的拆迁改造将基本结束，之后上海市的城市更新工作，大多数是属于低更新、慢更新的模式，"协议置换"作为一种有机更新的新模式，将成为上海市城市更新的"新常态"。

三. 新时期"城市更新"对房地产估价服务的要求

从房屋征收到协议置换，不仅是上海市城市更新模式的变化，也是城市更新理念的演变，这种变化表明上海的城市发展已进入精细化运营的阶段，城市更新模式逐步摒弃以往"大拆大建"式的城市更新，更加重视历史建筑和文化风貌街区的保护，把生态文明建设、精神文化建设放到和物质建设同等重要的高度。在以往的房屋征收模式中，房地产估价为城市更新工作提供专业的评估服务，在征收部门和被征收人之间较好承担了中间人的角色，但在新时期的"城市更新"活动中，又对估价服务提出了更高的、更严格的要求，以昌化路600弄协议置换项目为例，笔者认为可以窥探出以下几个方面的变化。

1. 对估价机构的资质等级和业务范围提出了更高的要求

昌化路600弄协议置换项目的实施主体是房地产企业，在城市更新中引入房地产开发企业，让市场主体按照市场规律开展工作，是未来的趋势。在这个项目的招标公告中，要求投标人同时具备资产评估和房地产评估的双重资格，这也是市场化竞争的必然结果。实际上，虽然《资产评估法》早在2016年就开始实施，对评估机构获得资产评估资质、开展相关业务的办法做了具体的规定，但是大多数房地产估价机构仍然只具备房地产和土地的估价资质，没有资产评估的资质和业务能力。这个项目的招标要求是未来城市更新业务市场化竞争加剧的一个缩影，显而易见的是城市更新中传统的估价业务在萎缩，综合性强、技能要求高的综合咨询服务不断地发展，估价服务也应顺应形势，不断提升自身的业务水平，拓展业务范围，力求在综合型业务中发挥房地产估价的专业优势，使房地产估价在城市更新进程中起到更大的作用。

2. 对估价技术的要求更加精细化

在上海市传统的房屋征收模式中，有基地均价保护的政策，即被征收房屋的房地产市场评估单价低于评估均价的，按评估均价计算。因此"基地均价"是一个非常重要的数据，均价保护政策对于被征收人是一种托底的补偿，也使得一般意义上讲低于平均水平的房屋的评估"不那么重要"。对评估公司而言，房屋征收估价的技术路线、修正体系等难以避免地要围绕评估均价开展。而在协议置换模式中，实行的是"一房一价"，每一户房屋的评估价格都极为重要，修正体系必须更加细化，考虑各种可能的情况并设置修正系数，充分体现房与房之间的差异和区别，这样评估出来的价格才具有说服力。

3. 对估价服务的参与度、专业性要求更高

上海市实行房屋征收政策已有十余年之久，这么多年以来随着政策法规的不断完善，实施细则的不断发布，估价师和估价机构该做什么，不该做什么都能找到相应的条款。而协议置换模式从政策发布到项目落地，也只有三四年的时间，目前市一级和区一级只是发布了相关的指导意见，对估价机构和估价师的职责范围没有太过详细的规定，但这也意味着估价机构要自觉配合全过程的协议置换工作。从开始投标阶段就要和实施单位打交道，居民签订协议之前都要提供每一户的咨询答疑工作，没有期限（房屋征收规定估价机构在分户报告公示的7天时间内提供针对分户报告的集中答疑）。另外，估价师做旧改的经验大多数来源于此前做过的房屋征收项目，面对协议置换项目，既要学习借鉴以前的工作经验，也要注意二者的根本区别，在相关工作中避用征收条款，因此协议置换项目的专业性更强，对估价师的知识储备、技能水平的要求更高。

四、结语

协议置换是上海市静安区城市更新工作中一项从无到有的创新举措，更是静安区回应民生、服务民生的重要探索。协议置换体现的不仅是城市更新模式的转变，更是城市更新理念的转变。城市更新从整体性规模更新到渐进式微更新，从大拆大建到存量盘活，从政府主导到引入市场主体，呈现出新趋势、新路径。估价服务是城市更新中的重要一环，多年来房地产估价行业的发展和城市更新紧密相连，因此探讨房地产估价的更新，以更好地服务于新时

期的城市更新，是我们这个行业亟须认真考虑的问题。

作者联系方式

姓　名：施　平

单　位：上海房地产估价师事务所有限公司

地　址：上海市浦东新区南泉北路 201 号 1004 室

邮　箱：3329817263@qq.com

注册号：3119970082

房地产估价高质量服务城市更新

金建清　王世文　沈继刚

摘　要： 实施城市更新，是适应城市发展新形势、推动城市高质量发展的必然要求。城市更新总体可分为全面拆迁重建、部分拆迁重建和综合整治三种实施模式；在城市更新中，房地产估价服务内容涵盖最高最佳利用状况分析、征收补偿成本测算、产权调换成本测算、更新前后房地产价值判断、重建房地产价值判断等环节；同时，城市更新房地产估价服务具有价格种类众多、政策复杂多样、价格需要预测、价格结构复杂和基础资料信息不足等特殊性；而对城市更新涉及估价对象特有的实物状况、权属状况及其估价特殊性给予充分的关注和尊重，使得估价结果形成过程充分体现城市更新涉及估价对象特有的实物状况、权属状况及其估价特殊性，是房地产估价高质量服务城市更新的基础。

关键词： 房地产估价；城市更新；全面拆迁重建；部分拆迁重建；综合整治

一、问题的提出

根据最新的城市统计数据，我国城市建成区面积达到 $40941km^2$，第七次人口普查数据显示，我国 2020 年城镇化率已达 63.89%。城市发展至今，不可避免地会出现逐步老化或因外界变化而引起的不适应性，局部或整体地、有步骤地改造和更新旧城的物质环境就成为必然。2020 年 10 月党的十九届五中全会通过的《中共中央关于制定国民经济和社会发展第十四个五年规划和二〇三五年远景目标的建议》明确提出实施城市更新行动，城市化进程开始从造城走向有机更新，城市更新将成为城市发展的常态。如何更好地落地和推进城市更新项目进程，利用好"存量"和"增量"是关键，而利用好"存量"和"增量"的基础是科学合理的方案规划、房地产估价和经济测算，城市更新呼唤房地产估价的高质量服务。

二、城市更新模式

城市更新是将城市中已经不适应现代化城市社会生活的区域进行必要地、有计划地改建，同时保存城市传统建筑文化风格的过程。根据住房和城乡建设部《关于在实施城市更新行动中防止大拆大建问题的通知》，实施城市更新行动要顺应城市发展规律，以内涵集约、绿色低碳发展为路径，转变城市开发建设方式，坚持"留改拆"并举、以保留利用提升为主，加强修缮改造，补齐城市短板，注重提升功能，增强城市活力，防止过度房地产化的开发建设方式及大拆大建、急功近利的倾向。因此，城市更新项目不能用单一的标准来实施，需要根据不同区域的不同状况，因地制宜地确定其实施模式，城市更新总体可分为全面拆迁重建、部分拆迁重建和综合整治三种实施模式。

（一）全面拆迁重建模式

对于住宅房屋与工业、商业房屋混杂，居住人口密度和建筑密度很高，整体居住环境较差；区域整体基础设施差，基础设施长期游离于城市管网体系之外，道路交通、雨污排水、市政配套、绿化景观、环境秩序、生活设施等方面的问题亟须改善；区域房屋建筑质量等级标准低、房屋建筑风貌风格与环境不协调的区域，区域整体重新开发再予以利用最为合理，即采取成片拆除，根据城市规划重新规划建设的全面拆迁重建模式。

（二）部分拆迁重建模式

在符合城市规划条件下，使区域改造与基础设施建设、产业布局调整等有机结合起来，进行部分拆迁重新建设，部分保留建筑物原主体结构和使用功能，部分或全部改变保留建筑物的使用功能，这种更新模式主要运用于规划升级区域，通过区域建设规模统筹，加强过密地区功能疏解，积极拓展公共空间、公园绿地，提高城市宜居度。使房屋建筑物与周边的环境更加具有协调性，与内部的使用需求具有更高的匹配性。

（三）综合整治模式

对既有建筑保留修缮加固，改善设施设备，提高安全性、适用性和节能水平，通过整治改善、保护、活化，完善基础设施等更新，包括房屋建筑立面更新、违章建筑和危旧房屋、管网系统改造、环境净化美化、安全设施建设改造、公共设施改造等，力求达到道路交通通畅、房屋面貌整体出新、配套设施完善，总体环境与城市面貌相协调的整治目标，在此种模式下，一般不改变建筑主体结构和使用功能。

三、城市更新房地产估价服务内容

规划方案和经济测算是城市更新项目决策的基础，基于不同的城市更新模式，规划方案、房地产估价和经济测算呈现显著的个别性和复杂性，结合城市更新模式及其流程分析，不难发现，房地产估价服务内容涵盖最高最佳利用状况分析、征收补偿成本测算、产权调换成本测算、更新前后房地产价值判断、重建房地产价值判断等环节，而在房地产价值判断上，房地产估价服务的专业性是不可替代的。

（一）最高最佳利用状况分析

最高最佳利用状况是按法律上允许、技术上可能、经济上可行、价值最大化的次序进行分析、筛选和判断确定。对拟实施城市更新的区域，开展调查评估，梳理评测既有建筑状况，明确历史建筑和具有保护价值的老建筑，分析区域房屋建筑、功能、规模和集约度；评价区域各功能组成部分是否搭配；判断区域建筑和功能与其外部环境是否协调，在此基础上根据最高最佳利用原则对城市更新前提作出下列之一的判断和选择：维持现状前提，即城市更新区域维持现状、继续利用最为合理的，应以维持现状为前提进行模式选择；改变用途前提，即城市更新区域改变用途再予以利用最为合理的，应以改变用途为前提进行模式选择；更新改造前提，即城市更新区域更新改造但不改变用途再予以利用最为合理的，应以更新改造为前提进行模式选择；重新开发前提，即城市更新区域重新开发再予以利用最为合理的，应以重新开发为前提进行模式选择。

（二）征收补偿成本测算

不论采取何种城市更新模式，或多或少都会涉及房屋征收。不同于工程造价测算，房屋征收补偿价值的确定具有更强的市场性、政策性和专业性，被征收房屋价值需要考虑被征收房屋的区位、用途、建筑结构、新旧程度、建筑面积以及占地面积、土地使用权等影响被征收房屋价值的因素由房地产估价师评估确定。在估价方法选择时，需要根据被征收房屋和当地房地产市场状况，对市场法、收益法、成本法、假设开发法等评估方法进行适用性分析后，选用其中一种或者多种方法进行评估。同时，征收补偿成本还包括诸如被征收房屋室内装饰装修价值，机器设备、物资等搬迁费用，以及停产停业损失等房地产本体价值外的补偿内容。因此，在征收补偿成本测算时，房地产估价师需要以《国有土地上房屋征收与补偿条例》《国有土地上房屋征收评估办法》为依据，以《房地产估价规范》以及各地方适用的房屋征收政策规定和房屋征收评估技术规范为其相应的技术路线。

（三）产权调换成本测算

涉及房屋征收的，依据国有土地上房屋征收与补偿条例的相关规定，被征收人可以选择货币补偿，也可以选择房屋产权调换。被征收人选择房屋产权调换的，市、县级人民政府应当提供用于产权调换的房屋，并与被征收人计算、结清被征收房屋价值与用于产权调换房屋价值的差价。因此，在选择产权调换情形下，被征收房屋价值和用于产权调换房屋的价值均需由房地产估价师评估确定，而用于产权调换房屋的来源可能会呈现多样性，其筹集成本的确定更需由房地产估价师根据其筹集途径评估确定。

（四）更新前后房地产价值判断

一般而言，影响房地产的价格因素可分为区位因素、实物因素和权益因素三大类。其中权益因素通常包括登记状况、土地使用权性质、土地剩余使用年限、用途、他项权利、法律限制、租约限制、地役权限制等子因素，而区位因素和实物因素每一个因素下面都有数十个子因素，很多子因素又可再进一步区分为若干3级甚至更高级次的子因素，而且不同用途的房地产的价格影响因素会有很大的不同。

例如，影响住房价格的区位因素可有该住房所在小区的区位状况、该住房所在楼幢在小区内的区位状况及该住房在楼幢中的区位状况等；仅就小区的区位状况来说，又包括小区的坐落位置、小区的基础设施、小区的交通状况、小区的商服配套设施、小区的教育配套设施、小区的环境景观、小区的规划布局等；再就小区的交通状况而言，又有周边道路的数量、等级、宽度、交通管制情况、公交线路的条数、公交及轨道交通站点的远近、停车位配比数量、车辆出行拥堵状况等。而影响商业铺面价格的区位因素则主要取决于所处地段的繁华程度、商店的聚集度、交通条件、人流量、临街状况、所处楼层等。

对于城市更新项目中保留的房屋建筑物，更新前后影响房地产的价格因素状况将发生实质性变化，因此，其价格也将发生显著变化。更新前后房地产价值差异从经济角度直接体现了城市更新项目的效果。更新前后房地产价值需要由房地产估价师依据更新前后影响房地产的价格因素状况评估确定。

（五）重建房地产价值判断

在项目决策阶段，房地产估价师根据城市更新项目比选方案预测重建房地产在更新完成后状况下的房地产价值，为项目经济可行性分析和城市更新项目决策提供基础；在更新项目完成阶段，房地产估价师根据重建房地产在更新完成后的实际状况评估房地产价值，为项目经济后评价或城市更新项目投资绩效评价提供基础。

四、城市更新房地产估价服务特点

相对于一般的房地产估价业务，城市更新房地产估价服务具有其特殊性。

（一）价格种类众多

城市更新项目房地产估价涉及价格种类众多，从用途上看，包括居住、商业、工业、特殊用途等价格；从批量估价角度看，虽然是基于同一估价目的，但各估价对象的区位、用途、权利性质、档次、新旧程度、规模、建筑结构等相同或相近性差，难以利用共同的数据，甚至难以采用相同的方法，宜分别对每宗房地产的价值进行个案评估；从价值时点看，既有当前的，如房屋征收补偿价格，也包括未来的，如重建房地产市场价格；从房地产状况看，有当前房地产状况和房地产市场状况的价格，也有将来房地产状况和房地产市场状况的价格。

（二）政策复杂多样

不同的估价目的将影响估价结果，因为估价目的不同，价值类型、估价原则、估价依据等都有可能不同。征收补偿成本测算、产权调换成本测算以《国有土地上房屋征收与补偿条例》《国有土地上房屋征收评估办法》以及各地方适用的房屋征收政策规定和房屋征收评估技术规范为估价依据，对被征收人给予的补偿包括：被征收房屋价值的补偿、因征收房屋造成的搬迁、临时安置的补偿和因征收房屋造成的停产停业损失的补偿。众所周知，房屋征收补偿估价具有很强的政策性，本身就是房地产估价中的难点项目。

（三）价格需要预测

作为更新项目经济可行性分析和城市更新项目决策基础的更新后房地产价值判断和重建房地产价值判断，以及用于产权调换房屋价值评估，都需要房地产估价师对将来房地产状况和房地产市场状况进行预测和判断，需要依据城市更新项目比选方案和所掌握其他资料对估价前提做出必要的、有依据的合理假定，都属于预测性估价范畴。预测性估价需要房地产估价师具备更扎实的资料储备、专业的知识储备和丰富的评估经验储备。

（四）价格结构复杂

城市更新项目房地产价格结构复杂，有的是直接的单一价格，这与一般的房地产估价业务一致，如城市更新项目实施前房地产价值；有的包含了房地产本体以外的价格，如征收补偿价格还包含了因征收房屋造成的搬迁、临时安置的补偿和因征收房屋造成的停产停业损失的补偿；有的是间接价格，如产权调换成本取决于用于产权调换房屋的筹集渠道；有的是房地产部分构成或权益价格，如改造成本、调整用途或容积率涉及的补交地价款等。

（五）基础资料信息不足

城市更新区域基础设施整体偏差，房屋本体功能较差，建筑质量和建筑风貌与功能和环境不协调，人员聚集度高且人员结构复杂，无证搭建比较普遍，房地产基础资料信息比较缺乏。

五、结语

实施城市更新，是适应城市发展新形势、推动城市高质量发展的必然要求，城市更新推动城市结构调整优化和品质提升，对于全面提升城市发展质量、不断满足人民群众日益增长的美好生活需要、促进经济社会持续健康发展，具有重要而深远的意义。

　　城市更新为房地产估价提供了广阔的服务空间，那么，房地产估价如何高质量服务城市更新，是每一个房地产估价师都需面对和回答的现实问题，也是每一个房地产估价师应有的职业担当。城市更新涉及估价对象有其特有的实物状况和权属状况，房地产估价内容丰富且具有相当的特殊性，房地产估价师能够对城市更新涉及估价对象特有的实物状况、权属状况及其估价特殊性给予充分的关注和尊重，使得估价结果形成过程充分体现城市更新涉及估价对象特有的实物状况、权属状况及其估价特殊性，便有了房地产估价高质量服务城市更新的基础。

作者联系方式

　　姓　名：金建清
　　单　位：苏州科技大学土木工程学院
　　邮　编：215011
　　电　话：0512-68260868
　　Email：0241@usts.edu.cn

　　姓　名：王世文
　　单　位：苏州信好房地产测绘评估有限公司

　　姓　名：沈继刚
　　单　位：苏州信谊行房地产土地评估咨询有限公司

房地产估价机构在城市更新中的作用探析

——以武汉市为例

杨云姣　余欣云　鲁钰倩

摘　要：近年来，城市更新从沿海城市向全国范围展开，城市更新成为房地产行业发展的新模式。城市更新是一个极其复杂的系统工程，不同的城市更新方式和不同政策下的城市更新拥有不同的估价服务需求。本文以城市更新新政为切入点，以武汉市为例，探析房地产估价机构如何为城市更新提供服务，并发展新的业务增长点。

关键词：城市更新；房地产估价机构；估价服务；咨询服务

一、武汉城市更新发展现状和发展方向

（一）国家对城市更新的政策

从棚户区改造到老旧小区改造，再到提出实施城市更新，中央层面对于城市更新的认识与推动正在不断深入。随着我国城镇化进程的快速发展，城市更新也从大拆大建为主的外延扩张型过渡到如今的以存量改造为主的内涵式发展。

2020年10月，党的十九届五中全会通过了《中共中央关于制定国民经济和社会发展第十四个五年规划和二〇三五年远景目标的建议》，明确提出实施城市更新行动。2020年11月，住房和城乡建设部发布《实施城市更新行动》，对"实施城市更新行动"进行了全面解读，主要任务包括：完善城市空间结构；实施城市生态修复和功能完善工程；强化历史文化保护，塑造城市风貌；加强居住社区建设；推进新型城市基础设施建设；加强城镇老旧小区改造；增强城市防洪排涝能力等。2021年8月，住房和城乡建设部正式公布了《关于在实施城市更新行动中防止大拆大建问题的通知》（建科〔2021〕63号），严格控制大规模拆除，原则上城市更新单元（片区）或项目内拆除建筑面积不应大于现状总建筑面积的20%；严格控制大规模增建，原则上城市更新单元（片区）或项目内拆建比不应大于2。本次通知的落地证明当前的城市更新项目思路已经出现了较大变化，城市更新的整体政策已经开始收紧。城市更新中的土地收益、开发收益，本质上是为了平衡区域中的公益性投入，而非是为了追求盈利。城市更新旨在提升功能，而非建设。

（二）武汉城市更新发展现状

从改造政策看，立法较分散，缺乏城市更新总领性文件。武汉市城市更新政策起步于"城中村"改造政策，并逐步整合了"旧城区""旧厂区""棚户区""老旧小区"等类型的改造政策。但至今仍缺乏一部关于城市更新范围、内容、程序等基本内容的总领性文件。从改造角色看，仍以政府为主导。从政府在城市更新项目中的角色而言，根据《关于印发武汉市城

市更新中心组建方案的通知》（武政办〔2020〕73号）和《关于加快武汉市城市更新项目试点工作实施的若干意见》（武自然资规发〔2021〕76号）等文件精神，都反映了"政府主导、市场运作"的原则。从改造对象看，目前暂未出台针对"工改工""工改商"的城市更新专项政策。从资金来源看，以政府政策性资金为主。国家开发银行湖北省分行与武汉市城市更新中心签署战略合作协议，"十四五"期间将授信2000亿元支持武汉城市更新工作。目前，市更新中心初步选择了153个更新项目纳入"十四五"城市更新项目库，总投资超过5000亿元。

（三）武汉城市更新模式与其他城市对比

珠三角是城市更新发展最为领先的区域，同时也是最先积极开展和推进新时期的城市更新改革工作。深圳、广州等城市最先在法律法规层面颁布了《城市更新（实施）办法》，并于近期从制度上较为全面地规定了城市中不同类型的城市更新项目开展的具体管控要求，颁布《城市更新条例》，城市更新采用市场化运作机制。在国家城市更新实施行动计划指导下，长沙、重庆、成都、青岛等地纷纷出台《城市更新（实施）办法/细则》，城市更新采用政府引导、市场运作和政府主导、市场运作相结合的运作机制。根据武汉城市更新现行政策，武汉城市更新采取政府主导的运作机制（表1）。

部分城市城市更新政策　　　　　　　　　　　　　　　　表1

序号	城市	政策文件	城市更新模式
1	深圳	《深圳经济特区城市更新条例》	政府统筹、市场运作、公众参与
2	广州	《广州城市更新条例》	政府统筹、多方参与
3	上海	《上海城市更新条例》	政府推动，市场运作
4	长沙	《全面推进城市更新工作的实施意见》（长政办发〔2021〕14号）	政府主导，市场运作
5	重庆	《重庆市城市更新管理办法》（渝府发〔2021〕15号）	政府引导，市场运作
6	成都	《成都市城市有机更新实施办法》（成发办〔2020〕43号）	政府引导，属地管理，市场运作

（四）武汉城市更新发展方向

自2021年以来，全国多个城市陆续出台城市更新实施意见，开始全面推进城市更新工作。目前武汉针对城市更新组建城市更新中心，负责城市更新项目落地实施，并发布政策文件加快武汉市城市更新项目试点工作实施，根据试点意见，武汉市城市更新采用按照"1+1"联动机制，即"实施主体+区平台公司"和"更新项目+平衡项目"相结合。武汉市目前仍存在一些老工业片区及工业项目，预计未来武汉市将进一步出台针对"工改工""工改商"的城市更新项目实施细则。

二、城市更新中房地产估价机构提供的服务

根据城市更新实施步骤和流程，房地产估价机构可根据客户需求进行城市更新全流程的咨询顾问类业务服务、征收评估和城市更新全过程管理服务。

（一）城市更新政策咨询

城市更新相关政策较为繁杂，面对城市更新庞大的政策体系，相关权利人在短时间内无

法完全掌握，在城市更新项目中常常处于被动位置，因此实施方、权利人在对城市更新进程及政策等相关内容了解度和把握度还不够充分的情况下，需要房地产估价机构来为其提供政策咨询服务。房地产估价机构可根据权利人或者更新实施主体的需要进行城市更新政策咨询和解读，如梳理各地城市更新政策、解读当地重要政策文件和案例分析等。

（二）意向调查和社会稳定风险评估

在作出城市更新项目实施决策之前，相关部门根据项目情况，可以委托房地产估价机构，开展社会稳定风险评估及意愿调查等工作，编制意向调查报告、社会稳定风险评估报告。首先，对更新改造意愿、社会稳定风险进行调查分析。充分征询相关权利人的意见，分析应采取的更新改造模式，同时查找并列出风险点，风险发生的可能性及影响程度，提出防范和化解风险的方案措施，提出采取措施后的社会稳定风险等级和更新改造模式建议。其次，进行社会稳定性风险评估。在社会稳定性风险分析基础上，对社会稳定风险分析报告开展评估论证，根据实际情况可以采取公示、问卷调查、实地走访和召开座谈会、听证等多种方式听取各方面意见。分析判断并确定风险等级，对项目合法性、合理性、可行性、可控性进行评估论证。最后，科学分析和梳理不同矛盾类型、制定好维护工作预案、分析结果，确定风险等级。

（三）征收评估

社会稳定性风险评估后，需要对城市更新单元内的部分土地和房地产进行征收和拆迁。在此阶段，政府需要聘请专业的房地产估价机构对征收对象进行征收评估。房地产估价机构在实施征收评估业务中，重点需要完成以下内容。首先，入户调查。现场人员对征收土地和房产要进行全面清查，了解房产年限、建筑面积、装修状态等；其次，价格调研。对征收对象的市场价格进行充分调研，并制定相对公允的评估价格；最后，编制整体评估报告和住宅分户报告并公示。

（四）更新改造方案编制

城市更新改造方案直接涉及物业和产权人的根本利益，因此补偿方案制定时需考虑众多因素。房地产估价机构凭借自身积累的项目信息和专业技能，可提前介入该阶段。首先，进行意愿调查与基础数据调查，了解被权利人的改造需求、诉求；其次，更新范围内已有房地产的楼龄、现状用途、法定用途、已建容积率、各类房地产地理分布情况等；最后，估算改造成本和改造完成后各类房地产市场价格、运营收益等收益情况，进行综合评判。在此基础上，制定符合现行政策、权利人需求、经济可行的更新改造方案或自主改造方案。

（五）更新项目综合平衡方案编制

城市更新改造中涉及更新改造成本、土地出让收益、一二级联动更新成本、物业运营收益等更新改造项目全生命周期的资金平衡测算。估价机构可参与编制更新项目综合平衡方案，通过确定城市更新项目改造成本测算、土地出让收益测算、一二级联动改造成本测算、改造后物业运营收益测算，得出改造项目全生命周期平衡结论。同时在遇到更新项目资金无法平衡的情况时，还可根据多年来自身掌握的项目信息，对引入平衡项目提出可行性建议。

（六）可行性研究分析

估价机构经过了20多年的发展，能够准确寻找价值影响因素、量化价值影响因素，能够准确预判城市更新中各成本因素，能够准确预判城市更新改造完成后各类型房地产的销售价格、租赁价格。根据以上预判因素，引用假设开发法的模型，即可判断项目的经济可行性情况。因此，城市更新实施主体在开发前可以聘请房地产估价机构为其提供项目可行性分析。项目可行性分析包括城市更新政策研究、投资环境分析、市场调查、市场定位、产品策划、开发流程与进度计划编制、投资费用估算、资金筹措、收入税金估算及投资计划安排、财务评价、风险分析、社会评价等，帮助相关实施方进行决策。

（七）城市更新全过程管理

在更新改造方案基本确定之后，为顺利实施更新改造项目，政府可委托第三方机构进行城市更新全过程管理。房地产估价机构凭借自身对当地房地产市场、更新改造项目的了解，可提供全过程管理服务。在全过程管理前期，提供政策咨询、案例咨询、项目整体实施可行性研究、更新改造意愿调查、更新项目计划咨询服务、更新改造项目综合平衡方案编制、项目投融资方案编制等；在项目实施中期，可提供改造方案宣传、涉及拆迁部分的谈判签约服务、代办服务、安置房选房全程代理服务等；在项目改造完运营期，除可向相关方提供租金评估、市场价值评估等传统评估服务，还可提供项目后评价等咨询服务，为更新改造实施主体复盘的同时，还可总结项目实施经验，为后期业务拓展提供帮助。

三、结语

城市更新涉及面广，实施流程复杂，多个流程需要有第三方机构提供相应的服务。房地产估价机构深耕房地产行业20余载，是城市更新项目开展的有效支撑之一，能为城市更新项目提供全流程服务、过程服务等。随着全国城市更新行动的推动实施，城市更新业务将带动房地产估价业务更加多元化；同时对应内涵式发展需求的城市更新新模式，估价机构也应积极外延拓展业务和技术面，尤其是在政策研究、国土空间规划、城市规划、建筑设计、工程咨询等方面应加强学习，加强与相关机构、协会的交流，以更高、更广泛的维度考虑城市更新项目，方能建立完善、主动的城市更新项目的业务拓展体系。

参考文献：

[1] 徐琳.估价机构在城市更新中的作用探究——以南京市为例[J].住宅与房地产，2019（25）：224.

[2] 简晖.房地产估价机构在城市更新中的作用分析[J].企业改革与管理，2020（18）：223-224.

[3] 韩艳丽.城市更新视角下的房地产估价服务[C]//估价需求演变与机构持续发展：2019中国房地产估价年会论文集.北京：中国城市出版社，2019：7.

作者联系方式

姓　　名：杨云姣　余欣云　鲁钰倩

单　　位：武汉国佳房地资产评估有限公司

地　　址：武汉市江岸区建设大道702号房地产交易大厦24楼

邮　　箱：1520169210@qq.com

注册号：杨云姣（422019002）

城市更新再开发之原产权人自主更新改造初探

——以苏州市某项目为例

王静静 季建国

摘 要：本文通过阐明城市更新的概念，梳理苏州市城市更新的政策体系，结合苏州市某项目城市更新的实例，提出城市更新在项目推进过程中遇到的普遍问题并提出解决问题的思路和政策依据。如城市更新方式选择、城市更新主体的确定和城市更新项目的监管，以及城市更新过程中通过规划微调达到产权、开发强度、利益及区域配套之间的平衡等，为城市更新提供借鉴思路。

关键词：城市更新；再开发；自主更新改造；政策

一、引言

经过 30 多年的快速发展和迅猛扩张，我国的城市发展已经由增量城市发展阶段向存量城市发展阶段过渡，亟须从粗放型发展向精致型发展转型。从客观发展规律来看，增量粗放型发展阶段是城市发展的初级阶段，而存量精致型发展阶段是城市的维护和提升阶段，增量发展阶段是短期的、暂时的，存量发展阶段是长期的、常态化的。随着中国城市化程度越来越高，可利用增量土地有限与城市中部分土地利用效率低下并存，如何解决这个矛盾，是越来越多城市面临的问题。

二、城市更新概念和苏州市城市更新政策体系

（一）城市更新概念和方式

城市更新是一种将城市中已经不适应现代化城市社会生活的地区作必要的、有计划的改建活动。城市更新的目的是对城市中某一衰落区域进行拆迁、改造、投资和建设，以全新的城市功能替换功能性衰败的物质空间，使之重新发展和繁荣。

城市更新的方式可分为再开发、整治改善及保护。再开发对象是指建筑物、市政设施、公共服务设施等城市生活环境要素的质量全面恶化的地区，且这些要素无法通过拆除之外的其他方式，使其重新适应当前城市生活的要求。整治改善的对象是建筑物和其他市政设施尚可使用，但由于缺乏良好维护而建筑破损、设施老化、环境不佳的地区。保护适用于历史建筑或环境状况保持良好的历史地区。保护是社会结构变化最小、环境能耗最低的更新方式，适用于历史城市和历史地区。

（二）苏州市城市更新政策体系

城市更新相关的制度政策是进行城市更新的依据和保障。苏州市城市更新政策体系包括国家层面、江苏省层面和苏州市层面。国家层面有国务院《关于促进节约集约用地的通知》（国发〔2008〕3号）、国土资源部《关于大力推进节约集约用地制度建设的意见》（国土资发〔2012〕47号）、国土资源部《关于深入推进城市低效用地再开发的指导意见（试行）》（国土资发〔2016〕147号）；江苏省层面包括江苏省委省政府《关于推进供给侧结构性改革的意见》（苏发〔2016〕16号）、江苏省人民政府办公厅《关于促进低效产业用地再开发的意见》（苏政办发〔2016〕27号）；苏州市层面有苏州市人民政府《关于优化配置城镇建设用地加快城市更新改造的实施意见》（苏府〔2013〕147号）、《关于促进低效建设用地再开发提升土地综合利用水平的实施意见》（苏府〔2017〕60号）。

三、城市更新再开发初探——以苏州某项目为例

（一）基本情况

拟更新对象为A公司相关4宗彼此相邻土地，土地面积共计约17619m²。地块四至界限和权属清楚，均无异议。

1号地块已取得国有土地使用权证及房屋产权证，证载土地使用权人为A1公司（A公司的子公司），使用权类型为出让，土地用途为商业用地，土地使用权面积1559m²，房屋登记权属面积2818m²。

2号地块已取得国有土地使用权证及房屋所有权证，证载土地使用权人为A1公司（A公司的子公司），使用权类型为出让，土地用途为商业用地，土地使用权面积2464m²，房屋登记权属面积5538m²。

3号地块已取得国有土地使用权证，证载土地使用权人为A2公司（A公司的子公司），使用权类型为划拨，土地用途为工业用地，土地使用权面积12421m²，地面房屋建筑面积约10905m²，无房屋所有权证。

4号地块无国有土地使用权证，有房屋所有权证，房屋登记权属面积1664m²，该宗地于1999年9月由B公司转让至A2公司（A公司的子公司），面积1175m²，根据转让协议，土地出让权类型为划拨，土地用途为工业用地。

（二）项目更新的必要性及更新方式选择

1号地块和2号地块目前为酒店前厅、休闲会所，3号地块为酒店宴会厅，4号地块为KTV包间、小餐饮店等散乱商业。4宗地块内部分建筑老旧、布局散乱，存在安全隐患。根据企业经营资料显示，近年来该4宗地块亩均税收约为1.9万元/亩，属于利用粗放的低效存量建设用地。且现状建筑物用途、规模不符合区域城市整体规划，存在公共活动空间不足，配套薄弱，道路狭窄弯曲，缺少城市空间景观等问题。

根据项目所在行政区土地利用总体规划和城市建设规划，拟更新再开发对象4宗地块均位于土地利用总体规划允许建设区范围，规划用地为商业（零售商业、旅馆），容积率2.0～2.5，不得分割转让，其中零售商业用途占对应的计容建筑面积的5%，其余用途为旅馆用地，年限为40年。

经过对项目现状、区域规划、城市功能综合分析，按照城市更新再开发基本原则，结合原土地权利人意愿，由原土地权利人母公司A公司采用"政府局部回购、集中开发、更新改

造及业态调整"的组合方式进行城市更新再开发：回购 4 号地块全部土地，收回 1 号地块、2 号地块、3 号地块上局部土地使用权，收回面积分别为 2m²、179m² 和 4956m²；协议出让再开发范围内 1 宗零星建设用地予 A 公司，协议出让面积为 849m²；按照集中开发方式的要求，将 3 号地块使用权协议补办出让并调整土地利用条件后转让给再开发主体 A 公司；按照更新改造及调整业态方式的要求，采用改变土地利用条件的措施后，将各相邻地块合并成同一宗地，完善建设用地手续，完成项目的再开发目标。再开发新宗地面积为 12156m²，更新再开发目标定位于建成一个服务于周边的星级酒店综合体，星级酒店综合体开发完成后主要业态为酒店及零售商业（图 1～图 3）。

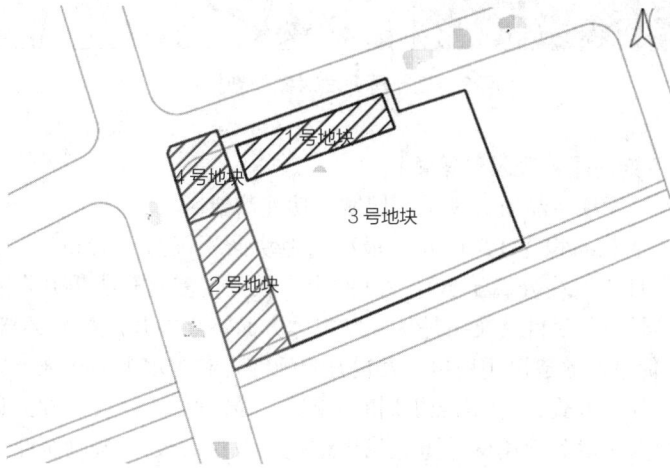

图 1　拟更新地块位置示意图

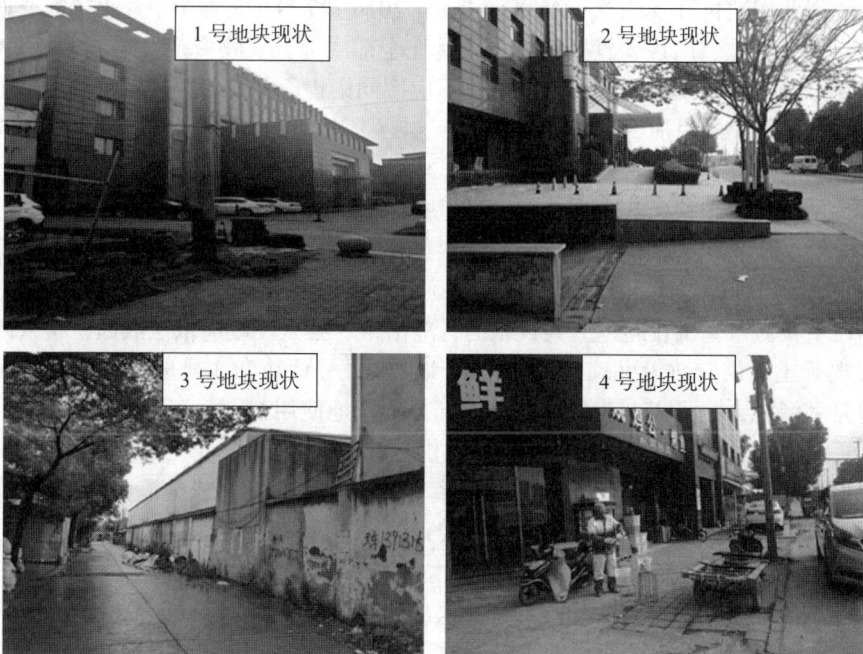

图 2　拟更新对象现场照片

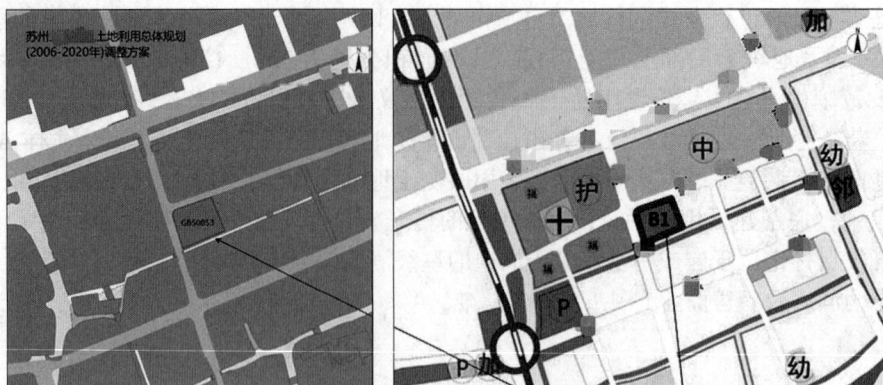

图3　更新再开发对象规划情况

（三）再开发关键问题处理及政策依据

1. 如何提升再开发项目品质，满足区域城市功能需要

拟更新区域土地总面积为17619m²，最小的地块面积仅为1175m²，土地面积小，无法独立进行再开发。且4块地分属于A1、A2两个产权人，需要解决再开发主体问题。因此，无论从项目施工、再开发项目品质还是从开发主体方面，集中开发都是必然选择。根据苏州市人民政府《关于促进低效建设用地再开发提升土地综合利用水平的实施意见》（苏府〔2017〕60号）低效用地再开发方式，"在符合规划的前提下，鼓励原土地使用权人通过自主、联营、入股、转让等多种方式对其使用的存量建设用地进行改造开发""鼓励企业用过兼并、重组、合并等形式，依法收购相邻多宗低效建设用地，申请集中开发"，决定由A公司与A1、A2公司名下的1号地块、2号地块和3号地块进行资产重组，且根据江苏省人民政府办公厅《关于促进低效产业用地再开发的意见》（苏政办发〔2016〕27号）文件中"企业在资产重组过程中，通过合并、分立、出售、置换等方式，转让全部或部分实物资产及与其相关联的债权、债务和劳动力的，不属于增值税征收范围，不应视同销售而征收增值税"的精神，企业再开发过程中涉及增值税及附加尽可能予以减免，这在一定程度上减少了企业自主更新改造的成本，促使企业同意自主更新的方式。

2. 如何解决1号地块、2号地块、3号地块部分收回、部分再开发的问题

通过对城市更新相关文件的学习研究，根据江苏省人民政府办公厅文件《促进低效用地再开发的意见》（苏政办发〔2016〕27号），明确分类供地政策第六条，"再开发后土地用途变更为商品住宅及城市基础设施、公共设施的，应由市、县人民政府依法收回，纳入政府土地储备，按现行土地供应政策办理"，因为1号地块、2号地块和3号地块使用权收回后变更为市政道路和绿化，故可以此为依据收回此部分的土地使用权。至于1号地块、2号地块和3号地块再开发部分，根据上述文件明确分类供地政策，"在不改变土地用途（二级分类）情况下，以追加投资、提高容积率、土地利用率等方式继续开发，或确需整体、分割转让的，经市、县人民政府批准，可采取协议出让方式完善用地手续"。因此，1号地块、2号地块和3号地块再开发部分可以根据合法程序，采取协议出让方式完善用地手续。

3. 如何解决4号地块部分收回、部分协议出让问题

4号地块原土地用途为工业用地，再开发新规划用途为商业用地，解决方式为先收购4号地块全部，然后协议出让4号地块部分土地给更新再开发主体。因4号地块收购部分后期变更用途为城市道路和绿化，故符合收购条件，根据再开发新规划条件，收购后用于道路和绿化的土地面积为326m²，则4号地块剩余849m²可供出让。根据江苏省人民政府办公厅文件《促进低效用地再开发的意见》（苏政办发〔2016〕27号），"不具备独立再开发利用条件，且单宗用地面积不超过3亩，需与周边相邻土地统一规划再开发的，或者原则上单宗用地面积不超过3亩的零星建设用地（包括边角地、夹心地、插花地等），累计不超过再开发项目用地面积10%，规划要求与相邻土地一并集中再开发的，经市、县人民政府批准，可以协议出让方式供地"，故可将4号地块剩余849m²土地协议出让给更新再开发主体，集中再开发。

4. 如何确定回购部分成本

四宗土地中有三宗土地均存在部分收回、部分再开发问题，如果分配回购部分和再开发部分成本是原产权人非常关心的问题，若以新规划的供地红线测算回购部分成本，因宗地内建筑物分布的不平衡性，并无充分依据平衡原产权人和政府利益，且如果由于原建筑跨新红线，评估范围和价值难以精确计量，评估结果误差较大，说服力差，不利于项目推进。因原宗地本来就是一块独立规划和开发建设的宗地，可采用部分成本=回购部分面积×（宗地回购总成本÷宗地总面积）进行回购，将宗地上的成本进行平均分摊。事实证明，原产权和政府均觉得公平，可以接受此种处理方式。

5. 如何确定土地出让年限和补缴土地出让金原则

拟更新的土地，再开发前土地使用权获得类型包括出让和划拨，其中1号地块和2号地块，剩余使用年限约为23、21年，3号地块为划拨。通过更新再开发相关政府部门与再开发主体归结，考虑土地出让用途和再开发经济性评价，再开发主体希望土地出让年限为该土地用途的最高出让年限。苏州市人民政府文件《关于优化配置城镇建设用地加快城市更新改造的实施意见》（苏府〔2013〕147号）规定，"原以出让方式取得土地使用权，以批准改造的时间为同一时点，按照不可分割转让约定条件，对照新旧不同规划条件下土地评估差价向政府补缴土地出让金。土地使用权出让起始日期为政府批准日期，出让年限可按新确定用途的最高出让年限确定"。故确定新出让土地使用年限为商业用地的最高年限，即40年。对于3号地块，根据苏州市人民政府文件《关于优化配置城镇建设用地加快城市更新改造的实施意见》（苏府〔2013〕147号）规定，"原以行政划拨方式取得的土地使用权，实施自行改造的，以批准改造时间为同一时点，按原用途评估价的百分之四十补办土地使用权出让手续补缴土地出让金后，再按不可分割转让约定条件，对照新旧不同的规划条件下土地评估差价向政府补缴土地出让金"，办理补缴出让金，完善用地手续。

6. 如何对此更新再开发项目进行监管

对于更新再开发项目，如何控制关键节点，包括换发土地证时间、项目开工建设时间、建设期限等，根据苏州市人民政府文件《关于优化配置城镇建设用地加快城市更新改造的实施意见》（苏府〔2013〕147号），"实施自行改造项目的土地除规划保留的建筑外，在换发新的土地证前必须拆除原建筑并形成净地""实施自行改造项目的土地使用权人与市国土部门签订土地使用权出让合同时，须明确项目开工建设时间和建设期限""未按照合同约定的开工时间进行建设的，由市政府按土地收储政策对其土地使用权进行回购，并退回其自行改造时向政府补缴的土地出让金"。根据以上政策，政府可以与更新再开发实施主体签订《项目更新再开发协议书》，将以上内容在协议中明确，并由土地利用部门进行监管。

四、结语

从以上案例可以看出，要顺利推进城市更新中原产权人自主更新项目，需要注意以下几点：首先，对拟更新再开发项目进行充分调查研究，结合项目具体情况，确定选择政府主导开发、原土地权利人自主再开发、市场主体参与再开发等形式中的哪种开发形式，若是多宗土地，还需考虑是各宗地独立再开发还是集中再开发；其次，若选择原土地权利人自主再开发，应进行充分沟通，了解原产权人的意愿，维护原产权人的合法权益，坚持阳光操作，充分尊重原土地权利人的意愿，防止损害原土地权利人权益；再次，在更新再开发项目定位应充分考虑项目所在区域城市功能，完善城市功能，统筹考虑，优先考虑基础设施、市政设施、公益事业等公共设施建设，切实保障城市更新是为了提升城市功能，促进城市发展的；最后，城市更新再开发需要制度和政策保障，城市更新通过产权、用途、容积率等因素实现利益再分配，每个因素的确定都需要有依据，需要制度和政策保障，继续完善城市更新相关的政策和制度建设，是促进城市更新活动的必要条件。

作者联系方式

姓　　名：王静静　季建国
单　　位：江苏天地恒安房地产土地资产评估有限公司
地　　址：江苏省苏州市高新区珠江路 117 号创新中心 C 座 201 室
邮　　箱：sztdpg@163.com
注册号：王静静（3220160031），季建国（3220030051）

浅谈成渝双城经济圈视角下的城市更新对房地产价格的重构

张淑婷

摘　要： 成渝地区和而不同的文化属性，相去甚远的自然禀赋使得其在规划中表现出了具有城市"基因"的更新路径。本文将以成渝两地为观察点，探讨媒介技术、交通技术、高新产业等与城市更新的融合、具有本地化"基因"的城市更新逻辑对于房地产市场价格的重构，以及在提升城市环境品质为目标的城市更新行动中对生态涵养、运营管理、全龄段宜居等新要素作为城市房地产价格提升点进行货币价格确定的意义。在该时代背景下，房地产估价师在提升技术水平的同时也应对城市和经济给予更多的关注，理解城市房地产价格的重构方式和内在逻辑，挖掘潜在价值点，更好地服务于客户。

关键词： 房地产价格评估；城市更新；成渝双城经济圈

根据第七次全国人口普查数据，我国户籍人口城镇化率为 63.89%，人口结构发生了从农业人口为主向以城市人口为主的转变；"十四五"规划纲要提出：加快转变城市发展方式，统筹城市规划建设管理，实施城市更新行动，推动城市空间结构优化和品质提升。在人口结构转变及"十四五"规划纲要的背景下，我国城市更新运动从狭义的旧区改造、"大拆大建"迈向通过城市更新推动城市高质量发展，对城市进行模块化拆解，分功能、分部分进行功能升级，优化城市各个部分的联结方式及承载能力，形成具有文化内涵、产业升级潜力、集约型空间、居民具有幸福感的新型城市。

2020 年 1 月 3 日下午，习近平总书记主持召开中央财经委员会第六次会议，会议指出"推动成渝地区双城经济圈建设，有利于在西部形成高质量发展的重要增长极，打造内陆开放战略高地，对于推动高质量发展具有重要意义；强化重庆和成都的中心城市带动作用，使成渝地区成为具有全国影响力的重要经济中心、科技创新中心、改革开放新高地、高品质生活宜居地，助推高质量发展"。此次会议上，高标准打造成渝双城经济圈被赋予了承接国家西部大开发重要增长极的历史使命与重要意义。2020 年 5 月 22 日，第十三届全国人大三次会议上，推动"成渝地区双城经济圈"建设被写入政府工作报告。2021 年 10 月，中共中央、国务院印发《成渝地区双城经济圈建设规划纲要》。

在城市更新定义走向广义的背景下，其对于评估行业，特别是房地产价格评估有着愈加重要的影响。而作为被赋予历史性地位的成渝地区，本文将讨论在成渝视角下的城市更新对评估价格的重构作用。

一、城市更新与现代技术的融合对于房地产市场价格进行正向反馈

（一）新媒体对房地产价格的影响

从城市影响力来看，媒介的变化决定城市面貌以何种方式展现，从而决定其内容的宣传广度和有效性。技术革新与媒介更新息息相关，如电磁波与广播、电视机，互联网与微博、抖音等。而媒介的变化导致传播内容、广度、方式的变化，以重庆洪崖洞为例，该项目建成于2006年，2016年《从你的全世界路过》对于重庆风貌淋漓尽致的表现，让更多游客到访；2017年、2018年短视频的风靡成功使得这座"5D"城市进入更多人的视野。2016—2019年，重庆市累计接待境内外游客22.26亿人次，实现旅游总收入15853.15亿元，分别相当于2015年的6倍、7倍。到访游客、消费的快速上升催生相关产业链的延伸以及商业房地产价格的增加。

（二）城市交通对房地产价格的影响

从城市运行效率来看，交通方式的变革将表现为房地产价格的重新配置。轨道交通及高铁是今下连接城市中点与点、城市间点与点的最佳手段。从微观层面来看，由汽车、火车至轨道交通、高铁的交通方式的变化会使影响房地产价格的因素发生变化。通过房地产价格评估时常用的比较法可知，应据估价对象所在的区位状况对价格进行修正。在以汽车等路面交通载具为主的条件下，估价对象临近的配套设施均以路面行车距离进行修正计算，而在轨道交通、高铁的视角下，是否临近轨道交通、高铁站点、有几条线路通过、是否为主干线路等因素都在影响估价对象的价格。从宏观层面来看，城市扩张由逐层改为由地铁线路、高铁线路作为牵引，实现土地价值由"单核原点"逐级递减转变向"多核"的赋能。城市发展服从幂规律，但特大型城市其发展面对的主要问题已从市政设施发展不足转向为居住环境差、城市污染、环境再生能力不足，故而伴随着交通方式的变迁，城市更新的主要表现为城市发展逻辑的更新，形成以交通站点作为商业、居住中心，以高铁站点作为重点城市内原有产业外迁的主要据点。故而，在以轨道交通、高铁为导向的发展逻辑下，价值提升逻辑为以站点为圆心产生对房地产价格增幅的递减，达到对部分老旧板块重新赋能或部分高价值板块的继续加成，继而影响房地产价格。以成都轨道交通引导城市更新为例，在《成都市轨道交通TOD综合开发战略规划》中以轨道交通站点为中心的TOD发展模式被赋予了"带动新区发展、推动城市更新、重构城市形态、优化城市空间的重要支撑"的重任；以成渝双城经济圈为例，《成渝地区双城经济圈建设规划纲要》中提出"依托成渝北线、中线和南线综合运输通道，夯实成渝主轴发展基础"也可看出高铁在实现城市群整体发展中的重要作用。

（三）产业发展对房地产价格的影响

从产业发展来看，通常认为高精尖产业存在可延伸性强和摩尔定律的双重作用，故而在市场容量无限大情况下，高精尖产业将具有无限扩张能力。同时，该行业由于附加值高的特性，有着对于高学历、高收入人群的自然吸附作用，如成都高新区，凭借区域内金融、电子信息、生物医药、集成电路等行业的聚集，实现区域价值的跃迁。而其范围内的房屋、土地等资产也伴随着区域内产业价值的跃升产生重大变化。

在现代技术不断发展，显现出结合人工智能、大数据等方式对于城市空间进行精细化管理的"城市更新"视角下，革新性技术不仅是对城市空间进行物理形态的提升、改良，实现空间范围内资产价值的增加，也是从传播层面，使用声音、画面等手段传播社区、区域、城

市形象，强化大众认知，提升城市"软实力"。

二、城市更新行动对于房地产价格的提升存在"因地制宜"的本地化基因

（一）巴蜀文化特征分布

从文化禀赋及地理禀赋来看，巴蜀文化之间区别鲜明、各有特色，但巴蜀两地山原之间的若干河谷作为交通走廊的同时也成为文化联通的平台，构造出两地文化之间千丝万缕的联系。分别来看，由于巴人生活在大山大川之间，故巴文化特征中常表现为顽强、坚韧和剽悍，并成为长江上游地区性格鲜明的民族之一；蜀文化所属区域位于成都平原、岷江流域，水源充足、气候宜人、物产丰富，使其成为我国最早出现城市文明的地区之一，四川盆地四面高山环抱，古蜀民积极开拓，借助剑门关、广元等地的古栈道，蜀地与陕西等中原文化交流，与南中、中原、楚文化相互渗透影响，蜀地也为道教的重要起源地，故而蜀文化具有兼容并包、渴求开放、"无为"的特色。

（二）巴蜀文化对城市更新的影响

文化以传承的形式根植于城市文化之中，并在城市更新的具体规划中有所展现。重庆方面，根据《重庆市中心城区城市更新规划》其发展主轴为"两江四岸"，并增加山城步道、眺望点、滨水公园，以构建立体多维、通山达江的"山水之城"，故而在本轮城市更新中对于重庆这样有着山地结构并有明显文化特色的城市，更应因地制宜，不仅注意城市更新中由于二维空间变化引发的价格变动，也应注意由于其特殊的地理形态引发的三维空间的价格变动。成都方面，"无为"提倡人应体会天地自然的规律，一定程度上是忽视向自然界作科学探讨，但与自然共生的理念已成为"城市基因"的一部分，根据《成都市公园城市绿地系统规划（2019—2035年）》，中心城区城市建设用地内将建成示范性精品公园100个，随着城市生态环境的不断改善，"推窗见雪山"成为成都人民的一大追崇之事。故而，在本轮城市更新运动中，公园、绿地，或是"推窗见雪山"将成为成都城市更新中新的房地产价格变动点。

三、通过城市更新引导，对城市中的城市价值提升点进行货币价格确定

从城市的组成肌理来看，经济运行系统、市政基础设施、生态涵养系统三者之间组成如有机生命体一般复杂的整体，三者之间密不可分、缺一不可。在以提升城市环境品质为新时期命题下的城市更新行动，应准确意识到生态涵养、运营管理、全龄段宜居等方面对于城市、社区的价值提升。从微观来看，在评估工作中会根据估价对象的若干状态进行价格修正，包括但不限于估价对象所在的住区环境、楼层、周边商服等。《成渝地区双城经济圈建设规划纲要》提出，"延续城市和乡村文脉，保护传统的山水城格局。支持四川天府新区在公园城市建设中先行先试，开展可持续发展创新示范，实施城市生态用地改革创新，探索建立公园城市规划导则、指标评价、价值转化等体系；支持重庆广阳岛开展长江经济带绿色发展示范。建设沱江绿色发展经济带"。从宏观来看，在《规划》中被提及的有关于公园城市、绿色发展内涵中的生态涵养、运营管理、全龄段宜居等城市价值提升点仍缺乏统一的估价标准。价格是价值的表现形式且价格在市场资源配备中起到引导作用。在完全竞争状态下，"看不见的手"在时刻调整市场中的资源配置方式，但在若干产业的初级发展阶段和实际市场表现中，

存在的不完全竞争市场是需要政府进行引导的。故而在新时期背景下，"新要素"价格的确认存在较多的市场机会，第三方评估机构也应积极参与到对生态涵养、运营管理、全龄段宜居等"新要素"的价格确定过程中，充分发挥作为第三方机构的独立性、专业性价值。

四、在城市更新行动中，房地产估价师需要对新要素的价值进行理解与掌握

2018年国务院政府工作报告正式提出我国经济已由高速增长阶段转向高质量发展阶段，这一阶段对于评估机构的发展、估价业务模式在独立、客观的基础上提出了信息化的要求。随着各地城市土地的减少，城市风貌区可建设用地稀少，老旧建筑外立面破旧，市政设施老化，提质提效成为必经的转型发展之路，故而在目前的城镇化发展阶段，通过城市更新行动，优化城市空间和结构成为提升城市发展质量的必然选择。2020年底发布的《中共中央关于制定国民经济和社会发展第十四个五年规划和二〇三五年远景目标的建议》提出"完善新型城镇化战略，推进以人为核心的新型城镇化"，2021年发布《关于在实施城市更新行动中防止大拆大建问题的通知》，均是在战略层面对于城市更新行动的内涵进行了明确。

从微观来看，城市更新对于片区环境的优化，对于单个建筑物的由旧变新、社区服务设施点位的增设，均可以提升现有居民的生活质量，给予居民除持有房屋之外的满足感和安慰感。随着建筑物形态及周边配套设施的增加，由于市场价格是指某种或某宗房地产在某一时间的市场价格，故在时间和周边空间发生变动时其价格也将发生变动。同时，根据《关于在实施城市更新行动中防止大拆大建问题的通知》规定，以"拆、留、改、补、绣"为核心的渐进式城市更新行动，城市所囊括的辖区、片区、社区内的土地、房屋等价格也会阶段性地由于时点不同而发生价格的变化，不同时点下均需要评估机构判定房地产价格。从宏观来看，在城市更新运动中的土地供应往往是以存量空间作为载体，并附带修缮、配建等任务，该常态下的土地表现形式与"一次土改"产生明显差异，由于时代背景、建设目标的不同，由城市更新行动发起的流转机制可被称为"二次土改"，与"一次土改"一致的是，此轮土改预计也会引发房地产价格的较大变动。

新时期，估价服务也应与时俱进，城市更新行动带来的"二次土改"包含着因地制宜、时点价格变动周期缩短、新要素价格的确定，市场不确定性的增加也意味着专业服务机构将拥有更多的市场机会。具备高专业水平、能够对城市进行深耕的评估机构具备更好的机会优势。在国家和市场给予市场机会的同时，提升专业人员技术水平，与时代的变化协同发展，也应对城市和经济给予更多的关注，理解城市房地产价格的重构方式和内在逻辑，挖掘潜在价值点，更好地服务于客户。

作者联系方式

姓　名：张淑婷

单　位：四川恒通房地产土地资产评估有限公司

地　址：四川省成都市高新区天府大道北段1700号新世纪环球中心E1-1608

邮　箱：961144801@qq.com

以撰写改造方案入手提供城市更新全过程服务

穆春生　蒋炎冰

摘　要：随着我国城市化进程进入下半场，城市更新渐成主流。本文以位于广东省的某"三旧"改造项目为例，以撰写改造方案为切入点，阐述了房地产估价机构如何帮助实施主体在充分理解政策的基础上，做好与规划的衔接和摸底调查工作，进行全面改造成本核算，算好收益平衡账，从而争取改造项目落地。

关键词：城市更新；"三旧"改造；改造方案；全面改造成本；收益平衡

根据 2021 年 5 月发布的第七次全国人口普查数据，我国城镇化率已高达 63.89%，较 2010 年上升 14.21 个百分点，上海、深圳等一线城市城镇化率超过 80%，达到发达国家或地区水平，城市可开发的土地资源日益减少，城市更新成为继续优化城市发展和解决土地利用瓶颈的重要渠道。

城市更新模式最早发源于广东的"三旧"[①] 改造，目前广东省的城市更新无论是规模还是经验均领跑全国。近期，笔者团队为国内某 TOP10 房企（以下简称"实施主体"）服务，为其拟在广东省潮汕地区开展的约 70hm² 大型城市更新项目提供改造方案的撰写服务，现将其中的工作逻辑和关注重点进行介绍。

一、充分理解改造政策、明确更新模式定位

（一）熟悉理解改造政策

城市更新的政策属性非常强，因此，熟悉改造政策、理解改造政策是做好城市更新工作的基础，而关注和理解政策应从以下几个方面入手。

1. 关注顶层设计和各级规定

在国家"两重一新""城市更新行动"等顶层设计的基础上，各省都出台了针对性的细则、要求和办法，具体到各地级市政策也因城施策，各有不同，这一情况在广东省尤为明显。

省级层面，广东省 2020 年底发布了《广东省旧城镇旧厂房旧村庄改造管理办法》（粤府令 279 号），而深圳市、广州市、东莞市、珠海市、佛山市等地均为"三旧"改造的重点推进区域，各地纷纷制定了区域性的政策，在细节上也不尽相同。因此，在实际操作中，不仅要考虑国家和省一级方向性的指示，更要考虑所在地区的具体操作要求。

2. 跟进改造政策的更新迭代

城市更新政策数量大，更新快，尤其是近期国家的顶层设计规则正在发生变化，所以各

[①] "三旧"指旧城镇、旧厂房及旧村庄。

省市的配套政策也在相应调整中，甚至有的政策刚刚征求意见，便因与新出台的上位文件相悖而不再执行，需要重点关注政策的实效性和更新时间。

3. 全方位搜集相关的政策、实施口径

"旧改"的环节多、跨度长、涉及面广，计划、规划、实施、核算等都有赖于政策的引导和明确，可以说政策的完善度越高，参与各方的解读也更趋于一致，从而减少争议，加快推进。

根据《2020中国城市更新评价指数（广东省）研究报告》，从政策评价结果来看，第一梯队的深圳政策指数最高；广州、东莞、佛山政策指数大体相当，为第二梯队，其他区域为后续梯队。笔者参与项目位于潮汕地区，相对而言政策完善度尚有差距，因此在全面搜集区域政策的同时，还需要经办人员与当地相关部门不断沟通实施口径，尤其是在政策的空白区域和模糊地带。

（二）准确定位更新模式

对照项目所在区域的省市级政策，准确定位项目的更新模式，筑牢撰写改造方案的基础，如本项目就对标后定位如下。

改造类型：包括全面改造，微改造及混合改造；本项目属于全面改造。

改造模式：分为政府收储改造、自行改造以及合作改造；本项目拟使用政府收储改造模式，由实施主体实施。

改造主体：通常一个改造项目只能有一个改造主体，本项目改造主体是实施主体所在联合体。

审批权限：项目不涉及三地[①]超标等超授权事宜，由所在地市级政府审批。

在选择更新模式定位时应充分考虑多种组合的可能，如有必要，则可在各自基础上分别进行财务分析，做好多方案比选分析。

二、符合规划整体要求、优化规划设计条件

（一）符合国土空间规划、"三旧"改造专项规划、控制性详细规划

要对项目所在地的相关规划文件进行收集，包括总体规划、控制性详细规划等，尤其是要搜集"三旧"改造专项规划。

"三旧"改造专项规划是广东省特有的规划体系，通过专项规划开展具体改造单元的改造规划，必要时针对单个地块进行必要的规划调整。通过"三旧"改造规划管控体系将旧改的规划需求同现行规划体系有机结合。

本项目中，我们通过对"三旧"改造专项规划的研读，首先确认项目已纳入规划范围，其次对区域内旧城镇、旧厂房、旧村庄等大致数量和范围做到胸有成竹，以便后续对标现场实际情况、前期摸底情况，做好对比验证。

（二）对风貌保护、环境互适进行了解

在关注项目合规性的同时，也需要重视周边环境对项目的影响，如本项目西侧为历史风貌保护区，规划要求项目应坚持历史文脉保护与环境改善相结合，保护历史格局及历史环境，做到与所处环境互适。

---

① 三地是指边角地、夹心地及插花地。

因此，本区域在建筑风格、文明施工、基坑维护等方面需要作出针对性的改进和适应。

（三）重点关注规划设计条件

项目的规划设计条件是关注重点，除了边界、公建配套、代征地、自持等要求外尤其需要关注项目各地块的用地性质和容积率等规范性指标，这与项目后续的建成规模、布局息息相关，也是直接影响项目建成后货值的最大因素。

在此基础上与政府充分沟通具体地块规划调整的可能性，在力所能及的范围内，扩大可销售面积数量。

三、重视现状全面摸底、奠定项目推进基础

（一）对于改造意愿的摸底

作为"天下第一难"的拆迁问题是"三旧"改造项目所面临的最大难题。改造意愿调查是拆迁的基础性和前序工作，有助于实施主体了解情况、排除风险，尽快推进。

一般而言，街道和乡镇是改造意愿摸底的牵头单位，村委会、村民小组、居委会等作为熟悉改造项目地块内现状人员情况的部门是实际操作者。成功的"三旧"改造项目必然是政府、居民、参与企业、原权利人等多方共赢的局面。

（二）对于项目现状情况的摸底

"三旧"改造项目的现状情况普遍较为复杂，国有土地、集体土地交错，人员来源多样，需依托街道和乡镇，做好现状情况的摸底工作，主要内容见表1。

"三旧"改造项目主要摸底类型及主要内容   **表 1**

序号	摸底类型	主要内容
1	人员情况	居民户数、非居数量等
2	房屋情况	居住房屋、工业用房、行政办公、学校、宗祠等
3	土地情况	国有土地、集体土地分布和权利人等
4	文物保护情况	区域内现状文保情况和具体要求等
5	基础设施情况	区域水电燃气网络配备及地下排布等

项目摸底的情况应有一整套完整的数据并落图。但实际上在前期接触阶段，很难取得完整全面的信息。

在当地提供的摸底资料基础上，实施主体仍应尽最大能力进行调研，通过卫星图、实地走访、无人机航拍、相关资料查阅、侧面了解等多种形式对项目情况进行排摸。目的在于对资料进行交叉验证、掌握最新的真实数据。

本项目在摸底时就发现一个特别情况：在当地提供的、理论上都属于需改造的"三旧"改造范围内，我们通过卫星图、走访和调查发现，项目内东侧临路有一幢规模不小的高层商住楼，该项目于2019年拍卖获得、于2020年刚刚销售完毕。我们因此初步判断其不应纳入"三旧"改造范围内，发现问题后我们协助实施主体与当地进行了及时沟通，更正了旧改地块的边界，修正了摸底数据。

四、对标区域管控标准、核算全面改造成本

全面改造成本主要包括前期费用、拆迁费用、复建费用、其他费用、不可预见费用、拆迁奖励及土地出让金等。项目所在地政府对全面改造成本通常有指导性意见，因此，需对标地方管控标准，进行有效的、全面的改造成本控制。主要涉及以下几个方面。

（一）尽量准确把控回迁房数量

一般而言，以旧城镇旧村庄为主体的"三旧"改造项目，居民基本会选择原地回迁。目前对于回迁房数量的政策要求各地略有不同，应注意查阅现行政策和周边区域已回迁的项目实施口径。

以本项目为例，具有合法产权的住宅房屋回迁政策如下（表2）。

项目住宅房屋回迁政策一览表　　　　　　　　　　　　　　　　表2

产证证明	土地或房屋类型	层数	回迁计算依据	回迁面积比例
合法证明	住宅	一层或一层半	现状建筑面积	1:1.3
合法证明	住宅	二层或二层半	现状建筑面积	1:1.15
合法证明	住宅	三层或三层半	现状建筑面积	1:1.05
合法证明	住宅	三层半以上	合法建筑面积	1:1或合法用地面积1:3.5，取高

回迁房的总体建造成本与回迁房数量息息相关，同时，本项目现状房屋建筑密度大，层数高，故回迁房建筑面积占改造后全部居住类建筑面积比例超过50%，如果再加上学校、非居等回迁面积，在建筑规模锁定的情况下，可销售商品房面积受到极大影响。因此，需要尽量准确把控回迁房数量，从而把握最低可销售商品房面积这一盈亏平衡点。

（二）全方位多角度快速确定地价款

"三旧"改造项目尤其是全面改造类项目规模大、地类多，土地取得方式、成本各有不同，应分别归类，逐一计算。

在改造方案编制阶段，时间紧任务重，因此，对于地价款的计算宜抓大放小，但仍需把握必要的步骤及关键性依据。如本项目商品房的地价测算时，我们通过搜集所在城市基准地价、标定地价、历史成交等方式进行初步预估。同时，通过区域商品房的销售价格进行倒算，迅速得出不同商品房容积率下的土地价格。这块是我们作为专业人士的强项，应将其发挥到最大。

此外，在改造项目中涉及旧村庄等集体土地时，还要注意取得集体土地费用的计算口径，包括：拆迁补助费和临时安置费用，一般会发生；土地补偿费、安置补偿费以及地上附着物补偿费等，一般会发生；劳动力安置补助费，这块需要具体确认，是否历史已补偿，本项目集体经济组织和农民已无耕地，故该项未发生。

（三）多渠道有效控制回迁房建设费用

本项目所在地市对回迁房建设标准和费用有明确规定，简述如下（表3）。

本项目回迁房地块普遍容积率在3.0左右、拟建高度不超100m，层数在30～33层，就政府规定的建造标准而言，政府给定的单方造价指标略低。因此，需要成本、工程、运营等多方通过设计优化方式来有效降低成本，比如装饰工程诸如楼地面、墙柱面、天棚、门窗和安装工程诸如电梯品牌等保质降配；关注当地对于回迁房预制率（PC率）的要求，如预

当地回迁房建设标准和费用一览表　　　　　　表 3

序号	楼层数	高度	结构类型	地下室	公区	室内	电梯	单价（元/m²）
1	≤6	多层	框架	不含	装修	毛坯	无	1,570
2	7～11	小高层	框剪	含	装修	毛坯	有	1,850
3	12～17	中高层	框剪	含	装修	毛坯	有	1,980
4	≥18	高层	框剪	含	装修	毛坯	有	2,050

制率要求高，则成本大幅上升。一般而言，同为高层住宅，预制率 40% 相比较无预制率要求的成本上升约 500～600 元/m²。

五、关注资金监管、做好收益平衡测算

收益平衡测算是改造方案的重点，是旧改项目必须算的"大账"，除一般财务分析模型的要求外，"旧改"项目测算还需重点关注以下几个方面。

（一）回迁房建设资金的监管要求

以本项目为例，项目所在地政府要求实施主体要确保回迁房建设资金到位，具体包括：（1）不少于回迁房建设资金总额的 30% 在开建前存入指定监管账户；（2）所有建设资金均需存入并通过指定监管账户支出；（3）指定监管账户中不少于回迁房建设资金总额 10% 的最低保证比例。上述要求无疑加大了实施主体的资金压力和资金峰值需求，需要在测算时加以注意。

（二）销售资金的监管要求

项目所在地房屋管理部门政策要求对所有商品房销售资金进行全程严格监管，故要求实施主体将可售部分的销售资金进入监管账户，直到项目竣工备案后按照交房节奏分批交还实施主体。这与我们常规理解意义上的销售现金流直接回流完全不同。资金回收滞后将直接导致财务成本增加，对项目盈利能力和偿债能力产生影响。

（三）对配套建设资金的处理方案

"旧改"项目中常出现原本应由政府负责的区域基础设施和公共设施投入实际由实施主体负责的情况。针对此项建设费用，政府通常会将部分土地出让金通过配套建设资金等形式返还给实施主体。该项金额普遍数字较大，对收益平衡有较大影响，需要关注其是否发生，发生时间，处理方式及所涉税费等。

（四）税收筹划

"旧改"项目普遍周期长，资金进出往来频繁，资金的处理口径决定了后续税收的缴纳方式和多寡，而在"旧改"项目利润越来越薄的当下，很多时候"旧改"项目盈利的关键在于税筹工作。

营改增后，增值税的筹划空间非常限，税筹的重点多放在土地增值税和企业所得税，因篇幅关系，此处罗列处理税筹要点如下：（1）土地出让金与拆迁成本、配套资金返还款明显区分，合法依规做足土地成本；（2）充分利用融资借款、关联企业借款等方式带来的借款利息计入开发费用；（3）收入部分拆分购房款、装修款、代收代缴费用等进入不同主体分别计算；（4）合法用足职工福利费、营销费等政策空间。

　　同时，税收筹划需与项目所在地税务主管部门保持充分沟通，以便读懂当地政策，做到合法合规而不越界。2019年12月，广东省发布了《广东省"三旧"改造税收指引（2019年版）》（粤税发〔2019〕188号），以"模式＋案例＋涉及各税种处理"的方式，对广东省现行的两大类共九种典型"三旧"改造模式下的税务处理进行规范和明确，模糊空间进一步减少，税筹开展的目的性更加明确。

　　就本项目而言，笔者团队为本项目提供改造方案撰写是免费的，而愿意做出这一决定的前提是项目成功后，实施主体将优先考虑将相关的咨询顾问服务交由我方承做，目前我们意向争取的包括：土地调查、征收评估、工程咨询、造价咨询、工程监理、招标代理、融资评估等工作。

　　"不谋全局者，不足谋一隅，不谋一世者，不可谋一时"，估价机构应抓住机遇，广泛理解城市更新相关政策、积累项目经验，以短期的或有收入损失同目标客户进行捆绑，以便于占领市场先机，从而争取更多、更广阔的业务发展空间。

作者联系方式

姓　　名：穆春生
单　　位：建银（浙江）房地产土地资产评估有限公司上海分公司
地　　址：上海市黄浦区淮海中路200号1005室
邮　　箱：13817793377@163.com
注册号：3120090005

姓　　名：蒋炎冰
单　　位：建银（浙江）房地产土地资产评估有限公司上海分公司
地　　址：上海市黄浦区淮海中路200号1005室
邮　　箱：18939758610@163.com
注册号：3120150026

关于长沙市湖橡片区城市更新工作
推进情况的调查和思考

何应时 吴 培 廖明辉

摘 要：城市更新是一项提升城市品质，改善民生的重要工作，是提高城市存量资产效率、增强城市发展动能的有效手段。长沙市坚持分类施策，以更新片区为单元，以城市体检为基础，以增强宜居性为重点，统筹棚改、旧改、危改、微改、完整社区建设，全面提升城市人居环境，建设"四精五有"新长沙。本文以首开城市更新片区湖橡片区为例，重点调查与分析湖橡更新片区的工作推进情况与存在问题，从而延伸至对长沙市城市更新工作的相关思考与建议。

关键词：湖橡更新片区；城市更新；产城融合；城市体检

长沙市是湖南省省会及经济、政治和文化中心，是长江中游地区重要的中心城市，面积约为1.18万km²，常住人口已突破1000万。长沙城市建设日新月异，多次被评为全国绿化城市、卫生城市、最具幸福感城市；同时也因老城区面积大且存在建筑物功能落后、配套公共设施不完善、路网状况待提高等系列"城市病"，导致群众生活不便、城市现代化进程受阻。为此，长沙市遵照党中央、国务院的战略部署，持续大力开展推进城市更新，促进城市内涵式发展的新型城市更新建设。

长沙市坚持分类施策，以更新片区为单元，以城市体检为基础，统筹微改、棚改、旧改、危改、完整社区建设。围绕城市品质提升，在不改变城市肌体肌理、街巷格局、历史文化的前提下，坚持"微改造""微修复"，持续推进历史街区保护；抓住国家支持棚户区改造的历史性机遇，实施"四增两减""有机棚改"；留住长沙特殊的城市肌理，完善城市功能，提升城市品位，实施老旧小区改造、危房改造、社区提质改造、城中村改造等系列改造，让老城区焕发新容颜。

一、长沙市城市更新湖橡片区定位

根据2021年3月21日的长沙市政府专题会议指示，长沙城市更新将按照一年打基础、两年出形象、五年全面完成的目标，"十四五"期间全力推进主城区"一线二带多区数点"城市更新，近期重点推进芙蓉区蔡锷中路两厢片区、火车站片区、湘雅二医院片区，天心区下碧湘街两厢片区，岳麓区市府北片区、湘雅三医院片区，开福区蔡锷北路两厢片区（健康医疗服务聚集区），雨花区湖橡片区等重点片区城市更新。

湖橡片区作为长沙市城市更新的"首开片区"，定位为产城融合新实施、未来社区新载体。片区更新明确由长沙市城市更新投资建设运营有限公司为实施主体，城市更新系列工作已先行开展实施。截至 2021 年 5 月底，地块 1 、 2 的征拆工作已完成第三次公示，片区的城市设计及控规修改论证报告完成上报。

二、湖橡城市更新片区调查情况

（一）湖橡片区历史

湖橡更新片区依托于原湖南橡胶厂发展演化而来。湖南橡胶厂始建于 1949 年，原名 203 厂，初为解放军总后所属的军工企业，生产被服、布鞋等军工产品。1957 年转向生产橡胶类制品，改名为湖南橡胶厂，成为 20 世纪领头的橡胶制品生产企业，厂区内厂房和宿舍密布，配套齐全。20 世纪 90 年代末至 21 世纪初，企业经历改制和拍卖，大部分土地流转后开发建成鸿铭中心、一心花苑等小区，现尚存约 30 栋老旧宿舍楼，即现在的"湖橡小区"，目前大多为橡胶厂职工居住使用。

（二）湖橡更新片区现状

1. 片区区位

湖橡更新片区包括"湖橡小区"及周边，为人民路、城南路、曙光路、韶山路的围合区域，是长沙市主城区中心，位于长沙市五一商圈、火车站商圈、东塘商圈的辐射区内。项目南边拥有市妇幼的医疗配套资源以及地铁 7 号线城南路站的交通资源，北边拥有地铁 6 号线和 7 号线窑岭换乘站的交通资源以及湘雅附二的医疗配套资源，地理位置和资源优势非常突出，是土地再开发的优质区和产业运营的高潜力区。

2. 土地及建构筑物情况

根据湖橡小区及周边的城市体检报告，片区规划总面积约 37hm²，其中划拨用地面积 18.91hm²，占比为 51.11%；出让用地 11.8hm²，占比为 31.89%；道路等其他用地 6.29hm²，占比 17%。地块整体容积率较低，其中容积率 1 以下占比 30%；容积率 1～2 占比 11%；容积率 2～3 占比 36%；容积率 3 以上占比 23%。

片区内房屋建筑面积约 81 万 m²，包括长沙市妇幼保健院、长沙市国税局、省军区后勤部、枫树山鸿铭小学等单位用房；一心花苑、湖橡小区、物华大院等小区，以及鸿铭商业街区等。从建筑年代上来看，湖橡小区、物华大院等小区年代较久，主要建于 20 世纪；一心花苑建于 2002 年；其他房屋大多为近十年内新建。从房屋用途上来看，商业面积占比约 24%，住宅面积占比约 61%，军事、行政、科教文卫等其他用途建筑占比 15%。

（三）湖橡片区城市更新方案

1."留、改、拆、补、建"方案

根据长沙市城市更新总体规划，城市片区按照"留、改、拆、补、建"的方式综合更新，改造城区低效用地和零散空地，完善城市综合服务功能，优化产业结构布局，提升中心老城区人居环境，改善城市面貌。湖橡片区城市更新的"留、改、拆、补、建"比例大致为：保留 70%，改造提升 10%，拆、补、建 20%。

（1）保留：环境较好、设施配套好、建筑年代近的高效用地（容积率高）区域，主要包括长沙市妇幼保健院、长沙市国税局、鸿铭商业街区、省军区后勤部、枫树山鸿铭小学、宏景大厦、天龙大酒店等。

（2）改造：建设年代 2000 年以前、设施配套不足、容积率中等、具有一定风貌价值的区域，主要为湖橡小区。

（3）拆、补、建：土地功能布局不合理、设施配套不足或缺乏、环境较差的低效用地区域，主要为城中村、沿人民路的部分区域以及已完成征拆的闲置低效用地（图1）。

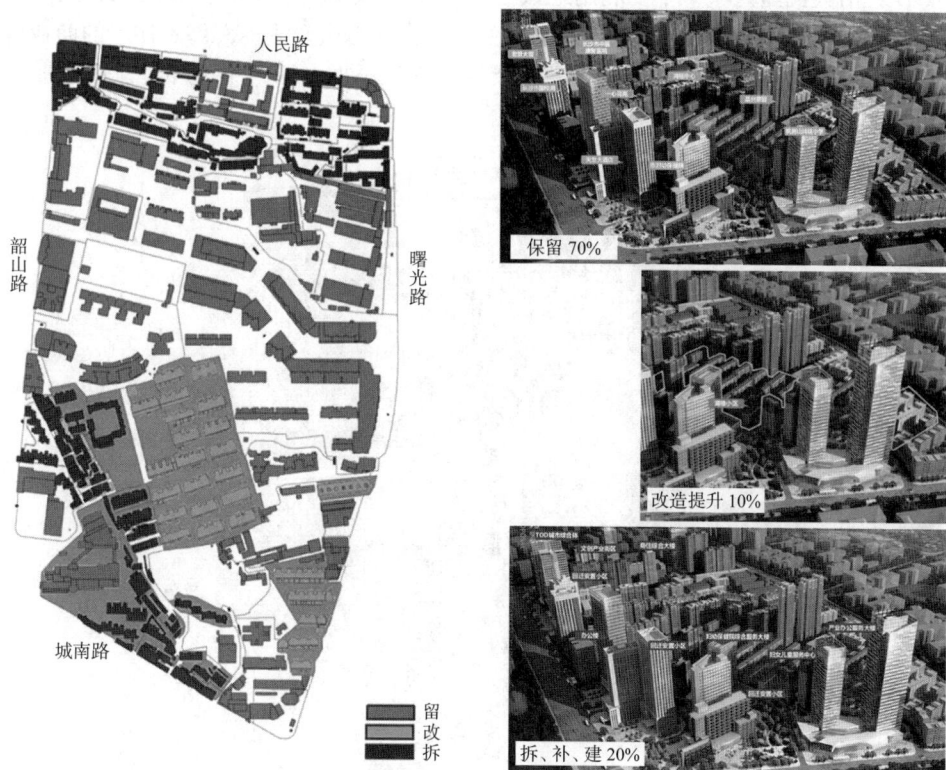

图1　湖橡更新片区留、改、拆范围图及效果图

2. 城市更新主要内容与规模

根据湖橡片区城市更新设计方案，片区内将征拆房屋总建筑面积约 15 万 m²，整理腾空用地约 7.86 万 m²（117.93 亩），可建设净用地面积约 5.52 万 m²（82.87 亩）。新建产业用房主要包括母婴服务中心、妇幼配套综合楼、综合商务服务大楼、TOD 城市综合体、配套住宅楼等，并配建地下商业、停车库、配建幼儿园以及建设片区配套道路、给水排水、强弱电设施、绿化、广场、消防等基础设施。

保留区域拟实施微改造，主要包括雨污管网改造、道路提质、建筑外立面改造、景观绿化提质、新增配套服务设施等。

改造区域主要为湖橡老旧小区改造，涉及总建筑面积约 7.4 万 m²、总户数 1300 多户，改造内容主要为屋面防水改造、雨污管网分流改造、更换外立面落水管和化粪池、新增室外消火栓和照明路灯、架空电线下地、建筑外墙和单元楼道粉刷、道路和小区绿化提质，以及新增可视化监控、垃圾分类收集箱、电动车棚、充电桩、智能快递柜等。

3. 片区功能定位

湖橡片区项目定位为产城融合新实施、未来社区新载体，拟按照"产业导入、医城融合"的理念规划，采用 SOD+EOD+TOD 的发展模式实施（图2）。

SOD：市妇幼东边和北边区域。主要利用市妇幼现有的医疗基础，结合市妇幼功能拓展需求和区域公共服务配套需求，打造"母婴小镇"，为长沙市及周边城市提供妇女儿童全生命周期医疗保健服务，形成长沙独具特色的妇幼产业创新综合体。

TOD：沿人民路区域。主要利用地铁 6、7 号线的便利性，结合湘雅附二和鸿铭中心以婚庆为主导的产业，打造综合商业＋高档办公、文化＋婚庆产业、文创＋住宅的商业群。

EOD：以湖橡小区为核心的区域。主要改善提升湖橡小区的生态环境，从而带动周边地区发展。

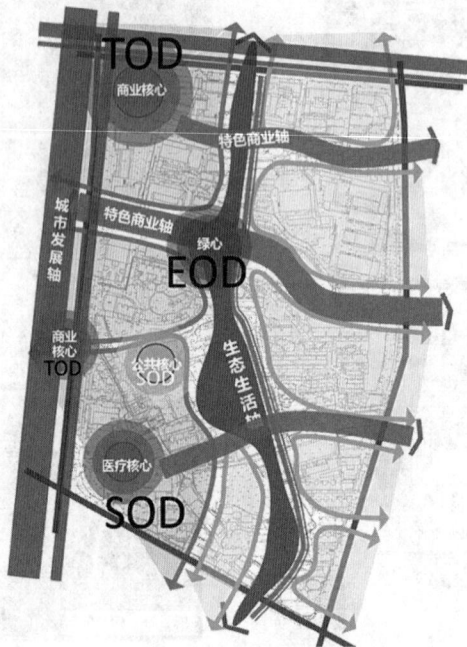

图 2　湖橡更新片区产业规划布局图

4. 片区经济效益平衡分析

（1）投资成本估算

根据项目可行性研究报告，湖橡片区城市更新的建设投资费用约 66 亿元，其中工程费用约 26 亿元，工程建设其他费用约 1.64 亿元，预备费用约 1.36 亿元，土地费用约 33 亿元，建设期利息约 4 亿元。另综合 20 年期的经营费用和财务成本，则总成本约 80.66 亿元。

（2）项目收益预测

预计本项目建设期 3 年，设定建成后运营 17 年，通过测算，其租售可获经营收入约 105 亿元，扣除投资成本、所得税及其他各项税费，税后利润约 16.86 亿元。

（3）建设资金筹措

项目建设所需资金来源主要为财政补助、建设单位自筹以及申请金融机构融资。

三、湖橡片区城市更新推进中存在的问题

通过对湖橡片区更新情况分析，初步判断湖橡片区城市更新在推进工作中存在以下问题。

（一）缺少前期工作经费制度，项目前期研究不够深入

因长沙市暂未出台有关城市更新前期工作经费的具体政策，湖橡片区最初期的基础数据

调查、现状调研、城市体检等工作，由街道社区、相关咨询公司、规划设计单位负责先行开展并垫付资金，后续项目实施主体确定后，由实施主体委托相关单位开展规划设计、成本概算等工作，相关费用由实施主体支付，此时的调查研究更多的是根据实施主体的需求而开展。因前期工作经费来源不确定，前期研究不够深入，精准资料欠缺，政府领导较难科学决策。

（二）产业规划粗线条，产业定位有待细化提升

根据片区产业定位，湖橡片区南边依托市妇幼按 SOD 开发理念打造母婴系列产业；北边按照 TOD 开发理念打造城市综合体和文创产业街区。这些产业规划比较粗线条，而且产能过大，同质感强，是否有这么大市场需求尚难确定。同时这两板块的产业基础本质上是一般日常民用需求的简易商品与简单服务，不产生有重大影响力的高附加值，可考虑吸纳具有前沿科技含量高、附加值高的医药生物或信息化方面的创新型产品与服务主体入驻片区。

（三）项目筹措资金渠道少，缺乏市场主体资金进入

本项目暂估建设总投资约 66 亿元，初步设计由政府平台公司即国企承担 20% 的资金投入，其余 80% 从金融机构融资。不但资金筹措渠道少，增加了政府财政压力，而且贷款审批难，银行授信完成后，还没有成熟的贷款模式落地。

（四）片区收益不确定性大，投入产出平衡难

片区的城市更新的"留、改、拆、补、建"的内容庞大而复杂，预计经过 20 年建设运营后，通过租售获得收入约 105 亿元，实现税后利润约 16.86 亿元，这是一个理想状态下的乐观估计。而实际利益纠葛复杂，在项目方案设计未完成的情况下，存在较多不确定因素甚至漏项，投资可能大幅增加，项目的产业与租售营收也可能无法实现，投入产出难以平衡。

（五）城区安置房源及价格优势有限，征拆安置难

经调查，湖橡片区内的被征拆居民基于片区优越的地理位置，亦不舍几十年生活过的熟悉环境，大多要求就地安置。然而目前长沙市城区内可供安置的房源十分有限，且按照现行的征收补偿政策，中心城区的被征收房屋补偿金额虽然能实现就近购买房屋，但由于原被征收房屋分摊较小，而商品房分摊较大，居民想用征收补偿款购买置换到与原使用面积相当的新商品房或次新房难度较大。

四、湖橡城市更新片区相关思考

（一）湖橡片区城市更新工作推进的借鉴意义

1. 领导重视，部门联动，政策措施日臻完善

长沙市委、市政府领导亲自调研指导，多次召开市长办公会议下任务、提要求、解难题。发改、规划、国土、财政、城建、人环等政府职能部门联动协调，实行"一图一库一流程一意见"的联审机制。同时，政策紧跟，《长沙市人民政府办公厅关于全面推进城市更新工作的实施意见》《关于推进城市更新工作的土地要素支持措施》《城市更新工作指南》《城市更新专项规划》等政策措施已成体系，为包括湖橡片区在内的长沙市城市更新提供了遵循依据。

2. 片区开发，资源共享是可行的城市更新模式

湖橡片区由于历史遗留以及后来的城市开发，已将城市原有地块割裂，存量资源碎片

化，单纯对湖橡小区实施老旧小区改造已难以实现城市更新的目的。为此，湖橡片区以更新片区为单位，通过统筹片区内留、改、拆、补、建，优化和合理利用片区内的闲置低效用地，通过拆、补、建带动老旧小区改造，实现区域内资源共享，从而助推本片区域的良性发展。

3."无体检不项目"，通过体检摸清城市更新家底

湖橡片区通过城市体检，对城市更新区域内的居民数量、结构，土地和房屋的数量、质量、权属，片区内存在的城市病等进行深入细致的调查研究，摸清城市更新的底数，从而为制定片区城市更新方案和具体项目建设方案提供重要依据。

4.规划设计是根本，科学严谨对待城市更新规划设计

湖橡片区的规划历经多次调整，体现了对城市规划设计的高度重视与力求完善。城市更新，无论留、改、拆、补、建，均是对原有资源的破或立，而一旦用钢筋水泥将其重组与重构固化，再更改则非易事。同时，规划设计方案还是进行资金需求测算的基础，因此事先作好规划设计并论证是必不可少的程序，规划设计必须科学、细致、严谨。

5.产业是生命，产城融合是城市更新的出发点与归宿

片区城市更新规划是以产业为主导的民生规划。产业是民生幸福的基础，夯实这个基础，提高职住平衡指数、居民幸福指数，是城市更新的出发点。湖橡片区城市更新因为有了SOD+TOD，才有更好的EOD。有了兴旺产业，建设资金才有归还的源泉与继续建设的后劲，才能实现真正的产城融和，是城市更新的归宿。

（二）城市更新工作推进的相关建议

1.制定前期工作经费制度

政府出台项目前期经费制度，明确前期费用使用范围与相关标准。对于初期实施主体未明确时，可按程序经政府相关部门审核后由财政先行垫付，待项目实施主体明确，相关投资到位后，依法依规该由实施主体承担的，则由实施主体返还政府。

2.完善市场主体准入机制

一是引进有城市更新、城市运营经验与能力的社会资本方，采用PPP模式运作；二是划小项目运营单位，引入市场主体投资，无论社会资本还是市场运营主体，均以未来收益偿还投资与获得投资回报，以此广辟筹资渠道，分担政府风险；三是与产业发展相联系，完善市场主体准入政策和税费优惠政策，聚集多种优质优势产业，确保片区产业高质量发展。

3.优化细化项目设计方案

优化设计方案，精准工程量测算，提高投资估算准确度，按需足额筹集资金，尽早形成营销产品。对于体量大且复杂的更新片区，可考虑分步实施，采用多种灵活的安置补偿机制，促进项目建设顺利进行，降低边际成本。制定好营销策略，加大片区地缘优势与政策优势宣传，严控市场主体准入条件，实现投入产出平衡。

4.实质推进扩大城区规划

当前长沙市建成区资源约束压力与日俱增，做大城区是城市发展的必然趋势。扩大城区应首先加快公共交通建设，宜选址地铁出城沿线两边；其次完善文教卫商配套服务设施，特别是教育资源均等化；再者创造优良的居住小区环境，吸引入住并融入当地。综合考虑建议在长株潭融城的核心区域建设高品质的住宅小区，一方面扩大城区范围，留出城市更新发展空间；另一方面作为全市城市更新项目的产权调换房屋，利用价格优势，导出城区人口，疏

解城区人居密度，减少征拆阻力。

作者联系方式

姓　名：何应时　吴　培　廖明辉

单　位：湖南思远四达房地产评估咨询有限公司

估价机构在深圳市城市更新项目研判中的机遇

黄鹤昆　邵丽芳

摘　要：随着城市更新项目难点的增加，估价机构在城市更新项目中也遇到了诸多挑战，如估价机构业务有限、业务难做、回款周期慢等。本文以城市更新项目研判为切入点，探讨估价机构的新机遇。本文介绍的项目研判内容包括：项目范围、合法用地比例、开发商资质、项目经济测算以及集体资产交易。

关键词：城市更新；估价机构；项目研判；集体资产

一、城市更新项目难点及估价机构遇到的挑战

城市更新，是指对不适应现代化城市社会生活的旧城区进行必要的、有计划的更新改造。通过城市更新，可以优化城市空间、提高城市承载能力、提升居民生活水平、完善片区公共配套设施等。在充满活力的深圳市，城市更新作为城市改造、空间拓展和产业转型的重要手段，更是受到政府、房地产开发企业的高度重视。但是，城市更新项目研判要点多样、牵涉利益复杂、审批流程冗长，具有较高的专业门槛。频频出台的城市更新法规、政策更是加大了城市更新项目推进实施的难度。纵观当前市场，城市更新项目遍地开花，但项目品质良莠不齐、优劣不一，房地产开发企业稍有不慎便可能遇到困难。如何有效甄别城市更新项目品质、识别项目风险，对项目进行精准的研判，已经成为房地产开发企业亟须解决的重大难题。房地产估价机构作为第三方专业服务机构，随着城市更新项目的难点增加，估价机构的挑战应运而生。

（一）土地空间有限，城市更新项目有限，估价机构业务也有限

由于城市更新项目逐渐减少，导致估价机构业务减少。深圳市总面积为1997.47km^2，可建设用地面积已经达到975.50km^2，距《深圳市土地利用总体规划（2006—2020年）》要求的2020年规划控制目标976.00km^{2}仅有0.50km^{2}的净增建设用地指标，城市的快速发展让可建设用地增量近于耗尽。并且，城市更新从2009年发展至今，房地产开发商大量开展城市更新，难度小、利益大的项目几乎被挖掘殆尽。目前城市更新项目存在存量用地少、项目逐渐减少的问题，而深圳拥有高达91家估价机构，在仅存的城市更新项目中，竞争愈加激烈。各估价机构为了夺得业务，出现了收费低、恶性竞争等问题。而其他第三方服务机构同时也看中了城市更新这块大蛋糕，也想方设法从中分一杯羹，出现了很多咨询服务机构，这就使得估价机构的业务进一步锐减。

（二）城市更新制度复杂，项目研判难度增大，估价机构业务愈加难做

深圳市城市更新法规、政策较为庞杂，自2009年深圳市开始先试先行城市更新模式以来，城市更新法规、政策更是层出不穷，在经历城市更新建章立制阶段后，"强区放权""集

体资产交易监管""规划统筹""工改"等法规、政策、操作细则的出台更是体现了城市更新制度的二次革新。鉴于庞大、复杂的城市更新制度，房地产开发企业举步维艰，难以精准开展项目研判，且不同类型项目的研判要点也不尽相同，无疑增加了投资者投资研判的难度。对于估价机构来说，由于其复杂性而增加了评估难度，进而导致估价机构业务愈加难做。

（三）城市更新项目转化率低，投资回报周期长，估价机构回款缓慢

城市更新项目从列入更新单元计划到确认实施主体资格的转化率非常低，有超过 3/4 的已列入计划项目苦苦挣扎于搬迁补偿谈判的泥沼中。正是因为城市更新的转化率较低，项目投资回报周期、回报率均处于不确定状态，进而导致估价机构业务回款缓慢。

二、城市更新项目研判要点

城市更新项目历时长久，过程复杂，涉的市场主体多样。每个城市更新项目的实施都必须对任何一个环节进行研判，确保做到万无一失。若在项目进展过程中出现差错纰漏，应及时发现错误并纠正，将风险降到最低。否则会增加项目的时间成本、人力成本以及资金成本，严重的可能会对项目产生极大的负面影响。本文挑选出城市更新项目中常见的几个要点进行研判。

（一）项目范围是否合适

城市更新项目中用地面积的大小、项目范围的界定、范围内建筑物的年限等有着相关的规定。首先，用地面积方面，根据《深圳市城市更新办法实施细则》及《关于加强和改进城市更新实施工作的暂行措施》（深府办 2016 第 38 号）（简称"38 号文"）规定，城市更新项目用地面积一般要求大于 10000m²，但是符合相关条件的，可以小于 10000m² 但不得小于 3000m²。其次，项目拆除范围的界定，应依据《深圳市拆除重建类城市更新单元计划管理规定》等相关政策进行划定，对不符合拆除条件的范围不纳入项目中。另外，在项目范围内建筑物年限方面，根据 38 号文，旧住宅区拆除重建类项目建筑物年限要求为 20 年，旧工业区、旧商业区拆除重建类项目建筑物年限要求为 15 年，如旧工业区、旧商业区范围内建筑物建成年限未满 15 年，但符合一定条件亦存在纳入城市更新单元范围的可能。需从用地面积、项目范围界定、建筑物年限等方面研判城市更新项目范围是否合适。

（二）项目合法用地比例是否达标

根据 38 号文，项目拆除范围内权属清晰的合法土地面积占拆除范围用地面积的比例应当不低于 60%，不足 60% 但不低于 50% 的，可按规定申请简易处理，经简易处理的历史违建及其所在用地视为权属清晰的合法建筑物及土地，重点城市更新单元，合法用地比例应不低于 30%。合法用地包括 5 种，分别为：国有用地（已出让国有用地、已划拨国有用地及其他已办理合法用地手续的国有用地）；原集体经济组织取得确权用地（城中村红线用地、非农建设用地、征地返还用地）；旧屋村用地；已按历史遗留违法建筑处理的用地；已按登记历史遗留问题处理的用地（符合《关于加强房地产登记历史遗留问题处理工作的若干意见》规定的用地）。城市更新项目应先初步判断项目范围内的土地权属核查信息，研判项目合法用地比例是否达标。

（三）房地产开发企业资质是否合规

每个城市都会担心旧改项目长期推不动，或项目最终烂尾，因此，不少地方对房地产开发企业设定一定的门槛。深圳市各区对房地产开发企业有一定的资质要求，例如龙岗区要求城市更新项目意向合作方（或其控股母公司）具备房地产项目开发资质和成功开发经验，净资产规模在人民币 1 亿元以上且负债率不高于 50%，具有良好的诚信记录和经营业绩。深圳市其他各区也有相应的资质要求和准入条件，房地产开发企业应研判其资质是否符合政策或项目招商方规定的最低要求。

（四）项目经济测算是否可行

项目经济测算情况是房地产开发企业决定投资项目的另一要点，即投资一个项目需要投入多少资金，能获得多少的收益。在城市更新项目的经济测算中，需综合考虑项目包括前期费用、拆迁成本（回迁物业及货币补偿，包括补偿给项目范围内私人业主及村集体）、补缴地价、土地贡献率、容积率、保障性住房配建比例、建安成本、营销成本、财务成本、税费等。

（五）集体资产交易是否合法

自 2016 年 8 月 31 日后，深圳市各区出台了集体资产交易相关规定，主要为规范城中村城市更新项目中，村股份公司与房地产开发企业之间合作的相关行为。大体而言，即在 2016 年 8 月 31 日以后，房地产开发企业不能仅凭跟村集体签署项目合作协议，即可完成项目的锁定、获取项目。集体资产交易相关规定的出台，目的系保障集体资产价值、保持市场公平竞争获取项目，但随之而来的是增加项目锁定的不确定性与增加交易环节时间、成本。

集体资产交易需通过集体资产交易平台进行公开交易，且程序较为复杂。一般而言，集体资产交易程序包括项目可行性分析与论证、资产评估、制定招商方案、民主决策、引进合作方（包括公开招标、竞争性谈判、单一来源谈判）、街道办审查与备案等。

集体资产交易程序上是否符合相关规定，各时间节点是否合理，民主决策表决程序是否合法、内容是否合规，项目通过何种方式引进合作方等方面均需进行研判。

三、估价机构的机遇

目前，随着城市更新项目的逐渐减少，估价机构业务也越来越少；且伴随着项目的复杂性增加，项目研判难度的增大，估价机构的业务也愈加难做；同时，城市更新项目的转化率降低，投资回报周期变长，估价机构的回款周期也变长。尽管估价机构面临的挑战越来越大，但城市更新涉及的领域众多，估价机构可以从城市更新项目研判中寻找新的机遇。

（一）项目范围界定

在项目用地面积方面，城市更新项目用地面积一般要求大于 10000m²，但是符合相关条件的，可以小于 10000m² 但不得小于 3000m²。但是实际上，面积小于 10000m² 的项目已经很难通过政府相关部门的审批，或者在审批流程上政府部门会优先将范围更大的项目提上日程，估价机构可以根据深圳市城市更新相关案例，对房地产开发企业进行汇报，或积极与政府相关部门沟通，将最新消息最新进展及时汇报予房地产开发企业。估价机构还可对房地产开发企业拟定的拆除范围进行调研分析，拟定拆除范围无法纳入城市更新项目的风险提示，协助房地产开发企业、村集体、政府部门三方共同探讨优化城市更新拆除范围；另外，估价机构可对项目现场建筑物进行查勘，统计建筑物年限是否符合更新要求。

（二）项目合法用地

多数城市更新项目会面临合法用地比例不足的问题，估价机构可以对房地产开发企业提供多种方案，并对每种方案的可行性进行分析。解决合法用地比例不足的方案有：申请按历史遗留违法建筑处理或按登记历史遗留问题处理；调入非农建设用地指标或征地返还用地指标；调入外部移交用地指标；若仍无法解决合法用地比例不足的问题，可采用利益统筹或城市更新与利益统筹相结合的形式。目前市场上大多采用调入非农建设用地指标的方式增加合法用地比例，估价机构可收集村集体是否还有剩余非农指标、各片区非农指标价格等信息，便于推动项目进展。

（三）开发商资质

深圳市城市更新项目对房地产开发企业有一定的门槛要求，如房地产开发经验、净资产规模、负债率等。一般房地产开发企业会设立项目公司，而项目公司需满足哪些资质要求也有一定的规定。估价机构可作为房地产开发企业的专业咨询机构，及早让房地产开发企业或其项目公司准备相应材料，在公司资质、财务、审计等方面均应满足更新要求。另外，若房地产开发企业已是某更新项目的意向合作方，在引进合作方过程中设立资质条件时，在满足城市更新最低资质门槛的基础上，可适当为意向合作方量身定制部分资质条件，突出意向合作方的优势。

（四）项目经济测算

项目经济测算需考虑的因素众多，在已有的资料基础上，估价机构可以对项目经济可行性进行测算，为房地产开发企业分析项目投资成本、项目利润、回款周期等。若经济测算不符合预期，估价机构可以分析其中原因，是项目拆赔比例过高、规划可售物业偏少、建安成本偏高、销售价格偏保守或是其他原因。估价机构可对不同因素进行敏感性分析，针对不同因素提出相应的风险提示以及建议，便于房地产开发企业在项目推动过程中可以更精准做出项目优化方案。另外，若经济测算符合预期，估价机构可以测算项目利润并研判还有多少空间可以补偿给村集体以加快项目进展。

（五）集体资产交易

集体资产交易是城市更新项目推进过程中的一大重点难点，涉及的方面复杂。估价机构可凭借其丰富的项目经验，为村集体或房地产开发企业提供全流程咨询服务，为他们排忧解难。在项目论证和资产评估上，估价机构可以提供传统的评估服务，包括对项目出具可行性研究论证以及对项目范围内集体资产出具资产评估报告。在民主决策上，估价机构可以帮助村集体拟定决议内容，合理安排会议内容公示、会议召开时间等，并与街道沟通招商方案及决议相关事宜。在引进合作方上，估价机构可以拟定招商公告、拟定招商细则，研判通过何种方式引进合作方等。在街道办备案上，可以根据街道办要求，整理项目备案资料，便于街道办审查备案。

四、结语

当前环境，城市更新项目遇到的难点明显，土地空间有限导致城市更新项目数量有限，城市更新项目制度复杂导致项目研判难度增加，城市更新项目转化率低导致投资回报周期长。城市更新项目的难点对估价机构有着直接的影响，因此，估价机构急需寻找新的机遇。在城市更新项目研判中，估价机构可以在项目用地范围、合法用地比例、开发商资质、项目经济测算、集体资产交易等方面给予房地产开发企业或村集体一定的评估、咨询业务。面对新机遇，估价机构必须提升自身能力，才能提供高效、全面、专业、精细的服务。除此之外，估价机构还需要把自己的专业实力推销出去，让更多的机构、企业清楚自身实力。

参考文献：

[1] 柳荣，王颖.深圳城市更新发展困境及对策研究 [J].住宅与房地产，2019（14）：75-80.

[2] 王金奎.房地产评估存在的常态问题简析 [J].财富时代，2020（07）：213+215.

[3] 简晖.房地产估价机构在城市更新中的作用分析 [J].企业改革与管理，2020（18）：223-224.

[4] 彭靖.房地产估价机构如何适应并服务于房地产市场 [J].房地产世界，2020（20）：10-12.

作者联系方式

姓　名：黄鹤昆　　邵丽芳

单　位：深圳市世鹏资产评估房地产土地估价顾问有限公司

地　址：深圳市福田区车公庙天安数码城泰然五路 8 号天安数码城天济大厦五层 F4.85A

邮　箱：1137325178@qq.com

注册号：邵丽芳（4219980109）

房地产新周期下的新估价服务

——从估值走向咨询＋运营服务

黄志忠　宋星慧

摘　要： 随着社会经济的发展，估价服务的市场化与专业化成为必然趋势。为了适应这一发展要求，估价服务的理念也有了新的探索与变化。在估价方法不变的同时，房地产估价内涵在不断地丰富，服务范围在不断地外延，估价与咨询的结合越来越紧密，估价与新技术的应用也越来越广泛。估价服务由单一估值到咨询顾问再到实施运营，实现了由单一到综合，由单个环节到全流程，由静态到动态，由室内办公到室内＋项目场所综合办公等一系列的变化。新的发展理念，新的服务模式与手段，将不断推动估价行业新的发展。

关键词： 新时代估价；供给；统筹运营；互联网；可持续发展

2016年颁布的《中华人民共和国资产评估法》，对评估专业人员、评估机构、评估程序、法律责任等内容进行了明确规定，优化了评估行业的法治环境，提高了评估行业的市场地位。同时，专业法律的出现也意味着社会分工的日益精细化，政府及市场主体越来越需要更加专业化的第三方机构为其提供服务，由此催生了土地、房地产市场中估价机构及估价师的转型。加之近年来，互联网、大数据井喷，信息化平台的介入在提升估价行业服务水平的同时，也对估价机构及估价人员带来了挑战。

近些年，受预期和政策调整等多方面因素影响，我国房地产行业进入新调整周期。中央层面继续明确坚持"房住不炒"定位，出台了房地产资管新规的"三条红线"，并着手在部分地区开展房地产税改革试点工作。地方层面进一步对房地产调控政策"打补丁"，采取了升级住房限购限售、加强信贷管控、建立二手房指导价机制等措施。面临这些新时代的巨变，估价服务供给势必发生演变，将会激发委托主体对于更全方位的估价服务、更高质量的信息驾驭能力及实际运营能力的需求，为此估价机构理应积极转换思维，寻找新的赛道。

一、估价服务升级迭代的历程及趋势

（一）纯"估值"为主的传统估价服务

1987年，深圳诞生了全国第一块有偿出让土地，开启了全国土地出让市场化进程，估价服务由此应运而生。从1988年房地产估价师持证上岗制度的推出，到1992年房地产估价员认证制度的实施，到1993、1994年我国人事部、住建部分两批认证了346名房地产估价师，再到1995年中国建立了房地产估价执业制度，这一阶段，估价师受市场局限仅停留在基本估价理论和方法的掌握上。以征收评估为例，早年间评估都是以评估基准价为基础，结合评估公司对实际情况的分析，综合考虑影响价格的因素，对评估标的物进行估算，其执业和技术运用的范围狭小，难以建立产业化的估价行业和市场。

在这段时期，估价业务的来源较为单一，主要是银行业务，估价机构重业务来源而轻估价技术，导致估价机构间服务同质化严重，行业内部竞争恶劣。

（二）"估值＋咨询"的估价服务

2000年以来，中国房地产进入蓬勃发展时期，估价机构开始逐步进入到房地产净地开发、土地二次开发、政府课题研究等领域。然而，这些全链条项目并没有统一的标准与做法，人员相对缺乏专业性。在此背景之下，一方面，有经验的房地产估价师开始接触项目的全程咨询服务，在前期策划、拿地价值建议等方面提供技术方面的指导；另一方面，估价机构也为政府提供专业的估价咨询服务，例如协助政府制定指导标准、房屋指导价、标定地价等。估价服务新供给的产生，拓宽了市场对于估价服务的需求，越来越多的估价机构及估价师逐渐改变过去传统的估值模式，向提供"估值＋咨询"型估价服务转型。

以房屋征收与补偿咨询顾问服务为例，在这一阶段，估价师会根据相关法律法规及政策性文件规定，结合同类项目成功案例经验，提出各类合理化建议及意见，例如提出本项目谈判工作的组织管理方案或建议。"估值＋咨询"型估价服务，加强了项目实施的规范性与一致性，确保了评估结果的适用性，使得征收过程有据可依。

（三）"以估值为基础，全程咨询顾问＋实施运营"的新估价服务

随着信息化技术的快速发展与推广应用，信息化技术渗透和影响着生活的方方面面，其中当然也包括估价行业。传统和常规的估价业务将一定程度上被信息化手段代替，例如估价机构在参与政府税基评估的过程，不仅需要传统的估价技术，而且也依赖于建立的数字化平台。因此，估价人员在这些业务上的竞争力不断被削弱，越来越难以获得可观的业务量。

当前，新的时代变革激发了新的服务供给，市场上存在大量的"以咨询为主、偏重实施落地"的新估价服务业务。一些估价机构开始将纯粹的估价咨询服务发展为以提出解决方案，并依照方案帮助委托方进行项目统筹运营为主，估值为辅的"全程咨询顾问＋实施运营"的新估价服务。在未来，估价人员将以估价理论基础为依据，提出综合一体化的解决方案，同时负责具体的落地实施，包括后期的谈判签约、项目进度管理等。可以预见，市场将会对估价机构及估价师的统筹运营能力提出更高的要求。

二、国际知名估价机构服务发展内容及趋势

随着房地产发展所带来自身行业的变迁，目前国际知名估价机构的服务领域也已发生很大的转变，从早期主要为企业贷款涉及的房地产抵押价值评估，逐渐地延展到个人的住宅按揭评估、上市涉及的土地、房地产评估以及市场调研等非标准化顾问工作；从发现和展示价值，转向了发掘和提升价值的延伸。

在城市化快速发展的过程中，这些估价机构的业务也迎来新的机遇和挑战，传统估价业务受到冲击，而咨询顾问类业务占比相应提升，比如拿地价值评估，估价人员根据客户需求开发出系列服务，包括项目市场分析、策划定位、财务分析等；旧城改造咨询顾问，针对物业现状价值及更新改造潜力提供全方位顾问服务，包括代表客户向政府争取最有利的规划条款、商谈补地价金额、市场定位分析、制定重建方案等工作。另外，在不同城市还提供符合

城市发展特色的创新服务，例如戴德梁行在深圳土地二次开发方面提供很多服务包括棚户区改造的估价、顾问服务，以及土地整备项目的全程顾问服务，如片区统筹、整村统筹、利益统筹等，基本能全覆盖地为客户提供合作模式。

众所周知，多家国际知名估价机构在资产证券化领域也发展迅速，积极参与国内公募REITs市场的建设和发展，已成为参与中国房地产类 REITs、CMBS 等资产证券化产品的中坚力量，累计落地多项资产支持专项计划。在资产证券化估价过程中，估价人员要在信息披露、价值分析、未来预测、跟踪反馈等各个环节发挥专业能力。同时，这些估价机构还为各类公司提供收并购中所需的估值服务，例如仲量联行为多家高速公路公司在收并购业务中提供了估值服务，在充分考量行业宏观及微观的经济前景、目标公司的业务性质及历史、财务状况、潜在财务及业务风险后，进行股权评估并提交估值报告以供客户参考。

此外，存量物业时代下，由于房地产行业更加需要高效运营、精细化管理，越来越多持有不动产的业主对资产管理、运营数据的需求正在切实增长，例如评估某项资产出租的租金定价是否公允、持有型物业的运营情况如何等。为获得强大的数据支撑和科技化支持，也顺应房地产评估自动化的发展趋势，国际知名估价机构热衷于开发网上估价系统的新服务，例如仲量联行打造了国内首个本地化房地产全业态数字化资管 SaaS（软件即服务）平台，一个集数据收集、分析、研究功能于一体的资产价值评估信息生态系统。

三、构建新估价服务体系，促进行业发展新活力

（一）新估价肩负新时代发展的新要求

在信息化的新时代背景下，"全程咨询顾问＋实施运营"的新估价服务已成为估价业务发展的方向。房地产估价咨询行业应牢牢抓住估价新技术带来的发展机遇，依托各种信息技术和大数据，提供新的产品供给，使估价技术与咨询服务更加综合化、智能化，分析更加精准化、科学化。例如通过区域内的土地监控为政府提供区域规划咨询，给出土地利用规划建议，进行区域内的土地整备，为政府出具土地利用经济评价。

（二）新估价在相关领域全新发展

1. 土地二次开发领域的新服务

（1）政府大型土地整备领域的新服务

新估价在土地整备领域的新服务供给体现在对全流程的"总包"，即从前期调研到谈判顾问的"一站式"服务产业链。以笔者所在公司为例，2019 年在深圳市光明科学城核心区土地整备项目中，进行了全程的统筹管理，包括在项目准备阶段进行前期权属核查工作、制定宣传方案并组织培训、制定项目补偿方案并根据实际情况动态修订等；在项目实施阶段进行协助谈判签约、项目进度管理等，实现了从写字楼办公到写字楼＋项目驻点综合办公的跨越，在项目后期阶段进行房屋移交、安置房分配、产权注销、档案管理等。

结合大数据手段，项目在实施中还运用了一个覆盖征收拆迁所有参与方的动态信息管理平台——E 征拆系统。可为政府、开发商等用户提供智能的全方位技术和业务解决方法，也可提供拆迁全流程的管理等服务。

（2）城市更新领域的新服务

以深圳市为例，土地资源和发展空间越来越紧张，通过城市更新来提高土地利用效率、带动产业结构升级、促进城市发展成为必然，估价及顾问服务行业在此迎来新的发展机遇，

将成为估价机构在市场方向上需重点关注的热点领域。城市更新相对于传统房地产开发项目，周期更长、政策性更强，个体差异大以及不确定性和风险也更大，开发商更需要专业估价机构的顾问和建议。

城市更新领域可提供的新服务包括房地产市场调研、项目现状及规划情况调研、政策梳理、拆迁补偿标准制定、开发节奏安排、项目前期定位、经济效益测算分析等。

2. 传统房地产开发项目的全流程新服务

在如今差异化需求旺盛的时代，当前市场对于定制化服务的需求越来越多，同时对于服务的要求也越来越高。市场环境的改变催生了传统房地产开发项目的新服务，即集前期调研、资金概算、补偿安置政策研究、可行性研究、评估咨询、策划代理、招商销售、代理融资等为一体的全程服务。

3. 存量资产领域的新服务

当前，存量资产的地位日益提高，然而对于存量资产的管理，面临管理层级多、信息传导慢等问题。信息在各有关主体间出现断层，使得在盘活、二次开发等存量资产管理业务中，估价人员可能表现不够专业，这一情况催生了估价机构在存量资产领域开启全流程服务的新模式。

在这种新型服务供给中，对于委托方来说，估价机构一方面可为其提供资产多维度的信息管理，包括对资产运营动态信息的实时传递、周边案例情况的实时分析、市场动态资讯的实时获取等；另一方面在基础的物业价值评估、物业评级、评分预警提示之外，估价机构还可为委托方物业的销售代理、招商融资等提供辅助决策。

存量资产领域的新供给服务也与互联网大数据紧密结合，例如中估联行以全周期服务为特征的 E 资管系统，能够提供资产信息多维度复合查询、统计的电子化管理，信息共享的多层级平台等综合运营工具，通过信息化管理与资产运营，提升方案的完成度，更好地进行存量资产的管理。

4. 金融领域新服务

最初的房地产估价主要服务于以不动产抵押为目的的银行贷款，而随着近年来国家推出了一系列的房地产管控措施，例如 2018 年住房和城乡建设部出台《住房和城乡建设部关于进一步做好房地产市场调控工作有关问题的通知》、2019 年《政府工作报告》提出要健全地方税体系及稳步推进房地产税立法等，房地产的价值类型发生了动态变化。在这一背景下，估价机构也进行了房地产金融领域的供给服务创新，提供集押品信息管理、押品现场调查、业务统计分析、押品动态监测等为一体的全线服务。

以房地产金融风险评级为例，在贷前，评估机构通过对全国住宅市场的量化风险评级，辅助展业投放决策；在贷中，其能够在评估住宅价格的同时提供小区风险评级，辅助银行授信决策；在贷后，还可通过押品区域化监控和管理，识别押品在不同风险区域中的分布。

评估机构同时搭建起了综合专业服务的信息化平台，例如笔者所在公司开发的 V 估价智慧评估咨询系统，能及时处理大量数据，实现 24 小时全天候信息输出；还可以通过人机结合，避免纯粹人工决策带来的片面性。"线上大数据风控＋线下评估服务"型新估价服务在金融领域的应用，更好地服务了金融科技的创新及发展，也进一步影响了市场对于估价机构及估价人员的需求。

四、新估价——前景可待，未来可期

迎着时代的浪潮，房地产估价完成了从单一价值评估到咨询顾问的转变，正朝着综合实施运营方向前进。同时，在"互联网+"、大数据的助力下，估价行业迎来了新的业务增长点，土地二次开发、资产证券化、收并购等新领域的咨询服务及实施落地将是未来的重点发展方向。估价机构只有通过不断学习，拓宽发展路径，才能应对新时代的发展需要，以创新供给带动市场需求，实现机构的可持续发展。

参考文献：

[1] 陈家辉.高质量发展阶段的估价服务[J].中国房地产估价与经纪，2018（06）：25-28.

[2] 高彬彬.房地产估价行业发展回顾、分析与思考[C]//估价需求演变与机构持续发展：2019中国房地产估价年会论文集.北京：中国城市出版社，2019：818-821.

[3] 李开猛，邱斐，黄国柱."互联网+"时代背景下房地产估价行业转型探讨[J].全国流通经济，2020（06）：144-145.

[4] 李猛.提高估价服务质量助力资产证券化业等发展[J].中国房地产估价与经纪，2019（03）：53-56.

作者联系方式

姓　　名：黄志忠

单　　位：深圳市英联资产评估土地房地产估价顾问有限公司

地　　址：深圳市福田区竹子林博园商务大厦801

邮　　箱：125806020@qq.com

注册号：4420070157

姓　　名：宋星慧

单　　位：深圳市英联资产评估土地房地产估价顾问有限公司

地　　址：深圳市福田区竹子林博园商务大厦801

邮　　箱：songxh3062998@sina.com

注册号：4419960024

新常态、新服务

——后疫情时代的房地产估价咨询业务探讨

王晓春

摘　要： 当前国内经济新常态的特点在各行各业愈发凸显。房地产行业受调控影响，评估咨询顾问公司也面临新的挑战。在后疫情时代，新常态将与行业长期共存，如何在新常态下更好地服务于企业与行业，需要我们从业人员在实践中不断总结与反思，引导客户需求、在行业大趋势中顺势而为，提供更加多元化、定制化、特色化的咨询服务，并需要积极扩宽服务格局，转变服务思路，进而提升企业核心竞争力。

关键词： 新常态；新服务；新思路；核心竞争力

一、引言

"新常态"一词由来已久，习近平总书记在 2014 年 APEC 会议上指出"中国经济呈现出新常态特点"。经过这几年的发展，国内经济新常态的特点在各行各业愈发凸显。新基建在全国各地如火如荼开展，大数据时代带来的深刻变革与后疫情时代的共存共生发展，此外，新常态下外围经济环境依旧不容乐观。作为国民经济重要组成部分的房地产行业，"房住不炒"成为政策主基调，同样受此影响的房地产评估咨询顾问公司，如何在新常态下更好地服务于企业与行业，需要行业从业人员在实践中不断总结与反思，在行业大趋势中顺势而为，提供更加多元化、定制化、特色化的咨询服务，并需要积极转变思路，扩宽服务格局，进而提升企业核心竞争力。

二、新常态下评估咨询顾问业务的机会

（一）传统金融业务萎缩，服务实体，顺应区域发展的金融创新或有机会

深圳这两年的房地产市场可谓跌宕起伏，似过山车一般，尤其是随着 2021 年初的二手房指导价出台及被严格执行，深圳目前的二手房市场交易可谓跌入谷底。对于评估公司而言，二手房交易量的锐减，严重影响了传统银行业务。一方面，市场同类竞争尤其是价格竞争仍在加剧，另一方面，调控直接导致银行二手房抵押贷款业务的萎缩，未来的调控政策预计仍会因城施策、维稳为主，所以银行传统业务的萎缩会是一种常态，银行创新业务如何寻找突破口，需要另辟蹊径，关注银行未来的重点投资方向，比如扶持服务实体的小微贷、长租公寓金融产品、重点产业片区的金融创新业务，以及区域开发重点合资合作业务。

（二）持续调控，房地产主体受影响程度不同，主体需求出现分化

持续的调控政策，愈来愈紧的金融政策，包括房地产"345"新规及对拿地自有资金的严格限制。房地产企业及业务需求出现分化特点，杠杆率较高的民营开发商面临更为严峻的考验，作为咨询顾问机构，能否为其积极出谋划策，助力其寻找新的合作伙伴，积极推动存量项目的产业落地，同时可以为其项目资产的处置提供综合交易方案，是他们关注的问题。对于逆市而上的央企和国企，此时的需求将更多聚焦在优势土地资源的取舍、谋划新增市场的机会点与企业业务战略调整、大片区开发中的政企合作新模式，及如何探索公益类、半公益类项目及新领域业务机会的投融资模式创新与实施等。

（三）政府在土地出让及产业招商引资方面的新需求

当前的经济发展正处于震荡考验期，一方面，国家在坚持稳定房地产市场的决心与行动落实，另一方面，持续调控下大房地产固定资产投资活跃度降低，对经济或多或少产生了影响。此外，集中供地对开发商实力提出考验，政府也同样面临压力。既要响应政策对供地节奏、防止供地价格过快上涨的要求，又希望尽可能多拍地夯实地方财政，防止政府与市场主体的需求出现错位。近期出现了一些城市集中供地流拍甚至是全部流拍的现象，在此背景下，第三方咨询机构的专业意见就显得尤为重要，包括对出让条件进行优化、研究探索与建立新的用地出让模式与拍地规则，参与政府的重要招商引资项目的谈判协商。

近几年，地方政府在招商引资的力度越来越大，对产业或用地主体也提出更高的要求，拟进入主体的资格是否符合政府要求，是否可以顺利推进保证落地投资效果，政府同样需要第三方机构提供的企业尽职调查及综合可行性评估服务。

（四）房地产存量资产运营与精细化管理成为未来发展方向

截至目前，国内主要的核心城市的城市化率几乎全部超过 70%，部分城市的二手房交易量远超一手房；从国外尤其是美国房地产存量业务发展来看，存量业务如房地产租赁目前占比接近 50%，早在 2017 年，全球持有型的房地产企业市值占据全球市场的 75%。随着国内存量市场的不断发展，我们也发现越来越多的开发商或投资者从原先的重资产投资模式转型为轻资产管理公司，资产盈利模式从赚取升值收益变为赚取投资回报。

例如怡和大厦——香港首幢摩天大楼，建成于 1973 年，目前近 50 年楼龄，仍保持低空置率、高租金的优异表现，平均月租在 180HK$/平方尺（约合人民币 1500 元 /m²），租金水平在中环处于中上水平。老建筑为何可以持续创造高的投资回报呢？这就是资产管理与运营的奥秘。这也是未来国企存量资产价值提升的重要方向。

深圳的存量经济发展一直走在全国前列，包括城市更新、棚户区改造及利益统筹等多种类型。随着城市更新政策的不断完善，尤其从国家层面对未来大拆大建的严格限制，要求探索可持续更新模式，鼓励推动由"开发方式"向"经营模式"转变，探索政府引导、市场运作、公众参与的可持续模式。支持项目策划、规划设计、建设运营一体化推进。可见，未来的城市更新将进入了一个愈加精细化的管理阶段。

三、新常态下评估咨询顾问服务的探索实践

新常态背景下，不仅需要我们结合国家宏观政策对未来趋势进行合理研判，更需要我们在实践中探索，紧跟客户与市场变化，尽可能预判并引导客户的多样化、差异化需求。

（一）投融资需求背景下我们可以提供的服务

房地产的金融属性决定了很多项目都需要研究投融资模式，希望实现投融管退的闭环管理及综合效益。前文分析了传统金融机构业务萎缩，民营企业也因为调控带来的融资影响发展受限，国企逆市而上，资金充裕的企业想在新项目投融资服务中寻找业务机会、政府公益或半公益类的项目同样需要研究投融资模式。咨询顾问机构虽然没有实操具体投融资落地的案例，但是接触了解不同类型的企业在不同的阶段运用的投融资手段与方案，我们可以整合利用，为其他企业提供思路与借鉴。具体来说，服务内容可以包括以下几个方面。

1. 金融机构参与大片区开发的投融资模式研究

在这个服务中，我们最大的价值是了解市场，了解未来趋势，可以为金融机构提供未来区域发展价值的研判和支撑，并基于对政府及参与企业对资金需求类型的把握，为金融机构的资金方案设计提供重要参考。

2. 拟投融建项目的合作模式研究

这类服务主要是针对有资金实力，但缺乏房地产开发经验的大型央企。他们或是要进入新的市场，或是在既有市场投资新板块和新项目。我们提供的服务包括对拟投融建项目的尽职调查，包括企业尽调、市场尽调、财务分析等，目的是让客户充分了解拟合作企业及所投资项目对市场价值和未来财务表现，这是影响投融建模式能否顺利实施的关键因素。

3. 公益或半公益项目的投融资模式研究

这类项目一般多为政府主导，近年来，地方政府的财政压力加大，希望市场主体可以参与和承担更多，从而大力推进PPP模式以撬动大型公共基础设施等经营性和准经营性项目。但不同项目差异性很大，多数项目的投融资模式需要结合市场情况另辟蹊径。一是结合项目核心属性和现金流模拟分析，反推可能的模式建议。二是与项目价值提升关联度较高的伴生型业态创新研究。三是在特殊区域探索新的资源平衡方式等。

（二）政府土地出让及招商引资环节的服务

我们的政府越来越有市场化意识，他们希望倾听市场的声音，希望借助市场主体的力量共同服务城市，运营城市。具体来说，我们可以提供的服务包括以下几个方面。

1. 土地出让的用地条件设置与优化建议

这类一般针对大型综合体和产业新城项目，一是项目体量大，二是业态类型多且复杂，三是项目投资规模大，社会影响力亦大。这类项目，政府不能简单通过单一收益或者评价指标与企业进行谈判，需要综合判断项目收益与企业诉求的差距，以及如何实现政府、企业及社会效益多赢格局。我们可以提供经济可行性分析，并建立评价指标体系研判指标的合理性与市场接受度，对项目规划指标提出优化建议；同时，我们也要在服务方案中明确提出企业需要实现的税收、产值、就业、重大项目及总部企业引进等要求及相对应的奖惩机制。

2. 协助用地出让谈判与专业分析

政府土地出让环节的服务，评价分析报告只能服务内容的一部分，我们可能还需要参与政府与竞拍企业的谈判环节，协助谈判，精准分析双方诉求，从而寻找最佳解决方案。

3. 招商引资阶段的资源推介与尽调服务

我们作为第三方顾问公司，积累了大量的客户资源，可以为政府推介有需求的企业客户，同时还可以针对政府重点关注的内容，对企业进行基本情况、财务及商业等内容的综合尽调服务，为政府招商引资的决策提供专业意见与参考。

（三）存量资产的价值管理服务

作为估价业务衍生的咨询顾问服务，我们拥有一个最大的优势就是对价值的判断和分析能力。可以说，价值管理是资产管理的核心与重中之重。存量资产的价值管理一般可以分为单项资产管理和批量资产管理，思路、方法及重点有所不同。

1. 单项资产价值提升服务

单项资产包括土地、商业类、文体类及特殊资产等。土地与建筑物资产的价值提升思路亦不同。土地单项资产的价值管理需要从未来区域价值入手，准确研判土地开发方向与模式，其中，土地开发模式是实现价值提升的重点。笔者团队曾参与深圳某国企城市更新项目的合作模式研究，是单项土地资产实现高溢价退出的典型案例。项目位于深圳南山前海，土地权利人为某深圳非房地产国有企业，其自主申报更新并获取了实施主体身份，然而集团要求未来不得新增对房地产业务的投资，企业需要寻找合适的开发模式，我司通过对比分析自主开发、代建模式、股权合作开发等模式，最终创造性地提出其作为被拆迁人的方案，基于此方案，相较企业自主开发可以多创造约 10 亿元对价。最终项目成功按照此模式高溢价退出。另有一深圳龙华存量土地案例，企业为非房上市公司，同样面临未来不得对房地产项目过多投资的限制，我司参与后，提出小股操盘模式，助力实现高溢价的股权收益。

2. 批量资产的梳理、分等定级、资产管理策略研究

具体来说，至少有三个层面的工作，一是资产的"账证物产"的梳理，追本溯源，明晰产权，摸清资产底细；二是基于战略目标为导向的资产分等定级，明确资产的优势和价值贡献，以确定核心与非核心资产；三是资产管理业务发展策略，研判资管业务发展前景与目标，优化公司管控体系，构建多元融资体系等，进而提出资管业务发展的推进路径。

3. 大批量存量资产管理与投融资服务

这是比较特殊的一类服务，一般针对有资金需求的企业，比如轨道交通公司、谋求新业务拓展的平台公司，这类企业的最大优势来自存量资产，不同的是有些资产经营效益好，有些则差，所以将存量资产的价值管理与投融资服务对接，就可以做到分类管理与建议，不同类型物业匹配不同的投融资模式以实现价值最大化。

4. 存量资产盘活的处置路径研究

处置可能包括再投资、直接变卖，或者通过资产证券化方式让资产真正流动起来，尤其是资产证券化，作为一种成熟的金融工具，在阶段性实现资产价值，改善公司指标，提高融资效率、持续享有资产增值收益方面具有重要的意义。

四、新常态下的服务思路转变

在当前的市场格局之下，有些企业可以继续做大做强，而亦有很多中小企业在收缩，甚至消失。新常态下，我们不仅需要过硬的产品竞争力，更需要行之有效的新服务思路。新的服务思路或者服务模式的转变，需要从以下几个方面做好准备。

一是自下而上，上升到公司战略层面，需要公司高层的高度重视。重视与大客户的沟通与维护、重视资源和人力的有效投入。

二是内部的资源整合愈发重要。不再是技术或者纯业务人员的单打独斗，需要整合统筹主体、技术、业务及具体执行落地团队的力量，形成合力服务客户。

三是公司需要建立常态化数据及资源共享与对接平台。这是大数据时代一再强调的，

数据要最大程度共享，客户资源逐步积累还需要有转化平台，唯有此，才能构筑新的核心竞争力。

四是从咨询报告的提供者变成过程跟踪服务，即对客户的服务要有持续跟踪的意识，提交报告终稿可能是结束，也可以是新服务的开始，积极引导新的服务诉求，我们的盈利模式也可以从单个报告＋跟踪顾问服务中获取。

五是从单一服务方到寻求多个专业机构的联合服务。企业的咨询顾问业务从来不是单一服务可以解决的，需要与法务、税务、财务、工程、设计等多个单位对接，我们既可以通力配合，也可以成为综合服务的整合者，解决客户一对多烦琐流程及不必要的沟通协调。

最后，希望整个行业都可以共创多交流，服务经验共分享，建立更有效的分享与合作机制，一起在新常态下共创一个更好的时代。也许市场在变，但相信我们对地产咨询服务的初心不变，唯有新思路，新服务，方能在新常态下走得更远、更快、更好。

作者联系方式

姓　　名：王晓春
单　　位：深圳市戴德梁行土地房地产评估有限公司
地　　址：深圳市福田区中心思路嘉里建设广场 2 座 5 楼
邮　　箱：xiaochun.wang@cushwake.com
注册号：4420140107

估价机构转型咨询服务过程中
企业管理的困境与应对

吴　青　童款强

摘　要： 受大数据、政府调控、指导价出台等多方面因素影响，抵押评估等常规业务受到了巨大冲击，估价机构转型发展已成为行业共识，其中转型咨询顾问服务是一个重点方向。在转型过程中，估价机构的服务内容、人才要求、成果形式等都与传统估价差异巨大，企业管理面临新的环境与困境，如何做好应对以适应新服务新需求，本文对此做一些探讨。

关键词： 转型；咨询顾问；管理；困境；措施

经过多年发展沉淀，常规估价业务体系已非常成熟，但也面临大数据自动估价、内卷竞争、效益下降等来自行业内外部的冲击，成为一片红海。寻找新蓝海，挖掘新业务，成为整个行业都在思考和探索的问题，REITs、贷后管理、政府绩效评价、拆迁咨询顾问等新型业务应运而生，许多估价机构逐步从常规估价向咨询顾问服务转型。笔者以估价机构转型拆迁咨询顾问服务为例，与大家探讨转型过程中企业管理遇到的困境以及我们所采取的应对尝试，希望能对处于转型过程的估价机构企业管理工作带来一些启发。

一、估价机构转型咨询服务过程中企业管理的主要困境

在常规估价业务中，紧紧围绕估价技术提供评估服务，服务内容、成果形式相对单一，且有明确的规范指引。但是，在转型咨询顾问后，服务内容、成果形式、服务周期、人员水平等各方面均呈现多样化的特征，对估价机构提出更高的要求，给企业管理带来了更大的压力。

（一）人才管理困境

1. 人才引入方面，对优秀人才吸引力不足

人才是企业的核心竞争力。在整个房地产上下游产业链条中，估价行业对于年轻优秀人才的吸引力并不强，相关对口专业的应届毕业生更倾向于选择开发企业、策划代理企业，导致估价机构青年优秀人才储备不足。

2. 人才培养方面，需要长时间的经验积累

一位优秀的咨询顾问服务人员，要求具备扎实的政策理论基础、娴熟的文案撰写技能、良好的沟通协调能力，如果要成长为项目负责人，相关要求更高。与常规估价人员相比，咨询顾问服务人员培养所需时间更长。以拆迁全流程咨询顾问服务为例，一位新人要成长为合格的项目专员，大概需要两年时间；成长为合格的项目主管，大概需要四年时间；而要成长

为可独立带队的项目负责人，至少需要六年甚至更长时间的积累沉淀。

3．人才稳固方面，面临开发企业高薪挖角

估价机构不断发掘人才、培养人才，最关键的是要能够留下人才。但是，受估价行业整体效益水平限制，在与开发商等企业的人才争夺中，估价机构并没有竞争优势。在深圳土地二次开发拆迁领域，因政策体系多样，市场主体参与热情高，对专业人才的需求大，部分开发企业为吸引具有丰富经验的人才，直接开出远高于估价机构所支付的薪酬水平，曾经一段时期内，估价人员大规模流向开发企业，进一步加剧估价机构的人才困境。

（二）技术管理困境

常规估价的服务内容侧重于技术性成果，经过行业数十年不懈努力，已形成健全的技术规范及操作指引。拆迁咨询顾问服务作为新兴业态，参与机构相对较少，适用的城市有限，且具有极强的地域特征，难以建立一套普适化的规则，且其成果形式更为多元，包括管理、协调等一系列难以通过具象化成果予以固化的服务内容，给拆迁咨询顾问服务技术规范的建立带来了极大难度，也制约了咨询顾问服务的复制扩张与规模化发展。

以深圳土地整备项目拆迁咨询顾问为例，估价机构提供信息核查、方案研究、宣传发动、房屋评估、补偿谈判、疑难处理等服务，并协助对项目全流程进行进度、质量、安全、档案管理。在此过程中，一些通行的事项可以制定规范，形成指引，例如整体工作流程、权属核查流程、评估作业流程等，但是，对于如何实现项目高效管理、如何做好各方关系协调、如何妥善解决疑难问题等，因每个项目存在显著特异性，各区政府在具体管理上也存在差异，难以形成一套操作指引适用于所有项目。实际工作中，更多地依赖咨询服务人员经验的积累与再应用，而人员一旦向外流动，又将导致估价机构相关经验和知识储备的流失。

二、估价机构转型咨询服务过程中企业管理的应对举措

针对前述问题，笔者公司近年做了一些思考，并在制度化建设和标准化建设两个方面进行了一些新的探索尝试。

（一）通过制度化建设，应对人才管理问题

1．通过品牌机制，吸引人才

要从根源上解决行业对优秀人才吸引力不足的问题，除提高薪酬保障之外，需要使人才对咨询顾问服务行业、服务机构本身产生认同感，认可咨询顾问是一项可持之努力奋斗的行业，认同企业的价值观。因此，在十多年咨询顾问服务过程中，笔者公司始终坚持专业为本，不断创新探索，提供高价值服务，加强品牌建设，获得了社会及客户的认可，也得到了大量优秀人才的认同，近年吸引了大批青年才俊加入。

2．通过考核机制，发掘人才

通过三方面的考核反馈机制，发掘优秀人才。一是员工入职时，指定"一对一"导师，负责指导、培训与考核，在试用期满后，导师对其表现情况作出评价；二是重大项目结束时，项目负责人对所有人员在参与项目期间的表现进行考核评价；三是在每年年终，公司绩效小组对所有员工进行考核评价。通过三个维度的考核，及时发掘优秀人才，纳入孔雀计划予以重点培养。

3．通过晋升机制，重视人才

建立晋升机制，形成公开透明、顺畅可达的晋升通道，依次设置项目专员（初级、中

级、高级）、项目主管、项目副经理、项目经理、高级项目经理、区域总监、副总经理、总经理多个职级，并明确每个职级晋升需要达到的条件，公司每年开展一次晋升考核，对表现突出、作出贡献的人才，及时予以晋升、提薪，实行物质、精神双激励。该机制极大地激发了青年人才的积极性，形成向上奋进、你追我赶的良好氛围。

4. 通过项目机制，锻炼人才

在项目服务过程中，设置"1+2"管理组织架构，作为项目负责团队协同推进拆迁咨询顾问服务各项工作。"1+2"组织架构是指 1 名项目总负责人，一般由项目总监及以上职级人员担任，加上 2 名项目协同管理人员（1 位协助外部协调，1 为协助内部管理），一般由高级项目经理或项目经理担任，共同带领项目团队完成咨询服务，公司总部提供技术指导与后台支持。通过"1+2"管理组织架构，使更多青年人才参与到项目管理过程中，全面锻炼提升管理、沟通、协调能力。

5. 通过薪酬机制，回馈人才

按照多劳多得的原则，完善薪酬体系，回馈人才，重点向项目经理及以上职级的管理人员进行倾斜。为激发青年人员参与项目、努力晋升的积极性，薪酬体系与岗位职级及参与项目进行挂钩。首先，职级越高，月薪酬标准越高，且年终奖核算的基数（月工资的一定倍数）也更高，实现相应职级的基础保障；其次，作为项目"1+2"管理组织架构人员的，可参与项目提成，按照当年度项目回款金额的一定比例作为管理绩效，由"1+2"管理组织架构人员进行分配，引导大家多参与项目、加快款项回收，员工也可获得较为理想的收入。

（二）通过标准化建设，应对技术管理问题

针对技术管理与成果复制应用方面存在的问题，近年来，笔者公司进行了一系列尝试，包括对每个项目档案进行规整、总结成果形成经验报告、制定项目操作手册、组建研究院定期研讨等方式，取得了一定的成效，但与预期目标还相距甚远。接下来，我们将探索"标准化建设 + 平台化管理"两者相结合的方式，探索拆迁咨询顾问服务标准化建设。

1. 加强内部标准化建设

整理历年项目做法及成果经验，梳理土地整备、城市更新、利益统筹、棚户区改造等不同类型项目的操作流程，对每个环节模块进行规范化，明确各阶段工作开展的前提要件、工作方式、成果目标、格式范本、推进流程、实施要点，让项目人员清晰地知道在各节点做什么、怎么做，通过制度、规则保障服务质量。

2. 开发平台化管理软件

现阶段，拆迁咨询顾问服务品质主要依靠项目管理人员的"个体经验"予以保障，未能全面实现标准化管理，除项目之间存在差异等原因，另外还有一个核心问题便是缺乏统一的项目管理工具。目前，笔者公司已针对具体项目开发了征拆全流程智慧管理系统，后续将探索以该系统为基础，升级为一个管理工具平台，预先设置相关节点，在新项目启动后，通过系统指引逐步推进各项工作，只有完成系统要求的各项前置工作后，方可进入下一个环节，以此规范项目管理。同时，在每个节点上，系统集成历年所有项目的经验做法，供新项目调取借鉴，实现成果经验的集合与再应用。

三、结语

加强人才储备，加强技术管理，是估价机构转型咨询顾问服务发展的重要保障手段。当前，房地产市场环境发生了很大变化，部分开发企业的人才开始回流到估价行业，对于估价行业而言是一个机会，但主要还是依托人才内部挖掘、培养，制度化建设尤为关键。另外一方面，标准化建设是企业沉淀经验、模式复制、高效管理的必经之路，探索"标准化建设＋平台化管理"两者相结合的方式，或将达到事半功倍的效果。

参考文献：

[1] 赵锦权.房地产估价机构如何实现创新多元化与可持续发展 [J].中国房地产估价与经纪，2016（06）：35-38.

[2] 李占勇，张林，李成，等.大数据对房地产估价机构的影响及对策 [J].住宅与房地产，2019（30）：8.

[3] 李慎，吴建国，张辉.试论新时代房地产估价人才培养困境及出路 [J].科技论坛，2020（36）：186-187.

作者联系方式

姓　　名：吴　青　童款强

单　　位：深圳市格衡土地房地产资产评估咨询有限公司

地　　址：深圳市罗湖区红岭中路 2068 号中深国际大厦 19 楼

邮　　箱：514993900@qq.com

注册号：吴青（00113683），童款强（00096748）

征收全流程管理信息系统研究

——房地产评估咨询服务新探索

李亚丽　周人杰

摘　要：在现代城市化进程的建设中，征收工作是一个关乎民生、社会和谐发展的重要工作。在信息化技术深入各行各业的当今社会中，利用信息化、数字化等技术手段，助力政府在征收工作全流程的各个环节上提高工作效率、保障数据准确，实现人机同步管理。征收全流程管理信息系统的建设，对房屋征收的数据、流程、人员和信息实进行集成，从而实现房屋征收管理部门对房屋征收的系统化、精细化和动态化管理。

关键词：征收；管理；信息；系统

一、前言

随着城市化进程和信息化技术的双重推进，全国各省市都在积极探索房屋征收信息系统的新形式。为了解决征收补偿工作实施时存在的一系列问题，开展房屋征收全流程管理，建立征收全流程管理信息系统，规范各部门操作流程，统一数据标准，实现公平公正，是当前征收工作的主要趋势。征收全流程管理信息系统的成熟和推广，也能进一步正向推动我国的城市化发展进程。本文围绕着上海市房屋征收现状、征收全流程管理需求、征收全流程管理信息系统开发进行研讨。

二、上海市征收及相关信息化产品的现状

（一）上海市房屋征收的政策制度现状

2011年，国务院发布了《国有土地上房屋征收与补偿条例》。同年，上海市政府发布了《上海市国有土地上房屋征收与补偿实施细则》，自此，上海市就开启了"信息全公开、过程全透明、结果全公布"的房屋征收补偿工作。

由于城市化发展过程中开发建设项目的需要，上海市已开展了多年的征地和房屋拆迁工作，并制定了一系列的政策法规，基本形成了规范有序的征收制度，保障了被征收人员的合法权益，同时也保证了被征收地块上建设项目的顺利实施。

上海市各区开展了多年的征收信息系统建设工作。以人口最多、面积最大的浦东新区为例，2018年开始施行"1+17"征收文件，进一步规范浦东新区房屋征收与补偿行为，保障被征收对象合法权益，完善房屋征收体制机制，防范房屋征收领域廉政风险。文件中就加强浦东新区房屋征收信息化建设和管理工作做出了明确规定。

（二）房屋征收管理信息系统的建设现状

根据我国的相关法律法规要求，利用信息化技术手段来规范相关部门和单位的征收管理工作，同时资料进行电子化存档，实现多途径信息公开，保障被征收人员的合法权益。近几年，各种房屋征收相关系统应用在征收业务中，在各方面取得了一定的创新成果，具有较好的社会反响。

目前，市场上的征收信息系统有多种，主要涉及：征收信息采集系统、用于阳光公开的触摸屏系统、微信小程序、征收APP、网页端电子签约系统、网页端征收项目管理系统等。

三、上海市现有各种征收业务相关信息系统存在的问题

（一）各部门、科室之间使用的征收信息化产品较为独立，仅在有限条件下实现征收信息共享

在实际工作中，不同部门、科室对于征收项目的数据有不同程度的需求，比如区住保中心建设科需要了解征收的进展情况，来掌握相关建设项目的建设情况；区住保中心房源科需要了解每年不同区域的征收需求，来统筹协调征收安置房房源的分配和调拨；征收基地需要被征收户信息等。目前这些不同部门、科室之间大部分情况下还采用较为传统的沟通方式来交换征收业务相关数据，例如简单数据电子数据、使用纸质数据等。因此，打通不同征收业务系统的数据壁垒，实现信息共享，方便各管理部门进行统筹决策分析是各部门、科室间的一个亟须解决的问题。

虽然信息系统是最有效地解决上述问题的技术方案，但是目前仍然在一定程度上存在的问题。

首先，各软件公司之间的征收产品相互独立，信息的共享程度较差。每个系统之间没有天然的信息通道，如果需要实现不同系统的数据互通，就需要对每个系统开发对应的数据接口。

其次，由于不同区域的征收政策和口径有差异，使得这些信息系统实际上是一类深度定制化的产品。即使不同区域用户使用的同一个系统，他们之间的业务逻辑也会有差异，数据共享依然具有很大的挑战性。

还有，各个系统采用的数据标准并不完全统一，同样一个字段在不同的系统中，可能有不一样的含义，而相同含义的字段在不同系统中的名称也不一定一样。

（二）现有系统大都侧重于某一步特定的征收环节，解决一段征收业务的管理需求，但是缺乏征收项目的全流程管理系统

目前市面上的大部分应用只覆盖整个征收业务的一个或几个业务环节，比如最常见的电子签约系统，侧重于在线选房和在线签约功能；又比如征收评估系统，主要完成征收前期对现场的查勘、评估数据的电子化等功能。这些系统都解决了某一个或多个环节的业务需求，但忽略了对征收工作的全方位、全过程、跨部门、跨主体管理，容易造成信息不对称、数据分段不完整、管理流程不能一竿子到底等问题，也无法充分发挥计算机和信息技术的强大优势。

整体上，上海市乃至全国范围内，对于征收项目全流程管理系统的开发建设还在探索研究和初步取得部分成果阶段，离非常完备的征收全流程管理信息系统还有一定的差距。

（三）征收实施过程中的不透明、不细心等问题

征地范围大，项目多，存在着实施人员工作不透明、行政管理部门监管困难、基层工作人员培训不足而出错、人员变动导致资料丢失等问题。

四、房屋征收全流程管理的需求

（一）统一信息管理

可对现有的各类型征收系统进行整合，将数据统一标准化至全流程管理信息系统数据库中，形成全流程管理所需的全覆盖信息库。在全流程管理信息系统中，对来自不同平台的同一类数据进行标准化，打破不同主体间的沟通壁垒，便于协同工作，提高工作效率。同时，降低数据冗余度，节省维护现有旧系统的人力成本、时间成本、资金成本等。

（二）统一业务平台

一方面，征收全流程管理信息系统可以整合现有的各类型征收系统，使其在同一个平台进行征收业务处理，实现征收相关信息共享。另一方面，可以打通区、镇、基地三级的垂直管理，为不同的责任主体提供统一的信息平台，增强各部门之间的协同，保障业务流程的规范性，数据的唯一性和透明性。

（三）统一监管考核

全流程管理信息系统实现了主体信息、业务信息的高度集中，便于主管部门对不同主体进行统一监管考核，考核内容包括但不限于项目进度考核、操作规范考核、法制稳定考核、其他情况考核等内容，同时可设计公平合理的考核奖励制度，正向促进征收项目的实施。

（四）阳光公开

根据政府对阳光公开政策的相关规定，遵循"程序正当、公平补偿、结果公开"的原则，需明确各行政主管部门的职责分工，对公开文件进行确认审核，对公开流程进行审批，对公开结果进行监管。信息系统作为征收阳光公开的载体，提供相关文件的上传、锁定、流程审批、实时公开等功能，为征收工作的透明化、公平性提供保证。

五、征收全流程管理信息系统开发重点

征收全流程管理要解决的两大核心问题即：数据、流程。

（一）征收数据标准化

全流程管理信息系统可以整合多源平台的数据，包括房源系统、电子签约系统、现有征收管理系统、评估作业系统等，先建立统一标准化数据库，再将不同平台之间的系统接口打通。建立标准化数据库时，面临诸多的问题，例如：不同平台在数据库设计方面具有较大差异，若存在设计文档缺失、字段释义不完整、人员流动等问题，将无法对现有系统的数据库进行全面解读，从而增加数据标准化的难度。

1.数据标准化依据

按照上海市相关征收条令和各区贯彻实施意见，编制一套符合各级房屋征收部门基本业务需求的信息系统建设数据标准，实现业务流程规范化，征收补偿协议标准化，为征收全流程管理建设奠定数据基础。

为了保证全流程管理信息系统的科学建设和正常运行，需要对系统的建设和运行建立

一系列标准和规范体系，包括项目审批标准数据库、补偿信息标准数据库、房源标准数据库等。

全流程管理信息系统标准化建设的重点是数据标准、信息网络标准、信息流程标准、编码标准、接口标准等方面。建立一套与国家标准兼容、各区级标准相统一的数据标准，应用系统标准的规范体系是全流程管理系统的基础。

2.数据标准化难点

现阶段，上海市市级及各区级都已经建成一些自己局内使用的管理平台。例如，房源管理系统，各区房源管理系统对房屋相同属性字段的命名并不统一，推行市级统一的字段标准与数据接口的需求对接、联系建立需要耗费大量精力推进。再例如，各区征收口径政策有差异，对部分相同名词赋予不同含义解释，或对含义相同的补偿科目赋予不同名词，导致各个签约系统存在字段差异。由此，各个系统开发公司如何既保证旧项目正常维护，又保证新字段标准项目正常运行，通过技术手段打通项目壁垒，是目前亟须解决的难点。

（二）征收流程标准化

结合相关政策文件和实际业务流程，征收项目全流程管理平台覆盖了项目计划、前期、实施、清盘、后续管理等模块，为每一个模块设计标准化的业务审批流程，实现各个环节的数据互联互通，达到规范、高效的协同。由于房屋征收是一项程序性很强的工作，各个环节涉及主体众多，审批流程复杂，在设计标准化流程的主要难点在于，需要主管部门牵头、各级部门相互协调配合、信息公司积极参与，对设计出的标准化流程进行反复迭代，以实现科学规范、权责明晰、便捷高效的工作模式和管理模式。

六、征收全流程管理信息系统项目实践

通过对征收全流程管理的需求分析、业务调研，我司发挥评估咨询服务中积累的专业优势，在征收全流程管理系统的开发、建设方面已取得了一定的成果。我司推出的征收全流程管理信息系统，能够实现征收动迁项目的业务流程申报、审核、口径锁定、实施和后续管理的全流业务管控。目前，已经实现的业务大流程包括：

（一）年度计划

通过计划申报、入库审核的流程审批之后，系统将在年度计划项目库中新建一个项目。

通过对影响征收补偿口径参数的梳理，形成项目口径算法模型，通过构建算法模型、修正参数、专家打分等方式，系统智能化管理历史征收补偿方案，实现征收补偿计算的数字化、自动化模拟征收补偿测算，起到辅助决策的作用。

（二）前期手续

前期手续是房屋征收实施的重要环节，包括报批材料上报、文件汇总、审批、房源管理等。平台为不同的用户角色分配不同的权限，保证审批过程中用户权责一致。另外，此流程需要项目备案主体收集和上报各项证明材料，通过审批之后，进入项目实施阶段。

（三）项目实施

项目的签约实施，围绕人口认定、征收补偿口径和房源三部分展开，具体是对被补偿人的两清确认、签约、审计等流程进行设定，管理人员可以查看完整的签约基地的实时动态情况，并通过两清认定率、评估率、签约率、资金情况等指标，快速了解项目的进展情况。

根据阳光征收的管理要求，通过触摸屏、手机APP、微信公众号等多媒体媒介实现多

用户角色实时查询、信息公开和实时监督。

（四）扫尾清盘 后续管理

项目实施基本完成后，对基地的征收情况进行扫尾清盘管理，如空房移交、权证注销和"五联单"办理等工作。

（五）其他流程

根据平台中项目信息的业务流转，对沉淀的项目全流程信息数据进行统计分析，形成的数据对各个实施主体与人员进行业务指标考核。

七、展望

房屋征收工作是我国当前城市化进程中的重要一环，征收全流程管理为当前和未来的征收信息化工作提供了新的思路。房屋征收环节中，房地产估价机构为征收工作提供了全流程的咨询服务，掌握征收的相关政策、熟悉工作流程操作要求，了解被征收人关注的需求，具备了参与征收全流程管理信息系统开发建设的有利条件。参与征收全流程管理信息系统的开发和建设，也为估价公司提供了新的业务创新机遇。在未来实际业务中，结合新技术、新思路，征收全流程管理信息系统将进一步完善，为我国城市化发展助力。

未来，随着新技术和新业务模式的出现和推广，还有更多的可能。比如完成更多信息平台互通，真正实现一网通办的工作模式；在全国范围内推广征收全流程管理信息系统，加速全国的城镇化发展进程；深化征收全流程管理信息系统的创新发展，创造更多机遇；引进无人机、人工智能等多种现代化信息技术手段，助力数据更精确、决策更科学、管理更规范、信息更透明等多种多样的征收业务现代化、信息化进程。

参考文献：

[1] 李宗华，吴世德，孟成，马艺文.国有土地房屋征收关键技术研究及信息平台建设 [J].中华建设，2019（12）：122-124.

[2] 齐坚.建设征迁管理信息系统的必要性、问题及建议 [J].中国房地产，2014（13）：69-72.

[3] 陈赛芬.土地房屋征收工作困难的若干思考 [J].现代商贸工业，2021，42（27）：123-124.

作者联系方式

姓　　名：李业丽　周人杰

单　　位：上海城市房地产估价有限公司

地　　址：上海市黄浦区北京西路 1 号新金桥大厦 16F

邮　　箱：liyali@surea.com；zhourenjie@surea.com

商业综合体房地产评估难点探析

晏　芳

摘　要： 商业综合体是房地产评估业务中比较复杂的类型，本文通过对商业综合体规划设计建造、经营方面特点等的梳理，结合评估专业特点归纳出难点问题的解决思路，为提升商业综合体评估质量和工作效率提供参考和借鉴。

关键词： 商业综合体；房地产评估；难点解决

一、引言

商业综合体是集零售、餐饮、娱乐、健身服务、休闲等设施于一体的大型商业体，属于商业房地产中的商业服务经营场所类型，其体量巨大，外部形象高端时尚，内部结构复杂，内在经营模式多样。相较写字楼、酒店、会议中心、单独店铺等类型商业房地产，商业综合体市场信息不透明，评估资料的搜集、筛选、梳理工作量大，数据整理思路需要符合商业综合体内在经营逻辑，上述难点给评估工作提出了较高要求。

针对商业综合体常用的成本法和收益法，本案分析了商业综合体规划设计、结构普遍特征，梳理了商业综合体通用的经营模式、内部运营逻辑和规律，为评估工作中重要参数的确定提供具有可操作性的技术思路和解决方案。

二、成本法评估商业综合体的难点

商业综合体和其他房地产评估一样，建安成本是成本法评估中的重要参数，但商业综合体结构的复杂性，成为评估人员确定建安成本的难点，认识到商业综合体的规划设计理念及特征、建筑结构的特殊性是确定做好评估工作的基础。

（一）商业综合体的规划设计理念及特征

商业综合体要在与城市规模层级定位的基础上，准确定位建筑规模和档次。商业综合体在满足顾客多样需求的同时，以其功能化、个性化、人性化的设计，在所在城市或区域矗立起地标式建筑，形成当地生活方式、消费潮流的标杆。

商业综合体一般具有容纳超大群体和众多设施的空间，人们在空间转换中可以解决衣食住行整套的需求，同时又在细节设计上融入景观元素，起到缓解生活压力、高品位感观享受的功能。

商业综合体一般室外空间尺度巨大。由于商业综合体往往靠近城市干道，处于城市中心人口密集的地区，因此要解决其出入口与城市干道交通相协调的问题，如尽量在建筑周围设置足够的人流、车流集散空间和缓冲空间，使其作为室内外的一种过渡，避免同城市道路发生冲突。

　　商业综合体先进的设施充分运用科学技术的进步，室内交通以垂直高速电梯、步行电梯、自动扶梯、观景电梯为主，通讯和安全设施一应俱全。

　　商业综合体经济文化载体的属性决定了规划设计标准高于一般建筑，往往是一座城市或地区规划设计的点睛之笔，起到提升城市地区形象、激发城市活力、引领城市消费的功能。

（二）商业综合体建筑结构的特殊性

　　商业综合体规划设计目标的特点落实到结构设计和施工上，会导致建筑工程造价高于一般房地产以北京某商业综合体为例（表1），将商业综合体的结构与住宅、写字楼在结构上的差异进行了比较。

表1

项目	住宅	写字楼	商业综合体（以北京某商业综合体为例）
层高（m）	3	3.5	首层层高 5.2～6.0m，其他层高 4.8～5.0m
			普通影院：层高 4.5×2=9m，IMAX 取 10m
			溜冰场：层高≥8.5m
			停车：普通地下二层及以下层高 3.8m（无梁 3.5m，人防 +0.1～0.2m）
			卸货层（地下一层），一般层高 5.4m（净高≥3.6m）
楼板活载荷（kN/m²）	1～2	2～4	零售商铺、餐饮：5，超市：10，影院：3～5，消防车通道：20～35，空调机房、电梯机房：7
柱网结构	小框架	柱网结构	一般为8.4～10.8m，溜冰场：无柱网，一般 20m×50m，影院：无柱网专业设计，长：宽=1.5（±0.5）:12，最小尺寸大于等于 15m×10m
机电设备	直梯	直梯	观光梯、扶梯、载货梯、大显示屏及其他高科技设施

　　商业综合体除了上述普遍存在的结构特点之外，巨大的体量和建筑艺术特点还需要通过复杂（超长或不规则、部分中空、悬空等）的外形结构来实现，从而形成结构不规则、不连续的特点。

　　商业综合体的装修成本也是其投入的重要组成部分。商业综合体部分装修材质追求新颖前卫，公共空间要达到满足高品质标准，这也是商业综合体评估时要关注的价格构成内容。

　　上述特点一方面对设计、施工要求高，增加了工程造价，同时对可出租面积产生不利影响，另一方面有助于提高租金水平。

　　评估人员通过实地勘查眼观建筑外貌，很难真正触及商业综合体结构和造价构成，需要搜集项目可研报告、财务入账价值、项目竣工决算报告和竣工图纸等资料，这些资料是复杂的商业综合体价格评估不可或缺的信息来源，是成本测算的各项参数的估算有理有据的基础。

三、收益法评估商业综合体的难点

　　商业综合体作业为商业地产评估类型通常采用收益法评估，但是，商业综合体租金收取方式多样，不同摊位租金价格不一致，房地产纯收益难以从整体商场收入中剥离，上述种种客观条件导致评估操作中租金难以准确估算。了解项目运营模式是确定收益法评估技术路线的基础，所以首先需要梳理商业综合体如何达到运营收支平衡并获取相应的收益的模式，掌握其内部运转规律，然后提炼出适合商业综合体的收益法测算模型。

（一）商业综合体运营模式

1. 参与主体

商业综合体运营涉及的参与主体多，一般有投资者、开发商、运营管理公司、物业公司、商户、消费者和政府相关部门。多数情况下，评估交流的对象是商业综合体的经营方，即业主或者运营管理公司。经营方在商业综合体运营中起到承上启下，组织管理日常运营，总揽项目收支、达成总体经营目标的功能。

2. 经营目标的确定

评估时可通过运营方的经营计算和财务报告等资料了解商业综合体的收支情况，首先需要对商业综合体的基本收支来源和匡算逻辑有所了解。经营方一般从以下三个角度确定合理的经营目标，从而安排经营管理活动。

1）市场摸底

把握市场环境，深入市场了解同类物业的租赁情况，经营方一般会找几个周边的商业综合体，对比项目位置、规模、招商条件（报价）、每层商户组合；并从对比商场中，每层挑选不同业态的1～2个具代表性客户，调查其具体租赁条件，了解不同类别商业的租金最高承受力等，这个工作和我们评估的比较法的操作方式基于相同的原理。

2）核算运营各项成本

核算运营各项成本的思路相当于运用成本法测算项目的成本。包括项目总投资收益、固定成本（如人力、行政、财务、物业管理、资产折旧等）、变动成本（如营运、招商、市场推广费）、各项税费（如所得税、房产税、租赁税等）、工程改造分摊费、前期开办分摊费、其他费用等。其中，商业地产的总投资收益率，是后期运营效益之外应考虑的项目回收投资的功能和效率，是基金和保险公司衡量商业地产项目投资可行性的重要指标。该指标对应房地产评估中收益法年收益与成本法测算的地产价值的比值关系，所以也是我们验证评估结果合理性的指标。

3）收费标准匡算，商业综合体运营收入一般包括如下五项。

（1）租金和物业管理费

租金收入和物业费（包括装修管理费）也是购物中心收入的重要来源，但对于某些采取物业外包的购物中心，租户的物业费是直接交给物业公司的，这种情况下物业费收入也就没有计入商场收入。当然，即使是外包物业，也有部分购物中心选择先统一将租金、物业费收到自己账户，再对外支付。评估时要核实相关情况。

（2）停车场收入

不同购物中心，停车费账面收入差距较大，可能源于停车场免费使用以吸引客流的经营策略。评估时要综合分析，还原商业综合体中不同功能各部分收益价值。

停车场的收入与如下因素有关：有效停车位的数量（某些子母车位、机械车位往往是无效车位）；停车收费的价格；停车收费的政策（开业初期的项目多采取减免停车费来换取客流或销售额）；商场的车流数（商场经营能力与辐射范围的体现）。

（3）多经点位收入

多经点位收入指的是利用商场的中庭、中岛、过道等非固定店铺位置租赁而产生的收入，包括快闪店、车展、特卖，甚至部分路演活动等，有些购物中心将广告位、库房等收入也计入多经点位收入。

多经点位收入通常和项目的硬件设计、定位以及经营情况有关。得铺率越高，说明公共区域越小，可规划的多经场地就越少；项目定位越高，越重视空间品质和多经品牌级次，其多经频次与数量就更少；项目经营越好，多经场地就越容易招商，租金也越高。

（4）违约金收入

商户在签约时通常都会缴纳 3 个月左右的保证金，如果发生提前退租，或者商户违约导致解约等行为，商场方面就会选择没收这部分费用。这部分费用同样会被计入商场的收入。违约金收入的占比是否正常侧面反映了商场经营状态是否正常。

（5）能耗收入及其他

一些购物中心的水、电账户是以商场为整体在电力公司、自来水公司开户的（或者超市独立开户，购物中心整体开户）。因此小商户的能源费需要先交给商场，由商场再统一支付。这种情况下，购物中心公布的整体收入可能包括了能耗收入。

市场摸底、核算运营各项成本、收费标准匡算是相辅相成、互为依托的关系，运营成本不能太高，但也不能低到降低服务品质，租金不能低到包不住成本，租金也不能高到没有市场竞争力，所有数据通过反复调整搭配，最终会达到一个平衡点，形成一年的总体经营计划。

总体经营计划是框定整个项目的收支的基础，也是评估人员从众多财务数据中剥离匡算租金的基础，所以经营方的经营计划书、年终的财务报告是商业总体评估不可或缺的资料，但这些数据和评估的统计口径可能存在差异，例如租金收入是否包含运营管理公司的服务管理费等，评估人员需要通过与客户的进一步沟通进行核实。

3. 摊位租金的确定

总体经营计划确定以后，落实到具体商户租金的定价，需要考虑租金收取模式、摊位位置及面积、商户功能等因素。

1）经营方针对不同商户设计的租金收取模式不同，分类如表 2 所示。

表 2

类型	租金收取模式	租金收取模式
批租	固定租金	容易与纯物业租金对应
零租	提成租金	纯物业租金难以剥离
	固定租金 + 提成	纯物业租金难以剥离
	固定租金、提成孰高原则	纯物业租金难以剥离

四种模式各有利弊，具体应用时要考虑不同商业类型的惯例，同时要在经营方自身利益和所承担风险之间寻求平衡点，这也是商业运营风险构成因素之一。

2）摊位位置、面积差异

经营方要对商户类型按照空间位置进行规划布局，同时按照摊位获客便利度差异划分租金等级。商户类型不同，租金的承受范围也不同；摊位所在楼层与一层距离差异，也产生租金差异（但随着立体交通设施便利度的提升，楼层租金价差呈现弱化趋势）；同层摊位因可达度和可见度等条件不同，租金存在差异；商户承租的面积大小也是影响租金价格的因素。

3）商户的功能价值定位

具体商户在商业综合体中的功能价值定位也是影响租金定价的重要因素，经营方一般要把商户分为各流贡献型、形象定位型、租金贡献型、功能配套型、填空补漏型等类型，不同的功能价值类型商户，租金定价策略相差很大。功能价值定位又和商业综合体的自身风格定位和发展战略有关。对评估而言，最贴近"市场租金"的是受到功能定位因素干扰最少的"租金贡献型"的摊位价格。

以上分析说明一个商业综合体的租金体系非常复杂，最终形成的租金呈"一铺一价"的局面，单个摊位租金水平无法简单反映整体物业租金水平，这是扰乱评估人员评估思路的主要原因，所以评估工作中要解决两个难题，一是如何确定租金均价，一是如何看懂并抓取可比价格信息验证评估取值的合理性。因此，评估商业综合体采用的技术思路与其他房地产有所不同。

（二）商业综合体租金价格的评估技术路线

技术路线一：采用商业综合体对标商业综合体，直接以整体物业租金均价作为比较对象（图1）。

待求商业综合体租金均价 = 可比整体物业案例租金均价 × 交易情况修正 × 市场状况调整 × 房地产状况调整

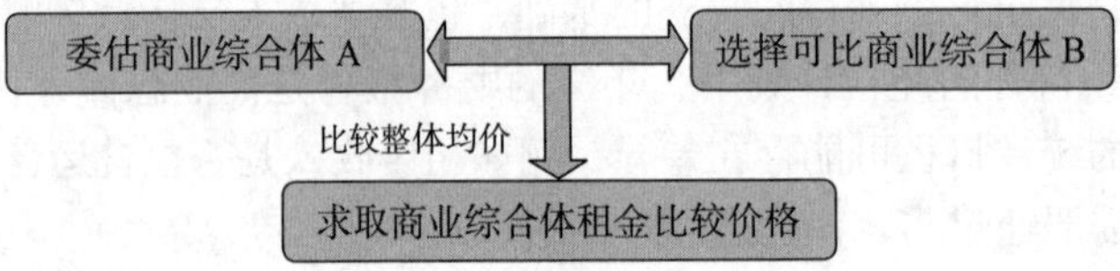

图1　技术路线一示意图

因为商业综合体的复杂性，整体物业租金均价并不是一个显性易得的参数，往往需要从项目的财务数据中提取相关数据通过换算取得。一般可以通过下面两个方法换算取得。

方法1：整体物业租金均价 = 租金坪效 = 销售坪效 × 租售比

其中：

租金坪效 = 租金年总收入 / 营业面积；

销售坪效 = 营业额 / 营业面积；

租售比 =（租金 + 物业费）/ 营业额。

租金坪效、销售坪效和租售比是业内用于衡量不同周期经营业绩的常用指标，业内广泛采用，所以这些指标对评估工作很有价值。但是这些指标没有相应国家规范出台，所以不同主体的统计口径可能存在差异，租金年总收入可能包括了物业管理费和经营方的管理服务费等，面积多数采用营业面积，而不是建筑面积，评估使用这些指标时要统一价格内涵和计量单位。

方法2：所有摊位年租金加和除以建筑面积。

上述技术路线须满足以下两个前提条件：首先，市场上具有足够的可比商业综合体；再者，可比商业综合体的租金均价可以获得或换算取得。

技术路线二：如果技术路线一条件不具备，在市场上可以找到类似商业综合体里的个别摊位的市场租金价格案例情况下，可以采取下面的替代测算模型（图2）。

$A = a \times A_实 / a_实$

其中：A——估价对象租金整体均价；

　　　a——估价对象中代表性摊位租金比较价格；

　　　$A_\text{实}$——估价对象现实租金均价；

　　　$a_\text{实}$——估价对象代表性摊位现实租金。

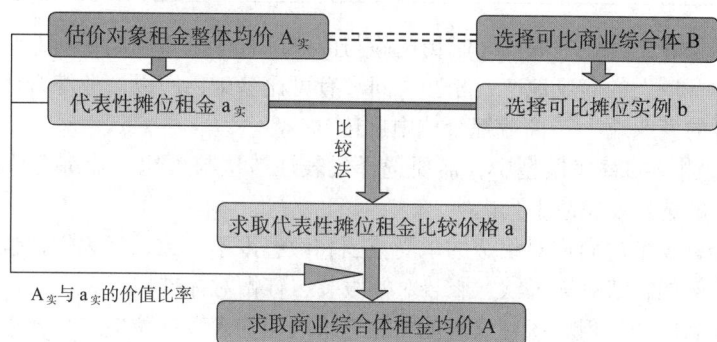

图2　技术路线二示意图

公式中，估价对象中代表性摊位租金比较价格（即a）可以通过案例比较求取；估价对象现实租金均价（即$A_\text{实}$）通过商业综合体年实际租金收入总和除以整体建筑面积（须分析实际租金的合理性或加以修正）。其中几个细节需要处理。

一是整理经营方提供的租金台账、租赁合同等资料，统一付款方式、计价单位及其他条件后形成评估调整后租金台账，分析物业整体租赁价格的合理性和租金的客观有效性，对估价对象实际租金的合理性进行分析及必要的修正；分析整体商业综合体运营状态是否符合市场环境，剔除运营管理水平过高或过低对租金水平的升降影响。

二是扣点模式的租金换算，须将各摊位的扣点租金收入加回到各摊位，防止漏算。

（三）商业综合体租金可比案例的选择和修正

1. 案例可比性

商业综合体与临街商铺、社区商铺存在较大差异（表3），所以运用比较法确定租金时，要考虑案例可比性。

表3

内容	社区商铺	综合体商铺	同向性
建筑面积	小	大	否
承租主体	小商户，不限制品牌	品牌连锁商居多	否
产权主体	小业主	大公司	否
服务半径	小	大	否
运营难易度	单纯收租	专业运营团队，运营资金要充足	否
电商的冲击	大	社交娱乐、体验式消费发展方向有望扩展行业空间	否
进入门槛	低	高	否
业态组合	少数业态，受限制	众多业态，不受限制	否

内容	社区商铺	综合体商铺	同向性
交通要素	临街、满足非机动交通便捷度	区域中心，要满足机动车通行停车便利	否
经营内容	满足日常生活必须	满足生活品质提升需求	否

从对比的结果看出，住宅底商、临街门脸与商业综合体虽然同属于商业活动场所，但实际上是处于不同赛道上的商业地产，相互之间没有可比基础，所以以商业综合体评估的比较案例应在同样类型的商业地产——商业综合体中挑选。

在前述租金测算的替代模型中，需要选择代表性摊位与可比商业综合体的摊位进行比较，代表性摊位的选择要关注下列内容。

一是不同经营类型的商户对租金的承受范围和敏感度不一致，代表性摊位应与可比摊位经营类型相同，例如餐饮对标餐饮、服装对标服装、鞋帽对标鞋帽等。

二是不同知名度商户租金谈判议价能力相差很大，代表性摊位应与可比摊位商户品牌知名度相同或相近，尽量对标水平相当的品牌。

三是代表性摊位与可比摊位租金收取方式和价格内涵可以换算一致。

四是代表性摊位租金单价与商业综合体整体租金水平之间存在（或经过调整后存在）稳定的比例关系。

2. 可比案例的修正

影响商业综合体的价格的因素，除了惯常的商业地产影响因素之外，还有两个因素对商业综合体运营影响重大，一是商圈级别，一是商业综合体的级别。

1）商圈级别修正

商圈是指以店铺坐落点为核心向外延伸一定距离而形成的一个方圆范围，是店铺吸引顾客的地理区域。他由消费人群、有效经营者和有效的经营管理构成，一个城市的商业规划布局一般由核心商业圈、次级商业圈和边缘商业圈组成。不同城市可根据城市经济、文化、历史背景的不同，打造出能够利于当地经济繁荣的特色商圈。单一商圈基本分类如下。

A：全市所有的人都会光顾的商业区，集聚各种零售商店，包括大型百货公司和高档专卖店。

B：全区所有的人都会光顾的商业区，一般会有中型百货公司及相当数量的零售商店。

C：商圈内有大量居民，而且也有明显的零售商业行为，主要吸引附近居民。

D：商圈内有大量居民，但相对明显缺少商业行为。

X：特定商圈，商圈是一个相对独立存在的封闭区域，如大卖场、大型购物中心等。

S：特殊商圈，商圈内的人流有高度的目的性，如机场、车站、展馆、医院等。

T：旅游景区商圈，商圈内人流动性极高，消费随机性大。

O：商圈内有大量的办公人口，通常有一些配套的中高档服装专卖店、咖啡店及便利店。单一商圈也可能叠加形成复合型商圈。

评估时，可以参照估价对象所在城市的商圈级别结合商业基准地价级别建立商圈修正体系。

2）商业综合体级别修正

商业综合体的规模、档次也是影响商业综合体的经营能力重要因素，中国房地产业协会商业和旅游地产专业委员会等单位共同编制了《购物中心等级评价标准》，经由"中国工程建设标准化协会"审查通过（编号：T/CECS 514—2018），于2018年11月1日正式实施。

《购物中心等级评价标准》首先将购物中心划分为超大规模、中等规模和一般规模，然后对不同规模购物中心分为五个等级，即一星购物中心、二星购物中心、三星购物中心、四星购物中心、五星购物中心。最低为一星，最高为五星。星级越高，表示购物中心的等级越高。

购物中心星级评定包括规划设计、设备设施、运营与服务、消费体验四个分项的评价，总分1000，分项权重设置规定如下。

规划设计评价396分：总体规划、机动车库、购物中心内部空间设计、购物中心外部空间、商业配套空间评价等。

设备设施评价264分：冷热源、空调通风设施、给排水、配电、照明等。

运营与服务评价220分：核心功能、服务响应、服务保障、特色创新。

消费体验评价220分：商品服务感知、环境感知、安全感知。

评估工作中，利用《购物中心等级评价标准》评价商业综合体级别比较全面，但其中"运营和服务评价""消费体验评价"考察内容中大部分是经营方管理经营水平。经营方管理经营的经济价值，不应包含在房地产单项资产价值中，所以这两项在房地产评估中是要特殊处理，即要将这两项内容中因具体经营方管理经营水平超高或超低的影响调整到行业正常影响水平。

四、结语

本案仅对商业综合体评估中部分主要内容作了分析探讨，希望有助于解决评估工作的现实问题，并展开更深入广泛的研究探讨，以提升商业综合体评估服务质量和效率。涉及商业综合体的评估的问题和知识点很多，有待估价人员进一步探讨研究。

作者联系方式

姓　　名：晏　芳

单　　位：中建银（北京）房地产土地资产评估有限公司

地　　址：北京丰台区丰台北路18号D座901室

邮　　箱：479994867@qq.com

注册号：1120200081

物业服务费第三方评估实践探讨与分析

潘建锋

摘　要：物业服务费用评估属于物业服务第三方评估机构的业务范畴之一，在物业资质取消后，针对物业服务行业的现状，全国都在大力推行物业服务第三方评估。从现阶段实践过程中看，国家层面尚未出台物业服务第三方评估的专门政策法规和统一的物业服务费评估标准和规范，只有少数地方制定了相关地方规范与指导意见。本文通过简单阐述物业服务费的定义、定价形式和价格构成的认识，通过评估实践，分析物业服务费用价格评估需把握的关键问题，分享笔者在物业服务费用评估方面的心得体会。

关键词：物业服务费；第三方评估；实践；探讨分析

物业服务评估包括物业服务质量评估、物业管理项目承接查验（交接）评估、物业管理项目服务标准、物业服务费用测算评估、物业评估人员培养、专项服务评估监理等六种类型，这是新兴的一种评估机制。物业服务费用评估属于物业服务第三方评估机构的业务范畴之一。依据《中华人民共和国民法典法》《物业管理条例》及相关法律、法规的规定，物业服务标准和费用测算可以委托第三方评估机构出具客观、公正、真实的评估意见。从现阶段实践过程中看，国家层面尚未出台物业服务第三方的专门政策法规和统一的物业服务费评估标准、科学全面的评估评价系，只有少数地方制定了相关地方规范与指导意见。

物业服务费评估是由评估专业人员依据相关法律法规和合同约定，根据评估目的，遵循评估原则，按照评估程序和评估方法，在综合分析影响物业服务费用价格因素的基础上，对物业服务费用在评估时点的客观合理价格进行估算和判定的活动。

一、物业服务费属于第三方评估机构的业务范畴

物业服务费评估属于物业服务第三方评估机构的业务范畴之一。物业服务评估涉及物业项目方方面面，评估范围广、委托形式多样，相关主体可灵活选择，物业管理相关主体可单独或共同委托专业评估机构和相关专业人员。实施评估的目的是规范物业服务活动，维护物业管理相关主体的合法权益。

二、物业服务费由第三方评估机制引入，是市场经济体系成熟的一大表现

物业资质取消后，物业服务第三方评估展现了其必要性和重要性。目前，各地方政府主管部门相继出台相应的文件来规范和推动区域范围内的住宅物业管理区域物业服务评估活动，包括就物业服务质量、服务费用和物业共用部分管理状况等进行评估，在北京有《北京

市物业服务第三方评估监理办法》、南京有《南京市物业服务第三方评估监理暂行办法》等第三方评估法规，有关物业服务费评估、物业承接查验、物业服务质量评估均由第三方物业服务评估机构来完成。例如：北京自实施物业服务第三方评估，已有183个增量物业项目由第三方机构对前期物业服务费进行评估，存量物业项目有21个由第三方机构进行了物业服务费评估。以下是实施物业服务费用评估制度的部分省（市）（表1）。

部分实施物业服务费用评估制度的省（市）　　　　　　　表1

实施省（市）	时间	制定单位	文件名称	内容摘要
北京市	2010年	市住建委	《物业服务第三方评估监理管理办法》	强调以此规范物业服务活动，建立和完善质价相符的物业服务市场机制
北京市	2021年	市住建委	《关于规范物业服务评估活动的通知》（京建发〔2021〕145号）	对物业服务评估提出规范性指引
上海市	2015年	市住建委	《关于建立住宅物业服务收费市场化价格机制有关问题的意见》	明确了物业服务市场定价的总体原则和市场化衔接机制
上海市	2019年	市房地产估价师协会、市物业管理行业协会	《上海市住宅物业服务价格评估管理办法（试行）》和《住宅物业服务价格评估规范》	对物业服务评估提出规范性指引
南京市	2017年	市政府	《南京市物业服务第三方评估管理办法》（宁政规字〔2017〕10号）	对物业服务评估提出规范性指引
佛山市	2019年	房地产业协会	物业管理专业委员会工作会议，将出台《佛山市物业服务收费管理调整方案》	深入探讨引入第三方评估机构对物业管理进行评估的落地
广西	2021年	自治区住建厅	《广西壮族自治区物业服务第三方评估管理暂行办法》及配套文件	规范物业管理活动，维护业主、物业服务人以及物业管理各方的合法权益，鼓励引入第三方评估机构
佳木斯	2020年	市住房保障局	《佳木斯市物业服务第三方评估管理暂行办法（试行）》	规范物业项目交接和查验、物业服务标准和费用测算、物业服务质量等提供专业评估服务

第三方评估机制是一种新兴机制，物业服务第三方评估在北京、南京等城市已经落地实施了，像新小区如果要征收物业费，将不再是由开发商或物业公司直接拍板，而是由第三方评估机构参与。包括市场化的第三方机制，如评估机构、资产管理、金融信托、顾问咨询等专业化第三方机构，通过具有专业资质的机构和人员介入调查、评估、监督、提供信息、议价、谈判、调解等，对于物业管理中没有议价权、知情权、话语权、商品性价比权的广大业主是一种必要和重要的救济机制。

民政部2015年5月13日发布《关于探索建立社会组织第三方评估机制的指导意见》，提出要积极培育和规定社会组织第三方评估机构，物业服务第三方评估机制的引入是为了更好地贯彻民政部的意见，同时也更有利于业主与物业服务公司矛盾的解决。

三、物业服务费评估有其必要的履行程序和特有的评估方法

（一）物业服务费评估流程

评估程序是对项目进行评估时采取的步骤和工作顺序，评估报告的出具程序是否合法合规在很大程度上决定评估结果的合法性（图1）。

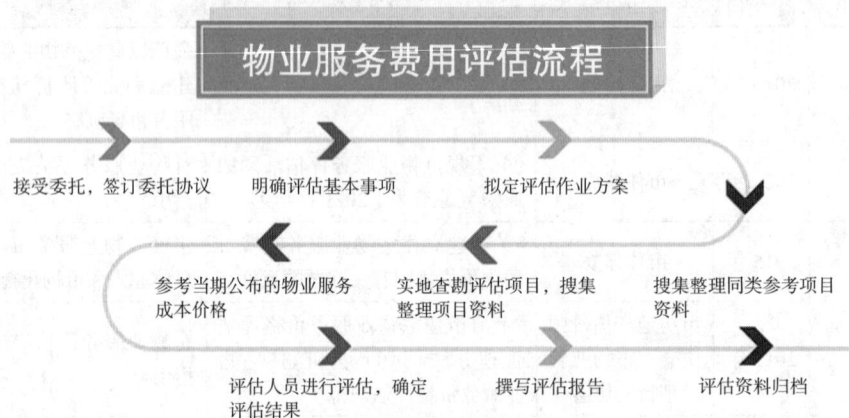

图 1　物业服务费用评估流程示意图

（二）物业服务费评估方法

一是根据管理成本推算物业管理服务费单价。首先，依据物业的基本资料、管理服务需求、组织架构和人员配置方案估算项目的各项管理成本。其次，测算物业保险、设备保险、公众责任险等费用，并对管理期间可能出现的各种风险进行预测，估算不可预见费用。最后，根据上述各项推算出项目的盈亏平衡点，估算出在盈亏平衡点区间的物业管理服务费标准。

二是根据预定的物业管理服务费用标准测算物业管理成本。采用这种费用测算方式一般是在实行政府指导价的物业管理项目，通常需要在预定的物业管理服务费用标准下制定相应的成本、费用测算方案，如经济适用住房、政府公用基础设施等。

通过上述梳理，结合业务领域出情况，我们可以发现对于物业管理费评估，其估价技术核心主要是对成本进行分析、测算，运用成本法为主导、市场比较法为参考，对评估项目的物业服务费进行评估。各地方颁布的相关规范中的评估方法有如下两种。

一是市场比较法，将评估项目与同类参考项目的类似物业服务标准进行比较，对这些类似物业服务费用的已知价格作适当的修正，以此估算评估项目的物业服务客观合理价格的方法。评估步骤：1）搜集合同签约实例时应尽可能搜集较多的内容；2）选取3～10个可比实例；3）建立价格可比基础；4）合同签约情况修正；5）物业状况调整；6）求取比准价格。

二是运营成本法，根据服务企业为评估项目提供物业服务的正常运营成本和利润或管理酬金，以此估算评估项目在评估时点的物业服务费用客观合理价格的方法。评估步骤：1）搜集有关物业服务的成本、税费、利润等资料；2）测算单项价格；3）测算税金和利润；

4）求取计算价格。

四、物业服务费评估实践的探讨与分析

（一）物业服务费评估案例简介与评估应用

1. 委托方：×× 银行股份有限公司佛山分行。

2. 评估目的：为物业管理招标确定物业服务费用招标底价。

3. 评估项目和范围：佛山市禅城区季华五路 ×× 号一至二层、四至十一层、二十二层、三层 1～22 号、第十三至二十一层、地下室停车场，建筑面积合计 22822.89m²。

4. 评估基准日：2021 年 6 月 16 日。

5. 评估依据：略。

6. 评估原则：略。

7. 项目基本情况

项目位于佛山市禅城区季华五路 ×× 号一至二层、四至十一层、二十二层、三层 1～22 号、第十三至二十一层、地下室停车场，现为 ×× 银行自用，拟将这部分商业写字楼的物业管理对外招标，需要进行物业服务费评估，主要经济技术指标如表 2 所示：

物业服务费评估主要经济技术指标表　　　　表 2

房地产名称	登记用途	建筑面积（m²）
佛山市禅城区季华五路 ×× 号地下室停车场房地产	停车场	1345.37
佛山市禅城区季华五路 ×× 号一至二层、四至十一层、二十二层	办公用房	11584.85
佛山市禅城区季华五路 ×× 号三层 1-22 号	办公（车位）	1619.45
佛山市禅城区季华五路 ×× 号第十三至二十一层	办公用房	8273.22
合计		22822.89

8. 采用成本法评估

在委托方提供项目资料并选择确定项目物业服务标准，评估机构专业人员核实提供的项目资料，运用运营成本法对评估项目的物业服务费实行评估。

1）运营成本法：是要根据服务企业为评估项目提供物业服务的正常运营成本和合于是利润或管理酬金，以此估算评估项目在评估时点的物业服务费用客观合理价格的方法。

2）评估步骤：①搜集有关物业服务的成本、税费、利润等资料；②测算单项价格；③测算税金和利润；④求取计算价格。

3）测算公式为：

$$V=\sum V_i (i=1、2、3、4\cdots)$$

式中：V——物业服务成本或物业服务支出标准，单位为元 / 月 /m²；

　　　V_i——各分项费用收费标准，单位为元 / 月 /m²，i 为分项项数；

　　　$\sum$——各分项费用算术求和。

4）基本构成项目

物业企业管理运营成本（V）= 管理服务人员的工资、社会保险和按规定提取的福利

费（V1）+共用部位、共用设施设备的日常运行、维护费用（V2）+管理区域清洁卫生费用（V3）+停车场管理区域绿化养护费用（V4）+管理区域秩序维护费用（V5）+办公费用（V6）+物业管理企业固定资产折旧（V7）+共用部位、共用设施设备及公众责任保险费用（V8）+经业主同意的其他费用（V9）+不可预见费（V10）+法定税费（V11）+物业管理企业合理利润（V12）。

5）计算项目内容说明

根据委托方要求和物业具体情况，本次评估的物业企业管理运营成本具体内容如表3所示。

管理运营成本表 表3

序号	项目名称	基数	计算说明
V1	管理服务人员的工资费用	18人	配置服务人员
V2	服务范围内中央空调的日常运行、维护费用	22822.89m²	按建筑面积套算
V3	服务范围内清洁卫生费用（清洁物料、电梯地垫、化粪池清运）	22822.89m²	按建筑面积套算
V4	服务范围内绿化租摆费用	22822.89m²	根据委托人提供的资料，服务范围内绿化租摆养护，按建筑面积套算
V5	服务范围内白蚁防治、四害除杀费用	22822.89m²	按建筑面积套算
V6	服务范围内外墙清洗费用	22822.89m²	按建筑面积套算
V7	服务范围内电梯维保费用	22822.89m²	按建筑面积套算
V8	办公费用	22822.89m²	按1至7项之和的一定比率计算
V9	共用部位、共用设施设备及公众责任保险费用	0.5%	保险人的应收保险费 = 保险场所占用面积（m²）× 每平方米保险费
V10	经业主同意的其他费用	—	根据委托方要求，暂不估算
V11	不可预见费	3%	按1至9项之和的一定比率计算
V12	物业管理企业合理利润	5.6%	按1至10项之和的一定比率计算（采用物业管理企业成本费用利润率）
V13	法定税费	增值税5%、城市维护建设税7%、教育费附加地方教育费附加等税费5%	按1至11项之和，更加对应税率计算

6）测算过程

根据委托方要求，本次拟按市场调节价确定物业服务费用，采用包干制支付方式约定服务合同。

（1）管理服务人员的工资、社会保险和福利费测算（V1）

①管理服务人员配置方案

根据委托人提供的《关于服务范围物业管理服务费咨询评估情况说明》记载，配置服务人员共18人，暂不考虑保安服务人员配置，如表4所示。

管理服务人员配置表　　　　表 4

序号	岗位	配备人员数量	岗位职责
1	项目主管	1	（本文此处省略）
2	工程主管	1	（本文此处省略）
3	清洁主管	1	（本文此处省略）
4	清洁工	11	（本文此处省略）
5	专业设备工程人员	4	（本文此处省略）
合计	—	18	—

②工资、社会保险和福利费测算

$$V1 = \sum F_i (i = 1、2、3、4\cdots)$$

式中：$V1$——人员工资成本，单位为元 / 月；

　　　F_i——各分项费用收费标准，单位为元 / 月，i 为分项项数；

　　　$\sum$——各分项费用算术求和。

本次评估根据委托方要求，仅考虑基本工资及社保费用。经走访人才市场、查询招聘人才网对物业管理类人员的工资、社会保险和福利费进行调查，计算管理服务人员的工资、社会保险和福利费支出合计为 87700 元 / 月，如表 5 所示。

人员工资成本测表　　　　表 5

序号	岗位	平均月薪（元 / 月）	社会保险及福利费（元 / 月）	工资、社会保险及福利费	配备人员（人）	合计（元 / 月）
1	项目主管	7500	1000	8500	1	8500
2	工程主管	6000	1000	7000	1	7000
3	清洁主管	4500	1000	5500	1	5500
4	清洁工	2700	1000	3700	11	40700
5	专业设备工程人员	5500	1000	6500	4	26000
合计	—	—	—	18	87700

（2）中央空调的日常运行、维护费用测算（V2）

$$V2 = \sum F_i / S (i = 1、2、3、4\cdots)$$

式中：$V2$——中央空调的日常运行、维护费用测算，单位为元 / 月；

　　　F_i——各分项费用收费标准，单位为元 / 月，i 为分项项数；

　　　S——可分摊费用的建筑面积之和，单位为 m^2；

　　　$\sum$——各分项费用算术求和。

F1. 电费 $= N \times W \times 24 \times L \times 30 \times PE$（元 / 月）

其中：N 为空调台数；W 为功率；L 为使用系数；PE 为电费单价。

F2. 维修费（元 / 月），可分包给专业的维修公司，也可自行维修（包括人工费、材料费等）。

F3. 年检费（元 / 月），按照相关特种设备行业年检费率或费用额。

中央空调的日常运行、维护费用测算表 表6

序号	项目名称	数量（台/个）	单价（元/台/套）	总价（元/年）	服务范围面积	折合单价（元/月/m²）	合计（元/月）
1	中央空间主机组	3	25000	75000	22822.89m²	0.40	9129
2	冷却塔	3	1500	4500			
3	冷水冷却系统	10	1500	15000			
4	风柜	22	500	11000			
	合计	—		105500	22822.89m²	0.40	9129

则中央空调的日常运行、维护费用单价 0.4 元/月，服务建筑面积为 22822.89m²，中央空调的日常运行、维护费用为 9129 元/月（表6）。

（3）其他项目费用测算（V3—V7）

同理，可得出其他项目内容成本测算：

$$Vi = \sum F_i / S \ (i=1、2、3、4 \cdots)$$

式中：V_i——V3～V7 等各项费用测算，单位为元/月；

F_i——各分项费用收费标准，单位为元/月，i 为分项项数；

S——可分摊费用的建筑面积之和，单位为 m²；

$\sum$——各分项费用算术求和。

则，包括服务范围内清洁卫生费用（清洁物料、电梯地垫、化粪池清运）；服务范围内绿化租摆费用；服务范围内白蚁防治、四害除杀费用；服务范围内外墙清洗费用；服务范围内电梯维保费用等计算结果，如表7所示。

其他项目内容成本测算表 表7

序号	项目名称	基数	费率或取值（月/m²）	计算结果（元/月）	计算说明
V3	服务范围内清洁卫生费用（清洁物料、电梯地垫、化粪池清运）	22822.89m²	0.30	6847	按建筑面积套算
V4	服务范围内绿化租摆费用	22822.89m²	0.70	15976	根据委托人提供的资料，服务范围内绿化租摆养护，按建筑面积套算
V5	服务范围内白蚁防治、四害除杀费用	22822.89m²	0.20	4565	按建筑面积套算
V6	服务范围内外墙清洗费用	22822.89m²	0.10	2282	按建筑面积套算
V7	服务范围内电梯维保费用	22822.89m²	0.10	2282	按建筑面积套算
合计	—	—	—	30952	—

（4）办公费用测算（V8）

办公费用指在进行物业管理服务过程中耗用的文具、印刷、邮电、办公用品及报纸杂志等办公费用。根据佛山市同类物业管理项目办公费用的实际情况，结合咨询对象的具体情况，办公费用取服务项目中 V1～V7 项的和按 2% 计算。

办公费用 =（服务人员的工资费用 + 服务范围内中央空调的日常运行、维护费用 + 服务范围内清洁卫生费用（清洁物料、电梯地垫、化粪池清运）+ 服务范围内绿化租摆费用 + 服务范围内白蚁防治、四害除杀费用 + 服务范围内外墙清洗费用 + 服务范围内电梯维保费用）× 2%

=（87700+9129+6847+15976+4565+2282+2282）× 2%

=2576 元 / 月。

（5）共用部位、共用设施设备及公众责任保险费用测算（V9）

共用部位、共用设施设备及公众责任保险费用指维持物业正常使用或营业的必要费用和成本，根据对咨询对象实际运行与维护情况结合咨询人员经验，共用部位、共用设施设备及公众责任保险费用，责任险费率取值为 0.5%。

共用部位、共用设施设备及公众责任保险费用 = 保险场所占用面积（m^2）× 每平方米保险费率

=22822.89 × 0.5%

= 114 元 / 月。

（6）经业主同意的其他费用（V10）

该项是指业主同意的必要服务费用，根据委托方要求，本次评估暂不考虑该项费用。

（7）不可预见费测算（V11）

不可预见费是指考虑在物业管理服务期间可能发生的风险因素而导致的物业管理服务费增加的这部分内容，一般取值为 3%～10%。根据佛山市同类物业管理项目的实际情况，结合咨询对象具体情况，不可预见费按 V1 至 V10 项之和的取去 3%。

不可预见费 =（服务人员的工资费用 + 服务范围内中央空调的日常运行、维护费用 + 服务范围内清洁卫生费用（清洁物料、电梯地垫、化粪池清运）+ 服务范围内绿化租摆费用 + 服务范围内白蚁防治、四害除杀费用 + 服务范围内外墙清洗费用 + 服务范围内电梯维保费用 + 共用部位、共用设施设备及公众责任保险费用）× 3%

=（87700+9129+6847+15976+4565+2282+2282+2576+114）× 3%

= 3944 元 / 月。

（8）物业管理企业合理利润（V12）

国务院国资委财务监督与考核评价局制定的《企业绩效评价标准值》（2019）记载，其物业管理业全行业成本费用利润率优秀值为 16.9%，良好值为 11.2%，平均值为 5.6%，较低值为 −2.9%，较差值为 −10.4%。

参考《2021 物业服务企业上市公司研究报告》成果分析，45 家上市物企 2018—2020 年的净利率均值分别为 11.4%、12.3%、14.3%，平均值为 12.66%。非上市物企经营净利率与上市物企经营净利率相比较低，综合考虑佛山市的物业管理回报情况，确定其成本费用利润率为 10% 较为合理（图 2）。

物业管理企业合理利润，为物业服务项目中按 1 至 11 项之和的一定比率计算，费率采用物业管理费成本费用利润率 10%。

物业管理企业合理利润 =（87700+9129+6847+15976+4565+2282+2282+2576

+114+3944）× 10%

= 13541（元 / 月）

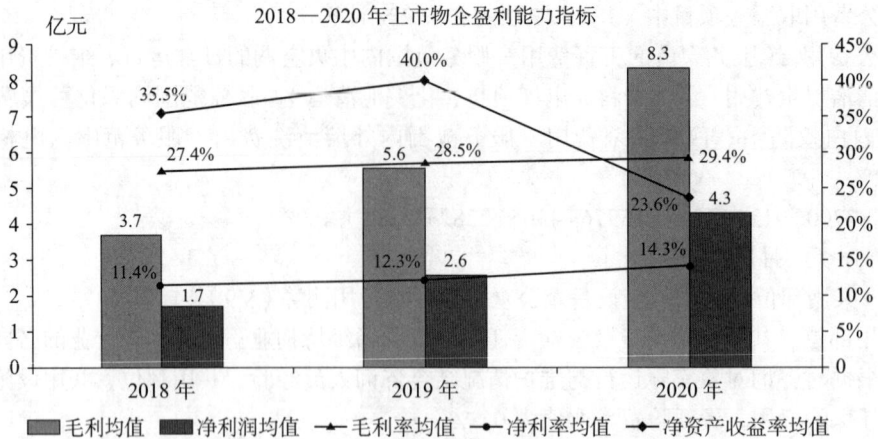

图2 2018—2020年上市物企盈利能力指标

（9）法定税费（V13）

法定税费增值税、城市维护建设税、教育费附加、地方教育费附加、印花税。其中：根据《关于全面推开营业税改征增值税试点的通知》（财税〔2016〕36号）、《关于发布〈纳税人转让不动产增值税征收管理暂行办法〉的公告》（国家税务总局公告2016年第14号，自2016年5月1日起施行）以及《关于深化增值税改革有关政策的公告》（财政部 税务总局 海关总署公告2019年第39号），设定物业企业管理运营成本为（V），则：

增值税 =（V）× 6%

城市维护建设税 = 增值税 × 7%

教育费附加 = 增值税 × 3%

地方教育费附加 = 增值税 × 2%

印花税 =（V）× 0.1%

通过计算，以上费用约占物业企业管理运营成本6.44%，故：

法定税费 = 6.44% × V。

（10）物业企业管理运营成本（V）确定

物业企业管理运营成本（V）= 服务人员的工资费用 + 服务范围内中央空调的日常运行、维护费用 + 服务范围内清洁卫生费用（清洁物料、电梯地垫、化粪池清运）+ 服务范围内绿化租摆费用 + 服务范围内白蚁防治、四害除杀费用 + 服务范围内外墙清洗费用 + 服务范围内电梯维保费用 + 共用部位、共用设施设备及公众责任保险费用 + 物业管理企业合理利润 + 法定税费

V = 87700+9129+6847+15976+4565+2282+2282+2576+114+3944+13541+6.44%×V

V = 156770（元/月）

物业企业管理费单价 = 物业企业管理运营成本 ÷ 服务范围的建筑面积

= 156770 ÷ 22822.89

= 6.87（元/m²/月）

9.采用市场比较法评估

1）市场比较法，将评估项目与同类参考项目的类似物业服务标准进行比较，对这些类似物业服务费用的已知价格作适当的修正，以此估算评估项目的物业服务客观合理价格的

方法。

2）评估步骤：（1）搜集合同签约实例时应尽可能搜集较多的内容；（2）选取3～10个可比实例；（3）建立价格可比基础；（4）合同签约情况修正；（5）物业状况调整；（6）求取比准价格（表8、表9）。

3）测算公式为：

比准价格 = 接受价格 × 交易时间修正系数 × 交易情况调整系数 × 区位状况修正系数 × 实物状况修正系数

物业服务费比较调查表　　　　　　　　　　　表8

比较对象		评估对象	可比实例一	可比实例二	可比实例三
名称		季华五路××号	金融广场	瑞山大厦	经华大厦
所在位置		季华五路	季华五路	季华五路	季华五路
收费标准		待估	8元/m²	6元/m²	10元/m²
定价模式		市场调节价	市场调节价	市场调节价	市场调节价
计费方式		酬金制	酬金制	酬金制	酬金制
交易时间		2021年8月	2020年12月	2020年12月	2021年1月
交易情况		正常	正常	正常	正常
区域因素	至商务中心距离	近	近	近	近
	商务密集度	密集	密集	密集	密集
	交通条件	方便	较方便	方便	方便
	环境条件	好	好	好	好
	公共设施	完善	完善	完善	完善
	规划前景	好	好	好	好
个别因素	昭示性	一般	较好	一般	较好
	等级	乙级	乙级	乙级	乙级
	物业性质	商业写字楼	商业写字楼	商业写字楼	商业写字楼
	建筑规模	大	大	较大	大
	广场面积	小	小	小	小
	配套车位	地上，较少	地下，较少	地下，较少	地下，较少
	实用率	80%	60%	80%	70%
	标准层高	3.5	3.5	3.5	3.5
	设施设备	齐全	齐全	齐全	齐全
	成新率	80%	80%	80%	80%

物业服务费比较修正结果表   表 9

比较对象	可比实例一	可比实例二	可比实例三
名称	金融广场	瑞山大厦	经华大厦
收费标准	8 元 /m²	8 元 /m²	10 元 /m²
接受时间	1.0000	1.0000	1.0000
交易情况	1.0000	1.0000	1.0000
区域因素	0.9800	1.0000	1.0000
个别因素	1.0000	0.9800	1.0000
修正系数	1.0204	1.0204	1.0000
修正单价	9.63 元 /m²	9.63 元 /m²	10 元 /m²
比较权重	1/3	1/3	1/3
比准价格	9.75 元 /m²/ 月		

10. 调整物服务费测算结果

根据相关测算和依据完成管理费测算后，应结合项目定位（高中低端）、当地政府指导价及周边类似项目现行收费标准实行比较衡量，在进行调整时我们有如下考虑。

（1）所调查的商业写字楼服务内容、财会指标等无法完全取得，市场比较法评估物业服务费项目内容、财会指标与调查对象的服务费项目内容、财会指标不能完全量化，对反映评估项目的客观费用有一定局限性。

（2）物业服务费的收费标准，因地而异，因不同产业而异，实际以物业管理服务发生的成本为基础，结合物业管理的质量、服务水平合理测算。结合评估项目测算过程和内容，能真实反映出客观费用。

因此，评估项目最终结果应以成本法为主导，市场比较法为参考（表10）。

评估项目结果表   表 10

成本法		市场比较法		评估结果
评估结果	权重	评估结果	权重	
6.87 元 /m²/ 月	70%	9.75 元 /m²/ 月	30%	7.73 元 /m²/ 月

11. 评估结果

评估专业人员对评估项目履行了必要程序，经科学测算得到评估项目佛山市禅城区季华五路 29 号一至二层、四至十一层、二十二层、三层 1 ~ 22 号、第十三至二十一层、地下室停车场共 22822.89m² 的物业服务费如下：

物业服务费收费标准 =7.73（元 /m²/ 月）。

（二）评估实践案例分析

1. 从现阶段实践过程中看，国家层面尚未出台物业服务第三方评估的专门政策法规和统一的物业服务费评估标准和规范，只有少数地方制定了相关地方规范与指导意见。佛山市目前也没有正式的评估规范出台，评估过程在一定程度上参考各地相关地方规范指引和结合本地物业管理具体情况综合应用。

2.评估对象物业为商业写字楼，现为某银行自有自用物业，有部分物业对外出租，评估目的为物业管理招标确定物业服务费用招标底价，因此评估内容有别于一般物业服务费评估。

3.评估方法采用了成本法和市场比较法。成本法列示出了费用项目、测算方法和测算结果，但并不全部列示。具体到核算某一特定物业有管理费用标准时，由于物业类型不同，要根据项目要求和物业类型不同进行必要增减。市场比较法只对比较物业的区域因素、个别因素方面进行比较，对具体服务项目内容未作细化，因而应用有一定局限性。

4.评估的物业服务费项目，根据委托方具体要求和物业实际情况未予考虑的项目有：一是对大型固定资产更新储备金进行测算，更新储备金包括各种公用设备设施、电梯、空调设备、电视系统等。由于该商业写字楼为自用物业，只有少部分物业对外出租，因此不考虑该部分项目费用测算。二是安保服务费测算，该商业写字楼为自用物业，某银行有自用保安队伍，因此不考虑该部分项目费用测算。三是根据委托方对物业管理企业人员配置方案要求，物业管理企业进场管理无需购置大型固定资产，不考虑固定资产折旧。四是对停车场收入及其他收入测算，停车场为内部自用，不对外经营，因此不对此项目进行测算。

5.收益性物业服务费中与租户切身利益直接相关的保安、保洁、设备维修、空调、停车等项目服务费用，往往由租户承担，可以直接向租户收取，也可以包含在租金里，再从中扣除。本案例评估中，该物业有少量部分对外出租，但比例不高，根据委托方要求暂不作收入测算。

6.根据相关测算和依据完成管理费第一次测算后，结合项目定位（高中低端）、当地政府指导价及周边类似项目现行收费标准实行比较衡量。若测算结果与实际需要相差较远，应根据预估的收费标准对测算内容中的相关项目费用进行调整，最后达到预估收费目标。若对管理费测算结果把握不准可以在测算过程中带有定价预估性进行测算，使用测算结果与项目实际需要收费标符。

（三）结合物业服务费评估实践的探讨与分析

物业管理，是指物业管理企业受物业所有人的委托，依据物业管理委托合同，对物业的房屋建筑及其设备，市政公用设施、绿化、卫生、交通、治安和环境容貌等管理项目进行维护、修缮和整治，并向物业所有人和使用人提供综合性的有偿服务，所收取的费用就是物业服务费，又称物业费或物业管理费。《物业管理条例》（2018年3月9日修订版）规定从事物业管理活动的企业应当具有独立的法人资格。因此，物业管理是一项有偿服务的企业经济活动。

1.物业服务费市场化改革，是市场经济发展必然

我国1998年开始脱离原有福利分房体制，转向市场化的商品房运作机制，长期以来物业服务费定价职能主要由国家承担，随着市场化程度的提高，定价职能的重心才逐步向市场转移。2014年《国家发展改革委关于放开部分服务价格意见的通知》（发改价格〔2014〕255号）明确要求对已具备竞争条件的7项服务价格（包括非保障性住房物业服务）由各省价格主管部门抓紧履行相关程序，放开价格。物业费如何定价，仍主要取决于物业公司和业主大会自主协商。曾经出台的物业费政府指导价对于非保障性住房参考价值偏弱，其功能进一步淡化。

自始，物业服务企业可依据管理规模、服务标准、人工成本等因素自主合理定价或通过第三方评估机构制定价格，也是市场经济发展的必然。

2.物业服务费有别于一般商品价格，还具有自身特点

1）物业服务费是物业管理公司付出抽象的一般人类劳动之后的价值的表现。

2）物业服务费的载体不是有形产品，而是无形产品，即服务。

3）物业服务费具有多样性，同一服务在不同地区或服务对象上表现差别较大，因而其价格灵活多样。

4）物业管理服务价值形成过程不同于一般商品价值形成过程，其价值形成、生产和消费几乎是同时进行的。

5）物业服务费具有集体性决策和强制性法律特征，决定物业服务费标准的不是业主个人，而是全体业主。业主委员会一旦与物业管理服务企业签订合同或者服务企业依法获得前期物业管理服务，业主必须接受并按标准缴纳物业服务费用。

3. 不同物业和服务项目，定价模式和费用构成各不相同，具有多样性

物业管理公司为业主或用户提供的不同服务项目，其收费标准是有所不同的，有些服务项目，其收费标准由物业管理公司与业主或用户面议洽谈而定；有些服务项目，其收费标准要按政府有关部门的规定执行。在具体收取物业管理费时，有些项目是一次性收费；有些项目则是定期收取；有些项目的收取方式较为灵活。

1）物业服务费定价基本模式和计费方式

为规范物业服务收费行为，保障业主和物业管理企业的合法权益，根据《中华人民共和国价格法》和《物业管理条例》，国家发展改革委、建设部发布了《关于印发物业服务收费管理办法的通知》（发改价格〔2003〕1864号），制定了《物业服务收费管理办法》（2004年1月1日实施）。物业服务收费实行政府指导价的，有定价权限的人民政府价格主管部门应当会同房地产行政主管部门根据物业管理服务等级标准等因素，制定相应的基准价及其浮动幅度，并定期公布。具体收费标准由业主与物业管理企业根据规定的基准价和浮动幅度在物业服务合同中约定。实行市场调节价的物业服务收费，由业主与物业管理企业在物业服务合同中约定。

（1）物业服务费定价模式

①政府指导价：即由政府价格主管部门或者其他有关部门，按照定价权限和范围规定基准价及其浮动幅度，指导经营者制定的价格。主要适用于经济适用住房、廉租房和普通住宅物业等。

②市场调节价：由经营者自主制定，通过市场竞争形成的价格。主要适用于高档物业、物业管理市场发育比较成熟地区及业主主体作用发挥较好的物业区域的物业服务定价。

（2）物业服务费的计费方式

根据国家发展改革委、建设部关于印发《物业服务定价成本监审办法（试行）》的通知（发改价格〔2007〕2285号）规定，物业服务定价成本，是指价格主管部门核定的物业服务社会平均成本。计入定价成本的费用应当符合有关法律、行政法规和国家统一的会计制度的规定。影响物业服务定价成本各项费用的主要技术、经济指标应当符合行业标准或者社会公允水平。区别不同物业服务费约定合同形式，有下列两种计费方式。

①实行包干制：是指由业主向物业管理企业支付固定物业服务费，盈余或者亏损均由物业管理企业享有或者承担的物业服务计费方式。

计算公式：物业服务费标准＝（物业服务成本＋法定税费＋物业管理企业的利润）÷管理物业面积。

②实行酬金制：是指在预收的物业服务资金中按约定比例或者约定数额提取酬金支付给物业管理企业，其余全部用于物业服务合同约定的支出，结余或者不足均由业主享有或者承担的物业服务计费方式。

计算公式：物业服务费标准＝（物业服务支出＋物业管理企业的酬金）÷管理物业面积。

2）物业服务费核算指标

根据《物业管理条例》（2018年3月9日修订版）规定：业主与物业管理企业可以采取包干制或者酬金制等形式约定物业服务费用。在物业服务费评估测算编制时，应当区分不同物业的性质和特点，并考虑其实行的是政府指导价格还是市场调节。考虑在确保物业正常运行维护和管理的前提下，获取合理的利润，使物业管理企业得以可持续发展。考虑各地区同类项目的收缴率水平，项目合同面积和实际收费面积之间的差异。从实践中看，物业服务费价格构成主要有收入与成本两类。

（1）物业服务费收入形式

物业服务费的两大来源有：一是物业管理企业定期向业主收取一定数量的物业服务费。二是通过一业为主，多种经营方式，在征得业主大会同意后，利用小区的资源开展多种经营，弥补物业费用的不足。

（2）物业服务费成本构成

不论采用包干制或酬金制，物业服务成本或者物业服务支出构成一般包括以下部分，且物业共用部位、共用设施设备的大修、中修和更新、改造费用，应当通过专项维修资金予以列支，不得计入物业服务支出或者物业服务成本。

①管理服务人员的工资、社会保险和按规定提取的福利费等。

②物业共用部位、共用设施设备的日常运行、维护费用。

③物业管理区域清洁卫生费用。

④物业管理区域绿化养护费用。

⑤物业管理区域秩序维护费用。

⑥办公费用。

⑦物业管理企业固定资产折旧。

⑧物业共用部位、共用设施设备及公众责任保险费用。

⑨经业主同意的其他费用。

通过明确物业服务费评估项目内容，将收费内容或成本支出项目按要求分为大项、各小项科目，最后再细化到各明细核算指标。以这些明细指标构成物业服务费的配置依据，进行评估，使之基本上达到分项明确、内容清晰、指标有序、评估有据的评估基本框架，使得物业服务的预计收益更贴合实际。

4.物业服务费评估需注意事项

物业服务费是物业管理的"价格"，是人们为享受物业管理所带来的好处的付出。但因物业、业主和管理单位的不同，这一价格明显不同。市场化是循序渐进的，在初期阶段其价格的制定不能完全依靠市场，必须由政府有效地控制与规范，以保证行业健康、有序的发展和社会的稳定。通过此次物业服务费评估，在进行物业服务费评估时评估专业人员应注意下列几方面。

1）遵循物业服务费评估原则

（1）合理合法、公开的原则。所谓合理合法是指物业服务费应以价值补偿为依据。公开是指物业服务费应定期公布收支情况，接受产权人和使用人的监督。

（2）价值补偿，成本核定原则。在核定物业服务费标准时，要有利于物业管理单位的价值补偿，按照物业管理档次和服务标准实行有偿服务，合理分担；成本核定本着"量入为出，公平合理"及"谁享用，谁受益，谁负担"的原则，综合考虑实际的费用支出情况进行测算。

（3）与业主的承受能力相适应原则。物业服务费的标准制定，需要充分考虑当地物价指数因素，进行科学合理的测算评估，尽量保证业主的承受能力与实际缴付的物业服务费水平相平衡。

（4）按质论价和动态调整原则。物业服务费的收费标准，因地而异，因不同产业而异，实际以物业管理服务发生的成本为基础，结合物业管理的质量、服务水平合理测算；此外，随着指数的上涨、人民收入水平的提高、需求偏好的改变等外来因素的影响，适时根据物价水平的变化进行动态调整。

（5）符合定价程序原则。物业服务费属于经营性服务收费，实行政府指导价和市场调节价两种价格形式，定价应遵循相关法律法规和指导政策。

2）注意物业服务费评估要点

（1）物业服务费用评估应当区分不同物业的性质或特点，并考虑其实行的是政府指导价还是市场调节价，采用包干制还是酬金制服务合同约定。

（2）物业服务费用成本构成确定。成本构成项目不是一成不变的，具体到核算某一个特定物业的管理费用，由于各管理物业的具体情况不同，就要根据该物业的实际情况，在上述构成项目中进行必要的增减调整。同时还要注意以下几点：一是要求尽量细化，把具体消耗或支出费用分解得越具体，才越真实；二是尽量全面，不要漏项，比如测算大型固定资产更新储备金时，往往容易忽视外墙面更新和电缆更新项目；三是测算依据尽量准确，比如固定资产和大型设备的折旧年限，有些项目费用的单价标准等尽量准确，不用或少用估值，对于有些无法或不好确定明确的数据，需运用模糊数学原理确定时，其随机采集资料的点、面、布局要合理，要有充分代表性。例如：本评估实例中，根据委托方要求，大厦管理服务配备人员不包含保安服务人员。

（3）物业服务成本应采用客观成本。计价应综合考虑社会价格指数、社会平均工资、社会保险缴纳比例、材料采购价格以及水、电、气、热能等价格的变化。

（4）收集原始数据。物业服务费的核算要做到合理、准确，对原始数据和资料的收集至关重要。比如在测算大型设备更新储备金时，要首先收集包括原始价格、运输、安装调试费在内的设备值，设备功率参数和设备使用寿命等资料；测算低值易耗材料时，要计算出各类材料的详细数量和对市场价格进行详细调查；工资水平、社会保险、专业公司单项承包、固定资产折旧率、折旧年限等，均应严格按照政府和有关部门的规定和实际支出标准及有效依据为测算基础。这是评估测算难点之一。

（5）物业服务费收缴率的估算。需要根据项目及当地实际情况估算收缴率测算实际收入，这是比较难估算合理水平的指标。

（6）合理估算利润和税费。物业管理属微利性服务行业，物业服务费的测算和物业管理的运作应收支平衡，略有结余，在确保物业正常运行维护和管理的前提下，获取合理的利润，使物业管理企业可持续发展。合理估算利润和税费，需要运用到经济、会计、数理、统计等学科知识。

3）避免物业服务费评估误区

误区一：将住宅楼或商业物业内公共部分、公共设备设施以及园区内公共设备设施的能源费用纳入费用测算中。不能将该费用计入费用测算的原因：（1）宅楼或商业物业公共部分、公共设备设施以及园区内公共设备设施所消耗的能源费用，其使用者是业主及使用人，他们才是最终用户；（2）会出现重复交税，例如电费，应该是由供电部门向最终用户收费，如果委托物业管理公司收费，则属于代收费，如果将此项目费用计入运营成本并缴纳了税费，则变相增加了业主的费用。

误区二：把资源占用费或个性化服务额外收入列入物业服务定价收入。例如停车费收入、电梯轿厢广告收入、临时场地使用费收入等虽属物业服务收入，但收入所有权并不属物业管理公司。对于管理区域内所有权经营及处置过程，从严格的法律意义讲都必须获得业主大会的授权，并依据双方约定对收益进行分配。

误区三：酬金制物业服务费定价以成本支出为基数。但是在实操中，物业服务企业往往受利益驱动而在履约过程中失信。以饱和物业费用为计提升管理酬金的基数，有利于公平交易。

误区四：物业服务费用越低越好。大多数业主的目标是少缴费多获得服务或凭主观意识来判断物业服务费用的高低，殊不知较低的物业服务费用往往会造成以下几种后果：（1）物业管理公司降低服务标准，只做表面文章；（2）物业保值增值的目标无法实现；（3）对于物业管理公司而言，难以吸引优秀、高素质人才为业主提供高质量、专业服务。以上三种结果最终会导致物业品质的下降，阻碍物业行业发展。

误区五：物业服务定价未对新技术应用预留空间。通过智慧管理体系建设物企在降本增交方面取得显著成果，得益于科技的应用和规模效应等因素，"科技＋物业服务"的数字物业成为今后发展重点。根据物业管理行业调查，2017年到2020年上市物业企业营业成本率呈现逐年下降的态势，2020年45家上市物业企业成本率下降到72.2%。

五、评估实践感悟

作为社会中介服务机构、第三方评估机构和评估专业人员，我们进行物业服务费评估时，必须掌握物业管理行业的发展动态，熟悉物业服务费的特点、定价机制、价格构成、费用测算标准和依据方能对物业服务费给予一个客观、合理、公正的价值判断。结合物业服务费评估实践，有如下几点深切感悟。

（一）物业服务费评估的项目多样，内容复杂，专业性要求高

物业服务评估涉及物业项目方方面面，涉及每一个权益人的自身利益，鉴于物业项目的特殊性及差异性，一般而言物业企业或业主很难对物业服务费用作出准确的评估。在物业服务费评估业务中，评估专业人员不仅要通晓物业和物业评估的理论、方法、技术，还需具备经济、会计、规划、建筑或物业制度政策等跨行业、跨学科的知识结构，同时依赖评估人员的业务经验及专业判断，将理论与实践密切结合，才能完成测算评估工作，保证物业服务费用评估结果的客观、合理、公正。

（二）物业服务费评估的意义

随着市场经济的不断发展和市场化程度的不断加深，物业服务费非市场化的定价形式已经不能适应企业的发展需要，各地政府相继推出以"政府指导价为辅，市场调节价为主"的政策法规，加速了物业行业市场化进程。通过对物业服务费进行测算评估，以价格公开透明为手段，有助于业主进行服务价格比较，消除价格信息的不对称，提高业主物业服务费用的竞价能力。有利于业主理解物业管理的真实价值，增强与物业服务企业价格认同，减少对价格认识的误解，降低价格冲突的风险。

（三）物业服务第三方评估引入的作用

可以从第三方的角度，充分利用自身专业优势为争议方提供客观、独立、公正的评判意见。以此解决日前物业管理行业低价竞争、违规利用业主资源经营或物业服务质价不符等矛盾纠纷。物业服务第三方评估引入可厘清物业纠纷，实现专业、公正调解，有效引导业主走向理性维权；厘清政府职责，重新定位政府角色，规范物业管理市场主体；通过市场行为解决市场争端，政府实现简政放权。

（四）服务领域相对狭窄

物业服务第三方评估的发展还处于探索阶段，推广范围小，缺乏顶层设计，评估技术有待规范和统一。

六、结语

随着科技进步，营商环境优化及改革的不断深化和科技水平的快速提升，传统评估需求会逐步减少，各评估机构纷纷开始探索新的业务领域或新的发展方向，谋求多元化发展。一是通过取得评估领域多种评估资质，评估业务向上下游产业延伸，包括测绘、造价、会计、顾问咨询、物业服务、中介代理、产业服务、绩效评价等第三方服务转型升级。二是以估价为基础，拓展多元化领域。围绕"估价"来提供服务，在估价业务范围内不断拓宽其适应领域，并向其他估价行业业务延伸，实现横向多元化。三是以延伸产业链为核心，开发多元化业务内容，实现内部评估体系创新与应用的多元化。

未来，评估行业将在更多未知领域和创新领域获得更多的评估需求，服务范围将会得到进一步扩展，评估专业人员除了要为信息化建设出一份力外，还要吸纳相关行业的新学科专业，丰富知识层次结构，在各领域的不同经济行业中发挥评估专业人员的专业特长，助力第三方评估有效参与社会体制改革和社会治理创新。

参考文献：

[1] 黄传炜.物业管理领域第三方机制的社会价值：以北京为例[J].和谐社区通讯，2016（06）.

[2] 胡俊成.张晓东.关于物业服务第三方评估独立性问题的探讨[J].改革与开放，2017（06）：12-14.

[3] 肖屹.付光辉.物业服务第三方评估的现状与意义[J].中国物业管理，2019（11）.

[4] 杜江南.从物业管理的服务价格看行业公平竞争[J].城市开发，2001（07）.

[5] 刘莉.物业费的测算及管理[J].辽宁工程技术大学学报（社会科学版），2013（03）.

[6] 中物研协.2021物业服务企业上市公司研究报告[R].2021.

作者联系方式

姓　　名：潘建锋

单　　位：深圳市世鹏资产评估房地产土地估价顾问有限公司广州分公司

地　　址：广州市越秀区水荫路35号厂区自编37栋208室

邮　　箱：584378318@qq.com

注册号：4420140040

透视住房租赁市场背后的业务新蓝海

韩艳丽

摘　要：本文在梳理现有住房租赁经营分类方法的基础上，分析了住宅租赁服务的核心价值以及新的发展趋势。并通过整理长租公寓咨询业务的切入点，挖掘新型业务蓝海，旨在估价机构解放思想，减少估价"领地"意识，助力解决资产的数字化、投资决策，为租赁全生命周期风险管理提供优质服务。

关键词：住房租赁；资产数字化；投资决策；全生命周期风险管理

一、引言

房子是中国人永远的话题，"有钱就买，没钱才租""以房为家"是大多数中国人的内心写照，这也导致一边是过热、高企的房价；一边是滞后、不及房价增速的租金。一方面，失衡的租售比和限购政策变相地推动住房租赁市场发展；另一方面，传统地产开发利润持续萎缩，迫使房企寻求新的利润增长点。面对住房租赁市场这么一大块蛋糕，资本、行业巨头纷纷提前布局，"你方唱罢我登场"，前有"爆雷"的寓见公寓、鼎家公寓、杭州德寓、青客公寓、蛋壳公寓，后有进入发展"深水区"的龙湖冠寓、万科泊寓、旭辉领寓、自如、京东、阿里，租赁市场行业在不断地洗牌与淘汰。

专业运营商、房地产中介以及大型地产商纷纷涉足长租公寓领域，行业之间竞争压力在增大，同行竞争的风险愈演愈烈。同样的"内卷"情况也出现在估价行业，作为服务性质的估价机构业务面越来越窄，究竟是专注于传统业务做精做强，还是多元发展，扩大业务领域。笔者认为真正的服务，就是解决顾客的需求，新形势下需转换思想，减少估价"领地"意识，技术赋能，不局限于估价传统行业边界，挖掘住房租赁市场背后的新业务，实现在细分赛道上的弯道超车。

二、住房租赁经营的主要分类

一般地，我们将个人出租住房的经营模式统称为"市场普租"，住房租赁机构因租赁服务的范畴、界限、适用场景的不同，其经营模式分类方法有以下几种。

按照房源分布，可以分为集中式和分散式两类：分散式一般为个人房源，而集中式一般是通过整体租赁、购入或自建大面积租赁住房后出租，房源分布较集中。按照运营主体和租赁住房属性，可以分为集中式运营、分散式代理、房地产开发三类，其中房地产开发指的是对自持物业开展租赁经营。按照是否持有租赁住房，可以引用金融体系的概念将其分为轻资产、中资产、重资产模式。按照房屋产权主体、出租主体和运营主体之间的关系不同，基于主体间的合同关系，又可以将住宅租赁经营分为自营、包租和代管三种模式（图1、表1）。

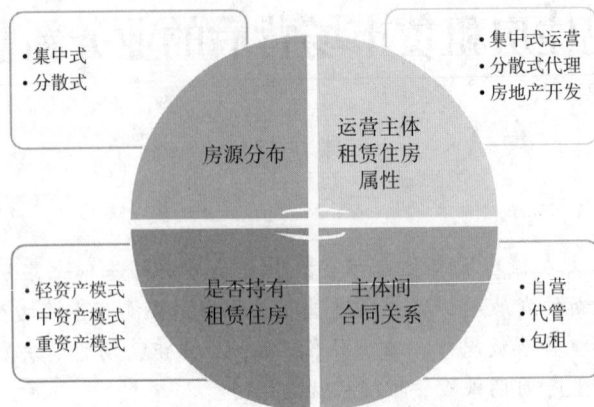

图1　住房租赁经营的模式分类

自营、代管、包租经营模式的关键要素　　　　　　　　　表 1

模式名称	合同主体	运营主体	收费形式	内容
自营	业主与租客	业主	住房租金	业主向租客提供房屋使用权和运营服务
代管	业主与租客，同时引入第三方租赁机构托管	租赁机构	服务费（一般按租金的百分比收取）	业主向租客提供房屋使用权；机构向租客提供运营服务
包租	业主与第三方租赁机构	租赁机构	住房租金＋服务费	机构提供房屋使用权和运营服务

尽管不同的分类方法可能存在重叠，但我们仍然可以发现住房租赁行业的核心价值并不是租赁住房使用权的转移，而是提供长期、持续的租赁运营服务。

三、住房租赁市场的新发展趋势

根据近期 58 同城、安居客发布的《2020 年中国住房租赁市场总结报告》显示，2020 年全国租赁市场土地供应基本保持同期水平，上海在线租赁房源供应量居首位，以高校毕业生为主的租房市场年轻群体占比增加。贝壳研究院发布的《2020 新青年居住消费趋势报告》调研数据显示，2020 年新青年居住套均租金前十名的城市分别是北京、上海、深圳、杭州、广州、南宁、苏州、厦门、东莞和武汉，其中北京套均租金为 5102 元，位居榜首，而近年来因数字经济快速崛起的杭州位列第四。

可以发现，尽管受新冠肺炎疫情影响，全国租房市场出现了整体的萎缩，但重点城市的租金依然保持平稳。2020 年租赁行业迎来"寒潮"，困难和风险频频显现，一边是疫情导致租赁需求缩减，另一边租赁机构"高进低出""长收短付"的经营模式使得金融风险大幅增加，资金链断裂、淘汰出局者比比皆是。但行业进入发展"深水区"后也有不少长租公寓及时调整策略，稳扎稳打；还有部分企业开始谋求创新转型，聚焦差异化、高效化运营。

政策层面上，解决好大城市住房突出问题，被中央经济工作会议列为 2021 年的八大年度任务之一，其中住房租赁市场的建设预计会有大手笔。高度重视保障性租赁住房建设，加快完善长租房政策的同时，进一步降低租赁住房税负，整顿租赁市场秩序，规范市场行为，对租金水平进行合理调控。多措并举无疑是在为房屋租赁市场保驾护航，营造一个自由选择租房还是买房的市场环境，有利于消除对住房租赁消费的制度性歧视，进而有利于住房市场的稳定，并借此补齐租赁市场发展滞后的短板。

未来住房租赁市场将会呈现房租水平多元化，租房更加自由便捷，信用审查更加普及、严格的趋势（图2）。租房就像电商上选购商品一样便捷，房子的所有证照一一列示，虚拟现实技术实现线上看房，AioT智能终端实现线下带看环节无人化。大数据记录下租客的喜好，自动推荐好房，不像现在是否选到好房全凭经验、运气以及是否遇到靠谱的中介。

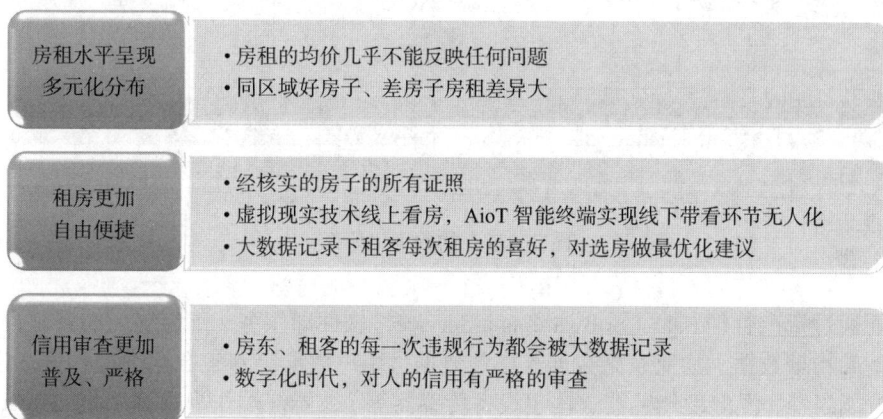

图2　未来住房租赁市场的新趋势

四、住房租赁市场中的新型评估业务

对估价机构来说，一提到住房租赁市场，首先想到的是租金评估，如政府指定机构的保障类住房市场租金评估、国企机关房产市场租金评估等。常用的方法有基于"生产费用价值论"的成本法、基于"替代原理"的比较法、基于"预期原理"的收益法倒算。然而这些传统的租金评估仅仅是住房租赁市场服务链上的一环，甚至仅仅是服务细分项目的"沧海一粟"。

依托传统估价服务，估价机构需要思考如何与用户维系好关系，将租赁过程中零散的事情、支离破碎的节点逐渐串联起来，将各个看似孤立的咨询行为产生关联。对接估价机构，估价机构要成为一个整合的端口，让委托方省时、省力、省心。以租赁住房市场重要组成部分的集中式公寓——长租公寓为例，资产数字化、投资决策、全生命周期风险管理等新型业务"蓝海"尚需估价机构挖掘。

（一）资产的数字化

众所周知，未来十年是数字化的时代，数字货币的下一阶段必定是数字化资产。目前，大多数资产管理企业还处在较为初级的"在线化"阶段，离真正的数字化还有较大提升空间。未来估价机构与软件开发公司合作、估价机构自主研发均可以参与到数字化业务中，当前阶段的数字化尝试主要有通过数字化平台，实现租赁方案、租赁合同、对账功能、统计分析、考核标准等的标准化。估价机构需逐渐探索从"卖报告"到"卖系统"的角色转变，助力打造能够帮助企业进行高效业务运营的一站式智慧 AI 公寓管理平台（图 3）。

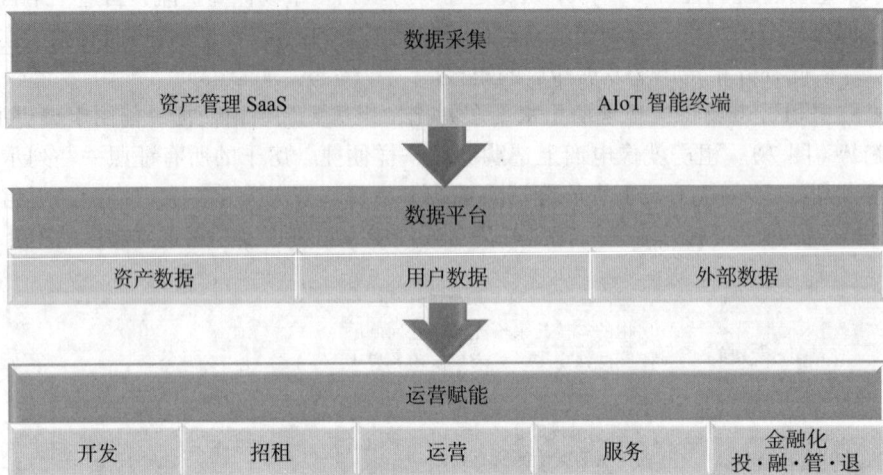

图 3　资产的数字化体系

需要通过资产管理 SaaS（Software-as-a-Service，软件即服务）作为统一的管理入口，对房地产基础物理数据、物业设施数据、租约数据、用户数据等基础数据进行整合；AIoT（摄像头、智能门禁、温湿度传感器、楼宇设备传感器等）智能终端作为数据采集的触点，在向用户提供智慧办公、智能家居等服务的同时，也是资产数据采集的重要补充手段。同时结合与区位密切相关的交通、外部配套设施、周边环境、业态分布、市场行情数据等外部数据，建立资产运营的数据平台，将静态物理数据、动态运行数据、用户数据统一汇集在一个平台上，再利用三维建模技术，构建出一个直观、多维度数据展现的虚拟化"孪生体"。

通过数据赋能，可以实现资产运营的降本增效和服务增值，提高资产回报率，并助力资产运营的金融化。例如，对于缺少线上流量的中小公寓运营商，可以通过公寓管理 SaaS 平台把真实房源信息实时对接到 58 同城、贝壳找房、安居客租房等流量平台上，增加获客渠道；通过智能门锁、智能门禁，可以实现线下房源带看环节的无人化，大幅减少人员成本；智慧公寓为用户带来升级体验，进而带来租金的溢价，同时租约的数字化结合智能电表、智能门禁等硬件数据，可以实时掌握公寓运营状况和空置率，为金融机构发行租金分期产品提供风控支持，满足穿透性的监管需求。

SaaS 产品的关键点是对外品牌化——品牌赋能、对内精细化——高效管控。目前龙湖地产、万科地产、中粮地产、魔方公寓等国内知名企业均在尝试应用 SaaS 平台。估价机构与软件开发公司合作（跨业联合）、自主研发（资金、人才储备实力强）均可以参与到数字化业务中，用数字化赋能公寓运营，实现标准化作业流程，提升用户洞察、渠道对接能力，提高运营效率，完善优化公寓资产管理的工作流程。同时可以跟随企业发展阶段提供跟踪服务，动态自定义配置，完美适应企业不同阶段运营模式。

（二）投资决策服务

作为一种新兴事物，长租公寓的短板在于"地贵、钱贵、周转慢"。诚然长租公寓属于微利行业，国内部分长租公寓租金回报率甚至只有 1%。有研究机构曾针对某公寓企业进行跟踪调研，发现其房源取得成本占总收入的 50% ～ 60%，装修成本占比 15% ～ 20%，一般经营成本 15% ～ 20%（少数头部企业可以降到 10%），再结合税费等杂项，行业利润区间仅为 3% ～ 5%。这也迫切要求在项目开发环节，资产运营方、开发商需对项目价值进行合理评估，并结合物业的区域因素、个别因素条件和潜在客户需求等数据，确定项目是否值得投资。估价机构可以依托专业的数据服务，定制化的项目咨询模式，辅以客户调研等方式补充相关支撑数据，重塑投资决策流程。

表 2 摘自祥源地产长租公寓项目目前常用的投资模型。各机构的算法和应用方向上略有区别，但内在的"算账"逻辑是基本一致的，在此不一一赘述，仅供同行参考。

祥源地产长租公寓项目投资测算表　　　　　　　　　　　　　　　　表 2

项目基本情况			
所在城市		城市划分	
地址		房屋产权性质	
总租赁建筑面积			
公寓部分总建筑面积（m²）		公寓部分总套内面积（m²）	
商业部分总建筑面积（m²）		商业部分总可租赁面积（m²）	
客房数		得房率（公寓部分）	
公寓单房建筑面积（m²）		公寓单房套内面积（m²）	
总租赁期（年）		免租期（月）	
		工程期（月）	

项目签约条件			
项目汇总			
首年租金成本（元）		起始租金成本（日 /m²）	
公寓部分签约条件			
首年租金成本（元）		起始租金成本（日 /m²）	
租金成本递增方式：每几年		租金成本定期增长率	
租赁押金		中介费	
租金支付方式（月数）		转让费	
商业部分签约条件			
首年租金成本（元）		起始租金成本（日 /m²）	
租金成本递增方式：每几年		租金成本定期增长率	
租赁押金		中介费	
租金支付方式（月数）		转让费	

续表

项目经营假设

项目汇总

第二年总括收入合计（元）		第二年平均租金收入（元／日／m²）	
第二年单房运营成本合计			

公寓部分假设

首年单房租金收入（元／月／间）		首年租金收入（元／日／m²）	
其他收入占比		首年总括租金收入（元／日／m²）	
租金收入年增长率		单房运营成本（元／月／间）	

商业部分假设

平均租金（元／日／m²）		租金年增长率	
商业运营成本（占收入比例）			

项目总投入

项目汇总

总装修投入		总标准装修每平方米造价	
项目总投入（不含租金资本化）		项目总投入（含租金资本化）	
总每平方米成本（不含租金资本化）		总每平方米成本（含租金资本化）	

公寓部分假设

总标准装修成本		标准装修单房造价	
单房中介费		单房转让费	
		总单房成本（不含租金资本化）	
资本化租金		单房资本化租金	
		总单房成本（含租金资本化）	
		后续追加投入（元／间）	

商业部分假设

总标准装修成本		每平方米装修费用（建筑面积）	
每平方米中介费用		每平方米转让费用	
		总每平方米成本（不含租金资本化）	
资本化租金		每平方米资本化租金	
		总每平方米成本（含租金资本化）	

黄色部分为下拉式选项或必填的基础数据，灰色部分为系统自动计算。需要注意的是两个关键性指标：首年租金占比和第二年 YOC。

首年租金占比 = 起始租金成本 / 首年总括租金收入

$$\text{第二年 YOC} = \frac{\text{EBITDAR}}{\text{CAPEX}}$$

其中：YOC 是指资本性支出利润率；

CAPEX 作为资本性支出，这里指总单房成本；

EBITDAR = 租金收入 − 税费 − 租赁成本 − 运营成本。

一般需首年租金占比不超过 65%，且第二年 YOC 不低于 15%，才能具备上投审会标准，有些机构对于租期超过 15 年、租期内租金成本涨幅每两年低于 5%，或者物业条件特别好（如一个区域的地标性项目）会适当降低投审标准。

（三）全生命周期风险管理

目前，部分估价机构已经参与到上海市重大项目社会稳定性风险评估工作，与其类似的，对于频频爆雷的长租公寓项目，更需要从科学的角度论证可行性。未来政策导向会进一步加强长租公寓风险管理，助力房屋租赁行业规范化发展。

与普通租赁项目相比，参与长租公寓项目主体更多，在项目开发、运营过程中各方扮演的角色不同，利益不同，关注点也不同，既有房地产开发商或其他投资者、政府部门、房屋权利人、租客，也有银行、基金等金融机构，各主体之间存在冗杂的合同关系，相较于一般租赁项目风险因素更多。

参考国内专家学者有关长租公寓风险的研究，结合风险分析及初步识别，我们可以将长租公寓项目全寿命周期风险因素划分为十类，以初步风险识别得到的十个风险因素为依据，构建初步风险评价指标体系如表 3 所示。

初步风险评价指标体系　　　　　　　　　　　　　　　　表 3

目标层	一级指标	二级指标
全生命周期风险	经济风险	融资风险
		通货膨胀风险
		利率风险
		资金风险
	政策风险	金融政策风险
		税收政策风险
		房地产政策风险
	法律及合同风险	法律及监督体系不完善风险
		合同文件不完善风险
	房源风险	房源获取风险
		房源选址风险
		房源标准风险
		房源成本风险

目标层	一级指标	二级指标
全生命周期风险	设计装修阶段风险	消防安全风险
		开发成本超支风险
		设计不合理返工风险
		施工质量风险
		施工进度风险
		设计变更风险
		供应风险
		工期风险
		验收风险
	市场风险	供需风险
		认知风险
		同行竞争风险
	盈利风险	价格上涨风险
		盈利实现风险
	运营风险	运营成本超支风险
		配套设施风险
		租后服务质量风险
		运营等其他团队管理水平风险
		过度扩张风险
	系统问题风险	空置率与续租率风险
		IT 技术风险
	不可抗力风险	工人罢工风险
		自然灾害风险

以 WBS 最底层开发阶段、运营阶段的工作节点为行，以 RBS 最底层风险因素为列构造 WBS-RBS 的耦合矩阵，行与列的交集即为风险因素点。如经济风险、政策风险、法律及合同风险、不可抗力风险、房源风险与设计装修阶段风险属于项目开发阶段风险；市场风险、盈利风险、运营风险和系统问题风险属于项目运营阶段风险。

通过专家调查法，确定影响因素属性及各自之间关系，同时给予风险权重。专家建议由高校房地产专业从事长租公寓研究的学者教授、估价机构经验人员、房地产公司从业人员、有一定经验的建筑施工公司从业人员等组成。

一般地，从影响度看一级指标运营风险、设计装修阶段风险、政策风险、房源风险相较于其他风险因素来说影响较大，因为运营风险和设计装修阶段风险代表长租公寓项目开发过程和运营过程中的微观风险，这些风险因素对其他风险因素有很大程度的影响，决定人们对于长租公寓的认知、投资者成本的多少、空置率与续租率以及盈利实现时间等问题；政策风险是租赁市场一双无形的手，宏观层面对其他因素影响较大；房源风险为最基本风险，决定长租公寓后续发展的方向。二级指标中运营等其他团队管理水平、同行竞争风险、房源标准风险、过度扩张风险、价格上涨风险、资金风险、房源成本风险、设计变更风险、消防安全风险、空置率与续租率对其他风险因素影响较大。

最后，依据计算结果分别对开发阶段和运营阶段提出相应风险应对措施，以期促进长租公寓项目持续健康发展。由估价机构开展风险评估的优势在于项目的主要风险因素多数是估价机构擅长的专业领域。估价机构可以将定性与定量、综合性与技术性相结合，运用 AHP、SWOT 等多种风险评估方法，分析各主要风险因素可能发生风险的概率、影响程度。实时监督，并根据委托方所提出的诉求，进行动态跟踪评估。

五、结语

我国进入存量房时代以来，租赁市场需求迅速崛起。在政策、市场、融资的风口下，行业未来仍拥有可预期的"窗口"红利。随着租住形态升级带来巨大发展空间，高品质的租住时代即将来临，笔者认为：

第一，受目前公共资源稀缺等多层因素影响，"租售同权"政策的真正"落地"依然充满变数，政府层面除了在供地阶段、税收方面给予优惠政策激励，进一步降低房源获得成本以外，还需在"租售同权"方面落实措施，让租住者真正享受到"租售同权"的教育和医疗等公共服务待遇，以提高租住业态对市场的吸引力。

第二，部分国企在长租公寓类项目上已经开始数字化探索。在数字货币、区块链、城市更新等大政策背景下，国有资产一旦实现从"实体化"到"虚拟化"、从"固定资产"到"运营资产"，从数字化配套服务、资产数据更新维护的角度出发，未来估价机构必将迎来新的机遇。

第三，新冠肺炎疫情加速行业分化，市场新一轮洗牌使得资本更加理性，专业的技术服务可以帮助委托方清晰甄别公寓企业的投资价值，同时促使企业更好地思考生存之道。

第四，租赁的核心是服务，服务的核心是运营，运营好坏直接关系盈利问题。国内长租公寓项目经验欠缺，无论是政府还是参与其中的利益方，都需要全生命周期风险管理。

第五，目前已经有一些头部综合集团型估价机构参与到"类 REITs"项目中的评估咨询服务。2021 年 6 月，首批基础设施公募 REITs 产品上市，虽然首批公募 REITs 的底层资产并不包括租赁住房，但可以预见未来住房租赁 REITs 必将使住房租赁企业"轻装上阵"，低金融杠杆、可持续发展的商业闭环模式势必对中国住房市场完成结构性重塑。住房租赁 REITs 发行的关键点是项目成熟（运营年限 ≥ 3 年），运营主体合格，现金流稳定，且净现金流分派率不低于 4%。同时 REITs 执行长期投资策略，其中既有前期的投资决策分析，又有后续的动态跟踪评估业务。

第六，时代的发展日新月异，估价机构也应立足于发展的视角，审时度势，为匹配新业务作好资产、财务、金融、系统开发、数据管理等相关知识的人才储备，建立质量管理体系，提高企业核心竞争力以及品牌影响力。

未来会有更多的公寓企业对新赛道进行探索，这也将进一步丰富租赁市场的业态。以租住链接城市未来，"为城市青年创造温暖而明亮的节点"，高质量的评估、咨询服务助力安居工程，也是估价机构践行的一种社会责任。

参考文献：

[1] 李擎宇.不同运营模式下长租公寓盈利思考[J].科技经济导刊，2019（07）.

[2] 罗忆宁.住房租赁经营模式分类方法研究[J].建筑经济，2020（07）.

[3] 2020年中国住房租赁市场总结报告[R].58同城、安居客，2020-12-23.

[4] 闫金强、曹凤娟.2020新青年居住消费趋势报告[R].贝壳研究院，2021-02-22.

[5] 沈建新.论新时代我国推动住房市场"租购并举"的必要性与现实意义[J].市场论坛，2018（08）.

[6] 兰房链.数字地产时代：商业地产运营环节的数字化转型.搜狐网，2021-01-29.

[7] 观点指数研究院.表现力指数·2020年度商业地产表现报告.观点地产网，2020-11-03.

[8] 宋述贵.大型国有企业信息系统建设过程中的风险控制研究[D].北京：华北电力大学，2017.

作者联系方式

姓　　名：韩艳丽

单　　位：上海房地产估价师事务所有限公司

地　　址：上海市浦东新区南泉北路201号1005室

邮　　编：200120

邮　　箱：48490388@qq.com

注册号：3120060030

浅谈我国租赁住房市场监测指标体系的建设

许 军 陈 敏 陶 缨

摘 要：近年来，我国住房租赁市场快速发展，住房租赁市场规模逐步扩大。各级政府出台了多项政策来支持住房租赁市场的发展，但租赁市场监测工作进展缓慢，缺乏一套有效的反映住房租赁市场情况的监测指标体系。本文尝试通过理论研究及实证分析，提出一个较为完善的住房租赁市场监测指标体系，及时反映住房租赁市场变化情况和发展趋势，为政府了解市场运行情况及制定相关政策提供参考依据，引导我国住房租赁市场健康平稳发展。

关键词：住房租赁市场；市场监测；指标体系

一、租赁住房市场监测的背景研究

（一）我国租赁住房市场整体需求量庞大且稳定

我国居民住房自有率较高，租赁需求增长主要来源于流动人口和高校毕业生。2021年第七次全国人口普查数据显示：全国人户分离人口为49276万人，流动人口为37582万人，大量的流动人口形成了我国住房租赁市场的庞大需求。另外，我国高校毕业生也是住房租赁市场需求的重要组成部分，每年700多万的毕业生大部分需通过租赁住房来解决居住问题。整体来看，我国住房租赁需求庞大且稳定。

（二）我国住房租赁市场存在明显的内部失衡特征

从供给主体类型来看，住房租赁市场主体主要包括三种类型：个人、企业和政府。具体来看，个人租赁住房是住房租赁市场的主要供应主体，占绝对比重；政府主要通过提供保障性租赁住房增加市场供给，但由于起步较晚，在整体供给中占比不高；住房租赁企业主要通过酒店式公寓、租赁用地开发等形式来增加租赁市场住房供给，尚未形成规模。目前，我国住房租赁市场供给主要以个人出租为主，机构供给很少，租赁市场住房质量参差不齐，管理难度较大，租赁市场规范有待进一步提升。

另外，不同区域经济发展水平不同，租赁市场发展也存在明显的地区分化特征。本文选择了10个城市，代表性地选取了租金收入比来反映不同城市租赁市场情况。从租金收入比来看，北京租金收入比最高，2019年租金收入比约为0.60，其次为深圳、上海和杭州，租金收入比分别约为0.58、0.50和0.40，而一线城市中广州的租金收入比最低，约为0.36，与部分二线城市持平，房屋的租金收入比呈现出明显的城市分化特征，具体如图1所示。

（三）相关法律制度缺失，监管制度不完善

我国租赁住房市场起步较晚，目前尚未正式出台专门的法律制度以规范市场各方行为，租赁双方的权益无法得到有效保障。对于承租人而言，居住环境无法保障，房东对于租赁要

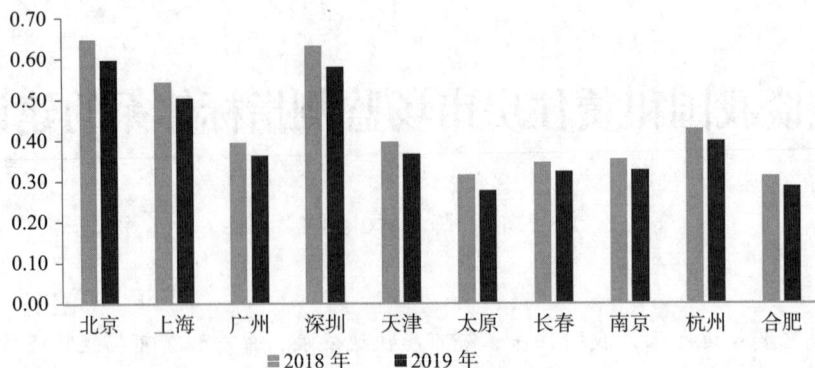

图1 各样本城市租金收入比

素包括租金、租期和各种费用等的沟通处于绝对优势，即使房东提前解约或随意提高租金，承租人也只能被动接受或换租，无法诉诸法律。对于出租人而言，在出租期间无法约束承租人对其房屋的肆意使用导致出现损坏住房设施的现象。

此外，我国住房租赁市场监管力度也有待提高。首先，租赁合同登记备案制度不完善，缺乏一套有效的登记系统。其次，对于中介机构监管不足，现行制度中，不论是对房地产中介公司还是对从事房地产中介业务的从业人员均缺乏相应的监管，导致市场上"黑中介"事件频出，损害了租房者的利益，也不利于中介公司业务的开展，长期来看是不利于我国住房租赁市场稳定发展的。

（四）租赁住宅的开发及运营缺乏金融支持

我国现行的金融相关制度对租赁市场的金融支持度不够，住房租赁REITs的落地存在困难。从市场的角度来看，租赁住房缺乏流动性且收益率较低，房地产开发商更倾向于开发销售住宅而非租赁住宅。而我国的租房需求庞大，政府保障性住房数量少，应该通过税收优惠、贷款优惠等金融手段鼓励房地产开发企业进入，形成私人、开发商和政府三方共赢的住房租赁市场，从而满足不同租房者的需求。

二、我国住房租赁市场监测现状

我们对国内各级行政机构、经纪机构、租赁住宅运营企业、租客等进行多方调研，结合近两年联城行在租赁住宅市场监测项目中的监测需求整理、各研究院及高校的租赁课题梳理、各长租项目经营方的经营问题探讨、各租户的需求痛点抽样调研等，梳理出我国目前已有的和住房租赁市场监测相关的各类指标，总共91个，按照其反映的市场侧重点进行归纳整理，主要可分为以下6类：

第一类是反映住房租赁市场供需状况指标，这类指标可从供应和需求两个维度来衡量，包括城市既有的各类租赁租房的套数、建筑面积、特定空间范围内的流动人口、高校人口、租赁住房家庭户数等。

第二类是反映区域结构特征的指标，主要反映城市的经济基本面情况及租赁市场所处的基础环境状况，具体包括城市能级、城市生产总值、城镇人均可支配收入、城市规划、城市租赁政策等。

第三类是反映住宅租赁市场交易的指标，具体包括某个城市在某时间段内租赁住宅成交量、套间比、租金成交价格、成交产品结构等。

第四类是反映租金价格的指标，是租赁市场监测指标中最核心、监测需求度最高的一类指标，具体可包括租金水平、租金涨跌幅、租金收入比、租售比等指标。

第五类是反映市场交易特征的指标，这类指标包括租赁合同的特点、供需产品结构特征、租户需求偏好等，具体可包含长租短租分析、房型需求配比分析、租户年龄结构等指标。

第六类是反映租赁市场景气度的指标，是反映一个城市租赁住宅市场在特定时间所处的活跃度状态或未来发展趋势的指标。具体可包括出租率、空置率、平均成交周期、房客源比、租赁活跃度等指标。

除以上六大类指标外，还有反映租赁企业及经纪机构经营情况的相关指标，包括租赁企业数量、公寓品牌数量、经纪机构数量等，此类指标我们归纳为其他指标。现有指标的梳理情况如表 1 所示。

目前国内住房租赁市场主要指标汇总　　　　表 1

统计指标类别	统计指标
供需状况指标	供应量：公租房、分散式个人住房出租、分散式代理经租、分散式转改租、集中式长租非居、集中式服务公寓、新增租赁住房、宾馆/酒店/旅馆、集体土地建设租赁、宅基地租赁、住房租赁供应量、公租房/散租市场租赁住宅占比； 需求量：区内流动人口、区内常住人口、区外流动人口、区外常住人口、高校人才、引进人才、高端领军人才、租赁住房家庭户户数（人口数）、套间转换系数、城市租赁人群占比租房率、住房租赁需求量
反映区域结构特征的指标	外部规划配套预期、城市城镇人均可支配收入、收入增长比、利率变动、出租需求转化率、租赁政策评估、租赁用地拿地成本、租赁项目改建成本、城市能级、城市总 GDP、城市流动人口占比、城市高校毕业生人数
反映住宅租赁市场交易的指标	套间比、租赁住宅成交量、租金成交价格、成交产品结构
反映租金价格的指标	租金水平、租金涨跌幅、租金收入比、租售比、租金价格指数
反映交易特征的指标	长租短租分析、租金配比定位分析、物业档次配比分析、租赁形式分析、房型需求分析、租金季节变动分析、租户年龄结构、租户收入水平、成交户型占比、成交租金结构、代理经租数量占比、长租公寓数量占比、租期占比、产品档次配比率、租期、本市/外市客群占比、客群收入结构、客群学历分布、房型偏好、面积偏好、付款方式、租赁产品偏好、租房渠道、入住率、挂牌房源量、装修档次、成交周期、换房周期、租赁用地进度监测、推广周期、推广期日均增间
反映市场景气方面的指标	出租率、空置率、中介机构待租量或挂牌量、看房量、平均成交周期、房客源比、租赁活跃度、安全隐患率、经营风险预测
其他	住房租赁企业数量、长租公寓品牌数量、房地产经纪机构数量、房地产经纪人从业人员数量、机构品牌占比、各区已完成排摸项目数

三、编制我国住房租赁市场监测指标体系

（一）关键监测指标的选取

如前所述，目前市场上可查阅追溯的反映我国租赁市场运行状况的相关监测指标多达 91 个，涵盖了住房租赁市场各个方面。如何选择合适且匹配的数据指标，建立初步的住房租赁市场监测指标体系？我们认为，选取住房租赁市场监测关键指标应力图遵循以下原则：

第一，导向性与科学性原则。设计住房租赁市场监测指标体系的根本目标是让行业监管部门能够通过指标对市场进行科学的宏观管理，促进住房租赁市场的健康发展。住房租赁市场运行情况复杂多变，需要以一定的目标作为导向，指导和规定统计指标的数量、质量，各个指标的计算方法和计算规则。

第二，系统性和结构性原则。住房租赁市场监测指标体系应包含一系列的统计数据，这些数据互相联系、互相补充。作为一个独立且能够自成体系的系统，统计指标体系应具备明晰的结构性。这个系统应该包含不同的子系统，必要的情况下子系统还可以再细分系统。

第三，有效性和可行性原则。鉴于住房租赁市场的运行状况较复杂，设计住房租赁市场监测指标时应该考虑收集数据的成本和可能性，各项指标的计算方法要标准化、规范化，指标所涉及的内容要便于横向、纵向对比。

根据建立住房租赁市场监测指标体系的目的和导向，在全面深入考虑既有指标含义及监测意义的基础上，按照指标选取和设计原则，结合我们与政府部门进行租赁市场监测的实践经验，我们最终形成包括 5 个功能指标体系、24 个监测指标的住房租赁市场监测指标体系。通过这些监测指标，既可以评估城市住房租赁市场的发展状况，也能通过不同城市的比较寻找住房租赁市场的发展方向。

（二）构建租赁住房市场监测指标体系

住房租赁市场主要由供应方、需求方、政府和中介机构组成，供需双方通过中介机构或直接租赁的方式在住房租赁市场上形成交易，政府主要负责市场监督和保障工作。

首先，建立以租金价格指数为核心的交易类指标体系，辅以市场景气度指标监测。交易类指标是最能直接反映住房租赁市场发展情况的指标，故将其作为第一类监测指标。交易类指标中，最为核心的是租金价格指标，其本质是房地产使用价值的表现形式，选择租赁价格指数作为监测指标体系中的核心监测指标。另外，市场景气度指标可反映市场交易的状态和未来发展空间，将其作为交易类指标的补充指标纳入监测指标体系。

其次，进一步监测供需各因素变动，更深入地了解和分析住房租赁市场情况形成的原因。供给和需求是交易形成的基础，任何交易指标的变动实质都是供给或需求变动引起的，通过对影响供给和需求的各因素进行监测，可以反映第一类指标变动的原因，有利于政府针对性地进行监督管理，为政府精准施策提供依据，将其作为第二类监测指标。

中介机构作为住房租赁市场重要的参与者，其特征因素也可以侧面反映我国住房租赁市场发展情况，将其作为补充监测指标纳入监测指标体系。本文指标体系构建逻辑如图 2 所示。

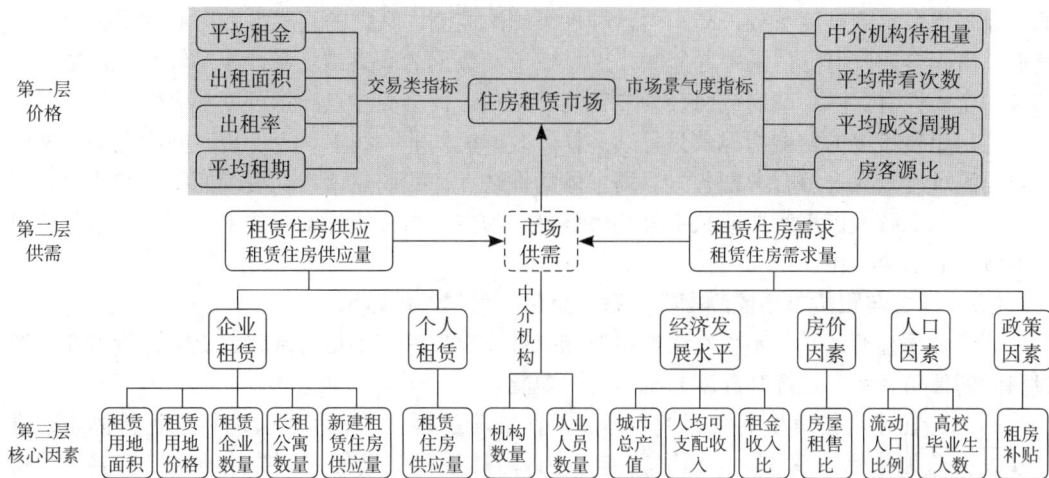

图2 租赁住宅监测指标体系

四、加强我国住房租赁市场监测指标体系建设的相关建议

（一）完善房屋租赁合同登记备案制度，从源头上保证基础数据质量

我国租赁市场发展起步较晚，住房租赁市场基础数据来源不足，数据质量也难以保证，地方政府租赁住房公共平台也尚未系统、完全地建立。在住房租赁市场监测指标体系中，尤其是核心的交易类监测指标依赖于住房租赁合同信息的准确收集。

根据《城市房地产管理法》规定，城市房屋租赁合同实行登记备案制度，但是实施中，很多出租方为了避免或少缴手续费，经常会出现漏报、瞒报或虚假租赁合同，使得合同租赁登记备案制度流于形式。因此，为了能够及时、准确地获取租赁合同相关要素指标信息，必须在源头把关，加大租赁管理力度，不断完善合同登记备案制度。

（二）建立与城市类型相适应的租赁市场监测指标体系

我国租赁住房市场发展存在地区差异性，不同区域租赁市场发展存在明显的地区分化特征。即使是租赁市场相对发达的大中型城市，在住宅租赁市场的经济基本面、市场规模、市场前景、市场潜力等方面也不尽相同，现阶段住宅租赁市场的城市分化特征已然非常明显，每个城市对于租赁市场监测的深度和广度也会有不同的要求，租赁指标体系的监测需要考虑城市空间结构上的差异性，建立与城市租赁市场能级相适应的城市分类租赁住房市场指标体系。

（三）寻求科学合适的租赁住房市场监测主体

租赁住房市场监测工作需要有合适的主体来操作执行。我们认为，根据监测指标的监测要求、适用范围及监测方法的可行性等，可由不同的组织机构主导租赁指标的监测与发布，主体可以是政府部门，也可以是协会或企业。

由企业来主导租赁市场指标监测的优点在于：企业经营的灵活性使得指数的监测能够更高效及时；企业的特征之一是盈利，那么监测租赁住宅指标体系，除了能够促进市场规范，同时能够带来一定的社会效益，甚至能够指导或拓宽租赁企业经营的思路和方向。缺点在于：住房租赁市场监测指标的类型较多，层次丰富，基本数据组成成分也较为复杂，非官方的企业采集数据的难度系数很高；由营利性组织来监测，数据的真实性和可靠性受公众认可度低。由协会或政府部门来主导监测，优点在于：数据的采集难度系数相对较小，数据的真实性和全面性有保障；政府或协会为非营利性结构，社会关注点和认可度都会较高。缺点在于：住房租赁市场的监测指标较为复杂多样，政府机构非一线参与者，短时间内完成全面的市场监测难度较大。综合考虑各方监测主体的优缺点，我们建议：在后续的指标监测中，相关数据来源以各城市房管局或租赁公共服务平台为主，指标统计发布的主导部门初始阶段以政府或行业协会为主。

（四）建立与租赁市场监测指标体系相配套的科学评价体系

租赁住房监测的功能不仅在于通过监测指标变化反映市场运行现状，更大的价值在于通过科学的评价体系，发挥其深度分析预测的功能。

因此，在建立住房租赁监测指标体系后，需着手建立与之相配套的科学评价体系，进一步发挥监测指标体系的分析预测功能。在评价体系建立过程中要关注地区经济差异、房地产业务发展差异和租赁市场体系及完善程度等差异，使得评价体系能够更好地适应城市发展特性。

（五）完善相关法律制度体系

住房租赁监测体系的建立是一个浩大的工程，需要政府统计部门、房地产管理局、估价行业协会等多方协同。完善的法律制度体系是保障住房监测指标体系建立的基础，重点是尽快建立专门针对住房租赁市场的《住房租赁法》，加快完善《商品房租赁管理办法》，明确租赁主体和相关职能部门的责任，促进住房租赁市场健康平稳发展。2020年9月7日，住房和城乡建设部发布《住房租赁条例（征求意见稿）》，明确了租房市场的各方主体包括租赁企业、出租人、承租人及房地产经纪机构等的权利义务及行为规范，征求意见稿的实施有助于进一步完善我国住房租赁市场法律制度体系。

参考文献：

[1] 柴强. 发挥估价在发展住房租赁市场中的作用 [J]. 中国房地产估价与经纪，2017（06）.

[2] 王方明. 供需视角下城市住房租赁市场建设现状及影响因素研究 [J]. 科技经济导刊，2019（09）.

[3] 陈伯庚. 规范租赁重在创新监管 [J]. 上海房地，2017（12）.

[4] 李素芳. 培育和规范住房租赁市场促进租购并举 [J]. 北方经贸，2010（02）.

作者联系方式

姓　名：许军　陈敏　陶缨

单　位：上海联城房地产评估咨询有限公司

地　址：上海市静安区康定路979号

邮　箱：XJ@uvaluation.com

注册号：许军（3119970004），陶缨（3120040173）

统筹推进三类租赁住房发展
需要建立合理租金比价关系

周亚梦

摘 要：公租房、保障性租赁住房的租金定价评估与市场租金水平密切相关，建立合理租金比价关系是统筹推进三类租赁住房平稳健康发展的基础和前提。本文围绕国内公租房、保障性租赁住房和市场租赁住房租金定价评估的现状和问题，论证了建立三类租赁住房租金合理比价关系的必要性，并提出租金定价方法和评估技术思路，以期为科学制定公租房和保障性租赁住房租金标准提供依据。

关键词：公租房；保障性租赁住房；市场租赁住房；租金定价；比价关系

一、前言

加快发展保障性租赁住房、解决好大城市住房突出问题，是党中央、国务院关于住房保障工作的一项重要决策部署。2021年，国务院办公厅印发《关于加快发展保障性租赁住房的意见》（国办发〔2021〕22号）（以下简称"22号文"），首次在国家层面明确了我国住房保障体系的顶层设计，明确提出要加快完善以公租房、保障性租赁住房和共有产权住房为主体的住房保障体系。目前，全国多地都在加大保障性租赁住房供给。上海、广州、深圳计划"十四五"期间新增保障性租赁住房分别为47万套（间）、60万套（间）、40万套（间），均占新增住房供应总量的45%左右；北京计划保障性租赁住房供应占比不低于30%，这对实现住有所居无疑将具有十分重要的意义。公租房和保障性租赁住房的租金定价涉及政府财政负担、社会投资者收益和保障对象可支付性，科学合理的租金定价关系到住房保障事业是否可以长期平稳健康发展。目前各地公租房和保障性租赁住房的租金定价规则普遍较为模糊，例如只规定租金标准低于市场租金，但具体调整幅度是多少则不明确；又如保障性租赁住房与公租房同为具有保障属性的租赁住房，二者的租金标准有何不同？针对这些问题，本文围绕国内公租房、保障性租赁住房和市场租赁住房（以下简称"三类租赁住房"）的租金定价现状和问题，探讨了建立三类租赁住房租金之间合理比价关系的必要性，并提出一种租金定价方法和评估技术思路，以期为科学制定公租房和保障性租赁住房的租金标准提供依据。

二、三类租赁住房租金定价现状和问题

（一）公租房和保障性租赁住房概述

1. 概念辨析

公租房全称"公共租赁住房"。根据住房和城乡建设部《公共租赁住房管理办法》（中华人

民共和国住房和城乡建设部令第 11 号），公租房是指限定建设标准和租金水平，面向符合规定条件的城镇中等偏下收入住房困难家庭、新就业无房职工和在城镇稳定就业的外来务工人员出租的保障性住房。根据"22 号文"规定，保障性租赁住房以建筑面积不超过 70m² 的小户型为主，租金低于同地段同品质市场租赁住房租金。这两类租赁住房的政策要点对比见表 1。

公租房和保障性租赁住房的政策要点对比　　　　　　　　　　　　　　表 1

政策规定	公租房	保障性租赁住房
租金标准	由市、县级人民政府住房保障主管部门会同有关部门，按照略低于同地段住房市场租金水平的原则确定并报本级人民政府批准后实施	低于同地段同品质市场租赁住房租金
配租对象	符合条件的城镇中等偏下收入住房困难家庭、新就业无房职工和在城镇稳定就业的外来务工人员	符合条件的新市民、青年人等群体
户型大小	以 40m² 左右的小户型为主，单套建筑面积控制在 60m² 以内	以建筑面积不超过 70m² 的小户型为主

2. 租金定价方法选择

公租房和保障性租赁住房的租金定价方法包括成本导向法、市场导向法和收入导向法三种。成本导向法是为覆盖建设成本、保证公租房（或保障性租赁住房）的可持续运营，基于保本微利原则制定租金价格的定价方法。市场导向法是以公租房（或保障性租赁住房）项目周边同地段、同类型的市场租赁住房为导向，在市场租金的基础上下浮一定比例确定租金的定价方法。收入导向法是以保障对象的总收入扣除非住房开支后的可支配收入作为判断其住房支付能力的标准，根据收入的一定比例确定公租房（或保障性租赁住房）租金水平的定价方法。国外在设定公共住房租金水平时通常都会充分考虑住房困难家庭的经济可承担能力，并采用租金收入比指标（Median Rent-to-Income Ratio）衡量租户的经济承受能力。例如，美国政府规定租金收入比在 30% 以下为租户可承受，超出 50% 表示难以负担；英国政府规定住房可承受的租金收入比为 22%；德国政府规定该值范围为 15% ～ 25%。中国香港公屋租金定价也是基于租户的负担能力，并综合考虑通货膨胀率、公屋所处位置、政府规定的税收和维修管理费确定。实操中香港房委会一直沿用 15% 和 18.5%[①] 的租金收入比作为衡量租户负担能力基准。以上三种租金定价方法各有利弊，具体见表 2。

三种租金定价方法的优缺点比较　　　　　　　　　　　　　　表 2

租金定价方法	优点	缺点
市场导向法	操作简单，租金定价效率相对较高	受到市场的波动性和不确定性的影响，进而影响保障效果
	能够体现公共住房一定的区位特征	租金较高，可能会超过保障对象的承受能力
		在市场租金基础上打折缺乏一定的理论支撑

---

① 15% 是按每人 5.5m² 室内楼面面积的居住面积标准计算；18.5% 则是考虑 1991 年后新引入的和谐式公屋的居住面积标准提高至每人 7m² 室内楼面面积而采用。

续表

租金定价方法	优点	缺点
成本导向法	保证公共住房的经济可持续性，缓解政府财政负担	可能超出保障对象的承受能力
	有利于通过相对稳定的收益预期吸引社会力量，提高公共住房的供给和运营效率	不能够很好地体现公共住房的区位特征以及市场环境
收入导向法	能够很好地体现公共住房的保障性，有助于提高保障对象的满意度	租户经济承受能力缺乏统一标准
	灵活性大，方便保障对象从公共住房的保障中退出	忽视了市场环境、区位因素的影响
		没有考虑公共住房的可持续性发展，可能造成政府财政支出压力过大

（二）三类租赁住房租金定价现状和问题

结合各地公租房和保障性租赁住房租金定价政策的分析（详见表3），公租房租金方面，上述三种定价方法均有城市采用，如上海、深圳、成都采用市场导向法，北京采用成本导向法，广州、厦门、武汉采用收入导向法等，而保障性租赁住房租金各地多采用市场导向法定价。从理论上讲，公租房和保障性租赁住房在配租对象、户型大小等方面都存在较大差异，因此两类住房具体租金定价标准也应有所不同。但是，通过对表3的分析，我们不难发现，目前国内各地的租金定价规则普遍较为模糊，如只规定租金标准低于市场租金，但具体调整幅度多少则不明确；同为具有保障属性的租赁住房，保障性租赁住房与公租房租金与市场租金的比率应该有何不同。另外，尽管不少地区提出公租房租金要实行动态调整，但具体参考哪些因素进行调整，调整幅度如何确定等在政策上也比较模糊。市场租赁住房是我国住房供应体系的重要组成部分，鉴于过去公租房的供给十分有限，如何有效利用私人租赁市场来提供更多低成本的供给成为各界都十分关注的内容。为规范住房租赁市场、完善住房租赁监管制度、促进住房租赁市场平稳健康发展，2015年住房和城乡建设部发布《关于加快培育和发展住房租赁市场的指导意见》（建房〔2015〕4号），不少城市都推出了住房租赁市场政府指导价，对私人住房租赁市场予以必要的价格管制。例如，成都市定期发布《成都市住房市场平均租金水平信息》，信息涵盖了成都全部23个区县的122个主要板块，这也是成都市保障性租赁住房定价所依据的市场租金标准；深圳市于2019年发布《关于规范我市住房租赁市场稳定住房租赁价格的意见》。理论上，住房租赁市场政府指导价与公租房、保障性租赁住房租金标准应该存在合理的比价关系。随着我国公租房和保障性租赁住房的大量建设筹集和使用，上述这些问题都亟待梳理和解决。

部分城市公租房和保障性租赁住房租金定价政策　　　　　　　表3

城市	公租房的租金标准	保障性租赁住房的租金标准
北京	以成本为基础，按市场租金下浮一定比例确定	低于市场租金
上海	按略低于市场租金水平原则，综合考虑房型、面积、区位等因素确定	略低于市场租金
广州	考虑保障对象承受能力，按租户收入高低按同地段房屋租金参考价的60%、50%、40%分类收取	租金水平不高于同地段同品质市场租金

城市	公租房的租金标准	保障性租赁住房的租金标准
深圳	租金为市场租金的30%左右，特困人员、低保及低保边缘家庭租金为公租房租金的10%	低于市场租金
厦门	市场租金计租和分类租金补贴。租金标准按市场评估制定，并按不同收入情况给予70%～90%补助	低于市场租金
武汉	公租房实物配租实行差别化租金，按照配租家庭收入困难程度，给予不同档次租金减幅	按不高于同地段同品质市场租赁住房租金的85%评估确定
成都	按照廉租租金、同区域同类住房市场评估价格的70%、80%实行差别化租金	原则上为市场租金的90%

三、三类租赁住房租金定价评估

（一）建立三类租赁住房租金合理比价关系的必要性

从公平性、保障性和效率性角度出发，笔者认为地方政府对公租房和保障性租赁住房租金标准制定和市场租赁住房租金管制，应当建立在三类租赁住房租金合理比价关系的基础之上。

一是公平性。住房保障制度是为了解决中低收入家庭住房困难问题，缩小贫富差距，实现社会公平，稳定人民生活而制定的。在此背景下，公租房和保障性租赁住房在租金定价过程中必然要遵循公平性原则。公共住房在出租过程中为了保障公平性，应根据保障对象收入阶层差别和住房需求的不同，分层次制定差别化租金价格，这样可以使得不同收入的保障对象在支付住房租金后，其剩余收入能满足其他必要的生活开支。同时，租金标准也不应一成不变，应随着市场经济的发展以及保障对象收入的变化动态调整，否则同样会造成社会不公平。

二是保障性。一方面，从租房消费承受能力角度来看，公租房和保障性租赁住房的租金定价必须体现其住房民生保障属性，租金要低于市场上同区位同类型市场租赁住房租金，如果租金和市场租赁住房租金无差异或是差异不大，可能仍会超过保障对象的经济承受能力，将住房负担能力较差的中低收入家庭排除在外，因此公租房和保障性租赁住房租金不宜太高。另一方面，考虑到保障性租赁住房筹集建设采取"政府积极引导、政策多方支持、市场主体运作、存量开发为主"运作模式，从投资者成本回收和合理收益来看，租金标准又不宜过低。从政府角度来看，住房保障是政府根据社会经济发展的现状，对某一特定社会阶层实施的帮助和救济，也就是说住房保障不具有普惠性，要避免"福利陷阱"。

三是效率性。由经济学原理可知，三类租赁住房彼此之间存在着一定的替代关系，租金价格差异会直接影响保障对象对三类租赁住房的偏好。公租房和保障性租赁住房的供给增加，市场租赁住房需求下降，市场租金可能下跌。考虑到各地保障性租赁住房已明确不设收入线，保障性租赁住房与市场租赁住房的替代关系更明显，其中一个价格上涨将通过需求变化导致另一个价格上涨，从而使这两类住房租金比值从长期看存在均衡关系。因此，政府为实现三类租赁住房供求关系的长期均衡，公租房和保障性租赁住房租金定价必然要与市场租金密切联系。与此同时，政府为实现公租房和保障性租赁住房的有效配置，也要充分利用市场和价格机制在资源配置方面的优势，以更好反映房屋的实际价值。

综上所述，建立三类租赁住房租金合理比价关系不仅是规范、统筹、有效管理三类租赁住房租金的重要基础，也是优化三类租赁住房资源配置的前提与依据，更是确保公租房和保障性租赁住房可持续发展的必然要求。

（二）三类租赁住房租金定价模型设计

本文基于国内公租房、保障性租赁住房各自的政策特点和租金定价要求，从建立三类租赁住房租金合理比价关系出发，基于整体评估法，尝试构建一种同时涵盖三类租赁住房的完整的租金定价评估体系。

1. 模型基本假设条件

（1）合理的租金收入比系数应在 25% ～ 30%。

（2）代表性家庭总收入和家庭人口规模采用统计部门最新数据进行度量。

（3）住房保障对象具有层次性，对不同收入家庭实行差异化的住房保障政策。公租房的保障对象是城镇住房、收入"双困"家庭；保障性租赁住房的保障对象是在城镇工作、住房困难的新市民和青年人，主要解决他们的阶段性住房困难。在合理确定家庭住房支付能力的基础上，准确界定不同层次保障对象所依据的收入标准。

（4）公租房、保障性租赁住房面积分别假定为 $60m^2$ 和 $70m^2$。

2. 三类租赁住房租金合理比价关系的计算公式

记 P_s 为市场评估租金，P_g 为公租房平均租金，P_b 为保障性租赁住房平均租金，K_g 为公租房租金折扣系数，K_b 为保障性租赁住房租金折扣系数。

$$K_g = P_g/P_s = (L_g \times H \div S_g \div 12)/P_s \tag{1}$$

$$K_b = P_b/P_s = (L_b \times H \div S_b \div 12)/P_s \tag{2}$$

其中，H 为合理的租金收入比系数。S_g 为家庭租赁的公租房面积，S_b 为家庭租赁的保障性租赁住房面积，L_g 为租住公租房的家庭年可支配收入，L_b 为租住保障性租赁住房的家庭年可支配收入。这里，基于住房保障对象具有层次性的假设，我们首先按照国家统计局收入分组标准划分城市各个收入阶层，i={ 最低收入群体、低收入群体、较低收入群体、中等偏下收入群体、中等收入群体 }，然后取各阶层收入范围的平均值作为平均收入，乘以代表性家庭人口规模，从而得到各收入阶层家庭年可支配收入 L_i。结合租金收入比系数、租赁住房面积，以各收入阶层在人口中的占比作为权重，通过简单加权平均方法即可得到公租房（或保障性租赁住房）的平均租金 P_g、P_b。

此外，各地还应建立明确的租金定价动态调整机制。针对以规范住房租赁市场为目标的市场评估租金，建议以年度为单位定期评估并对社会发布。公租房和保障性租赁住房的租金调整要坚持民生优先、标准适度的原则，做好住房困难群众家庭承受能力、宏观经济、房地产市场状况、收入分布等变化情况监测，结合各地实际情况，对三类租赁住房租金之间的比价关系作出动态评估，拿出切实可行的租金调整方案。

（三）三类租赁住房租金定价评估的技术路线

现阶段各地公租房租金大多采用单个项目逐一评估、逐一审批的定价评估模式，定价耗时长、效率低，难以满足未来住房保障体系建设和发展的定价评估需要。同时，公租房（或保障性租赁住房）租金直接采用按市场租金的一定比例确定的定价方式易导致价格"水涨船高"，可能超过保障对象的经济承受能力，也无法发挥公租房和保障性租赁住房对住房租赁市场价格稳定器的作用。为一揽子解决上述问题，确保三类租赁住房租金定价模型在实操中能够真正落地，本文基于整体评估法，提出三类租赁住房分层定价机制，将租金定价评估工作分为三个层次来完成（图1）。

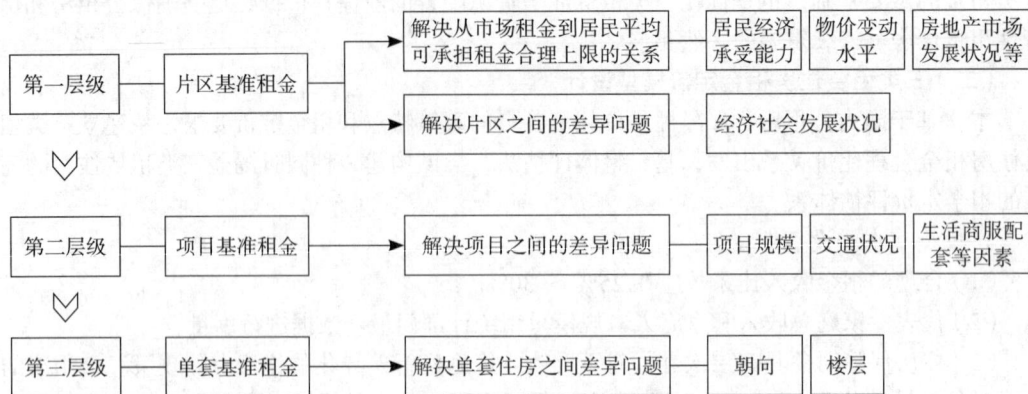

图1　三类租赁住房租金定价评估的技术路线图

具体定价过程大致可以分为以下几个步骤：

一是确定片区基准租金。所谓片区基准租金是指结合城市片区划分，以保障对象家庭的经济承受能力为出发点，考虑经济社会发展状况、物价变动水平和房地产市场发展状况等因素后综合确定的片区保障性住房租金标准。其中，市场租金评估主要采用传统的比较法、收益法和成本法。在此基础上，片区市场租金测算方法可以分为市场调查法、评估价格反算法、整体评估法三种。对于片区经济社会发展状况的差异，本文基于可获取、可操作、可比较的原则，选择区域繁华度、交通便捷度、生活配套完善度、教育配套设施、片区环境等指标，制定片区发展情况评分表，采用专家打分法，用不同分值予以体现。值得一提的是，类似的片区基准租金定价模式从2018年起已经应用在深圳市公共住房租金定价中，并且实践效果良好，可以较好满足新形势下公租房和保障性租赁住房"数量多、分布散"的租金定价工作需要。

二是确定公租房和保障性租赁住房与市场租赁住房租金的合理比价关系。基于住房保障对象具有层次性的假设，结合租金收入比系数、租赁住房面积、各收入阶层在人口中的占比情况，明确公租房和保障性租赁住房平均租金，接着计算公租房（或保障性租赁住房）的平均租金占市场租金的比例，明确各自的租金折扣系数。

三是确定项目基准租金。在片区基准租金基础上，根据《房地产估价规范》GB/T 50291—2015，经项目微观区位因素、实物情况等因素修正后确定项目基准租金。

四是确定单套住房基准租金。在项目基准租金的基础上，经过楼层和朝向等因素修正，得到单套住房基准租金。

四、结语

大力发展公租房和保障性租赁住房，是满足人口净流入城市住房、收入"双困"家庭和新市民、青年人基本住房需求的一项重要举措。本文围绕国内三类租赁住房租金定价的现状和问题，基于整体评估法，提出建立三类租赁住房租金合理比价关系的定价方法、思路和评估技术路线。随着国内公租房和保障性租赁住房建设筹集力度的不断加大,该定价评估模式有望为各地公租房和保障性租赁住房租金定价提供参考。下一步,为更好地统筹推进三类租赁住房平稳健康发展,各地还需要结合城市人口流动和住房发展现状以及三类租赁住房供求和品质状况,以满足基本住房需要为出发点,针对保障群体的不同需求特点,合理确定保障性租赁住房的租金标准;搭建全市统一的租金定价和管理平台,进一步优化公共住房基准租金测算机制,细化项目因素修正体系,持续完善公共住房租金定价体系。

参考文献:

[1] 人民网 . 住房和城乡建设部部署做好发展保障性租赁住房工作 各地明确保障性租赁住房不设收入线门槛 [EB/OL]. [2021-10-26]. http://finance.people.com.cn/n1/2021/1026/c1004-32264529.html.

[2] 张映红,张煜慧,郭娜 . 北京公租房租金定价涉及的市场租金估价方法研究 [J]. 中国房地产估价与经纪,2015(02):36-40.

[3] 柳杨 . 基于片区市场租金折扣法的人才租赁住房定价——以深圳市为例 [J]. 中国房地产估价与经纪,2018(03):7-11.

[4] 范伟军 . 深圳蓝皮书:深圳社会治理与发展报告(2021)[M]. 北京:社会科学文献出版社,2021.

作者联系方式

姓　　名:周亚梦

单　　位:中国科学院深圳先进技术研究院 深圳市房地产和城市建设发展研究中心

地　　址:深圳市福田区振兴路 1 号住建科研楼二楼公共住房部

邮　　箱:zhou_yameng@163.com

基于财务评价指标的区域租赁住宅价格研究

陆艳倩

摘　要：采用内部收益率的理论对租金住宅用地价格进行分析，在各区已出让的租赁住宅用地地价的基础上推算出区域租赁住宅价格区间，并提出从财务评价的角度对租赁住宅价格进行评价具有一定的合理性。

关键词：内部收益率；区域租赁住宅价格；盈亏平衡租金

2020 年 9 月，住房和城乡建设部发布了《住房租赁条例（征求意见稿）》（以下简称《条例》）对当前租赁市场存在的各类乱象都做了针对性的规范与监管。该《条例》规范市场经营主体，提出对租金监管、鼓励长期租赁、严禁以租代售、保护租客权益等措施，直指目前住房租赁政策的痛点，《条例》正式实施后有望使长租市场告别野蛮扩张，朝长租公寓调整经营结构、产品大众化的方向发展。

上海自 2017 年推出第一宗租赁住宅用地开始到 2021 年 3 月已成交 114 宗租赁住宅用地（不包括混合用地和集体建设用地入市），平均楼面地价 6090 元 /m²，和周边商品住宅用地的差价在 3 倍以上，地块分布在上海 16 个区，合计建筑面积超 760 万 m²，上海未来几年内将有超过 10 万套的高品质租赁住房入市。租赁住房用地虽在按计划有序推进展开，但是建成后产品定位、运营模式、租金定价均是现存的项目痛点。目前，尚无建成入市的租赁住宅用地项目投入运营，对于租金定价短期内难以找到参考的案例项目。故本文以财务分析中常用的内部收益率财务评价指标为基本手段，结合租赁住房用地项目自身的特征研究其区域租金定价问题。

租金定价与开发企业、政府、目标群体三者利益息息相关，故租金定价问题是影响项目能否运营成功的关键。本文从租赁住宅用地建设租赁住房的角度出发，结合内部收益率及收益法原理，对上海市 16 个区域租赁住宅所在板块区域的租金定价提出合理的建议。

一、内部收益率（IRR）原理

内部收益率是指资金流入与资金流出现值总额相等、净现值等于零时的折现率。内部收益率是项目投资渴望达到的报酬率，是能使得投资净现值等于零时的折现率。基本公式为：

$$\sum_{i=0}^{i}(CI-CO)_i(1+IRR)^{-i}=0$$

式中：CI——资金流入量；

　　　CO——资金流出量；

（$CI-CO$）i——在第 i 年的净现金流量；

i ——项目开发或经营期限。

内部收益率应高于最低投资报酬率，是根据投资项目的投资方案而定的，并随投资方案变化而变化，是考察项目盈利能力的评价指标。理论上讲，若 IRR 大于行业基准收益率，即可认为项目在财务上可行，盈利能力满足最低获利要求。

二、租赁住宅用地分布特点

（一）租赁住宅用地分布

截至 2021 年 3 月，上海市共推出租赁住宅用地 114 块，从行政区分布来看，分布于 16 个区内，分布位于前三的区域为浦东新区，最多 37 宗，其次是闵行区 17 宗，再次是徐汇区 9 宗。从地理位置角度来看，地块分布呈现出离市中心越远地块数量越多的态势，内环以内地区，仅有 4 宗租赁住宅用地，约占总用地面积的 0.65%，外环外多达 60 宗地，约占总量的二分之一，用地面积 2247844.5m²，约占总用地面积的 64%，这与外环外分布有众多工业园区有关，工业园区带来的上下游产业链在外来人口导入方面占据了较大的比重，同时也反映出外来人口依附工业园区产生集聚效应，因此对大型租赁社区具有一定的需求。具体分布见图 1、图 2。

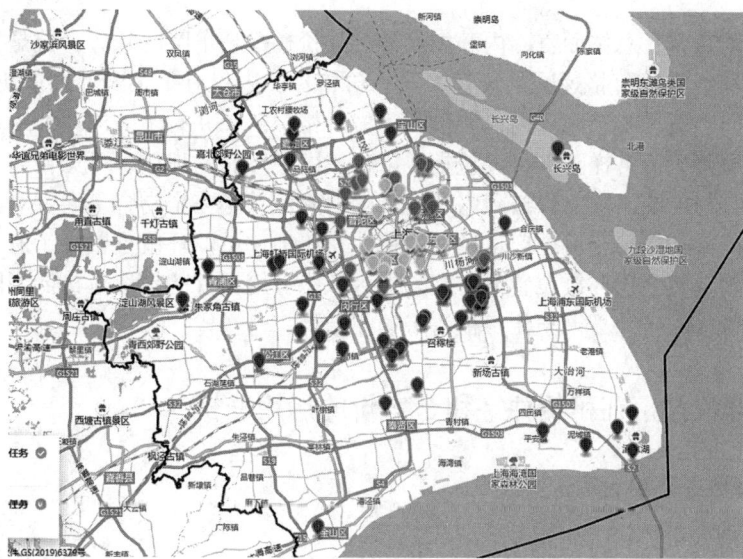

图 1　114 宗地地块落点分布图

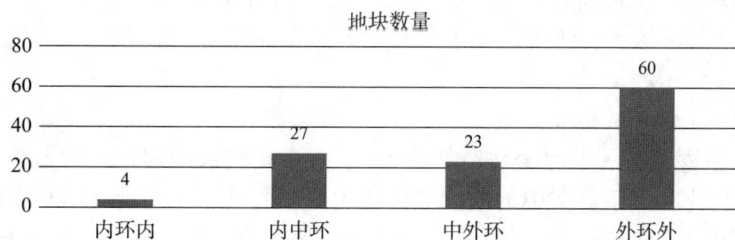

图 2　地块环线分布柱状图

（二）地块聚类分析

前述分析时从 114 个租赁住宅地块的环线位置分布可分为内环内、内中环、中外环、外环外四大类。现按地块的楼面单价的相似性采用无监督的 k-means 聚类算法，设定聚类中心的个数 K=4，在没有预设分类标准的前提下，按照地块价格之间的距离大小，将 114 个租赁住宅地块集聚成 4 个簇。让价格具有相似性、联系紧密的地块聚在一个簇内，而让簇间的价格距离尽量地大。k-means 的聚类结果见表 1。

聚类分析表 表 1

聚类中心（元/m²）	最高价（元/m²）	最低价（元/m²）	样本数量（个）	其中			
				内环内	内中环	中外环	外环外
10604.07	13463	9386	14	1	13		
7658.90	8990	6643	30	3	12	14	1
5328.36	6466	4310	44		2	9	33
3141.54	4200	1518	26				26
合计			114	4	27	23	60

从聚类效果来看，总体而言，内环内到外环外价格呈现下降的趋势，但是并不是很严格地遵循随环线等级下降价格递减的规律，第一价格梯队内仅有 1 宗内环内地块，有 13 宗地块位于内中环间，而另 3 宗内环内地块位于第二价格梯队，并有 1 宗外环外地块亦位于第二价格梯队中，而第三价格梯队中，又包括 2 宗位于内中环间的地块，可见目前租赁住宅用地的楼面单价分布与传统认知上价格随内环向外辐射降低并不完全吻合。通过对具体地块的分析，发现这样的分类更符合房地产市场的规律，有些地块虽然环线位置好，但是区域内的小环境较差，价格自然会比环线位置低一档，但区域小环境更好的地块价格低，因此，对租赁住宅区域租金价格的研究必须与住房租赁市场相结合。

三、内部收益率在租赁住宅租金定价的运用分析

（一）内部收益率租金定价

1. 板块楼面地价

通过对 114 宗地块地理位置的分析，租金定价在考虑地理位置的同时更应以租赁住宅用地推出的楼面单价为基础。因此，将相同板块内的地块进行归类汇总，最终地块分布在 16 区内的 51 个板块内，同时将各板块内已成交楼面地价进行简单算术平均（表 2）。总体上看，长宁区古北板块的区域平均楼面地价最高为 13113 元/m²，崇明区长兴镇的区域平均楼面地价最低为 1518 元/m²。

2. 不同 IRR 条件下月租金

参考 2016 年第 4 期《上海房地产估价》中《关于比较法中房地产权益调整的探讨》一文中的地价房价比，由于该文中的地价房价比主要以剩余法评估现有不动产的技术思路编制，地价房价比中已考虑了项目建设期，故通过地价房价比将已成交的板块土地均价（设定为期初投入的土地价格）转换为 51 个板块的房地产期初投入。并在设定租赁住宅用地项目

板块楼面单价（均价）汇总表　　　　　　　　　　表2

所在区	所在板块	楼面单价（均价） 元/m²
宝山	月浦	3900
	罗店	4550
	杨行	5100
	祁连	7682
崇明	长兴	1518
奉贤	南桥新城	2660
	海湾	1986
虹口	北外滩	12680
	凉城	9386
黄浦	南浦大桥	10364
嘉定	嘉定工业区	5200
	嘉定新城	5475
	安亭	4000
金山	金山新城	1944
静安	市北高新	7887
	大宁灵石	9395
闵行	紫竹	5458
	莘庄	5942
	华漕	5931
	梅陇	5590
	马桥	4100
	七宝	8120
	浦江	5450
	虹桥	10900
浦东新区	张江	5790
	北蔡	6974
	临港	3192
	周康	4847
	航头	3201
	塘桥	7872
	上钢社区	6644
	前滩杨思	7578

续表

所在区	所在板块	楼面单价（均价）
		元 /m²
浦东新区	唐镇	5889
	世博	7718
普陀	桃浦	7017
	石泉	8510
青浦	赵巷	2975
	青浦新城	3578
	西虹桥	4200
	朱家角	2625
松江	洞泾	3710
	松江新城	3483
	松江工业区	3591
徐汇	漕河泾	8489
	田林	9659
	华泾	5500
杨浦	江浦平凉	7552
	长海定海	7403
	新江湾城	8045
长宁	北新泾	7374
	古北	13113

的内部收益率（IRR）为 4% ～ 7%，设定项目建设期 2 年，投资运营期 68 年，运营成本按租金收益的 35%，不考虑所得税，年递增率 3% 条件下，运用内部收益率（IRR）的原理公式，计算出 51 个板块在设定内部收益率（即已知 IRR）下的月租金单价。设定土地价格（楼板价）为 L。地价计算公式见下，各板块月租金单价见表 3（具体计算略）。

$$\frac{A}{IRR-g} \times \left[1 - \left(\frac{1+g}{1+IRR}\right)^n\right] - V = 0 \tag{1}$$

$$V = L \div B \tag{2}$$

$$R = A \div (1 - 35\%) \tag{3}$$

将上式（1）、（2）、（3）联列得到租金（R）的计算公式为：

$$R = \frac{\frac{L}{B} \times (IRR - g) \div \left[1 - \left(\frac{1+g}{1+IRR}\right)^n\right]}{1 - 35\%} \tag{4}$$

式中：A——净收益；

V——房地产期初投入；

n——经营期限；

B——地价房价比；

L——土地价格（期初投入）；

g——年递增率；

R——租金。

板块月租金计算汇总表　　　　　　　　　　　　　　　　　　表 3

所在区	所在板块	楼面单价（均价）	房地产期初投入	IRR=4%	IRR=5%	IRR=6%	IRR=7%
		元 /m²	元 /m²	月租金单价（元 /m²）	月租金单价（元 /m²）	月租金单价（元 /m²）	月租金单价（元 /m²）
宝山	月浦	3900	8458	22.52	29.73	37.91	46.89
	罗店	4550	9868	26.27	34.68	44.23	54.71
	杨行	5100	11061	29.44	38.87	49.58	61.32
	祁连	7682	16660	44.35	58.55	74.68	92.36
崇明	长兴	1518	3292	8.76	11.57	14.76	18.25
奉贤	南桥新城	2660	5769	15.36	20.28	25.86	31.98
	海湾	1986	4307	11.47	15.14	19.31	23.88
虹口	北外滩	12680	27499	73.2	96.65	123.26	152.45
	凉城	9386	20356	54.19	71.54	91.24	112.85
黄浦	南浦大桥	10364	22477	59.83	79	100.75	124.61
嘉定	嘉定工业区	5200	11277	30.02	39.63	50.55	62.52
	嘉定新城	5475	11874	31.61	41.73	53.22	65.83
	安亭	4000	8675	23.09	30.49	38.88	48.09
金山	金山新城	1944	4216	11.22	14.82	18.9	23.37
静安	市北高新	7887	17105	45.53	60.12	76.67	94.83
	大宁灵石	9395	20375	54.24	71.61	91.33	112.95
闵行	紫竹	5458	11837	31.51	41.6	53.06	65.62
	莘庄	5942	12887	34.31	45.29	57.77	71.44
	华漕	5931	12863	34.24	45.21	57.66	71.31
	梅陇	5590	12123	32.27	42.61	54.34	67.21
	马桥	4100	8892	23.67	31.25	39.86	49.29
	七宝	8120	17610	46.88	61.89	78.94	97.63
	浦江	5450	11820	31.47	41.54	52.98	65.53
	虹桥	10900	23639	62.93	83.08	105.96	131.05

续表

所在区	所在板块	楼面单价（均价）元/m²	房地产期初投入 元/m²	IRR=4% 月租金单价（元/m²）	IRR=5% 月租金单价（元/m²）	IRR=6% 月租金单价（元/m²）	IRR=7% 月租金单价（元/m²）
浦东新区	张江	5790	12557	33.43	44.13	56.29	69.61
	北蔡	6974	15125	40.26	53.16	67.8	83.85
	临港	3192	6923	18.43	24.33	31.03	38.38
	周康	4847	10512	27.98	36.94	47.12	58.28
	航头	3201	6942	18.48	24.4	31.12	38.48
	塘桥	7872	17072	45.45	60	76.52	94.64
	上钢社区	6644	14409	38.36	50.64	64.59	79.88
	前滩杨思	7578	16435	43.75	57.76	73.67	91.11
	唐镇	5889	12772	34	44.89	57.25	70.81
	世博	7718	16738	44.56	58.83	75.03	92.79
普陀	桃浦	7017	15218	40.51	53.48	68.21	84.37
	石泉	8510	18456	49.13	64.86	82.73	102.32
青浦	赵巷	2975	6452	17.18	22.68	28.92	35.77
	青浦新城	3578	7760	20.66	27.27	34.78	43.02
	西虹桥	4200	9109	24.25	32.01	40.83	50.5
	朱家角	2625	5693	15.16	20.01	25.52	31.56
松江	洞泾	3710	8046	21.42	28.28	36.07	44.61
	松江新城	3483	7554	20.11	26.55	33.86	41.88
	松江工业区	3591	7788	20.73	27.37	34.91	43.17
徐汇	漕河泾	8489	18410	49.01	64.7	82.52	102.06
	田林	9659	20948	55.77	73.62	93.9	116.13
	华泾	5500	11928	31.75	41.92	53.47	66.13
杨浦	江浦平凉	7552	16378	43.6	57.56	73.41	90.8
	长海定海	7403	16055	42.74	56.43	71.97	89.01
	新江湾城	8045	17447	46.44	61.32	78.21	96.72
长宁	北新泾	7374	15992	42.57	56.21	71.68	88.66
	古北	13113	28439	75.71	99.95	127.48	157.66

（二）租金定价选择

利用内部收益率的原理本文推算了IRR4%～7%之间的租金定价，由表2可知随着IRR的升高，月租金亦同向升高，那租金定价在那个区间更为合理呢？

1. 与散租市场月租金比较

通过查阅中指系统公布的 2021 年 3 月的上述 51 个板块的月租金，笔者发现当 IRR 为 4% 时计算出的月租金均小于目前中指系统公布的散租市场月租金（表 4），当 IRR 为 4% 时，长兴的月租金偏离度最高为 −70.8%，嘉定工业区的偏离度最低为 −7.4%，51 个板块的平均偏离度为 −44.37%。

各板块散户市场月租金比较分析表　　　　　表 4

所在区	所在板块	散户市场月租金	IRR=4%		IRR=7%	
		（元/m²）	月租金	偏离度	月租金	偏离度
宝山	月浦	38.65	22.52	−41.73%	46.89	21.32%
	罗店	42.19	26.27	−37.73%	54.71	29.68%
	杨行	51.54	29.44	−42.88%	61.32	18.98%
	祁连	60.86	44.35	−27.13%	92.36	51.76%
崇明	长兴	30	8.76	−70.80%	18.25	−39.17%
奉贤	南桥新城	37.75	15.36	−59.31%	31.98	−15.28%
	海湾	22.51	11.47	−49.04%	23.88	6.09%
虹口	北外滩	104.57	73.2	−30.00%	152.45	45.79%
	凉城	73.5	54.19	−26.27%	112.85	53.54%
黄浦	南浦大桥	115.79	59.83	−48.33%	124.61	7.62%
嘉定	嘉定工业区	32.42	30.02	−7.40%	62.52	92.84%
	嘉定新城	40.78	31.61	−22.49%	65.83	61.43%
	安亭	34.19	23.09	−32.47%	48.09	40.66%
金山	金山新城	27.81	11.22	−59.65%	23.37	−15.97%
静安	市北高新	86.02	45.53	−47.07%	94.83	10.24%
	大宁灵石	89.55	54.24	−39.43%	112.95	26.13%
闵行	紫竹	56.76	31.51	−44.49%	65.62	15.61%
	莘庄	57.16	34.31	−39.98%	71.44	24.98%
	华漕	80.31	34.24	−57.37%	71.31	−11.21%
	梅陇	72.93	32.27	−55.75%	67.21	−7.84%
	马桥	43.56	23.67	−45.66%	49.29	13.15%
	七宝	69.44	46.88	−32.49%	97.63	40.60%
	浦江	47.98	31.47	−34.41%	65.53	36.58%
	虹桥	106.6	62.93	−40.97%	131.05	22.94%
浦东新区	张江	71.12	33.43	−52.99%	69.61	−2.12%
	北蔡	73.66	40.26	−45.34%	83.85	13.83%
	临港	27.67	18.43	−33.39%	38.38	38.71%

续表

所在区	所在板块	散户市场月租金	IRR=4%		IRR=7%	
		（元/m²）	月租金	偏离度	月租金	偏离度
浦东新区	周康	58.26	27.98	−51.97%	58.28	0.03%
	航头	36.85	18.48	−49.85%	38.48	4.42%
	塘桥	101.11	45.45	−55.05%	94.64	−6.40%
	上钢社区	79.51	38.36	−51.75%	79.88	0.47%
	前滩杨思	78.25	43.75	−44.09%	91.11	16.43%
	唐镇	56.27	34	−39.58%	70.81	25.84%
	世博	79.51	44.56	−43.96%	92.79	16.70%
普陀	桃浦	65.3	40.51	−37.96%	84.37	29.20%
	石泉	87.01	49.13	−43.54%	102.32	17.60%
青浦	赵巷	44.39	17.18	−61.30%	35.77	−19.42%
	青浦新城	37.82	20.66	−45.37%	43.02	13.75%
	西虹桥	65.82	24.25	−63.16%	50.5	−23.28%
	朱家角	29.08	15.16	−47.87%	31.56	8.53%
松江	洞泾	43.03	21.42	−50.22%	44.61	3.67%
	松江新城	45.34	20.11	−55.65%	41.88	−7.63%
	松江工业区	45.28	20.73	−54.22%	43.17	−4.66%
徐汇	漕河泾	77.68	49.01	−36.91%	102.06	31.39%
	田林	85.63	55.77	−34.87%	116.13	35.62%
	华泾	67.69	31.75	−53.09%	66.13	−2.30%
杨浦	江浦平凉	79.66	43.6	−45.27%	90.8	13.98%
	长海定海	84.7	42.74	−49.54%	89.01	5.09%
	新江湾城	94.6	46.44	−50.91%	96.72	2.24%
长宁	北新泾	86.34	42.57	−50.69%	88.66	2.69%
	古北	106.67	75.71	−29.02%	157.66	47.80%

　　而随着 IRR 的不断升高，当 IRR 到 7% 时，仅有 12 个板块的月租金低于中指系统公布的月租金（散租市场），剩余 39 个板块的月租金比散租市场租金增幅 15% 以下的有 15 个板块，增幅 15%～30% 的有 12 个板块，增幅 30%～45% 的有 6 个板块，增幅大于 45% 的有 6 个板块，平均增幅为 24.31%。具体见图 3。

　　2. 与内部收益率比较

　　一般来说，内部收益率（IRR）下的租金仅为盈亏平衡时的租金，项目的 IRR 应高于行业基准收益率。因此，将月租金与行业基准收益率相比较，通过上述计算可见，当 IRR 为 4% 时，51 个板块的月租金均低于散客市场月租金；当 IRR 为 5% 时，49 个板块的月租金

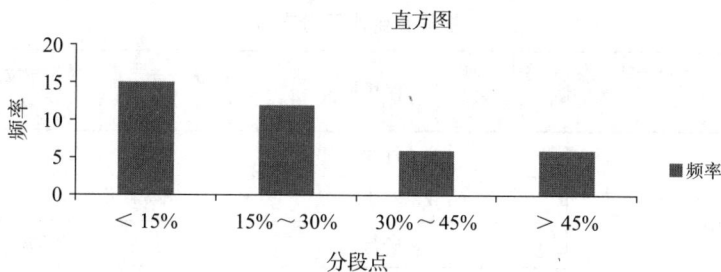

图 3　租金增幅直方图

均低于散客市场月租金，这说明租赁住宅租金定价时能承受更高的 IRR。而就内部收益率而言，反映的是某项具体投资的实际收益水平，是项目全部投资所能获得的最大收益率，亦是项目借入资金利率的临界点。理论上，当 IRR 高于借款利率（i）时，项目可行；当 IRR 低于借款利率时，项目亏损，因此当 IRR ＞ i 时，即可认为项目的获利能力满足最低要求，项目在财务上可行。

对于大型租赁社区而言，通过公式（4）计算不同内部收益率下的月租金变化，可得出租金是高估或者低估，前提是公式中其他变量的准确估计。对于同一个租赁住房项目而言，如果公式中其他条件不变，租金越高，IRR 越高；租金越低，IRR 越低。如果 IRR 高于同板块内其他同类项目，则说明租金偏高，反之则说明租金偏低，可适当提高租金。

四、结论及租金定价区间建议

（一）结论

本文根据内部收益率的原理分析得出最合理的租赁住房用地上租赁房的租金定价。基于目前已成交的 114 宗地块分布的 51 个板块，对 51 个板块内的租金定价进行了模拟试算，并设定一年期贷款利率 4.35% 为行业基准收益率，以 IRR 为 5% 估算后的月租金作为租金定价的下限值较为合理。目前品牌运营商经营的长租公寓租金水平普遍比周边散租市场高 20% 以上，究其原因，是规模化经营的住房租赁市场提供了一种高水平服务、高品质居住的租赁产品，与散租市场具有差异化的住房租赁产品相比，其能更好地满足较高层次租户群体对更高品质租住生活的需要，因此，规模经营、独立小区的租赁住房也能获得相对于散租的租金溢价。通过分析，并当 IRR 为 7% 时仍有 12 个板块的月租金低于散租市场，发生这一现象的板块大都分布在上海市远郊，因此远郊的租金定价在理论上应能承受更高的 IRR，但影响租金定价的因素除市场租金水平外，还受目标群体的支付能力、客户群体数量等因素的制约，在上海远郊租赁社区的客户群相对单一，一般以单位租赁的整租形式，客户群更关注于价格因素，因此笔者认为租金定价上限在 IRR 为 7% 时的月租金较为合理。

（二）租金定价区间建议

通过对散户市场月租金与 IRR 在 4%～7% 之间月租金的比对分析后，得出关于 51 个板块区域的租赁住房运营机构合理的月租金水平分布表，且当租金为区间均值时，IRR 为 6.05%（见表 5）。

板块租金水平分布表　　　　表5

所在区	所在板块	月租金区间 （元/m²）
宝山	月浦	29.73～46.89
	罗店	34.68～54.71
	杨行	38.87～61.32
	祁连	58.55～92.36
崇明	长兴	11.57～18.25
奉贤	南桥新城	20.28～31.98
	海湾	15.14～23.88
虹口	北外滩	96.65～152.45
	凉城	71.54～112.85
黄浦	塘桥	79～124.61
嘉定	嘉定工业区	39.63～62.52
	嘉定新城	41.73～65.83
	安亭	30.49～48.09
金山	金山新城	14.82～23.37
静安	市北高新	60.12～94.83
	大宁灵石	71.61～112.95
闵行	紫竹	41.6～65.62
	莘庄	45.29～71.44
	华漕	45.21～71.31
	梅陇	42.61～67.21
	马桥	31.25～49.29
	七宝	61.89～97.63
	浦江	41.54～65.53
	虹桥	83.08～131.05
浦东新区	张江	44.13～69.61
	北蔡	53.16～83.85
	临港	24.33～38.38
	周康	36.94～58.28
	航头	24.4～38.48
	塘桥	60～94.64
	上钢社区	50.64～79.88
	前滩杨思	57.76～91.11

续表

所在区	所在板块	月租金区间 （元/m²）
浦东新区	唐镇	44.89～70.81
	世博	58.83～92.79
普陀	桃浦	53.48～84.37
	石泉	64.86～102.32
青浦	赵巷	22.68～35.77
	青浦新城	27.27～43.02
	西虹桥	32.01～50.5
	朱家角	20.01～31.56
松江	洞泾	28.28～44.61
	松江新城	26.55～41.88
	松江工业区	27.37～43.17
徐汇	漕河泾	64.7～102.06
	田林	73.62～116.13
	华泾	41.92～66.13
杨浦	江浦平凉	57.56～90.8
	长海定海	56.43～89.01
	新江湾城	61.32～96.72
长宁	北新泾	56.21～88.66
	古北	99.95～157.66

（三）建议

以内部收益率进行租金定价，是从财务角度出发分析项目的投资效益，当项目的内部收益率较低时，会影响开发企业的积极性，当租金定价水平满足不了项目运营时，政府应出台相应的扶持政策。同时为更好地开辟租赁社区的运营，政府应建立完善租赁住房建设及运营的管理制度，有条件的地方可提供相关税费的适当减免，出台符合住房长期持有运营模式特征的相关政策和房地产金融工具，以推动住房租赁市场健康有序发展，加快建立"租购并举"的住房制度，从而平衡销售市场，以引导住房需求以租代购，最终实现协同发展。

参考文献：

[1] 雷小军、郭华、郑亚平.住房租赁市场中的租金定价模式探究——以武汉住宅租赁市场为例[R].永业行，2019-10-28.

[2] 首佳顾问研究中心.北京市房地产投资收益率（IRR）分析（住宅）[R].首佳地产顾问机构研究中心，2013-8-26.

[3] 胡永强.运用房地产投资内部收益率求取报酬率的方法论问题[J].中国房地产估价与经纪，2015（04）：30-32，37.

[4] 林雪洁.房地产项目财务评价内部收益率的比较研究 [J]. 会计师，2014（12）：19-20.

作者联系方式

姓　名：陆艳倩

单　位：上海科东房地产土地估价有限公司

地　址：浦东南路 379 号 26A-D 室（邮编：200120）

邮　箱：lyq3399412@163.com

注册号：3120070025

住房租赁物业获取和产品定价环节涉及的
租金评估技术路线研究

刘国富　吴顺可　朱　优　赵国松

摘　要：随着国家层面推动"房住不炒"，住房逐渐回归居住属性。近年来，各大城市住房租赁配套政策逐步落地，国内住房租赁市场日趋成熟。本文旨在分析住房租赁物业获取和产品定价环节可能涉及的租金评估需求，在现有的评估方法基础上积极创新，提出了较为系统全面的技术解决方案。

关键词：住房租赁；物业获取；产品定价；租金评估

当前评估行业对租赁价格评估尚未形成系统、规范的技术思路，《房地产估价规范》GB/T 50291—2015仅对房地产租赁估价的价值类型和注意事项提出了若干指导性的意见；由中国建筑工业出版社出版的《房地产估价理论与方法》一书主要围绕房地产价值展开估价方法的论述，并未针对租赁价格的技术思路作深入的介绍。近年来，业界对不同类型房地产的租金评估技术也有相关研究和探讨，但大多停留在较为宽泛的理论层面上，对住房租赁评估实务指导仍有所欠缺。

随着国内住房租赁市场日臻成熟，行业规模逐年扩大，亟须对住房租赁评估课题进行较为全面系统的研究，以满足日益增长的住房租赁业务评估咨询需求。本文通过总结住房租赁物业获取和产品定价环节涉及的租金评估实务积累的操作经验，整理业务承做过程中采用的创新思路，对照现有行业规范和研究成果对租金评估进行了重新审视与完善。

一、市场租赁住房的定义

本文探讨的课题涉及的租赁住房特指由专业住房租赁企业经营的，长期用于出租而非出售为目的的市场化租赁性质住房。不包括公租房、保障性租赁住房或私人出租房源。

二、研究对象

（一）住房租赁物业获取环节的租入租金评估

专业住房租赁企业获取住房租赁物业的途径视其经营策略可分为购置型和租用型。其中租用型根据收房方式不同又可进一步细化为单套零散式租用和集中式租用，本次研究范围包括集中式租用型住房租赁物业获取环节的租金评估，不包括单套零散式租用型住房租赁物业获取环节的租金评估。

（二）住房租赁产品定价环节的租金评估

住房租赁产品定价环节是指专业住房租赁企业获取住房租赁物业后完成对房屋的装修改造，具备对市场出租条件的情况下，在保证正常行业利润的前提下实现的产品出租价格。

三、租金评估技术路线

（一）物业获取环节、产品定价环节比较法技术路线

比较法是根据与估价对象相似的房地产的成交价格来求取估价对象价值或价格的方法，是房地产评估常用的基础方法，其应用条件为：估价对象的同类房地产数量较多、经常发生交易且具有一定可比性。

1. 物业获取环节租金比较法

租用型住房租赁物业获取是当前轻资产住房租赁企业主要的物业取得方式。但由于收房价格作为住房租赁企业的商业秘密，当前市场上物业获取环节公开的交易价格信息较少，这给物业获取环节租金评估比较法的应用带来实际困难。随着市场的进一步发展和价格信息的更加公开化，物业获取环节租金比较法也将具备可操作性，其中的替代性原理较为简单，可大体参照房地产价值求取的比较法技术路线，在此不展开叙述。

若企业租入的物业为其他用途房地产，如工业厂房等非住宅物业（工改住、商改住等），具备比较法使用条件的，仍可使用比较法求取非住宅物业租入租金。

2. 产品定价环节租金比较法

经过数年的快速发展，当前国内住房租赁市场已形成一定的规模。各大品牌住房租赁企业也已经在全国多个大型城市布局，其中不乏国内知名房地产开发企业和国外专业住房租赁企业。这些市场主体为租赁市场提供了不同种类的产品。由于住房租赁市场与房地产交易市场一样，区域属性明显，因此采取市场定价策略需结合所在城市的市场状况。当目标城市住房租赁市场较为成熟、活跃，可以对比同类产品的价格水平进行定价。

首先，确定估价对象标准产品规格；其次，选取数个真实成交且具备可比性的类似房地产，将他们与估价对象标准产品进行比较，量化区位、档次、楼层、朝向、楼龄、物业服务品质等因素之间的差异，对案例价格进行修正处理，最终得到估价对象标准产品的目标价格。以标准产品价格为基准，建立项目内部产品差异因素修正体系，从而得出不同产品类型的出租价格。产品差异因素主要有户型、楼层、朝向、设备齐全程度等。

需要注意的是，采用比较法求取租金价格应注意统一估价对象与可比实例之间的租金内涵，例如，租金是否包含相关税金，如房产税、印花税、增值税及附加等，是否包含水、电、物业、燃气、宽带、有线电视等费用。还应注意区分租金单价对应的面积内涵是指实际使用面积还是建筑面积。

（二）产品定价环节成本法技术路线

对于新开发的租赁市场，例如新兴城镇或大型城市新开发的区域，缺少足够数量的交易实例，或周边租赁案例和产品品质差异过大，可以考虑采用成本法思路进行产品定价。

成本法思路是完整模拟产品从物业获取到具备出租条件的过程中，住房租赁企业客观上需要投入的各项必要支出及应得利润。首先需要对产品租金价格的构成进行分析：住房租赁产品从物业获取到出租，一般需要经过获取物业、设计、装饰装修、竣工验收、产品出租等几个主要阶段。下面根据经营方式的不同，分成自营型项目和托管型项目进行阐述。

1. 自营型项目产品定价

以年度为口径，自营型项目年有效毛租金构成一般可以概括为以下几项：租入年租金；装修设备折旧；装修设备维修费；管理费；租赁费用（产品推销费用）；投资利息；租赁税费；投资利润。则：

（1）年有效毛租金＝租入年租金＋装修设备折旧＋装修设备维修费＋管理费＋租赁费用＋投资利息＋租赁税费＋投资利润

（2）年潜在毛租金＝年有效毛租金＋空置造成的租金损失补偿－其他收入

（3）年潜在毛租金＝标准产品月租金 × 12 × 套数＋Σ 其他各类非标准产品月租金 × 12 × 差异因素综合修正系数 × 套数

确定估价对象标准产品规格，以标准产品价格为基准，建立项目内部产品差异因素修正体系，综合公式（1）～（3）得出不同产品类型的出租价格。

2. 托管型项目产品定价

以年度为口径，托管型项目年有效毛租金构成一般可以概括为以下几项：租入年租金；装修设备折旧；托管费用；投资利息；租赁税费；投资利润。

对比自营型项目可以发现，托管型项目产生托管费用，相对应地无需额外支出装修设备维修费、管理费和租赁费用。具体应用的时候可以根据托管协议的具体内容适当增减。则：

（1）年有效毛租金＝租入年租金＋装修设备折旧＋托管费用＋投资利息＋租赁税费＋投资利润

（2）年潜在毛租金＝年有效毛租金＋空置造成的租金损失补偿－其他收入

（3）年潜在毛租金＝标准产品月租金 × 12 × 套数＋Σ 其他各类非标准产品月租金 × 12 × 差异因素综合修正系数 × 套数

确定估价对象标准产品规格，以标准产品价格为基准，建立项目内部产品差异因素修正体系，综合公式（1）～（3）得出不同产品类型的出租价格。

（三）物业获取环节假设开发法技术路线

当区域住房租赁市场较为活跃，租赁住房出租租金比较容易通过比较法求取的情况下，适合采用假设开发法技术路线求取物业获取环节的租金。

租金假设开发法是指根据估价对象预期开发完成后的租金收入来求取物业租入租金的方法。具体地说，是将假设开发完成后的租金收入减去后续开发的必要支出及应得利润得到估价对象租入租金的方法。该技术思路在形式上是产品定价环节成本法技术路线的"倒算法"。在该技术路线中，开发完成后的租金收入已通过预测得到，需要求取的是物业租入租金。

1. 自营型项目物业租入租金假设开发法

自营型项目年有效毛租金构成详见上文"自营型项目产品定价"内容。则：

（1）年潜在毛租金－标准产品月租金 × 12 × 套数＋Σ 其他各类非标准产品月租金 × 12 × 差异因素综合修正系数 × 套数

（2）年有效毛租金＝年潜在毛租金－空置造成的租金损失补偿＋其他收入

（3）租入年租金＝年有效毛租金－装修设备折旧－装修设备维修费－管理费－租赁费用－投资利息－租赁税费－投资利润

2. 托管型项目物业租入租金假设开发法

托管型项目年有效毛租金构成详见上文"托管型项目产品定价"内容。则：

（1）年潜在毛租金 = 标准产品月租金 × 12 × 套数 + Σ 其他各类非标准产品月租金 × 12 × 差异因素综合修正系数 × 套数

（2）年有效毛租金 = 年潜在毛租金 - 空置造成的租金损失补偿 + 其他收入

（3）租入年租金 = 年有效毛租金 - 装修设备折旧 - 托管费用 - 投资利息 - 租赁税费 - 投资利润

（四）物业获取环节收益法逆向思维技术路线

住房租赁项目选址区域可能存在居住房地产租赁市场不活跃甚至缺少同类房地产的情况，比如政府在新规划建设的成片开发区域布局的蓝领公寓等项目类型。该情况下，开发完成后的产品价格难以通过比较法求取。因此，上文所述假设开发法技术路线不具备应用条件。

此时，可以考虑收益法逆向思维技术路线，即通过房地产价值求取租金的计算方法。具体来说，是采用报酬资本化法的逆向思路。

以净收益不变，收益期为有限年的收益法公式为例：

$$V = \frac{A}{Y}\left[1 - \frac{1}{(1+Y)^n}\right]$$

上述公式可以逆向转变为：

$$A = V \times Y \left/ \left[1 - \frac{1}{(1+Y)^n}\right]\right.$$

式中：A——房地产年净收益；

　　　V——估价对象在价值时点的收益价值；

　　　Y——估价对象报酬率；

　　　n——收益年限。

该技术路线中，估价对象房地产价值 V 为已知数（例如通过重置成本法等方法求取，本文不展开分析）。

估价对象报酬率 Y 可采取累加法，即以安全利率加风险值调整值作为报酬率，也可采取投资报酬率排序插入法求取。具体公式及计算方法可参考中国建筑工业出版社《房地产估价理论与方法》。收益年限 n 根据"孰短原则"（建筑物经济寿命与土地使用权年限取短者）确定。

根据上述转换后的公式可以求取估价对象房地产年净收益 A。

房地产年净收益为不含房地产运营费用的租金，即有效毛租金减去运营费用后的收益。房地产运营费用主要包括维修费、管理费、房产税、城镇土地使用税、印花税和保险费。因此：

年房地产有效毛收入 = 房地产年净收益 + 维修费 + 管理费 + 房产税 + 城镇土地使用税 + 印花税 + 保险费

根据以上公式求取的（产权人）年房地产有效毛收入，即住房租赁企业承租物业需要支付的租入租金。

需要特别注意的是，收益法中的房地产运营费用是对房屋所有权人而言，与其权利义务相对应的费用。例如：在一般情况下，房屋出租方承担房屋维修义务和正常缴纳相关税费的义务。应注意与上文住房租赁产品定价环节讨论的，住房租赁项目运营方承担的各项租赁项目运营费用予以区分。

作者联系方式

姓　名：刘国富　吴顺可　朱　优　赵国松

单　位：建银（浙江）房地产土地资产评估有限公司

地　址：浙江省杭州市上城区五星路 185 号民生金融中心 B 座 3 楼

邮　箱：liuguofu.hx@ccbconsulting.com

注册号：刘国富（3320180111），吴顺可（3320110018），朱优（3320070041），
　　　　赵国松（3320190142）

浅议房屋租赁评估难点及处理对策

徐志革 颜晓昀 沈宏亮

摘 要：随着我国逐步进入存量房时代，国家相继出台了很多政策，鼓励和加快培育、发展房屋租赁市场，投资性房地产持续性出租、房地产融资租入的经济行为将成为房地产市场经济中常态化行为。为了体现房屋租赁价格的公允性、合理性，需要评估人员从专业角度分析和评估其租赁价格，对房地产租赁价格的评估需求将日益增长。本文对房屋租赁评估中的问题和难点进行分析，并提出应对处理措施以更好地指导评估实践。

关键词：房屋租赁；评估；难点；对策

近几年来，国家相继出台了很多政策，鼓励和加快培育、发展房屋租赁市场，健全以市场配置为主，形成供应主体多元、经营服务规范、租赁关系稳定的租赁市场体系。其目的就是充分利用现有的房地产资源，盘活资产，发挥房地产最大的利用价值，推动房地产市场平稳健康发展。随着市场经济持续稳定的发展，投资性房地产持续性出租或房地产融资租入的经济行为将成为房地产市场经济中的常态化行为，对房地产租赁价格的评估需求将日益增长。本文对房屋租赁评估中的难点和问题进行分析，并提出应对处理措施，以更好地指导评估实践。

一、房屋租赁评估需求日益增长

房屋租赁评估就是房屋租赁过程中为确定房屋租金提供参考而对其房屋租赁价格进行评估，一般多为房屋出租方委托的，也有承租人委托的，或第三方委托的。早期城市房地产市场不活跃，房屋租赁情形较少，老百姓所住的房屋也大多是政府福利性分配的，象征性地收取一定租金，这些租金价格也不需要评估，多为政府直接定价。随着房地产市场的发展和繁荣，政府、单位和企业以及个人自持的房产越来越多，这些自持的存量房屋除产权人自用外，还有部分作为投资性房地产，以长期或临时性的出租来赚取租金或实现资本增值。为了体现房屋租金的公允性、合理性，或者租赁双方协商议定租金和其他租赁条款、定价，需要评估人员进行专业分析，评估其租赁价格。

目前，房屋租赁评估的需求主要有：①政府新建的公租房、廉租房等保障性住房出租的租金评估；②政府直管公房及政府相关单位自持的国有房产出租的评估；③央企、国企等自持的国有房产出租的租金评估或融资租入的房屋租赁评估；④征收房产税需要核定租金水平的房屋租赁评估；⑤因不当占用或纠纷等引起的房屋租赁价格司法鉴定评估；⑥企业、单位或个人为对长期性租赁房产核查租赁价格合理性的评估；⑦确定不动产征用期间补偿费用的租金评估；⑧作为投资入股等需要的房屋租赁评估。

例如，在评估过程中涉及较多的项目有政府机关事务局委托的对政府直管的临街门面、办公用房的租赁评估；也有银行、保险、电信、铁路等有关单位和部门委托的对其营业网点出租的，或租入房屋的租金价格评估，还有社区、学校以及企业等单位自持的门面、办公、厂房和仓库等租赁价格评估。

二、房屋租赁评估中的问题及难点

长期以来房地产评估机构承接的评估项目大多是对房地产价格的评估，房屋租赁价格评估业务较少。近年来评估机构涉及的房屋租赁价格评估项目越来越多，在评估实践操作中陆续出现了诸多的问题，需要评估人员谨慎考虑和处理。

（一）房屋租赁评估政策、法规和规范性文件依据不足

首先要考虑的是，房屋租赁价格评估的法律法规和规范依据是什么？是不是可以参照房地产价格评估？是否要按照房地产估价规范的格式要求？《房地产估价规范》第5章"不同估价目的下的估价"对房地产租赁价格评估有一定的描述，仅在定义和内涵方面进行了规范。房屋租赁价格只是部分房地产权益价值，是在一定时期内对房屋占有、使用、收益的权益价值，如何评估更为客观、公平、合理，需要专业的技术。但与房屋租赁评估相应的政策、法规和规范性文件不多，评估人员在评估过程中对房屋租赁评估的依据不足、规范不明晰，所出具的评估结论和评估报告五花八门，很不规范。

（二）评估对象和评估范围难以界定

在房屋租赁评估过程中，评估人员最棘手的问题就是评估对象和评估范围难以准确界定，主要表现在以下几个方面：

1. 房屋权属资料不齐或不清晰

根据评估人员反映，大部分房屋租赁合同中涉及的房屋出租面积和出租范围，与产权登记的建筑面积不相符，或者有的没有产权证明资料。在评估过程中还会遇到有的资产比该单位资产管理负责人入职工龄还长，属历史遗留资产，未核发权证或已发权证资料丢失，去不动产登记中心难以查询到；有的房产权属证明有可能为出租方下属子公司或其他关联公司，权证无法提供或不方便提供；有的房产可能已抵押银行致使资料无法提供；也有的房产虽一直对外招租，因多方面原因也未能办理权证；还有的房产本身就是临时性的建筑，无法办理产权证明，没有房屋测绘面积、用途等证明。

2. 房屋租赁面积确定依据不足

在房屋租赁市场中，房屋出租有的按使用面积或建筑面积计租，有的按间、套或幢等计租。实际出租中住宅一般按套、间或使用面积计租，非住宅一般按建筑面积计租。在实地查看过程中，租赁面积一般不按权属登记的建筑面积或套内建筑面积计算，大多数以出租方与承租方沟通后定下的面积来计算，如含庭院面积、屋顶可利用面积或楼上不算面积等情况，且面积一般不是由专业测绘人员测绘所得，是由当事人双方自行测量所得。估价对象若为一个整体房地产中的一部分，无物理分割界限，无测绘界址点，仅凭委托方或出租方指认，委托方不提供相关证明材料证明其范围，评估人员无法确认评估对象范围。

3. 房屋用地性质难以界定

权证收集不齐的情况下，无法确定房屋用途、地类用途、使用权类型、土地使用年限等，评估中是否要考虑剔除城镇房产税、土地使用税、土地收益金或土地增值税？对租赁价

格有多大的影响？这些问题也是房屋租赁价格评估中比较难以处理的问题。

（三）房屋租赁价格内涵比较模糊

租赁价格的内涵与评估对象的范围相关，评估范围只是房屋主体，还是包括房屋装修及附属设备设施，这些一般在评估委托书中并没有明确。在现实生活中房屋租赁合同中房租还有可能包括供暖费、空调费、物业管理费，甚至包含水费、电费、燃气费、电话费等。也可能出租人与承租人约定房屋维修费、管理费、保险费、房地产税、增值税等由承租人负担；零售商业用房还有根据销售或经营收入分成来计算的定额租金、定率租金。如果不根据租赁合同和评估委托书确定房屋租赁价格内涵，评估结论也会大相径庭。而很多房屋租赁合同并不规范，没有约定房屋出租范围、租金内涵，还有很多都是以双方口头定价的方式来达成协定，没有签订正规的租赁合同，因而导致纠纷的情况比比皆是。如果房屋租赁合同不规范，又不在评估委托书中明确，评估结论中价格内涵也就只能是模糊的，有可能误导报告使用人。

《房地产估价规范》5.9.1 条规定"房地产租赁估价，应区分出租人需要的估价和承租人需要的估价，并应根据估价委托人的具体需要，评估市场租金或其他特定租金、承租人权益价值等"。站在不同角度考虑的评估结论，其价格内涵也不同。所以，还应注意租赁价格与租赁权价格是两个不同的概念。

（四）房屋租赁评估方法的适用性较差

房地产评估最常用的有比较法、收益法、成本法、假设开发法等，但房屋租赁评估可信度最高的方法应是比较法。大部分出租的房屋所处地理位置优越，交易市场活跃，类似房地产出租的案例较多，所以直接采用比较法很有说服力。但也有少部分的房屋，或者评估对象个案的特殊性，如商场、工厂、仓库以及偏远地区、人口流动性较差地方的房地产等，周边类似房地产出租情况很少，甚至找不到，就不能直接采用比较法了。

收益法、成本法是另外两种比较常用的方法，但适用性也有一定限制。收益法是在租赁房屋预期收益可预测或可确定的情况下常用的估价方法，通过房屋租售比的方式反算房屋租金也是收益法中的另外一种方式，但预期收益不可预测或租售比不可确定时，不适宜采用收益法。成本法是在市场难以提供类似估价对象的可比实例，也不易准确预测净收益时评估的主要方法，但成本法通过对折旧费、维修费、管理费、利息、税金、保险费、地租和利润等成本累加计算房屋租赁价格，评估的结果只是从成本角度考虑出租方的利益，承租方是否认可，其价格合理性、公平性还得接受市场检验。

（五）租赁市场调查数据可靠性依据不足

根据房地产估价相关的理论依据，租赁价格评估结论应该是房屋的客观租金，而不能简单地认为就是其实际租金，所以评估时应调查周边类似房地产的租金情况。在市场调查过程中，租金会因为承租方是谁、承租方做什么、有较大的偏差。同一地段也会根据面积的大小有很大的差距，且在实际租赁过程中可能会有附加的物业管理费、水电费、税费等其他的费用。因为市场调查过程中，评估人员或委托方很难获取类似房地产真实、有效的房屋租赁合同，因此只是采取询价、访谈、函证等方式，只能获取一个大致的数据，这样的调查数据也就不一定完全真实、可靠。如果评估时不考虑这些因素的影响评估，租赁价格评估结论的合理性也就值得怀疑了。

（六）房屋租赁评估风险不可预计

一方面，房屋租赁价格出具的评估报告是鉴证性的还是非鉴证性的，这个在委托评估合同中并不会明确。如果评估对象和范围界定不清、权属证明不全、评估目的不明确，评估机构必须谨慎出具房屋租赁价格评估报告，否则该评估报告的潜在风险不可预计。

另一方面，确定租金水平是否应合理判断其未来租金的变化。房地产市场变幻莫测，市场价格容易被诸多因素影响，如2020年暴发的新冠肺炎疫情对各行各业造成不可估量的巨大影响，租金价格水平与往年相比大幅减少，也就不能体现正常的水平。如果评估中不考虑未来市场变化会造成评估结论的合理性，可能造成不必要的评估风险。

三、房屋租赁评估难点的应对措施

房屋租赁价格评估与其他房地产评估的程序一样，首先要明确估价对象和评估范围，收集估价资料，进行实地查勘，认真负责进行市场调查，选取合适的评估方法，严格遵循《房地产估价规范》要求进行评估测算。针对在实践中诸多需要关注的问题和难点，评估人员需要有应对处理的办法。

（一）谨慎承揽房屋租赁价格评估业务

评估人员要对承揽的房屋租赁价格评估做专业胜任能力分析评价、项目风险分析评价。根据委托方提供的资料和要求，评估机构要按照评估对象和范围、评估目的、评估依据、价值内涵、评估原则、评估方法等谨慎出具房屋租赁评估报告。在资料不充分、依据不足或程序不到位时，建议出具非鉴证性的咨询报告，有效地防范和控制评估风险。不得为了规避应尽的检查资料、调查情况等勤勉尽责估价义务或为了高估、低估房屋租赁价格而出具不合理的估价报告。

（二）租赁价格评估程序到位

（1）委托方必须提供评估委托书和签订评估委托合同。评估委托书和合同中必须对评估对象和范围、评估目的、价值类型等描述清楚，在合同中约定租金价格内涵是毛坯房价格，还是含装修、设备设施、家具家电、水电费、物业费以及房产税、增值税等相关税费等。是按建筑面积计算，还是按使用面积、土地面积等计算。

（2）评估依据资料要充分。委托书要提供评估对象权属证明材料、房屋租赁合同、评估对象明细表等。对资料不全和数据不完整的，委托方要在评估委托书中盖章确认。对批量的房屋租赁评估项目，评估对象明细表要清晰记载房屋坐落、范围、面积、用途、装修、设备设施等，可以采取批量房地产评估方法进行评估，对不同位置、不同用途、开间、进深等不同的，依据房屋的具体情况进行价格差异性分析。

（3）评估人员必须对评估对象和范围查勘到位。对评估对象范围、面积、用途等与权属证明不一致的，经逐一核实后，做好查勘记录，要求委托方书面确认，在评估报告中要进行披露说明。特别是面积不准确或估测的，应建议请专业测绘公司测绘，并由委托方确认。

（4）市场调查充分。评估人员应通过网络、中介人员收集房屋租售相关信息，充分调查周边市场租金、租赁期限、用途、租金支付方式等情况，以及房屋位置、面积、装修、设备、交通、环境等基本状况，全面而准确地了解租赁市场行情，才可能得出反映估价对象特点的租赁价格。

（三）租赁价格评估要选择适当的评估方法

房屋租赁价格评估应根据评估对象客观条件和评估目的，逐一分析估价方法对估价对象的适用性，并尽量选用两种估价方法进行评估。比较法是房屋租赁市场公开、租赁信息充分时首选的一种方法，评估时应调查估价对象至少最近三年的实际收入，应与类似房地产在正常情况下的收入进行比较。评估结果相对客观、有说服力。在选择收益法或成本法时，也要充分分析其房屋预期收益或租售比、租金收入组成等与评估结论的价格内涵一致性、客观性和合理性。

评估中要考虑租赁合同、租约和免租期对租金价格的影响。《房地产估价规范》4.3.10相关规定："有租约限制且评估出租人权益价值的，已出租部分在租赁期间应按合同租金确定租赁收入、未出租部分和已出租部分在租赁期间届满后应按市场租金确定租赁收入。"租赁房屋已订立租约时，应对租约中所约定的租金标准的客观性、合理性进行判断，调查租赁合同的真实性、分析解除租赁合同的可能性及其对收益价值的影响。如租约所约定的租金相差较大（或高或低），与正常客观的数据有差异，应进行分析并予以适当修正。

（四）租赁价格评估过程中应考虑的其他影响因素

1. 房屋用途对租赁价格的影响

房屋用途不同其价值和房屋租金价格也不相同。实际工作中有许多房屋是改变使用用途的，如有住宅改商业、办公；工业改商业、仓库或住家的，还有不同的土地使用用途、土地使用权性质（土地使用权为划拨或出让，或集体土地使用权）对房地产价值也有影响。如果房屋权产权用途与实际用途不符，评估时要考虑房屋用途、土地用途对租赁价格的影响。特别是集体土地上的房屋租赁、划拨土地上的营利性房屋租赁价格评估应考虑扣除土地收益金部分；对公租房和廉租房等保障性住宅的政策性租赁价格评估，估价人员应严格执行有关租赁政策，遵守中央和地方政府有关规定。

2. 租赁期限和租金支付方式对租赁价格的影响

房屋租赁期限有长期的、短期的或临时性的，不同的租赁期限对租金价格影响很大。短期的或临时性的租金价格相对较高，一般要支付1～3个月的押金；长租的租金价格一般较低，但有可能租金会约定定期增长。租金支付方式有年付、季付或月付，还有长租的合同约定一次性支付租金的。评估人员需要考虑租赁期限、租金支付方式和押金等因素来调整租金评估价格。

3. 长期空置房屋对租赁价格的影响

不论是大型商场、商业门面，还是写字楼、住宅，以及工厂、仓库等，都存在有大量的房屋长期闲置，没有充分利用，有的甚至还是毛坯。房屋空置造成的原因是多方面的，一是由于近几十年来新建房地产发展迅猛，导致各类房地产供大于求；二是所处的位置较差、周边市场不景气，租赁需求不足；三是房屋用途、结构、质量等原因引起空置的；四是因产权人或房屋持有人主观原因，或权属不清晰等问题导致的长期空置。评估人员要充分分析房屋存在空置原因并考虑这些因素对房屋租赁价格的影响。

（五）房屋租赁评估风险提示和风险防范

房屋租赁过程中引起的纠纷和存在的风险较多，如承租人拖欠租金、承租人承租期间对房屋装饰装修、承租期间房屋转租转让、合同主体发生变更、出租人强行收回房屋等潜在风险。评估人员要对评估对象自身特点、位置、面积、装修、设备、交通、环境等基本状况做好调查，并考虑租金、租赁期限、租金支付方式等进行分析，对未来租金的预测和市场风险进行充分披露。一是评估人员在评估报告中提示报告使用人在各种情况发生租金损失风险的可能性，二是评估人员在报告中强调报告的使用条件和假设前提，评估范围和价格内涵等，以防范不必要风险。

四、结语

随着我国逐步进入存量房时代，市场经济的发展、利好政策的出台，"95"后、"00"后置业观也正在发生着变化，市场也正在改变。我们可以看到近几年有很多房企、酒店运营管理公司开始涉足长租公寓市场，"智能公寓""24小时管家公寓"等多样式公寓房越来越受市场的青睐。租赁市场的迅速发展，以及国有企事业单位对于房地产资产管理的严谨化、公开化，使得房地产租赁价格评估日益成为评估行业的重要服务领域，探索和规范这一新兴评估业务类型，是评估机构需要及时应对的挑战。

作者联系方式

姓　　名：徐志革　颜晓昀　沈宏亮

单　　位：湖南志成房地产土地资产评估有限公司

浅析收益法在住房租赁物业评估中的应用

蒋炎冰　穆春生　卫依莉

摘　要：随着"房子是用来住的，不是用来炒的"的纲领性定位，租购并举的住宅房地产改革方向逐渐明朗，住房租赁行业渐成热点，规模高达上万亿元的租房服务市场正在形成。住房租赁流程长，涉及单位多，专业性强，也给房地产估价机构带来新的服务机会。本文站在普及基本概念、分析业务需求的角度，将收益法在住房租赁物业评估中的应用做介绍，包括运营模式区分、主要收入及成本分析、资本化率与报酬率选取等方面，以期为房地产估价师和估价机构开展该项业务带来思考和借鉴。

关键词：住房租赁；物业评估；收益法；运营模式

自党的十九大提出"加快建立多主体供应、多渠道保障、租购并举的住房制度"后，住房租赁行业发展进入快车道，并逐步呈现出多元化、规模化、机构化的发展特征，各种运营思路及盈利模式不断涌现。

在此过程中，虽然涌现出租赁中介机构、品牌酒店公司以及房企背景的品牌服务商等熟悉住房租赁业务的专业化机构，但仍有相当比重的参与者诸如保险公司、基金公司等未能积累起匹配的人才及经验，存在大量对于专业咨询顾问服务的需求，这便为房地产估价机构提供了发展契机。

一、租赁住房内涵及分类

（一）租赁住房的内涵

针对租赁住房，目前国内外尚无相关部门或机构对这一概念予以官方解释，也未有相关理论著作形成标准化定义。本文从我国目前租赁住房营运的角度将其定义为：房屋租赁机构自有、购置或租赁取得的，通过装修或改造升级后，以向承租人出租并提供相关服务的方式取得收益的、作为居住使用的房地产。

（二）租赁住房的界定

在日常生活场景中，以供他人居住为目的的租赁式房地产范围较广，酒店、民宿、长租公寓等包含其中。

为了进一步界定租赁住房的范围，本文参考了商务部组织有关单位起草的行业标准《租赁式公寓经营服务规范（征求意见稿）》及《国民经济行业分类》GB/T 4754—2017，将国内租赁住房划分为长租及短租两种类别，主要区别在于：

租期长短差异：长租是指租期在一个月（含一个月）以上的租赁住房；短租租期则通常不足一个月。

行业分类不同：长租属于"房地产业（70）"大类下的"房地产租赁经营（7040）"行业；短租则列入"住宿业（61）"大类下的"民宿服务（6130）"业，筹备开业前需经工商、消防、房管、卫生等多个政府部门审批，并报公安机关通过核准颁布《特种行业许可证》方可经营。

长租为"房地产租赁经营"，主要满足租户日常生活及工作的居住需要，有较强的连续性和稳定性，民生属性显著；而短租主要用于满足临时性的住房需求，如旅游、度假、差旅等，与"旅游饭店"并列。

2020 年中央经济工作会议及 2021 年全国两会的政府工作报告均提到了要坚持房子是用来住的、不是用来炒的定位，加快完善长租房政策、规范发展长租房市场，从而进一步明确了长租在租赁住房中的主体地位。

（三）住房租赁新的监管趋势

住房租赁是重资产、低坪效、重运营、长周期的实体行业，需求场景相对单一、产品较为同质化，正常情况下难以快速完成价值变现。出于满足资本市场胃口的需求，部分住房租赁企业通过违规操作抢占市场、野蛮扩张。2018 年下半年起杭州鼎家、重庆管家婆等因违规经营或现金流断裂而先后"爆雷"，遗留下大量民生问题，对社会稳定造成了不良影响。

鉴于此，2020 年 9 月住房和城乡建设部发布了国内首部住房租赁领域的条例文件——《住房租赁条例（征求意见稿）》，其制定目旨在规范国有土地上住房的租赁活动，维护住房租赁当事人合法权益，构建稳定的住房租赁关系，促进住房租赁市场健康发展。

2021 年 8 月，《北京市住房租赁条例（征求意见稿）》出台。其在《住房租赁条例（征求意见稿）》的基础上进一步强化了对承租人的权益保障（如规范住房租赁合同内容、明确出租人及承租人双方权责；规定押金不得超过一个月租金，单次收取租金不得超过三个月总和；逐步推行租购同权等），明确界定住房租赁企业（可提供转租服务）及房地产经纪机构（可居间、代理，不可提供转租服务）并对其各类不当经营行为予以强监管。在培育和发展租赁市场的同时通过建立租金监测发布机制以及信用管理制度等手段进行调控。

从文件看，以上两部住房租赁领域的规范性文件的实施显示了政府对行业的严监管趋势，以及推动租赁市场平稳健康有序发展的决心，行业的野蛮生长将难以为继，势必将对未来的发展产生深远影响。

二、租赁住房的主要形式

（一）按运营模式划分

按运营模式划分，租赁住房可分为集中式及分散式。

集中式：是指以整栋楼（或者一栋楼的多个楼层）为运作标的，由住房租赁企业对公共区域、配套空间和房间实施标准化改造和装修、配备统一服务、进行集中式管理的公寓形式。在合约期内以间为单位出租，并为租客提供长期生活服务以及社交、创业等附加服务 ①。

集中式公寓的标的集中，有更多的改造和设计余地，也更容易塑造独立的风格及服务体系，标准化程度相对较高，易产生规模效应；租客的集聚和公共空间的安排使其便于发展社交属性及品牌效应。但同时该模式也面临着前期投入资金量较大、房源相对稀缺、获取难度大等困局。

---

① 集中式及分散式的定义摘自《租赁式公寓经营服务规范》（2017 年 3 月）。

分散式：是指住房租赁企业从分散的住宅小区（或商住公寓）的业主手中，运用包租、托管等模式，取得一定时限的房屋使用权，通过房屋的运营管理、装修改造及匹配一定的租住服务后，为租客提供一体化的租住解决方案。

分散式公寓的前期投入成本相对较低，房源相对分散，选择面广，可满足不同层级的需求；但由于服务半径过大，住房租赁企业难以提供标准化的产品及服务、管理成本高且不易形成规模效应，社交属性相对薄弱。

（二）按是否持有物业划分

按是否持有物业可区分为重资产模式及轻资产模式。

重资产模式：强调租赁企业实际拥有出租房源的所有权，收益来源除了租金收益外还包括资产的升值收益。但其弊端在于资金门槛高，对融资能力及成本控制有较高的要求，非国有企业或者大型开发商背景通常难以驾驭。

轻资产模式：是指租赁企业通过长期租赁或受托管理的方式获取房源一定期限内的经营权，并向终端承租人转租获取收益的模式。该种模式下的收益来源为租金价差或管理费及其提供的相关服务，并不享有资产增值收益。由于前期资金需求量相对较少故该种模式适合在短期内快速复制并扩张。一般中介机构背景或具有酒店管理能力的运营方凭借自身客户积累以及管理方面的优势多选择轻资产模式运营。

三、住房租赁领域的评估类咨询服务需求

围绕着住房租赁领域的全生命周期，在筹划立项、建设装修、运营管理、资产退出等不同环节及场景下，均需要各类咨询顾问服务的支持见表1。

住房租赁领域各环节咨询服务需求表　　　　　　　　　　　　　表 1

环节	咨询顾问服务需求
筹划立项	市场调研、尽职调查、可行性研究、在建工程贷款、租金定价咨询
建设装修	工程咨询、造价咨询、招标代理
运营管理	抵押贷款、经纪服务
资本运作	项目初筛、证券化服务、投资价值评估、现金流预测

上述需求中，诸如项目初筛、市场调研、尽职调查、可行性研究、抵押价值评估、投资价值评估、现金流预测等都与房地产估价机构的当前业务有着密切联系，评估服务是其中的重要内容，也是我们最熟悉、最专业的领域。

根据证监会、中房学发布的相关文件指导精神，收益法是该类物业评估的首选方法。因此，对收益法在住房租赁物业评估中的模型、参数等方面进行针对性的研究具有其必要性。

四、收益法在住房租赁物业评估中的应用

（一）应用模型定义

收益法是以项目的预期未来收益为导向来求取其价值或价格的方法。目前较为主流的收益法模型为 DCF 模型（Discounted Cash Flow），意为未来现金流折现，除价值判断外，也可

将其衍生应用于投资可行性研究、财务分析、现金流预测等方面。

（二）运营模式区分

搭建 DCF 模型前，首先应区分受托咨询的住房租赁项目运营模式，在界面清晰的前提下界定归属于本项目（或投资方）的收益及成本构成（表2）。

不同运用模式下的收入成本构成一览表　　　　　　　　　　　　表2

模式		特点	收入来源	成本构成	代表企业
轻资产	包租模式	包租即无论房源是否出租，业主均可获得固定收益； 包租运营模式即租赁企业包租取得房源，改造为"N+n"①后对外转租	"批发"与"零售"的租金差； 业主给予免租期； 综合管理费； 租后服务费	改造装修成本； 营销推广费用； 房屋运营成本； 人员成本； 办公成本； 税费等	自如
	托管模式	业主将房屋委托给住房租赁企业进行管理，是一种委托行为，托管期间房屋使用权、租金收益权不转移； 与酒店管理模式较类似，住房租赁企业输出管理	品牌使用费； 运营管理费； 系统安装维护费； 租客会员服务费； 租后服务长尾收入	品牌建设； 营销推广费用； 产品开发及设计； IT 系统开发维护； 人员成本； 办公成本； 税费	窝趣（铂涛酒店集团旗下公寓品牌）
重资产	自营模式	住房租赁企业将自建、收购或持有的资产经装修或改造后以自主经营的方式作为租赁住房对外出租，多为集中式租赁住房	租出房屋租金； 配套用房租金或经营收益； 广告、外摆等收益； 综合管理费； 租后服务费； 补贴收入	房源取得成本； 装修改造成本； 营销推广费用； 房屋运营成本； 人员成本； 办公成本； 税费等	上海城方
	引入运营方模式	住房租赁企业将自建、收购或持有的资产经装修或改造后并不自行经营而是引入第三方代为进行管理运营； 不以房地产为主业的大型国企、险资等多采用该模式	租出房屋租金； 配套用房租金或经营收益； 广告、外摆等收益； 综合管理费； 租后服务费； 补贴收入	房源取得成本； 装修改造成本； 营销推广费用； 房屋运营成本； 运营管理费； 税费等	建信住房

如前文所言，由于估价人员工作中多以抵押评估及投资咨询为主，所涉咨询标的也多为重资产模式下的集中式住房租赁项目。故本文以引入运营方的重资产模式为例进行模型主要参数构成的论述。

（三）主要收入分析

住房租赁项目主要的收入来源包括租金收益、广告活动收益、服务费等。

---

① "N+n"是指对已取得的房源进行空间利用优化，在合规的前提下将原本客厅、书房等空间改造为具有居住功能、可单独出租的房间。房源原卧室数量为 N，改造后增加的卧室数量为 n。由于合规限制，多数房源即使存在改造空间增加的房间数量也≤1。

1.租金收益

租金收益包括房屋出租获取的租金、停车费、篮球场等运动场地以及少量沿街商铺、咖啡吧等配套用房租金收入，其中房屋租金是最主要的收入来源。

在房屋租金的预测上，应综合考虑项目以往的经营数据及周边市场情况。对于尚无历史数据的项目则应在明确客户定位及主力房型的基础上针对性地开展市场调研，并结合未来供需变动对项目爬坡期长短、各种房型的租金定价、出租率、租金涨幅以及付款方式等予以合理预测。

根据笔者的相关调研，当前建筑设计规范要求租赁住房均需配备一定数量的地下停车位，标准与商品住宅小区相近。但在实际使用中租户对于车位的需求并不旺盛，若停车场不对社会开放则预测收入时应保持适当的谨慎。

2.广告活动收益

广告活动收益主要包括楼宇广告、LED 屏广告、电梯广告等，以及项目内自动贩售机、蜂巢乃至投币洗衣机等设施的外摆费用。根据各项目所处的位置、场地布局以及所需配置状况进行估算。

3.服务费

服务费主要是指提供 Wi-Fi、管家服务、定期打扫以及维修等项目而产生的费用。一般按定额每月收取，根据所提供的服务内容差异通常在 150～250 元/月之间。

4.补贴收入

近年来，各级政府高度重视并大力推进租赁住房建设。2019 年始，中央财政开展支持住房租赁市场发展试点工作，并就新建、改建等集中供应的住房租赁项目予以专项资金补贴。根据不完全统计，目前已公布补贴政策的城市超过 20 个，以上海为例，新建项目补贴标准为 200 元/m²（建筑面积）；改建项目为 0.75 万～1.0 万元/套。

从目前的盈利模式来看，租金收益仍是项目最主要的收入来源，一般占比超过 90%。

（四）主要成本分析

1.筹开成本

如项目为新开业，则涉及筹开时所发生的人员、培训、服装、办公家具等一次性投入费用。根据项目的体量、业主方与运营方的协议约定等情况进行估算。

2.项目运营成本

1）经营成本

经营成本是与经营相关的直接成本，包括人工费用、公区能耗及日常维修费用等。除参考项目以往的运营成本外，还可以通过市场调研等途径综合取值，以下为笔者采集到的一些典型住房租赁企业经营成本相关数据（表3）。

部分品牌住房租赁企业经营成本一览表　　　　　　　　　　　　　表3

品牌住房租赁运营方	运营成本比例	备注	数据来源
某上海国企地产集团	3%～4%	含营销费共6%～8%；项目公区较少，能耗相对较低	客户访谈
某知名连锁青年社区运营方	—	200元/间	合作商数据
某美股上市长租公寓运营方	3.8%～4.5%	根据项目体量有所不同	合作商数据

续表

品牌住房租赁运营方	运营成本比例	备注	数据来源
新派公寓	4.5%	基数为租金收入＋综合能源配套费	新派公寓权益型房托资产支持专项计划说明书
朗诗	5.0%	公区能耗单列	平安汇通—平安不动产朗诗租赁住房 2 期资产支持专项计划说明书

值得注意的是，由于住房租赁产业链的日益丰富，以维修、保洁为主营业务的细分市场已趋于成熟，住房租赁企业如采取外包模式则在发挥其规模效应的同时还可以形成进项可抵扣税额，在一定程度上摊薄了项目的日常运维成本。

2）营销费

营销费是指为实现经营目的而必要发生的宣传推广、带看费、中介费等，一般为租金收益的 1%～2.5%。需根据项目所处市场环境以及客源状况进一步分析，如区域市场需求旺盛或企业客户占比高、续租率高则营销费用将处于偏低水平。

3）管理费

管理费是指支付给项目运营方的全部费用，参照市场行情和调查数据，一般在 6%～9%（表 4）。

部分品牌住房租赁企业管理费费率一览表　　　　　表 4

品牌住房租赁运营方	管理费比例	数据来源
朗诗	8.5%	平安汇通—平安不动产朗诗租赁住房 2 期资产支持专项计划说明书
龙湖冠寓	7.5%	申银万国市场报告
旭辉	5.0%	高和晨曦—旭辉领昱 1 号资产支持专项计划说明书
碧桂园	8.0%	中联前海开源—碧桂园租赁住房一号第一期资产支持专项计划说明书
某知名连锁青年社区运营方	7.5%～8.5%	合作商数据
某美股上市长租公寓运营方	6.5%～7.5%	合作商数据

除以上管理费外，部分运营方还另设有品牌使用费、系统初装及维护费等其他名目的成本。

4）保险费

根据相关规定和行业惯例，需对建筑物进行投保，一般保费费率为 0.1%～0.15%，基数为房屋原值。

5）装修重置提拨款

住房租赁项目一般需要通过阶段性装修来升级改造，以期形成更稳定的租金收入及更强的市场竞争力。重新装修周期一般 6～8 年，可于装修期一次性支出，也可在一个周期内平均计提。由于不同的计取方式对于当期现金流的影响重大，故应在综合考虑项目偿债能力及财务生存能力后有针对性地进行选择。

3.相关税费

1）增值税及附加

销项增值税主要为租金收益（5%或9%）、服务费（6%）等，进项税主要来源为水电能耗费（电13%、天然气9%、水9%）、管理费（6%）、外包服务费（约为6%）等。

附加税以销项与进项抵扣后的增值税净值为基准，主要是指城市维护建设税、教育费附加、地方教育费附加，根据项目当地情况具体测算。

2）房产税

根据《中华人民共和国房产税暂行条例》，房产税税率采用比例税率，分从租计征和从价计征两种。从租计征则一般为租金收益的12%，从价计征则以房产余值为税基，税率为1.2%。具体采用的计税方式可沿用项目以往纳税口径或与当地税务部门确认。

3）印花税

根据《印花税暂行条例》及实施细则，房屋租赁目前适用税率为租赁金额的1‰。

4）城镇土地使用税

采用定额税率。按大、中、小城市和县城、建制镇、工矿区分别规定每平方米城镇土地使用税年应纳税额。一般大城市为1.5～30元/平方米·年，中等城市为1.2～24元/平方米·年，需根据项目所在城市及区域的具体纳税标准进行缴纳。

值得注意的是，目前针对住房租赁行业的税收减免政策正在逐步完善中，如最新发布的《关于完善住房租赁有关税收政策的公告》（2021年第24号文）等。估价人员也需要跟进学习相关文件精神，在更新税负标准的同时也为住房租赁企业提供税筹业务筑牢基础。

（五）资本化率与报酬率选取

1.资本化率

资本化率是房地产年收益与预期价格的比率，可通过交易市场上的收益价格比进行提取。但囿于目前国内缺乏租赁住房大宗交易的案例，在选取资本化率时可参考国际水平、已发行类REITs相关数据并结合项目实际情况综合得出，以下以上海浦江某镇住房租赁项目为例模拟资本化率的选取，以供参考。

1）以美国资本化率体系为参照

参考穆迪《美国物业评分等级和资本化率对照表》[①]中不同物业的资本化率情况（以评分等级0列为例），若以租赁住房资本化率为100%，则对应的各类物业资本化率（表5）。

美国物业资本化率对照表　　　　　　　　　　　　　　　　　　表5

物业类型	资本化率（%）	与租赁住宅资本化率的比例
租赁住宅资本化率	6.5	100%
工业化住宅资本化率	6.5	100%
工业物业资本化率	7	108%
自助仓储资本化率	7	108%
区域性购物中心资本化率	6.75	104%
主力租户资本化率	7	108%

① 高坚，蔡建春，徐幼于.CMBS国际经验和中国实践[M].北京：中信出版集团，2017：172.

续表

物业类型	资本化率（%）	与租赁住宅资本化率的比例
非主力租户资本化率	8	123%
办公楼资本化率	7.5	115%
混合租户资本化率	7.5	115%
社区生活辅助设施资本化率	8.5	131%
医学设施资本化率	10.5	162%
自住酒店资本化率	9	138%
全服务型酒店资本化率	8.5	131%

根据《中国REITs论坛（CRF）中国REITs指数之商业不动产资本化率调查研究》发布的相关数据，上海2020年甲级写字楼资本化率为3.8%～4.7%、商业为4.2%～5.4%、酒店为4.7%～5.9%、科研办公为4.5%～5.7%。

以上海各类物业资本化率的中位数为基准，参照美国同类物业与租赁住宅资本化率的比例关系，推导出上海租赁住房的资本化率，并就调整结果取平均数得上海租赁住宅资本化率约为4.12%（表6）。

美国物业评分等级和资本化率对照表　表6

物业类型	上海物业中位数资本化率（%）	美国各物业与租赁住宅物业资本化率比例	参照美国比例调整后的上海租赁住宅资本化率（%）
区域性购物中心资本化率	4.8	104%	4.62
办公楼资本化率	4.25	115%	3.68
全服务型酒店资本化率	5.3	131%	4.05
租赁住宅资本化率	—	100%	4.12

2）以已发行的资产证券化产品为参照

根据平安汇通—平安不动产朗诗租赁住房2期资产支持专项计划说明书（项目体量相近、物业类型一致）中的净现金流量及估值推算，该项目资本化率约为4.9%。

由于该产品的证券化资产位于南京，在区域上与上海差异较大，故参照南京所属的新一线城市与上海同类物业的资本化率差异进行比较。上海各类物业的资本化率水平约为新一线城市的83%（表7）。

上海与新一线城市同类物业资本化率比较表　表7

物业类型	上海		新一线（含南京）		各类物业资本化率差异
	资本化率	中位数资本化率	资本化率	中位数资本化率	
甲级写字楼	3.8%～4.7%	4.25%	4.9%～6.2%	5.55%	76.6%
商业	4.2%～5.4%	4.80%	5.2%～6.5%	5.85%	82.1%
酒店	4.7%～5.9%	5.30%	5.4%～7.3%	6.35%	83.5%

续表

物业类型	上海		新一线（含南京）		各类物业资本化率差异
	资本化率	中位数资本化率	资本化率	中位数资本化率	
科研办公	4.5%～5.7%	5.10%	5.0%～6.2%	5.60%	91.1%
均值					83%

以平安汇通—平安不动产朗诗租赁住房 2 期资产支持专项计划中证券化资产的资本化率水平为基础，并参照上表进行区位调整，则调整后的上海租赁住房资本化率水平约为 4.9%×83%=4.07%。

3）资本化率取值

综上所述，以上分别通过国际、国内不同物业类型资本化率水平的比较分析，汇总得出上海租赁住房的资本化率约为 4.09%（表 8）。

上海租赁住房资本化率测算表　　表 8

视角	资本化率	备注	数据来源	权重
以美国资本化率体系为参照	4.12%	根据成熟市场类推，存在国情差异	《中国 REITs 论坛（CRF）中国 REITs 指数之商业不动产资本化率调查研究》《CMBS 国际经验和中国实践》	50%
以已发行的资产证券化产品为参照	4.07%	根据上海情况进行修正，更侧重当前租赁市场水平	平安汇通—平安不动产朗诗租赁住房 2 期资产支持专项计划说明书	50%
权重均值	4.09%			100%

案例项目所在的浦江镇板块区域成熟度高、配套齐全，有良好的住房租赁市场基础；但与此同时市场供应量较大、产品同质化竞争严重，权衡调整后此处资本化率参照全市平均水平，取 4.09%。

以项目运营十年建模计算，未来退出时有一定不确定性，应考虑风险调整因素；同时，我们注意到住房租赁行业近期迅猛的成长态势，并看好其未来在以上海为代表的一线城市的发展，综合考虑，退出期的资本化率取值仍确定为 4.09%。

2. 报酬率

报酬率也称回报率、收益率，是将项目未来各年的净收益转换为项目价值的折现率。

根据《资产评估执业准则——资产评估方法》，收益法所采用的报酬率不仅要反映资金的时间价值，还应当体现与收益类型和评估对象未来经营相关的风险，与所选择的收益类型与口径相匹配。关于报酬率的选取，在估算房地产投资价值时可直接选取特定投资者对于同类项目的回报率要求。若需自行提取报酬率，除评估中常用的累加法外，笔者试图提供以下维度以供参考。

1）从资金取得成本角度出发

住房租赁项目作为企业投资战略的选择之一，其最低投资回报要求应不低于投资项目所付出的资金成本。WACC（加权平均资本成本模型）便是用于衡量项目加权平均资本成本的方式。

$$WACC = (E/V) \times R_e + (D/V) \times R_d \times (1-T_c)$$

其中 R_e 为股本成本，是企业自有资金、股票等的期望报酬率；R_d 为债务成本，可以参考银行利率或企业发债成本；E/V 为自有资金占比；D/V 为债务比例，T_c 为企业所得税税率。

在提供市场价值咨询时，以上各参数均可采用市场平均水平选取。

2）从已发行住房租赁类 REITs 产品收益角度出发

除风投外，目前资本市场还可以通过投资住房租赁类 REITs 产品进入该行业。以目前已发行的多个住房租赁类 REITs 产品为样本，优先级收益率集中在 5%～6%，均值为 5.53%（图1）。

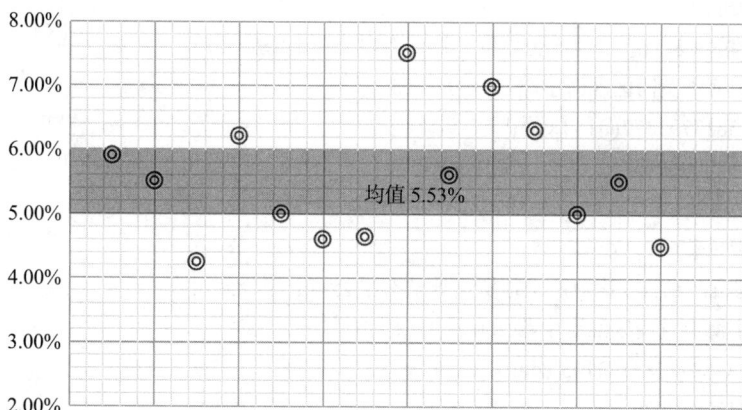

图 1　部分已发行住房租赁类 REITs 产品收益分布图

值得注意的是，该类投资在投资额、投资周期以及流动性（优先级产品均可在交易所固收板块流通）方面较重资产持有企业均有明显优势，如参考以上收益率则需在此基础上进一步予以风险因素上调。

3）从股权投资的角度出发

不同于国内类 REITs 产品的"债"性特征，国际标准 REITs 产品更能体现投资者对于住房租赁领域长期投资的收益预期。以美国为例，自 2000 年至今，租赁住房 REITs 产品的平均收益率均保持在 8%～10%。

同样，如综合参考各国租赁住房 REITs 收益则有必要根据国内外宏观环境的不同以及流动性差异进行相应的调整。

近年来，随着我国租赁人口的不断增长，住房租赁市场正在发生波澜壮阔的变化，从上市狂潮、资本追捧到频繁爆雷、监管趋严，市场在不断调整中向前发展，但住房租赁市场发展壮大、积极向好的趋势始终不变。"好风凭借力，送我上青天"，房地产估价机构应抓住时代发展大势，主动学习，积极对接，在市场竞争中抢占先机、发展壮人。

参考文献：

[1] 张义勇，龙东平 . 透视长租公寓行业 [M]. 北京：中国工信出版集团，2020：90-93.

[2] 全国咨询工程师（投资）执业资格考试参考教材编写委员会 . 现代咨询方法与实务 [M]. 北京：中国统计出版局，2019：214-322.

[3] 高坚，蔡建春，徐幼于 . CMBS 国际经验和中国实践 [M]. 北京：中信出版集团，2017：172.

作者联系方式

姓　　名：蒋炎冰

单　　位：建银（浙江）房地产土地资产评估有限公司上海分公司

地　　址：上海市黄浦区淮海中路 200 号 1005 室

邮　　箱：18939758610@163.com

注册号：3120150026

姓　　名：穆春生

单　　位：建银（浙江）房地产土地资产评估有限公司上海分公司

地　　址：上海市黄浦区淮海中路 200 号 1005 室

邮　　箱：13817793377@163.com

注册号：3120090005

姓　　名：卫依莉

单　　位：建银（浙江）房地产土地资产评估有限公司上海分公司

地　　址：上海市黄浦区淮海中路 200 号 1005 室

邮　　箱：13482717878@163.com

注册号：3120080029

对长沙市住宅小区配套底商物业
租赁评估业务实践的思考

谢建云　陈　旭

摘　要：随着城市化进程的加快，大部分地区的房地产市场已由增量市场变成存量市场。面对房地产商业物业中不可忽视的一个重要业态——住宅小区配套底商，如何实现其业态的本职功能，实现各利益主体的增值保值功能，已引起各层面的高度重视与研究。在近年来承接的越来越多的租赁评估业务实践中，面对市场新发展阶段，房地产估价机构如何通过创新发展，赋能于该类业态的各利益主体更高质量地实现其经济行为目的，也是我们必须考虑的问题。本文基于公司一直承担的长沙市城区多个住宅小区配套底商租赁评估业务实践，探讨估价结构在新发展阶段如何通过引入创新发展手段，提高对此类业务的服务能力。

关键词：新发展阶段；配套底商租赁评估；创新发展

一、对新发展阶段的理解

我国房地产市场历经多年发展，目前已呈现了新的格局，逐渐由增量时代步入存量时代。在大部分城市的新房市场开发空间在缩小，土地拿地成本趋高，国家对房地产企业实施"三大红线"的金融监管政策。在此背景下，对于很多企业来说，房地产行业的发展模式或将由传统的一次性销售转向长期持有运营，或者由之前的以开发为主转向开发与经营并重。也就是说，行业发展到目前阶段，依靠土地红利、市场红利、金融红利的时代已经过去，接下来更多需要依靠的是资产管理方的运营能力，包括设计能力、改造能力、客户洞察能力、资本运作能力等多个方面。

对于房地产估价机构来说，参与房地产一级市场的专业服务活动频次亦在逐渐减少，比如在建工程抵押、土地出让评估等方面；而更多存量房地产的估值专业服务活动越来越多，比如某金融机构选址租入网点前的租金评估、某资产管理单位招租前的租金底价评估等。如果估价行业或机构还执拗于以往传统的执业模式，仅仅通过简单的市场调查出具一份房地产价值或价格报告，已远远不能满足客户对该类业务的精细化管理需求，估价机构早晚将被市场淘汰出局。在市场新发展阶段，创新发展时不我待。

二、长沙市城区住宅小区底商的特点和现状分析

（一）众多住宅小区配套商业底商的体量较大，单套户型面积异质性较明显

存量房地产中另一个重要业态，即小区配套商业底商，俗称住宅底商。由于其在城市发展过程中扮演的重要角色，也成为目前资产管理方日益重视的一类重要资产。以长沙

市为例，自实施土地有偿出让制度以来，其出让商品住房用地中，有很大一部分地块均配置了部分商业配套用地，而这类商业配套用地中，很大一部分是配置在住宅小区的临街楼栋或小区内街某些楼栋下，或在小区用地中单独划片，该类商业业态占小区总开发规模的10%～30%不等。按照目前长沙5382个楼盘计算，根据长沙市房地产市场近20年发展历程，自2005年至今，长沙市商品房销售面积一直居高不下，从2005年新建商品房销售面积中的536.99万 m²，增长到2020年的年均2370.9万 m²，已构建了一个庞大的存量商品房规模。根据2005—2020年的统计数据，长沙市已销售新建商品房建筑面积达25882.95万 m²，按照10%～30%的比例，按长沙目前存量小区约4000个计算，长沙市每个小区的商业物业达6500～20000m²，其规模及价值体量均不容忽视。从调查数据显示，长沙城区社区商业单套户型面积可从几平方米到几千平方米，特别是之前的老旧社区商业物业或住改非商业物业，其户型面积缺乏统一的设计、规划管理，造成社区商业户型面积异质性较明显（图1）。

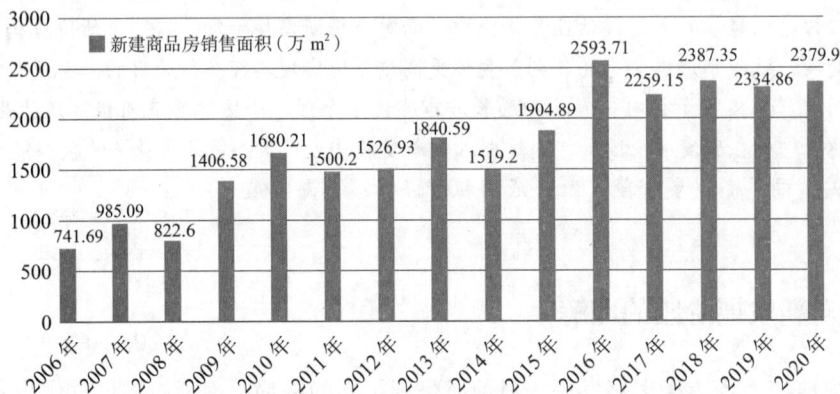

图1　长沙市新建商品房销售面积图（2006—2020年）

数据来源：长沙市统计公报

（二）众多住宅小区配套底商的产权主体具有多元化特点

根据调查，由于住宅小区性质的不同，配套底商的产权主体亦具有多样性、复杂性特点，既有国有资产，又有个人或企业私有资产，亦有集体性质资产。比如，2001年后开发建设的商品房小区临街楼栋或街区商业，对于开发商采取一次性销售策略的社区商业或政府要求开发商自持部分商业物业的物业，其已出售的该类社区商业的产权主体则是社会自然人业主，对于自持、在售、未能销售完毕类的物业，其产权主体则是房地产企业。而对于2001年之前的老旧小区低层商业物业，该类物业的产权主体一般为国资委下属单位或政府机关事务管理局等，该类物业大部分为之前随着城市发展进行的加快，对其中的住宅物业改造成商业物业而来。另外，长沙的部分小区为农民保障房小区，当时建设的时候，为了保障被征收居民有较稳定的生活来源，对每个集体经济组织成员，均配置了一定数额的商业物业，集中建设在小区1～3层，该类物业的产权主体则是集体经济组织成员，统一归属集体经济组织管理，获取的收益，部分用来支撑小区物业管理指出，剩余部分纳入集体经济组织收益分成。另外，近年来，随着中央坚持房住不炒，人才新政的实施，部分公租房小区下面配套了一定比例的商业，该部分商业的权属单位一般为国资背景下的公租房住房管理公司。综上，社区商业的不动产权力人性质，除了自然人，还有国有或集体经济组织，对于某些小区，其社区商业的不动产权利人均不止一种类别。不同的权利主体，虽然其持有资产的目的均有一个共同特点，保值增值，但是对于某些权属单位而言，其肩负了更多的社会或民生责任，比如公租房底商，其更多的目的是通过有效的运营管理，能使小区居民的生活配套所需在近距离内得到满足（表1）。

住宅小区物业类型与权属、物管方式　表1

序号	物业类型	权属单位	物管方式
1	位于老旧小区底层的商业物业	国资委下属单位、政府机关事务管理局	单位物业管理或租户自管
2	2003年后开发建设的商品房小区内及临街楼栋低层商业	自然人业主或房地产企业	房龄相对较小，一般为专业物业管理公司管理
3	农民保障房小区临街楼栋低层商业物业	集体经济组织成员	集体经济组织引入的物业管理公司管理
4	公租房、廉租房小区配套商业	国资背景下的公租房管理公司	一般为专业物业管理

（三）由于缺乏科学、统一的规划和运营管理，导致大部分小区住宅底商业态类型同质性较明显

小区住宅底商作为社区商业类型中最活跃的元素，一直扮演着利民、便民、亲民的角色，该类物业类型不仅要满足居民们的基本生活需求，同时还要满足其生活质量提高的需求。可见，社区商业在我们的生活中扮演着越来越重要的角色，它的发展状况关系到城市商业的整体结构和综合商业能力，更直接影响着社区居民的生活质量，关系到小区的和谐和宜居性。

但由于该类商业类型基于多方面的原因，比如前期规划设计缺乏引导、中期招商的市场定位缺乏足够的市场调研和分析，后期对引入业态和商户缺乏科学引导和有效的运营管理，再加上该类物业即便位于一个小区，也存在多个权利主体等一系列原因，导致目前众多小区配套商业的业态同质化现象较突出，业态基本是餐饮、零食店、药店、早餐店、连锁超市、水果店等。比如两栋30层楼房之间的住宅底商，共30个商铺沿小区通道分布，面积20～500m² 面积不等，引入有7个早餐店，5个水果店、3个童装店、3个连锁超市（含1中型购物中心），业态同质化现象明显突出，而这不是个案。循此往复，小区底商的经营情况并不乐观，小区底商换铺率高，长期下去，明显影响小区居民的居住满意度。

三、房地产估价机构承接此类业务的创新发展模式探讨

（一）房地产估价师提高对市场的分析深度和广度，充当优秀的顾问咨询角色

近年来，以住宅小区底商物业为评估标的的租赁价格评估业务越来越多。其评估目的有招租前对物业的客观租金价格进行咨询；也有对于物业租入租金价格的咨询，另外还有商铺选址咨询等。委托方既有国有资产管理单位，也有集体经济组织、自然人等。对于此类评估业务，委托方对估价机构和估价师的要求，不仅仅局限于对价格的了解，在其他方面对估价师和估价机构也提出了更高的要求，比如：除了出具租赁底价、对周边类似物业进行行情分析外；还要求对租赁方式（押金支付方式设定等）、租金的合理设定、资产的适宜业态、招商策略和未来的租金调整进行分析；对降低空置率、提升物业品牌等提供咨询意见等。

在面对委托方的要求越来越精细的背景条件下，我认为估价师要做好如下两方面工作：

第一，提高对市场的分析深度和广度，包括市场调研内容的多元化及调研对象的多元化。比如，市场调研的内容不仅仅局限于价格调查，同时要关注消费人群特征、消费行为、消费人群满意度、租户经营状况及满意度等更多维度的调查；对于市场调研的对象，除了对现有租户或出租方的调研外，还应增加对潜在租户的意向调研，以及对固定消费群体、流动消费群体、类似供需圈租户等角色的调研；通过多拳组合提高专业成果中市场背景分析板块的深度和广度，增加对客户委托内容的说服力。

第二，估价师充当全周期顾问咨询角色。由于该类资产的经济行为大多涉及国家利益或公共利益，委托方对该类资产的管理行为也愈发严谨。在过程中，仅仅通过报告向委托方传导信息是远远不够的，也达不到委托方了解其报告内涵的目的。作为专业估价师，我们要主动运用自己的专业技能进行全周期顾问咨询，实时协助资产管理方理清该类业态管理中的痛点和难点。

（二）加大 GIS（地理信息系统）技术在租赁评估业务中的应用力度

大部分委托方的资产都具有规模大、资产数量多、位置分布范围广等特点。

为了能更直观地了解自有资产现状，为未来的资产管理做出正确的决策，一份房地产估价报告远远不能满足其更多的管理需求。而地理信息系统技术的运用正好可以帮助其解决管理痛点。比如，运用 GIS 技术，委托方可以直观地通过"资产分布一张图""资产市场行情动态更新图"等可视化图件，直观地了解其管辖范围的资产的空间位置信息、属性特征信息及时域特征信息等，同时其管辖资产周边的对其价值具有影响作用的地理数据信息也可以动态知晓。对于房地产估价师，掌握 GIS 技术在房地产估价中的运用，可创新性地为委托方提供更多的增值服务。

（三）提高大数据技术、计算机信息技术在租赁评估业务中的应用实践

创新是房地产估价行业高质量发展的根本。物联网时代背景下，提高计算机信息技术在小区住宅底商租赁评估业务中的应用实践，更能充分发挥估价机构多年来积累的数据优势，展示其相较于房地产策划团队对市场理解能力的比较优势，由此可创新性地提高对客户服务的精度和效率。房地产估价行业本身就属于数据密集型行业，而小区住宅底商作为社会经济生活中一个不可或缺的重要业态，一直扮演着城市活力毛细血管网络的角色，在租赁经济活动中，如何实现该类业态能更好地服务于小区或一定半径范围内的居民，离不开大数据和计算机信息技术的支持和精准分析。

参考文献：

[1] GB/T 50291—1999，房地产估价规范 [S].

[2] 同策研究院.社区商业规划设计上的几个要点 [J].中国房地产，2019（12）：19-21.

[3] 靳晶晶.中外社区商业开发模式比较及经验借鉴 [J].商业经济研究，2018（17）：9-12.

作者联系方式

姓　名：谢建云　陈　旭

单　位：湖南新星房地产土地评估咨询有限公司

注册号：谢建云（4320050007）

国内住房租赁类 REITs 交易结构研究

蒋炎冰　穆春生　严　彬

摘　要： REITs 作为住房租赁资产证券化的发展方向，是金融服务实体经济的重要举措之一，但囿于当前国内的法律环境，国际标准 REITs 产品尚未问世。本文以较具典型性的新派公寓类 REITs 为例，阐述国内选择类 REITs 的原因以及通过双 SPV 结构实现拓宽融资渠道、盘活存量资产等功能的过程，在对比国际标准 REITs 及国内公募 REITs 后对住房租赁公募 REITs 进行展望，以期为估价人员认识 REITs、服务住房租赁领域提供便利。

关键词： 住房租赁；REITs；类 REITs；新派公寓

一、REITs 在住房租赁领域的应用背景

2015 年 1 月 14 日，住房和城乡建设部发布《关于加快培育和发展住房租赁市场的指导意见》（建房〔2015〕4 号），提出大力发展住房租赁经营机构，支持房地产开发企业将其持有的房源向社会出租，积极推进房地产投资信托基金（REITs）试点。意见指出：积极推进 REITs 试点有利于促进住房租赁市场发展、引导社会资金进入租赁市场、增加企业融资渠道，也为中小投资者提供投资方向。各城市要积极开展试点，并逐步推开。

为落实国家鼓励政策、响应市场供给侧结构性改革，截至 2020 年末，国内已发行的资产证券化产品中以租赁住房为底层资产的近 40 笔，占比达 12%，仅次于写字楼与购物中心，为行业提供了新的融资渠道及资产盘活形式，在实践中探索符合中国国情的 REITs 产品，为公募 REITs 的推出预热市场、积累经验。

二、REITs 概述

（一）REITs 的含义及分类

REITs 区别于其他证券化产品的主要特征在于它是一种信托安排。根据《新编经济金融词典》：房地产投资信托基金（Real Estate Investment Trust，REITs）是一种以发行收益凭证的方式汇集特定多数投资者的资金，由专门投资机构进行房地产投资经营管理，并将投资综合收益按比例分配给投资者的一种信托基金 [①]。

从资产组合和投资收益来源区分，REITs 可分为权益型、抵押型和混合型三大类。其中权益型 REITs 模式下，受益人持有并运营管理收益性房地产，投资者的收益不仅来自底层物

[①] 参见《新编经济金融词典》，北京：中国金融出版社，2015。

业的经营收入，也来源于房地产的增值部分。目前以公募形式发行的权益型 REITs 产品是国际成熟市场的主流，即一般所指国际标准 REITs。

（二）REITs 应用于住房租赁领域的优势

1. 降低投资门槛、盘活存量资产

REITs 的基本逻辑是化整为零，即将完整的房地产分割成相对较小的收益单元，以其良好的经营效益和稳定现金流为支持，在法律法规允许的前提下实现上市、流通及转让，降低了公众直接投资房地产的门槛。

对于采用重资产模式的住房租赁企业而言，REITs 引导社会资本流入住房租赁行业，可以为其减轻资金压力、缩短投资回收期、优化资产负债表、盘活存量资产，从而形成"募投管退"的良性循环。

2. 拓宽融资渠道、降低融资成本

目前国内住房租赁领域融资渠道较为狭窄，主流的银行贷款及债券发行模式门槛较高，且缺乏长期投资者，故住房租赁企业存在巨大的资金缺口。

REITs 作为以基础资产进行证券化的产品，在本身资产条件优越的情况下通过增信安排可获得的信用评级甚至能高于主体信用，故可以相应地以更为低廉的融资成本募集比银行抵押贷款规模更大、周期更长的社会资本。同时仅以融资为诉求的企业也可通过证券的回售权及优先回购权等安排在融资还款后以回购形式继续拥有该项核心资产。

3. 强化运营管理、加速转型步伐

专业、优质、高效的运营能力是住房租赁行业健康发展的根本。住房租赁 REITs 实施后，由专业机构对底层资产实施市场调研、多元化经营收益、控制运营成本、制定租赁及营运管理策略并进行相关风险管理的操作模式将得以强化，从而实现更稳定的经营收益、更快的资产增值和更高的资产回报。

三、典型住房租赁类 REITs 交易结构研究

（一）国际标准 REITs 基本结构

由于法律及配套税收政策的健全，国际标准 REITs 的结构简单，即依法成立的 REITs 通过向投资者发行收益凭证或股票的方式筹集资金用于投资房地产及其相关权益的项目，从中获取租金以及资本增值等收益。投资人则通过股息分红或市场交易的方式实现投资收益（图1）。

（二）国内选择类 REITs 的客观原因

囿于当前的法规及监管规则，国内引入 REITs 时并未直接照搬国际常规交易结构，而是在现有法律框架下进行了本土化的创新，主要原因如下。

首先在原《证券法》[①]（已于2019年重新修订）框架之下，REITs 本身未被列入可公开发行的证券范畴之内，不能直接发行上市。若选用股票作为公开募集的媒介，则为此所成立的 REITs 公司将受到《公司法》的桎梏从而面临公司及投资人双重所得税征收的困境，致使产

---

① 根据《中华人民共和国证券法》（全国人民代表大会常务委员会，2013-06-29）规定"在中华人民共和国国内，股票、公司债券和国务院依法认定的其他证券的发行和交易，适用本法……未经依法核准，任何单位和个人不得公开发行证券"。REITs 未纳入证券范畴。

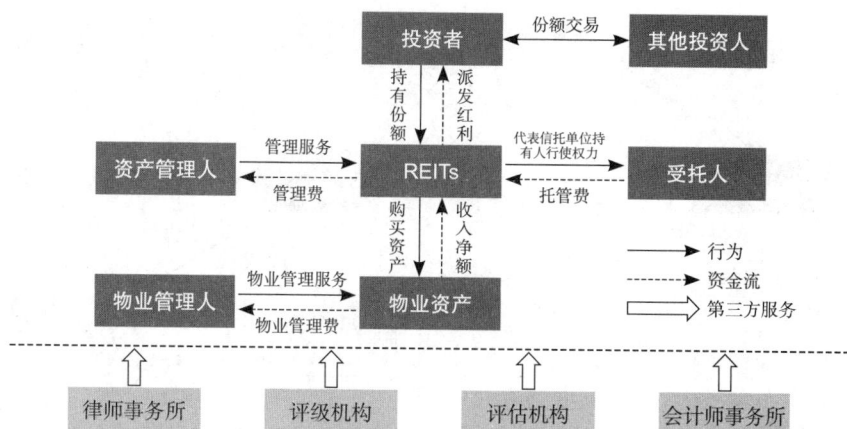

图 1 典型 REITs 基本结构示意图

（数据来源：中国 REITs 联盟）

品的投资吸引力下降。

如采取公募基金模式，即由基金管理人设立公募基金，并以其持有的房地产项目公司股权在公开市场发售基金份额的方式募资，则与《证券投资基金法》[①]及《中国人民银行关于规范金融机构资产管理业务的指导意见》[②]中对于公募基金不可投资于非上市公司股权的限制相悖。

基于以上限制，国内市场便退而求其次地以资产支持证券（ABS）[③]这一可上市的金融产品为基础，探索出了"资产支持专项计划 + 私募基金"（即双 SPV）这一目前较为主流的私募"类 REITs"模式，以在不突破当前法律框架的前提下尽可能地接近标准 REITs 的功能。

（三）双 SPV 交易结构分析及作用——以新派公寓为例

本节以国内首单住房租赁领域的权益型类 REITs 产品——新派公寓权益性房托资产支持专项计划（以下简称"新派公寓类 REITs"）为例，具体展示当前住房租赁类 REITs 产品通过结构创新以实现募集资金、税收中性以及破产隔离等方面作用的过程（图 2）。

新派公寓类 REITs 于 2017 年 10 月 11 日在深交所正式获批发行，并于同年 12 月挂牌上市。产品发行目标规模为 2.7 亿元，分为优先及权益两个级别，期限为 5 年（前 3 年为运营期，后 2 年为处置期）。本单产品从立项上报到获批仅用了不到 20 天，体现了高效的推进速度以及当时背景下监管层对于住房租赁行业发展的支持。

在本单产品中，计划管理人（渤海汇金）设立并管理资产支持专项计划，通过其所吸纳

---

① 根据《证券投资基金法》（2012 年 12 月 28 日第 13 次修订）第 73 条规定"公募基金可以投资于上市交易的股票、债券和国务院证券监督管理机构规定的其他证券及其衍生品种"。

② 根据《中国人民银行关于规范金融机构资产管理业务的指导意见》（银发〔2018〕106 号）第 10 条规定"公募产品主要投资标准化债权类资产以及上市交易的股票，除法律法规和金融管理部门另有规定外，不得投资未上市企业股权"。

③ 根据《证券公司资产证券化业务管理规定》（证监发〔2013〕16 号）第 2 条规定"本规定所称资产证券化业务，是指以特定基础资产或资产组合所产生的现金流为偿付支持，通过结构化方式进行信用增级，在此基础上发行资产支持证券的业务活动"。

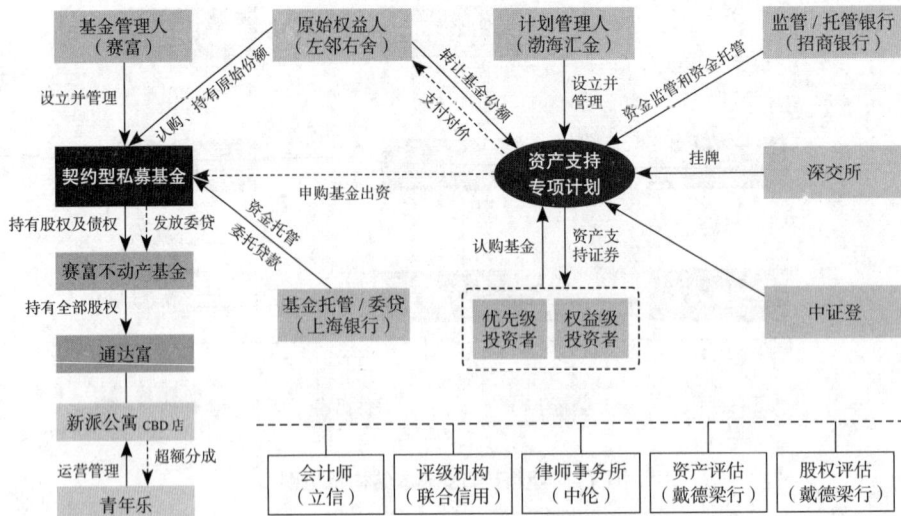

图2　新派公寓类 REITs 交易结构示意图

（资料来源：专项计划说明书）

的资金认购原始权益人（左邻右舍）所持有的契约型私募基金的基金份额。契约型私募基金则通过持有项目公司（通达富）全部股权并向其发放贷款的方式间接控制底层资产新派公寓CBD店，并以其产生的经营收入和未来处置收益向专项计划投资者进行收益与本金分配。

在以上"资产支持专项计划 + 私募基金"的双 SPV 结构中，资产支持专项计划主要负责上市流通、弥补流动性缺陷；而私募基金承担了构建基础资产、股债结构以及风险隔离的职责。

1. 增加流动性

《证券公司资产证券化业务管理规定》第 6 条规定"资产支持证券可以按照规定在证券交易所、中国证券业协会机构间报价与转让系统、证券公司柜台市场以及中国证监会认可的其他交易场所进行转让"。

本单产品采用簿记建档方式发行，并在深交所上市、在二级市场的固收板块流通转让。以上安排虽难以实现公募基金及股票等产品大规模公开发行及转让的优势，但相较私募基金而言一定程度上弱化了流动性短板。

2. 构建基础资产

基础资产是 REITs 发行和交易所依赖的根本，通过其所产生的稳定现金流来完成向投资人的收益分配①。

由于直接通过底层资产新派公寓 CBD 店产生的经营收益无法达到相关规定中"权属明确且持续稳定"的要求，故在本产品中，通过发放委贷的形式变浮动的经营收益为私募基金稳

---

① 根据《证券公司及基金管理公司子公司资产证券化业务管理规定》第 3 条规定：所称基础资产，是指符合法律法规规定，权属明确，可以产生独立、可预测的现金流且可特定化的财产权利或者财产……前款规定的财产权利或者财产，其交易基础应当真实，交易对价应当公允，现金流应当持续、稳定。

定的利息收入，即将计划管理人渤海汇金所持有的全部契约型私募基金份额作为基础资产。

3. 规避双重征税

从专项计划层面来看，投资者与管理人之间形成的信托关系使资产支持专项计划自身不具有主体资格与所得税纳税义务，故以其作为发行载体本身具有税收穿透的特点。

私募基金层面的避税措施则主要通过搭建"股债结构"来实现。私募基金以发放委贷的形式将底层资产的经营收益转化为应付利息，从而使其在优先于项目公司的折旧摊销进行分配并免除了征收所得税对于产品收益的稀释。同时利息分配方式的稳定性也更符合投资者长期以来形成的固收偏好。

值得注意的是，自2018年《商业银行委托贷款管理办法》出台后，原本以银行委贷放款的方式已难以为继，股东借款则成了"股债结构"搭建的新主流。

4. 实现破产隔离

根据《证券公司资产证券化业务管理规定》规定，因专项计划资产的管理、运用、处分或者其他情形而取得的财产，归入专项计划资产并独立于原始权益人、管理人、托管人及其他业务参与人的固有资产。若上述参与人因依法解散、被依法撤销或者宣告破产等原因进行清算的，专项计划资产不属于清算范围。故在专项计划层面可实现破产隔离。

另外在私募基金层面，其通过对项目公司股权收购及债权投资而间接持有的新派公寓CBD店也与原始权益人进行了隔离，不受其财务风险的影响。

除了以上核心结构安排之外，本产品还采用了产品分层（优先级每年支付固定利息，到期一次性偿还本金，具有明显的债性；权益级期间不付息，退出获取80%的物业增值收益）、物业资产抵押、应收账款质押、物业资产运营收入超额覆盖、设置储备金科目及储备金的补足，差额补足等增信安排来为专项计划提供流动性支持。

在此之后，住房租赁类REITs产品还创新出了"储架发行"以实现扩募功能；同时也逐步由主体信用向资产信用转变，进一步加强了权益端的发展。

（四）与国际标准 REITs 的区别

将国际标准REITs与国内私募类REITs进行对比可以发现，当前两者最大的区别在于发行对象以及实现税收中性的方式不同：标准REITs可向公众募集且得益于税收优惠政策并不需要进行特殊的结构安排；而私募类REITs则以机构投资者为主且需进行结构设计以避税。

除此之外，两者在于其他方面也有一些区别（表1）：

国内私募类 REITs 与国际标准 REITs 差异对比表　　　　表1

对比维度 ＼ 类型	国内私募类 REITs	国际标准 REITs
发行方式	私募发行	公募发行
属性	混合，偏债属性	权益属性
组织形式	专项计划	信托基金或成立公司
产品结构	优先级、权益级	平层
负债及抵押	优先级，物业一般抵押给计划	外部负债，有比例限制
投资者人数	不超过200人	不限
期限	一般三年设置开放期	永续

续表

对比维度 ＼ 类型	国内私募类 REITs	国际标准 REITs
增信措施	多为租金差额补足增信，大部分产品还通过主体回购作为本金偿付增信	极少部分产品具有对期间租金的差额补足增信
分配	优先级固定收益	强制分红比例
投资者收益	优先级固定、权益级靠增值	分红及资本增值
税务	无优惠	一般分红可抵扣所得税
二级市场流动性	较弱	较强
入池物业	目前主要为单一物业，存续期内物业为静态，产品构成不发生变化	通常为多个物业，强调分散，产品存续期内入池物业可新增或出售
资产管理	对物业以被动管理为主	对物业进行主动管理，可以新增投资或出售物业
投资范围	项目公司股权及债权、监管部分规定的合格投资	物业资产、地产相关股票、债权、贷款、其他 REITs 或 CMBS
投资者退出方式	到期通过主体回购或物业处置收益退出；也可通过二级交易市场交易退出；但市场流动性较弱	以二级市场证券交易为主

（五）国内基础设施公募 REITs 的创新模式

近期公募 REITs 在基础设施领域的推进节奏有所加快。2020 年 8 月，证监会发布《公开募集基础设施证券投资基金指引（试行）》（证监会第 54 号公告）规定 "80% 以上基金资产投资于基础设施资产支持证券，并持有其全部份额"，从而突破了原本《公开募集证券投资基金运作管理办法》（证监会令第 104 号）中对于资金财产投向的 "双十限制" [①]，使公募基金与资产支持证券相结合成为可尝试的初代公募 REITs 产品模式（图 3）。

2021 年 2 月，基金业协会发布《公开募集基础设施证券投资基金运营操作指引（试行）》，规定基础设施基金应当将 90% 以上合并后基金年度可供分配金额以现金形式分配给投资者。进一步给予了该类 REITs 产品更为向好的收益预期。

在目前已上市的 10 单基础设施公募 REITs 中，多单产品采用了 "公募基金 + 专项计划 + 私募基金" 的三层交易结构，与原本的私募类 REITs 模式形成了良好的衔接，为日后更多公募 REITs 产品的上市提供了实践经验。

2021 年 7 月 8 日，国家发展改革委发布《关于进一步做好基础设施领域不动产投资信托基金（REITs）试点工作的通知》（〔2021〕958 号），将保障性租赁住房纳入公募 REITs 试点范围，预计在不远的将来市场化的住房租赁领域也将迎来公募时代，并在已发行公募产品的基础上继续发展和创新。

---

① 《公开募集证券投资基金运作管理办法》（证监会令第 104 号）第 32 条规定 "一只基金持有一家公司发行的证券，其市值超过基金资产净值的百分之十；同一基金管理人管理的全部基金持有一家公司发行的证券，超过该证券的百分之十"。

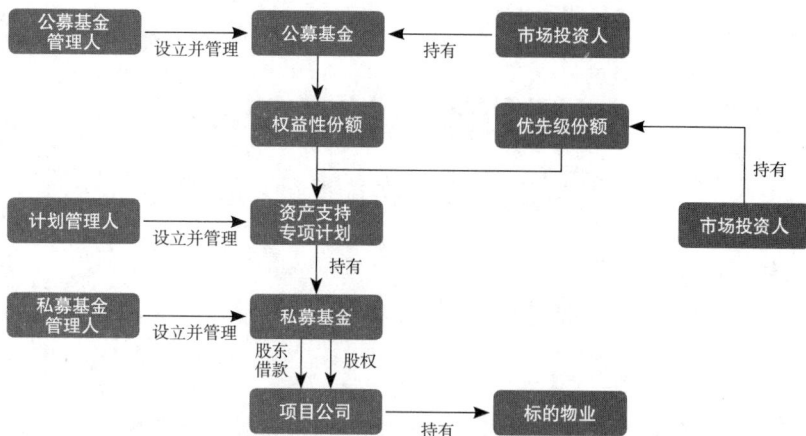

图 3 典型基础设施公募 REITs 交易结构示意图

四、展望

根据北大光华 REITs 课题组的预测，中国住房租赁 REITs 的市值规模将在 5200 亿元至 1.56 万亿元之间，远景巨大。随着国内私募类 REITs 的蓬勃发展以及基础设施公募 REITs 的试点铺开后，国内原有限制标准公募 REITs 推进的各项难题将被逐步攻克，相信未来针对 REITs 的专项税收优惠、信息披露、操作规范等配套政策也将进一步完善，完成 REITs 向标准 REITs 的跨越。

受工作内容及时间限制，本文仅为笔者对于住房租赁 REITs 结构的粗浅理解及总结，管中窥豹，望批评指正。

参考文献：

[1] 林华. 中国 REITs 操作手册 [M]. 北京：中信出版集团，2018.

[2] 丁小飞. REITs 在我国长租公寓融资中的应用研究——以新派公寓为例 [D]. 北京：北京交通大学，2018.

作者联系方式

姓　名：蒋炎冰　穆春生　严　彬

单　位：建银（浙江）房地产土地资产评估有限公司上海分公司

地　址：上海市黄浦区淮海中路 200 号 1005 室

邮　箱：18939758610@163.com；13817793377@163.com；121970912@qq.com

注册号：蒋炎冰（3120150026），穆春生（3120090005），严彬（3120110014）

开源节流 精益管理

——提高住房租赁收益率的一些思考

穆春生 蒋炎冰 钟之衡

摘 要：现阶段，收益率过低已成为制约住房租赁企业发展的根本性问题，房地产估价师应积极思考、献言献策。笔者结合多个住房租赁项目工作经验提出相关参与企业可通过降低空置率、丰富经营收入种类、提高出房率、争取政策支持等多种举措来提升住房租赁经营收入；也可以从优化成本、打造核心管理优势、降低财务费用等方面来压缩经营成本，从而提高住房租赁企业收益率这一核心指标。

关键词：住房租赁；收益率；核心指标；开源节流；精益管理

在居住房地产的细分领域中，相较于蓬勃发展的住房销售市场，我国的住房租赁市场长期以来以个人零散出租为主，发展相对缓慢。近年来，随着国内居住房地产高房价叠加高需求的矛盾日益凸显，党的十九大报告提出"加快多主体供应、多渠道保障、租购并举的住房制度，让全体人民住有所居"的住房房地产改革方向，我国租赁住房迅速进入大发展时代，过程中也不断出现诸如发展混乱、频频"爆雷"、盈利困难等问题。

2021年4月21日，在中国建设银行等机构发起的首届"浦江住房租赁高峰论坛"上，中国房地产估价师与房地产经纪人学会会长柴强博士指出：租赁收益率过低是中国长租房市场发展的根本性问题，并提出了两个"降低"和两个"提高"的建议。在当前的复杂环境下，在租金不涨、房价不降的前提下，提高住房租赁收益率是住房租赁行业发展的关键，具体措施除了政府端改变土地供应模式有效降低成本外，相关参与企业唯有开源节流、精益管理，提高住房租赁收益率这一核心指标，方能实现企业的良好健康发展。

根据证监会、住房和城乡建设部关于加强和健全住房租赁管理的相关要求，中房学已将住房租赁纳入自律管理范围。这意味着中房学正式成为房地产估价、经纪及住房租赁三个行业的自律管理组织，也是履行住房租赁自律管理职责的全国性行业组织。作为房地产估价师应密切关心这一变化给房地产估价带来的机遇和挑战，针对性地对住房租赁领域展开学习和研究。

2020年初至今，笔者先后参与了多个住房租赁项目，涉及美股上市、大型国企、险资合作等多个集中或分散式住房租赁项目，服务内容包括前期市场调研、投资成本估算、现金流预测、项目收并购、资产证券化等，在工作中积累了相应经验，也进行了针对性的思考，以期更好地为住房租赁提供咨询服务。文中如有错漏不当之处，敬请批评指正。

一、多策并举，提升住房租赁经营收入

（一）减少空置，提高入住率

市场公开数据显示，北上广深一线城市的租赁住房入住率普遍较高，以上海市住房租赁项目较为集中的闵行区浦江镇为例，区域内品牌集中式住房租赁项目入住率基本在88%～94%，平均出租率为91%，中位数出租率为90%（图1）。

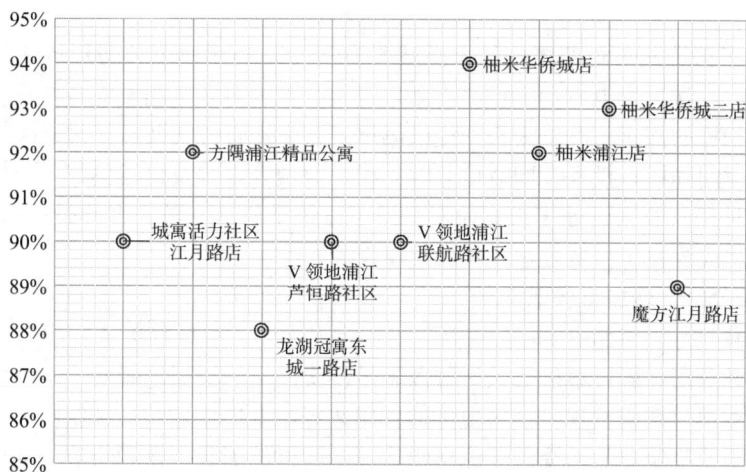

图1　上海市闵行区浦江镇部分集中式住房租赁出租率分布图

根据夏普理论，住房租赁需要在确保贝塔收益的同时，尽可能提高阿尔法收益。主要措施便是提高入住率，减少空置期。根据笔者的调查和走访，值得学习和采用的手段主要包括：

■ 增加线上渠道：可有效降低线下获客成本，同时，着眼于将营销、服务、管理等通过线上进行整合，进一步提高集成效率，形成竞争力；

■ 抓住团队客户：通过与区域内的大型企业诸如医院、园区、学校等客户以签订长期协议、框架协议等形式锁定客户，有助于提高租约稳定性；

■ 富有竞争力的租赁条件：如续约优惠、同品牌项目便捷换租、提供家电配置菜单等，从而提高租客续约率和留存率，缩短空置时间。

（二）流量入口，丰富收益渠道

当前，我们正处于移动互联网高度发展的时代，流量是核心价值。根据市场公开数据，我国目前选择租房居住的人数超过2亿，住房租赁作为巨大的流量入口可以创造多种丰厚的经营收入（表1）。

住房租赁服务内容和收益模式一览表　　　　　　　　　　　　　　　表1

序号	服务类型	服务内容	适用模式	收益模式
1	房屋装修	设计、施工、建立、翻修、粉刷	轻资产	导流、抽成等
2	开荒保洁	开荒保洁、日常保洁等	轻、重资产	导流、抽成等

续表

序号	服务类型	服务内容	适用模式	收益模式
3	设施配置	选配家具、家电，定期维修更换	轻、重资产	广告、抽成等
4	线上服务	文娱、社交、服务等	轻、重资产	广告、导流等
5	配套服务	餐饮、便利店、外摆等	轻、重资产	租金或营业收入等
6	金融收入	押金、保险等	轻、重资产	分成收入等

以上海住房租赁龙头企业之一的上海城方为例，2020年旗下住房租赁项目中非租金收入占比达24%。在选配家电方面，城方与海尔进行合作，对家电租赁业务在租赁住房场景中的运用做出了积极的探索。海尔为租户提供菜单式家电配置方案及后续维修服务，不仅为运营方节约装修时间和成本投入，同时也兼顾了租户的预算限制及生活偏好。虽然当下围绕着流量入口的多种经营收入尚处于摸索阶段，但可以预见的是，随着多元渠道的尝试及开拓，未来此类收入将成为住房租赁收益增长的重要支撑。

（三）精简公区，增加出房率

由于目前住房租赁客群仍以35岁以下的年轻人为主，租赁社区往往配置较大面积的客厅、阅览室、健身房、影音室等公共区域以满足社交需求。根据笔者对于多个已进入稳定运营期的住房租赁项目调研发现：公区更大的作用体现在营造良好的社区氛围之上，从而间接地影响客户的租赁决定。然而受制于住房租赁目标客群的消费习惯和快节奏的生活，其对于公共区域的实际使用率并不高，造成一定的资源浪费。

2020年年初至今，在疫情的冲击下，住房租赁目标客群的需求也在发生着变化，主要包括：收入水平及稳定性降低，租房预算下降，价格敏感度提升；对交通便利、配套完善的更加看重，如便利店、快餐、快递收发等；居家办公和下厨的需求上升。因此，建议住房租赁项目尤其是集中式项目在适当营造社区氛围的同时精简公共区域面积，提高收益性面积及出房率，从而做大租金收入。

（四）抓住时机，争取资金支持

近年来，各级政府高度重视并大力推进租赁住房建设。2019年始，中央财政开展支持住房租赁市场发展试点工作，先后两批共24个城市入围，涵盖了北京、上海、深圳、武汉、南京、杭州等国内主要城市，资金补贴主要投向新建、改建等集中供应的住房租赁模式。根据克而瑞统计，已公布补贴政策的各个城市政策见表2。

近期各城市补贴政策一览表　　　　表2

城市	出台时间	新建（元/m²）		改建（元/m²）		盘活（元/m²）		运营（元/m²/月）	
		最低补贴标准	最高补贴标准	最低补贴标准	最高补贴标准	最低补贴标准	最高补贴标准	最低补贴标准	最高补贴标准
深圳	2019年11月	800	800	800	800	150	150	1	1
武汉	2020年04月	1200	2500	800	800	—	—	45	45
成都	2020年04月	—	1500	—	1500	—	—	30	30
南京	2020年04月	400	2700		400				

续表

城市	出台时间	新建（元/m²）		改建（元/m²）		盘活（元/m²）		运营（元/m²/月）	
		最低补贴标准	最高补贴标准	最低补贴标准	最高补贴标准	最低补贴标准	最高补贴标准	最低补贴标准	最高补贴标准
合肥	2020年05月	200	800	200	200	—	—	30	60
杭州	2020年09月	100	1000	400	400	—	—	25	25
北京	2020年09月	375	2500	667	1333	—	—	—	—
厦门	2020年10月	700	1200	0	400	—	400	20	30
上海	2020年10月	200	200	7500元/套	10000元/套	—	—	—	—
西安	2020年10月	400	1500	500	700	—	200	—	—
宁波	2021年02月	800	1000	600	600	—	400	40	40
天津	2021年02月	—	1000	—	600	—	400	—	—
济南	2021年02月	—	1000	—	600	—	180	—	—
石家庄	2021年03月	—	1500	—	500	—	15	—	—
重庆	2020年5月	—	1000	—	1000	—	20	—	—

以上海市住房租赁发展较好的闵行区为例，多家企业通过申请获得了试点补贴资金，给相关参与企业的发展进一步提供动力，也激发了企业参与的热情。2019—2020年公布的闵行区中央财政支持住房租赁市场发展项目补贴情况见表3。

2019—2020年闵行区中央财政支持住房租赁市场发展项目补贴情况表 表3

类别	数量	总建筑面积（m²）	奖补金额（万元）	补贴标准
新建租赁住房项目	10	1010542.90	21410.86	租赁住房总建筑面积×200元/m²
非居住存量项目改造和转化租赁住房项目	35	13782	10392.40	总套数×0.75万元/套（部分为1.0万元或0.8万元）
住房租赁企业贷款贴息	2	982687.06	393074.824	利息奖补加贷款奖补

以地上建筑面积10万m²、建设规模2000套的新建大型住房租赁社区为例，在上海可获得2000万元补贴支持，深圳和北京的支持力度则更高。因此，建议以重资产模式为主的住房租赁企业及时关注相关政策变化，对标政策扶持要求，规范经营、加强管理，力争资金和政策支持。

二、全面着手，压缩住房租赁运营成本

（一）精准定位，成本优化前置

对于目前以重资产模式运营的租赁住房尤其是新建项目，其土地取得方式仍以政府出让为主，基本不存在议价空间，土地成本稳定可预测，故需通过优化其他方面成本的方式以减

少投入。

根据调查发现，成本优化的重点并不在成本大量投入的施工阶段，而是应前置到决策和设计阶段，相关营销人员、运营管理人员应结合实际操盘经验，将其日常工作经验运用到概念方案、设计优化等阶段中，以求精准定位，减少后期不必要的设计变更和修改（图2）。

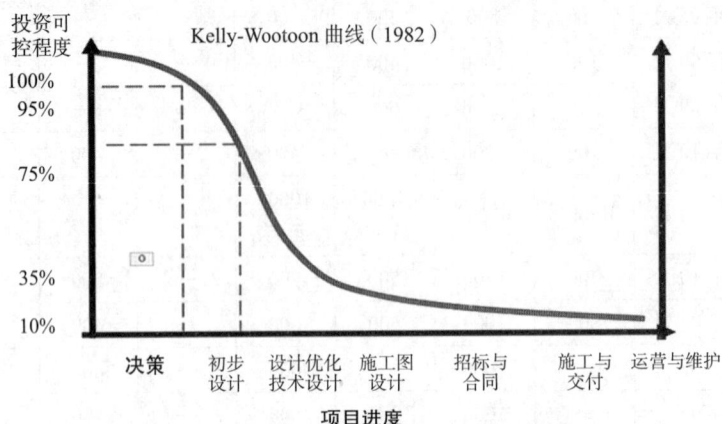

图2　项目开发各阶段投资可控程度示意图

根据笔者工作经验，成本优化主要可通过以下方式。

■ 房型优化：租赁住房的房型设计切忌"拍脑袋"。应进行深入的调研和精准的定位，找到目标客群。针对目标客群设计与之需求相符的房型，提高标准化程度、减少户型类别，切勿"贪大求全"。这样在既有利于控制施工成本的同时也降低了房源空置的风险。同时，在满足出让条件的要求下尽量减少房屋套数，若后期房型需求有所变化则可以通过调整分隔的方式来灵活处理。

■ 地库优化：目前，上海租赁住房的车位配比标准参照普通住宅进行管理，车位个数同房屋套数相关。在规则允许的前提下，应尽量减少车位的个数以应对租赁住房入住客户汽车使用率不高、车库使用率偏低的问题。因此，建议修改原设计中建造两层及以上层数的地下车库；并在开挖时注意与建筑投影地下面积的衔接，控制标高，从而减少土方量和混凝土浇筑量，降低成本。

■ 降低PC率：基于当前国内绿色建筑的要求，住宅类产品的预制装配率（PC率）较为严格，根据测算，在上海，以建造小高层住宅为例，PC率为40%时成本上升约500～600元/m²，建议住房租赁企业关注该项指标，并与政府主管部门沟通，尽可能控制该项成本。

■ 绿化减配：景观绿化工程中，景观工程造价>绿化工程造价>篮球场等场地工程造价。因此，除高端定位的住房租赁项目外，建议其他项目减少或不配置雕塑小品、小山溪流等园林造景工程。

■ 装配式装修：住房租赁项目装修风格尽量统一，并可在厨房、卫生间等部位考虑装配式内装，缩短工期、降低成本。

■ 针对性用材：在建筑和装修用材上，非重要场景通过减配方式来降低成本，如用真石漆代替石材、用涂料代替面砖等。

■ 施工工序：通过搭接施工、优化工序、缩短关键节点方式来加快工期，从而减少成本，如建筑施工和精装修工程可以进行统一安排，平行施工，从而减少空闲期，避免重复工序。

对于非房地产开发背景的住房租赁企业而言，可以采用定制、代建、合作等方式与具备丰富住宅建设经验的房企合作；同时，也可通过聘请具有专业能力的全过程工程咨询企业进行相关项目管理。

（二）区别主次，打造核心优势

一般而言，租赁住房项目的经营成本占经营收入的 10%～20%。笔者以上海某重资产住房租赁项目为例，对其经营成本进行分析（表 4）。

某重资产住房租赁项目经营成本一览表　　　　　　　　　　表 4

序号	形成	说明	占经营收入的比例
1	直接成本	人工、能耗、日常维修、大物业费等	4%
2	营销费	第三方代管	3%
3	管理费	第三方代管	8%
合计			15%

从表 4 可以看出，营销费及管理费是日常经营中的主要成本，是核心关键和主要影响因素；人工、能耗等直接成本则是次要影响因素。因此，可将次要的直接成本外包从而减少管理成本，而营销、管理等核心成本则建议在有条件的情况下通过建立专业团队、打造专业品牌的方式收归自营，从而有效降低成本，增加利润。

专业团队应树立"从物业管理到资产管理，从资产管理到资产提升"的理念，致力于提高管理水平和效率，减少不必要开支，延长设备设施和装饰装修的使用寿命，这样不仅降低运营成本和费用、更能提高项目本身的价值。

（三）做好税筹，从管理要效益

营改增后，住房租赁企业尤其是重资产企业，可通过获取增值税进项税发票的方式有效抵扣销项税额，包括项目取得成本、工程费用、前期费用、运营期内的进项等，这就对参与企业的开发建设、经营过程提出了合规经营的要求。

同时，应注意合理划分租金收入和物业管理费收入。一般计税方法下，租金收入增值税率为 9%（新建项目），而物业管理费税点则为 6%；同时租金收入基数还与房产税挂钩，若打包计算则会变相增加房产税支出。因此，建议有条件的租赁企业设立单独的物业管理公司，将物业管理费单独计收，合理避税。

2021 年 1 月 1 日，《企业会计准则第 21 号——租赁》已全面执行，未来将对住房租赁企业的税务和融资产生较为深远的影响，建议加以关注。

（四）拓宽渠道、降低财务成本

1. 引入战略投资者，有效降低成本

一般而言，住房租赁基于其期限长、规模大、收益稳定等特点，与保险机构的投资配置要求相吻合；同时，险资较低的融资成本和较长的持有周期偏好也会对住房租赁行业的发展带来助力。2018 年 6 月，银保监会发文明确保险机构可通过直接或间接投资的方式参与长租市场，助推住房租赁市场发展。

此外，具备国企、银行等背景的政策性企业也参与到住房租赁市场中，如建信住房服务有限责任公司作为建设银行三大战略（住房租赁、普惠金融、金融科技）的主要承担企业之一，目前已成为国内住房租赁行业的主要参与者，同旭辉、中骏等多家租赁企业展开合作，多方发挥各自优势，共同推动行业发展。

2.进行资本运作，打造商业闭环

住房租赁企业进行资本端运作主要通过抵押、质押、资产证券化及IPO上市等多种渠道进行，以期盘活资产，形成投资闭环。在当前严监管的背景下，基于底层资产的真实可控以及未来可预期的较高毛利率（表5），重资产模式企业相对更具优势。

国外龙头住房租赁企业运营状况一览表　　　　　　　　　　表5

公司	模式	房源数量（万套）	出租率	租赁行业毛利率
美国EQR	重资产	7.9	96.1%	34%
德国VONOVIA	重资产	40.9	97.5%	21%
日本大东建托	轻资产	103.6	97.2%	9.1%

数据来源：克尔瑞

目前，国内住房租赁企业发行的资产证券化产品主要是ABS、CMBS和类REITs，随着公募REITs试点的正式启动，基础设施领域REITs已有多单发行成功。接下来试点范围有望拓展至住房租赁行业，这对相关参与企业无疑是重大利好。

房地产估价机构可发挥自身特长，除可为住房租赁资产证券化底层不动产提供物业评估、尽职调查等法定业务外，应注意积累真实数据、发挥专业优势，为租赁企业开源节流、精益管理出谋划策，主动拥抱这一万亿级市场，进而实现企业自身的更好、更快发展。

作者联系方式

姓　　名：穆春生　蒋炎冰　钟之衡

单　　位：建银（浙江）房地产土地资产评估有限公司上海分公司

地　　址：上海市黄浦区淮海中路200号1005室

邮　　箱：13817793377@163.com；18939758610@163.com；jacky517518@126.com

注册号：穆春生（3120090005），蒋炎冰（3120150026），钟之衡（3120110021）

既有多层住宅加装电梯后的价值评估

——基于 2 个估价的调整系数研究

经 凌 朱 峰

摘　要： 随着城镇化的推进及老龄化的加剧，城镇适老设施改造已成为民生领域的热点。为此，既有多层住宅加装电梯走上了快车道。加装电梯后的住宅在价格上大都会有一定的升值，且拉近了与原有电梯房的房价差距。然而受疫情等因素的影响，加装电梯后的住宅交易实例较少，各层业主对便捷度及舒适度的体验不一，加上分摊费用作为新增"出资"的事实，加装电梯后如何从价值上对住宅进行科学的评估？如何对各层价值的损益进行量化？如何利用同小区无电梯的住宅成交实例，通过合理的调整得到既有多层住宅楼加装电梯后的价值？本文从 2 个不同角度，研究 2 个不同的估价调整系数来深化与拓展传统估价技术思路，用以解决既有多层住宅加装电梯后的价值评估热点问题。

关键词： 既有多层住宅加装电梯；出资回报系数；楼层调整系数

一、既有多层住宅楼加装电梯的出资回报系数（Ki）研究

由于加装电梯后的房地产成交实例较少，但同小区内往往有大量未安装电梯的房地产成交实例，如何通过同小区内未安装电梯的房地产价值来求取加装电梯后的房地产价值？首先要解决因加装电梯带来的出资回报问题。在主要考虑出资分摊金额的前提下，假设该房地产增值系数等同于由加装电梯而导致的出资回报系数 Ki（i 代表不同楼层）。则理论上：

既有多层住宅楼加装电梯后的价值 = 既有多层住宅楼加装电梯前的价值 ×（1+ 既有多层住宅楼加装电梯的出资回报系数 Ki）。

即：$V_后 - V_前 × (1 + Ki)$。

（一）研究和测算

既有多层住宅楼加装电梯后，从使用角度看，除一楼外，对其余楼层的住户都带来了出行的便利；从经济角度看，除一楼外，对其余楼层房地产的增益是不言而喻的。同时，既有多层住宅加装电梯后往往受到通风、采光、噪音等方面的负面影响，但顶层住户在这些方面所受的负面影响几乎可以忽略不计。故先求取顶层房屋的增益系数，并根据出资与回报成正比的原则，进而推算其余楼层的增益系数，可得到既有多层住宅楼加装电梯的出资回报系数。

1. 顶层增益系数的确定

假定：（1）底层住宅楼不因有无电梯而对其价格产生影响；

（2）加装楼梯的楼栋顶层已进行了防水隔热处理（或平改坡等）。

在这两个前提下，借鉴《上海市国有土地上房屋征收评估技术规范》（沪房规范〔2018〕6号）规定的有、无电梯的楼层调整系数，通过下列表达式，可较容易得到加装电梯后的顶层增益系数，即：

加装电梯后顶层增益系数＝顶层有电梯的楼层调整系数－顶层无电梯的楼层调整系数（表1）。

多层住宅加装电梯后顶层增益系数表   表1

多层住宅楼型	4层楼型	5层楼型	6层楼型	7层楼型	数据来源
顶层有电梯的楼层调整系数（1）	4%	5%	6%	7%	《上海市国有土地上房屋征收评估技术规范》（沪房规范〔2018〕6号）
顶层无电梯的楼层调整系数（2）	−0.5%	−1%	−1.5%	−2%	
顶层增益系数	4.5%	6%	*7.5%	9%	（1）-（2）

备注：带*系数为下文举例所采用的系数。

有了顶层增益系数表（表1），很容易根据出资与回报成正比的原则推算出其他楼层的增益系数。

2. 出资回报系数 Ki 的确定

上海市房屋管理局在总结各区加装电梯成功案例的基础上，于2021年1月18日，公布了《既有多层住宅加装电梯不同楼层业主出资指导区间》，按照"谁受益，谁出资"的原则，确定了具体加装电梯分摊费用（表2）。

既有多层住宅加装电梯不同楼层业主出资指导区间   表2

加装电梯入户方式	多层住宅楼型	出资指导区间						
		1楼	2楼	3楼	4楼	5楼	6楼	7楼
平层入户	7层楼型	0	4%～6%	8%～10%	13%～15%	18%～20%	23%～25%	28%～30%
	6层楼型	0	*6%～8%	12%～14%	19%～21%	26%～28%	*32%～34%	—
	5层楼型	0	9%～11%	19%～21%	29%～31%	39%～41%	—	—
	4层楼型	0	16%～18%	32%～34%	49%～51%	—	—	—
错层入户	7层楼型	0	2%～4%	7%～9%	13%～15%	18%～20%	25%～26%	30%～32%
	6层楼型	0	3%～5%	11%～13%	19%～21%	27%～29%	35%～37%	—
	5层楼型	0	5%～7%	18%～20%	30%～32%	43%～45%	—	—

备注：带*系数为下文举例所采用的系数。

在仅考虑加装电梯费用，不考虑后续产生的维修费、保养费、电费、管理费和电梯更新等费用的前提下，取上海市房屋管理局公布的出资指导区间中位数，结合上文中多层住宅加装电梯后顶层增益系数表，根据出资与回报成正比的原则，将表2的各楼层中位数占顶层中位数的比例乘以表1，即可得到多层住宅楼加装电梯的出资回报系数 Ki，即：

$$Ki = \frac{i\text{楼出资比例中位数}}{\text{顶层出资比例中位数}} \times \text{顶层增益系数}$$

如平层入户的 6 层楼型的 2 楼：

$$K2 = \frac{7\%}{33\%} \times 7.5\% = 1.59\%$$

结合实际情况，不同楼型的相同楼层，加装电梯后的增益系数应当基本相同，且从表 3 可见，由于平层入户和错层入户的出资金额差异不大，故对两种入户方式的出资回报系数平均后进行合并，并对相同楼层的出资回报系数进行统一，以表 2 为基础，通过如上逐一计算后可得到多层住宅楼加装电梯的出资回报系数（表 3）。

多层住宅楼加装电梯的出资回报系数 Ki 表 表 3

加装电梯入户方式	多层住宅楼型	出资回报系数 Ki						
		1 楼	2 楼	3 楼	4 楼	5 楼	6 楼	7 楼
平层入户	7 层楼型	0	1%	3%	4.5%	6%	7.5%	9%
	6 层楼型	0	* 1%	3%	4.5%	6%	* 7.5%	—
	5 层楼型	0	1%	3%	4.5%	6%	—	—
	4 层楼型	0	1%	3%	4.5%	—	—	—
错层入户	7 层楼型	0	1%	3%	4.5%	6%	7.5%	9%
	6 层楼型	0	1%	3%	4.5%	6%	7.5%	—

备注：带 * 系数为下文举例所采用的系数。

（二）举例

某小区有大量未加装电梯的多层住宅楼成交案例，通过比较法求出未加装电梯的 6 层楼型的 2 楼住宅单价为 5 万元 /m² 和 6 楼单价 4.83 万元 /m²，该小区采用平层入户的加装电梯入户方式，现欲求取加装电梯后的 2 楼和 6 楼住宅单价。

2 楼：5 万元 /m² ×（1+1%）=5.05 万元 /m²；

6 楼：4.83 万元 /m² ×（1+7.5%）=5.19 万元 /m²。

以 6 楼单套住宅建筑面积为 66m² 的房地产价值对比看：

加装电梯前：4.83 万元 /m² × 66m²=318.78 万元；

加装电梯后：5.19 万元 /m² × 66m²=342.54 万元。

加装电梯前后单套住宅总价相差 23.76 万元，即因加装电梯为该房屋带来了 23.76 万的升值。这样的估价结果既考虑了出资成本又与实际舒适度相关联。

二、既有多层住宅楼加装电梯后的楼层调整系数（Li）研究

若将无电梯时的房地产价值看作成本，将加装电梯带来的增益值看作出资回报，即加装电梯后的房地产价值应为两者相加。在同一幢楼内，当用多层住宅楼加装电梯的出资回报系数 Ki，确定各楼层加装电梯后的房地产价值后，便可得到多层住宅楼加装电梯后的楼层调整系数 Li，加装电梯后不同楼层的房地产价值即可通过此系数快速求取。

（一）研究和测算

参照《上海市国有土地上房屋征收评估技术规范》（沪房规范〔2018〕6号）规定的上海市居住房屋的楼层调整系数 M_i（无电梯），在此系数基础上加上各层加装电梯后的出资回报系数 K_i（见表3）就等于新的楼层加装调整系数 L_i（表4）。

即：$L_i = M_i + K_i$。

既有多层住宅加装电梯前后的楼层调整系数对照表　　　　　表4

总层数 层次	加装前 Mi（原有）				加装后 Li（新建）			
	四	五	六	七	四	五	六	七
1	0	0	0	0	0	0	0	0
2	2%	2%	2%	2%	3%	3%	* 3%	3%
3	4%	4%	4%	4%	7%	7%	7%	7%
4	−0.5%	4%	4%	4%	4%	8.5%	8.5%	8.5%
5	—	−1%	2%	2%	—	5%	8%	8%
6	—	—	−1.5%	0	—	—	* 6%	7.5%
7	—	—	—	−2%	—	—	—	7%

备注：带 * 系数为下文举例所采用的系数。

有了住宅加装电梯后的楼层调整系数 L_i 就可以为比较法个别因素的调整提供量化依据；也可以在同一小区内有无加装电梯的楼层调整上提供依据，也为若干年后由于规划征收房屋的需要，对加装电梯后的估价对象进行征收补偿提供了依据。

（二）举例

已知某小区加装电梯后的6层楼型的2楼住宅单价为5.08万元/m²，现求取同小区同楼型加装电梯后的6楼住宅单价。

6楼：5.08万元/m² ×（1+6%−3%）=5.23万元/m²。

三、结论与建议

通过两个不同的调整系数，可对既有多层住宅楼加装电梯后，不同楼型、不同楼层、不同可比实例间进行较为灵活、简便、合理的估价。

出资回报系数（K_i）主要解决的是同一小区有、无加装电梯之间的估价；楼层调整系数（L_i）主要在参照无加装电梯的楼层调整系数基础上，结合业主出资成本的回报等因素，解决加装电梯后同一小区内不同楼层间合理的系数调整。

加装电梯不仅从使用角度为居民带来了出行的便利，更从经济角度为其房地产带来了一定的增值。因为各层分摊加装电梯的费用都在业主的承受范围之内，与加装电梯前比，其住宅房地产价值的提高是无疑的。

本文以假定一楼住宅在加装电梯前、后价值未产生变化为研究前提，实际上一楼因加装电梯后，导致其房屋的通风、采光受一定的影响，加上电梯运行中的噪音污染，原本一楼的出行便利优势因加装电梯而减弱，原先一楼住宅的刚需人群，即老年人或残疾群体不再选择一楼住宅，因而一楼住宅在加装电梯后客观上有一定的价值减损。建议有关部门考虑在政府补贴中独立出专项资金补贴给一楼业主，这样更有利于既有多层住宅加装电梯工作的顺利推进。

参考文献：

柴强 . 房地产理论与方法 [M]. 北京：中国建筑工业出版社，2017：284-333.

作者联系方式

姓　　名：经　凌　朱　峰

单　　位：上海科东房地产土地估价有限公司

地　　址：上海市浦东新区浦东南路 379 号金穗大厦 26 楼 A-D 室

邮　　箱：1195885940@qq.com

注册号：经凌（3120200004），朱峰（3120110046）

含有附赠空间的住宅估价创新思路

李嘉团 苏 颖

摘 要：附赠空间主要指住宅房地产的天井、地下室、阁楼等。附赠空间名义上往往为附赠，其价值不计入房地产交易价格中，但在住宅房地产估价中，附赠空间的增值是客观存在的。如何科学地对含有附赠空间的住宅估价？本文依据估价实践，采用大量市场成交实例数据，进行分析、整理、归纳，通过不同类型的附赠空间对住宅房地产价值的不同影响，研究出不同附赠空间的调整系数，运用调整系数法，提出了含有附赠空间住宅估价的创新思路。

关键词：附赠空间；增值溢价系数（Premium Coefficient）；住宅附赠空间调整系数；住宅估价

一、附赠空间经济价值的本质是使用权的溢价

住宅房地产的天井、地下室、阁楼等附赠空间是开发商根据建筑图纸建造的具有使用功能的空间。除了能弥补某单元相对于其他单元的不足，更是为促销而采取的一种营销措施。由于住宅房地产交易时附赠空间没有明确的购买成本，其功能享用又体现在使用上，因此，附赠空间经济价值的本质是使用权的溢价。

（一）估价的技术思路

既然住宅空间是用经测绘的产权建筑面积计算其价值的，附赠空间使用权溢价同样可以用其面积来思考。从理论上来说，附赠面积越大其溢价也越大。按传统测算只要将各类附赠空间单价乘上其对应的面积即可。然而，从比较法角度考虑，估价对象的各类住宅附赠空间依附于房屋使用，没有独立使用性且无法分割转让，就没有可比的单独市场单价；从成本法角度考虑，以地下室为例，其造价受基坑深度、围护结构、建筑材料等复杂因素影响，也很难求取其真实单价。

附赠空间的溢价相对于住宅价值是个别的、微小的，因此必须摒弃传统思维，另辟蹊径。

估价对象的产权建筑面积是依法合规的，能否用天井、地下室、阁楼等附赠空间实测的使用面积或登记面积与产权建筑面积之间客观的比例关系，来研究对应的增值溢价系数（Premium Coefficient），再乘以无附赠空间的住宅市场单价，得到含有附赠空间的单价？这就是估价创新思路的雏形。

（二）数据研究的假设前提

1.仅对含有附赠空间住宅的天井、地下室及阁楼进行研究和数据比对。

2.各类附赠空间面积（Xi）占自身房屋产权建筑面积（Y）的比例（Xi/Y）越大，说明其面积越大，溢价越高。

3.附赠空间的估价不考虑建筑结构、建筑材料等工程造价。这些因素在无附赠空间的对比住宅价格中已有所体现。

二、估价创新思路的形成

（一）含有附赠空间的住宅估价表达公式

$$V=V_0 \times \left(1+\sum_{i=1}^{n=3} C_i\right)$$
$$=V_0 \times (1+C_1+C_2+C_3)$$

式中：V——含有附赠空间的住宅房地产单价；

V_0——无附赠空间的住宅房地产单价；

C_1——天井调整系数；

C_2——地下室调整系数；

C_3——阁楼调整系数。

（二）住宅附赠空间调整系数的建立

以天井调整系数 C_1（外环内，含独立使用花园）的建立为例。

在近 2 年的估价报告和公司资料库中，发现有天井附赠空间的住宅主要在外环内，选取无天井的 20 个住宅小区作为对比实例，再分别选取同一小区内品质相近有天井的实例（共计 62 个）作为研究对象进行三个步骤测算。

1.选用正常交易且成交时间较近的研究实例及其对比实例，因此不需要对市场状况、区位因素、权益因素进行调整，只需调整各实例之间除天井以外的其他对价格影响的因素。

2.逐一对研究实例的天井因素进行差异性的调整，得出有无天井的增值幅度。

3.由于天井面积不计入产证面积，因此本次天井面积以实测为准，即用实测天井面积与产权建筑面积的比例来研究增值幅度间的关系。实证结果详见表 1。

实例对比状况及统计一览表（略：共 62 个样本数据）　　　表 1

（此表仅展现 5 个对比实例及其对应的 24 个样本数据）

实例	坐落	全面积（m²）	产权建筑面积（m²）	天井面积（m²）	调整后的成交单价（元/m²）	天井面积与产权建筑面积比例	与对比实例的增值幅度
对比实例 1	××一村 59 号 202、203 室	与研究实例组位于同一区域无天井的住宅房地产均价：57380 元/m²					
研究实例 1	××一村 64 号 103、104 室	70.83	55.83	15	60004	0.27	5%
	××一村 28 号 104 室	46.73	39.73	7	58807	0.18	2%
	××一村 17 号 102、103 室	62.43	52.43	10	58936	0.19	3%
	××三村 94 号 101 室	53.56	45.56	8	58385	0.18	2%
	××一村 16 号 106 室	62.34	52.34	10	58274	0.19	2%

续表

实例	坐落	全面积（m²）	产权建筑面积（m²）	天井面积（m²）	调整后的成交单价（元/m²）	天井面积与产权建筑面积比例	与对比实例的增值幅度
对比实例 2	××路 1200 弄 31 号 202 室	与研究实例组位于同一区域无天井的住宅房地产均价：81090 元/m²					
研究实例 2	××村 61 甲号 101 室	44.97	33.97	11	89785	0.32	11%
	××路 1200 弄 12 号 107 室	41.99	33.99	8	85908	0.24	6%
	××村 25 号 103 室	35.44	29.44	6	85598	0.2	6%
	××村 61 甲号 103 室	37.88	31.88	6	84379	0.19	4%
	××路 1200 弄 21 号 107 室	40.15	34.15	6	84334	0.18	4%
	××路 1200 弄 37 号 105 室	38.77	32.77	6	83918	0.18	3%
对比实例 3	××路 510 弄 15 号 202 室	与研究实例组位于同一区域无天井的住宅房地产均价：56670 元/m²					
研究实例 3	××路 510 弄 25 号 103 室	56.67	41.67	15	62635	0.36	11%
	××路 510 弄 21 号 103 室	62.8	47.8	15	61297	0.31	8%
	××路 510 弄 4 号 104 室	40.9	31.9	9	58934	0.28	4%
	××路 510 弄 41 号 104 室	37.9	31.9	6	57994	0.19	2%
对比实例 4	××路 446 弄 1 号 204 室	与研究实例组位于同一区域无天井的住宅房地产均价：62220 元/m²					
研究实例 4	××路 400 弄 22 号 101 室	66.77	50.77	16	68933	0.32	11%
	××路 373 弄 3 号 102 室	85.43	65.43	20	68470	0.31	10%
	××路 373 弄 4 号 102 室	62.75	49.75	13	65327	0.26	5%
	××路 408 号 102 室	59.61	50.61	9	63624	0.18	2%
…	…					…	…
对比实例 20	××村 24 号 203 室	与研究实例组位于同一区域无天井的住宅房地产均价：53350 元/m²					
研究实例 20	××路 13 号 104 室	56.81	47.81	9	54382	0.19	2%
	××村 43 号 103 室	41.37	31.37	10	56105	0.32	5%
	××村 42 号 103 室	41.37	31.37	10	56742	0.32	6%
	××路 30 弄 11 号 102 室	56.15	43.15	13	57937	0.3	9%
	××村 42 号 104 室	42.53	31.53	11	57406	0.35	8%

经对所采集的样本数据进行统计与分析，天井实测面积与产权建筑面积比例大多位于 0.2～0.4 区间范围内，再将此范围细分为 3 个小区间，分别求出对应的增值幅度范围，详见表 2。

天井调整系数 C_1（即外环内增值幅度范围）　　表2

区间	数量（共62个）	外环内增值幅度范围
＜0.2	17	2%～4%
（0.2，0.3]	20	4%～6%
（0.3，0.4]	25	8%～10%

通过表2可得知：

（1）大多数天井面积与产权建筑面积比例在 0.3～0.4 范围内，经公式 $=V_0\times(1+\sum_{i=1}^{n=3}C_i)$ 验证，与实证结果基本相符。

（2）天井 C_1 调整系数的建立，可作为有、无天井调整的依据，亦可给有、无天井进行增、减（估价对象无天井而可比实例相反）提供量化依据。

（3）同小区二个（或以上）天井的大小，通过其各自的面积与产权建筑面积的比例关系，很容易量化区分。

（4）依据表2，再对外环外的 C_1 根据实证调整并确定。

同理分析与调整地下室11个对比实例及53个研究样本实例和阁楼2个对比实例及21个研究样本实例，可得到地下室调整系数 C_2 和阁楼调整系数 C_3。

运用各类附赠空间的使用面积（Xi）与估价对象产权建筑面积（Y）比，得出的不同环线不同比例的样本数据，通过分析、归纳可得到各类住宅附赠空间房地产增值规律。再将这些样本数据的比例关系整理和分析，归纳成不同的调整系数，得出不同的溢价依据，可得到《住宅附赠空间调整系数一览表》，详见表3。

住宅附赠空间调整系数一览表　　表3

天井调整系数 C_1			地下室调整系数 C_2			阁楼调整系数 C_3		
天井面积与产权建筑面积比例（X_3/Y）	外环内	外环外	地下室面积与产权建筑面积比例（X_1/Y）	外环内	外环外	阁楼面积与产权建筑面积比例（X_2/Y）	外环内	外环外
（0.1,0.2]	*2%～4%	3%～5%	（0.2,0.4]	1%～3%	2%～4%	（0.1,0.2]	1%～3%	2%～4%
（0.2,0.3]	*4%～6%	5%～7%	（0.4,0.6]	5%～7%	*7%～8%	（0.2,0.4]	4%～6%	*6%～8%
（0.3,0.4]	*8%～10%	9%～11%	（0.6,0.8]	9%～11%	11%～13%	（0.4,0.6]	10%～12%	11%～13%

＊：该数据范围为下文估价实证举例所采用的系数。

《住宅附赠空间调整系数一览表》使用说明：

（1）外环外附赠空间调整系数比外环内稍高，是排除个别特殊情况后实证数据的结果。

（2）可用重合范围的方法灵活取外环线内外的附赠空间的调整系数。

（3）附赠空间面积的确定：

①天井面积（X_1）：天井面积以实测面积为准。如天井面宽与产权房开间跨度一致的，可按测量的天井进深来准。（除以房屋进深来替代（X_1/Y）的比值）

②地下室面积（X_2）：含有地下室住宅虽在产证上记载地下室建筑面积，但在交易时房地产价格针对的是地上建筑面积，房地产单价折合的又是地上建筑面积单价，故有产证登记的地下室面积以产证登记为准；如无产权登记的以实测为准。此面积中如车库面积单独计算的应予以扣除。Y取地上产权建筑面积。

③阁楼面积（X_3）：一般净高超过2.2m的阁楼部位应计入产权建筑面积，由于数据收集过程中发现阁楼净高超过2.2m的面积较小，从使用上看取净高超过1.8m以上的水平投影实测面积较为合理，因此以净高超过1.8m以上的水平投影实测面积为准。若阁楼存在净高超过2.2m且建筑面积已载入产权面积，则该部分价值计入房地产交易价格中，故不应视作附赠空间，X_3＝实测阁楼净高超过1.8m部分面积－净高超过2.2m部分阁楼面积。

（4）根据《房地产估价规范》GB/T 50291—2015，比较法中对可比实例调整幅度单项不宜超过20%，研究参照此规范，将超过20%的特殊情况予以剔除。

（5）若超过或小于表三所设置的各类附赠空间的使用面积（Xi）与估价对象产权建筑面积（Y）比例区间，估价师可以表三为依据，灵活把握调整幅度。

（6）《住宅附赠空间调整系数一览表》中C_1、C_2、C_3可作为市场法的实物因素中有、无附赠空间的调整依据加以应用。

三、创新估价举例

（一）对外环内某含有天井附赠空间的住宅估价

举例一：

1. 估价对象

外环内某1楼住宅，产权建筑面积77.09m²，天井面积（实测）为17m²。

2. 估价过程

（1）根据比较法，如无足够的有天井的可比实例，估价师可选择同一个小区内四个均无天井附赠空间的正常交易的住宅价格，作为可比实例。通过对除该类附赠空间因素之外的其余因素进行差异调整，采用简单算术平均法得到无天井的实例价格V_0为63414元/m²。

（2）依据估价对象附赠空间实际情况及上述《住宅附赠空间调整系数一览表》，得到估价对象X_1/Y＝17/77.09＝0.22，则对应表三取C_1为4%。

（3）再依据本文含有附赠空间的住宅估价表达公式：

$$V=V_0×(1+\sum_{i=1}^{n=3}C_i)$$

单价＝63414×（1+4%）＝65951元/m²

总价＝65951元/m²×77.09m²

＝508.42万元

估价结果：有天井附赠空间的住宅比无天井附赠空间住宅相比多了19.56万元，这正是天井作为附赠空间使用权溢价的结果，也是天井实际使用面积大小的具体价值体现。

（二）对外环外某含有地下室附赠空间的住宅估价

举例二：

1. 估价对象

外环外某 1 楼住宅，产权建筑面积 146.49m²，其中含地下面积 47m²，该面积不含车库面积。

2. 估价过程

1）根据比较法，如无足够的有类似大小地下室的可比实例，估价师可选择同一个板块内各方面状况相近的四个均无地下室附赠空间的正常交易住宅价格，作为可比实例。通过对除该类附赠空间因素之外的其余因素进行差异调整，采用简单算术平均法得到无地下室的实例价格 V_0 为 31244 元 /m²。

2）依据估价对象附赠空间实际情况及上述《住宅附赠空间调整系数一览表》，得到估价对象 X_2/Y=47/99.49（即：146.49-47）=0.47，则对应表三取 C_2 为 7%。

3）再依据本文含有附赠空间的住宅估价表达公式：

$$V=V_0 \times \left(1+\sum_{i=1}^{n=3} C_i\right)$$

=31244×（1+7%）=33431 元 /m²

总价 =33431 元 /m² × 99.49m²

=332.61 万元

估价结果：有地下室附赠空间的住宅比无地下室住宅相比多了 21.76 万元，这正是地下室作为附赠空间使用权溢价的结果，也是地下室实际使用面积大小的具体价值体现。

（三）对外环内某含有阁楼附赠空间的住宅估价

举例三：

1. 估价对象

外环内某 11 楼住宅，产权建筑面积 76.66m²，阁楼面积（以实际 1.8m 高以上的实测面积为准）34m²，其中 2.2m 高以上的部分为 8m²，该部分含在产权建筑面积内。

2. 估价过程

1）根据比较法，如无足够的有阁楼的可比实例，估价师可选择了同一小区内四个均无阁楼附属空间的正常交易住宅价格，作为可比实例。通过对除阁楼之外的其余因素进行差异调整，采用简单算术平均法得到无阁楼附赠空间的价格 V_0 为 50282 元 /m²。

2）依据估价对象附赠空间实际情况及上述《住宅附赠空间调整系数一览表》，得到估价对象 X_3/Y=26（即：34-8)/76.66=0.34，则对应表三取 C_3 为 7%。

3）再依据本文含有附赠空间的住宅估价表达公式：

$$V=V_0 \times \left(1+\sum_{i=1}^{n=3} C_i\right)$$

单价 =50282×（1+7%）=53802 元 /m²

总价 −53802 元 /m² ×（76.66m²-8m²）

=412.4 万元

估价结果：有阁楼附赠空间的住宅比无阁楼住宅相比多了 26.9 万元，这正是阁楼作为附赠空间使用权溢价的结果，也体现了阁楼实际使用面积大小的具体价值。

（四）在比较法中，对有、无住宅附赠空间及其面积大小的实例状况因素，用调整系数 C_i 进行量化修正

举例四：

1.估价对象

估价对象：外环内某1楼住宅，产权建筑面积59.75m²，天井面积（实测）为19m²。

2.估价过程（表4）

四个实例比较因素条件说明表 表4

比较因素 \ 可比实例			估价对象	可比实例一	可比实例二	可比实例三	可比实例四
物业名称或地址			外环内某1楼住宅	外环内某1楼住宅	外环内某1楼住宅	外环内某2楼住宅	外环内某3楼住宅
交易单价（元/m²）			待估	61644	61776	58101	60400
交易情况				成交价	成交价	成交价	成交价
成交日期			2021.2.24（价值时点）	2021.2.5	2020.2.15	2021.2.7	2021.2.12
房地产状况	区位状况		其余因素相近，不作调整（略）				
		楼层	1F	1F	1F	2F	3F
	实物状况	附赠空间	附带天井，天井实测面积19	附带天井，天井实测面积11	附带天井，天井实测面积14	无	无
			其余因素相近，不作调整（略）				
	权益状况		其余因素相近，不作调整（略）				

区位、权益状况修正说明略，仅说明用《住宅附赠空间调整系数一览表》对四个可比实例的实物状况中附赠空间因素进行调整：

估价对象附赠空间为天井：取《住宅附赠空间调整系数一览表》中 C_1 分别得到：

估价对象 $X_1/Y=19/59.75=0.32$，取 C_1 为8%；

可比实例一 $X_1/Y=11/57.06=0.19$，取 C_1 为4%；

可比实例二 $X_1/Y=14/59.55=0.24$，取 C_1 为5%；

可比实例三、四无天井，对应 C_1 为0%；

故可比实例一上调4%（即：8%～4%）；可比实例二上调3%（即：8%～5%）；可比实例三、四均上调8%（即：8%～0%）。

详见表5。

四个实例比较因素调整系数表 表5

项目 \ 比较因素		可比实例一	可比实例二	可比实例三	可比实例四
位置		外环内某1楼住宅	外环内某1楼住宅	外环内某1楼住宅	外环内某2楼住宅
成交价格（元/m²）		61644	61776	58101	60400
交易情况		100/100	100/100	100/100	100/100
市场状况		100/100	100/100	100/100	100/100
房地产状况	区位状况	100/100	100/100	100/102	100/104

续表

项目＼比较因素		可比实例一	可比实例二	可比实例三	可比实例四
房地产状况	实物状况	100/96	100/97	100/92	100/92
	权益状况	100/100	100/100	100/100	100/100
比较单价（元/m²）		64213	63687	61915	63127
调整后平均价格		63236			

最终通过四个可比实例调整后比较价值加权平均得到估价对象比较单价为 63236 元/m²。

同理，对有、无地下室和阁楼及其面积大小的实物状况因素用 C_2 和 C_3 进行量化修正的应用。当然，在估价实践中会遇到估价对象或可比实例同时拥有两项甚至三项的附赠空间，估价师可以《住宅附赠空间调整系数一览表》为依据，灵活调整。

四、结语

调整系数法对含有附赠空间的住宅估价是一个创新的估价思路，不仅解决了相对统一的估价方法，同时对同一板块、同一小区中具有不同附赠空间的房地产估价起到了量化的对比作用。如附赠空间面积不同的对比；附赠空间类型不同的对比；附赠空间数量不同的对比等。同时通过《住宅附赠空间调整系数一览表》，可对比较法实例中，有无附赠空间及其使用面积的差异性实物状况给出修正幅度上的统一量化依据。

由于样本数据相对有限，从地段看还可以对环线进行细分，甚至对住宅板块进行细分。因此，该项创新思路还有待广大估价师在实践中不断完善，用智慧及经验共同科学地解决含有住宅附赠空间的理性估价，以达到相对统一的精细化估价的目标。

作者联系方式

姓　名：李嘉团　苏　颖
单　位：上海科东房地产土地估价有限公司
地　址：上海市浦东新区浦东南路 379 号 26 楼 A 室
邮　箱：lijiatuan@kedongcn.com
注册号：李嘉团（3120190034），苏颖（3120120037）

住宅小区地下车位产权分析及估价研究

吴　军

摘　要：随着人们住房和生活水平的提高，本来属于商品住宅附属建筑的地下车库和车位，逐渐成为楼盘开发的标配。以合肥市为例，合肥市目前大约有3000多个楼盘，其中约三分之二建有地下车库。据不完全统计，合肥市仅住宅小区就有地下车位约30万～50万个。由于住宅小区地下车位多是单独办理产权证书，单独进行买卖交易，体量又比较庞大，近年来，无论是交易过户的课税，还是司法评估中的分家析产、处置拍卖等，都需要对地下车位进行估价，客观上也形成了房地产估价的新需求。本文拟从住宅小区地下车位的产权和分类着手，对地下车位的权属及估价进行研究和探析。

关键词：住宅小区地下车位；产权及分类；估价研究

一、住宅小区地下车位的产权及分类

根据建设部《商品房销售面积计算及公用建筑面积分摊规则（试行）》（以下简称"规则"）第4、第8条的相关规定，以地下室是否列入为整栋建筑服务的公共用房和管理用房，并作为公用建筑面积可以被整栋建筑分摊为区分标志，同时，综合考量关于地下人防工程的规定，可将住宅小区地下车位大致划分为如下三类。

（一）业主共有

地下车库的建筑面积已经被分摊到商品房销售面积中，这些车库或者形成的地下车位，按照《民法典》的相关规定，属于业主享有共有和共同管理的建筑物，其所有权归全体业主所有；同时，因其属于在建筑区划内，规划用于停放车辆的车位、车库应当首先满足业主的需要。

在实际楼盘开发中，现在这种情况已经比较少见，而且，由于是共有产权（建筑物区分所有权），现实中的估价需求也很少。

（二）地下人防工程

一个小区的开发建设，需要设计一定面积的地下空间用作人防工程。开发商在做小区规划时，经常将商品房的地下停车场配建为人民防空工程，按照《规则》规定，地下室作为人防工程的，其面积不计入公摊面积，当然也不计入整栋商品房建筑面积。这样的话，用作地下人防工程的车库，其面积应从整栋商品房的建筑面积中扣除。

按照《中华人民共和国防空法》，属于人民防空工程的地下停车场的产权归国家所有，人民防空工程平时由投资者使用管理，收益归投资者所有。按照《民法典》规定，这种权利属于用益物权范畴。人防车位使用权必须通过合法程序取得，即开发商应当在人防工程部门办理备案登记等手续。在实际房地产开发中，我们常常可以看到开发商也将此部分车位以租赁协议方式对外"销售"，购买者虽然无法办理产权证，但是凭一纸"协议"获得该车位二十年或者更多年限的使用权。需要说明的是，开发商与买受人签署《人防车位买卖协议》时，因开发商对人防车位仅有使用权和收益权，该协议性质上只是租赁合同性质，当租赁期限超过二十年后，双方需要续签协议。

这一类的车位"产权"，虽然可以使用，但既不能抵押，交易时也不会通过税务局和不动产登记部门课税办证，现实中基本无估价需求。

（三）开发商自有

开发商在建设地下车库的时候，在满足地下人防工程要求后，单独规划建设的地下车库，其面积作为独立使用空间销售而没有分摊到商品房建筑面积里面。这种地下车位的产权是完全归属开发商的，业主没有所有权。此部分车位可独立销售、转让和抵押，实际工作中的估价需求主要源于这一种类型，也是本文要讨论的对象。

二、地下空间建设用地使用权的管理规定

在进行地下车库、车位估价时，我们还有必要对楼盘开发时，其地下空间是否获得建设用地使用权，也就是地下车位价格除建筑物外，是否包括其相应占用的土地，进行梳理和分析。

（一）《民法典的规定》

关于地下空间建设用地使用权的管理，《民法典》第345条仅用一句话做了原则性的规定："建设用地使用权可以在土地的地表、地上和地下分别设立。"

（二）各地的实际做法

在实际操作层面，各地的做法不一，快慢也不一。比如2006年出台的《上海市城市地下空间建设用地审批和房地产登记施行规定》第6条规定，经营性项目的地下土地使用权出让金，按照分层利用、区别用途的原则，参照地上土地使用权出让金的标准收取。2011年出台的《苏州市地下空间建设用地使用权利用和登记暂行办法》第7条规定，地下、地上空间建设用地使用权依法实行有偿使用制度；地下、地上空间建设用地使用权，可结合地表工程建设规划，分别对照地下、地上空间的规划批准用途，实行分层供地，依法确定不同的供地方式。2013年出台的《武汉市地下空间开发利用管理暂行规定》第10、第13条规定，开发利用地下空间应当取得地下建设用地使用权；地下建设用地土地出让价款，按照不低于出让时相同主导功能用途、土地级别、使用年限的地上建设用地市场价标准的30%收取；连建地下空间开发利用项目，其起始价与地上部分一并计入总起始价。

可以看出，对于地下空间建设用地使用权的管理，各地虽然做法不一，但是总的原则都是实行分别登记、有偿使用制度。

（三）对于地方没有出台规定或者规定实施前已经出让土地的认识

基于以上分析，对于地方没有出台地下空间建设用地使用权管理规定或者在规定实施前地表建设用地使用权已经出让的，我们可以形成这样一个认识，即只要是根据规划审批方案确定由地表建设用地使用权人结合地面建筑一并开发建设地下工程的，则视为已连同地表建设用地使用权一并取得上述范围内地下空间建设用地使用权。这样就解决了地下空间在土地使用权层面上的权利归属问题，也可合理解释地下车位可作为不动产单独对外出售的现象。

以合肥市为例，在新换发的商品房地下车位《不动产权证》里面，可以看到如下记载（表1）：

《不动产权证》地下车位登记   表1

权利类型	国有建设用地使用权 / 房屋所有权
权利性质	出让 / 市场化商品房
用　途	城镇住宅用地 / 机动车位
面　积	共有宗地面积 38631m² / 房屋建筑面积 29.5m²
使用期限	国有建设用地使用权 2085 年 10 月 15 日止

可以看出，地下车位所占用的土地，其建设用地使用权归属于权利人，土地使用性质为出让，用途则界定为城镇住宅用地。

三、地下车位的面积

在讨论地下车位估价之前，我们还有必要对地下车位的面积情况进行研究，以便于在估价时可以更加清晰地分析和考虑车位面积对价格的影响因素。

（一）地下车位的面积分摊

经常会听到有人质疑地下车位的产证面积，最常见的情况，是在大型住宅区的地下车库中，画在车库地上的车位，其形状仅是一个长方形的权属界线，使用卷尺量测计算出的面积也仅为 10m² 左右，但车位产权证上所显示的建筑面积往往为翻倍甚至更多。

车位作为一个产权单元，其建筑面积的计算应该遵循国家《房产测量规范》计算得出。车位的建筑面积由车位的套内建筑面积加上分摊面积组成，车位的套内建筑面积即为车库中由权属界线所围合而成的面积，车位的分摊面积是指在整个地下车库中所分摊的共用建筑面积。在大型的地下车库中，车位的分摊面积主要有车行道、坡道、车库出地面楼梯间以及设备间等。通常情况下，为了满足车辆的自由通行，车库内的车行道、汽车坡道等，都占据了很大的一部分面积，再加上车库的出地面楼梯间、地下车库中为了满足照明所设置的配电间，以及为了满足通风所设置的风机房、风井等，形成较大的需要分摊的共有面积，最终反映在产权证上的车位建筑面积就比较大。

（二）地下车位的停车形式和面积

单元式住宅楼地下车库的多数车位都是标准车位，停放方式基本分为垂直式和平行式，有时也有斜列式。按照《车库建筑设计规范》JGJ 100—2015 中的规定："机动车库应根据停放车辆的设计车型外廓尺寸进行设计。机动车设计车型的外廓尺寸可按表 4.1.1 取值"，其套内建筑面积也就是俗称由权属界线所围合而成的面积，按照"规范"要求，大约在 12.24～14.40m² 之间。如前所述，如果加上应分摊的共有面积，最后体现在产权证书上的地下车位建筑面积多在 20～40m² 之间。

地下车位常见排列方式见图1。

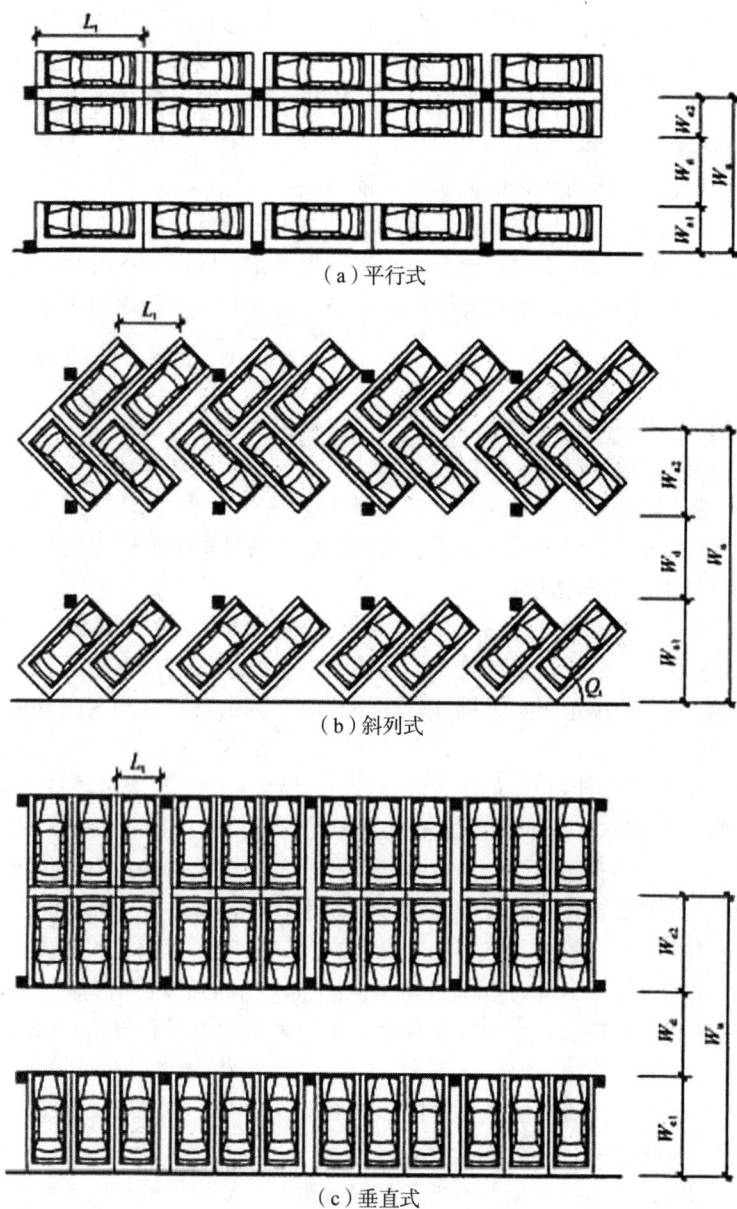

（a）平行式

（b）斜列式

（c）垂直式

图 1　地下车位常见排列方式

四、地下车位估价探析

地下车位不同于地上房屋，在对其进行房地产估价时，我们要充分考虑地下车位价格形成的特殊性，科学合理地进行估价测算。本文仅提出在进行地下车位估价时应着重考虑和关注的要点和思路，以及与一般房地产估价的不同之处，供实际房地产估价时参考。

（一）地下车位房地产的特殊性

1.计价单位特殊

房地产价格基本上都是以建筑面积为计价单位，再结合单价来测算，而地下车位则是按"个"计价销售，这是地下车库别于一般房地产最主要的地方。尽管地下车位的产权证书均载有车位的建筑面积，且面积越大车位价格越高，但是面积对车位价格的影响并不线性相关。在地下车位价格形成中，我们反而可以把车位的建筑面积看作是价格影响因素，在实物状况中进行调整修正。

2.价格与所属楼盘小区有很强的从属性和依附性

住宅小区地下车位销售定价或者转让价款水平，主要与所属楼盘的区域和楼盘价格呈现强关联关系，或者说地下车位价格与地上房地产有很强的从属性和依附性，地下车库所属楼盘的档次、定位以及价格水平，都对地下车位价格有较大的影响和制约作用，这是地下车位价格形成的显著特点。

3.销售对象的局限性

与地上普通房地产不同，住宅小区地下车位的购买人群非常狭窄，往往仅局限于同一小区业主；但是反过来，地下车位的销售也有刚性一面。由于机动车现在已经成为小区业主入住的标配，对于业主来说，购买地下车位亦是刚需。从这个角度来说，销售对象的局限性，和业主购买的刚性需求，二者之间存在博弈关系，最终会对车位价格构成影响。

（二）比较法评估地下车位价格

评估地下车位房地产价格时，最常用也是首选的估价方法是比较法，不仅交易案例众多，可比实例易于取得，估价过程的直观性也使得估价结果容易让人信服。只不过由于地下车位价格形成的特殊性，决定了在采用比较法估价时，其价格影响因素应有别于普通房地产估价。

首先，基于地下车位计价单位的特殊性，在对地下车位进行比较法估价时，可以以"个"为单元进行比较和修正，面积在这里只是作为一项修正因素；其次，地下车位与普通商品房的价格影响因素还有些不同的地方，需要我们来分别设定。地下车位价格影响因素与普通商品房不同之处主要体现在区位和实物影响因素两类，逐一分析如下。

1.区位调整因素

（1）楼盘档次和水平：住宅小区地下车位与所属楼盘的区域和楼盘价格呈现强关联关系，地下车库所属楼盘的档次、定位以及价格水平，都对地下车位价格有较大的影响和制约作用；

（2）地下车位的楼层：负一层停车便捷，价格最高，以下楼层依次递减；

（3）楼盘停车位配比：停车位的配比越小，小区停车位越紧张，车位价格就可能较高，如果停车位配比较大，说明停车位不紧张，车位价格就会较为平缓；

（4）车库的空间布局：地下车库的车位布局安排是否合理，车位的设置是否规整；

（5）周边替代停车场：楼盘周边是否有替代停车场，以及停车场的条件、停车价格等，都会对地下车位的价格产生一定影响。

2.实物调整因素

（1）地下车位的面积：通常来说，面积越大车位价格越高，但是需要注意的是，面积对车位的影响并不是线性的；

（2）地下车位的位置和形状：位置是否方便，如是否在电梯出入口，车位形状是否规整便于车辆泊入；

（3）停车位条件：主要包括进入车位的通道是否宽敞易于停车入库、停车位周边是否安放有安防探头等；

（4）物业管理水平：物业公司对停车位的管理和服务水平，一定程度上影响停车位的档次，进而影响停车位的价格水平。

（三）成本法评估地下车位价格

成本法评估地下车位，其价格还是由土地成本、建设成本以及管理费用、销售费用、投资利息、销售税费和开发利润构成，但在这里有两个地方需要关注。

1. 土地成本的计算

如前所述，在具体进行地下车位估价时，无论该地区是否出台地下空间建设用地使用权管理规定，或者在规定实施前地表建设用地使用权已经出让的，我们都可以认为，只要是根据规划审批方案确定由地表建设用地使用权人结合地面建筑一并开发建设的地下工程，都视为已连同地表建设用地使用权一并取得上述范围内地下空间建设用地使用权，即地下车位价格应包含地价。在实际采用成本法估价测算时，可视情况考虑地价取价标准和水平，也可参照有关文件标准，如苏州和武汉，在文件中均规定了地下空间有偿使用的价格参照所在区域相对应用途地价的 30% 计取。

2. 合理分摊测算建筑物重置成本

一个楼盘的整体地下车库具有两个作用，既为地上建筑物提供结构支撑，也通过建设围合空间形成地下车库。在测算地下车位的建筑成本时，存在哪些建筑费用应该计入，哪些应该合理分摊费用的问题。如建造地下车库时，既有大楼的基础部分如桩基础等，也有由地下室顶板和底板以及围合结构构成的地下车库，此外还有大楼的一些公用设备设施。究竟如何分摊科学、合理测算这些费用，是我们在采用成本法估价时，需要解决的问题。

地下车库的建设费用，按照其发挥的作用来分类，可以分为如下三种，一是为整个楼栋甚至为整个楼盘提供基础支护，如桩基础等建设费用，这部分费用应该由地上建筑物来分摊；二是专属地下车库的建设费用，如构成地下室围合结构的内外墙壁和地下室底板等，可直接纳入地下空间的建设成本；三是同时为地下空间和地上建筑物发挥效用的建设费用，如消防、通风、送配电等建筑物的公用设备设施费用，以及同时作为地下室顶板和地上建筑物的楼地面的建设费用，这部分费用应该由地下空间和地上建筑物共同进行分摊，分别进入各自成本。如此分摊测算，我们才能得到地下车库科学合理的建设成本。

（四）收益法评估地下车位价格

采用收益法评估地下车位价格存在一定的困难，这是因为住宅小区地下车位多为业主自用，少有对外出租，且由于地下车位对地面楼盘的从属性，使得其在租售比水平上具有与住宅相似的特点，收益法往往难以反映地下车位的市场价格。某些特殊情况下，我们也可以采用收益法进行评估，在评估过程中，应注意以下两个方面。

1. 宜采用持有加转售模式

住宅小区地下车位收益期通常都比较长，期限内收益难以预测，故宜采用持有加转售模式。在确定期末转售价格时，可以采用直接资本化法或者比较法来测算。

2. 报酬率与净收益的确定

地下车位主要为小区业主自用，在车辆拥有率越来越高的情况下，车位对于业主来说是一种"刚需"，持有地下车位风险较低，一些车位配比较低的楼盘，停车位基本全年无空置。就此而言，收益法评估地下车位的报酬率也应就低取值。在确定净收益时，除了要扣除常规的运营费用如维修管理费、保险费、水电费和税金外，还要注意应去除物业对车库管理应分摊的那部分成本。

作者联系方式

姓　名：吴　军

单　位：安徽中信房地产土地资产价格评估有限公司

地　址：合肥市潜山北路与高刘路交口三实大厦十楼

邮　箱：309171990@qq.com

注册号：3419970080

乡村振兴中融资咨询服务探讨

钱 敏

摘 要：乡村振兴战略是重要的国计民生政策，具有全局性和历史性的重要意义，涉及政治、历史、经济、文化、社会等方面因素。近年来政府为此出台了多项政策以解决乡村振兴中的资金投入难题。不同融资模式拥有不同的估价服务，房地产估价机构如何为乡村振兴提供咨询服务，发展新的业务增长点，是需要迫切研究的问题。

关键词：乡村振兴；估价服务；业务增长点

一、乡村振兴政策背景

（一）发展历程

实施乡村振兴战略，是党的十九大做出的重大决策部署，是新时代"三农"工作的总抓手，"三农"问题是关系国计民生的根本问题，从 2004 年起中共中央每年发布关注"三农"的一号文件，坚持把解决好"三农"问题作为全党工作的重中之重，统筹推进城乡协调发展。

近年来我国农村发展建设主要经历"新农村建设—美丽乡村—乡村振兴"三个阶段。2005—2012 年是社会主义新农村建设阶段，以"生产发展、生活宽裕、乡风文明、村容整洁、管理民主"为目标；2013—2017 年是美丽乡村建设阶段，提出"生态宜居、生产高效、生活美好、人文和谐"的要求；2017 年 10 月，党的十九大报告提出"实施乡村振兴战略"，提出落实"产业兴旺、生态宜居、乡风文明、治理有效、生活富裕"总要求。

（二）目标任务

2017 年 12 月中央农村工作会议对实施乡村振兴战略作出了总体部署，会议提出了实施乡村振兴战略的目标任务和基本原则，按照党的十九大提出的决胜全面建成小康社会、分两个阶段实现第二个百年奋斗目标的战略安排，明确实施乡村振兴战略的目标任务（图 1）。

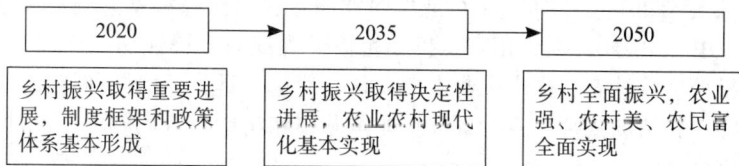

2020	2035	2050
乡村振兴取得重要进展，制度框架和政策体系基本形成	乡村振兴取得决定性进展，农业农村现代化基本实现	乡村全面振兴，农业强、农村美、农民富全面实现

图 1 乡村振兴分阶段目标

（三）主要政策文件

乡村振兴促进法、中央一号文件、乡村振兴战略规划、农村工作条例等共同构成了实施乡村振兴的"四梁八柱"。

根据分阶段战略任务，2020年10月，党的十九届五中全会审议通过《中共中央关于制定国民经济和社会发展第十四个五年规划和二〇三五年远景目标的建议》，提出优先发展农业农村，全面实施乡村振兴战略。具体包括深化农村改革；落实第二轮土地承包到期后再延长三十年政策；健全城乡统一的建设用地市场，积极探索实施农村集体经营性建设用地入市制度；建立土地征收公共利益用地认定机制，缩小土地征收范围；探索宅基地所有权、资格权、使用权分置实现形式；保障进城落户农民土地承包权、宅基地使用权、集体收益分配权，鼓励依法自愿有偿转让；深化农村集体产权制度改革，发展新型农村集体经济；健全农村金融服务体系，发展农业保险。

2021年中央一号文件《关于全面推进乡村振兴加快农业农村现代化的意见》，提出继续把农业农村作为一般公共预算优先保障领域；中央预算内投资进一步向农业农村倾斜；提高土地出让收益用于农业农村比例；支持地方政府发行一般债券和专项债券用于现代农业设施建设和乡村建设行动；支持以市场化方式设立乡村振兴基金，撬动金融资本、社会力量参与，重点支持乡村产业发展；持续深化农村金融改革，发展农村数字普惠金融；健全农业再保险制度。发挥"保险+期货"在服务乡村产业发展中的作用。

2021年4月29日，十三届全国人大常委会第二十八次会议表决通过《乡村振兴促进法》，为全面实施乡村振兴战略提供有力法治保障，从规划引领、建强硬件（公共基础设施和新型基础设施）、发展软件（农村社会事业、基本公共服务体系）、保护传统村落等方面做好乡村建设行动。

2021年2月，国家乡村振兴局正式成立，意味着开启全面推进乡村振兴的崭新时代。

二、乡村振兴中的融资咨询服务

金融助力乡村振兴也是实施乡村振兴的核心支撑，国家陆续出台一系列金融扶持政策，目的就是破解乡村振兴实施过程中的资金投入难题。

农业农村部党组副书记、副部长韩俊表示，要实现乡村振兴战略五年规划的目标，至少要投资7万亿元。依据2021年中央一号文件，资金来源主要类型有一般公共预算、中央预算、土地出让收益、地方政府债券、乡村振兴基金、农村数字普惠金融、保险加期货等。

不同的融资模式带给房地产估价机构的业务机会不同，估价机构应当在"深"度和"广"度上进行拓展，积极争取各类业务，为乡村振兴提供全方位的咨询服务。

（一）金融机构抵押融资

中国银保监会于2019年发布《银行业保险业服务乡村振兴和助力脱贫攻坚工作的通知》（银保监办发〔2019〕38号），提出拓宽抵押物范围。开展对农民住房财产权、集体经营性建设用地使用权抵押贷款试点。推广农业生产设备、运输工具、厂房抵押贷款，探索开展圈舍和活体畜禽抵押、养殖场抵押、乡村景区企业经营权和门票收费权质押、存单质押、应收账款质押贷款和订单融资。

《中国银保监会办公厅关于2021年银行业保险业高质量服务乡村振兴的通知》（银保监办发〔2021〕44号），提出拓展涉农信贷增信方式。深入推进农村承包土地经营权、集体经营性建设用地使用权、林权、自然资源产权等抵押融资。

1. 集体经营性建设用地使用权抵押

农村集体经营性建设用地使用权抵押贷款，是指用农村集体经营性建设用地使用权作为抵押财产，由银行业金融机构向符合条件的借款人发放的在约定期限内还本付息的贷款。

根据 2021 年 9 月 1 日起施行的《中华人民共和国土地管理法实施条例》，通过出让等方式取得的集体经营性建设用地使用权依法抵押的，双方应当签订书面合同，并书面通知土地所有权人。集体经营性建设用地的抵押，参照同类用途的国有建设用地执行，法律、行政法规另有规定的除外。

根据《农村集体土地价格评估技术指引》，集体建设用地价格评估应特别关注市场交易主体的风险认知与偏好对价格的影响。抵押评估中应特别关注待估宗地及地上建（构）筑物的权利状况，并在评估报告中予以全面、客观的披露。抵押评估应体现谨慎原则，按照合法合规的现状用途及其在谨慎预期下最可能实现的价值进行评估。

2. 农村承包土地经营权抵押

农村承包土地的经营权抵押贷款，是指以承包土地的经营权作抵押、由银行业金融机构向符合条件的承包方农户或农业经营主体发放的、在约定期限内还本付息的贷款。以合法流转方式获得承包土地的经营权申请贷款的，需满足以下条件。

（1）用于抵押的承包土地没有权属争议；

（2）已经与承包方或者经承包方书面委托的组织或个人签订了合法有效的经营权流转合同，或依流转合同取得了土地经营权权属确认证明，并已按合同约定方式支付了土地租金；

（3）承包方同意承包土地的经营权可用于抵押及合法再流转；

（4）承包方已明确告知发包方承包土地的抵押事宜。

农村承包经营权流转的抵押价格评估，估价中应体现谨慎原则，在谨慎预期下，按照合法合规的现状用途，并充分考虑承包合同或流转合同约定；估价设定年限不得超过当地政策规定的上限及承包期（或其他合法持有年期）的剩余年限；如果经营权流转合同中有特殊约定，应考虑其对土地权能、权益的影响，进行适当修正。

3. 农民住房财产权抵押

2015 年以来，根据党中央、国务院统一部署，人民银行牵头在天津市蓟州区等 59 个县（市、区）开展农民住房财产权抵押贷款试点，指导各试点地区完善确权登记颁证、交易流转平台搭建、价值评估体系、抵押物处置机制建设等配套措施，加强金融产品和服务方式创新，支持实现农民住房财产权。

2020 年 6 月 30 日，中央全面深化改革委员会第十四次会议审议通过了《深化农村宅基地制度改革试点方案》。在原有 33 个试点县（市、区）的基础上，再选择一批重点地区，指导试点地区在落实宅基地集体所有权和保障宅基地农户资格权基础上，探索宅基地使用权流转的制度安排和具体路径。探索农村集体经济组织及其成员通过自营、出租、入股、合作等多种方式，盘活利用农村闲置宅基地和闲置住宅发展乡村产业的有效途径。同时，在防范风险、权属清晰和保证农民有稳定住所前提下，探索赋予农民住房财产权（含宅基地使用权）抵押融资功能，为建立依法取得、节约利用、权属清晰、权能完整、流转有序、管理规范的农村宅基地制度提供实践经验。

农民住房财产权抵押贷款，是指在不改变宅基地所有权性质的前提下，以农民住房所有权及所占宅基地使用权作为抵押、由银行业金融机构向符合条件的农民住房所有人发放的、在约定期限内还本付息的贷款。用于抵押的农民住房需满足以下条件。

（1）用于抵押的房屋所有权及宅基地使用权没有权属争议，依法拥有政府相关主管部门颁发的权属证明，未列入征地拆迁范围；

（2）所在的集体经济组织书面同意宅基地使用权随农民住房一并抵押及处置；

（3）以共有农民住房抵押的，还应当取得其他共有人的书面同意。

涉及宅基地及地上房屋抵押评估时，应评估宅基地地价及地上房屋价值，地上房屋价值按建筑物重置成新价确定。宅基地抵押评估参照宅基地流转价格评估思路，并突出审慎原则，关注抵押权实现时，潜在购买人的范围限制、变现风险、是否存在优先受偿款等特殊因素对评估价格的影响。

4. 林权抵押

2018 年 11 月，全国绿化委员会、国家林业和草原局印发《关于积极推进大规模国土绿化行动的意见》，提出要大面积增加生态资源总量，力争到 2020 年，生态环境总体改善，生态安全屏障基本形成；到 2035 年，美丽中国目标基本实现；到 2050 年，迈入林业发达国家行列。

乡村最大的优势在于生态，丰富的森林资源和生态环境是乡村宝贵的财富，因此实施乡村振兴战略，也是林业发展的重大机遇，通过大力开展国土绿化行动，林业在乡村生态保护、产业发展、生态文化等方面发挥了重要作用。

《中国银监会、国家林业局、国土资源部关于推进林权抵押贷款有关工作的通知》（银监发〔2017〕57 号），林权抵押贷款要重点支持林业经营主体的林业生产经营、国家储备林建设、森林资源培育和开发、林下经济发展、林产品加工、森林康养、旅游等涉林资金需求。抵押期间，抵押人办理林权类不动产登记、林权流转或抵押、林种变更、林木采伐等手续时，应主动提交债权人银行业金融机构书面同意证明材料并对其真实性负责。符合采伐条件的抵押林权，必须通过林木采伐解决的，林业主管部门应予安排采伐指标，确保信贷资金及时收回。

林权价格评估应明确待估对象的权利状况，关注林地的林木收益、承包经营期限、有无其他经营或权利限制等因素。当待估对象包含林木时，林木部分按现状进行价格评估；在评估林地价格时，应充分考虑林木状况、基础设施及开发利用方式对林地价格的影响。

（二）地方政府专项债券

《地方政府债券发行管理办法》（财库〔2020〕43 号）规定，地方政府债券，是指地方政府发行的、约定一定期限内还本付息的政府债券。包括一般债券和专项债券。一般债券是为没有收益的公益性项目发行，主要以一般公共预算收入作为还本付息资金来源的政府债券；专项债券是为有一定收益的公益性项目发行，以公益性项目对应的政府性基金收入或专项收入作为还本付息资金来源的政府债券。

根据中国地方政府债券信息公开平台数据，2020 年全国新增债券限额为 47300 亿元，其中新增专项债务限额为 37500 亿元（表 1）。

全国地方政府债券信息公开 　　　　　　　　　　　　　　　　　　表 1

（单位：亿元）

指标名称	2020 年	2019 年	2018 年	2017 年	2016 年	2015 年
0101 债务限额	288074	240774	209974	188174	171874	160074
010101 一般债务限额	142889	133089	123789	115478	107159	99272
010102 专项债务限额	145185	107685	86185	72696	64716	60802
0102 新增限额	47300	30800	21800	16300	11800	6000

续表

指标名称	2020 年	2019 年	2018 年	2017 年	2016 年	2015 年
010201 新增一般债务限额	9800	9300	8300	8300	7800	5000
010202 新增专项债务限额	37500	21500	13500	8000	4000	1000

数据来源：中国地方政府债券信息公开平台

根据"43 号文"信息披露要求，专项债券应当全面详细公开项目信息、项目收益与融资平衡方案、债券对应的政府性基金或专项收入情况、由第三方专业机构出具的评估意见以及对投资者做出购买决策有重大影响的其他信息。

一般由会计师事务所出具项目收益与融资资金平衡方案和财务评价报告，律师事务所对项目合法性出具法律意见书，信用评级机构出具信用评级报告。其中项目收益与融资资金平衡方案重点关注项目成本造价支出和收入平衡现金流量，房地产估价机构提供的咨询服务专业性更强。

项目收益与融资资金平衡方案，要求测算出项目收益未来能够覆盖债券本息，一般要求覆盖倍数在 1.2 倍。

项目收益，如水电气暖类项目的公用事业收费收入、医院类项目的门诊收入和床位费收入、教育类项目（非义务教育）的学费住宿费收入和食堂收入、水库类项目的原水供应收入、地下管廊类项目的入廊费收入、文旅类项目的门票收入和商业设施出租收入、污水处理类项目的污水处理费收入等，需提供收费依据、支撑性文件或周边同类项目的收费标准以供参考。

项目收益与融资资金平衡专项评价报告内容包括项目基本情况、项目投资估算及资金筹措、项目预期收益与融资平衡、风险分析等。

（三）乡村振兴基金

乡村振兴基金作为深化农村金融改革的重要工具，首次被写入中央一号文件。乡村振兴基金是发挥财政投入引领作用，支持以市场化方式设立乡村振兴基金，撬动金融资本、社会力量参与，重点支持乡村产业发展。

乡村振兴基金主要以政府产业引导基金、上市公司产业基金、乡村产业发展基金为主。从 2018 年以来全国各地都在筹备乡村振兴发展基金，成立乡村振兴发展基金正在成为各地区实施乡村振兴战略的重要抓手。目前共有 51 只乡村振兴基金备案，主要集中在山东省、广东省和江苏省（表 2）。

目前国内乡村振兴产业基金的现状（节选） 表 2

编号	基金名称	私募基金管理人名称	托管人名称	成立时间	备案时间
1	合肥市乡村振兴产业投资合伙企业（有限合伙）	合肥建投资本管理有限公司	徽商银行股份有限公司	2021/1/11	2021/1/21
2	张家港市乐余乡村振兴股权投资中心（有限合伙）	苏州农发创新资本管理有限公司	江苏银行股份有限公司	2021/1/21	2021/1/28
3	广州市白云区乡村振兴产业伍号投资合伙企业（有限合伙）	广州市白云投资基金管理有限公司	广州农村商业银行股份有限公司	2021/1/14	2021/2/1
4	安吉两山乡村振兴股权投资合伙企业（有限合伙）	招垦资本管理（北京）有限公司	中国建设银行股份有限公司	2021/1/10	2021/2/23

编号	基金名称	私募基金管理人名称	托管人名称	成立时间	备案时间
5	广州市白云区乡村振兴产业玖号投资合伙企业（有限合伙）	广州市白云投资基金管理有限公司	中国农业银行股份有限公司	2021/2/7	2021/3/2
6	广州市白云区乡村振兴产业柒号投资合伙企业（有限合伙）	广州市白云投资基金管理有限公司	中国农业银行股份有限公司	2020/12/23	2021/4/8
7	铁建宁河乡村振兴壹号私募股权投资基金	中铁建投资基金管理有限公司	中信证券股份有限公司	2021/5/28	2021/6/4
8	广东省农恒乡村振兴投资合伙企业（有限合伙）	广东省农业供给侧结构性改革基金管理有限公司	中国农业银行股份有限公司	2021/6/8	2021/6/24
9	上海盛贤乡村振兴私募投资基金合伙企业（有限合伙）	上海盛石资本管理有限公司	招商银行股份有限公司	2021/6/28	2021/8/6
10	广州市白云区乡村振兴产业捌号投资合伙企业（有限合伙）	广州市白云投资基金管理有限公司	中国农业银行股份有限公司	2021/7/29	2021/8/18
11	广东建恒乡村振兴股权投资基金合伙企业（有限合伙）	广东恒信基金管理有限公司	中国建设银行股份有限公司	2021/8/5	2021/8/20

数据来源：中国证券投资基金业协会备案信息

乡村振兴基金投资项目应具有一定的收入来源或能形成具有经济价值、权属明确的资产资源，乡村的产业化经营的项目并不多，而集体经营性建设用地、增减挂钩用地、高标准农田、四荒地四类土地的利用形成了乡村投资发展的核心基础。

房地产估价机构可服务乡村振兴基金，对房地产投资信托基金持有或者拟持有物业评估（包括信托物业状况评价、信托物业市场调研和信托物业价值评估）提供相关专业意见。

信托物业评估项目的评估内容，根据房地产投资信托基金发行上市、运营管理（包括收购、经营、出售信托物业）、退出市场以及相关信息披露等的需要，可以包括信托物业评估的全部或者部分内容。

信托物业状况评价，包括对信托物业的实物状况、权益状况和区位状况进行调查、描述、分析和评定。

信托物业市场调研，包括对信托物业所在地区的经济社会发展状况、房地产市场状况以及信托物业自身有关市场状况进行调查、描述、分析和预测。

三、结论

房地产估价机构需紧跟乡村振兴战略布局，深入研究各项相关政策，提高创新意识，发现新业务、探求新的方法和思路，用创新推动技术发展，建立新业务增长点。

（1）由乡村振兴可衍生出土地规划、建筑规划、可行性研究、环境评价、生态资源评价等，涉及的专业有土地规划、乡村及建筑规划、乡村产业研究、财务、环境保护等，估价机构应转变观念，从被动到主动，通过横向、纵向开拓，联合不同专业服务优势，打造乡村振兴全链条咨询服务。

（2）乡村振兴中的参与主体有政府管理部门、集体经济组织、市场经济主体等，评估机构应立足不同主体需求，提供多元化的咨询服务。包括且不限于价值评估、项目可行性研究分析、乡村振兴产业课题研究、收益与资金平衡分析、清产核资、资产确权等咨询服务，为政府部门管理决策、市场经济主体投资决策、保障集体经济组织利益分配提供参考。

（3）估价机构应建立以市场需求为导向的人才培养体系，根据机构的自身业务特点，向专业深度和广度拓展，未来咨询服务将转向规划、财务、环评、估价等多专业的协作。

乡村振兴关系到国计民生，如何更好助力乡村振兴，向着产业兴旺、生态宜居、乡风文明、治理有效、生活富裕的目标发展，值得我们深入思考。

作者联系方式

姓　　名：钱　敏

单　　位：上海百盛房地产估价有限责任公司

地　　址：上海市浦东新区民生路 600 号船研大厦 8 楼

邮　　箱：min.qian@shbrea.com

注册号：3120020005

浅谈养老地产评估

万佳林 黄大通 赵 亮

摘 要： 我国人口老龄化加速与家庭养老社会服务需求，推动了养老地产在我国的兴起与发展。国家为支持养老产业发展在政策层面上相继出台建立了一系列的法规体系及相关标准，养老产业进入高质量发展阶段，吸引了众多投资者进入养老行业。养老地产项目的特殊性使其具有周期性长、复杂性、开发模式多样性等特点，房地产评估机构能够针对项目的不同发展阶段和需求为其提供全方位的服务。新型的评估品种对于评估人员来说是挑战也是机遇，本文通过为对养老地产的分析，探讨实操中评估机构可以参与的环节以及评估思路。

关键词： 养老地产；开发模式；房地产评估

一、养老产业的发展与定义

（一）养老产业发展的背景及相关政策

我国人口老龄化加速，家庭养老压力加剧，对于社会服务需求愈益强烈，供求矛盾突出推动了养老地产在我国的兴起与发展。根据国家统计局第七次全国人口普查公报显示，截至 2020 年 11 月 1 日，60 岁以上的人口约为 2.64 亿，占总人口比重的 18.7%，同比上一次人口普查数据上升 5.44 个百分点，预测未来一段时间，老年化程度可能持续加剧，中国将会进入老年化社会。从购买力及需求层面来看，老年人经济收入的主要来源是子女或亲属供养，老年人离、退休金和劳动收入以及社会保险和救济。生活水平的提高让他们有了购买的意愿，同时部分老年人消费观念已经发生转变，较强独立生活的需求让他们不再局限于传统意义上养老的约束，这为养老产业提供了广大的市场。

党的十九大报告明确提出：积极应对人口老龄化，构建养老、孝老、敬老政策体系和社会环境，推进医养结合，加快老龄事业和产业发展，即在注重尊重社会发展规律的基础上，强调积极看待老龄社会，要"努力挖掘人口老龄化给国家发展带来的活力和机遇""要培育老龄产业新的增长点"，进一步提出要加快发展老龄产业。从 2017 年开始我国养老产业进入高速发展期，国务院发布《"十三五"国家老龄事业发展和养老体系建设规划》，民政部、国家标准委《关于印发养老服务标准化体系建设指南》的通知，民政部印发《关于进一步扩大养老服务供给促进养老服务消费的实施意见》等政策的相继出台建立了一系列养老产业的法规体系，确定相关标准，积极应对人口老龄化上升成为国家战略。

庞大的需求市场以及国家的鼓励与规范使得各地政府也出台了相关养老政策及细则，例如：《北京市促进养老领域消费工作方案》《北京市促进护理服务业改革与发展实施方案》《上海市深化养老服务实施方案》《上海市人民政府办公厅关于促进本市养老产业加快发展的若干意见》《深圳市老年人照顾补贴管理办法》等，这些政策将全面支持养老产业发展，促进行业规范发展，同时也为养老地产发展的土地提供保障。此外，在促进医养结合相关政策的推动下，"医养结合"成为养老企业积极探索的重点方向。随着养老、健康产业的不断发展，养老地产的发展潜力吸引众多投资者进入养老行业，带动了房地产、医疗、保险等行业通过合作方式实现强强联合，扩大养老业务版图，房地产开发企业因为具有房地产开发经验成为养老住宅开发的主力军和运营主体。

（二）养老地产的含义

养老产业指为生命长期健康、幸福提供全方位养老产品和服务的产业。狭义的养老产业指服务于 60 岁以上的老人，面向居家老人、社区及养老机构，围绕医、康、护、养等需求，为老年人提供衣、食、住、行、用、娱、医等物质精神文化多领域产品服务。本文所述的养老地产意指地产开发企业或者养老产品的经营商以养老产业为依托，进行的土地开发、商业产品开发租售、养老地产项目经营等产业。

二、养老地产的开发模式及运营模式分析

虽然国内的房地产商进入养老地产是大势所趋，但在实际运营中却又小心翼翼。因为养老产品的复杂性和多样性，所以即使是同一个企业，也不一定只选择一种模式，而是多方尝试，寻找出最合适的盈利模式。本文将从直接开发和间接开发两方面来分析。

（一）开发模式

1. 直接开发

从土地取得方式上大致可分为划拨与出让两类，以划拨方式取得的土地进行开发经营的养老项目，政府一般采取公开招投标方式选定合作方，合作运营的机构通过获取政府补贴、拥有一定期限的分成收益等获取收益。这种模式都是以政府为投资建设主体，持有养老机构的产权，社会群体参与为辅的一个运营机制。此类模式是企业和政府合作，将会面临开发融资的问题，虽然土地不能抵押贷款，但金融机构也推出了低息贷款、专项授信等模式支持养老产业。

目前市场上涉足养老地产项目的开发企业如万科、保利、远洋等仍然是以销售、出租房产为主要经营方式，企业可以利用存量的土地进行开发，是一种有效降低开发成本的开发模式。大多数开发企业通常会选择以招拍挂方式取得土地的开发模式，购置商业或住宅用地开发养老地产项目，从区位上来看属于郊区或者房地产开发相对不发达的区域，但往往依山傍水，有一定的天然优势，这就需要开发商后续投入更完善的生活休闲、文化娱乐、医疗护理、商业配套等设施。若偏向商业类的项目可以借鉴酒店式公寓或者利用旅游用地开发养老地产项目，此类项目往往体量较大，且承担了片区的基础设施建设，实力雄厚的开发商可以用定向出让的方式取得，地产与旅游、休闲、养生产业相结合，适合候鸟型养老居住模式。

2. 间接开发型

除了企业拿地开发模式，现有物业的改建和资源整合也不失为新的开发模式。经营者依托于酒店丰富管理经验对现有经营欠佳的酒店项目、旅游度假村等进行改造，或者收购低廉的商业配套设施进行改扩建，还可以利用空闲的学校、社区用房及其他可利用的社会资源转型为养老地产项目。此类开发模式收购成本较低。如万科幸福汇、保利和熹会，此类项目改造改建方式比较受到政策支持。

（二）运营模式

1. 销售模式

销售模式可分为本地销售模式和度假销售模式，前者是以向市场出售老年住宅产品为主，并注重配备养老设施配套和打造社区内部环境的一种模式，如北京恭和家园、绿城乌镇雅园等；后者为既可进行养老养生又兼备度假旅游功能的一种养老住宅产品为主的模式。两种模式均通过对产品直接进行销售获取利润。

2. "出租＋销售"综合模式

"出租＋销售"模式是指以养老公寓出租＋养老设备及配套设施的运营与出售养老住宅相结合的一种运营模式。该种模式可以充分实现土地效益，并通过运营实现养老地产的循环发展。如天地健康城，其产品类型含散售型独立式公寓、租赁型服务式公寓，项目定位为高端退休综合社区。再如万科随园嘉树，其前期为小产权售卖形式，后期转为只租不售。

3. 会员模式

会员模式主要指以房屋出租和配套产品运营为主的一种盈利模式，通过对不同类型的客户（如全自理、非自理等）进行不同价格区分，并实行办理会员卡制度的管理模式，不同的会员可以享受不同的医疗保健设施，收费水平比福利型养老机构的收费水平高。如上海亲和源，项目入驻长者以高收入高知人群为主，目前已基本实现满租。亲和源的收费以会员制模式为载体，会员是亲和源会员制的主体，也是亲和源运营体系的价值体现者，以会员卡费用＋年费模式运营。

4. 床位出租型模式

床位出租型模式指以床位出租为主的一种盈利模式，此类模式收费较低，但其需求大，供应少，政策扶持力度不大，管理水平落后，发展不平衡，运营模式较传统。随着养老地产不断发展，开发运营模式多样，此类产品基本已不再以单一形式呈现，往往形成综合型产品，如床位出租＋销售模式等。

5. 其他模式

除去上述几类常见模式外，目前还有一些运营不太成熟的模式，如以房养老。通过金融行业手段对养老社区产品进行租赁和销售，达到为企业融资的目的。如趸交＋保险模式，此类模式是指长者可购买指定的保险产品达到一定金额后享有入住社区资格并享受一定保险分红，但在入住后可能还会缴纳一定的服务费用。

三、评估机构可以为养老地产等相关领域提供专业全方位的服务

由于养老地产项目的特殊性和复杂性，房地产评估机构及评估专业人员应当不断创新，根据不同项目的前期、开发、销售运营等阶段提供专业多样的服务。

（一）前期阶段

1. 项目前期定位策划咨询服务

开发企业竞买土地、收并购项目或合作开发建设养老地产前期，房地产评估的评估咨询研究服务有：初步可行性研究咨询，即对养老项目的区位选址机会研究，项目建设必要性分析等；详细可行性研究咨询，即对项目建设内容方案、经济效益评价进行分析研究等。评估具体内容包括：项目区位、经济、人口、环境、医疗、交通配套等区域概况、项目建设必要性分析、项目当地养老政策、税收政策咨询、项目当地老龄人口结构数量、可接受售价或经

营收费模式、经济承受能力调研、投资估算及资金筹措方案、竞品项目咨询服务，市场养老机构运营模式、收费情况、入住率水平、人力成本及配套设施等。

2. 项目开发投融资评估

养老地产作为一种持续稳定的复合型社会投资，除了房地产开发企业，也受到银行、保险、信托、医疗等社会资本青睐。但是养老地产项目性质比较特殊，开发建设融资难度高，周期性长，建设模式多样，其价值判定比较难把握。开发企业及金融资本进行养老地产投融资开发建设时，聘请专业的房地产评估机构对养老地产项目进行价值咨询评估是不可或缺的，专业的价值判断能够为合作方权益分成提供价值参考依据，为开发企业融资带来最优的建设资金，同时为金融机构审慎避免投资风险。

养老地产项目合作开发运作模式主要包括 BOT（建设—运营—移交）、BOO（建设—拥有—运营）、TOT（转让—运营—移交）、ROT（改扩建—运营—移交）等，进行合作开发建设权益分成时，房地产评估机构及评估专业人员可以提供专业的价值评估（租金咨询、市场价值评估等）、项目投资估算、现金流预测服务，对项目进行投资可行性分析，为合作权益分成提供价值参考依据。

养老项目土地以传统抵押融资方式向银行信托等进行贷款或以债券融资、养老产业基金、保险资金、互联网金融等方式筹集资金，房地产评估机构及评估专业人员可以提供养老房地产、土地、在建工程价值评估服务，为项目融资提供价值参考依据。

（二）销售运营阶段

养老地产作为一种综合性项目，疗养购娱一体，配套齐全，其开发产品有销售性服务公寓或持有出租经营性物业等，具有租售产品类型多样化、产品价格差异化、盈利周期长、融资难度高等特点。

销售运营阶段，房地产评估机构及其专业人员可以为养老地产提供的服务有以下几点。

1. 销售策划服务

房地产评估机构及其专业人员根据不同目标客群、竞品分析，为销售型养老物业制定针对性的销售策划方案、产品定价服务、物业销售签约经纪服务。

2. 全方位的招商服务

为持有出租经营性养老物业评定合理的招商租金，提供专业的招商方案，全方位的经纪服务。

3. 投后管理服务

房地产评估可以为养老地产提供的投后管理服务有：投资协议印鉴监管、营销监测、资金监管、项目管理、政策咨询等增值服务。

4. 融资评估咨询服务

持有型养老地产物业是一种特殊性资产，土地性质特殊、可比案例较少，属于高成本投入的长期经营性物业，回报周期长，融资难度高，项目融资时，需要运营力有出色的长期持续经营服务意识和能力。同时也要求养老地产项目后期具备稳定现金流保障。房地产评估机构及专业人员可以为养老地产提供传统的银行、信托等抵押融资评估服务，为持续经营现金流稳定的养老地产提供资产证券化评估、现金流预测、物业市场调研等服务。

四、养老地产的特点及评估思路

养老地产和普通地产的区别在于，养老地产更侧重于养老，养老地产主要针对老人居住的房产，结合了养老这一社会主题和地产的商业概念，针对老年人的特点，满足老年人的养老需求所打造的一种全新房产模式。相比于普通地产，养老地产有特定客户人群、特有的配套服务以及独有的管理方式且其运营模式多样。同时，养老地产还对区位和景观环境上提出更高的要求。城市近郊和远郊区，稀缺和独特的自然、人文资源成为主要选择要点。从某种意义上讲，现在的养老地产还具有稀缺性，且具有拿地模式复杂化、运营模式多样化等特点。因此，在对养老地产价值进行估价时，应结合养老地产自身特点选择合理方法，使其价值最大化。下面我们就养老地产评估中涉及的一些技术要点及思路作一些探讨。

对于销售模式下的养老地产，我们可以通过找区域内品质高的住宅及公寓楼盘，再结合自身卖点进行区域、个别因素等修正，通过比较法确定养老地产价值。当然有些养老地产位置距离市区较远且所属县城新盘较少，遇见此类情形，笔者认为可以扩大区域范围，选取同类行政区等级，且房价地价相差不大的行政区区内的养老地产作为可比案例，再结合项目自身特点进行修正求取养老地产价值。此类模式最为直接，但值得注意的是有些产品存在"返租"情形，因此，我们在评估时，一定要深入了解产品销售模式。对于"出租＋出售"综合模式，我们可以通过其租金收益结合其销售价值综合考虑，采用收益法＋比较法综合得出养老地产价值；随着养老地产不断发展，目前"出租＋出售"综合模式中可能也存在附加配套服务（如老年大学），在评估时也应该考虑该部分服务所产生的价值。当然，不同产品运营模式将各有千秋，我们在评估时要以其运营模式为出发点，结合项目自身优势，选取不同的估价方法，使其价值最大化。

因此，对于具有拿地模式复杂化、运营模式多样化等特点的养老地产，我们在评估实务中还有很多需要共同探讨的地方。同时，随着养老地产的不断发展且在愈加激烈的竞争中，评估行业怎么更全方位、更深层次地服务于养老地产，给我们评估行业带来市场机遇和挑战。

参考文献：

[1] 孙秀娟.我国养老地产开发模式研究 [D].北京：北京交通大学，2011.

[2] 郭树清.探索经营性老年住房发展——"经营性老年住房投资运行及相关政策研究"研讨会综述 [J].上海地产，2015（07）：26-28.

作者联系方式

姓　名：万佳林　黄大通　赵　亮

单　位：深圳市国策房地产土地估价有限公司

地　址：深圳市福田区新闻路 59 号深茂商业中心 16 楼

邮　箱：374253118qq.com；787014612qq.com；296869394qq.com

注册号：万佳林（4420190384），黄大通（4420190338），赵亮（4420180147）

集体经营性建设用地入市土地增值
收益调节机制浅析

张　健　周　攀　何依倩　吴先林

　　摘　要： 通过收集和整理分析试点城市典型做法，对集体经营性建设用地入市制度建设、入市模式、调节金收取模式及收益分配等方面的内容进行归纳总结，并对海南省文昌市已入市地块进行土地增值收益的核算和分析，总结海南省入市土地增值收益存在的问题，结合海南省土地征收转用的收益分配建设情况，提出完善土地增值收益调节机制的对策建议。

　　关键词： 土地征收；集体土地；收益分配；土地增值

一、引言

　　随着城市面积的不断扩张，我国将大量农村土地征收为国有，农用地转为建设用地，土地用途的改变给被征收的农村土地带来大量的增值收益。此外，近年来兴起的集体经营性建设用地入市，增值收益颇丰。农村的土地增值收益分配涉及的问题很多，各方主体难以达到利益平衡，矛盾也日渐突出。海南省已全面开展农村土地制度改革的三项任务，加快推进农村土地市场发展，促进城乡一体化发展，关键就是探索建立统筹国家、集体、个人三方利益的土地增值收益分配机制。

二、试点城市做法归纳

（一）制度建设

　　试点区域集体经营性建设用地参照国有建设用地市场的交易制度，建立了集体经营者建设用地交易制度，进驻公共资源交易平台实施交易，实施统一信息发布、统一成交公示和统一交易管理等的活动，构建城乡统一的建设用地交易市场，集体经营者建设用地遵循与国有建设用地一样的法律法规，严格按照规定用途使用土地，确定最高年限和登记发证等。

（二）入市模式

　　各试点区域探索了就地入市、调整入市、城中村集体建设用地整治后入市三种入市途径，入市宗地普遍采用就地入市途径，实践了农村集体经营性建设用地出让、租赁、作价出资或入股等方式，大部分入市宗地采用出让方式入市。

（三）调节金收取模式

　　各试点区域分配方案各不相同，在试点之初，缺乏对集体经营性建设用地收益分配的研究，国家应分配的比例是多少和相应的依据尚无成熟的理论研究和实践经验。根据现有资料了解，本次研究总结了其中 28 个试点地区土地增值收益调节金提取情况，以入市收入为提取基数的有 17 个市县区，占比 61%，分别是广西壮族自治区北流市、佛山市南海区、海南省文昌市等；以土地增值收益为基数的有 11 个县市区，占比 39%，分别是吉林省九台区、贵州省湄潭县、四川省泸县等。以社会保障、教育和农业发展等 7 项基金为调节金提取基数的只有 1 个市县区，是江西省余江县。所以说在试点之初大部分试点地区选择了以入市收入为基数收取土地增值收益调节金的"权宜之计"。部分试点地区土地增值收益调节金提取比例还考虑了其他因素，按土地用途区分调节金比例的有 19 个县市区，占比 68%；按入市途径区分调节金比例的有 4 个县市区，占比 14%；按入市方式区分调节金比例的有 5 个县市区，占比 18%，按土地级别区分调节金比例的有 3 个县市区，占比 11%；按规划区内外区位区分调节金比例的有 5 个县市区，占比 18%。

在区分调节金基数的情况来看，以入市收入为基数的 17 个试点城市中，有 12 个试点城市区分调节金提取模式，其中有 11 个市县区分用途，5 个市县区不区分模式，有 9 个城市调节金提取的最高比例高于 30%，其中有 6 个城市调节金提取的最高比例高于 40%（表 1）。

以入市收入为调节金基数的试点城市调节金收取模式　　表 1

基数	序号	城市	模式	比例区间	区间归纳
入市收入	1	海南省文昌市	分用途	商服住宅 20%~25%、工业其他 5%~10%、旅游 15%	5%~25%
	2	上海市	分用途、分入市方式	商服 50%、工业 0%	50%
	3	河南省长垣市	分用途	商服 20%~40%、工业 5%~15%	5%~40%
	4	福建省晋江市	分用途	商服 30%、工业其他 15%	15%~30%
	5	广西壮族自治区北流市	分用途、分入市途径	商服住宅 40%~50%、工业公服 5%~20%	5%~50%
	6	广东省佛山市南海区	分用途、分入市途径、分入市方式	商服公服 10%~15%、工业 5%~10%	5%~15%
	7	北京市大兴区	分用途、分区位	北面 12%、南面 8%	8%~12%
	8	安徽省金寨县	分用途、分区位	商服 32%~48%、工业其他 16%~24%	16%~48%
	9	浙江省德清县			
	10	湖南省浏阳市	分用途、分土地级别	商服 20%~40%、工业 10%	10%~40%
	11	四川省郫县区	分用途、分土地级别、分入市方式	协议：商服 15%~30%、工矿 13% 招拍挂：商服 25%~40%、工矿 23%	13%~40%
	12	江苏省武进区	分入市方式、分入市收入高低	20%~30%	20%~30%
	13	天津市蓟州区	无	12%	12%
	14	黑龙江省安达市	无	20%	20%
	15	山西省泽州县	无	16%	16%
	16	西藏自治区曲水县	无	30%	30%
	17	湖北省宜城市	无	—	—

在区分调节金基数的情况来看，以土地增值收益为基数的 11 个试点城市中，有 9 个试点城市区分调节金提取模式，其中有 8 个市县采用分用途模式，2 个市县区不区分模式，有 9 个城市调节金提取的最高比例在 30% 及以上，其中有 7 个城市调节金提取的最高比例在 40% 及以上（表 2）。

以增值收益为调节金基数的试点城市调节金收取模式　　　　表 2

基数	序号	城市	模式	比例区间	区间归纳
增值收益	1	吉林省九台区	分用途	工业	50%
	2	西安市高陵区	分用途	商服 20%、工业 15%	15%～20%
	3	贵州省湄潭县	分用途	商服 25%、工业 20%、综合 22%	20%～25%
	4	四川省泸县	分用途	商服旅游 30%、工业 20%	20%～30%
	5	甘肃省陇西县	分用途、分区位	商服 40%～50%、工业 30%	30%～50%
	6	重庆市大足区	分用途、分土地级别	商服 40%～50%、工业 20%～30%	20%～50%
	7	辽宁省海城市	分用途、分入市方式、入市途径	商服 20%～40%、工业 10%～30%、整治入市协议确定	10%～40%
	8	宁夏回族自治区平罗县	分用途、分区位、分入市途径	商服旅游 30%～50%、工业 20%～40%	20%～50%
	9	浙江省义乌市	参照土地增值税收	30%～40%	30%～40%
	10	新疆维吾尔自治区伊宁市	无	20%～40%	20%～40%
	11	山东省禹城市	无	30%	30%

（四）集体内部收益分配

土地增值收益在扣除国家提取的调节金后，剩下的由村集体、村民分配，各试点城市对土地增值收益在村集体和村民的分配比例不同。海南省文昌市和湖南省浏阳市要求不低于 3:7 的比例分配；浙江省德清县按照 1:9 的比例分配；江苏省武进区的村入市净收益作为集体累积，折股量化至本集体经济组织成员，但是不能直接进行分配；河南省长垣市的做法是将集体所获入市收益部分，由集体进行留存用于公共基础事业的支出使用，若需分配到集体成员，那么集体成员所取得的收益不能高于入市所在区域土地征地补偿标准；山西省泽州县、重庆市大足区和广西壮族自治区北流市按照不小于 7:3 的比例分配；四川省郫都区按照不小于 8:2 的比例分配。

（五）入市集体经营性建设用地承担的责任

各试点城市虽然留存村集体的分配比例不同，但大部分都规定了留存集体内部的土地增值收益用于发展壮大集体经济和公益事业，例如海南文昌市规定用于集体成员的社会保障、土地交易合同的履行费用、发展二三产业、村内公益事业建设等事项的必要内容；江苏武进区规定镇级入市净收益可用于本镇（街道）的农村居民民生、农村基础设施建设、农村公共服务的运行维护等方面的支出，村入市净收益可壮大村集体经济，用于农村的生产发展以及具备稳定收入来源的项目，进而提升村集体组织成员从事生产和生活的基础设施配套等相关的农村公共服务，以及教育奖励、贫困户和老年人补贴等民生项目的支出；湖南浏阳市规定用于发展壮大集体经济和本集体经济组织新农村建设和管理、农业生产基础设施改造等；浙江德清县规定用于村内公益事业支出和乡镇辖区内农村基础设施建设、民生项目等支出；广西北流市规定将不高于50%的收益用于村级公益事业支出；四川郫都区规定提取大部分用于集体经济组织发展资金，但不得用于民间借贷、投资股市等风险较高的业务。提取小部分进行新农村建设和管理工作，用于村集体开展生产生活的基础设施改造，但上述两大部分合计不少于80%。镇级集体经济组织入市取得的收益，可用于镇内实施民生项目和基础设施建设工作。

三、入市土地增值收益分析与核算

截至2020年12月，海南省共有45宗集体经营性建设用地入市，根据资料收集的完备程度，本次对其中的42宗以出让方式供应的集体经营性建设用地测算土地增值收益和调节金比例。根据《海南省集体经营性建设用地入市试点办法》（琼自然资改〔2019〕8号）第二十六条规定，农村集体经营性建设用地使用权转让、转租的，税收征管统一按国家税法有关规定依法缴纳相关税费，不缴纳土地增值收益调节金。所以再转让环节的集体建设用地，建议参照现行城镇国有土地使用权再转让土地增值税征收的方法，这里不予探讨。

（一）测算要素的确定

1. 入市收入

农村集体经营性建设用地的入市收入分以下两种方式：以出让、作价出资或入股的方式开展入市的，按照土地成交价款总价作为入市收入；以土地租赁方式开展入市的，按照土地租金总额作为入市收入。

2. 入市成本

在实际工作中，集体经营性建设用地入市成本不仅是土地取得成本与开发成本，还包括需要支付的税费，前期准备工作所需的土地评估费、测绘费和不可预见费等其他费用，前期投入资金的贷款利息，以及包括资金投资利润，所以本次土地增值收益核算参考土地评估方法中的成本逼近法公式，共归纳了土地取得成本、土地开发成本、税费、其他费用、投资利息、投资利润等成本科目（表3）。

集体经营性建设用地入市成本科目明细表　　　　　　　　　　　表3

序号	成本类型	明细	本次测算备注
1	土地取得成本	土地补偿费+安置补助费+青苗补偿费+附着物补偿费+拆迁清运费+土地复垦费+复垦指标费	按征地补偿标准计
2	土地开发成本	通路费用+供电费用+供气费用+供水费用+排水费用+通信费用+土地平整费用	参照基准地价的平均开发成本计
3	税费	耕地占用税+耕地开垦费+印花税	按需要计
4	其他费用	调整规划费+土地评估费+测绘费+挂牌公告费+方案编制费+土地证费+管理费+不可预见费等	按成交价的3%计
5	投资利息	（土地取得成本+税费）×[（1+利息率）^开发周期−1]+（土地开发成本）×[（1+利息率%）^开发周期/2−1]	按开发周期半年计
6	投资利润	（土地取得费+土地开发费+税费）×利润率	按行业平均利润计

3. 入市土地增值收益

根据以上确定的入市收入和入市成本，本次研究确定的土地增值收益，指的是农村集体经营性建设用地入市环节入市收入减去土地取得成本、土地开发成本、税费、其他费用、投资利息和利润后的净收益。

（二）样点测算确定调节金比例

本次以合理提高个人收益和保障村民个人收益为优先，设定确保村集体和村民所得较征收转用情况下提高30%，即无论集体经营性建设用地入市后土地增值收益是高是低，首先确保村集体和村民所得的补偿和分配的土地增值收益之和是征收转用情况下的1.3倍。

本次将收集到的45宗入市集体经营性建设用地，根据资料收集情况选取42宗地做样点宗地测算土地增值收益测算，结果汇总如下：土地增值收益占总收入的比重跨度较大，土地增值收益占总收入比例跨度从-74%至68%，其中占比在50%以下的有30宗，占比在50%以上的有12宗，平均土地增值收益占总收入比例为34.89%（图1）。

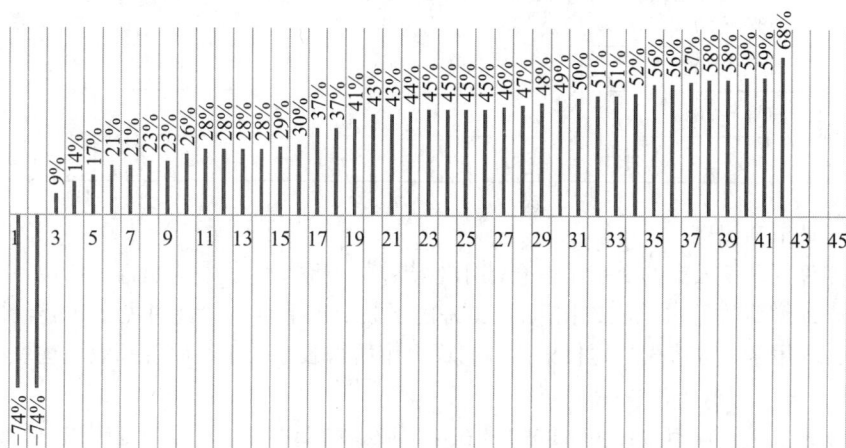

图1　文昌市42宗入市集体土地土地增值收益占总收入比例

1. 调节金比例情况归纳

本次设定确保村集体和村民入市所得是征收转用情况下的1.3倍，补偿部分在支付土地取得费时按征收补偿标准支付，入市后土地增值收益按土地征收补偿的0.3倍初次分配给村集体村民后，剩余的归国家分享，以此计算42宗样点宗地国家提取的调节金比例（图2）。

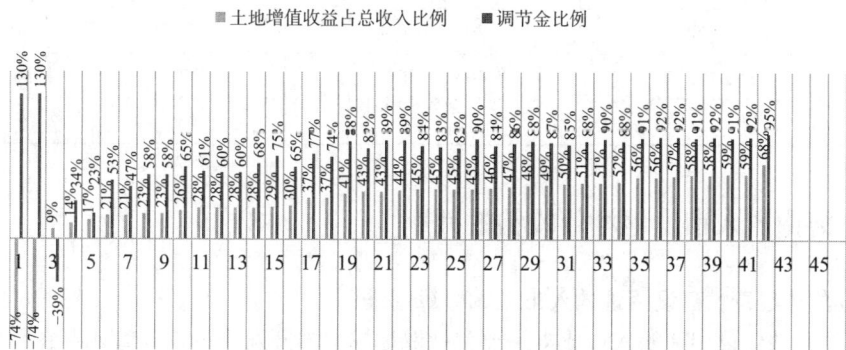

图2　文昌市42宗入市集体土地土地增值收益占总收入比例与调节金比例对比

现将42宗入市地块按土地增值收益占总收入的比例划分区间，并对调节金比例归纳到相应的区间（表4）。

文昌市42宗入市集体土地调节金比例区间归纳表　　　表4

序号	土地增值收益占总收入百分比区间	调节金百分比区间（以土地增值收益为基数）	宗数	占比
1	负值	负值	2	4.76%
2	0～10%	负值	1	2.38%
3	10%～20%	20%～40%	2	4.76%
4	20%～25%	40%～50%	4	9.52%
5	25%～30%	60%～70%	6	14.29%
6	30%～40%	70%～80%	3	7.14%
7	40%～50%	80%～95%	13	30.95%
8	50%～60%		10	23.81%
9	60%～70%		1	2.38%
合计			42	100.00%

2. 设定调节金比例

通过测算发现仅入市的2宗工矿仓储用地测算的土地增值收益为负值，所以不收取调节金，设定土地增值收益占总收入比例＜10%的不收取调节金，由此可见工矿仓储用地存在用途劣势，因用途劣势造成当地村集体和村民入市所得收益低于商服等高收益地块的村集体和村民。

根据国家规定，调节金比例区间要求在增值收益的20%至50%的范围内，所以经过第一轮测算过后的调节金比例超过50%的上限的，只能按50%提取，剩下的50%的土地增值收益归村集体村民分享（表5）。

文昌市42宗入市集体土地调节金比例表　　　表5

序号	土地增值收益占总收入百分比区间	调节金百分比区间（以土地增值收益为基数）	宗数	占比
1	＜10%	0%	3	7.14%
2	10%～20%	20%～40%	2	4.76%
3	≥20%	40%～50%	37	88.10%
合计			42	100.00%

四、海南省入市土地增值收益的问题

（一）集体经营性建设用地的入市成本核算困难

集体经营性建设用地的入市成本主要包括取得成本与开发成本，同时还存在其他间接成本与隐性成本，但由于集体经营性建设用地长期缺乏规范管理，产权模糊、成本统计口径缺乏统一标准，或复杂或缺项，各市县对成本科目界定存在分歧和争议，使得土地增值收益核算存在较大自由裁量范围，实际工作中导致一些成本未被计入，从而致使土地增值收益偏高的现象，也影响了后期土地增值收益公平分配。

（二）影响土地增值收益的因素权重难确定

土地增值收益分为供求关系增值、资金投资增值和政策增值。供求关系增值指的是供大于求时市场紧缺引起的土地增值，资金投资增值指的是投入资金对地块进行基础设施建设使得地块增值，政策增值指的是因政策利好带来的增值。但实际操作中，有一大部分是无形增值难以有效量化，各类增值因素可能相互交叉，导致各类增值因素的权重难以准确计算，所以后期土地增值收益在各主体间的收益分配的比例确定存在难度。

（三）集体土地入市对土地征收工作产生一定阻力

基于对文昌市 42 宗已入市的集体商服用地的土地增值收益调节金比例的测算，发现大部分地块即使按照土地增值收益调节金比例上限的 50% 收取，也无法实现村民在征收转用和集体土地入市两种情况下收益的平衡。部分集体土地在入市后获取比征收转用高 3.8 倍的收益，所以说集体经营性建设用地直接入市后村集体和村民获取收益较传统征收增加数倍。对比之下村集体和村民会更愿意将本村土地直接入市，对征收途径的积极性不高，从而影响重大基础设施项目征收集体土地，对重大公益性项目的落地产生阻力。

（四）收益分配各主体的收益和责任不对等

根据国家规定，调节金比例区间要求在增值收益的 20%～50%，因此村集体分配到的土地增值收益至少是 50%。但目前大多数入市地块对应的村集体不负责地块周边的基数设施建设和宗地内土地平整工作，或者仅开展项目区内的土地整治相关工作，而国有建设用地用途入市，政府负责了地块周边基数设施建设和宗地平整工作，并将所得土地出让金至少 45% 用于保障廉租房、教育、农田水利建设及农业土地开发等。对比之下，村集体在地块入市前后所承担的职责与所得收益不对等，应该负责更多的村域及周边村域基础设施工作。

（五）政府和集体间的入市收益分配规则未明确

现阶段的政策文件只是规定了政府应提取土地增值收益的 20%～50% 作为调节金，但对政府提取的调节金在中央和地方、地方的省级、市级、镇级、村集政府之间，以及镇集体、村集体之间如何分配未做规定。

（六）复垦区与建新区的入市收益分配规则不清晰

现阶段的政策文件未明确建新区与复垦区土地增值收益的分配比例。通过调整入市的项目，复垦区通常是偏远地区，异地调整入市需要复垦区放弃就地入市的权利，交易地区才获得了相应的交易机会，或者说由于市场交易受限导致稀缺性，交易地区的土地才会变得如此有价值，而偏远地区贡献了稀缺土地，也对土地增值做出了一定的贡献和用地指标，故偏远地区、未有存量集体经营性建设用地的地区和复垦区都应该分享土地增值利益，但现阶段的入市收益主要用于入市地区经济发展与环境改善，而非入市地区将不甘心其土地本来用途，可能会引起村集体之间的争议。

五、海南省土地增值收益调节机制建议

（一）建议建立海南省统一的入市成本科目

在确定全省均已以土地增值收益为基数按比例提取调节金的基础上，建议建立海南省统

一的入市成本科目，规范土地增值收益测算的步骤，保证各市县入市宗地在相同测算条件下进行对比，避免土地增值收益测算的随意性。此外，明确和公开成本科目，能有效减少集体和政府间对土地增值收益的分歧和争议便于指导解决各市县在入市工作中成本核算缺乏可参考依据的问题，便于在核算成本时"按项归账"，提高工作效率，同时也是对未来集体入市土地增值税收取工作的探索和衔接。

（二）建议海南省以土地增值收益为调节金提取的基数

虽然目前大部分试点城市以入市收入为调节金提取的基数收取管理费性质的"土地增值收益调节金"，但这只能作为试点探索阶段的"权宜之计"，目的是对土地增值收益在国家、集体与个人之间的分配开展调节，使得土地增值收益在不同区域、不同入市途径、不同入市方式、不同用途入市主体集体之间的土地增值收益的大体平衡，若寻求操作简易，将入市收入作为调节金基础一定程度上违背了主旨。所以建议海南省以土地增值收益当做土地增值收益调节金提取基数。

（三）建议按照土地增值收益占总收入比例越高，提取调节金的比例越高的思路设置调节金比例区间

基于村集体和村民在土地征收转用和集体经营性建设用地入市情况下所获得的费用大致平衡为基础，设定初次分配时村集体村民在入市中所得的补偿和分配的土地增值收益之和等于征收转用获得补偿的 1.3 倍，使得兼顾入市与征收情况下村集体和村民所得大致平衡的同时，也适当提高了个人收益。土地增值收益占总收入区间＜10% 的不收取调节金，土地增值收益占总收入区间在 10%～20% 区间的，收取 20%～40% 的调节金，土地增值收益占总收入区间≥20% 的，收取 40%～50% 的调节金。改变土地用途和提高容积率的，按照新地价与原有地价的差额作为土地增值收益，按相应的比例区间提取调节金。

（四）建议国家与集体按事权财权统一原则分配收益

归村集体和村民所得的土地增值收益，优先保障村民个人在入市中获取比征收转用高30% 的费用，剩余的留存村集体，并按照财权与事权统一原则规定村集体所得收益应将不低于 45% 的部分作为非经营性资产用于基础设施建设和养老保障等公益事业，其余部分可作为经营性资产折股量化到集体经济组织成员，用于发展有稳定收入来源的产业项目，壮大集体经济。市县及乡镇政府应当对村集体收益分配、使用与管理情况进行检查监督。

这种财权事权相统一的做法可以使得村民在土地征收转用和集体经营性建设用地入市两种情况下所获收益的平衡；避免将土地增值收益一次性分配到个人，使得村民"一夜暴富"，导致大笔资金涌入房地产市场引发"购房潮"，破坏房价稳定；平衡村民在集体土地入市和征收的心理预期，降低征收工作难度；增值收益主要留给集体经济组织，预防贫富差距的拉大；集中力量办大事，推进本集体公共基础设施建设或作为资本发展集体经济，落实乡村振兴战略实施，提高村民幸福感，使农民能够持续地享受入市带来的土地增值收益；将原先由政府负责的基础设施等民生保障工程，按照财权事权相统一的原则，由集体经济组织负责，减少政府在投资农村基础设施的财政压力。

（五）复垦区和建新区按照 3：7 比例分享土地增值收益

虽然海南省现阶段是就地入市情况居多，但随着集体经营性建设用地入市变得普遍，整宗可就地入市地块会变得稀缺，异地调整入市逐渐成为主流。建新区和复垦区共同分享土地增值收益，才能激励复垦区愿意提供土地指标，促进异地调整入市工作效率。建议参照重庆市大足区对异地调整入市的复垦区和建新区土地增值收益分配比例 3:7 进行确定，体现对复垦区转移建设用地发展权的补偿，逐步建立复垦区和建新区两者间收益共享机制。

参考文献：

[1] 傅姝.农村土地征收中的增值收益分配问题 [J].合作经济与科技，2020（08）：34-35.

[2] 吴明场.集体建设用地使用权及其流转法律问题研究 [D].武汉：武汉大学，2014.

[3] 顾龙友.农村集体经营性建设用地租赁入市探索——基于"宜兴模式"的宏观思考 [J].中国国土资源经济，2019，32（11）：4-10，19.

[4] 何丹，吴九兴.农村集体经营性建设用地入市改革及其影响研究 [J].湖北经济学院学报（人文社会科学版），2020，17（01）：27-30.

[5] 董秀茹，张宇，卢巍巍.农村集体经营性建设用地入市途径选择研究——以黑龙江省安达市为例 [J].江苏农业科学，2017，45（04）：275-278.

[6] 陈书荣，陈宇.创新入市模式 推进乡村振兴——广西北流市农村集体经营性建设用地入市试点的实践与思考 [J].南方国土资源，2018（10）：13-16.

[7] 王高远.集体经营性建设用地入市的区域差异研究 [D].杭州：浙江大学，2019.

[8] 刘敏.农村集体经营性建设用地入市流转存在的问题及对策——以海南省文昌市为例 [J].当代经济，2018（18）：27-29.

[9] 吴晓敏.集体经营性建设用地入市流转收益分配制度研究 [D].重庆：西南政法大学，2018.

[10] 余宇赤.郫县促进集体经营性建设用地增值收益合理分配的案例研究 [D].成都：电子科技大学，2017.

[11] 陈尧，李敏，肖君，唐鹏.集体经营性建设用地入市增值收益分配博弈分析——以成都郫都区为例 [J].南方国土资源，2019（11）：39-43+47.

[12] 财政部 国土资源部.关于印发《农村集体经营性建设用地土地增值收益调节金征收使用管理暂行办法》的通知 [EB/OL].（2016-04-18）.http：//www.mof.gov.cn/gp/xxgkml/szs/201606/t20160606_2510597.htm.

[13] 解直凤.集体经营性建设用地入市试点增值收益分配研究 [J].山东科技大学学报（社会科学版），2017，19（06）：60-68.

作者联系方式

姓　名：张　健　周　攀　何依倩　吴先林

单　位：永业行规划勘测设计研究院（海南）有限公司（张健）

地　址：海南省海口市龙华区大同路 36 号华能大厦 20 楼 2001（张健）

邮　箱：673979469@qq.com（张健）

收益还原法在耕地经营权流转价格评估的应用浅析

张 涛 张彦淳

摘 要：《农村土地承包法》确立了"三权分置"制度，耕地经营权可以流转交易。本文通过估价实践，采用种植经营和出租两种方式，对收益还原法在耕地经营权流转价格评估的应用进行研究，分析两种测算结果偏差产生原因，给出偏差值合理范围，提出了收益还原法应用建议。

关键词：收益还原法；耕地经营权；流转价格；应用

耕地经营权流转，指在不改变农村土地所有权性质和土地农业用途，流转期限不超过承包期剩余期限的前提下，耕地承包方保留土地承包权，采取出租、入股、抵押或者其他方式，向第三方流转耕地经营权。

耕地经营权流转价格（以下简称"流转价格"），指在流转合同约定或拟定合同条件下，耕地经营权在流转市场形成的权利价格（价值）。

一、耕地经营权的权能

依《农村土地承包法》确立的"三权分置"制度，耕地承包经营权可分离为承包权、经营权，耕地经营权自流转合同成立时取得，采取登记对抗主义。

耕地经营权人实际占有土地，在不改变土地农业用途、不破坏农业综合生产能力和农业生态环境情况下使用土地，并利用土地自然属性如种植农作物，或依一定法律关系存在如出租或入股获取收益。耕地经营权经承包方书面同意可以再流转、向金融机构融资担保，达到权利（财产）转移目的。因此，耕地经营权占有、使用、收益、有限处分权能完整，具有使用价值和交换价值，资产属性明确，属于可以流转交易的权利。

二、流转价格评估方法适用性简析

依据《农用地估价规程》GB/T 28406—2012、《自然资源价格评估通则》TD/T 1061—2021、《农村集体土地价格评估技术指引》（中估协发〔2020〕16号），流转价格评估方法主要有市场比较法、收益还原法、基准地价系数修正法、剩余法、成本逼近法，但适用性有所不同。

土地经营权流转市场尚在培育中，同区域同类型交易案例缺乏，且公开交易信息不完整，交易价格内涵、自然因素、种植经营类型等修正难度大，限制了市场比较法的运用。

受流转合同约束，流转土地权益状况复杂，基准地价系数修正法对此难以量化修正，评估的流转价格值得商榷。

剩余法对"四荒地"、拟进行改造整治的农用地较为适宜，耕地则适用性有限。

成本逼近法适用于新开垦或土地整理后的农用地，以及开发农业产业化项目的土地，对于存量耕地适用性有限。

收益还原法可操作性较强，流转合同流转费用、农业补贴归属、税费承担等重大事项约定或设定明晰，农产品收入、成本费用可调查掌握，是流转价格最适宜的评估方法。

三、收益还原法评估流转价格案例

收益还原法是将流转耕地未来各期正常年纯收益，以适当的土地还原率还原，从而估算出流转价格的方法，基本公式为：

$$V=A_1/(1+r)+A_2/(1+r)^2+A_3/(1+r)^3+\cdots+A_n/(1+r)^n$$

式中：V 为流转价格；

A_1，A_2，$A_3\cdots A_n$ 为土地纯收益；

R 为土地还原率（假设长期不变）；

1，2，3$\cdots$n 为流转年期。

本文力求客观反映估价实践，按照土地收益获取途径，采用种植经营和出租方式（入股分红收益很难计量）对收益还原法在流转价格评估的应用进行研究，供交流探讨。

案例：成都市某农民专业合作社以流转方式取得某行政村耕地经营权，耕地面积 450 亩，处于平原，原为多块小块农田，基本设施状况较好。合作社投入 1 万元整合田块，疏浚沟渠，拓宽机耕道等，投入 12 万元新建 5 亩育秧大棚，投入 1.2 万元新建库房等，购置了机械化耕作的农用机械。待估宗地适于水稻、小麦适度规模经营。

流转合同约定初始租金 1100 元/亩/年，每 5 年递增 5%，期初支付，押金 10 万元。各项农业补贴归合作社。《成都市农村土地经营权证》记载流转期限 20 年，至估价期日尚余 19 年。

估价目的：委托人以耕地经营权提供融资担保评估流转价格。

估价期日：2021 年 6 月 1 日。

评估假设：经营权人持续经营；农业政策长期施行且不发生大的变化。

（一）种植经营方式

估价对象所处区域标准耕作制度为种植小麦—中稻，一年两熟，本案例以水稻、小麦投入产出测算土地纯收益。

1. 年总收益：为农产品收入、农业补贴、育秧大棚二次利用收益

1）农产品收入

a. 单产估算

经调查，成都地区种植中晚熟籼稻和冬小麦。兼顾产量与质量，水稻主推品种千优 531、深两优 5814、荃优华占、蜀优 217、川作优 619、赣香优 702 等，单产干稻谷 550～680kg/亩。小麦主推品种川农 30、川育 25、中科麦 138、川麦 104、绵麦 228、川麦 58 等，单产 350～400kg/亩。

流转期间预计高产质优品种会不断推出，种植技术不断改进，单产以水稻 680kg/亩、小麦 400kg/亩估算。

b. 水稻、小麦收入

收购价格因品种而异，成都地区稻谷 2.4 ~ 3.2 元 /kg，小麦 2.4 ~ 2.6 元 /kg，2020 年国家最低收购价中晚籼稻（三等）2.54 元 /kg，小麦（三等）2.24 元 /kg。《国家安全法》首次将粮食安全纳入国家安全体系，分析未来国内外政治经济形势，收购价按稻谷 3 元 /kg、小麦 2.5 元 /kg 确定，基本无其他副产品产出，农产品收入 =680×3+400×2.5=3040 元 / 亩。

2）农业补贴

合同约定农业补贴归合作社，本案例涉及以下农业补贴。

a. 耕地地力保护补贴：成都市对拥有耕地承包权的种地农户予以补贴，2020 年标准为 91 元 / 亩。

b. 粮食规模化生产财政奖补：种植水稻、小麦规模化生产达到 50 亩及以上，同时秸秆综合利用率达到 100% 的粮食规模化生产经营者，由市级财政按照各 200 元 / 亩标准给予奖励，规模化种粮奖补 =2×200=400 元 / 亩。

c. 稻谷目标价格补贴：补贴对象为种植稻谷的普通农户、家庭农场、合作社和农业企业等。财政厅根据上年度稻谷实际补贴种植面积，按中央补贴资金测算分配，补贴标准为 50 ~ 60 元 / 亩，每年略有调整，按 60 元 / 亩估算。

d. 农机购置补贴：补贴对象为从事农业生产的个人和农业生产经营组织，中央财政农机购置补贴实行定额补贴。合作社购置的农机列入"四川省关于 2018—2020 年农机购置补贴额一览表"，符合农机购置补贴条件。

e. 工厂化育秧补贴：政府鼓励工厂化育秧，对建设育秧大棚 5 亩以上的业主按亩投资额度的 50% 补贴。

a、b、c 三项补贴提高了土地纯收益，对流转价格产生影响，应计入总收益，合计 551 元 / 亩。d、e 为定额补贴，若按使用寿命摊入总收益，则计算总费用时该部分补贴以折旧形式扣除，如单轴 2500mm 旋耕机补贴 2400 元 / 台，假设使用寿命 10 年，总收益每年摊入 240 元，年折旧 240 元，两者相减为 0，土地纯收益并未发生变化，而是增加了固定资产，则 d、e 两项不计入总收益。

3）育秧大棚二次利用收益

水稻秧苗 5 月下旬移栽后，育秧大棚处于闲置状态，可利用大棚种植瓜果蔬菜，根据调查，除去种子、化肥农药、人工费，收益约 2500 ~ 3500 元 / 亩，取 3200 元 / 亩，分摊至估价对象面积 =3200×5/450=35.56 元 / 亩。

农产品收入 + 农业补贴 =3040+551=3591 元 / 亩，育秧大棚不直接产出粮食，总收益（单价）=3591×445/450+35.56=3586.66 元 / 亩。

2. 年总费用：包括种植成本及相关税费

①参数取值说明：

a. 种子费：中晚熟籼稻、小麦品种较多，价格不一，经营业主根据市场变化不定期更换品种，参照类似经营主体平均费用取值。

b. 育秧费：成都地区推广软盘旱育秧，育秧费含育秧机械折旧、电费、维修费、育秧盘损耗、人工费等，参照类似经营主体平均费用取值。

c. 机械耕作费：合作社购置了拖拉机、旋耕机、播种机、联合收割机等，在土地耕整、移栽、植保和收割等主要作业环节实现了机械化，但农业生产季节性、时效性强，机耕机插机收时农机需求较为紧张，部分租用农机符合经营实际。

例如，成都地区有多家农机租赁公司，租赁费根据作业季节、农田环境、农机作业难度而定，费用含机械折旧费、柴油费、润滑油费、维修费、操作人员费用、税费、利润等。为便于计算并比对种植成本，机械耕作费均以市场价格为基础，并根据项目实际耕作条件适当调整。

d. 烘干费：稻谷水分≤15%、小麦水分≤12.5%方达到三等品收购标准，粮食规模种植收割快、收获量大，传统晾晒无法满足水分达标要求。案例所处为成都粮食适度规模化生产重点区域，建有多个粮食烘干中心，以烘干中心收费标准估算烘干费。

e. 田间管理费：包括喷施农药化肥防病治虫、除草、预防自然灾害等的费用，根据合作社提供资料整理确定。

f. 肥料费、农药费：根据实际发生费用归类整理取值。

g. 小农具维护费：指小农具的修理费用，按实际费用取值。

h. 维修费：固定资产（农机除外）日常维修费用，按实际费用取值。

i. 水费、电费：依据《成都市物价局关于成都市中型水利灌区农业水费收取标准的通知》，待估宗地所处中型灌区农业水费收取标准为28元/亩/年，电费主要是田间用电，按实际费用取值。

②种植成本：经种植环节梳理，费用归类以及数据处理，种植成本见表1、表2。

水稻种植成本表　　　　　　　　　　　　　　　　　　表1

序号	费用项目	费用及种植环节	费用取值（元/亩）	备注
1	种子费	中晚熟籼稻，亩用干种子1.2～1.7kg	90	
2	育秧费	平整苗床，配制营养土，做秧厢，平整软盘和底土，浸种催芽，播种，盖膜、秧田管理	80	
3	机耕费	破碎秸秆并翻入土层，旋耕，打浆	55	
4	机插秧费	机械插秧	60	
5	机械收割费	机械收割稻谷	50	
6	烘干费	机器烘干水分	55	
7	田间管理费	秧苗的通风、关棚、浇水、除草、防病治虫、喷施叶面肥，以及水稻种植水、肥料、除草、病虫害的管理、抵御自然灾害	75	
8	农药费	包括杀虫剂、除草剂、杀菌剂、叶面肥等	90	
9	肥料费	施底肥—复合肥、碳铵、有机肥，追肥—氮磷钾的混合肥、尿素、复合肥、微肥等	100	
10	小农具维护费	包括锄、耙、铲、锹、锨、镐、镰、叉、铡刀、扇刀、喷雾器、簸箕、扁担箩筐、筛子等维修	5	按一季计算
11	维修费	包括育秧大棚薄膜更换，库房等日常维修	5	按一季平均分摊
12	水费	农业灌溉用水	14	按半年计取
13	电费	包括枯水期抽水灌溉、雨季排涝等	4	按一季计算
	小计		683	

小麦种植成本表

表 2

序号	费用项目	费用及种植环节	费用取值（元/亩）	备注
1	种子费	含拌种药剂费用，每亩下种 9～10kg	65	
2	整地费	上季水稻秸秆切成小段，犁地，旋地、耙地	50	
3	机播费	免耕浅旋机播	50	
4	机械收割费	机械收割小麦	85	
5	烘干费	机器烘干水分	30	
6	田间管理费	出苗后对缺苗断垄的麦田补种，浇水施肥，预防病虫害、抵御自然灾害	75	
7	农药费	包括杀虫剂、除草剂、杀菌剂、叶面肥等	75	
8	肥料费	施底肥—氮磷钾复合肥，追肥—分蘖肥、尿素等	160	
9	小农具维护费	包括锄、耙、铲、锨、锹、镐、镰、叉、铡刀、扇刀、喷雾器、簸箕、扁担箩筐、筛子等维修	5	按一季计算
10	维修费	包括育秧大棚薄膜更换，库房等日常维修	5	按一季平均分摊
11	水费	农业灌溉用水	14	按半年计取
12	电费	包括枯水期抽水灌溉、雨季排涝等	4	按一季计算
		小计	618	

种植成本 =683+618=1301 元/亩

③土地整治费用摊销、固定资产折旧：

土地整治完善农田基本设施，为机械化耕作提供条件，整治费用 1 万元按流转期 20 年摊销额为 1.11 元/亩。

投资育秧大棚 12 万元、库房等 1.2 万元，已形成固定资产，按实际投资额（扣除补贴）20 年折旧，折旧额 =（12×50%+1.2）÷20÷450=8 元/亩。

④土地流转费用：初始租金 1100 元/亩，每 5 年递增 5%。

⑤流转服务费摊销：据成都农村产权交易所收费标准公告，交易服务费按一年租金总额 5% 收取，假设双方各承担 50%，在 20 年内摊销为 1.38 元/亩/年。

⑥农业保险费：根据四川保监局关于农业保险部分保费补贴品种保险费率相关规定，适度规模生产经营者水稻、小麦保险金额 700 元/亩、600 元/亩，保险费率 3.2%、2.4%，当地按 75% 保费给予财政补贴，农业保险费 =（700×3.2%+600×2.4%）×25%=9.2 元/亩。

⑦土地流转履约保证保险费：为避免因土地流转失约而造成经济损失和社会稳定问题，政府对规模经营面积在 50 亩以上参加履约保证保险的给予每亩保费 50% 的财政补贴，费率为流转费用的 3%，保费承包方承担 20%，经营业主承担 80%，保险费 = 年租金 ×3%×50%×80%。

⑧贷款利息：合作社通过"农贷通"平台进行融资贷款，种植作物种类、面积符合贴息政策，可获得当期银行贷款基准利率计息的 80% 贴息，按年种植成本 50% 估算贷款额，利率 4.35%，贷款利息 =（683+618）×50%×4.35%×20%=5.66 元/亩。

⑨增值税：依据《财政部、国家税务总局关于农民专业合作社有关税收政策的通知》，

"对农民专业合作社销售本社成员生产的农业产品，视同农业生产者销售自产农业产品免征增值税"，不计增值税。

⑩企业所得税：依据《企业所得税法实施条例》，从事谷物生产所得免征企业所得税。农业补贴、保险补贴、贷款贴息属于农业专业合作社取得的由国务院财政、税务主管部门规定专项用途并经国务院批准的财政性资金，准予作为不征税收入，在计算应纳税所得额时从收入总额中减除，故不计企业所得税。

年总费用为②～⑩之和，第 2～5 年为 2439.54 元 / 亩。

3. 第 2～5 年纯收益

第 2～5 年纯收益 = 年总收益 – 年总费用 =3586.66–2439.54=1147.11 元 / 亩。

租金每 5 年递增 5%，保证保险保费随之变动，第 6～20 年纯收益计算方法相同，不再赘述。

4. 土地纯收益 A

土地纯收益 A 计算见表 3。

土地纯收益计算表 表 3

租金支付周期	总收益（元 / 亩 / 年）①	总费用（元 / 亩）②	A=①－②
第 2～第 5 年	3586.66	2439.54	1147.11
第 6～第 10 年	3586.66	2495.20	1091.45
第 11～第 15 年	3586.66	2553.65	1033.01
第 16～第 20 年	3586.66	2615.01	971.64

5. 土地还原率

根据《农村集体土地价格评估技术指引》，土地还原率采用安全利率＋风险调整值法，难点是风险调整值的求取。

种植经营涉及农业风险、违约风险、权利类型限制、处置变现风险，应加以区别研判。

农业风险来自四个方面：气象灾害、病虫害的自然风险；农产品价格波动的市场风险；伪劣种子、化肥农药，以及行政干预、工业污染等的社会风险；未及时提升农业科技水平，农产品失去市场竞争力的技术风险。

农业风险影响粮食的产量和质量，研究表明，产量与价格高度负相关，产量是引起价格波动的最基本因素。粮食歉收、绝收及质量下降，市场预期悲观，价格上涨；粮食丰收、涨库、卖粮难，价格下跌。

笔者认为，以价格波动幅度量化农业风险，考虑其他风险加以调整，综合确定风险调整值是可行的。

国家统计局发布的 2015—2019 年稻谷、小麦生产价格指数见表 4。

稻谷、小麦生产价格指数表 表 4

指标	2019 年	2018 年	2017 年	2016 年	2015 年
稻谷生产价格指数（上年 =100）	96.5	99.7	100.7	98.8	101.6
小麦生产价格指数（上年 =100）	100	100.1	104.4	94.1	99.2

经数据处理，稻谷价格波动幅度为：-3.5%、-0.3%、0.7%、-1.2%、1.6%，平均波动幅度=（｜-3.5%｜+｜-0.3%｜+｜0.7%｜+｜~1.2%｜+｜1.6%｜）/5=1.46%。

同理，小麦平均波动幅度计算为2.24%。分别取权重0.5，价格波动幅度为1.85%。

流转期内承包方可能因各种客观原因在本集体经济组织内转让土地承包经营权或将承包地交回发包方，导致流转合同无法履约给经营权人造成损失，本案例购买了履约保证保险，基本规避违约风险。

受流转合同限制，经营权权能不如承包经营权完整，经营权抵押变现难度大，经综合评判，确定变现风险率+1%，则风险调整值为2.85%，安全利率取一年期定期存款利率1.5%，土地还原率为4.35%。

6. 求取流转价格

据基本公式，按各期纯收益、流转年期计算V（单价）。

V=1147.11/4.35%×[1-1/（1+4.35%）^{4}]+ 1091.45 /4.35%×[1-1/（1+4.35%）^{5}]/（1+4.35%）^{4}+1033.01 /4.35%×[1-1/（1+4.35%）^{5}]/（1+4.35%）^{9}+971.64/4.35%×[1-1/（1+4.35%）^{5}]/（1+3.85%）^{14}=13651.9元/亩

（二）出租方式

1. 年总收益：为租金、押金利息

（1）租金按流转合同递增率分段计算。

（2）押金利息按一年期定期存款率1.5%计算。

2. 年总费用

（1）流转服务费：摊销为1.38元/亩/年。

（2）土地流转履约保证保险费：保费承包方承担20%，保险费=年租金×3%×50%×20%。

（3）增值税：依据《财政部 税务总局关于建筑服务等营改增试点政策的通知》，纳税人采取转包、出租、互换、转让、入股等方式将承包地流转给农业生产者用于农业生产，免征增值税。依据《营业税改征增值税试点有关事项的规定》，押金利息收入免税，故增值税为0。

（4）印花税：《印花税暂行条例实施细则》规定"印花税只对税目税率表中列举的凭证和经财政部确定征税的其他凭证征税"，在印花税税目表的"财产租赁合同"税目中并未列举土地使用权租赁项目，土地流转合同不属于应税凭证，无需纳税。

（5）个人所得税：依据《个人所得税法》《个人所得税法实施条例》，财产租赁所得以一个月内取得的收入为一次，每次收入不超过4000元的，减除费用800元为应纳税所得额。本案例所处行政村人均耕地约2.04亩，每月出租收入=1100×2.04/12=187.42元，减除800元为负值，应纳税额为0。

3. 年纯收益

年纯收益A=年总收益-年总费用，计算见表5。

4. 土地还原率

一般认为，耕地出租无经营风险（含农业风险），土地还原率应低于种植经营。实际上，农业补贴、最低收购价制度、农业保险已大幅降低经营风险，而出租耕地若地力严重受损或土地生态环境严重破坏，恢复耗时费力；土地经营权处置机制处于探索中，欠付租金执行到位率低，以上风险不容小视。目前两种方式风险异同尚待研究，土地还原率仍取4.35%。

土地纯收益计算表　　　　表 5

租金支付周期	租金（元/亩/年）	分摊押金利息（元/亩/年）	产权交易服务费（元/亩/年）	土地流转履约保证保险保费（元/亩/年）	A=①＋②－③－④
	①	②	③	④	
第 2～第 5 年	1100	3.33	1.38	3.30	1098.66
第 6～第 10 年	1155	3.33	1.38	3.47	1153.49
第 11～第 15 年	1212.75	3.33	1.38	3.64	1211.07
第 16～第 20 年	1273.39	3.33	1.38	3.82	1271.53

5. 求取流转价格

据基本公式，按各期纯收益、流转年期计算 V（单价）。

$$V=1098.66/4.35\% \times [1-1/(1+4.35\%)^4]+1153.49/4.35\% \times [1-1/(1+4.35\%)^5]/(1+4.35\%)^4+1211.07/4.35\% \times [1-1/(1+4.35\%)^5]/(1+4.35\%)^9+1271.53/4.35\% \times [1-1/(1+4.35\%)^5]/(1+3.85\%)^{14}=14971.56 \text{元/亩}$$

四、收益还原法应用分析

（一）测算结果偏差值影响因素

测算结果偏差值 =14971.56（较大值）/13651.9（较小值）－1=9.67%，究其原因，流转合同经充分谈判订立，以约定租金评估的流转价格，实质上是受让方为取得耕地经营权应支付的对价，更多地受到当时市场行情、交易惯例的影响；经营权人投入土地（经营权）、资金、劳动力、技术等生产要素生产经营，以投入产出资料评估的流转价格，直接受生产要素配置、经营效益发挥的影响。两种方式评估流转价格影响因素及收益、费用产生不同，偏差不可避免。

测算中发现，初始租金和种植成本对偏差值影响较大，本文作单因素变动试算，初始租金、种植成本分别变动 ±5%、±10%，偏差值比较见表 6、表 7。

初始租金变动偏差值比较表　　　　表 6

测算结果 ＼ 初始租金变动（%）	+10%	+5%	0	-5%	-10%
出租方式（元/亩）	16464.47	15718.01	14971.56	14225.11	13478.65
种植方式（元/亩）	12133	12892.45	13651.90	14411.35	15170.80
偏差值（%）	35.7	21.92	9.67	-1.29	-11.15

比较表显示，初始租金与出租方式测算结果呈同向变动，与种植方式测算结果呈反向变动，种植成本仅与种植方式测算结果呈反向变动。种植经营中两个因素同时增加概率较大，如同时变动 +5%，产生叠加效应，偏差值放大为 25.76%（计算过程略）。

种植成本变动偏差值比较表　　　　　　　　　　　表7

测算结果 ＼ 种植成本变动（%）	+10%	+5%	0	-5%	-10%
出租方式（元/亩）	14971.56	14971.56	14971.56	14971.56	14971.56
种植方式（元/亩）	12863.83	13257.87	13651.90	14045.94	14439.97
偏差值（%）	16.38	12.93	9.67	6.59	3.68

分析结论：

（1）初始租金是影响偏差值、影响收益还原法评估结果的主要因素，越偏离合理水平，偏差值越大。

（2）初始租金偏高对偏差值的影响大于初始租金偏低。

（3）种植成本对偏差值影响程度低于初始租金。

偏差值过大，可能是租金过高或过低，也可能是种植成本取值不够客观，或两种可能性都存在，特别是流转费用过高造成经营权人盈利不大或处于亏损边缘，违约风险增大。为保证评估结果可信度。应对偏差过大的测算结果进行检核。

笔者对案例评估依据、参数仔细复核，经反复试算权衡，认为偏差值范围在 -10% ～ +20% 之间较为合理。本案例偏差值 9.67%，测算结果可信度较高。经简单算术平均处理，收益还原法评估结果为 14311.73 元/亩。

（二）收益还原法应用建议

（1）耕地经营权因流转合同而可以单独交易，流转价格评估假设、评估依据应充分考虑流转合同约定，否则其参考价值将大为降低。

（2）农业政策对流转价格评估具有重大影响，应深入了解农业补贴、地方扶持政策、税收政策，根据项目具体情况恰当引用。

（3）影响种植成本因素较多，包括地形坡度、土壤质地、气候光照、灌溉保证率、种植规模、经营模式、机械化耕作程度、种植品种、种植技术、田间管理等，应了解当地农村经济发展状况、农业机械化水平、农作物种植特点，正确归类费用，不重不漏，参数客观有据。

（4）耕地经营权流转市场发育不充分，流转费用是否合理难以评判，种植成本是否客观亦需验证，条件许可建议同时采用两种方式评估，相互印证，以取得较好的应用效果。

五、结语

2008 年，成都作为首批"城乡统筹综合配套改革项目"国家级试点城市，开展农村土地承包经营权流转的试点工作，建立了土地经营权流转担保机制和农村土地经营证制度，率先在全国成立"农村产权交易所"，在区、县、乡镇设立农村土地承包流转服务中心，推动土地经营权初次流转和成规模的二次流转。随着流转规模扩大，土地经营方式呈现多元化格局，土地经营权流转对农村经济发展推动作用凸显。在全面推进乡村振兴加快农业农村现代化的背景下，加强土地经营权（包括耕地、林地、草地、园地等）流转价格评估理论研究和估价实践，具有重要的现实意义。

作者联系方式

姓　名：张　涛

单　位：四川大友房地产土地资产评估有限公司

地　址：成都市二环路南四段 51 号莱蒙都会 2 幢 7 楼 705-707

邮　箱：491225696@qq.com

注册号：5120040633

姓　名：张彦淳

单　位：上海财经大学金融学院

地　址：上海市杨浦区国定路 777 号上海财经大学

身份证号：51340119980104361X

邮　箱：18701786252@163.com

浅谈假设开发法在深圳市集体经济组织留用土地入市价值评估的技术要点

谭　杰

摘　要： 在评估（原）农村集体经济组织留用土地进入市场的价值时，假设开发法是估价人员经常采用的方法之一，但在计算开发项目的投资利息、开发利润和销售税费（包括增值税、土地增值税）时，估价人员对一些政策的理解不深入、对项目开发过程和资金运用的调查不仔细，往往会导致集体资产的损失。笔者以深圳市场为例，通过对假设开发法中相关计算因子的分析，阐述假设开发法在集体经济组织留用土地进入市场价值评估的技术要点。

关键词： 假设开发法（静态法）预征方式计税；清算方式计税

深圳市辖面积不到2000km²，是国内四个一线城市中面积最小的。近年来，深圳市政府通过城市化转地、土地整备、利益统筹、城中村改造等举措，释放出一部分土地空间，同时也给予村集体股份公司（原农村集体经济组织）留用了部分土地，包括非农建设用地、征地返还用地、土地整备和利益统筹留用土地（以下简称"集体留用土地"）。随着这部分集体留用土地通过补缴地价进入市场，集体股份公司或自行开发，或与第三方合作开发，因此对于这部分集体留用土地进入市场所涉及的集体资产价值评估业务越来越多。由于一些估价人员对估价技术运用过于公式化，对一些政策的理解不透、对项目开发过程和资金运用的调查不仔细，对集体留用土地进入市场的实际操作了解不深，其估价结果可能会造成集体资产的重大损失。本文中，笔者以假设开发法（静态），对深圳原农村集体经济组织留用土地进入市场、在设定规划条件下的集体留用土地（国有土地）价值评估为例，讨论一些技术要点。

在讨论之前，我们先举一个例子，让读者思考一下。

在深圳某个区域，紧邻有两宗地，形状大小都一样，土地经济指标也一样（这里假设规划为住宅用地），市政配套也一样，土地平整状态一致。其中一块是国有出让用地，而另外一块是集体留用土地，属于返还建设用地（或非农建设用地），通过补交地价后进入市场。这里假设集体股份公司不考虑自行开发，而是在市场上寻找合作开发商，采用一方出地一方出资方式进行合作开发。留用土地入市后的可建设用地面积、规划经济指标等，均与旁边的国有用地完全一样。但两者有一点不同的是，根据市区集体资产管理的实践经验，集体留用土地进入市场，集体股份公司所取得的集体资产价值（土地价值）不收取现金，只分配未来建成后的物业。问题：这两宗地，假如到公开市场上进行拍卖，从开发商角度分析，哪宗地的土地价值更高，或者说开发商愿意支付更高的"地价"给哪宗地？

一、假设开发法（剩余法）

假设开发法是基于预期原理，以测算土地开发收益扣减开发成本、费用后的价值余额实现地价估计，故又称剩余法。

（一）基本公式

$$P=A-B-C$$

式中：P——待估宗地价格；

　　　A——开发完成后不动产的总价；

　　　B——开发项目整体开发成本；

　　　C——客观开发利润。

（二）测算过程

1.测算开发完成后的不动产的总价 A：根据待估宗地的最有效利用方式（即规划设定条件）和当地不动产市场现状，采用市场比较法或趋势分析法确定其在评估期日的价值。

2.测算项目整体开发成本 B：在国有用地价值评估项目中，整体开发成本包括房屋建安成本、专业费用、管理费用、不可预见费、投资利息、销售费用、销售税费、购地税费、专项维修基金等。

3.测算客观开发利润 C：客观利润一般以土地或不动产总价值或全部预付资本的一定比例计算。利润率宜采用同一市场上类似土地或不动产开发项目的平均利润率。

（三）目前集体留用土地按规划条件进入市场的价值评估一般采用的评估思路

目前，集体留用土地按规划条件进入市场的价值评估一般采用假设开发法。从公式来看，假设开发法的基本公式：$P=A-B-C$，和国有用地的公式都是一样。但估价人员对其中每个计算因子内涵的认识和理解的差异，导致评估结果差异巨大。我们设集体留用土地入市价值为 P'，则公式为 $P'=A-B-C$。

有的估价人员对集体留用土地入市价值的评估思路是：先通过假设开发法计算出同样规划条件下的国有用地价格，然后再扣减应补地价及费用、拆迁成本等，得出集体留用土地入市价值，即：$P'=P-$ 应补地价及费用 $-$ 拆迁成本。这个评估技术路线无疑从一开始就认定了集体留用土地入市价值 P' 一定会小于同样规划条件下的国有用地价值 P，这种想当然地先入为主的定义，没有科学依据。

我们通过假设开发法的内部因子计算内涵，分析集体留用土地入市价值评估的技术要点。

二、假设开发法（剩余法）在集体留用土地按规划条件进入市场的价值评估与国有出让土地价值评估的差异

（一）计算开发完成后的不动产总价 A

一般都是根据当地不动产市场现状，采用市场比较法或趋势分析法确定其在评估期日的价值。对于集体留用土地按规划条件进入市场评估，在一些区、街道办关于集体留用土地（进入市场）价值的评估指引中，对于未来开发完成后的不动产价值评估，也只要求按估价时点同类物业的市场价值进行（比较）评估，不考虑未来房地产市场的变化。笔者建议估价人员认真进行市场调查，深入研究和了解政府规划，科学评估物业价值。

（二）计算项目整体开发成本 B

在计算集体留用土地入市项目的开发成本时，主要有两个地方容易出现错误——投资利息和销售税费的计算。

1. 投资利息

容易出现问题的地方是投资利息的计算基数：国有用地包括需要求取的地价款 P；而集体留用土地进入市场时，投资利息计算基数不包含需要求取的地价款 P'（该地价不需要提前支付，仅返还未来建成后物业），但却应包含集体留用土地入市的应补地价及税费，以及为取得土地而支付的拆迁成本。集体留用土地入市与国有用地在完善应补地价和缴纳地价后，都属于国有用地，区别在于一个只缴纳少量的应补地价，另一个是缴纳市场地价，这是一些估价人员在计算投资利息时容易忽略的错误。

还有一个容易混淆的问题，有些估价人员在计算利息时，把应求取的集体留用土地在规划条件下的熟地价格 P'（相当于补交地价后的国有用地价格），以及具体项目的应补地价及税费、拆迁成本，都同时作为计算投资利息的计算基数。一方面放大了该项目的利息（减少了集体的利益），另一方面这是混淆了两种用地的概念。如果估价人员预先设定委估宗地是国有用地，先计算国有用地价值再扣减应补地价方式计算。那么在第一步计算国有用地价值过程中，就不应出现应补地价（及税费和拆迁成本），即两种用地性质不能同时出现，否则就互为矛盾，价值内涵不一。所以，在评估集体留用土地入市价值时，投资利息的计算基数只应包括应补地价及税费、拆迁成本等。

2. 销售税费

以假设开发法评估集体留用土地进入市场的价值，还有一个很重要的费用（成本）因素——销售税费，计算销售税费方式主要有预征方式和清算方式。

1）按预征方式计算销售税费

在通常计算销售税费时，我们看到估价人员一般会采用预征方式计算增值税、土地增值税等税费，而且大多数估价人员不计征企业所得税。笔者认为以预征方式计算销售税费有不妥之处，按预征方式计算销售税费，虽然比较简洁，但毕竟计算出来的税费与开发完成后实际应缴的税费有一定差异，特别是集体留用土地入市往往只需要补缴很小比例的应补地价，成本、利润比例相对固定，如果补缴地价因子偏小，那么销售税费因子就要发挥作用。因此，以预征方式计算销售税费得出的结果（集体留用土地价值）难免有偏差。

对于企业所得税，有些估价人员在采用假设开发法计算地价时，一般都不计算开发企业的所得税，理由是一般企业企业所得税是按季度预征，年度清算，还要涉及企业的其他相关费用的冲抵；有的企业是子公司，其企业所得是与总公司合并报表计算，估价人员在计算时无法取得相关资料，没有办法进行计算。笔者认为，我们计算的是国有用地或集体留用土地价值，与由哪个开发商来摘牌开发是没有关系的。每个开发商在投标时，其对利润的喜好，其内部财务状况和税务处理方式各不同，导致其最高能投标的价格不同。而估价人员对具体宗地价值的评估时，应该是站在一个客观的角度去分析，也就是说，我们在税务处理方式上，应该也必须以合法合规的方式计征，而不应考虑个别开发商的税务处理能力。所以，通过假设开发法计算地价，销售税费应该包含企业所得税的计征。

从另外一个方面进行分析，通过假设开发法计算地价时，客观利润 C 理论上是开发商投入资金取得土地，支付建安成本、各项费用，以及缴纳销售税费后得到的利润。这个利润是开发商能够净得的和完全支配的，因此可以理解这个利润是开发商完税后的税后利润。从这个角度分析，我们在计算销售税费时，就应该把开发完成后可能发生的包括企业所得税在内的所有税费计算出来，才能使计算过程各个因子对应的价值内涵一致，从而得出客观科学的宗地价值。

既然开发利润属于税后利润，那么反过来就要求估价人员在计算销售税费时，宜采用清算方式计算。

2）按清算方式计算销售税费

按清算方式据实计征销售税费，在这里估价人员除了需要了解各地区相关税收政策的差异，重点还需要关注各地相关集体资产管理的政策。以深圳为例，各区各街道办事处都有国资委领导下的集体资产管理办公室，负责管理和监督辖区内集体经济组织的经营活动和集体资产交易等事项。在集体留用土地入市交易的实践中，大部分都采用返还建成后物业的方式来实现集体留用土地价值。也就是说，集体留用土地入市项目建成后，受相关政府部门的约束和监管，这部分集体物业不会销售，而是由集体股份公司长期持有并收取相关物业的出租收益。了解这一点对于我们正确评估集体留用土地入市价值至关重要。

集体留用土地入市项目，作为合作开发商，前期需要为项目支出的成本主要是建安成本、一般需要代集体股份公司支付应补地价及税费、拆迁成本，以及上述支出应产生的利息，这部分成本支出在整个开发价值中占比在20%～30%左右。如果开发利润在合理区间（占成本的35%～40%，占开发价值的10%～15%），在目前房地产市场价格高企的背景下，税负就成了影响集体留用土地入市价值的关键因素。当前各地区为鼓励集体土地的入市，都出台了许多优惠政策，特别是对返还集体的物业（集体资产价值的对价）方面，这都需要估价人员仔细研究。

对于返还给集体股份公司的物业，《广东省"三旧"改造税收指引（2019年版）》（粤税发〔2019〕188号）中有分配物业可作为土地成本的意见，而实际上广东省内某些地市在集体留用土地开发建设过程中亦存在可全额入票（即分配给村集体股份公司的物业全部可作为开发商的土地成本）的实操，但按照深圳市税务部门的相关意见，深圳目前还是认定其属于简单的合作开发，而非政策性搬迁或其他，因此分配给集体股份合作公司物业部分，暂无法定性为土地成本。

在深圳的实际操作中，集体留用土地入市后，大部分是返还未来建成后物业，并且长期持有。返还给集体的物业或者作为合作开发的股东分配建成后的物业，在税收方面有许多优惠。这部分集体留用土地的价值，约占项目开发价值的40%～50%，享受了税收的优惠。所以我们在以清算方式计算销售税费时，就要注意剔除这部分销售收入。

（1）销售税费

房地产开发销售税费包括增值税、城市维护建设费用（占增值税的7%）、教育费附加及地方教育费附加（占增值税的5%）、印花税（占销售收入的0.05%）。

增值税采用一般计税方法，应纳税额是指当期销项税额抵扣当期进项税额后的余额，即，应纳税额＝当期销项税额－当期进项税额。对集体留用土地入市房地产开发项目增值税的计算进行梳理，具体如下：

销售额，收入可以根据房地产项目可供销售建筑面积和销售均价进行计算，可扣减项应该包括应补地价及税费，以及返还给集体的不对外销售的物业（集体土地价值 P'）。即，销售额＝（开发价值－应补地价及税费－集体土地价值 P'）÷（1+9%）；

销项税额＝销售额 ×9%；

进项税额，项目开发成本主要包括企业自行实施的土地开发费、拆迁成本等前期费用、建安工程费用、管理费用、销售费用等。其中，土地开发费和建安工程费用属于工程类费用，适用的增值税税率为9%；前期费用和销售费用基本属于技术服务类费用，适用的增值税税率为6%；管理费用是企业自身的管理成本，不予考虑。

（2）土地增值税

土地增值税按照纳税人转让房地产所取得的增值额和具体适用税率来计算征收。土地增值税实行四级超额累进税率（表1，表2）。

土地增值税测算表（一）　　　　　　　　　　表1

档次	级距	税率	速算扣除系数	税额计算公式
1	增值额未超过扣除项目金额50%的部分	0.3	0	增值额30%
2	增值额超过扣除项目金额50%，未超过100%的部分	0.4	0.05	增值额×40%－扣除项目金额×5%
3	增值额超过扣除项目金额100%，未超过200%的部分	0.5	0.15	增值额×50%－扣除项目金额×15%
4	增值额超过扣除项目金额200%的部分	0.6	0.35	增值额×60%－扣除项目金额×35%

土地增值税测算表（二）　　　　　　　　　　表2

序号	扣税项目	备注
1	预期开发总价值（不含增值税）	不含税销售收入，应扣除集体土地入市价值 P'
2	房地产开发成本	拆迁成本等前期费用＋建安成本＋应补地价及税费
3	房地产开发费用	（拆迁成本等前期费用＋建安成本＋应补地价及税费）×10%
4	销售税金	不含增值税
5	加扣项目	（应补地价及费用＋拆迁成本等前期费用＋建安工程费）×20%
6	允许扣除项目	6＝2＋3＋4＋5

（三）客观开发利润 C

客观利润一般以土地或不动产总价值或全部预付资本的一定比例计算，在房地产开发项目中可以理解为以销售利润率或成本利润率计算开发利润。

在测算国有出让用地价值的时候，只要采用合适的比率，那么不管是销售利润率或成本利润率，计算出来的客观开发利润都是接近的。但在测算集体留用土地进入市场在规划条件下的价值时，笔者强烈建议采用成本利润率，即全部预付资本的一定比例计算开发利润比较合适。这是因为在集体留用土地进入市场过程中，开发完成后的开发价值中包含了回迁和返还物业，如果要利用销售利润率计算开发利润，返还物业价值就需要剥离，计算过程就相对复杂了。

（四）小结

假设开发法实际是模拟整个房地产开发过程，以房地产开发完成后的价值扣减开发过程中的各项成本和利润后得出待估宗地价值的方法，也可以视作成本法的倒算。具体到集体留用土地入市在规划条件下的价值评估，估价人员要深入了解其价格形成机制。在深圳集体留用土地入市的实际操作中，由于各区街道均有集体资产管理的部门，包括集体留用土地入市合作开发等在内的集体资产，在分配和使用过程中均受到集体资产管理的部门的监督。因此，一般这类集体留用土地入市的实践中，原深圳农村集体经济组织的承继单位——集体股份公司，往往不会要求合作开发商一次性支付现金等地价款（集体留用土地在规划条件下的价值），而是要求合作开发商在项目开发完成后，返还与地价款等值的建成后物业。那么前期，合作开发商只需要支付相应专业管理费用、销售费用等。至于应补地价和拆迁成本（含过渡费补偿费等）应由集体股份公司先行支付和完善的费用，虽然实际操作中往往也是合作开发商先予以支付缴纳，但却会在计算集体留用土地价值时扣减回来，而且还会计算相应的利息和利润，开发商支付属于一个代付性质。所以，即使先行垫付应补地价和拆迁成本等费用，作为合作开发商，其前期投入成本，相对于要通过招拍挂取得的国有用地，其前期所需要支付的成本和自有资金要求少很多，特别是在深圳等一线城市房价较高，土地成本占开发成本比近 1/3 多的情况下，能够减少这部分开支，开发商则可以轻装上阵。

三、利用假设开发法（剩余法）评估集体留用土地按规划条件进入市场的价值时应注意的其他细节

（一）投资利息

投资利息中，集体留用土地价值没有实质支付的情况下，不作为投资利息的计算依据去计算利息。但拆迁成本、销售费用的利息计算也需要估价人员格外细致，分类、分期计算。拆迁成本有一次性支付的（如装修费补偿、搬迁补助、青苗费补偿），有后期按月支付的（如过渡费）；销售费用一般在建设的中后期项目达到销售预售条件时才开始投入，在计算利息时应注意计息的时间周期。

（二）销售费用

计算销售费用时，是以不动产销售价值为基础按一定销售费率去计算的。不动产销售价值即开发价值，在集体留用土地入市价值评估中，包含了分配返还给集体的物业（集体留用土地价值等值物业回迁），这部分物业往往占计容建筑面积的 30%～50% 甚至更多，因此在计算销售费用时应注意剔除这部分物业的价值，即仅以可对外销售物业的价值作为销售费用的计算依据。由于后面涉及土地增值税的计算，为计算方便，建议估价人员按全部计容面积计算销售额，销售费率按市场客观费率的 0.6 倍修正，例如若市场销售费率为 2%～3%，建议计算时采用 1.2%～1.8% 的销售费率，计算全部计容建筑面积的销售费用。

四、结语

让我们回到最开始讨论的例子：根据以上关于投资利息、开发利润和销售税费的讨论，从开发商角度来看，毫无疑问，他们当然更愿意选择集体留用土地（返还建设用地）进行合作开发。他们只需要承诺在未来支付集体留用土地入市价值的对价——返还等值物业（相当于提前卖房），而不需要现在就支付现金。再加上后期集体所分配、返还的物业在税收方面的政策优惠，开发商在利润不变的前提下，当然能够给集体留用土地入市更高体的"地价"。

集体留用土地按规划条件进入市场的价值评估，与国有土地评估有很大差异。假设开发

法（剩余法）依然是较适合、较实用的评估方法。

在评估过程中，我们应该注意需要求取的国有用地地价 P，以及集体留用土地价值 P'，在对假设开发法评估时对计算过程中的内在因子的影响并不一样。

两者不同之处：

1. 假设开发法（评估国有用地价值时）

基本公式：$P=A-B-C$

式中：P——待估宗地价格；

   A——开发完成后不动产的总价；

   B——开发项目整体开发成本：待估宗地价格 P 会对投资利息、销售税费产生直接影响，相互间有因果联系；对于销售税费，在以清算方式计算增值税、土地增值税时有一定困难；

   C——客观开发利润：如果以成本利润率计算客观开发利润时，待估宗地价格 P 对开发利润会产生直接影响。

2. 假设开发法（评估集体留用土地价值时）

公式：$P' = A-B-C$

式中：P'——待估集体留用土地入市在规划条件下的价格；

   A——开发完成后不动产的总价；

   B——开发项目整体开发成本：待估宗地在规划条件下的价格 P' 对投资利息不产生直接影响，但委估宗地入市时的应补地价及税费、拆迁成本费用等对投资利息产生直接影响；对销售费用有一定影响，但可通过估算修正；

   C——客观开发利润：如果以成本利润率计算客观开发利润时，待估宗地在规划条件下的价格 P' 对开发利润不产生直接影响，而应补地价及税费、拆迁成本费用等对开发利润会产生直接影响；此外，笔者不建议以销售利润率计算客观开发利润，因为销售额中应剔除不对外销售的返还物业即待估宗地在规划条件下的价格 P'，而含有 P' 的开发利润在后期计算土地增值税时，计算过程就相对复杂了。

作者联系方式

姓　　名：谭　杰

单　　位：深圳市新永基土地房地产估价顾问有限公司

地　　址：深圳市福田区滨河路与彩田路交汇处联合广场 A 座 A3008

邮　　箱：4319960112@qq.com

房地产估价师注册号：4319960112

土地估价师注册号：2003440636

擅自处置军队房地产评估实例分析

陈石磊 郭娟仙 亓 琳

摘 要： 十八大后，为解决军队工程建设项目和房地产资源管理领域存在的问题，出台了《全军工程建设项目和房地产资源管理专项整治的指导意见》。依据《指导意见》中军队房地产擅自处置问题整改实施细则，对未按审批权限和程序报批向地方转让军队房地产（含有偿移交、兑换、合作建房等）进行转让收益核对，即对该类型项目进行追溯性评估，以追溯土地价款或复核原项目的合理性。本文对追溯性评估实践中遇到的问题及处理办法进行了粗浅分析，以期与同行共同探讨。

关键词： 擅处；评估；分析

军队房地产是指依法由军队使用管理的土地及其地上地下用于营房保障的建筑物、构筑物、附属设施设备以及其他附着物。

转让军队房地产（含合建、换建、兑换）按相关规定审批。国家建设项目和地方人民政府实施城市建设发展规划确需占用军队房地产的，按照有关规定，根据被占用房地产的价值获取补偿。

对军队房地产的价值评估，既要依据国家房地产管理法规、制度，又要遵从军队房地产管理的相关规定。

一、擅自处置军队房地产评估的背景

（一）擅自处置评估的由来

以党的十八大和十八届三中、四中全会精神为指导，深入贯彻习主席和中央军委依法治军、从严治军、加强作风建设一系列决策指示，解决军队工程建设项目和房地产资源管理领域存在的问题，出台了《全军工程建设项目和房地产资源管理专项整治的指导意见》（以下简称《指导意见》），指导全军集中整治计划外工程、"三超"项目、擅自建设楼堂馆所和领导干部办公用房超面积、军用土地纠纷、擅自处置房地产、违规租赁空余房地产等6类突出问题，全面提高基建营房管理法制化水平。

依据《指导意见》中军队房地产擅自处置问题整改实施细则，对未按审批权限和程序报批向地方转让军队房地产（含有偿移交、兑换、合作建房等）进行转让收益核对，即对该类型项目进行追溯性评估，以追溯土地价款或复核原项目的合理性。

（二）擅自处置项目分类

擅自处置项目分为两类，分为非经营性项目和经营性项目。非经营性项目是指土地转让后用于市政基础设施、公益性设施等非经营性用途的项目，一般按转让时的土地现状用途评估；经营性项目是指土地转让后用于商业、旅游、娱乐、商品住宅等经营性用途的项目，一般按土地规划用途评估。本次主要对经营性项目的评估进行探讨、分析。

二、擅自处置军队房地产中经营性项目评估的法律依据

擅自处置军队房地产评估的法律、法规等依据是以实际变更的时点及评估作业时点为有效性文件。整改项目需重新组织评估的，原则上按签订转让协议的时点评估。改变土地规划用途、容积率（建房规模）等条件的，按实际变更的时点评估。

首先，擅处项目同样也属于追溯性评估，估价对象在过去的某个时点面临当时的市场条件的价值，其估价依据应参照当时的价格标准、法律条文。即对价格有影响的文件应选用价值时点时的有效文件。

其次，作为指导整个擅处项目的文件，则以出报告时的有效文件为依据，如《全军工程建设项目和房地产资源管理专项整治的指导意见》（后营〔2015〕1468号）。

以出具估价期日为2001年4月的土地估价报告中采用的依据为例：

（一）国家有关部门颁布的法律法规及相关文件

（1）《中华人民共和国土地管理法》（1998年8月29日第九届全国人民代表大会常务委员会第四次会议修订）；

（2）《中华人民共和国城市房地产管理法》（1994年7月5日第八届全国人民代表大会常务委员会第八次会议通过）；

（3）《中华人民共和国资产评估法》（中华人民共和国主席令第46号令）；

（4）《中华人民共和国城镇国有土地使用权出让和转让暂行条例》（国务院令第55号，1990年5月19日）；

（5）《招标拍卖挂牌出让国有建设用地使用权规定》（国土资源部令第39号）；

（6）中华人民共和国国家标准《土地利用现状分类》（GB/T 21010—2017，2017年11月1日）；

（7）《全军工程建设项目和房地产资源管理专项整治的指导意见》（后营〔2015〕1468号）；

（8）《关于从严规范军用土地转让项目审核办理有关问题的通知》（军后建〔2020〕235号）。

（二）地方有关部门颁布的法规及相关文件

（1）《浙江省确定土地所有权和使用权若干规定》（1997年12月6日，浙土发〔1997〕95号）；

（2）《关于调整杭州市区土地等级和基准地价标准问题给市土管局的批复》（杭政发〔2000〕12号）；

（3）报告中涉及的其他地方法规、条例、文件、通知及相关取值、取费依据文件。

（三）有关技术标准

（1）中华人民共和国国家标准《城镇土地估价规程》（GB/T 18508—2014，2014年12月1日实施）；

（2）中华人民共和国国家标准《城镇土地分等定级规程》（GB/T 18507—2014，2014年12月1日实施）。

三、评估程序及应注意的问题

（一）了解项目背景

因擅处项目往往与作业日期相距较久远，而委托方初期提供的资料可能仅仅是一点基础资料，无法让估价人员全面了解情况，不能满足评估需要。因此，向军方相关人员了解项目的来龙去脉就很有必要。

例如在 1996 年因铁路建设需要地方政府拆迁某部队位于 ×× 处的房地产，签订了拆迁补偿协议，其中部分安置补偿了一块位于 ××× 的住宅用地。2001 年部队以这块地与开发商合作建房，根据签订联合建造住宅合同，部队将位于 ××× 小区内地块，面积 1199m²（联建后办证确权面积为 1014m²），作为联合建造住宅的用地。乙方提供全部建造住宅的资金，建完后住宅全部归乙方所有，支付给甲方 330 万作为联建收益。因此该项目可以分成两部分，即 1996 年因铁路建设需要签订的拆迁补偿协议，该项目为非经营性的项目，价值时点为 1996 年；后期将安置的住宅用地合作建房项目名义上为联合建造项目，实际为卖地，为经营性的项目，其价值时点为 2001 年。

（二）收集资料

通过对项目情况的了解，可以初步判断项目属于擅处的哪种情况，并根据该情况有针对性地收集资料。通常需要收集的资料有：

（1）项目建设前的权属证明资料、影像资料、地理位置图；

（2）为项目建设签订的合同、办理的规划建设等审批资料；

（3）项目建设完成后的权属资料或测绘资料、影像资料、地理位置图、项目实际如何分割。

在实际的操作过程中，许多资料无法获取，如以前的影像资料。以前述某部队 1996 年因铁路建设拆迁补偿项目为例，由于年代久远，部队无相关影像资料，而被拆迁地块的具体位置也无法确定，通过部队到地方政府的城市建设档案馆查询，调取了当年的房屋所有权证、房产征用补偿的批复文件以及拆迁范围示意图，从而明确了估价对象的具体情况。在 2001 年的联合建造项目中，委托方提供了联合建造合同，通过该合同了解到该项目名义上为联合建造，实际为卖地项目。通过调取到的建设工程规划许可证申请表、建设工程规划许可证，明确了估价对象是以"干警住宅"项目进行申报，当时申报面积为 1199m²，也就是原拆迁补偿合同确定的土地面积，而审批的土地面积为 1014m²，由于联合建造后（原补偿合同中）该地块无明显界址点或相应坐标，无法进行土地测绘。通过对其中的住户调查，了解到有一户办理了国有土地使用证，其宗地图显示宗地面积为 1014m²，经过分析确定本次评估的土地面积为 1014m²。再通过联合建造的建筑物的测绘，确定该地块实际容积率，并以此作为估价对象评估设定容积率的确定依据。在对住户的调查中，还了解到估价对象建成后的售价，为后面评估价格的确定提供了参考依据。

（三）实地查勘及确定估价对象范围

在追溯性评估中，仅根据委托方或有关当事人提供的情况，往往做不到具体、准确地把握估价对象，估价对象于实地查勘日的状况已经发生了较大变化。因此，估价人员除了实地踏勘外，还需要对估价对象的历史状况辅助实施"实地查勘"这一评估程。如历史照片、情况介绍等多方面收集资料。

在实地查勘过程中还应对照地籍图纸，判明估价对象的边界及其与邻地和道路的关系，这样才能准确地把握估价对象的位置、形状和土地面积等，特别注意防止误勘。查勘后应根据实地查勘情况再次核实调整估价对象的范围。

以某部队项目举例，根据《联建住宅合同书》及营区现状测绘报告显示，军方拿出 $2756m^2$ 土地，建成两幢共 $6366.72m^2$ 建筑物，其中军方分得建筑物面积为 $3137.10m^2$，受让方分得建筑面积为 $3229.62m^2$。

若根据上述信息，估价对象为受让方分成土地价值及军队单位分成房屋重置价值。则估价对象土地面积为 $2756 \times 3229.62/6366.72=1398.03m^2$，容积率为 2.31。但现场查勘时发现受让方分成的土地及建筑物界限很明显，有单独的围墙，受让方实际占用的土地面积为 $1571.30m^2$，因此将本次评估的土地使用权面积调整为 $1571.30m^2$，确定评估设定的容积率为 2.06。

（四）确定评估思路

根据《城镇土地估价规程》的要求，土地价值评估主要有采用市场比较法、剩余法、成本逼近法和基准地价系数修正法进行测算。由于早期的土地出让多以协议出让为主，无法获取市场比较法的交易实例。因此在实际的操作中，适宜采用的评估方法是基准地价系数修正法和剩余法。

在运用剩余法过程中，难点是项目开发完成后的价值的确定。较早的房地产项目，多数单位都没有相关的资料留存，可以到当地图书馆查阅历年的报纸，从中找出相关的房产信息。即便如此，相关的房产信息量也是比较有限。由于客观条件的限制，我们在选用交易信息的时候不要拘泥于价值时点前的案例信息，应该将案例信息的时间范围扩大到价值时点前后一段相对平稳的范围。

在影响地价的因素说明中，对历史久远的区域因素描述时，要充分收集该地区的经济、社会、城市建设（基础设施与公益设施的建设）、城市规划的发展变化等资料。当无法准确描述当年的经济发展状况时，应在假设和限制条件中进行说明。

通过估价师勤勉尽职尽调后仍对于无法准确描述估价期日影响地价的相关因素，如区域状况、交通条件等，可以描述估价作业期的市场环境状况，并在假设和限制条件中进行说明。

在价格确定之后，还需要运用数据统计规律和房地产价格的变动趋势做合理性的验证。

四、擅处项目的感受

（1）对项目分析要全面。不能单纯地按照估价对象的资料"就事论事"，要根据估价对象的实际状况、权属状况、规划状况以及项目的具体情况进行合理设定。

（2）收集资料杂而多。整个擅处项目，所需要的资料不仅有权属资料、规划资料、测绘资料、历史影像资料、地籍图册，还有评估所涉及的政策依据、价格支撑的历史案例信息、基准地价文件等。需要对接一些行政部门，可让军方协助查询相关资料。

（3）信息保密性要求高。在评估过程中，对相关文件收集、保存、应用、销毁都要时刻考虑到信息安全性的要求。

作者联系方式

姓　名：陈石磊　郭娟仙　亓　琳

单　位：浙江众诚房地产评估事务所有限公司

地　址：浙江省杭州市上城区圣奥中央商务大厦 2201 室

邮　箱：zhongchengpg@163.com

注册号：陈石磊（3320110010），郭娟仙（3320040235），亓琳（3319960029）

浅析设立"居住权"房地产价值评估

李丽莎 孙军良

摘 要： 我国《民法典》的颁布与实施对人们生活产生全方位的影响，其中"居住权"的设立更具有重要的社会意义和法治价值。本文在现行法律制度背景下，着重分析设立有"居住权"的房地产价值评估，并基于评估工作的规范要求、评估方法及路径选择等，提出相应的看法与建议，以期为现阶段设立有"居住权"的房地产价值评估工作提供思路。

关键词："居住权"；房地产；价值评估

一、"居住权"设立的法律溯源及现实意义

《民法典》颁布前，房屋所有权包括占有权、使用权、收益权和处分权，是对房屋全面支配的权利。但通过合同、法律契约等方式，房屋所有权人可以将房屋一定时期内的占有、使用权过渡给承租人行使。十三届全国人大三次会议决议通过《民法典》，并在用益物权中新增"居住权"，该权利是由之前的房屋占有权和使用权合并形成，其本质就是将房屋的所有权和使用权分离，并进行物权化。《民法典》中关于"居住权"的主要规定如下：居住人有权按照合同约定，对他人的住宅享有占有、使用的用益物权，以满足生活居住的需要；"居住权"不得转让、继承；设立"居住权"的住宅不得出租，当事人另有约定的除外。同时，设立"居住权"必须用书面的形式进行订立，以口头等形式订立均无效；但书面合同约定效力仍然不够，需要根据《民法典》规定到登记机构进行登记后才可以生效。

居住权的设立对认可和保护民事主体的住房权利有重要意义。首先，"居住权"设立对于解决社会低收入群体住有所居的问题有重要意义，如公租房、廉租房的承租人，是通过租赁合同的形式来保障居住权益，现如今可设立"居住权"来巩固保障他们的居住权益，但相关"居住权"的配套制度还需在社会实践中完善。其次，"居住权"设立可以解决当前我国老龄化社会最为紧要的养老问题，老年人可以将房屋以相对较低的价格出售给金融机构或其他投资人，并约定在其有生之年享有对房屋的"居住权"，实现以房养老；也可以在房屋所有权转移后，子女未尽赡养义务时行使居住权的物权保护属性，保障自身正常居住权利。

二、设立"居住权"房地产价值评估工作要求

《民法典》新设"居住权"后，评估专业人员需要更加重视技术规范对业务服务质量评判的作用，同时规范合同的约定表述。首先，评估专业人员必须明确技术规范不只是针对房地产评估机构、注册估价师在执业时的规范要求，也有可能作为存在合同关系的当事人在有

争议而合同约定不明确时评判服务质量的标准和依据。其次，评估机构应在法律法规未禁止的范围内明确约定评估委托事项和要求；熟练掌握房地产评估规范的条款及其内涵并严格遵守；委托人有特殊要求时，评估人员应尽量将委托人诉求与规范要求融合，并将规范要求的必要性、科学性以及违背规范的风险进行充分说明，争取委托人理解。

此外，评估专业人员在面对承租住宅、购买住宅（特别是购买二手房）等业务时，不仅需要查询房屋的权属、司法查封、设立抵押等情况，还应在相关机构或政府网站查询并核实房屋是否登记"居住权"。如果房屋已被设立"居住权"，承租人需明确"居住权"合同中是否明确房屋可在特定时段对外出租，而购房者需谨慎考量"居住权"存续期间内无法占有、使用该房屋的问题。因此，出具评估报告应注意以下事项：一是要在评估委托书中补充评估对象是否设立"居住权"，并在评估对象权益状况中补充，同时要求委托方对已提供资料的真实性负责；二是针对已经设立"居住权"的住宅，在政府或协会未发文明确之前，暂不出具抵押评估报告。

三、设立"居住权"房地产价值评估角度

"居住权"的设立导致房屋的使用价值固化，一定程度上影响其交易价值。因此，在承接设立有"居住权"房地产价值评估、"居住权"给付对价评估及"居住权"价值评估等评估事项中，需要根据最新的法律解释开展评估工作。结合评估相关法律规定及自身房地产评估经验，本文认为要分析"居住权"对房地产价值的影响宜从"居住权"有偿和无偿获得两个角度进行具体分析。

（一）无偿取得的"居住权"

1."居住权"有明确期限

根据《民法典》规定"居住权"可以无偿取得，如果评估对象设立的"居住权"是无偿的，且合同中明确规定"居住权"期限，评估时宜对无偿"居住权"在无偿使用期间对房地产价值的减损进行计算并予以扣除，可参照现行无偿租赁权对房地产价值影响处理方式来计算评估。

2."居住权"无明确期限

当"居住权"无偿取得且未明确消灭期限或约定丧失期限的，评估专业人员应当仔细研读"居住权"设立合同中的细节条款，以便对此类房地产价值进行准确评估。比如，若合同约定房屋"居住权"直至"居住权"人死亡的，或者约定条件具有或然性，无法判断"居住权"终止时间点的，对此类房屋由于其所有权人已经丧失占有使用房屋获取经济利益的能力，或者无法判断其何时才能够重新获取房屋占有使用权能，此时如果评估目的是为抵押担保提供价值参考，依据评估谨慎性原则，此类房屋的评估价值宜为零。

（二）有偿取得的"居住权"

1."居住权"有明确期限

对于房屋所有权上设立了有偿"居住权"，且并非一次性支付"居住权"有偿对价，而是按年支付或者按一定周期支付。评估的时候可以参照《房地产估价规范》GB/T 50291—2015中租赁权对评估价值的影响来评估。但应关注"居住权"的特殊性，两者评估差异最主要体现在影响期限上，租赁权的最长使用期限是20年，但是"居住权"期限理论上是有可能和房屋的所有权期限相同。而对于一次性收取"居住权"有偿对价的，其房地产价值有可

能为零。

2. "居住权"无明确期限

在实际工作中，还会出现"居住权"虽然是有偿的，但他的期限可能无法确定，即"居住权"无准确日期，对这类评估就宜进一步分析，依据"居住权"可能截止时间区间，评估出一个最低值和一个最高值，并依据评估目的给出合理的专业判断。

四、设立"居住权"房地产价值评估方法及路径

（一）评估方法的选择

房地产评估的基本方法有比较法、成本法、收益法。首先，比较法是以市场成交价格为导向的，是最直接且有说服力的评估方法。从理论上来说，比较法应是设立有"居住权"的房地产价值评估的首选方法。但在实际工作过程中，当我们采用比较法搜集比较实例时，却很难获取带有相同"居住权"条件的案例及相关信息。所以单独采用比较法来评估设立有"居住权"的房地产无法准确反映其真实市场价值，应结合收益法来进行评估。其次，成本法适用于房地产市场交易不完善，且交易量少又无经济收益的房地产评估，且成本法计算公式中，无法根据"居住权"设立的特殊情况设定参数，因此成本法不适合评估设立有"居住权"的房地产价值。最后，设立有"居住权"的住宅房地产属于收益性房地产，对于收益性房地产评估，应选用收益法作为评估方法之一。现阶段对设立有"居住权"的房地产价值评估，可参照《房地产估价规范》GB/T 50291—2015 中租赁权对评估价值的影响来评估。因此，本文认为结合现有评估相关规范，设立有"居住权"的房地产价值评估，采用收益法评估更符合现实情况。

（二）评估路径的选择

综上所述，对设立有"居住权"的房地产价值进行评估，可以采用比较法和收益法两种方法进行评估。采用比较法评估时，可先运用比较法来评估同等情况下未设立"居住权"的房地产公开市场价值，再扣除依据收益法测算的居住权人的"居住权"价值，最后得出设立有"居住权"的房地产真实价值。其中"居住权"价值评估为"居住权"剩余年限内市场租金收入与"居住权"支付成本之差的折现价值，其中支付成本是居住权人给付对价，但"居住权"有可能是有对价的，也可能是没有对价的，其支付方式存在有一次性支付、逐年支付等不同形式，这些在评估测算过程中都要加以重点考虑。

采用收益法评估时，我们可参照《房地产估价规范》GB/T 50291—2015 中租赁权对评估价值的影响来评估。根据《房地产估价规范》GB/T 50291—2015，在采用收益法评估时，应先选择好具体估价方法，然后测算收益期和未来收益、确定报酬率，最后计算出收益价值。但要特别注意的是，对于设立有"居住权"的房地产价值评估，估价中采用的收入、费用和净收益，除设定居住权期间之外，都应采用正常客观的数据，在设定居住权期间内的收入宜采用设定居住权合同中所约定的取得"居住权"所支付成本，设定居住权期间之外的收入应采用正常客观的数据。

五、结语

"居住权"是自然人依据合同或遗嘱而取得的，在他人享有所有权的房屋上为满足生活

居住需要所设立的一种享有占有、使用权能的用益物权。居住权的内涵除"房屋居住权利"外，其设立和使用过程中还存在额外限制，不同权利限制必将导致估值结果的差异。因此，在新的时代环境和法律制度下，评估专业人员在执业过程中应结合实践经验和条文规定，深入研究不同类型权利限制对房地产价值的影响，并明确不同类型权利限制适用的价值评估方法及路径，为委托人提供更优质的服务。

参考文献：

[1] 黄瑞林. 浅析民法典施行对估价事项的影响 [J]. 中国房地产估价与经纪，2021（02）：5.

[2] 朱俊. 对《民法典》中"居住权"的探讨 [J]. 上海房地，2020，406（12）：6-9.

作者联系方式

姓　　名：李丽莎　孙军良

邮　　箱：498899134@qq.com；573631082@qq.com

单　　位：湖南创佳房地产土地评估经纪有限公司

地　　址：湖南省岳阳市银都大厦 16 楼 A 座

注册号：李丽莎（3220110161），孙军良（4319970025）

居住权及其价值评估

季建国　倪　莎

摘　要： 自《民法典》颁布以来，有关居住权的讨论层出不穷，主要集中在居住权的表现形式及法理的探讨。本文从居住权概念、特征及其取得形式等方面探索居住权的价值表现，并根据价值属性提出居住权的价值评估思路。

关键词： 居住权；居住权价值；估价技术路线；异议探讨

一、居住权概念

居住权是指自然人依照合同的约定或遗嘱中设定对他人所有的住宅享有占有、使用的用益物权。《民法典》第366条规定，居住权人有权按照合同约定，对他人的住宅享有占有、使用的用益物权，以满足生活居住的需要。

党的十九大报告指出："加快建立多主体供给、多渠道保障、租购并举的住房制度。"由此《民法典》专门增设一章规定了居住权，将居住权作为一项法定用益物权，有效兼顾商品房的稳定性和房屋租赁的灵活性，有利于克服传统二元化住宅供应体系的弊端，是一项住房领域供给侧结构性改革的重要成果，体现了以人民为中心的发展思想，对实现"人民群众住有所居"的目标具有重要意义。居住权既沿袭赡养、抚养等传统法律制度基础，又拓展了社会保障属性，还体现房屋价值利用多元化的功能，具有鲜明时代特征。

二、居住权主要特征

居住权制度主要有以下几个特征：

一是居住权是对他人住宅享有的权利，亦为赋予住宅的他物权；

二是居住权属于用益物权，与租赁权的区别在于物权和债权之分。物权设定于物，权利实现无须他人作为，权利人之外的任何人负有不得侵犯物权的义务，属于绝对权；债权存在于特定当事人之间，第三人不受债权债务关系的约束，具有相对性。通过《民法典》确立居住权的法律地位，按规定要件设立并经登记公示的居住权具有对抗第三人的法律效力；

三是居住权人为自然人。居住权合同中主体的特征是住宅的所有权人可以为法人、非法人组织或者自然人，但居住权人须为自然人；

四是居住权相对于所有权来说仅有占有和使用的权利，一般无处分和收益的权利。所有权一般有占有、使用、收益、处分四种权利，租赁权有占有、使用、收益三种权利，而居住权拥有占有、使用两种权利。所以，一般情况下，居住权不能转让、继承。另外，居住权人对标的物住宅的占有、使用不能超出"居住"的范畴；

五是居住权随其所附住宅的灭失而灭失；

六是居住权期限届满或者居住权人死亡，居住权消灭；

七是居住权的设立需要在登记机构申请办理完成后才能生效并对抗第三人，居住权灭失后应当及时办理注销登记。

三、居住权的取得形式

《民法典》规定，设立居住权，当事人可以采用书面合同实现，也可采用遗嘱的形式来实现。居住权按其取得形式可分为合约式居住权、遗嘱式居住权和法裁式居住权三种类型。

1. 合约式居住权

《民法典》第 367 条规定了设立居住权，订立书面合约的主要条款。以合约形式确立的居住权，都应为善意取得并依从公序良俗的要求。一般而言，不动产善意取得须具备三个要件即受让人为善意、支付合理对价、并已办理登记。合约式居住权主要有三种方式：

一是离婚协议约定居住权：为保障离婚状态下的需求，可在离婚协议中约定（或司法裁定）居住权设立的各种条件和内容；

二是企业销售居住权：《民法典》刚开始施行，可预见未来开发商可建造长期持有的公寓，将公寓的居住权销售给居民，同时居住权人被赋予享受教育权利和户籍使用权利。该类居住权须合约限定期限，属于投资性居住权，合约中的价格可遵循市场等价调节原则；

三是政府保障性居住权：政府为保障特定人群的居住，实现"居者有其屋"的目标，建设居住权房屋作为经济适用房、两限房、共有产权房、公租房的替代或补充，将其中的居住权销售给特殊人群，从而替代曾出现过的"房卡"房，转变"租赁住房"到"居住权房"。这类居住权属于社会保障体系的补充，由政府主导，虽然有合约约定，可不遵循市场调节的等价交易原则。

2. 遗嘱式居住权

遗嘱式居住权按照遗嘱继承人可分为两种形式：

一是遗嘱居住权：由法定继承人按照遗嘱继承住宅房屋的居住权；

二是遗赠居住权：由非法定继承人按照遗嘱继承住宅房屋的居住权。有效的遗嘱给予居住权人，以居住权有限定年限居住权和无年限居住权。

3. 法裁式居住权

通过人民法院或仲裁厅裁定给予居住权人以居住权，可以通过裁决书的意思表达登记确立居住权。

四、居住权价值的评估

居住权作为物权的一种，仅拥有占有和使用的权能，并对抗第三人的特征，能满足权益人居住的需求，故居住权价值实则为居住权存续期内的使用权价值。

1. 居住权价值评估的必要性

居住权作为他物权只享有他人住宅中的占有和使用权能，一般情况下，不具有出租和转让的权能。登记有居住权的住宅为不完全所有权，即在居住权存续期间，居住权人虽无收益和处分权利，但拥有占有和使用权能，故在当所有权人行使交易、抵押等处分权利时，需考虑居住权对所有权价值的影响，在量化居住权的价值时就会涉及居住权的评估问题。

2. 居住权价值评估方法选择

完全所有权的住宅拥有收益的权利，故未设立居住权的住宅可以为收益性房地产。而设立了居住权的住宅不具备收益、处分权利，为不完全所有权的住宅，市场相似权益的住宅极难找到，且交易时的受制因素各不相同，所以不同居住权住宅不可比，无法使用比较法直接评估居住权价值。而成本法侧重房地产的重置成本，假设开发法适用于建设后用于销售或同类房地产存在销售案例的情况，故均不适合于居住权价值评估。

居住权住宅虽然没有收益，但居住权住宅具有相似住宅，该类住宅租赁市场活跃，存在客观的租赁价格。按照房地产租金收益的替代原理，可用收益法评估住宅房地产的居住权价值，即居住权价值为未来各种预期收益的折现值。其价值测算公式为：

$$V_{居} = \frac{A}{r-g}\left[1-(1+g)^n/(1+r)^n\right]$$

式中：$V_{居}$——住宅居住权价值；

A——相似无限制权利住宅市场租金价格；

g——相似无权利限制住宅年租金平均增长率；

n——居住权存续年限；

r——无权利限制住宅房地产市场资本化率。

3. 居住权评估需要注意的问题

一是评估实务中的客观市场租金居住权人虽享有占有、使用的权利，有时候并不是由居住权人独自享有上述权利，故在计算客观租金价格时应给予考量。

二是对于居住权存续年限，有合约的遵循合约约定期限计算，未约定年限的，目前通常建议根据居住权人年龄与中国社会平均寿命（分男女）的差额来确定。

三是关于收益法中的收益年限首先要遵循孰短原则，根据《宪法》和《民法典》规定，住宅的土地使用年限到期后自动续期，因此建筑物的经济寿命必定短于土地使用权年限，故而在运用收益法评估居住权价值时，通常只需要关注居住权存续年限与建筑物经济寿命的长短。一般分为一下两种情形：

（1）当建筑物剩余经济寿命≤居住权存续年限，则居住权随建筑物的灭失（因征收、翻新改建等原因灭失的除外）而消灭，此时 n 取建筑物剩余经济寿命；

（2）当建筑物剩余经济寿命＞居住权存续年限，则 n 取居住权存续年限。

五、居住权价值评估实务中存在的异议和难点

（一）住宅建筑物中途灭失

当设立了居住权的住宅建筑物灭失后，原居住权人是否有权继续取得该住宅的居住权的问题。各方面争议很大，有观点认为，用益物权是对特定建筑物的使用和收益，一旦该物灭失，用益物权归于消灭，权利人不享有物上代位权。作为承载居住权的建筑物灭失后，所有权人重新修建的住宅属于新的物，原居住权人并不当然就该新建住宅享有居住权，亦无依据原居住权合同请求设立新的居住权。

而笔者认为，居住权作为物权，有其价值，当物权所有权灭失时，其赋予的居住权当然灭失。而住宅作为物权，其实物形态是由土地和建筑物构成，当建筑物灭失，而土地使用权

（或所有权）没有被收回，则不应当认为居住权完全灭失。

所以，当住宅所有权人为灭失而得到补偿时，居住权人应当相应得到补偿。如房屋征收时，拥有居住权的住宅，住宅所有权人在得到征收补偿后（实物或者货币），给予居住权人相应的补偿，该补偿标准为居住权剩余期限的价值，可以为实物或者货币。

另外，当住宅所有权人对建筑物原址拆除重建后，居住权人应当自动获取新建住宅居住权，其可申请不动产登记机构给予登记。

（二）居住权消灭的一些特殊原因

以离婚案件为例，当事人因为弱势获取居住权，是为了保护弱势一方基本居住权。当居住权人有能力购买住宅并实施购买的行为，从而造成居住权住宅长期空置。建议该住宅所赋予居住权人的居住权失效，应解除并办理注销登记。这类居住权的赋予，需遵循"公序良俗"。

（三）保障性住房的居住权

该类居住权通常由政府部门主导给予特定人群享有，一般不属于市场行为。此类居住权住宅用地应当符合划拨供地的条件，也可以鼓励市场主体在城市更新中优先建设该类居住权住宅。但随着时代变化，若该类居住权住宅出现长期空置，可取消其居住权。上述条件应当在合同条款中事先约定。

六、结语

居住权必须在赋予住宅所有权之上，一般情况下，居住权不能转让、继承。居住权作为物权中的他物权，虽然取得方式各有不同，但都必须经过管理部门登记设立，才能生效并有效对抗第三人。居住权作为物权中的一种，其必存在价值。居住权价值的评估可以按照估价规范、规程等规定，一般可采用收益法的估价方法来求取。

参考文献：

[1] 最高人民法院民法典贯彻实施工作领导小组. 中华人民共和国民法典物权编理解与适用 [M]. 北京：人民法院出版社，2020.

[2] 柴强. 房地产估价理论与方法 [M]. 北京：中国建筑工业出版社，2017.

[3] GB/T 50291—2015，中华人民共和国国家标准房地产估价规范 [S]. 北京：中国建筑工业出版社，2015.

作者联系方式

姓　　名：季建国　倪　莎

单　　位：江苏天地恒安房地产土地资产评估有限公司

地　　址：江苏省苏州市高新区珠江路 117 号创新中心 C 座 201 室

邮　　箱：sztdpg@163.com

注册号：季建国（3220030051），倪莎（3220150159）

评估机构新业务类型探路者

——论行政事业单位国有资产处置路径分析咨询（非传统估值类评估）

梁田胜　熊小明

摘　要：本文主要分析了针对权属状况为国资背景的行政事业单位所持有的房地产的资产处置路径。重点从房屋结构安全性、消防安全使用性、地质灾害危险性、历史流转的合法合规性、城市规划改造（城市更新）可行性、土地利用效益性、社会效益等多个角度剖析现有资产处置的必要性和可行性。在此基础，为委托方提供专业完整的背调方案和处置路径申报方案。

关键词：国有资产；处置路径；评估机构新业务类型

房地产估价机构传统的业务类型中，不管是抵押类评估还是非抵押类评估（交易类、司法类、征收拆迁类等）多为偏向于估值类评估。此类评估报告重点评估在于标的房地产的估值的合理性和资方的使用性。本文所述的国有资产处置路径分析（区别于国有资产估值类）主要偏向于房地产进行处置路径申报的必要性，及在报告中该如何实现以专业报告的形式获取国家行政部门的认可。

一、国有资产保值增值及流失

2019年11月，湖北省武汉市青山区人民法院判决某评估机构出具的虚假评估报告造成国有资产流失2.414亿元并对涉事单位判刑。

在我国法律体系中，并没有直接认定"国有资产流失罪"的罪名，而造成国有资产流失行为相关的罪名多为根据《中华人民共和国刑法》第一百六十九条记载的：徇私舞弊低价折股、出售国有资产罪和私分国有资产罪两种。

作为评估机构出具的评估报告一旦被认定为造成国有资产流失的，很多情况会根据《中华人民共和国刑法》第二百二十九条第一款、第三款等条款被认定为提供虚假证明文件罪、出具证明文件重大失实罪。一旦坐实罪名，评估机构、机构负责人和相关估价师均需负法律责任。

在我国，由于资产管理体制的不完善和各方面的因素影响，国有资产流失时有发生。评估机构在参与国有资产评估过程中，要确保国有资产的保值增值，不仅要在我们出具的评估报告中确保房产资产估值的合理性、真实性和有效性，更重要的是要在委托过程中对资产进行全方位全流程的调查，保证资产不管在何种状态下均要被真实地呈现在报告里，为委托方做出合理的决策提供专业意见。

二、行政机关对国有资产的审批权限、处置程序和收益归缴

本文所描述的国有资产，主要针对权属人为国家行政事业单位所持有的房地产资产项目，委托标的物为深圳市龙岗区某工业厂房及宿舍（生产经营性物业），委托方及权属人均为国家某行政事业单位。根据《深圳市本级行政事业单位国有资产处置办法》，单位资产管理部门会同本单位财务部门、技术部门审核鉴定，提交资产处置申请报告，按规定权限，分别上报主管部门（指行政主管部门）或财政部门；属主管部门审批的，由其审批后将资产处置结果集中报财政部门备案；属财政部门审批的，主管部门审核并加具意见后，报财政部门审批。此外，在房地产经营收益权及处置权上，该事业单位需对上级单位进行申报及审批，因此，本文着重对标的物各类风险和国有资产的盘活必要性进行阐述（不单独对及国有资本控股企业所持有的房地产资产进行分析阐述）。

三、国有资产处置路径分析咨询报告

为确保国有资产安全完整和保值增值，提高资产使用效率，本文主要针对权属状况为国资背景的行政事业单位持有的房地产资产进行资产处置路径分析，重点从房屋结构安全性、消防安全使用性、地质灾害危险性、历史流转的合法合规性、城市规划改造（城市更新）可行性、土地利用效益性、社会效益等多个角度剖析现有资产处置的必要性和可行性，本文主要针对报告要点进行重点事项分析及提示。

（一）报告形式

评估机构出具的报告主要有价值类估价报告和多元化咨询类报告，咨询类报告形式区别于传统的估价报告不仅仅体现在报告模板的不同，更多地要分析咨询类报告的实用性和针对性，如本报告前提条件假设及报告使用限制中的适用对象为闲置，或超标准配置的资产而不是在公开、平等、自愿原则下的交易房地产（资产），目的是处置路径无偿调拨（划转）、对外捐赠、置换、报废报损等还是抵押类评估，咨询（评估）依据为相关《行政事业性国有资产管理条例》而并非传统的《房地产抵押管理办法》等，具体详见下文。

（二）致委托方函及报告摘要

致委托方函：

委托方（略）。

咨询时点（略）。

咨询目的：本文所述的咨询目的，不能以估价报告的评估目的相关字眼进行描述，针对国有资产，咨询目的前提必须根据委托合同的要求，以国家相关的法律法规（详述）为依据，确保国有资产的保值增值，再进行有目的的描述：国有资产处置路径分析咨询。

结论：一般的评估报告以估值作为结论，本报告则以分析结果，对项目的风险、防范措施及建议作为结论：本房地产项目为工业项目，现状为闲置（停产）状况，对房屋结构、消防安全、地质灾害危险性等安全检测结果为不合格（严重影响安全），无法满足未来发展需求，且通过城市更新等规划改造的可行性较低，土地利用效益及社会效益低。得出结论：该房地产项目资产使用效率低下，无法实现国有资产保值增值，建议移交上级行政单位进行收录处置（根据委托方的洽谈要求做出相关处置路径的结论）。

报告摘要：

项目简介（略）。

咨询目的（略）。

研究结论与建议：分点进行阐述研究结论与建议，阐述必须简洁明了，对于研究结论的构成部分，如：历史流转的合法合规性、行政机关对资产审批权限、处置程序和收益归缴、城市规划改造（城市更新）可行性、土地利用效益性等分析必须以总结性用词。

（三）前提条件假设及报告使用限制

（1）资料的合法、准确、有效（略）。

（2）本文所述的需要处置的国有资产的内涵需要界定清楚（略）。

（3）关于价值性的条件假设，报告若体现价值，以财务部门出具的有关资产的价值凭证或第三方机构审定、上级部门批复的报表，且价值内涵必须设定清晰明确，报告若不体现价值，则按委托方相关要求进行描述，由于业务类型及委托方的要求，本文（报告）不体现（由于价值性的相关描述涉及多方敏感性，需和委托方进行充分的洽谈作出决定是否需要在报告中体现及体现的形式）。

（4）设定出具相关鉴定性检测报告的机构资质和评估机构职能、出具的报告的适用范围。

（5）报告使用限制（略）。

（四）资产处置研判工作依据

本报告中不宜采用常规估价报告的法律依据如《＊抵押管理办法》等法律条文作为相关法律、法规、政策性文件依据。

针对国有资产应采用最新适用的《行政事业性国有资产管理条例》《深圳市本级行政事业单位国有资产处置办法》及文中涉及的相关规划条文条例《××基本生态控制线及管理规定》《××工业区块线管理办法》《××法定图则》（含已编及在编）等等。

若文中涉及房屋结构、消防安全、地质灾害危险性等相关鉴定性分析，则可选择性加入房屋安全、地质灾害防治、消防等相关管理办法、条例及标准（一般情况下不加）。

（五）委托机构

对于委托方为企业的，一般性报告包含名称，联系地址、法定代表人、经营范围。

对于委托方为行政事业单位等政府职能单位的，不仅简介需包含上述内容，而且需要简述行政事业单位的编制、上下隶属、机构职能（是否具有公益性等相关提示）、组织架构等等，可选择是否以单个章节的形式体现。

（六）报告正文

一般咨询报告的撰写针对咨询目的作相对应的章节描述，本报告主要针对该委托机构对名下的生产经营性物业的处置。在深圳市行政事业单位体制下，国有资产的收益及处置需要向上级单位会同相关部门（财政部门）进行申报及收缴，在此前提下，该标的物深圳市龙岗区某工业厂房及宿舍无法进行资源合理有效地利用，导致闲置（停产）多年，针对这个背景，此报告则重点对标的物申报处置的必要性进行分析（要点均以单个章节体现）。

1. 项目本体分析

（1）项目简介、现状、权属、区位（略）。

（2）瑕疵性分析：

①分析房屋的建筑耐用寿命年限、危房初步判定等；

②分析建筑物本体是否有脱落、锈蚀、渗水、开裂等现象，并附相关瑕疵的影像资料；

③分析项目建筑物质量、内部环境、内部交通、区域形象及是否存在安全隐患等。

2. 城市发展分析（描述城市地理资源状况、城市经济运行统计分析、城市工业地产发展历程等）

（略）。

3. 房屋结构安全、消防安全、地质灾害危险性分析

由于专业领域的不同，此三项分析由委托方及我方联合委托具有相关专业资质的机构进行检测，我方根据相关检测机构出具的房屋结构、消防安全、地质灾害危险性检测报告进行安全评估分析，并将该检测报告作为本咨询报告的附件联合呈现，根据报告必要性选择是否以单个章节呈现。

4. 国有资产盘活的必要性

本章节主要从立法背景、原则及必要性、政治会议对国有资产的要求、适用法律条文具体条款等要点进行分析盘活国有资产的必要性。

5. 资产处置路径

（1）一般可进行行政事业单位（党政机关）的办公用房标准及需求分析，但由于相关敏感性因素，本报告不体现。

（2）实时处置路径：一般的房地产可通过实时改造（装修改良）然后进行自营、出租、出售，对于租赁收益和出售收益原则上不得以市场价格的形式体现（应委托方要求），如需体现，一般会以政府公布的指导性价格进行体现，如：深圳市住房和建设局发布的《深圳市住宅和建设局关于建立二手住宅成交参考价格发布机制的通知》（深建房产〔2021〕2号）、深圳自然资源局发布的《龙岗区工业生产用房租金参考价格表》等。

（3）城市更新处置路径：物业现状差，已无法满足委托机构（权属方）使用的，是否可以通过城市规划更新进行改造，实现资源的有效利用？此章节是否具有高可行性需从深圳市的政策性文件出发，以条文规定作为依据，进行多层面的分析与阐述（本文中的规划文件以深圳为例）。

①项目现状；

②项目合法用地比例；

③项目建成年代；

④深圳市城总规；

⑤深圳市土总规；

⑥深圳市城市更新"十三五"规划；

⑦深圳市法定图则；

⑧深圳市工业区块线；

⑨深圳市基本生态控制线。

（4）其他处置路径（略）。

结论结合权属方的性质、机构职能和权限等进行分析总结。

6. 土地利用效益性分析

土地利用效益性在不同城市有不同的体现，但共同点和关键点在于土地的投资强度和土地产出率，对这两个要点若城市有相关要求则按城市要求进行分析，若没有则采用相关的计算公式进行评价指标体系量化分析。

7.社会效益

产业项目的主要社会效益为带动城市区域经济发展，培养相关专业的技术人才，提供就业，此章节主要分析该项目闲置（停产）后是否能对社会带来贡献，若无量化分析体系则以阐述为主。

（七）项目研究结论及建议（略）

四、结语

随着社会制度改革需要，不管是在企业还是在政府职能单位，只要涉及房地产与资产的融资、评估、咨询等类型的项目，评估机构的参与度和重要性越来越明显；但未来随着科技的智能化技术愈发成熟，估值类项目评估趋向于大数据化，而评估机构需要和产业升级一样，进行多元化转型，方能提供更高层次高质量的服务。

参考文献：

[1] 国务院.行政事业性国有资产管理条例 [Z]. 2020-12-30.

[2] 深圳市财政局.深圳市本级行政事业单位国有资产处置办法 [Z]. 2008-03-19.

[3] 国务院机关事务管理局.中央国家机关国有资产处置管理办法 [Z]. 2004-8-24.

[4] 中华人民共和国第五届全国人民代表大会.中华人民共和国刑法 [Z].1979-7-1.

[5] 雪球.虚假评估导致国资损失 2.4 亿，评估机构 5 人被判刑 [EB/OL]. https：//xueqiu.com/ 4375244628/136906896，2019-12-06.

作者联系方式

姓　　名：梁田胜　熊小明

单　　位：深圳市同致诚土地房地产估价顾问有限公司

地　　址：深圳市福田区侨香路裕和大厦九层 901-906 室

邮　　箱：474484165@qq.com

房地产估价在地方国有资产整合中的实践思考

李君成　雷雅琴　吴春霞

摘　要： 本文以房地产估价机构的咨询顾问业务为出发点，以某县域国有资产整合规划项目为案例，介绍了房地产估价参与地方国有资产整合中的背景，梳理了地方国有资产整合实施步骤，阐述了房地产估价在地方国有资产整合中业务机会，最后提出了房地产估价机构服务于国有资产整合的相关建议。

关键词： 国有资产整合；房地产估价机构

一、房地产估价参与地方国有资产整合中的背景

根据中共中央、国务院《关于深化国有企业改革的指导意见》（中发〔2015〕22 号）、《关于深化投融资体制改革的意见》（中发〔2016〕18 号），国有企业应当按照"政企分开、事企分开"的原则，通过国有资产整合重组、国有企业转型升级、完善法人治理结构，实现国有资产运营效率提升。2019 年国资委印发《关于进一步推动构建国资监管大格局有关工作的通知》，明确指出统筹深化经营性国有资产集中统一监管，全面掌握国有资产分布状况。在此背景下，国有资产整合应运而生。

根据《企业国有资产评估管理暂行办法》（国务院国有资产监督管理委员会令第 12 号）企业产权转让、资产转让、置换、整体资产或者部分资产租赁给非国有单位应当对相关资产进行评估。在我国一些欠发达地区，国有资产整合工作尚未开展，因此国有资产整合的相关业务市场前景较为广阔。房地产估价有助于准确量化国有资产，有利于优化资产配置、提高资产经济效益，达到国有资产保值、增值的目标。

二、地方国有资产整合实施步骤——以某县国有资产整合为例

某县国有资产整合范围包括国有企业资产和行政事业单位经营性资产两部分，其中国有企业资产主要为国有企业股权资产；行政事业单位经营性资产包含房地产、广告牌（位）和商标，具体整合实施步骤如下。

（一）国有企业资产整合实施步骤

一是对县直各部门持有的国有企业股权、国有资产及管理单位情况进行普查。根据普查结果明确划转明细，确定分批次划转名单，报县政府审批。二是先将纳入整合范围的单位隶属关系变更到县国资公司，再依法依规按程序做好资产划转和人员安置等工作。三是聘请审计及评估机构，以基准日对划转单位实施审计，对划转资产进行评估，同时启动划转事业单位的转企改制工作。四是由划转双方共同向县政府提交无偿划转的请示（附审计或评估报

告），县政府对划转请示进行审核批复。五是划转双方依据划转批复文件及审计或评估报告，依法依规按程序办理股东变更、工商登记、税务登记、产权登记等相关手续。

（二）行政事业单位经营性资产整合实施步骤

一是统一资产权属管理。对全县行政事业单位资产进行清理、确权，将全县所有行政事业单位不动产移交国资局统一管理。由单位按照清查内容和清查原则，依据申报表格如实标准规范填写各申报事项。做好相关资料移交工作，并及时将其所占有、使用的国有房屋所有权人和土地使用权人变更为授权管理机构，办理变更手续。二是统一的资产处置配置管理，行政事业单位所有资产处置必须报国资局审批，并按照公开、公正、公平的原则，实行公开拍卖，对单位闲置资产进行合理调剂。三是统一资产经营管理，通过竞价招租、公开拍租、协议承租等三种方式确定承租人，通过询价、逐年提价、集体研究确定租金价格，保证租金价格逐年增长。同时组建资产经营公司，将国资监管触角延伸到乡镇，统一管理乡镇闲置国有资产、经营性国有资产、政策范围内集体资产。

三、房地产估价在地方国有资产整合中的实践

（一）房地产估价为资产清查提供支持

作为国有资产整合的首要实施步骤，资产清查的重要性无言而喻。资产清查是为了摸清家底，对各项资产的基本情况进行统计。在开展资产清查工作时，运用房地产估价的相关知识，对国有资产中的有效资产、负效资产进行分类，为下一步整合工作提供专业建议。

资产清查过程中，对资产的财务账面情况、权益状况、实物状况进行比对，运用房地产估价原则，对各项资产进行分析。例如，依据合法原则，判断资产的实际用途是否符合规划；依据最高最佳利用原则，判断资产的实际用途是否处于最佳利用状态；依据独立、客观、公正原则，对账有实无或实有账无的资产进行记录，确保不重项、不漏项，防范国有资产流失。

（二）房地产估价为资产处置提供支持

资产清查工作完成后，需要开展资产处置工作。处置工作是国有资产整合的重中之重，包括资产划转、资产出售、资产出租、资产自用、资产改造等，妥善处置资产关系到国有资产的保值增值。

在完成资产清查的基础上，运用房地产估价的相关知识，对各项资产的最高最佳利用进行诊断分析，为资产处置提供决策建议。依据区位状况分析，选择公共交通便利的资产作为事业单位和国企的集中办公场所，将繁华地段的资产腾出用于出租或经营，增加经营收益；依据实物状况分析，将有改造价值的资产改造后出售或出租，没有改造价值的资产纳入城市更新范围；依据权益状况分析，发现资产的产权瑕疵，完善资产的产权手续，为资产处置或融资提供便利。

（三）房地产估价为国有资产经营提供支持

国有资产整合完成后，经营性资产将划转至负责经营的国有资产管理公司。房地产估价的相关知识也可以为国有资产经营提供服务。

经营单位通过委托评估，可以确定用于出售的资产价格或用于出租的资产租金；在融资活动中，房地产估价可以确定资产的融资额度，便于合理安排融资计划；在收购资产的活动中，房地产估价可为收购谈判提供价值参考；在开展征收活动时，也需要利用房地产估价确

定征收补偿金额。

四、房地产估价机构在国有资产整合中的业务机会

（一）资产清查

资产清查是避免国有资产流失并且强化资产管理的关键，在国有企业不断发展的过程中存在着资产权属模糊、利用效率较低等问题，资产清查有助于摸清家底、做好统一管理，提高资产利用效率。在明确资产清查对象单位的前提下，依据各单位申报的房屋资产清单及相关资料，实地查勘资产，了解资产的权属性质、资产来源和相关问题及形成原因等。根据现场勘查确定资产实际情况、利用情况等，整理清查核对后的资产清查信息资料、数据和调查了解到的相关情况，分类汇总房屋资产各项信息及发现的问题，形成资产清查数据分类汇总表和资产清册，分析存在的问题及其成因，以保证资产清查工作的信息准确性。

（二）资产评估

根据《国有资产评估管理办法》对清查资产进行资产评估是维护和协调所有者、经营者权益的有效手段，保障市场经济行为公正客观地进行，对委托方作出有关于房屋资产管理的最佳决策提供依据。现实中国有企业可能存在的实物增资、转让、市场价值咨询都可以借助专业的资产评估方式，确定客观公允的价值，达成国有资产增值保值的目标。

（三）物业分析报告

在资产清查的基础上，通过现场实地查勘了解房屋资产规模、权属性质、资产来源、利用现状及效益等情况，以此为依据向委托方提供物业分析报告。查找、理清各国有企业在房屋资产使用过程中存在的问题及管理纰漏，并提出相应的建设性建议，例如已出租经营类房屋资产运营效益、利用率有待提高的问题；已出租经营类房屋资产，实际租赁用途不符合物业最佳用途情况；部分进行必要的维护改造后，有对外租赁经营条件的房屋资产利用价值尚未发掘等问题。以规范委托方房屋资产管理使用行为，维护资产安全和完整，优化资产配置，提升房屋资产管理及使用效益，为委托方相关决策提供依据，促使国有资产最有效利用。

（四）物业租金评估

房屋资产出租是为保证物业产权的单一性，房屋所有权人对物业享有永久的权利和义务。国有出租经营类房屋资产，存在租金水平偏低、租期较长等问题，因此合理的租金定价显得尤为重要，委托方租金的确定应遵照评估值和依据市场价综合考量，必要时根据拟定承租人的出价，以市场询价和评估值作为参考依据。将评估值作为租赁底价，不可低于评估值进行出租，是国有房地产企业资产租赁的基本。

五、房地产估价机构服务于国有资产整合的相关建议

（一）房地产估价机构应本着独立、客观、公正的原则进行评估。在国有资产整合过程中，地方政府对国有资产流失问题极为注重，而房地资产在国有资产中占据较高的地位，因此房地产估价机构对房地资产进行评估时应真正做到独立、客观、公正地评估，正确面对来自相关企业人员的干预，讲道理，摆事实，尽量将企业对评估人员的干预减少到最低。

（二）由于国有资产整合的资产类型均为国有资产，因此，房地产估价机构应严格按照

国有资产管理的相关要求，合理选用估价方法，同时估价机构对各参数的选择必须做到有依有据。国有资产定价应以市场为基础，由市场的供求关系决定，由房地产估价机构根据当时的市场供需情况来评估确定国有资产价值，准确量化国有资产。

（三）房地产估价机构服务于国有资产整合中应确保不漏评、不低估。估价机构必须在进行房地资产和其他资产评估时，要求被评估单位出具承诺函，承诺其全部资产已列示，或提供专项清产核资报告。

（四）房地产估价机构在参与国有资产整合的过程中，可以深入挖掘其他业务类型，通过为相关单位提供增值服务，获取其他业务收入。例如，在充分了解整合资产状况的情况下，对整合资产的布局或调整提供优化咨询意见，或者对多种拟调整方案进行相关分析，提供决策咨询意见。

参考文献：

[1] 罗勇铭 . 关于加强国有企业资产管理的思考 [J]. 中国总会计师，2017（02）.

[2] 刘辰翔，王卓，胡永强 . 新阶段评估行业为国有资产保值增值保驾护航 [J]. 国有资产管理，2019（12）：42-46.

作者联系方式

姓　　名：李君成　雷雅琴　吴春霞

单　　位：武汉国佳房地资产评估有限公司

地　　址：武汉市江岸区建设大道 702 号房地产交易大厦 24 楼

邮　　箱：1192200622@qq.com

新兴估价业务之革命旧址估价理论与实践

柳　昊　李海平

摘　要：近年来，中共中央强调加强爱国主义教育，充分发挥红色文化教育作用，各级党政机关为加强红色教育，高度重视拓展革命旧址的利用途径，提升革命旧址的展示水平，促进革命老区振兴发展。革命旧址是革命传统教育的重要的物质载体，蕴含着丰富的革命精神和厚重的历史文化内涵，是反映革命文化的纪念性建筑，在加强革命旧址的维护、修缮、征收等工作中，估价需求应运而生。革命旧址的估价是一项新兴估价业务，我们以革命旧址的价值内涵为切入点，分析革命旧址的估价难点，并提出具体的估价作业思路在实践中运用。

关键词：新兴估价业务；革命旧址；价值内涵

革命文物凝结着中国共产党的光荣历史，展现了近代以来中国人民英勇奋斗的壮丽篇章，是革命文化的物质载体，是激发爱国热情、振奋民族精神的深厚滋养，是中国共产党团结带领中国人民不忘初心、继续前进的力量源泉。革命旧址作为革命文物的重要组成部分，分布甚广。目前，城镇范围内现存的革命旧址大多维护较好，但大量分散在乡村的革命旧址，由于建筑老旧、功能不齐全导致不宜居住且不可拆除重建，同时又无法产生效益，产权所有人或居住人缺乏能力和财力进行修缮和维护，导致部分革命旧址实物状况堪忧。

2018 年 7 月 29 日，中共中央办公厅、国务院办公厅印发了《关于实施革命文物保护利用工程（2018—2022 年）的意见》（以下简称"意见"），意见要求"坚持抢救性和预防性保护并重，实施革命旧址维修保护行动计划和馆藏革命文物保护修复计划，加强革命文物安全防范设施建设。加强革命文物保养维护，开展革命文物研究性保护项目。各级政府应及时把新发现的革命文物依法纳入保护范畴，把具有重要价值的革命旧址核定公布为各级文物保护单位。县级政府应落实尚未核定公布为文物保护单位的革命文物保护措施，不得擅自迁移、拆除"。许多地方政府积极行动，采用多种方式筹措专项资金积极保护革命旧址。目前，保护性征收作为比较可行的一种方式被许多地方政府采用，因此产生了一些涉及革命旧址的征收评估需求。如何科学、公平、公允地评估其市场价值值得深入研究。

一、被征收革命旧址的价值内涵

革命旧址，是指近代以来见证我国各族人民长期革命斗争和中国共产党领导的新民主主义革命与社会主义革命历程，反映革命文化的遗址、遗迹和纪念建筑。

根据《房地产估价规范》，"被征收房屋价值应为在正常交易情况下，由熟悉情况的交易双方以公平交易方式在房屋征收决定公告之日自愿进行交易的金额，且假定被征收房屋没有租赁、抵押、查封等情况"。因此，被征收革命旧址的价值内涵为市场价值，但与其他普通房地产不同的是，革命旧址一般建成年代较早，具有一定时期的建筑文化特色，构成了与当地自然环境不可分割的人文景观，而且它还是革命文化的物质载体，记录了光荣的革命历史，因此革命旧址的市场价值受到其独特的革命历史和建筑文化的影响。

二、革命旧址的评估的难点

革命旧址作为红色文化传承的重要物质载体，一般都存续了几十年甚至上百年的时间，在评估实践中存在以下难点：

（一）对革命旧址采用成本法测算其重建成本，存在一定的技术难度。由于革命旧址大多已列为保护文物，缺乏交易实例，因此不适用于比较法；另外，革命旧址开放参观一般为公益免费参观，不具有现实收益的条件，因此收益法也不适用；革命旧址由于不得擅自迁移、拆除和续建，假设开发法也不适用。按照《房地产估价规范》GB/T 50291—2015 4.4.5.2 规定："对具有历史、艺术、科学价值或代表性的建筑物，宜测算重建成本。"根据2021 版《房地产估价理论与方法》对建筑物重建成本（reproduction cost）的解释："是采用与估价对象中的建筑物相同的建筑材料、建筑构配件和设备及建筑技术、工艺等，在价值时点的国家财税制度和市场价格体系下，重新建造与估价对象中的建筑物完全相同的全新建筑物的必要支出及应得利润。"因此，如何在建筑材料不断更新，建造工艺日新月异的情况下测算建筑物的重建成本（重建价格）存在一定的困难。

（二）革命历史因素对革命旧址的经济价值的影响难以客观评价和量化计算。孙海波和徐宁在《基于 VAR 模型的延安市旅游消费对经济增长影响的研究》中基于延安 2002—2018 年的实际统计数据，通过构建 VAR 模型实证分析，结果表明："长期内延安市旅游消费对经济增长的拉动作用大于经济增长对旅游消费的推动作用。"因此，对革命旧址评估必须考虑革命历史因素对其经济价值的影响。重建成本一定程度上体现了建筑文化因素对价值的影响，但未能体现革命历史因素的影响，由于对革命旧址的评估暂无规范可循，历史经验数据缺乏，因此如何客观评价革命历史因素对革命旧址的价值影响值得研究。

（三）政府为了更有效地进行革命旧址保护工作，通过征收方式将革命旧址规范管理、科学保护、合理利用，因此需要对革命旧址的原居住人或产权人进行异地迁移安置补偿。涉及的此类估价项目的评估目的就是为地方政府开展革命旧址保护性征收工作提供房地产市场价值参考，其中最主要的需求是对革命旧址原居住人或产权人的迁移安置补偿提供房地产市场价值参考。因此我们在估价工作中，不仅需要考虑到估价对象自身价值，还需考虑原居住人或产权人迁移安置的成本，其补偿金额是否能够按照同等条件安置被征收人，还需要考虑政府在后续革命旧址保护性工作中需要的投入，是否可行和最高最佳。因此，如何正确合理地权衡征收人和被征收人的双方利益也是此类估价工作的难点。

三、革命旧址的评估思路研究

由于重建成本的求取较为复杂，结合其他学者和估价同行的实践经验，我们对革命旧址的价格评估进行了有益的尝试。对于大量存在的革命旧址，采用重置成本计算重新购建房产价格，在此基础上对其进行建筑文化因素修正，从而测算出其重建成本。在重建成本的基础上再进行革命历史因素修正。即：

估价对象价值＝估价对象重建成本 × 革命历史修正系数 － 建筑物折旧

估价对象重建成本＝估价对象重置成本 × 建筑文化修正系数

由此，修正系数的求取成为评估的关键因素。经过多名资深估价师深入研讨，最终尝试将建筑文化因素修正与革命历史因素修正合并设为因变量，将建筑文化因素和革命历史因素设为自变量，从而构建多元回归模型。由于革命旧址的评估乃新兴业务，实践经验少，修正系数也无历史经验数据。为了最大限度地减少估价师个人主观因素，采用德尔菲法收集专家打分后，代入多元回归模型，计算出各因素的权重并进行 t 检验或者 F 检验。最终，输入估价对象的相关参数即可得到革命旧址的修正系数，最终可测算出其市场价值。

四、革命旧址估价实例

对革命旧址估价的技术路线可以概括为：与估价委托人沟通明确估价目的；确定估价技术路线及制定详细的估价工作方案；估价人员详细查勘；搜集相关材料和建设技术或工艺的信息；测算革命旧址重置成本；计算革命旧址的修正系数；求出该新建筑的经济价值；建筑物折旧的求取；革命旧址经济价值的确定。

按上述的革命旧址估价路线，构建多元回归模型是重要的一个环节。革命旧址的估价由于其特殊性，对其经济价值的影响因素众多，通过调查，剔除不敏感因素，我们最终确定建筑文化因素和革命历史因素从以下几个方面衡量（表1）：

革命旧址经济价值的影响因素表　　　　　　　　　　　　　　　　表 1

影响内容	影响因素	赋值说明（百分制打分）
建筑文化方面	建筑建成年代（X_1）	明代建筑 71～100 分，清代建筑 41～70 分，新民主革命时期 10～40 分
	建筑风格文化特色的代表性（X_2）	代表中华建筑文化 71～100 分，代表区域文化 41～70，代表性低 1～39 分
革命历史方面	政治事件的重要性（X_3）	影响中国革命重大事件走向的 81～100 分，全国重大事件 61～80 分，省级重大事件 31～60 分，市、县级政治事件 30 分以内
	政治人物的重要性（X_4）	国家级革命人物赋值 91～100 分，元帅和大将 70～90 分，区域级革命人物 60～70 分，其他革命人物为 60 分以内

根据以上影响因素构建多元线性模型式（1）：

$$Y_i=\beta_0+\beta_1X_{1i}+\beta_2X_{2i}+\beta_3X_{3i}+\beta_4X_{4i}+\mu_i,\ i=1,\ 2,\ \cdots \qquad （1）$$

其中，Y 为修正系数，μ 为随机扰动项。

列举出全国 20 个革命旧址，通过德尔菲法请专家对列举出的革命旧址的影响因素及修正系数进行多轮的打分，将确定的革命旧址的各因素得分和修正系数得分代入模型（1），通过 Eviews 软件进行回归，求出 $\beta_0 \sim \beta_4$ 的值（表2）。

经查表，$F_{0.05}(4, 15)=3.74$，上表中 F 值为 $419.5458 > F_{0.05}(4, 15)=3.74$，说明多元回归方程是显著的，分别将 C、$\beta_1 \sim \beta_4$ 值代入（1）式，则得式（2）：

$$Y=37.98+0.55X_1+0.04X_2+1.34X_3+0.93X_4 \qquad （2）$$

2021 年上半年，在对广西壮族自治区百色市两处革命旧址估价时，应用该模型计算的修

Eviews 软件进行回归求值表　　　　　　　　　　表 2

Variable	Coefficient	Std. Error	t-Statistic	Prob.
C	37.97731	6.285029	6.042503	0.0000
X_1	0.550309	0.309877	1.775894	0.0960
X_2	0.043261	0.249826	0.173165	0.8648
X_3	1.338620	0.444656	3.010462	0.0088
X_4	0.930749	0.324221	2.870730	0.0117
R-squared	0.991141	Mean dependentvar		197.0000
Adjusted R-squared	0.988779	S.D. dependent var		60.74970
S.E. of regression	6.435303	Akaike info criterion		6.773793
Sum squared resid	621.1968	Schwarz criterion		7.022726
Log likelihood	-62.73793	Hannan-Quinn criter.		6.822387
F-statistic	419.5458	Durbin-Wats on stat		0.902018
Prob（F-statistic）	0.000000			

正系数分别为 1.25 和 1.29，估价师经过市场调查验证，采用该模型测算评估出的估价结果复核市场行情，且相关当事人对最终的估价结果均无异议，证明该估价路线具备一定的可行性。

五、结语

革命旧址的估价作为新兴估价业务，随着国家加大对革命文物的保护，地方政府对红色文化的重视，以及最近几年兴起的红色旅游活动，唤醒了政府及民间对革命旧址的保护意识。革命旧址的估价业务方兴未艾，在革命旧址估价实务时，如何对革命历史因素和建筑文化因素进行分析量化，多元回归模型求取修正系数作为一种技术路线，还有许多待完善的地方，应用层次分析法（AHP）也是一种技术路线，也值得深入研究，如何做到估价既是科学，又是艺术，还有较长的路要走。

参考文献：

[1] 杨斌.上海市优秀历史建筑经济价值评估探索 [J]，中国房地产估价与经纪，2020，145（06）.

[2] 孙海波、徐宁.基于 VAR 模型的延安市旅游消费对经济增长影响的研究 [J]，延安大学学报（自然科学版）.2021，40（02）.

作者联系方式

姓　　名：柳　昊　李海平

单　　位：广西广证房地产土地资产评估有限公司

地　　址：广西南宁市青秀区民族大道 82 号嘉和南湖之都 29 层 2905 室

邮　　箱：liuhao@gzpg.net；lihaiping@gzpg.net

注册号：柳昊（4520060048），李海平（4520110012）

新兴估价业务的估价实践

——再谈房地产损害赔偿

胡警卫

摘　要：近年来，因新建高层住宅对原有住宅楼的宜居性造成损害时有发生，被损害的业主与新建楼盘开发商之间的矛盾往往引发群体性社会矛盾。如何量化住宅房地产的损害价值，成为解决问题的关键。笔者提出基于模糊数学的住宅房地产损害赔偿估价技术路线，为解决矛盾做出了有益的探索，可供借鉴和参考。

关键词：模糊数学；住宅房地产；损害赔偿估价

住宅是人们居住和生活的场所，也是家庭的重要财产。由于就业机会、教育医疗以及人文环境的丰富完善，城市的辐射力越来越强，吸引着人们不断向城市转移，导致城市建设用地的开发强度越来越大。所以，城市发展是把双刃剑——住宅楼越盖越高，毗邻住宅损害纠纷的案件越来越多。以住宅房地产受到损害为由要求赔偿的纠纷案件屡见不鲜。

一、住宅房地产损害

住宅房地产损害的类型具有多种多样的表现形式，可能表现为实体损害、功能损害、权益损害和环境损害等不同情形，也可能表现为可修复的房屋损害和不可修复的房屋损害。房地产损害一般会直接造成房地产价值减损，包括实体价值减损、市场价值减损及相关经济损失。造成房地产损害的情形通常是由于相邻方的不当行为导致，《中华人民共和国民法通则》第83条规定，"给相邻方造成妨碍或者损失的，应当停止侵害、排除妨碍，赔偿损失"。权利人完全可以依法对加害人提起民事诉讼，通过当事人和解、第三人调解、机构仲裁或诉讼判决等方式维护自身的正当权益。

本案是多层住宅楼业主与毗邻新建高层楼盘开发商之间的房地产损害赔偿纠纷。多层住宅楼为板式楼，南北朝向，该楼的正南方拟批建一个高层新楼盘，地上建筑总高98m，地上1～4层为商业裙房，地下4层拟作车库，基坑深16m。多层住宅楼距离基坑外沿15m，距离拟建高层的裙房为27m。新楼盘项目未批先建，施工扰民现象严重。多层住宅楼业主认为楼盘项目违规施工，强光、噪声扰民严重，基坑深大对多层建筑地基造成严重影响，日照采光明显减少，配建的商业体量太大对居住环境造成明显影响，楼间距太近导致视觉卫生不良，室内昏暗导致业主能耗增加，严重影响多层住宅楼业主的身心健康。为此，多层住宅楼Y户业主向笔者提出估价咨询。

二、模糊数学理论

模糊数学又称 Fuzzy 数学，它是研究模糊性现象的一种数学理论和方法。人们将模糊性概念用模糊集进行描述，通过数学转换从而进行判断、评价、推理和决策，这就是模糊数学的综合评判过程。

在现实生活中，人们经常会遇到模糊概念。比如，好与坏、美与丑、快与慢等，都包含着一定的模糊概念。这种模糊概念是一种定性描述，无法体现到定量上的精确度。

但是，我们知道，无论任何事物都具有多种属性，受诸多因素的制约，我们可以通过对事物的固有属性进行总体性评价。在评价过程中，将事物的属性分解为多个指标，通过一定的数学方法进行转换，从而实现对事物的好坏、优劣进行评价和判定。

假设对某对象 P 进行评价，设评价的因素集为 $U=\{u_1, u_2, \cdots, u_n\}$，这就说明对象 P 有 $u_1, u_2, \cdots, u_n$ 共 n 个基本因素；设每个评价因素有 m 个评价等级，将它看作一个集合，称为评判等级集（简称评判集），用 V 来表示，则 $V=\{v_1, v_2, \cdots, v_m\}$；因素集 U 中每个元素在综合评判时的重要程度不同，为此给各因素 u_i 赋予一个权重系数（简称权重）a_i，且 $a_i \in [0, 1]$，$\sum_{i=1}^{n}a_i=1$，那么，我们可以得到模糊集合 $\bar{A}=(a_1, a_2, \cdots, a_n)$。

对因素集内诸多因素做出各种评定是一种模糊映射，即对单因素的评定。由于评定成员有可能做出不同的评定结果。因此，描述评价结果只能用对 u_i 做出 v_j 评定可能性的大小表示，这种可能的程度称为隶属度，记作 r_{ij}。对于某个确定的 i、j 仍可由 1 到 m 取值，因此对第 i 个因素 u_i 有一个相应的隶属向量。

$R_i=(r_{i1}, r_{i2}, \cdots, r_{im})$ 即 V 上的 Fuzzy 子集。整个因素集内诸因素相应的隶属度向量可形象地记为：

$$\bar{R} = \begin{bmatrix} R_1 \\ R_2 \\ \vdots \\ R_n \end{bmatrix} (r_{ij})_{n \times m} \quad i=1, 2, \cdots, n; \quad j=1, 2, \cdots, m \quad （1）$$

且归一化：$\sum_{j=1}^{m}r_{ij}=1$（$i=1, 2, \cdots, n$）。

由模糊变换：$f: F(U) \rightarrow F(V)$，$A \rightarrow f(A)=\bar{A} \circ \bar{R}=\bar{B} \in F(V)$（"$\circ$" 表示广义模糊合成计算）即得模糊综合评判模型为：

$$\bar{B}=\bar{A} \cdot \bar{R}=(a_1, a_2, \cdots, a_n) \begin{bmatrix} r_{11} & r_{12} & \cdots & r_{1m} \\ r_{21} & r_{22} & \cdots & r_{2m} \\ \cdots & \cdots & \cdots & \cdots \\ r_{n1} & r_{n2} & \cdots & r_{nm} \end{bmatrix}=(b_1, b_2, \cdots, b_m) \quad （2）$$

其中 $\quad b_j=\sum_{i=1}^{n}a_i \cdot r_{ij} \quad j=1, 2, \cdots, m \quad （3）$

从而得到相应的综合评定 $\bar{B}$。

再由等级分数矩阵 $P=(p_1, p_2, \cdots, p_n)$ 可以得到综合评判值 S：

$$S=\bar{B} \cdot P^T \quad （P^T 为 P 的转置矩阵） \quad （4）$$

三、住宅房地产损害赔偿估价

不同的住宅房地产，各自影响因素不同，导致的受损害情况会千差万别。基于模糊数学理论，只有依据评估项目的具体情况进行有针对性的分析，才能有的放矢地确定作业方案和估价技术路线。

（一）损害赔偿估价技术路线

针对本文涉及的住宅房地产损害赔偿的估价技术路线：通过常规的比较法测算，求得该住宅房地产未损害前的市场价值，基于模糊数学对住宅房地产的损害影响因素进行综合评价，进而求取住宅房地产的价值损害系数，并最终测算出住宅房地产损害评估值，以此作为损害赔偿额。计算公式如下：

住宅房地产损害评估值 = 住宅房地产未损害前的市场价值 × 价值损害系数

（二）确定损害影响因素

新建楼盘基坑深达 16m，基坑开挖过程中对基坑边坡进行多层锚杆支护，但研究表明，当基坑开挖深度超过 12m 时，建筑物距离对基坑周边建筑物沉降变形的影响较大；当建筑物与基坑的距离小于基坑的设计开挖深度时，建筑物距离对基坑周边建筑物及地表沉降变形的影响较大。此案的多层住宅楼距离新建高层基坑外边沿为 15m，在影响范围内，故将地基沉降确定为影响因素。

新建楼盘外墙与多层住宅楼外墙距离为 27m，且新建楼盘地上建筑高度为 98m，因此新建楼盘对北侧多层住宅楼采光时间的影响相当明显。新楼盘建成后，北侧多层住宅楼的采光时间将大幅减少，故将采光减少确定为影响因素。

采光时间大幅减少的同时，北侧住宅楼的亮灯照明时长增加了。开发商指出，新建高层虽然增加了初冬初春季北侧住宅楼的采暖能耗，但夏天背阴可以减少开空调的能耗。即便如此，但亮灯时长增加的能耗不可避免，故将能耗增加确定为影响因素。

新建楼盘违规施工，噪声影响严重，住户拍录的影像资料可以佐证，开发商也承认赶期施工对原住户造成了切实影响。而且，该新建楼盘 1～4 层裙楼为商业，建筑规模一万多平方米，属于中大型商业设施，后期投入运营会对原住户带来长期持续的噪声，故将噪声影响确定为影响因素。

因此，针对本案，笔者确定影响 Y 户房地产价值的主要因素为四项：地基沉降、采光减少、能耗增加、噪声影响。

（三）确定影响因素的权重

为了审慎处理影响因素的权重，笔者借助专家资源进行梳理和判断。由专家群体对四项影响因素的权重进行评判，最终确定影响因素。即：

（地基沉降　采光减少　能耗增加　噪声影响）=（0.2　0.5　0.1　0.2）

（四）评估指标

影响因素对住宅房地产的影响，按轻重大小分为严重、较严重、一般、较轻、轻微五个级别指标。由专家群体进行评判，形成调查结果。即：

$$\begin{bmatrix} 地基沉降 \\ 采光减少 \\ 能耗增加 \\ 噪声影响 \end{bmatrix} = \begin{bmatrix} 0 & 0 & 0 & 0.8 & 0.2 \\ 0 & 0.7 & 0.3 & 0 & 0 \\ 0 & 0.1 & 0.6 & 0.3 & 0 \\ 0.1 & 0.3 & 0.4 & 0.2 & 0 \end{bmatrix}$$

故指标评估表如下所示（表1）。

指标评估表　　　　　　　　　　　　　　　　　　　　　　　　　　　　　　　　表1

影响因素	权重	调查结果				
		严重	较严重	一般	较轻	轻微
地基沉降	0.2	0	0	0	0.8	0.2
采光减少	0.5	0	0.7	0.3	0	0
能耗增加	0.1	0	0.1	0.6	0.3	0
噪声影响	0.2	0.1	0.3	0.4	0.2	0

综合评价结果如下：

$$\vec{B} = \vec{A} \Box \vec{R} = (a_1, a_2, \cdots, a_n) \begin{bmatrix} r_{11} & r_{12} & \cdots & r_{1m} \\ r_{21} & r_{22} & \cdots & r_{2m} \\ \cdots & \cdots & \cdots & \cdots \\ r_{n1} & r_{n2} & \cdots & r_{nm} \end{bmatrix} = (b_1, b_2, \cdots, b_m)$$

$$= (0.2 \quad 0.5 \quad 0.1 \quad 0.2) \begin{bmatrix} 0 & 0 & 0 & 0.8 & 0.2 \\ 0 & 0.7 & 0.3 & 0 & 0 \\ 0 & 0.1 & 0.6 & 0.3 & 0 \\ 0.1 & 0.3 & 0.4 & 0.2 & 0 \end{bmatrix}$$

$$= (0.02 \quad 0.42 \quad 0.29 \quad 0.23 \quad 0.04)$$

最后对Y户住宅房地产损害状况的综合评估结果表明，其总体评估态势是：2%为严重，42%为较严重，29%为一般，23%为较轻，4%为轻微。

（五）构造转置矩阵 P^T

我们把每一个评价结果与一个分值对应起来，通过构造转置矩阵可以将评价结果化为一个确切的价值损害系数S。

本案涉及的住宅房地产损害赔偿估价，建立在这样一个预想假设前提下：新建高层对多层住宅房地产有影响，但影响有限。因为该新建高层已被政府部门规划审核初步通过，说明它是基本满足政府规划指标的，并且基坑设施不会导致多层住宅房地产的建筑结构明显破坏（若造成建筑结构明显破坏将另当别论）。但新建高层楼盘确实给多层住宅的居民带来了不利影响，住宅宜居性大打折扣。基于这样一个实际情况，结合专家意见，确定10%作为上限值，2%作为下限值，以等差数列建立转置矩阵。即：

$$P^T = (0.1 \quad 0.08 \quad 0.06 \quad 0.04 \quad 0.02)$$

（六）确定价值损害系数 S

$$S = \bar{B} \cdot P^T$$
$$= (0.02 \quad 0.42 \quad 0.29 \quad 0.23 \quad 0.04) \cdot (0.1 \quad 0.08 \quad 0.06 \quad 0.04 \quad 0.02)$$
$$= 0.063$$

故本案住宅房地产 Y 户的价值损害系数 S 确定为 0.063。

（七）确定损害赔偿额

确定损害赔偿额是房地产损害赔偿估价的最终目标。根据不同的具体情形进行有针对性的分析，住宅房地产未受到损害前的市场价值可以采用片区价、小区价、楼盘价等粗略性指标来替代。笔者为准确测算 Y 户住宅的市场价值，采用市场法进行测算。然后将相关数据代入公式：

住宅房地产损害评估值 = 住宅房地产未损害前的市场价值 × 价值损害系数
= 房地产未损害状况下的单价 × 建筑面积 × 损害系数

根据公式，笔者测算出该住宅房地产 Y 户的损害评估值，并将该损害评估值确定为本案住宅房地产 Y 户的损害赔偿额，据此做出损害估价专业性意见。

四、估价思路的实际指导意义

按修复程度分类，房地产损害赔偿估价一般分为可修复损害估价和不可修复损害估价，估价方法有修复成本法、损失资本化法、价差法等。本案的损害赔偿估价，属于不可修复损害估价范畴，是笔者结合模糊数学的理论和方法，进行创新性估价的一种尝试。

（一）为房地产估价师开展损害赔偿评估提供了一个新思路

笔者调查发现，类似本案的住宅房地产估价通常都简化为针对采光损失进行损害赔偿评估的思路，这种化繁为简的技术性处理方式，能够解决一部分实际问题，也是目前此类损害赔偿估价的常规技术思路。

本案涉及的损害赔偿估价，笔者最初曾建议业主仅考虑采光减少因素以此来评估确定房地产价值的损害程度。但是受损害的业主方不同意，他们认为造成住宅房地产损害的因素并非单一性因素，而是综合性因素叠加作用所致。如果仅考虑采光减少带来的价值损害，会低估他们受损害的利益。因此，笔者不得不另辟蹊径，考虑多因素综合评估。

笔者基于模糊数学建立的住宅房地产损害赔偿估价模型，为损害赔偿估价提供了一个新思路，是现有损害赔偿估价体系的有益补充，可为房地产估价师开展损害赔偿评估提供借鉴和参考。

（二）为邻里纠纷当事人和平解决利益矛盾提供了谈判蓝本

毗邻高层建筑引起原有住宅房地产损害纠纷，本质上是业主对自身相邻权益受到侵害的一种自我保护。在现实社会中，往往引起社会群体性事件，处理不当容易激化社会矛盾。

受损害的业主为了维护自身权益，减少利益损失，往往采取多种维权方式——投诉、信访、围堵施工、起诉打官司等。但是解决纠纷最根本的问题是对损害程度进行量化。毗邻高楼建成以后，以前可以远眺的景色看不到了，全天式的日光浴变成了奢望，外面天色敞亮时室内就需要亮灯增光，以及随着时间推移渐渐显现的地基沉降量，这些都是实实在在的损害和影响。但是这些切实的损害到底怎么量化？能值多少钱？需要得到多少赔偿？业主很难讲清楚。基于模糊数学的房地产损害估价，是实现损害程度量化的技术手段。

受损害的业主方基于笔者做出的损害估价专业意见，以此为蓝本与新建高层楼盘开发商进行反复谈判，并最终解决了实际问题。笔者基于模糊数学做出的住宅房地产损害赔偿估价专业意见起到了应有的作用，也是令笔者感到欣慰的。

五、结语

住宅房地产损害赔偿估价有别于传统估价，属于"新""奇""特"估价业务，一般涉及的估价对象的损害价值量都不大，但出具专业意见却需要估价师投入较大的精力和较繁琐的工作量，而且潜在的执业风险明显偏高，所以估价机构和估价师不敢轻易接手房地产损害赔偿估价业务。笔者结合自己的实践经验，提出基于模糊数学的损害赔偿估价技术路线，以期抛砖引玉，为业内同仁提供一些借鉴和参考。同时希望估价师能将估价科学和估价艺术紧密结合起来，不断突破和创新，提高估价技术水平。

参考文献：

[1] 戴建国 . 浅析房地产损害赔偿估价 [J]. 上海房地，2015（01）：53-54.

[2] 马文学 . 模糊数学的基本原理 [J]. 数字通信世界，2019（04）：235.

[3] 高雁，颜传法，潘娅红 . 建筑物距离对基坑周边环境沉降变形的影响 [J]. 四川建材，2016（42）：95-96.

作者联系方式

姓　名：胡警卫

单　位：河南康鑫源房地产估价咨询有限公司

地　址：河南省郑州市建设西路 187 号泰隆大厦 8 层 805 室

邮　箱：653033530@qq.com

注册号：4120150036

浅议"凶"宅价值贬损评估

——评估实务中对于存在非正常死亡事件的住宅价值贬损评估技术思路探讨

宋莉娟 蒋骏文

摘　要： 随着城市化进程不断深入，房地产市场飞速发展，二手房市场的交易也日益活跃。而二手房房源鱼龙混杂、质量参差不齐，甚至有购房者买到了所谓的凶宅，造成了诸多二手房买卖纠纷。同时，司法案件中也屡见涉及凶宅的房地产估价项目。本文以涉"凶"住宅的评估界定为阐述基础，对估价实务中涉"凶"住宅评估如何确定技术路线、选用合适的估价方法及技术难点进行了分析。

关键词： 涉"凶"住宅；凶宅；估价方法；估价技术思路

一、引言

自中国城镇住房制度全面开展、住房商品化改革以来，中国的住宅市场得到突飞猛进的发展，自 2020 年以来，全国多地房地产市场需求端仍然释放出对新房及二手房的大量需求，并驱动住宅成交量价齐升。在活跃的二手房交易过程中，出现了多起涉及"凶宅"的买卖合同纠纷，甚至司法案件中也出现了多起涉及"凶宅"因素的房地产司法鉴定业务。如何对涉"凶"住宅市场价值进行客观公正的评估，成为摆在估价师面前一个倍感复杂又纠结的课题。

二、涉"凶"住宅的评估界定

到底何为"凶"宅？什么样的房屋才能界定为涉"凶"住宅？

我国是社会主义法治国家，秉承唯物主义科学发展观，从古至今关于鬼神之说也只是见于民间传说，至于"凶宅"在我国法律上更是没有明确的概念界定。而人们对于"凶宅"的恐惧，实际上源于对死亡的畏惧心理，并且这种敬畏早已融入了中华民族民俗中的方方面面。因此在符合公序良俗的普遍认知前提下，人们对发生过非正常死亡的房屋会在心理上感到不同程度的恐惧，而此类房屋多被称为"凶宅"，且房屋往往会因此贬值。但一般来说，房屋内非正常死亡事件的发生对房屋结构造成物理上的损害程度较小，且较易进行货币量化，故本文对于其物理上的贬损暂不作讨论，仅对非物理贬损评估进行探讨。

首先，在估价实务中，如何界定住宅是否具有涉"凶"属性，是评估其价值的首要任务。由上文可知，凶宅非物理贬损主要是基于常人对于死亡的恐惧，对发生过非正常死亡事件的住宅产生忌讳心理，从而心存芥蒂，客观上认为其具有了一定非物理上的瑕疵，从而导致该房屋在后续的自用、出租或转售中会受到不同程度的阻碍。但是，一般情况下这种阻碍因素并非一成不变的，而是随着时间的流逝会逐渐减弱甚至消失。因此，笔者认为，估价实务中衡量住宅是否具有涉"凶"属性，必须具备以下要素：①房屋内发生的非正常死亡事件必须客观存在，且有据可查，如果只有捕风捉影的各类传说，不能直接认定其为"凶宅"；②发生非正常死亡事件由非正常客观因素造成的，如由健康原因导致的病死或老死均属于正常死亡，其房屋也不能简单地认定为"凶宅"；③由于该特定事件的因素，已造成一定负面社会影响，致使大部分人对此心存芥蒂，不愿意正常接受该房屋；④该特定事件发生时间与评估的价值时点相差不应太长，人们对该房屋产生的消极心理影响导致的非物理上的瑕疵并未完全消失。综上，具备上述因素的住宅，才能确认其涉"凶"属性，从而在对其进行价值评估时需要考虑该特殊因素对房地产价值产生的重大影响。

三、涉"凶"住宅主要评估技术思路与估价方法

根据《房地产估价规范》规定，房地产估价通常使用的方法主要有比较法、收益法、假设开发法、成本法等。估价方法的选择直接关系到估价结果的准确性，根据估价目的及估价对象的状况，不同的估价对象应分别采取不同的估价方法。对于涉"凶"住宅来说，因其特殊属性使其价值与正常住宅偏离度较高，则评估技术思路与估价方法也不尽相同。关于涉"凶"住宅市场价值评估方法的选取主要分析如下。

（1）比较法适用于市场发达、交易活跃、有充足的具有替代性房地产的评估。根据市场调查分析，涉"凶"住宅从交易量和影响度上仍与正常商品房交易有着较大差距，虽然二手房市场有部分交易案例，司法拍卖平台上也出现多个成功案例，但是同一区域内涉"凶"住宅成交案例出现概率极小，使其在交易活跃度、交易案例充足度上根本无法满足比较法的适用要求。因此涉"凶"住宅无法直接采用比较法进行评估。

（2）收益法适用于有现实收益或潜在收益的房地产评估。虽然涉"凶"住宅具有住宅正常属性，也具备潜在收益性，但是由于其涉"凶"的特殊性，人们普遍较为抵触，因此不被正常租客所接受，除极个别出现的蹿红网红鬼屋之外，一般凶宅都处于空置闲置中，而无法获取正常租金收益，因此也无法直接选用收益法进行评估。

（3）假设开发法适用于"待开发房地产"，是指具有投资开发或再开发潜力的房地产。涉"凶"住宅为建成后房地产，持有人也不可随意变更用途，故不存在改用途的可能性，故涉"凶"住宅价值评估不适用假设开发法。

（4）成本法适用于无市场依据或市场依据不充分而不宜采用比较法、假设开发法进行评估情况下的房地产评估。虽然涉"凶"住宅取得的确是有成本的，但是由于其本质为住宅，且因涉"凶"的特殊性，无法直接量化相应的涉"凶"的非物理性折旧，因此在实际评估中也无法直接通过成本累加准确测算出涉"凶"住宅市场价值。

综上所述，当前几大估价方法均无法对涉"凶"住宅进行直接评估。由于涉"凶"住宅从本质上还是属于住宅，故只能选用间接评估的方式，先评估出正常属性的住宅价值，再考虑具体涉"凶"特殊性确定相应的减损率，从而测算出涉"凶"住宅正常市场价值。

四、涉"凶"住宅评估实务中技术难点研究

现实生活中，人们大多能认可涉"凶"住宅存在一定非物理上瑕疵这一观念，承认其与正常房屋存在一定程度上的价值贬损，即存在一定的减损率。但是由于涉"凶"事件的不同，这个减损率却存在巨大差异。那到底该如何确定减损率，是否有方式可量化计算，使得评估出的涉"凶"住宅的市场价值更加客观公正、合情合理，能被市场接受呢？总体看来，减损率的确定是涉"凶"住宅价值评估的最大技术难点。

从传统的评估思路看，确定减损率的首选方式，一般从凶宅交易价值与正常住宅价值之贬损差额计算来确定，即通过收集一些发生过交易的凶宅案例，将其交易价格与区域内正常住宅市场价值相比，得到对应的价值贬损。采用此类评估技术路线时，为了减损率的精准度及可适应性，一般需要收集尽可能多的涉"凶"住宅实际成交案例，无论是二手房市场中的交易案例还是司法拍卖平台成功拍卖的标的案例，都要尽力收集完整，形成一个涉"凶"房地产信息数据库，评估涉"凶"住宅时，通过数据库中相关信息进行筛选分析比对，从而计算出对应项目的减损率。

此外，还有一种已被广泛认可的确定减损率的方式，即选用特尔菲法（专家调查法）进行确定。评估涉"凶"住宅时，要求估价师将项目背景及相关情况进行详细披露，制作成相应的征询意见书，通过专家库筛选并找到一定数量的行业专家，邀请专家们对特定项目中涉"凶"住宅的减损率进行分析判定，征询完众多专家的意见之后，再进行科学合理的整理、归纳与统计，最终确定具体项目的减损率。

笔者认为，上述两种方式理论上都可以得出涉"凶"因素的减损率，但是在估价实务操作中，却存在诸多难点与限制。例如，第一种方式要求估价机构拥有一个具有庞大且信息完备的涉"凶"房地产数据库，才能准确估算出对应贬损值及减损率。但是此类信息数据库建立十分困难，运用也有很多限制。首先，进行交易信息收集整理时，由于该类特定信息相对隐晦，无法像面积、楼层这种基本信息能明显确认；其次，就算收集信息时明知该房屋交易价格偏低是存在一定的特殊性，但是产生特殊性的具体事件信息也不易准确收集，从而在数据库中无法准确对其特殊性进行量化，导致估算出减损率数值可能会存在较大偏离；再次，同一区域内找到类似的涉"凶"房地产概率相当小，因此不得不采用类似供需圈甚至仅为一定地域偏差范围内的相关案例数据，估价对象与案例之间本身就可能存在较大差异，而由于事件性质、恶性程度、传播影响范围、时间间隔等因素都不同，也会导致减损率存在较大差异。如若只是简单通过数据库筛选累加得出的减损率，根本无法准确反映特定涉"凶"条件对特定估价项目的影响程度，因此必须设定合理的计算模型对数据进行处理，才能准确估算减损率数值。但建立并验证科学合理的计算模型对于绝大多数估价机构来说，相对是弱项与短板，存在一定困难。

当然，采用特尔菲法（专家调查法）也可以得出具体减损率，通过专家的意见可以充分提示出专业人士对涉"凶"特定条件对估价对象的影响程度。但是专家调查法本质上由各专家自行测算减损率，由于计算过程相对独立，调查过程及采用参数口径等均可能会存在一定差异，导致各专家最终的结论和内涵存在一定的偏离度。并且对于单个估价项目来说，如果征询意见的专家数量过少，则结论不具有普适性及代表性，使得结论的可信度大打折扣，而一旦征询的专家数量过多，其流程会相对繁冗复杂，致使实际操作难度较大。

此外，由前文分析可知，涉"凶"住宅对房地产价值影响及贬损程度是基于常人心理因

素产生的一种非物理上的瑕疵，从而导致该房屋在后续的自用、出租或转售中受到不同程度的影响，且这种影响会随着时间流逝，影响程度逐渐减弱直至消失。一般来说，事件性质越恶劣、传播范围越广，致使人们这种消极心理影响消失的时间就越长，对房地产现时价值的贬损影响就越大。因此，笔者认为，可以将"时间"作为确定减损率的最大影响因子，并且"时间"的长短应该与项目的减损率大小成正比关系。通过对"时间"的确定，量化出该因素造成的经济贬损程度，从而计算出对应的减损率。

笔者认为，由于涉"凶"住宅这类项目的特殊性，估价师预计常人对该特定事件消极心理影响程度及时间长度，且这个影响是基于一定区域范围内社会大众的心理感受，因此获取所在区域特定人群的真实心理反应相对于大范围征询特定专业人员的意见而言，流程较为简便，也更具有可操作性。我们可以参考特尔菲法（专家调查法）的思路，通过征询方式收集、整理、归纳统计特定人群对特定事件影响的程度及接受时间，并以此作为确定"时间"这个关键影响因子的一种方式。估价师可通过市场调查，广泛征询项目所在地目标人群对该特定事件的意见，征询人员范围包括但不限于小区邻居、物业公司人员、安保人员、居委会人员、周边中介及社会其他大众群体等，最终以特定人群的意见作为评判影响时间的重要参考依据。

五、涉"凶"住宅项目评估实例分析

以笔者曾经承办的某司法评估项目为例，项目主要情况如下：

估价对象：江苏省昆山市花桥镇绿地国际家园圣心西环路某弄某幢906室；

估价目的：应委托人审理案件之需对估价对象在价值时点的房地产的市场价值进行评估；

价值时点：2019年8月27日；

项目特殊性：估价师在承接上述评估项目时，承办法官及当事人都提及估价对象有一定特殊性。根据当事人介绍及委托方确认，估价对象室内于2018年发生了非正常死亡事件，原房屋所有权人因故于室内自杀身亡。

估价师在承接上述司法鉴定项目后，分析认为：估价对象室内发生的非正常死亡事件客观存在，且事件发生日距价值时点仅1年左右时间，仍有周边群众知晓，存在一定的负面影响，但该事件恶性程度不高。基于上述因素，估价师认为该房屋属于涉"凶"住宅，对其进行价值评估时应充分考虑该涉"凶"因素对其房地产价值的影响。

由前述分析可知，本次评估的是估价对象作为涉"凶"住宅的市场价值，在评估技术路线选取时，先通过采用比较法及收益法进行测算，估算出估价对象作为正常属性的住宅房地产市场价值，再考虑估价对象本次涉"凶"特殊性，确定相应的涉"凶"减损率，从而确定该估价对象作为涉"凶"住宅的市场价值。

在收益法测算过程中，估价对象所在区域正常住宅房屋出租案例较多，较易收集正常出租案例租金，通过预测估价对象作为正常住宅房地产的未来收益，利用报酬率将未来收益转换为价值得到估价对象作为正常房地产收益价值。

在比较法测算过程中，估价对象所在小区类似住宅房地产成交及挂牌案例较多，且交易活跃、有充足的替代性，因此具有可比案例的特性。通过对多个案例进行走访比对，仔细鉴别选取最适合的比较案例，再进行适当修正和调整，从而得到估价对象作为正常房地产的比较法估价结果。

通过两种估价方法测算得到各自评估结果后，结合评估目的对不同方法测算出的估价结果选取相应权重，从而得到了估价对象不考虑涉"凶"前提下，作为正常房地产的市场价值。

由前述可知，估价对象于 2018 年室内发生过非正常死亡事件，并确认其为涉"凶"房地产。因此，本项目的关键点是确定其涉"凶"减损率。由前述思路，估价师为该项目制作了征询意见分析表，将项目背景及相关情况进行了披露（由于估价对象为司法鉴定项目，披露信息时需注意保密义务，并需保护当事人隐私，因此隐去了部分相关信息）。估价师在后续对项目进行现场查勘时，又再次进行了大量的市场调查及人员走访，充分征询当地群众（包括小区邻居、物业公司人员、安保人员、居委会人员、周边中介及社会其他大众群体等）对该房屋特定事件影响程度及可接受时间的意见。再根据征询意见分析表回馈调查数据进行统计分析，并结合估价师的专业判断，最终确定本案中涉"凶"事件影响范围为社区级，所需消除时间约为 10 年。因此本次评估设定消除上述事件对房屋价值消极影响的时间为 10 年（至价值时点，上述事件已发生约 1 年，剩余 9 年）。

其次，估价师从买受人（投资人）角度分析，假设买受人在消极影响的剩余 9 年间，房屋因无法出租导致持有期间无租金收益并延长相应持有期限后才能转售，通过计算，估算出估价对象因特定事件导致在未来 9 年间房屋转让或出租困难引起的减损率。

再次，估价师从房屋使用者角度，假设在未来 9 年期间，由于心理因素原因导致房屋不能正常使用，即需要从租赁市场支付兑价（租金）租用同地段、同类别房屋用以替代，从而通过计算这一额外支出的方式，从使用者角度估算出未来 9 年间无法正常使用的减损率。

最终，综合分析后考虑到上述两种方式都能合理反映特定事件对房屋造成的贬值损失，按照上述两种方法计算出的减损率进行可信度分析后，采用加权平均方式计算出了本项目的减损率，最终得到了估价对象作为涉"凶"住宅房地产市场价值，圆满完成了该司法评估委托项目。

六、结语

随着时代的发展，未来估价业务发展的空间也会越来越大，作为估价师也将会面对更多更新更复杂的估价项目。当我们在未来工作中面对新项目新的技术难点及问题时，需要有创新的理念和严谨的科学态度，转变传统和惯性的思维方式，充分考虑项目自身的特点，找出最适用的方法去解决问题，最终才能更好地完成评估项目。本文中提及的某些思路只是笔者根据自身从业经验中总结出来的一己抛砖引玉之言，不具有普遍性或代表性，文中还有很多不足之处甚至错误的地方，期望同行和读者给予批评指正，共同参与探讨研究，集思广益，切实地解决涉"凶"住宅价值评估实务中遇到的各种难题，这是此文的出发点。

作者联系方式
姓　　名：宋莉娟　蒋骏文
单　　位：上海同信土地房地产评估投资咨询有限公司
地　　址：上海市黄浦区鲁班路 600 号 10 楼（邮编：200023）
邮　　箱：844300495@qq.com
注册号：宋莉娟（5120070075），蒋骏文（3120070003）

房地产开发企业破产评估业务探讨与实践

余秀梅　朱永飞

摘　要： 近年来，受宏观经济形势变化和房地产调控政策的叠加影响，一些中小型房地产开发企业因经营管理不善、资金链断裂而申请破产的案例呈上升态势。鉴于房地产企业破产案件涉及债权人多、资金体量大、社会影响广、实体类型与权属关系复杂等特点，对评估机构的综合服务能力提出了新的更高的要求，如何做好房地产企业破产评估，为破产管理人提供科学客观的决策服务，也成为评估机构在竞标中能否取胜的关键因素。

关键词： 房地产开发企业；破产清算；评估业务

房地产开发企业因经营管理不善造成资金链断裂，不能清偿到期债务，依照《中华人民共和国破产法》（以下简称《破产法》）之规定，由人民法院宣告企业破产。企业由债权人或债务人申请破产后，应由依法获得资产评估资格的中介机构对破产企业的全部资产进行评估，判定企业是否有可能扭亏为盈，或确定企业的清算价格，以利于破产企业资产重整或拍卖、处理。

一、企业破产相关知识

（一）破产的概念

根据《破产法》破产是指债务人因不能偿债或者资不抵债时，由债权人或债务人诉请法院宣告破产并依破产程序偿还债务的一种法律制度。狭义的破产制度仅指破产清算制度，广义的破产制度还包括重整与和解制度。

（二）企业破产的清算程序

企业被依法宣告破产后，人民法院应当自宣告之日起15日内成立清算组，接管破产企业，对公司进行破产清算。具体程序如下：宣告破产—组建清算组—接管破产企业—处理善后事宜—编报破产财产分配方案—偿还债务—报告清算工作—提请终结破产程序—追究破产责任—办理注销登记—追回非法处分财产。

在我国破产案件中，对破产人财产的清算分配并不是由人民法院直接进行的，而是由破产管理人负责进行。处理善后事宜是指接管破产企业后，破产管理人就应进行破产企业财产保管、清理、估价、变卖、分配，决定是否履行未履行完毕的合同，交付属于他人的财产，追收破产企业在法院受理破产案件前六个月至破产宣告之日期间内非法处理的财产等。

二、房地产企业破产评估业务发展趋势

随着社会主义市场经济的不断完善，公平竞争、优胜劣汰的市场机制逐渐形成。2007年，《破产法》应运而生，但在经历约两年因政策性破产导致案件数量较多的阶段后，自2009年开始，全国法院新收破产案件呈现逐年下降趋势。为此，人民法院进一步加强破产立案制度化建设，改革破产立案制度，运用信息化手段进一步保障破产案件的依法立案受理，积极宣传破产保护理念，推进破产案件启动难问题的顺利解决。从2013年开始，破产案件数量出现拐点，开始逐年上升。

1998年，我国启动房地产市场化改革，房地产企业如雨后春笋般的蓬勃兴起，房地产行业经历了约20年的迅猛发展阶段，企查查数据显示，截至目前，我国现存房地产相关企业58.51万家。2017年10月，习近平总书记在十九大报告中指出：坚持房子是用来住的、不是用来炒的定位，加快建立多主体供给、多渠道保障、租购并举的住房制度，让全体人民住有所居。此后，中央政府持续下决心来解决房地产市场问题，我国房地产行业进入调整规范阶段。近年来，受宏观经济形势变化和房地产调控政策的叠加影响，特别是"三道红线"监管政策出台后，较多中小型房地产开发企业因经营管理不善，开始出现举步维艰的生存局面，甚至部分企业因资金链断裂而被迫申请破产。在人民法院公告网上，我们以公告内容"房地产"、公告类型"破产文书"为关键字搜索，得到一个触目惊心的数据：自2021年1月1日至2021年10月27日，在全国范围内共计有329家房地产类型的公司发布了破产文书，且每月都有30～40家房地产企业申请破产（图1）。

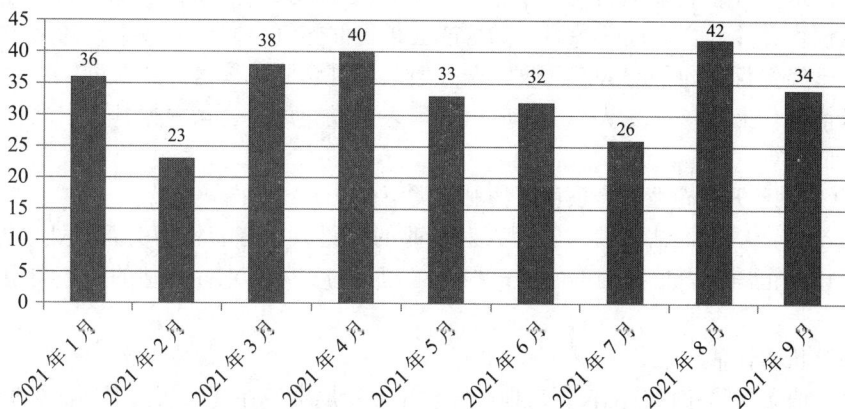

图 1　全国范围申请破产房地产企业数（单位：家）

为积极应对破产案件的快速增加，提高处置质效，政府部门高度重视，在较多省市为破产案件设立了专门的办案机构，并逐步建立了联动协调机制，例如：湖南省联合20多个部门建成湖南省省级破产处置府院协调机制，合肥、南京等城市专门成立了受理破产案件法庭，合肥市将四个区的破产案件集中到一个法院进行受理，合肥市还成立了合肥市破产管理人协会，另安徽省破产管理人协会正在紧锣密鼓地筹备当中，一些律师事务所如锦天城（合肥）律所针对破产业务也专门成立了破产事业部等。

三、房地产企业破产评估的需求特点

房地产评估机构日常服务的破产项目，主要分为两种类型：一种是按照《破产法》已进入司法程序的，分为破产清算、破产重整及破产和解的破产项目；一种是尚未进入司法程序的，即通常所说的拟破产、预重整项目。本文主要探讨已进入司法程序的房地产开发企业的破产项目。

（一）房地产开发企业破产项目的特点

1. 债权人较多

房地产开发企业破产涉及的债权人有银行、担保公司、购房者、施工企业、政府（如地税部门）等，其中购房者的数量居多，少者几十个，多者上万个，其次是施工单位，包括总包单位、各分包单位等，由此可见，房地产开发企业破产涉及的债权人不但人数多，而且涉及的部门领域广。

2. 债权规模较大

一般情况下，房地产开发企业的规模较大，涉及的总资产也较大，少者几千万元，多者十亿、百亿，进而涉及的债权总额也较大。

3. 实体类型较多

房地产开发企业涉及的项目实体状况包括未开发土地、在建工程、已完工工程等。一个房地产开发企业破产涉及的项目实体状况可能为上述其中的一项，或几项。

4. 权属类型复杂

根据房地产开发企业项目的完工情况，其涉及的权属类型也不尽相同，具体可包含：①房产已预售并签订合同且已备案；②房产已预售并签订合同但未备案；③房产已做工程款抵付且已经签订合同；④房产已收定金，但未签订合同；⑤房产还在诉讼当中，尚未解除查封等情形。上述权属的认定工作应由管理人完成，评估公司根据其认定内容或项目需求进行评估测算。

（二）房地产开发企业破产项目评估业务类型

房地产破产项目评估事项与管理人对企业的处置方案有着密切关系，处置方案不同，可能存在评估范围及评估目的的不同，根据管理人的实际需求，评估的业务类型主要有以下几种。

1. 清算价值评估

清算价值评估的评估范围仅为房地产开发企业所属资产在现状条件下的清算价值。一般破产的房地产开发企业主要资产为在建工程，在建工程评估的清算价值不同于正常评估下的在建工程的价值，区别在于：第一，清算价值评估先要采用假设开发法测算其市场价值，其次要测算其变现系数，最后将市场价值与变现系数相乘得出清算价值；第二，清算价值评估扣除的续建成本仅为房地产开发企业所属资产的续建成本，不包含已售房产的续建成本，已售但未完成的续建成本纳入公司的债权，不纳入评估范围。而已完工工程、未开发土地的价值一般采用比较法进行测算。

2. 重整价值评估

重整价值评估一般是在招募投资人时，为了让投资人了解整个项目价值而做的评估。评估的价值类型通常为市场价值，对于已完工工程、未开发土地，一般采用比较法进行测算；

在建工程，一般采用假设开发法进行评估测算，扣除的续建成本为整个在建工程续建成本，包含了已售房产的续建成本。

3. 债权分配市场价值评估

债权分配评估业务一般发生在企业重整成功后，管理人用已建成的住宅用房、商业用房、办公用房等抵债给债权人，管理人及债权人共同委托评估机构对抵债资产进行价值评估。对于这种评估类型，住宅用房一般采用比较法评估测算，商业与办公用房一般采用比较法和收益法综合进行评估测算，评估的价值类型为市场价值。

4. 预测性评估

预测性评估一般发生在重整阶段，是管理人为了解项目开发完成后的价值，为破产项目制定重整方案及债权分配决策做参考。这类评估一般是在各种假设条件下而进行的预测性评估测算，评估的价值类型为市场价值。

四、成功竞标破产项目的案例分析

（一）A项目

2019年，我公司通过公开竞标中标某房地产开发企业的破产评估业务，通过实地查勘，该项目为在建工程，经与管理人沟通后，确定其有对工程结算及工程预算的需求。继而我公司通过竞标中标了该工程的结算及工程预算相关评估业务。该项目通过管理人的多方努力，重整成功，投资人在较短的时间内完成了后续工程。在涉及债权分配时，因资金有限，管理人将该公司所属资产给债权人进行分配，因我公司对其资产熟悉，经管理人和债权人商量，最终选定我们对已完工的商业用房、住宅用房进行评估。最终，该房地产开发企业破产评估业务全部由我公司完成。

（二）B项目

2021年年初，我公司通过竞标中标某房地产破产项目评估业务，经实地查勘，该项目同样为在建工程项目，经与管理人沟通，同样有对工程结算及工程预算方面的需求，经管理人公开招标，并对各工程公司的报价、方案等进行综合比较，最终选定我公司对已完工的工程进行资金结算审核，对后续工程进行价款预算。入住项目后，发现该工程的项目管理工作为管理人自己承办，但由于受专业技术的限制，管理人对工程项目管理较为生疏。我公司通过对已有工程项目管理案例，给管理人介绍了我们对工程项目管理的具体服务内容，得到了管理人的认可。该项目通过公开招标的形式最终选定工程项目管理公司，我公司再次中标。

五、结语

当前，房地产行业已进入调整规范阶段，一些中小型房地产开发企业因经营管理不善、资金链断裂申请破产的事项呈增长态势，新的市场需求，在给评估机构带来了新的发展机遇的同时，也给评估机构带来了新的挑战。由于房地产开发企业破产项目实体类型与权属关系极其复杂，除了有房地产项目评估外，还涉及资产评估业务、工程类业务，从而对评估团队的综合性服务能力提出了更高的要求。在竞争日益激烈的市场经济时代，评估机构若想在市场上占据一席之地，就必须审时度势，与时俱进，多元化、高质量发展，不断提高自身的综合服务能力和工作水平。

作者联系方式

姓　　名：余秀梅　朱永飞

单　　位：安徽中信房地产土地资产价格评估有限公司

地　　址：安徽省合肥市蜀山区潜山路与高刘路交口三十大厦 10 楼

邮　　箱：1036787601@qq.com

存量房交易纳税标准房价格评估简述

邱服超　张丹妮

摘　要：纳税评估理念产生于20世纪90年代末期，是税务机关为加强税源管理、降低税收风险、减少税款流失、改善征纳关系的一种创新和尝试。由于纳税评估需要对基于同一估价目的，利用共同的数据，采用相同的方法，并经过统计检验，对大量相似的房地产在给定日期的价值或价格进行评估，所以产生了批量评估的概念。基于我国房地产的实际情况，大量同质房地产普遍存在，存量房交易活跃，使得基于比较法整体评估标准房价格成为可能。

关键词：纳税评估；整体估价；标准房价格

纳税评估理念产生于20世纪90年代末期，是税务机关为加强税源管理、降低税收风险、减少税款流失、改善征纳关系的一种创新和尝试，经过部分先进省市几年的探索实践，2004年7月国家税务总局正式对征管模式做出了明确的规定，即要充分借助于互联网和计算机，集中进行征缴，强化税源监控效力，提高纳税遵从度，减少税收流失。此后，全国各省开始逐步推行纳税评估。特别是《纳税评估管理办法》的出台，为我们更好地开展纳税评估工作提供了指导意见。按照《纳税评估管理办法》相关规定，所有的省级税务机关积极开展存量房交易纳税评估工作，成绩较为显著，不仅税收收入大幅提高，也为日后房地产税的开征提供基础。

存量房主要是指已被购买或自建并取得所有权证书的房屋，也指未居住过的二手房，即通常所讲的"库存待售"的房产。存量房计税价格是由计算机根据事先建立的模型自动生成的，避免了人为因素对评估值的影响，有利于规范税收秩序，营造依法纳税、公平税负的良好环境。通过评估系统自动生成交易房屋的计税价格，一方面简化了办事流程，另一方面税务部门不收取评估费，将大大减轻纳税人的费用负担，节约纳税人的时间，提高纳税人的办税效率，从而提高税务部门的办税效率和纳税服务水平。

一、标准房评估技术思路

由于纳税评估需要对基于同一估价目的，利用共同的数据，采用相同的方法，并经过统计检验，对大量相似的房地产在给定日期的价值或价格进行评估。所以产生了批量评估的概念。房地产批量评估技术在国外已有几十年的历史，而在中国仍属新生事物，研究与实践经验相对较少。同时，中国房地产的类型和特点与国外差异较大，很难直接借鉴国外的先进经验。基于我国房地产的实际情况，大量同质房地产普遍存在，存量房交易活跃，使得基于比较法的整体估价成为可能，从而最大限度地减少因房地产异质性而带来的属性调整困难。基于这一背景，国内一些专家提出了整体估价的思想与理念，该方法综合考虑了国内外多种评估方法、模型，具有较强的实用性和适用性，从而能够实现高精度的房地产批量评估。

二、标准房评估实施步骤

全部工作具体实施可分为前期准备、数据采集、内业处理、意见征询、模拟运行、成果汇总六个阶段。各阶段工作可采用分线并行的方式，交错进行。

（1）准备阶段：①与税务局组织协调，落实项目工作任务分派和提供资料的相关部门。②制定工作制度和方案：一是确定技术方案；二是确定调查内容及调查方案；三是制定外业调查工作计划和制度。③搜集基准地价图，城市规划图、城市卫星地图等图件资料。④进行控制性分区，确定市调小组数量及各小组调查范围。⑤制定及印刷调查统计表格。⑥收集有关资料和组织人员培训。

（2）数据采集阶段：①对存量房交易纳税评估范围内的房屋实施全面普查，采集房屋基本信息、租金及售价等数据。②与税务局协调当地自然资源局及不动产登记中心，提供房屋产权登记信息、房屋落宗矢量数据。③通过当地房地产信息中心、房屋中介机构、税务局（增量存量房销售信息采集查询系统）调取房屋一手、二手交易实例的数据。④通过住建局造价中心，获取各类房屋造价信息。⑤通过网络等途径收集工具性资料。

（3）内业处理阶段：①调查资料的分析整理：一是检查外堪内容是否遗漏，数据是否属实，填写是否规范，有无错误，并汇总楼房信息汇总表、估价分区汇总表、标准房汇总表。二是从交易类型方面进行案例资料归类整理，剔除异常案例。②对案例进行交易情况、交易日期、楼层、朝向、临街状况、宽深比等各要素修正，得到样点标准前提下价格。剔除无法修正的交易样点，保留可用交易样点。③利用房地产估价原理和整体估价评估方法建立完整的评估测算模型，并对影响价格的各项因素进行修正系数测算。④对资料进行处理，并对数据库进行计算。⑤初步确定标准房价格及各项参数。

（4）意见征询阶段：①将标准房价格用 GIS 展示，与税征科和纳税大厅等部门对标准房价格水平进行交流。②归纳和整理各方面意见和建议，并分析修正标准房价格和参数。

（5）模拟运行阶段：将数据全部导入税务局存量房纳税评估系统模拟运行。系统运行过程中，对价格进行动态监测，如果出现偏离市场行情的价格，及时分析并对价格进行修正，确保正式上线后系统平稳运行。

（6）成果汇总：汇总各部分成果，撰写项目报告书。

三、评估标准房价格

全国很多城市的存量房交易纳税评估系统采用丹东版评估软件，评估公司主要负责提供后台的标准房价格和修正体系等数据，税务局窗口工作人员输入房地产基本信息后由计算机根据事先建立的模型在标准房价格的基准上自动评估出房地产征税价格。所以标准房价格精准度直接决定最后的征税价格是否合理，较少争议，促进税赋公平。

根据前述，标准房价格可采用整体估价法评估。房地产整体估价的实施要素主要包括数据收集整理、房地产组别划分、比价关系建模、交易价格获取、权重系数确定、房地产整体估价以及适应性调整评估等。整体估价模型主要包括三个变量——比价关系、交易价格和权重系数。

1. 数据收集与整理

整体估价模型的应用依赖于大量的数据，因此在开展其他工作之前，首先需要进行数据的收集和整理，并建立完备的评估基础数据库，为后续的组别划分、比价关系测算及调整、权重系数确定、比率分析检验、交易价格确定等关键要素提供基础依据。

2. 房地产组别划分

房地产组别是指用途、类型、区位、实物、价格等属性相同或相近的一组房地产，组别内房地产之间的相似程度较大。组别的划分是综合考虑了房地产区位、用途、权属、品质档次等因素而进行的房地产范围界定，当房地产组别划分完毕后，则可视同一组别内所有房地产的档次与等级基本相同、价格基本相近，且相互之间存在基本一致的供求关系。

3. 比价关系建立

比价关系是指在房地产组别内和组别外，依据比较法的基本原理所建立的房地产之间的价格关联关系。

在整体估价模型中，比价关系体系的建立是核心也是重点。比价关系的建立以房地产组别为基础，反映了组别内和组别外全部房地产的价格变动关联，通过比价关系可以将组别内和组别外所有待估房地产的标准房价格联系起来。通过实地调研、估价师经验以及数理统计等技术手段，测算各组别内和组别外调整系数。

4. 交易价格获取

从整体估价模型的运行过程及基本形式可以看出，交易价格在从已知推算未知的过程中承担了已知的角色，也就是说整体估价模型实质上是通过比价关系、权重系数等模型参数，来对交易价格进行调整，从而得出最终的评估结果。由此可见，交易价格的准确与否，将直接决定着评估结果的合理与否。与其他房地产评估模式一样，整体估价模型的评估结果也对应于特定的价值时点，因此需要将不同时点、不同交易状况的交易案例价格信息统一修正为整体估价时点的正常市场价格。

5. 权重系数确定

整体估价模型是由多个交易价格来推算单个房地产价格的映射过程，而权重系数则是对这种多对一关系的一种比例赋值，因此其也是整体估价模型实施的关键要素之一。权重系数确定的过程主要为，从影响房地产价格的属性特征的相似度入手，如房地产类型、建筑年代、房屋性质等，通过对类似房地产分组内全部房地产的属性分析来建立属性矩阵，然后再通过权重向量和隶属度向量来确定每两套房地产之间的相似度，最后通过衡量房地产之间的相似程度来计算交易房地产对待估房地产的影响权重。

6. 标准房价格整体估价

根据前述所建立的比价关系与权重系数，再结合交易价格数据，通过城市房地产整体估价模型对全市房地产的所有标准房实施批量评估。

7. 评估结果检验

根据 IAAO 的比率分析标准，对评估结果进行两方面的检验，一是检验价格水平是否符合正常市场交易水平，二是检验价格的垂直差异是否存在异常，例如某个楼层的修正值是否异常。价格水平的检验保证了评估结果的一致性，价格垂直差异的检验保证了评估结果的公平性。

除了存量评估外，还进行新增评估和复核评估。另外，还会进行重复评估，通过市场交易数据及现场踏勘修正参数体系，使标准房估价结果日趋精确。

四、结语

以房地产估价技术和信息化手段为依托，对纳税标准房价格进行评估，准确、合理确定存量房交易计税价格，有助于提高房地产税收一体化管理水平，规范房地产交易计税价格核定办法，促进房地产市场健康有序发展。

参考文献：

耿继进，李妍，汪友结.房地产整体估价：税基评估方法与技术 [M].北京：人民出版社，2015.

作者联系方式

姓　名：邱服超　张丹妮

单　位：永业行（湖北）土地房地产评估咨询有限公司

地　址：武汉市武昌区徐家棚匠心城 11 楼

邮　箱：153457498@qq.com

注册号：邱服超（4320100038）

第四部分

———————

传统估价业务深化与拓展

社会稳定风险评估业务的拓展与实践

陈丽名

一、社会稳定风险评估的基本概况

（一）稳评的概念

社会稳定风险评估简称为"稳评"，是指与人民群众利益密切相关的重大决策、重要政策、重大改革措施、重大工程建设项目、与社会公共秩序相关的重大活动等重大事项在制定出台、组织实施或审批审核前，对可能影响社会稳定的因素开展系统的调查，科学的预测、分析和评估，制定风险应对策略和预案。为有效规避、预防、控制重大事项实施过程中可能产生的社会稳定风险，保障重大事项顺利实施。

（二）国家层面重点政策

（1）《国有土地上房屋征收与补偿条例》（国务院令第590号）第十二条第一款规定："市、县级人民政府作出房屋征收决定前，应当按照有关规定进行社会稳定风险评估；房屋征收决定涉及被征收人数量较多的，应当经政府常务会议讨论决定。"

（2）中央办公厅、国务院办公厅《关于建立健全重大决策社会稳定风险评估机制的指导意见（试行）》（中办发〔2012〕2号）文中提出"应评尽评"的要求："凡是按规定应当进行社会稳定风险评估的重大决策事项，未经评估不得作出决策。"

（3）《中华人民共和国土地管理法》（主席令第32号）第四十七条"市、县人民政府拟申请征收土地的，应当开展拟征收土地现状调查和社会稳定风险评估，并将征收范围、土地现状、征收目的、补偿标准、安置方式和社会保障等在拟征收土地所在的乡（镇）和村、村民小组范围内进行公告，听取被征地的农村集体经济组织及其成员、村民委员会和其他利害关系人的意见"。

（三）稳评涉及的领域与分类

稳评可分为重大工程、重大政策、重大事项三类，涉及房屋与土地征收、国有企业改制、环境影响、社会保障、教育、卫生、公益事业等领域。其中估价行业最熟悉的房屋与土地征收稳评，属于重大事项类。

（四）稳评的基本事项

开展稳评工作需要明确的基本事项主要有：（1）评估委托方：一般为项目实施主体和重大决策主体；（2）评估对象：实施重大工程、重大决策、重大事项的利益相关人；（3）评估目的：发现风险点，确定风险等级，提出化解措施，为合理决策提供参考；（4）评估时点：对应的更多是一个时间段，以房屋征收为例，稳评介入越早，效果越好；（5）评估内容：重大事项的合法性、合理性、可行性、可控性。一是是否符合现行法律法规。二是是否符合近期、远期的发展规划，是否被列入经济社会发展计划中。三是是否经过充分论证，符合人民群众意愿。包括项目开展所需的物力、财力，是否在可承受范围内，并确保连续性和稳定性；项目启动时机是否成熟等。四是项目实施对涉及的区域利益相关群体产生的影响，利益相关群体对影响的承受力，以及引发矛盾纠纷、群体性事件的可能性。

（五）稳评的工作流程

稳评工作可分为 8 个步骤：一要明确评估事项，制定评估方案；二要结合项目的实际情况，开展风险调查工作；三要进行风险识别，根据项目的风险调查结果和以往的工作经验，以及专家意见，识别潜在的风险点；四要对风险进行估计，对潜在风险点的影响和发生的概率进行估计和研判，初步确定风险等级；五要做好风险防范与化解，根据项目初步评估的风险等级，提出可行、合理的风险防范和化解措施；六是通过对风险防范和化解的相应措施，确定风险等级；七是编制项目稳评报告；八是报告评审备案，将稳评报告提交到项目所在地区的政法委部门进行评审、备案，最终将评审意见及报告一并存档。

二、社会稳定风险评估的行业现状

（一）行业协会情况

全国性稳评的社会组织是中国应急管理学会的社会风险评估治理工作专委会，地方级协会约有 7 家，包括江苏省、兰州市、贵阳市、宝鸡市、临沂市等社会稳定风险评估行业协会。

（二）从业机构情况

目前，部分社会稳定风险评估工作是由责任主体自行完成，更多是委托第三方评估机构开展。第三方咨询服务机构主要有工程咨询机构、估价机构、项目管理咨询机构、律师事务所、设计研究院、工程造价机构等。

在机构资质上，目前没有统一机构资质要求。在各地区社会稳定风险评估的配套政策、实施办法、细则等政府指导性文件中，并没有对从事稳评工作的第三方咨询服务机构在资质、企业类型、人员数量等方面做出具体限制和要求。

1.稳评机构总量

参考甬安研究院发布的《社会稳定风险评估行业分析报告》数据，截至 2020 年 12 月，公司名称或营业范围包括"社会稳定风险评估"的，全国为 11609 家，以江苏省、山东省最多，北京市、上海市最少（图 1）。

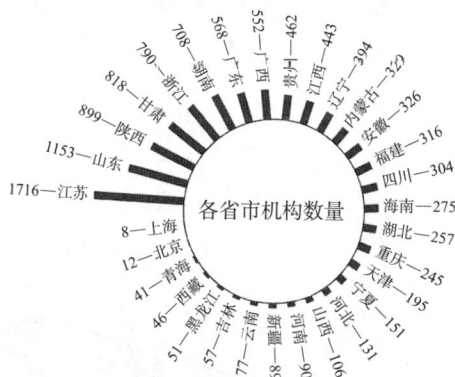

各省市机构数量

图 1　各省市稳评机构数量

资料来源：天眼查

2.稳评机构增长情况

从稳评机构发展的态势来看，近5年，机构数量呈现快速上升趋势，仅2020年全国就成立稳评机构4856家，相比2019年，增长了72%（图2）。

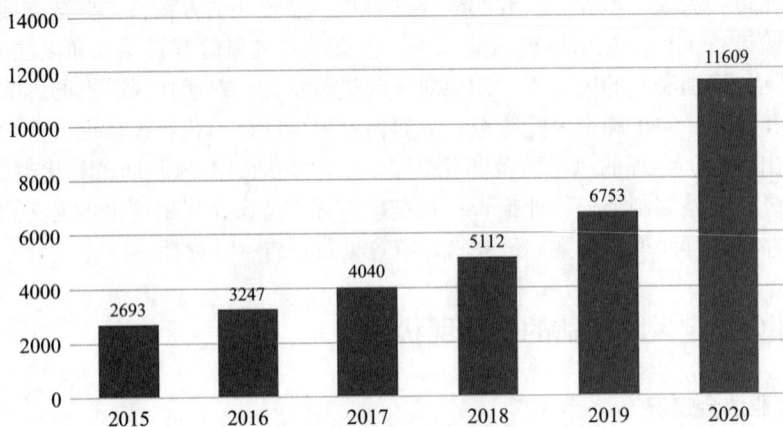

图2　稳评机构增长情况

3.稳评机构行业分布情况

从机构的所属行业情况来看，以商业服务业、专业技术服务业及房地产业占比较大，分别为47%、27%、6%。

（三）从业人员情况

目前，国家没有统一的职业资格考试对稳评从业人员进行准入或职业水平评价，所以，在开展稳评工作中，对从业人员并没有特定要求。现阶段，有部分省级协会或培训机构，以结业证书或培训证书方式，作为对稳评从业人员专业认可的依据，使稳评从业人员在专业能力上得到进一步提升。

（四）项目情况

1.稳评项目数量

从稳评项目招标数量来看，仅2020年全国稳评公开招标项目就有7650个。其中：中标数量为2771个，是2019年的2倍，为近5年来增幅最大（图3）。

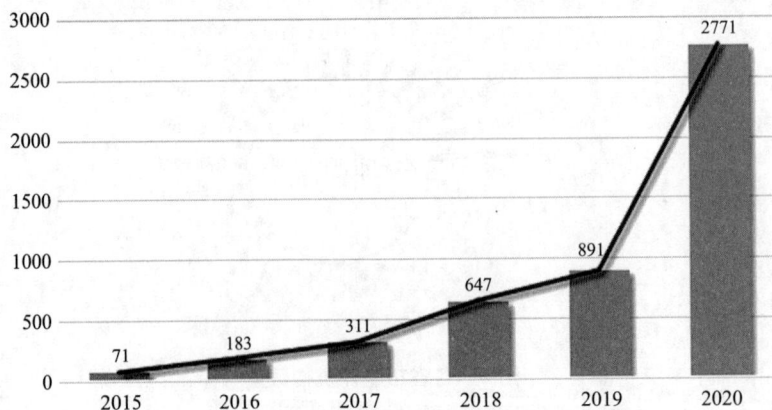

图3　稳评项目招标数量

2.稳评项目服务费金额体量

从稳评项目中标总金额来看，2015年至2020年，项目中标总金额整体呈上升趋势。其中，2020年稳评中标项目金额（中标稳评服务费）总计约15.8亿元，比上年增长42%（图4）。

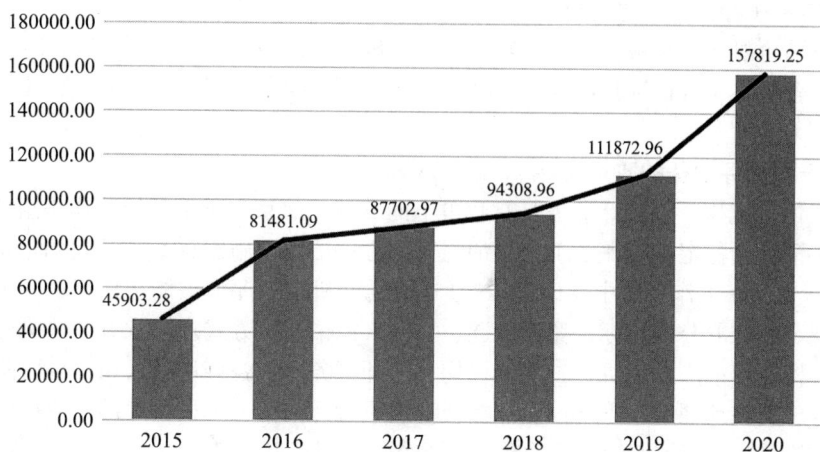

图4　稳评项目服务费金额体量

3.稳评项目收费标准

收费标准主要参考工程咨询收费标准《国家计委关于印发建设项目前期工作咨询收费暂行规定的通知》（计价格〔1999〕1283号），目前上海、江苏、山东等地也发布了稳评收费参考标准（表1）。

按建设项目估算投资额分档收费标准

表1
单位：万元

咨询评估项目＼估算投资额	3000万～1亿元	1亿～5亿元	5亿～10亿元	10亿～50亿元	50亿元以上
一、编制项目建议书	6～14	14～37	37～55	55～100	100～125
二、编制可行性研究报告	12～28	28～75	75～110	110～200	200～250
三、评估项目建议书	4～8	8～12	12～15	15～17	17～20
四、评估可行性研究报告	5～10	10～15	15～20	20～25	25～35

三、房地产估价机构开展社会稳定风险评估的业务优势

（一）熟悉房屋征收政策和程序

以房屋征收稳评工作为例。房屋征收业务具有政策性、程序性强的特点，需要多个部门、多个专业配合完成，涉及房屋被征收人的切身利益。同时稳评的重要评估内容就是关注项目的合法性，而房地产评估机构本身就是专业从事房屋征收评估工作，熟悉房屋征收的政策和程序，具有专业知识上的优势，因此更容易判断项目是否合法依规并找出潜在矛盾点。

（二）有利于风险点识别和判断

房地产估价机构在房屋征收现场查勘中，与被征收人进行接触、沟通，了解被征收人

的基本情况。因此，如房地产估价机构同步开展稳评的风险调查，更容易获得被征收人的信任和理解，从而对风险的调查更加深入，有利于风险点的识别和判断，有效形成降低风险的预案。

（三）有利于提出合理化建议

房地产估价机构可从被征收人意愿、房地产价值、征补方案等多个角度，综合判断社会稳定风险的合理性、可行性和可控性，多维度判断项目的风险等级，提出更有针对性的风险化解措施。

（四）开展稳评业务的政策支持

房地产估价机构开展稳评业务具有政策上的支持，北京市维护领导工作小组印发的《关于在重大决策社会稳定风险评估工作中加强第三方评估的实施意见（试行）的通知》（京稳组文〔2017〕1号）在工作程序中明确："（二）选取委托机构。评估主体选择第三方机构，应当按照有关规定，采取公开招标、竞争比选、单一来源采购等方式。第三方评估机构一般包括工程咨询机构、房地产评估机构、环保机构、律师事务所、咨询调查公司、科研院所和有关社会组织等。所在地区或主管部门设有社会稳定风险评估第三方机构库的，应按照相关规定在机构库中选取。"估价机构应当不断地总结经验，积累专业知识，除了房屋征收重大事项外，还应不断拓展其他领域的稳评业务。

四、房地产估价机构拓展社会稳定风险评估的业务建议

（一）明确重点业务领域

房地产估价机构首先要清晰地了解开展稳评业务主要有哪些领域。以北京市为例，北京市维护领导工作小组印发的《关于在重大决策社会稳定风险评估工作中加强第三方评估的实施意见（试行）的通知》（京稳组文〔2017〕1号）中明确了第三方评估的适用范围：（一）评估主体对采取简易评估程序的重大决策事项，可以自行组织开展评估工作，也可以委托第三方评估机构开展评估。（二）评估主体对采取一般评估程序的重大决策事项，鼓励委托第三方机构开展评估工作。（三）评估主体对以下类型的重大决策，应当委托第三方机构开展评估工作。

1.涉及环境保护类重大工程项目。垃圾焚烧处理设施建设；污水处理设施建设；危险废弃物处置设施建设；化工厂项目建设；火化和殡仪场所项目建设；110千伏及以上输变电项目建设（包含变电站和输电线路）。

2.涉及土地与房屋征收的重大建设项目。

3.大型交通枢纽、高速铁路、高速公路、快速路、城市主干路、轨道交通等重大工程项目。

4.其他需要开展第三方评估的重大决策。

（二）强化积累 不断总结

建议房地产估价机构和从业人员在日常工作中，要注意梳理房屋征收或其他领域的社会稳定风险事件、风险点和风险化解措施作为案例，有意识的按领域、类别，建立案例库，为新项目提供更多的借鉴和参考。同时，建议房地产估价机构和从业人员不断强化相关知识和政策学习，达到知识积累的目的，不断探索、及时形成相关知识的更新迭代，同时要不断加强内部员工间的经验总结和分享，建立健全业务制度、工作流程和操作标准。

（三）纵、横拓展业务

纵向方面，房地产估价机构可根据自身实际情况，宣传好自己的专业能力，加强与项目委托方的联系，宣传自身从事稳评的优势和技术力量。横向方面，房地产估价机构可开拓思路，挖掘常规业务中与稳评业务的内在联系，通过新型业务拓展稳评业务，通过稳评业务拓展新型业务。例如：挖掘征收拆迁管理、征收拆迁宣传等新型业务特点。最重要的是，房地产估价机构首先应将房屋征收稳评业务领域做实做强，再不断拓展其他领域的稳评业务。

（四）加快出台相关指导意见

为了推进房地产估价机构稳评业务的稳步发展，从行业协会角度，建议加快出台稳评相关指导意见，从程序、技术操作角度进行明确和统一，为房地产估价机构和从业人员提供操作标准。估价机构可提出更多可行性建议，配合行业协会出台稳评业务相关指导意见。规范稳评行为，使稳评工作实现程序化、标准化和规范化。

相信在大家的共同努力下，行业将在社会主义新阶段不断开拓进取，焕发出新的行业风采，为社会做出更多的贡献。

（本文根据 2021 中国房地产估价年会演讲整理）

作者联系方式

姓　　名：陈丽名

单　　位：北京盛华翔伦房地产土地评估有限责任公司

对土地和房屋征收中社会稳定风险评估的几点思考

郝俊英　郭崇杰　白　娟　朱慧茹

摘　要： 集体土地和国有土地上房屋征收属于必须进行社会稳定风险评估的重大事项，房地产估价机构是进行这类社会稳定风险评估第三方机构的首选。本文基于房地产估价机构以及土地和房屋征收社会稳定风险评估的特点，从评估内容、标准、方法和评估报告几个方面分析评估过程中应该注意的事项，以期为房地产估价机构相关工作提供一些思路：社会稳定风险评估的内容包括项目的合法性、合理性、可行性和可控性，其中可控性和合理性是土地和房屋征收社会稳定风险评估的核心和重点内容，可控性评估是社会稳定风险分析的最终落脚点；各项内容评估标准的设定应当符合全面客观的要求；评估过程中各项工作应当选择合适的方法；评估报告内容应当保证对决策部门提供有力的参考，真正发挥社会稳定风险评估的作用。

关键词： 土地和房屋征收；社会稳定风险评估；思路

2011年我国出台的《国有土地上房屋征收与补偿条例》，明确规定进行房屋征收前必须开展社会稳定风险评估。2012年中共中央办公厅、国务院办公厅发布了《关于建立健全重大决策社会稳定风险评估机制的指导意见》，明确了重大决策社会稳定风险评估的指导思想和基本要求、评估范围和内容、评估主体和程序以及评估结果运用、责任追究和组织领导等事项，再加上国家发展改革委出台的有关重大固定资产项目社会稳定风险评估的暂行办法、风险篇章和风险评估报告的编制大纲等，使得社会稳定风险评估工作更加规范。

社会稳定风险评估的主要模式有政府部门（决策单位、决策事项主管部门、维稳办等）主导和第三方机构评估两大类。集体土地征收和国有土地上房屋征收属于必须进行社会稳定风险评估的重大事项，作为这两类工作的深度参与者并拥有诸多优势的房地产估价机构，是社会稳定风险评估第三方机构的首选。

本文基于房地产估价机构以及土地和房屋征收社会稳定风险评估的特点，从评估内容、评估标准、评估方法和评估报告几个方面分析社会稳定风险评估中应该注意的事项，以期为房地产估价机构相关工作提供一些思路。

一、可控性和合理性评估应当作为社会稳定风险评估的核心和重点内容

社会稳定风险评估的内容包括决策或项目的合法性、合理性、可行性和可控性。合法性是评估决策机关的决策是否超越其权限范围以及是否符合相关法律法规和政策；合理性是评估决策事项是否对多数群众形成不利影响，是否会引发不同区域、行业、群体之间的攀比，补偿安置或救助是否合理公平及时等；可行性评估是从决策事项与经济发展水平、群众的接

受程度和经济承受能力等方面分析政策实施的可能性和必要性；可控性评估主要是从公共安全角度，分析征收工作是否会引发群体性事件、集体上访、负面舆论、恶意炒作等影响社会稳定的问题，以及可能引发的风险是否可控。

土地和房屋征收社会稳定风险评估中，合法性评估主要是分析项目是否符合土地和房屋征收相关的法律法规及政策，是否按照既定要求办理相关手续等内容，合法性是征收项目得以展开的最低要求，虽然项目本身或运作过程不符合法律法规要求可能会加重社会的不稳定因素，但征收决策本身的合法性并不会直接造成社会稳定风险，而且形式上完全合法的项目也不一定不存在风险；可行性评估的重点是分析项目本身的运行是否有足够的经济和资源支撑，作为社会稳定风险评估的一部分，是因为经济支撑不足等可能导致补偿和回迁等问题，进而造成一定的风险。可见，合法性和可行性是间接影响社会稳定情况的，而且合法性可以由项目严格的办理程序来控制，可行性则会在项目可行性研究过程中进行详细的分析，在社会稳定风险评估中属于影响社会稳定风险的相关因素。

相应地，土地和房屋征收社会稳定风险评估中的合理性评估，是分析征收过程中支付的补偿费用和安置的方式是否公平、合理，是否会由于相同或邻近区域被征收人之间的攀比行为等造成群众的不满或项目的阻滞，这些内容是与社会稳定性直接相关的；可控性评估则是在合理性评估的基础上分析是否会由于不合理因素或群众不理解的政策引发各类群体性事件，也就是分析是否会带来公共安全隐患，同时还需要分析政府部门是否具备掌控局势和化解矛盾的能力。因此，可控性评估是社会稳定风险分析的最终落脚点，合理性评估对可控性评估有着直接的影响，二者形成土地和房屋征收社会稳定风险评估中的核心和重点内容。

二、评估标准的设定应当符合全面客观的要求

"全面客观"是社会稳定风险评估的基本要求之一，其具体体现首先就是评估标准的全面和客观性。

合法性评估中，不仅要评价其是否符合《土地管理法》《国有土地上房屋征收与补偿条例》等国家层次的法律法规，而且征收决策和行为是否符合地方的国民经济和社会发展规划及产业规划、在被征收人及其他利益相关者之间进行的利益分配和调节机制是否符合法律要求、是否按照法定要求进行决策和议事等都应当作为评价标准的组成部分。

可行性评估不仅要从大的方面评价是否有足够的人力、财力和物力，还应当将补偿费用是否能及时到位等作为评价标准的组成部分。

合理性评估需要在以人为本的核心理念基础上，将是否兼顾多方主体利益、兼顾现实和长远利益作为首要标准，同时要考虑项目对环境的影响并设定相应的标准和指标。土地和房屋征收过程中常常会由于被征收人认为自己得到的补偿不及其他人而形成公平和经济两方面受损的感受，为了降低这种由于"攀比"带来的风险，需要设定相关标准，用以评价征收补偿标准与邻近区域相比或在本区域内是否具有公平性和足够的说服力。

征收土地和房屋社会稳定风险评估的最终目的是发现并防范各类负面舆论和群体性事件的发生，因此，可控性的标准需要在以上三项内容的基础上进行设定，包括哪些事项会引起社会稳定风险、存在哪些类型的安全隐患等，在此基础上，还需要设定相应的标准用以评价政府针对这些风险隐患的掌控和化解能力的强弱，这样才能最终得出项目风险是否可控的结论，达到社会稳定风险评估的目的。现实的操作过程中，政府掌控风险事件和化解风险能力

方面的标准是最容易被忽视的，这种避重就轻的做法会使得评估结果的有效性和权威性大大降低。

三、评估过程中各项工作应当选择合适的方法

社会稳定风险评估有着既定的工作程序，可概括为充分听取意见、全面分析论证、明确风险等级、撰写评估报告等，除撰写评估报告外，其他三项工作都涉及选用合适方法的问题。

充分听取意见阶段的主要工作是通过不同的渠道听取被征收人以及其他利益相关群体对征收方案以及征收方案相关的其他事项的意见和建议，一般可以采用公示、问卷调查、实地走访和召开座谈会、听证会等方式，公示是征收过程中的法定环节，其他方法可以根据需要选择。由于一般征收项目涉及面比较广，如果对相关主体对项目的看法、认识做不到较为详尽的了解，就无法发现潜在的风险，因此，广泛甚至是针对全部被征收人的问卷调查是非常必要的，而且最好采用入户调查的方式，这样可以在面对面沟通中获得更真实和完整的信息，还有助于发现风险隐患苗头并做一些力所能及的宣传和解释，在一定程度上降低风险发生的概率。在入户调查的基础上，根据需要增加座谈会和听证会的方式，对一些专业的或特殊的问题做进一步的了解。另外，还可以依托互联网和大数据平台，使用隐秘性更好、效率更高的网络舆情调查。

对社会稳定风险进行全面论证的过程也就是对征收项目的合法性、合理性、可行性和可控性进行深入分析并发现风险点的过程，这个过程一般采用逐项定性分析的方法，即对照已经建立的标准体系，对四方面评估内容设定的所有指标进行分析。需要注意的是，在分析中要特别重视那些虽然数量少，但是隐含怨气的个人意见和信息，这些情况即使是很少的个案，也有可能在特定条件下发酵成群体事件。

确定风险等级常用的方法是风险矩阵法，即在分别分析单风险因素概率和影响程度的基础上形成风险矩阵，得出综合风险指数，这一方法的使用过程中存在僵化式套用概率和权重标准等问题，比较合适的做法是根据项目的客观状况进行设计和调整，同时需要考虑各风险因素之间的相关性。如果具备数据的支撑，应当采用更准确的量化分析方法。

四、评估报告内容应当保证为决策部门提供有力的参考

评估报告是对评估过程与结果的总结，是评估的最终成果，其作用是为征收项目的各项决策及风险防范提供有力的参考依据。关键内容的详尽准确是评估报告的基本要求，可行的应急预案是报告必备的要素和最终的落脚点。

报告首先要包含所有相关评估事项和评估过程的内容，在此基础上，需要汇总可能引发风险的事项以及引发风险的可能程度，进而给出对策建议和防范、化解风险的预案。为了保证报告结论的可靠性，体现其客观性，给决策者提供扎实的依据以及风险防范的切入点，需要对土地和房屋征收过程中可能引起社会不稳定的风险点、风险等级以及防范措施等关键性问题进行详细明确地描述和分析，在此基础上提供的应急预案或相关的建议才能做到具有可行性和说服力，才能真正发挥社会稳定风险评估的作用。

五、结语

社会稳定风险评估是集体土地和国有土地上房屋征收工作中重要的一环，作为专业第三方评估机构，房地产估价机构需要发挥自身的优势，运用科学的方法，采用规范的程序，把握好征收过程中关键的风险点，为政府部门提供客观有效的风险防范建议。

参考文献：

[1] 朱正威 胡向南 石佳 . 社会稳定风险评估机制的实践进展、现实问题与完善策略——基于社会稳定风险评估报告的内容分析 [J]. 南京社会科学，2019（11）：72-80.

[2] 卢超 . "社会稳定风险评估" 的程序功能与司法判断——以国有土地征收实践为例 [J]. 浙江学刊，2017（01）：175-183.

[3] 邹东升 陈昶 . 重大行政决策社会稳定风险第三方评估的意蕴、偏误与纠偏 [J]. 领导科学，2020（05）：26-29.

[4] 刘金明 耿伟 王佳圆 . 浅议房屋征收稳评入户应注意的问题——以某旧城区改建项目入户调查为例 [J]. 中国工程咨询，2019（02）：23-24.

作者联系方式

姓　名：郝俊英　郭崇杰　白　娟　朱慧茹

单　位：山西财经大学公共管理学院

地　址：太原市坞城路 696 号

邮　箱：120986897@qq.com ；2589312986 @qq.com

注册号：郝俊英（1420030042）

宗教房屋征收补偿评估探讨

胡新良 黄萧樑 郭 毅

摘 要：宗教房屋是宗教团体、宗教院校或宗教活动场所的财产的一部分，是信教公民参与宗教活动的场所，也是"自治、自养、自传"宗教政策落实的保障和维护宗教职业者生活资金来源的重要渠道。为促进宗教中国化的发展和构建和谐的社会起着重要作用。但是在我国城市更新的建设过程中，征收宗教房屋时而也会因房屋补偿金额难以确定而发生不和谐现象，影响民族团结和社会稳定。本文从评估角度去分析宗教房屋价格补偿评估的难点及建议，以便更好地为此类评估提高服务质量。

关键词：征收补偿评估；宗教房屋评估

一、引言

我国是一个多民族、多宗教的国家，主要民族汉族也是一个多神多教的民族，在中国化的发展中已建立了崇尚立功德、行善事、孝亲忠君、保护生灵等道德伦理文化体系，在统一社会意志、增强社会凝聚力、协调社会关系、降低社会内耗、稳定社会秩序等方面与政府管理存在着互补关系。现有的主要五大宗教——道教、佛教、基督教、伊斯兰教和天主教随着社会发展都已建立了全国性和地方性的组织。在社会历史文化变迁中形成的宗教，是人类社会在长期发展中形成的一种意识形态，一种唯心主义世界观。在1982年下发的《关于我国社会主义时期宗教问题的基本观点和基本政策》中，中央从正反两个方面对新中国成立以来宗教工作进行了科学系统的总结，着重强调尊重和保护宗教信仰自由，强调落实宗教政策的重要性，该文件为宗教中国化的发展提供了良好的环境和政策保障。作为超世价值信仰体系的中国宗教，以自身价值观的超越性特征，为社会主义核心价值观提供来自宗教层面的超越性的价值阐释。在宗教中国化和中国特色社会主义社会相适应的过程中，为广大宗教信众践行社会主义核心价值观提供了价值通道，也在社会主义建设过程中弘扬中华民族优良传统和在民族团结进步、社会稳定中发挥了积极作用。

二、宗教房屋征收补偿的特点

改革开放四十多年以来，宗教在制度、思想、组织、作风等方面得到了全面发展和完善，宗教关系也得到了健康发展，在包括宫观、寺院、教堂、清真寺等和其他宗教活动场所开展的各类宗教活动也趋于正常化，以最大限度地满足信教公民的精神生活。而宗教信仰的物质基础——宗教房屋在城市更新中为了满足公共利益需要也将面临征收补偿安置，包括为开展各类宗教活动的房屋和教职人员的生活自用房屋和用于出租或非宗教活动的房屋。但在实施征收过程中也时常因价格补偿原因与宗教团体产生纠纷，这种经济利益矛盾的源头势必会反映在整个房屋征收过程中。而基于自身教规、教义等方面的需求，征收宗教房屋与征收一般的房屋相比较，有以下特点。

（一）补偿依据的政策性和历史性

宗教房产具有比较复杂的历史背景，形成时间跨度较长，房产问题也是宗教界的一件大事，与党的宗教政策的落实有着密切的关系，部分房产至今也没有得到真正意义上的权属登记。另外，宗教房产禁止在房地产市场上转让，强调实际占有、使用性，禁止随意处分，这是宗教房屋区别一般房屋的重要特征。这就为在房屋征收过程中对所需资料的收集、核查增加了一定的难度，特别是涉及历史遗留问题待解决的宗教房屋。在资料向证据转换过程中，需要依据不同历史时期对宗教房屋的政策来分析、判断，涉及包括新中国成立以前的《中国土地法大纲》，和成立后政务院的《关于处理老解放区市郊农业土地问题的指示》及《关于成立佛教协会的指示》《关于寺庙房产处理意见》《关于处理外国教会房地产的指示》等，及改革开放后《最高人民法院 国务院宗教事务局关于寺庙 道观房屋产权归属问题的复函》《关于我国社会主义时期宗教问题的基本观点和基本政策》《国务院宗教事务局复有关宗教团体房屋产权问题》《国务院宗教事务局复长沙市关于宗教房产院墙内土地使用权问题》《关于落实宗教团体房产政策等问题的报告》《建设部关于城镇房屋所有权登记中几个涉及政策性问题的原则意见》等政策法律法规。通过这些不同历史时期形成的零散、交叉且有效的政策和规范文件，从另一个侧面提供了除现有《国有土地上房屋征收与补偿条例》（以下简称《补偿条例》）和《宗教事务条例》外的征收宗教房屋的补偿依据，也能够让参与征收的各方认识、了解宗教房屋的历史演变。

（二）征收补偿程序的可视性

宗教团体、宗教院校、宗教活动场所的房屋具有特殊性，它不仅是保障公民的宗教信仰自由、满足信教公民正常宗教活动需要的物质基础，也是宗教实行自养和维持宗教职业者生活、开展各类宗教活动、公益慈善事业所需资金的来源。在征收宗教房屋过程中，既要满足促进国民经济和社会发展等公共利益的需要，又要保障宗教的合法权益，包括信教公民的合法权益，其征收补偿程序接受多权益主体的监督。在《补偿条例》和《宗教事务条例》双重约束下，对征收宗教房屋在征收补偿方案征收意见、房屋调查结果公示等方面更加具有针对性，从而保证在信教公民不确定性的前提下让征收补偿程序具有可视性。

（三）房屋建筑自身的特殊性

宗教房屋包括寺、庙、宫、观、殿、堂、阁、门、房、窟、崖等多种建筑形式，以及与其融为一体的诗文、书法、绘画、雕塑、篆刻、联额、题词、碑刻、园林等艺术品。因各宗教在中国化的道路上存在不一样的历史背景，在建造过程中因地制宜，在发展中顺势而为。而且宗教在传播过程中将其所沉淀的宗教文化都物化在这有形的建筑上，导致其在结构、形制、朝向、功能、布局等方面形成了独具一格的建筑风格，这与一般民用建筑存在很大的区别。

（四）补偿安置方式的选择性

房屋征收补偿的方式一般以《补偿条例》规定的货币补偿、产权调换为标准，或单独或两者综合。但宗教房屋自身具有很强的特殊性，可以依据《宗教事务条例》的规定要求选择合适的补偿方式，即征收宗教产房屋的，宗教团体、宗教院校或者宗教活动场所可以根据实际需要，选择货币补偿、房屋产权调换或者重建等补偿方式，特别是当采用标准化的一般公共房屋进行产权调换并不能满足当地信教公民继续开展宗教活动的需求时，可以要求异地重建作为补偿方式。

三、宗教房屋征收评估的难点

（一）缺乏政策性评估标准

依据《宗教事务条例》规定，宗教组织系不以营利为目的组织。宗教活动场所实行法人登记后，其承担了积极的公益目的实现义务，即必须通过对其使用来促进公益目的实现。同时为保护宗教房屋的公益目的性使用，《宗教事务条例》也从财产处分的限制、外部监督和剩余财产管理的制度设计等方面加以限制，以防止宗教财产的使用违反目的性原则。

在现有征收评估中，房屋的用途可分为商业、办公、工业、住宅等四个大类，而对于宗教房屋的用途归为哪一类没有明确的依据。虽在制定房屋征收补偿方案时对房屋的权属、区位、用途、建筑面积等情况组织调查登记，但大部分宗教房屋的实际用途与其登记时已发生较大变化，或登记时的用途本身就存在模糊性。从现有各类设施及宗教性收入来看，可以分为奉献收入、祭典收入、香金、诵经费、香客住宿费、门票收入、房屋租金收入等，转换至房地产的角度来看可以理解为综合性收入，涵盖上述房屋四种用途的单项收入。而《补偿条例》中对于被征收房屋价值评估所考虑的因素也是基于被征收房屋的区位、用途、建筑结构、新旧程度、建筑面积以及占地面积、土地使用权等影响被征收房屋价值的因素，这些因素也是被征收房屋评估的普适性标准。然而，基于宗教房屋权益和使用目的特殊性，在现有普适性评估标准下得出的补偿结果不一定能反映宗教房屋真实的价值，给征收补偿金额的确定增加了依据不充分的空间。

究其原因，主要体现在房屋用途在政策性范围内没有得到更细分的认定，顶层操作的补偿思路未能全面反映宗教房屋的特殊性，从而使得评估机构在评估宗教产房屋时缺乏针对性的操作依据。

（二）非物质性价值体现难

我国宗教的发展有着悠久的历史，在宗教中国化的进程中承担着传承中华文明、教化信众和维护民族团结的使命。宗教房屋作为宗教文化传承的物质载体，为信教公民的精神需求提供了安心之所。它不但是宗教开展活动的物质基础，也是宗教文化的物化形式。在征收补偿中除了其房屋本身的价值外，理应还附加于宗教及宗教活动场所的非物质性价值。虽然宗教在中国化的发展过程中，在法规上对宗教活动场所的土地、房屋的权属实行差别化对待，比如新中国成立之初的政策规定天主教、基督教的房地产归教会所有，而道教、佛教的则归社会所有。但是，宗教房屋一旦被认定为不可移动文物，其权属就归于国有所有，其价值内涵就越加丰富，如在经济价值上叠加历史价值、艺术价值、社会价值、情感价值、生态环境价值等。这种价值内涵变化是一种文化的沉淀过程，本质是社会效益价值的表现，而宗教房屋具有这种公益目的性的社会效益特点，这也是与其他房屋在使用目的上的不同之处。

在征收补偿评估体系标准中，对用于宗教活动的房屋建筑物和教职人员的生活用房所附加的超值部分无法在评估中体现，甚至还会因房屋建造年代久远而出现价值贬损现象，这与被认定为不可移动文物的建筑物的相比价值存在天壤之别。而对用于出租实行宗教自养的其他房屋或其他用途房屋，虽与普通房屋无二，但因其权属特殊，补偿额与普通居民房屋相比还是存在一定的差距。若该类房屋一旦被征收后，不管是货币补偿还是产权调换，必将对宗教活动场所实行"自养、自治、自管"的政策在后续的资金来源方面产生影响，也有可能会引起宗教界因无法正常开展宗教活动而提出对补偿价格是否公平、合理的怀疑。

征收房屋并给予合理的价格补偿，这是一个简简单单的经济问题，但涉及宗教房屋的征收，就如《关于落实宗教团体房产政策等问题的报告》中所说"不是一个简单的经济问题，而是一个政治问题，是一项重要的政策"，"要从政治上着眼，作为特殊问题来处理"，这种特殊的非物质性价值无法在现有的房地产评估中得到体现。

四、宗教房屋征收评估思路建议

（一）完善差异化房屋用途标准

目前，现有房屋建筑物按其使用用途可分为农业建筑、工业建筑和民用建筑，宗教建筑划入民用建筑中的公共建筑类型。各类型房屋用途又分工业、住宅、商业、办公等用途之一或两种及以上用途的组合。影响房屋征收补偿评估价值的一个重要因素就是房屋用途，而房屋用途的确定主要依据为房屋权属登记的信息或相关批准文件。但宗教房屋交易存在政策性的限制，其房屋权属登记的信息不会顺应时代和管理部门的要求而进行必要的变更，无法与现实意义上的房屋评估用途保持一一对应。房屋征收评估虽以征收人提供的房屋用途为估价前提，但房屋征收工作人员对房屋用途或分类的变化历史问题的认识度不高，对宗教房屋的形制等要求不理解。在房屋用途等影响房屋价值因素的确定过程中，存在一定的随意性或缺乏科学、合理性的房屋用途界定依据，未能够真真理解现阶段涉及"宗教问题无小事"的宗教政策的要义。依法治教的中国化发展中，需以宗教主管部门提高对宗教活动场所世俗用途的认识为基点，以尊重历史态度维护宗教团体的合法权益，将各宗教差异化的房屋进行分类定标，开展宗教房屋用途的认定工作，建立宗教术语与世俗用途的对应关系，为房屋征收评估提供明确的用途依据。

（二）制定政策性房屋补偿标准

宗教房屋来源存在多样性，有群众捐献而建造的，也有私人出资修建或购置获得产权的，还有依照文件精神落实政策返还产权的等，但仍有一部分房屋因其权属复杂，处于暂缓登记状态。现有房屋征收补偿评估针对的是房屋和其占用范围内的土地使用权的市场价值，虽明确了房屋用途，但土地使用权是国有土地还是集体土地对评估结果产生很大的影响。从补偿方式来看，不管产权调换还是重建的补偿方式，补偿后的房屋所占用的土地使用权按现有用地政策来判断应该为国有土地，这与货币补偿方式中现有集体土地上的宗教房屋的补偿操作口径可能存在不一致，导致补偿结果在三种补偿方式中无法形成等价的趋势，这种现象必然不利于房屋征收工作的开展，也会造成将相似宗教活动场所补偿价值差异的形成归咎于评估的现象。故需从政策层面给予被征收宗教活动场所的土地使用权定性，制定分类房屋所占用的土地性质和补偿标准，防范三种补偿方式客观补偿结果的失衡。

（三）构建宗教产房屋评估体系

宗教房屋与普通房屋一样具有经济效益和社会效益、市场价值和社会价值的特性，但宗教房屋因其在转让、抵押或者作为实物投资等方面存在限制，且使用用途只限于在各宗教的章程规定的业务范围内实现宗教宗旨的活动，导致其经济效益无法充分发挥，市场价值也无法体现。而现有评估体系是基于普适性标准形成的规范，对征收宗教房屋的特殊性考虑不够，无法依据现有征收评估方法和技术规范评估其社会价值。

为弥补评估技术上的缺陷，减少宗教界对房屋征收补偿评估的意见，需要构建对宗教房屋的评估体系，充分考虑各宗教房屋建筑结构、形制、朝向、功能、布局等因素的影响，制定室内外的饰件及建筑小品等艺术构件不同的补偿标准。在评估出宗教房屋的经济价值后，还需根据实际情况判断其社会效益价值的加成数。社会效益价值的评判可以从政治导向、宗教活动的内容、服务范围、信教公民反应、社会影响、宗教团体内部制度和人才队伍建设等指标进行细化，运用科学的方法将社会效益定性分析转换成可量化、可核查的结论。实现征收宗教房屋的市场价值与社会价值相统一，保障宗教各方的权益不受损。

五、结语

宗教活动场所是中华文明、文化传承的载体，又是历史记忆的元素。既触及一部分信教公民的权益，又关系到民族团结与社会安定。在征收补偿过程中既要提高对宗教问题重要性的认识，坚持宗教中国化的发展方向，又要慎重地对待城市更新中遇到的宗教活动场所房屋征收补偿安置问题。在宗教房屋征收补偿评估过程中，各方参与人员特别是评估人员对各宗教房屋的特殊性应该有一个系统、全面的认识，发挥评估专业人员对价格敏感的特长，展现高质量服务的评估精神，为中国化的宗教健康发展尽一份力。

参考文献：

[1] 肖婉琳.论我国古建筑征收程序的完善 [J].祖国；2019（16）.

[2] 本书编写组.新修订《宗教事务条例》释义（七）[J].中国宗教，2018（06）：66-70.

[3] 袁煌.浅谈文化企业社会效益的价值评估 [J].中国资产评估，2016（01）.

[4] 刘泳斯 张雪松.改革开放以来中国宗教治理工作的演进——以宗教活动场所管理为重点 [J].中央社会主义学院学报，2018（02）.

[5] 刘金光.重视城镇化中的宗教活动场所拆迁安置问题 [J].中国守宗教；2014（01）.

[6] 张建文.宗教财产的所有权归属与目的性使用问题 [J].法学，2012（06）：51-58.

[7] 政协全国委员会民族和宗教委员会.中国宗教概况 [M].北京：中国文史出版社，2008.

作者联系方式

姓　名：胡新良　黄萧樑　郭　毅

单　位：上海城市房地产估价有限公司

地　址：上海北京西路 1 号

邮　箱：13917300771@163.com；gy@surea.com；gy@surea.com

注册号：胡新良（3620000121），黄萧樑（3120140025），郭毅（3120120012）

估价机构拆迁全流程咨询服务在防止大拆大建新形势下的挑战与机遇

童款强　吴　青

摘　要： 经过十余年探索发展，以深圳、北京等城市为代表，估价机构在拆迁领域建立了一套覆盖项目全过程的咨询服务体系，为城市土地二次开发做出了积极贡献，也为行业发展构建了全新的业务品类。进入 2021 年，住房和城乡建设部明确要求在实施城市更新行动中防止大拆大建，估价机构拆迁全流程服务面临新的挑战与机遇，如何适应新形势、抓住新机遇，发掘新业务，成为当下面临的新课题。

关键词： 防止大拆大建；全流程咨询；挑战；机遇

一、估价机构拆迁全流程服务发展现状概况

在过去十余年时间里，因棚户区改造、公共基础设施建设、重大产业落地等需求，许多城市经历了一轮大规模以拆除形式为主的土地二次开发城市更新改造运动（以下简称"城市更新"），包括房屋征收、棚户区改造、土地整备、城市更新拆除重建等。各地估价机构积极参与其中，提供现状清点、价值评估、搬迁安置等传统估价服务。以深圳、北京等为代表的部分城市立足估价、创新探索，衍生发展拆迁全流程服务，深度挖掘服务内容及附加值，具体业务主要包括三个方面：一是参与城市更新相关政策顶层设计，承接政策课题研究；二是参与城市更新区域发展策略咨询，与规划研究院等机构协作，为城市区域发展、升级更新建言献策；三是提供城市更新项目全过程技术咨询与谈判顾问服务，承担项目前期调查、方案研究、权属核查、价值评估、补偿谈判、搬迁移交、产权注销、回迁安置分配等系统性工作。

估价机构拆迁全流程服务在深圳、北京等城市实施效果显著，对政府加快推进城市更新发挥了积极促进作用，依靠各地估价机构及同仁的不懈努力，宁波、东莞等城市也在积极探索拆迁全流程模式在当地的试点落地。从全国地域角度而言，估价机构拆迁全流程服务存在广阔的发展空间。

二、估价机构拆迁全流程服务面临的新形势

2021 年 8 月 30 日，住房和城乡建设部发布《关于在实施城市更新行动中防止大拆大建问题的通知》，严格控制大规模拆除，除违法建筑和经专业机构鉴定为危房且无修缮保留价值的建筑外，不大规模、成片集中拆除现状建筑，原则上城市更新单元（片区）或项目内拆除建筑面积不应大于现状总建筑面积的 20%；提倡分类审慎处置既有建筑，推行小规模、

渐进式有机更新和微改造。2021年10月20日，广州市住房和城乡建设局发布《关于对广州市关于在实施城市更新行动中防止大拆大建问题的意见（征求意见稿）》，探索超大城市有机更新之路，积极稳妥实施城市更新行动，保护、利用、传承好历史文化遗产，防止大拆大建。预计接下来相关重点城市将陆续出台相应的地方性管理措施，以贯彻落实《关于在实施城市更新行动中防止大拆大建问题的通知》要求。

现阶段，估价机构拆迁全流程咨询服务，基本建立于以房屋拆除为主的城市更新项目。随着《关于在实施城市更新行动中防止大拆大建问题的通知》的实施，可以预见大拆大建将成为历史，拆迁项目数量、拆迁房屋规模将逐步收缩，直接导致拆迁全流程咨询服务业务来源萎缩，拆迁领域面临的市场环境将发生巨大变化，估价机构需做好对于新形势、新环境的认识与应对。

三、估价机构拆迁全流程服务发展的新机遇

严禁大拆大建的新形势，对估价机构拆迁咨询服务带来新的挑战，但也蕴藏着新的机遇。根据《关于在实施城市更新行动中防止大拆大建问题的通知》的政策导向，结合客户及市场需求，笔者以深圳为例，分析估价机构在新形势下的业务契机。

（一）城中村统租改造项目全过程咨询业务新机遇

1. 市场机遇分析

根据《关于在实施城市更新行动中防止大拆大建问题的通知》规定，"不大规模、短时间拆迁城中村等城市连片旧区，防止出现住房租赁市场供需失衡加剧新市民、低收入困难群众租房困难。注重稳步实施城中村改造，完善公共服务和基础设施，改善公共环境，消除安全隐患，同步做好保障性租赁住房建设，统筹解决新市民、低收入困难群众等重点群体租赁住房问题，城市住房租金年度涨幅不超过5%"。近年来，随着商品住宅售价和租金的提升，居住成本大幅度增加，对中低层收入人群带来了巨大的压力，合理适度保留城中村，对解决中低收入人群居住需求意义重大。

特别对于深圳而言，根据《深圳市人民政府关于深化住房制度改革加快建立多主体供给多渠道保障租购并举的住房供应与保障体系的意见》（深府规〔2018〕13号），到2035年，新增建设筹集各类住房共170万套，其中人才住房、安居型商品房和公共租赁住房总量不少于100万套。该举措事关深圳人才强市战略，除常规的空地新建、更新改造项目配建等方式外，通过城中村统租改造也将成为政府筹措公共住房的重要手段，城中村统租改造项目成为咨询服务的一个方向。

2. 咨询服务探索

以深圳某城中村为例，所在片区拟打造国际科教城，未来将吸引大量中高层次人才入驻。为实现职住平衡，由区政府统筹，拟按照"政府主导、国企实施、村民参与、共建共生"的模式，对该城中村物业进行整体统租、改造提升、创意运营。政府和实施主体统租村民物业后（统租年限原则上为15年），进行整体设计、微型改造提升，消除安全隐患，完善配套设施，融入文化创意元素，有机更新，打造安全、宜居、宜游的高品质小镇。整个项目体量涉及房屋超过500栋，建筑面积超过40万 m^2。

为推进项目实施，估价机构引导实施主体引入全流程服务机制，提供以下专业服务：一是研究制定统租运营补偿方案，参考路线价方式，明确不同区位私宅、商铺的统租租金标

准，制定清租（清退现状租户）、统租（租赁业主物业）补偿项目及计算方式；二是明确统租工作实施规则，包括未办证房屋的权属确认（城中村以私宅为主，大部分未办理产权登记）、一楼擅改商铺用途的认定、清统租工作的整体程序等；三是提供清租谈判、统租谈判服务，在规定的补偿方案原则下，协助项目实施主体理顺与业主、租户、商户的经济关系。通过全流程服务，协助政府、国企完成城中村物业的统租签约、改造运营工作。

（二）商业街区统租运营项目全过程咨询业务新机遇

1. 市场机遇分析

早在 2018 年，商务部办公厅印发《关于推动高品位步行街建设的通知》，支持有条件的城市选择基础较好、潜力较大的步行街进行改造。目前全国已完成两批次共 11 条"全国示范步行街"的改造提升，未来商务部将指导各地借鉴示范步行街经验，坚持市场导向、突出特色，尊重历史、服务民生，推动建立步行街发展长效机制。

另外一方面，近年受租金上涨、网络购物、新冠疫情等多方面因素的影响，传统商业街区受到了极大冲击。在加快构建"以国内大循环为主体、国内国际双循环相互促进"的新发展格局下，重新激发商业街区活力，打造首店经济、夜间经济、体验式消费等新兴消费业态，对带动新消费、促进双循环具有积极意义。但是，在当前市场环境下，通过商业产权人自行改造提升以恢复消费活力的难度极大，政府主导、国企统租、改造升级、资源导入、专业运营，已成为当下商业街升级改造的一种全新尝试。在统租运营过程中，存在对咨询服务的潜在需求。

2. 咨询服务探索

以罗湖区东门商业步行街为例，其是深圳形成时间最早的商业街，也曾是深圳最成熟和最具规模的商业旺区，高峰期日均客流量达到 100 万人次。近年来，伴随时代的发展变迁，现状繁华程度远不及从前，部分商业楼栋出现大面积空置的情况。为重新焕发东门步行街活力，区政府拟采取政府主导、国企实施的模式，对部分商业楼宇进行整体统租（统租年限原则上为 15 年），重新设计定位，对房屋内外部进行微改造（例如打造空中连廊、塑造网红打卡点），并引入专业商业团队，导入商业资源，实施有机更新，长续整体运营。

在清租、统租过程中，项目实施主体引入估价机构，提供全过程咨询服务，服务内容除前文"城中村统租改造项目全过程咨询服务"所列租金调查、方案拟定、规则设计、清统租谈判之外，还涉及实施主体收购物业、与现业主合作运营等多种模式的咨询顾问。同时，商业街区统租工作对于咨询机构的服务需求更为迫切，因其难度显著高于城中村统租，一是商户产权极其分散，部分商业楼栋涉及几百位产权人；二是现状租户清租难度极大，从经营角度而言，政府统租工作将对现状租户带来损害，而对其补偿有限。因此，在制定清统租补偿规则、实施策略时，非常考验估价机构的经验与智慧，而这也是咨询服务的专业价值体现。

（三）历史人文资源挖掘项目全过程咨询业务新机遇

一方面，根据《关于在实施城市更新行动中防止大拆大建问题的通知》规定，通过保留利用既有建筑、保持老城格局尺度、延续城市特色风貌等方式，坚持应留尽留，全力保留城市记忆。另一方面，各城市都在积极挖掘历史人文资源、打好文化资源牌。以深圳为例，在政府主导下，通过物业统租、微型改造等方式，先后完成了大鹏所城、南头古城等特色景点的有机更新，充分发掘历史人文资源，打造新的城市名片。在整个升级改造过程中，估价机构协助实施主体开展权属调查、改造策划、清统租谈判、物业收购谈判等全流程服务。

四、结语

在防止大拆大建的新形势下，城市更新的主导逻辑已发生改变，估价机构拆迁咨询服务将进入一个新的阶段。根据《关于在实施城市更新行动中防止大拆大建问题的通知》精神，鼓励推动由"开发方式"向"经营模式"转变，探索政府引导、市场运作、公众参与的城市更新可持续模式，以长期运营收入平衡改造投入，发展新业态、新场景、新功能。基于这些导向，估价机构在城中村统租改造、商业街区统租运营、历史人文资源挖掘等工作中将大有可为，除此之外，新形势蕴藏着更为广阔的蓝海市场，正等待估价机构探索遨游。

参考文献：

[1] 住房和城乡建设部.《关于在实施城市更新行动中防止大拆大建问题的通知》[Z]，2021-8-30.

[2] 商务部.《商务部办公厅关于推动高品位步行街建设的通知》[Z]，2018-7-9.

[3] 深圳市人民政府.《关于深化住房制度改革加快建立多主体供给多渠道保障租购并举的住房供应与保障体系的意见》[Z]，2018-8-1.

作者联系方式

姓　名：童款强　吴　青

单　位：深圳市格衡土地房地产资产评估咨询有限公司

地　址：深圳市罗湖区红岭中路 2068 号中深国际大厦 19 楼

邮　箱：514993900@qq.com

注册号：童款强（00096748），吴青（00113683）

城中村集体土地征收和补偿问题浅析

徐志革 谢国兴

摘 要：城中村虽然已随着城市发展而逐渐被纳入城市管理体制内，但其区别于城区的显著特点是土地性质为集体所有。由于历史和管理体制等原因，城中村是土地集体所有制和土地国家所有制的交汇部，城中村改造所涉及的土地征收和补偿问题复杂。本文对城中村土地征收与补偿有关问题分析，并提出相关建议。

关键词：城中村；集体土地；征收；补偿

随着城镇化进程的推进，地处城市与农村的城郊接合部已逐渐被现代城市所包围，形成独有的城市不是城市，农村不是农村的城中村地带，但其区别于城区的显著特点是土地性质为集体所有，是土地集体所有制和国家所有制的交汇部。最近，我们参与了多宗城中村改造所涉及的房屋征收补偿价格评估工作，认为直接参照农村集体土地上房屋征收政策明显不合理，又不能完全参照国有土地上房屋征收和补偿相关法律法规文件，由于历史和管理体制等原因，城中村改造所涉及的土地征收和补偿问题复杂。本文对城中村土地征收与补偿有关问题进行分析，并提出相关建议。

一、城中村土地征收和补偿问题分析

近几年城市更新受到各级政府重视和社会关注，完成城中村改造将是推动城市高质量协调发展的重点。但城中村土地集体所有制使得村民可以低价甚至无偿地取得土地使用权，村民自建房屋可以自住，也可以出租获益，土地和房屋租金收益最大化的结果致使在土地征收和补偿过程中矛盾加剧。

（一）城中村土地现状调查的复杂性

根据《土地管理法》相关规定，农村和城市郊区的土地，除由法律规定属于国家所有的以外，属于农民集体所有。城中村村民住宅大部分为集体建设用地上的房屋，集体建设用地所有权归集体所有，村民享有使用权，使用期限无规定。直到 2018 年 3 月，我国才正式开展农村房屋不动产登记发证试点工作。所以不同于国有土地上的房屋，城中村土地现状调查包括土地位置、权属、地类、面积，以及农村村民住宅等复杂情况。一是城中村仍然存在少量的菜地、水塘、山林等作为种养基地；二是大多数住宅没有办理产权证明，有的相关建房证明也没有；三是与城镇国有土地规划管理不同，城中村因土地性质不清晰、相关职能部门管理不严等多方面原因而产生了许多私搭乱建的违法建筑；四是由于房地产市场快速发展，城中村房屋交易日趋活跃，导致房屋性质多样化。

如近年来许多村民为了进城务工、子女就学相继涌入城市，有的在城中村租住民宅，有的在城中村购买民房，其中部分人买房后办理了房屋产权过户手续，土地性质由集体土地转为了国有出让土地；还有部分买房后没有办理房屋产权过户手续，土地性质仍为集体土地。其中有本村集体经济组织成员房屋，这些房屋有的办了集体土地使用权证、有的没有办；还有非本村集体经济组织成员的，有的办了房屋所有权证、但没办土地使用证，有的都没办，只有房屋买卖双方签订的契约。如果不做好土地现状调查，在征收和补偿过程中定会出现很多的问题。

（二）农村集体土地征收和补偿政策对城中村不适用

根据《中华人民共和国土地管理法》第四十八条相关规定，征收农用地的土地补偿费、安置补助费标准由省、自治区、直辖市通过制定公布区片综合地价确定。因此，不同的省份对于土地补偿费、安置补助费标准也是不一样的。一般来说，当全省的征收补偿标准公布后，各市、县又会根据当地的实际情况，制定本地的土地征收补偿费标准。但这个土地补偿标准，对农村集体土地的征收和补偿比较适合，一般市、县公布的区片综合地价均未考虑城中村土地位置、性质、地类用途等特殊性。

对城中村土地征收和补偿，各地县级政府都没有统一的征收和补偿标准。而不同的城中村又有不同的情况，有些村庄在市区内，有些在城市的边缘地带，因而不但土地位置不同、地类用途不同、繁华程度不同，人们对房价的期望值也不一样。因此，政府制定的征地补偿安置方案不结合土地现状调查情况，土地征收和补偿标准又不统一，必定会使村民感到土地征收和补偿的不公平，又会给城中村改造工作带来很大的障碍。

（三）城中村土地征收和补偿实施方案各地做法不一致

从近年来城中村改造实践来看，这项民心工程、德政工程、千秋工程由于缺乏统一的集体土地征收和补偿标准，各地出台的补偿方案百花齐放。一是依法及时足额支付土地补偿费、安置补助费以及农村村民住宅、其他地上附着物和青苗等的补偿费用，并安排被征地农民的社会保障费用；二是政府补偿村民安置地建房或用安置房作为补偿，其他按照农村集体土地征收补偿标准予以货币补偿；三是按照参照国有土地上房屋征收和补偿标准进行货币补偿或安置补偿等。

但实际上，每个征收项目又会考虑因土地或房屋取得的来源和方式不同，有的按"主拆户""分支户""外来户"进行补偿安置，有的按"世居农户""世居非农户"进行补偿安置，有的按房屋重置价结合家庭人口进行补偿安置，导致出现一模一样的房屋因行政区域、土地性质、家庭人口等不同而千差万别。

（四）城中村土地征收和补偿程序的不规范

《土地管理法》《土地管理法实施条例》等对土地征收涉及的征地批准程序、征地实施程序，以及征地补偿费用、补偿费用的管理、归属和征地补偿纠纷及解决方式等都有明确的规定。城中村改造由于缺乏合法有效的法律依据和操作机制、签约等困局情况下，在征收过程中各种各样的违法、违规行为时有发生。

首先是不按规定履行征收批准程序。如有的项目认为城中村在城镇管理范围内，不申请、不报批，不拟订征收土地方案；有的未批先占、少批多占；有的县级政府或国土部门甚至街道办、村委会都可以发出一纸通知就实施征地，这都是严重的违法行为。

其次是征地的实施程序不规范。征地工作实施主体不规范、调查工作不细致，不公告、不听证、不送达，征收程序不规范、征收工作透明度不高，有的甚至逼签，对住户断水断电，骚扰村民正常生活等极端行为，这些都容易引发群体性上访事件，已经成为影响社会稳定的重要因素。

最后是征地补偿安置不到位。城中村与农村集体土地征收补偿标准一样，或者将集体土地和国有土地混为一谈，用同一个征收程序和补偿标准完成集体土地的征收和国有土地上房屋的征收，补偿费用的管理、归属不明确，资金使用、收益分配办法不透明，容易造成补偿标准争议或补偿费用分配纠纷。

（五）城中村改造后续隐患较大

当城中村改头换面成了现代城市的一部分，改造后面临的问题也随之暴露了出来。发达地区城中村巨额的补偿金让许多村民因领取巨额的征地补偿款或多套房产而一夜暴富；而欠发达地区征收部门可能会利用手中强大的行政权力，为降低征地成本，减少财政支出，难以兑现给村民的补偿和安置承诺，不仅原住村民的生活状况难有所改善，还给政府信誉带来极大损害。这些没有学识、没有技能的村民融入城市生活中，除了征收补偿款留存或安置房房租收入，未来收入源依然无法得到有效保障，这容易成为社会矛盾的隐患。

二、城中村土地征收和补偿工作相关建议

城中村改造所涉及的房屋征收与补偿比较复杂，从城中村的历史变迁可以看出，城中村土地集体所有制是造成城中村征收与补偿较为复杂的根本原因。按照《最高人民法院关于审理涉及农村集体土地行政案件若干问题的规定》（法释〔2011〕20号）等文件规定，城市规划区内城中村集体土地上房屋征收，其权利人请求参照国有土地上房屋征收补偿标准的，地方政府应当准许，但应当扣除该宗地的土地出让金等税费。所以不同于农村集体土地上房屋征收，城中村既不能完全参照农村集体所有权的土地征收政策，又不宜套用国有土地上房屋征收和补偿相关法律、法规文件，必须根据城中村特点建立针对性的土地征收与补偿理论和方法。

（一）完善和规范集体土地上房屋征收与补偿相关政策

首先，集体土地的征收和补偿可以根据《土地管理法》《土地管理法实施条例》和《民法典》等法律，从国家层面出台与《国有土地上房屋征收与补偿条例》和《国有土地上房屋征收评估办法》相类似的法律、法规，从立法上更加完善和规范集体土地征收的相关法律体系。

其次，因为城中村特殊性，城中村应与农村集体土地征收政策有适当的区别。各地方政府公布的区片综合地价必须考虑城中村土地位置、性质、地类用途等特殊性，以区别于农村集体土地征收和补偿标准，有利于化解的各种社会矛盾，有助于维护社会稳定。

（二）全面加强城中村征收管理

城中村土地征收关系人民群众的切身利益，各级政府对此应高度重视，全面加强城中村征地管理，严格执行土地征收相关的法律法规和政策规定，规范土地征收程序，坚决制止和纠正违法违规强制征地行为，维护群众合法权益，构建和谐社会环境，切实维护社会稳定。征地实际工作中，征收部门在政策把握上，既要注重合法性，以维护政策的严肃性；也要体现合理性，要根据实际情况满足城中村被征收人的合理要求，这样才能促进征地工作的顺利、有序、平稳推进。

（三）规范城中村土地征收和补偿程序

征地程序不到位，往往是引发矛盾和争议的关键点。政府部门在推进实施的土地征收行为中包括征地管理政策、征地前期准备、征地审查报批、征地组织实施等多个方面，这些涉

及拟征收土地告知、拟征收土地现状调查、拟征地听证、征地报批材料、征地批准文件、征收土地公告、征地补偿登记、征地补偿安置方案公告、方案听证、补偿费用支付等多个环节，实际工作中还包括调查摸底程序、补偿安置方案制定程序、签订协议、补偿安置、拆除房屋、强制搬迁程序、争议解决机制和救济程序等一系列行为，涉及多个主体、多个环节，所以首先必须规范土地征收和补偿工作程序，控制好每环节的时间节点；其次要每一步必须按要求严格执行，并监督落实，否则容易造成征收行为违法。

（四）做好土地现状调查和社会稳定风险评估

根据《土地管理法实施条例》相关规定，对需要征收土地应当开展拟征收土地现状调查和社会稳定风险评估。因此，做好土地现状调查和社会稳定风险评估是做好城中村征收工作的必经程序。

首先，要做好城中村土地现状调查，查明土地的位置、权属、地类、面积，以及村民住宅、其他地上附着物和青苗等的权属、种类、数量等情况，对拟征收土地现状的一个全面统计和分析。其次，通过对城中村征收土地的社会稳定风险状况进行综合研判，及早发现征收项目中存在影响社会稳定的隐患，提出风险防范措施和处置预案，及时有效化解，确保从源头上预防和减少征收矛盾纠纷。

（五）城中村土地征收和补偿标准可以由专业评估机构评估确定

（1）对各地方政府公布的区片综合地价应进行评估

目前，国有建设用地价格体系已相当成熟，而农民集体所有建设用地还处于初级阶段。根据《国土资源部办公厅关于加强公示地价体系建设和管理有关问题的通知》（国土资厅发〔2017〕27号）文件要求，在有条件有市场需求的地方，省（区、市）国土资源主管部门应抓紧研究部署开展集体土地基准地价制订工作；同时，《自然资源部办公厅关于部署开展2019年度自然资源评价评估工作的通知》（自然资办发〔2019〕36号）文件也要求"全面开展集体建设用地和农用地基准地价制订"。2020年4月《农村集体土地价格评估技术指引》正式发布实施，对集体建设用地定级与基准地价评估进行了技术指引。集体建设用地和农用地基准地价制订及评估技术指引从法律、法规和行政管理层面构建了城乡统一土地市场体系，为城中村集体土地价格评估奠定了基础。各地方政府应根据城中村的特点结合已公布的集体建设用地和农用地基准地价制订适合本城市的区片综合地价，确定征收农用地的土地补偿费、安置补助费标准；还没有公布集体建设用地和农用地基准地价的政府部门可以委托专业的评估机构按照《农村集体土地价格评估技术指引》对本城市的区片综合地价进行评估。

（2）城中村被征收的房屋、地上附着物和青苗等的补偿标准由专业评估机构评估确定

征收被征收的房屋、地上附着物和青苗等的补偿标准，可以参照《国有土地上房屋征收与补偿条例》相关规定，由具有相应资质的房地产价格评估机构评估确定。近几年评估机构参与了许多集体土地征收评估工作，特别是在城中村征地过程中，针对一些企业、工厂、种养基地、蔬菜大棚、办公用房、学校、别墅等所属的建筑物、构筑物、装饰装修、设备设施、苗木鱼塘及其他地上附属物进行了专业评估。目前，评估机构能够参与集体土地征收评估主要还是针对一些征收部门缺少理论依据与价格参考，比较难以按征收文件确定征收补偿价格的个案评估，评估对象和范围大多是地上附属物、构筑物、装修、设备等，不包括被征收人的集体土地及房屋价格评估。经过多年的工作实践，笔者认为，为体现城中村土地征收公正、公平、合理，保障村民和集体利益不受损害，征收农用地以外的其他土地、地上附着物和青苗等的补偿标准由专业评估机构评估确定已很有必要。

（六）建立城中村土地征收信息公开制度

现实中集体土地征收与补偿方案是由当地政府制定的，被征收人没有公平、主动的参与权，致使信息不对称，缺乏公开、透明。但土地征收关系着村民的切身利益与社会稳定，因此很有必要按照标准化、规范化要求，进一步细化城中村土地征收信息公开，对城中村土地征收的相关事项、内容、流程、时限、方式等重要信息进行公开，并对公开的内容、主体、渠道和方式等进行规范。依据土地管理法律、法规规定，为保证被征收人能公开获取征地信息，切实维护自身的知情权、参与权、表达权和监督权，建立土地征收信息公开制度，做好征地信息公开显得尤为重要。

（七）妥善安置村民、保障村民长远经济利益

《土地管理法》第四十八条规定："征收土地应当给予公平、合理的补偿，保障被征地农民原有生活水平不降低、长远生计有保障。"各级政府必须树立"以人民为中心，群众利益至上"的观念，在征收工作中把群众利益放在首位，化解征地中的矛盾纠纷，妥善解决村民实际困难，不能让他们因拆致贫返贫，维护正常的生产生活秩序和社会和谐稳定。

三、结语

城中村土地征收涉及被征地村民切身利益，关系到社会和谐稳定。所以应全面加强城中村征地管理，建立适应城中村特点的土地征收政策，规范土地征收行为，全面建立土地征收补偿价格评估制度，增强土地征收信息透明度，维护被征地农民的合法权益，从源头上防范和化解征地矛盾纠纷。促进土地征收顺利实施，对各项建设提供合理用地保障具有十分重要的意义。未来，城中村土地征收要求站在整个城市发展的高度上制定更精准化的城市更新方案，实现与当地资源优势、城市发展和人民生活需求高度融合。

作者联系方式

姓　　名：徐志革

单　　位：湖南志成房地产土地资产评估有限公司

姓　　名：谢国兴

单　　位：临武县住房保障服务中心

估价实践

——如何做好铁路征地拆迁资金概算

周元立

摘　要：总结已完工铁路征地拆迁补偿资金概算经验，剖析相关做法，从补偿范围、实物量调查确认、测算内容及标准、重点难点问题分析入手，提出如何做好铁路征地拆迁补偿资金概算的每项工作，并针对重点难点问题，提出相关建议措施，形成铁路征地拆迁资金概算一套完整工作程序，为铁路征地拆迁实践工作提供帮助。

关键词：铁路征地拆迁；资金概算

根据《中国铁路总公司关于加强铁路建设项目征地拆迁工作的指导意见》（铁总计统〔2014〕97号）精神，从2014年起，"路省"共建铁路项目征地拆迁费用采用包干新模式，签订征地拆迁包干实施协议，并明确规定除遇国家重大政策调整等情况外，原则上不再调整，据此，准确做好征地拆迁补偿资金概算特别重要。笔者总结湖南省辖区内已完工的怀邵衡、黔张常、渝怀、张吉怀、长益常5条包干模式下的铁路征地拆迁补偿资金概算经验，从补偿范围、实物量调查确认、测算内容及标准、重点难点问题分析入手，提出如何做好铁路征地拆迁补偿资金概算的每项工作，并针对性地提出相关建议措施，为铁路征地拆迁实践工作提供帮助。

一、补偿范围

铁路征地拆迁补偿资金概算范围是以铁路设计相关资料及用地图为基础，对用地红线内（含压、跨、占、靠红线）及环评、安全要求的所有征地拆迁补偿费用及税费进行测算，得出铁路征地拆迁补偿资金概算。

二、实物量调查确认

做好铁路征地拆迁补偿资金概算，首先要进行实物量的调查和确认。湖南省辖区内已完工的怀邵衡、黔张常、渝怀、张吉怀、长益常5条包干模式下铁路征地拆迁实物量调查工作是由湖南省自然资源厅牵头负责，组织湖南省湘铁集团、铁路建设单位、铁路设计院、测绘院、评估造价咨询机构、沿线各政府及相关部门共同参与，分地、市设组开展工作，按照实事求是、依法依规、以人为本、统筹兼顾的原则，根据铁路设计用地图红线及环评、安全要求线路，到现场逐一对土地、房屋，进行实地丈量、登记，然后各调查参与方签字确认实物数量。

三、概算测算内容及标准

铁路征地拆迁补偿资金概算包含的内容主要有集体土地征地补偿、集体土地上的房屋拆迁补偿及安置补助、集体土地上其他补偿（含集体设施、个人附属设施、造塘还塘、花卉苗木补偿）、个案补偿、类比实物量补偿（含迁坟、夹角地、水改旱、地下水系影响补偿）、三电迁改费用、税费、其他费用等内容。

（一）集体土地征地补偿

集体土地征地补偿包括红线内征地补偿、边角余地补偿、三改用地补偿、站后用地（有则补，无则不补）补偿。

红线内征用土地面积根据铁路设计院提供的红线内集体土地面积计算，征地单价、青苗补偿及奖励政策依据湖南省人民政府征地补偿标准及各地正在实施的文件。

边角余地的面积根据征地总面积的一定百分比计算，三改用地的面积根据设计院提供的三改用地设计图纸数量确定，站后用地（有则补，无则不补）的面积根据实际需要测算，该三项的补偿单价与红线内征地单价标准均相一致。

（二）集体土地上的房屋拆迁补偿及安置补助

1. 集体土地上的房屋拆迁补偿

房屋拆迁补偿包含房屋结构补偿价格、装修补偿价格、搬迁费、过渡费、经营性用房补偿、交房腾地奖励、误工补助费，公式为：

房屋补偿价格 = 房屋结构补偿价格 + 装修补偿价格 + 搬迁费 + 过渡费 + 经营性用房补偿 + 交房腾地奖励 + 误工补助费。

房屋结构补偿单价按当地征地拆迁政策标准进行计算，房屋面积根据现场调查确认的房屋数量确定。

装修价格、搬迁费、过渡费、经营性用房补偿、交房腾地奖励、误工补助费根据当地征地拆迁政策标准进行计算。

2. 安置补助费

依据当地每个地市的安置政策，合理确定安置方式，然后根据安置方式，按当地政策标准计算安置补助费。一般安置方式有货币安置、集中安置、自拆自建安置，每种安置方式的安置补偿费标准不同。

（三）集体土地上其他补偿

集体土地上其他补偿指集体设施补偿、个人附属设施补偿、造塘还塘补偿、花卉苗木补偿。

集体设施补偿根据每个地市文件标准，按红线内集体土地面积包干补偿。

个人附属设施补偿包括水泥坪、砖石护坡、水井、涵管、围墙、保坎、木棚等，文件有补偿标准的，参照文件标准补偿，文件没有补偿标准的，按评估咨询价格进行补偿。

造塘还塘、花卉苗木补偿按照类比单价进行补偿，面积根据铁路红线穿过情况并考虑实际影响大小确定（备注：类比单价指因沿线各地市文件标准不同，根据实际情况，综合考虑平衡，确定一个统一综合单价，然后上报湖南省人民政府批准）。

（四）个案补偿

个案补偿由参与调查的各方根据现场的实际情况确定是否作为个案进行单独补偿，主要分国有土地个案和集体土地个案，具体包括国有土地上的私房、各单位项目、房地产开发项目、学校、医院、养老院、种植养殖基地等补偿项目。

个案补偿的测算工作由评估公司、造价公司完成，其中对公益性个案（如公立学校、医院、养老院等）一般采用还建方式由造价公司进行还建资金概算，集体土地上的其他个案一般按照各地市集体土地补偿政策标准进行测算（政策没有标准的进行评估咨询），国有土地个案则由评估公司按市场价格进行评估。

（五）其他类比实物量补偿

其他类比实物量补偿包含迁坟、夹角地、水改旱、地下水系影响（含送水费、青苗误种及恢复工程费用等）的补偿，补偿标准按类比单价进行补偿，数量按铁路的里程数或实际数量进行确定。

（六）三电迁改费用

三电迁改费用是设计院根据铁路项目施工图纸，参照同类型已完工铁路实际的三电迁改费用综合单价标准，按正常价格增长系数进行修正确定资金概算，作暂列金额在大包干合同中明确，最终费用以实际发生的为准。

（七）税费

税费包括耕地开垦费、森林植被恢复费、耕地占用税、社保基金、文物勘探发掘费、新增建设用地使用费、水利建设基金等，各项税费的计算标准依据国家、湖南省相关政策标准进行计算。

（八）其他费用

其他费用主要有勘测定界费、挖边沟费用、评估费、造价咨询费、登记发证费、审计费、前期调查工作经费、放线测量费、工作经费、不可预见费等。

勘测定界费根据实际情况并参照相关收费标准确定收费单价，然后按红线内征地总面积计算费用。

挖边沟费用、评估费、造价咨询费、登记发证费、审计费、前期调查工作经费、放线测量费根据实际情况协商确定价格。

工作经费和不可预见费根据铁路总公司或湖南省规定的标准，按征地拆迁补偿总额百分比计算。

四、重点难点问题

包干模式下铁路建设征地拆迁工作与以往的模式有很大的差别，好处在于明确各方职责、节约资源、控制征地拆迁成本、加快项目推进时间，但作为省、地两方，存在实物量准确度和价格标准不好控制的问题。

1.实物量调查的局限性、不可预见性影响其准确度

（1）在进行实物量调查时，包干模式下的个案调查仅是对实物量进行初步调查，未与个案被拆迁人进行具体情况的沟通对接，有些问题还没有暴露出来，可能存在有些个案地下管网等看不见的实物量遗漏和其他不可预见性的新增加建实物量（主要是指大包干实物量调查时，因没有发布拆迁公告，到具体实施拆迁期间，可能存在农民增建、加建房屋情况）。

（2）在制定拆迁方案时，仅是省方、铁路建设方、铁路设计院一起共同讨论研究制定的整体或部分拆迁方案，未与各地市和被拆迁人进行充分沟通，有些实际情况了解不充分透

彻，导致实施时被拆迁人对拆迁方案有较大的异议，出现整体和部分拆迁方案与实际发生补偿的实物量有较大的差异。

2. 征地拆迁补偿标准差异

（1）在同一个地市，存在铁路建设征地拆迁补偿标准与地方建设的征地拆迁补偿标准不统一，导致被拆迁人上访情况较多。主要是因为各地根据当地的实际情况自行制定了一些当地的补偿政策，但这些补偿政策铁路方面可能不认可。

（2）同一条铁路沿线涉及多个地市，有些地市补偿标准差异较大。主要是因为有些地市政策调整不及时，还采用几年前制定的老政策标准，而有些地市则新出台了政策，导致每个地市集体土地补偿政策标准差别大。

3. 政策调整和市场价格的变化

铁路征地拆迁大包干持续的时间较长，期间存在政策调整和市场价格变化情况。从实物量调查到各省签订大包干协议少则半年，多则一年以上，之后省方又要与各地市签订包干协议，又要半年到一年时间，期间，有些地市可能征地拆迁政策发生调整，也有可能当地房地产市场价格发生变化，这些都导致与实际补偿金额产生差异，影响到测算的准确性。

五、建议措施

针对存在的重点难点问题，各相关单位要充分考虑包干模式的实际情况，总结经验和教训，实事求是做好铁路征地拆迁资金概算工作。

1. 各司其职，各尽其责，确保实物量准确

（1）评估、造价中介机构要详细做好实物量调查，特别是个案的实物量调查，做到不重不漏，对于个案的隐蔽工程，与被拆迁户充分沟通，提供相应的隐蔽工程图纸及相关资料，确保实物量的准确。

（2）对于后期新增实物量引起的差异，各地市政府相关职能部门要认真履职，严控违章搭建、加建行为。

（3）个案整体或部分拆迁方案的确定，省方、铁路建设方、铁路设计院要充分考虑个案整体功能受影响情况及其他实际情况，并与地市进行有效沟通，合理确定整体和部分拆迁方案。

2. 延时价格上涨风险规避

在评估个案价值时，评估造价公司要根据当地近几年物价和房地产价格上涨指数，充分合理预估其延期时间，在现有市场价值的基础上再充分考虑这些因素所带来的价值增值影响，规避好延时价格上涨造成的风险。

3. 厘清土地性质

对上地性质模糊不清的个案，在调查之前，先要求当地自然资源部门提供铁路沿线所有涉及的国有土地项目个数、名称、位置，充分了解沿线详细土地性质情况，这样才能做到避免土地性质不清所带来的价格差异风险。

4. 熟悉理解当地政策

各相关概算编制单位要熟悉各地市相关政策文件，咨询地方主管部门，加强对政策的理解，同时要地方提供同类型拆迁案例的补偿方案，以确保各项费用计算完整无误。

六、结语

铁路建设征地拆迁资金概算工作从实物量调查确认到最后征地拆迁资金概算的确定，需要每一个参与单位尽职履责，并做到实物量调查确认无误、个案补偿方案符合实际、测算项目不重不漏，这样才能确保铁路建设工程的顺利推进。希望在铁路建设征地拆迁资金概算工作过程中所形成的一套完整工作程序，能为探讨铁路征地拆迁实践工作提供帮助。

作者联系方式

姓　　名：周元立
单　　位：湖南万源土地房地产评估测绘有限公司
地　　址：湖南省长沙市天心区友谊路与芙蓉南路交汇处东南角的运城大厦20楼（410005）
邮　　箱：zoyuli@163.com
注册号：4320030064

关于各类苗木征收补偿价值评估的几点思考

孙五八

摘　要：由于苗木市场价格波动大、地域性强，苗木树型等个体差异及苗木企业经营规模和管理水平差异性等因素，导致苗木市场交易价格和移植成本存在着巨大的差异。在苗木征收补偿评估中，由于目前的评估规范缺失，相关参数比较模糊，不同地区、不同部门出台标准不一致；在实际操作中估价师和被征收的苗木经营户往往对补偿方式、评估方法、补偿价值、补偿范围等关键问题产生很大分歧。本文试图对征收中各类苗木补偿方式的应用，评估方法的选用，补偿价值的内涵，以及补偿范围的界定等进行初步的探讨。

关键词：房屋征收；苗木补偿；苗木价格

随着国家基础设施建设的蓬勃发展，在房屋土地征收补偿工作中，往往涉及树木、花卉、地栽盆景（以下简称苗木）等地上定着物的征收和补偿。评估机构作为独立的第三方，本着客观、公平、公正的原则为征收双方提供合理补偿的参考依据。但由于苗木市场的地域性和苗木价格的波动性，苗木树体、苗木经营户规模的差异性，不同地域不同部门补偿方式不同，加之目前房屋征收的相关法规和评估规范规程往往显得粗略，缺乏可操作性，从而给评估工作带来了很大的难题，造成评估机构出具的评估成果缺乏权威性和说服力。

本文中，笔者将评估工作中遇到的一些实际问题以及若干经验，结合国家和地方有关法律法规的精神，对各类苗木补偿方式的应用、评估方法的选用、补偿价值的内涵、补偿范围的界定进行初步的探讨，以期得到业内同行更深层次的探讨和研究。

一、苗木补偿方式及其在征收工作中的应用

（一）苗木补偿的三种方式

针对苗木的征收补偿，各地结合自身特点，因地制宜制定补偿政策，主要分为以下三种方式：

1. 收购。即征收单位按市场价购买被征收苗木，并支付补偿款，收购后被征收苗木的所有权转移至征收单位，由征收单位依法处置。

例如上海市，《关于印发〈上海市征收集体土地补偿标准（2020）〉的通知》（沪规划资源规〔2020〕20号文），第四项苗木及花卉类，均按收购的方式给予补偿，并规定"苗木价格主要组成内容有：（1）圃存价（2）挖掘费（3）包扎费（4）苗木经营利润（5）圃内运输（6）装车人力费等"。

该文件对补偿后苗木的所有权归属也作了详细规定："实施补偿后，原权利人可对苗木

和花卉自行搬迁或处置，当事人不配合搬迁的，项目所在地镇人民政府（街道办事处）可代为搬迁或处置。"

2. 移植，又称移栽。由征收单位支付移植费用，被征收人在限定的时间内将被征收苗木从征收范围内移植到其他地点，移植后苗木的所有权依然归属被征收人。被征收人在限定时间内没有移植或处置的，一般由征收单位处置。

例如笔者所在的安徽省芜湖市，《芜湖市人民政府办公室关于印发芜湖市市区国有土地上房屋征收补助奖励等标准办法的通知》（芜政办〔2017〕10号文）、《芜湖市人民政府关于印发芜湖市集体土地上房屋、附着物和青苗补偿标准的通知》（芜政秘〔2020〕93号文）规定，对市区国有土地上、集体土地上的树木均以移植方式给予补偿。

3. 收购和移植并用。具备移植条件的，应予以移植，不具备移植条件、无法移植或者移植行为不经济时，一般采用收购方式。

例如南京市，《关于调整青苗和地上附着物征地补偿标准的通知》（宁规划资源规〔2020〕13号文），附件2"表4用材、观赏树木补偿指导价格"中，对观赏树木规定："一般应予移植，并由建设单位支付移植费用；无法移植的，由建设单位收购。"

（二）苗木补偿方式的比较及应用

1. 不同补偿方式分析

不同补偿方式各有利弊。

（1）以收购方式补偿的，优点是有利于征收工作开展和加快征收进度，缺点是占用较多的征收补偿资金，且苗木资源难以得到保护。

（2）以移植方式补偿的，优点是节约征收补偿资金，苗木资源通过移植得以保护，缺点是移植工作可能直接影响征收进度。因"退苗还粮"导致没有土地移植的，会使被征收户利益受损而产生矛盾。

（3）以收购和移植并用方式补偿的，有利于征收工作开展，推动征收工作进度，化解征收矛盾，在现实工作中具有较强的可操作性。

2. 不同补偿方式的应用

苗木征收中，征收双方出于各自利益考虑，往往对补偿方式存在巨大的分歧。在实践工作中，一般按以下方式确定苗木的补偿方式。

（1）当地有文件规定的，以文件规定的方式补偿。

（2）没有文件规定，或文件规定可以选择补偿方式的，以征收双方协商确定的方式补偿。

（3）征收双方不能协商一致的，地方政府已提供可移植场地的，优先采用移植方式；地方政府无法提供可移植场地的，采用收购方式补偿。

（4）即使采用移植方式补偿的，若苗木移植技术上不可能（如苗木移植无法成活或成活率极低）、移植经济上不可行（移植成本大于或等于收购价格的），也应当采用收购方式补偿。

二、苗木的价值内涵和评估方法的选用

（一）苗圃生产及绿化施工各阶段及其价格内涵

苗木的价格和价值的种类有很多，名称也不够一致，价格构成和内涵千差万别。苗木评估工作中，需要对苗木不同的价格有一个明确的认识和把握。现以园林苗圃生产及绿化施工过程为例，分析各阶段价格构成，以便更好地界定和区分各种价格和价值的内涵。

（1）园林苗圃生产经营一般分为以下几个阶段：圃地选择与区划—整地、施肥与轮作—苗木繁殖—幼苗抚育—大苗培育—病虫害防治—苗木出圃（施工方采购）。

（2）绿化工程施工一般分为以下几个阶段：采购苗木（苗木出圃）—定植—养护—竣工验收。

与苗木生产及绿化施工各阶段相对应的价格如下图所示：

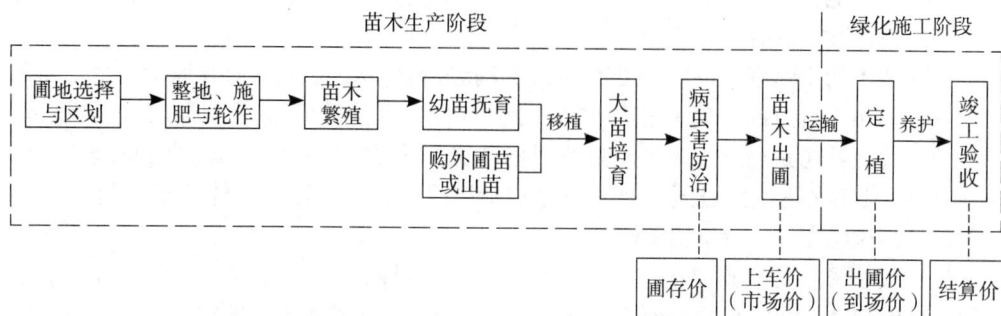

其中：

圃存价——是待出圃苗木在苗圃中的价格。

上车价——又称市场供应价，由苗圃方将苗木起挖并装至采购方提供的指定货车上，起挖苗木的人工费、辅材费由苗圃方承担，货车由采购方提供并承担相应运费。

出圃价——又称到场价，即苗木出圃并经运输至采购方指定施工工地的价格，从苗木起挖到运输至指定地点，所有的人工费、机械费、辅材费等皆由苗圃方承担（不包含苗木到场的卸货费用）。

出圃价 = 市场供应价 + 运杂费；

市场供应价 = 圃存价 + 起挖费 + 苗木包扎费 + 圃内搬运费 + 装车费；

运杂费 = 运输费 + 运输损耗费等。

苗木工程结算价——是指绿化工程经竣工验收后，绿化施工企业按照承包合同和已完工工程量向建设单位（业主）办理工程价清算的实际工程价款。

另外，各地造价站一般会定期发布苗木的市场信息价。

市场信息价——是综合了苗木自来源地运至施工现场所发生的全部费用以及为组织采购、供应和保管苗木过程中所需要的各项费用。市场信息价 = 苗木到工地价 × （1 + 采购保管费率）

（二）以收购方式补偿时评估方法的选用

以收购方式补偿的，苗木补偿的价值内涵为圃存苗木的市场价（圃存价），评估方法宜采用比较法。

比较法是根据与待估苗木相似的圃存苗木的市场价格来求取待估苗木价值或价格的方法，具体来说就是通过选取与待估苗木相同种类的圃存苗木的市场价格，将它们与待估苗木进行比较，根据其间的差异对可比实例苗木价格进行处理后得到的待估苗木价值或价格的方法。

比较法的公式为：$V_{比较价值} = V_{可比实例价格} × K_1 × K_2 × K_3 × K_4$

$V_{可比实例价格}$——一般为圃存价。圃存苗一般要经过多次移植或断根缩坨处理，多次移植或断根的苗木须根多，栽植易成活，缓苗也快。经移植和断根处理的圃存苗需相应增加移植和断根等费用。

K_1——市场状况修正系数。由于受季节性、供量、采购量的影响，苗木的行情会有波动，同等规格的苗木，价值时点不同，价格也不同。

K_2——苗木的树体特征修正系数。主要包括苗木的干径大小、冠围丰满程度和大小、树木长势以及枝条生长情况和树木健康状况等。

K_3——生长年限修正系数。同样胸径的苗木，有两年生的新苗，还有三年生以上的老苗。老苗生长势较差，种植成活率很低，新苗生长势较好且成活率高，价格相对就高一点。

K_4——苗木的生熟修正系数。苗木的生树是指异地树木，以及一直在原生地生长和多年（5年以上）未进行翻植的树木，此类树木一旦移植至绿化工地栽植，死亡率较高。熟树是指在本地且经过苗圃培育的、反复移植或多次作过断根处理的树木，因其须根发达、土球紧实，移植成活率很高。同一规格，同一长势的同一树种，因生熟有异，价位相差较大。

采用比较法评估的重点是确定可比实例的价格，目前询价的途径主要有：苗圃基地询价，网络询价和定额站发布的市场信息价。估价师应注意甄别各价格的构成，以及是否包含运费、养护费、税费等因素。

（三）以移植方式补偿时评估方法的选用

以移植方式补偿的，苗木补偿的价值内涵为移植成本和移植损失补偿，评估方法宜采用成本法。

成本法是指通过计算苗木移植工程中起挖、运输、栽植、养护等过程中人工、材料、机械的耗费和移植损失的补偿，求取苗木移植补偿价格的评估方法。

成本法的公式为：$V_{移植补偿} = C_1 + C_2 + C_3 + C_4 + L_1 + L_2 + L_3$

C_1——起挖成本，即苗木起挖过程中所耗费的人工、材料、机械。起挖工作内容一般包括：起挖、包扎土球、出塘、修剪、集中搬运（或上车）、回土填塘等。

C_2——运输成本，即苗木上车后运至移植地经卸载所耗费的人工、材料、机械。运输包括水平和垂直运输、卸载等，一般结合运输车辆种类和运距计算。

C_3——栽植成本，即苗木在移植地栽植过程中所耗费的人工、材料、机械。栽植工作内容一般包含挖塘、栽植（落塘、扶正、回土、捣实、筑水围）、浇水、覆土、保墒、整形、清理等。

C_4——养护成本，即苗木在养护过程中所耗费的人工、材料、机械。养护分为成活期养护和保存期养护。成活期养护是指绿化工程初验前的成活养护，自栽植期养护结束之日起，至绿化工程进行初验之日止，一般为一至三个月。如无规定初验时间，一般可按一个月计算。保存期养护是指绿化工程竣工初验后的成活率养护，自初验之日起（不包括初验之日）至竣工验收之日止。

L_1——死亡率损失，即苗木移植过程中，对因苗木死亡造成的损失进行的补偿。苗木移植的成活率受苗木质量、种类、规格的大小、移植季节、移植技术和养护方法等多方面因素的影响，应结合移植苗木的种类、规格、移植季节等因素确定死亡率损失补偿。反季节移植可适当提高死亡率补偿标准或增加栽植措施费。

L_2——缓苗期损失，即苗木移栽后出现的一段适应环境的扎根活棵延缓生长的时间。缓苗期与苗木种类、规格、移植技术和养护方法有关，缓苗期损失一般按苗木的市场价值计算，在缓苗期内，结合银行利率给予补偿。

L_3——挂果损失，是对果树移栽后当季不挂果或一段时间内挂果减少所带来的损失进行的补偿。一般结合果树年产量、水果的市场销售价给予评估补偿。

三、结语

在苗木征收补偿中，苗木种类繁杂，规格多样，市场价格波动大、地域性强，征收双方往往对补偿价格分歧巨大，矛盾突出。这对房地产评估人员提出了更高的要求，评估人员不仅要熟悉评估知识，还要通晓园林栽培技术、工程造价知识，了解苗木市场行情。

在开展评估工作前，除了要调查掌握苗木情况外，还需要对当地土质、气候、运输条件等进行详细的调查和了解。评估工作要严格遵循估价程序，科学选择估价方法，既要坚持原则，又要灵活变通，做到公正、细致、严谨、科学，从而体现评估人员的专业水准，更好地维护征收双方的合法权益，更快地推动征收工作进度，更好地为社会主义建设服务。

参考文献：

[1]《芜湖市人民政府办公室关于印发芜湖市市区国有土地上房屋征收补助奖励等标准办法的通知》（芜政办〔2017〕10号）.

[2]《芜湖市人民政府关于印发芜湖市集体土地上房屋、附着物和青苗补偿标准的通知》（芜政秘〔2020〕93号）.

[3]《关于印发〈上海市征收集体土地补偿标准（2020）〉的通知》（沪规划资源规〔2020〕20号）.

[4]《关于调整青苗和地上附着物征地补偿标准的通知》（宁规划资源规〔2020〕13号）.

[5]《安徽省园林绿化工程计价定额》（安徽省住房和城乡建设厅发布2018版安徽省建设工程计价依据）.

[6]《城市园林苗圃育苗技术规程》（中华人民共和国城镇建设行业标准 CJ/T 23—1999）.

[7] 张祖荣.园林树木栽培学[M].上海：上海交通大学出版社有限公司，2017.

作者联系方式

姓　名：孙五八

单　位：安徽天恒房地产土地评估有限公司

地　址：安徽省芜湖市镜湖区民生路26号凯帆大厦903-906室

邮　箱：378896471@qq.com

注册号：3420050062

国有土地上房屋征收评估住宅比较法问题探讨

孙　栩

摘　要：本文围绕着征收评估中成片式的住宅房地产以及其他同质化强的房地产，在采用比较法评估的方式下对符合征收评估特定要求的"交易实例选择、标准房选定与设定、'不得低于'的应用"三个方面进行理解，并在实际工作中检验其适用性，供读者参考。

关键词：征收评估；住宅房地产征收评估；国有土地上房屋征收与补偿；国有土地上房屋征收评估

自 2011 年颁布《国有土地上房屋征收与补偿条例》至今已进入实施的第 10 个年头，一些地区落地法规颁布实施也近 5 年。在实施过程中为贴近政策本意，仍觉得有探讨的地方，使征收评估工作更加严谨、完善。本次就针对涉及面、影响面最广的住宅房地产（当然也适用其他同质化强的房地产）在使用比较法时（其他估价方法也使用到比较法）几点征收评估特定要求的规定结合应用进行分析，提出见解。

一、交易实例选择条件

《国有土地上房屋征收评估办法》

● 第十一条：被征收房屋价值是指被征收房屋及其占用范围内的土地使用权在正常交易情况下，由熟悉情况的交易双方以公平交易方式在评估时点自愿进行交易的金额，但不考虑被征收房屋租赁、抵押、查封等因素的影响。

● 第三十条：被征收房屋的类似房地产是指与被征收房屋的区位、用途、权利性质、档次、新旧程度、规模、建筑结构等相同或者相似的房地产。

● 被征收房屋类似房地产的市场价格是指被征收房屋的类似房地产在评估时点的平均交易价格。确定被征收房屋类似房地产的市场价格，应当剔除偶然的和不正常的因素。

因此评估价值是正常情况、公平交易下的价值；交易案例选择除需满足类似房地产的要求外还需要满足在正常交易情况下剔除偶然的和不正常的因素。

《国有土地上房屋征收与补偿条例》

● 第九条：依照本条例第八条规定，确需征收房屋的各项建设活动，应当符合国民经济和社会发展规划、土地利用总体规划、城乡规划和专项规划。保障性安居工程建设、旧城区改建，应当纳入市、县级国民经济和社会发展年度计划。

● 制定国民经济和社会发展规划、土地利用总体规划、城乡规划和专项规划，应当广泛征求社会公众意见，经过科学论证。

根据以上规定，国有土地上房屋征收需要进行多轮讨论、经济测算、征求意见等程序，不可避免地会将预征收范围等信息流入市场，导致拉高该范围内的房价。

因此，不应选择该类有征收预期范围内房屋交易实例，尤其是本次征收范围内之前的交易实例，这些案例的价格已经失真，不符合《国有土地上房屋征收评估办法》第三十条"剔除偶然的和不正常的因素"。事实也证明相邻地块因征收预期的影响，房地产状况相似、租金接近，但房价差距较大，这个属于不正常的因素。如果一定要采用此类交易实例，需要剔除征收预期的影响，而这影响又较难量化。

二、标准房如何选定与设定

《城市房屋拆迁估价指导意见》(建住房〔2003〕234 号)(已废止)
● 第十四条：拆迁估价应当参照类似房地产的市场交易价格和市、县人民政府或者其授权部门定期公布的房地产市场价格，结合被拆迁房屋的房地产状况进行。

《浙江省城市房屋拆迁价格评估暂行办法》(浙建发〔2002〕73 号)(已废止)
● 第九条：被拆迁房屋、安置用房的货币补偿金额，由房地产评估机构以政府公布的货币补偿基准价为基本依据，结合该房屋具体区位、建筑结构、建筑面积、成新、层次、朝向、装修及其他因素经评估确定。

即在同一片区内的毛坯房屋单价的计算需考虑建筑结构、成新、层次、朝向四个主要因素。

《国有土地上房屋征收评估办法》
● 第十四条：被征收房屋价值评估应当考虑被征收房屋的区位、用途、建筑结构、新旧程度、建筑面积以及占地面积、土地使用权等影响被征收房屋价值的因素。

区位中除了位置因素，还包含了层次与朝向，新征收评估专项规范比老版所表达的内容更多，故此可以看成一种政策延续，且对前述的四个主要因素也作了延续。

原规定中采用了"基准价"修正的方式，该方法特别适用于同质化强的被征收房屋之间的可比性，实质是满足了征收地块平衡性要求。

现今，政府公布"基准价"时移世易，但优点需要保留下来。

《浙江省国有土地上房屋征收估价技术指引（试行）》
● 第十八条：住宅被征收房屋（或用于产权调换房屋，下同）价值的估价，应采用比较法。成片的应采用比较法——标准价调整法。即由房地产估价师根据标准房屋的价值结合估价对象的具体区位、楼层、朝向、成新、其他等因素估价确定。

● 住宅标准房屋由房地产估价师根据估价对象的实际情况选定或设定。其价值定义应包括标准房屋的楼层、朝向、建筑结构、建筑年份、容积率、土地使用权性质、其他等因素。

注：该"标准价调整法"不同于《房地产估价规范》GB/T 50291—2015 中的"标准价调整法"，其属于间接比较法的范畴。

那么问题是"标准房"如何选定与设定？

研究了周边城市对于"标准房"选定与设定的方法，大致归类为以下几种。

（一）根据"标准"一词是对重复性事物和概念所做的统一规定，故采用该方法前需对征收范围内相同用途被征收房屋调查关键因素，如楼层、朝向、建筑结构、建筑年份、容积率、土地使用权性质等进行重要性（一般是年份及结构）、重复度排序，筛选出"标准房"。这个概念类似于"权重众数"来确定标准房。优点是标准房对应的是征收范围内最常见的物业特点类型，解决这一类型就可以解决最大比例的被征收人的房屋，尽可能地达到《浙江省国有土地上房屋征收与补偿条例》规定的签约生效比例不低于百分之八十的条件。缺点是前期产权摸底工作量大且细，需要产权登记部门尽力配合。

（二）根据征收范围前期调查摸底情况，普遍被征收人对某套或某幢关注较高且具有显著性与代表性，确定为标准房。优点是解决这一类型，代表着可以解决大部分被征收人的价格诉求与心理预期，同样也可以尽可能达到签约生效比例。缺点是这类型可能是少量的，仍需要大量解释通过该少量的"标准房"如何得出大量的其他类型房屋价格的工作，与第一种相比效果略逊。

（三）"标准"可以是实际存在的，也可以是虚拟的，以设定统一标准来确定标准房。该种方式主要应用于征收管理方面，与之前的城市拆迁政策中政府公布的"基准价"类似，但区别也在于"标准"是可以按需设定的，可以是全新状态的新建商品房，也可以是某一年代的老旧房。优点是设定标准后，征收地块之间的差距已经剔除了房屋本身的影响，只需考虑位置与价值时点的因素即可。在一个城市中多家评估机构参与且被征收房屋类型差异较大的情况下，便于征收地块之间的价值平衡，解决因一些因素的影响造成征收补偿价值高低不平的情况。缺点是"标准房"未对标实际征收范围内的房屋，指向性弱，仍需解释被征收房屋评估价格的来由，而"标准房"修正至被征收房屋的价格是否"不得低于"类似房地产的市场价格仍需再次证明，有点重复工作。

这三种方式各有优缺点，可以单独使用，也可以联合使用。

三、对于"不得低于"的应用

《国有土地上房屋征收与补偿条例》第十九条、《浙江省国有土地上房屋征收与补偿条例》第十五条以及各地落地的征收与补偿规定均有记载："对被征收房屋价值的补偿，不得低于房屋征收决定公告之日被征收房屋类似房地产的市场价格。"

《国有土地上房屋征收评估办法》第三十条规定，被征收房屋类似房地产的市场价格是指被征收房屋的类似房地产在评估时点的平均交易价格。

因此，此条是指被征收房屋价值的补偿不得低于被征收房屋类似房地产在评估时点的平均交易价格。

（一）什么是被征收房屋类似房地产在评估时点的平均交易价格

类似房地产前述已经说明，评估时点为征收决定公告之日也容易理解，平均交易价格的内涵却不明确。

有幸的是在我写完初稿之时，柴博士发表了《房地产市场价格及其评估》，对我本想表达的一些疑问及探讨给予了答复，故删除原来本人粗浅的对市场价格认知，引用《房地产市场价格及其评估》里的原话："某种房地产在某一时间的市场价格，应以一定区域和时间内、一定数量的同一种房地产的成交价格为基础，剔除实际交易中不正常和偶然的因素（如急售、急买、买方特殊偏好、卖方定价策略等）所造成的成交价格偏差，并消除因不同房地产之间的区位、实物和权益状况不同以及成交日期、付款方式等不同所造成的成交价格差异，然后恰当选择简单算术平均数、加权算术平均数、中位数、众数等方法测算得出。"

（二）市场价格与市场价值区别

征收评估的价值类型是市场价值，故需要说明市场价值与市场价格之间的区别，《房地产市场价格及其评估》也给了解释："市场价格是对现实市场状况下正常成交价格的反映。而市场价值趋向在理性、正常市场状况（如市场既不很火热也不很低迷）下的内在价值、真实价值。"

《房地产市场价格及其评估》"从理论上讲，比较价格趋向市场价格，收益价格、成本价格趋向市场价值，开发价格介于两者之间"。这个取决于各个方法的运算机理。

征收评估住宅房地产时采用的基本方法就是比较法。而比较法未考虑市场是低迷还是火热，故比较法修正时得出的结论基本都是市场价格。

在市场低迷时如何采用比较法得出市场价值？或者不能使用比较法，只能适用收益法及成本法？或者几种方法的综合？因为低迷时，价格＜价值，征收评估时取市场价值；正常时，价格＝价值，征收评估时市场价值、价格重合；火热时，价格＞价值，征收评估时取市场价格。故目前只对后两种情况进行探讨。

（三）如何不得低于

不得低于就是大于或等于。

在实操中如何实现"不得低于"？需说明的是"不得低于"绝对不是取最高案例。虽然这部分是值得商榷的，因为最高案例也是符合"不得低于"的要求，但评估是为委托双方的，而最高案例显失公允，损害了全体纳税人的利益。这与原来执行的《浙江省城市房屋拆迁管理条例》（已废止）中"从高原则"选取案例的理念发生了改变。

在房地产市场有泡沫而出现市场价格高于市场价值的情况，《房地产市场价格及其评估》"对被征收房屋价值的补偿，不得低于房屋征收决定公告之日被征收房屋类似房地产的市场价格，房屋征收评估还应评估被征收房屋的市场价格，而不仅是市场价值"。在实际工作中收集到尽可能多的交易实例后，需要进行类似房地产在评估时点的交易价格测算，得出平均交易价格，该价格与征收评估市场价值之间的适用性如表1所示。

专项计划存续期间每期凯晨世贸中心租金收入与资产支持证券利息支出对比　　表1

案例序号	单价	可比实例组1	可比实例组2	可比实例组3	可比实例组4	可比实例组5	可比实例组6
1	10000				10000		
2	10250						
3	10500					10500	
4	10750	10750		10750		10750	
5	11000	11000	11000	11000		11000	
6	11250	11250	11250	11250			
7	11500		11500	11500			11500
8	11750				11750		11750
9	12000				12000		12000
平均值	11000	11000	11250	11125	11250	10750	11750
是否满足要求		√	√	√	√	×	×

测算的"类似房地产在评估时点的平均交易价格"为 11000。组 1 为等于平均交易价格（满足）；组 2、3、4 为大于平均交易价格（满足）；组 5 为小于平均交易价格（不满足）；组 6 为最高可比实例（不推荐）。

我们了解下来，一般征收评估均未进行"不得低于"的验证程序，所选取的三个可比实例仅是找了三个交易实例或认为比较高的三个交易实例。该验证不仅是前述基于房地产市场有泡沫而需进行的程序，另外从理论上讲（实际未验证，也未找到相应司法案例），如果反对方能够取得更高的交易实例，代表有可能推翻"不得低于"的结论，导致征收地块价格调整。各个地区对分户初步评估结果公示中，同质化最高的住宅房地产肯定绕不开"基准价""中心价"或"幢均价"等概念。而推翻"基准价""中心价""幢均价"代表推翻所有利用该价格形成的分户初步评估结果，影响将是巨大的，也是不允许出现的情况，应引起足够重视。

（四）对数据量的要求

交易实例需要有多少个才能完成"不得低于"的证明？我的回答是尽可能多。交易实例越多，反对方提供的更高案例被评分得越小，对平均价增幅影响也越小，不容易超过"基准价""中心价""幢均价"（当然建立在不是取平均值作为结论的前提下，前述组 1 虽然符合要求，但经不起波动）。

（五）这么多组合的价值，各不相同，如何选择

理论上不管何种评估方法、任何可比实例的组合、任何估价师在同一时点下评估同一对象都会得出一致的结论，但实践告诉我们这是不可能的，因为误差总会存在。所以不同可比实例的组合得出的结论肯定不相同，有高有低。那么在估价师允许自由裁量选择时如果能考虑平衡因素更为合适。什么是平衡因素，是指兼顾前期征收评估的"基准价""中心价"。前述已说明了本期横向评估价值一致性是通过设定第 3 种类型的"标准房"来实现，那么与前期平衡的纵向一致性就需要通过前次"基准价""中心价"比较修正后得到结果，可称"平衡测算"，取"不得低于"的测算组合最接近的数值。当然如果这两者不接近，需要充分分析产生差异的原因，这也是评估结论合理性的验证方式。

总书记经常强调"群众利益无小事"，征收评估关系老百姓切身利益的大事，需要对政策熟悉、理解并运用。对于以上提出的三点内容在相关政策并未提及如何具体操作，故肯定还有其他方式可以满足规定中的要求，目前仅是本人抛砖引玉，提出了自己设想并已经落实开展的方式，供读者参考。

四、本文主要参考文献

（一）全国

《国有土地上房屋征收与补偿条例》中华人民共和国国务院令（第 590 号）2011 年 1 月 21 日起施行。

《国有土地上房屋征收评估办法》（建房〔2011〕77 号）2011 年 6 月 3 日起施行。

（二）浙江省

《浙江省国有土地上房屋征收与补偿条例》浙江省人民代表大会常务委员会公告（第 14 号）2014 年 10 月 1 日起施行（2020 年修正）。

《浙江省国有土地上房屋征收估价技术指引（试行）》（浙估协〔2020〕23 号）。

作者联系方式

姓　名：孙　栩

单　位：浙江和诚房地产估价有限公司

地　址：浙江省嘉兴市文桥路 505 号融通大厦 3 号楼 1601 室

邮　箱：20834194@qq.com

注册号：3320110028

北京市国有土地上住宅征收补偿安置方式探析

王　欣　李　婷

　　摘　要： 目前，北京市国有土地上住宅房屋征收项目的补偿安置方式通常包括货币补偿、房屋产权调换两种。本文通过定性分析和定量分析，对比了两种补偿方式的特点及影响，并以具体房屋征收项目为例进行实证分析，进一步对比分析了两种补偿方式的补偿标准和征收成本的差异。经分析得出，房屋产权调换是北京市国有土地上住宅征收中较优的选择。在此基础上，根据首都落实减量发展的要求，提出进一步完善房屋产权调换方式相关建议措施。

　　关键词： 补偿安置方式；货币补偿；房屋产权调换

一、补偿安置方式分类

　　国有土地上房屋征收工作是一项综合性、系统性、技术性的工程。根据《国有土地上房屋征收与补偿条例》（国务院令第 590 号），补偿安置方式包括货币补偿方式和房屋产权调换方式。北京市出台的《北京市国有土地上房屋征收与补偿实施意见》《北京市国有土地上房屋征收评估暂行办法》等相关政策，进一步明确了补偿内容及相关补偿标准制定的依据。

　　（一）货币补偿

　　货币补偿综合考虑被征收房屋价值、搬迁和临时安置补偿、停产停业损失补偿，以及相关补助奖励，一次性给予被安置人货币补偿款。依据《国有土地上房屋征收与补偿条例》，对被征收房屋价值的补偿，不得低于房屋征收决定公告之日被征收房屋类似房地产的市场价格。在具体实践中，通常由征收部门一次性支付相关补偿和补助奖励费用，被安置人自主决定资金用途。

　　（二）房屋产权调换

　　房屋产权调换，即为实物安置，是指提供用于产权调换的房屋，并与被安置人计算、结清原房屋价值与产权调换房屋价值差价的补偿方式。通常情况下，用于产权调换的安置房源有两种，一种是由政府规划选址，委托实施单位建设安置房；第二种是政府集中采购一批房源，提供给被安置人选择。实践中，北京市各区情况差异较大，核心区（东、西城区）一般为外迁安置，其他城区根据项目情况和安置房规划情况，统筹规划建设、协调安置房源。整体来看，北京市征收项目的安置房源普遍涉及所在行政区内或各行政区间的房源协调。

二、补偿安置方式对比

　　货币补偿是一次性给予被安置人相关补偿费用，主要包括被征收房屋价值和其他相关费用。依据《国有土地上房屋征收与补偿条例》，货币补偿一般包括被征收房屋价值的补偿、因征收房屋造成的搬迁、临时安置的补偿、因征收房屋造成的停产停业损失的补偿，以及其他补助和奖励。

房屋产权调换即给予被安置人房屋安置。通常是按照征收补偿方案约定的选房规则、安置房购买价格，计算安置房面积和剩余补偿款。整体来看，目前北京市的房屋产权调换有两种表现形式。一是按照"征一还一"的原则，不结算原房屋与产权调换房屋之间的差价，补偿方案通常设定原房屋面积区间对应的安置房面积区间，或者设定安置房面积与原房屋面积置换比例。二是给予原房屋市场价值补偿，并按照约定的安置房购买价格和安置房面积结算差价。

（一）两种补偿方式特点

货币补偿，一次性给予被安置人相关补偿费用，被安置人可以根据自身需求情况安排资金用途，抑或购买市场上多样化的商品房，可以满足被安置人多种需求。被安置人签订补偿安置协议、拿到补偿款即完成了安置补偿，安置效率高，周期短。

房屋产权调换方式，安置房作为产权调换补偿的重要组成部分，安置房面积与原房屋面积、被安置家庭人口等存在密切关系。安置房面积与原房屋面积的关系通常有两种情况，一是安置房面积大于原房屋面积。这种情况下一般是国有土地上小面积房屋的征收搬迁，多为小面积私房、公房或者原产权单位福利分房。二是安置房面积小于原房屋面积或宅基地面积。项目类型一般是集体土地上宅基地项目。

房屋产权调换方式需要项目实施主体完成大量的前期手续办理工作，需要各有关部门的组织协调，安置房的建设也是关键环节。一方面，在前期阶段，需要调查统计选择房屋产权调换方式的户数比例，确定房源数量，同时深入了解被安置人对安置房选址、规划设计、周边配套设施方面的要求，提高被安置人对于安置房源的认可度，以促进签约。另一方面，在建设过程中，需联合各部门完成规划选址论证、规划设计和报建手续、安置房建设管理、办理竣工验收备案等。同时，在安置房建设期间，需要与被安置人保持联系，处理临时安置费发放以及安置房超期交付事宜；在安置房竣工验收后，需要为居民办理房屋移交手续和权属登记工作。因此，安置周期一般需要二到三年的时间，周期较长。

（二）两种补偿方式对比

在房屋征收实践中，两种补偿安置方式的具体补偿科目和补偿标准略有差异，带来的多方面影响也有所不同。

货币化安置为被安置人提供了合理的货币资金补偿，旨在用市场化的手段完成补偿安置工作，改善其居住环境。北京作为一线城市房价较高，货币化安置也可能达不到改善居住条件的目的，即货币补偿款并不能完全满足被安置人的购房需求。

房屋产权调换，是在有限的选择内，给予被安置人最基本的住房保障。对政府来说，由于需要建设安置房，安置周期长，期间需要完成大量的行政工作。为了实现征收目标，需要对被安置人的安置诉求、安置房建设要求进行调研分析，并要落实安置房规划设计和建设，保证安置房高质量、高标准建设完成。此外，由于安置周期长，期间需要定期支付临时安置费，还要面临安置房不能按时开工和交付的问题，防范其他社会不稳定风险。

三、案例分析

以北京市近期启动的某征收项目为例，来进一步分析货币补偿方式和房屋产权调换方式的补偿标准情况和征收成本差异。

（一）补偿标准情况对比

按照项目征收补偿方案中规定的各项补偿标准和计算规则，对比分析两种方式的补偿标准差异。补偿内容包括房屋价值补偿，补助、奖励和其他补偿性费用。其中，房屋价值补偿和其他补偿性费用是因房屋征收对被安置人造成损失的补偿。项目具体补偿标准情况（表1）。

项目补偿标准情况 表1

补偿内容		标准	货币补偿	房屋产权调换	
				AA地块（现房）	AB地块（期房）
房屋价值补偿	被征收房屋价值	被征收房屋市场评估价	√	安置房按照阶梯差价购买，用于结算差价	
补助	放弃房屋安置补助费	被征收房屋价值的20%	√	×	×
奖励	提前搬家奖	20万元/户	√	√	√
	预签奖励费	20万元/户	√	√	√
其他补偿性费用	装修附属物补偿	1250元/m²	√	√	√
	移机费	1735元/户	√	√	√
	停产停业损失补偿费	800元/m²	√	√	√
	搬家补助	40元/m²	√	√	√
	临时安置费	按照100元/m²/月计算，最低为3200元/月	4个月	4个月	安置周期+4个月

注：（1）安置房阶梯差价购买：安置房面积设置阶梯规则，各阶梯购买价格不同；同一梯次，现房购买价格高于期房。（2）安置周期：自被安置人搬家交房之日起至安置房交付入住之日。

对比两种补偿安置方式，从表1可以得出，两种补偿方式不同点有：①选择货币补偿方式给予放弃房屋安置补助费，相当于专项的货币补偿费用。②对于货币补偿方式，房屋价值补偿是被安置人最终所得补偿款的重要组成；在房屋产权调换方式中，房屋价值补偿用于结算安置房差价，不是被安置人最终所得补偿款。③临时安置费发放有差异，货币补偿方式临时安置费发放4个月，房屋安置方式若选择的安置房为期房，由于安置周期较长，临时安置费也较高。

（二）征收成本对比分析

为量化对比分析两种方式的征收成本，通过计算单位被征收房屋面积的成本，实现征收成本可量化、可比较、可分析。

对于货币补偿方式，征收成本包括房屋价值补偿单价和其他补助奖励费用。对于房屋产权调换方式，产权调换房屋与原房屋价值需要结算差价，实际支出成本包括安置房建设成本和实际支付被安置人的剩余补偿款。需要说明的是，安置房产权类型一般为经济适用房、参照经济适用房管理、三定三限三结合等，土地使用权取得方式多为划拨。因此，安置房建设成本一般低于周边商品房市场价格，政府实际支出成本相对货币补偿成本较低。对于被安置人而言，因安置房市场价格一般高于安置房购买价格，其获得的补偿为安置房市场价值及剩余补偿款。

根据项目补偿方案计算规则及项目数据测算得出，该项目货币补偿方式单位面积成本为 92109 元 /m²；房屋产权调换方式，单位面积实际支出成本为 44830 元 /m²；安置房市场化评估后，单位面积实际补偿额为 115510 元 /m²，即被安置人实际获得的补偿高于货币补偿。通过比对分析得出，房屋产权调换方式，政府实际支出成本较货币补偿成本低，并且被安置人实际获得的补偿高于货币补偿，整体社会效益相对较好。

四、结论和建议

从北京市目前征收项目实践来看，房屋产权调换方式是居民选择的主流安置方式，据不完全统计，选择房屋产权调换的户数占比一般在 90% 以上。原因在于，一方面房屋产权调换居民实际获得利益有保障，提升了居民获得感和幸福感；另一方面，房屋安置方式节约了支出成本，有利于社会经济可持续发展。

与此同时，房屋安置方式也存在需要进一步完善的地方。安置房的建设关系到百姓切身利益和社会稳定，亦关乎城市的可持续发展，因此安置房建设的效率和质量尤为重要。安置房建设效率方面，可提前规划建设安置房或建立安置房建设规划审批、竣工验收交付的绿色通道，以期缩短建设周期和周转期，让百姓早日迁居，同时也降低了周转费用支出，减少政府财政负担。安置房建设质量方面，坚持以人为本的理念，充分尊重百姓意见，规划设计多方论证，打造宜居的城市生活环境。宏观层面，重视安置房规划选址，与周边配套设施规划嵌入融合，尽可能满足百姓日常出行、休闲娱乐、职住平衡的需求；微观层面，规划设计时关注户型结构、朝向、采光，以及小区内的绿化、道路、停车等附属配套设施，进一步提升安置房建设质量，打造良好的居住环境，提升居民幸福感。

参考文献：

[1] 李庆丰，熊燕，彭丽娜.国有土地上住宅征收补偿方式比较研究——以武汉市中心城区为例 [J]. 中国集体经济，2020（12）：19-21.

[2] 乔仁斌.关于优化征收补偿安置的思考 [J]. 上海商业，2018（06）：42-43.

[3] 魏垚.探析土地征收和房屋拆迁的问题与对策 [J]. 现代经济信息.2019（18）：106.

作者联系方式

姓　名：王　欣　李　婷
单　位：北京市国盛房地产评估有限责任公司
地　址：北京市海淀区中关村南大街 2 号数码大厦 A 座 1615
邮　箱：wangx@guoshengchina.com
注册号：李婷（1120200052）

以深圳为例浅谈传统房地产拆迁估价
业务发展现状及变化趋势

赵敏驰　范建华

　　摘　要： 随着深圳拆迁项目实施模式的不断发展演变，市场对拆迁估价服务的需求也随之发生了变化，本文以深圳为例通过对深圳传统房地产拆迁估价业务现状以及将来的业务新变化进行分析，对估价机构面对挑战以及应对措施提出相关建议。

　　关键词： 房地产拆迁估价；行业现状；创新发展

一、前言

　　深圳土地总面积 1997.47km²，常住人口 1756 万人，平均每年人口净流入约 40 万人，是名副其实的人多地少城市，经过高速发展 40 多年，深圳剩余可开发土地面积不足 20km²，已进入了严重的"地荒时代"，面临土地资源极度紧缺、难以为继的困境。通过拆迁从存量土地获取民生基建、产业用地等新开发土地成为必然选择，深圳在拆迁模式上一直不断地升级变化，努力寻求能让政府、社区、市场主体、业主各方达到共赢的模式，经过多年发展，现形成以"土地整备利益统筹、棚户区改造、城市更新"三驾马车同时并进拓展城市空间资源的局面。但各种模式由于政策依据不同、审批流程不同、操作手法不同、处理问题方式不同，给政府土地整备部门和实施主体在实施过程中也带来了很多困难，为了能按时高效完成任务，保证建设用地供应，对专业服务产生了强烈的需求，深圳估价机构将迎来一波发展红利。

二、传统房地产拆迁估价业务现状

　　目前，深圳主流拆迁主要有土地整备利益统筹、棚户区改造、城市更新三大类型项目，项目分布广泛，数量巨大，各区各街道都有大大小小成百上千个项目在开展，我们传统房地产拆迁估价业务一般是为这些项目拆迁补偿涉及的房屋、空地、临时建筑物、构筑物、花木果树、室内自行装修装饰、设备（货物）搬迁费、房屋市场租金等进行评估，虽然市场上存在很多拆迁项目，但需要评估的事项却不多、评估价值也不大。这是因为补偿方式的变化，这几类拆迁项目，房屋补偿多是采用产权调换，室内自行装修装饰补偿也采用统一标准，仅超过补偿标准的权利人才会要求评估。甚至一些项目连临时建筑物、构筑物、花木果树、搬迁费、租金等都制定了统一定值的补偿标准，这样一来就没评估多少事情了。而且重点项目由于时间紧、任务重，评估机构为了做好服务，还需派多名评估人员现场驻点，做到"5+2、白＋黑、随叫随到。"

拆迁是一个长期的工程，少则一年，多则三年、五年，长此以往，评估机构积压了大量拆迁项目，评估专业人员也被安排在各个拆迁项目上，由于评估事项不多，评估费用收得又少又慢，评估人员的收入自然就少了，同时开发商面对评估人员高薪挖角，在面临生活困境和高薪诱惑下，已经有大量懂拆迁的专业人员流向了开发商，这无疑对评估机构来说损失是非常严重的，一方面，招聘培养一个拆迁专业人员要花费很长时间，需要在多个拆迁项目实践，累积经验；另一方面，换人对项目发展过程不了解，跟进往往会不顺畅，造成与委托方配合度不高，产生不满情绪。

三、房地产拆迁估价业务变化趋势

经过多年发展，随着深圳拆迁市场对专业服务需求变化，评估机构扮演角色也随之发生转变，从原来单一化评估演变为评估督导——编制补偿方案——项目咨询顾问——前期核查、确权——协助谈判——全程咨询服务——项目运营等，评估产品更多样化、更专业化了。借鉴国外成功的评估机构经验，我们还应进一步挖掘评估人员职业潜力，积极探索房屋拆迁中资产收购、企业收并购以及工业园区运营等新领域。

从深圳房地产拆迁估价业务演变可以看到，一些评估机构已率先将服务内容由原来单一评估专业转变为以评估专业为基础，重点发展咨询专业服务模式，从项目开始之初介入至项目结束，全过程、全方位提供咨询专业服务，全程咨询专业服务内容包括：

1. 全程政策咨询

1）梳理项目各阶段实施流程，并提出专业的意见或建议；

2）研究拟订本项目需要的各类方案性文件。

2. 项目进度管理

3. 协助项目监管

4. 个案及疑难问题处理审核

5. 档案管理

6. 协助项目审计

7. 房屋移交及产权注销

8. 参与处理个人上访、法律司法案件

9. 可行性研究报告

四、全程谈判顾问服务

（一）准备阶段

1. 全面建立项目信息档案

2. 制定宣传方案并组织实施

3. 开展相关政策专业知识培训

4. 开展权利人权属认定工作

5. 提出搬迁补偿安置方案建议

6. 参与编制项目搬迁资金概算报告

7. 参与制定搬迁工作相关格式文本

（二）搬迁谈判实施阶段

1. 拟定本项目的搬迁谈判工作方案

2. 制定搬迁谈判培训方案，组织培训

3. 组织落实签约宣传造势措施

4. 配合协调相关单位工作

5. 组织谈判协商工作

6. 组织被搬迁人签署相关文书并备案

7. 统计并协助督促工作进度

8. 签约仪式及重大活动的组织策划

（三）搬迁谈判收尾阶段

1. 对项目个案的补偿工作进行研究

2. 参与督促搬迁、清场

3. 搬迁谈判档案归档

五、全程咨询专业服务项目特点

（一）服务需求维度更广，深度更深

全程咨询专业服务从时间维度上涵盖了项目前期、中期、后期各个阶段，从项目筹备之初开始介入，直到项目结束完成；从服务内容维度上涵盖了项目统筹、管理、咨询、评估、关系协调等多领域多工种；从服务深度上涵盖了发现问题、协助解决问题、组织解决问题，制定相应策略。

（二）从业人员综合能力要求更高，人数更多

全程咨询专业服务是一项复合型工作，对从业人员综合能力有着更高要求，从业人员在具备估价专业技术能力的基础上，还需具备项目统筹管理能力、谈判能力、协调能力、创新能力，人际关系处理能力等，可以说是："上能治国安天下，下能保国卫民安,"做到能在各级领导和业主之间处理问题起来得心应手。

"时间紧、任务重、5+2、白＋黑"工作模式，是深圳拆迁项目永恒不变的主旋律，一个大型拆迁项目需配备从业人员往往是几十、上百人，对估价机构和从业人员都是一个极大的考验。

六、房地产拆迁估价业务变化应对措施

（一）建立专精化内部机制，提高竞争力

全程咨询专业服务目前仍处于初始发展阶段，很多评估机构由于自身规模和发展方向等原因，仍未参与进来，全程咨询业务潜力巨大，同时由拆迁项目延伸出来的新业务领域也是有着巨大潜力。但由于全程咨询业务的特点，对评估机构综合实力和从业人员综合素质要求更高，要想提高竞争力，建立一个专精化部门是必然选择。

（二）调整人才培养方向、提高人才培养力度

越是竞争激烈、越是市场化的地方，对于人才的需求就越高。全程咨询专业服务有着维度广、深度深、人数众多的特点，而且对从业人员综合素质要求更偏重，为适应业务的特

点，我们应从原来评估技术型人才培养的方向，转变为以技术型为基础，加强统筹管理能力、谈判能力、协调能力、语言艺术等综合能力人力培养，并建立长期培训机制，不断积极培育内部人才，用好人才，留住人才。

（三）建立开放式合作机制，倡导行业内技术合作

全程咨询专业服务需要投入大量人力、物力、财力，同时项目有着跨区域性、个别性、短期性特征，对评估机构尤其是中小评估机构，在从业人员以及财务成本方面都会面临很大压力和挑战，如果能有效整合各评估机构资源，充分利用各机构优势，建立开放式合作机制，一方面可以避免恶性竞争的局面，另一方面也给予了中小机构参与新型业务的机会，同时机构的人力、财力的压力也能得到缓解，达到共赢局面，评估机构也可以腾出资源寻找出更多的新型业务机会。

七、结语

当前的房地产估价传统业务面临着诸多的问题和挑战，但从长远来看，咨询专业服务前景还是巨大的，将会给评估机构带来发展机遇，值得从业人员去努力探索。但同时也带来了不小的挑战。因普遍存在从业人员专业性不强，偏技术型，服务意识不强等问题，评估机构需要重视并着手解决，打造出一个能适应新型业务的队伍，才能让机构健康持续发展。

作者联系方式

姓　　名：赵敏驰　范建华
单　　位：深圳市鹏信资产评估土地房地产估价有限公司
地　　址：深圳市福田区彩田路与福中路交汇处瑰丽福景大厦 3 # 楼 20 层 1401
邮　　箱：545310737@qq.com；1076974008@qq.com
注册号：赵敏驰（4420080002），范建华（4420130090）

浅析司法鉴定评估中的信息披露与风险防范

——以某矿厂被损毁资产价值评估为例

王　霞

摘　要：司法鉴定评估是资产评估中重要的业务分支，是为人民法院通过诉讼方式解决纠纷提供参考依据或证据，这类项目因为案件背景复杂、各方利益诉求不一、社会影响因素众多等原因，报告使用人对评估报告质量的关注度更高。笔者以某矿厂被损毁资产价值评估项目为例，从国内外评估标准对评估报告的要求入手，对司法鉴定评估中信息披露情形进行梳理，探讨风险防控方面的对策和建议。

关键词：司法鉴定；信息披露；风险防范

一、司法鉴定评估中信息披露的重要性

（一）国内外资产评估标准中对信息披露的相关规定

后疫情时代，随着国家"双循环"战略的逐步推开，资产评估在资源配置方面发挥越来越重要的作用，作为资产或权利价值的参考存在，资产评估报告中相关信息披露的得当与否，不但影响当事人的权益，更是对评估机构公信力的考验，不当的信息披露造成的结论不实，不但损害国家和公众利益，还可能会造成国有资产流失，对社会稳定造成不良后果。

信息披露的详简程度取决于委托人和报告使用人对评估报告的要求，国内外资产评估行业在制定标准时，也从评估报告的规范性与完整性方面对信息披露提出了具体要求。

1. 国际评估准则（IVS）

《国际评估准则3评估报告》要求资产评估报告必须包括的内容有：说明评估师和评估报告日期；委托人的要求/指令、评估基准日、评估目的和主要用途；价值类型和定义；被评估权益的状态、期限和所在区域；现场调查的日期和范围；形成评估结论所开展的范围及程度；评估假设和限制性条件；所有特殊性、非常规的或特别重大的假设事件等。

《国际评估准则—行为准则》要求：评估报告应当清晰、准确地描述业务范围、评估目的和预定用途，披露直接影响评估结论的评估假设、假定情境和限制性条件，并且在适当时说明他们对价值的影响；评估报告应当提供足够的信息以描述所开展的评估工作、得出的结论和结论形成的过程；估价师应当披露与评估业务所涉及的标的资产或标的公司之间的任何直接或间接的以及可能潜在利益冲突的个人或公司关系；当估价师以内部估价师身份执业时，其与控制资产的实体之间的关系应当在评估报告中披露；当估价师以外部估价师身份执业，但同时以营利为目的的为委托方工作时，估价师应当对这种关系予以披露，以免依赖评估结论的第三方认为估价师的客观性受到影响。此外，评估报告还应对外部协助及使用限制进行披露。

2. 美国专业评估执业统一准则（USPAP）

《美国专业评估执业统一准则》将其对评估报告的要求分散在各单项资产的评估准则中，比如有动产评估报告、无形资产和企业价值评估报告准则，但无论是哪种类型的资产，对评估报告的总体要求都是：清晰、准确地反映评估，不得误导；包含足够的信息，使期望获得评估报告或依赖评估报告的人能够正确理解评估报告；清晰、明确地披露任何直接影响评估的重大假设或限制条件，并指明其对价值的影响。

3. 皇家特许测量师学会（RICS）

RICS 专业标准（PS）对披露的相关规定包括：与客户和原参与人员的关系、估价人员轮换政策、签署时间、先前参与情况、成员的知识和技能、成员的身份和对独立性的具体要求等。如在向客户提供初步建议、报告草稿或者在完成前与客户沟通时，估价人员必须说明：该意见为临时意见，最终报告完成后可能有变；建议仅为客户内部使用而提供；任何草案绝不公布或披露。

4.《资产评估准则》

《资产评估准则》规定：资产评估机构和人员无法或没有履行资产评估程序中的某个基本环节，资产评估机构和人员应当考虑这种状况是否会影响到资产评估结论的合理性，并在资产评估报告书中明确披露这种状况及其对资产评估结论可能具有的影响，必要时应当拒绝接受委托或终止资产评估工作。资产评估报告应当遵循清晰准确（不得有误导性的表述）、必要信息（使用人能够正确理解评估结论）、详略程度得当、程序受限影响大小、使用有效期限等原则编制。

5.《房地产估价规范》

《房地产估价规范》规定：7.0.1 估价报告应真实、客观、准确、完整、清晰和规范。8.0.5 房地产估价师和房地产估价机构在估价假设等重大估价事项上，应向估价委托人清楚说明，使估价委托人了解估价的限制条件及估价报告、估价结果的使用限制。结合评估实践，规范隐含需要披露的内容包括：估价的假设和限制条件；测算过程中所用到的估价基础数据和估价参数的来源和确定依据或方法；影响评估价值的重要事项说明等。

6.《土地估价行业评估执业行为规范》

《土地估价行业评估执业行为规范》对以下方面进行了注释，并列举禁行和指引示例：评估机构和评估专业人员的独立性；专业胜任能力；利害关系查证与披露；利益冲突的处理和告知；评估程序规范性要求及特殊情况的处理；权属文件的核查验证；接受专业帮助的必要性；工作底稿等资料的保管等。

从上述国内外资产评估准则和标准对评估报告的要求中涉及信息披露的内容看出，国内资产评估行业不仅向国外学习评估理论，更是在深刻理解中国国情的基础上不断自我完善，逐步建立一套能够与中国经济发展相匹配的资产评估标准体系。

（二）信息披露在司法鉴定评估中的作用

当前，受互联网及信息技术的冲击，传统评估业务日渐萎缩，新兴评估业务尚处于培育期，面对僧多粥少的局面，一些中小机构为了生存，往往采用低价恶性竞争或无底线满足委托人要求等手段获取业务。如在司法鉴定评估时，对内因权属资料获取较难、评估程序履行不完全或无法履行、当事人配合程度差，但法院还要求出具评估结论；对外因案件背景复杂、各方利益诉求不一、社会影响因素众多等因素，评估机构和估价师受各方利益挟持和妥协，选择性地简化评估程序，降低对评估报告质量的要求，致使因信息披露不当引发的评估报告追责事件时有发生。

鉴于司法鉴定评估的特殊性，笔者认为，应重视司法鉴定评估报告中重要信息的披露，加大规范执业力度，树立行业公信力，让评估成为化解涉诉纠纷的一把利器，更好地服务于社会经济。

二、评估实践中的信息披露

一份合格的评估报告应是在履行了必要的评估程序后出具的，评估目的明确，评估对象和范围说明完整，评估内容完备，提供了必要的信息，能够使报告使用者合理理解。

司法鉴定评估报告不但包括委托人和相关当事方基本状况、评估目的、评估对象基本情况、价值类型、价值时点、评估限制条件和重要假设、其他需要说明的重要事项等，还应该包括对评估项目风险、估价师专业胜任能力、评估机构及评估人员的独立性等进行分析。

本文以某法院委托的某矿厂被损毁资产价值评估项目为例，谈谈评估实践中信息披露及风险防范。

（一）项目基本情况

某矿产品加工厂（以下简称"被拆企业"）于2016年取得工商注册、矿产品开发加工许可，同年投入生产经营。2018年11月，当地政府在未获得拆迁许可的情况下对被拆企业的设备、房屋建构筑物等强制拆除。2020年12月被拆企业诉至某法院，要求将被拆企业被损毁的设备、房屋建筑物市场价值以及尾矿库残余价值进行评估，评估结论将作为涉诉赔偿的参考依据。

（二）信息披露的应用情形

1. 评估目的及评估报告使用者

评估目的即满足特定经济业务需要的经济行为。评估报告的使用者是经济行为的相关当事方，而不仅限于委托人。

本项目的评估目的是为委托法院处理涉诉赔偿案件提供参考，评估报告的质量关系着在该案件处理过程中能否被委托法院采纳，以及当事双方能否接受评估结论，故评估报告的使用者不但包括法院，还包括涉案当事双方，甚至还包括案外利害关系人。

2. 价值时点及报告出具类型

本项目为追溯类评估，价值时点为2018年11月15日，该时点距离实地查勘日相差将近3年，价值时点评估对象已被拆除损毁，评估对象的规格数量及使用状况等均为委托人提供，估价师实地勘察时根据被拆企业相关人员的表述，仅对评估对象原所处位置及周边环境进行了核实，权属资料及实地查勘环节无法满足正常评估。估价师将上述意见反馈至法院，但法院仍坚持要求进行评估，故估价师将评估受限拟出具咨询报告的评估风险书面告知法院。

3. 价值类型

价值类型是根据评估目的及评估假设的相关性进行分析后确定的。

本项目评估对象为价值时点被损毁设备、房屋建筑物，但评估目的为法院处理被拆企业赔偿诉求而委托的评估，评估结论应为评估对象尚未被拆除未损坏且能够正常使用状态下的市场价值。

4.明确评估对象

评估对象也称"评估客体"，即资产主体基于物质实体而享有的经济上的合法权益。评估报告中对评估对象和评估范围的描述，包括评估对象的法律权属情况、经济情况和物理状况。

（1）权属瑕疵

权属瑕疵是指资产权属证明文件存在不完整、文件内容不一致，或者权利受到限制等造成资产权属不规范、不完整的情形。

本项目中，评估对象所在土地由被拆企业租赁获得，其地上房屋建筑物及设备均为被拆企业建造或购置，但价值时点房屋及建筑物未办理产权登记，机器设备未提供入账凭证、购置发票等资料。估价师只能根据现有资料合理推断并设定其产权，并在评估报告中对权属瑕疵、设定产权状况与实际法律权属状况存在的差别以及该差别对评估价值的影响进行披露。

（2）评估范围

尾矿库作为选矿厂重要的配套设施，是一个具有高势能的人造泥石流的危险源，其建造及使用均有严格的管理。根据《尾矿库安全监督管理规定尾矿库》及《非煤矿矿山企业安全生产许可证实施办法》相关规定，生产经营单位必须依法取得尾矿库安全生产许可证，方可投入生产运营。尾矿库应每三年至少进行一次安全现状评价，安全现状评价应当符合国家标准或者行业标准的要求。

本项目中的尾矿库安全生产许可证已过期，安全现状评价报告已超过3年，是否具备继续使用条件，估价师无法作出判断，故未将尾矿库纳入本次评估范围，评估报告中对此进行披露，并建议如评估需先进行尾矿库的安全现状评价。

5.信息来源及资料甄别

（1）信息来源

除委托人提供的评估对象权属资料等重要的估价依据外，估价师也会通过市场调查搜集评估对象或其他评估需要的依据资料，估价师应重视收集渠道的合法性，以防在提交评估报告后因信息来源问题引发委托人或当事人对评估报告的公正性提出异议。

（2）资料甄别

不论是委托人提供的，还是评估机构或估价师搜集到的资料，均应进行甄别，首先剔除明显存在错误的，其次对由不同渠道收集来的资料从统计口径及时间线上进行比对，相互矛盾的要弄清矛盾产生的原因，有差异的应对差异进行分析，去伪存真，既要充分利用经验、认知和判断力，也要通过缜密的逻辑进行合理的推断验证。

6.评估假设

评估假设是依据现有知识和有限事实，通过逻辑推理，对资产评估所依托的事实或前提条件作出的合乎情理的推断或假定，是评估结论成立的前提条件。

基于此，本项目价值时点房屋建筑物和设备虽已损毁，仍将其设定为可按现行使用状态和用途继续使用；评估对象虽未取得权属证明文件，仍将其设定为产权清晰、明确；评估明细表虽不是确权文件，但经由法院作为评估依据转交评估机构，估价师仍将其设定为该资料真实合法有效；评估对象价值时点虽已损坏，仍根据评估对象的交易条件等模拟市场进行估价。

7.实地查勘

实地查勘环节的核查验证，不仅是对评估对象账实相符性进行核查，还要对资产的数量规格特征等量化要素及资产原始购置成本等价值属性进行核查。

仅就本项目而言，评估报告对实地查勘环节的信息披露包括：实地查勘时，当事人虽在场但未在查勘记录上签章；评估对象中房屋构筑物已毁损，估价师无法进入估价对象内部进行实际查勘；尾矿库属于储存有害物质的隐蔽工程，估价师不被允许进入查勘。

8. 特别事项说明

特别事项说明包括产权瑕疵；未决事项、法律纠纷等不确定因素；重大期后事项；在不违背资产评估准则基本要求的情况下，采用的不同于资产评估准则规定的程序和方法。

本项目评估对象以委托人提供评估清单为准，无法核查其真实性，尤其是重要的数据参数如房屋建成年代、设备购置及启用日期等，报告提示如后续有完善的资料证明上述数据发生变化，可重新评估。

9. 独立性与利益冲突

资产评估中的一些客户在评估委托关系中围绕着不同的经济行为，角色也在发生变化，这种身份的变化往往会使评估机构和估价人员因顾忌业务来源而放任对估价原则的坚持。估价师在评估过程中，除了与委托人、报告使用人和相关当事人保持正常工作关系外，在资料交接、现场查勘和日常沟通交流当中，务必保持评估形式上和实质上的独立，以便能够进行独立的价值判断。

例如在司法评估中，评估机构或估价师与评估对象资产持有人或案件相对人有利益冲突的，应采取回避措施；估价师需要产权人和相关当事人提供必要的评估资料时，该评估所需资料均应通过人民法院转交有关当事人，而非当事人直接转交评估机构。

三、风险防范的一点思考

信息披露作为风险防范的措施之一，并不意味着评估机构和估价师可以据此逃避所负责任。

（一）正确平衡信息披露与保密的关系

在资产评估中，估价师应正确平衡信息披露与保密的关系，如对因工作关系获得的与客户相关的信息一般需要保密，不应对外公开，但评估标准规范中规定对某些与评估结果或结论有影响的可能涉及估价师参与的一些细节则需在评估报告中予以披露。估价师在分析潜在利益冲突时，应将披露保密信息的风险、如何在不违反保密义务的情况下进行披露，以及该披露对评估程序的履行及评估结果产生何种影响考虑在内。

（二）针对特殊行业进行的特殊设定

评估实践中，因为评估对象所在行业的不同，评估所面临的风险也不同，评估时应根据评估对象的物理、法律、经济、技术等具体特征进行不同处理。

以本文所涉资产为例，评估对象有球磨机、破碎机、振动给料机、浮选机等矿采专用设备，球磨车间、浮选车间、破碎车间、澄清池、精粉池、沉淀渠等配套房屋构筑物，尾矿库则是堆存矿石选别后排出尾矿或其他工业废渣的场所，是矿山选矿厂生产不可缺少的设施。在评估这类特殊资产时，除了正常评估所需要关注的要点外，还要关注采矿选矿设备是否环保达标，其采矿权是否在有效期内，以及尾矿库生产安全性评价。

（三）规范评估程序，降低评估风险

和其他评估业务相比，司法鉴定评估不仅仅关注评估结论的准确，更关注评估程序的合

法合规性，全国人大常委会、人民法院、司法部、评估行业协会发布的相关法规、指导意见及管理办法，对司法鉴定评估程序做了严格规范，评估机构和估价师在规范执业的基础上，应做到尽量不简化、不遗漏，虽然有时候会根据法院的要求和评估业务具体情况进行必要的调整，但前提是首先要满足法院对程序性审核的要求，其次要满足当事人对评估报告实质性内容的检查和验收。

参考文献：

[1] 全国咨询工程师（投资）执业资格考试参考教材编写委员会. 项目决策分析与评价 [M]. 北京：中国统计出版社，2018.

[2] 全国咨询工程师（投资）执业资格考试参考教材编写委员会. 现代咨询方法与实务 [M]. 北京：中国统计出版社，2018.

[3] 郭坤. 基于资产评估机构的资产评估信息披露问题研究. https://www.docin.com/p-2227420087.html.

[4] 刘丽芳. 森林资源资产评估信息披露研究初探 [J]. 现代经济信息，2014（19）.

[5] 郭坤，李淑颖，李夕向. 国外资产评估信息披露规定对我国借鉴意义 [J]. 消费导刊. 2008（07）.

[6] 王霞. 从 RICS 专业标准（PS）角度看房地产估价职业道德风险 [J]. 中国房地产估价与经纪，2020（01）.

作者联系方式

姓　　名：王　霞

单　　位：河南鸿业房地产评估有限公司

地　　址：河南省洛阳市洛龙区开元大道 224 号瑞博大厦 605 室

邮　　箱：2770374238@qq.com

注册号：1120100002

关于高院网络询价的初步分析报告

杨国龙　杨来斌　梁长凤

摘　要：自 2018 年 9 月 1 日起，最高人民法院在确定财产处置参考价时，为维护当事人、利害关系人的合法权益，提出了可以采取当事人议价、定向询价、网络询价、委托评估等方式。自 2020 年 6 月 1 日起，最高人民法院又印发了《关于建立和管理司法网络询价平台数据库的办法》的通知。经过三年多时间运行，基于大数据技术的网络询价已成为确定财产处置参考价的重要方式之一。网络询价实际效果如何？能否公平、公正确定处置财产的价值？我司搜集分析了 711 个北京地区 2020 年至 2021 年的法拍房地产，案例均来源于京东、阿里法拍平台，其法拍起拍价格由工行、京东、阿里三家网络询价机构分别出具价格后取平均值确定。通过分析，发现除单套、标准（不存在异形、遮挡、凶宅等特殊情形）房地产外，三家询价机构对其他同一房地产出具的结果存在很大差别，因而有必要进行系统研究，找出原因，提出解决方案。

关键词：网络询价；大数据；估价规范

从工行、京东、阿里三家机构询价报告表述可知，工行、京东的询价报告都提到《房地产估价规范》，阿里明确不是依据《资产评估法》的评估报告。网络询价是基于房地产市场交易数据，采用了决策树、SVM、多元回归随机森林回归、梯度上升回归树等分析预测模型，结合比较法、收益法的线上自动估价方法。依据各家询价机构报告描述，这 711 个案例主要采用的方法为市场比较法。我司对三家机构的询价结果及过程进行了统计分析，发现三家网络询价结果最高价与最低价的比值在 1.2 以下的仅占 36.15%，而 1.2 倍以上则占 63.85%（其中高、低价比值在 1.2 ～ 1.5 倍的占 49.51%，1.5 ～ 2 倍的占 11.39%，在 2 倍以上的占 2.95%）。

依据《房地产估价规范》GB/T 50291—2015 4.2.15 规定，进行交易情况修正、市场状况调整、区位状况调整、实物状况调整、权益状况调整时，应符合下列规定：

1. 分别对可比实例成交价格的修正或调整幅度不宜超过 20%，共同对可比实例成交价格的修正和调整幅度不宜超过 30%；

2. 经修正和调整后的各个可比实例价格中，最高价与最低价的比值不宜大于 1.2。

三家询价机构结果差异过大，一方面对当事人、利害关系人的权益会产生较大影响；另一方面，也会让当事人、利害关系人对网络询价的准确性产生疑问，进而影响到司法的公信力（表 1、表 2、表 3）。

表 1

部分调查项目基本情况表（1）（高低价比大于 1.5 ）

标的物	产权证号	规划用途	起拍价	京东评估价总价	阿里评估价总价	工行评估价总价	高低价比值重	评估值	成交价	市场价格/评估值	浮动比例	竞价次数
北京市房山区杨庄正区50号楼19层19层单元旦1901	X京房权证房字第087823号	住宅	5941000	10696952	8852207	5909400	1.81	8486187	8321000	0.98	(0.02)	76
北京市通庆区尚书城小区3号楼11层十单元旦1102（98.9㎡）	京都权证私字第21685号	住宅	2184314	3608798	2882342	2246118	1.61	2912419	2204314	0.76	(0.24)	3
北京市朝阳区西大望路一号院2号楼里单元2101号	X京房权证朝字第40301107号	住宅	7090000	12572819	8072021	9726064	1.56	10123635	13370000	1.32	0.32	229
北京市朝阳区南磨房东路16号院1号楼2单元旦803	X京房权证朝字第891366号	住宅	6025000	10272972	4932952	10614007	2.15	8606644	12685000	1.47	0.47	122
北京市昌平区白子营路32号楼12层1室1517	京(2018)房不动产权第0021753号	住宅	2835000	5126698	3093062	3921539	1.66	4050000	3255000	0.80	(0.20)	26
北京市朝阳区东小口镇北郎中医院宿舍6号楼6层单元602（61.55㎡）	X京房权证昌县字第343538号	住宅	1900000	3624611	1783657	2693305	2.03	2700524	2715000	1.01	0.01	108
北京市大兴区春晖园231号楼1层3层2（230.35㎡）	X京房权证私字第00125032号	住宅	8020000	15709810	8711376	9949968	1.80	11457051	9420000	0.82	(0.18)	34
北京市海淀区紫竹花园翠山园1号楼15层,8F房屋和土地（194.27㎡）	X京房权证市私字第004142号	住宅	9920000	17239416	11002287	14246596	1.57	14162766	14820000	1.05	0.05	93
北京市朝阳区周庄108号楼6至7层9Ⅰ1602	京都权证朝私05字第7426号	住宅	6243200	13831101	6556664	13057050	2.11	11148300	7863200	0.71	(0.29)	43
北京市朝阳区雅城一里21号楼9Ⅰ单元2105	京房权证朝私06字第175779号	住宅	9480000	10503797	17998998	10801789	1.79	16061304	17003000	1.06	0.06	142
北京市朝阳区尝古道成霉园503号楼26层26层2602	无	住宅	2304000	4085948	11085092	19038807	1.81	13542665	14800000	1.09	0.09	73
北京市海淀区水煎北里1号楼3层1单元2-307（155.38㎡）	X京房权证私字第1203341号	住宅	7720000	12316010	2571915	3214057	1.59	3290610	3054000	0.93	(0.07)	73
北京市海淀区常青园二区16号楼4层单元旦1单元31Ⅱ7号	京房权证朝绵移6字第0081318号	住宅	9490000	17395027	7939607	12814033	1.61	11023217	10000000	0.91	(0.09)	73
北京市朝阳区朝阳北路99号27层2单元31Ⅱ7号	京(2016)朝区(不)动产权第031177号	办公	2436400	3817126	8093747	15142585	2.15	13543786	16410000	1.21	0.21	91
北京市丰台区万泉寺东路新发地·锦绣园0号楼1层1单元1301号	X京房权证私字第0317705号	住宅	1623020	2884337	2916630	6318879	2.17	4350545	2926400	0.67	(0.33)	91
北京市通州区新华联家园459号院3座3单元3座元-01（110.92㎡）	京(2018)朝不动产权第132413705号	住宅	2900000	5648547	1771535	2299927	1.63	2318860	2567020	1.11	0.11	59
北京市朝阳区光熙路2号院2号楼2座808	京(2017)朝不动产权第0108872号	别墅	7040000	18326953	3073926	3705172	1.84	4142548	4250000	1.03	0.03	1
北京市丰台区右安门28号院20层6座单元2302	京(2017)朝不动产权第0010524号	住宅	11376900	20888526	7898977	11449400	2.32	12558444	9370000	0.75	(0.25)	83
北京市朝阳区新发地地锦园3号楼3座11单元9Ⅰ-302号	京(2017)朝区私字第0715505号	住宅	2907040	3122908	13727215	14142306	1.52	16253682	18176900	1.12	0.12	83
北京市通州区夏家胡12号3栋3座4Ⅰ39号1建筑面积:88.1㎡	京(2017)海不动产权第0039995号	住宅	4870000	8831838	2225943	3372261	1.51	2907040	4047040	1.39	0.39	83
北京市延庆区大小C3号楼3层3栋区-单元旦205（91.91㎡）	京房权证私字第1324376号	住宅	780000	1332005	5178694	7354059	1.61	6954864	5810000	0.84	(0.16)	86
北京市朝阳区柴玉龙路737号一手3层（313.56㎡）	京房权证私字第01273号	住宅	1170315	1901520	736971	1258823	1.81	1109266	1669000	1.50	0.50	73
北京市顺义区海音街1号楼5座9Ⅰ单元3单元903号房屋	京(2018)朝不动产权第019381号	住宅	18837000	21063309	890884	1405947	2.13	1671878	1419715	0.85	(0.15)	37
北京市顺义区石园街道99号楼2单元里913号	京(2016)顺义不动产权第0024038号	住宅	2120000	1927059	24698181	34954728	1.66	26910000	21537000	0.80	(0.20)	31
北京市朝阳区朝阳花园四季44号楼3Ⅰ王2座	京(2018)朝不动产权第1293662号	住宅	2331976	3766667	3066827	2968220	1.59	3017524	2530000	0.84	(0.16)	41
北京市朝阳区花家窖发展宿舍5号楼23座2708	京房权证朝字第001173398号	住宅	4968000	8790679	2903122	5822903	2.01	4164240	3111976	0.75	(0.25)	35
北京市朝阳区柴庄家园5区11号楼9Ⅰ单元旦702的房产	X京房权证朝字第0037664号	住宅	7386000	9337578	5772484	7354880	1.52	7306014	5588000	0.76	(0.24)	27
北京市朝阳区案庄龙系5区11号楼9Ⅰ单元3里元701（建筑面积:116.86㎡）	京(2019)朝不动产权第0509977号	住宅	1566832	2442068	21455211	9846071	2.30	13546287	7706000	0.57	(0.43)	7
大兴区半壁店金博龙四号院52号107楼单元3座32号	无	住宅	1170000	1537738	2910115	1371383	2.12	2241188	3033832	1.35	0.35	136
北京市朝阳区林苗木北家园8号楼1号院12层1单元王502	京(2019)朝不动产权第0259970号第00255号	住宅	4672000	6753115	2209758	1226686	1.80	1658061	1340000	0.81	(0.19)	35
北京市朝阳区林苗东苑1号楼东单元2单元元401	京(2018)朝不动产权第0287755号	住宅	7540000	11953105	10900701	7346638	1.61	8333485	5032000	0.60	(0.40)	18
北京市海淀区永定路12号院9Ⅰ单元王90.号	京(2018)朝不动产权第0288303号	住宅	9058300	26646098	6507324	9811914	1.84	9424115	10480000	1.11	0.11	89
北京市朝阳区常营中路10号楼1单元王8-90号	京房权证朝字第10888449号	住宅	8770000	24048153	11851892	12850328	2.25	12940380	21028300	1.63	0.63	253
北京市朝阳区常营家园305座5Ⅰ里3里Ⅱ2号	X京房权证朝字第668367号	住宅	6901700	12498907	11792663	12850328	2.04	12527800	21070000	1.68	0.68	226
北京市朝阳区尝玉锦龙城22号楼2层5-203号房屋	X京房权证朝字第0226649号	住宅	4581600	4027905	6528826	10550868	1.91	9859534	8851700	0.90	(0.10)	75
	X京房权证朝字第1311787号	住宅	5310000	8936442	9581531	6025920	2.38	6545119	7411600	1.13	0.13	142
		住宅	4466000	7431733	12133381	7371993	1.65	9481000	6310000	0.67	(0.33)	49
		住宅		7528454		4158046	1.81	6380000	5626000	0.88	(0.12)	53

续表

标的物	规划用途	产权证号	起拍价	京东评估价总价	阿里评估价总价	工行评估价总价	高低价比值	评估值	成交价	市场价格/评估值	浮动比例	竞价次数
北京市朝阳区朝阳路107号院13栋6层603	住宅	X京房权证字第026208号	4070000	4460936	7845818	5147706	1.76	5820000	5810000	1.00	(0.00)	88
北京市大兴区兴华南里33号楼14层1401号 92.77(㎡)	住宅	X京房权证字第033552号	2289000	2506996	3813960	3476185	1.52	3270000	3299000	1.01	0.01	63
北京市延庆区张山营镇望都家园6号楼西区6号-1至6层(585.83㎡)	住宅	X京房权证延字第039811号	4566772	6568912	11184081	6711854	1.70	8154949	5424772	0.67	(0.33)	40
北京市延庆区张山营镇望都家园8号-1至6层(585.83㎡)	住宅	X京房权证延字第039887号	4566772	5603814	3988435	6711854	1.70	8154949	4610772	0.57	(0.43)	3
北京市石景山区玉泉西一区54号楼35单元301号 301(105.78㎡)	住宅	X京房权证字第056969号	3690000				1.56	5269056	5300000	1.01	0.01	70
北京市西城区黄寺大街23号院3号楼12层13室2门202	住宅	X京房权证字第119277号	18052394	17292893	26905792	33168716	1.92	25789134	28322394	1.10	0.10	20
北京市朝阳区林萃东路5号院1号楼5层501 901(238㎡)	住宅	(2018)朝不动产权第0050379号	15973000	16743143	26641812	16724408	1.58	19965860	27763000	1.39	0.39	260
北京市朝阳区林萃东路5号院7号楼7层702(238㎡)	住宅	(2018)朝不动产权第0050367号	15930800	16743143	26254732	16742515	1.57	19913500	23610800	1.19	0.19	110
北京市延庆区北关村65号楼6层四单元411(90.2㎡)	住宅	X京房权证延字第050830号	1060337	2050000	1037841	1456459	1.98	1514767	1060337	0.70	(0.30)	1
北京市朝阳区北四环东路39号1号楼5层5单元101号(209.63㎡)房产一套	办公	X京房权证朝字第1359292号	9783000	15954633	9821794	16150386	1.64	13975605	15363000	1.10	0.10	145
北京市大兴区芦城乡33号楼5层单元501号102房	住宅	X京房权证朝字第613372号	1820000	4996096	4195638	2681598	1.86	2600000	2250000	0.87	(0.13)	1
北京市密云区果园西里23号楼1层501号102号(94.99㎡)	住宅	(2015)大兴区房权字第026418号	3930000	6727662	4351411	5741729	1.55	5600934	5792000	1.03	0.03	74
北京市海淀区曙光花园科第7号2层一单元202(100㎡)	住宅	X京房权证朝字第6049097号		2641766	1440618	1614029	1.83	1898804	1786000	0.94	(0.06)	77
北京市朝阳区朝阳路南磨坊南院54号楼10层1单元601号(368.83㎡)	住宅	X京房权证朝顺科字第149007号	18641500	20731036	1917934	30056638	1.57	23301870	26111500	1.12	0.12	100
北京市房山区长阳镇新苑一区13号楼10层1002房屋(88.52㎡)	住宅	X京房权证丰字第132232号	2290000	3901099	3394700	2517745	1.55	3271181	3140000	0.96	(0.04)	66
北京市丰台区南三环东路甲85号楼405(145.44㎡)	住宅	X京房权证丰字第015776号	2340000	3886550	3962332	2174002	1.82	3340961	3187000	0.95	(0.05)	41
北京市丰台区西罗园南里5号院5号楼1号1层208 1层2单元1804	住宅	京(2020)主不动产权第0005031号	4300000	10091108	5625765	6652716	1.79	6139241	5308000	0.86	(0.14)	49
北京市昌平区回龙观金域华府西区1号楼2层208(49.31㎡)	住宅	X京房权证昌字第406721号	4000000	4941336	4433490	7344502	1.66	5573110	6600000	1.18	0.18	211
北京市海淀区清华大学校园西里号宿舍楼及宅基地(194.27㎡)	住宅	X京房权证私宇第004142号	1610000	2767630	2618755	1512486	1.83	2299824	1610000	0.70	(0.30)	51
北京市丰台区东铁匠营南路63号院6号楼1层单元1901	住宅	X京房权证朝字第7748657号	9920000	17239416	11002287	14246596	1.57	14162766	14820000	1.05	0.05	72
北京市昌平区建南苑15号楼5层单元602房	住宅	京房权证朝私房字第129009号	5029000	6715186	5796659	9038395	1.56	7184000	9004000	1.25	0.25	71
北京市昌平区回龙观镇一拨子村(北京市人一农职学校)2号楼1单元5018	住宅	京(2021)昌不动产权第018024号	2098675	3575417	2345783	3073119	1.52	2998107	3088675	1.03	0.03	50
北京市海淀区马连洼村南路4号牛王庙店5018(248.73㎡)	住宅	京(2018)朝不动产权第335680号	3780000	3559892	4628881	6153441	1.73	5391161	4662000	0.86	(0.14)	110
北京市朝阳区与建主村四区5号楼503号楼6层2602	住宅	京(2016)朝不动产权第0030822号	12380000	12998270	22007879	1804625	1.59	17682925	20360000	1.15	0.15	48
北京市朝阳区水碓子北里1号楼3层1单元307(155.38㎡)	住宅	京房权证朝海修字第0813187号	2304000	4085848	2571915	3214057	1.59	3290610	3054000	0.93	(0.07)	77
北京市海淀区清青园二区16号楼4层单元1402(171.86㎡)	办公	京(2016)朝不动产权第0135048号	7720000	12316010	7939607	12814033	1.61	11023217	10000000	0.91	(0.09)	182
北京市朝阳区朝阳路399号2单元27层2号楼13层1301号	住宅	X京房权证私宇第031772号	9490000	17395027	8093747	6317879	2.15	13543786	16610000	1.21	0.21	95
北京市通州区新华地块0号村13层1单元301号	住宅	X京房权证通字第124370号	2436400	3817126	2916630	2299927	2.17	4350545	2926400	0.67	(0.33)	94
北京市通州区复兴里459号楼3层2单元301	住宅		1623020	2884337	1771535	3705172	1.63	2318600	2560020	1.11	0.11	191
北京市朝阳区光华路2号院2单元301号 301808	住宅		2900000	5648547	3073926	11449400	1.84	4142548	4250000	1.03	0.03	105
北京市朝阳区光华路2号院2单元20层5单元2302	住宅	京(2017)朝不动产权第0108872号	7040000	18326953	7898977	1414306	2.32	12558444	9370000	0.75	(0.25)	56
北京市丰台区何年坤里28号楼2号院20层5单元2302	住宅	京(2017)朝不动产权第0010524号	11376900	20888526	13727215	3372261	1.52	16252682	18176900	1.12	0.12	40
北京市海淀区新建地块程西5号地块1单元302号	住宅	X京房权证私字第715号	2907040	3129298	2225943	7354059	1.51	2907040	4047040	1.39	0.39	49
北京市海淀区复兴路12号3栋12门39号(建涵围)88.1(㎡)	住宅	X京房权证朝字第0339995号	4870000	8331838	5178694	15,500,651	1.61	6954864	5810000	0.84	(0.16)	28
北京市顺义区复兴园区12号1栋3层602	住宅	京(2017)顺不动产权第0223462号	12960000	27285168	26641837	11,400,063	1.76	23142552	16320000	0.71	(0.29)	49
北京市海淀区建材城西一甲17号楼6层5单元601(194.63㎡)	住宅	京(2017)海不动产权第0351142号	5576000	11886919	6663946	1,346,441	1.81	9982109	7401000	0.74	(0.26)	28
北京市海淀区来古福京南嘉园23号1楼6层5单元401号	住宅	X京房权证字第063298号	1052537	1994675	1169753		1.71	1503623	1052537	0.70	(0.30)	1

续表

标的物	产权证号	拟规划用途	起拍价	京东评估价总价	阿里评估价总价	工行评估价总价	高低价比值	评估值	成交价	市场价格/评估值	浮动比例	竞价次数
北京市怀柔区南华园四区80号楼6层2-601的房屋	京（2016）怀柔区不动产权第0012179号	住宅	1284924	2319839	1448919	1,738,061	1.60	1835606	1878924	1.02	0.02	79
北京市平谷区大兴庄镇平谷体育中心西侧59号院50号楼50号楼1至3层101	京（2019）平不动产权第0001581号	住宅	2802157	3864240	4119669	3,626,311	1.63	3502696	4017157	1.15	0.15	187
北京市房山区燕山中街14号楼9号楼9层单元903	京（2020）房不动产权第0480052号	1	1885500	1644416	2809859	2,524,179	2.21	2693529	2381500	0.88	(0.12)	55
（刑）北京市昌平区天通中苑34号楼3号楼802不动产（含装修）	X京房权证昌平区字第101382号		1	6352608	4151761	5,565,426	1.53	5356598	5675001	1.06	0.06	113
北京市丰台区晓月八里3号楼5号3单元503号	京（2018）密不动产权第0010738号	住宅	3430000	6366973	4362560	3,933,414	1.62	4887649	4200000	0.86	(0.14)	49
北京市密云区清芬雅苑25号楼3层A3层102（360.50㎡）	京（2017）密不动产权第041090号	住宅	7790509	16763966	7499558	9,124,373	2.24	11129299	12710509	1.14	0.14	117
北京市海淀区清芬雅苑25号楼2号楼2层1至3单元202	X京房权证海私字第751718号	住宅	25230000	47640039	27102390	33,376,532	1.76	36039654	25230000	0.70	(0.30)	1
北京市顺义区仓上上小区24号楼1单元202	京（2017）顺不动产权第0016644号	住宅	1630000	2200173	2122948	1,011,975	2.17	2036536	1982000	0.97	(0.03)	23
北京市门头沟区城城欣南里78号楼2层全部	X京房权证通字第0910950	住宅	11099000	20497261	12321559	14,745,891	1.66	15854904	15299000	0.96	(0.04)	80
北京市顺义区康景园一区25号楼1至2层01全部房屋	京2018航不动产权第0016819号	住宅	15666204	25755684	35625843	22,490,997	1.58	27957508	17826204	0.64	(0.36)	32
北京市东城区建国门内大街18号20层公寓2003号房产	京（2020）东不动产权第0000987号	住宅	5836841	11009222	7168350	6,837,460	1.61	8338344	10960841	1.32	0.32	169
北京市朝阳区农展馆路9号院雅园2号楼506室房产	京（2016）朝阳区不动产权第272288号	高档公寓	8332217	14697694	9420657	11,589,151	1.56	11903167	13212217	1.11	0.11	82
北京市朝阳区百子园4号楼1C1单元1层房屋（第一次拍卖）	京（2016）朝阳区不动产权第165145号	10住宅	5303510	7106328	5950176	9,672,823	1.63	7576402	7813510	1.03	0.03	208
朝阳区曙光西里5号院6号楼2层3105	X京房权证朝字第661472号	80其他	10991853	18834987	11584309	16,688,642	1.63	10991853	14991853	1.35	0.35	74
北京市朝阳区松南街62号楼5院5G（135.83㎡）	X京房权证朝字第946386号	高档公寓	3287452	6744074	4397491	6,469,784	1.53	5870450	3287452	0.56	(0.44)	1
北京市朝阳区青年路南里5号院14号楼15号14单元1605	X京房权证朝字第722256号	住宅	10032773	14844393	13617981	9,160,523	1.62	12540966	16032773	1.28	0.28	104
北京市东城区木樨子禾街15号楼6层6单元601	X京房权证朝字第636960号	住宅	4393100	4080721	8120189	6,626,557	1.99	6275822	6033100	0.96	(0.04)	53
北京市丰台区半斛园4号楼8号2层6层A座603号	X京房权证丰字第402729号	住宅	4078000	7967168	3789980	5,716,165	2.10	5824438	7238000	1.24	0.24	82
北京市平谷东小口镇天通苑小区804号楼5层1层301室	X京房权证朝字第496123号	住宅	2912753	5253526	3226476	4,003,223	1.63	4161075	4452753	1.07	0.07	82
北京市通州区砖门厂北里122号楼6层1单元501号（88.57㎡）	京（2016）通州区不动产权第0034746号	住宅	6360000	6709024	10537458	10,007,160	1.57	9084547	9960000	1.10	0.10	181
北京市朝阳区青年路一号院一号楼2层2单元东-202号房产	京（2016）通州区不动产权第1305152号	住宅	2267000	3640048	3679021	2,395,516	1.54	3238195	3507000	1.08	0.08	107
北京市石景山区金顶街四区8号楼12层120房屋	X京房权证石字第0309号	住宅用房	5294376	8114491	6337790	5,214,130	1.56	6555470	5994376	0.91	(0.09)	26
北京市密云区茉莉山庄1号楼1至2层2层房屋	京房权证石不字第025435号	住宅	6534283	8169956	4444575	6988319	1.84	6534283	8004283	1.22	0.22	15
北京市怀柔区西园四区西大街16号院1号楼8层单元803的房屋	X京房权证丰字第0158864号	住宅	1780000	3166242	1777713.63	2873924	1.78	2539293	2430000	0.96	(0.04)	109
北京市通州区怡乐不城三区9号楼2层621号	京（2018）密不动产权第0015886号	住宅	9619769	20949305	9107113	11,171,162	2.30	13742527	21043769	1.53	0.53	236
	京房权证通私字第0015886号	住宅	1223824	1985512	2781638	1,789,049	1.55	2185400	1223824	0.56	(0.44)	1
	京房权证通私字第04305644号	住宅	2408661	4359463	2656235	3,307,133	1.64	3440944	3212661	0.93	(0.07)	63

注：以上所列表为711个调查项目中102个网络询价高低价比值在1.5倍以上（含以上）的基本情况，浮动比例是指市场价格较评估值上下浮动比例，黑色为向上浮动比例，灰色为向下浮动比例。

部分调查项目基本情况表（2）（高低价比介于 1.2～1.5 之间）

表 2

标的物	产权证号	规划用途	起拍价	京东评估价总价	阿里评估价总价	工行评估价总价	高低价比值	评估值	成交价	市场价格/评估价	浮动比例	竞价次数
北京市朝阳区小庄6号1号楼28至29层3205（378.35m²）	X京房估朝字第062438号	高档公寓	13910000	17106250		19723007	1.33	19858427	16877000	0.85	(0.15)	44
北京市朝阳区建国路88号院1号楼36至37层4106	X京房权证朝字第4151150号	住宅	11649680	22554566	16565808	23288355	1.41	20802309	14309680	0.69	(0.31)	134
北京市怀柔区怡安街3号院2号楼36至37层	X京房权证怀字第0043665号	住宅	1280000	1979062	1908278	1582151	1.25	1823164	1718000	0.94	(0.06)	37
北京市朝阳区永安里中街5号楼2层2-202（建筑面积，72.36m²）	京（2017）朝不动产权第0082905号	住宅	2646000	4184582	3285860	3866908	1.27	3779120	3816000	1.01	0.01	36
北京市朝阳区汉光东里33号楼8层803号	京（2019）朝不动产权第0009602号	住宅	2527000	3863015	3894285	3076566	1.27	3610000	3747000	1.04	0.04	26
北京市海淀区大博物苑5号楼门602号底商（建筑面积，38.6m²）	京（2018）朝不动产权第0220046号	住宅	2280000	3698990	2818456	3224760	1.31	3247402	3860000	1.19	0.19	34
北京市海淀区某路12号院5号楼12单元1506	X京房权证朝字第8006005号	住宅	18236373	22146061	16290747	19151767	1.36	19196182	20136373	1.05	0.05	39
北京市丰台区宛平南里20号楼4层403号	京（2017）丰不动产权第0047104号	住宅	2325040	3838412	3036162	3089881	1.26	3321495	3745040	1.13	0.13	36
北京市丰台区西罗园南3号4层105号	京（2015）丰不动产权第00327752号	住宅	3000000	4331201	3420215	3482151	1.27	3744522	3610000	0.96	(0.04)	18
北京市房山区燕山羊耳峪里第53号4层303	京（2018）房不动产权第00327152号	住宅	650000	1018087	904872	842449	1.21	921803	878000	0.95	(0.05)	28
北京市海淀区远大路2号万柳光大家园1号楼17层1702（181.52m²）	京房权证海海字第0160092号	住宅	12450000	19541935	15654285	18159261	1.25	17785160	17790000	1.00	0.00	39
北京市大兴区水木庄园21号楼2单元401（83.69m²）	京房权证兴私字第001791166号	住宅	2610000	3873953	4078381	3230099	1.26	3727411	3890000	1.04	0.04	81
北京市大兴区某1号楼2单元501号房产一套（72.35m²）	顺宇第017727号	住宅	1800000	2805420	2654449	2193580	1.28	2551149	2322000	0.91	(0.09)	44
北京市丰台区光彩路2号院6号楼1层单元501号房产一套（187.84m²）	X京房权证丰字第166818号	住宅	8031000	10442916	12608196	11363193	1.21	11471435	10491000	0.91	(0.09)	34
北京市朝阳区林业小区8号院5层单元2单元701号房屋	X京房权证朝字第996670号	住宅	5138642	6370170	8579425	7065886	1.35	7338060	9111642	1.24	0.24	120
北京市通州区紫运西里16号楼2层221号产	京房权证通私字第0520973号	住宅	2695798	4532830	3294043	3726548	1.38	3851140	4545798	1.18	0.18	104
北京市海淀区今日家园4号楼5层单元1001	X京房权证海字第0095688号	住宅	6570000	9313932	10446465	8393063	1.24	9384490	8110000	0.86	(0.14)	37
北京市朝阳区柴禧营5号今日家园4号楼13层单元802（325.04m²）	X京房权证朝字第2345511号	住宅	23300000	37247704	30503379	32265846	1.22	33272310	44310000	1.33	0.33	192
北京市冠京花园9号1幢8层2-701（137.99m²）	X京延不动产权第00105677号	商业、金融	1010408	1621897	1698519	2092480	1.29	1804298	1030408	0.57	(0.43)	5
大兴区兴华家园1号院15号102二分之一份额	京（2018）大兴不动产权第0048721号	住宅	2800000	3952860	3308505	3448126	1.19	3514925	4680000	1.33	0.33	117
北京市大兴区某105号	无	住宅	776000	3997295	3713485	3599093	1.21	1212000	776000	0.64	(0.36)	1
北京市顺义区西府河东里5号楼301一单元301（118.98m²）	京房权证顺朝字第1023887号	住宅	2910000	4711262	3347106	4040561	1.27	4155103	3880000	0.93	(0.07)	73
北京市大兴区龙花园六区30号4栋3单元301号（90.87m²）	X京房权证兴字第1104485号	住宅	2855000	4577907	3201772	4038899	1.37	3987971	4550000	1.22	0.22	117
北京市朝阳区劲松四区419号楼2单元702	X京房权证朝字第1316245号	住宅		3887295	4446959	3616850	1.23	3568639	4155000	1.16	0.16	97
北京市望京东园110号楼15层12单元1801（155.53m²）	X京房权证朝字第546661号	住宅	7050000	11344958	8698793	10145533	1.30	10063095	12860000	1.28	0.28	118
北京市西城区三里河路4号院4号楼9层12号房屋一套	X京房权证朝不动产权第00128660号	住宅	3510000	5850755	5445008	4733415	1.24	5010376	6195000	1.24	0.24	149
北京市西城区广安门外大街317号3-3-303	X京房权证朝字第4975372号	住宅	4446805	7356520	7416740	6256204	1.27	6352578	7606805	1.20	0.20	207
北京市朝阳区东二环东直门3号21幢22层一金26H	X京房权证朝字第0833660号	高档公寓	9700000	15700014	12316241	13531609	1.27	13849288	12940000	0.93	(0.07)	109
北京市顺义区南彩镇富宫里332（123.36m²）	京房权证顺通私字第0604984号	住宅	1456187	4890871	4030911	4583364	1.21	4501782	4750000	1.06	0.06	95
北京市大兴区康村通惠南里8号楼2-101	京房权证大私字第0269566号	住宅	4796127	2282905	2148004	1809887	1.26	2080266	2106187	1.01	0.01	106
北京市朝阳区建国路8号院5号楼2层405号	X京房权证朝字第456146号	住宅		6973991	7671087	5909752	1.30	6851610	6916127	1.01	0.01	167
北京市海淀区北三环西路甘家口318（386.26m²）	京（2017）海不动产权第0029987号	住宅	25190000	33353709	41607541	32973357	1.26	35978369	28370000	0.79	(0.21)	95
北京市海淀区西八里庄北路甲36号楼4层401（63.8m²）	京（2017）海不动产权第0050162号	住宅	3660000	6099575	5231855	4349118	1.40	5226849	3800000	0.73	(0.27)	13
北京市海淀区中关村南大街甲1号922号楼地层2单元1604（57.3m²）	京（2018）海不动产权第0587796号	住宅	5470000	9293777	7416740	6708398	1.39	7806305	8980000	1.15	0.15	123
北京市丰台区右安门外东滨河路55号院地层501（76.36m²）	X京房权证海字第655839号	住宅	1810000	2994954	2480631	2239257	1.34	2571614	3510000	1.36	0.36	130
北京市海淀区学院路20号2号楼地层708（70.6m²）	X京房权证海字第233798号	住宅	4152000	6627755	5100144	6065387	1.30	5931095	7552000	1.27	0.27	149

续表

标的物	产权证号	规划用途	起拍价	京东评估价总价	阿里评估价总价	工行评估价总价	高评价比值	评估值	成交价	市场价格/评估值	浮动比例	竞价次数
北京市海淀区彩竹园路1号院8号楼8-808	京(2017)海不动产权第00175326号	住宅	9492175	14529170	14333806	11817772	1.23	13560250	14012175	1.03	0.03	76
北京市西城区北礼路13号院1号院1号楼5层10号房屋	京(2019)朝不动产权第0092278号	住宅	3688860	7693600	5882147	6235995	1.32	6587248	4508860	0.68	(0.32)	79
北京市朝阳区四季星河中街1号院10号楼10层3单元1102号房屋	X京房权证朝字第1349443号	住宅	15988285	27628703	22060309	18810775	1.32	22833263	22283285	0.98	(0.02)	31
北京市海淀区天秀花园阅春园9号楼9号楼3层3-302(149.85㎡)	X京房权证海私字第016252号	住宅	8600000	13836323	11713924	11139999	1.47	12230082	12040000	0.98	(0.02)	31
北京市朝阳区望京东园109号楼4层4单元1102号	京房权证朝东字第01002号	住宅	3548900	5766247	4486035	4957196	1.24	5069826	6058900	1.20	0.20	31
北京市密云区檀州家园西区4号楼3层3单元02栋房屋	京房权证密不动产权第0031号	住宅	1305176	2192931	1665671	1735009	1.29	1864537	1911176	1.03	0.03	31
北京市朝阳区松榆东里18号楼3层2单元231	X京房权证朝第11846885号	住宅	1700000	2816259	2151636	2279455	1.32	2415790	2700000	1.12	0.12	143
北京市海淀区阿苏卫北村13号楼1层3002	X京房权证朝第14203775号	住宅	2674000	4097685	3253593	4108240	1.31	3819840	4094000	1.07	0.07	73
北京市密云区檀博园都计西华家园3号楼1层1101(163.15㎡)	X京房权证朝第1158494号	住宅	3400000	5343914	5117355	4092515	1.26	4851262	4550000	0.94	(0.06)	73
北京市朝阳区和平新都金苑2号楼2层2单元1101(114.72㎡)	X京房权证海私字第922641号	住宅	8020000	12658818	10412722	11278070	1.31	11449870	10860000	0.95	(0.05)	73
北京市朝阳区万神万象新都宏小区1层0层201(165.08㎡)	X京房权证海私字第004071号	住宅	4120000	6519341	4985272	6119983	1.22	5874822	5800000	0.99	(0.01)	119
北京市台阳区白塔大道10号楼5层6门403(70.19㎡)	京房权证海丰字第252643号	住宅	15170000	24339022	20593196	20075881	1.31	21669366	23070000	1.06	0.06	119
北京市海淀区宝盛里24号楼4层6门403(70.19㎡)	京(2016)海淀区不动产权第00170057号	住宅	2780000	4474109	3572338	3844299	1.21	3963582	3250000	0.82	(0.18)	119
北京市西城区西直门口头条32号5层2楼5层1007(96.75㎡)	X京房权证密字第3083095号	住宅	3010000	4921409	3876243	4076776	1.25	4291476	4610000	1.07	0.07	91
北京市密云区中国人小区13号楼18层1单元1801(104.94㎡)	X京房权证密字第04735号	住宅	5060000	7904339	6468028	7312365	1.27	7228244	8560000	1.18	0.18	59
北京市密云区世花园6号楼6层602(建筑面积:182.95㎡)	京(2016)密云区不动产权第0015893号	住宅	1690000	2673188	2180968	2355588	1.22	2403248	2234000	0.93	(0.07)	1
北京市海淀区香山南路99号21号楼5层至2层(385.95㎡)	X京房权证朝字第1351917号	住宅	1800000	2654460	2217389	2800544	1.23	2557464	1800000	0.70	(0.30)	1
北京市朝阳区香花城院家园3层至3层2单元302号房产一套	X京房权证朝私字第205712号	住宅	41410000	55330311	68353289	53775571	1.26	59153057	49160000	0.83	(0.17)	46
北京市朝阳区景东家园5号万柳光大家园8号楼1588(179.72㎡)	X京房权证海私字第0090055号	住宅	4650000	7485242	6145801	6083545	1.27	6571529	6290000	0.96	(0.04)	101
北京市海淀区北洼新区路36号楼3层3单元401(建筑面积:64.54㎡)	X京房权证海字第459191号	住宅	12260000	18852603	15707348	17979189	1.23	17513047	19880000	1.14	0.14	86
北京市门头沟区阿品平村小区44号楼3单元23号3单元2302号房屋	京(2018)门头沟不动产权第0010743号	住宅	3250000	5109246	3944233	4838177	1.20	4630552	4855000	1.05	0.05	86
北京市海淀区恩桥北街小区34号楼3层3单元706(89㎡)	京房权证朝字第15008号	住宅	4350000	6992100	6254200	5379877	1.30	6208726	6530000	1.05	0.05	44
北京市丰台区花乡北里北楼26号院2号路5层20611(面积:47.11㎡)	京房权证海丰字第3003号	住宅	1361195	2453205	1697319	1683168	1.30	1944564	1660395	0.85	(0.15)	113
北京市丰台区南方路5号1-481至2层3单元701房屋	京房权证丰字第152116号	住宅	2670000	4711000	3504230	3200659	1.46	3805263	3980000	1.05	0.05	136
北京市大兴区兴宝小区135号楼7层3单元701房屋	X京房权证丰字第01391177号	住宅	8990000	15161100	19093007	13854794	1.47	16036300	15062000	0.94	(0.06)	56
北京市大兴区王海小区135号楼1-1层门1	京(2017)海不动产权第0045980号	住宅	2860592	4902295	3447470	3909591	1.38	4086559	3410692	0.83	(0.17)	1
北京市海淀区北太北大街45号楼5号院5号楼4层1406(70.33㎡)	X京房权证朝字第098995号	住宅	1450000	2020161	2096691	1812678	1.42	2060103	1450000	0.70	(0.30)	31
北京市大兴区大都长安街小区5号院2号楼2层单元206(56.35㎡)	X京房权证海私字第903223号	高级公寓	5580000	7404255	7571610	8903754	1.30	7959873	6390000	0.80	(0.20)	64
北京市丰台区成寿寺33号院3号楼1单元9层1904	X京房权证海丰字第171241号	住宅	2130000	3234368	2523933	3351576	1.20	3036626	2950000	0.97	(0.03)	25
北京市朝阳区金地旧宫小区1号甲1号楼1401(110.41㎡)	京(2017)朝不动产权第067821号	住宅	2120000	2745050	2900560	2271807	1.33	2639139	2370000	0.90	(0.10)	100
北京市朝阳区马道口海园小区D4号3号楼18层21D(75.18㎡)	京房权证海丰字第067821号	住宅	3108000	4965051	4382210	3962133	1.28	4440000	4158000	0.94	(0.06)	21
北京市海淀区兰石华福私家庭·区5号7层03单元701(104.60㎡)	X京房权证朝不动产权第28800022号	住宅	1540000	2476687	2096691	2014127	1.25	2195895	1920000	0.87	(0.13)	61
北京市朝阳区洋子前里大楼小区34号楼5号院5单元1403	X京房权证海私字第1224442号	住宅	5000000	8591764	5753465	7045262	1.49	7130164	6840000	0.96	(0.04)	70
北京市朝阳区东里小区海庭3号楼3层301号	京房权证丰字第05241号	住宅	4720000	7091980	5853816	6171752	1.21	6732516	6330000	0.94	(0.06)	31
北京市顺义区火腿单元大楼小区6号5楼5单元601号房屋	X京房权证顺不动产第103089号	住宅	3419167	4906281	4390558	5357731	1.22	4484524	3929167	0.80	(0.20)	50
北京市房山区火腿单元大楼小区6号5楼5单元702号房屋	X京房权证朝字第996670号	住宅	1864102	2992253	2601245	2395510	1.25	2663003	2101102	1.02	0.02	82
		住宅	1860000	3037279	2507157	2419610	1.26	2654681	2905000	1.09	0.09	117
		住宅	5136642	6370170	8578425	7065586	1.35	7338060	9111642	1.24	0.24	

续表

标的物	规划用途	产权证号	起拍价	京东评估价总价	阿里评估价总价	工行评估价总价	高低价比价	评估值	成交价	市场价格/评估价	浮动比例	竞价次
北京市密云区世纪家园13号楼11层1107 (102.05㎡)	住宅	X京房权证密字第055997号	1560000	2569324	1859759	2224282	1.38	2217788	2425800	1.09	(0.09)	91
北京市房山区燕山迎风四里5号楼5层1-201号 (56.84㎡)	住宅	X京房权正房字第0514555号	640000	1272637	1178521	925980	1.37	1125679	916000	0.81	(0.19)	47
北京市丰台区丰台南路891号院2号楼2层322号	住宅	X京房权证丰字第208796号	3430000	5494723	4189147	4994897	1.31	4892922	5011000	1.02	(0.02)	78
北京市丰台区朝阳代桥107号楼1层307	高层公寓	京东和城市朗阁2号楼307	2908800	4377243	3103086	3448933	1.41	3636000	3118800	0.86	(0.14)	22
北京市昌平区黄二南里2号院5号楼5层2单元602 (160.42㎡)	住宅	X京房权正朝字第10975655号	4930000	8304518	5714963	7096820	1.45	7038767	6850000	0.97	(0.03)	54
北京市朝阳区北苑家园 一区14号楼6层1单元701 (136.39㎡)	住宅	X京房权证朝昌字第504548号	3170000	5240623	3682666	4626349	1.42	4516546	4460000	0.99	(0.01)	67
北京市朝阳区管庄西里74号楼2层2单元202	住宅	X京房权证朝私字第655568号	2150000	3217546	2489124	3439018	1.38	3068563	2500000	0.81	(0.19)	18
北京市海淀区北坞嘉园36号甲3层2单元202 (64.54㎡)	住宅	X京房权证海字第461356号	3270000	5109246	4128947	4772281	1.21	4670158	4230000	0.90	(0.09)	54
北京市丰台区经济开区东里一区4号楼1层101	住宅	X京房权正丰字第251226号	2544000	3959069	3264710	3672187	1.21	3633000	3264000	0.90	(0.10)	46
北京市丰台区南三环东路27号院1号楼701	住宅	X京房权正丰字第863110号	5074000	7575002	6963475	9241318	1.33	7926600	6124000	0.77	(0.23)	42
北京市通州区瑞祥里27号楼1层1301	住宅	京(2017)朝不动产权第0021331号	2070000	3398820	2485641	2976973	1.34	2953811	2770000	0.94	(0.06)	40
北京市通州区王林东里13号楼362	住宅	京不动产权第07081145号	4002523	6629219	4817060	5707389	1.38	5717889	5082523	0.89	(0.11)	43
北京市通州区翠屏南里105号4号楼3单元602	住宅	X京房权正通字第1328774号	3820000	6101180	5316274	4926512	1.24	5447989	3820000	0.70	(0.30)	1
北京市通州区颐泽洲小区二区12号楼204 (102.25㎡)	住宅	X京房权正通私字第23499号	6307822	10429625	8208938	8394959	1.27	9011174	8047832	0.89	(0.11)	42
北京市通州区颐泽洲小区二区12号楼2层307单元	住宅	X京房权正通私字第23499号	1589700	2543067	2330789	1939478	1.31	2271000	1937300	0.85	(0.15)	36
北京市通州区天时名苑5号楼7层2单元612	住宅	X京房权正通私字第954531号	4411200	8828138	6662820	8137568	1.32	7876175	4421200	0.56	(0.44)	2
北京市房山区高俊小区10号1楼3层306室 (114.93㎡)	住宅	X京房权正房字第0290117号	1661008	2445319	2607762	2065522	1.26	2372868	2365008	1.00	(0.00)	28
北京市丰台区二营居路888号3号楼5层5单元1503	住宅	X京房权正丰字第227345号	8285000	10284926	13272449	11946975	1.29	11834784	13545000	1.14	0.14	161
北京市昌平区龙泽龙苑风雅园三区11号楼2单元501	住宅	X京房权正朝私字第3235017号	3965000	6629757	5165514	5195595	1.28	5663622	4405000	0.78	(0.22)	45
北京市大兴区黄村镇村中里5号院0区11层3-1002 (146.68㎡)	住宅	京(2016)大兴区不动产权第0019433号	3940000	6456678	5489993	4917594	1.31	5622070	394000	0.70	(0.30)	1
北京市海淀区南湖西园129号18层1807	住宅	X京房权正通字第1171450号	4742500	7507688	6587772	6229219	1.21	6774893	5782500	0.85	(0.15)	20
北京市海淀区定清路16字号四1号1层1316 (89.1㎡)	住宅	X京房权正海字第005366号	4370000	7064738	6655325	4994411	1.41	6238158	5130000	0.82	(0.18)	25
北京市海淀区建花龙东路5号7号楼5层505单元 (102.63㎡)	住宅	京(2019)海不动产权第0025338、0025339号	6190000	8663694	10286400	7555518	1.36	8841871	7010000	0.79	(0.21)	16
北京市平谷区平谷镇4号院2号2202号楼至32号单2单元	住宅	X京房权正朝字第667871号	3485000	5839435	4089914	5002632	1.43	4977327	4025000	0.81	(0.19)	22
北京市平谷区中镇泉家园西5号楼5座 (1) -5-9产 建筑面积:120.65㎡	住宅	X京房权正朝私字第50275号	3162805	3969021	3536685	3000034	1.32	4518293	1979127	0.44	(0.56)	3
北京市朝阳区绿岛嘉5号楼103	住宅	X京房权正朝字第5333094号	1841604	2968898	2498545	2425146	1.22	2630863	2516604	0.96	(0.04)	69
北京市海淀区世纪南路32号楼10号5座5层3门号 (69㎡)	住宅	X京房权正海字第4623617号	3790000	5574427	6028875	4623828	1.30	5409043	3790000	0.70	(0.30)	1
北京市朝阳区常营保利嘉园202栋5座6单元502	住宅	京(2016)朝不动产权第0034078号	2761780	4243024	4119513	3473769	1.22	3945400	3741780	0.95	(0.05)	97
北京市朝阳区外馆东街51号1号楼6层0608 (137.93㎡)	住宅	X京房权正朝字第1397573号	6980000	10909009	8666556	10332060	1.26	9969208	9122000	0.92	(0.08)	46
北京市丰台区瑞丽嘉园14号1楼3层704 (89.92㎡)	住宅	京(2017)昌不动产权第0059240号	2900000	4233066	3427391	4761084	1.39	4140514	3334000	0.81	(0.19)	32
北京市通州区新城东路2号号1号楼8层581室 (119.95㎡)	住宅	房权正通私字第0610503号	2450000	4342512	2911306	3244767	1.49	3499528	2738000	0.78	(0.22)	25
北京市朝阳区科学院南里X西潮汕5号楼32号楼32B号	住宅	X京房权正朝私字第1142253号	9345000	15605940	12798470	11626819	1.34	13350000	13465000	1.01	0.01	55
北京市朝阳区港湾台字第1号号 (144.58㎡)	住宅	X京房权正港私字第0011123号	9080000	15007151	11867560	11997062	1.34	12957258	12350000	0.95	(0.05)	108
北京市海淀区建材城西路图5字第3号5单元 (76.03㎡)	住宅	X京房权正海字第0966002号	2930000	4429891	3613554	4511924	1.25	4185123	3800000	0.91	(0.09)	64
北京市大兴区旧宫路4号1号楼10层4门1002	住宅	X京房权正朝03字第56984号	3270000	5170118	4727125	4116741	1.26	4671328	4680000	1.00	0.00	137
北京市海淀区万寿寺甲全路3号院3楼2单元	住宅	无	5832600	10034477	7090566	7871692	1.42	8332245	5832600	0.70	(0.05)	77
北京市朝阳区潇湘南里3号院6号楼2层202 (183.68㎡)	住宅	X京房权正海私字第0075396号	13075000	15790466	20897274	19332015	1.32	18673252	17725000	0.95	(0.05)	77
北京市朝阳区京美家园308号5座3层2单元301 (137.59㎡)	住宅	X京房权正朝字第642946号	5230000	8915317	6514061	6983932	1.37	7471103	8490000	1.14	0.14	94

续表

标的物	产权证号	规划用途	起拍价	京东评估价 总价	阿里评估价 总价	工行评估价 总价	高低比（倍）	评估值	成交价	市场价格/评估值	浮动比例	竞价次数
北京市石景山区苹果园三区2号楼6层606号	京房权证石私字第81997号	住宅	2360000	3460648	3686745	2959278	1.25	3366891	2835000	0.84	(0.16)	72
北京市丰台区太平桥西里39号楼6层6-25	X京房权证丰字第146341号	住宅	2210000	3870665	2855817	2704214	1.43	3143566	2360000	0.75	(0.25)	16
北京市顺义区双裕西园2号甲7号楼3层一单元301	京房权证顺义字第39794号	住宅	3838000	6282283	5334533	4831578	1.30	5482798	4428000	0.81	(0.19)	41
北京市延庆区香水街9号嶂3层4-306（158.02㎡²）	京（2015）延房权证字第158132号	住宅	1294990	2007061	2078595	2851787	1.42	2312481	1816990	0.79	(0.21)	73
北京市丰台区南二环中路66号22层2201	X京房权证丰字第158132号	住宅	3530000	5377529	5312287	4426905	1.21	5038900	3640000	0.72	(0.28)	12
北京市丰台区梅市口路15号院4号楼2单元304号	X京房权证丰字第490841号	住宅	3769000	6049205	4635079	5465515	1.31	5383267	5529000	1.03	0.03	56
北京市石景山区古城南路53号楼16号楼1层单元102号房产一套（83.01㎡²）	X京房权证石字第126064号	住宅	3435000	5439339	3654764	3778624	1.49	4290909	4365000	1.02	0.02	65
北京市顺义区石园西区晋通商业街8号楼5层503单元302	京（2017）顺房权证字第238958号	住宅	2050000	3242431	2887523	2563503	1.26	2897819	2520000	0.87	(0.13)	18
北京市西城区湘园口大街1412幢4层1412（建筑面积：156.53㎡²）	京房权证西城科学字第0089225号	营业公用	1670000	2734167	2192573	2217335	1.25	2381358	1870000	0.79	(0.21)	20
北京市海淀区毛纺路19号院6号楼6层单元503号	京房权证海字第226874号	住宅	11085000	18609907	15639851	13252299	1.40	15834019	14085000	0.89	(0.11)	61
北京市顺义区幸福东大街9号楼3层1301（127.6㎡²）	京房权证顺字第10775795号	住宅	3652880	6683606	4782497	5656425	1.40	5707510	4892880	0.86	(0.14)	91
北京市朝阳区绿色家园5号楼9层1908	X京房权证丰字第0016648号	住宅	6224000	8506667	8981254	11678462	1.37	9722128	8004000	0.82	(0.18)	65
北京市朝阳区宁港兰花园3号楼1层101	京（2017）顺不动产权第0016648号	住宅	1715800	2725126	2482953	2145056	1.27	2451045	2245800	0.92	(0.08)	45
北京市海淀区观西里1号楼4号楼3层4单元301	京（2019）朝不动产权第0022741号	住宅	3461900	5496753	4767286	4572317	1.20	4945452	4401900	0.89	(0.11)	53
北京市朝阳区甜青园6区一号楼1至3层1D房屋	X京房权证顺字第1025256号	住宅	2914700	4505313	4421642	3564427	1.26	4163794	3204700	0.77	(0.23)	30
北京市海淀区颐和园路6幢幢别墅1树（建筑面积：61.5㎡²）	京（2016）海淀区不动产权第00111795号	住宅	3038000	4512927	4833515	3673391	1.32	4340000	4013000	0.92	(0.08)	66
北京市朝阳区和惠里1号楼1门203	X京房权证私字第023118号	住宅	28660000	39147311	48778582	34897268	1.40	40941054	28660000	0.70	(0.30)	1
北京市海淀区罗庄西里15号院9号楼4层单元816号	京（2019）海不动产权第0045648号	住宅	4320000	6308091	6779453	5412615	1.25	6166720	6560000	1.06	0.06	90
北京市海淀区车道沟南里29号2楼3层5l201号房屋（68.32㎡²）	京房权证海淀字第324982号、324983号	住宅	2471000	3099431	3500686	3989900	1.29	3530000	3239000	0.92	0.08	65
北京市朝阳区北街公路403楼3门2号	京（2018）朝不动产权第00175225号	住宅	4137400	6007984	6884633	4839097	1.42	5910571	6107400	1.03	0.03	131
北京市朝阳区慧忠里2号楼3层303号	X京房权证丰字第737253号	住宅	4050000	6001905	6197580	5136161	1.21	5778549	5730000	0.99	(0.01)	56
北京市丰台区王佐镇佃起子园（中海九号公馆）二区10号楼2至3层别墅	X京房权证丰字第418733号	住宅	3954754	4658547	5865494	6424901	1.38	5649647	5494754	0.97	(0.03)	108
北京市朝阳区朝光南里16号楼1层1103（建筑面积：53.33㎡²）	京（2017）房不动产权第0024700号	住宅	4768808	7466697	6930261	6040790	1.24	6812583	6208808	0.91	(0.09)	88
北京市朝阳区珠江罗马嘉园二区23号楼1层3-102号（117.62㎡²）	X京房权证顺字第1316567号	住宅	24000000	31597490	21270034	30135885	1.49	27667905	25900000	0.94	(0.06)	20
北京市昌平区东小口镇天通东一区3号楼8层2	京（2018）昌不动产权第0012540号	住宅	2170000	3620803	3181508	2486138	1.46	3096150	3050000	0.99	(0.01)	80
北京市丰台区强业西路8号院6号楼315号	X京房权证丰字第376143号	住宅	2100000	3194574	2369220	3421919	1.44	2995233	2900000	0.97	(0.03)	41
北京市丰台区百强大道5院6号楼315号	X京房权证丰字第376147号	住宅	6050000	8312853	9899572	7707672	1.28	8640032	7150000	0.83	(0.17)	45
北京市房山区长阳镇碧桂园长城里16号院2号楼3025号房产一套	京房权证海淀私字第061383号	住宅	2554000	3172793	3714672	2687876	1.38	3191781	3204000	1.00	0.00	66
北京市顺义区潮白花园5号楼5单元708号	X京房权证顺字第266787号	住宅	1760000	2939620	2375572	2202093	1.33	2505762	2330000	0.93	(0.07)	33
北京市海淀区太阳园16号楼7层708（147.77㎡²）	京房权证海淀私字第039988号	住宅	1870000	3076773	2458631	2467579	1.25	2667661	2370000	0.89	(0.11)	24
北京市顺义区林荟街8号院1号楼7层1层701号房屋	京房权证海字第996670号	住宅	10230000	16664457	14020790	13130765	1.27	14605337	13180000	0.90	(0.10)	33
北京市昌平区天通苑东一区47号楼5单元二层901号	京房权证昌字第1005075号	住宅	2150000	3525983	2699521	2961165	1.31	3062223	2500000	0.82	(0.18)	35
北京市大兴区枣园西里37号楼6层单元二901号	京（2017）大不动产权第0029344号	住宅	4995000	8289364	5914790	7192369	1.40	7132174	6475000	0.91	(0.09)	67
北京市朝阳区南一环南路19号院3号楼4层401号	X京房权证朝字第8066618号	住宅	5136642	6370170	8578425	7065586	1.35	7338060	9111642	1.24	0.24	154
		住宅	3150000	5092709	4080470	4302420	1.25	4500000	3180000	0.71	(0.29)	4
		住宅	2708000	3978302	4163556	3459777	1.20	3867212	4118000	1.06	0.06	115
		住宅	5705000	7672291	5900478	7820951	1.33	7131240	6615000	0.93	(0.07)	47

续表

标的物	产权证号	规划用途	起拍价	京东评估价总价	阿里评估价总价	工行评估价总价	高低价比值	评估值	成交价	市场价格/评估价	浮动比例	竞价次
北京市丰台区?天?园二?X1号楼?层5?202号	京(2017)丰不动产权第0032373号	住宅	2500000	3629697	2849198	2852311	1.27	3110402	3320000	1.07	0.07	67
北京市海淀区?远大园区1号楼3层单元301(163.92㎡)	X房权证海淀字第5028869号	住宅	9820000	16306959	12701177	13061965	1.28	14023367	15994000	1.14	0.14	155
北京市海淀区增光路16号院1号楼612号(47.6㎡)	京房权证海淀字第073563	住宅	3040000	4852198	3386833	4164572	1.22	4334534	3520000	0.81	(0.19)	49
北京市海淀区?西园四05号楼?层107(132.43㎡)	X京房权证海淀字第063758号	住宅	5285000	8113485	7880378	6652964	1.22	7546943	5985000	0.79	(0.21)	36
北京市朝阳区?美丽绍苑?2号楼4-102(141.91㎡)	X京房权证海淀字第063758号	住宅	10250000	14039211	16941642	12923361	1.31	14634738	15430000	1.05	0.05	177
北京市海淀区?绿岛园南?苑8号楼5?单元502	X京房权证丰字第2389587号	住宅	1841604	2968898	2498545	2425146	1.25	2621463	2516604	0.96	(0.04)	80
北京市丰台区?王佐镇南宫?12?层?103	X京房权证丰字第2389587号	住宅	1670000	2734167	2192573	2217335	1.28	2310863	1870000	0.79	(0.21)	34
北京市海淀区?苑紫峪?3号楼?B2?楼5?(56.6㎡)	京(2016)海淀区不动产权第0449789号	住宅	3245000	4815180	3992168	5092868	1.28	4633405	4185000	0.90	(0.10)	74
北京市丰台区?公?新园?X1号楼?层5?单元5?902(113.32㎡)	X京房权证丰字第4469705号	住宅	3475000	5726011	4517955	4639874	1.27	4961280	4825000	0.97	(0.03)	129
平谷镇林荫园18号楼6层(5)-6-12的房产	X京房权证平谷字第0018525号	住宅	1560000	2801043	2302832	2173677	1.31	2425851	1745000	0.72	(0.28)	38
北京市朝阳区?林荫东?街?号院1?号9?层?502(75.32㎡)	(2018)朝不动产权第00500371号	住宅	12518400	14172578	18597981	14171956	1.31	15648000	21968400	1.40	0.40	145
北京市朝阳区?林荫东?街?号院1?号9?层?502(278.35㎡)	(2018)朝不动产权第0046535号	住宅	17794400	19581739	27565279	19580805	1.41	22243000	28174400	1.27	0.27	139
北京市朝阳区?西四环?区4号楼?号11层1105号	X京房权证朝字第3049587号	商业服务	3337500	3211087	3613691	4148182	1.32	4171906	3817500	0.92	(0.08)	25
北京市顺义?中?小?象?天?苑06?号楼?B2?层底商?屋	X京房权证顺字第8151485号	住宅	1912013	2007050	2327982	2665271	1.38	2731447	3244013	1.19	0.19	104
北京市延庆?康?小区?号楼?层B412(75.32㎡)	京(2016)延庆区不动产权第00100665号	住宅	1245693	2139422	1913429	1418204	1.42	1779561	1245693	0.70	(0.30)	1
北京市丰台区?泉湖西园?院六区24?号楼-1?至3层E4	京(2017)丰不动产权第0320016号	住宅	7626463	9318794	11409629	11956418	1.28	10894947	9188463	0.84	(0.16)	53
北京市房山?汉林绿谷4号院?号4层4单元401	X京房权证房字第088728	住宅	1476765	2501981	1966935	1687591	1.48	2109664	1518765	0.72	(0.28)	7
北京市西城区?马连道?南街?院2号楼14层1408(107.69㎡)	X京房权证西字第081232号	住宅	5950000	8666494	7565330	9259376	1.22	8497067	7190000	0.85	(0.15)	56
北京市丰台区?玉林里?38号楼6层?608房屋(95.5㎡)	X京房权证丰字第081232号	住宅	3441516	5313185	5030583	4405586	1.24	4916451	4808516	0.98	(0.02)	55
北京市门头沟区?月圆西里?号院9?号3层?单元301号	京(2016)门头沟区不动产权第0015211号	住宅	1500000	2357907	2174493	1867164	1.26	2133188	1770000	0.83	(0.17)	42
北京市通州区?景盛北?一?3号院3?层2号楼?101(158.36㎡)	X京房权证通字第1211325号	商品公寓	4170000	6510406	6057428	5263399	1.24	5943744	4990000	0.84	(0.16)	30
北京市海淀区?和平?镇东48?3号?楼B3?单元68?号3?房屋(157.82㎡)	X京房权证海淀字第0047789号	住宅	5080000	7851381	10258773	9105231	1.31	9071795	5080000	0.55	(0.44)	1
北京市?区?山水?3号?半?地?3-3-343(75.73㎡)	X京房权证朝字第1622396号	住宅	2532000	2385617	3654063	3768550	1.21	3954764	3382000	0.86	(0.14)	61
北京市延庆?湾?北里216号楼3?号楼5单元101号(86.46㎡)	X京房权证延字第053511号	住宅	5130000	8635837	6498567	6844536	1.33	7325313	8370000	1.14	0.14	162
北京市丰台区?永定路?2号院3?层3号?楼3101号房屋(150.77㎡)	X京房权证丰字第353177号	住宅	5630000	8885329	7376271	7844426	1.20	8035342	6246000	0.78	(0.22)	23
北京市通州区?南方庄?万盛业?号院?楼C002房屋(95.5㎡)	X京房权证通?正科字第1533690号	住宅	2971800	4217260	3777407	3149378	1.34	3714700	3121800	0.84	(0.16)	16
北京市通州区?里?36?53单元?号院?号楼?号(56.76㎡)	X京房权证通字第1499551号	住宅	1120000	2140254	2232768	1613701	1.38	1995574	1620000	0.81	(0.19)	72
北京市海淀区?平里?38号楼1?层1?01号(64.41㎡)	京(2016)昌平区不动产权第0019889号	住宅	5300000	8578158	7175436	6930173	1.24	7561256	6480000	0.86	(0.14)	45
北京市房山?清河?小?69?院5?层?号楼?层19?06房屋(121.95㎡)	X京房权证海淀字第234789号	住宅	2970000	4812431	4431221	3445309	1.40	4229654	3400000	0.80	(0.20)	40
北京市昌平区?回龙观?通?加盛路一?9?号楼4?层?401房屋(105.06㎡)	X京房权证昌?字第126919号	住宅	2100000	2805550	2570452	3604073	1.40	2993358	2630000	0.88	(0.12)	50
北京市朝阳区?区?通?X9号?楼6层?号607(63.36㎡)	X京房权证朝字第091177号	住宅	5360000	7298731	8743338	6895393	1.27	7645821	5420000	0.71	(0.29)	4
北京市东城区?小街庄?9号楼?层?307号(85.09㎡)	X京房权证东?字第0468985号	住宅	4047662	5915828	6406210	5025085	1.35	5782374	4827662	0.83	(0.17)	35
北京市朝阳区?安苑里?75号?花园11号楼?层901号(98.38㎡)	京(2016)东城区不动产权第0011253号	住宅	3495843	5202105	3849721	4057585	1.35	4369804	3985843	0.91	(0.09)	42
北京市延庆?平里?3号?单元?1?01层?号房屋(44.41㎡)	X京房权证延?字第632987号	10住宅	6560000	10961238	8138171	9008719	1.21	9369376	7700000	0.82	(0.18)	35
北京市朝阳区?通?X9号?楼3层?3层?号303至房屋(43.8㎡)	(2018)朝不动产权第0044150号	住宅	2850000	4145966	4398571	3627529	1.38	4057355	2850000	0.70	(0.30)	1
北京市海淀区?区?太月?园?2号楼?号?1?单元?5?102号(119.5㎡)	京(2015)海淀区不动产权第0024459号	住宅	6270000	10346290	9047943	7475203	1.20	8956479	8230000	0.92	(0.08)	1
北京市平?区?沙路38号?苑38号楼2号单元4层?室-至2层全部(482.46㎡)	X京房权证昌平字第670572?号	住宅	9664000	19311562	16364078	16698538	1.20	17255059	11144000	0.65	(0.35)	386

续表

标的物	产权证号	规划用途	起拍价	京东评估价总价	阿里评估价总价	工行评估价总价	高低价比值	评估值	成交价	市场价格/评估价	浮动比例	竞价次
北京市海淀区皂君东里34号楼6层1门301室(71.8m²)	京房权证海字第185479号	住宅	4120000	6687215	5203202	5755501	1.29	5881973	6060000	1.03	0.03	34
北京市丰台区丹阳里一区22号楼1808号	京房权证丰私字第97497号	住宅	2600000	4356830	3135169	3624818	1.39	3705605	3310000	0.89	(0.11)	99
北京市海淀区宝府新家园一区5号楼6层705室(89.48m²)	X京房权证海字第276501号	住宅	5360000	8698496	7267387	6974921	1.25	7646935	7590000	0.99	(0.01)	99
北京市西城区西绒线胡同29号院1号楼2层505号房产	X京房权证西字第052958号	住宅	6007000	9398308	6659530	9682307	1.45	8580048	8477000	0.99	0.04	27
北京市朝阳区润泽悦风3号楼5层4单元30室	X京房权证朝字第1028263号	住宅	1950700	2862309	3159484	2337603	1.35	2786612	2910700	1.04	0.04	24
北京市西城区中里一区3号楼5层〇二5-503(59.35m²)	宣成成字第12502号	住宅	4060000	5786778	6430751	5155319	1.25	5790949	6140000	1.06	0.06	87
北京市海淀区万泉河西里8号楼5层908(67.37m²)	京(2015)海淀区不动产权第0017394号	住宅	4200000	5444084	6646859	5905722	1.22	5998888	5980000	1.00	(0.00)	75
北京市延庆区紫金庄园1号楼5层五单元502	X京房权证延字第048842号	住宅	1238107	2046617	1718293	1541260	1.33	1768724	1358107	0.77	(0.23)	25
北京市通州区杨庄南里65号楼8层1单元801(104.84m²)	X京房权证通字第1111746号	住宅	1411135	2398217	1728439	1921061	1.39	2015906	1411135	0.70	(0.30)	41
北京市通州区杨庄南里65号楼6层3单元601(104.58m²)	X京房权证通字第1111746号	住宅	3340000	5396723	4744639	4131220	1.31	4757527	4428000	0.93	(0.07)	20
北京市丰台区玉林西路西段52号所5号楼901	X京房权证丰字第099440号	住宅	3310000	5383338	4624005	4137708	1.30	4715017	4350000	0.92	(0.08)	
北京市怀柔区庙城镇甲117号楼6层3-601(112.57m²)	X京房权证怀字第427442号	住宅	9718237	8656139	8513815	11984757	1.41	9718237	13558237	1.40	0.40	139
北京市朝阳区松榆南路38号院24号楼13层5单元42号	京房权证朝字第355101号	住宅	1950000	3009967	2500855	2844194	1.20	2785005	1950000	0.70	(0.30)	1
北京市朝阳区新六区18号院18号楼2单元3单元31551号	X京房权证朝字第1183441号	住宅	5940000	9619394	7533855	8261295	1.28	8471814	8940000	1.06	0.06	54
北京市大兴区德鑫家园18号楼2单元18层1804	京房权证大字第3151551号	住宅	2070000	2573168	3541119	2753882	1.38	2956035	2680000	0.91	(0.09)	45
北京市延庆区京兰苑5号楼5层3单元310室(84.04m²)	X京房权证延字第031631号	住宅	5100000	8009501	7270433	6496615	1.23	7258850	5699000	0.78	(0.22)	56
北京市朝阳区百子湾苑35号楼7层5门505号	X京房权证朝字第3466500号	住宅	1288695	2128694	1891236	1503055	1.42	1840992	1288695	0.70	(0.30)	1
北京市延庆区建国路888号院10号楼23层2T09	京房权证延字第2770262号	10住宅	2350000	3902903	3063795	3098119	1.27	3355000	3510000	1.05	0.05	69
北京市朝阳区青年路安苑西路3号院5号楼23层2单元2701	京(2016)朝阳区不动产权第0045799号	住宅	4932298	7637333	6276201	7224884	1.22	7046139	5592298	0.79	(0.21)	20
北京市延庆区百泉街4幢一403(157.96m²)	X京房权证延字第052176号	商业,金融	4950000	7004503	5721156	8448606	1.48	7058088	8290000	1.17	0.17	44
北京市延庆区百泉街297号2幢二318(129.33m²)	X京房权证延字第052176号	商业,金融	1576637	1856619	2392462	2507931	1.35	2252337	3165637	1.41	0.41	16
北京市延庆区百泉街9号5幢一401(156.71m²)	X京房权证延字第052176号	商业,金融	1209698	1520101	1621798	2042509	1.34	1728139	2589698	1.50	0.50	16
北京市昌平区回龙观镇一龙十村左区一段1楼(141.4m²)	京房权证昌私移字第2035333号	住宅	1564014	1841927	2373530	2487458	1.35	2234305	3139014	1.40	0.40	16
北京市昌平区基地1幢5单元二门202号一室(52.9m²)	X京房权证昌私成字第095805号	住宅	4740000	6139217	6356225	5272883	1.21	5922775	5338000	0.90	(0.10)	27
北京市通州区永顺镇太平庄X19号楼二X单元204(88.09m²)	京房权证朝字第3317663号	住宅	7550000	9898000	11917475	10526947	1.20	10730807	9685000	0.90	(0.10)	59
北京市海淀区西三旗二里X5号楼2层2门302(149.85m²)	京(2018)海淀区不动产权第0052901号	住宅	3300000	5089889	5005813	4010289	1.27	4701997	4084000	0.87	(0.13)	42
北京市海淀区西三旗育新花园X4号楼5层1单元502号房产一套(148.49m²)	X京房权证海字第3339631号	住宅	2570000	3931983	3785237	3260440	1.21	3659243	3218000	0.88	(0.12)	55
北京市海淀区友谊园甲5号院X3号楼一套二309(116.93m²)	京房权证海私字第3976007号	住宅	21810000	35518443	28419183	29530562	1.25	31156063	27510000	0.88	(0.12)	55
北京市朝阳区管庄杨闸环岛55号院2号楼X单元一门309号一套	京(2016)朝阳区不动产权第0010299号	住宅	2510000	4460429	3180189	3074231	1.45	3571616	4000000	1.12	0.12	110
北京市海淀区云锦源园109号1号14号9单元1702号	X京房权证海字第0016252号	住宅	2760000	3907632	3507631	4391443	1.25	3935569	3100000	0.79	(0.21)	35
北京市朝阳区天秀花园天秀X5号楼3层2门302号房屋	X京房权证朝字第1186885号	高档公寓	4600000	6788508	7218790	5675665	1.27	6560988	6640000	1.01	0.01	79
北京市延庆区京X区5号3幢3单元X302的房屋	X京房权证逆私字第40231号	住宅	8600000	13836323	11713924	11139999	1.24	12230082	12040000	0.98	(0.02)	70
北京市朝阳区松榆东里18号楼3层2单元X31	X京房权证朝字第1420375号	住宅	3548360	5766247	4486035	4987196	1.29	5069826	6058900	1.20	0.20	59
北京市朝阳区天秀花园4号楼30层3002	X京房权证朝字第1158494号	住宅	1305176	2192931	1665671	1735009	1.32	1864537	1911176	1.03	0.03	102
北京市朝阳区水碓子东里1里1号楼11单元1001(163.15m²)	X京房权证朝字第922641号	住宅	1700000	2816289	2151636	2279455	1.31	2415790	2700000	1.12	0.12	80
北京市朝阳区高碑店北路经曲家园5号楼11层1101(114.72m²)		住宅	3400000	5343914	5117355	4092515	1.31	4851262	4550000	0.94	(0.06)	14
		住宅	8020000	12658818	10412722	11278070	1.22	11449870	10860000	0.95	(0.05)	70
		住宅	4120000	6519341	4985272	6119853	1.31	5874822	5800000	0.99	(0.01)	19

续表

标的物	产权证号	规划用途	起拍价	京东评估价 总价	阿里评估价 总价	工行评估价 总价	高低比 比值	评估值	成交价	市场价格/评估	浮动比例	竞价次数
北京市海淀区万柳万泉新新家园27号楼2层4单元201 (165.7㎡)	京房权证海淀字第004071号	住宅	15170000	24339022	20593196	20075881	1.21	21669366	23070000	1.06	0.06	92
北京市丰台区百强东里10号楼5层1单元510 (建筑面积：104.08㎡)	京房权证丰宁字第282643号	住宅	2780000	4474109	3572338	3844299	1.25	3963582	3250000	0.82	(0.18)	44
北京市海淀区宝盛里24号楼4层6门403 (70.19㎡)	X (2016) 海淀区不动产权第00170577号	住宅	3010000	4921409	3876243	4076776	1.27	4291476	4610000	1.07	0.07	85
北京市西城区西直门内大街32号院5号楼9层2单元0007 (96.75㎡)	X房权证海淀字第308309号	住宅	5060000	7904339	6468028	7312365	1.22	7228244	8560000	1.18	0.18	127
北京市西城区西直门内大街13号楼18层1单元1801 (104.94㎡)	X房权证西城字第047357号	住宅	1690000	2673188	2180968	2355588	1.23	2403248	2234000	0.93	(0.07)	59
北京市密云区世园9号楼5层2单元602 (建筑面积：152.22㎡)	X (2016) 密云县不动产权第00158933号	住宅	1800000	2654460	2217389	2800544	1.26	2557464	1800000	0.70	(0.30)	1
北京市海淀区香山瑞路99号221号楼 王室 (385.95㎡)	X房权证海淀字第135197号	住宅	41410000	55330311	68353289	53775571	1.27	59153057	49160000	0.83	(0.17)	155
北京市顺义区春花林家园2号楼2单元302号房产 一室 (163.40㎡)	X房权证顺义字第205712号	住宅	4650000	7485242	6145801	6083945	1.23	6571529	6290000	0.96	(0.04)	38
北京市丰台区四道口北里35号楼4层3单元401 (建筑面积：64.54㎡)	X房权证海淀字第459197号	住宅	3250000	5109246	3944233	4838177	1.30	4630552	4855000	1.05	0.05	57
北京市海淀区中街1号楼6栋23室3单元2302号房屋	X (2018) [下不动产权0010743]	住宅	4350000	6992100	6254200	5379877	1.30	6208726	6530000	1.05	0.05	83
北京市海淀区大月园区大月园1层营田街41号1室2门804 (119.5㎡)	X房权证海淀字第099898号	住宅	6270000	10346290	9047943	7475203	1.38	8956479	8230000	0.92	(0.08)	80
北京市昌平区立汤路33号鑫馨田苑1号楼705 (89.48㎡) 房屋	X房权证昌平字第670572号	住宅	9664000	19311562	13364078	16089538	1.20	17255069	11144000	0.65	(0.35)	36
北京市顺义区顺康里东单34号楼3层1门301 (71.8㎡)	X房权证顺义字第184179号	住宅	4120000	6687215	5203202	5755501	1.29	5881973	6060000	1.03	0.03	66
北京市海淀区开阳里808号 1层2单元801 (65.84㎡)	X房权证海淀字第97497号	住宅	2600000	4356830	3135169	3624818	1.39	3705605	3310000	0.89	(0.11)	47
北京市海淀区皇府嘉园一区7号楼6层1单元705	京房权证海淀字第276501号	住宅	5360000	8698496	7267387	6974921	1.25	7646935	7590000	0.99	(0.01)	75
北京市西城区太月园1区21号楼一王3层3门全部	京房权证西城字第052958号	住宅	12960000	9398308	6659530	9682307	1.45	8580048	8477000	0.99	(0.01)	189
北京市顺义区温泉园一区21号楼一王3层全部	京 (2018) 顺X不动产权第00168195号	别墅	14000000	25002911	29206857	20,605,912	1.42	24938860	20020000	0.80	(0.20)	76
北京市顺义区钱柏山庄83号院5号楼单元1503室一室全部	京 (2016) 顺义区不动产权第00371178号	住宅	5120000	7037170	5529549	6,606,398	1.27	6391039	5845000	0.91	(0.09)	30
北京市海淀区建国门6号楼2栋2层单元701 (70.92㎡)	X房权证海淀字第354132号	住宅	4720000	7541587	7105262	5,572,043	1.35	6739631	7800000	1.16	0.16	69
北京市海淀区建国里东路15号院15号楼12号单元2单元201	京 (2016) 海淀区不动产权第01103600号	住宅	7196000	11738171	10350368	8,750,550	1.34	10279696	11276000	1.10	0.10	201
北京市东城区建国门内大街88号楼11层A座1123号房产	京 (2017) 东X不动产权第00174446号	高档公寓	7722388	12350867	9404688	11,340,393	1.31	11031983	9752388	0.88	(0.12)	195
北京市朝阳区松树路88号院11层1204号房产	X房权证海淀字第658882号	住宅	9600780	15175792	11980047	13,990,323	1.27	13715387	14120780	1.03	0.03	112
北京市海淀区红军营东路18号楼1层108	X房权证海淀字第741116号	住宅	5520000	9025078	6878424	7,717,583	1.31	7873695	8380000	1.06	0.06	66
北京市丰台区北甲地园路121号1栋1003号房地产	532632	住宅	5160326	8764192	7181119	6,170,373	1.30	7371895	7935326	1.08	0.08	37
北京市朝阳区大阳岔金星园18号地0层101	X房权证朝阳字第594000号	住宅	13808000	22019194	16931550	20,225,447	1.24	19725397	14523000	0.74	(0.26)	12
北京市朝阳区南湖南园107号5层502 (58.29㎡)	京房权证朝阳字第15058714号	住宅	2343000	3759283	3250658	3,031,138	1.42	3347026	4029960	1.20	0.20	67
北京市密云区亮宝园三区9号楼2单元502的房屋	京 (2016) 密云县不动产权第00100039号	住宅	1309906	2189081	1546780	1,878,010	1.32	1871294	1513906	0.81	(0.19)	35
北京市顺义区康营家园二区二盛天大际7号栋1层1单元101	X房权证顺义字第463652号	住宅	3620000	5389419	5746783	4,360,545	1.31	5165582	4052000	0.78	(0.22)	19
北京市海淀区建国里6号楼3单元301302 (房屋建筑面积：70.3㎡)	X房权证海淀字第339261号	住宅	4280000	5697911	7573700	5,062,725	1.26	6111445	7680000	1.26	0.26	50
北京市东城区安南里东路6号楼6层B座1单元601	X房权证东城字第313335号	住宅	2283400	3566357	3381993	2,838,370	1.23	3262000	2716980	0.83	(0.17)	39
北京市朝阳区北四环东路73号院7号楼3单元8层5单元701号	京 (2016) 朝阳区不动产权第00491064号	住宅	30810322	47980873	39119363	44,944,002	1.29	44014746	30810322	0.70	(0.30)	1
北京市平谷区河南寨镇平宇路30号院1号1单元701	京 (20020) 平X不动产权第0005881号	住宅	2818457	3908825	3636823	3,023,569	1.46	3523072	3056457	0.87	(0.13)	18
北京市顺义区裕龙花园二区1号楼16号1单元1603	X房权证顺义字第263381号	住宅	4500000	7502962	5122440	6,390,252	1.25	6338551	5660000	0.89	(0.11)	31
北京市朝阳区朝外大街16号2号楼22层2610	京 (2018) 朝X不动产权第00976653号	住宅	9952494	15542190	14640831	12,470,526	1.24	14217849	16477494	1.16	0.16	146
北京市朝阳区南磨房路第395796号17号1701号房屋	X房权证朝阳字第395796号	住宅	10332764	15520049	12832559	12,978,003	1.22	13777003	16052764	1.17	0.17	134
北京市房山区长阳镇祥云四季8单元501号	X房权证房山字第35079号	住宅	2488169	3650337	3876758	3,136,495		3554527	3318169	0.93	(0.07)	84
北京市海淀区花龙花园二区20号楼3单元2单元201房产	京房权证顺义字第752230号	住宅	3080000	4657383	4417564	3,816,440	1.22	4297129	3710000	0.86	(0.14)	42

续表

标的物	产权证号	规划用途	起拍价	京东评估价总价	阿里评估价总价	工行评估价总价	高低价比值	评估值	成交价	市场价格/评估	浮动比例	竞价次数
北京市顺义区裕祥花园12号楼1层一单元102房屋一套	X京房权证顺字第2184155号	住宅	3139920	5151417	4073677	4,231,727	1.26	4485600	3704760	0.83	(0.17)	21
北京市顺义区前进花园王兰庄公寓6层1幢T601	X京房权证私字第203535号	住宅	4250000	6354313	5984367	5,108,103	1.24	5815594	4250000	0.73	(0.27)	1
北京市怀柔区迎城镇山城村422号王迪东17号楼1-5全部的房产	京(2016)怀房不动产权第0014631号	住宅	5315047	7473856	8968367	6,336,548	1.42	7592924	5315047	0.70	(0.30)	1
北京市朝阳区南湖西园四区09号楼6层1单元501号房地产	X京房权证朝字第1311465号	住宅	12168556	19702674	15082614	17,365,662	1.31	17333652	14388556	0.83	(0.17)	27
怀柔区云西大街16号楼189院5层4单元520的房屋	X京房权证怀字第027352号	住宅	1147676	1970107	1499298	1,449,206	1.36	1639537	1252676	0.76	(0.24)	21
北京市丰台区马家堡东路189院16号楼11层3单元一501	京(2020)丰不动产权第0010855号	住宅	2208326	3190797	2669950	3,603,508	1.35	3154752	2408326	0.76	(0.16)	15
北京市海淀区翠微路一区31号楼9层一单元一501	X京房权证海字第317834号	住宅	1780000	2733006	2694058	2,161,906	1.26	2529657	2132000	0.84	(0.11)	41
城执行-丰台区长辛店北京市朝阳区清芷园1408（87.05㎡）	京(2017)丰房不动产权第0067110号	住宅	3910000	5021392	5647369	6,061,379	1.21	5576713	4955000	0.89	0.16	52
北京市密云区檀营乡小区21号楼1层东一单元101号	京房权证密字第114372号	住宅	2012728	3314543	2885908	2,676,128	1.20	2972106	3450000	1.18	0.18	47
北京市朝阳区孙河乡21号楼1层东1单元101号	X京房权证朝字第317733号	住宅	2560000	4061067	3186820	3,700,642	1.26	3649520	3112000	0.85	(0.15)	78
金某某持有的北京市西城区白万庄甲36号6号屋三单元三层402号房产	京(2020)西不动产权第0003238号	住宅	1507595	2185408	1906400	2,369,312	1.24	2153707	1528595	0.71	(0.29)	42
北京市顺义区五里仓花园15号楼3单元402号房产	京房权证顺字第291109号、291110号	10住宅	1191152	6124813	4197932	4,992,059	1.46	1701645	1526152	0.90	(0.10)	4
北京市房山区长阳镇地铁9号院5号楼3层05-0303号	X京房权证顺字第0154777号	住宅	3157082	3593671	2716131	3,161,443	1.32	3157082	3167082	1.00	0.00	53
北京市丰台区城南嘉园证城园3号楼17层5-601	X京房权证石字第279757号	住宅	2450000	3756104	3711452	3,008,201	1.25	3491919	3590000	1.03	0.03	3
北京市昌平区创新园4号楼9层3单元703	京(2017)昌不动产字第0600023号	住宅	6160000	8036939	8258064	9,801,097	1.22	8698700	8210000	0.94	(0.06)	101
北京市迅速东区川沁小区51号楼9层510号	京(2017)昌不动产字第16383号	住宅	3866168	6403793	5128385	5,039,114	1.33	5523097	4331168	0.78	(0.22)	146
北京市朝阳区惠民苑西里7号楼12层5101号	京房权证朝字第130844号	11成建住宅	2000000	2996392	2252171	2,268,679	1.33	2505747	2560000	1.02	0.02	32
北京通州区云景西里（南）38号楼4层342（47.64㎡）	京(2016)通房不动产权第0013608号	住宅	5177505	5809240	4524014	5,199,260	1.28	5177505	6617505	1.28	0.28	47
北京市通州区召里西直河19号院楼2单元7-702号	京(2016)通房私字第134542号	住宅	1386000	2396888	1872919	1,669,591	1.44	1979799	1701000	0.86	(0.14)	145
北京市丰台区樣一东19号楼3单元502室	京(2016)丰房私字第0613672号	住宅	4500000	6096026	6094788	1,925,455	1.23	5627655	5760000	1.02	0.02	64
北京市顺义区潺潺花园回民一区6号楼6层1单元401	京(2020)顺不动产权第2830066号	住宅	1545584	2367630	2330846	3,105,149	1.30	2207977	3106584	1.41	0.41	51
北京市石景山区京原路回民区一区8号院二层楼602号房产	X京房权证朝字第0010406号	住宅	2850000	4050558	3500400	1,860,516	1.30	3552036	3284000	0.92	(0.08)	188
北京市昌平区回龙观西大街6号楼7层601	京(2020)石不动产权第0164009号	住宅	1550000	2414099	2352386	4,307,760	1.42	2209001	1605000	0.73	(0.27)	32
北京市迅速东区川沁小区51号楼5层5010号	X京房权证昌字第0164009号	住宅	3454203	6104074	4391892	6,070,245	1.43	4934575	3913203	0.79	(0.21)	5
北京市朝阳区双花园南里二区12号楼3单元1201	京房权证朝证06字第0002302号	住宅	5399024	8700517	8367914	20,896,039	1.37	7712892	11899024	1.54	0.54	28
北京市朝阳区四季星河中街2号院2号楼2单元801号房屋	X京房权证朝私字第5729003号	住宅	14080756	22826295	16623759	3,265,999	1.23	20115365	20130756	1.00	0.00	154
北京通州区名苑楼西路412号	京(2017)朝不动产权第0074649号	住宅	2328452	3015011	3698071	6,163,939	1.28	3326360	4488452	0.99	(0.01)	65
北京市丰台区西罗园四季93号楼3单元101	X京房权证朝字第235140号	住宅	5497100	6586878	7863162	3,097,193	1.32	6871326	6467100	1.35	0.35	51
北京市延庆区妫水南大街小区3号楼10层七单元1001	X京房权证朝字第044164号	住宅	2986689	4092018	4010874	3,332,049	1.31	3733362	3516689	0.94	(0.06)	144
北京市顺义区向阳路小区2号院1-X38号楼1-X3层3层全部	X京房权证朝字第267976号	住宅	8510000	13639755	11711832	4,031,064	1.23	12147796	12030000	0.94	(0.06)	54
北京市朝阳区顺安南路2号院12号楼层801号房屋	京(2017)朝不动产权第0077330号	住宅	3222000	4008395	5767899	4,651,348	1.29	4602452	3882000	0.99	(0.16)	54
北京市朝阳区秋实园303（55.98㎡）	X京房权证朝字第950673号	住宅	2900000	4132253	3614046	3,332,049	1.31	4132549	3866000	0.84	(0.16)	59
北京市通州区梨园中东里5号1号院1号楼1层1单元101号	X京房权证朝字第610599号	住宅	2723420	4354720	3985170	3,876,679	1.21	3890600	4223420	0.94	(0.06)	45
北京市昌平区龙锦苑6区306号院1栋单元30号楼3层单元301房屋	京房权证通私字第0303465号	住宅	2844067	4559217	3752959	4,738,008	1.25	4062952	4454067	1.09	0.09	60
北京市昌平区和立园水苑镇工兰子村北京人家30号楼3层单元301房屋		住宅						4919677		1.10	0.10	95
北京市通州区西上园一区5号楼1层11（117.55㎡）		住宅	3443800	5564152	4456872				4223800	0.86	(0.14)	103
												51

续表

标的物	产权证号	规划用途	起拍价	京东评估价总价	阿里评估价总价	工行评估价总价	高低价比值	评估值	成交价	市场价格/评估价	浮动比例	竞价次数
北京市石景山区金顶街五区6号楼3层302号房屋	京房权证石私字第146289号	住宅	2650000	4104082	3918835	3,332,821	1.23	3785246	3060000	0.81	(0.19)	46
	京（2019）主不动产权第0034583号	住宅	5600000	8117243	6760296	6,116,063	1.25	6997800	7210000	1.03	0.03	139
北京市丰台区广通寺北小街甲4号院11号楼1层院1层-2-402	X京房权证丰字第795513号	10住宅	8499902	13302015	10651442	12,474,692	1.22	12142717	12139902	1.00	(0.00)	3
北京朝阳北苑路86号嘉铭园城区304号楼703号房产	X京房权证朝字第1438887号	住宅	2286299	3266142	2673307	2,848,206	1.22	3266142	2606299	0.80	(0.20)	22
北京朝阳双桥霞泉景苑1号楼E座361	X京房权证朝字第2237143号	住宅	7767000	9249496	12854952	11,182,647	1.39	11095698	11337000	1.02	0.02	90
北京市东城东直门小街6号楼城区10层1011室（211.35㎡）	X京房权证东字第0116538号	10住宅	10953600	12547705	16318382	18,077,560	1.44	15647882	10953600	1.00	(0.30)	1
北京市朝阳区慧忠里嘉铭园城区304号1楼601号房	X京房权证东字第814138号	住宅	9282812	14474633	11669206	13,639,638	1.23	13261159	13302812	1.00	0.13	100
北京朝阳东三环裕湘小区62号楼9层1单元902的房屋	X京房权证朝字第0371185号	住宅	1323885	2052679	1954046	1,667,068	1.31	1891264	2145885	1.13	0.13	47
北京顺义天竺花园国美泰4号楼2层四单元202	京房权证顺义修字第39174号	住宅	2721651	4000000	4347166	3,317,053	1.44	3888073	3319651	0.85	(0.15)	246
北京市大兴亦庄人庄6号楼3层楼21层255的房屋	X京房权证朝字第737836号	商住公寓	7520000	8800000	11412981	7,950,247	1.36	9387743	10380000	1.11	0.11	114
北京市朝阳区都景西307号楼21层205号	X京房权证大兴私字第043425号	住宅	3180000	5238333	3841019	4,512,834	1.36	4530729	4550000	0.81	0.00	34
北京朝阳霄云路11号楼11单元601号	X京房权证朝字第14083867号	住宅	5660869	8629269	9019202	6,612,394	1.23	8086955	6584869	0.81	(0.19)	198
北京朝阳双桥碧泉儿童宝苑2号楼3层531	京房权证朝字第57592号	住宅	7504000	10923187	9537151	11,683,409	1.23	10720000	15514000	1.45	0.45	32
北京顺义区石景苑22号楼11层1104	X京房权证朝字第3巨531	住宅	2360000	3724526	3084698	3,263,718	1.21	3357647	2680000	0.80	(0.20)	26
北京西城区白纸坊胡同8号12幢1层房屋	京房权证朝字第227598号	住宅	3198345	5458647	4348959	3,899,585	1.40	4569064	3573345	0.78	(0.22)	63
丰台区星河城二号院7、8号楼8-2单元201号房屋及次顶空中电视天线1001的房屋	京房权证西私字第1020075号	住宅	2011582	3305075	2517164	2,798,823	1.31	2873687	2881582	1.00	0.00	78
北京市朝阳小区55号楼10层4单元元1001的房屋	X京房权证丰私字第026700号	住宅	5610000	9119243	7295732	7,586,102	1.25	8002359	7590000	0.95	(0.05)	89
北京市昌平区昌平字第77746号	X京房权证朝字第037157号	住宅	1871372	3166854	2640841	2,832,468	1.43	2673388	2906372	1.09	0.09	64
北京顺义区双阳花科园苑小区4号楼8层楼元801	京房权证昌私字第字	住宅	2155280	3409372	2999313	2,828,228	1.23	3078971	2785280	0.90	(0.10)	21
北京海淀区北下关街王集路10号楼圆1号院9层单元901	X京房权证顺字第310610号	住宅	1660000	2321328	2675269	2,105,854	1.27	2367484	2140000	0.90	(0.10)	66
北京朝阳北城西南30号楼3层2单元元3门11号	X京房权证海字第394509号	住宅	5460800	8882621	7280214	7,240,443	1.23	7801093	7900800	1.01	0.01	50
北京东城南里135号楼3门□303（53.21㎡）	X京房权证朝字第1012332号	住宅	2582320	2610737	3689029	2,828,658	1.41	3689029	3218320	0.87	(0.13)	40
北京市朝阳西坝河116977号，X京房权证字第字	X京房权证朝字第1080765号	住宅	2810000	4185073	4454209	3,390,062	1.31	4009781	3410000	0.85	(0.15)	131
北京朝阳建国路89号10号楼12层单元1501、1503室	X京房权证字第字	住宅	16506672	26091024	24277548	20,374,307	1.28	23580960	21106672	0.90	(0.10)	52
北京市丰台区南苑路一条10号楼7座85-601	X京房权证丰字第279157号	住宅	3500000	5910445	4241742	4,827,057	1.39	4993081	5047000	1.01	0.01	23
北京朝阳华腾园小区7栋西2单元2门203	X京房权证丰字第1503373号	住宅	7700000	8036939	8258064	9,801,097	1.22	8698700	8045000	0.92	(0.08)	43
北京市丰台永定镇永兴小X5号楼2单元201室	X京房权证朝字第40615号	住宅	2037898	2220634	2912537	2,310,447	1.31	2912537	2678776	0.92	(0.08)	39
北京市大兴区龙景花园45号楼6层单元601号（184.48㎡）	京房权证丰□朝字第354759号	住宅	2035627	2916998	2329463	2,388,237	1.25	2544553	2415627	0.95	(0.05)	28
北京大兴区亦庄金约苑23号院1号楼3层B座门门-1602室	X京房权证大兴字第192236号	住宅	1860000	2985950	2450379	2,495,820	1.22	2644050	2473800	0.94	(0.06)	36
北京朝阳双龙南里6层907	X京房权证朝字第1065606号	住宅	3480000	5634119	4197473	5,066,559	1.34	4966050	4200000	0.85	(0.15)	92
朝阳建国路29号兴隆家园15号楼19号22A号的不动产	X京房权证丰字第484759号	住宅	2606152	4106292	3669660	3,393,270	1.21	3723074	3341152	0.90	(0.10)	104
北京市丰台区南南路98号院一区24号楼18层2单元1801	京房权证朝私字第07字第2539905号	住宅	5675705	8932390	8086877	7,305,181	1.22	8108149	7755705	0.96	(0.04)	35
	京房权证朝字第1489529号	住宅	1792000	2266250	2339332	2,286,617	1.33	2560000	2472000	0.97	(0.03)	150
	京房权证朝私字第07字第2539905号	住宅	10650000	17479135	13268890	14,871,783	1.32	13206603	14850000	1.23	0.23	82
北京市石景山区古城南路35号楼5层单元元7号房屋	京房权证西区54700号	住宅	1980000	2844139	3114474	2,523,437	1.23	2827350	2145000	0.76	(0.24)	30

续表

标的物	产权证号	规划用途	起拍价	京东评估价 总价	阿里评估价 总价	工行评估价 总价	高低价 比较	评估值	成交价	市场价格/评估价	浮动比例	竞价次数
北京市朝阳区望京西园320号楼6层605住宅	京房权证朝私06经济字第326843号	住宅	4200000	6628640	6243987	5,109,840	1.30	5994156	5271000	0.88	(0,0.12)	47
北京市朝阳区广渠路23号院2号楼1单元802室（建筑面积201.52㎡）	无	10住宅	16472310	26039121	20637663	21,957,843	1.26	22878209	18072310	0.79	(0,0.21)	15
北京市海淀区慈门口西大街15号1号楼五层一层L202（76.29㎡）	京房权证海私字第0069979号	住宅	5050000	6913549	8282424	6,427,598	1.29	7207857	6330000	0.88	(0,0.12)	63
北京市丰台区马家堡理3号楼3层1-303（79.9㎡）	X京房权证正春字第139655号	住宅	2961648	4582648	4336333	3,773,794	1.21	4230925	3421648	0.81	(0,0.19)	39
北京市海淀区万柳绿海名苑6号楼17层1702（99.19㎡）	X京房权证海字第104724号	住宅	9450000	14335083	14559505	11,563,674	1.26	13488087	11880000	0.88	(0,0.12)	78
北京市通州区顺驰西海里20号楼12层1单元1503号（94.49㎡）	X京房权证通字第090808679号	住宅	3321800	5418560	4298256	4,519,153	1.26	4745323	4371800	0.92	(0,0.08)	82
北京市石景山区金衡新一区2号楼1层110号房屋	X京房权证正石字第1293352号	住宅	2410000	4414554	4686658	3,792,708	1.24	4287973	3190000	0.74	(0,0.26)	78
北京市海淀区复兴路乙59号2号楼8层西门802号房屋	京房权证海私移字第0360075号	住宅	4680000	6340078	8004494	5,740,417	1.39	669496	5180000	0.77	(0,0.23)	24
北京市朝阳区八里庄北里19号楼2门303（62.17㎡）	京房权证朝私07春第2570455号	住宅	2710000	4107982	4099179	3,396,523	1.21	3867895	3480000	0.90	(0,0.10)	50
北京市丰台区嘉翠里3号楼6层6-602（62.6㎡）	344867	住宅	2791441	3499749	3776095	4687475.48	1.34	3987773	2960441	0.74	(0,0.26)	14
北京市平谷区平谷镇河小区14号楼2层（4）-2-4	X京房权证正字第0350049号	住宅	1265274	1969672	1380662	1,394,444	1.43	1581593	1265274	0.80	(0,0.20)	1
北京市顺义区石园南区32号楼8层一单元502	X京房权证顺私字第253332号	住宅	3270000	6581784	5230215	5,649,315	1.26	5820483	3926000	0.67	(0,0.33)	42
北京市大兴区林海园3号楼6层单元602	X京房权证兴字第169427号	住宅	1506015	2425276	1822862	2,206,205	1.33	2151450	1843515	0.86	(0,0.14)	46
北京市丰台区丰园南街829号院1号楼2层4单元202号	京（2019）主不动产权第00295085号	住宅	1563800	2381861	1914924	2,404,955	1.26	2224000	2319900	1.04	0.04	81
北京市延庆区葛峪小区9号楼6层6单元212号	京（2016）延庆区不动产权第0011407号	住宅	1620510	2534896	1933193	2,476,957	1.31	2315015	1828510	0.79	(0,0.21)	23
北京市密云县果园西路38号市院6层6单元601	京（2016）密云县不动产权第00206659号	住宅	1477342	2281885	2215713	1,833,870	1.24	2110489	1477342	0.70	(0,0.30)	1
北京市丰台区太平桥西里47号楼5层8-101号	京（2019）主不动产权第0015489号	住宅	3000000	4505155	3404989	3,199,712	1.41	3703400	3405000	0.92	(0,0.08)	15
北京市海淀区阜成路53号院4号楼5层1"501号（62.70㎡）	X京房权证海字第969964号	住宅	3275000	5469450	3769963	4,777,489	1.45	4672301	4955000	1.06	0.06	113

注：以上列表为711个调查项目中357个网络询价网络询价高低价比值在1.2～1.5倍之间的基本情况，14～20列表为711个调查项目中257个网络询价高低价比值在1.2以下的基本情况，浮动比例是指市场价格较评估值上下浮动比例，灰色为向下浮动比例，黑色为向上浮动比例。

部分调查项目基本情况表（3）（高低价比 1.2 以下）

表 3

标的物	规划用途	产权证号	起拍价	京东评估价总价	阿里评估价总价	工行评估价总价	高低价比	评估值	成交价	市场价格/评估值	浮动比例	竞价次数
北京市朝阳区东四环北路6号-区30号楼16层1902	住宅	X京房权朝字第0340097号	14944104	22234751	22440338	19271071	1.16	21348720	17594104	0.82	(0.18)	53
北京市朝阳区南湖南路88号院2号楼3层4门303号	住宅	京房权证朝字第47214号	6958030	10269797	10302611	9247665	1.11	9940030	9628030	0.97	(0.03)	35
北京市朝阳区安华里□8号楼15层1501号	住宅	X京房权证朝字第2278515号	4448300	6435443	6746976	5881436	1.15	6354618	6268300	0.99	(0.01)	64
北京市海淀区白家疃□5号楼5层602 (152.73m²)	住宅	X京房权证海字第4484115号	5510000	8557032	7323404	7702632	1.17	7861023	9735000	1.24	0.24	129
北京市丰台区长云路2号院8号楼4单元1001室	住宅	X京房权证丰字第1000635号	2956125	4490586	4185658	3992661	1.12	4223035	4066125	0.96	(0.06)	56
北京市海淀区泉宗路5号万柳书大家园1号楼17层1701 (214.35m²)	住宅	京房权证海字第1000935号	14285000	21588735	18015474	21443574	1.20	20349261	19080000	0.94	(0.06)	28
北京市顺义区鲁能东旭三王街一里东下301	住宅	京房权证(2017)顺东不产权第0015626号	5060000	7525999	6865945	7259426	1.10	7217123	5060000	0.70	(0.30)	1
北京市房山区某镇主街6号6栋17与6层4套房屋一套 (122.54)	办公	X京房权证房字第064662号	1510000	2095915	2302159	2043722	1.13	2147265	1615000	0.75	(0.25)	15
北京市房山区某镇8号6层8门822号房屋一套 (40.78m²)	高档公寓	京房权证房字第064662号	616000	964569	1025699	1100734	1.14	1030334	616000	0.60	(0.40)	1
北京市海淀区东二环路3号楼6层座6门705 (112.27m²)	住宅	京房权证海字第380511号	5230000	7237405	8104322	7043820	1.15	7461849	7350000	0.99	(0.01)	109
北京市朝阳区某小区54号院3号楼3单元2110 (130.6m²)	住宅	X京房权证朝字第16729号	5380000	7750747	7308637	7986469	1.09	7675284	7540000	0.98	(0.02)	70
北京市朝阳区东坝路6号院6号楼7单元1601的房屋	住宅	X京房权证丰字第062721号	2297966	3459962	3031492	3356970	1.17	3282808	3987966	1.21	0.21	96
北京市昌平区某路6号院6号楼14层15A03房屋	住宅	X京房权证丰字第0679765号	3382168	5139029	4959919	4396056	1.17	4831668	4822168	1.00	(0.00)	50
北京市丰台区某路8号楼4层7单元701	住宅	X京房权证丰字第3754805号	6600202	9561644	9012809	9712123	1.08	9428859	6600202	0.70	(0.30)	1
北京市丰台区师A1条-区2号楼7层711	住宅	京房权证丰字第3012200号	2263000	3424425	3385264	2888805	1.19	3232831	3033000	0.94	(0.06)	64
北京市朝阳区安化西南四园8号楼3层601	住宅	京(2016)朝不动产权第0171824号	3949692	5934112	5300568	5692567	1.12	5642416	5669692	1.00	0.00	126
北京市海淀区某路39号院东方特别某D单元901 (168.66m²)	住宅	京(2016)海不动产权第0081123号	12560000	19012861	18687528	16099103	1.18	17933164	18360000	1.02	0.02	145
北京市丰台区花园路18号某楼单元414096号	住宅	X京房权证海字第411606号	2520000	3767993	3529749	3473972	1.08	3590571	3792600	1.06	0.06	17
北京市昌平区某通某-区49号某4层2单元701号	住宅	X京房权证海字第414096号	2702900	4050586	3842128	3690795	1.13	3861170	4587900	1.19	0.19	17
北京市丰台区河西路18号-1809房产	住宅	X京房权证丰字第4387075号	1870000	2855017	2627605	2529450	1.13	2670691	2767600	1.04	0.04	17
北京市丰台区河西路18号-1810房产	住宅	X京房权证丰字第4367085号	1740000	2706923	2350340	2396348	1.15	2484604	2670900	1.07	0.07	17
(2019)大街小区49号院0单元0层10层某1106 (113.24m²)	住宅	(2019)怀不动产权第0000026号	2679118	3434748	3175710	3436233	1.08	3348897	4434118	1.32	0.32	31
北京市海淀区西直门外大街32号院5层某711号房产	高档公寓	X京房权证海字第2900008号	6470000	10108750	8987632	8608505	1.17	9234962	10130000	1.10	0.10	91
北京市海淀区世纪城四层某2号楼3层-302号	住宅	X京房权证丰字第2336695号	2270000	3475193	3166038	3072414	1.13	3237881	3160000	0.98	(0.02)	91
北京市海淀区花园北路99号某4层2单元701 (160.49m²)	住宅	京(2019)丰不动产权第0015317号	2204400	3376527	3060190	3010347	1.14	3149021	3014400	0.96	(0.04)	35
北京市朝阳区某602 (43.3m²)	住宅	京房权证朝字第3630029号	9720000	14827938	13024726	13791548	1.14	13881224	13120000	0.95	(0.05)	56
北京市海淀区永泰庄某路甲6号楼某2单元6层T602 (166.42m²)	住宅	京(2018)海不动产权第0024372号	1870000	2859114	2732143	2422505	1.18	2671254	3148000	1.18	0.18	1
北京市朝阳区太阳宫金星园(3号某5层2单元5502房产一套 (166.42m²)	住宅	京房权证朝字第5421103号	6971000	9425078	9993483	10454198	1.11	9957586	12611000	1.27	0.27	83
北京市顺义区双兴路某(3号某1号楼某602 (152.73m²)	住宅	X京房权证师字第278792号	4800000	7209554	6792266	6445447	1.12	6815756	5820000	0.85	(0.15)	46
北京市海淀区白家疃某楼某701 (128.39m²)	住宅	X京房权证海字第4484115号	5510000	8557032	7323404	7702632	1.17	7861023	9735000	1.24	0.24	46
北京市宁波某小区1号某5单元某703	住宅	X京房权证私字第0279975号	2387088	3394250	3376272	3459854	1.02	3410125	3432088	1.01	0.01	60
北京市东城区某内大街某21-B座305号	住宅	京(2016)东城区不动产权第0024985号	2520000	6360091	5801402	6319548	1.19	4500000	5544312	1.23	0.23	35
北京市东城区某青年路1号院某12868号	住宅	X京房权证朝字乙第12868号	15970000	24686536	20702518	23021536	1.14	22803530	32140000	1.41	0.41	75
北京市某青年路1号院某3-3084号	住宅	X京房权证朝字第8796605号	4452000	6794870	6308538	5970077	1.14	6360000	5592000	0.88	(0.12)	39
北京市海淀区某路37号中某园1号楼某2单元某302号 (212.56m²)	住宅	京房权证海迁字第0098825号	14240000	21256000	19962572	19808466	1.07	20342346	20346000	1.00	0.00	67

续表

标的物	产权证号	规划用途	起拍价	京东评估价总价	阿里评估价总价	工行评估价总价	高低价比值	评估值	成交价	市场价格/评估值	浮动比例	竞价次数
北京市丰台区长辛店镇龙泉山庄聚西北区16号1至2层 (544.96㎡)	京(2017)证不动产权第01201号	住宅	3599062	6110636	6787477	6382572	1.11	6426895	3599062	0.56	(0.44)	1
北京市海淀区安宁庄上第摩码园16号1栋1层103 (建筑面积:248.29㎡)	X京房权证海字第347103号	住宅	11230000	16569288	16293783	15253448	1.09	16038840	12630000	0.79	(0.21)	15
北京市海淀区甘家口28号楼9层3门905栋1层085号	京(2016)海淀区不动产权第07167号	住宅	3520000	4589943	5099710	4578291	1.11	4755781	3520000	0.74	(0.26)	1
北京市丰台区南方庄2号院6号楼1层083号	京(2015)丰台区不动产权第02235565号	住宅	4198300	6481797	6083193	5427678	1.19	5997560	5208300	0.87	(0.13)	71
北京市朝阳区世纪东方城园乙101号1栋3层2包元801号房产	京(2016)朝权证海字第448433号	住宅	12691144	12912540	11567041	13593852	1.18	12691144	15501144	1.22	0.22	257
北京市海淀区(3-1)幼中村1区6号楼3门106 (61.53㎡)	X京房权证海字第0116503号	住宅	3860000	5810105	5605137	5106805	1.14	5507349	7508000	1.36	0.36	104
北京市顺义区万村花园一区5号楼1至5层01 (412.52㎡)	X京房权证顺字第303922号	住宅	12730000	19226971	19012222	16288765	1.18	18175986	14170000	0.78	(0.22)	25
北京市大兴区墅海兴海园7号楼8层1-804 (95.77㎡)	京房权证大兴区第00110865号	住宅	2300000	3593701	3191248	3007274	1.20	3264074	3120000	0.96	(0.04)	46
北京市朝阳区六里屯6号楼22层2204	京(2018)朝不动产证明朝第0490071号	住宅	5780000	8808353	7733732	8189056	1.14	8243716	9080000	1.10	0.10	130
北京市朝阳区松榆里32号楼15层1507	京房权证朝字第1233787号	住宅	3140000	4746151	4317276	4363219	1.10	4475549	5880000	1.31	0.31	75
北京市朝阳区弘善家园东里12号楼9层10C	京房权证朝字第9242号	住宅	2755000	4262256	3654130	3890616	1.17	3935668	3495000	0.89	(0.11)	44
北京市西城区和平街十五区9号楼3层13-14	X京房权证朝第1508556号	住宅	7620000	11518026	10384189	10713798	1.11	10872004	9400000	0.86	(0.14)	165
北京市海淀区炫彩地南里5栋主1层单元301,1层108,1层112	X京房权证朝字第956236号	商铺公寓	2660300	3911577	3566881	3922780	1.10	3800413	3720300	0.98	(0.02)	92
北京市海淀区阜成地北7号楼2层12门4号房屋 (57.59㎡)	X京房权证海字第323561号	住宅	14249040	23153948	22692622	20832390	1.20	25444656	14249040	0.56	(0.44)	1
北京市海淀区丰河园301号院11栋单元202 (158.35㎡)	京房权证海字第36301号	住宅	4272000	8305462	6922188	7636883	1.13	762151	5052000	0.66	(0.34)	42
北京市海淀区和义西里一区5号楼3-102	京(2019)丰不动产权第1010069号	住宅	3450000	4673583	4817116	5292302	1.04	4927667	4575000	0.93	(0.07)	65
北京市顺义区凯德路正园8号楼1至5层805	京房权证朝字第305540号	住宅	9190000	13434120	12929911	12989767	1.19	13117933	12090000	0.92	(0.08)	110
北京市海淀区万寿路街道复兴路46号3号楼5层1门602室 (79.1)㎡	京(2017)海不动产权第0037280号	住宅	3047230	4820309	4186608	4052633	1.19	4353183	3504310	0.80	(0.20)	30
北京市朝阳区四季星河南小街13号楼2单元13层2单元602	京房权证朝字第9884415号	住宅	11069000	16930741	15942812	14561333	1.16	15811630	11069000	0.70	(0.30)	1
北京市丰台区重民园7号楼5单元1层408	京房权证朝字第1225480号	住宅	5040000	7566087	7508568	6521004	1.16	7198553	6915000	0.96	(0.04)	60
北京市昌平区金盏镇20号院3栋元101号	京房权证朝字第1684227号	住宅	19877028	30012084	27289088	27886085	1.10	28395753	26077028	0.92	(0.08)	59
北京市丰台区青塔末路2号楼17号1705号	X京房权证朝字第4766295号	住宅	2713620	4258846	3773966	3597352	1.18	3876588	3133620	0.81	(0.19)	43
北京市昌平区沙河镇华城大街80号 (沙河1区公司宿舍)2区2单元202	京房权证朝字第0085260号	商业公寓	2066700	3137452	2733034	2986373	1.15	2952286	2821700	0.96	(0.04)	50
房山区良乡苏庄大街2区6号楼6层单元301	X京房权证朝字第00139541号	住宅	5677000	8872870	7595479	7852832	1.17	8110000	7137000	0.88	(0.12)	71
北京市通州区榆堡城34幢主3层 (336.3㎡)	京(2016)房权证通字第67185号	商业公寓	1280000	1952189	1634713	1893966	1.19	1826956	1450000	0.79	(0.21)	35
北京市昌平区北路21号院经圆图4号楼2层5502号	京房权证朝字第1030668号	住宅	2800000	4100220	3869946	3933353	1.06	3967839	3270000	0.82	(0.18)	41
北京市海淀区盛源厂广路39号院5号楼4单元1层1101 (35.20㎡)	京房权证朝字第25502号	住宅	10253125	15580102	14559436	13802425	1.13	14647321	10253125	0.70	(0.30)	1
北京市朝阳区南湖渠西里5号楼2层22栋203	京房权证朝字第1328792号	住宅	2547334	4033723	3444422	3438997	1.17	3639048	3057334	0.84	(0.16)	30
北京市朝阳区万科东郡园25号楼906 '60.74㎡)	京房权证朝字第56694号	住宅	12610000	19212392	18546704	16267884	1.18	18008993	14810000	0.82	(0.18)	53
北京市海淀区新北大街甲25号55号楼906 '60.74㎡)	京房权证朝字第47792076号	住宅	3240000	4419791	3959143	3755129	1.17	4044680	3540000	0.88	0.12	26
北京市海淀区新北大街甲22号楼17层706	京房权证朝字第1459742号	住宅	8792000	13480179	12704259	11494314	1.12	12559584	10712000	0.85	(0.15)	25
北京市丰台区海南园26号楼18层7-402	京房权证朝字第285612号	住宅	3770000	5742440	5295252	5119228	1.16	5385640	4904000	0.91	(0.09)	59
北京市丰台区程庄北里5号楼12层1211 (138.3㎡)	京房权证海淀字第036805号	住宅	4046800	6052611	6067672	5223135	1.05	5781139	5726800	0.99	(0.01)	138
北京市朝阳区文通大学院3号楼2层1单元1号户屋102	京(2017)朝不动产权第0085417号	住宅	2800000	3883245	4023580	4061531	1.06	3989452	3710000	0.93	(0.07)	52
北京市朝阳区绿丰家乡园天秀花园和水园1号楼1单元102号房屋	京(2017)朝不动产权第0060264号	住宅	9540000	13808701	14504459	12540053	1.16	13617848	12820000	0.94	(0.06)	64
		住宅	2217500	3245035	3049943	3208585	1.12	3167855	2767500	0.87	(0.13)	33
		住宅	7250000	11004080	10178806	9852538		10345141	14486000	1.40	0.40	197

续表

标的物	产权证号	规划用途	起拍价	京东评估价总价	阿里评估价总价	工行评估价总价	高低价比值	评估值	成交价	市场价格/评估值	浮动比例	竞价次数
北京市东城区广渠门南小街1号楼8层1单元904 (123.44㎡)	X京房权证崇字第070008435号	住宅	6170000	9271987	8926934	8224560	1	8807827	7430000	0.84	(0.16)	40
北京市房山区良乡地区北潞华家园10号楼5层单元502	X京房权证字第0460035号	住宅	1848000	3129704	2679190	2851514		2886803	2133000	0.74	(0.26)	41
北京市海淀区蓟门里小区南10号楼5层1502(建筑面积：53㎡)	X京房权证海科路字第0088545号	住宅	3030000	4405179	4411985	4133788	1.07	4316984	3870000	0.90	(0.10)	50
北京市朝阳区水郡长安家园2号楼5层1单元3604号	X京房权证朝字第1110230号	住宅	8176000	12516125	11401366	11122154	1.13	11679881	10416000	0.89	(0.11)	106
北京市东城区永定门西坝河路8院27号楼1栋5层E601 (217.08㎡)	X京房权证东字第083815号	住宅	17185000	22595555	20431787	21407344	1.11	21478229	21285000	0.99	(0.01)	66
北京市朝阳区安立路28号院27号楼1栋E单元101 (206.31㎡)	X京房权证朝字第0082534号	住宅	9481000	14191347	13964092	12473296	1.14	13542912	9481000	0.70	(0.30)	1
北京市朝阳区光熙南路109号楼19号楼地下1210号	X京房权证朝字第336881号	住宅	3448720	5454819	4604817	4720689	1.18	4926742	3658720	0.74	(0.26)	11
北京市朝阳区十里堡西里119号楼地下牌坊0906号	X京房权证朝字第13557637号	住宅	2765000	4173547	3817735	3835544	1.09	3950000	4025000	1.02	0.02	87
北京市朝阳区和谐西园108号楼地下2009	无	住宅	4291000	6667742	5712719	6005926	1.17	6130000	5951000	0.97	(0.03)	77
北京市朝阳区九龙山庄西区4号楼地下2号楼602号	X京房权证朝字第5892865号	住宅	8863500	12747986	13256692	11981793	1.11	12262124	9743500	0.77	(0.23)	45
北京市丰台区工人体育场北路8号院5号楼16层1606号	X京房权证丰私字第0453500号	住宅	4918836	7207160	7191616	6681948	1.08	7026908	4918836	0.70	(0.30)	1
北京市朝阳区万象新天家园1区24号楼B区-403室的产	X京房权证朝私字第1048862号	高档公寓	6897842	10336242	10259161	8966781	1.15	9854059	10727842	1.09	0.09	282
北京市丰台区丰台区新家园115号楼205 (154.16㎡)	京(2016)丰台区不动产权第00117529号	住宅	5580000	8598541	7984563	7324726	1.17	7969277	3315000	0.89	(0.11)	34
北京市昌平区小汤山镇沥鑫路88号别墅东9-02幢1至2层房地产	X京房权证昌私字第3014015号	住宅	12282491	16283254	18576443	17779547	1.14	17546415	15582491	0.89	(0.11)	48
北京市海淀区温泉镇白家疃河园9号楼302559号	X京房权证海字第302559号	住宅	6660000	10129996	9883611	8500677	1.19	9504761	7320000	0.77	(0.23)	23
北京市海淀区绿景园西区15号楼17层1701	X京房权证海字第347874号	住宅	5990288	8923259	9014065	7735835	1.17	8557553	7900288	0.92	(0.08)	91
北京市顺义区后沙峪镇王立12层1102-1202号房产一套	京(2017)顺不动产权第0015224号	住宅	5760000	10017464	11016899	9770146	1.13	10268169	5910000	0.58	(0.42)	13
北京市丰台区开阳里六区11栋1层07号 (83.82㎡)	X京房权证丰私字第1604635号	住宅	3479000	5253784	5012352	4630301	1.13	4970000	4394000	0.88	(0.12)	56
北京市丰台区华威西里7号7层7B (197.59㎡)	X京房权证朝A04字第82882号	住宅	5840000	8769135	7643769	8590423	1.15	8334442	7986000	0.96	(0.04)	75
北京市朝阳区望京西园四区410号楼7层1B (179、71㎡)	X京房权证朝A04字第82881号	住宅	5490000	7915613	7772637	7778029	1.03	7842093	6597000	0.84	(0.16)	36
北京市朝阳区望京西园四区401号楼1栋1101号房产一套	京(2017)朝不动产权第1304032号	住宅	5700000	8192453	8492023	7687694	1.10	8124056	6200000	0.76	(0.24)	21
北京市朝阳区林荟东路21号楼1栋5层2单元501 (129.52㎡)	京(2020)西不动产权第0001709号	住宅	10310000	16299044	13629778	14228031	1.20	14718951	13930000	0.95	(0.05)	153
北京市丰台区造甲村南里11号楼16层1606房星 (101.99㎡)	(X京房权证丰字第182885号)	住宅	2948663	5268902	5527756	4999749	1.11	5265469	4250663	0.81	(0.19)	22
北京市海淀区田村南里11号楼5层20号房产 (171.85㎡)	X京房权证海字第340771号	住宅	9590000	13505533	13133918	14446829	1.10	13695427	13340000	0.97	(0.03)	95
北京市朝阳区群星路99号楼B160号2号楼地下B1602号	X京房权证朝A04字第002660号	高档公寓	7428591	14191345	12592100	13006578	1.13	13265341	7428591	0.56	(0.44)	1
北京市朝阳区首量东路2号3号楼17层1705号17门13号	京(2017)朝不动产权第209215号	住宅	3350804	5189639	4398162	4772184	1.18	4786862	4920804	1.03	0.03	153
北京市丰台区丰坊店铺3号0号楼5层603	京(2017)丰不动产权第041527号	住宅	9106686	13780288	13576619	11671744	1.18	13009550	10206686	0.78	(0.22)	22
北京市丰台区新街口西里一区3号楼东10单元603	X京房权证丰字第1828852号	住宅	1910000	2473918	2800875	2872416	1.16	2715736	3060000	1.13	0.13	86
北京市海淀区五潼通南路17号1号楼20层2007房产 (86.65㎡)	X京房权证海字第340771号	住宅	9661729	15073948	13091017	13242443	1.15	13802469	13941729	1.01	0.01	108
北京市远城区唐庄镇村庄村17号楼5层210 (83.04㎡)	X京房权证朝字第053891号	住宅	831361	1467689	1489821	1496210	1.02	1484573	864561	0.58	(0.42)	5
北京市朝阳区南湖西园四区2号楼2201号 (108.04平方米)	X京房权证朝A04字第80817号	住宅	4050000	5402000	5874351	6057431	1.12	5777927	5870000	1.02	0.02	88
北京市海淀区厢厢东里18号楼18层1305号 (44.3㎡)	X京房权证朝A06字第337096号	住宅	2015000	2972795	2936691	2727318	1.09	2878935	3656000	1.27	0.27	89
北京市朝阳区首富实苑西路23号楼13区13层望湖苑1204号 (215.96㎡)	京(2017)东不动产权第00130038号	住宅	14950000	22667701	21740477	19624196	1.16	21344125	15020000	0.70	(0.30)	2
北京市海淀区西北旺镇2层13号楼建1204号 (211.36㎡)	X京房权证海私字第0406069号	住宅	8617000	15750469	15169519	15239852	1.04	15386613	12237000	0.80	(0.20)	151
北京市海淀区建国路成州中号楼101 (59.1平方米)	京(2017)通不动产权第00197437号	住宅	2550000	4040887	3439154	3430291	1.18	3636777	3160000	0.87	(0.13)	57
北京市通州区台湖镇4号楼4栋4层地下42号 (80.76㎡)	京(2016)通不动产权第0047865号	住宅	2051000	2771553	3094239	2922561	1.12	2929451	2181000	0.74	(0.26)	14

续表

标的物	产权证号	规划用途	起拍价	京东评估价 总价	阿里评估价 总价	工行评估价 总价	高低价比值	评估值	成交价	市场价格/评估价	浮动比例	竞价次
北京市海淀区王泉路6号院6号楼工皇景园2号楼1单元1层103号房屋（141.68㎡）	京房权证海私移字第0026646号	住宅	6730000	9542439	9291374	8415617	1.13	9083143	7600000	0.84	(0.16)	16
北京市海淀区清华东路27号院6号楼二门601号房屋（92.0㎡）	X京房权证海字第091293号	住宅	4860000	7344869	6797025	6655651	1.10	6932515	5100000	0.74	(0.26)	13
北京市朝阳区红军营东路15号院10号楼16层6层单元1602号（181.78㎡）	京（2016）朝阳区不动产权第00265889号	住宅	11156057	15448300	13198319	13188596	1.17	13945072	12296057	0.88	(0.12)	58
北京市朝阳区双桥东路3号院5号楼2栋2层单元203（89.59㎡）	X京房权证朝字第0759023号	住宅	3230000	5001953	4385094	4467994	1.15	4611680	4240000	0.92	(0.08)	68
北京市海淀区西外大平庄7号楼1层7号房屋（52.91㎡）	X京房权证海字第0759007号	住宅	3020000	4639423	4163700	4106225	1.13	4303116	4175000	0.97	(0.03)	78
北京市海淀区玲景园四区10号楼7层0702（129.36㎡）	X京房权证丰字第119974号	住宅	5090000	7642971	7271584	6891528	1.11	7268694	6020000	0.83	(0.17)	26
北京市西城区南菜园一区27号楼3层605（39㎡）	京房权证证私字第20032号	住宅	1146412	2200544	1906024	2026922	1.16	2047163	1522612	0.74	(0.26)	66
北京市西城区拱卫街道天星街2号院6号楼2单元元.01	X京房权证房字第130722号	住宅	3380000	4118608	4239916	3669678	1.19	3970000	4360000	1.10	0.10	89
北京市西城区小红庙南里5号楼801	X京房权证海字第048369号	住宅	4130000	5965964	6310482	5413803	1.17	5896749	4710000	0.80	(0.20)	34
北京市海淀区明光北里1号楼0层1005号（38.4㎡）	优海字第0242301号	商业，金融	3610000	4988584	5191643	5286864	1.06	5115697	3890000	0.75	(0.25)	29
北京市海淀区玲景园四区27号楼1层108（13.75㎡）	京房权证海私字第41796号	住宅	412020	753,212 元	648065.00 元	805971	1.00	735749	572020	0.78	(0.22)	40
北京市石景山区古城北路25号院15号楼201号房屋（44.9㎡）	X京房权证丰字第86785号	住宅	2650000	3483870	3800399	4050563	1.16	3778277	2865000	0.76	(0.24)	16
北京市朝阳区潘家园南里2号楼2层单元704号（49.0㎡）	X京房权证海字第2921385号	住宅	2690000	3966845	3790000	3752931	1.06	3836692	3300000	0.86	(0.14)	1
北京市朝阳区管庄西里3号楼3号单元503房屋	京（2019）朝不动产第00195577号	住宅	3200000	4364068	4127286	3925353	1.11	4138900	3440000	0.83	(0.17)	14
北京市大兴区黄村镇三合庄园28号楼2层2-302主房产	X京房权证证私字第0292252号	住宅	2900000	3869976	3861028	3246322	1.19	3659109	4000000	1.09	0.09	62
北京市房山区王府1号院6号楼5层901至0层4单元1902号房屋一套（295.61㎡）	京（2019）房不动产权第0027333号	住宅	3100000	5981849	5502189	5091291	1.17	5525110	3100000	0.56	(0.44)	1
北京市海淀区嘉园一里44号楼6层604	X京房权证丰字第324509号	住宅	4665547	6563258	6954200	6477742	1.07	6665067	6745547	1.01	0.01	114
北京市大兴区林校北里甲甲号2001室不动产	X京房权证证私字第099313号	住宅	2340000	3385732	3491231	3126074	1.12	3334345	2340000	0.70	(0.30)	1
北京市海淀区文慧园北路9号曲线园写字楼901（154.4㎡）	X京房权证海字第240758号	住宅	10200000	14739685	15295790	13663628	1.12	14566368	13300000	0.91	(0.09)	44
北京市大兴区荣华北大街45号院5号楼17层.702	X京房权证丰字第086676号	住宅	2072000	2936456	2737636	3200767	1.17	2960000	2592000	0.88	(0.12)	50
北京市丰台区石榴庄西南角66号楼5层6号楼2层3单元202	X京房权证丰字第302287号	住宅	7369100	10474924	11127891	9979042	1.12	10527219	8599100	0.82	(0.18)	20
北京市丰台区王佐镇98号院-X4号楼-2层.101（427.16㎡）	X京房权证丰字第451831号	住宅	23327805	35748102	34162548	30065657	1.19	33325436	26077805	0.78	(0.22)	25
北京市丰台区大红门南府村2栋-603号	丰字第19511号	住宅	2100000	3183223	2786692	2856489	1.14	2942140	2450000	0.83	(0.17)	35
北京市西城区阜成门南大街9号楼5层3门401号	X京房权证西字第073598号	住宅	6423000	8217964	7937102	7949817	1.04	8034961	7168000	0.89	(0.11)	58
北京市海淀区清芳路9号楼5号楼5层801（136.21㎡）	X京房权证证私字第152363号	住宅	6640000	9837851	9739968	8837305	1.11	9471708	8026000	0.85	(0.15)	41
北京市通州区新华东街289号3号楼10层1单元1002（231.39㎡）	京（2017）通不动产第0032005号	住宅	8620000	13218186	11596110	12108639	1.14	12307645	10940000	0.89	(0.11)	48
北京市丰台区柴刘院路14号1区1门3号（6、2㎡）	X京房权证丰字第329303号	住宅	4250000	6362864	6392458	5428303	1.18	6061208	5950000	0.98	(0.02)	67
北京市海淀区厢家嘴间峰园5号院6号楼1层单元.602（152.73㎡）	X京房权证海字第448415号	住宅	5510000	8857032	7323404	7702632	1.17	7861023	9735000	1.24	0.24	49
北京市丰台区万柿楼间6区域98号院6号楼4层1402房产（155.13㎡）	X京房权证丰字第2218875号	住宅	15145500	21009047	21877363	22004105	1.05	21630172	20955000	0.97	(0.03)	29
北京市丰台区靓城街31号院3门103房5-702号	京房权证证私字第13249号	住宅	4815806	7442685	6225250	6971250	1.20	6879722	7225806	1.05	0.05	116
北京市西城区图1号9号楼地6层3-6-601	X京房权证证私字第552057号	住宅	5432700	8099242	7131572	8050439	1.14	7761000	6512700	0.84	(0.16)	37
北京市房山区阎村镇385路6号楼4层3单元401（107.93㎡）	X京房权证证字第204526号	住宅	1780000	2560710	2554271	2505055	1.02	2540012	2394100	0.94	(0.06)	64
北京市石景山区鲁谷庄北区X27号1楼2层2C2号（106.96㎡）	X京房权证证字第084057号	住宅	7975000	11155673	12309171	10700171	1.15	11388338	11545000	1.01	0.01	93
北京市丰台区小屯路22号院2号楼2单元412	X京房权证证字第1295283号	住宅	3620000	5395854	5475406	4601980	1.19	5157747	4772000	0.93	(0.07)	19
北京市海淀区白家口4号楼10层1单元103的房屋（60.9㎡）	京（2018）海不动产权第0017391号	住宅	6056000	7430460	7766586	7503327	1.05	7569000	6926000	0.92	(0.08)	30
北京市海淀区清缘小区49号楼10层1单元10C3的房屋	京房权证证字第1295283号	住宅	3960000	6080057	5780689	5075528	1.20	5645425	5990000	1.06	0.06	95
	（2019）怀不动产权第0000026	住宅	2679118	3434748	3175710	3436233	1.08	3348897	4434118	1.32	0.32	73

续表

标的物	产权证号	规划用途	起拍价	京苏评估价总价	阿里评估价总价	工行评估价总价	高低价比值	评估值	成交价	市场价格/评估价	浮动比例	竞价次数
北京市海淀区西直门北大街32号院5号楼10层1106（113.24㎡）	X京房权证海字第290008号	商住公寓	6470000	10108750	8987632	8608505	1.17	9234962	10130000	1.10	0.10	105
北京市丰台区晓月苑二里5号楼7层711号房产	X京房权证丰字第2356095号	住宅	2270000	3475193	3166038	3072411	1.13	3237881	3160000	0.98	(0.02)	78
京（2019）津航院西直里12号楼3层-302号	京（2019）津不动产权第0015317号	住宅	2204400	3376527	3060190	3010347	1.14	3149021	3014400	0.96	(0.04)	96
北京市海淀区星河路305号院楼8单元第201（面积：160.49㎡）	京房权证市海证X字第36302239号	住宅	9720000	14827398	13024726	13791548	1.14	13881224	13120000	0.95	(0.05)	56
北京市海淀区永泰庄南6号院5号楼6层5门502（43.3㎡）	京（2018）海不动产权第00243772号	住宅	1870000	2859114	2732143	2422505	1.18	2671254	3149000	1.18	0.18	68
北京市朝阳区大羊坊金盏金国2号楼8层3-3084号	X房权证朝阳05字第142103号	住宅	6971000	9425078	9993483	10454198	1.11	9957586	12611000	1.27	0.27	65
北京市顺义区绿港花园四区3号楼5层2单元502房产一套（166.42㎡）	X房权证顺字第276792号	住宅	4800000	7209554	6792266	6445447	1.12	6815756	5820000	0.85	(0.15)	46
北京市海淀区国宴壹号峰园5号楼5号2层1单元201号房室（152.73㎡）	京房权证海字第448415号	住宅	5510000	8557032	7323404	7702632	1.17	7861023	9735000	1.24	0.24	85
北京市石景山区古城北路25号楼2层4单元201号房室	京房权证古海字第8673855号	住宅	2650000	3463870	3800399	4050563	1.16	3778277	2865000	0.76	(0.24)	44
北京市海淀区巨山路22号院15号楼15层704号（44.9㎡）	京房权证私海字第2921385号	住宅	2690000	3966845	3790000	3752931	1.06	3836592	3300000	0.86	(0.14)	62
北京市海淀区北蜂窝路乙路9号-今曲花苑55号楼18层1803（391.02㎡）	京（2016）海淀区（不）动产权第00184765号	住宅	18888000	15911735	15452304	14,870,994	1.07	15431678	14560000	0.94	(0.06)	70
北京市密云区密西西小路88号院15号楼15层第15座1502房室	京房权证密字第040347号	住宅	2400000	3596637	3499987	3,820,102	1.14	3414784	3730000	1.09	0.09	111
北京市海淀区利华小区8号楼电梯2单元第1号1601号房室（118.10㎡）	京房权证私海私字第47871号	住宅	1650000	2466791	2424003	2,178,709	1.13	2356501	2146000	0.91	(0.09)	62
北京市顺义区社科所小区7号楼东全5-单元第0222号	京房权证顺私字第0222号	住宅	3800000	5803221	5189586	5,234,618	1.12	5409142	4130000	0.76	(0.24)	32
北京市朝阳区花家地北里17号楼18层1801房产	X房权证朝字第6508878号	住宅	4553687	7013170	6430352	5,999,421	1.17	6480981	6216687	0.96	(0.04)	47
北京市朝阳区白家庄西里15号楼3层1-202号房产	X京房权证朝海字第035173号	10住宅	12528997	15360887	16889748	14,733,101	1.15	15661246	15068997	0.96	(0.24)	165
丰台区星河湾之路花园2号院第5单元106	X房权证朝字第5260365号	住宅	6130611	9185078	8739874	8,349,093	1.10	8758015	6621059	0.76	(0.24)	2
北京市丰台区石榴园北里5号楼西单元第1单元1.02号	京房权证朝字第063224号	住宅	5441320	7683072	8322322	7,314,549	1.14	7773314	6921320	0.89	(0.11)	54
北京市海淀区清友园花园楼5号楼3单元203号（132.82㎡）	X房权证海字第454216号	住宅	4540000	6442512	6980355	6,023,254	1.16	6482040	5840000	0.90	(0.10)	39
北京市丰台区莱福威西园4号楼5层3单元601号（138.06㎡）	X房权证丰字第131851号	住宅	5175000	8239715	6975896	6,953,668	1.18	7389760	7550000	1.02	0.02	93
北京市丰台区晓月人里1号楼22层22B3单元2201号	X房权证丰字第1895595号	住宅	3914147	6245894	5261096	5,267,925	1.19	5591638	5264147	0.94	(0.06)	41
北京市丰台区万泉城88号院16号楼16层单元1605号	X房权证丰字第0657371号	住宅	5580000	8529344	7797908	7,583,208	1.12	7970153	8160000	1.02	0.02	126
北京市海淀区马连洼花园15号楼4层4层400房产一套	X房权证朝字第245170号	住宅	2240000	4031700	4091566	3,681,586	1.11	3934951	3040000	0.77	(0.23)	42
北京市顺义区温泉凯盛家园一区12号楼5层2单元2501房屋一套	X房权证朝字第433887号	住宅	1650000	2290631	2242880	2,537,897	1.13	2357136	2882000	1.22	0.22	138
北京市朝阳区湖光中街东风位单元2层421（75.35㎡）	京（2018）通不动产权第0010456号	住宅	2300000	3315954	3447865	3,091,611	1.12	3285143	2668000	0.81	(0.19)	24
北京市丰台区郭庄子一里4号楼5层2单元1门5号（57.42㎡）	京（2016）丰区不动产权第00733733号	住宅	1860000	2943987	2560530	2,462,629	1.20	2655715	3228000	1.22	0.22	64
北京市朝阳区潘洲大街14号楼5层6单元1单元401	京（2019）朝不动产权第00871106号	办公	3527498	3884732	3871944	3,289,746	1.18	3682140	3514998	0.95	(0.05)	64
北京市顺义区顺联大道14号院6号楼12层1205房室	X京房权证朝字第342603号	住宅	464000	870816	851256	762,048	1.14	828040	652000	0.79	(0.21)	46
北京市丰台区骏景园区25号楼8层801号	X房权证朝字第292903号	住宅	6180000	9659102	8158834	8,667,922	1.18	8828519	9010000	1.02	0.02	165
北京市丰台区怡海花园南区3号楼3单元4-401（97.80㎡）	京（2019）丰不动产权第05006118号	住宅	5500000	7784782	7694077	7,739,208	1.01	7739356	7460000	0.96	(0.04)	51
北京市朝阳区来广营乡清友南街3号楼5单元14号楼312号	京房权证朝海字第2929003号	住宅	1325500	2006541	1926758	1,747,295	1.15	1893531	1444300	0.76	(0.24)	11
北京市通州区辛店乡永乐店镇4-D2	京（2019）通不动产权第00081141号	住宅	2018016	3084559	2863458	2,700,623	1.14	2882880	2238016	0.78	(0.22)	23
北京市朝阳区八里庄西里62号楼7层706号房室	X房权证朝字第10290505号	住宅	5897876	8957496	7825013	8,494,101	1.14	8425637	10044800	1.19	0.19	101
北京市朝阳区八里庄东里2号院5号楼7层705号房室	X房权证朝字第715383号	住宅	5095172	7662996	7566079	6,697,373	1.16	7278816	7115172	0.98	(0.02)	76
北京市朝阳区台子凌32号院6号楼16层A座16层1902房室	京房权证朝市A06字第1879217号	10住宅	12500000	14022738	14098484	12,895,559	1.09	13672260	14940000	1.09	0.09	122

续表

标的物	产权证号	规划用途	起拍价	京东评估价总价	阿里评估价总价	工行评估价总价	高低价比值	评估值	成交价	市场价格/评估价	浮动比例	竞价次
北京市丰台区白盛大道6号院17层1707号房产	京（2020）丰不动产权第0043705号	住宅	3670000	5101654	5895541	5,014,142	1.12	5237112	4300000	0.82	(0.18)	29
北京朝阳区燕山水文园5号楼后3单元601号房产	京（2020）朝不动产权第0032318号	住宅	9554985	14011343	12373717	14,564,877	1.18	13649979	13154985	0.96	(0.04)	31
北京朝阳区西坝河东里2号院9号楼7-802号	京房权证朝字第145130号	住宅	10001549	15395423	14039281	13,471,936	1.14	14302213	14761549	1.03	0.03	92
北京海淀区万柳华府海园8号楼3层2单元3018房地产	X京房权证海字第065208号	10#住宅	40330000	60244221	61095474	51,502,596	1.19	57614097	71730000	1.25	0.25	272
北京市丰台区政馨园一区2号楼1单元5016号房产	京房权证丰私字第158348号	住宅	3180435	4966923	4318229	4,345,281	1.15	4543478	4060435	0.89	(0.11)	94
北京市丰台区双花园南里一区9号楼2单元901	X京房权证丰字第1216189号	住宅	6219575	8753958	8336705	9,564,659	1.15	8885107	11949575	1.34	0.34	66
北京市丰台区角门东里54号楼2层2-202	京（2019）丰不动产权第0049087号	住宅	1520000	2340641	2160528	1,970,596	1.19	2150000	2423000	1.13	0.13	117
北京市丰台区芳园里46号楼3层311	X京房权证丰字第083109号	住宅	6700000	10597346	9054017	8,905,082	1.19	9518815	9460000	0.99	(0.01)	50
北京朝阳区望京花园西区9号楼	京（2019）朝不动产权第0092251号	住宅	2600000	3783394	3886182	3,433,839	1.13	3701138	3680000	0.99	(0.01)	35
北京市丰台区南大街丁31号楼1层2-402房屋	京房权证丰字第001482号	住宅	1967737	2730457	2794292	2,908,411	1.07	2811053	2615737	0.93	(0.07)	71
北京朝阳区草桥欣园四区9号楼8层4单元401号	X京房权证丰字第464374号	住宅	2053399	3184446	2686000	2,929,834	1.19	2933427	4023399	1.37	0.37	116
北京海淀区宇航群贤居五5号楼8层1单元1001（160.35m²）	X京房权证海字第402945号	住宅	11151800	15857273	17106459	14,829,649	1.15	15931127	17036800	1.07	0.07	78
北京朝阳区芳园里东区9号楼8层6单元701（315.89m²）	X京房权证朝字第571697号	住宅	18575400	27436486	27466004	24,706,073	1.11	26536188	30095400	1.13	0.13	129
北京市丰台区玉林东路18号楼8层2-805号	京（2017）丰不动产权第0038701号	住宅	4026748	5578087	5398456	6,280,948	1.16	5752497	4416748	0.77	(0.23)	36
北京通州区18号楼底层61	X京房权证丰字第1001823号	住宅	1875000	2943623	2574698	2,517,076	1.17	2678466	2163000	0.81	(0.19)	33
北京市朝阳区白子湾嘉园32号院1号楼1层座105	京（2019）朝不动产权第0011729号	住宅	5380157	8075375	7676269	7,306,168	1.11	7685937	6402357	0.83	(0.17)	39
（补）北京市朝阳区东一环路680套室及-2层两个车位	X京房权证朝字第12659991号	10#住宅	20749000	29432250	27204817	29,555,865	1.09	29621000	25535000	0.86	(0.14)	131
北京市丰台区威盛南苑9号楼1层1-102号	京房权证丰字第184696号	住宅	1900000	3042256	2555270	2,541,235	1.01	2713000	2746000	1.01	0.01	42
北京市朝阳区白子湾嘉园32号院南5层5座106	京（2019）朝不动产权第5260036号	住宅	5350148	8063615	7570443	7,295,144	1.11	7643067	6580648	0.86	(0.14)	29
北京市昌平区天通中苑东湖湾景9号楼-1至3层2门102的房屋	X京房权证昌字第11114号	住宅	12050698	22383238	20087447	22,087,533	1.11	21519103	15290698	0.71	(0.29)	55
北京昌平区中世纪城9号楼1层单元102号产权	京（2016）昌平不动产权第0031765号	住宅（住宅用房）	4322031	6547923	5926677	6,048,390	1.10	6174330	4562031	0.74	(0.26)	13
北京海淀区满庭芳园新村西里3层5单元304（110.93m²）	京（2019）石不动产权第0016875号	住宅	3200000	5544431	4645572	4,734,923	1.19	4974975	3904000	0.78	(0.22)	44
北京海淀区苏州桥西31号楼9层209号房产	京（2016）海淀不动产权第0037457号	住宅	4630000	6854440	6988812	5,957,718	1.17	6600323	6516000	0.99	(0.01)	83
北京市二环中路65号楼8号241号房产	京房权证丰私字第1510334号	住宅	2444816	3470728	3340162	3,834,024	1.17	3492594	6050887	1.11	0.11	66
北京市二环路66号楼3层单元302	京（2016）丰不动产权第1282080号	住宅	2964820	4303890	4568456	3,666,893	1.10	4235457	3752816	1.07	(0.05)	120
北京大兴区半壁店城市馨园如海园区22号1至2层全部	X京房权证兴字第0011729号	住宅	4560000	8891717	8100454	7,421,921	1.20	8138031	4940000	0.95	(0.05)	103
北京市朝阳区白子湾嘉园32号院东11号楼1层B座105	京（2018）朝不动产权第0011759号	住宅	6118733	9198518	8662874	8,361,749	1.10	8741047	7067116	0.81	(0.19)	20
北京市朝阳区大成里东园16号楼1单元401号	京（2017）丰不动产权第1043277号	住宅	2070000	2732242	2609465	2,457,418	1.11	2599708	2410000	0.93	(0.07)	32
北京海淀区明德里北园10号院30号楼15层1506（142.63m²）	X京房权证海字第1043277号	住宅	5730000	8667111	7701022	8,170,845	1.06	8179659	8455000	1.03	0.03	74
北京市朝阳区沁春家园（电子城小区东区）3号楼4层1406	京（2017）朝不动产权第302638号	住宅	4108000	6103245	5758580	5,742,718	1.10	5868181	5348000	0.91	(0.09)	29
北京海淀区清林花园高科门园四区3号楼3层308（82.03m²）	X京房权证海私字第302638号	住宅	4520000	6815042	6376930	6,175,793	1.14	6455922	5100000	0.79	(0.21)	17
北京市丰台区安内西街4号楼6层1401	京（2019）朝私自移字第010639号	住宅	5500000	8159517	8198338	7,194,086	1.14	7850647	7480000	0.95	(0.05)	96
北京市丰台区万隆家园5号楼1单元1404（139.88m²）	京不动产权登字第0105665号	住宅	4293248	6740043	5718675	5,940,415	1.15	6133211	6246248	1.02	0.02	48
北京海淀区天通东苑一号院1号楼3单元（169.35m²）	京房权证海字第0011483号	住宅	13350000	20215661	19328898	17,641,435	1.15	19061998	15500000	0.81	(0.19)	44
北京东城区河园街1号院19层204号（303.61m²）	X京房权证东私字第B12751号	住宅	3785000	5872632	5137402	5,207,343	1.14	5405792	5255000	0.97	(0.03)	83
		住宅	20818400	31095845	30652162	27,473,354	1.13	29734054	29418400	0.99	(0.01)	83

续表

标的物	产权证号	规划用途	起拍价	京东评估价 总价	阿里评估价 总价	工行评估价 总价	高低价比值	评估值	成交价	市场价格/评估	浮动比例	竞价次数
北京丰台区西马场南路86号楼3层2-203号	(2017)丰不动产确2008011883号	住宅	4035891	5658144	6097091	5,541,440	1.10	5765558	4915891	0.85	(0.15)	43
北京市丰台区紫檀宫园南区20号楼5层单元602房产（需腾房）	X京房权证丰私字第0121 02号	住宅	6680752	9961009	9605406	9,065,397	1.10	9543931	7010752	0.73	(0.27)	18
北京市通州区新华南路34号10号楼11层1101号	X京房权证通字第1122002号	住宅	2760000	5192489	4441019	5,113,831	1.17	4915780	3560000	0.72	(0.28)	23
北京市丰台区光都路66号院5层单栋3层6-1303号	房地证丰私字第82224号	住宅	3870000	5875887	5507598	5,160,155	1.14	5514547	5010000	0.91	(0.09)	73
北京市丰台区晓月八里气4号3层3-6-301房室	X京房权证丰字第396058号	住宅	3166855	4875778	4579945	4,116,511	1.18	4524078	4366855	0.97	(0.03)	75
北京市顺义区木小口镇天洋城4号楼3层单元302房室	X京房权证顺字第2176677号	住宅	3624589	5595085	4975300	4,963,564	1.13	5177983	4124589	0.80	(0.20)	26
京（2016）昌区〔X不动〕产权第0082971号	京（2016）昌区〔X不动〕产权第0082971号	住宅	4760000	8931856	7589163	8,947,444	1.18	8489488	6020000	0.71	(0.29)	54
丰台区田园小区413：84.7（㎡）	X京房权证顺字第291621号	别墅	10830000	15591097	16559679	14,234,363	1.16	15461713	10830000	0.70	(0.30)	1
北京市丰台区南路中路南一条2号楼6层605	X京房权证顺字第1743363号	住宅	3038459	4550000	4479698	3,983,695	1.13	4337798	3846459	0.89	(0.11)	56
北京市顺义区融创园中路66号楼2单元1502	京（2018）郓X不动产第0040966	住宅	3049105	4704774	4187249	4,180,071	1.13	4355865	3949105	0.91	(0.09)	47
北京市顺义区裕龙花园四区7号楼3层3单元303	京（2016）顺X不动产第309193号	住宅	1670000	6956139	6405610	6,029,593	1.15	6470446	5916000	0.91	(0.09)	59
北京市顺义区后沙峪镇空港11号楼3层2206号（70.67㎡）	X京房权证顺字第978096号	住宅	3430000	2577304	2284194	2,274,796	1.13	2378785	2134000	0.90	(0.10)	48
北京市顺义区万科城市花园6号楼2层东一层,1层东一层	X京房权证顺字第711666号	住宅	2900000	5144074	5008242	4,542,102	1.13	4898139	4720000	0.96	(0.04)	74
北京市顺义区永定路9号楼8层无名号（54.0㎡）	京房权证顺字第477300号	住宅	2600000	4377588	4077152	3,970,205	1.10	4141642	3010000	0.73	(0.27)	12
北京市海淀区盈都广富雪园1号楼6层6C（123.18㎡）	京房权证海终字第00536305号	住宅	9880600	3839952	3786783	3,498,495	1.10	3708410	3600000	0.97	(0.03)	83
北京市顺义区王社里16号楼404号	京（2018）丰X不动产权第00642356号	住宅	2480000	3699778	3711136	3,217,500	1.18	3542805	2890000	0.82	(0.18)	68
北京市经济技术开发区贵园里甲区2幢单元1区402	X京房权证开私字第05700505号	住宅	3677359	5593339	4936592	5,230,189	1.13	5253370	5081359	0.94	(0.06)	42
北京市顺义区天竺小口镇14号楼3层2单元402的房屋	X京房权证顺字第294731号	住宅	3514206	4613348	4320079	4,244,845	1.09	4392757	3514206	0.97	(0.03)	51
北京市南六渡18号楼5层单元602（60.73㎡）	X京房权证顺字第1486859号	住宅	2840000	4315334	3950487	3,890,910	1.11	4052244	3160000	0.80	(0.20)	1
北京市万科园一区12号楼2层2403号	X京房权证顺字第0551137号	住宅	2123400	3366517	2880868	2,852,892	1.11	3033426	3130400	0.78	(0.22)	32
北京市丰台区晓月园东一里11号楼5层单元404号	京（2016）丰区〔X不动〕产权第00504079号	住宅	2201881	3411032	2985580	3,040,020	1.14	3145544	3130400	1.03	0.03	70
北京市顺义区北环北路89号楼6号楼23层单元2702号	X京房权证顺字第5385095号	住宅	14089379	20790212	20702834	18,890,008	1.10	20127685	18919379	1.00	0.00	89
北京市顺义区鲁住里二区40号楼4层单元101	X京房权证顺字第76234号	住宅	2400000	3210704	3106098	2,971,954	1.08	3096252	2916000	0.94	(0.06)	55
北京市昌平区木小口镇龙旺庄东一区12号楼东一层502（124.02㎡）	X京房权证昌字第5632895号	住宅	3066300	4517326	4399982	4,223,753	1.07	4380354	3936300	0.90	(0.10)	59
北京市朝阳区朝新嘉园东里一区22号楼5层1201号房产（72.93㎡）	京房权证朝私04经济字第19202号	住宅	3314600	4403468	4074628	3,951,831	1.11	4143309	3314600	0.80	(0.20)	64
北京市海淀区万柳中和名居6号楼甲6层单元601的房产	X京房权证海私字第0355585号	住宅	6460300	10033760	8430781	9,222,267	1.19	9228936	8500300	0.92	(0.08)	12
北京市昌平区佳臣花园4号楼7号6层单元602房产	X京房权证昌私字第0648285号	住宅	4150000	6075557	6138695	5,538,365	1.03	5917539	5260000	0.89	(0.11)	63
北京市城区桃柏树街南里8号楼3层10-3-302号房产	X京房权证宣私字第676649号	住宅	4200503	6074769	5892969	6034416.95	1.13	6000718	5440503	0.91	(0.09)	69
北京市建国门外大街24号15层1-1503（214.40㎡）	京房权证朝字第893752号	住宅	8171600	14181377	13869536	15725189.4	1.09	14592034	13121600	0.90	(0.10)	54
北京市朝阳区天居园5栋26层2605（138.71㎡）	X京房权证朝字第978312号	10住宅	5865842	8526103	7950000	28798911	1.13	8379773	7285842	0.87	(0.13)	1
位于北京市西城区四季星河小区2号院6号楼单元7层的房产	京房权证朝字第944692号、X京房权证朝字第	住宅	32403275	34481327	33929587	10,969,370	1.20	32403275	32403275	1.00	0.00	137
北京市朝阳区金碧东园32号院1号楼6层底3005	京房权证朝06字第001855号	住宅	8581817	13132099	12687747	17,365,192	1.14	12259739	11151817	0.91	(0.09)	44
北京市朝阳区百子湾路32号院南1号楼26层7层底3005	X京房权证朝06字第0023184号	住宅	12946795	18373316	19747756	8,983,364	1.15	18495421	15730314	0.85	(0.15)	44
北京市顺义区水西村花园二区48号楼主全部别墅	京（2015）顺X不动产第0010220号	住宅	8030000	9395407	8403180	3,693,989	1.15	8927317	8033000	0.90	(0.10)	2
北京市顺义区青岛北路20号楼5层单元501	X京房权证朝06字第001778号	住宅	2750000	3844976	4235887	13,399,273	1.16	3924851	2750000	0.70	(0.30)	1
北京市朝阳区百子湾路32号院南8号楼B座1006	京房权证朝期06字第001778号	住宅	10144272	14538353	15537824	13,399,273	1.16	14491817	14100510	0.97	(0.03)	62

一、网络询价结果比价分析

从网络询价统计结果来看，京东、工行、阿里三家询价机构经修正给出的价格高低价比统计如图 1 所示。

高低价比统计

1～1.1.2	257	36.15%
1.2～1.5	352	49.51%
1.5～2	81	11.39%
大于 2	21	2.95%
合计	711	100%

高低价比 1.2 倍线
上下占比统计表

1～1.1.2	257	36.15%
大于 1.2	454	63.85%
合计	711	100%

图例：
- 1～1.1.2
- 1.2～1.5
- 1.5～2
- 大于 2

图 1　高低价比统计

从上面统计结果说明，网络询价结果最高价与最低价的比值大于 1.2 的多达 63.89%，不符合《房地产估价规范》GB/T 50291—2015 4.2.15 之规定。

二、网络询价系统偏差分析

从调查项目分析示意图（图 2）发现三家网络询价结果呈现出一定的系统性特征，如京东网络询价结果中高价比重最大，而阿里和工行网络询价结果低价比重较大，说明网络询价机构存在系统偏差。

询价机构	最高价频次	中间价频次	最低价频次
京东	483	163	65
阿里	136	272	303
工行	92	276	343
合计	711	711	711

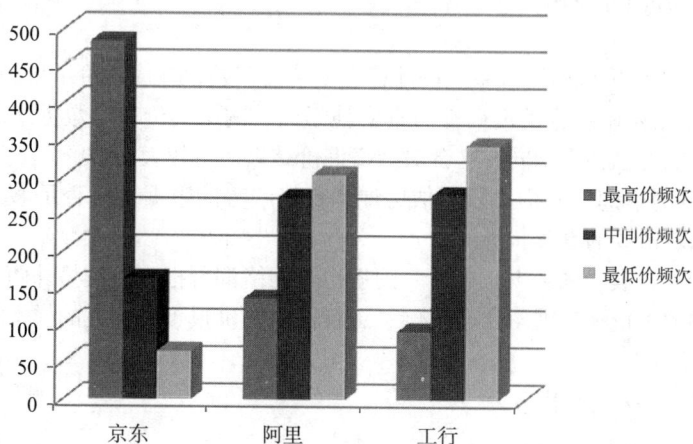

图例：
- 最高价频次
- 中间价频次
- 最低价频次

图 2　调查项目分析示意图

三、网络询价结果与成交价格浮动分析

从统计来看，近七成的评估结果较市场成交价出现下浮，三成的评估结果较市场成交价出现上浮。其中幅度在 10% 以内的约占四成，10% ～ 20% 的约占三成，20% ～ 30% 的约占两成，30% 以上的约占一成（图 3）。

市场价格较评估值浮动比例

	0 ～ 10%	10% ～ 20%	20% ～ 30%	30% 以上	合计	占比
下浮	175	159	119	30	483	67.93%
上浮	115	49	31	32	227	31.93%
相等	1				1	0.14%
合计	291	208	150	62	711	
占比	40.93%	29.25%	21.10%	8.72%		

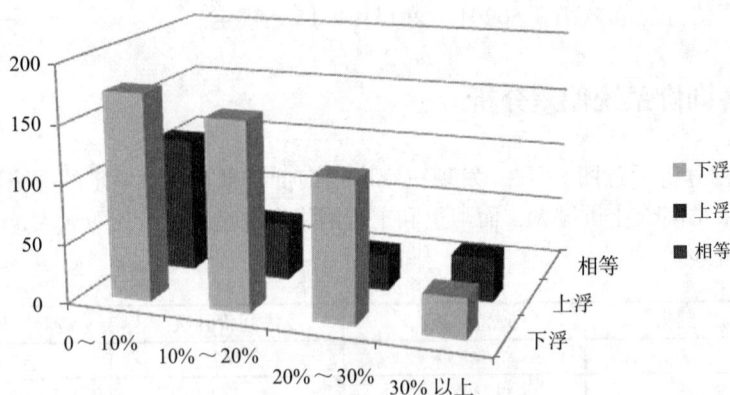

图 3　市场价格较评估浮动比例

四、偏离的原因分析

（一）各家网络询价机构询价系统设计存在系统性偏差，造成询价结果高低趋势明显。

（二）各家采用基础数据的准确性与真实性不同，网络询价基础数据来源不统一，对数据的筛选与甄别能力也各不相同，这会对网络询价结果产生较大影响。

（三）支撑各网络询价机构比较待估房地产价格趋势的数据量是否足够，直接决定其估价结果是否能反映市场的真实状况。

从网络询价报告展示的数据量来看：阿里出具网络询价报告也较另外两个平台少，而其网络询价报告中大多也无法展示比较案例；工行网络询价报告中描述的样本量大。以下为相关截图举例。

阿里数据量不足示例（图 4）。

阿里拍卖大数据询价平台

本次询价查询房产标的对象信息暂无匹配结果，可能系由于该标的周边近期无相关市场交易或拍卖记录；阿里拍卖已为您记录相关信息、后续将持续丰富询价数据。

图 4　阿里数据量不足示例

阿里无比较案例示例（图 5 ）。

三、询价时点
本次网络询价时点为：2021 年 03 月 26 日

四、参照样本、计算方法及价格趋势
（一）价值调查
1、询价对象周边区域司法拍卖成交案例
　　暂无

2、询价对象所在小区市场成交案例
　　暂无

3、询价对象所在城市、行政区及小区半年内的市场价格趋势

图 5　阿里无比较案例示例

工行样本数据量最大示例（图 6 ）。

三、参照样本、计算方法及价格趋势

（一）参考样本
1.估价案例情况
本案例共采用了 177 个最新案例进行估价，情况如下

最高单价	54,599.60元/㎡	最低单价	41,735.90元/㎡	平均单价	47,752.50元/㎡

图 6　工行样本数据量最大示例

京东样本数据量示例（图 7 ）。

三、参照样本、计算方法及价格趋势

（一）参照样本

小区名称	建筑类型	建筑年代	小区均价(元/m²)
科印小区	普通住宅	1987年	56 630
鑫苑小区	普通住宅	未知	46 452
杨庄11号院	普通住宅	2001年	40 689
北苑南路24号院	普通住宅	1990年	43 711
北苑南路26号院	普通住宅	未知	50 568

图 7　京东样本数据量示例

分析可知：工行数据量≥京东数据量≥阿里数据量

（四）网络询价机构选取的比较案例与估价对象的市场、区位、实物、权益条件匹配度不高，案例修正幅度远超《房地产估价规范》要求，导致网络询价结果偏离。

例：小营路9号院3号楼8至9层710（亚运豪庭）京东网络询价参照样本选取与询价结果比较（图8）。

北京市第三中级人民法院：

贵院在执行(2021)京03执330号,申请执行人北京市第三中级人民法院与被执行人田磊,辛松蕊没收财产一案中, 于2021年03月26日委托我平台对 田磊名下/所有的北京市朝阳区小营路9号院3号楼8至9层710:230(㎡)进行网络询价。现已完成网络询价,具体情况如下：

房屋面积：230 平方米

标的物单价：45,922 元/平方米

标的物总价：10,562,063 元

三、参照样本、计算方法及价格趋势

（一）、参照样本

小区名称	建筑类型	建筑年代	小区均价(元/m²)
阳明广场	普通住宅	2000年	49 581
亚运豪庭	普通住宅	未知	57 966
亚运花园	普通住宅	2005年	59 185
育慧里二区	普通住宅	1992年	75 935
安慧东里1号院	普通住宅	1999年	76 066

注：（2020）京03刑初148号（2021）京03执330号，信息来源阿里法拍网，询价时间2021年3月26日。

图8　京东网络询价参照样本图

分析：示例所示参考样本，分处不同小区，所需修正因素多，且表后两个案例更是超出《房地产估价规范》最高不超30%的要求，修正幅度达40%。

（五）估价对象市场、权益条件存在特殊性，网络而询价机构未对比较案例进行相应修正，导致询价结果偏离。

（六）车库、商铺、写字楼、工业等非住宅项目，交易案例少，宜采用成本法或收益还原法进行估价的项目，而网络询价中此两种方法的应用度不高。系统或跨用途匹配比较案例，或对比较案例修正过大，造成询价结果偏离，高低价差别过大的情况。

（七）估价对象房屋实际用途与规划用途不一致造成的各家网络询价机构结果偏离。未考虑询价对象房地产实际用途与规划用途不符的情况对房地产价值的影响，如估价对象规划为商业或写字楼却用作居住等情况，导致网络询价结果出现较大差距。

例：北京市朝阳区朝阳北路99号27层2单元3107号，规划用途为办公，实际用途为居住，京东估价3817126元，阿里估价2916630元，工商估价6317879元，高低价比2.17；评估值4350545元，起拍价2436400元，起拍价较评估价下浮44%；成交价2926400元，成交价较评估值下浮33%。

此案例规划为办公，实际为居住。三家网络询价机构中，阿里样本量最少，只有两个，不符合估价规范三个比较案例的要求，但因关注了本小区案例的选取，比较准确，避免了过多修正，较成交结果最接近；工行询价样本量大，但选取范围模糊，比较失真，较成交结果偏差最大；京东样本数量满足评估规范要求，但估价对象非标情况时，部分比较案例匹配精准度低，造成询结果出现较大偏差。

综上所述，各家网络询价系统存在以下问题：

（1）共性问题：三家网络询价系统均存在房地产信息收集维度过少，比较案例因素修正模糊或缺失的情况。

（2）个性问题：京东网络询价系统比较案例与估价对象匹配精准度低，询价选取比较案例范围大而随机，比较案例因素修正过大的情况；阿里选取案例多设定在项目所在小区，但成交案例缺乏，房地产交易数据量明显不足；工行选取交易样本量大，但比较案例选取情况模糊。

五、解决建议

（1）用先进的技术手段增加网络询价机构对估价对象现场勘察环节，强化网络询价机构有针对性对估价对象个性化信息的收集，以避免比较案例因素修正不足而导致的价格偏离。

（2）完善网络询价所依赖房地产数据信息的维度，以缩小询价对象选取比较案例的范围，提高比较案例匹配的精准度。

（3）对各网络询价机构的房地产交易数据的样本量与真实性进行评估，以确保网络询价数据真实可靠。

（4）对网络询价机构比较案例样本数量与选取范围做出规范，不符合规范的不得提供该房地产项目的网络询价。

（5）明确网络询价的适用范围，以下项目不适合采用网络询价：①商铺、写字楼、车库、工业等非住宅、非标准房地产项目；②规划有途与实际用途不一致的房地产项目，系统无法识别；③房地产权益受限的各类房地产项目，如房改房、经适房、限价房、央产房等，由于涉及补交土地出让金、过户限制等原因，不适合网络询价。

作者联系方式

姓　　名：杨国龙　杨来斌　梁长凤

单　　位：北京宝孚房地产评估事务所有限公司

地　　址：北京市东城区青龙胡同 1 号歌华大厦 A 座 605-607

邮　　箱：1736814329@qq.com

注册号：杨国龙（1119960096），杨来斌（1120050171），梁长凤（1120060024）

关于《涉执房地产处置司法评估指导意见（试行）》的问题和建议

吴庆波

摘　要：本文对《涉执房地产处置司法评估指导意见（试行）》（以下简称"指导意见"）中个别条款存在的问题进行了反馈，并提出了修订建议，主要涉及指导意见第十六条和第十九条。

关键词：财产处置费用；诉讼费用；案件受理费；申请费；实际用途；登记用途

中国房地产估价师与房地产经纪人学会于2021年8月18日发布了《涉执房地产处置司法评估指导意见（试行）》（中房学〔2021〕37号文附件，以下简称"指导意见"），该指导意见规范了涉执房地产处置司法估价行为，对于保障为人民法院确定财产处置参考价服务的房地产估价质量，维护当事人和利害关系人的合法权益提供了务实的技术支持。

但是在使用过程中，笔者也认为个别条款存在问题，现反馈如下。

一、指导意见"第十六条 涉执房地产处置司法评估应当关注评估费、拍卖费、诉讼费、律师费等财产处置费用及其对评估结果的影响。

人民法院书面明确前款财产处置费用从财产处置价款中扣除的，评估结果不应当扣除上述费用，否则评估结果应当扣除预估的上述费用，并在评估报告中予以说明。"

笔者认为，"……否则评估结果应当扣除预估的上述费用"的做法不合理，即人民法院未书面明确财产处置费用从财产处置价款中扣除的，评估结果扣除财产处置费用的做法不合理，理由如下。

一、竞得人在成交价款以外额外支付财产处置费用没有实践应用意义

因为估价目的是为确定财产处置参考价，所以评估结果扣除财产处置费用即视同竞得人在成交价款以外额外支付财产处置费用，那么，理性竞买人的出价上限应当是执行标的客观市场价格扣除财产处置费用后的余额。

对于财产处置费用从财产处置价款中扣除和竞得人在成交价款之外额外支付这两种支付形式，人民法院拍卖专项账户余额在对各项债权分配之前应当是相同的，即后者形式上没有实践上的积极意义。

另外，由于难以预测与成交价款相应的财产处置费用具体金额，竞买人出于对支付总价款不确定性的顾虑，势必会影响拍卖效率。这种形式与竞得人负担双方全部交易税费类似，均会降低拍卖效率，根据国家税务总局《对十三届全国人大三次会议第8471号建议的答复》：

"您提出的拍卖不动产的税费按照规定由'买卖双方各自负担'的建议，是一种较为合理的做法。"

"我局和最高人民法院赞同您关于税费承担方面的建议，最高人民法院将进一步向各级法院提出工作要求：一是要求各级法院尽最大可能完善拍卖公告内容，充分、全面向买受人披露标的物瑕疵等各方面情况，包括以显著提示方式明确税费的种类、税率、金额等；二是要求各级法院严格落实司法解释关于税费依法由相应主体承担的规定，严格禁止在拍卖公告中要求买受人概括承担全部税费，以提升拍卖实效，更好地维护各方当事人合法权益。"

综上，竞得人在成交价款之外额外支付财产处置费用这种形式，让意向竞买人因总价不可控而产生顾虑，打击竞价积极性，降低拍卖效率，而且徒增了一次价款支付程序。

二、律师费是否属于"实现担保物权的费用"无具体规定

《中华人民共和国民法典》（中华人民共和国主席令2020年第四十五号，以下简称"民法典"）第三百八十九条："担保物权的担保范围包括主债权及其利息、违约金、损害赔偿金、保管担保财产和实现担保物权的费用。当事人另有约定的，按照其约定。"但民法典并未对"实现担保物权的费用"做具体规定和举例。

该条款源自原物权法第一百七十三条，根据《中华人民共和国物权法释义》第一百七十三条释义："实现担保物权的费用指担保物权人在实现担保物权过程中所花费的各种实际费用，如对担保财产的评估费用、拍卖或者变卖担保财产的费用、向人民法院申请强制变卖或者拍卖的费用等。"

所以，相关法规和释义均未明确"实现担保物权的费用"包括"律师费用"。根据《律师费是否属于实现担保物权的费用》，业内存在多种观点。

第一种观点认为律师费属于实现担保物权的费用，也是目前主流观点，当事人未另行约定，则律师费理所当然属于物权法和担保法中规定的实现担保物权的费用，无需当事人在合同中明确写明。

例如《最高人民法院云南铜业股份有限公司与江门市江磁电工企业有限公司买卖合同纠纷案》[1]，最高人民法院认为："云南铜业公司通过诉讼途径向江磁电工公司主张权益，其委托律师代理诉讼所支付的费用系为实现该债权而支付的合理费用……。根据《中华人民共和国物权法》第一百七十三条的规定，云南铜业公司（原告）诉请江磁电工公司（被告）承担本案律师代理费63万元有法律依据。"

第二种观点认为不属于实现担保物权的费用，在合同中未明确约定律师费属于实现担保物权的费用时，"实现担保物权的费用"不包括"律师费"。

例如《上海市第一中级人民法院羊元登诉羊永富借款合同纠纷案》[2]，上海市第一中级人民法院认为："……作为主合同的上述协议并未明确约定律师费的负担。据此，鉴于本案既不属于法定对律师费负担有明文规定的案件，当事人在主合同中亦未对律师费的负担作出明

---

[1] 《最高人民法院江门市江磁电工企业有限公司与云南铜业股份有限公司买卖合同纠纷上诉案民事判决书》（2015）民二终字第74号。

[2] 《上海市第一中级人民法院羊元登诉羊永富借款合同纠纷一案再审民事判决书》（2015）沪一中民四（商）再终字第14号。

确约定，故羊永富（原告）主张律师费应由敦凰公司、纳伟仕公司、羊元登（被告）承担的主张，本院难以支持。"

第三种观点出于酌情考虑，部分支持律师费。

例如《江苏省盐城市亭湖区人民法院北京佑瑞持投资管理有限公司与江苏东达集团股份公司实现担保物权纠纷案》[①]，法院认为："对被申请人江苏东达集团股份有限公司位于**国有土地使用权1宗，准予采取拍卖、变卖等方式依法变价，申请人北京佑瑞持投资管理有限公司对变价后所得价款在本息27375000元、律师费99000元，及……计算利息（以本金25000000元为基数）范围内，在土地使用权他项权利证明书（盐他项〔2015〕第**号）登记的范围内优先受偿。"

（备注：协议约定律师费为330000元，支付方式为分期支付，现已实际支付99000元。）

三、实现担保物权案件诉讼费用的缴纳标准无具体规定

根据《诉讼费用交纳办法》（国务院令2006年第481号）第六条，当事人应当向人民法院交纳的诉讼费用包括：案件受理费；申请费；证人、鉴定人、翻译人员、理算人员在人民法院指定日期出庭发生的交通费、住宿费、生活费和误工补贴。

1. 实现担保物权案件是否应交纳案件受理费不明确

现行《中华人民共和国民事诉讼法》（2017年6月27日第十二届全国人民代表大会常务委员会第二十八次会议第三次修正）于2012年8月31日第二次修正时，在第十五章特别程序中增设了"实现担保物权案件"，但是其案件受理费如何缴纳，各地法院做法不一。

一种观点认为"实现担保物权案件"增设在特别程序中，根据《诉讼费用交纳办法》（国务院令2006年第481号）第八条，特别程序案件不缴纳案件受理费。

也有观点认为《诉讼费用交纳办法》（国务院令2006年第481号）制定时，特别程序审理的案件尚不包括实现担保物权案件，"在对实现担保物权案件进行审查时，人民法院不仅要审核申请人提供的相应材料，如担保物权是否成立的证明文件（包括主合同、担保合同、抵押权登记证明或者他项权利证书等）、担保的债务是否已经届满、担保物的现状等事实，必要时还要依职权调查相关事实并询问相关当事人。与诉讼程序相比，基层法院司法成本的消耗并未明显减少"（《实现担保物权案件收费问题探析》），所以应当收取案件受理费。

根据《按件抑或按数额：实现担保物权案件申请费用交纳标准考察》，在来自全国各地基层人民法院962件收取申请诉讼费用的样本中，收取案件受理费的案件计357件，占样本总数的37.11%。案件受理费减半收取的案件计74件，占样本总数的7.69%。

2. 申请费交纳标准不统一

根据《最高人民法院关于适用〈中华人民共和国民事诉讼法〉的解释》（法释〔2015〕5号）第二百零四条："实现担保物权案件，人民法院裁定拍卖、变卖担保财产的，申请费由债务人、担保人负担……"虽然实现担保物权案件应当缴纳申请费，但是具体缴纳标准有异议。

根据《按件抑或按数额：实现担保物权案件申请费用交纳标准考察》，"不同基层法院标准各异"，对于962件收取申请费用的案件，按件收取的有379件，占样本总数39.40%；

---

① 《江苏省盐城市亭湖区人民法院北京佑瑞持投资管理有限公司与江苏东达集团股份公司实现担保物权纠纷民事裁定书》（2017）苏0902民特24号。

按件减半收取的有 30 件，占样本总数 3.12%；按标的额收取的 464 件，占样本总数 48.23%，按标的额减半收取的 89 件，占样本总数 9.25%。

四、小结和建议

综上，竞买人在成交价款之外额外支付财产处置费用的形式因降低拍卖实效，没有实践上的积极意义，另外，实现担保物权费用的构成和缴纳标准无具体规定，不确定性因素过大。

所以建议对指导意见第十六条修改为：

"涉执房地产处置司法评估应当关注评估费、拍卖费、诉讼费、律师费等财产处置费用及其对评估结果的影响。

人民法院书面明确前款财产处置费用从财产处置价款中扣除，或者未书面明确财产处置费用交纳方式的，评估结果不应当扣除上述费用。

人民法院书面明确评估结果扣除财产处置费用的，评估机构应向人民法院申请提供财产处置费用的计费项目构成和依据，人民法院未能提供的，评估结果可以不扣除上述费用，但应当在评估报告"依据不足假设"中说明因缺少评估所必需的材料可能影响评估结果的风险。"

指导意见第十九条"评估对象状况存在不相一致情形的，应当按照下列方式进行处理，并在评估报告"估价假设和限制条件"的"不相一致假设"中予以说明：（一）实际用途与登记用途不一致的，一般应当按照登记用途进行评估；人民法院书面要求按照实际用途进行评估的，应当关注由登记用途改变为实际用途所需补缴的土地使用权出让金、相关税费等成本费用，考虑其对评估结果的影响，并提示按照实际用途持续使用可能存在的相应风险……"

笔者认为，"人民法院书面要求按照实际用途进行评估的……"表述不妥。

"不动产物权的设立、变更、转让和消灭，经依法登记，发生效力"[①]，如果未经规划或建设行政主管部门批准，擅自按照实际用途估价，估价报告就违背了合法原则，也容易引起拍卖竞得人对于拍卖标的合法用途的困惑或误解，也可能产生后续法律纠纷。所以，建议对指导意见第十九条"……；人民法院书面要求按照实际用途进行评估的，……"

修改为：

"……；经规划或建设行政主管部门批准，人民法院书面要求按照实际用途进行评估的，……"

参考文献：

[1] 对十三届全国人大三次会议第 8471 号建议的答复．国家税务总局办公厅，2020-09-02.

[2] 胡康生主编，全国人民代表大会常务委员会法制工作委员会编．中华人民共和国物权法释义 [M].北京：法律出版社，2007：372-375.

[3] 马乐呈．律师费是否属于实现担保物权的费用．天津市第二中级人民法院官方澎湃号转载自法务之家，2019-08-15.

[4] 朱杰．实现担保物权案件收费问题探析 [N/OL].山东法制报，2013-09-06.

[5] 李林启．按件抑或按数额：实现担保物权案件申请费用交纳标准考察 [J].湘潭大学学（报哲学社会科学版），2018（07）.

---

① 《中华人民共和国民法典》（中华人民共和国主席令 2020 年第四十五号）第二百零九条。

作者联系方式

姓　　名：吴庆波

单　　位：北京中企华土地房地产资产评估有限公司

地　　址：北京市朝阳区工体东路 18 号中复大厦三层

邮　　箱：173937500@qq.com

注册号：1120040184

以估价师视角解读如何选择优质"法拍房"

王陆浩　杨　诺

摘　要：近年来，法拍房市场日益扩大，参与者日益增多，如何在良莠不齐的法拍房中选择优质的法拍房去竞拍意义重大。本文尝试以估价师的视角，对影响法拍房价格的一些特殊影响因素进行分析说明，对了解这些影响因素的步骤、方式进行了介绍。以期探讨如何以合适的成本（资金、时间、精力等）来竞得法拍房。

关键词：法拍房；影响因素；调研方式；拍卖

一、法拍房市场现况

在房地产市场中，有一个十分特殊的领域——司法拍卖房，简称法拍房。

在以前信息共享匮乏的时期，普通购房者能够竞拍的房产多有瑕疵，因此对法拍房敬而远之。但是随着经济环境的不断变化和发展，在当今的信息化时代，法拍房大部分通过网络进行拍卖，过程更加透明化、公开化，大家也对法拍房有了更直观的认识。从 2018 年起，法拍房的全国市场占有率开始突增，大量法拍房进入市场，越来越多的购房者转变以往的购房观念，一时间，法拍房成了名副其实的新晋"网红"。

据相关统计数据，截至 2021 年 9 月，仅阿里拍卖与京东拍卖两个网站的法拍房历史挂牌总量就已突破了 290 万，其中北京市超过 24000 笔。2021 年上半年，北京法拍房市场共计挂牌上拍房源 2982 套，总市值 111.60 亿元，挂牌面积 3558478.34m²；成交法拍房 1306 套，同比增长了 43.20%；成交总价 105.78 亿元，成交面积 417371.63m²。虽然成交套数仅为二手房成交量的 1%，但很多房产拍卖成交价格比市场价格低 10%～30%，在确保法拍房没有不可控风险的前提下，低价为王的真理始终不变，也使得越来越多的人开始关注并购买法拍房。

二、法拍房价格的特殊影响因素

在当今信息化飞速发展的时代，虽然司法拍卖已经透明化、公开化，但不可否认的是，还是会有一些特殊的价格影响因素存在，使得法拍房与正常的二手房市场上交易的房产有一定的区别。

那么从房地产估价师的角度如何看待这些价值影响因素呢？根据现行的房地产估价规范，结合评估行业的经验，可以分别从房地产的区位状况、实物状况、权益状况三个方面分别进行研究分析。

（一）区位状况

区位是指一宗房地产与其他房地产或者事物在空间方位和距离上的关系。房地产区位的优劣，直接关系到房地产所有者的经济收益、生活便利或社会影响。因此，房地产的区位不同，价格会有很大的差异。尤其是城市房地产，其价格高低几乎被区位优劣所左右。

区位因素主要包括位置、交通条件、外部配套设施、周围环境等。其中位置包括坐落、所处的方位、与相关场所的距离、临街状况、楼层、朝向等；交通条件包括道路状况、交通工具、交通管制、停车方便程度等；外部配套设施包括基础设施和公共服务设施；周围环境包括自然环境、人文环境和景观等。区位因素的优劣程度要依据竞买人对目标房地产的期望及需求而分别有所侧重。

每一位购房者都不会盲目选择房地产，必定会有一个潜在目标区域，所以房地产的区位因素是竞买人进行房源筛选首先要考虑的因素。

对于法拍房来讲，大部分的区位因素和正常市场上的二手房并无太大大区别，但是由于很多法拍房无法入户，所以对于其中的楼层、朝向因素应重点关注。

首先对于楼层来说，住宅的楼层主要关注是否有电梯以及所在楼层在总楼层中的位置，在同一个小区，不同楼层住宅的价差甚至会超过10%。顶层且无电梯的房产价格是否虚高尤其需要注意。商业房地产更需要关注所在楼层，某些区域或某些项目，由于地形的限制，产权证书标注的所在楼层和实际所在楼层会存在不一致的情况，比如有的产权证书标注为1层，实际情况由于下沉广场的原因，实际地下一层才是真正的临街底商，标注为1层的，实际上已经是第2层了，而楼层的差异对于商业房地产价格的影响却是巨大的。

其次对于朝向来说，更需要注意朝向的是住宅类房产，对于一些特殊楼体造型的项目，标注在拍卖公告或评估报告里的朝向，和实际使用效果会出现云泥之别，比如对于部分塔楼房产在公告中标注为南北朝向，但真正进入房产实体中会发现，由于遮挡、户型和窗户的位置等差异导致并不是真正的"南北通透"，居住效果上也会大打折扣。还有的房产，虽然在同一个小区，但由于特殊景观的存在，使得大家认为的较差朝向反而比南北向、南向等较好朝向更贵。

（二）实物状况

房地产实物是指房地产中看得见、摸得着的部分，分为土地和建筑物两方面。在法拍房的实务操作中，主要关注的是建筑物方面的实物状况。建筑物的实物状况主要包括：建筑规模、建筑结构、设施设备、装饰装修、空间布局、建筑功能（防水、保温、隔热、隔声、通风、采光、日照）、外观、新旧程度等影响房地产价格的因素。

正常的二手房交易市场中，绝大多数的房源都会通过中介机构发布出售信息，其实在对外发布之前，中介机构就已经对大部分房地产的实际状况及时拍摄了照片，购房者可以查看的房源照片是和实际情况基本一致的，并且对于特殊因素也会有经纪人做第一道风险把关并会做相应的提示。但是对于法拍房来讲，由于每个案件的特殊性，展示的房屋照片的拍摄时间可能较为久远，会导致拍卖公告中标的物详情的标注信息与实际房屋情况不一致。所以，竞拍者需要对法拍房可能会有特殊影响的重点因素多加关注，主要包括空间布局、设备设施以及装饰装修这三个方面。

在空间布局方面，很多房子在网上看图片不错，但实际情况还是会有一些瑕疵，比如有些房子结构已经发生变化，甚至部分承重墙都已拆除，造成安全隐患，需要和原户型图仔细对比分析。其他特殊情况还存在与相邻房产打通成为一个整体，独立使用性较差，如果不是和其他打通房地产整体拍下，后期就会面临分割的困难。还有部分原业主会违章加建面积，如果有这类情况，就会存在非产证建筑物无法过户甚至被直接拆除的风险。

在设备设施方面，需要关注给水、排水、采暖、通风、空调、燃气、电梯等设施设备的配置完整情况及维护使用情况。需要特别注意这些设备设施有无以及是否商水商电。对于一些建成年代较早的高层楼房，务必关注电梯停靠楼层是否每层停靠以免买了电梯房还需要爬楼。

在装饰装修方面，由于有的拍卖是对房屋现状进行拍卖，而有的拍卖则不包括室内装修，所以需要对拍卖公告中的说明多加关注，如果未注意到，后期拍下房产，如果固定装修被破坏或拆除，就可能会引发新的纠纷。

（三）权益状况

房地产权益是指房地产中无形的、不可触摸的部分，是基于房地产实物而衍生出来的权利、利益。一宗房地产的权益包括：拥有的房地产权利；该房地产权利受其他房地产权利的限制情况；该房地产权利受房地产权利以外因素的限制情况；额外的利益或好处；相关债务等。

法拍房由于涉及案件的不同背景及不同的复杂程度，以及查封时间的长短不同，相关权益状况复杂度会比正常的二手房交易市场要高得多，所以对于任何一宗心仪的法拍房房源做背景调查都是十分必要的环节。在初期自行筛选的时候，会涉及很多影响价格的权益因素，建议重点关注权属情况、共有情况、占用情况、费用情况、交易税费五个方面。

第一，在权属情况方面，需要关注产权证书是否已经办理，房屋是否已经交付使用，部分法拍房可能在未交付、未取得产权证的情况下拍卖，然而过户这个问题一般不在法院拍卖管理范围内，会明确标注由买受人自行解决，于是就可能会出现拍卖后无法过户的情况。曾经就有新闻报道南京一处房产没有产权证，经过法拍成交后，一直也没有办证，直到拆迁之前才发现是违法建筑，于是竞得人又走上了漫长的维权之路。

第二，在共有情况方面，需要关注共有是按份共有还是共同共有，以及共有人情况。按份共有要了解各共有人份额。最终是要确认法拍房是否为完整的产权，因为有的拍卖房产仅是拍卖债务人所属部分的产权。比如之前在北京区域就拍卖一套仅有34%产权的商业用房，如果该房产竞拍到手，仅能持有34%份额，后期无论持有、转售都会面临很多意想不到的麻烦和风险。

第三，在占用情况方面，法拍房要特别注意有无出租或占用情形。一般情况下，拍卖公告都会有是否出租占用的提示，但不会做详细情况的说明。所以实际占用情况需要向法院了解并进行实地考察了解。需要确定占用人是业主、租户还是第三方，还要了解当地法院的清房配合力度和实际占用人的态度。如果最终的清退十分困难，那么对于最终可能的拍卖成交价格会有非常大的影响，甚至造成流拍。

第四，在费用情况方面，由于法拍房一般都会牵涉各种司法纠纷，案件的审理都会经历几年的时间，对于房产的查封也会相对比较久，所以该房产涉及的物业费、采暖费以及水电费等都会有可能拖欠，拖欠的金额有的甚至达到数万元。该部分费用额度也会在一定程度上影响拍卖成交价格。

最后是交易税费，税费由谁承担在拍卖公告都会有明示，有的是各自负担，有的是买受人垫付后报销，更多的是买受人承担全部税费。尤其是法拍房种类繁多，之前的交易情况不明确，导致有的房屋过户涉及的税费非常高。造成高额税费的，无外乎需多次过户、权利人差异、权利来源、土地性质、房屋性质等几种情况。比如之前郑州就有一则案例，由于法拍房的上次交易属于"直系亲属过户"，导致本次交易税费高达40多万元。对于非商品房性质的住宅或非住宅类房产的税费尤其要注意，重点是核实土地出让金或土地增值税的多寡。所以竞买人一定要清楚了解、计算过户可能涉及的税费，才能合理估算自身的预计竞拍房实付成本。

综上所述，由于法拍房的各种特殊情况的存在，导致法拍房的价格与正常的市场成交价格存在一定的差异，需要在参加竞拍前对于上述的特殊价值影响因素做详细了解，才能客观地判断法拍房的合理价格。

三、法拍房的调研方式

法拍房由于牵涉不同的法律纠纷问题，所以既存在捡漏的机会，也会有让人痛苦的深坑。尽量清晰地识别法拍房特殊影响因素，进行有效调研能够最高限度地避免所谓的风险。调研主要分为两大步骤，第一是仔细阅读拍卖公告；第二，现场查勘与各类尽调。

（一）阅读拍卖公告

购买法拍房之前一定要仔细阅读、甚至是研读拍卖公告。法拍房的房源信息是公示在各大网站平台上的（如阿里拍卖、京东拍卖、人民法院诉讼资产网、公拍网、中国拍卖行业协会网、工商银行融e购、北京产权交易所等），想买法拍房，就必须看懂房源的拍卖公告。

比如京东的拍卖页面主要有八个部分：出价页面、竞买公告、竞买须知、标的物详情、保证金须知、出价记录、优先购买权人、相关帮助。首先通篇浏览拍卖页面，以便对房地产的基本状况有一个大概的了解。如果房地产的基本状况和所在区域都符合购买者的需求，则需要接下来对于公告中的标的物详情按照上述的影响因素逐条比对，仔细分析，如果拍卖公告中涵盖有房地产评估公司出具的评估报告的，需要仔细研读评估报告中关于房地产的各种描述，以便判断是否存在瑕疵。对于拍卖公告中有重要提示的也要注意提示的内容，那里往往是判断房产是否存在瑕疵的关键点。

经过对影响因素的比对分析后，对于不能确定的问题，比如户型结构、腾退情况等要随时记录整理，最后进行问题汇总。

（二）现场查勘及尽调

在研读拍卖公告，对于不明确的问题汇总后，需要带着这些问题进行现场查勘和相关尽调。

首先需要根据房地产坐落去实际现场观察房地产的状况，尽量进入房产内部仔细查看，对于户型结构、空间布局进行观测。标注腾退困难的，尽量与实际占用人进行沟通，判断腾退难度高低。如果进入现场困难，可与邻居、小区居民侧面了解该套房产的情况，也会对最后的购买判断有正面影响。还需要去小区周边的中介机构进行了解，对小区交易价格、目标房源的可能成交价、户型特点等作访谈。最后，还需要去物业进行物业费是否有拖欠以及拖欠额度的查询。

除了进行房地产现场查勘调研外，务必要去房产所在地的税务部门，对于该套房产的预计交易税费种类和税费额度做了解，如果涉及的交易税费额度比较大，就要在实付成本中考虑到这部分的影响。

四、结语

在实际的司法拍卖中，还会涉及很多其他关系到竞得者实际利益的问题，比如城市限购、资金不足、房地产是否涉及刑事案件等，这些和房地产本身的关联较小，但是却影响到后续是否可以顺利取得房产并且顺利入住、使用。房地产对于普通老百姓来说是巨额财产，所以捡漏有风险，投资要多调研。只有具备了一定专业知识与应用，进行了扎实的尽调才能选择出优质的法拍房。

参考文献：

[1] 辛彦波.浅析拍卖成交价与评估价悖离成因及提高司法估价质量的途径 [J]. 中国房地产估价与经纪，2019（02）.

[2] 沈博、郭春梅、蔡慧芝.房地产司法鉴定估价与拍卖成交价差异原因分析 [J]. 中国房地产估价与经纪，2015（01）.

作者联系方式

姓　　名：王陆浩　杨　诺

单　　位：北京首佳房地产评估有限公司

地　　址：北京市海淀区紫竹院路 116 号嘉豪国际中心 B 座 7 层

邮　　箱：wangluhao@shoujia.cn ；10461857@qq.com

注册号：王陆浩（1120170036），杨诺（4420140179）

基于"谁委托、谁付费"原则对
评估机构的影响分析

徐志革 聂 涛 毛雯群

摘 要：随着《商业银行服务价格管理办法》和《清理银行乱收费降低企业负担行动方案》出台，按照"谁委托、谁付费"的原则，银保监会开始全面清理银行机构乱收费行为。在此宏观政策变化前提下，对作为委托方又是付款人的商业银行影响甚大，同时，也对作为提供技术服务的评估机构造成了极大影响。本文基于"谁委托、谁付费"原则，深入分析了抵押评估委托方式、选定方式、付款方式、评估数量、评估风险等因素变化对评估机构的影响，以探寻评估机构新的发展思路。

关键词：委托；付费；房地产评估；评估机构

根据建设部、中国人民银行和银监会三部门联合印发的《关于规范与银行信贷业务相关的房地产抵押估价管理有关问题的通知》及《房地产抵押估价指导意见》文件规定，房地产抵押估价原则上由商业银行委托。为防范房地产信贷风险，维护房地产抵押当事人的合法权益，中国银监会、国家发展改革委 2014 年发布《商业银行服务价格管理办法》，文件要求按照应当按照"谁委托、谁付费"的原则收取委托业务相关手续费，不得向委托方以外的其他单位和个人收取费用。2020 年 10 月 22 日银保监会办公厅发文《清理银行乱收费降低企业负担行动方案》开始全面开展银行机构乱收费行为清理，评估机构陆续就接到部分商业银行通知，要求将原已收取的评估费先退还给抵押贷款客户，再由银行支付相关评估费。2020 年银保监会的清查力度更大，基本上所有的商业银行都要求评估机构先退费再付费情况。虽然只是评估费付款人的改变，但作为委托方又是付款人的商业银行影响甚大，同时，也对作为提供技术服务的评估机构造成了极大影响。本文深入分析了"谁委托、谁付费"原则对评估机构的影响变化及其面临的阵痛，以探寻评估机构新的发展思路。

一、"谁委托、谁付费"原则对评估机构的影响

（一）抵押评估业务委托方式的改变

建设部、中国人民银行和银监会三部门联合印发的《关于规范与银行信贷业务相关的房地产抵押估价管理有关问题的通知》及《房地产抵押估价指导意见》（以下简称"8 号文件"）第三条规定"房地产抵押估价原则上由商业银行委托，但商业银行与借款人另有约定的，从其约定"。这个文件出台以前，银行抵押评估一般由抵押客户委托，客户付评估费；文件出台以后影响力度并不明显，银行抵押评估委托和付费方式基本没变。直到近两年国家为了降低企业负担行动，开始清理和整顿银行乱收费现象，现在银行抵押评估按照 8 号文件要求全

部业务改为银行委托并支付评估费。但银行不可能对每笔评估业务都单独出具评估委托或签订委托合同，所以有的银行不同意出委托，有的只同意对所有委托的评估项目出一个委托书。这样评估机构出具的评估报告还是否还符合规范的要求，有待考量。

（二）银行委托的评估机构选定方式的变化

原来商业银行的抵押贷款评估业务，只要具备有评估资质、有社会资源关系，就能开展银行抵押评估业务。而现在按照8号文件规定，商业银行根据"谁委托、谁付费"原则委托的评估机构选定方式基本上公开化、透明化，都是通过公开招标或竞争性谈判方式，由商业银行择优选定，并且选定机构的数量也大幅减少，一般只有3～5家。公开竞争、择优选定的结果往往都是那些资信较好、业绩较佳、服务质量较优、技术水平较高、综合实力较强的评估机构，那些综合实力较差的很难取得优势。因此在市场经济环境中，优胜劣汰已是市场竞争中自然规律，评估机构已面临激烈的竞争和生存危机。

（三）抵押评估费明显降低

首先，银保监委清查银行，引起评估费退费，但评估机构要承担更多的成本，一是评估机构要先垫付资金打款给客户，何时能收到银行回款还不确定；二是改由银行付费后，有的再次降低了支付标准，无形中减少了评估机构收入。

其次，从长远来看，商业银行作为股份制企业，在市场经济条件下，所有企业都是追求盈利的，商业银行开展房地产抵押贷款业务本身也是企业经济活动。根据"谁委托、谁付费"原则，商业银行为了实现利益最大化，会最大限度地降低抵押贷款评估服务费成本支出。一方面商业银行作为出资方的优势地位强行要求降费，另一方面通过评估机构主动按成本价自行报价。在僧多粥少、市场份额有限的情况下，降费也就成了必然趋势。现在个贷抵押评估收费已不足500元/笔，对公抵押评估也只有标准收费的2折左右，有的评估业务限额仅几十元一笔，或几千元一笔封顶。评估服务活动属于市场经济行为，应获取的报酬多少也只能由市场来衡量了。

（四）抵押评估业务量减少

按照8号文件规定，商业银行在发放房地产抵押贷款前确定房地产抵押价值可以由抵押当事人协商议定。特别是涉及住宅、公寓和写字楼等个贷抵押评估，类似房地产中介信息较多，通过中介或网络查询，房地产价格比较透明，协商认定房地产抵押价值完全可行。"谁委托、谁付费"原则促使商业银行为了降低成本、减少支出，减少了大部分的房地产抵押贷款评估，评估机构所能承接的抵押评估业务锐减。

（五）抵押评估费付款方式的改变

现在"谁委托、谁付费"原则下评估费由商业银行付费后，大部分的银行都不会与原来向抵押贷款客户收费一样，完成一笔即结算一笔。现在评估费付款方式有的银行按月结算，有的按季度、半年度结算，有的按年结算，并且结算时间很不及时。这种情况下，评估机构和评估人员完成了抵押评估工作，但不能及时收到款，评估机构还需要垫付资金发放评估人员工资。这样，评估机构不仅要承担评估费被银行占用的资金成本，而且其经营现金流也面临极大压力。

（六）抵押评估技术难度加大

相对而言，评估人员都会认为完成一份房地产抵押评估比司法鉴定评估、房屋征收评估的技术难度、复杂程序容易得多。在"谁委托、谁付费"原则下，商业银行加强了对抵押贷款估价的规范要求，从现场查勘、资料收集、案例选择、评估测算等强化和细化了对评估报告的技术要求，要求评估人员尽职调查、勤勉尽责提供全过程的专业评估技术服务。有的商业银行要求评估机构提供预评估报告或提供完整的评估技术报告；有的商业银行，如北京银行、光大银行、浦发银行、平安银行等都要求评估机构提供线下询价服务，评估机构须安排专人提供无偿的回价工作，无形中增加了评估机构的工作量和技术难度。

（七）抵押评估项目风险加大

在"谁委托、谁付费"原则下，商业银行为了防范金融风险，加强了对房地产抵押贷款评估管理。一是择优选择评估机构，强化入选评估机构的服务质量和服务效率；二是对已入选的评估机构不定期考评，对评估报告质量较差、服务效率较差的评估机构采用末位淘汰制，直接出局纳入黑名单；三是一旦因评估报告出现虚假报告或重大遗漏问题的，造成的抵押信贷不良的情形，商业银行将对评估机构追责，评估机构有可能背负相应的经济责任和法律责任。因此，房地产评估机构必须勤勉诚恳、谨慎从业，加强评估报告质量，防控抵押评估风险。

二、评估行业阵痛之下寻求新思路

事实上，"谁委托、谁付费"原则对商业银行影响更大。原来抵押贷款的企业或个人向商业银行申请办理抵押贷款服务，作为贷款申请人委托由贷款人付费，银行不仅能代收代缴相关手续费，有的还能从相关中间业务费用中分得一杯羹。《商业银行服务价格管理办法》和《清理银行乱收费降低企业负担行动方案》实施后，商业银行已不得再向委托方以外的其他单位和个人收取费用。评估费从原向客户收取，转嫁为向银行收取，银行支出增加了。评估机构要从银行利润中额外拿出多少评估费，难度可想而知。长期以来，房地产抵押评估费是房地产评估机构主营业务收入之一，现在市场的蛋糕越来越小，评估机构收入缩水是大概率事情。随着市场竞争的加剧，征收评估、司法评估和课税评估等也在不断下滑，评估机构已处于生存与倒闭、萎缩和发展的矛盾之中，整个行业已出现滑坡迹象，其影响不亚于行业阵痛，寻求新的发展思路已势在必行。

首先，评估机构要继续做好抵押评估服务。值得庆幸的是房地产抵押评估相比房地产交易转让纳税评估，抵押评估市场仍在。据了解，一般一个商业银行省级分行按照自己经营计划和贷款发放需求，评估费年度支出计划都有近千万元。只要评估机构一方面提高评估报告的整体质量，提升评估从业人员的专业技术水平，以良好的企业资信、高效的服务质量、较强的综合实力总能赢得商业银行和抵押客户的信赖，以争取应有的市场份额，这是评估机构的立足之本。

其次，评估机构要有自己的核心竞争力。同样属于房地产中介服务机构的房地产经纪机构，近几年随着房地产市场行情的变化却做得风生水起，不仅经济实力大增，而且其影响力也不同往日，特别是贝壳找房、安居客、58同城等中介信息拥有庞大的客户资源，就连商业银行都有求于中介企业为他们带来稳定的信贷客户。相比经纪机构，评估机构在商业银行的地位越来越弱势，没有一点话语权。反思自己，评估机构单凭提供传统的评估专业服务已不足以引起商业银行的重视，评估机构有没有自己的核心竞争力？一般商业银行的传统业务主要集中在经营存款和贷款业务，在市场经济条件下，商业银行不仅需要第三方专业的服务机构提供专业的信息咨询服务，而且更需要为商业银行在吸收公众存款、发放贷款以及办理票据贴现等带来稳定的客户资源。评估机构利用掌握的房地产相关各类信息资源，在互联网技术基础上开发建设智能化评估辅助系统，大数据分析将成为未来评估机构的核心竞争力，能为商业银行带来优质的客户资源。

最后，评估机构坚持走多元化咨询服务发展方向。一方面利用掌握的评估专业技术，充分发挥房地产估价在防范金融风险中的作用，为商业银行对信贷客户尽职做好调查服务，对客户信息及相关材料进行收集整理、调查核实、分析论证，并出具调查结论，为银行信贷业务决策和管理提供有效依据和支撑，充当信贷业务贷前咨询专家。

另一方面，随着市场变革的需求，评估机构不但要对传统的评估业务渠道进行深度挖掘，还必须积极开拓新的业务市场。评估机构可以渗透于地产、金融、政府征收、城市更新等多个领域，从项目策划、立项、预算、投资、施工、造价、监理、验收、审计、管理、收益等提供多元化、全方位、全过程咨询服务。

三、结语

长期以来，作为传统的房地产抵押评估报告业务，评估机构已习惯于与商业银行打交道获取评估业务。如今，"谁委托、谁付费"原则让商业银行也收紧了自己荷包，紧缩信贷规模、减少评估费支出。客观上，评估机构已经不得不开始寻找新的业务渠道。在宏观经济政策发生变化前提下，较之单一的纵向、横向发展，实现专业化管理向多元化、全方位、全过程咨询服务或许是评估机构较理想的发展方向，重新树立企业的核心竞争力，才能顺利度过企业阵痛的艰难阶段，继续推动企业成功发展。

作者联系方式
姓　　名：徐志革　聂　涛　毛雯群
单　　位：湖南志成房地产土地资产评估有限公司

关于在建工程抵押评估的几点思考

王英　钟鹏

摘　要：在建工程抵押是企业固定资产基建贷款的一种重要方式，评估师在从事在建工程抵押评估时遇到诸多难题，本文结合我们多年来抵押评估的实际工作，简要分析在建工程抵押评估的几个特殊问题的处理方法，分享在建工程评估中的一点心得体会。

关键词：基建贷款；在建工程抵押；评估

建设单位在项目开发过程中因资金需求，一般会向金融机构申请固定资产基建贷款，而各金融机构都有相应的押品管理办法，在建工程项目什么样的押品是合格的押品、押品在管理过程中存在哪些问题是金融机构关注的焦点，而对于评估机构而言，抵押物的范围如何界定、特殊情况下土地价值如何分摊、地下建筑工程投入是否需要考虑等是困扰评估师的常见难题，本文作者结合实操过程中遇到的情形从以下几个方面进行简要论述。

一、在建工程抵押的相关政策

（一）在建工程抵押范围的界定

《城市房地产抵押管理办法》虽未对在建工程的抵押范围进行明确规定，但在实际办理抵押时，金融机构要求抵押物应具备转让属性，只有已完工可售部分才可进行抵押。

此外，在建工程因其产权的特殊性及资金需求的阶段性，开发单位取得土地使用权后，一般是先办理土地抵押，后根据施工进度逐步办理在建工程抵押，金融机构会根据在建工程的施工进度逐步放款。

综上所述，在建工程抵押范围应该包括土地及宗地内已建设可售房地产。根据《城市房地产抵押管理办法》相关要求，结合各地不动产机构实际抵押办理的相关规定，有三类在建工程不可抵押，一是公用建筑不可抵押，如架空层、人防地下室、电房、设备间、居委会等公用建筑；二是已预售部分不得设定抵押权；三是拆迁安置房或建成后无偿归政府收回的部分。

（二）在建工程抵押需具备的条件

根据《城市房地产抵押管理办法》规定，在建工程抵押合同应载明土地使用权证、建设用地规划许可证和建设工程规划许可证三证的编号。金融机构为规范贷款管理，避免信贷风险，对在建工程的资金用途作出了明确要求，一般在建工程抵押须具备以下条件：

（1）在建工程抵押贷款的用途为在建工程继续建造所需资金。根据原《物权法》的相关规定，信贷客户不得用在建工程为他人的债务提供担保，也不能为自己其他用途的债务进行担保，而只能为取得在建工程继续建造资金的贷款担保，大部分金融机构一般沿用此条要求。

（2）在建工程建设过程中所需的报建资料及测绘资料齐全。在建工程抵押必须已经取得土地使用权证、建设用地规划许可证、建设工程规划许可证和建筑工程施工许可证（四证），完成房地产建筑面积预测绘，其中抵押在建工程所占土地必须完成缴纳出让金及契税等费用。

（3）在建工程资金投入达到要求。投入工程的自有资金必须达到工程建设总投资的25%以上，并已经确定工程施工进度和工程竣工交付日期。

此外，各地不动产登记机构对在建工程抵押有相应要求，比如工业房地产厂房要达到主体封顶完工、多层建筑物要达到封顶、高层建筑物要达到10层以上方可办理抵押登记。

（三）在建工程地下室配建相关规定

根据《中华人民共和国人民防空法》第二十二条，城市新建民用建筑，按照国家有关规定修建战时可用于防空的地下室。根据《城市停车规划规范》GB/T 51149—2016关于建筑物配建停车位的要求，居住小区、商业、办公用房、工业和物流仓储等用途的建筑物必须配建一定规模的停车位。在项目实际开发过程中，建设单位一般根据集约节约用地的原则，使土地价值利用最大化，停车位一般会规划建设在地下。大部分项目地下空间未计容，无法办理权证，不能作为合格的押品进行抵押。

二、在建工程抵押评估时几个问题的处理

（一）特殊情况下土地价值分摊

1. 多本权证对应的土地价值测算方法

项目建设单位在取得土地时，部分因土地前期开发整理、政府出让土地计划、企业开发建设规划等原因，分期拿地并签订了多个《国有建设用地使用权出让合同》。但在开发时根据建设需要进行整体规划、统一开发建设，各项规划指标均为总规划指标，未按单个土地出让合同数据进行规划。评估土地价值时如果按单个出让合同规划指标测算地价，会造成不同地块地上建筑物结构、形式一致，房屋售价相同，但楼面地价差异较大。在总规划指标各项数据均不超过单个出让合同各项数据总和的条件下，评估时可将整个项目作为一个整体考虑评估土地价值，地上建筑物按总容积率分摊土地价值，则可以使整个项目地价分摊合理化。

2. 分期建设多栋建筑物对应土地价值测算方法

项目建设单位取得土地时仅办理一本土地权证，对应一个《国有建设用地使用权出让合同》，统一确定各项规划指标，分期进行开发建设，根据建筑物建设进度分期办理建筑物占地分割测绘。但在做土地分割测绘时会出现一些不合理情况：一是建筑物对应占地面积过大或过小，如果按建筑物分割占地测算房地产合一价值，同一小区同一类型房地产单价会有较大差异；二是土地分割测绘面积仅按建筑物基底面积计算，未考虑广场等公共建筑、小区内绿化、小区内道路等应分摊土地面积部分，会造成地上全部建筑物及对应占地解押后，还有空坪隙地处于抵押状态。评估时应将整宗土地整体考虑开发建设，按总容积率指标综合测算土地价值及楼面地价较为合理，同一小区内同一类型房地产评估单价不会有较大差异，也可以避免抵押户室全部解押后空坪隙地抵押的情况。

（二）地下建筑工程投入问题处理

1. 不计容地下建筑工程价值评估时是否需要考虑

根据中债资信发布的关于房地产开发投资成本分析，土地购置费占比约为20%，建筑

工程投资占比约为 64%，结合一般建设项目的实际情况，地下室的建筑工程成本投入占总建筑工程成本投入的一半，即项目总投入的 30% 左右。当地上建筑物建设进度尚未达到预售条件，无法通过预售房屋回笼资金，导致建设资金需求短缺时。作者认为，地下建筑工程作为项目配套组成部分，虽不计容，不能办理权证，但地下建筑工程的建设是项目开发建设不可或缺的组成部分，对整个项目的价值提升具有巨大作用，如果因为地下建筑工程为人防工程或设备用房等不能抵押，也不能将该部分投入成本纳入抵押评估价值的话，则无法客观体现项目投入成本产生的价值附赠，也可能造成整个项目资金投入使用与资金获取不匹配的后果，进而使项目无法正常开发建设造成烂尾。为避免出现以上情况，在建工程在抵押评估时，可考虑将地下不计容建筑工程投入成本计入评估价值。

2. 地下建筑工程投入计入评估价值的方法

地下建筑工程作为整个项目的不可或缺的基础工程，施工技术要求高、资金投入量大，在地上建筑物未出正负零，未达到地上在建工程抵押条件时，土地价值应有一定的增值，此时进行土地抵押，评估价值可将地下不计容建筑投入成本分摊至土地价值；当进行在建工程抵押时，可根据项目实际建设进度分摊地下建筑工程的投入成本。如：地上建筑物施工进度为 50% 时，地上建筑物分摊地下不计容建筑工程投入的 50%，剩余 50% 分摊至土地；地上建筑物施工进度达到 100% 时，地下不计容建筑工程价值与土地价值全部分摊至地上建筑物，最终达到房地价值合一。

三、结语

在建工程抵押对开发企业的资金盘活至关重要，此文为笔者对在建工程抵押评估的几点思考，如何做好在建工程抵押评估是我们估价师应认真思考的问题，只有将评估理论与项目实际情况深度结合，才能更好地做好在建工程抵押评估工作，为建设单位解决资金需求的实际问题。

作者联系方式

姓　名：王　英　钟　鹏

单　位：中建银（北京）房地产土地资产评估有限公司湖南分公司

传统房地产估价业务的发展现状及变化趋势

张小兵　李新平

摘　要：房地产估价制度自 1995 年实施以来，房地产估价理论方法体系、估价技术标准等方面已经基本完善，估价业务也涵盖社会经济发展的各个领域，成为我国经济高质量发展不可缺少的重要力量。随着《资产评估法》的深入实施和大数据、互联网技术与房地产估价技术的深度融合，传统的房地产估价业务受到了较大的挑战，业务量减少，收费标准下降，估价行业持续健康发展遇到了瓶颈。但挑战和机遇总是共存的，本文对部分传统房地产估价业务的发展现状和变化趋势进行分析，提出创新发展的一些思路，供同行参考。

关键词：传统业务；现状；价值

传统的房地产估价业务主要包括抵押评估、转让课税评估、征收补偿评估、司法鉴定评估四个类型。现阶段房地产行业整体处于强监管时期，住房和城乡建设部近日发文要求"城市更新防止大拆大建"，对近期各地推动实施城市更新行动中出现的问题提出相关要求，引导城市发展转入高质量增长阶段。传统的房地产征收补偿评估业务受到较大冲击，本文重点分析抵押评估、转让课税评估、司法鉴定评估三类传统业务的发展现状及变化趋势，引导传统房地产估价业务的报告质量和内容随着经济高质量发展变革与创新，为社会提供高质量的估价产品，提升估价行业的公信力。

一、传统房地产抵押评估业务现状及变化趋势

（一）当前房地产抵押评估业务现状

1.抵押报告需求主体发生转变，低质量的估价报告难以满足商业银行的内在需求

传统的房地产抵押估价业务是随着《城市房地产抵押管理办法》的实施发展起来的。办法规定在办理房地产抵押登记时，应当向登记机关交验"可以证明抵押房地产价值的资料"。因此房地产抵押估价报告在服务于商业银行的同时也满足于登记机关的要求。新的《不动产登记条例》实施后，房地产抵押报告不再成为办理抵押登记时交验的资料要件，抵押报告仅作为商业银行防范信贷风险的需要。《房地产抵押估价指导意见》对商业银行重点关注的房地产变现能力分析和风险提示进行了原则规定，但部分估价机构在实践中未尽到勤勉的责任，有针对性地对不同类型押品进行有效预警，造成抵押报告模板化泛滥。估价结果也迎合抵押人"高估多贷"的需求，难以满足商业银行将抵押报告作为防范信贷风险的内在需求。

2.部分商业银行用自动评估或预评估代替正式估价报告，房地产信贷风险明显加大

随着互联网、大数据技术的广泛应用，部分商业银行为了快速、低成本地得到估价结

果，采用自动评估或预评估代替正式估价报告进行审批放贷。但预评估报告通常不具备实质的法律效力，自动评估一般没有专业的评估人员对抵押房地产进行实地查勘，不能满足《商业银行押品管理指引》中对押品"进行现场调查并形成完整的书面意见"的规定。估价结果修正体系也缺乏针对性，不符合《房地产估价规范》的相关要求。因此商业银行要对自动评估或预评估的使用范围有个正确的认识，降低房地产抵押信贷风险。

3.估价收费模式发生改变，低价竞争不利于估价行业高质量健康发展

《国家计委 建设部关于房地产中介服务收费的通知》是房地产估价行业的首个关于收费的文件。在估价机构经历了从建立、脱钩改制、市场化等近20年的快速发展后，随着《国家发展改革委关于放开部分服务价格的通知》的实施，估价收费模式发生了质的变化。由原来靠文件收费转变为实行市场调节明码标价制度。收费模式转变后，由于估价行业监管手段有限，部分机构为承揽业务采取低价竞争，出现了"劣币驱除良币"的不良现象。近两年来，随着国家银监局监管手段的不断加强，收费模式又逐步转变为银行付费。为了降低成本也恶性压低评估费，"按单收费""封顶收费"等收费乱象时有发生。过低的评估费将难以保证应有的评估质量，给商业银行房地产信贷增加风险的同时也给估价行业的持续健康发展带来非常不利影响。

（二）房地产抵押评估业务的变化趋势

在国家对房地产市场持续强监管的背景下，全国各地房贷额度紧张、利率上调，甚至个别地方传出暂停二手房贷款的消息，传统的房地产抵押评估业务逐步萎缩。但房地产具有良好的债权保障作用，用房地产作为抵押物仍是现阶段主要的融资渠道。房地产抵押评估不仅关系到抵押当事人的合法权益，还影响到商业银行信贷风险和国家金融安全。随着房地产市场不确定性因素的不断增加，商业银行将更加需要规范、精细、高质量的抵押估价服务，抵押估价仍有很大的市场空间。2021年8月，在房地产抵押估价业务发展前景陷入迷茫的时候，中房学会长柴强博士及时给行业送来了定心丸：房地产抵押估价，不可或缺但须改进！因此，未来房地产抵押估价应重点关注商业银行防范信贷风险的要求，从形式上的估价转向实质上的估价，严格履行完整的估价程序，不断丰富估价报告和估价结果的内容，重视变现能力对抵押价值的影响，谨慎评估，并结合抵押物类型、市场周期变化及时提示银行定期对押品价值进行跟踪，对不足值押品进行有效预警，及时追加有效担保或压缩风险敞口等方式防控信贷风险，使商业银行真正感受到房地产抵押报告内在的"核心价值"，增加商业银行对房地产估价机构专业服务的认可，传统房地产抵押估价业务一定会走向高质量发展的新时代。

二、传统房地产课税评估业务现状及变化趋势

（一）当前房地产转让课税评估业务现状

1.存量房批量评估系统普遍应用，传统的房地产转让课税评估业务基本消失

2012年以前，在存量房交易过程中，纳税人采用"阴阳合同"低报成交价格偷逃税款的现象较为普遍，部分估价机构也迎合纳税人"低估"要求进行逃税，形成了明显的税收征收漏洞，影响了税法的严肃性，也削弱了当时房地产市场调控的政策效果。应用房地产评估技术加强存量房交易税收征管应运而生。截至2012年7月，全国范围内存量房批量评估系统正式上线，伴随我们近十几年的传统房地产转让课税评估业务正式成为历史。

2.少数估价机构参与存量房批量评估系统维护更新，业务收入明显下降

1995年房地产估价制度正式实施后，传统的房地产转让评估和抵押评估业务，就像是"两条腿"伴随着我们估价机构逐步长大，转让课税评估业务收入在估价机构整体收入中占比大致在40%左右。实行存量房批量评估系统后，仅有少数机构能够参与存量房批量评估系统的维护更新和个案评估工作，给当地税务部门提供评估数据信息咨询服务，业务收入明显下降，在估价机构整体业务收入中占比多在10%左右，收入占比出现了断崖式下降。

（二）房地产转让课税评估业务的变化趋势

传统房地产转让课税评估业务基本消失，收入下降，但与传统房地产转让课税评估相关的业务逐步成为业务拓展的新领域。随着国家经济高质量发展的要求，部分转型难、高耗能、高污染的行业发展举步维艰，银行的不良资产率也悄然上升。在此类行业房地产拍卖、变卖成交转让时需要缴纳土地增值税及附加。受历史遗留问题的影响，多数房屋权利人无法提供真实的原始成本票据，由此衍生了大量的房地产转让课税业务。如土地增值税扣除项目涉及的房屋重置成本和成新率评估、土地取得价格评估以及所得税清缴时所需的房屋原始建造成本评估等涉税评估业务。根据国家《土地增值税暂行条例实施细则》第七条第四款规定：旧房及建筑物的评估价格由政府批准设立的房地产评估机构评定的重置成本价乘以成新度折扣率扣除。从估价实践来看，现行《房地产估价规范》GB/T 50291—2015对此类业务尚无明确规定，实践中资产评估类机构在市场中占比较高。欣喜的是我们国家和部分省协会已关注到该领域，为引导房地产估价机构积极开展土地增值税涉税评估，中房学以《土地增值税征收中涉及的房地产评估业务及相关技术研究》为课题进行研究，河南省协会以《商业用房转让土地增值税扣除项目评估研究》为课题进行研究。10月23日，全国人大常委会授权国务院在部分地区开展房地产税改革试点工作更是为估价行业未来发展提供了新机遇。相信在估价行业各级组织的规范引领下，估价机构积极参与，为税务部门提供客观、精细的专业服务，传统的房地产课税业务一定会迎来新的发展阶段。

三、传统房地产司法鉴定评估业务现状及变化趋势

（一）当前房地产司法鉴定估价业务现状

1.最高人民法院推行网络拍卖新规定，传统的房地产司法鉴定评估业务明显下降

传统的司法鉴定业务主要包括涉执司法鉴定评估、分家析产、损害评估等类型，其中涉执司法鉴定估价是主要的业务来源。2018年9月1日，《最高人民法院关于人民法院确定财产处置参考价若干问题的规定》（法释〔2018〕15号）第二条规定：人民法院确定财产处置参考价，可以采取当事人议价、定向询价、网络询价、委托评估等方式。新规定实行后，传统的涉执司法鉴定业务只有少数法律、行政法规规定必须委托评估、双方当事人要求委托评估或者网络询价不能或不成等三种情形下才应当委托评估机构进行评估。过去大量的成套住宅或商业铺面都采用双方议价或定向询价等方式确定，传统的涉执司法鉴定评估业务数量下降明显。

2.传统的房地产司法鉴定评估业务类型单一、收费标准明显降低

传统的房地产司法鉴定评估业务多数出现在执行处置环节，诉前环节参与较少，诉中不良资产处置渠道较窄，不良资产证券化仍在试点阶段，多种原因造成房地产司法鉴定评估业务类型较单一。"法释〔2018〕15号"文件同时规定实行估价机构入库登记制度和收

费备案制度。目前全国房地产评估分库入库机构有700多家，收费备案的最高价为"计价格〔1995〕971号"文件标准上浮10%，备案收费标准较原来的司法鉴定收费标准下降了50%。另外，"法释〔2018〕15号"文件第三十二条规定：人民法院委托评估机构进行评估，财产处置未成交的，按照评估机构合理的实际支出计付费用；财产处置成交的，计价依据采用成交价和评估价孰低原则。而目前评估机构合理的实际支出尚未明确的规定，造成部分外地司法鉴定评估业务难以收取合理的评估费用。

3. 传统的房地产司法鉴定评估报告质量不高，当事人异议数量明显增多

房地产司法鉴定评估具有特殊性和复杂性，其评估范围、价值内涵、价值时点、风险告知、税费负担及相关费用欠缴等都随着不同的估价对象存在较大的不确定性。这些都需要估价机构与委托法院沟通明确，委托法院未明确的，必须经过尽职调查后进行合理假设并在评估报告中予以说明。目前部分估价机构只注重凭关系拉业务，未严格按照估价规范和技术标准进行评估，估价参数选取随意较大，不能合理利用甚至滥用假设和限制条件，造成估价结果不严谨，当事人异议数量明显增多，影响了法院执行的公平和效率。

（二）房地产司法鉴定评估业务的变化趋势

1. 提高估价报告质量，完善估价报告内容，助力房地产司法处置的公平和效率

房地产司法鉴定估价业务主要来自司法执行程序中，房地产拍卖目的是尽快实现申请执行人的债权，估价结果是辅助执行法院确定拍卖保留价的手段。如何科学、合理地确定涉执房地产估价结果也是体现司法公平、正义的重要一环。房地产司法鉴定评估具有很强的特殊性和专业性。首先，涉执房地产处置的交易条件、市场状况等情形与市场价值的不受强迫、适当营销等前提条件明显不一致，为了使估价结果更加符合现实房地产交易条件、市场状况且公平合理，司法鉴定评估的价值类型宜为市场价格而非市场价值。其次，随着当事人的法律意识和维权意识逐步提升，估价专业人员出庭质证将成为常态。涉执房地产受多种因素影响，很多都存在权利瑕疵或估价必需资料无法提供，因此房地产司法鉴定评估时要充分和委托法院进行沟通，对必需资料进行书面确认；人民法院未书面确认时，估价机构须经过尽职调查后进行合理假设并予以说明。最后涉执房地产处置具有强制性，评估时应关注并恰当考虑被迫转让及处置后被执行人不愿意配合交付因素对评估结果的不利影响。尤其是税费负担方式问题，对评估结果影响较为明显。近日最高人民法院也出台相关规定明确"因网络司法拍卖本身形成的税费，应当依据相关法律、行政法规的规定，由相应主体承担"。相信地方也会尽快建立税务司法协作机制，理顺税费征缴工作流程，从拍卖款中征收税款，减轻买受人的负担。

2. 拓展房地产司法鉴定评估延伸业务，助力不良资产证券化有序发展

我国近几年的银行不良贷款一直处于持续增加的趋势，不良资产证券化可以加快批量处置不良资产，提高不良资产的处置效率和效益，有利于解决商业银行资产流动不足、资本充足率低等问题。不良资产证券化产品要想选择到合适的投资者，其产品价格必须控制在合理区间。目前多数银行普遍采用贴现率法来估算资产池的基础资产。但不良资产证券化产品的定价需要考虑很多因素，产品定价的复杂性实际上也要求定价更需要专业的房地产估价机构来完成估值，让银行有盈利空间，投资者也能接受。我们通过传统的房地产司法鉴定评估业务的长期积累，对不良房地产类资产处置各种影响因素有完善的数据分析，拥有相对稳定的银行和客户资源，有助于商业银行拓宽不良资产投资者范围、提升资产核心价值挖掘功能。另外，不良资产证券化作为一种新型的投资方式，涉及的专业知识更加广泛，我们房地产估

价机构专业人员必须提前作好金融、财务、规划、法律、大数据等知识的储备，加快培养不良资产证券化专业性的综合人才队伍，拓展房地产司法鉴定评估业务的外延服务，助力我国不良资产证券化的有序发展。

四、结语

传统的房地产估价业务形式上在不断萎缩，但真正高质量、有价值的专业估价服务仍然有很大的市场需求。房地产抵押估价不可或缺但需改进，房地产课税估价需求仍在但需创新，房地产司法鉴定估价市场广阔但需提升。专业服务永远是房地产估价的核心价值，变革创新永远是房地产估价行业的发展动力。愿我们共同努力，不断创新和提升传统房地产估价产品质量，使传统房地产估价业务永葆旺盛的生命力。

作者联系方式

姓　　名：张小兵　李新平

单　　位：河南政源联合房地产资产评估有限公司

地　　址：河南省焦作市丰收中路 1566 号房地产交易市场二楼 D202 室

邮　　箱：13839119369@163.com

注册号：张小兵（4119980026）

房地产税试点改革背景下房地产评估工作发展展望

魏巧玲

摘　要： 近年来，国家重要会议及文件中多次提及房地产税，《全国人大常委会关于授权国务院在部分地区开展房地产税改革试点工作的决定》进一步明确了房地产税试点的改革目标、实施路径、征收对象等。本文针对当前我国房地产税收估价工作中的税收估价制度建设滞后，房地产估价机构专业能力参差不齐，大部分机构的税收估价产品单一等问题，提出房地产评估行业应当抢抓行业重大机遇，发挥批量估价在房地产税税基评估工作中的核心技术作用，推动房地产税税基评估方法不断适应形势、完善成熟。

关键词： 房地产税试点；房地产评估；发展展望

2021 年 10 月 23 日，第十三届全国人民代表大会常务委员会第三十一次会议通过《全国人大常委会关于授权国务院在部分地区开展房地产税改革试点工作的决定》，授权国务院在部分地区开展房地产税改革试点工作。房地产税改革试点工作终于落地，也为房地产评估行业带来了新的机遇和挑战。

一、房地产税试点改革情况分析

房地产税早已不是新鲜话题，早在 2003 年底，党的十六届三中全会通过的《中共中央关于完善市场经济体制若干问题的决定》中提出，"实施城镇建设税费改革，条件具备时对不动产开征统一规范的物业税，相应取消有关收费"以来，税务部门就开始在设计房地产税（即物业税）的征税和评税机制，作为专业从事房地产估价业务的房地产估价师群体，也一直在从理论和实践两方面积极配合这项工作。

2018 年以来，《政府工作报告》、全国人大全体会议、"十四五"规划等多次提及房地产税。相比此前表态，本次《全国人大常委会关于授权国务院在部分地区开展房地产税改革试点工作的决定》进一步明确了房地产税试点的改革目标、实施路径、征收对象等。

从税源看，此次试点地区将以房价上涨压力较大的热点城市为主，比如长三角、珠三角、京津冀等地区以及部分区域中心城市。采取热点城市试点方式，除了技术难度下降之外，还有复杂性下降，如果全国普征房地产税，需要实现全国不动产实名制和房地产联网，而根据美国、韩国、英国等经验，不动产实名制和金融实名制是现代国家治理的基础，既是经济改革也是政治改革。

从课税对象看，以存量房为基础征税的可能性较大。此前上海与重庆试点效果未达预期的原因之一是其课税对象范围过小，上海仅对新购住宅征税，重庆仅对高端住宅征税。随着一二线城市进入存量房时代，增量住宅增速放缓，课税对象将以存量房为基础。

从课税依据看，预计我国房地产税试点将以市场评估价值为征税基础。基于发达国家、上海、重庆方案的经验，有以虚拟租金和市场评估价值为征税基础两种方式，预计我国房地产税试点将以市场评估价值为征税基础，并且根据家庭成员人数、抚养负担、生育状况、特殊群体等给予抵扣面积或税收优惠。

从税率看，可能由国务院划定税率范围、各地因城施策确定差异化税率，且整体税率不会太高。根据发达国家及上海、重庆经验，房地产税率主要采取累进税率、平均税率方式，且税率较低。此前上海、重庆分别采用 0.4%、0.6% 两档和 0.5%、1%、1.2% 三档税率，预计试点城市将因城施策，税率一开始不会太高。

从税收优惠看，可能采取首套免征和免征面积相结合的方式，同时对刚需及特殊群体免征。此前上海试点方案的免征面积是人均居住面积的 2 倍，预计此次试点将对免征面积做出调整以扩大税基。

目前争议点主要是：由于交易环节的契税、土地增值税等较重，开征存量环节的房地产税，能否降低交易环节税负，否则居民整体税负提升较大；如何解决解释民用住宅土地使用权年限 70 年和房地产税的关系及合理性，70 年以后怎么办，能否给居民稳定预期；推出时点的选择，前期三道红线、贷款集中度管理、限购限贷等政策集中出台，当前房地产市场和土拍市场不景气。

二、当前房地产税收体系评估工作发展情况

在《全国人大常委会关于授权国务院在部分地区开展房地产税改革试点工作的决定》出台前，我国房地产税收体系是在房地产业发展的不同阶段下、针对房地产市场建立和运行中出现的不同问题逐渐建立起来的，难免会出现各种不连贯、不完善问题，目前我国房地产税收体系在估价方面存在的问题主要有以下几点。

（一）税收估价制度建设滞后，房地产税收流失严重

目前的税收制度仅《土地增值税暂行条例》及《土地增值税暂行条例实施细则》明确规定了在特定条件下由政府批准设立的房地产估价机构根据同地段、同类房地产进行综合评定，按照房地产评估价格计征土地增值税。其他税法均规定由税务部门核定房地产成交价格，但税务人员毕竟不是房地产估价专业人士，难以判断成交价格的真实性和客观性，导致大量明显不合理的房地产成交价格无法被识别出来，从而造成税款的大量流失；目前，部分一二线城市陆续进行了房地产的税基评估，以有资质的第三方估价机构出具的区域房地产平均价格成果，公平公正对业主申报的成交价格进行辨别；除此之外的大部分城市还是仅凭税务人员经验来判定，对外由于依据不充分、说服力不足，容易引起矛盾纠纷，对内由于凭借个人经验行事，容易滋生腐败现象。

（二）房地产估价机构专业能力参差不齐，估价报告机械化、随意性情况较为普遍

目前我国房地产估价机构数量众多，机构从业人员数量也较多，但从业人员技术力量良莠不齐，多数可能并没有大量的估价经验，加之评估行业人员流动性较快，房地产估价机构里专业性较强的技术人员数量较少。在进行税收估价过程中，多数房地产估价机构的从业人员仅会机械化、随意性地进行估价，而不去深入了解税收征管的详细情况及内在逻辑，缺乏深入思考问题本质的精神，势必影响估价报告的质量，有损税收征管的严肃性。

（三）大部分机构的税收估价产品单一，与日益增长的税收估价需求不匹配

由于上述客观原因，目前大部分估价机构尚未重点关注税收估价需求，亦未对税收估价产品做深入研究，仅零星地为个人或企业出具课税评估报告，在承接业务时也往往很少去了解税收估价需求的详细情况，可能报告出具之后也不清楚自己的估价工作是为哪个税种的征收而服务的，产品结构单一、报告质量不高，与日益增长的税收估价需求不匹配。

三、未来房地产税税基评估工作展望

（一）房地产税税基评估技术发展展望

从世界各国来看，从价计征房地产税是大势所趋。房地产税税基评估是房地产税实施的基础和技术前提，房地产税税基评估作为一种专有目的的房地产估价业务，其估价方法和估价模型在房地产税制度成熟的国家和地区已经日趋成熟并且仍在不断创新，国际物业税学会、国际评税官协会、香港差饷物业估价署等专业协会和专业机构早已积累了丰富的理论和实践经验。

2003年起，国家税务总局会同财政部开展房地产模拟评税的尝试，通过导入房地产交易数据，用计算机模拟真实场景进行房产价值评估、税负测算。批量估价是房地产税税基评估技术核心。近年来，批量估价在我国的房地产税收估价、房地产抵押估价等领域得到了有效应用。模拟评税的技术也已经广泛应用于税收征管工作中，2011年，财政部、国家税务总局发布《关于推广应用房地产估价技术　加强存量房交易税收征管工作的通知》，全国各地自2012年7月1日起，应用房地产批量估价技术，对纳税人所申报的存量房交易价格进行全面评估。目前，大数据及批量估价技术的应用使得评估作业完全可以实现一房一价，当前住宅评估值与市场价误差已可以缩小至5%～6%。

从2003年的房地产模拟评税试点，到技术应用于实际征管工作，经过15年的发展，市场已经有成熟的批量估价技术支撑房地产税开征。试点过程中积累的大量历史数据以及2020年以来不动产登记信息管理基础平台全国联网工作的开展，也为房地产税税基评估奠定了数据基础。

（二）房地产税税基评估方法发展展望

房地产评估由于评估目的的不同而产生对应的不同评估结果。比如实务中，以抵押为目的的评估，根据谨慎原则，不高估房地产价值；而以法院执行案件为目的的评估，比如拍卖类，由于考虑短期强制处分或快速变现等因素的影响，房地产评估价值会偏低；又如纠纷类目的的评估中，如夫妻离异、财务分割等情景下，受多重博弈的影响，房地产评估价值常常与市场价值一致或贴近。从目前来看，评估目的主要为转让价格评估、抵押评估、租赁价格评估、征收估价、拍卖估价、税收估价等。房地产税试点改革拓宽了以税收估价为目的的房地产评估业务范畴，对应的房地产税税基评估方法自然也有所不同。

《全国人大常委会关于授权国务院在部分地区开展房地产税改革试点工作的决定》中明确，试点地区的房地产税征税对象为居住用和非居住用等各类房地产，不包括依法拥有的农村宅基地及其上住宅。土地使用权人、房屋所有权人为房地产税的纳税人。非居住用房地产继续按照《中华人民共和国房产税暂行条例》《中华人民共和国城镇土地使用税暂行条例》执行。因此，房地产评估行业需要依据分类不同，估值方法不同，逐步实现过渡、完善、体系化评估方法，协助做好房地产税试点改革工作。

比如，在运用市场法开展评估工作时，应当更加注意搜集交易实例、选取可比实例、建立比较基准、进行交易情况修正、进行市场状况调整、进行房地产状况调整、求取比准价值等基础工作开展，确保评估结果更加贴近市场值，以期减小税收部门征管压力和纳税人税收成本。

又如，在运用收益法开展评估工作时，应当更加注意搜集有关收入和费用的资料、确定未来收益期限、预测未来净收益、求取报酬率或资本化率、选用适宜的收益法公式求出收益。对于出租型房地产，应根据租赁资料计算净收益，净收益为租赁收入扣除运营费用后的余额。租赁收入包括有效毛租金收入和租赁保证金、押金等的利息收入。运营费用包括建筑物维护成本、管理费、保险费和税金等，应根据租赁契约规定的租金含义决定取舍。若保证合法、安全、正常使用所需的费用都由出租方承担，应将四项费用全部扣除；若维护、管理等费用全部或部分由承租方负担，应对四项费用中的部分项目作相应调整。对于商业经营型房地产，应根据经营资料计算净收益，净收益为商品销售收入扣除商品销售成本；此外还有成本、经营费用、商品销售税金及附加、管理费用、财务费用和商业利润。

参考文献：

[1] 孙思勤.住宅批量评估方法在房产税税基评估中的应用研究——以成都市锦江区住宅房地产为例 [J].住宅与房地产，2021（21）：1-3.

[2] 陈蕾，周艳秋，秦琦智.房地产税税基批量评估的基准修正路径：创新与实践 [J].中国资产评估，2021（07）：10-21+50.

[3] 谢文婷，曲卫东.中国房地产税改革路径：演进过程、关键问题与研究困境 [J].经济社会体制比较，2021（04）：47-55.

[4] 王琳杰.关于我国房地产税立法目的及改革前景的思考 [J].营销界，2021（26）：156-158.

[5] 张辉.房地产税基评估研究——以甘肃省 86 个县区为例 [J].中国物价，2021（06）：87-90.

作者联系方式

姓　　名：魏巧玲

单　　位：湖南恒明房地产土地评估咨询有限公司

地　　址：长沙市宁乡县玉潭街道花明南路 156 号

邮　　箱：674772431@qq.com

注册号：4320160023

对房地产税税基及其核心问题的思考

姜　虹

摘　要：在习近平总书记提出积极稳妥推进房地产税立法和改革后，全国人大常委会及时作出了决定，授权国务院在部分地区开展房地产税改革试点工作。相信不久的将来，房地产税会在我国全面实施。开征房地产税的一个基本问题是房地产税税基。笔者结合多年评估实践以及国外房地产税开征的有益经验，认为我国未来开征房地产税，其税基一定是房地产市场价值，同时这个房地产市场价值是通过评估得到的。房地产税税基评估的核心问题包括估价目的、估价对象、价值日期和价值类型。

关键词：房地产税；税基；税基评估；核心问题

一、房地产税的税基

2021年10月出版的《求是》杂志，发表习近平总书记重要文章《扎实推动共同富裕》。文章明确提出，要积极稳妥推进房地产税立法和改革，做好试点工作。2021年10月23日，第十三届全国人民代表大会常务委员会第三十一次会议作出决定，授权国务院在部分地区开展房地产税改革试点工作。此外，财政部、税务总局有关负责人表示，财政部、税务总局将依照全国人大常委会的授权，起草房地产税试点办法（草案），按程序做好试点各项准备工作。这标志着房地产税立法和改革正式进入快车道。

房产税是针对房地产征收的财产税性质的税收。依据国际有关经验，房产税的税基一般是市场价值或者租金价值，两者在本质上是相同的。一个国家和地区，究竟是采用市场价值还是租金价值，主要取决于资料的可得性。不同税基各有优劣，由于市场价值作为税基具有保证税收公平的优点，世界上征收房产税的国家和地区大多数将市场价值作为房产税的税基。

毫无疑问，作为房产税税基的市场价值，必须是现值，而不是原值。否则，由于不同购买时点的房地产价格差异较大及不同房地产升值的速度不同，按照原值征收房产税会带来税负不公的问题。尽管各级政府拥有一定的房产交易价格信息，但也不能直接依据这些信息征收房产税，这是因为：政府部门掌握的房地产交易数据主要是原值，而不是动态的最新数据；在房地产权属登记部门登记的存量房交易价格明显低于其市场价值，不能作为房产税征收的税基；不少房地产没有交易价格的记录。

为了保证房产税课税公平、防止偷漏税，税务机关需要掌握真实可靠的房地产市场价值作为计税依据，纳税人也可能认为税务机关确定的计税依据不合理，解决这些矛盾的最好方法是对房产税计税价值进行评估。

早在2017年12月，时任财政部长肖捷在人民日报撰文：按照"立法先行、充分授权、分步推进"的原则，推进房地产税立法和实施。对工商业房地产和个人住房按照评估值征收房地产税，适当降低建设、交易环节税费负担，逐步建立完善的现代房地产税制度。

参照国际惯例以及政府主管部门的最新表态，可以确定的是，未来开征的房地产税，其税基一定是房地产市场价值，同时这个房地产市场价值是通过评估得到的。

二、房地产税税基评估的核心问题

房地产税税基评估本质上属于房地产估价范畴。房地产估价的核心内容，是为了特定目的，对特定房地产在特定时间的特定价值进行分析、测算和判断。在分析、测算和判断特定价值之前，必须弄清特定目的、特定房地产、特定时间和特定价值，用房地产估价专业术语来讲，就是要弄清估价目的、估价对象、价值日期和价值类型。估价目的、估价对象、价值日期和价值类型，就是房地产税税基评估的核心问题。

（一）房地产税税基评估的估价目的表述

房地产税依据应税房地产的价值征收，但应税房地产的价值不是普遍存在、显而易见或一般人依照通常方法（如通过简单比较）便可以得出的，并且由于房地产具有独一无二性，每宗应税房地产的价值通常各不相同，所以必须通过估价确定。房地产税税基评估目的不同于房地产抵押、房屋征收、房地产司法拍卖等估价目的，也不同于其他房地产税收（如房地产交易环节的税收）税基评估目的，它是为税务机关征收房地产税，核定应税房地产的计税价值提供依据而评估应税房地产价值。因此，可将房地产税税基评估目的表述为：为税务机关征收房地产税核定应税房地产的计税价值提供依据，评估应税房地产的价值。

（二）房地产税税基评估的价值日期设定

房地产税依据应税房地产的价值征收，而应税房地产的价值会因房地产市场的变化而变动，从而同一应税房地产在不同的时间，价值会有所不同，这就产生了房地产税应依据应税房地产在哪个时间的价值计算缴纳的问题。从房地产税税基评估来看，也需要确定是评估应税房地产在哪个时间的价值。上述时间就是所谓的价值日期。如果给房地产税税基评估的价值日期下个定义，则它是指所评估的应税房地产价值对应的某一特定日期。

由于房地产税按年征收，所以价值日期从理论上讲应为每年的某个日期。又因为房地产税是持有环节的税收，为使其征收公平，所有应税房地产的价值日期应相同。在此还需要说明的是，通常所讲的价值日期是上年某月某日还是当年某月某日，一般是相对于估价作业期而言的，但在房地产税税基评估中，我们将其定义为是相对于纳税时间而言的，即在征收或缴纳房地产税时所依据的房地产价值是上年某月某日的价值还是当年某月某日的价值。

设定房地产税税基评估的价值日期主要考虑的因素有下列几个。

一是纳税期限。估价结果在纳税期限之前就应通知纳税人。虽然房地产税的纳税期限目前尚不确定，但可参考房产税和城镇土地使用税的纳税期限来研究该问题。目前房产税和城镇土地使用税均按年征收、分期缴纳，具体纳税期限由各省、自治区、直辖市人民政府根据当地的实际情况确定。各地一般规定每个季度缴纳一次或半年缴纳一次，并在规定的期限内缴纳。例如，北京市规定纳税人全年应缴纳的房产税和城镇土地使用税分为两次缴纳，纳税期限分别为4月1日至4月15日和10月1日至10月15日。因此，从纳税期限来看，价值日期应在当年4月1日之前。从税收的科学、公平来讲，在满足纳税时间要求的情况下，价值日期应尽量接近纳税期限。

二是评估所需时间。为使估价结果能够让纳税人接受，房地产税税基评估应是反映应税房地产在已经发生的房地产市场状况下的价值，而不是预测应税房地产的未来价值。这就决定了价值日期相对于估价作业期而言是现在或过去，而不能是未来。虽然房地产税税基评估的一些工作，如搜集估价所需资料可以在价值日期之前开展，并且许多应税房地产可以利用计算机进行批量估价，但房地产税税基评估仍然是一项工作量很大的工作，需要较长的时间，保守估计在价值日期之后所需要的时间至少为3个月。因此，如果从4月1日开始纳税，则价值日期最迟应为当年1月1日。

三是估价结果异议处理所需时间。估价结果通知纳税人后，应允许纳税人提出异议。纳税人提出异议的理由成立的，还需要修正估价结果，这也需要一定时间。但需要指出的是，设定价值日期不应考虑全部异议都处理完毕。

四是房地产市场价格变动情况。房地产市场价格是不断变动的，在房地产市场价格上升时期，纳税人希望价值日期设定得越早越好，而在房地产市场价格下降时期，纳税人希望价值日期设定得越晚越好。由于房地产市场价格总体上是上升趋势，所以价值日期可以设定得早一些，同时允许在遇到房地产市场价格明显下降时，相应下调应税房地产的评估值。

五是使用习惯。不同的国家和地区对日期有不同的使用习惯。在我国，人们习惯使用年初（1月1日）、年末（12月31日）、年中（6月30日或7月1日）、月初、月中或月末等日期。如我国的财政、会计、税务、计划、统计等年度都是公历年度，即起止日期与公历年度起止日期相同，自公历1月1日起至12月31日止。

六是国外和我国港台地区价值日期设定情况。如日本为上年1月1日；英国、南非、澳大利亚为上个财政年度初，其中英国、南非为上年4月1日，澳大利亚为上年7月1日；我国台湾地区为上年9月1日；我国香港特别行政区为上年10月1日；美国、新加坡、韩国为当年1月1日。

综合以上情况，我国房地产税税基评估的价值日期主要有以下三种选择：一是上年1月1日，二是上年7月1日，三是当年1月1日。

价值日期设定在上年1月1日，离纳税期限较远。在不影响评估工作和房地产税征收工作的情况下，应尽量使价值日期接近纳税期限。价值日期设定在当年1月1日，从理论上讲最理想，因为依据当年的房地产价值征收当年的房地产税，但时间上偏紧。

综合考虑，价值日期可设定在上年7月1日或当年1月1日，以上年7月1日为首选。另外，如果将价值日期设定在上年7月1日或当年1月1日，在遇到此日期之后房地产市场价格下降了，纳税人可能要求下调房地产评估值。为减少社会矛盾，可以参照国外有关做法，推迟价值日期，但价值日期最晚只能推迟到当年7月1日。

（三）房地产税税基评估的估价对象界定

房地产税税基评估的估价对象应根据房地产税的征税对象来确定。房地产税的征税对象总的来讲是房地产，包括房屋和土地，实物形态上有既有房屋又有土地（也称为房屋与土地合一，简称房地合一）的房地产和空地两种，但据此确定估价对象还不能满足评估所要求的估价对象明确、具体的需要，还应进一步界定。

房地产税税基评估的估价对象界定，包括评估的区域范围、估价对象单元和估价对象财产范围三个方面。

1. 房地产税税基评估的区域范围

房地产税税基评估宜以市、县为单位组织实施，因此，房地产税税基评估宜以一个市、县为单位,不宜以省(自治区)为单位,设区的市不宜以区为单位,即一个房地产税税基评估的区域范围应是一个市、县的行政区域,同时评估出该市、县行政区域内所有应税房地产在同一日期的价值。

但在房地产税税基评估试点阶段,评估的区域范围不一定是市(县)的全部行政区域,可以是其中某个或某几个行政区;估价对象不一定是该区域内的所有应税房地产,可以是其中某种用途的房地产(如住宅)或某类房地产(如多层和高层住宅)。

2.房地产税税基评估的估价对象单元

房地产税税基评估的估价对象单元,是指房地产税税基评估中一个具体的最小估价对象,原则上以一宗房地产即一个单独产权的房地产为估价对象单元,与房地产登记基本单元相一致。其中,土地以宗地为估价对象单元。宗地是指土地权属界线封闭的地块或者空间。房屋通常以幢为估价对象单元,但成套住宅应以套为估价对象单元。可分层、分间等分割转让的非成套住宅和非住宅房屋,可以其中一层或一间为估价对象单元。

3.房地产税税基评估的估价对象财产范围

房地产税税基评估的估价对象财产范围,总的来讲应是不动产,即房屋及其占用范围内的土地使用权和其他不动产。其他不动产包括围墙、树木等。之所以要包括其他不动产,是因为现实房地产交易中的价格包含了其他不动产的价值。但是,房地产价格中包含的非房地产成分的价值和债权债务不应包括在内,如附赠的家电、家具、汽车,附带的入学指标、户口指标、特许经营权,欠交或剩余的水电费、燃气费、通信费、供暖费、物业服务费等费用、税金。

此外,即使是属于房地产范畴的,是否包括在估价对象内,还有下列问题需要研究确定。

第一,是否包括室内装饰装修。室内装饰装修是房地产的一个重要组成部分,理应包括在估价对象内。但室内装饰装修存在个别性和多样性,室内装饰装修状况不同,房地产价值有较大差异,因此,估价对象包括室内装饰装修和不包括室内装饰装修各有优缺点,应当根据不同用途的房地产来制定差别化的方案。

对住宅房地产,建议不包括室内装饰装修,或者设定一个统一的标准状况(如普通装修)评估。其原因是:住宅的室内装饰装修情形复杂,不包括室内装饰装修既便于纳税人之间对评估值进行横向比较,也是为了税收公平。新建商品房通常有毛坯房、粗装修房和精装修房等差别,这种差别主要表现在不同商品房项目之间,同一商品房项目的室内装饰装修状况通常差异不大,但也有个别房地产开发项目是根据购房人的需要来确定其销售的是何种装饰装修状况的房屋的。存量住宅之间的室内装饰装修状况差异很大。避免逐户进入室内查勘的困难及可能产生的问题。考虑到室内装饰装修折旧快以及人们对室内装饰装修的喜好各不相同。包括室内装饰装修不利于人们改善居住环境,提升房地产价值。

对于饭店、商场等非住宅,室内装饰装修的价值占房地产价值的比重较大,且这类房地产的数量没有住宅多,一般不直接涉及个人的切身利益,互相攀比不够强烈,因此应包括室内装饰装修。

第二,是否考虑抵押、租赁和权利瑕疵等因素。应税房地产可能是采用抵押贷款方式购置的,有未还清的贷款;可能存在较长租赁期限、较低租金的租赁合同;可能有产权纠纷和债权债务纠纷等。建议不考虑抵押、租赁和权利瑕疵等因素。

不考虑抵押因素,是评估价值中不扣除贷款余额。不考虑租赁因素,是评估无租约限制价值而不是出租人权益价值。不考虑权利瑕疵因素,是假设估价对象没有产权纠纷和债权债务纠纷，没有拖欠的建设工程价款和其他法定优先受偿款，也不存在被司法机关、行政机关依法裁定、决定查封或以其他形式限制房地产权利等情况。如果考虑这些，应税房地产的价值就会降低。另外，违法建筑、违法占地的房地产如果按其违法性质进行评估，将会没有价值，这就意味着这类房地产不用缴纳房地产税。如果规定这类房地产也要缴纳房地产税，就不能按照其违法性质进行评估，必须假定它是合法的来评估。但这并不能被误认为违法占地、违法建筑就变成合法的了。香港对非法建筑物征收差饷的说明可以很好地帮助我们解决这个问题："如当局向非法建筑物征收差饷，是否代表该建筑物已获得批准？不是。差饷是就占用物业而征收的税项，故任何可以独立占用的物业，无论是否获得批准，均须评估差饷。当局对建有非法建筑物的物业评估或征收差饷，并不表示这些建筑物具有合法地位，而这些建筑物也不会获得法律上的批准或认可。"

（四）房地产税税基评估的价值类型确定

一般认为房地产税税基评估的是应税房地产的市场价值。但严格按照市场价值的内涵来衡量，评估的不是市场价值。因为估价对象状况一般为现状而不是最高最佳利用状况，并且不考虑租赁、抵押、查封等因素的影响。因此，建议将房地产税税基评估的价值类型称为"计税价值"，可定义为"为征税目的而评估的价值"。

参考文献：

[1] 宋祥来，冯长春．中国房地产税问题研究综述 [Z]. PLC 工作论文，2010（10）.

[2] 郑婕．建立我国不动产税税基评估体系研究 [D]. 厦门：厦门大学，2008.

[3] 包健．房地产税评估制度的国际比较与启示 [J]. 北方经济，2009（10）.

[4] 朱聪．物业税税基评估研究 [D]. 厦门：厦门大学，2007.

[5] 杭州市财政局直属征收管理局课题组．房地产批量评税技术的理论探索与实践创新 [M]. 北京：经济科学出版社，2009.

[6] 李言．中国房产税改革与宏观经济运行 [M]. 浙江：浙江工商大学出版社，2021.

[7] 侯一麟，任强．房产税在中国：历史试点与探索 [M]. 北京：科学出版社，2019.

作者联系方式

姓　名：姜　虹

单　位：杜鸣联合房地产土地资产评估（北京）有限公司

房地产税试点来临，房价变化与评估业务探讨

周聪慧　曹亚琨

摘　要：2021 年 10 月，全国人大常委会授权国务院在部分地区开展房地产税试点工作，征收对象包括居住用和非居住用等各类房地产（不包括依法拥有的农村宅基地及其上住宅），试点期限 5 年。房地产保有阶段的城镇土地使用税和房产税预计是改革重点，试点期间预计会对当地房价造成一定影响，短期销售均价下滑。房地产税试点启动后，大批的存量房屋和新增房屋纳入征税范围，房产评估价值将成为计税的重要依据之一，评估机构可以抓住这个业务机会，借助大数据评估系统提供批量自动估价服务。同时需要关注市场波动情况，综合考虑多个房价影响因素，防范评估风险。

关键词：房地产税；税收评估；大数据评估

一、房地产税试点的推进历程及主要内容

房地产相关税收是地方财政和中央财政的重要来源，历来受到广泛关注和讨论。1984 年工商税制改革，将房地产税分为房产税和城镇土地使用税两个税种；1986 年国务院出台《中华人民共和国房产税暂行条例》，成为至今房产税征收的依据，但对个人所有非营业用的房产全部免征。随后国内开始探索个人住房房产税的征收问题，2011 年 1 月上海和重庆率先启动房产税改革试点工作；2013 年 8 月杭州、南京等城市上报的房产税征收方案被紧急叫停，房产税改革随之切换到房地产税的综合改革探索频道。2013 年 11 月，十八届三中全会《中共中央关于全面深化改革若干重大问题的决定》中提出"加快房地产税立法并适时推进改革"，房地产税立法被提上日程。由于房地产税本身的复杂性，近年来虽然讨论热烈无奈进展缓慢，直到 2021 年 10 月终于迈出了实质性的一步：全国人大常委会授权国务院在部分地区开展房地产税改革试点工作。此举是对前期规划纲要，财政部、中央高层多次提到"积极稳妥推进房地产税立法和改革"的呼应，自此房地产税征收从"立法先行"转为"试点先行"（图 1）。

房地产税试点征收对象为"居住用和非居住用等各类房地产，不包括依法拥有的农村宅基地及其上住宅"，其中非居住用房地产征收依据保持不变，继续按照《中华人民共和国房产税暂行条例》《中华人民共和国城镇土地使用税暂行条例》执行，因此城镇居住用房地产成为试点政策的重点，具体又分为普通商品住宅、商务公寓、别墅、城市自建房等。具体实施办法包括两部分：国务院制定房地产税试点具体办法和试点地区人民政府制定具体实施细则，结合"引导住房合理消费和土地资源节约集约利用、促进房地产市场平稳健康发展"的目的，实施办法要兼顾居民合理的居住需求和财产性收入，打击囤房、炒房行为。预计今年底到明年初实施办法出台，房地产税试点即将进入实操环节。试点期限为五年，实施启动时

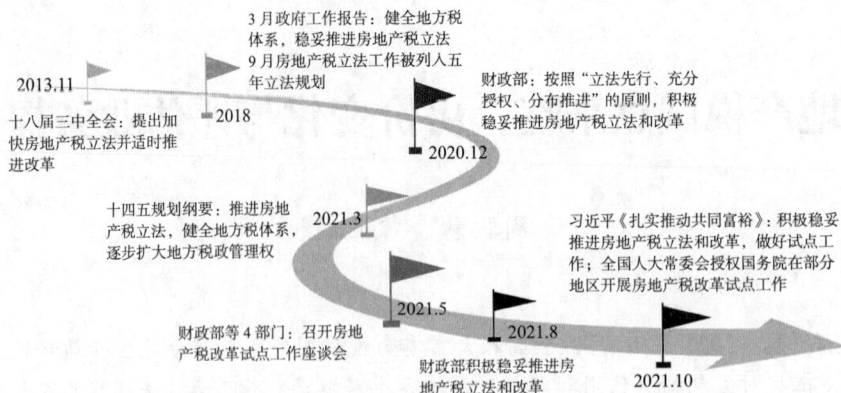

图1　近年来房地产税试点的推进历程

间由国务院确定。

二、征收房地产税对房价的影响

（一）房地产税内涵

房地产税广义上是房地产业各个环节所涉税收的统称，是土地和房地产相关税收的综合性概念。在我国从前期土地取得开发，到中期房屋建设交易，再到后期持有和存量房屋交易，需要缴纳的相关税费种类繁多，主要涉及契税、土地增值税、房产税、城镇土地使用税、耕地占用税、印花税、企业所得税、个人所得税等。这些税费主要对企业征收，对个人征收的主要是契税和印花税，而增值税和土地增值税对个人住宅免征，另外保有阶段税收较少。近期社会热议的房地产税应是狭义的保有环节的房地产税，城镇土地使用税和房产税是改革的重点（图2）。

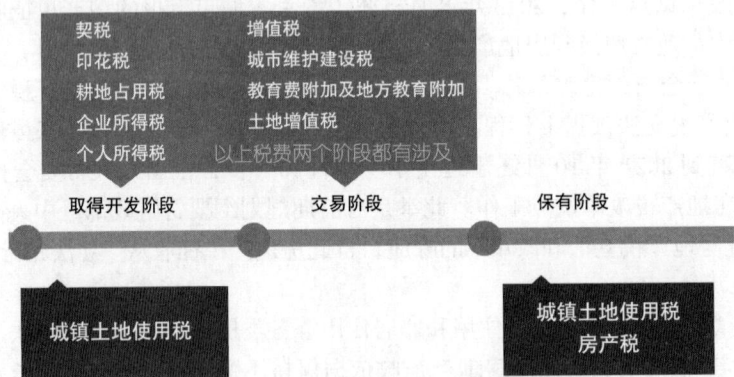

图2　目前主要房地产涉及的税种

房地产税试点在起征点、税率、税基确定上，应借鉴上海、重庆的试点经验，结合当地一般房地产开发建设成本、城镇居民平均收入、资产配置情况等，测算不同征收模式下的税负情况。预计会通过设置首套房免征、家庭人均免征面积等保障基本居住需求和改善居住需求，新购住房和存量住房都可能纳入征收范围；考虑到中央要加强对高收入的规范和调节，防止两极分化、缩小贫富差距，试点实行累进税率比较合理。

（二）房地产税成为房价和租金的一部分

按照成本法测算，土地取得费用、开发成本、销售税费等客观成本是房地产价格的主要构成部分。各成本要素的构成及确定需要结合项目具体情况对照社会平均水平进行确定。一般情况下，房地产各个阶段的税费成本最终会成为下个阶段房地产价格的一部分，转嫁给购买者，而保有阶段的房地产税可能会通过提高租金或售价进行转移；在供过于求或者急于出手的情况下，卖方才有意愿与买方共担税负。房地产税费直接影响房价、租金和交易预期。

（三）2011 年房产税试点后对房价的影响

上海自 2011 年 1 月开启房产税试点，对沪籍家庭新购第二套及以上住房和非沪籍新购首套房按房屋市场交易价的 70%、基础税率 0.4%/0.6% 征收；人均 60m^2 免征，购新售旧、高层次人才唯一住房免征；常住三年以上外来务工人员可退税。上海房产税试点主要对住房增量部分征收，税率较低，对本地户籍和常住人口优惠力度比较大，每年该项税收收入贡献有限。试点当年，上海住宅销售价格下跌 5.1%、销售面积缩减 12.6%，次年出现微弱反弹，而住宅投资增速明显放缓，降低了 20 个百分点。由于叠加经济下行期和政策严控期，上海住宅销量呈现疲态，住宅投资增速保持低位，住宅销售均价增速逐渐回落，市场出现降温（图 3）。

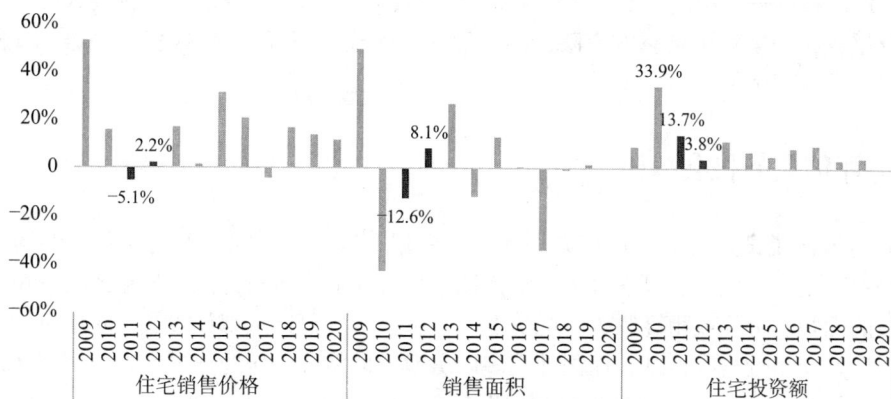

图 3　上海住宅市场销售和投资变动走势

（数据来源：上海市统计局，世联评估整理计算）

重庆房产税试点征收对象为个人拥有的独栋商品住宅、个人新购的高档住房，以及在重庆市同时无户籍、无企业、无工作（简称"三无"）的个人新购的首套及以上住房。按房屋市场交易价、税率 0.5%/1.0%/1.2% 征收。"三无"人员满足有户籍、有企业和有工作任一条件即可免征；试点前存量豪宅免征 180m^2，试点后新购豪宅免征 100m^2。重庆试点政策当年住宅销售价格、销售面积、投资增速纷纷放缓；别墅高档公寓销售价格表现坚挺（上涨 19.9%），到次年才下滑 5.9%。2014—2015 年重庆住宅销售价格下滑、销量疲软，2015—2016 连续两年投资负增长。除了房产税试点对房价、销量的影响外，重庆住宅市场降温显然也受到其他调控政策的影响（图 4）。

房地产税是重要的税收调节工具，可以发挥自动稳定器的作用：在房价上涨时，由于征收数额较高，在一定程度上会抑制交易量，防止市场过热；相反在房价下滑时，征收数额相

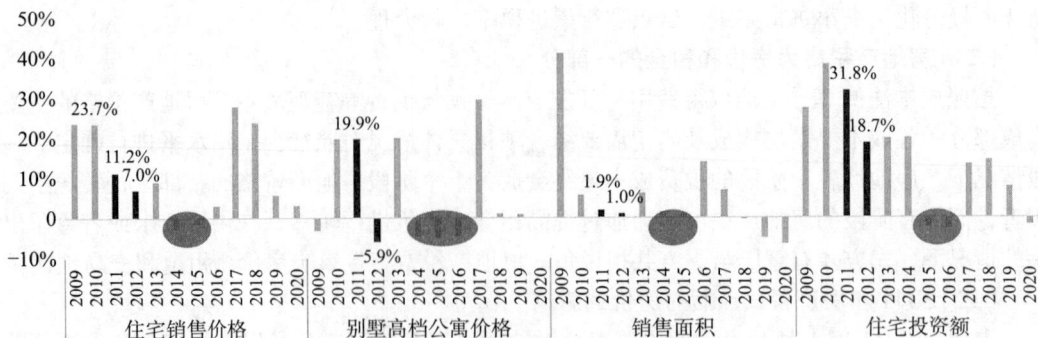

图4 重庆住宅市场销售和投资走势

（数据来源：重庆市统计局，世联评估整理计算）

应减少，又会刺激交易，促进市场升温。从而推动房地产交易更加市场化。房地产税试点使部分人的购房预期发生改变，在短期可能会造成试点地区房价和住房销量的增速下滑甚至出现负增长，将部分需求挤到周边非试点城市，加速区域人口、资本等要素的流动，带动周边经济发展。房地产市场从长期看，主要影响因素为经济发展、人口变动、货币发行、住房制度等，房地产税的长期影响相对有限。美国、日本、韩国，以及香港特别行政区等给予地方政府充分授权，征税对市场影响有限，国外发展经验也印证了房地产税不会主导市场走势，长期抑制效果并不显著。

三、评估业务机会分析

随着房地产税试点临近，计税方法和计税依据等成了广大民众和财税部门共同关注的问题。房地产税的计税方法可能分为从量计征、从价计征和从租计征三种形式，计税依据则是房地产的面积、价值或租金收入。此前上海、重庆房产税试点都设置了一定数量的免征面积，采用房产交易价格为税基，而国外则多以房地产评估价值作为依据。如美国以房地产评估价值作为计税依据，各州可根据财政状况来确定具体征收比例、评估标准，包括市场法、成本法和收入法；韩国的房屋财产税、综合土地税由地方政府每年评估房屋价值，以评估价值的60%～70%作为税基向房屋或土地所有者征收。

房地产税试点启动后，大批的存量房屋和新增房屋被纳入征税范围，需要对涉税房地产价值或价格进行认定。有关研究表明，税务机关向价格认定机构提出涉税房地产价格认定申请，再由价格认定机构聘请第三方评估公司负责涉税房地产价格认定的信息收集采集和测算工作，最终由价格认定机构审核签发认定结论，这种三方合作模式可能会成为将来涉税房地产价格认定工作机制发展的主流方向。评估机构可以在涉税房地产价格认定方面有所作为，房地产相关的税收评估业务也将逐渐增多。

此次房地产税试点涉及居住用和非居住用等各类房地产，基本的评估方法仍是比较法、收益法和成本法，对于比较特殊的物业，如大型商业综合体，需要进行单独评估；对于批量的住宅，则可以借助大数据进行批量评估，目前大数据评估管理系统在各大银行押品管理方面已有应用。大数据评估是利用大数据、云计算、人工智能等科技手段为评估领域赋能，可提升房产评估的时效性和精度。一方面，评估机构需要不断完善房地产数据信息，将所在省、市、区、街道、社区、楼后、户型、面积、朝向等主要信息进行标准化处理，录入大数据评估系统。另一方面，根据房地产评估有关理论和方法建立估价模型，用以往数据进行检验，然后将模型导入上述评估系统，实现批量自动估价，最后辅以人工校对进一步提高准确率。

评估人员要密切关注房地产税试点实施办法，还要关注试点地区的经济社会环境变化，房地产价值也与宏观经济环境息息相关。以美国市场为例，房地产需求长期受人口因素影响，短期受金融条件影响；房价与流动性、利率水平等因素高度相关，财税制度对房地产市场运行的影响相对有限。中美房地产市场发展阶段不同，房地产税的市场调节作用在我国影响可能更大，但我们不能忽略经济增速和经济周期、人口和城镇化等因素对房地产价格的影响。当经济处于上行阶段，人口大量流入，城镇化进程较快，房地产市场需求相对旺盛，预期房价上涨速度将加快，房产持有成本低于价格增长预期，持有人可能将税负转嫁给租房者和买房人，推动租金和房价螺旋式上涨。反之，当处于经济下行期，人口大量流出，城镇化进程放缓，房地产市场需求必然萎缩，预期房价增长速度也将放缓甚至下跌，那么房产持有成本倒逼持有人出售房产，市场上供过于求，造成房价进一步下滑。因此，评估人员要加强市场背景分析，合理预判市场走势，综合考虑影响房价的诸多因素，避免市场波动导致的评估风险加剧。

参考文献：

[1] 张继强，张大为.房地产税：改革历程、经验与启示 [R].华泰研究报告.

[2] 李尚鑫.涉税房地产价格认定工作机制、问题和对策 [J].价格理论与实践，2019（09）.

作者联系方式

姓　名：周聪慧　曹亚琨

单　位：深圳市世联土地房地产评估有限公司，世联评估价值研究院

地　址：上海市静安区万荣路 777 号大宁音乐广场 H 座 602 室

邮　箱：zhouch@ruiunion.com.cn，caoyk@ruiunion.com.cn

注册号：曹亚琨（4420000299）

第五部分

估价机构人才吸引与培养

提高房地产估价师职业素养是行业发展之本

刘洪帅　何　哲

摘　要：近年来，估价师职业素养越来越引起房地产估价行业人士的关注，估价师的职业素养包含职业道德、职业意识、职业行为、职业作风和职业技能等方面。本文从职业素养的基本概念出发，结合房地产估价行业特点，提出提高房地产估价师职业素养是房地产估价行业发展之本，对当前存在的估价师职业素养问题进行分析，对如何提高房地产估价师职业素养提出了相应的解决办法，以期为房地产估价行业的发展和估价师职业素养的提高贡献一份微薄之力。

关键词：职业素养；职业道德；职业意识；职业技能；行业发展

一、房地产估价师职业素养与行业发展的关系

职业素养的本意是指职业内在的规范和要求，是在职业过程中表现出来的综合品质，包含职业道德、职业意识、职业行为、职业作风和职业技能等方面。前四项属世界观、价值观、人生观范畴的产物。在人的一生中逐步形成，逐渐完善。而后一项，通过自我学习、教育、培训比较容易获得。

由于房地产估价行业的特殊性，决定了房地产估价师职业素养有其自身的特点。从法律层面，房地产估价师需要遵守法律、行政法规和评估准则，按照独立、客观、公正的原则开展工作。在职业道德层面，现行国家标准《房地产估价规范》GB/T 50291—2015 专门制定了职业道德规范，共列出八条职业道德准则要求估价师在执业中予以遵守，这些道德准则涵盖了服务对象、执业技能、保密原则、执业行为等方面，如不能和利害关系人发生业务、不能承接超出估价师和估价机构业务能力的估价业务、向委托方清楚地说明估价中的估价假设等重大事项。在职业意识和行为方面，房地产估价师必须按照《房地产估价规范》GB/T 50291—2015 的要求开展执业，包括估价的程序、估价方法选取、估值测算和报告撰写等。在职业技能上，房地产估价师要深刻理解技术规范的要求、了解房地产相关法律法规、熟悉掌握房地产估价技术方法、具备丰富的实操技能和经验等。

与传统的资金、技术或人力密集的工商业不同，房地产估价作为专业的技术经济类服务行业，行业公信力是发展的核心要素，具有一定的人合性特点。我国房地产估价行业发展历史，不是靠资本和技术的积累，而是依靠行业公信力、优质的服务质量、不断提高的为客户解决问题的能力为基础发展起来的。所有的这些都是以房地产估价师这个最基本的行业构成单元来实现的，因此提高房地产估价师职业素养是估价行业的发展之本。估价师职业素养的提高带动了整个行业的发展，反过来整个行业的发展，如监管力度的加强、新型估价业务的出现，又会促使房地产估价师需要不断地完善自我、强化执业风险意识、提高职业技能来满

足行业发展对估价师职业素养的高要求。

二、房地产估价师职业素养的现状

我国房地产估价行业发展至今已经有 20 多年的历史，房地产估价机构和估价人员的数量有了大幅度的增长。截至 2020 年 12 月 31 日，全国共有房地产估价机构 5566 家，取得房地产估价师资格证书的人数达 71368 人，注册人数达到了 63772 人。伴随着行业的发展壮大，房地产估价师整体职业素养有了较大提高，主要体现在以下几个方面。

（一）房地产估价师职业道德水平建设有了长足发展

房地产估价师的职业道德是房地产估价师在房地产估价活动中应当遵循的行为规范的总和，包括职业品德、职业情感和职业行为习惯三个方面，要求房地产估价师以良好的思想、态度、作风和行为去完成房地产估价工作。拥有良好的职业道德是一名合格房地产估价师的根本素质，道德根基不稳固，对估价师个人乃至整个行业的发展会起到很大的副作用，有时甚至是毁灭性的。我国《资产评估法》颁布施行以来，房地产估价行业有了法律准绳作为执业依据，房地产估价师的法律意识不断提高，遵法守法开展评估业务已经成为估价行业各方共识。而在遵守法律基础上，不断提高估价师职业道德水平，是行业协会、估价机构和估价师个人的核心工作之一，通过不断的法制宣传、继续教育以及典型案例的警示作用，广大估价师已经意识到只有具备良好的职业道德素质才能在未来的执业生涯中规避执业风险，进一步树立起行业的公信力。

（二）房地产估价师总体学历水平较高

根据有关数据统计，房地产估价师人员中，本科及以上学历占比为 65.2%，其中本科 57.8%，硕士和博士占比分别为 6.9% 和 0.5%，大专及以下占比为 34.8%。根据最新的《2021 年度房地产估价师执业资格考试有关事项的通知》，报考房地产估价师的学历要求为高等院校专科以上，取消了中专学历报考房地产估价师的资格和对报考人员工作年限的要求。以上变化提高了报考人员学历门槛，而取消工作年限限制是想让更多的年轻人进入房地产估价领域，为行业注入更多的新鲜血液。

（三）房地产估价师职业意识和行为更加规范

我国房地产估价行业经过多年发展，已经培养了一支人员素质较高的房地产估价师团队，他们平均从业年限达到 11 年，注册超过 10 年的房地产估价师占比达到了 52.2%。多年的职业生涯，让这些房地产估价师对房地产估价工作有着深刻的理解，深谙房地产估价工作的意义和作用。同时，行业协会不断出台的各类技术规范文件，外部监管的加强，也从另一个角度强化了估价师的职业意识，规范了职业行为。

（四）房地产估价师具有较强的专业胜任能力

房地产估价师考试制度的施行，为行业输出了大批掌握房地产估价基本理论知识和技能的估价人才，房地产估价师继续教育制度则加强了估价师知识结构的合理性、知识更新的及时性。房地产估价机构在内部岗位设置和人力资源安排方面，多考虑以老带新、项目安排由易到难、项目经理级别制等方式，让估价师循序渐进地提高了自身职业技能。房地产估价师逐渐掌握各项执业技术规范，积累了估价经验，具备了解决复杂估价问题的能力，专业胜任能力得到进一步加强。

三、当前房地产估价师职业素养存在的问题

受新冠疫情影响，各国经济发展停滞不前甚至陷入衰退的境地，我国抗疫成果显著，经济发展在全球一枝独秀。但可以确定的是，本次新冠疫情将深刻影响全球经济发展，必将重塑世界产业格局。回看国内，房地产市场调控力度持续加码，"房住不炒""三道红线"等政策，正在对房地产行业产生着深刻的影响，房地产市场正处在新时代下转型升级的关键阶段。面对这些宏观环境的变化，房地产估价师的职业素养尚存在以下问题。

（一）房地产估价师职业风险意识不足

风险意识是房地产估价师职业意识的重要组成部分，低风险执业是保证估价师个人和估价机构健康稳定发展的基本条件。当前在国有资产评估、证券业评估、拆迁评估和司法鉴定等领域，估价执业风险不断加大。而行业内部的低价竞争、迎合委托方估值需求、估价报告粗制滥造等情况时有发生，更有甚者，个别估价师未勤勉尽责受到行政处罚甚至与当事方勾结出具虚假评估报告受到刑罚。这些现象说明我们有些估价师的法治观念和风险意识还比较薄弱。

（二）估价师服务意识不够强烈

服务意识是房地产估价师在与客户交往中所体现的为其提供周到、主动和专业服务的欲望和意识，良好的服务意识是职业工作的基础，是赢得客户的关键，是行业发展的动力。房地产估价属于技术含量较高的服务类业务，在行业发展早期，很多房地产估价业务来源于政策性的、非市场竞争性质的业务，估价师主动服务的意识并不强。现在房地产估价市场化程度虽然比较高，但还主要靠价格竞争而非服务质量竞争，服务意识自然跟不上市场发展的步伐，如存在用非估价师作为项目负责人、解答客户疑问不耐心、工作进程拖沓等情况。

（三）职业技能的提升尚不满足房地产估价新需求

当前，社会上房地产估价新需求不断出现，咨询性业务逐渐增多，对估价师职业技能在精、专的基础上，还要求一定的广度和深度。如大宗商业地产投资咨询评估，有时需要估价师根据物业多种利用方案出具不同估值结论，分析卖方物业财务状况和企业经营情况，编制报价方案；再如，为委托方提供房地产开发项目财务后评价服务，要分析项目的定价政策、收益情况、成本控制水平，总结项目开发经验和教训等。这些估价新需求不仅要求房地产估价师具备传统的房地产估价知识，还需要对房地产相关法规政策、财务、税务、市场分析及大数据等具备一定的知识技能。而现在的估价师知识结构较为单一，在职业技能上还无法适应估价新需求。

（四）估价业务实操规范性不强

估价业务实操属于职业行为范畴的问题，是执行估价业务流程中的具体行为操作。无论从《房地产估价规范》GB/T 50291—2015等行业规范文件还是估价机构内部业务流程文件，都从估价业务受理到估价报告存档整个操作过程做了相关规定。在现实当中，估价师能够严格按照操作流程执行业务的其实并不多，或多或少都有一些瑕疵事项的存在，比如在未签订正式估价委托合同的情况下开展估价工作、估价师未参与现场勘查、未完成审核流程即和委托方沟通评估结论、报告存档不及时等。究其原因，不是估价师技术能力不够，而是由于思想上不重视、行动上不彻底，也或者是市场竞争压力造成的。

四、如何提高估价师职业素养

（一）加强职业观教育

职业观是人们关于职业方面问题的根本看法，如对职业评价、职业选择的看法。估价师应树立正确的职业观，充分认识到估价师是一个代表着独立、公正的职业形象，估价师对于职业道德的要求必须高于其他行业，估价师必须具备专业胜任能力并且勤勉尽责，估价师的工作常常关乎社会公众利益。对估价师进行职业观教育，促使估价师树立正确的职业观，估价师要以维护自身名誉及行业声誉为己任，自发提高职业素养，提升委托人对估价师自身认可度，提升社会对估价行业的认可度。

（二）加大估价机构培养力度

估价机构应按照《资产评估法》和行业管理办法的规定规范执业，建立健全内部管理制度，对估价师的从业活动进行管理和监管。估价机构应根据估价师专业胜任能力承接相应业务，由估价师担任项目负责人。估价机构应安排估价师参与复杂项目，以锻炼、提高估价师技术能力。估价机构应支持估价师积极参与行业协会安排的后续教育活动，通过学习提高其职业素养。估价机构应充分意识到，估价机构是估价师的职业素养提高的直接获益者。

（三）实行估价师分级管理

对估价师进行分级管理是许多发达国家的惯常做法，一般要求通过估价师考试后经过一段时间的实习方可从事简单的估价业务，具有较长时间的实践方可从事复杂的估价业务。

估价师实践经验的多少是决定其素养水平的关键因素之一，不论实践经验多少、素养如何均统一称为"估价师"，不利于估价师整体形象和社会声望塑造。从另一个方面讲，估价师花费大量时间和精力，通过考试、实践等环节方能获取执业资格，获得执业资格后，估价师不但理论经验丰富，也会倍加珍惜执业资格的来之不易，从而谨慎行事，遵守执业道德，维护自身名誉。

（四）严格估价行业管理

《资产评估法》和相关行业管理办法是估价师规范从业的保障，估价行业管理部门和估价行业协会应根据法律法规、行业自律管理办法严格管理，树行业正气，维护估价师社会形象，保证那些遵规守法的估价师权益不受侵害，鼓励估价师通过提高自身素养赢得客户，获得报酬。打击行业低价竞争等不正常现象，加强报告质量检查工作，建立行业禁入制度，维护行业的整体利益。

（五）加大宣传力度榜样估价师

榜样的力量是巨大的。提起梁振英先生，估价师都会感到自豪，因为他是房地产估价行业的杰出代表。我国估价机构不乏杰出人才，多人跻身人大代表、政协委员行列。这些社会影响力大、知名度高的估价师应起到示范作用、带头作用，行业协会要加强对其宣传力度，让榜样估价师成为全体估价师提高职业素养的指南针。

作者联系方式

姓　名：刘洪帅　何　哲

单　位：北京中企华土地房地产资产评估有限公司

地　址：北京市朝阳区工体东路十八号中复大厦三层

邮　箱：liuhongshuai@chinacea.com；hezhe@chinacea.com

注册号：刘洪帅（1120050102），何哲（1120050150）

房地产估价机构人才管理制度建设与培养

摘 要： 在房地产估价机构面临转型的现状下，论述了如何以责权利心法来进行人才管理制度建设与培养，对机构各层级技术人员的责权利匹配进行了分析探讨，也对过程中可能遇到的比如如何正确授权和建立知识地图等情况进行了重点分析。

关键词： 人才管理制度建设；人才培养；责权利；授权

在房地产估价市场传统业务萎缩的市场环境下，很多机构都在探寻转型和创新的破局之道，通过人才管理制度建设与人才培养来提高传统业务的成单率及效率。提高成单率为转型做好了基础的业绩支持，提高效率为从业人员腾出了更多的时间来探寻和研发新的业务，从而有助于机构的长远发展。

一、人才管理制度建设的基本原则

从商业角度来说，以公式思维来分析房地产估价机构的收入，机构收入 = 业务触点数量 × 业务转化率 × 项目成单率 × 客单价 × 复购率，在当下的市场环境下，传统业务的业务量（即业务触点数量 × 业务转化率）提升的难度较大，客单价由于竞争也很难有突破，复购率受客户维系、估价目的等多方面因素影响，对于估价机构来说突破的难度也不小，而估价机构相对能突破的是项目成单率这个维度，即项目接单到成单并收取评估费转化的比率，而这一环节的核心的就是估价机构的技术人员，这里笔者指的不是技术人员人本身，而是技术人员的服务能力，人才培养的本质也是培养依附于人身上的能力。这一点是笔者听贝壳创始人左晖的一次采访时受到的启发，左晖认为房地产经纪行业的产品不是房子本身，而是房地产经纪人的服务能力，而笔者认为同为房地产中介服务行业的房地产评估行业，我们的产品也不应该只是简单地理解为估价报告，而是估价人员的服务能力。

综上分析，房地产估价机构人才管理制度建设和培养要以提高房地产估价人员的服务能力为目标，而服务能力的提高要从不同层级技术人员的职能分工说起，职能分工需遵循最基本的原则就是责权利（责任权力利益）一致原则。

（一）责权利原则简介

"责权利匹配"原则就是每担起一份责任，就应该获得一份权力，还应当拿到一份利益。责权利三者是相辅相成、相互制约、相互作用的。一般都说责权利要对等，才能调动积极性，也就是说负有什么样的责任，就应该享有相应的权利，同时应该取得相对称的利益。在任何一个管理单元上，责任、权力和利益必须同时、对等地发生在一个主体身上。

（二）责权利不一致的危害

权力独大，将会导致权力寻租，责任和利益不清，权力过大，舞弊的冲动就会变大，容易滋生腐败；利益独大就会引发内耗冲突；责任独大，一定会催生消极怠工。责任很大，权力很小，将会导致这件事不可能做好；责任很大，利益很小，将会导致这件事做好了也没有用。

而估价机构成单率低有一个因素就是在机构内部制度体系上，没有充分考虑责权利对等的原则，大部分技术人员都认为自己承担的责任或者风险过大，而即使项目成单后自己的利益与承担的风险相比过小，即利益与责任不匹配，如前所述责任很大，利益很小，将会导致这件事做好了也没有用。对技术人员来说，一个项目最终能否成单，跟自己关系不大。一方面成单与否受多方面因素的影响，一方面是在部分客户对价格有预期有需求的现有市场环境下，利益与责任不匹配机构下的技术人员是没有动力去把项目往成单方向去积极推进的，而这是估价机构人才管理制度建设需要考虑的一个很重要的因素。

（三）责权利匹配的心法

责权利不会自动匹配，需要机制，而最重要的机制就是以权和利为入口，领导者先不要去谈责任，先给权和利，也就是最关键的用人、花钱和使用资源这三个方面，你先给他，在强大的信用账户和零借口的面子要素的作用下，员工自然会把责任担上。

二、评估机构组织架构及不同职位的责权利

解决机构责权利的问题，得从评估机构技术部的组织架构说起，本文以直营性全国性房地产估价机构为例来分析说明估价机构的组织架构及不同职位的责权利（图1）。

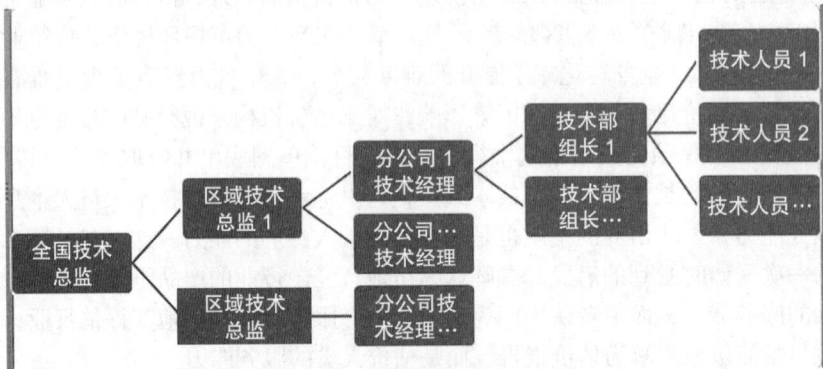

图1　估价机构的组织架构及不同职位

不同职位的责任权力和利益见表1。

责权利明细表　　　　　　　　　　　表 1

项目／职位	全国技术总监	区域技术总监	分公司技术经理	技术组长	技术人员
责任	搭建全国知识共享平台；指导并培养下属；提升机构技术部在内外部的地位；在总公司层面给技术部争取更多的资源和利益；对全国范围内产品质量及其他技术工作承担相应责任	审核区域内部分报告；向上汇报各分公司的技术工作；向下传达工作安排；对区域范围内产品质量及其他技术工作承担相应责任；指导培养下属	审核部门报告；对分公司产品质量及其他技术工作承担相应责任；指导培养下属；协调内部各部门间关系	审核项目测算、定价、预评估、报告二审；指导培养下属；对小组内部产品质量及其他技术工作承担相应责任；指导培养下属；对自己项目负质量责任	对自己交付产品负质量责任；对领导安排的任务负责
权力	管理（考核、分配、监督等）区域技术总监的工作；法定权、奖惩权	管理（考核、分配、监督等）分公司技术经理的工作；确定某一项目承接与否的权力；法定权（安排工作、任命解雇权等）、奖惩权；	管理（考核、分配、监督等）分公司技术组长的工作；分配具体项目到技术组长；确定某一项目承接与否的权力；具体项目的审核权（三审）；法定权（安排工作、任命解雇权等）、奖惩权	管理（考核、分配、监督等）分公司技术人员的工作；分配具体项目到技术人员；具体项目的审核权（二审）；法定权、奖惩权	项目定价权
利益	底薪+股权激励	底薪+绩效+奖金	底薪+绩效+奖金+审核提成	底薪+绩效+奖金+审核提成	底薪+绩效+奖金+项目提成

三、不同职位的技术管理工作的思考

笔者结合上表所列示的各职位的责权利来分析自己对不同职位的技术管理工作的一些思考。

（一）全国技术总监

由于该职位承担着全国范围内的一切技术管理工作的责任，所以该职位在机构内部需要在技术领域具备绝对的权威，而更多的权威和影响力是需要通过自身的专家权及表率权来确立的。为了更好地开展工作，该职位的工作重心，是要提升机构技术部门及技术人员在机构内外部的地位，对外提升本机构技术品牌的打造，对内提升技术部在机构内部的地位，给技术同事争取更多的资源。该职位需要思考如何更加高效地促进各分支机构跨地区的技术交流学习及信息共享以及明确各区域技术总监的工作职责和内容，让分公司之间能高效地找到对应的解决问题的人，提高内部沟通效率。该职位承担的责任重大，更多的是战略层面及宏观层面的把控，需要把时间花在这类重要不紧急的事情上，需要有大局观和战略思维的能力，而与其匹配必然需要具备绝对的权力及与责任权力相匹配的利益。

（二）区域技术总监／分公司技术经理

由于人才稀缺等方面的原因，大部分评估机构的这两个职位几乎都是同一个人兼任的，所以本文就一起讨论。评估机构该职位的主要责任之一就是对产品质量负责，比如日常的报告审核，业务量较好的机构该部分工作就已经占据了绝大部分的工作时间，这部分工作属于相对紧急的事情，但却容易忽略未雨绸缪的管理工作与技术提升这类重要但不紧急的事情，笔者认为技术管理岗应该花更多的精力在这方面的事情上，比如提升报告质量、规范技术审核流程、提升下属工作能力、与下属沟通谈心等，这也属于风险防范的事前管理。培养后备人才，从而节省更多的时间来进行部门内部的管理工作、与其他分公司的交流学习、分公司内部与其他部门之间的沟通协调、机构外部与客户的沟通与交流也是该职位的重要责任。

而后备管理岗需要经过一段时间科学的培养后逐步放权，只有把具体执行层面的事务交给下属去做，技术经理才能有更多的时间进行管理工作，但放权后需做好监管工作。人员的培养需要以人为本，去用人之长，对不同的人培养模式和路径应该是有区别的，对于比如专业能力培养上一些比较死的部分尽可能做到产品化，尽量不在工作中去反复做同样的事情，比如可以把一些专业技术的讲解以视频的形式录制，而不需要一遍又一遍地去讲，管理岗的时间和精力是技术团队极其重要的资源。

不过按照上述方案调整后可能会引发新问题。如果技术经理不审或少审报告，那么利益层面的报告审核提成就减少甚至没有了，笔者认为该职位的主要利益分配（收入）应该以明显高于下级的基本工资加绩效奖金构成，绩效奖金可以从技术团队总提成里分配一定比例，而不是以单个项目审核提成的形式，毕竟该职位要承担分公司的一切技术责任。工资是支付给责任的，奖金是支付给绩效的。若管理岗基本工资并不明显高于技术人员，可能会存在审核岗和管理岗的收入比不上少数业绩较好的技术人员的情况。这会导致一方面管理岗很难管理下属，更重要的一方面是下属也会失去晋升的动力。所以调整该职位的薪酬构成，是解决该职位责权利对等的一个解决思路。

（三）技术组长

该职位是责权利不一致问题最突出的职位。大量的审核责任，很难有实权以及与责任不匹配的利益。该职位的常规工作是在负责自己具体项目的前提下还要审核组内成员的审核事宜，而除了分配组内项目的权力，几乎没有任何管理上的职权，大量审核责任得到的利益只有扣除考虑成单率后报告审核的提成。该职位很可能需要审10个测算、6个预估2个报告才能获得最终出具的两个报告的审核提成。

对于该职位此类问题的一个解决思路是调整组织架构，配备合理的团队人数，以实际工作经验来看，一般一个组长带3个人左右比较合适，而对于项目是自己独立承接还是交由团队其他人员承接，笔者建议把自主权交由组长自行安排，从管理的角度来说一方面自己做的决定自己更认可更容易执行，一方面可以培养组长的组织协调能力和统筹安排能力等。但是上级管理者需要给该职级匹配相应晋升机制或者薪资调整空间，该职位是责权利不太容易对等的，而通过这样一个职级的培养和锻炼的过程，能更好筛选出有沉得住气目光长远的人才，而在晋升前利益分配方面建议薪资的弹性和区间可以适当较其他层级高一些。

（四）技术人员

对于技术人员则适合采用情境管理的模式。肯·布兰查德把"不同情境，不同管理"的方法论，叫作情境管理。同一个员工，面对同一项任务，因为意愿的高低和能力的强弱不同，就有四种情境：一是热心的生手。刚接手一项新任务的员工，通常意愿高，很想干，但是能力弱。二是憧憬幻灭的学习者。工作了一段时间，能力有提升，但未达到胜任的程度，员工开始迷惘甚至沮丧。这时他的工作意愿降低，能力在弱到一般的水平。三是能干谨慎的执行者。员工继续进步，有较好的工作能力了，但信心还不稳定。这时，员工的意愿不定，能力中等到强。四是独立自主的完成者。员工终于完全胜任工作了，很兴奋，这时，他们的意愿最高，能力最强。

员工的情境，通常是从 1 到 4 的不断发展的。情境管理，就是第一，识别员工所处的情境，第二，运用这个情境的管理方法。知道员工处于哪个情境非常重要。简单一句话来说就是：他是钉子，你用锤子；他是螺丝，你用改锥。

具体运用的方法论，见图 2。

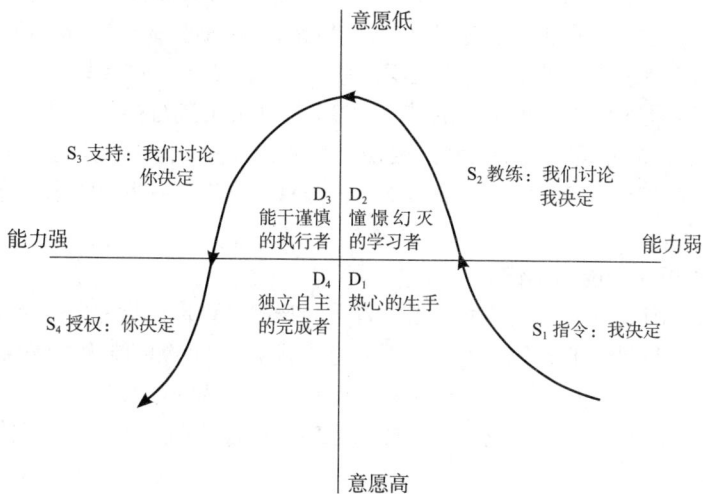

图 2 情境管理示意

对于新手技术人员，以指令为主，由上级决定。对于有一定经验的技术人员，以教练为主，由上级决定。对于经验丰富的技术人员，以支持为主，一起讨论，下级决定。对于骨干技术人员，以授权为主，下级决定。该类技术人员也可以根据员工个人职业发展规划和能力作为储备组长的角色。在利益方面，应分设不同级别（比如估价师助理 1～4 级）去匹配不一样的薪资待遇。

四、人才制度建设和人才培养中需注意的特殊事项

（一）管理中需要考虑自身实际情况

管理中最难的一点是它不是放之四海而皆准的，机构要结合自己的资源、目标、所处的发展阶段去制定合适的制度。在考虑管理问题时要加入时间的维度，即使对本机构曾经适用取得很好成果的方法论在机构进入新的发展阶段时或者有新的目标时就未必适用了。

（二）技术管理岗的最重要的职责

培养下属是技术管理岗的重要职责，应该纳入其考核指标，最理想的状态是每个职位都有至少一位的储备人选。招人难一直是评估机构的痛点，而自己培养的员工与机构的匹配度较高，忠诚度更好，离职率较低，也降低了人员离职项目交接转手出现风险事故的概率。技术管理岗应当是充当教练的角色，给下属提供支持、指导和资源，而不是亲自下场去比赛。

成长是下属的责任，帮助下属更好地成长才是技术管理岗的责任。

（三）知识管理

前面提及了培养下属是技术管理岗最重要的责任之一，比较传统的做法如项目探讨、项目复盘、日常培训或者内部评估技术手册能从一定层面解决这个问题，而现今商业领域有个热门话题就叫知识管理，探讨企业该如何把员工的知识、经验、教训归纳起来，做好知识管理是高效地提高的团队人员能力的有效途径之一。专业技术人员的知识大多都储存在每个人的脑海中，表面上，知识管理就是收集、储存、共享有价值的信息和经验。但这么做的目的又是什么？归根结底还是为了方便员工学习，更好地解决问题。根据最新的组织行为学研究，组织不为大家共享知识本身，而是共享一份精准的"知识地图"。沿着这份地图，每个人都能找到对的人，同样可以很好地学习、解决问题。企业要做好知识管理，必须先建立共享心智，而共享心智有4个要点：（1）组织高频率、仪式感强的知识分享活动；（2）保证相关人员都参与，建立对他人知识结构的认知；（3）帮助员工进行换位思考，理解他人行动背后的思维逻辑；（4）格外重视关于失败、妥协、变通的经验分享。此外管理岗需要根据员工的教育水平、性格、团队工作特征，来调整知识分享的方案，这些才是技术管理岗需要花时间动脑的地方。

（四）技术管理岗的能力图谱

笔者不太认可因为员工专业能力突出就晋升为技术管理岗的做法，优秀的技术管理岗需要的能力绝不仅仅只是专业技能，当然这是必备的基础，而管理能力、领导力、沟通能力、组织协调能力、资源整合能力、统筹规划能力等是笔者认为对于技术管理岗来说与专业能力同等重要的能力。而对于机构来说，给予技术管理岗晋升前和过程中的培训指导是非常有必要的。

（五）人才成长规划路线图

机构和管理岗有必要让员工在入职时就清晰地知道，在机构内部可以有怎样的发展路径，比如走专家路线或者管理路线，可以怎么走，在每一步需要达到什么样的标准匹配什么样的能力，重点是在每一个阶段应该如何去做。要做好人才培养，人才成长规划路线图是一个很有用的工具，可以让员工的成长少走弯路。但这类工具，主要用于指引，而不应该死板地去套用。

（六）如何正确地授权

管理岗授权过程中比较容易出现的问题是授权走样，就是领导把任务委派给下属，然后放任不管。而另一种形式，就是领导管得太细，嘴上说都由你做主，其实根本不放心。根据组织行为学的研究，授权走样本质上都是犯了一个错误，就是组织把授权的目的搞错了。如果授权的目的是办好某件事，领导者不必费周折，有时间自己解决就行了。但是领导者时间有限，需要让更多人都具备这种解决问题的能力，所以授权的真正目的是培养下属，授权的对象应该是人。所以说管理岗给了下属授权，反馈的就不应该是具体的做法，而应该是对他能力增长的评价。对于管理者来说，在做授权时都应该问自己3个问题：一是有没有明确规定下级的责任边界；二是有没有给下级提供必要的辅导；三是有没有给下级说清楚，出问题了，风险和后果谁来担。管理岗是需要有眼睁睁地看着下属去把事情做砸的勇气的，做砸后还得微笑地对下属说："失败了，恭喜你，过程中收获了能力成长。"如果下属一直在自己舒适圈里做事，就没有什么失败的机会，也不会有什么成长。

五、结语

新时代的竞争，终究是人才的竞争，而作为中介服务行业的房地产估价行业，最后比拼的都是机构人员的服务能力和水平，人才管理制度建设和培养是机构长远发展的重要战略方针，而责权利心法则是人才管理的底层心法。

每一个机构的人才管理制度建设和培养做好了，才会有人才涌现，机构才能越来越强大，估价行业也会越来越好，做好机构人才管理制度建设和培养，就是在为自己、为员工、为行业、为社会做贡献。

参考文献：

[1] 李育辉 . 李育辉组织行为学讲义 [M]. 北京：新星出版社，2021.

[2] 刘润 . 每个人的商学院 [M]. 北京：中信出版集团，2019.

作者联系方式

姓　　名：赵　麟

单　　位：深圳市戴德梁行土地房地产评估有限公司成都分公司

地　　址：四川省成都市武侯区人民南路四段 3 号来福士广场 T1 30 层 戴德梁行

邮　　箱：2366281071@qq.com

注册号：5120130053

高质量发展阶段分类分层
推进估价行业人才培养研究

李建中

摘　要： 本文研究在高质量发展阶段如何增强人才培养的针对性、质量与效益，以适应新时代的发展需求。在全面分析目前行业、机构部分人员对人才培养上的模糊、片面理念与认识基础上，结合行业、机构的实际，着眼新时代对行业、机构发展的新特点和对人才培养提出的新要求，提出房地产行业分类分层培养人才的新设想。具体设置了人才分类分层培养的 3 种类别、3 个层次的基本框架体系，编制了各类别、层次的培训内容，研究了培育的方式方法。为行业和机构培养人才提供了新的思路。

关键词： 人才培养；理念问题；分类分层结构；培养内容设置；培养方式方法

创新改善房地产估价行业人才培育机制与方法，形成具有复合型、全类别、多层次的人才队伍，是适应高质量发展阶段要求的内在需求和关键性建设问题之一。根据高质量发展阶段的新要求，结合人才队伍建设发展的实际，系统细致地研究房地产估价行业人才培育的基本框架思路和方法是非常必要的。

一、行业人才培育发展的理念问题

1. 领导就是人才，人才就是领导

有的自认为比任何人都强；有的把所有的光环都占为己有；有的惧怕其他人超越自己；有的虽是机构领导，但没有较强的专业能力。由此，不能把领导与人才等同起来。若不能摆正认识理念，将对机构和行业的人才培养带来较大阻碍。

2. 行业规模较小，运作现实性差

目前我国的房地产估价行业由于大多数机构仍以传统业务为主要经营内容，业务领域狭窄，致使行业规模不大，直接导致业内人士对分类、分层培养人才问题认识不足。

3. 跳出本业领域，跨业寻求为主

目前，一种认识是，房地产估价机构的发展应以拓展本专业领域以外的业务为主，这样才能摆脱竞争激烈的传统业务领域红海。由此，在培养人才方面也把眼光瞄准本业外领域，放弃对本业内人才的培养。

4. 年轻人是主体，越年轻越好

房地产估价是一个专业性、技术性相对较强的行业，人才的培养需要一定的周期。按照现行的专业资质考试规定，一个本科毕业的入职员工，完成资质考试合格并注册成功，在 30 岁左右，若再进入磨砺阶段，经过相应的积淀，才可进入人才定向培养阶段，成为人才至少应在 35 至 40 岁之间。故，人才培养及队伍建设，不能片面强调越年轻越好（图 1）。

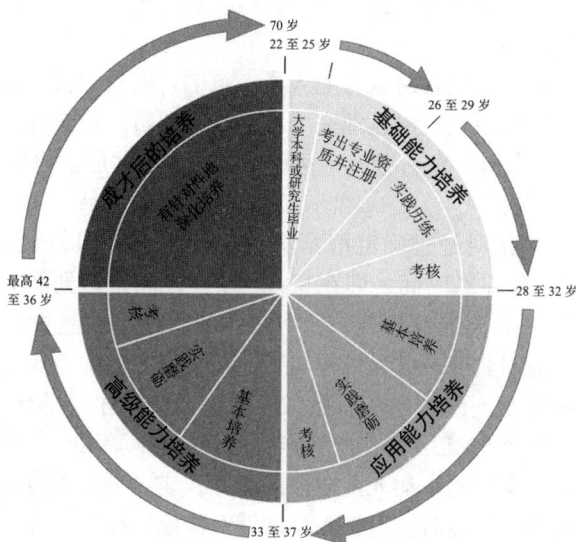

图 1　比较理想的人才培养进程结构图

5. 机构负责搭台，修行需靠个人

主张一视同仁，对员工提供考试、培训机会和锻炼的场所与机会，能否进步主要靠自己。用全面和发展的眼光看，这种认识最大的问题是，缺少系统的培养、帮带与目标规划、具体措施。

二、科学设置行业人才分类分层培养结构

按专业服务领域不同可分三大类别，每个类别下又可细分为若干人才培养发展方向。

主为专业领域。是指以房地产、土地估价、咨询、代理为房地产估价机构的主业，围绕主业，努力组建、培养和打造适应行业发展，展现行业高端专业水平的综合人才队伍。下分领导管理型、专家技术型、市场拓展型、信息数字化应用型、学术研究创新型、信息综合领军型、党群工作型等培养方向。

新拓专业领域。是指深耕传统专业领域和围绕新形势、新政策、新格局探索创新获得的新型业务领域。紧紧围绕城市更新、乡村振兴，重大投资与重大建设项目需要，把专业服务前移至项目筹划阶段，进行全过程、全方位、全专业的复合型专业服务。大体分为：领导综合引领协调型，全面型综合专业型技术人才和分业专业技术人才型，高层次市场拓展与分业市场拓展人才型，全过程信息数字化应用型，高层次、综合型学术研究创新型，高层次、综合性的专业领军人才型。

相关专业领域。是指在开展主业和新拓专业服务中，可能需要相辅、配合的上下游相关专业服务机构。主要含：工程咨询、工程造价咨询、工程项目招投标、会计审计、空间规划、资产评估、土地、房地产测量与权属调查等专业类别，按照各专业的特点和围绕项目全过程流程性、综合性专业服务要求，设置相应的人才分类。主要是，综合性和分业性组织管理型，综合性和分业性专家技术型、市场拓展型，综合性和分业性信息数字化应用型、学术

研究创新型，综合性、分业性、高层次的领军人才型。

在明确分类体系后，还要根据人才培养发展轨迹，进一步研究不同阶段、不同层次的界定。

基础能力培养。培养对象是初跨入行业人员。范围一般从学校毕业至考出职业资格，并经过一段时间的历练，能够独立，出色地完成专业服务项目。设定在大学本科或研究生毕业后，22 至 25 岁左右，26 至 30 岁左右考出专业资质，并完成注册。再经 2 年的历练。经考核，可选拔进入下阶段培养层次。

应用能力培养。主要是对经过确定培养发展方向后，进行应用层面人才培养。一般从 28 至 32 岁开始，经过 5 年左右时间，即在 33 至 37 岁之间，达到能够自如地组织重大项目的运作，或负责机构某一方面的领导工作，有较强的协调控制能力，有较高的分析研究水平，在行业领域有一定的知名度，成为机构与行业在某一方向的专业骨干。

高级能力培养。主要是对选拔出的有较大发展潜力的人才，进行创新谋划、顶级技能、行业巨匠、数据运用等方面的高层次人才培养。培养是持续不断，日益更新，与时俱进的，年龄起点一般在 33 至 37 岁之间。初入此阶段的人才，应区分培养方向，运用 3 至 5 年时间进行系统培养后，待有相当积淀时，再转入日常针对性地持续、综合培养。

三、精细选择培养行业人才对应内容

（一）基础能力培养内容相对一致，兼顾特色

基础培养阶段以取得专业资质，基本掌握专业服务技能和项目拓展、运行基本组织协调关系为主要目标。主要内容是：系统、全面、熟练掌握本专业考取专业资质所需的政策法规、理论知识、专业方法、实务技能和相关专业的基本知识与实务技能；从独立完成传统专业项目开始，全面参与或主要负责组织各类项目的运行；继续扩大专业知识学习，参与学术课题、专项问题研究交流活动；积极开展相关专业职称、资质要求的学习、申报活动，力争获得更多的专业知识与认可；在本阶段培养后期，按照可能的发展方向开展相应的知识与专业能力的初期培养。

（二）应用能力培养内容按需设置，注重实际

三个领域中，虽然培养方向设置有一定的区别，但归纳起来，主要有以下内容。

1. 组织管理型

以项目负责人身份组织重大、新型、多专业合作、全过程服务等专业项目的实施；组织研究市场拓展、专业技术、内部管理、关系协调创新实践；学习领会新政策法规，联系实际研究新的落实方法；参与行业、机构专项课题研究，提出真知灼见；借鉴国内外同行的先进发展经验，结合实际，研究探索新的发展举措；参与信息技术在专业服务中运用研究等。

2. 专业技术型

以项目技术负责人的身份负责重大、新型、多专业合作、全过程服务等专业项目的技术实施；参与或具体负责专业技术创新活动；学习新的政策法规，结合实际；研究新的技术落实方法与方案；参与行业技术课题研究，撰写技术研究论文；带领机构专业人士组成攻关科研小组，攻克技术难度、热点问题；参与专业技术评审工作；学习国内外同行机构专业技术优长，研究探索新技术的运用；研究信息技术在专业技术中的运用。

3. 市场拓展型

组织分析研究专业服务市场情况，探索新的业务项目与领域；研究新形势、新格局、新政策下，市场变化的新动向；参与重大、新型、全过程专业服务项目的拓展，总结经验与方法；研究探索项目、技术、机构合作的方式方法；学习研究国内外同行开辟新专业领域的成功经验；跟踪重大项目实施过程，寻求新的发展机遇；探索用新的理念、新的技术方法和新的信息技术拓展新型业务的途径；学习项目投标知识，组织重大项目投标全过程，分析研究项目投标方法技巧。

4. 信息数字型

利用先进技术手段，开发掌握与专业服务相关的信息数据源；组织编制机构专业服务需要的信息数据库，建立信息数据分析研究系统；运用掌握的信息数据资源为解决专业技术方法运用中相关参数使用遇到的难点、热点问题提供数据分析支撑；参与研制自动化评估软件系统；根据拓展新业务的需求，组织团队研发客户需要的内部管理和资产运作管理软件系统。

5. 专题研究型

不断学习理解与专业服务的相关政策法规，特别是新出台的政策法规，结合专业实际，提出立意较深的研究问题；积极参与行业专题培训与课题、学术研究，逐步取得成果与建树；对专业服务中的难点、热点问题有较深入的研究，提出解决问题的建设性意见；参与国内外同行的学术交流，从中获取先进观念与经验；加强专业素养和知识的陶冶，提升全面认知水准。

6. 相关专业型

以专业骨干身份参与本专业典型、较大、难点项目的运行，不断提升专业工匠技能；组织或参与各专业机构按项目流程协作运行的项目，充分发挥专业指导和协助作用；参与房地产估价专业培训，有条件的可取得房地产估价师资质；参与房地产估价行业或政府相关部门、行业协会组织的专题研究会；研究其他相关专业如何与房地产估价机构在新形势下，围绕项目全过程服务密切合作问题；深入学习新的政策法规规范，研究新的合作途径、方法，及合力拓展新专业领域的着力点。

7. 综合协调型

学习政策法规章和各专业服务行业规定规范；完整参与各专业服务项目运行全过程；参与或作为组织者全过程组织协调各专业协助机构的合作行动；有针对性地参加各专业组织的专业培训及研究活动；开展全过程综合服务各专业机构协同运作问题的专题研究；结合合作运行中暴露的问题，进行研究性训练。

（三）高级能力培养内容高专广博，对应领先

根据目前情况兼顾未来发展的需要，主要内容设置如下。

1. 谋略型的领导人才

通过学习谋略理论与知识，分析研究新时期、新格局、新理念机构发展前景与路子，主题交流论证机构、行业发展方向与框架设置；结合自己实际汲取国内外同行发展先进经验；在领导实践中，摸索体会高层领导者决策、执行、协调、用人的方法、技巧。从而，不断推进领导人才的谋略、分析判断、决策执行、创新拓展、协调合作和团结凝聚的能力。

2. 顶尖型的高技能、巨匠人才

分为两部分，一种是全专业方向的高技能人才；另一种是在某一两个方向上属于极具权

威的专项高技能人才。前者主要通过组织众多各类型、大规模，或高难度、新型专业服务项目的实施；在行业内，不断组织开展能够引导专业技术发展的学术观点与指引研究；引领行业不断接受解决专业技术方面的难点、热点问题研究；经常性地参与行业顶级专业技术研究交流会；参与国内外先进机构的学术交流活动；参与获得技术职称和多种专业技术资质考核认证活动。从而，形成较深专业技术造诣和素质，是行业公认的专业技术权威。后者主要通过大量的组织参与某一、两个专业方向或领域的项目实施；不断专注某一、两个专业的技术研究与实践；逐步熟练掌握其中的技术精髓；参与解决某一、两个专业技术难度、热点问题的研究，提出具有引导性的意见和建议；不断创造新的技术方法与技能。从而，在行业上被公认为巨匠，在某一方面有深厚的专业技术能力和造诣。

3. 创新型的市场拓展人才

深入学习市场营销、市场拓展理论；组织充分的市场调研，结合机构、行业实际，分析研究市场需求、定位和服务对象；策划机构与服务产品的宣传；组织获取重大项目的实施过程，以及新专业服务领域的拓展组织过程；参与拓展市场方式方法的专题研究交流。从而，富有成效地获取专业服务市场，特别是卓有成效地拓展了新型市场。研究重大项目招投标全过程的组织方法，掌握项目投标重点环节、关键部位的运作方法。

4. 领先型的信息、数字化人才

学习先进的信息、数字化技术理论知识；不断掌握信息、数字化运用技术；结合新形势和机构、行业发展的要求，不断研究创新信息、数字化技术的运用成果；在拓展新专业服务领域中，研究提供新的技术支持；在解决专业服务技术难点、热点问题中，运用大数据分析研究系统，提供保证；组织运用信息、数字化技术，在改进估价方法，提高效率上探索研究新成果。从而，以信息、数字化服务机构发展实际应用技能，以信息、数字化技术引领专业服务不断获取新的领先地位。

5. 高效型的综合协调人才

不断学习掌握各专业方向新的知识和技术；学习掌握在项目运行过程中，协调各种关系的艺术要求；在实施重大项目，特别是全过程服务的项目中，研究探索各方面关系协调的方式方法；研究探索项目实施中，主要负责人员与辅助配合人员的协调方法；多家机构共同完成一个项目时上下工序衔接、前后时期衔接，以及不同机构重复为一个项目提供专业服务等各种情况的协调关系与方法；研究探索项目的委托方、业主方、投资方、政府主管方及相关关联方的协调关系与方法。

四、研究创新培养行业人才的方式方法

1. 分工负责人才培养工作

新时代下的人才培养，由行业协会与机构共同负责。根据分类分层培养人才基本框架（图2）设置要求，行业协会负责拟制整个行业人才培养规划，机构负责拟制自己的人才培养计划。共同确定培养阶段内容、时间、形式，帮带人员等。原则上，行业协会主要负责第2、3层次中的培训、交流、考察、研讨、考核，以及评定职称、资深专家的推荐等；机构负责第1层次的具体指导与帮带。在进入培养第2、3层次后，根据不同人才培养类别、方向的要求安排实务活动，特别是担任重大项目、全过程服务项目的主要组织者，进行实际能力的锻炼。

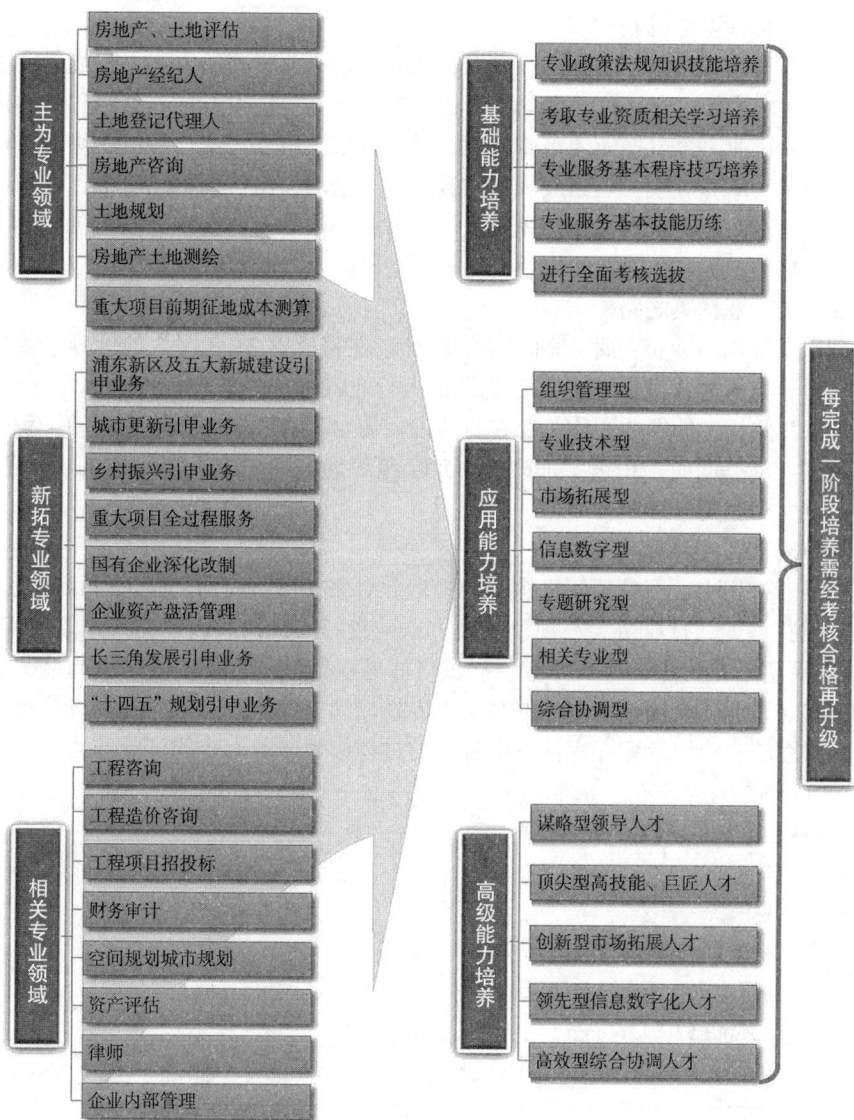

图2　分类分层培养人才框架设置图

2. 改进人才培养方式方法

按照设定的层次阶段培养目标、时间、内容有针对性地实施培养。对进入2、3层次培养的对象，要按照不同层次培养目标的要求，突出应用性、创新性能力培养，实施重点内容培养质量考核的，合格后，进入新内容的培训；采取师徒帮带、一对一培养，在重大、新型、特色项目中锻炼等方式培养人才的实际运作能力；还可以把集团式作业培训方式作为一种培养形式。即，按照不同层次的要求，选择规模较大、情况复杂、类别不同的估价项目，介绍项目基本情况，按照不同流程可能出现的难点、热点问题，设置问题，组织被培养人集体围绕问题进行讨论，总结可行的结论。此外，机构遇到问题向专家咨询讨论时，可吸收被培养人参加。

3.建立健全考核晋级机制

由行业协会与相关机构已有的高级专家，或有一定专业素养的人士，组成考评小组，统一组织行业人才的晋级考评工作。会同估价机构共同研究各层次的培养目标和考评标准。各估价机构首先向行业协会申报人才培养规划，明确各层次培养对象，经行业协会与机构协商予以确定。各层次培养对象一旦完成规定内容培养、培训，由机构提出申报，考核小组考评合格，才能进入下一层次培养。通过高层次培养考核合格后，协会积极向全国协会、学会推荐使其获得更高荣誉称号。

4.打通成为行业精英之路

努力创造人才与行业精英评定相衔接的路子。在完成第2、3层次的培养，或在培养过程中，行业协会与机构有责任优先推荐他们进入行业各种称号的评定中。如，资深估价师、行业领军人物，及相应的专业职称等。在行业地方协会率先开展工匠评定活动，积极建议在全国行业范围实施。同时，积极参加政府、工会组织的各种先进人物评定。如，建设先锋、劳动模范、重大工程先进组织者等。

5.建立培养人才实验基地

在人才培养过程中，不是任何机构都能为培养对象提供适应的实验场所和环境。需要行业协会统筹安排。如，行业协会与规模较大、条件较好的机构共同建立人才培养实验基地。在进入2、3层次培养阶段，为培养对象提供良好的项目运行过程不同角色的培训场所。组织培训对象参与行业或全国范围组织的高层次专题培训，或研究会等。还可以将行业协会建立信息、数据系统、组织专家评审估价报告会的过程作为培养人才的实验基地。

作者联系方式

姓　　名：李建中

单　　位：上海房地产估价师事务所有限公司

地　　址：上海市浦东新区南泉北路 201 号 10 楼 1005 室

邮　　箱：lijianzhong52@126.com

注册号：3119980114

产学研培养估价后续人才的实践与体会

王　伟

摘　要： 为加强估价人才队伍的建设，培养估价后续人才的刚需，估价机构主动与大学估价专业对接，在估价机构建立产学研实习基地，以培养善学习、能竞争的后续估价人才为目的，制定前瞻性教学体系，紧贴估价机构实践，夯实学生的估价技能。在他们毕业后既解决了就业问题，又源源不断地为估价机构输送了能迅速上手的人才，这种高校与企业双向联合主体的合作模式是估价行业持续健康发展的新举措。

关键词： 产学研；后续人才培养；实践；体会

产学研是特指：建立估价产业、专业教学、实证研究一体化平台及基地。

2018 年，上海师范大学商学院在上海科东房地产土地估价有限公司挂牌成立了"产学研合作基地"，教师、学生、估价师三方为这种实战性教改付出了巨大的努力。为迎接《第三届全国土地资源管理专业大学生不动产估价技能大赛》，在上海科东房地产土地估价有限公司产学研教学基地，指导老师与估价师决定以上海市某商业地块真实的招拍挂信息为估价对象，积极精心准备，弄懂每一个细节，弄通每一个数据，在完成比赛的《估价报告》后，再反复演讲及热烈讨论。2019 年 4 月在徐州中国矿业大学，产学研校企双方携学生参加了此次大赛。中国房地产估价师与房地产经纪人学会副会长兼秘书长柴强与国内著名专家与会评审，经过演讲和答辩等多个环节，最后取得了全国二等奖的可喜成绩；2021 年 5 月，我们又参加了在武汉中国地质大学举办的第五届《全国大学生不动产估价技能大赛》，在估价师的精心指导下，以《上海市租赁集体土地上 X 农家乐地上物市场价值评估》的实证估价报告参赛，并取得了优胜奖的业绩。多年来，上师大为我司前后输送了十多位合格的估价毕业生，他们有的已成为业务骨干，用实践证实了产学研的实战功能和教改成果。

一、建立产学研教学基地是培养估价后续人才的重要举措

高校与估价机构结合是不同社会分工在功能与资源优势上的协同与集成化，是教学课程与估价实践的对接与耦合。

随着房地产估价事业的发展，尤其是以房地产项目为基础资产的融资证券业务迅速增长，房地产估价需求趋于多元化。市场对估价结果的精度要求越来越高，例如房地产项目投资收益、成本、融资方案的预测和规划；又例如政府调控组合政策的制定和建议。市场对估价服务的精细化要求越来越高，估价机构不仅需要完成日常的各类估价业务，更需要考虑价格波动风险下的未来价格预测；政府的预期不仅限于控制价格，更希望能立足区域经济发展

走势，顺应资源要素空间移动规律，来制定适当的价格调控政策。那么，如何顺应估价行业新兴业务需求，培育学习探索型估价人才？如何促使高校房地产估价课程教学内容的与时俱进？面对这些问题，建立校企合作机制下的产学研教学基地，成为培养估价后续竞争人才的迫切举措。

通过实践，上海科东房地产土地估价有限公司先后录用了上师大6名毕业生，对培养估价后续竞争人才及估价机构的深化改革颇有心得和体会。

二、目前估价课程与估价实践的问题与矛盾

目前大多数高校的《房地产估价》课程内容，与房地产估价师考试大纲保持一致，包括房地产价格理论、房地产估价方法、房地产估价业务流程和报告写作等内容。高校更多的是以学生将来通过房地产估价师考试为目标，来安排教学内容及课后练习。教学以"课上老师讲，学生听；课后学生刷应试习题"的模式为主，专注于基本概念和基本算理的讲解与应用。

传统估价课程内容与估价公司的实践存在以下几个主要问题。

1.复杂的估价实践与简单的教学课程存在矛盾

现实中估价机构承接的评估业务更多涉及权益关系及多种经营业态，需要对估价对象的未来处置及收益做估测及判断。传统课程却用较多的课时讲解四种基本方法的理论依据、评估流程及价格估算。简单的教学内容无法培养学生理解和应对这些机构所提供的复杂实例，学生解决实际估价技术方案的能力有待提高。

2.新兴的评估方法与陈旧的估价技术存在矛盾

高校大多数课程目前仅围绕市场法、成本法、收益法、假设开发法四种基本方法进行深入讲解，但是随着价格估价精度要求越来越高，房地产交易数据网络公开化，估价机构往往借用网络爬虫技术搜集价格信息，建立批量估价模型，同时将宏观经济影响因素、微观政策影响因素纳入价格估价的分析过程中，包括多层次多因素评价法、特征价格模型的批量评估方法等运用，且不断提高模型对价格的估价精度。因此，房地产估价需要将新兴的评估方法融入传统教学知识的讲授体系中，帮助学生掌握最新的技能。这就要求授课老师到估价机构的"基地"先调研后实践。

3.学习型人才培养的目标与枯燥的灌输式教学模式存在矛盾

房地产估价是应用性较强的学科，如果一味采取"由老师讲，学生课上听，课后刷题"的灌输式教学模式，虽然有利于老师清晰、系统地向学生展示繁杂知识点的内在逻辑构架，可以将抽象、晦涩的理论讲得深入浅出，但概念性、理论性知识，很容易让学生对所学产生厌倦，同时会在一定程度上纵容他们刻板地理解评估原理，长此以往将使学生习惯于机械的记忆。灌输式教学很难促进学生的讨论，不利于达到教学所要求的知识广度和深度，不利于培养出学习竞争型的估价人才。

产学研教学基地的建立试图融合"任务驱动教学法"与"实例教学法"，顺应新型课程模块的逻辑，将理论讲解与实践运用，交错串联同步推进，形成较系统的新的教学模式。

三、产学研教学模式的实践

（一）"任务驱动式实例教学法"的基本思想

"任务驱动教学法"和"实例教学法"都是以建构主义学习理论为基础的教学方法。其中"任务驱动教学法"，秉承"解决问题，完成任务"的多维互动式教学理念，提倡探究式学习模式，有助于培养学生创新及团队协作精神，对学生自主探究能力和实践信心的培养都有着积极的促进作用。而"实例教学法"是根据教学内容和目标，收集估价机构真实的实例，经保密措施重新设计和策划的实例，将未来走向估价岗位的学生置于互动性的讨论，引导学生对实例进行深入分析、讨论和交流，从而提高学生提出问题、分析问题和解决问题的能力。这两种新型的教学方法有机结合有助于培养学生"学以致用"的能力和信心。

（二）以培养"学习竞争型人才"为目标

"学习竞争型人才"的特点是知识面宽，对新的知识和方法无所畏惧，敢于探索。产学研教学就是要培养"学习竞争型估价人才"。结合近几年的产学研教学实践，综合运用任务驱动式实例改革方案，通过优化具有第一手估价实例的教学、任务设计、实例策划等教学手段，着重培养学习竞争型人才四个方面的能力：学习新知识的能力、团队合作的能力、语言和文字表达的能力，以及学术课题的研究能力。

（三）产学研教学模块化，理论与应用同步

产学研将房地产评估的教学内容划分为理论篇和应用篇二个模块。

"理论篇"重点讲解房地产、房地产价格、房地产估价、房地产价格形成机制、房地产权益价格以及房地产估价流程、房地产估价报告的实现等内容。

"应用篇"依据评估业务目的的不同，又进一步分成"传统评估业务""特殊目的下的评估业务"和"新兴的评估业务"。其中"传统评估业务"，重点讲解四大基本方法，包括市场法、收益法、成本法和假设开发法，还有基准地价修正法、路线价法等。这一模块不仅回顾方法的基本原理，更重要的是讨论方法在不同利用类型物业评估中的具体应用，比如市场法在居住和办公物业中应用；收益法在商业物业中的应用；成本法在在建工程及新建房地产项目中的应用；假设开发法在在建工程和待开发土地项目中的应用等。

"特殊目的下的评估业务"是指以抵押评估、征收评估、课税评估、土地基准地价评估等为目的的评估业务模块。结合不同估价目的下相关政策及技术规范要求，重点讲解一般评估方法在特殊业务应用中，遇到的不同参数处理办法、技术思路及估价报告的写作等问题。

"新兴的评估业务"则重点介绍房地产课税评估模块中的"批量估价模型"与土地基准地价评估模块中的"多因素评价方法"等。

（四）产学研教学将估价对象分解分步完成估价实践

考虑到越来越多的评估机构已经开发和应用"批量评估"系统，同时开始关注问卷调查和多因素评价法在区位品质和污染影响评价中的应用，产学研教学基地建议高校将课程设计为两大任务：一是运用四大方法评估，完成指定评估目的下的评估对象价值评估报告；二是运用批量评估法或多因素评价法，完成一篇建模类的学术论文。根据经验，以上两大任务以小组讨论后书写完成报告再小结为效果最佳。

每个小组的每一项任务都会被分解，要求分步完成。比如运用四大方法评估一宗实例分成四步：第一步，按照报告规范完成实例"估价对象的描述"；第二步，通过市场调研，对

机构提供的估价对象价格进行初估；第三步，研读相关评估方法的实例报告，评讲实例报告，针对评估对象，提出自己的技术思路；第四步，完成特定评估目的下的价值评估报告。

再比如"批量评估模型建立与应用"的研究论文会被分解成三步：第一步，文献阅读和实证方案设计；第二步，数据搜集、处理和变量赋值；第三步，实证分析与论文初稿完成。

（五）估价实例研讨、演讲与报告同步

按照不同用途类型、不同评估目的和不同价值类型，产学研教学基地曾精心挑选了多份实例。在房地产估价方法模块和特殊目的下的估价业务模块中，分三步完成实例的教学：首先，由估价师讲解该模块的基本知识点及难点；其次，由学生评讲实例报告，着重解释报告针对估价对象的特殊性，如何解决估价参数及技术思路，有哪些不足和可取之处，针对评估任务，评估技术思路是什么；最后，老师就学生的评讲，结合知识要点进行补充。当实例报告评讲结束，各小组学生需要完成这宗估价报告。

承担建模类学术论文的小组，则被要求在评讲环节围绕"基于特征价格模型的批量评估模型建立与应用研究综述"和"基于特尔菲法与多因素评价模型的应用研究综述"两个主题进行汇报演讲。演讲结束，需要完成题为"上海市某物业某价格批量评估模型的建立与应用研究"或"基于多因素评价法的居住区位品质指数价格模型的建立与应用"的研究论文。

产学研教学实践中将两种任务以小组形式完成，每个小组4～6人，组长负责组织讨论、分工和监督，保证任务有序完成。由于每项任务有难度、工作量较大，而且小组成果展示是产学研教学的重要组成部分，如何保证质量，需抓好三个方面：第一，"分而化之"，将多项任务分派给不同的小组分别完成，各小组各有专注；第二，"大而化小"，将一个任务分解为多步，分解完成；第三，"压力与鼓励并举"，在监督过程中，实时给予辅导和鼓励，激励学生努力向好。

四、产学研教学模式的体会

估价行业要不断适应新形势、新要求、新发展，走过的是一条既艰难又成功的曲折之路。估价行业同质化竞争和估价市场多元精细化服务要求是房地产机构的机遇和挑战。

人才，尤其是房地产估价后续人才的培养是当务之急。其中，校企结合建立产学研教学基地的实践是一种尝试。房地产估价行业面对理论与实践的巨大变革，将与后续估价人才的主战场——高等院校紧密结合，充分挖掘校企合作的潜力，丰富估价理论，扎实估价实践，培养勇于探索和竞争的估价学生，也顺应了估价市场的发展需求。

产学研教学基地的建立和运作还需完善和提高，实践已让估价机构在后续估价人才的队伍建设上尝到了甜头，这也是估价行业持续健康发展的创新成果和有效举措。

作者联系方式

姓　　名：王　伟

单　　位：上海科东房地产土地估价有限公司

地　　址：上海市浦东新区浦东南路379号26楼A室

邮　　箱：wangwei@kedongcn.com

注册号：3120050074

新时期估价机构的人才战略：
以专业人才推动高质量发展

汪 灏

摘 要： 房地产估价行业是知识密集型行业，专业人才的素质和数量已经成为估价机构核心竞争力的重要组成部分。在国家战略转型，经济供给侧结构性改革的背景下，估价机构对估价专业人才的需求更为迫切。一方面高质量发展对专业人才提出了新的要求；一方面业务骨干培养困难和人员流失成为制约估价机构发展的重要瓶颈。专业人才的匮乏是长期以来困扰估价机构的一个问题，本文主要对估价机构的人才战略进行研究，并提出相应的对策建议。

关键词： 估价机构；高质量发展；专业人才

"十四五"期间，我国将进入新发展阶段，高质量发展是"十四五"乃至更长时期我国经济社会发展的主题。目前以抵押、征收、税收为代表的传统估价业务普遍面临收费下降、增长乏力、内卷严重等问题。估价机构在"十四五"期间面临着两大难点，一是在业务结构性调整中将传统业务做精和做深；二是在经济转型中开拓和挖掘创新业务。从竞争本质来看，在知识性行业中无论是业务资源，还是专业解决方案，或是机构实力，落实到深处都是人才的竞争。人力资源落后，竞争就处于下风。传统业务要实现高质量发展，创新业务要破局，培养合宜的人才是关键。

一、新时期估价机构所面临的人才问题

（一）新的发展模式需要高质量人才

在过去 20 多年里房地产估价行业一直受惠于行政许可和房地产市场高速发展的政策和市场红利。在国务院简政放权，房地产市场严格调控的背景下，红利已经到头。从传统估价的三个主要业务来源来看，抵押估价业务受金融机构集中采购影响，收入连年下降；征收和征用业务受本市征收规模总量控制业务增长有限；税务核价业务则面临大幅度减少的局面。由此可见，大水漫灌的群体性成长时代已经过去，未来进入了结构性调整时代后传统业务的竞争会更加激烈。业务模式由以往依靠资质、靠关系、拼凑数字向靠专业能力、靠品牌、靠服务体验的模式而转变。传统粗放式的低质量发展模式不可持续，高质量的发展模式将成为主流。没有高质量的人才，也无法实现业务的高质量发展。

（二）高质量发展需要以专业人才为依托

用拉关系、低收费、迎合委托人高评低估等恶性竞争方式获取业务，以"套模板""卖

签字权""卖纸"等操作方式不可能长期持续。这种发展模式加剧了估价机构的业务发展瓶颈，损害了估价行业和估价师的社会形象。高质量发展在发展战略上要向专业化、高端化、品牌化等方面转换；在产品内容上向多样化、动态化、数据化、精细化等方面转变；在服务工具上向智慧化、便利化方向转变。没有专业人才支持，这三个转变均无法实现。

（三）业务结构改变需要多元化的专业人才

在经济不同发展阶段，估价机构提供的服务和产品也在不断升级中。1.0 时代提供的是产品，主要是估价报告；2.0 时代提供的是产品和服务，以估价报告、咨询报告、PPT 演示为主。在"十四五"期间，随着本市经济结构的进一步调整，城市更新、乡村振兴、集体土地流转等业务的不断推进，可以预计估价机构的业务结构将发生进一步变化，单一估价业务向全生命周期、全产业链条演变；鉴证性估价向估价和咨询性服务并重转变；单一价值向多种价值类型转变；单一专业向多专业融合转变。业务结构变化带来产品结构变化，产品结构变化需要多元化的专业人才。3.0 时代的产品和服务的特征是综合化和数字化，以估价报告、咨询报告、PPT、数据库、数字地图、信息软件等为主要的产品和服务（表 1）。

产品和服务的专业特征演变　　　　　　　　　　表 1

时代	服务或产品	涉及专业	专业人才
1.0	估价报告	估价	估价师
2.0	估价报告、咨询报告、PPT	估价、房地产咨询	估价师、咨询师
3.0	估价报告、咨询报告、PPT、数据库、数字地图、信息软件	估价、房地产咨询、土地/城市规划、测绘、软件开发、GIS 开发、数据库运维	估价师、咨询师、规划师、测绘工程师、软件工程师、GIS 工程师、数据工程师

二、专业人才是竞争的核心要素

估价行业是知识性行业，从竞争本质来看，无论是业务资源，还是专业解决方案，或是机构实力，落实到深处都是人才的竞争。从人才所应具备的专业能力来看，专业能力不仅限于理论知识、实践经验和技术解决方案，还包括沟通能力、服务意识、职业道德。前者决定能否完成业务并收取费用，是一种结果导向制；后者决定客户满意度并重复获得业务，是一种过程导向制。在实践中，这两者都应该在专业服务过程中得到体现（图 1）。

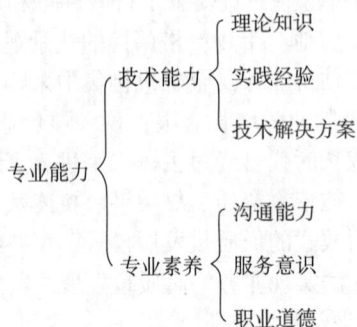

图 1　专业能力分解图

从高质量发展对业务的需求来看，对行业人才的专业深度、广度、创新业务能力提出了新的要求。没有高素质的专业人才作为核心生产力，机构要实现高质量发展，业务转型均无从谈起。从未来的业务需求来看，估价机构需要以下几类专业人才：

1. 运营管理型

人才特征：具有高远视野和管理能力，制定构架、战略方向、规章制度、人力资源及运营体系的领导和管理人才。

2. 市场拓展型

人才特征：了解房地产服务业基本知识，长期在业务第一线，性格开朗外向，可以承受挫折与压力，擅长沟通交流的市场人才。

3. 估价业务专精型

人才特征：对房地产估价有深入研究，善于思考，有丰富的实践经验，性格认真仔细，可以解决传统估价（抵押、司法等）中各种疑难项目的专业人才。

4. 估价咨询复合型

人才特征：知识结构呈 T 字形，一竖即对估价有深入研究，一横为有知识的广度，愿意学习新知识，可以解决传统估价中衍生出估价新型业务（如城市更新、征收全流程服务等）的专业人才。

5. 新型业务专精型

人才特征：专业呈现多样化，GIS、规划、测绘等，可以从事国家经济转型及高质量发展中的各类创新业务（如国土空间规划、房地产及土地测绘、GIS 产品等）专业人才。

6. 研究支持型

人才特征：提供市场研究、课题研究、分析市场走向、建立数据库及信息化技术支持的专业人才。

三、估价机构在人力资源方面所面临的困难

（一）人才招募困难

房地产估价行业规模有限，执业估价师本身数量较少，高水平的估价师更少。招募人才时主要依赖行业内部人员流动或自行培养。招募其他专业人才时，受业务资源、平台、品牌、薪资等的局限，获取中高端人才较为困难。

（二）人才培养成本较高

人才培养是个漫长的过程，各类人才在成长过程中需要投入资源，如内部及外部培训、不断地业务实践、对内对外沟通交流等。房地产估价机构限于营收规模和专业能力，难以对人才培养进行大规模的投入，若是人才流失，需要重新招聘重新培养，大大增加了机构的管理成本。

（三）估价人才流失严重

受房地产开发企业、金融机构、外资房地产咨询企业的吸引也会造成优秀员工的流失。人才流失的同时造成客户资源和技术水平的流失，各估价机构担心为他人作嫁衣，人才培养意愿不强，没有稳定的专业人才团队为基础，业务发展乏力，最终形成恶性循环。

四、估价机构培养专业人才的措施

人才的培养是一种内部造血机制，新血源源不断涌入后势必血气强大。鉴于估价行业的特殊性，一味依靠外部招募人才并不切合实际，人才产生的根本还在于自身的造血能力。因此要对人才梯队建设引起高度重视。估价机构要有人力资源战略规划、要主动搭建平台促进估价人员成长、要对人才培养进行专项投入，具体可以有以下几项措施。

（一）对估价人才培养体系进行规划设计

估价机构要根据自身情况对培养体系进行规划，设计并建立自上而下的培养体系，要安排师资力量、还要有足够的培训经费。人才培养体系示例如下：

新员工入职/职业技能培训。侧重点：公司理念、愿景，通识性专业知识的传授。

项目经理/骨干估价师带教制。侧重点：实务性的具体工作方法、工作要点。

业务分享会。侧重点：特殊项目的经验分享。

定期业务学习。侧重点：最新政策变化、新方法、新工具的使用。

管理人员培训。侧重点：新理念，提升管理技能、优化管理体系。

房地产估价师或其他专业资格考试培训。侧重点：成立学习小组，形成群体性学习氛围，提高考试通过率，产生更多具有执业资质人才。

（二）对培养体系的运行提供保障

一个培养体系有效与否，在于这个体系的实用性、可执行性和长期性。机构要推动人才培养体系的运行并提供保障，有以下几个方面。

1.在制度和经费两方面给予保障

制度方面可以把部门的培训内容、数量、成果与部门负责人的部门年终考评挂钩；个人参加的学习课程、专业能力提升与个人年终考评挂钩，把专业培训与专业提高作为综合考评指标之一。在经费方面要长期投入培训费用，支持培养体系长期运作。

2.注重内部培训师的选拔

培训需要讲师来传授知识，鉴于行业的专业性，完全依赖于外部培训师来承担培训任务并不切合实际。需要让本机构中有能力的专业人才从事内部培训工作，给予他们培训实践的机会，从中选拔明星培训师及优秀带教人，使之成为企业内部培训师的中坚力量。

3.推动内部培训和外部培训相结合

鼓励员工积极参加内部培训获得专业能力的提升；同时也鼓励员工参加外部培训，如各种职业资质考试、专业课程、讲座等。对于员工在外部参加与本职专业有关培训的，有条件的可以给予一定额度的报销。

（三）注重人才的分类选拔

估价机构要生存并发展壮大，势必要有行业领军人才和行业专家的带领。从传统估价人才的成长规律来看，当估价师成长到一定程度后，群体中会出现不同的专业发展方向。有的扎根于传统业务，属估价专精型；有的喜爱沟通联络，属市场拓展型；有的乐于接受新事物，属估价咨询复核型或创新业务型。将不同专业方向的人才放到和自身意愿能力匹配的岗位上，根据能力从中挑选出项目经理、部门经理、行业专家等中高级人才。以传统业务估价师为例，人才成长序列见图2。

图2 传统估价人才序列图

五、估价机构留住专业人才的措施

培养人才是造血，人才流失是失血，失血过多必然造成血气亏空。在市场经济中合理的人员流动属正常现象，但一个机构若是长期处于失血状态也并非正常现象。当机构出现优秀的骨干时就可能发生被"挖角"的情况，因此必须采取有力的措施来留住优秀人才，有以下几项措施。

（一）建立企业文化的"护城河"

若说机构的组织结构是躯体，人力资源是血液，则企业文化就是灵魂。机构需要以愿景为旗帜，在内部员工形成共同价值观和理念。还要提供文化类的活动使员工与机构之间的关系变得更为密切，当外部诱惑产生离心力时，独特的企业文化在内形成一种向心力、凝聚力，产生员工与机构之间的"黏性"，从而减少流失概率。企业文化除了一致的愿景、价值观外，还需要一些具体措施来连接员工，具体可以有以下几项措施：

建立员工俱乐部，如摄影、中西厨艺、户外运动等。

建立读书会、观影会，一起读书、观影分享。

定期公司聚餐、旅游活动等。

组织员工家庭互动活动。

通畅的沟通机制，上级与下级之间定期沟通，了解诉求及想法。

（二）机制留人

工作设计：对于员工来说，工作内容是影响流动的一项重要因素，因此科学合理安排工作和工作内容对留住员工具有重要作用，可以给予员工更多自主空间，如考勤的灵活性、工作任务的多样性和挑战性等。

职业规划：估价机构的成长性使其可以为员工提供更大的空间和舞台。职业生涯规划是估价机构协助员工发展各种知识和技能，帮助认识未来的专业发展方向，同时为员工提供实现个人专长的契机，将个人成长与机构的长远发展结合起来。

内部流动：估价机构要关注到长期从事单一项目类型的专业工作给员工带来的生理、心理和情绪的压力，应允许员工在不同专业和项目类型之间有一定流动，通过流动使员工发现自我能力，帮助专业成长，将合适的员工放到合适的岗位上。有利于增加员工的满意度和投入感，提高员工的综合能力。

（三）待遇留人

估价机构无法留住人才的一个很重要因素在于对内部人才缺乏有效的激励。这里的激励并不完全指收入因素。高薪能吸引人，但不一定能留住人，而精神的激励，成就感、认同感、晋升的机会也是留住人才的重要因素。估价机构在发展壮大过程中需要在公平、透明、合理的激励机制下建立薪酬体系、晋升制度。如果机构规模扩大，效益增加，骨干员工的收入和职务不能相应提高，收入分配存在不均的现象，也是人员离职的重要原因。

六、结语

从高速增长到高质量发展；从经济新常态到供给侧结构性改革，时代潮流始终滚滚前行。竞争是行业内部淘汰的过程，更是自我进步的过程。虽然时代不断变化，但我们相信，以专业人才为依托，坚持专业化、高素质化、多元化，估价机构的未来一定会更美好。

参考文献：

[1] 柴强.房地产估价机构的未来出路是提供高品质的估价服务 [C]//2018 中国房地产估价年会论文集，2018：2-3.

[2] 朱新宇.树立正确人才观，建立有效的留人机制 [EB/OL].（2019-6-11）[2020-10-30]. https://www.hrloo.com/lrz/14534312.html.

作者联系方式

姓　名：汪　灏

单　位：上海城市房地产估价有限公司

地　址：上海市黄浦区北京西路 1 号 17 楼

邮　箱：icswang@163.com

注册号：3120090025

高质量发展阶段下房地产估价机构人才吸引与培养

薛 江 魏劲松

摘 要：随着我国的社会经济由高速发展阶段转入高质量发展阶段。房地产估价机构应认清形势、明晰思路，坚持人才是第一资源，利用各类专业人才协同发展满足房地产估价需求，以高质量房地产估价服务于实体经济发展。本文分析了高质量发展阶段下房地产估价机构人才建设的重大意义，对房地产估价机构人才进行适当分类并加以分析，提出高质量发展阶段下房地产估价机构人才吸引和人才培养的政策建议。

关键词：高质量；房地产估价机构；人才建设；人才吸引；人才培养

一、高质量发展阶段下房地产估价机构人才建设的重大意义

（一）房地产估价机构高质量发展的内涵

随着我国改革开放的不断深入，我国的社会经济也由高速发展阶段转入高质量发展阶段。党的十九大以来，中央多次鲜明地提出"要全面把握新发展阶段的新任务新要求，贯彻新发展理念，构建新发展格局，推动经济社会高质量可持续发展"。在"房住不炒"政策定位下，房地产市场从一房难求的"持续火爆""全面飘红"，逐渐向"稳地价""稳房价""稳预期"转变，房价渐回理性通道，房地产市场逐步向平稳健康方向发展。面对新形势、新要求、新任务，房地产估价机构应认清形势、明晰思路，高质量服务于中国房地产市场的健康发展。坚持科技创新引领发展，坚持人才是第一资源，利用科技创新手段和方法完善房地产估价技术体系，利用各类专业人才协同发展服务房地产估价需求，以高质量房地产估价服务于实体经济发展。

（二）高质量发展下房地产估价机构人才建设的重大意义

1. 人才支撑着房地产估价机构知识服务的属性

房地产估价机构在本质上讲，是一种提供专业性、知识性、智慧性服务活动的集合，是一种有别于劳动密集型、资金密集型等不同的知识密集型的服务行为，它对资源、资金、土地、环境等影响不大，但是对专业人员和专业水平有高度要求的行业，如同律师事务所、会计事务所一样，对人才的需求和要求依存度非常高。

2. 人才支撑着企业的市场竞争力

国家发展靠人才，民族振兴靠人才，企业竞争也靠人才。人才是衡量一个国家综合国力的重要指标，综合国力竞争说到底是人才竞争。人才也是衡量一个企业综合实力的重要指标，企业的综合实力竞争说到底也是人才竞争，房地产估价机构只有重视人才自主培养，加大企业引才力度，建立起企业人才资源竞争优势，才能最终拥有市场竞争优势，形成企业核心竞争力。

3. 人才支撑着房地产行业的健康发展

随着社会的发展与进步，房地产业成为社会经济的支柱产业，房产成为中国普通老百姓最大的个人资产。房地产评估活动不断深入全社会不同个体、不同行业、不同层面的经济活动中，日益成为一种日常化、普遍化、经常化的市场行为，与大众生活息息相关。其中，有房地产转让、房地产课税、房地产租赁、房地产抵押、房地产拆迁、房地产征收、房地产司法拍卖、房地产保险等，每一种经济行为对双方当事人来说，需求各不一样，但涉及的房地产价值对双方当事人来说都是金额巨大、意见分歧最多、影响最为深远的，这些都需要专业的知识、专业的人才、专业的评估，稍有不慎，轻则双方伤和气、争吵，重则引发诉讼、甚至影响房地产行业的健康发展，引发不可预测的社会问题。

二、当前房地产估价机构人才分类与现状

（一）房地产估价机构人才分类

1. 房地产估价专业人才

房地产估价专业人才主要是指房地产估价师，包括部分房地产咨询师及少量学术研究人员，他们是房地产估价机构人才队伍的主力军，是支撑和引领房地产估价机构健康发展的关键。目前，房地产估价师实行国家职业资格从业制度，要求熟悉掌握国家房地产基本制度与政策，善于房地产开发经营与管理、熟悉运用房地产评估理论与方法开展房地产估价与分析等。

2. 房地产估价信息分析人才

随着网络技术和现代通信技术的飞速发展，房地产估价信息人员利用海量的房地产估价数据，进行科学分析和模型构建，利用大数据的先进技术，助力房地产行业的科学估价、正确评判，成为估价机构人才队伍中不容小觑的一支的重要力量。

3. 房地产估价营销人才

伴随房地产估价行业与地方房管部门脱钩改制后，房地产估价机构成为了完全意义的市场竞争主体。营销是市场化最主要的行为与特征，市场又是从事营销活动的出发点和归属点。既懂营销知识，又熟悉房地产估价业务的人才成为房地产估价机构决胜市场、赢得竞争力的重要一环。

4. 管理人才

熟悉房地产估价、擅长科学管理，也是房地产估价不可缺少的人才，随着估价机构从单一型机构向综合型、复合型机构的不断发展，必将对相应管理人才产生更大的现实需求。

（二）房地产估价机构人才现状

1. 学历日趋高级化

近年来，我国高等教育发展态势良好，相应高素质、高学历人才增长迅速，已经有相当数量的人才涌入房地产评估机构。有关调查资料显示，房地产评估机构本科学历人才占到47.7%；研究生及以上人才占到16.8%。可见，本科以上学历的人才占比达到房地产评估机构人才的60%以上。一方面，高学历员工的个人素质和综合能力更具优势，其创造力、活力和先进的理念知识能促进企业的快速健康发展；另一方面，高学历人才对自由工作环境、独立文化、薪金报酬、职业发展空间、自我价值实现等方面都要求相对较高，哪个环节不甚理想都有可能引发跳槽离职，造成人才流失。

2. 年龄普遍年轻化

由于房地产估价行业属于新兴行业之一，从房地产行业员工的年龄分布来看，人数最多的年龄段是 26～35 岁，占比为 42.7%；其次是 36～45 年龄段和 25 岁以下年龄段，占比分别为 24.3% 和 19.6%；46 岁以上年龄段人数较少。一方面，年轻人的敢于突破自我，勇于接受新鲜事物的创新、热情、健康、活力等特点给房地产估价机构带来活力和未来；另一方面，年轻好冲动、从业时间短经验有限、工作不专心、企业文化了解少等缺点与不足也普遍存在。

3. 人才逐步规模化

随着房地产成为我国经济社会的支柱行业，房地产估价逐步渗透到社会经济活动的方方面面，也吸引着越来越多的资源与机构进入这个行业，相应地，各类专业人才，如经济、金融、建筑工程、法律、会计等人才都在房地产估价业务的推动下涌入这个新兴的、蓬勃发展的行业中来，不断增加的社会需要、不断增加的业务数量、不断拓展的业务范围，大大提升了当前房地产估价行业的人才数量与规模。

4. 结构转向复合化

房地产估价工作流程较为复杂，征地拆迁、地产规划设计、土地开发与转让、房产估价、房产交易等每个环节都需要专业的工作人员，对流程中的征地、开发、谈判、融资和推广管理各个环节进行操作。目前，人才大都是专一性、单一性特征明显，多元化、复合化的知识结构并不完全具备，对房地产估价行业所需要具备的房地产知识、工程知识、法律知识、金融知识、会计知识等一时难以获得。

三、房地产估价机构人才吸引措施

（一）"好制度"引才，绘就行业人才求贤"底色"

人是生产力中最活跃的因素，是各类创新活动的主体，创新驱动实质上是人才驱动。目前，全国各地、各行业都在掀起了"抢人才大战"。一是在宏观政策层面出台人才引进政策。如国家层面实施的面向高层次人才的特殊支持计划，简称国家"万人计划"；辽宁省的"兴辽英才计划"、武汉市的"武汉黄鹤英才"、上海市杨浦区针对海外高层次人才的"3310"引才计划等。二是在微观层面出台政策，如广州市通过"机构化成建制"引才项目，推出"穗岁平安"人才综合服务保障政策；厦门建立全国首个"外国人才服务站""移民事务服务站"联动平台，为在厦外国人才提供全方位、一条龙的周到服务。建议房地产估价行业主管部门或全国行业协会出台引才行业政策与办法，在宏观政策和行业环境上形成"求贤若渴"的良好氛围和行业基调。

（二）"路线图"引才，形成行业人才集聚"高地"

房地产估价机构的市场服务，不仅有传统的企业涉房地产评估经济活动，也有房地产市场调研、房地产投资项目可行性研究、房地产开发项目策划以及房地产贷款项目评估，涉及经济、法律、土地、工程、环境、人文、计算机、信息技术等多个学科或交叉学科。建议评估机构结合行业重点领域、重点产业、重点技术难点需求，绘制科技人才精准对接"路线图"图谱，按照紧急缓重，编制估价行业"高精尖缺"引才目录，统筹实施行业人才工程，引进一批能够承接重大任务、取得尖端成果、作出卓越贡献的顶尖人才和若干人才团队，集中力量攻克"卡脖子"技术难题，促进一批具有自主知识产权的重大科技成果转化和产业化，带动评估企业在核心技术及重大产品的自主创新方面进入国内一流或国际先进行列，提升估价行业企业快速成长，不断适应和满足社会快速、不断变化的需求，打造一批具有服务理念先进、技术竞争优势明显的房地产估价企业集群。

（三）"柔性化"引才，打造各类人才对接"飞地"

"柔性化"引才是相对全职全时引才而言的，"柔性化"引才可以打破地域、户口、国籍、单位等多种客观形式的限制，可以将房地产估价机构紧缺人才、急需人才及时以聘用制、合同制、合作制等方式吸引进来，为我所用，为我急用。目前，在国际合作上，对高端人才、卓越优秀人才大都采取这类办法。房地产估价机构在开展"柔性化"引才对象选择上，不仅应有国内的大学、科研院所，也应包括国外相应的知名估价机构、大学、科研院所；在方式上，既可自主进行，也可以抱团合作进行，最好的是将人才引进计划纳入国家或者相应地区、城市的人才引进计划目录，形成国家、地区引才的一盘棋。

四、房地产估价机构人才培养措施

房地产估价机构人才培养是一项系统工程，需要制定相应的管理政策扶持，如建立多元化人才培养渠道、培育宽松成才环境、建立健全人才评价体系、拓展人才成才的晋级通道等方面，都有相应的政策激励倾斜。

（一）多措并举，建立多层次人才培养渠道

一是联合培养。我国有世界上最发达的高等教育体系，学科众多，门类齐全。房地产估价机构要充分利用高校丰富的人才资源，在涉及房地产评估基础学科、交叉学科等基础性、前瞻性、复合性领域加强与高校的合作与联系，尤其是与房地产估价研究领域学科全国处于领先地位的"985""双一流"高校的合作与联系；二要善于利用国际国内两种资源，积极开展行业技术交流与研讨，利用互派互学、一对一人才交流等形式多渠道培养人才；三是加强青年科技人才队伍建设。房地产估价机构要充分发挥青年人才众多的优势，实施"青年科技人才培养计划"，加强对青年科技人才引导，支持青年科技人才挑大梁，作主角，将青年科技人才作为企业发展的主要科技力量加大力度培养。

（二）因才施策，形成宽松信任的育人环境

一是充分发挥房地产估价机构的积极性，房地产估价机构能根据现实环境和客观需要，制定符合自己单位的人才培养引进方案，确保人才引得进、育得成、留得住、用得好。房地产估价机构要尽可能搭建各类人才施展才华的平台，提供各类人才发挥才能的合适舞台。二是要赋予人才更大技术路线决定权、更大的经费支配权和资源调度权，以合同制、责任制等制度约束人和团队，不在细节上实施管理，不在专业上指手画脚，确保科研项目取得实效。三是营造良好的育人环境，建立以信任为基础的用人机制，做到信任人才、善待人才、包容人才，增强对人才的服务意识和保障能力，让人才能静心做学问、搞研究，实现多出成果、出好成果的人才培养目标；鼓励成功，允许失败、宽容失败，鼓励年轻人才大胆进行"闯"与"试"。

（三）分级分层，建立健全多级多层人才评价体系

一是房地产估价机构要建立有效的人才使用和约束监督机制，确保人才使用的效果和作用。二是要完善人才评价体系，加快建立以知识、价值、能力、贡献为导向的人才评价体系，实施以知识价值分配的薪酬激励措施，根据估价机构四类不同人才体系建立不同等级、不同层次的评价体系，设定科学合理的评价标准，对每一个人才的业绩和能力进行有效考核，建立人才与岗位职责、实际贡献、工作业绩紧密联系的分配激励机制，实现人才在重点岗位、关键岗位培养，报酬在重点岗位、关键岗位领先的良性循环，让人才获得与之相匹配的职务和薪酬。三是要及时对人才政策进行评估评价，根据评估结果，及时调整人才政策，优化整合人才计划。

（四）立足岗位，建立自主成才的良好生态

顺应房地产估价机构人员普遍年轻化、日益高学历化的趋势，一是鼓励自主学习，岗位成才。立足自身的工作岗位，积极利用互联网、专业论坛、学科书籍、公众号等多种途径，积极参加行业技术交流和行业培训，丰富自己的知识体系，提高自己的专业业务能力。二是鼓励集体学习，如参加短期行业专业培训、业内学术论坛、资深专家专项授课等，通过学习与讨论，不断提高提升人才的自我发展能力。三是开展交叉学习、轮岗学习，借助"互联网+"、大数据和云计算等技术手段，培养综合性、交叉性人才，在未来可能的估价云查勘、无人机辅助勘查、大数据比对、自动化估价等方面不断储备人才、积蓄发展动能。四是为激励员工立足岗位成才，设立人才职业晋升通道，制定人才晋升标准，构建岗位晋级体系，规范人才晋升工作流程，满足其工作成就感、荣誉感。

参考文献：

[1] 习近平出席中央人才工作会议并发表重要讲话 [N]. 新华社，2021-09-28.

[2] 龚赟华. 房地产企业需求的复合型人才培养策略分析 [J]. 大众商务，2021（05）.

[3] 薄贵利，郝琳. 论加快建设世界一流人才强国 [J]. 中国行政管理，2020（12）.

[4] 姜广秀. 基于党建视角的"一带一路"国际青年交流人才吸引与培养策略研究 [J]. 企业改革与管理，2020（07）.

[5] 张宝. 企业人才培养的重要性与措施探析 [J]. 财富生活，2020（06）.

[6] 潘世炳，左煜. 适应高质量发展的房地产估价专业人才培养 [J]. 房地产中介，2019（04）.

[7] 彭飞. 房地产估价机构人力资源管理问题及对策探讨——以甘肃 A 房地产估价公司为例 [S]. 2019 中国房地产估价年会论文集，2019.

[8] 尚艾群，吴法胜. 企业如何培养适应高质量发展的房地产估价专业人才 [S].2018 中国房地产估价年会论文集，2018.

[9] 张丽雅. 互联网+时代房地产估价转型研究 [J]. 现代营销（学苑版），2018（07）.

[10] 舒欣. 房地产评估中存在的问题及对策 [J]. 神州，2018（11）.

[11] 冯俏彬. 我国经济高质量发展的五大特征与五大途径 [J]. 中国党政干部论坛，2018（01）.

[12] 李楠. 资产评估行业应用型人才培养问题探讨 [J]. 科技创新导报，2017（22）.

[13] 贾建峰. 基于胜任特征的知识型企业战略性人力资源开发研究 [M]. 北京：经济科学出版社，2016.

[14] 孙瑞. 我国中小民营企业人力资源培训体系设计研究 [D]. 北京：北京交通大学，2012（15）.

[15] 张德. 人力资源开发与管理 [M]. 北京：清华大学出版社，2016.

作者联系方式

姓　　名：薛　江　魏劲松

单　　位：武汉博兴房屋土地评估有限责任公司

地　　址：武汉市武昌区和平大道积玉桥万达 SOHO 写字楼 11 号老皮 22 层

邮　　箱：838580553@qq.coom

注册号：薛江（4220030045），魏劲松（4220040010）

浅谈新形势下房地产估价机构引进
和培养人才的建议

张启旺　付　林　田　慧

摘　要：作为技术型现代服务行业，专业人才是房地产估价机构发展的根基与核心竞争力。随着估价需求的演变，新的估价相关业务不断衍生，对估价机构及其专业人才提出了更高的要求，面对高要求的专业服务需求，房地产估价机构必须紧跟时代的步伐，通过不断的改革创新，吸引与培养复合型估价人才，以应对复杂多变的专业估价服务需求。本文通过分析新形势下对估价专业人才的要求，结合行业人员现状及作者的从业经历，对房地产估价机构如何吸引与培养人才进行思考并提出相关建议。

关键词：估价机构；人才吸引；人才培养；建议

一、当前形势对估价专业人才的要求

我国房地产估价行业开始于 20 世纪 80 年代，相比较于发达国家，起步较晚。从 90 年代中期住房制度开始改革到 21 世纪土地整备、城市更新及棚户区改造等土地二次开发项目的兴起，估价行业发展迅速。伴随着城市的发展，估价需求形势多变，对专业技术人才的需求也越来越大，对其要求也越来越高。

（一）新形势下衍生的新的估价需求

随着中国城市发展的转型，市场对估价机构的需求发生了新的变化，主要包括服务业务类型及服务产品形式的变化。

1. 由传统的估价服务转变成高端化、咨询化、专业化的综合性咨询顾问服务

中国的房地产估价行业伴随着城市的发展而经历了萌芽、初步发展、快速发展、规范发展、创新发展五个阶段。传统的估价业务主要体现在为金融风险防范、房地产市场管理、城市化进程提供第三方独立意见的房地产价格评估服务，主要包括抵押、征收、司法评估。但随着中国城市发展的转型，市场对估价机构的需求发生了新的变化，加上近年来受二手房参考价、银行付费及大数据评估等因素的影响，估价行业的服务重点正在由传统的估价服务转变成高端化、咨询化、专业化的综合性咨询顾问服务。经初步统计深圳市 2018—2020 年公开招标项目信息，征收项目中常规估价业务的招标金额占总招标项目中标金额的比重分别为53%、49%、46%，呈现逐年下降的趋势，像各类方案编制、权属核查、意愿征集、全程技术咨询及谈判顾问等咨询顾问类业务所占的比重在逐年增加，单个项目对服务团队专业人才数量及综合能力要求也越来越高。

2. 服务形式从注重产品结果到更加关心提供的专业服务内容及过程

客户对估价服务的要求也从简单、即时的单项服务转变为复杂、系统、精细化的咨询顾

问式、"保姆式"服务。只注重评估值、评估结果的估价服务形式已不能满足当前城市发展的需求，能够为客户节约资金或时间成本、谋划出路、发现和创造价值是估价服务新的服务趋势所在。

（二）人才新需求

为精准、高效地满足服务新需求，估价专业人员不仅需要具备扎实的专业理论功底和丰富的实战经验，还需要具备前瞻的行业视野和分析、解决问题的能力，更需要创新思维能力和较强的业务思维及风险防范意识。

1. 专业技术能力的提升

专业技术能力要求不仅局限于估价专业基础能力的要求，还包括相关综合能力及科学技术能力的提升。

估价专业基础能力的强化，要求估价从业人员必须具备房地产估价相关的专业基础能力，主要表现在：一是熟悉、掌握估价行业相关法律、法规和规范性文件及有关技术标准，如《中华人民共和国土地管理法》《中华人民共和国城市房地产管理法》《中华人民共和国资产评估法》《房地产估价规范》等。二是理解、熟悉各种业务类型涉及的各类政策，如征收评估业务涉及的《国有土地上房屋征收与补偿条例》、司法评估涉及的《人民法院委托评估工作规范》及抵押评估涉及的《关于规范与银行信贷业务相关的房地产抵押估价管理有关问题的通知》等。

相关综合能力的提升主要包括：一是沟通、撰写、汇报能力的提升，如咨询、顾问服务过程中涉及与政府、企业及个人等不同估价服务相关方的沟通、各类方案的撰写以及各类成果文件的汇报等，要求估价人员必备较好的沟通、撰写、汇报能力。二是擅长专业领域之外关联领域专业技术的提升，同一个项目中可能涉及多种类型业务服务，要求估价从业人员不仅要熟悉、掌握自己领域涉及的估价技术，还需要了解相关领域涉及的估价技术；如在土地整备项目中可能会涉及城市更新评估技术路线、标准问题，在城市更新项目中可能涉及司法评估问题等。在做土地整备项目时，也要时刻关注同属于土地二次开发类项目的城市更新及棚户区改造项目等。三是要加强对测绘、规划、法律、资产评估等相关专业的了解，在提供评估服务过程中，难免会遇到测绘、规划、法律、资产评估等其他专业问题，加深对相关专业的了解，有助于更好地解决提供估价服务过程中面临的各类问题。

科技技术能力的提升，主要是通过科技赋能，借用信息化、数据化技术，提升专业效率的同时，减少人工操作带来的失误率，实现进度实时把控、协同办公、无缝合作、电子档案实时归档、智能化管理。

2. 技术创新及技术营销能力的提升

长期以来，估价机构一直主要依靠资质、进入许可等行业优势开展业务，大部分业务都是基于"程序性、形式化"的需要，是需求单一的流水线式估价，缺乏技术创新的动力。其特点也是客户关系为主，技术为辅，导致大部分估价机构都是了业务营销模式，业务人员主外，估价师主内。

其弊端有两点：一是导致估价师无法看清与预判行业发展的方向与趋势，拓展估价专业服务新领域，激发创新思维能力；二是营销成本占据了大头，估价从业人员待遇无法得到保障，业务与技术的矛盾难以调和，估价人才留不住，形成恶性循环。

房地产估价行业面临的新形势倒逼行业人才队伍建设向复合型、高端化、国际化的领军人才队伍方向发展，以引领房地产估价行业不断向前发展，适应国际竞争和日新月异的行业发展需要。估价师要从幕后走向台前，敢于向大众、社会发声，改变以往估价师主内，业务营销人员主外的传统模式，逐步转变成技术营销模式。一是可以降低营销成本，从而提高技术人员的待遇，更有利于行业技术人员的沉淀。二是估价技术人员可以实时、充分地与市场接触，更好地预判行业发展的方向与趋势，发掘新的市场，利用技术创新拓展新的业务类型。

3. 管理能力的提升

随着近几年全程咨询顾问等大型、综合性业务的发展，越来越多的项目采用"大兵团作战"的方式，对提供服务的房地产估价机构投入项目中估价人员数量及专业性有着越来越高的要求，像深圳一般的土地整备及棚改全程咨询服务项目服务人数要求在 20～60 人左右，投入人员中除了需具备估价专业基础能力之外，还得具备文案撰写、宣传、活动策划、谈判等其他专业能力。团队管理是项目团队负责人必须具备的能力，具体包括"质量管理、进度管理、成本管控"。估价行业的技术风险无处不在，只有通过切实有效的质量管理才能做好提前防范，有效识别与应对风险，保证企业的持续发展。而进度管理与成本管理则主要体现在团队管理方面，通过高效组织提高团队效率，充分发挥成员能力与专长，进而实现成本管控，保证按时按质按量地完成估价业务，保证估价机构的盈利与生存。

4. 法治意识的提升

随着《资产评估法》的颁布实施，为规范市场秩序，净化行业执业环境，政府及行业主管部门对于评估机构及其评估从业人员的监督管理也日趋严格，评估机构及估价从业人员的责任也越来越大，估价机构及估价从业人员要想有长久可持续的发展，必须具备较以往更强的法制意识，必须始终坚持独立、客观、公正的原则，守得住道德底线，经得起诱惑。

二、当前估价行业从业人员现状

（一）从业门槛低，原有注册考试门槛高

目前，房地产估价从业人员近 30 万人，房地产估价机构 5500 余家。由于估价相关专业开设的院校与毕业生少并且行业的人才吸引力不强，当前估价从业人员中相当一部分人是非相关专业毕业的，学历大都以本科和大专学历为主，从业门槛相对较低，从业人员的整体素质不高，社会形象及地位偏低。

2021 年以前，房地产估价师注册考试门槛颇高，限学历、相关专业和专业工作经历，不利于其他行业优秀人才的引进。随着《房地产估价师职业资格制度规定》《房地产估价师职业资格考试实施办法》的印发实施，房地产估价师注册考试门槛才得以放宽。

（二）从业人员多，专业执业人员比例小

根据全国房地产行业管理信息平台查询显示，截至 2020 年 7 月，全国注册房地产估价师人数为 62975 人，剔除未延续注册、注销、撤销等注册状态，实际注册有效能够执业的房地产估价师约为 40000 人。但是真实执业估价师人数并不多，执业的大部分没证，有证的很大一部分没执业。

（三）培养人才难，留住人才更难

估价行业是一门技术活，不仅对专业理论的积累，更需要专业实践的日积月累，三年学徒，五年半足，七年出师。要想成为一名优秀的估价人员，需要经过多年的理论及实践沉淀。

房地产评估行业与律师、会计同属中介服务行业，但行业所处地位较律师、会计行业而

言是偏低的。例如征收类评估，评估工作压力及强度较大，但待遇整体不高，经常有行业新人调侃："一顿操作猛如虎，一发工资 2500。"行业的地位及待遇水平与其他相关行业存在较大的差距，使得大量有经验、有能力的估价从业人员纷纷跳槽去开发商、投资公司等，行业整体的人才流动性相当大，且基本上都是单向流动，甚至很多人单纯把评估行业当成去其他行业的跳板。

（四）专业面窄，综合、管理能力欠缺，创新能力不足

当前大部分估价机构还是以传统估价业务为主，大部分估价从业人员只需按照模板化的作业流程开展估价，且大部分估价机构按照业务板块划分部门，接触的业务类型较为单一。在面对新型、大型咨询顾问估价服务业务时，很多从业人员面临着专业面窄，综合、管理能力欠缺及创新能力不足问题，甚至有一部分从业人员可能会产生畏难情绪及抵触情绪。

三、人才吸引与培养建议

通过分析新形势下对估价专业人才的要求，结合行业人员现状及作者的从业经历，对房地产估价机构如何吸引与培养人才提出以下相关建议。

（一）人才吸引建议

马云说过：员工离职的原因千千万，但是有两点，他觉得很实在，一是钱没给到位，二是心里受委屈了。对于人才选择行业就业时，同样也是如此，主要看重的是行业待遇水平和发展潜力，企业对人才的吸引力主要体现在行业地位、行业待遇及企业认同感。

1.行业地位的提升

一是鼓励机构或估价专业人员积极、深度参与到城市建设发展中，敢于向社会发声，向社会树立评估的专业性与权威性，提升社会大众对行业的认知度及认同感。二是要提升行业整体服务的质量，从提供专业服务根本上赢得客户对行业的肯定，让估价成为一份有尊严的职业。

2.行业待遇的提升

一是要规范行业收费管理，引导、鼓励估价机构通过技术营销以做优产品服务赢得市场，改变以往低价竞争的业务模式。二是引导鼓励估价机构、估价从业人员积极开拓新的业务市场，特别是传统估价业务之外的咨询顾问业务，通过技术创新不断拓展新的业务领域。

3.企业认同感的提升

员工对企业认同感的提升可以增加员工对企业的吸引力、黏性，决定企业认同感的核心是企业文化建设。估价机构需要塑造良好的企业文化，激发员工的使命感，凝聚员工的归属感，提升员工的荣誉感，实现员工的成就感。

（二）人才培养建议

1.加强"校企""校协"之间的合作与交流

行业人员的培养需要从源头抓紧，校园招聘与人才培养仍然是估价人员获取的主要途径之一，通过企业甚至行业协会与学校密切合作与交流，定向培养符合当前社会需要的估价人才，个性化地对接企业需求，可以尽早发现适合的估价人，重点培育。通过校企、校协的合作与交流，理论结合实际，加强学生的实操能力，做到理论与实践有效结合。行业和企业需求与人才培养相匹配，高校也可以根据市场需求实时调整人才培养方向，吸引更多热血青年从事估价行业，发展估价行业。

2.完善执业资格考试制度

建议进一步探索、完善房地产估价师执业资格考试制度，以资格考试为保证，实践经验为重点。可以借鉴律师行业及香港测量师行业经验，尝试"理论考试＋实践考核上岗"的双重考核制度，通过理论考试的估价师申请执业的，必须通过实习考核方能注册执业。

3.鼓励岗位轮岗，拓宽专业面

大型估价机构一般都会按照业务类型划分部门，如房地产评估部、征收项目部、政策研究部等。目前很多估价人员工作涉及的专业面较为单一，不利于满足未来多变的估价需求，建议鼓励估价人员到不同部门岗位轮岗，增加其工作范围和工作难度，扩宽其专业面，培养其专业的综合性。

4.鼓励、激励创新型、综合型业务拓展

鼓励估价师拓展估价专业服务新领域，激励估价师挑战新的服务领域，使用"钞能力"鞭策估价师拓展综合型业务，让估价服务无处不在、无时不在，培养估价专业人员在新的服务领域中的技术创新能力。

5.加强管理能力方面的培训

估价机构除了开展日常技术专业能力培训之外，还要重视管理能力提升方面的培训，以应对企业管理及大型综合型项目管理的需要。针对不同层次的管理人员可开展针对性的培训，如针对高级管理人员开展的企业管理培训，针对项目经理开展的项目管理培训等。

同时建议企业可制定相关的扶持政策，鼓励员工参加管理方面的学习，如对于报考工商管理硕士（MBA）及高级管理人员工商管理硕士（EMBA）的员工，公司可以给予一定的工作时间及资金扶持。

6.强化法治意识

房地产估价机构要重视对员工房地产评估相关的法律知识的普及，学习、敬畏、遵守法律，强化员工的法治意识，让法律成为企业发展和员工工作日常知识体系中的基础内容。

四、结语

对于房地产估价机构而言，其核心竞争力是专业服务能力，专业的外在表现是品牌，内在表现则是人才。人才是企业最重要也是最稀缺的战略资源与核心所在，企业综合实力的竞争，归根到底是人才数量和质量的竞争，是人才成长和发挥作用机制的竞争。房地产估价机构要实施人才战略，要始终坚持把人才的培养，作为企业发展的原动力，才能变挑战为机遇，在房地产估价行业占据一席之地。在技术上长期投入，必然能够形成技术领先优势，只有提高人才培养效率，吸引并留住人才，方能提高企业的核心竞争力。

作者联系方式

姓　名：张启旺　付　林　田　慧
单　位：深圳市国房土地房地产资产评估咨询有限公司
地　址：深圳市福田区公交大厦11层
邮　箱：408113457@qq.com
注册号：张启旺（4420160120），付林（4420180108），田慧（4420160118）

基于业务拓展的房地产估价机构人才
困境与改善建议

郝俊英 朱慧茹 郭崇杰 白 娟

摘 要： 近年来，房地产估价行业呈现传统业务稳步推进和新兴业务积极拓展的局面，业务的拓展使得机构对人才的需求发生了较大的变化，呈现出专业人员需求类型多样化和需求多层次化、对专业人员素质要求不断提高的特点。房地产机构在吸引和培养人才方面也面临着薪资水平低和企业规模小导致的人才吸引力不够、内部培训和外部交流机制不健全导致的人才培养效率较低等困境。因此，估价机构需要用优秀的企业文化吸引和留住人才，同时不断优化人才的激励制度、建立并完善内部培训和外部交流机制，在需要时可以采用"借用"的形式满足特殊人才的需要，以保证业务拓展过程中的人才需求。

关键词： 房地产估价机构；业务拓展；人才困境；建议

近年来，房地产估价行业呈现传统业务稳步推进和新兴业务积极拓展的局面，2018—2020年，全国一级房地产估价机构的抵押估价、司法鉴定、征收评估三类传统估价业务评估价值在不断增加，但其占总评估价值的比重分别为60.3%、58.4%、58.9%，说明传统业务基本稳定但略有下降。在传统业务比例小幅下降的同时，是新型业务的增加，以最具代表性的房地产咨询顾问业务为例，全国一级房地产估价机构咨询顾问类业务的评估价值从2018年的1.8万亿元增加到2020年5.2万亿元，占总评估价值的比例从10.1%增加到17.3%。房地产估价机构的业务变化使得机构对人才的需求有了新的特点，进而对人才吸引和培养有了新的要求。

一、基于业务拓展的房地产估价机构人才需求新特点

随着房地产估价行业的不断发展及适应市场的需要，房地产估价机构业务类型不仅在传统的价值评估业务基础上衍生出新型的估价业务和金融机构的其他服务项目，而且在投融资咨询、城市更新、测绘调查等方面有了深度的参与，有些具备条件的机构利用自身的有利条件为同行或其他需求方提供市场研究和数据服务。业务的拓展使得机构对人才的需求呈现出新的特点。

（一）专业人员需求类型多样化

虽然房地产估价本身对专业人员的知识面有一定要求，但一般的估价业务，房地产估价师是基本上能胜任的，因此，机构对人才的需求是以房地产估价师为核心，增加了对经济、金融、财务、政策研究、规划、测量、计算机等方面专业人才的需求，调查团队成为有些机

构不可或缺的部分（表1）。

房地产估价机构的业务类型及专业人才需求　　　　　表1

业务类型	业务内容	专业人才需求
房地产价值评估类业务	传统业务：房地产抵押、税收、征收、拍卖、分割或合并、损害赔偿、保险、转让估价；国有土地使用权出让估价、基准地价评估等	房地产估价师＋个别专业人员
	新型业务：租赁估价、房地产投资基金物业估价、为财务报告服务的房地产估价、企业各种经济活动涉及的房地产估价、房地产纠纷估价、其他目的估价；集体经营性建设用地入市价格评估等	房地产估价师＋具备土地资源管理、金融、财务、企业管理、法律等方面专业基础或资深的专业人员
抵押估价衍生服务业务	市场调研、开发贷款项目评估与咨询；押品实物及价值的动态监测、金融机构不良资产处置评估咨询等	房地产估价师＋调查团队＋具备金融、财务、资产评估等方面专业知识的专业人员
投融资咨询	客户或项目推介、项目选址与策划、项目可行性研究、项目投后管理；资产证券化；项目处置及变现策略等	规划、工程、财务、销售与策划、金融、经济、税收等专业人员
城市更新	全流程服务：相关规划设计方案、征收工作及安置补偿方案、征收补偿费用预算等；社会稳定风险评估；项目可行性研究；政策培训、产权调查、谈判咨询和执行顾问等	调查人员、规划设计、政策研究、谈判人员等
资产评估	并购重组等过程中的企业价值评估、单项资产评估、无形资产评估等	资产评估师＋财会、金融、法律等其他专业人员
测绘调查类	自然资源调查与评价、工程测量、不动产测绘等	调查、工程、测绘等专业人员
市场研究服务	房地产和土地政策、市场研究	经济、管理、统计、政策研究等方面的专业人员
数据服务	自动评估系统及数据库建设与维护并提供相关服务	计算机、地理信息系统、统计、调查等专业人员

（二）专业人员需求的多层次化

由于传统估价业务需要一定的知识积累，因此一般估价机构要求的学历层次是本科以上，而且大部分中小型机构的人员以本科学历为主，硕士研究生及以上学历的人员比例很小。在业务拓展过程中，投资咨询、城市更新、测绘调查、市场研究和数据服务等业务中都有大量的调查工作，具体的入户调查等工作，大专及以上学历的成员是能够胜任的，而这些新业务中相关的规划设计、政策和市场研究、数据库和自动评估系统建设中模型设计等，又需要有专业基础和能力更强的成员介入，学历要求就提升为硕士甚至博士研究生。

（三）对专业人员的综合素质要求不断提高

传统估价业务的每个项目团队成员比较少，人员协调相对容易，而新型业务中的城市更新全流程服务、投融资咨询等项目需要的团队成员数量较多，成员可能来自于不同的部门，有的成员甚至是来自于机构之外，因此就需要这些成员要具有较强的团队精神和沟通能力，而且由于这些业务涉及面比较宽，还需要成员具有较强的学习能力。另一方面，这些工作还涉及大量的外联和谈判工作，因此需要团队成员，尤其是团队领导具有较强的谈判能力。

二、房地产估价机构人才吸引和培养的困境

团队成员整体能力的提高来源于两个渠道：引进和培养。由于房地产估价机构存在一些客观或主观的问题，导致在吸引和培养人才两个方面都存在一定的困境。

（一）薪资水平和企业规模降低了机构的人才吸引力

如前所述，房地产估价机构的新业务需要的专业人才中包括了金融、财会、规划设计、测绘、计算机等比较热门专业的人才，吸引这些专业人才不仅需要有较高的薪资水平，而且需要企业有一定的规模和知名度，能为他们提供职业的上升通道。

关于薪资方面的吸引力，我们选用了职友集平台的数据形成对比表（表2），虽然行业整体的平均工资水平略高于该网统计的全部行业平均水平，但从不同工作年限和经验的情况来看，只有1～3年的估价师是高于整体水平的，应届生、3～5年和5～10年经验的估价师平均工资均低于整体水平，而且5～10年经验的估价师要比全部行业平均薪资低30.7%，虽然样本数量有点少，但一定程度上能够说明本行业的薪资水平在经验不断积累的过程中并没有较大幅度的提高。事实上，估价机构新型业务需要吸引的人才主要是应届毕业生或有经验高层次人才，而且是一些比较热门的专业，从全部行业比较尚且没有竞争力，想吸引到这些方面的人才难度就会更大。

房地产估价机构薪资与整体平均工资情况比较表　　表2

工作年限（经验）	应届生	1～3经验	3～5经验	5～10经验	平均
房地产估价师月均工资（元）	5400	8800	10400	12100	9300
相应平均工资（元）	6700	7200	11600	17500	8700
相较于该网统计的同类工资水平	−18.5%	22.0%	−11.2%	−30.7%	8.0%
样本数量（份）	17	172	163	38	652

数据来源：职友集 https://www.jobui.com/salary/quanguo-fangdichangujiashi/

另一方面，大部分估价机构的规模较小，除了极少数机构，行业以外的知名度也很小，规模不仅直接限制了机构的吸引力，而且限制了员工的职业上升通道，进一步降低了对人才的吸引力。

（二）内部培训和外部交流机制不健全降低了人才培养的效率

作为准入类的职业资格，房地产估价师有严格的资格考试和继续教育制度，资格考试能够保证估价师具有扎实的专业基础，继续教育能够促使其不断了解行业的新动向，但对于每个机构业务拓展过程中所需要的专业知识，是远远不能满足的。

相对于传统业务而言，有些新型业务是不稳定的，如果有需要时就高薪招聘相关专业人员，一旦这类不稳定的业务不能持续，在业务空当期间人才闲置，势必会增加人力成本，如果专业人员因专长不能充分发挥或因无法成长对岗位失去信心，又会造成人才流失。

因此，从老员工素质的提升和新进人才的充分利用等角度来看，估价机构都应该有一套比较规范的内部培训或外部交流机制，但从现阶段的情况来看，大部分机构并没有建立起这样的机制。

三、改善房地产估价机构人才困境的建议

为改善上述估价机构人才吸引与培养的困境，估价机构需要用优秀的企业文化吸引和留住人才，同时不断优化人才的激励制度、建立并完善内部培训和外部交流机制，如有必要可以采用"借用"的形式满足特殊人才的需要，以保证满足业务拓展过程中的人才需求。

（一）用优秀的企业文化吸引和留住人才

无论是房地产估价机构已有的员工，还是需要引进的人才，整体素质都是比较高的，这些人对精神方面都有较高的要求。如果一个机构有优秀的企业文化，能够以人为本，让每个人都有被重视的感觉，而且团队成员之间都能真诚相待，整体氛围积极向上，当员工有困难时领导能够体谅并帮助其解决相关问题，机构就会具有一种无形的吸引力，不仅业内优秀的人员会向其靠拢，而且内部员工在出于某些原因考虑离职时，可能留恋这种良好的工作氛围选择继续留在公司。

（二）不断优化人才的激励制度

首先，要完善薪资制度，细化薪资等级，特殊岗位和稀缺人才要给予更好的待遇；其次，要为员工设立能够有获得感的晋升机制，规模较小的机构组织机构更加扁平化，在职位提升方面机会更小，可以将技术岗位在内部划分等级，不同等级的成员享受不同的待遇；再次，可以采用评优、带薪旅游或探亲等精神激励的方式来肯定部分员工做出的努力和特殊贡献。

（三）建立并完善内部培训和外部交流机制

随着行业的不断发展，各机构的业务类型分化日趋明显，团队成员需要进一步掌握的知识和技能也有所不同，采用内部培训的方式更有针对性，能够快速补充新业务需要的基础知识、相关政策以及技术流程等。因此，机构内部需要形成定期或不定期的培训制度，尤其是新型业务岗位成员与其他岗位之间的交流，这样就可以做到未雨绸缪，当某些传统业务减少而另一些岗位业务增加时，就可以及时补缺。另一方面，可以和某些业务已经做得比较好的机构合作，派优秀员工到这些机构进行学习和交流，在他们掌握相关知识和技能后，回公司进一步培训其他的团队成员。

（四）采用"借用"的形式满足特殊人才的需要

房地产估价机构拓展的新型业务中，城市更新全流程服务等业务中涉及的规划设计人才、资产证券化物业估值中需要的金融等专业人才，数据化业务中需要的计算机、地理信息系统、统计等方面等人才，需要较高的薪资，但公司的需求不是长期和持续的，这类人才可以采用从相关单位"借用"的方式，在"借用"期间支付个人应有的报酬，不需要时这类人员可以回到原来的单位，估价机构不需要担心人力成本的增加和资源的浪费问题。

四、结语

人力资源是房地产估价机构最重要的资源，合理的人力资源结构是机构可持续发展的基础条件。机构需要根据业务的调整不断完善其吸引和培养人才的机制，以保证能满足在业务不断拓展和创新过程中的人才需求。

参考文献：

[1] 宋梦美，刘朵 . 2020 年房地产估价行业发展现状及 2021 年展望 [C]// 房地产蓝皮书：中国房地产发展报告，2021：215-231.

[2] 赵华 . 新需求、新要求下房地产估价业务的深化与拓展 [C]// 估价需求演变与机构持续发展：2019 中国房地产估价年会论文集 . 北京：中国城市出版社，2020：132-136.

[3] 郝俊英，廉楠 . 新形势下房地产估价行业的发展状况及趋势 [C]// 估价需求演变与机构持续发展：2019 中国房地产估价年会论文集 . 北京：中国城市出版社，2020：21-24.

[4] 蒋宇芳 . 房地产估价行业发展现状、趋势及对策分析 [J]. 住宅与房地产，2019（22）：9.

[5] 潘世炳；左煜 . 适应高质量发展的房地产估价专业人才培养 [J]. 中国房地产，2019（04）：67-70.

[6] 张灿枝 . 审时度势 勇于创新 多元发展——论房地产估价机构的发展与创新 [C]// 高质量发展阶段的估价服务：2018 中国房地产估价年会论文集 . 北京：中国城市出版社，2019.

作者联系方式

姓　名：郝俊英　朱慧茹　郭崇杰　白　娟

单　位：山西财经大学公共管理学院

地　址：太原市坞城路 696 号

邮　箱：120986897@qq.com；2589312986 @qq.com

注册号：郝俊英（1420030042）

浅谈房地产估价机构专业人才培养机制

乔璐璐

摘　要：随着国民经济发展结构的调整，估价业务需求逐步完善，从单一化业务演变为专业化、多样化业务。面对多样化的业务需求现状，估价专业人才的重要性日渐突出。文章基于我国房地产估价机构发展现状及人才现状，探讨估价机构专业人才培养机制，提出打通渠道、健全多渠道培养模式，整合资源、完善全流程培养机制，据此吸引与培养房地产估价机构人才。

关键词：房地产估价机构；发展现状；人才培养

一、房地产估价机构发展现状及人才现状

（一）房地产估价机构发展现状

房地产估价于20世纪80年代开始在我国推广，随着估价技术水平的发展，估价业务从较早的单一抵押估价、征收估价等业务逐步发展完善至多元化的咨询性估价业务。随着国民经济发展结构的调整，社会对房地产评估业务的需求逐步完善：司法鉴定、国有企业改革、城镇建设、金融资产等业务需求应运而生。

2016年12月，我国资产评估行业第一部资产法——《资产评估法》颁布实施，填补了我国资产评估行业基本法的空缺，评估行业进入有法可依阶段。得益于中国房地产行业的蓬勃发展，我国房地产估价机构逐步壮大，截至2019年，我国共有各类房地产估价机构3000家。2017年，党的十九大报告提出"新发展理念"，指出"我国经济已由高速增长阶段转向高质量发展阶段"，近年来高质量发展已成为时代的主旋律，以往过度依赖房地产投资带动经济的发展模式将随经济转型调整，经济发展"去房地产化"将是未来发展趋势。

经济方式的转变也为房地产估价行业带来改变，而我国的房地产估价机构目前暂未跟上新时代经济结构调整的步伐，目前存在业务广度和深度均不足、从业人员专业化能力不够等问题。

业务广度和深度均不足。评估机构业务范围随着业内政策制度的完善以及外部环境调整而变动，房地产估价业务对评估机构的资质、经验、技术等方面都提出了更加专业化、多样化的要求。房地产估价需求从以往征收估价等业务逐步完善为诸如融资证券化估价服务、房地产抵押资产贷中和贷后风险管理、个性化咨询服务等需求。而目前较多估价机构仅能提供单一化的估价业务，输出的服务产品大都依赖模板，缺乏对客户需求的精准定位以及对项目的风险把控能力。

从业人员专业化能力不够。伴随数字化技术的发展，自动估价得以实现，信息整合以及数据处理的能力已成为房地产估价机构的未来核心竞争力。数字化时代背景以及高频变动的

房地产调控政策，都对估价机构从业人员的素质及能力提出了更高的要求。而目前部分评估机构专业人员技术不到位、对市场变化不敏锐、对客户精细化和多元化需求把握不精准，阻碍了房地产估价机构发展。

（二）估价专业人才现状

1. 房地产估价机构从业人员结构不合理

区域分布不均衡。得益于东部沿海经济的较快发展，沿海地区房地产业发展较成熟，从业人员经验及能力得到更好的提升。而中西部等地区，房地产业发展滞后于东部沿海区域，房地产估价从业人员数量以及质量也都次于东部沿海区域。

从业人员数量不足。截至2019年，我国共有约6万人取得房地产估价师执业资格，但对比整体评估行业，房地产估价从业人员数量较少，很难满足多元化、精细化的房地产市场需求。

主力从业人员与主力评估师人员年龄错位。2019年全国资产评估师中，41～50岁成员为主力军，占比47.33%，51～60岁成员次之，占比25.5%。房地产估价师情况与之相似，估价的主力军评估师年龄在40岁以上，而目前从业的主力军集中于30岁以下。主力从业人员与主力评估师人员的年龄错位表明后备从业人员的潜力待激发（图1）。

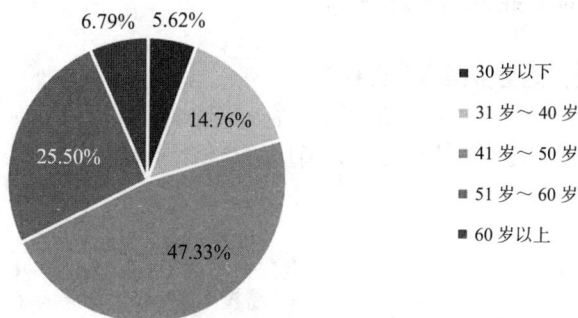

图1　2019年不同年龄段资产评估师数量占比

2. 房地产估价机构人才流失率高

据抽样调查，2019年资产评估机构员工平均流转率为7.7%。部分房地产估价机构因人际关系、薪酬待遇、企业管理等原因员工流转率较高。因房地产估价机构属于房地产中介服务方，地位、薪酬待遇等同开发商以及金融机构存在差距，部分估价人才流失到其他机构。估价机构需要提升房地产估价人才待遇、加速人才融入企业氛围、为人才制定职业生涯发展规划、提升估价人才专业技能。

3. 房地产估价机构人才培养缺失

房地产估价专业人才目前主要的培养方式包括三种：社会培养、行业定向培养、专业院校培养。社会培养目前覆盖范围较小，取决于估价机构师资力量、培训频率、培训专业深度等因素；行业定向培养主要针对于已取得估价师资格的从业人员，培训往往存在集中时间段、灌输式培训等；专业院校培养为从业人才构建了系统、全面的估价知识体系，但因为接受教育的场所主要集中于高等院校，理论同实操的联系不紧密。房地产估价机构从业人员结构不合理、人才流失率高更凸显出现存从业人员专业能力提升的重要性，对从业人员的专业技能培训、管理能力培训等已成为一项重要的研究课题。

二、房地产估价机构对从业人员的需求分析

优秀的房地产估价机构专业人才需要具备如下能力：专业技能、沟通技能、综合能力。

专业技能是估价人员的立业之本，估价人员专业能力的提升主要通过两个阶段提升，一个阶段是在学校阶段，主要通过理论知识的学习提升相关专业背景；另一个重要阶段在于从业期间，此阶段通过参与大量的估价实际操作案例，通过在实践过程中累积经验，依托"导师帮扶"、经验借鉴等，在实际操作过程中提升专业能力。

沟通技能是估价人员的能力呈现，关乎客户真实直观的感受，估价人员同客户进行业务沟通、成果展示分享等环节都离不开沟通交流，流畅的沟通对于业务的进展起积极的推动作用，也对企业品牌形象起正向作用。

综合能力是估价人员软实力的综合体现，面对市场需求多样化、估价业务丰富化的现状，估价人员要主动拥抱变化，关注行业动态，主动学习同行业相关的知识，如公司法、合同法、经济法、税法、数字化、云估价等，充实自身知识面，提升综合实力。

三、估价机构专业人才培养探讨

（一）打通渠道，健全多渠道培养模式

估价专业人员培养渠道主要包括学校培养、机构培养、协会培养等方式，上述单位要提升人才培养效率，健全人才培养机制，打通房地产估价行业培养渠道，为行业注入更多新动力（图2）。

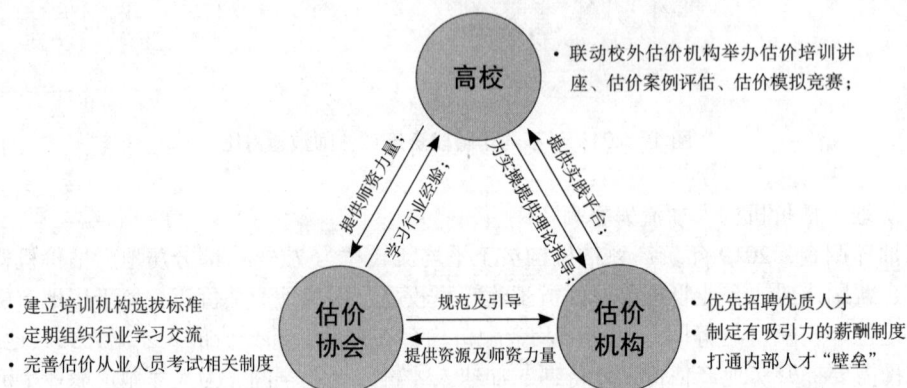

图2 估价专业人员主要培养机制

1.学校：知行统一，提升综合素质

学校是估价人才的重要传输渠道，部分估价人才的综合素质在校园时期就开始培养和提升。学校在传授理论知识的同时，也要关注学生的实践能力，通过联动校外估价机构举办估价培训讲座、实际案例评估、估价模拟竞赛等方式，让学生在校园期间即可走向真实的估价案例，培养学生兴趣，提升学习的实践性，让学生在校园生活中做到知行合一。

在校园课程之外，鼓励"校企联动"，高等院校同估价机构签订合作协议，机构为学生提供实践基地，学校为企业输送优质人才。一方面，估价机构为学生提供实践平台，学生提

前感受工作氛围，做好职业生涯规划，在双方共同双向选择的基础上，企业为高校毕业生提供工作机会；另一方面，学校老师专业的估价理论知识可以为估价机构实操提供指导，为估价机构的业务提供新的思路和方向。

2.机构：合作共赢，优化人才资源

人才是企业前进的原动力，人才的重要性不言而喻，如何吸引及培养估价人才是估价机构需思考的问题。

招聘端精准"锁定"人才。估价机构应明确不同岗位人才的核心需求，做出潜在需求人员的画像，在源头精准"锁定"合适的人才，优先招聘具有相关从业经历及专业背景的优质人才。制定有吸引力的薪酬制度，通过薪酬吸引并留住人才，对于有条件的估价公司可对突出贡献的人才进行股权激励。

随着估价业务的完善，客户的需求也随之多样化，估价机构的人才储备需求随之进步，估价机构要针对性招聘具备新型业务执业能力的人才，充实人才队伍。估价机构要转变人才思维，提升人才综合实力。打通内部人才"壁垒"，合理利用内部人才资源，通过内部分享、培训、不定期轮岗等方式提升人才短板，培养具备法律、咨询、估价、金融等专业素养的综合性人才，建立健全内部复合型人才培养机制。

3.协会：去粗取精，扫平前进障碍

房地产估价协会对引导及规范估价人才起重要作用。估价协会在组织行业培训过程中，要关注前沿重点问题，培训内容综合而全面，建立培训机构选拔标准，选拔专业优质的培训机构，通过对培训结果进行考核，评价培训过程中的优点与不足，去粗取精，为下次培训注入不竭动力。房地产估价协会需同估价机构及高校建立合作关系，建立自己的人才库，吸引更多行业重量级学者及专家为行业输出高质量讲座及培训。

估价机构要关注估价行业内法律现状、人才发展现状、行业动向等内容，及时为行业清扫障碍，引导行业积极发展。定期组织行业学习交流、完善估价从业人员考试相关制度，推进房地产估价协会行业树立终身学习的观念，推动估价行业持续发展。

（二）整合资源，完善全流程培养机制

要建立全流程培养机制，从执业前、执业中、执业后等环节加强估价专业人才的培养。

执业前，要建立完善的入职培训体系。在执业前，需要从估价行业发展概况、估价机构发展历程和组织架构、行业规章制度、企业文化、估价专业技能、估价人员职业生涯发展等内容开展入职培训，为从业人员铺垫好执业基础，增强专业人才对于估价机构的归属感和主人翁意识。

执业中，要互相分享项目经验，着重提升估价人才的综合实力。组织有经验的同事"帮带"经验不足的同事，互相交流分享项目中需要关注的重点问题、可利用的经验等，在执业过程中共同提升执业能力。

执业后，要总结经验并树立终身学习的理念。执业后，从业人员要关注行业发展动态，总结执业经验并树立终身学习的理念，关注估价行业的前沿发展动向，积极主动涉猎法律、金融、咨询等领域，提升自身综合实力。

参考文献：

[1] 彭飞.房地产估价机构人力资源管理问题及对策探讨——以甘肃A房地产估价公司为例[C]//
估价需求演变与机构持续发展：2019中国房地产估价年会论文集.北京：中国城市出版社，

2019：5.

[2] 周小寒.新形势下"岗、证、课"深度融合的人才培养模式研究——以房地产估价人才培养为例 [J].湖北成人教育学院学报，2019，25（04）：35-38.

[3] 潘世炳，左煜.适应高质量发展的房地产估价专业人才培养 [J].中国房地产，2019（04）：67-70.

[4] 康路芬，张涛，李钰.房地产估价专业人才培养体系的构建 [C]//.高质量发展阶段的估价服务：2018 中国房地产估价年会论文集.北京：中国城市出版社，2018：4.

[5] 杨雅荣，倪威.从产学研融合角度对房地产估价专业人才培养体制建设的思考 [C]// 高质量发展阶段的估价服务：2018 中国房地产估价年会论文集.北京：中国城市出版社，2018：3.

[6] 李培刚.房地产估价机构发展现状、挑战及应对 [C]// 高质量发展阶段的估价服务：2018 中国房地产估价年会论文集.北京：中国城市出版社，2018：4.

作者联系方式

姓　　名：乔璐璐

单　　位：湖北永业行评估咨询有限公司

地　　址：湖北省武汉市洪山区徐东大街 8 号

邮　　箱：15802740446@163.com

房地产估价机构人才吸引与培养问题研究

肖 峰

摘 要：我国房地产估价行业经过了 20 多年的不断发展完善。进入 2021 年，房地产估价行业中传统业务领域，如抵押评估、征收拆迁类评估、成套住宅交易课税评估、成套住宅司法评估等业务已进入充分市场竞争阶段预见性减少、被大数据取代等状况出现，而租赁、证券市场、破产重组、咨询等新兴相关领域的估价需求呈现蓬勃发展或预见性发展之势，新兴业务的发展对估价人员综合素质的要求更高。传统领域的优化，新兴业务的拓展倒逼估价机构核心竞争力的提升，核心竞争力的形成离不开人才，而估价机构人才吸引与培养相关问题实质上已成了各机构在目前市场现状下如何生存、发展、壮大的最重要问题之一，本文试从机构负责人日常管理角度浅谈上述问题。

关键词：房地产估价；核心竞争力；人才观；人才吸引；人才培养

一、当前房地产估价市场现状及人员情况

（一）当前房地产估价市场现状

我国房地产估价行业经过 20 多年的不断发展壮大，随着国民经济的高速发展，特别是房地产行业发展速度飞快，为房地产估价行业提供了良好的发展机遇。根据相关资料统计显示，截至 2020 年底，全国共有房地产估价机构 5566 家，其中一级机构 826 家，二级机构 2415 家，三级机构 1323 家，一级机构分支机构 1002 家。房地产估价机构上报业务收入约 315 亿元，其中银行抵押业务、征收拆迁类评估业务基本上为各房地产估价机构的主要业务，经过 20 多年的发展房地产估价行业已发展为国民经济服务业不可或缺的重要一环。

受房地产行业宏观调控影响，优化营商环境相关配套政策的落地。我们的主要金融客户逐步根据相关法律法规严格执行了"对抵押物价值所进行的评估应当由银行委托，并按照'谁委托、谁付费'的原则承担费用，为企业减负"。估价行业中最主要且占比最大的抵押评估的业务收入，各机构将普遍减少 50%～80%，相关从业估价机构经营压力剧增。

伴随之"旧改取代棚改"相关政策的调整，棚改货币化安置终于要结束了，在未来几年里，老旧小区不会拆迁，更多的是通过改造来翻新。对我们估价机构在未来几年主要业务类型的征收拆迁类评估业务可预见性大幅减少，行业承压。

随着大数据技术的发展，传统业务的司法鉴证业务中数量最多的成套住宅评估被大数据取代已呈试点转全面推广的过程之中，可预见此类业务最终同个人住宅课税评估一样，近几年大概率会实现被大数据全面取代。

同时，随着供给侧结构性改革的深入推进，经济结构不断优化，对房地产评估服务提出许多新的需求，各种新兴估价业务不断涌现，如住房租赁市场、证券市场、破产重组领域、

城市更新、大数据底层技术支持、房地产估价与土地评估合并管理机遇、咨询领域等相关领域的估价需求又呈现蓬勃发展、可预见性发展、战略显现之势。

（二）当前房地产估价领域的人员情况

根据全国房地产估价行业管理信息平台查询显示，截至 2020 年 7 月 16 日，全国注册房地产人数为 62975 人（该数据含注册、未延续注册、注销、撤销等注册状态），实际有效期能执业的注册房地产估价师约 4 万人。按 2020 年底，全国共有房地产估价机构 5566 家，略计每家机构为 7 人左右，考虑各种已经注册未实际从业人员，个人分析实际全职执业情况可能更少。

从以上数据粗略分析以及行业现状来看，每家机构的房地产估价执业人员情况一般为经济发达地区明显高于经济欠发达地区，级别高的机构明显高于级别低的机构，房地产估价师在各类型机构中执业人数存在明显的差异性。从各地各机构的实际情况来看，存在全国头部估价机构和区域头部机构，专职执业人员储备较行业管理规定人数有较多富余，而一般一、二、三级、一级分支估价机构专职实际执业人员人数多数为形式上满足行业管理规定而实际存在执业人员相对不足的现状。

二、树立正确的经营理念，形成因机构适宜的人才观

（一）机构负责人应明确经营理念从而形成因机构适宜的人才观浅析

据多年房地产估价从业经验来看，估价机构的核心竞争力，最终是人才的竞争，而机构负责人树立正确的经营理念，从而形成因机构适宜的人才观是决定一个估价机构发展优良的决定性因素。

经营理念即是企业核心成员的系统的、根本的管理思想。企业的一切经营活动都围绕着这个管理思想来进行。上述的管理思想就是泛指本文所说的经营理念。

机构负责人经营理念的确立是形成因机构适宜的人才观的前提。由于房地产估价机构本身所处的地域不同，各地区的经济种类和规模不同直接影响经营理念的形成；机构负责人或股东、合伙人的个人历史从事经验、背景也不相同，也确定估价机构的发展方向，进而影响机构经营理念的形成；机构负责人或股东、合伙人有无房地产估价技术背景也容易对估价机构形成技术主导、市场主导、均衡发展产生重要影响；估价机构本身成立时间，有无其他中介机构或者实业经营背景也影响公司的经营理念等。由于估价机构个性条件差异明显，每家机构不可能有同样的经营理念，只有明确适宜各机构的经营理念，各机构才能形成因机构适宜的人才观，才能从根源上促进企业的长足发展和生存。否则空谈人才观必会导致所在估价机构无序发展甚至走向死亡的后果。

（二）估价机构适宜的人才观分类总结

1. 从业务种类角度来划分

从各家估价机构现状来看，不同机构的业务种类既有大类相同，也有专业细分市场经营的。估价机构从事业务种类即预开发业务种类确定着估价机构核心管理者的人才观。

（1）全方位，混合业务口径竞争前提下人才观建立。估价机构核心管理者应根据机构的业务类型确定各种岗位的人才，既可以根据每一业务种类及规模针对性培养专一特长的技术人员形成熟练高效的工作方式，也可以合并一、二种或多种业务类型培养综合性的技术人才，同时具有房地产各专业性能力，又有市场沟通协调能力的复合型人才哪家机构都想要，

也期盼大部分人能成为这样的复合型人才，但现实情况却往往是这种人才一人难求，不如分步骤分专业分岗位来渐进培养更具有可能性。复合型人才既可以从技术人员中培养其市场能力，也可以从市场人员中加强其专业技术能力，同时也可以从其他岗位立体培养，外延吸引往往是各机构最快最迅捷的方法。全方位，混合业务口径竞争前提下人才观应如同业务一样，就是一种混合性人才观，既要立足企业现状业务也要储备培养新兴业务的发展意途，总之，适合自己切实可行的人才观，才是各机构核心管理者最好的人才观。

（2）专一种或多种业务前提下人才观建立。这种业务前提是培养能同时胜任或分专业胜任的人才为主，是机构立足的根本，人才培养方向以求精求透为原则，专一业务成熟壮大后再开发新兴业务时人才培养或者引进相关人才为上策。

（3）深耕一种业务前提下人才观建立。此种情况下的人才也应以专一为核心指导思想，人才数量应与深耕的业务种类相适应。不宜一味地追求全面，人才观也应服务深耕业务为前提。

2. 从机构规模角度来看

不同规模的机构应有与之适应的人才观，与自身规模不切实际的人才观必会适得其反，这需要各机构根据自身规模及实际情况确定估价机构核心管理者的人才观。

（1）大型机构的人才观。应根据其业务种类，现实、未来业务发展方向以及岗位等综合情况针对性吸收、培养、储备对应的人才，同时根据企业自身情况，确定复合型人才、各岗位人才的精准定位及协调配合。如何最佳地处理好上述问题是一个合格大型机构管理者应考虑的人才观。

（2）中型机构的人才观。介于大型机构及小型机构之间，进可向大型机构看齐，特殊情况下退一步向中小型机构战略调整也不失为一种策略。这类型机构管理者的经营理念是最难精准定位的，从而影响核心经营者的人才观，核心经营者的人才观更具有挑战性。

（3）小型机构的人才观。小型机构不宜追求全面的人才观。核心股东和估价师提高自己的专业水平，把自己特定客户或者特定业务服务好，以抓牢稳住现有业务为基本点，不宜追求规模效益，在稳定的基础上再寻找突破口。其机构核心管理者的人才观应服务于上述目标。

3. 从经营岗位角度来看

估价机构的人才不专指注册房地产估价师及其助理专业人员，同所有企业一样大体上由技术岗（生产岗）、营销市场岗、内勤管理岗、其他岗等核心部门组成。房地产估价机构的专业特性确定了技术岗的重要性，同时一个优秀的估价机构也离不开上述其他岗位人才的贡献，企业的良性发展必须求企业各部门的人才各自成长，又同时考虑协同配合及融合成长，形成一致共同力，这是所有企业发展的共性问题，估价机构核心管理者应具有与之对应的人才观。

三、从实践管理角度谈估价机构人才吸引影响因素与人才培养的具体方法

（一）从实践管理角度谈估价机构人才吸引的影响因素

第一，现有人才在估价机构中自我满足及价值认同，是估价机构人才吸引的内在基础。如果员工及人才得不到价值认同就会形成人员不断流失的局面，在此基础上再谈人才吸引只是掩耳盗铃不切实际的想法。员工对企业的认同最根本的应该是价值观的认同。员工的价值观完全等同于企业的价值观是不可能的，只有员工及人才的价值观和企业的价值观有较多的

互相交汇的共同点才能保持机构的整体稳定。企业只有相对稳定才能吸引人才，最终形成你离不开我，我离不开你的共同发展理念，这必成为机构人才吸引的内在基础。

第二，经济发展和涉及估价服务相关行业政策及确指性是估价行业发展的基础。夕阳行业人才处于坚守及逐步分流的状态。产业政策不受个别估价机构左右，但会因为整个行业的协同努力影响产业政策的形成。例如，房地产估价师和土地估价师合并管理有利于估价行业的持续健康发展，从而增加人才对估价行业的认同，进而引起人才进入估价行业的兴趣。

第三，从业人员共同维护、打造良好的行业口碑是估价机构吸引非本专业人才流入的重要氛围。大道至简，如同"酒香不怕巷子深"一样必会吸引更多的人才流入。

第四，各从业机构自身个性化管理手段是吸引人才的现实原因。针对各部分的核心人员给予各种针对的股权激励；机构采取各种差异化的福利政策；运用针对性工资构成政策；采取针对性的培训政策等都是吸引人才的现实原因。

第五，机构自身品牌的创建及维护是吸引人才的指路灯。相对于一般估价机构而言，知名品牌获得人才认同的概率更高，事实上吸引人才的来源也更多更广。行业知名品牌的打造是机构的人才日积月累的结果，而优秀的知名品牌不断地吸引更多的人才加入，两者相辅相成，共同发展。

（二）从实践管理角度谈估价机构人才来源的渠道途径

1. 行业内从业人员的口碑宣传及推荐

依据多年行业从业经验来看现有从业人员影响周边亲人，朋友、原同事从事本行业的情况也不在少数。

2. 大专院校中本专业或关联专业的校招

这也是吸引人才来源的重要途径。这种人才来源方式最便捷，同时也是潜在优质人才最大的来源渠道，但具有人才培养周期性较长的不利特点，这需要企业合理利用。

3. 社会招聘

（1）运用猎头招聘从行业内挖掘优秀的专业人才、复合型人才。运用猎头从本行业、其他中介机构引进非技术型如管理型人才、市场型人才等是机构开拓发展的重要手段。

（2）运用新型招聘形式，如BOSS直聘、微信朋友圈小程序招聘也是机构高效吸引人才的重要手段。传统网络中介招聘是一种行之有效的手段，但随着数字经济的发展，其效果呈逐年下降的趋势。

（3）在房地估价师考试期间针对现场宣传招聘也是快速寻找合适人才的重要手段。

（4）行业人员人脉推荐是吸引核心人才的重要手段，运用恰当能让机构倍增发展。

（三）从实践管理角度谈估价机构人才培养的方法

1. 传帮带培养方式

可采用1+1、1+N等多种形式的培养方法，从实践效果来看，只要受训者具备基础综合素质，此方式是最行之有效、最便捷、人才最快成长的方式。这种培养方式具有针对性和人才培养的目的性，这样培养出的各岗位人才的忠诚度、企业价值认同度最高，易成为机构的中坚力量。不利的是受传帮带领头人的自身素质影响，某种程度会造成被帮带人才的局部不足。

2. 竞争对比培养方式

对有上进心的员工或为公司所需的人才有着立竿见影的效果。内部竞争机制，目的是发现人才、发现高才、挖掘有潜力的员工。房地产估价行业是一个竞争非常激烈的行业，在如此的大环境下，形成公司内部竞争机制，鼓励先进，树立典型。有显现优秀人才，鞭策惰性员工的神奇功效。

3.交叉轮岗互相交流培养方式

轮岗制度是培养复合型人才最有效的方式，同时也具有重新点燃员工的工作兴趣和利于员工自我职业生涯规划的确立与调整的作用。其形式不限于技术、市场、内勤等部门之间的轮岗，也可在部门之间交叉轮岗，轮岗后生存下来的员工会换位思考、交叉学习，易培养出机构所需的复合型人才或者备选人才。

4.外部综合交流学习培养方式

其形式类同于轮岗培养，外部综合培养的内容、方式、次数对于有心成长的员工是一种无形动力，同时也是一种自我认同感。有利于专业人才或复合型人才的全面培养及对新兴事物的感知、接受和创造。

5.以上多种类、方法综合结合的培养方式

以上各种方式的结合，是估价机构内部培养核心人员的不二选择。

总之，作为专业性的房地产估价机构，现阶段处于一种充分竞争的市场环境下，机构健康、良性发展最终是人才的竞争，对于机构管理者来说机构人才吸引与培养相关问题是关系到企业发展的立足之本，是大家不得不深思考虑的现实问题。

参考文献：

宋梦美，刘朵.2020年房地产估价行业发展现状及2021年展望[J].中国房地产估价，2021（08）.

作者联系方式

姓　　名：肖　峰

单　　位：深圳市鹏信资产评估土地房地产估价有限公司湖北分公司

地　　址：武汉市江汉区青年路235号

邮　　箱：50377680@qq.com

注册号：4420100019

浅谈估价机构人才吸引及培养体系的建立

阮宗斌　李红艳　张雁峥

摘　要： 人才是估价机构发展最重要的战略资源。随着竞争加剧、新业务开拓、估价机构转型升级，人才需求剧增，人才缺口凸显。在转型升级的关键时期，估价机构应将更多的时间、资金和精力投入人才吸引、培养工作中，树立正确的估价人才观，建立符合估价机构自身的人才标准。通过提升机构实力、完善职业规划体系、制定具有竞争力的薪酬体系等措施，吸引人才；通过物质激励、精神激励、发展激励三要素留住人才；通过对现有人才进行人才盘点、人才考核、人才分类，实施有针对性的人才培养方案。根据估价行业的情况，本文将人才分为专业技术型、专业管理型和综合管理型三类，并建议分类进行人才梯队建设，通过多种形式对人才进行培养，以降低人才的流失率、提高人才的培养效率。

关键词： 估价机构；人才；人才吸引；人才培养

人才对于企业而言总是一个谈不完的话题。有句话说"员工抛弃了老板，并没有放弃他们的职业"。这说明人才和企业之间出现了问题。人才流动，这很正常。但是人才流出容易，补充却需要时间。自从大数据、物联网以及跨行大鳄进入后，司法评估、抵押评估等领域的评估业务都受到一定程度的冲击，部分人才流失，加上估价机构转型升级，人才压力凸显。

如何吸引人才、培养人才，什么样的人才是适合的呢？字节跳动张一鸣的看法是：你现在的思考路径，应该是为了达成吸引优秀人才的目标，来盘点人才需要什么，以及你有什么，并进行资源的最优化配置，想办法去达成目标。笔者认为，我们应该结合估价机构自身情况，建立估价机构人才观，进行人才梯队建设，建立人才吸引和培养体系，方为长久发展之计。

一、建立估价机构人才观

（一）估价机构人才的界定

人才，是指具有一定的专业知识或专门技能，进行创造性劳动并对社会作出贡献的人，是人力资源中能力和素质较高的劳动者。估价是专业性非常强的智力密集型行业，估价专业技能及处理问题的经验不能一蹴而就，估价人才无法迅速产生，需要长时期的积累和磨砺。

估价机构对于人才的需求是多样性的。大中小型估价机构人才需求的层次不同，不同部门人才需求情况及需求量不同。比如常规司法评估部门，需要的人才就是优秀的估价师，需要估价师所具备的严密的逻辑和模型运用及运算能力；征收评估部门更需要的是与征收人、被征收人的沟通、协调能力，项目全过程的管理能力，以及常规估价技术的运用能力；咨询部门则需要具备更多元的能力、综合的知识以及发散性思维能力等。

树立估价机构人才观，我们需要回答下面的问题。

估价机构人才的标准是什么，需要具备哪些能力？

估价机构需要什么样的人才？

如何吸引及留住人才？

如何让人才发挥最大的价值？

现如今人才的价值观是什么？

（二）人才需求的类型

除了传统的估价人才需求之外，随着估价机构的发展和演变，我们现有人才需要提升，人才结构也需要改变。人才需求随时根据估价行业和估价机构的发展变化而做出调整。

竞争加剧，促进估价机构业务专业化和精细化。估价机构需要升级现有的人才专业水平，提供更高标准的服务。

行业变革，机构开展新型业务，需要内部培养和外部招聘新领域的人才。这个过程人才的转化和培养相对会比较漫长。

估价机构发展模式转变。近几年陆续有不少估价机构开始往全国连锁规模化经营，或是多资质综合型方向发展，针对的人才需求比较多元。涵盖前台、中台和后台的人才需求。

估价机构的全球化探索。随着中国的腾飞，估价机构走出国门是必然的。短期而言，跨国评估业务人才的需求是量小质高。但是随着时间的推移，估价机构国际化进程加快，将形成一个比较大的人才缺口。

科技及互联网发展对于估价机构的人才需求是一种跨领域的需求转变。一些大型机构都有自己的官网、自动估价系统、征拆系统、办公系统、查勘系统等。但是懂得估价专业的科技、互联网技术人员非常稀缺，培养和引进人才的时间也是比较漫长的。

（三）人才匹配的时间价值

人才与企业的磨合需要一段时间。磨合所需时间越短，人才的价值越高。一般而言，从估价行业相关领域引进的人才，磨合时间较短。比如从服务行业的资产评估、会计师事务所引进的人才，人才匹配度会更好，适应时间短；而从其他行业比如制造业引进的人才，适应的时间就要更长。在校毕业生，与估价相关专业的毕业生适应更快，未来发展潜力高。

对于估价机构而言，更应该引进那些能更快、更高效地发挥其价值的人才。

二、多维度打造估价机构的人才吸引机制

从人才管理的角度，吸引人才、筛选人才、留住人才、培养人才是人才开发的四个步骤。吸引人才是第一步。如何吸引人才是一个系统性且需持之以恒的工作。字节跳动张一鸣提出建立人才机制主要包括三个要点。第一是回报，包含短期回报长期回报；第二是成长，他在这个公司能得到成长；第三是他在这个公司精神生活很愉快，他干起事来觉得有趣。

笔者根据智联招聘网站10大核心关键词，并对该核心关键词简要解析如下（表1）。

通过以上信息，我们知道，优秀人才除了要物质回报，他们还要空间，要发展，要氛围。针对上述情况，我们可以从下面几方面下功夫，吸引更多的人才。

智联招聘网站 10 大核心关键词及解析　　　　表1

序号	智联招聘关键词	涵义解析
1	雇主热度排行总榜	综合因素，关注度最高
2	新人成长快	岗位描述清晰、锻炼机会多、能迅速成长
3	同事很 nice	工作氛围好，相处融洽
4	非常锻炼人	工作压力很大，需要处理的工作多
5	实力大公司	企业实力强，在行业中有一定的地位
6	工作环境好	工作环境好，办公楼高大上
7	定期培训	公司培训制度完善，可以一直保持学习进步的状态
8	福利好	福利制度好，公司是赚钱的
9	发展前景好	公司有好的发展，行业有好的发展
10	团队执行强	公司文化，团队目标明确，是干事的公司

1. 提升机构实力以及在行业中的影响力

机构实力、行业影响力就是一个机构的基本面，是吸引人才的一个重要因素。机构实力越强、行业影响力越高，同等条件下能吸引的人才越多。这就需要估价机构做强自己，使得自己在某个领域处于领先的位置，同时积极参与行业的活动并发声，提升行业影响力和大众的认知度，吸引来人才。

2. 完善的职业规划体系及岗位描述

估价机构还需要建立完善的职业规划体系和岗位描述，让所有加盟的人才清晰知道自己未来的发展空间、晋升路径和发展方向（表2）。这也是筛选和留住人才的重要一步。

岗位描述则是需要将每个岗位的岗位职责、所需技能描述清楚，是胜任能力考核及职级晋升的标准。

此外，多数时候人才是综合发展的，因为机构用人的需要，也经常会碰到内部转岗，因此需要有对应的职级对比。

估价机构职业规划体系表　　　　表2

估价师技术序列	职级	估价师管理序列	职级	薪档
专家	P6	总经理助理	M5	M5-1
		总监	M4	M4-2
			M4	M4-1
高级	P5	经理	M3	M3-3
			M3	M3-2
			M3	M3-1
资深	P4	副经理	M2	M2-3
			M2	M2-2
			M2	M2-1

续表

估价师技术序列	职级	估价师管理序列	职级	薪档
中级	P3	主管	M1	M1-3
			M1	M1-2
			M1	M1-1
初级	P2		晋升路径： 1. 专业方向 2. 管理方向	
助理	P1			

3. 具有竞争力的薪酬及福利制度

在马斯洛需求理论中，薪酬福利属于生理和安全需要，是低级需求，是所有人都关心的问题。如果薪酬福利没有竞争力，那么能吸引来的人才就相对有限。良好的薪酬福利一定能吸引到人才，但不一定能留住人才。

4. 形成鲜明的企业文化

字节跳动张一鸣提到人才机制中关于精神生活的一些话："人要跟让自己开心的人在一起，你每天开开心心的，身体都会好点""有边界且有包容度的理念生活。这点很重要。可以让人心情愉快地工作，而不是束手束脚。"这就是企业文化。每个估价机构，无论大小，经营时间长了，都有自己的企业文化。人才与企业文化是有契合度的，良好的企业文化会让人心生向往，在这样的机构中工作如鱼得水。

5. 积极参与社会公益，提升机构的社会影响力

社会公益事业是近年来各行各业积极提倡的。迄今为止不管是行业协会还是估价机构自身，都越来越多地呼吁和参与到公益事业中来，不仅提升了行业和企业知名度，还提升了美誉度和社会责任感。也通过各种活动和宣传，吸引到理念相符的人才。

6. 深度进行校企互动

高校作为技术理论研发和指导高地，为估价机构提供理论指导。高校也是估价机构后备人才的摇篮，源源不断地为估价机构输入新生血液。要从高校中吸引和发现人才，除了高校推荐、常规实习之外，还需要有深度的合作，比如通过举办专业估价比赛活动、课题研究、参与教学、课程建设等，让机构和在校生都有充分的接触和认知。

三、建立健全估价机构人才培养体系

培养人才，让现有的人才为估价机构持续作出贡献。培养人才除了能让现有人才发挥更大的作用之外，还可以留住现有人才和吸引未来人才，大大降低了企业的招聘成本。培养人才的前提是留住人才，并对现有人才进行各方面的素质提升和新能力开发。

（一）如何更大限度留住人才

笔者总结大多数人才离职的原因：薪金低、福利不够、工作环境差、没有事业发展机会、缺少培训机会、工作枯燥、同事关系不融洽、家庭原因、转换行业、找到更好的工作等。

上述原因归结为三类：物质原因（薪金低、福利不够、工作环境差）、发展原因（缺少培训机会、转换行业、找到更好的工作）和精神原因（工作枯燥、同事关系不融洽）。因此

相应地，可以从三方面进行入手，留住人才。

物质激励：结合行业标准，给予人才最匹配的薪资福利待遇。

精神激励：可以提供更有挑战性的工作，或是针对性强化情感投入，改善工作氛围，留住人才。

发展激励：对于那些需要更好发展空间的人才，则通过提供完善的职业发展规划、提供良好的培训，使得他们有更多可施展的空间。

（二）人才盘点及人才分类

1. 人才盘点

人才盘点的目标主要是为了梳理现有人才情况，然后根据公司战略发展规划有针对性对现有人才进行培养（图1）。

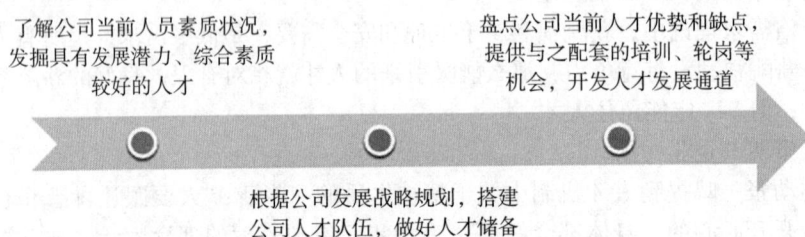

图1　人才盘点的目标

盘点过程中对人才进行工作业绩、综合素质进行综合考评，确定是否值得重用及培养（图2）。

图2　管理导向切分线

2. 人才分类

盘点之后，还需要对人才进行分类。人才分类主要是为了更方便对人才进行针对性培养。就估价机构而言，通常分为专业技术型、专业管理型和综合管理型三类人才。三类人才专业分工不同，发展方向也不同（表3）。

人才分类表　　　　　　　　　　　　　　　　　　　　表 3

人才类型	人才定义
专业技术型	指掌握司法估价、抵押估价、征拆估价、咨询等某一领域或数个领域掌握较高技术/技能的人才
专业管理型	指在具备估价某一领域或数个领域的较高专业技能，且有着较高综合管理技能的人才。如技术部部门经理、集团总公司技术总监等工作岗位
综合管理型	指以管理工作为主，专业为辅的管理人才。具备了全面且系统的管理知识，有较高综合管理技能的人才。如分公司总经理、集团总公司运营总监及以上工作岗位

（三）人才梯队建设及培养

1. 人才梯队建设的原则

人才培养过程中还要着重考虑人才梯队建设，确保人才成长及补充的稳定性。

人才梯队建设主要考虑如下原则（表 4）。

人才梯队建设原则表　　　　　　　　　　　　　　　　表 4

序号	人才梯队建设原则
1	突出重点岗位：对估价核心骨干、中高层管理岗位、紧缺的专业岗位重点培养
2	关注短板能力：对于拟重点发展新型板块业务，比如咨询、证券化、现金流测算等估价业务关键能力进行重点培养
3	选苗重于育才：加强对人才标准的建设，尤其对于重点人才的培养宁缺毋滥
4	注重早期培养：注重新人入职一年内的评估和培养，以及优秀毕业生的培养
5	内部培养为主：对于关键岗位，优先考虑内部选拔及培养

2. 人才培养方法

人才归根结底还是在实践工作中通过自主学习、公司培训和项目历练得以成长。因此需要根据人才情况采取多维度的培养措施（表 5）。

人才培养方法表　　　　　　　　　　　　　　　　　　表 5

培养方式	培养内容
主动培训	组织人才参加在岗或脱岗的管理知识或专业技能培训，系统地学习工作的技能与技巧
在职指导	上级主管在工作中经常指导下属和对其工作状况进行反馈
职责扩大	增加拟培养人才的工作范围，承担更多的工作，让他们承担更多的责任，提高他们在工作中的重要性和认同感
轮岗	在集团内与其他同事调换岗位，或是在部门内承担不同的工作，丰富员工知识和技能
项目参与	让拟培养人才参与公司的重要项目，丰富他们知识和技能，锻炼他们的专业能力和管理能力
授权	对不同的层次的人才，给予不同的授权，使得他们有更多的机会参与决策，迅速成长
对外交流	对部分重点培养人才，提供他们参与对外交流的机会，提升他们的视野和综合能力
自我学习	通过自我学习及行业协会组织的培训提高知识和技能等

四、结语

我们处于一个变革的、快速发展的时代，外部环境随时都在发生变化，逼迫估价机构转型升级。任正非曾说："我公司聚集优秀人才，提高人才浓度的政策是正确的，尽管它暂时增加了生产成本。"因此，我们也务必加大对估价人才的投入，吸引人才、留住人才、培养人才，赢得估价的未来。

作者联系方式

姓　　名：阮宗斌　李红艳　张雁峥

单　　位：深圳市国策房地产土地估价有限公司

地　　址：天津市南开区环球置地广场 2402 室

邮　　箱：ruanzongde@126.com；258555157@qq.com；437372166@qq.com

注册号：阮宗斌（1220030010），李红艳（1220100012），张雁峥（1220190015）

新形势下房地产估价机构的人才吸引与培养

杨庆璐　郭崇杰

摘　要：随着供给侧结构改革的不断深化和国家重大房地产政策的迭代更新，房地产估价机构服务提出了新目标、新任务、新要求，对估价机构的生存与发展既是机遇也是挑战。房地产估价机构人才是估价机构的"无形资产"，估价队伍的综合素质决定着估价机构的未来，因此，房地产估价机构人才吸引和培养尤为重要。本文主要分析了当前房地产估价机构人才发展现状及存在问题，并提出相应的措施建议，为房地产估价机构获得源源不断的人才力量、实现良性可持续发展贡献一份力。

关键词：房地产估价机构；人才；培养

房地产估价是发挥房地产资源最大价值的主要方式之一，其主要的作用是为了寻找房地产所拥有的潜在价值。至今，我国房地产估价业务已经拥有了几十年的发展历程，在长期发展中，此项业务实现了全方位发展，涉及领域众多，譬如，房产征收或者是房产转让等，作为房地产估价行业中的重要部分，为推动中国房地产业务发展贡献了一份力量。而随着中国经济社会发展进入新常态，中国房地产业务的发展情况也将出现新的转变，主要表现为：①在新的发展趋势下，大型房地产开发企业的优势会越来越突出，房地产企业的并购和整合业务进一步深化，与此同时，行业的集中度也会有很大程度的提高；②在新型城镇化和人口老龄化的大背景下，国内住房整体需求量逐年减少，导致房地产开发企业的业务范围将会向非居住物业发展；③房地产开发企业的精细化管理水平会有明显的提升，采取科学、有效的手段对成本进行控制，将会是房地产行业发展的必然趋势；④未来由于房地产行业与各行各业的交叉点逐渐增多，房地产企业会进一步加强与其他各行业的融合发展。

在新时代背景下，各行各业面临着十分激烈的市场竞争局面，房地产估价行业也不例外，受到市场大环境的影响，诸如房产抵押或者是房产征收等多项业务出现了下行发展，为了缓解这类局面，提升该项业务的发展速度，诸多从事房地产估价业务的企业纷纷开始将自身的战略目标转向人才竞争。

一、当前房地产估价机构人才发展现状及趋势

与国外发达国家相比，我国房地产估价行业起步较晚，大概到 20 世纪 80 年代中期才逐渐出现。最初，国内的房地产估价机构基本是由一些单位转型而来，比如早期的事业单位，或者国有企业的估价部门等。改革开放以后，随着社会和经济大发展的浪潮，房地产估价领域也迎来了新的发展契机，尤其是迈入 21 世纪以后，随着经济快速发展，房地产估价机构在房地产融合业务发展中也具有了举足轻重的位置。

（一）人才在房地产估价机构的发展情况

房地产估价业务目前在国内发展拥有数十个年头，因此此项业务已经相对成熟。依照相关数据统计显示，目前国内从事房地产估价有关的机构总数量在4500家左右，从业人员总数数量目前突破了25万人。发展至今，按照资质排名，国内房地产评估机构的分布情况具体如图1所示；根据对房地产估价机构目前的人才结构进行分析后发现，人才类型涉及众多，譬如，从事估价业务，房产抵押或者是房产咨询等类型的专业人才；又如，从事客情维护或者是活动策划等类型的管理人才；再如，从事市场走向分析或者是内容研究等类型的研究型人才等。

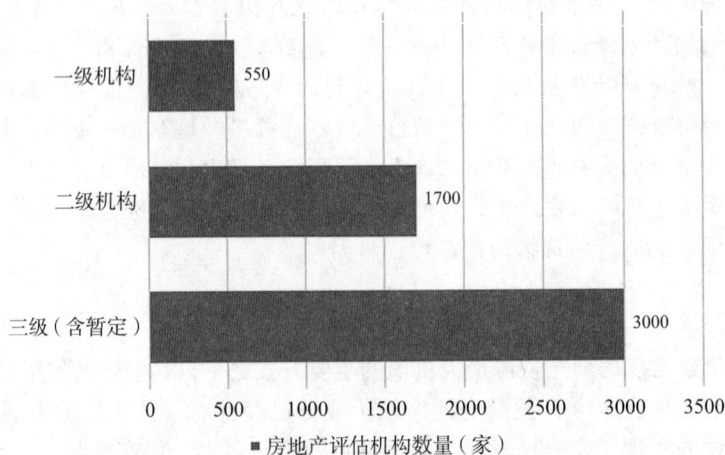

图1 全国房地产评估机构按资质数量统计情况

房地产估价行业想要实现长久不衰的发展，就需要从事这类行业的企业明晰自身的定位和市场走向，利用合理化的方式广纳扩招高素质、高能力、高技巧的综合性人才。同时，利用创新开拓现有的业务范围，增强自身在市场中的竞争实力，提升经营收益能力和获利水平，为员工提供较高的薪酬待遇。根据对房地产估价行业进行分析后得知，房地产估价所拥有的类型，如表1所示。

房地产估价类型   表1

类型	一般描述
一般估价	主要发生在买卖双方出现分歧时，寻求估价机构解决分歧和争议，一般不具有法律效力，仅仅作为参考的评估
房地产抵押贷款估价	购房者在申请贷款时，对自己抵押的房产价值进行评估，一般是由发放贷款的机构委派估价机构进行评估，一旦评估确定就具备一定的法律效力
特定估价	此类型的估价一般是由房地产交易管理部门对交易双方以低于市场价而做的评估，估价一旦确定，具有法律效力

（二）未来房地产估价机构人才发展趋势

1.人才力量实现逐步增长

如今，诸多房地产估价机构现有的人才储备出现了严重不足的情况，但整个行业还在不断进步和发展，为了满足行业发展所需，未来行业发展将会招揽更多的人才力量。

2.人才结构呈现多元化趋势

未来房地产估价业务与其他行业会有更多的交叉点，所以除了业务人才之外，营销和管理等各方面的人才将会为推动房地产估价行业的发展做出非常大的贡献，因此，为了紧跟时代发展，赢得市场竞争主动权和话语权，未来这类机构的发展必须建立多样化的人才队伍。

3.人才年龄呈现年轻化趋势

在不断前进和发展的大潮中，老一辈杰出人才逐渐由年轻人取代是必然结果。当前，房地产估价机构的人才逐渐老龄化，但估价的业务知识需要根据时代的变化而不断更新，所以房地产估价行业要想更长远的发展就必须引进更年轻的人才，以有效地解决房地产估价机构出现的人才后备缺失的问题。

4.人才素质将会实现大幅度提升

为评估行业的从业人才制定可行性的素质培训活动，提高专业技能能力和水平，有针对性地培训一支高水平的优秀经济管理人才和综合实力超强的现代化人才。

5.人才素养将会实现复合化发展

从本质上而言，房地产估价行业对于从业人员所掌握的专业技术和专业知识提出了非常高的要求。从业工作者不但要拥有一定的知识视野，掌握各项估价技能，而且更要熟知各领域的相关知识，譬如，金融知识或者是税务知识等，尤其是法律知识。

二、当前房地产估价机构人才吸引与培养存在的问题

（一）工作人员压力较大

目前市场中诸多从事房地产估价行业的机构，在业务开展上主要侧重点放在房产征收或者是房产抵押等相关业务上，这类业务正常情况下拥有三种明显的特性，一是周期性短；二是面临的风险较大；三是从业人员数量相对较少。在这种情况下，往往一个从业人员需要同时负责多种业务的受理，这样一来，加剧了从业人员日常的工作压力，进而导致业务受理效率出现了严重的问题。

（二）人才结构不合理

随着房地产估价行业的不断发展，房地产估价师数量呈上升趋势，这些估价师掌握的技能和拥有的知识储备非常丰富，然而，诸多人员年龄偏大，且这类员工很少接受到专业的培训，在从业期间办理相关估价业务往往凭靠经验定夺，缺乏创新能力，对于新鲜事物所呈现的接受程度非常低，因此，这类估价师的发展受到了一定的限制。以中青年从业者而言，这类员工虽然对于新鲜事物有着较高的敏锐程度，且掌握诸多新型的估价知识，拥有较高的创新意识，但是这类员工从业经验少，自我为中心现象严重，缺乏团队意识，所以在行业中呈现出的情况不容乐观。

（三）缺乏合理化的培训机制

现如今，诸多房地产估价机构在对自身的员工进行培养时所采用的方式方法有三种，一是社会培养，二是定向培养，三是院校培养。以社会培养而言，这种培养方式涉及面非常窄，仅有为数不多的机构会定期组织自身的员工开展培训活动，且培训的内容并不具备系统性和全面性。以定向培养角度而言，这种培养方式目前是诸多房地产估价企业采取的主流培训方式。然而，在实际实践中，这种方式会受到行业发展的限制，且诸多机构并未对自身的

专业人才制定具有可行性的培养机制和评价机制等。培训过程中往往采取"填鸭式"模式，培训效果并不理想。以院校培养角度而言，这种方式所培养出的从业工作者拥有较强的针对性，且熟知专业领域的各项知识和技能，拥有非常显著的专业性和系统性等特性。目前，这种培养模式有三种不同的类型，一是职业教育培养，二是本科教育培养，三是研究生教育培养。然而，不同院校所采取的培养方式不同，加之目前构建出的课程体系不完善，培养出的学生出现了技能不统一、理论和实践不能实现有效融合等问题。

三、新时代、新业态对人才能力提出的新要求

人才作为促进行业发展的重要基础，不但可以提升服务效率和服务质量，而且能带动行业的专业化发展。在新时代、新业态背景下，行业只有获得源源不断的高能力、高素养的综合性专业人才，才能有效提升行业在市场中的竞争力和战斗力。为此，针对人才能力进行分析，有着非常大的现实意义和实践意义。

房地产估价属于一项复杂性和系统性的业务，在估价环节涉及众多专业知识，对从业者提出的要求非常高，正常情况下，一名合格的从业者应当具备三种能力，一是专业能力，二是职业能力，三是社会能力。以专业能力角度而言，从业者专业能力的提升必须依靠掌握专业的知识和专业的技能；以职业能力角度而言，为了满足职业要求，从业者需要拥有创新精神，利用创新带动技术发展，利用创新带动方式方法的发展；以社会能力角度而言，这种能力要求从业者必须具备非常强的社交能力，掌握良好的社交技巧。

四、房地产估价机构人才吸引与培养措施建议

（一）加强人文建设力度，提升人才职业道德水平

人力资本是房地产估价行业实现良性可持续发展的核心基础，只有拥有强大的人力资本，才能提高行业的战斗力和竞争力。正常情况下，估价结果或者是估价判断等会受到人的主观因素和主观能动性等相关因素的影响。从事房地产估价行业的从业者，在从业期间会受到来自诸多因素带来的无形压力，在压力之下，从业者往往会做出错误的估价判断，进而影响到估价结果的真实性和可信度。针对此现象，应着重提升从业者的心理素质，加强自身人文建设的力度，利用人文建设来提升自身人员总体的道德水平和素质水平，并为从业者构建完善的职业道德教育，健全相应的奖励制度，通过这种方式来激发和调动从业者的工作热情。

（二）为人才建立健全培训模式

培训模式的构建工作必须从三方面来着手，一是评价考核，二是人才选拔，三是继续教育，并将社会培训、校园培训以及行业培养三种模式融入整个培训模式中。以院校培训角度而言，加强行业和国内高等院校的合作关系，利用合作让校园定向为行业输入高素质、高知识、高能力的综合性人才力量。同时，以行业发展作为核心，与高校进行交流沟通，优化高校现有的培训体系和教育模式，利用这种方式有针对性地对大学生进行培养；以社会培训角度而言，首先，估价机构应当结合自身的员工发展情况，为员工建立健全培训体系，定期组织员工参加到技能和素质培训活动中，依靠培训来增强员工的技能水平和素质水平；其次，为员工培训健全考核体系，利用考核来了解员工培训情况；最后，以考核结果作为依据，找

到员工在培训环节的薄弱点，为后续开展针对性的继续教育奠定基础。

（三）为房地产估价机构设立研究中心

加强机构和行业两者的协同作用，与国内高等院校进行联合，专门为房地产估价设立研究中心和创新基地等，利用这种方式来加强对房地产估价行业的研究力度，洞察行业发展动向，让未来市场向信息化和科学化方向发展。

（四）企校双师互聘，双元联合培养机制

企业应与院校达成合作共识并签署人才输送合作协议。高校拥有非常多的教师资源，这些教师教育经验丰富，拥有广阔的知识视野和理论基础，能够为房地产估价行业的发展贡献一定的力量。从事该行业的相关机构可从高校中聘请或者是招揽教育经验丰富的教师来帮助自身机构员工开展教育培训活动，推动机构人力资源的整合和人才结构的优化。高校应聘用房地产估价机构或行业协会选拔的优秀高技能房地产估价师担任高校企业导师。企业导师负责指导学生岗位技能操作训练，提升技能水平和职业素养，使其具备房地产估价岗位的实务工作能力。高校教师往往具有较高的学历，可以推动房地产估价机构专业技术人才队伍结构合理化，解决结构性失衡的人才队伍瓶颈。

五、结语

为了适应新时代，造就新未来，房地产估价机构目前从事的估价业务逐渐由早期的单一业务转到多元化业务的方向发展。在业务范围和业务属性的变化中，业务发展对人才提出了更高的要求。房地产估价机构优化人员组织结构的过程中，人才的吸引与培养是关键之关键，而人才的吸引与培养最终目标是让高质量估价服务于房地产经济的更多领域。

参考文献：

[1] 柴强.房地产估价理论与方法 [M].北京：中国建筑工业出版社，2017.

[2] 袁华东，新经济形势下估价人才培养模式的创新探索 [J]，中国房地产经纪与估价，2007（06）：73-75.

[3] 蒋宇芳.房地产估价行业发展现状、趋势及对策分析 [J].住宅与房地产，2019，5（22）.

[4] 龙昆.房地产估价行业人才发展及职业岗位晋级体系 [J].中外企业家 2018，26（05）.

[5] 潘世炳，左煌.适应高质量发展的房地产估价专业人才培养 [J].中国房地产，2019，26（04）.

[6] 陈静，綦倩.房地产专业现代学徒制校企合作专业伦理教育探析 [J].才智，2018，16（33）.

[7] 陈红艳，廖小建.面向职业教育的房地产专业人才培养研究—基于综合学习设计理念 [J].职教论坛，2017，26（35）.

[8] 郑伟俊.云估价在现代学徒制人才培养模式中的应用研究 [J].职业教育研究，2017，38（09）.

作者联系方式

姓　名：杨庆璐　郭崇杰

单　位：山西财经大学公共管理学院

地　址：山西省太原市小店区坞城路 696 号

邮　箱：634995075@qq.com，gcj6976@163.com

房地产估价机构人才吸引与培养的方向和措施

黄鹏达

摘　要： 随着互联网技术、信息技术的不断发展，传统估价业务受到了很大的冲击，房地产估价机构想要持续发展，必须拓展业务领域或创新转型。本文介绍房地产估价机构发展的现状，提出吸引人才和人才培养的一些方向和措施。

关键词： 房地产估价；人才；人才培养

一、房地产估价机构发展现状

房地产行业快速发展，在我国经济社会发展中发挥了举足轻重的作用。国家为促进房地产市场的平稳健康发展，继续坚持"房住不炒"的原则，加强了对房地产市场的监管和调控。随着房地产市场的发展，对于房地产估价专业服务的需求也变得越来越大，从而导致整个房地产估价业也发生了大环境的变化。在市场需求的增长中，房地产机构逐渐突显出许多问题，其中关键是房地产估价机构储备人才不足的问题。

近年随着信息技术的快速发展和信息交互平台的迅速增加，房地产估价行业的环境在不断地调整和变化。在现今的信息化时代，各行各业都涌现了许多创新理念和新型的业务领域，房地产估价行业也不例外。其中新型的房地产数据系统、自动估价系统等互联网大数据新工具正在不断冲击着传统的估价方式，导致了传统的估价业务减少，而新的估价业务还在不断地探索，这亦推动着房地产结构必须优化自身业务结构，提高专业服务水平，否则只会在时代的浪潮中被淘汰。

行业环境的新生态，既包含了新的机遇也带来了新的挑战。房地产估价机构在积极应对挑战、适应新环境的同时，需要拓展不同类型的业务，实现估价行业的升级转型，为此房地产估价机构需要补充更多的新鲜血液，需求更多掌握现代房地产评估的理论与知识，具有良好的沟通能力、良好职业道德和敬业精神的熟悉房地产政策法规的高素质技术人才。

二、吸引人才的方向

在新时代中，知识更新换代十分迅速，市场潜在的需求在不断提高，传统的估价行业从业人员已经远远不能满足市场的需求，房地产估价机构谋求长久的发展则必然要吸引高端人才的加入。笔者从以下几方面浅谈吸引人才的方向和措施。

（一）提高对技术人才的重视程度

长期以来，房地产估价行业在社会中的影响力方面不占优势，导致很多机构的负责人在招聘人才方面认知出现偏差，认为不需要特别优秀的人才加入。人才的选择是双向的，有些机构对技术人员不够重视，没有给优秀的人员提供良好的待遇和足够的上升空间，导致很多优秀技术人员的流失。对此，笔者认为，知识就是力量，人才就是核心竞争力，行业机构需转换思维，提高对技术人才的重视程度。其一是完善激励制度，可以为优秀人员提供优惠政策和福利待遇，营造积极的业内环境。其二是落实上升渠道的拓展，为优秀人才脱颖而出创造良好条件，让人才自发、自愿地被吸引而来。其三是构建保障机制，协调人才在工作、生活上遇到的困难，给予一定的社会保障，用人文关怀留住人才。

（二）建立良好的人才引进机制

人才市场内，熙熙攘攘。每年都有许多的求职者，其中不乏优秀的人才，但为何行业内技术人才仍是紧缺，面对这一情况除了待遇吸引人才外，建立良好的人才引进机制是关键。

行业机构招揽人才，需构建优质高效的人才引进机制。一是政策引领，积极响应政府及政策的相关法律法规要求，搭建多层次引才平台，完善机构人才政策支持体系。

二是建立人才交流平台，为人才提供人性化的人才测评服务，各相关专业人才均可展示自我，能给予人才更多发挥自身才能的机会，从而吸引更多的人才。

三是定期举办高新人才招聘会，促进行业机构与人才的有效匹配，举办高校毕业生就业服务供需招聘活动，为行业机构定向揽才；开展云端招聘，全方位吸引各类人才汇聚。

四是合作招聘，可以建设人力资源服务机制，引进多家人力资源服务机构，互惠互利，提高行业机构引才聚才能力。当行业机构本身人力资源有限，可以与外部人力资源服务结构合作，通过外部助力，节省资源成本，更好地引进人才。

三、培养人才的措施

新时代，房地产估价应服务于快速变化的经济社会发展，在提升传统估价业务服务质量的同时，通过对人才的培养与提升，为房地产估价行业结构的发展带来新的业务领域和转型契机。

（一）完善培训制度，培养创新型人才

房地产估价机构靠传统估价业务，在激烈的市场竞争中将难以为继。对此，房地产估价机构想要在行业内持续发展，需逐步建立完善的培训制度，培养创新型人才。培训制度是以了解从业人员对培训的需求、对培养项目的期望；开发相应的知识课程；项目效果反馈；培养项目评分机制等一系列实施机制为基础培养人才职业技能，而完善的培训制度有助于行业机构高效地进行人才培养，有利于培训目标的达成。

在传统业务服务中，鼓励支持开发新观点新形式，培养房地产估价人员的创新意识，提高自我能动性，为行业机构带来新的活力。通过培养创新型人才和提升从业人员创新能力，结合时代发展的特征，更好地服务于经济社会的发展。

（二）培养科研人才

专业技能进步已经成为行业机构发展的重要基础，没有不断进步的专业技能支撑，房地产机构在市场上必然缺乏竞争力。培养科研人才，在实践中精益求精，不断提高从业人员的专业水平，这是一个综合性的漫长工程，笔者认为行业机构可以从这些方面着手。

在社会上，与高校、科研院合作交流。房地产估价机构通过双向的交流合作，共同解决房地产估价领域的重点课题，从而提高估价专业人员的科研能力。

在日常工作中，注重培养估价专业人员的科研精神。在政策上、制度上、继续教育、评

优等方面给予估价专业人员支持与认定，让专业估价人员有动力去做科研课题。在科研精神的推动下，估价专业人员通过调查研究，不断地工作实践、分析思考，解决评估工作中的重点、难点问题，在实践中带领机构从业人员共同进步，带动行业提升服务质量。

（三）知识的更新，提高自身水平

新时代，"大数据""云计算"与互联网的结合，使得知识与技术的更新速度越来越快，房地产估价人员应多参加估价相关新理论、新技术的学习，提升自己的业务能力和水平，在做好传统业务的同时积极应对新领域所带来的新型业务。

在新形势、新需求下，房地产估价专业人员仍需继续教育学习，通过以参加相关的培训、专业会议为主，以线上的学习方式作为集中面授学习的有效补充，提升自身估价技能，提升职业精神，提升工作质量和效率，使自身能够具备良好的职业素养，成为一个优秀专业人才。

（四）科学的用才机制

建立人才竞争机制，推行良性的比赛、竞争，用科学的定性定量的人才测评方法，发掘每个人才的发展优势，以此充分发挥人才的长处。

每个人的发展水平和深度都不尽相同，行业机构要合理调配，将优秀人才选聘到合适的岗位，让每个人在其位、谋其职。合理分配工作，有利于人才发挥自身才能优势，做到人才使用和人才培养的统一，以合理使用来加快培养人才的职业素养。

行业机构可以多措并举，做好专业技能人才的培养使用。通过设立交流项目，更多接触不同类型的业务，不断加大技能人才的培养力度，多给他们锻炼、考验的机会，实现"更快""更强""更全面"的人才培养目标。

四、结语

在经济社会快速发展的今天，人才是各行各业不可或缺的重要资源。为了在知识经济时代获得发展优势和市场竞争力，需要行业机构在管理环节提高对人才的重视程度。为了满足房地产估价机构的改革建设和持续性发展要求，本文简述了房地产估价机构发展的现状，以及房地产估价机构在目前不断变化的经济形势下吸引人才和人才培养方面的一些方向和措施，以期给广大估价从业人员提供一些参考或启发。

参考文献：

[1] 卫斌．高职房地产营销人才素质培养的新思维 [J]．现代营销（学苑版），2011（06）．

[2] 陈小芳．企业管理类人才应用能力的培养研究 [J]．才智，2013（15）．

[3] 李国定．论宏观调控下房地产企业的发展之路 [J]．经济师，2012（10）．

作者联系方式

姓　　名：黄鹏达

单　　位：深圳市同致诚土地房地产估价顾问有限公司中山分公司

地　　址：中山市东区中山四路 15 号第 2 层

邮　　箱：2201999672@qq.com

行业转型期房地产估价机构人才吸引与培养策略

陈　静　常　麟

摘　要：时代在进步，社会在发展，身处互联网时代，竞争日趋激烈的经济环境下，企业间的较量本质上是专业技术人才之间的较量，拥有了足够数量的专业人才，企业才有跻身行业前列的主动性和竞争力，如何吸引住人才是企业都需要认真对待的重要问题。本着房住不炒的原则，房地产作为关系到国民生活的重要行业，房地产估价影响着相关权利人的切身权益，如何吸引和培养专业人才，是促进房地产估价行业健康发展的根本问题。本文从需求角度阐述如何吸引人才，从不同层面阐述如何培养人才。

关键词：房地产估价；专业人才；吸引；培养

随着房地产市场的发展，房地产估价行业日趋成熟，估价业务从单一的业务类型，向高端咨询业务发展，对于专业人才的需求增加，想要吸引高端人才加入，可以从人类需求的角度着手。美国心理学家马斯洛把人类需求分为五级：生理、安全、社交需要、尊重和自我实现，从低级向高级发展。通过对房地产估价行业人才的现状分析，从需求角度吸引人才的同时，也须注重对专业人才的培养。

一、房地产估价行业人才的现状

近几年，我国估价技术水平不断发展成熟，估价业务结构发生了明显的变化。估价业务从早期较单一的抵押按揭和征收业务，向司法鉴定和高端咨询业务方向发展。过去的估价行业过多关注培养新人的基础工作能力，未来应更加关注扩展新思路，以应对未来多方向发展的业务，体现自身专业特色和服务技能，估价行业才能在新的市场形势下更好地发展。

据统计，自 1995 年以来，我国共举办了 24 次全国房地产估价师资格考试，取得房地产估价师资格证书的人数达 71368 人。

根据房地产估价信用档案系统数据，截至 2020 年底，注册房地产估价师平均年龄约为 45 岁。其中，年龄在 46～50 岁的人数最多，占比为 26.4%。从历年初始注册人数情况来看，35 岁以下的房地产估价师注册人数从 2016 年的 1288 人增长到 2020 年的 2320 人，占比也由 2016 年的 52.8% 增加到 2020 年的 56.4%。

从学历情况来看，注册房地产估价师总体学历水平较高，截至 2020 年底，本科及以上学历占比为 65.2%。其中，本科占比 57.8%，大专及以下占比为 34.8%，硕士和博士占比分别为 6.9% 和 0.5%。

根据现有数据显示，目前整体房地产估价行业内部人才年龄分布不均匀，注册人数中年轻人数占比较少。相对比而言，年轻人对于新事物的接受能力比较快，年轻人的思考方式一般也较为新颖，对于现在多方向发展的业务较能开拓出更好的路径。

二、房地产估价机构需求角度吸引人才

（一）生理需要

生理需求是指食物、水分、空气、睡眠等的需要，是人类生存最基本的需求。良好的工作环境，优厚的待遇水平对人才有一定的吸引力，只有在保障生存必需的基本条件，才能让员工无后顾之忧，更好地为企业提供更优质的服务。从本质上看，员工和企业是利益共同体，只有估价机构发展壮大，员工才能有更广阔的施展平台。

（二）安全需要

安全需求是指人们对于稳定、安全、受到保护、有秩序、能免除恐惧和焦虑等的需要，属于低级需求。估价机构内部管理制度要规范，能按相关法律法规与为员工提供基本医疗、失业保险和退休福利，能为人才提供职业保障，对于企业吸引专业人才有积极作用。

（三）社交需要

社交需要是指人与其他人建立感情联系或关系的需求，属于低级需求。估价机构能为员工提供人文关怀，增加同事间社交往来机会，支持员工寻找及建立和谐温馨的人际关系，有组织地开展团建活动和员工聚会。和谐的工作环境和温馨的人际关系，让员工有归属感，从而减少人才的流失。

（四）尊重需要

尊重需要是自尊和希望受到别人尊重的需要。在满足了较低需求的同时，人们一般会追求更高层面的需求，希望得到别人的看重和认可。在基本生存需求得到满足的同时，有能力的人才也在专业领域不断积累和学习，努力提高自己的专业素养，提高企业和社会对自身的认可度，提升社会地位。

估价机构也应该在公司制度上，有意识采取激励措施，如在公司刊物发表文章，公开奖励和表扬，有完善的晋升机制等，提供良好的发展平台，员工才会去追求更高的层次，只有不断探索和学习才能锻造出真正的人才。评估人员想得到社会的认可和尊重，还需要依赖法律法规的完善，给予估价行业更多的承认和许可。

（五）自我实现需要

自我实现需要是指人们追求实现自己的能力或者潜能的需求，属于高层次的需求。能力和专业素养越高的人才，往往更看重自我价值的实现。机构领导者要知人善用，扬长避短，为人才提供有良好的事业前景，才能吸引住人才。良好的事业前景需要估价机构拓展业务范围，与时俱进，与新技术、新领域、新科技结合，拓宽员工眼界，激励员工学习更多的专业知识，提升专业素养，成为行业翘楚，增加自身对于行业的影响力，从而实现自我价值。

估价机构在采取措施吸引专业人才的同时，还需要留住人才，良禽择木而栖，能力越高的人才，眼界也越高，专业的人才往往会流入专业的机构、优秀的企业家麾下。评估机构吸引人才、善待人才的同时也要有意识地培养人才，专业人才的培养是理论与实践相结合的过程。

三、房地产估价专业人才培养存在的问题及建议

（一）培养人才存在的问题

随着房地产估价市场新科技的大力推广和普及，政府政策的收紧变化趋势，房地产企业的估价出路必然会扩展多元化的业务范围和发展新方向。为了适应新形势，房地产估价人才的培养必须从多方面入手，目前各方在培养人才方面都存在一定的问题。

1. 公司方面培养人才的问题

目前行业内部竞争较为激烈，很多公司在出具房地产估价报告的时候比较注重效率，在培养员工方面，主要以报告的文本制作为主，且多为较单一的抵押按揭报告，忽略了理论知识与实务实践相结合的原则，因此培养出的人才在文本制作方面较为出众，在其他方面会较为欠缺。面对这样的公司，很多有能力的人会望而却步，内部的员工也会有想法，因为无法取得更进一步的成绩，这就很容易导致公司吸引不来人才，反而加速内部人才的流失。

2. 高校方面培养人才的问题

对于刚毕业的大学生，经过学校的学习，应初步掌握房地产估价的基本理论知识，获得房地产估价师的基本素质，具备岗位执业能力，从事房地产评估等技术及管理工作。但是目前我国部分省份尚未开设该专业，即使开设该专业，所招收的人数也相对较少。一方面是高校与房地产估价机构交流不够，不知道该如何培养这方面的大学生人才；另一方面是大学生对这个行业的陌生，在他们眼中这是一个冷门的行业，不知道学习什么，不知道毕业后可以做什么，因此也导致了招收人数较少的结果。

3. 房地产估价人员自我培养的问题

房地产估价是一个专业性较强的行业，而且我国特有的土地制度和房地产管理制度，使得我国的土地关系、房地关系比较复杂，所以对评估的技术要求也比较高，没有一定的专业知识和实践经验是难以胜任的。另外，现行的技术规范中要求采用多种方法，但实际中有的难以做到。在具体估价过程中，不管采用哪一种方法，都需要详细的基础数据来支撑。

现阶段的很多房地产估价人员都只是在做被分配到的工作，比如机械式地复制粘贴制作报告，很多人不知道该如何去提高自身能力，因此他们对于房地产估价基本理论理解不透，掌握不牢，加上缺乏实际估价经验，所以在参数选择和方法运用上还存在或多或少的漏洞，特别是许多因素判定都要靠估价师的主观判断能力。

（二）房地产估价机构培养人才的建议

1. 公司方面培养人才的建议

公司应当制定合理的竞争机制。竞争是市场经济具有强大生命力和活力的最本质的内在因素，有竞争才有比较和鉴别，才能显示出孰优孰劣，使优秀人才脱颖而出。因此制定合理的竞争机制可以调动人才的积极性，使其全身心投入公司的工作中，并能激起人才学习提高自身能力的欲望，以此来充分发挥出人才的才能。

公司应当多组织定期培训，不能简单地只把入职培训当做培训来对待，应根据行业在发展的过程中暴露出来的各种问题及短板制作培训内容，帮助内部人才得以提升工作能力，只有员工的能力提升了，公司才能更加适应现在社会的发展。

公司对于有潜力有能力的人才，要给予信任，敢于给予重要职位，对于初入公司的新人，一般不会给予太重的任务，都是从熟悉工作流程开始，从一些基础工作做起，但是如果

长时间都做这些基础重复的工作，会让人才觉得不受重视，打击其积极性，或者是领导具有较强的控制欲，不允许出现差错，怀疑新人的能力。两者都是对新人没有信任感，久而久之就会使新人失去工作热情，消极应对工作。因此最好能解除对人才的束缚，在一定限度内放权，在一些不重要的事情上，只要不是太过分，给他们犯错的机会，这样才能让人才迅速成长起来。

2. 高校方面培养人才的建议

高校应当以行业需求为起点，遵循教学规律，制定与行业需求接轨的人才培养计划；高校应重新调整教学思路，走进企业，与企业共同制定人才培养目标，使其教学更合理化。

高校应当调整过去的培养模式，将过去的知识传授型的培养模式转变为提高学生创新能力和适应社会发展能力的创新型人才培养模式，并且适当增加实践的课程，让学生做到学以致用，理论与实践相结合，以此在学生毕业的时候能更快地适应行业所需的最低标准。

3. 房地产估价人员自我培养的建议

自身可以以自学的形式通过自己看书、向人请教的方式去弥补自己的短板。从每天重复的工作当中吸取经验并积累下来，之后根据平时积累的经验对自己不擅长的地方进行学习，除此之外也可以自我设定一定的目标进行学习，一步一步慢慢成长。

四、结语

在互联网和大数据的冲击下，房地产估价行业也将面临转型的需要，对于估价人员的专业知识、分析策划、创新思维等能力有了更高层次的要求。为了能够胜任新的估价领域工作，不仅需要估价人员自身的努力，还需要估价机构、协会、行业主管部门协同发展，为估价人员提供学习的方向和机会，做到理论与实践相结合，培养出适应新时代发展的人才。

参考文献：

[1] 张效梅. 房地产估价人员自身原因引发的风险 [J]. 企业管理与改革，2005（04）.

[2] 潘世炳，左煜. 适应高质量发展的 房地产估价专业人才培养 [J]. 房地产中介，2019（02）.

[3] 王兴斌. 加强各类人才培养力度增强企业发展后劲 [J]. 丝路争鸣，2017（06）.

作者联系方式：

姓　　名：陈　静　常　麟

单　　位：深圳市国策房地产土地估价有限公司杭州分公司

地　　址：浙江省杭州市上城区鸿泰路 128 号 4 幢 5 层 507、508、509 室

邮　　箱：453126160@qq.com；540016504@qq.com

注册号：陈静（3320150191），常麟（3320210070）

浅析房地产估价机构的人才吸引与培养

谢红峰

摘　要：房地产估价行业是房地产市场运行的重要组成部分，人才是房地产估价行业未来发展的决定性因素。如何紧跟社会发展和需求，为委托人提供有用的高质量估价报告，人才培养是关键。本文结合房地产估价行业现状、前瞻未来趋势和要求，对如何进行房地产估价机构人才吸引与培养，提出相应对策建议，旨在打造核心专业房地产估价人才队伍，为企业注入强大内能，应对未来挑战，开创房地产估价行业良好的发展局面。

关键词：房地产估价；估价专业人才；人才吸引与培养

一、房地产估价行业的回望与前瞻

我国房地产估价行业起步晚于发达国家，最初成立的房地产估价机构主要由我国原房产管理部门下属的估价部门或较大型的国有企业中的估价部门脱钩改制而来。初期估价业务以"关系型"居多，伴随着我们住房制度改革，房地产估价迎来了较为迅速的发展阶段。随着房地产估价机构相关法规政策出台、房地产估价系列标准的制定，我们房地产估价理论方法体系日趋完善，形成了规范有序、公平竞争的房地产估价市场。

随着我国社会经济发展和供给侧结构性改革的深入推进，尤其是大数据的快速发展，信息化、智能化发展趋势在房地产估价领域愈加突出，对房地产估价的需要也越来越多，各种新型的、奇特的业务不断出现，对房地产估价师的专业能力以及创新能力提出了新的要求。目前，房地产证券化、城市更新和老旧小区改造、房地产税收、共有产权住房建设、房地产损害赔偿、农村集体经营性建设用地入市、住房反向抵押、绿色低碳和可持续发展等新兴领域对房地产估价的需要也日趋增多。如何把握新机会与新机遇，估价人才吸引与培养无疑是估价事业发展的重中之重。

二、房地产估价机构人才的吸引

人才是房地产估价机构的第一资本和发展的原动力。如何吸引、留住人才是一个永恒的课题，也是所有房地产估价机构都必须重视和面对的首要问题。大力实施人才战略，吸引实用型、创新型人才，坚持"珍重人才、公开招聘"，"能力为主、德才兼备"，"择优聘用、重点培养"的原则，以人才"引得进、留得住、能发展"为目标。

（一）以薪酬待遇吸引人才

薪酬待遇是优秀人才、高校毕业生等择业、就业的重考虑因素，高薪资待遇招贤纳士是吸引人才的重要举措。房地产估价机构首先需要在自身发展上下功夫，不断完善待遇激励制度，重实绩、重贡献，以工作能力的高低作为待遇发放的杠杆，建立起自主、灵活的待遇激励机制，在绩效、福利等方面，以物质奖励和精神奖励相结合的方法，使真正为公司作出贡献的优秀人才能够享受到身份地位与职业相匹配的优厚待遇，不断提高估价从业者的待遇水平，提高人均绩效和收入，从而提升估价从业者的社会地位，提升对优秀人才的吸引力。

（二）以办公环境吸引人才

"栽下梧桐树，引得凤凰来"。整洁舒适的工作环境，完善的配套设施对求职者具有较直观的吸引力，在一定程度上也能反映出房地产估价机构的实力。除外部环境条件外，感人的亲和力以及良好的人文氛围也兼具影响力。积极营造宽松和谐的人际关系，在日常宣传、业务处理和来访接待上，在职的领导及员工语言要礼貌平和，态度诚恳善良，让求职的人才感受到温馨融洽的情怀格局，产生迫切融入公司大家庭的热情和动力，从而激发人才投身工作的兴趣。

（三）以企业形象吸引人才

房地产估价机构要以良好形象作为竞争力和吸引点，为房地产估价机构的人力资本注入良性循环动能，保持生机活力，实现企业的新陈代谢。要充分发挥房地产估价机构自身优势，树立品牌意识，增强服务理念和服务质量，全面提高社会公信力和认知度，创建风清气正的房地产估价机构形象。此外，房地产估价机构要不断加强自身的宣传推广，通过网站、微信公众号等大众参与度较高的网络平台，全方位、多维度宣传推广，展现企业风貌，传递企业理念和核心价值观，让更多的人才认识了解房地产估价机构，切实感受到企业发展的安全保障，自愿为企业积极担当、出谋献策。

（四）以企业文化吸引人才

企业文化是房地产估价机构不可或缺的重要组成部分，是发展的源泉。只有良好的房地产估价文化，才能打造优良的房地产估价品牌，树立良好的信誉，扩大影响，企业才能走得更远。要创造良好的文化氛围，强化房地产估价机构的软实力，提高人才的综合素质能力，形成号召力、吸引力。使人才与企业之间产生共鸣，意气相投，志同道合，建立紧密的共同的价值观，从而加深房地产估价人才对企业的辨识度和认同度，形成人才发展不可缺的精神力量和道德规范。房地产估价机构可通过设立党建文化墙，打造估价家风家教文化，树立道德口碑，以德服人，从内在精神上感染和熏陶人才，提供精神动力和智慧的源泉，不断吸引人才投身于房地产估价行业。

（五）以晋升发展吸引人才

房地产估价机构在自身不断发展的同时，要为人才的发展提供平台和力所能及的必要支持，让其充分开发自身潜能，不断开拓创新业务技术能力，实现自身价值和理想目标，让人才能够感受到企业的生机活力和远大的职业前途，卓越的实力以及广阔的发展上升空间，从而产生追求成功、实现自身价值的欲望和憧憬，吸引其就业发展。房地产估价机构要把人才的学习和职业晋升联系起来，制定人才的职业生涯规划，有了清晰的成长之路，人才就能够清楚地知道自己的未来在哪里，企业也会描绘发展的蓝图，两者互补交汇，形成合力，这时企业和人才之间就从雇佣变成战略合作，让企业成就人才，让人才推动企业，用发展的旗帜引领人才的汇聚，以戛玉鸣金的号角吹响人才的集结号，不断推动房地产估价事业的发展。

三、房地产估价机构人才的培养

随着房地产估价行业的发展，人才是企业生产力中最活跃的因素。笔者认为，要想培养出适应新形势的房地产估价人才需做到以下几点。

（一）培养有潜能的房地产估价机构创新型高素质人才

房地产估价行业要适应发展的变革，合理利用大数据时代的资源，结合企业实力和构想，建立房地产估价专业人才培养的长效机制。选才的范围要广，识才要透彻，用才要科学，留才要精准。企业人才的培养，要增强创新理念，房地产估价机构应采用现代化以人为本的管理模式，为人才提供必要的教育培训机会，建立"创新型人才的提升规划"。房地产估价机构的选材培养，必须是经过房地产估价相关专业的学习，能够运用扎实的专业知识，评估房地产的价值价格、项目的成本测算，以及参与制定房地产投资策略，提出可行性分析及投资评估等专业意见，并具有创新意识和良好的文字表达能力的人才。择业期的大学生要选拔有潜质的、上升空间大的人才重点培养，而已经考取房地产估价师的则是要考察并培养是否有理论联系实际、善于创新及灵活处理业务难点问题的能力。对有潜力的人才，房地产估价机构要以包容和耐心的态度予以指导和教育，增加锻炼机会和实战本领。同时更要注重人才的职业道德培养，推崇"以德养才，才立德先"的优秀传统文化理念，开展如"拜师仪式""古训诵读"等可增强道德认知和工匠精神的人文活动，建立德才兼备的企业人才主力军，让道德为引力，创新为动力，潜力变能力，能力生潜力，并不断深造、转化，使得优秀复合型的人才脱颖而出，满足未来房地产评估行业对综合素质的要求。

（二）建立人才培养"传、帮、带"机制

房地产估价机构要定期对人才进行专业知识培训，针对现有或以往的评估典型案例，开展研讨和讲座，让估价机构资深的房地产估价师传授要点和经验，使人才始终走在房地产估价行业知识的最前沿，更好地运作日常业务；对在房地产评估服务中遇到的难点和疑惑，企业应及时与人才沟通并指导工作，帮助解决困难和问题，纠正不足，以帮带教，促进员工技能和素质的构建，加强个人的实战能力；在职房地产估价机构员工要以身作则，起带头模范作用，端正人才的工作态度和思想品德，引领行业自律和业务模式，建立人才培养"传、帮、带"学习机制，相互学习，取长补短，有落实、有检查，有经验总结推广，使人才觉得自己每一天都在成长。

（三）开展校企联系互动，加强人才战略合作

房地产估价机构还需不断加强在职人才的业务培训和职业道德建设，积极与高校开展校企合作，创新"孵化型"培养模式改革。校企双方可针对房地产估价相关知识，创新课程体系，优化教学模式，房地产估价机构可选派有经验的估价师到校授课，突出估价知识的应用能力培养，强化实践教学；学生在校期间，可将合作企业人才培养课程有机地融入相关专业课程，同时开展专业综合实训，并列为企业试用期加分内容，使得学生在毕业后，实现平稳过渡，基本实现"可上岗"。这样不仅可以缩短从学生到员工的过渡期，还能使房地产估价机构更早更精准地发现高素质人才。

（四）"走出去"学经验，"请进来"促提升

房地产估价机构要增加经费的投入，一方面，公司估价业务骨干、重点培养对象要走出去，到全国先进地区估价机构观摩调研，学习先进经验，不断增强创新意识；到国内知名高

校进行学习培训，使估价机构业务骨干重返高校深造，增长见识，开阔眼界。另一方面，要积极搭建学术交流平台，积极主动邀请房地产估价行业知名专家学者，对房地产估价人员进行有针对性的专业培训，更多地了解和学习房地产估价专业前沿理论，不断提高房地产估价专业技术水平，使估价服务质量提升到一个新的高度。

四、结语

房地产估价机构的进步与发展，离不开人才的续航。估价机构需要吸引优秀的人才，在激烈的市场竞争中处于优势。人才的吸引和培养是同时进行的，不是单独地分割开来的，如果只吸引不培养，会造成企业自身力量的欠缺，如果只培养不吸引，就会缺乏新鲜血液。一年之计，莫如树谷；十年之计，莫如树木；终身之计，莫如树人。人才作为房地产估价行业的命脉，需要吸引和培养两策并举，唯有并驾齐驱，一步一个脚印稳步前进，把握趋势和要求，有的放矢、客观科学地吸引和培养，才能应对未来发展中存在的问题和挑战，弥补职业短板和漏洞，提升变革与创新能力，不断推动房地产估价机构的进步升级，更高质量地为经济社会服务，助力房地产估价行业良性稳健发展。

参考文献：

[1] 逯红军. 新形势下房地产估价专业人才的培养研究 [C]// 估价无处不在——让估价服务经济生活的方方面面：2017 中国房地产估价年会论文集. 北京：中国城市出版社，2017.

[2] 李凌. 建立吸引人才、培养人才的长效机制 [J]. 中国眼镜科技，2014（13）.

作者联系方式

姓　　名：谢红峰
单　　位：河南正恒房地产评估咨询有限公司
地　　址：河南省洛阳市西工区七一路九州大厦 916 室
邮　　箱：zhenghengpg2008@163.com
注册号：4119980037

新发展阶段房地产估价机构人才吸引与培养

冯春晓　程景民

摘　要： 目前房地产评估行业进入了新发展阶段，行业形势变化对房地产估价机构及估价人员提出了新的要求，本文将探讨估价机构如何吸引和培养适应新发展阶段需求的专业人才，估价从业人员如何提升自我以适应行业发展的需求。

关键词： 新发展阶段；人才引进；人才培养

习近平总书记在庆祝中国共产党成立 100 周年大会上的讲话中指出："经过全党全国各族人民持续奋斗，我们实现了第一个百年奋斗目标，在中华大地上全面建成了小康社会，历史性地解决了绝对贫困问题，正在意气风发向着全面建成社会主义现代化强国的第二个百年奋斗目标迈进。过去一百年，中国共产党向人民、向历史交出了一份优异的答卷。现在，中国共产党团结带领中国人民又踏上了实现第二个百年奋斗目标新的赶考之路。"在奋进第二个百年奋斗目标的新赶考之路上，房地产评估行业也应当主动作为，承担在促进国民经济发展、防范金融风险等方面的责任，为国民经济发展和社会进步做贡献，为实现中华民族伟大复兴而奋斗。

房地产评估行业作为服务于社会经济发展的重要中介服务行业，为经济发展做出了重要贡献，但随着房地产市场调控深入，最高人民法院涉及评估的政策调整以及金融机构评估费用付费政策的调整，房地产评估机构的业务量及业务收入急剧下降，对房地产评估机构的生存及发展带来严重的影响，也对房地产估价机构人才的引进及培养带来极大的挑战。

一、房地产估价行业形势变化对评估机构人力资源的影响

随着房地产评估行业形势的急转直下，评估机构业务量及业务收入双双下降，导致房地产估价师及其他估价人员收入下降；由于银行信贷政策的变化，银行对评估机构的要求越来越苛刻，银行及贷款客户对评估机构的干预越来越多，导致房地产估价师的工作难度及压力增大；司法鉴定业务由于财产处置参考价的确定方式变化，需要委托评估机构评估的业务难度大，案件情况复杂，矛盾突出，不仅要求估价师具备较高专业素养，还要求估价师具备较强的沟通能力等综合素质。行业形势严峻，征收评估、抵押评估、司法鉴定评估三大支柱型评估业务都看不到发展前景，部分估价师对行业发展不看好。受多种因素影响，估价师工作难度、工作压力增加，但业务收入却在下降，部分优秀的房地产估价师纷纷离职、转行。行业现状也难以吸引优秀的人才加入行业，从而使得评估机构发展受困，影响房地产评估行业健康发展。

二、新发展阶段，房地产评估行业发展对评估专业技术人员的需求

党的十九大首次提出中国经济发展进入了新发展阶段，表明中国经济由高速增长阶段转向高质量发展阶段。房地产评估行业发展至今仍面临诸多这样的问题，发展的关键是人才和创新，高质量的专业和服务是机构生存之本和持续发展之要。现阶段估价机构存在技术含量低、难度小的简单业务越来越少，新类型的咨询业务，多专业综合，业务复杂程度高的项目越来越多。估价人员的专业能力与业务需求不匹配，导致有的业务没有估价人员能够承担，专业能力不足的估价人员没业务可做。估价业务的特殊性、复杂性对估价专业人员提出了更高的要求，要求估价人员在专业能力、综合水平、工作创新性等方面不断提升。

三、估价机构人力资源现状难以满足业务发展需求

房地产估价行业经过 20 多年的发展，初具一定规模，成为房地产中介行业不可或缺的重要组成部分。根据对全国 14 城 15 家一级机构共 375 名估价师的抽样调查显示，估价师学历情况如下：研究生 12%，本科 62.9%，大专 25.1%。从业年龄集中在 30～50 岁，其中 41～50 岁占比超过 52%，后续新生力量不足，调研还发现，全国存在明显的地区人才失衡情况。北上深人才质量及数量远高于其他地区；北上深人才占比 39.17%，其中研究生及本科学历人才占比分别为 64.4% 和 43.2%。根据我公司对郑州市一级机构的抽样调查数据显示，估价师占公司员工总数平均比例为 35.08%。

从以上调查数据可以得出：

一是估价机构员工中，房地产估价师占比较低，专业人才队伍建设不完善，难以支撑公司业务发展。

二是非一线城市的房地产估价机构的估价师平均学历不高，高层次、高学历人才不足。

三是估价师人才梯队不合理，年轻估价师占比过低，不利于行业后续发展，也侧面反映行业对年轻优秀人才吸引力不足。

房地产估价行业形势的急剧变化，对估价从业人员提出了更高的要求，同时也需要吸引更多优秀年轻人才加入行业，使得行业人才梯队更合理，促进行业健康可持续发展。

面对行业人才现状及行业新发展阶段的需求，需要行业监管、企业管理及个人多层面共同努力，外部引进与内部培养相结合，建立完善的企业人才培养体系，形成完整的人才梯队，促进行业的健康发展，实现企业和员工的共同富裕。

四、行业协会及监管机构加强行业宣传与行业监管，吸引优秀人才加入房地产评估行业

首先，行业协会及行业从业人员加强对外宣传，展现房地产评估在国民经济和社会发展过程中发挥的重要作用和存在的价值，改善行业的外部环境，提升房地产估价行业的社会地位，增强行业从业人员的社会责任感和荣誉感。

其次，加强行业自律和内部监管，加快推进资信评价体系落地实施，加强行业监管，加大对扰乱行业秩序的机构的惩处力度，遏止劣币驱良币的趋势。通过全行业的共同努力，促

进行业的健康发展，让行业从业人员能够获得合理的报酬，体面有尊严地工作。

通过两方面的努力，改善行业形象，吸引高学历、高能力、高层次、高水平人才加入房地产估价行业，促进行业的良性发展。

五、房地产评估机构完善人力资源管理制度，做好人才培养和引进

完善公司人事管理制度，建立估价专业人员分级管理考核制度，根据估价人员专业能力、估价经验、主持估价项目情况等多种因素，将估价人员分为一级、二级、三级，配套完善的分级管理培训制度，根据各级估价人员业务能力、学习需求，针对性开展内部培训，定期进行考核评价。同时配套分级薪酬体系，激励员工积极主动学习，提高专业水平。在加强内部培训管理的同时，也要做好外派学习交流，学习行业先进经验技术，学习归来及时与内部同事分享学习心得，促进公司整体业务水平提升。

利用房地产估价机构在估价方法技术实践方面的优势，与高校开展校企合作，发挥高校在理论研究方面的优势，优势互补，理论结合实践，开展房地产估价方面的课题研究，提升企业的科研水平，以科研带动估价人员专业能力提升。通过课题研究、科研交流，开拓新兴前沿业务，促进公司业务发展。

估价机构完善内部管理制度，建设良好的企业文化、和谐的团队关系，以良好的工作氛围、高于行业的薪酬引进优秀人才，通过优秀人才的"鲶鱼效应"，激发带动全体员工的工作积极性，相互激励，促进大家的共同进步。

估价机构应当建立完善的人才体系，多专业招聘，既要招聘房地产评估相关专业的人才，也要招聘造价、测绘、工程、资产、信息技术、会计、财务、审计等方面的人才，搭建复合型人才团队。

六、房地产估价人员应当终身学习、终身成长

鼓励房地产估价人员建立终身学习、终身成长的信念，培养成长型思维模式。当我们还是婴儿时，我们学习走路说话，跌倒了，说错了，不会害怕和丢脸。后来，我们懂得更多，反而怕这怕那，止步不前，为什么呢？因为我们转变了思维模式，忘却了我们所具有的成长型思维模式，任由固定型思维模式摆布，不愿接触新的业务类型，不愿学习新的估价方法和技术，工作中抱残守缺，不求创新进步，工作十多年只是在重复当初入行时积累的一点点工作经验。

那么我们该如何改变呢？首先，应当走出自己的舒适区，调整心态，将工作中遇到的困难作为锻炼提高的机会，勇于接受新类型业务及疑难业务的挑战。在处理疑难问题中学习进步。其次，积极参加公司组织的培训活动，积极就工作中遇到的问题与同事交流，多请教，多讨论，三人行必有我师，通过交流学习，不断丰富自身理论知识，提高专业水平。再次，在工作、学习、生活中，努力拓宽自己的知识边界，跨专业学习，作为估价专业人员，既要学习房地产评估的相关理论方法，也要学习与房地产估价相关的工程造价、工程施工、房屋测绘、资产评估、房地产政策、税务等房地产相关的知识，还要学习与房地产评估专业关联度不高的经济学、管理学、法律等学科的知识，提高自身综合素质。最后，在工作、学习、生活中努力成为一名"自燃型人"，积极乐观地面对工作生活，主动承担工作任务，承

担责任，用自己的积极性和工作热情感染带动周围的同事朋友。

综上所述，新发展阶段对房地产评估行业提出了新的更高要求。行业层面改善内外部环境，加强行业监管，展现行业价值，提升行业美誉度；企业层面良性竞争，加强估价人员培训，着力提升企业科研能力、专业水平，努力实现企业技术驱动发展；行业从业人员主动学习，努力提升自身专业能力和综合素质，适应行业发展要求。多层面共同努力，促进行业良性健康发展。

作者联系方式

姓　　名：冯春晓

单　　位：河南康鑫源房地产估价咨询有限公司

地　　址：郑州市中原区建设西路 187 号泰隆大厦 1005 号

邮　　箱：635537958@qq.com

注册号：4120190002

姓　　名：程景民

单　　位：河南正达房地产评估测绘咨询有限公司

地　　址：郑州市中原区建设西路 187 号泰隆大厦 1001 号

邮　　箱：997592540@qq.com

注册号：4120060038

构建满足新形势下发展需要的人才体系

王建新

摘　要： 当前，房地产估价行业经过 20 多年的发展，传统的房地产估价在大数据的挑战下逐渐被替代，传统的房地产估价业务日益萎缩，房地产估价机构的生存与发展面临严峻的挑战。在社会经济发展的新形势下，转变发展思路，吸引人才、培养人才、用好人才、留住人才，逐步构建满足新形势下发展需要的人才体系，为房地产估价机构高质量发展提供人才支撑，是实现房地产估价机构长期可持续发展的重要保障。

关键词： 构建人才体系；实现机构；长期可持续发展

一、前言

当前，房地产估价行业经过 20 多年的发展，传统的房地产抵押估价、房屋征收评估、房地产交易课税评估、房地产司法鉴定评估等业务在大数据的挑战下逐渐被替代，传统的房地产估价业务日益萎缩，房地产估价机构的生存与发展面临严峻的挑战。房地产估价机构在传统估价业务萎缩，生存与发展处于困境的背景下，亟待由低端、粗放的发展模式，向高质量的发展模式转型，由传统的房地产估价业务，向非传统的房地产咨询等评估业务拓展，以提供高质量的房地产估价服务，闯出一条充满竞争力的生存与持续发展的道路。房地产估价机构由低端、低质量的传统房地产估价业务，向高质量的房地产估价业务拓展，需要优秀的高端房地产估价以及相关技术等领域的高端人才才能得以实现，为此房地产估价机构应构建满足新形势下发展需要的人才体系，吸引人才、培养人才、留住人才、用好人才，从而实现机构的长期可持续发展。

二、当前房地产估价机构人才体系存在的问题

（一）房地产估价机构高端人才较为稀少

房地产估价行业发展于 20 世纪 90 年代，此时的房地产估价机构大多挂靠于房地产行政主管部门，估价人员多为房地产行政主管部门的工作人员，人员素质良莠不齐，专业技术能力比较薄弱。2001 年以后，房地产估价机构实行脱钩改制，原有的房地产估价机构改制为由房地产估价师出资设立的有限责任公司或合伙制企业，房地产估价机构逐渐吸纳外部的人才进入机构，从事房地产估价业务。但是，由于在此阶段的房地产估价业务。主要为房地产抵押估价、房屋征收估价等传统业务，房地产估价的技术难度较低，为此，房地产估价机构招聘的人员层次要求相对较低，房地产估价高端技术人才稀少，难以适应高质量房地产估价

技术的需要。

（二）房地产估价机构吸引高端人才的优势不明显

当前，房地产估价行业受国际和国内整体经济环境的影响，房地产估价从业人员的薪酬，相对于其他行业优势不明显，缺乏对高端人才的吸引力，并且房地产估价行业的未来发展前景不明朗，行业内"内卷"等恶性竞争现象日益严重，房地产估价从业人员的社会地位、个人幸福感、个人荣誉感，相对以前有明显降低，在这种情况下，房地产估价机构缺乏吸引力，行业优势不突出，难以吸收、引进高端人才加入，为发展高质量房地产估价服务提供人才支撑。

（三）房地产估价机构普遍未建立人才战略体系

房地产估价行业以往的业务，主要为传统的房地产抵押估价、房屋征收评估、房地产交易课税评估、房地产司法鉴定评估等，房地产估价机构主要的精力大多用在拉业务、出报告上面。在《资产评估法》出台后，房地产估价机构为适应形势的变化，逐步向多元化模式发展，增加不同类型的评估资格，扩大经营业务范围，并招聘扩充了相应的人才队伍。但是，房地产估价机构招聘相应专业人才的普遍做法，更倾向于聘用具有相应资格的人员，凑够人员申报相应的评估资质，没有从吸引高端人才、培养优秀的房地产专业技术队伍，构建完善的人才战略体系出发，为房地产估价机构高质量发展，提供人才力量保障。现有估价人员的理论水平、实践经验、知识结构、创新能力等方面存在缺失，不能适应房地产估价机构向高质量发展方向的转变。

（四）现有的房地产估价人员缺乏创新思想

房地产估价机构向高质量发展的方向转变，不仅需要精湛的专业技术，还需要具有创新能力、创新思维。如果房地产估价机构的估价人员只能机械地运用房地产估价技术，按照已有的估价报告模式，套用模板出具报告。那么，在面对出现的各种新型估价需求时，就会出现束手无策的局面。

目前，许多房地产估价人员过于专注于房地产估价单一学科的专业强化，过分强调技术和职业化的训练，而忽视人文内涵的拓展，普遍欠缺社会学、政治学、经济学等房地产估价以外的知识。由于知识结构狭窄片面，只会分析、没有联想，只有技术、没有文化，缺乏独立的思考能力和创新能力，难以适应新形势下房地产估价机构高质量发展的需要。

（五）目前房地产估价机构人才流失现象较为普遍

当前，房地产估价机构人才流失现象较为普遍，房地产估价机构招聘的初级员工，经过一定的年限，在具有房地产估价师资格证书、具有一定的实践经验、拥有的业务资源后，逐渐成为本机构的业务骨干、业务精英，通常就会期望更高的职位、更高的薪酬，如机构难以满足其要求，就会采取"跳槽"的方式，以实现其本人的职位和薪酬目的，从而造成房地产估价机构人才流失。人才流失不仅会使房地产估价机构原有的业务受到不同程度影响，还可能使房地产估价机构业务流失，造成一定经济损失。

三、构建满足新形势下发展需要的人才体系的途径与对策

（一）房地产估价机构应建立短期、中期、长期的规划发展目标

吸引人才，不仅需要房地产估价机构当下给予其丰厚的薪酬，还需要使其了解所从事职业的发展前景。企业长期持续的良好发展前景，可以促使优秀的人才加入该机构，增强其战

胜困难的信心。

房地产估价机构根据行业的发展情况，以及企业自身的状况，分别制定短期如3～5年，中期如5～10年，长期如10～20年的企业发展目标规划，并积极按照规划发展目标制定各项落实措施，使企业的规划发展目标得以实现。企业具有明确的发展目标，个人预期职业前景较好的企业，可以更好地吸引优秀人才。

（二）房地产估价机构应积极吸纳符合企业规划发展目标的优秀人才

人才是企业发展的核心竞争力。房地产估价机构不仅需要长期持续招聘人才，还需要积极发现、挖掘人才。优秀的人才有时是不会主动走上门来的，这就需要房地产估价机构主动上门去请优秀人才加入到自己的队伍中来。三国时期，刘备可以"三顾茅庐"聘请诸葛亮，汉代的刘邦可以"夜下追韩信"。今天，我们房地产估价机构为了实现长期持续的发展目标，应该同样采取各种方法，积极主动吸纳优秀人才加入到房地产估价机构。

（三）房地产估价机构应建立健全人才培养机制

房地产估价机构构建满足新形势下发展需要的人才体系，不仅需要从外面吸引人才，还应该积极从现有人员中，选拔培养人才。

房地产估价机构应该建立长期的人才选拔培养机制，不断加强对现有人才的培养。人才培养的方式可以是多方面的，如到高校科研院所进修、参加相关专业技术培训、机构内部组织学习、聘请专家讲座、对外进行学术交流等。

（四）房地产估价机构人才结构应适应时代发展的需要

当前，人类进入了"人工智能、互联网＋、数字化、信息化"时代，"人工智能、互联网＋、数字化、信息化"改变了传统行业的运行和发展模式。房地产估价机构传统的估价模式，已不能适应新形势下社会发展的需要，如不进行改变，将在科技发展的浪潮下逐步被淘汰。

因此，房地产估价机构的人才结构中，不仅需要房地产估价专业人才，还要考虑吸纳加入优秀的计算机专业、软件设计专业等方面的人才，从而建立结构合理、可以满足科技发展需要的人才结构体系。

（五）房地产估价机构不仅需要吸引培养人才还要用好人才

1.房地产估价机构应为吸纳培养的人才提供施展才能的空间

房地产估价机构吸引人才、培养人才的目的，最终是要人才为房地产估价机构的发展提供专业技术保障，为提高企业竞争力做好支撑。因此，房地产估价机构应充分考虑吸纳培养人才的技术专业、特长等方面的优势，结合现实情况，在管理、资金、设备、人员等方面给予足够支持，为优秀人才发挥自身专业特长提供空间和舞台。

2.房地产估价机构应建立健全人才体系考评机制

房地产估价机构用好人才，对优秀人才发挥的作用，应建立科学、客观、公正的评价体系，通过客观、公正、科学地对人才的成就进行评价，可以使优秀人才对已取得的成就产生"荣誉感"，同时增加其"责任感"，还可以使优秀人才向更高的目标努力。通过"优胜劣汰"的考评机制，使房地产估价机构的整体实力得以提升。

（六）房地产估价机构应培养估价人员的创新能力

房地产估价机构对估价人员的人才培养计划，不仅仅限于单一门类学科的房地产估价知识结构的强化训练，还应将社会学、政治学、经济学等房地产估价以外的知识作为培训内容，拓宽估价人员的知识结构，增强估价人员的独立思考、独立创新能力，以适应不同的房地产估价需求。

优秀的人才不仅需要有过硬的专业技术能力，还要有自己的思想、自己的"灵魂"，要有发现问题、分析问题、解决问题的能力，要善于思考，能够对于不同事物之间的问题、矛盾，具有独立分析、联想、判断的能力。培养估价人员独立思考的能力，提高估价人员的创新能力。

（七）房地产估价机构应建立具有包容性的企业文化，留住人才

房地产估价机构吸引人才、培养人才的目的，是留住人才、使用人才，但是，目前房地产估价机构的业务骨干、业务精英"跳槽"现象较为普遍，严重影响房地产估价机构的正常发展。

因此，房地产估价机构应构建包容性的企业文化，为企业发展构建互信的企业环境，在房地产估价机构内部形成相互尊重、彼此信任的工作环境，提高初级员工的归属感和融入感，在房地产估价机构内部形成平等、开放、包容的工作氛围，从而留住人才，避免人才流失。

四、结语

在社会经济发展的新形势下，房地产估价机构高质量发展，是房地产估价机构长期可持续发展的重要保障，房地产估价机构高质量发展离不开优秀的人才队伍，而积极吸引人才、培养人才、留住人才、用好人才，逐步构建满足新形势下发展需要的房地产估价人才体系，是实现房地产估价机构长期可持续发展的重要支撑。

作者联系方式

姓　　名：王建新

单　　位：新乡市诚泰房地产评估有限公司

地　　址：新乡市金穗大道（中）402号国贸中心C座1单元1610室

邮　　箱：wangjianxin72@126.com

注册号：4120040103

第六部分

估价机构内控制度建设与风险防范

房地产估价机构内控制度体系构建及现状分析

白　娟　郝俊英　朱慧茹　郭崇杰

摘　要：随着房地产估价行业的发展，估价机构规模扩大，机构内部关系日益复杂，对内控制度建设提出更高要求。本文结合房地产估价机构行业特点，构建出包括组织结构、人员管理、业务流程、质量控制和企业文化五个部分的内控制度体系，并通过系统抽样的方式选择部分样本机构对其内部控制制度建设情况进行分析，发现各项制度的建设都比较薄弱，进而从建立并动态调整机构的组织结构、不断完善人员管理制度、制定针对各类业务的操作规范和业务流程、建立全方位的质量管控制度、形成既符合行业要求又有机构特色的企业文化等方面提出了完善机构内控制度的建议。

关键词：房地产估价机构；内控制度；构建；现状；建议

内部控制制度是指企业为防范风险，通过分工使各部门形成相互联系、相互制约的关系，对企业内部各部门的业务运作程序进行控制；并通过协调、控制、激励企业组成的每一部分，实现企业目标的一种控制系统。

随着房地产估价行业的不断发展，估价机构的业务在原来传统估价业务的基础上不断拓展，混合型业务逐渐成为新常态，执业风险也随之加大。同时，机构规模日益扩大，客户对产品质量的要求也越来越高，如何保证服务质量，完善并提高估价机构的内部管理水平，有效防范风险，成为估价机构内部控制的重要目标。

一、房地产估价机构内部控制制度体系构建

随着市场发展，房地产估价机构规模日益扩大，但对于机构稳定性起着重要作用的房地产估价机构内控制度的内涵和组成，至今尚未有明确规定。本文根据企业内部控制内容以及房地产行业自身特点，为构建房地产估价机构内控制度体系提供思路。

（一）房地产估价机构内部控制制度的总体框架结构

企业内部控制一般包含会计控制和管理控制两个部分，而管理控制又包括组织形式、人员管理、信息与沟通、风险评估、业务控制、企业文化、质量控制等。

房地产估价机构是以提供智力型服务为主的机构，会计工作操作相对简单，风险较小，因此，本文主要讨论房地产估价机构的内部管理控制。

房地产估价机构的管理以人力资源为核心，决定了估价机构需要选择合适的组织结构、建立人员管理制度对人才进行有效管理，同时通过企业文化的建设提升机构凝聚力；另一方面，估价及咨询等报告和服务的质量是机构的生命线，必须建立规范的操作流程并对报告质量进行严格把控。因此，房地产估价机构的内部控制制度至少需要包含组织结构、人员管

理、业务程序、质量控制和企业文化五个部分（图1）。

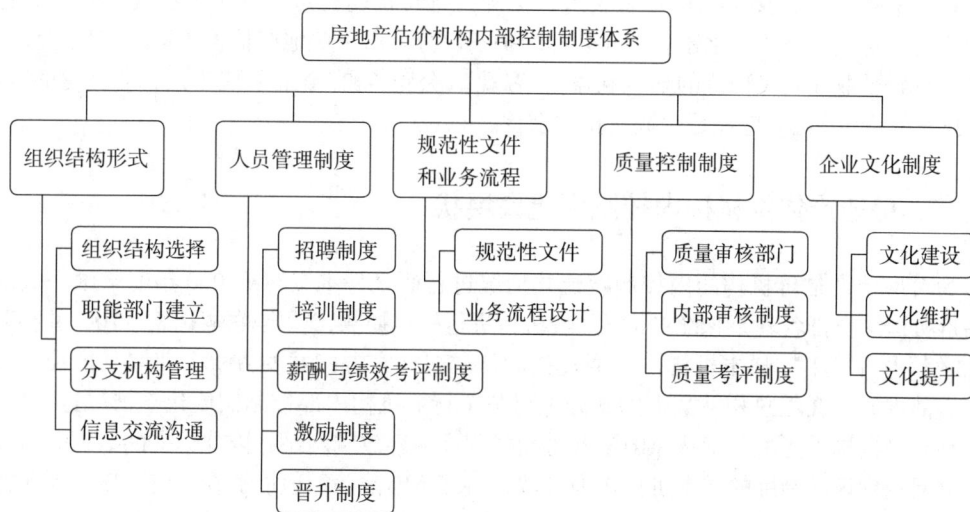

图1 房地产估价机构内控制度体系构建

（二）房地产估价机构的组织结构与人员管理制度

合理的组织结构能够使部门职责及其之间的关系更加明确，是机构内部控制制度的基础。房地产估价机构的组织结构设置需要确定适合的组织结构形式，合理分配各部门的职能，形成通畅的信息交流通道。由于房地产估价机构规模较小，组织形式相对简单，一般为合伙制和有限责任制。通常需要设置市场、业务、审核、财务、行政、技术、培训、顾客服务等部门为主架构建立组织结构，对于设有分支机构的，应当明确分支机构在组织中的地位。

随着房地产估价行业业务的拓展，对人才的需求已经呈现出多元化态势，对高层次人才的需求也逐渐增加，因此需要建立合理的招聘和薪资制度吸引到更多的人才，并建立合理的考评、激励、晋升制度以留住人才，同时还需要建立合理的培训制度以不断提升员工的素质。

（三）房地产估价机构的规范性文件和业务流程

房地产估价及其他新型业务的专业性和复杂性决定了操作规范和流程的重要性，因此，业务流程的内部控制包括规范性文件的制定和业务流程的设计两部分内容。传统的估价业务已经形成比较成熟的《房地产估价规范》，但房地产估价机构的许多新型业务并没有形成统一的规范，需要机构形成适合的规范，以保证各项业务在方法和技术等方面能够有章可循。由于估价机构涉及的大部分工作需要多人甚至多个部门合作，只有制定合理的业务流程才能够保证工作的顺利进行。

（四）房地产估价机构的质量控制制度

房地产估价机构的各项业务形成的成果和服务，可能关系到居民的切身利益，关系到投资人和金融机构的风险把控方式，关系到相关政府部门决策的成败，因此，各项业务成果和服务的质量对机构的生存和发展影响巨大，质量控制制度的建立是不可或缺的。房地产估价机构的质量控制制度应包含质量审核部门、内部审核系统、质量考评制度三部分内容。

（五）房地产估价机构的企业文化

企业文化虽未直接给机构带来收入，但却是维持机构稳定性的重要支柱。企业文化制度的建立需要包含企业文化建立、提升和维护三部分。由于房地产估价机构的房地产评估等业务关系到企业或人民群众的切身利益，"客观""公正"和"诚信"应当是企业文化的基础，以"服务对象为中心"应该是企业文化的宗旨。

二、房地产估价机构内控制度建设现状

为对房地产估价机构的内控制度建立情况进行研究，本文对《2020年度全国一级房地产估价机构综合排名表》中的826家估价机构进行样本抽取，设定样本距离为10，共抽取样本83例（以下简称"样本机构"）。通过访问样本机构官方网站的方式，获取其内控制度相关要素的内容，在汇总相关数据的基础上对整个行业机构内部控制制度建立情况进行分析。考虑到有些机构可能由于特殊原因没有将相关制度内容放到网站，因此本文的数据分析以能够在官网找到该项制度的样本机构作为基数，虽然不够准确，但能够在一定程度上说明机构各项制度的建立情况。

（一）组织结构建设状况

在83个样本机构中，可以从估价机构官方网站中找到组织结构的只有17家，其中采用职能制的机构占样本机构的65%；直线职能制占23%，事业部制占12%（图2）。

目前，我国房地产估价市场竞争十分激烈，为扩大市场份额和机构规模，很多估价机构设立了分支机构。本文通过对样本机构组织结构进行分析，发现大多机构均有分支机构的设立，但组织结构中却未体现出来，只有2家机构（广东南粤和湖北兴业）选用了事业部制，明确了分支机构在组织中结构中的位置。

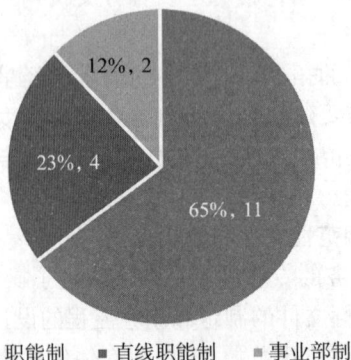

图2　17家样本机构组织结构建设情况

（二）人员管理制度建设状况

由表1可以看出，在83个样本机构中，可以从估价机构官方网站获取人员管理制度建立情况的共有16家，建立招聘制度的机构最多，占比为62.5%；其次是培训制度，占比为31.25%；第三是激励制度，占比为25%；最低的是薪酬与绩效考评制度和晋升制度，占比均为18.75%。从机构涉及的制度内容来看，只有山东金庆、深圳世联有4项相关制度、重庆瑞升有3项，其余13家机构都只有2项。

10 家建立了招聘制度的样本机构都没有建立招聘流程，只是简单设置了招聘要求和岗位描述，制度建立不够完善。

5 家设有培训制度的样本机构主要以课程培训为主，分别按业务、职务和人员需求等方面设置了培训课程。例如，设置最为完善的山东金庆制定了 2020 年度培训计划，按时间顺序设置了 33 门培训课程，内容覆盖制度法规、业务操作中的重点难点、行业发展趋势及重点、新业务培训、报告撰写要点与质量提升、机构调整及创新等方面；深圳世联针对不同岗位设置了不同的课程，包括领导力课程系列、销售课程系列及 eLearning 课程系列，还为员工提供了多门免费在线课程，以便员工随时随地学习；重庆瑞升为员工提供了入职、业务、技能培训，以便提升员工综合能力。

3 家设有薪酬与绩效考评制度的样本机构基本上都设置了薪酬标准，但没有设置薪酬等级和薪幅。例如，深圳市世联以"为岗位付薪、为个人技能付薪、为业绩付薪、确保内部公平性、确保外部竞争性"为原则，建立了薪酬标准；山东金庆建立了科学合理的薪酬绩效考核，明确各级岗位薪酬标准、以"多劳多得"为原则，提升员工积极性为企业创造价值。绩效考评制度通过建立绩效指标，划分绩效等级，并将绩效考评结果与薪酬挂钩，建立相对完善。

16 家样本机构人员管理制度建设情况表　　　　表 1

序号	机构名称	招聘制度	培训制度	薪酬与绩效考评制度	激励制度	晋升制度
1	深圳市世联土地房地产评估有限公司	√	√	√	√	
2	上海百盛房地产估价有限责任公司	√			√	
3	广东南粤房地产土地资产评估与规划测绘有限公司	√				
4	四川大成房地产土地评估有限公司				√	
5	北京大地盛业房地产土地评估有限公司	√				
6	安徽中安房地产评估咨询有限公司	√				
7	重庆瑞升资产评估房地产土地估价有限责任公司	√				√
8	北京中鼎联合房地产评估有限公司					
9	成都泰宇房地产资产评估有限责任公司					
10	北京安泰祥土地房地产评估有限公司	√				
11	山东金庆房地产土地评估测绘有限公司	√	√	√		√
12	山东永平房地产评估有限公司		√			√
13	四川标准德安房地产土地评估咨询有限公司					
14	辽宁房信房地产土地资产评估有限公司		√			
15	广东景盛土地房地产评估咨询有限公司	√	√			
16	杭州登鑫房地产估价有限公司	√			√	
合计		10	5	3	4	3
占比（%）		62.50	31.25	18.75	25.00	18.75

4家样本机构设立的激励制度内容主要包括物质激励和精神激励，在物质方面，通过建立绩效指标和绩效体系，以工作量、工作完成度和工作质量为标准，设置薪酬、分配股权、发放财富奖励；在精神方面，进一步为员工提供提升自己的机会，认可员工的工作绩效，并提供公平、公开的晋升制度。

3家样本机构的晋升制度主要根据具体的绩效指标进行晋升考核，考核通过的人员在合适的时机予以晋升，样本机构的晋升制度虽建立了考核标准和晋升体系，但未明确设置新晋升人员的考核期以及考核期的考评办法。例如，山东金庆对不同岗位设置了不同的晋升标准，并从管理、技术、营销三个方面设置了晋升体系，制度设置相对完善。

综上所述，虽然各类人员管理制度均有机构设立，但没有一个机构设置了完整的人员管理制度，只建立了其中个别制度，制度建立尚未形成体系。

（三）业务流程建设状况

83家样本机构中，仅有9家机构能在官方网站上搜索到业务流程相关内容。其中，2家机构只在机构简介中提到已建立业务流程；2家机构制定了关于业务流程的规范性文件；4家机构设置了各业务类型通用的业务程序，但流程设置不够精细，针对性不强；3家机构设置了估价流程；1家机构设置了服务流程。可见，房地产估价机构业务流程设置覆盖率有待进一步提高（表2）。

9家样本机构业务程序建设情况表　　　　　　　　　　表2

序号	机构名称	简介中提到	规范性文件	通用业务流程	估价流程	服务流程
1	深圳市世联土地房地产评估有限公司	√				
2	广东南粤房地产土地资产评估与规划测绘有限公司			√		
3	浙江国信房地产土地估价咨询有限公司			√		
4	成都泰宇房地产资产评估有限责任公司	√				
5	广东得信房地产土地资产评估与规划测绘有限公司			√		
6	辽宁房信房地产土地资产评估有限公司		√		√	
7	广东景盛土地房地产评估咨询有限公司			√		
8	杭州登鑫房地产估价有限公司				√	
9	四川金利房地产土地资产评估有限公司		√		√	√
合计		2	2	4	3	1

（四）质量控制制度建设状况

83个样本机构中，只有9家机构能够从官网上获取质量控制制度建立情况。其中，有5家机构在组织结构中设置了质量控制的相关部门，例如四川大成的"风委会"，重庆瑞升的"技术审核部门"，山东金庆和广东得信的"质量监控部门"；深圳世联则建立了独立的审校团队。

4家机构设置了质量监控制度：深圳世联建立了严格的技术审核制度，实行项目全流程控制；杭州登鑫设置了质量保证制度；四川金利自开业即制定并不断完善评估质量控制制度和评估内审制度；广东南粤确立了评估质量管理体系程序与服务规范（表3）。

样本机构中没有建立质量考评体系的。

9 家样本机构质量控制制度建设情况表　　　　　　　　表 3

序号	公司名称	质量监控部门	质量监控制度	质量考评体系
1	深圳市世联土地房地产评估有限公司	√	√	
2	广东南粤房地产土地资产评估与规划测绘有限公司		√	
3	四川大成房地产土地评估有限公司	√		
4	重庆瑞升资产评估房地产土地估价有限责任公司	√		
5	山东金庆房地产土地评估测绘有限公司	√		
6	广东得信房地产土地资产评估与规划测绘有限公司	√		
7	辽宁房信房地产土地资产评估有限公司			
8	杭州登鑫房地产估价有限公司		√	
9	四川金利房地产土地资产评估有限公司		√	
合计（个）		5	4	0

（五）企业文化建设状况

83 家样本机构中有 41 家官网有企业文化的内容，占样本机构的 49.40%。其中，企业文化内容中，对房地产估价机构而言最为重要的"诚信""公正"和"客观"占比排在前三位，分别占到 51.2%、48.8% 和 41.5%，"服务""质量""高效"和"创新"的占比在 20% ~ 25%（图 3）。从具体内容来看，综合排名越靠前的机构，其企业文化涵盖以上要素的个数越多，如排名第 1 的深圳市世联土地房地产评估有限公司、排名第 21 的上海百盛房地产估价有限责任公司。由此可见，综合实力较强的机构对于企业文化的重视程度明显高于其他机构，且文化的结构性指标达成的比较好。

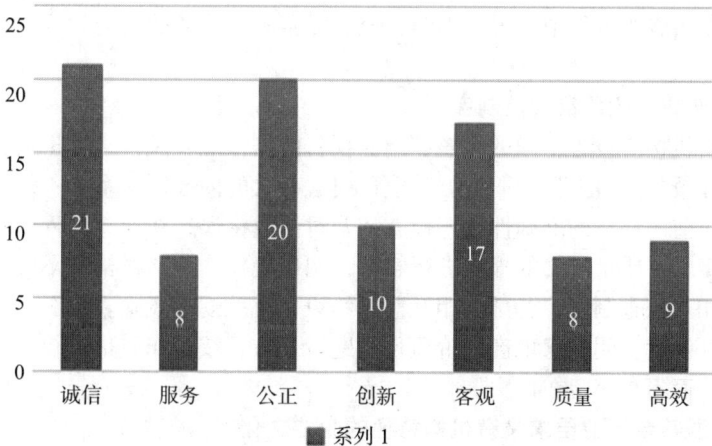

图 3　41 家样本机构企业文化建设情况

三、完善房地产估价机构内控制度的建议

（一）建立并动态调整机构的组织结构

房地产估价机构需要在梳理清楚自身业务、机构规模、发展阶段的基础上建立适合本阶段的组织结构，并在相关要素发生变化的时候进行调整。对于规模较小的机构，可以采用较为简单的职能制或直线职能制结构，业务类型较多、在不同城市有分支机构或子公司的机构，需要采用事业部制或更加复杂的组织结构，同时要明确各部门的职责，并形成畅通的信息交流通道，明确分支机构业务的管理模式等，使不同部门、分支机构能够在做好本职工作的同时做好相互之间的沟通和衔接。

（二）不断完善人员管理制度

从对样本公司的分析来看，机构人员管理制度还很薄弱。招聘制度需要兼顾现时与将来的需要，根据公司规模与业务，平衡专业人才与业务人才以及不同类型专业人才的比例，在吸引具有丰富经验人才的同时为机构未来的发展储备新生力量。薪酬与绩效考评、激励与晋升制度的建立需要考虑不同部门和系列成员的具体情况，明确形成多样化的薪酬和职业晋升通道，让员工能够知道在自己做出怎样的努力和贡献时可以登上更高的台阶，从而增加其努力工作的动力。机构的培训制度可以从内部培训和外部交流两个方面着手，形成定期和不定期的培训制度，而且应当在各个年度形成培训计划并保证其能够实施，使得员工能够及时了解行业的新政策以及各项业务涉及的新方法和新技术。

（三）制定针对各类业务的操作规范和业务流程

首先，房地产估价机构应根据自身情况制定业务流程相关的规范性文件，并在文件中明确规定业务范围、业务作业周期和各项业务处理时应提交的文件。其次，需根据业务类型的不同设置具体的业务流程，例如，完整的房地产价值评估业务流程需要包含明确评估基本事项、拟定评估工作方案、收集评估所需资料、实地查勘、选定评估方法计算、确定评估结果、撰写评估报告、审核估价报告、交付评估报告及收取评估费、评估资料归档保管等步骤。在业务不断拓展的过程中，需要不断补充和完善各类业务的规范和流程，以保证各项业务的顺利进行。

（四）建立全方位的质量管控制度

首先，估价机构应设置专门的审核部门对报告的制作过程及报告质量进行审核，并明确报告审核人员和报告撰写人员的职责。其次，建立有效的内部审核系统：每个工作环节的任务完成后，需对前一环节的准确性进行检查，及时修改错误；在业务流程中对评估报告进行检验，并由负责人对质量过关的报告进行签署，明确责任；评估机构的不同部门和不同岗位间也应当建立相互核查制度，各部门相互监督约束，有效规避风险。第三，建立合理的房地产估价质量考评制度，明确房地产估价质量问题责任人，按工作质量进行奖惩，将质量管理落实到制度上，而不是停留在口头上。

（五）形成既符合行业要求又有机构特色的企业文化

优秀的企业文化能够增加企业的吸引力和凝聚力。房地产估价机构的企业文化应当首先要满足行业的基本要求，即将"公正""客观""诚信"作为企业文化的底色，将做好每一项服务工作作为基础，而后根据自身的特点和未来的发展方向制定企业文化的内容，使得企业文化具有有别于其他机构的特色。同时，要做好后期文化维护和提升，随着机构的发展不断

丰富其内涵。

四、结语

随着房地产估价行业的发展，行业竞争日益激烈，风险随之而来，内控制度建设和完善已成为估价机构发展过程中必不可缺的一个关键环节，只有将其贯穿于机构运营全过程，才能更好地规范各项工作，进而有效防范各类风险。

参考文献：

[1] 隋玉明；王雪玲；姜春碧. 我国房地产估价机构业务流程内部控制设计研究 [J]. 陇东学院学报，2009，20（06）：99-105.

[2] 俞明轩，傅小君. 房地产估价分支机构的设立与管理 [J]. 中国房地产估价师，2005（02）.

[3] 王诚军.《强化内控制度建设 推进评估机构做优做强做大》一文点评 [J]. 中国资产评估，2010（09）：15.

作者联系方式

姓　名：白　娟　郝俊英　朱慧茹　郭崇杰

单　位：山西财经大学公共管理学院

地　址：太原市坞城路 696 号

邮　箱：1310110080@qq.com，120986897@qq.com，gcj6976@163.com；2589312986@qq.com

注册号：白娟（1420030042）

质量管理下房地产估价实地查勘问题探析

石 丹

摘 要：实地查勘是房地产估价的重要环节，且是必不可少的工作过程，并不能因某些特别情况或特殊因素的存在而省略，其工作质量的好坏直接影响估价结果的准确性，进而影响估价服务的专业性。故认真仔细、全面完整地做好实地查勘是提高和保证估价工作质量的前提，更是估价机构及整个估价行业可持续发展的必然选择。本文结合质量管理相关理论，从实地查勘现状问题出发，系统分析房地产估价实地查勘工作，明确指导原则，构建自成体系的技术准则，既能丰富房地产估价理论体系，又能作为指导手册运用到估价实务中。

关键词：质量管理；房地产估价；实地查勘

一、内涵界定及基础理论

（一）实地查勘

根据《房地产估价基本术语标准》GB/T 50899—2013可知，实地查勘是注册房地产估价师到估价对象或可比实例现场，观察、询问、检查、核对、记录其实际状况的活动，并形成相应的记录，包括查勘对象、内容、结果、人员和时间等材料。

实地查勘是由房地产估价机构优选估价人员在特定的时间点到估价对象或可比实例现场，核实委托人介绍或提供的有关情况或通过其他渠道事先收集到的基本信息（含权益状况），真实感受其实物和区位状况等，充分运用"看、问、听、记、查"等方式掌握影响估价对象价格的关键因素，并附现场勘查实景照片，还须将查勘结果体现在估价作业及报告撰写中，查勘记录整理归档或录入机构内部信息管理系统，是估价作业中不可或缺的一种行为活动。显然，实地查勘无特例则须开展，有一定的工作程序，需机构组织及其人员去执行和客观判定，查勘方式多种多样，内容丰富多彩，查勘记录及拍照等都要达到较高的要求，且当估价对象的房屋类型或估价目的不同时，还应明确相应的勘查侧重点，进而实现全面完整、准确高效的实地查勘，为实现零风险估价提供基础前提，为高质量的专业估价服务奠定基础。

注意区分市场调查和实地查勘。市场调查是用科学的方法，有目的、系统地搜集、记录、整理和分析市场情况，了解市场现状及其发展趋势，为企业决策者制定政策、进行市场预测、做出经营决策、制定计划提供客观、正确的依据。它是运用一定技术手段收集信息，加以分析，了解市场状况及其未来发展，而实地查勘不仅要做市场调查，还要重点把握估价对象房地产特性，核对事前信息正误的同时，还要重点勘查影响估价结果的关键因素。

（二）基础理论

笔者主要基于科学有效的质量管理理论开展相应的分析，如 PDCA 循环理论和事前事中事后全过程控制理论。PDCA 循环即把实地查勘按照策划的安排、计划的实施、执行效果的检验、检查结果的及时处理这一循环过程展开作业，然后将有效的查勘纳入标准，无效有风险的留待下一循环去解决。事前事中事后全过程控制即强调实地查勘工作的程序性，建议业内估价人员严格按照相应流程灵活开展实地查勘估价作业。

二、实地查勘的现状分析

纵观我国内陆房地产估价行业实地查勘具体活动情况，可能主要存在以下问题。

一是有些估价业务并未开展实地查勘工作，可能是业务周期过短以至于省略了实地查勘，或是军工等具有保密性质的房地产无法进行实地查勘，也禁止对外观拍照，或是涉及司法案件的当事人不配合估价对象的实地查勘工作，也无法核实所获资料与实物状况是否相符，或是损害赔偿的估价对象原始状况无法勘查，只能查勘该房地产损失后的现状等。

二是有些实地查勘工作所获的结果不完整，可能是查勘人员经验不足，未能通过实地查勘作业获得估价对象价值评估的关键要素，或是查勘人员技术水平和业务能力有限，致使工作程序混乱，查勘内容缺失或遗漏，或是作为评估主体的房地产估价机构或房地产估价人员受委托人影响而有意为之。

三是有些实地查勘工作所获的内容不准确，可能是委托人介绍估价对象情况时有意夸大有利因素，弱化或避开不利因素，估价机构简化实地查勘程序，估价人员主观臆断地填写有失公允的实地查勘记录，或是对关键事项判定不合理，如房屋的类型、结构及实际所在楼层等，或是对证载情况与实物状况不一致时界定依据和方法欠妥，导致偏离合理价格范围而留下风险口；或是不同类型房地产未突出个性，即未能反映不同用途房地产的查勘侧重点差异，进而难以与不同用途房地产价格差异较大的特性相适应；或是抵押、征收、征税等不同估价目的的查勘内容类似，这必将失去查勘的实际意义。

三、实地查勘的指导原则

根据科学有效的质量管理理论的基本要求以及对我国内陆房地产估价实地查勘工作中存在的主要问题分析，现提出以下几点指导原则。

一是实事求是。无论是鉴证性估价，还是咨询性估价，估价对象是否真实存在这一问题首要要明确，即必本着实事求是的基本原则，通过实地查勘这一作业环节加以界定。换言之，首先需要明确估价对象是否真实存在，在估价对象真实存在的前提下，再秉承着实事求是的基本原则去了解估价对象的实物、权益、区位等影响其价值大小的各种状况，进而为科学合理的估价活动奠定坚实的基础。

二是客观公正。在实事求是指导原则的基础上，估价人员应树立客观中立的评估作业态度，不受委托人或其他利益相关者的片面引导或送红包、送礼等利诱方式所左右，对尚未确定的关键事项，如无证房的权属、用途等，切勿主观臆断，应具体情况具体分析，经多方共同认定后应在查勘记录表上签字。如房地产征收评估项目，在查勘完成后应让被征收人在实地查勘记录上签字确认，如被征收人拒绝在实地查勘记录上签字或盖章的，应当由房屋征收部门、注册房地产估价师和无利害关系的第三人代签，以免日后纠纷。

三是诚实守信。实地查勘工作不仅对专业技术水平有要求，而且需要现代信息技术支持，还需要注册房地产估价师和房地产估价人员能够遵守职业道德，在职业操守的责权范围内开展估价作业，对估价对象或可比实例进行实地查勘。

四是与时俱进。现代科技高速发展，将信息技术融入估价服务行业的探索与实践已有一定成效，比如自动化估价系统、估价业务办公系统、交易案例数据库等。在不断加强实地查勘业务技能基础上，可引进现代新型信息技术，将实地查勘记录表电子化，按照一定的标准要求填写，且能一键查询是否符合规范要求，以实现快捷、有效、全面、准确的高质量实地查勘。在工具用具上，也应按需合理选用现代化勘查仪器设备，如无人机、激光测距仪等。

四、实地查勘的技术准则

（一）事前事中事后全过程控制

1. 前期准备工作，做好事前控制

选派合适的估价人员（依位置、特点及难易程度等）；优选恰当的工具（如相机、测距仪、卷尺等）；做好"预查勘"工作（通过委托方、外部网络、机构内部数据库等渠道大致了解权证资料、租赁合同、周边交通、配套设施等）；做好前期工作计划和应急预案；查勘培训和规范性样表；注重着装并佩戴工作牌等。

2. 现场勘查实务，做好事中控制

现场查勘执行看、问、听、记、查等"五要"；注意不宜现场报价，可视估价目的而定，没有把握的必不报，且报价应留有空间。若委托方或相关方设法要求高低评，提供虚假资料及现场，若对房地产价格产生影响的有形或无形因素被失察都可能导致评估价格失真。若估价师面临被请吃饭、送红包、送礼等职业道德风险，这些潜在风险均应采取适当的防范措施。

3. 勘后内业要点，做好事后控制

注意撰写估价报告时对假设、限制条件及有关说明的提示、对估价对象区域和实物状况的描述和价值的测算分析；归档整理查勘所获信息，建议录入房地产估价信息管理系统这一机构内部数据库；重视实地查勘经验分享和交流总结。

总之，应灵活执行查勘程序，实现全过程动态控制与管理，提高实地查勘的工作质量，提升房地产估价的专业服务水平。

（二）技术员业务技能专题培训

行业协会组织的继续教育学习。行业协会应加大对估价实务操作的培训，结合行业先进经验和实地查勘风险案例，对估价从业人员进行培训。企业内部组织的技术培训。估价机构内部应加强对估价人员进行实地查勘工作培训，培养风险意识，并加强监管，营造一种发现问题积极讨论的氛围。

（三）PDCA循环管理勘查技术要点

包括勘查时间的确定；勘查人员的优选；勘查记录内容及其要求；勘查照片拍摄顺序及其要求；勘查内容的基本标准，形成通用实地查勘记录表；各类型物业勘查要求（区分不同用途房地产实地查勘作业，突出各类物业应重点关注的价格影响勘查因素。居住用房应突出关注楼层／总楼层、朝向、景观绿化、楼间距、健身配套设施等、物业服务水平、交通便利度、周边超市或购物商场、教育、菜鸟驿站等生活配套；商业用房应特别关注层高、开间进深比、实际平街楼层、临街遮挡、人流车流量、商服范围等；办公用房应重点关注外观形象、电梯数量、物业服务水平、周边办公聚集度、餐饮娱乐配套等；工业用房应格外关注结构类型、层高层数、跨度、承重能力，以及水、电、港口、铁路等工业基础配套设施；酒店应强调关注级别、装饰装修档次、周边环境及酒店经营状况等；车库车位应首要关注层高、出入便捷度、采光通风设施、消防配套等）；各估价目的勘查要求（如成套住宅抵押评估：区位状况——位置坐落，交通通达度，基础配套设施，公共配套设施，自然人文环境等；实务状况——立面外观，建筑结构，设施设备，装饰装修，空间布局，采光通风，成新状态，物业服务等；权益状况——所有权，用益权，他项权，限制权等；拍照从小区大门，立面外观，单元门，入户门，客厅，卧室，厨房，到卫生间及其他细部等；交易可比案例调查——真实与否，有无特殊交易情况，房地产状况及拍照；变现能力分析及风险提示。征收评估：应仔细，做到不遗漏，不留死角；记录应让被征收人签字确认，被征收人不在现场的，应由无利害关系的第三方确认；征收项目内不同用途的房地产评估价格差别较大，应在出具评估报告前仔细核对房屋产权证，属无证房须待多方确认用途后出具等）。

针对前述几点勘查技术要求，应及时做好科学规划部署，并贯彻执行相应查勘作业，参照指导原则，随做随检，及时处理查勘工作质量问题，以 PDCA 循环管理模式不断优化勘查。

五、结语

实地查勘是房地产估价的基础性工作，其目的是核实估价对象是否真实存在，对比现场状况是否与证载情况保持一致，调查了解待估房地产实体状况、环境状况等，并做好影音资料及文字记录，不同用途的估价对象查勘时还需要有不同的侧重点。然而，在具体估价实践作业中，有些估价机构或估价人员为了赶进度直接跳过他；有些虽然开展了实地查勘，但基本流于形式或浮于表象，偏重拍照留存，更强调亲临现场，并不关注查勘内容及其质量问题；有些难以体现不同用途待估房地产的侧重点，实地查勘记录表难以反映个性；有些估价对象又因具有保密性或涉嫌司法案或已造成实际损害而难以开展实地查勘；有些因委托方、房地产估价机构或注册房地产估价师或估价作业人员的故意而内容不完整或项目不准确；有些未能正确判定房屋类型及其所在楼层数而使得估价结果偏离合理价格范围；有些受查勘人员技术水平或经验程度影响，或受查勘工具实用性影响，或受利害关系人片面引导而主观臆断尚未确定的关键事项等，致使查勘结果漏洞百出，一旦据此出具估价报告，必将后患无穷。

此外，近年来，房地产估价行业陆续出现一些估价师受到法律制裁的实际案例。深究其因不难发现，并非估价对象的房地产价格评估不够合理，也非分析、测算和判断过程的逻辑关系存疑，而是实地查勘时对待估对象基本事项的确认有误。注册房地产估价师依据不真数据信息撰写估价报告，其结果就构成了虚假证明文件，必然受到法律制裁。

因此，通过深入研究房地产估价实地查勘，既可丰富房地产估价理论知识体系，进一步提升房地产估价机构的专业服务和质量管理水平，提高房地产估价师及其估价作业人员的业务能力，又能指导房地产估价实践活动中具体实地查勘，有效规避房地产估价机构和估价人员自身的执业风险，也能有效提升委托人对房地产估价机构和估价人员的信赖度，从而推进房地产估价机构及整个房地产估价行业的可持续发展之路。

参考文献：

[1] 李俊岭，孟德友 . 成套住宅实地查勘的主要内容及价格因素评定标准 [J]. 中国房地产估价与经纪，2014（03）.

[2] 刘虎，张丽萍 . 如何提供高质量的估价服务——浅析征收项目实地查勘中的风险防控 [C]// 高质量发展阶段的估价服务：2018 中国房地产估价年会论文集 . 北京：中国城市出版社，2018.

[3] 张弘武，高藕叶，张建光，苑娜，丁钦伟 . 引进新技术 规避估价执业风险——论地面三维激光扫描计算在实地查勘中的应用 [C]// 估价需求演变与机构持续发展：2019 中国房地产估价年会论文集 . 北京：中国城市出版社，2019.

作者联系方式

姓　名：石　丹

单　位：福建中诚信德房地产评估有限公司

地　址：福州市鼓楼区湖东路 154 号中山大厦 A 座 23 层

邮　箱：641225546@qq.com

以供求关系的视角观察房地产估价质量管理问题

林 风

摘 要：在房地产估价的市场竞争中，估价机构是房地产估价服务的提供方，而委托人是房地产估价服务的购买方。房地产估价服务的供求双方对于房地产估价质量的相关信息掌握程度有着较大的差异，基于这种信息的不对称在供求双方之间就会引发经济学中典型的"逆向选择"现象进而降低房地产估价的质量。因此，探究影响房地产估价质量的市场供求关系以及由于信息不对称所引发的"逆向选择"现象有助于我们找到提升房地产估价质量的途径。作为供求双方的估价机构与委托人也在相互博弈中影响着房地产估价的质量，通过分析博弈模型可以找出影响估价质量的利益驱动点，为监管部门的监管措施提供思路。

关键词：房地产估价；质量管理；供求关系；逆向选择；纳什均衡

一、房地产估价质量的需求分析

需求（demand）是指消费者在某一特定时期内，对应于一定的商品（或服务）价格所愿意并且能够购买的该商品（或服务）的数量。在一般的经济学规律中，市场对于高质量服务的需求是这种高质量服务产生的源泉，同时这种对于高质量服务的需求也给服务质量的提升提供了动力。在激烈的优胜劣汰市场竞争环境中，促使服务的提供者提升服务质量以求得生存与发展。

委托人对房地产估价服务的需求分为两种类型：一是法定业务需求；二是自发性需求。

（一）法定业务需求

所谓房地产估价服务的法定业务需求是指在政府管理机关的要求下，必须进行房地产估价的情形，也就是说房地产估价仅仅是为了满足某种特定要求的强制性手续而进行的。如国有土地上房屋征收中必须进行房地产估价，否则就违反了《国有土地上房屋征收与补偿条例》等有关规定。与此类似的还有抵押贷款中，贷款银行要求的房地产估价；缴纳房地产税收中，税务机关要求的房地产估价等。

在法定业务需求的房地产估价业务中，委托人只是为了满足某种法定手续的形式需要，通常更关注房地产估价收费的高低和房地产估价报告撰写的时间长短等因素，对于房地产估价的质量就不会更多关注。甚至有少数委托人更希望估价机构能满足自己需要的低质量估价服务（如出具价格明显偏离正常价格的估价报告），也更倾向于选择房地产估价质量低下的估价机构。

（二）自发性需求

所谓房地产估价服务的自发性需求是委托人为了更准确地了解估价对象的市场真实价

格，为经济决策提供依据而主动要求进行房地产估价。如房地产交易中，买卖双方都想了解准确的市场行情，以免在交易中吃亏，就希望得到高质量的房地产估价服务。

在自发性需求的房地产估价业务中，委托人的目的就是掌握准确的房地产市场价格，因此对于高质量的房地产估价服务就有更强烈的需求。

房地产估价服务两类需求对比　　　　　　　　　　　　　　　表1

需求类型	主要委托目的	关注重点
法定业务需求	满足法定手续	估价收费、报告提交周期
自发性需求	掌握准确市场价格、了解有价值市场信息	价格准确度、其他有价值市场信息

在我国目前的房地产估价市场中，质量对于需求的弹性明显小于价格对于需求的弹性，需求方对于估价收费的敏感度显著高于估价质量的敏感度，使得价格竞争的成效普遍强于质量竞争的成效。另外，在房地产估价市场中，法定业务需求很难产生高质量的房地产估价服务，所以房地产估价市场就难以形成对高质量房地产估价服务的内在需求，过度激烈的市场竞争也无法为提供高质量服务的估价机构带来超额利润，甚至反而会使得这类机构成为市场的"边缘"和"另类"，其后果就是整个房地产估价市场的质量下滑（表1）。

二、房地产估价质量的供给分析

供给（supply）是指企业（生产者）在某一特定时期内，对应于一定的商品（或服务）价格所愿意并且能够出售的该商品（或服务）的数量。

房地产估价质量的提供方是房地产估价机构，估价人员通过对估价对象现场勘查、收集有关信息并进行分析、测算和判断后，形成对估价对象价格的相关专业意见（通常以房地产估价报告为载体）。估价机构的规模大小、管理水平高低等因素都将左右着房地产估价质量。通常情况下，规模较大估价机构的质量控制制度更健全，估价人员的专业能力更强，在估价业务流程中有更严格的制度与内控措施，提供高质量房地产估价服务可能性更大一些。而小型估价机构在内部管理、质量控制和估价人员的专业能力等因素上均处于劣势，提供高质量房地产估价服务可能性更小一些。

但是，以上仅是一般理论情况下的"常态"，在实践中，如果大型估价机构面临源自委托人的不当施压与恶意压价也存在提供低质量房地产估价服务的可能。而小型估价机构如果加强内部控制、关注质量管理，同时提升估价人员的专业能力及职业道德水准，顶住了来自外部的压力，也有可能提供高质量房地产估价服务。

因此，估价机构提供服务质量的高低更多取决于市场需要的导向，在高质量的市场需求下会催生出更多高质量服务的供给。反之，如果市场对于高质量房地产估价服务的需求不足，甚至市场上充斥着大量低质量估价服务需求（如出具价格明显偏离正常价格的估价报告），估价机构为了适应市场环境就会迎合这种需求。

三、房地产估价质量的供求分析和"逆向选择"现象

（一）房地产估价质量的理想供求状态

供求关系的分析是经济学的"基石"理论。房地产估价服务的购买方需求目的是差异性很大的，他们对于房地产估价质量的高低也有着不同的需求，有些购买方愿意支付较高的价格，需要高质量房地产估价服务，也有些购买方基于其需求目的反而需要廉价的低质量房地产估价服务。如果市场上的交易信息是充分且均匀分布的，各方交易者都可以掌握全面的信息，高质量服务的需求者可以找到高质量服务的供给者，低质量服务的需求者可以找到低质量服务的供给者，则需求与供给可以达成均衡状态。

（二）房地产估价质量"逆向选择"现象

以上仅是理论情况下的理想状态。在实践中，市场上的信息不对称是普遍的现象。信息不对称（asymmetric information）是指在相互对应的经济个体之间的信息呈不均匀、不对称的分布状态。在房地产估价服务的市场上委托人是房地产估价服务的购买方，他们只看到房地产估价报告为载体的最终结果，而结果形成的过程通常是不了解的，对于房地产估价机构提供服务质量的高低难以有直接观察的机会，这种信息的不对称很容易形成"逆向选择"问题。

逆向选择（adverse selection）是指这样一种情况，市场交易的一方如果能够利用多于另一方的信息使自己受益而使对方受损时，信息劣势的一方便难以顺利地作出买卖决策，于是价格便随之扭曲，并失去了平衡供求、促成交易的作用，进而导致市场效率的降低。在房地产估价服务市场上，由于估价人员了解自身的专业能力与可能提供的服务质量，而委托人却无法全面了解所委托机构的能力与可能提供服务的质量。因此，只能依据一般经验推测全体房地产估价行业从业人员的专业能力概率分布，且以此进一步推测全体房地产估价行业从业人员的专业能力的普遍水平线。在这种情况下，委托人只愿意支付与房地产估价行业普遍平均专业能力相适应的费用，这样就使高于行业普遍平均专业能力的从业人员无法得到专业能力的溢价收益，从而退出房地产估价市场的供给方。相反地，专业能力低于行业普遍平均水平的从业人员比较愿意留在市场的供给方。另外，高于行业普遍平均专业能力的从业人员也可能选择降低自己的专业付出来适应市场竞争的需要。而最终的结果就是进一步拉低全体房地产估价行业从业人员的专业能力的普遍水平线。委托人再次购买房地产估价服务时就会进一步地压低出价，这种恶性循环就形成了"劣质品驱逐良质品"的现象，这就是"逆向选择"。

四、应对策略

要想解决"逆向选择"问题就是要做出制度性的安排，使市场信号能够有效迅速地传递，尽可能降低房地产估价市场上信息不对称性。除了政府监管机构出手将低质量房地产估价服务的供给方驱逐出市场外，估价机构作为房地产估价服务的提供方可以采用信号显示的方式克服信息不对称；委托人作为房地产估价服务的购买方可以采用信号甄别的方式克服信息不对称。

（一）信号显示

信号显示（signaling）是指为了解决逆向选择问题，信息优势方通过某种方式向信息劣势方发出市场信号，以表明自己的物品或自身属于优良（或较好）等级的行为。向房地产估价服务的市场提供高质量估价服务的机构应该积极参与政府监管部门或者估价师行业协会开展的各类行业检查和信用评级活动，并通过各类宣传活动向房地产估价服务的购买方展示行业检查的优良名次与信用评级的良好成绩，以增强购买方的信心，使其愿意为取得高质量估价服务支付溢价。

（二）信号甄别

信号甄别（screening）是指在进行市场交易之前，信息劣势方首先以某种方式使得信息优势方不得不发出表明自身特征、品质、类型等的信号，以供信息劣势方辨别、解读，从而改变自己在市场交易中所处信息劣势地位的行为。在房地产估价服务的市场寻求高质量估价服务的委托人可以采用事先说明将组织专家评审团对于房地产估价报告进行专家评审，并在合同中约定专家评审不合格的各种严厉处罚，使得只能提供低质量估价服务的机构自觉退出市场竞争，从而找到与其愿意支付的高价格相适应的高质量服务。另外，委托人也可以提供两种报酬方式：一是只需提供结果报告，但是报酬较低；二是需要同时提供结果报告和技术报告，但是报酬较高。出于信息劣势的委托人就可以通过差异化的报酬方式达到鉴别估价机构专业能力与服务质量的目的。当然，也可以将专家评审与差异报酬两种方式结合使用（表2）。

逆向选择两种应对策略对比　　　　　　　　　　　　　　表2

策略名称	策略实施者	常见措施
信号显示	估价机构	行业检查、信用评级
信号甄别	委托人	专家评审、差异报酬

五、供求双方的博弈关系对房地产估价质量的影响

（一）法定业务需求的博弈模型

在法定业务需求中，委托人只是为了满足某种法定手续的形式需要，对于房地产估价的质量不会更多关注。而估价结果的高低却与委托人的经济利益密切相关，例如：估价委托人需要申请高额的购房贷款，对于其房地产的估价结果期望往往越高越满意。又例如：估价委托人需要申报房地产交易税收，对于其房地产的估价结果期望往往越低越满意。

委托人对于估价机构施加压力要求按照委托人的利益需求出具严重偏离市场价格的估价结果，估价机构如果选择接受，则委托人可以得到自己"预期利益"（如高额贷款、低额税负等）。而估价机构可以得到三部分收益：一是正常的估价报酬，简称"正常收益"。二是因为不再需要按照正常估价程序投入成本，节省了人力、时间等资源，只需要按照委托人要求的结果出具报告，简称"成本节省"。三是因为满足了委托人不合理需要而额外多得到了估价报酬或者巩固了与委托人的业务关系得到长期业务合作机会，简称"额外收益"。也会遭受一种损失：因为迎合委托人不合理要求造成的恶劣声誉影响了长期形象，减少了未来收益，简称"未来损失"。

如果估价机构选择拒绝，则委托人可以撤换估价机构，依然可以取得"预期利益"。而拒绝业务的估价机构没有收益也没有损失。

如果委托人不对估价机构施加压力，则委托人无法得到"预期利益"。而估价机构选择正常执业，则估价机构可以得到两部分收益：一是"正常收益"。二是因为良好声誉提升了长期形象增加了未来收益，简称"未来收益"。

如果估价机构依然选择违规执业，则可以得到两部分收益：一是"正常收益"。二是"成本节省"。但要承受"未来损失"。如此就可以构建出法定业务需求的得益矩阵（表3）。

法定业务需求的得益矩阵　　　　　　　　　　　　　　表3

	委托人对估价机构施压	委托人不对估价机构施压
估价机构正常执业	（0，预期利益）	（正常收益＋未来收益，0）
估价机构违规执业	（正常收益＋成本节省＋额外收益－未来损失，预期利益）	（正常收益＋成本节省－未来损失，0）

构建完法定业务需求的得益矩阵后，我们就可以发现这种博弈均衡构成了比较典型的"纳什均衡"。所谓"纳什均衡"是指在给定的竞争对手的选择后，博弈方选择了他所能选择的最好的策略（或采取了他所能采取的最好的行动）。对于委托人来说，只要放弃施压估价机构就不能得到"预期利益"，只要施压估价机构就能得到"预期利益"。所以，无论估价机构是否正常执业，理性的委托人都会选择施压估价机构。而估价机构就要在委托人选择施压这一行为给定的条件下，做出选择。如果"正常收益＋成本节省＋额外收益－未来损失＞0"，即"正常收益＋成本节省＋额外收益＞未来损失"，则估价机构出于经济理性的考虑都有违规执业的冲动。

通过分析以上不等式，我们可以认识到降低"正常收益"不利于估价行业长远发展。"额外收益"是政府监管部门或者估价师行业协会难以控制的。而"成本节省"与"未来损失"都和监管有关。政府监管部门或者估价师行业协会增加技术报告（或者工作底稿）的抽查，则估价机构即便违规也不敢减少过多的估价程序与投入，"成本节省"就将减少。政府监管部门或者估价师行业协会对于违规行为的处罚加大力度，则估价机构"未来损失"就会加大。因此，在法定业务需求中政府监管部门或者估价师行业协会应该将监管重点放在增加技术报告（或者工作底稿）的抽查以及对于违规行为的处罚加大力度。

（二）自发性需求的博弈模型

在自发性需求中，委托人的目的就是掌握准确的房地产市场价格。因此，其"预期利益"变成了得到准确的房地产市场价格信息，不再是左右估价结果的高低实现委托人的经济利益。

委托人不对估价机构施加压力，而估价机构选择正常执业，则估价机构可以得到两部分收益：一是"正常收益"。二是"未来收益"。委托人可以得到自己"预期利益"（得到准确的房地产市场价格信息）。

如果估价机构依然选择违规执业，则可以得到两部分收益：一是"正常收益"。二是"成本节省"。但要承受"未来损失"。委托人则将承受被错误的估价结果误导的损失，简称"误解损失"。

如果委托人对估价机构施加压力，估价机构选择违规执业，则可以得到三部分收益：一是"正常收益"。二是"成本节省"。三是"额外收益"。但要承受"未来损失"。委托人则将承受"误解损失"。

如果估价机构选择拒绝，则委托人可以撤换估价机构，依然会承受"误解损失"。而拒绝业务的估价机构没有收益也没有损失。如此就可以构建出自发性需求的得益矩阵（表4）。

自发性需求的得益矩阵　　　　　　　　　　　表4

	委托人对估价机构施压	委托人不对估价机构施压
估价机构正常执业	（0，−误解损失）	（正常收益＋未来收益，预期利益）
估价机构违规执业	（正常收益＋成本节省＋额外收益−未来损失，−误解损失）	（正常收益＋成本节省−未来损失，−误解损失）

对于委托人来说，只要施压估价机构就将承受"误解损失"。所以，委托人只有选择不施压估价机构寄希望于估价机构正常执业，这样委托人可以得到"预期利益"，避免"误解损失"。理性的委托人都会选择不施压估价机构。而估价机构就要在委托人选择不施压这一行为给定的条件下，做出选择。如果"正常收益＋成本节省−未来损失＞正常收益＋未来收益"，即"成本节省−未来损失＞未来收益"，则估价机构出于经济理性的考虑都有违规执业的冲动。

通过分析以上不等式，我们可以认识到在自发性需求中，除了通过增加技术报告（或者工作底稿）的抽查以减少"成本节省"，对于违规行为的处罚加大力度以增加"未来损失"外，政府监管部门或者估价师行业协会还可以通过加强对于优秀合规经营机构的奖励增加"未来收益"，以此鼓励估价机构严格依法依规经营。

六、结语

房地产估价服务的供求双方对于房地产估价质量的相关信息掌握程度有着较大的差异，基于这种信息的不对称在供求双方之间就会引发经济学中典型的"逆向选择"现象进而降低房地产估价的质量。因此，研究由于信息不对称所引发的"逆向选择"现象有助于我们找到提升房地产估价质量的途径并做出必要的制度安排。估价机构的信号显示（行业检查、信用评级等），委托人的信号甄别（专家评审、差异报酬等）都是应对"逆向选择"的有效方式。

在房地产估价的市场竞争中，估价机构是房地产估价服务的提供方，估价人员通过对估价对象现场勘查、收集有关信息并进行分析、测算和判断后，形成对估价对象价格相关专业意见（通常以房地产估价报告为载体）。而委托人是房地产估价服务的购买方，其通过与估价机构约定估价服务的基本要求和报酬，并且向估价机构提交估价对象的基本信息，最终获取估价对象价格相关专业意见（通常以房地产估价报告为载体）。作为供求双方的估价机构与委托人也在相互博弈中影响着房地产估价的质量，通过分析法定业务需求的博弈模型可以找出影响估价质量的利益驱动点是"成本节省"和"未来损失"，而对自发性需求的博弈模型分析得到"成本节省""未来损失"和"未来收益"三个利益驱动点，由此可以为监管部门的监管措施提供思路。

参考文献：

[1] 叶德磊.管理经济学 [M].北京：高等教育出版社，2013.

[2] 林风.房地产估价质量分析.城乡建设 [J].2021（03）：33-35.

作者联系方式

姓　名：林　风

单　位：上海城市房地产估价有限公司

地　址：上海市北京西路 1 号新金桥广场 16 楼

邮　箱：lf@surea.com

注册号：3120060011

风险防范视角下房地产估价机构内控制度优化研究

刘宝香　王栋枝

摘　要：近年来，随着我国经济转型升级与房地产行业调控政策的陆续出台，房地产估价行业的发展环境发生了很大变化。在房地产估价机构迎来发展机遇的同时也面临着诸多风险，而建立完善的内控制度是房地产估价机构有效防范风险的关键。本文分析了当前房地产估价机构内控制度中存在的主要问题，并从内部环境、风险评估、控制活动、信息与沟通以及内部监督五个方面阐述了如何通过优化房地产估价机构内控制度进行估价风险的防范，以期为房地产估价行业的健康发展提供参考。

关键词：房地产估价机构；风险防范；内控制度

一、房地产估价行业面临的发展机遇与风险

我国经济目前已经步入了高质量发展阶段，对房地产估价行业提出了新的要求。习近平总书记在党的十九大上做出了"我国经济已由高速增长阶段转向高质量发展阶段"这一历史性论断。在高质量发展阶段，国家在房地产方面的政策已由"数量调控"逐步转变为"质量调控"，这为房地产市场的长久稳定发展奠定了基础，同时也对房地产估价行业提出了转型的明确要求，要提高自身服务质量和估价报告质量，以此来适应人们高标准、多样化的估价需求。

存量房时代的到来带来了房地产估价行业的重要机遇期。由贝壳研究院统计可知，2020年我国二手房市场保持平稳增长态势，且2020年二手房交易规模为2015年以来的峰值，同比增长8.1%，2020年二手房成交均价达到1.8万元/m^2，同比上涨7%左右。可以预见的是，在二手房交易过程中，估价咨询的决策参考作用将进一步凸显，也会为房地产估价行业带来旺盛需求。

此外，房产税改革进程的加快助推了房地产估价业务的发展。2020年11月、12月，以及2021年5月、6月，财政部多次提到了房产税。且在2021年10月15日，习近平总书记在《扎实推动共同富裕》一文中专门谈到了房产税问题并强调要积极稳妥推进房产税立法和改革，做好试点工作。这些都表明下一步房产税的立法进程会加快，房产税改革试点城市会增多、征收范围会扩大。房产税的出台将会使得房地产估价行业与公众的联系更为紧密，从而加深房地产估价行业的社会地位。

虽然房地产市场的发展以及调控政策的推进为房地产估价行业带来了诸多机遇，但是，随着房地产估价机构以及估价人员数量的增长，一些风险也逐步显现出来了。在地域差异方面，据房地产蓝皮书《中国房地产发展报告No.18（2021）》的统计数据可知，截至2020年

底，全国共有房地产估价机构 5566 家，其中广东省、山东省和江苏省房地产估价机构数量位居前三，除核心城市实力较强的一级估价机构业务类型较为齐全且技术含量较高外，其他地区的中小型机构大多集中于传统的估价业务，业务拓展受到严重限制，新型业务增长缓慢，收入占比较小。在估价人员方面，2020 年注册执业人数增速仅 8.4%，较 2019 年有所下滑，且明显低于近五年 13.8% 的年均增长率，难以满足房地产估价行业对于高质量人才的旺盛需求。在业务流程方面，一些估价机构未对估价数据资料的收集与使用以及估价方法和案例的选择做严格审查，对于关键环节的把控力度不够，导致估价报告结果出现重大缺陷，这为房地产估价行业的发展带来了很大的隐患。

当前，房地产估价机构面临的这些风险对其自身发展造成了阻碍，基于风险防范的考虑，有必要加强估价机构内控制度的建设与优化。因为，内控制度的建设对于企业的风险防范而言至关重要。一方面，内控制度的状况，很大程度上决定了风险防范的效果。另一方面，房地产估价机构内控制度不足是导致其面临风险的主要原因，会大大削弱其应对风险的能力。所以，审视房地产估价机构内控制度中存在的问题是其风险防范的重要举措。

二、房地产估价机构内控制度的主要不足

（一）内部环境关注不够，发展动力不足

1.品牌建设不足，职业素养培育欠缺

树立良好的品牌文化对于估价机构自身发展来说可以起到事半功倍的效果，但目前市场上大多数的估价机构品牌文化定位较为模糊，导致其知名度不高，且对于机构内部的文化建设甚至估价人员的职业素养培育都较为缺乏，时常出现估价人员违反行业规范以谋取私利的行为，降低了公众对估价行业的信任度，从而成为估价机构持续健康发展的阻碍。

2.人才储备不足，培养规划欠缺

大数据时代的到来，致使房地产估价行业对于高质量人才的需求更为旺盛，但近年来注册执业人数增速未见明显提升，导致行业人才缺口日益增大。与此同时，机构内部缺乏行之有效的人才培养规划，固化的绩效机制对于人员也很难起到激励作用，因此多数估价机构的创新动力不足，抵抗风险的能力也较弱。并且，估价人员的继续教育方式比较单一，局限于参加继续教育课程及交流会，对于继续教育结果的考核也不够完善。

（二）风险评估手段落后，管理效率低下

房地产估价行业受国家宏观调控政策影响较为明显，因为房地产市场和估价需求会随着政策环境的变化发生改变。如 2016 年限购政策的实施，导致房地产市场交易量的明显下降，而以房地产市场为基础的房地产估价行业业务量和业务结构也发生了很大的变化。但很少有估价机构会将风险防御思想内化到日常的经营管理当中，且多数估价机构都尚未建立起完备的风险评估体系，导致其风险识别、风险评估、风险防范等手段落后，无法正确把握市场运行轨迹，直接削弱了估价机构的风险应对能力。

（三）项目负责流于形式，管控有待深化

近些年来估价人员迎合委托方、通过违规操作获得非法收入的现象屡禁不止，即便随机检查也难以完全发现估价人员日常工作中存在的违法违规行为，除职业素养有待提高之外，这一问题很大程度上源于估价机构的不作为，项目负责制流于形式，相关负责人并未切实履行各自职责，权责模糊、相互扯皮问题严重，因此约束力较弱。加之估价机构及人员的违规

成本很低，对于所获得的非法收入是不值一提的，这些都严重损害了估价行业的公信力。

（四）信息系统有待完善，沟通渠道不畅

多年以来，房地产估价行业并未形成公平合理的市场秩序，欠缺可靠的基础信息与真实市场成交价格等数据资料。这些信息的不透明、不准确和资料来源的不可靠，以及机构内部各部门间的信息沟通渠道不畅和沟通效率低下，都会导致机构面临估价风险，使得估价机构极有可能面临法律诉讼，进而影响房地产估价机构的可持续发展。

（五）内部监管尚不健全，缺乏有效机制

内控制度良好效果的发挥有赖于相应的监督机制。但在实际操作过程中，一些房地产估价机构由于自身成本和规模的限制，没有设置专业的信用监管平台，或者是虽设有平台，但对于估价人员的执业信息及信用等级的披露不够完善、更新不够及时，且未建立有效的奖惩机制，导致对机构内部操作流程及估价结果缺乏有效的监督检查，难以有效实现房地产估价机构内部控制水平的提高。

三、房地产估价机构内控制度优化策略

（一）加强文化和人才建设，优化机构内控环境

1.强调机构文化建设

房地产估价机构为公众提供估价服务的过程也是品牌文化传递与展示的过程。因此，估价机构应审时度势，根据市场需求加大投入，拓展业务领域，为公众提供更全面的估价服务。同时，职业道德的培育应当内化于日常的管理过程中。估价机构可以采取相关举措，比如行业交流会、研讨会等，多渠道提升估价人员对行业发展的认同感与使命感，使他们真正做到对房地产估价事业的尊重和热爱，在秉持独立、客观、公正的原则提供估价服务的过程中为估价机构树立良好的行业声誉。

2.重视人才储备与培养

首先，房地产估价机构应当为估价人员提供良好的发展平台和广阔的施展空间，给予估价人员实现公平晋升的机会和通道，以便留住估价人才、充实和壮大自己的估价队伍。其次，房地产估价机构可与相关职业学校加强联合，推进产学研用合作教育的纵深发展，以响应2021年4月习近平总书记在全国职业教育大会上对于职业教育工作做出的加快构建现代职业教育体系、培养更多高素质技术技能人才的重要指示。一方面，学校应充分利用自身良好的教学环境和教学资源，通过改革教学内容、完善教学结构向估价机构精准输送人才。另一方面，房地产估价机构可以根据市场形势与估价实操要求向学校进行反馈，进而推动估价人才的培养。最后，在继续教育方面，估价机构应拓展估价人员的继续教育形式，除定时参与行业培训、研讨会外，还要以估价机构为主体，多组织一些跨地区、跨机构的行业交流活动，通过相互交流学习来汲取新思路、新方法，进而形成取长补短、共同进步的局面，并要求估价人员撰写心得体会，促进估价人员执业水平的提升。

（二）完善风险评估流程，提高风险防范能力

房地产估价机构风险防范能力的提升，一定程度上可以通过完善其风险评估流程来实现。首先，识别出哪些因素会给估价机构带来风险，并对这些因素进行分类，包括来自政策、法律、市场、竞争对手和内部管理等方面的。其次，借助指标的选择与分解设立风险评估的指标体系，并根据实际情况赋予对应权重。再次，进行具体的指标赋值以及相应的风险

评估。在风险评估过程中，可以通过内部数据库构建方面的尝试与努力实现指标数值的自动读入，从而减少人力耗费，但需要格外留意个别重要指标的独立观测，以提高风险评估的科学性。最后，根据风险评估结果生成风险评估报告，交由专门的部门复核并存档，为估价机构的风险防范提供依据。风险评估流程各环节的严格把控，有利于完善风险评估体系，并提高房地产估价机构的风险防范能力。

（三）建立估价复审制度，增强执业约束效果

对于估价报告的完成，房地产估价机构大多采用三级审核制度，对应级别的估价师、项目负责人及分管领导需遵守专业技术标准。但在某些机构内部，该制度形同虚设，相关人员并未严格按照要求执行。为此，机构内部应该明确职责分工，相应管理阶层的执行都需安排专人负责，一旦出现差错，便于追究相关负责人。与此同时，应在三级审核基础上增加估价复审环节，由权威复审估价师组成相应的复审委员会，站在独立、客观、公正的立场上对有争议的估价报告进行复审，并将违反估价规范的行为划分等级，情节严重者，将吊销房地产估价师执业资格。这种严格的制度将会使估价师珍重自己的职业声誉，起到监督估价机构运行的作用。

（四）打造动态数据库，改善内部交流与沟通

依托信息化、数字化的时代背景，房地产估价机构可以建立内部的动态数据库，以实现房地产市场数据的科学利用和估价行业的降本增效。为了便于数据的查询与处理，可以将房地产估价统计信息数据库分为以下几个子库：房地产市场交易实例、土地基准地价及修正系数、市场形势与规划、国家政策法规、委托方信息和自动询价系统等。其次，要设定不同等级系统访问人员的登录权限确保数据库的安全和科学利用。此外，房地产估价机构要招聘计算机、统计、市场调查等相关专业人才，并成立专门团队对数据库进行日常的管理与维护，以便部门间的交流沟通和查询使用。

（五）健全信用监管体系，优化机构内部监督

借助房地产估价平台的信息公示作用，实现机构内部信息披露、激励和惩戒等功能，具体承担责任下放到机构内部相应部门。按照不同信用水平管理，将估价人员信用级别与绩效评定挂钩，对于信用良好的估价人员在福利待遇和职业晋升等环节区别对待，使失信者受到惩戒、守信者获得奖励，并进一步规范机构内部"红黑名单"制度，防范估价人员因为自身问题导致的信用风险。这一举措的推行对于净化房地产估价市场，保证房地产估价安全将会发挥重要作用。

参考文献：

[1] 姚东宽.企业内控制度优化研究[J].中国市场，2020（25）：77+83.

[2] 刘清艳.论房地产企业内部控制制度的建立与完善措施[J].现代营销（下旬刊），2020（02）：184-185.

[3] 何哲，刘洪帅.试论房地产估价新需求下估价机构内控制度的发展与完善[C]//估价需求演变与机构持续发展：2019中国房地产估价年会论文集.北京：中国城市出版社，2019：5.

[4] 徐玲.房地产企业内部控制存在的问题及研究对策[J].财会学习，2019（17）：244+246.

[5] 马露露.浅谈估价机构人才队伍、内控制度、品牌文化的建设[C]//估价需求演变与机构持续发展：2019中国房地产估价年会论文集.北京：中国城市出版社，2019：5.

[6] 王红蕾.探讨大数据对房地产估价机构的影响及应对[J].全国流通经济，2020（19）：112-

113.

[7] 刘智敏. 房地产估价机构精细化管理探析 [C]// 北京：中国城市出版社，2019：6.

作者联系方式

姓　名：刘宝香　王栋枝

单　位：山西财经大学

地　址：山西省太原市小店区坞城路 696 号

邮　箱：2410094353@qq.com

房地产估价机构内控制度建设与风险防范

连媛媛　李晓利

摘　要：经过多年的发展，目前房地产估价业务已经从高速发展期进入稳健发展期，业务拓展和安全发展是所有估价机构要面临的问题。本文探讨了房地产估价机构如何在激烈竞争中做好内控管理和风险防范，以实现稳健发展。

关键词：估价机构；内控制度；风险防范

一、前言

近年来不断出现评估行业已步入夕阳产业的发声，估价行业的从业人员们在荆棘中谋出路，谋发展，积极拓展业务，挖掘新的业务类型，与此相应的委托事项日益复杂。伴随着估价范围越来越广，未曾出现的新问题、新风险也接踵而至，同时外部监管力度不断加码，如何避免企业在前行中触礁，如何在纷繁复杂的评估环境下，让企业稳健发展，成为了每一个评估企业亟待思考与解决的问题。笔者从自身工作的实际情况出发，着眼于内控制度建设与风险防范的二者联系，提出几点拙见。

二、内部控制制度建设的必要性

《韩非子·喻老》："知丈之堤，以蝼蚁之穴溃；百尺之室，以突隙之炽焚。"内部控制是企业的立命之本，就像人一样，只有自身免疫力强，才能抵抗外部病毒的侵扰。而内部控制制度就像是企业的免疫系统，保障企业自身安全。风险则像是各种各样不期而至的病毒，时刻威胁着企业。何为风险，目前采用较多的解释是风险主要指不确定性，表现为收益或者代价的不确定性，风险和收益成正比，积极进取的投资者为了追求高利润而往往敢于冒高风险，稳健型则更重视防范风险，将风险控制在可控状态。

在房地产估价中存在的风险涉及方方面面，主要表现在以下几点。

1. 受理估价委托的风险

受理估价委托过程中存在的风险表现为很多公司接到电话联系，资料都没收集齐就去看现场，事后再补资料出价格出具报告，估价委托人的委托书大多都是后补的，且大多都没有订立书面估价委托合同；这样如果出现经济纠纷，估价委托人与执业者和估价机构都会存在很大的风险。

2. 界定估价对象的风险

估价对象界定的风险表现为对区位、实物状况和权益状况的界定不够清楚、严谨和合理合法而造成的经济赔偿和法律责任风险。

估价对象区位、实物、权益状况的界定如果有遗漏和偏差很可能给估价师带来一定的执业风险。

3.估价方法选用的风险

根据《房地产估价规范》中对估价方法的规定，当估价对象适用两种或两种以上估价方法进行估价时，宜同时选用所有适用的估价方法进行估价，不得随意取舍；

如果估价方法的选用和参数的采用不当会造成报告使用者在经济上的损失，从而给执业人员与评估机构带来的经济赔偿。

4.未来市场变化的风险

房地产市场价值变化的风险表现对经济发展变化、房地产业发展的政策变化及房地产市场发展变化做到充分了解和合理分析，往往容易出现现实与分析的偏差，而偏差产生的后果就会导致执业人员和评估机构面临相应的执业风险。

上述种种，需要严而有效的内部控制制度加以防范，做到"审查到位、查勘到位、审核到位"三位一体，从而提高企业的运行效率，防范内部弊端。完善的内部控制制度会使企业在一个标准化、精细化的流程下顺利地运转，避免做事主观为主，领导发话解决问题，领导无指示下属无作为的情况出现。同时，业务的前后衔接、左右联系要在内部控制下完成，做到项目留痕、责任到人。

三、内部控制制度建设的系统性

内部控制可以说是无处不在，但要行之有效，势必是系统的、综合的建设，而在当前很多公司也设立有各种各样的规章、制度，但发挥出的效果却是参差不齐。是什么影响了效力呢？结合工作，笔者发现主要不外乎两点：一是为事而设，诸如工作中发现存档不及时，仅单纯制定存档制度；二是各种规章制度不连接，各自独立，有时还互为相左，不能产生实效，只是为了制度而制定制度，没有更好地考虑制度的全面性、完善性、可执行性。内部控制制度防范的就是风险，风险的防范即风险管理，就是通过风险的识别、预测和衡量、选择有效的手段，以尽可能降低成本，有计划地处理风险，以获得企业安全生产的经济保障。众所周知，风险不是单一地出现，在评估行业中上到政策层面、行业协会层面，下到估价机构、执业者，面对方方面面的法律、规章、行业规范等种类繁多，各种制度政策的更新变换时有发生，这就要求房地产评估机构只有站在宏观层面，从多角度、多方面延伸至微观去识别风险、发现风险、防范风险。

（一）政策层面

从政策层面，制定有效的风险防范对策，推动评估业的健康稳定发展，是当下解决房地产估价风险的保障。

1.国家法律制定

自2016年12月1日起实施的《中华人民共和国资产评估法》从国家层面给予了保障，遵守资产评估法，依法律评估是风险防范的第一要务。

2.技术标准支持

自2015年12月1日起实施的《房地产估价规范》GB/T 50291—2015，给出了估价原则，规范了房地产估价的程序、方法的选用、估价报告的撰写等，这些都对估价机构、估价执业人员做好估价、撰写估价报告给出了行之有效的指导。

3.其他管理办法、条例等

《关于进一步规范房地产估价机构管理工作的通知》《房地产估价机构管理办法》等都从上层领域给予了防范风险的保障。

严格守法守规，依法律法规进行公司运营管理，全面排查、发现经营管理活动中的风险隐患，从受理评估业务、评估技术操作到最终收费等要依据法律执行。

（二）行业协会方面

评估行业协会是评估机构和评估专业人员的自律性组织，行业协会制定会员自律管理办法，对会员实行自律管理；依据评估基本准则制定评估执业准则和职业道德准则；建立会员信用档案；检查会员建立风险防范机制的情况等。这些都会对房地产估价风险防范起到至关重要的作用。按照行业协会的管理要求，建立风险防范机制是必需的，也是对估价机构和执业人员的安全保障。

（三）从估价机构方面

科学的风险防范措施能够提升估价人员的能力，无论是后续教育还是信息搜集以及专业技能都能在一定程度上得到完善。为保证评估风险控制的全面性，评估机构在运营时必须在对策上做出调整，制定科学的风险控制计划并贯穿于经营的各个环节，与每一个流程相融合。

从内部制度、机制上进行控制。建立完善的内控制度，风险先行，内控优先，内控制度包括质量管理、评估报告档案管理等，资产评估法第四章第二十六条要求，评估机构应当对评估报告进行内部审核，严格三审制度。

将质量控制贯穿于事前、事中、事后全过程。做到事前防控、事中监督，提升风险排查实效、事后总结整改，控制风险，完美的细节就是监督检查出来的。

（四）从执业者角度

1.严格执行房地产估价程序

执业时估价人员要严格执行估价程序，房地产估价应按照如下程序进行：受理估价委托，确定估价基本事项；编制估价作业方案；搜集估价所需资料；实地查勘估价对象；选用估价方法进行测算；确定估价结果；撰写估价报告；审核估价报告；交付估价报告；保存估价资料。严格执行程序，合规是立行之本。

2.做好尽职调查、实地查勘

《中华人民共和国资产评估法》第四章第二十五条规定，评估专业人员应当根据评估业务具体情况，对评估对象进行现场调查，收集权属证明、财务会计信息和其他资料并进行核查验证、分析整理，作为评估的依据。

对估价对象的区位状况、实物状况、权益状况做好尽职调查。在估价过程中，实地查勘的重要性毋庸置疑，估价人员应做好实地查勘，观察、询问、检查、核对估价对象的区位状况、实物状况、权益状况，可以避免后续的风险。在估价过程中有的公司估价人员不到场，可能出具的报告就是虚假报告或有重大遗漏情况。

实物状况是指土地的形状、地势、面积、土壤、地质、地形、开发程度、建筑物的坐落、四至、规模、用途、周围环境、外观、设施设备、装饰装修、建筑结构、维修养护情况及完损程度等。

权益状况分土地权益状况、建筑物权益状况，是房地产中无形的部分，对估价对象权益状况的认定包括：是使用权还是所有权；是否受其他房地产权利的限制，土地或建筑物是否有抵押权；用途是否有使用管制等。利用内部控制制度中的评估技术操作要求，保障估价对象的界定风险可控。

3.估价方法中存在的风险防范

1）选择合适的估价方法

选用估价方法时，应根据估价对象及其所在地的房地产市场情况等客观条件，对比较法、收益法、成本法、假设开发法等估价方法进行适用性分析。

估价对象的同类房地产有较多交易的，应选用比较法。在使用比较法时，注意防范选用的可比实例是否是真实案例，弄清楚可比实例与估价对象的差异，把交易情况、税费负担情况、房地产市场状况等调查清楚，避免所选实例不合适或主观性太大，最终造成偏差较大。

2）评估参数的选取

估价对象或其同类房地产有租金等经济收入属于收益性房地产的，应选用收益法。在适用收益法时，应注意防范选用的租金实例与估价对象的差异情况，弄清楚空置率和租金损失，最重要的是防范报酬率、净收益增长率等重要参数选取的随意性。

估价对象具有开发或再开发潜力且开发完成后的价值可采用除成本法以外的方法测算的，应选用假设开发法。在使用假设开发法时，要注意防范任意选取开发周期的确定、开发完成后房地产价值的确定、后续的开发成本费用、开发利润等参数。

4.估价结果确定的风险防范

在确定估价结果撰写估价报告时，不同的估价人员对同一估价对象评估的结果都不可能完全相同，不同的估价人员对估价方法的选择、数据参数的选择及对估价对象的认知都不尽相同。此时对于估价结果的风险防范就显得尤为重要，不能随意取舍任何一种方法，多种方法的权重的分配也要有理有据。避免给估价结果使用者造成不必要的损失。估价结果的确定必须符合估价规程，方法及参数的选择必须提供选择的依据。

5.未来房地产市场的风险防范

房地产评估值代表房地产未来市场的变动，具备一定的价值标准。因此评估过程的进行与未来市场的预测密切相连。房地产估价中关键的一步为搜集相关历史资料，并对其进行深入分析了解历史发展的规律，对不同时期趋势的变化进行统计再通过最终总结对未来做出展望。

对未来房地产市场的趋势和发展状况的合理分析是评估中选用各项技术参数、各种相关数据的前提，加强对房地产市场的分析，做好估价对象相关的市场背景分析，包括估价对象所在区域的经济情况、房地产市场的整体情况、同类房地产的市场情况等。房地产市场变化随经济、政策等变化很快，影响因素变化较多，需要认真分析各方面的因素，估价人员利用科学的方法做好定性分析。

只有准确而全面地识别出上述风险，内控制度的建设才能做到有的放矢，从点到面，从上到下，从细到宽，无死角、无遗漏，为估价机构设立起一道道防火墙，确保估价机构稳步前行。

四、内部控制制度的执行力

每个企业或多或少都会存在制度制定得虽然全面但在执行力上却总是出现执行不到位，或者执行打折扣的现象。打个比方就像是医生开一个很好的康复治疗方案，病人却因为怕痛，复健时没有完全执行，结果经过治疗病人本应可以正常行走，最终却跛脚一样。执行力打了折扣，带来的后果势必如此，笔者在工作中也发现，确有这样的情况出现。我们可以说好的企业文化，高素质的团队会避免这种情况，但是鉴于企业文化也是一个逐渐培养的过程，在实现优秀文化，人人自律的过程中，确保执行力到位，强而有效的内控制度必不可少，需要调动全员力量，与责任挂钩、与义务连接、与绩效结合。结合笔者日常的工作，总结如下几点。

1. 责任及分工

公司领导为业务质量控制管理的主负责人，负责业务质量控制检查办法的梳理、制定和更新；负责定期检查的实施以及自查情况的再检查；负责外部单位检查、投诉和反馈问题的核实；内部检查安排到位，员工自查为源头，公司定期检查为督导。

2. 采用制度化的内部检查手段

检查既不能是形式，也不能走过场，但也不是搞人人自危，需要本着从严原则，杜绝不必要的风险承担，从检查的频次及范围、检查的时间及方式制定合理而有效的流程，提高检查的质量。

3. 绩效结合、奖罚合一

企业员工众多，素质有高低之分，责任心也有强弱区别，在无法达到人人自律的环境里，除了制度从外部来约束人们，还需要有内部的驱动力来带动员工自发、自动、自觉地遵守制度、抵制风险。众人拾柴火焰高，水能载舟亦能覆舟，说到底，一切行动有赖人的推动，好的制度也需要人员的参与。

估价机构通过完善评估质量管理、内部控制、风险防范等相关制度，重视相关风险的审核，针对估价机构内部情况建立奖罚制度，实现更有效的风险监督方法，将风险问题落实到个人，将估价风险降到最低，做到有效的风险防范，使估价机构稳健发展，使估价人员安全执业。

参考文献：

[1] 李明 . 企业内部控制与风险管理 [M]. 北京：经济科学出版社，2007.

[2] 李凤鸣 . 内部控制学 [M]. 北京：北京大学出版社，2012.

[3] 韩虎 . 在建工程房地产抵押评估执业风险研究 [D]. 贵阳：贵州师范大学，2018.

[4] 陆莹 . X 评估公司房地产抵押评估业务中的风险与防范对策研究 [D]. 扬州：扬州大学，2018.

作者联系方式

姓　　名：连媛媛　李晓利

单　　位：中建银（北京）房地产土地资产评估有限公司河南分公司

地　　址：郑州合作大厦 B 座 19 楼

邮　　箱：hnzjycg@163.com

注册号：连媛媛（412005007），李晓利（4120120053）

房地产估价机构发展困境、内控制度建设与风险防范

张　飒　李进伟

摘　要： 内控制度建设与风险防范能力代表着机构的软实力，当前，在房地产估价行业发展内外环境同时紧迫的时刻，机构提升自身的软实力直接关系着自身的存续问题，也影响着行业的健康、可持续发展。本文从估价机构的角度出发，总结当前机构发展困境及风险点，分析机构内控制度建设现状，并提出相应发展对策，以期估价机构能更好地为经济社会高质量发展服务。

关键词： 估价机构；内控制度；风险防范

2019年底至今，受新冠疫情的冲击，经济下行压力持续加大，让正在经历"房住不炒"的房地产行业迎来了新的寒冬，而与之息息相关的房地产估价行业也迎来了洗牌时刻。我国现代房地产估价行业历经了30多年的发展，经历了政府主导向市场主导的转变，在房地产行业飞速发展的同时，房地产估价行业也在房地产买卖、抵押、课税、征收补偿、司法鉴定等方面取得了大力发展。近年来，互联网技术的飞速发展成了房地产估价行业的一把双刃剑，一方面让评估更加智能化、简便化，另一方面又加剧了估价技术智能化的竞争，估价机构的处境愈发困难。因此，在当前房地产估价行业发展内外环境同时紧迫的情况下，估价机构审视自身发展现状，找出不足之处，改良内部控制制度与风险管理显得尤为必要。

一、房地产估价机构发展困境及风险点

（一）发展困境

1.传统业务收入大幅下降

传统估价业务萎缩。抵押估价方面，大部分银行都已开始实施银行委托付费制度，收费标准不再是依据评估价值阶梯收费，而是按单收费，在评估机构激烈的竞争之下，收费大幅下降，甚至达不到标准收费的百分之二十；课税采用申报制，取消估价，使得课税估价业务减少大半；征收评估方面，以郑州市为例，已经从"棚改"进入"旧改"时代，郑州市老旧片区不再进行大规模的拆迁改造，只是进行维修和新建公共设施，可评估范围锐减；司法鉴定评估方面委托评估排在当事人议价、定向询价、网络询价之后，鉴于网络询价时间短、成本低且顺序排在委托评估之前，又进一步影响到估价机构的业务量。

2.新兴业务开展困难

尽管传统评估业务面变窄，但是大多数评估机构的发展重点却仍然是传统业务，新兴业务开展并不顺利。新兴业务典型特征"新、奇、特"，需要的是更完善的估价数据平台、更

新的估价理念以及更好水平的估价师，而这些都非一朝一夕就能实现的，而估价业务又有时间要求，因此委托方自然愿意找效率更快、水平更高的估价机构合作，这也使得估价机构的发展更趋于两极化，尤其是中小型机构的业务越来越少。

3. 复合型人才稀缺

随着经济社会的日趋发展，房地产估价行业已逐渐与资产、测绘、财务、税务、IT、环境评估等融合发展，一项房地产评估业务可能会牵扯到多个方面，而评估机构的复合型人才非常稀缺，因此在评估遇到此类问题时，只能寻求相关专业人员的帮助。当前大多数评估机构的人员组成中，房地产估价师的比例仅能占到总人数百分之十到百分之三十，而复合型人才更是少之又少。

4. 行业内外竞争共存

科技的进步带来的不止行业的发展，同时还有多样化的竞争压力，这竞争不只是同行业的，还有外部的。就如同当年日本最大的照相机制造企业佳能公司已经做到了行业顶尖，却没想到智能手机的普及导致数码相机成为夕阳市场，如今依托互联网创造的估价系统已经不是估价机构的专利，阿里、京东甚至部分银行都已经拥有自己的网络询价系统，而且估价系统作为这些大型企业中的一个小分支，他们显然更容易做到压缩时间和资金成本。

（二）风险点

1. 估价技术风险

估价技术风险贯穿了具体估价工作的全过程，前期收集资料阶段，评估机构由于自身数据库建设不完善，无法获取足够的估价所需的交易实例，只能临时从网络上搜集整理资料，导致在使用比较法估价时产生偏差；现场勘察阶段，估价师未到现场进行勘察或者到了现场未尽职调查，对于可能出现的房地产现状与产权资料不一致的情况并不能注意到；评估测算阶段，评估人员受限于专业技能，出现随意选取估价参数或编造价格指数的情况，造成评估结果偏离实际；方法选取上，先确定估价结果再倒推凑数，使得有时候只能选取一种估价方法或者选取了并不合适的估价方法；出具评估报告时，为了加快速度而模板化，更有甚者由于与委托方的信息不对称而可能出具重大遗漏和虚假报告；估价报告的底稿归档不规范，只有委托书与产权资料，缺少案例及测算基础数据的搜集，更没有测算过程及技术报告，且存放混乱，随着档案管理人员的变动，档案也可能随之丢失，并不能达到法定最低保管年限。

2. 效益至上

近两年估价行业萧条的大环境使得一大部分估价机构尤其是中小型估价机构经历了前所未有的危机，甚至经历了降薪、裁员、合并、变卖甚至注销，因此也使得估价机构不得不改变发展思路，先谋生存，后求发展，想要活下去就必须有业务支撑，新兴业务面临着不会做又接不到的难题，而传统业务中简单的、风险低的大部分被网络询价所替代，当前能做的业务大部分是复杂的专业性强且风险大的，为了业务的顺利开展，很多时候不得不刻意忽略风险。

3. 行业违法成本低

《资产评估法》出台实施之前，评估行业主要靠规范约束评估行为，规范相较于法律更为宽松，久而久之也造成了一部分估价机构和人员在估价工作中法律观念淡薄，而目前随着房地产估价法规的完善，估价违法行为已经有了严厉的处罚制度，但由于监管信息不对称，如司法鉴定评估中相关当事人缺乏维权意识和抵押评估中报告相关使用方为达到目的特意委托估价机构高评或者低评，这就使得一些有问题的估价报告并不会走到鉴定的地步，违法成本就很低，也进一步助长了估价机构迎合估价需求而估价的违法行为。

二、房地产估价结果内控制度现状

内部控制贯穿于企业经营管理的全过程，是衡量现代企业管理的重要标志。房地产估价机构内控制度建设同样是估价行业管理中的一项重要内容。《房地产估价机构管理办法》中明确要求各资质等级房地产估价机构的估价质量管理、估价档案管理、财务管理等各项企业内部管理制度健全。通常，房地产估价机构内部控制分为组织结构、业务管理和人员管理三部分，三者相辅相成、缺一不可，共同维系着估价机构的健康发展。在组织结构方面，以行政、业务、评估、财务、后勤等建立各个部门，部门间相互配合促进；业务管理内部控制包括房地产估价程序规范、现场工作制度、项目会审制度、估价报告逐级审核制度、公章管理制度、估价报告签发制度、风险管理、档案管理等；在人员管理方面，对从业人员的资质、管理人员及项目负责人的安排、员工的入职及离职等都有相应的制度。

然而看似已经基本完善的内部控制制度却在执业过程中仍旧有风险发生的可能。究其原因，一方面是由于部分房地产估价机构由于管理理念的差异，存在着程序不规范、负责人管理水平有限、从业人员专业素养有待提高、各项制度落实不彻底等问题；另一方面则是估价行业的大环境一直在更新，新的估价需求层出不穷，也就出现了新的需要解决的内控问题，如人员方面缺少复合型人才、风险管理缺少对新兴业务风险的应对措施等，因此内控制度也应随着行业机构的发展及时更新。

三、估价机构内控制度建设与风险防范

1. 保证内控制度实施力度

内控制度是企业的软实力的重要体现，完善的制度是企业发展的基础，然而制定只是初期，后期的实施才是关键。鉴于当前估价机构内控制度流于形式化的现状，建议机构应增加监督实施流程以及增加相应的奖惩制度，对于未认真落实制度乃至造成执业风险发生的现状给予惩罚，增加违反内控制度的成本，必要时也可另外聘请职业经理人，专人负责相关制度的制度和监督实施，进而保证制度实施的彻底性。

2. 内控制度与时俱进

房地产估价新兴业务的逐步开展以及房地产行业政策法规的调整都影响着估价活动的进行，因此要想规避估价过程中可能出现的新风险，内控制度也要适时调整。如房产税的实施、房地产损害赔偿、居住权的概念兴起、共有产权住房建设、房地产租赁市场的发展、集体建设用地入市、房地产信托基金等都指向一系列新兴估价业务，由于未知性也带来了相较传统估价业务更高的风险，传统项目的内控制度已经不能涵盖全面，需要针对不同项目在人员配备、技术规范、风险管理等方面调整出更加高质量的内控制度。

3. 强调评估机构风险防范，建立职业风险基金

房地产估价程序较为复杂包含多个环节，且风险也可能出自每个环节。《资产评估法》第二十一条规定评估机构根据业务需要建立职业风险基金，或者自愿办理职业责任保险，完善风险防范机制，在第三十六条指出评估行业协会的职责之一就是检查会员建立风险防范机制的情况。将风险防范机制上升到法律层面，对于评估机构增强评估防范意识、提高抗御风险能力、完善职业责任保障机制，进而促进评估行业健康发展都有着积极作用。

4. 提高从业人员整体素质

要培养和引进复合型人才，可从高校以及相关行业引进人才，也可在机构内部开展人才选拔以及教育，定期开展培训工作，培养数据挖掘与分析能力、业务能力以及拓展能力，不仅要了解估价行业，对房地产行业、金融行业以及相关拓展行业也要有立体化的认识，提高综合能力和专业素养，培养专业水平兼具实践能力的复合型人才；还应注重整体从业人员职业道德素质的提高，不但要做到遵守法律法规以及行业规范去估价，在利益和道德出现博弈的情况下，更要坚守底线，遵循职业道德，避免被估价相关方干涉，实事求是。

5. 拓展业务渠道

在估价业务类型方面，去实践新兴业务，包括缺损价值评估、停产停业损失评估、房地产信托基金评估、集体建设用地评估、公共租赁住房租金价格评估、区域评估、自然资源评估等；在估价业务深度方面，可根据客户需求进行延伸，进行前期咨询和售后管理，比如，前期可进行房地产市场调查与预测、项目可行性研究、项目产品定价等，后期则可进行对估价对象尤其是在建工程这类变化较快的标的物进行价值监测、对公租房的租金水平进行市场监测和更新等。从类型和深度上同时拓展，提供多元化的服务产品，开辟更广阔的市场前景，也在一定程度上避免低层次的恶性竞争，不断深化房地产估价服务的内涵。

6. 静下心走专业化道路

柴强博士曾说过"房地产估价机构和房地产估价师应当静下心来，立足于做好房地产估价专业服务这个本职工作"。虽然行业在随着社会的发展不断革新，各类新型业务和新的挑战层出不穷，但是估价服务始终是估价机构的立身之本，在激烈的竞争下，估价机构需要走的是一条更加专业化的道路，保证基础数据、估价参数、估价程序、估价人员的专业化，将本职工作做精做专，才能保持竞争力。

四、结语

经济大环境和行业环境的持续下行，是对所有房地产估价机构的考验和挑战，许多估价机构发展遇到困惑甚至困难。在这种时刻，估价机构更应努力提升自身的竞争力，认真总结困境，剖析自身不足之处，挖掘发展潜力，调整思路，提升实力，抓好内控制度建设与风险管理，才能健康持续发展。

参考文献：

[1] 童玲.浅谈估价机构如何应对估价需求的演变 [J].居业，2021（07）.

[2] 李开猛，邱斐，黄国柱."互联网+"时代背景下房地产估价行业转型探讨 [J].全国流通经济，2020（06）.

[3] 何哲，刘洪帅.试论房地产估价新需求下估价机构内控制度的发展与完善 [J].中国房地产估价与经纪，2020（02）：56-60.

作者联系方式

姓 名：张 飒 李进伟

单 位：河南正在房地产评估测绘咨谟有限公司

土地管理法对征地社会稳定
风险评估的风险识别

胡新良 郭 毅

摘 要：新土地管理法实施后，各地根据管理法的要求在征收集体土地时开展社会稳定风险评估。本文将按照社会稳定风险评估业务的实操中《土地管理法》规定的要求，结合征地流程分析可能引发风险的因素，为建立健全征地社会稳定风险管理库和提高风险识别能力提供参考。

关键词：土地管理法；征地社会稳定风险评估；风险识别

新《土地管理法》与之前版本相比，在土地征收方面有较大的变化，主要体现在征地范围、征地程序和对被征地农民的多元保障机制等方面。同时，将开展社会稳定风险评估纳入征地前期的工作范围，从而能有效预防或减少因影响社会稳定、产生社会矛盾等因素而引发群体性事件或个体极端事件，为顺利实施土地征收提供基础性保障。

一、开展征地社会稳定风险评估的背景

近年来，随着农村的城镇化和重大工程的建设，对土地的需求日益加大，在征收集体土地过程中常常会发生由于征收目的、征收程序、补偿和安置问题等而引发的群体性事件。尤其是在征地实施过程中，各类社会矛盾容易在此阶段释放，影响社会稳定。中国社科院发布的社会蓝皮书《2013年中国社会形势分析与预测》显示："每年因各种社会矛盾而发生的群体性事件多达数万起甚至十余万起，征地拆迁引发的群体性事件占一半左右。"因征地和违法用地产生的矛盾占总上访案件的70%以上，引起了社会各界的高度重视，部分被征地农民还因补偿和安置方式无法解决现实困难和对未来生活质量的提高充满不确定性而产生不配合情绪，甚至出现大规模群体事件，对当地社会产生恶劣的影响。

征收集体土地引起社会不稳定的现象，其本质就是地方政府和农民双方利益的博弈过程，是一场公平与法制的较量。为保证被征收人在项目实施过程中能够得到合法的权益保障和合理的诉求，2010年国办印发《关于进一步严格征地拆迁管理工作切实维护群众合法权益的紧急通知》，明确规定要求项目立项前开展社会稳定风险评估；虽能在项目实施阶段有效预防或降低社会不稳定因素的产生，但不能根除风险产生的源头。2012年中办、国办印发《关于建立健全重大决策社会稳定风险评估机制的指导意见（试行）》，规定把科学、民主、依法决策纳入社会风险管范围内；同年8月，国家发展改革委制定《重大固定资产投资项目社会稳定风险评估暂行办法》，要求从项目建设实施的合法性、合理性、可行性和可控性进行调查分析，对社会稳定风险进行了分类定级，明确中、高风险等级的项目不予审批、核准

和核报。据此，社会稳定风险评估在项目决策、实施阶段发挥作用。在党的十八大和十八届三中全会通过的《中共中央关于全面深化改革若干重大问题的决定》要求进一步健全重大决策社会稳定风险评估机制，十八届四中全会通过的《中共中央关于全面推进依法治国若干重大问题的决定》要求将重大行政决策也纳入社会风险管理范畴，并按法定程序开展社会稳定风险评估。2014年中办、国办印发《关于农村土地征收 集体经营性建设用地入市 宅基地制度改革试点工作的意见》，明确提出在征收集体土地时开展社会稳定风险评估。2015年3月，十二届人大三次会议上，李克强总理在政府工作报告中强调落实重大决策社会稳定风险评估机制。至新《土地管理法》出台，进一步确定在征收土地预公告发布的同时开展征地社会稳定风险评估。

多年的社会实践证明，在土地征收的政府决策链中，尤其是在征地公告前开展社会稳定风险评估，能够将不同范围、不同层次、不同领域的引起社会不稳定的因素化解或发生的概率降至最低，以促进社会和谐、持续、稳定发展。

二、土地管理法对土地征收程序的调整

新《土地管理法》在修正过程中按照习近平总书记的"四个不能"的重要指示和李克强总理对耕地保护的要求，在征地中直接关系农民利益的问题上只做加法、不做减法，将保障被征地农民原有生活水平不降低、长远生计有保障作为基本要求，这也是开展社会稳定风险评估工作原则。

新《土地管理法》第四十五条明确了需要征收集体土地的前置条款——公共利益的内涵。指出因政府组织实施需要征收集体土地进行基础设施建设、成片开发建设等六种情形需要用地的，才可以征收集体土地。其中成片开发是指在土地利用总体规划确定的城镇建设用地范围内因城镇建设需要而征收集体土地的活动，建设内容还是偏向于公共利益，或部分建设内容是公共利益。

第四十七条对征收集体土地的程序进行了调整，完善了土地征收程序，确定土地征收的六个步骤：（1）调查。对拟被征收土地的界线、权属和地类开展现状调查；（2）评估。对涉及被征收集体经济组织及村民利益可能引发社会不稳定的因素开展社会稳定风险评估；（3）公告。将包含征地范围、土地现状等内容的征地补偿方案在特定地点进行公告；（4）听证。当多数被征地农村集体经济组织或成员认为征地补偿安置方案不符合法律、法规规定的，应当组织召开听证会；（5）登记。对调查结果进行确认并办理补偿登记；（6）签订协议。根据确认后的调查结果进行测算并落实有关费用，并与拟征收土地的所有权人、使用权人签订协议。完成前期规定的相关工作后方可申请征收土地。

第四十八条明确了土地征收补偿的基本原则，依法及时足额支付并安排被征地农民的社会保障费用，使其原有生活水平不降低、长远生计有保障，这也是稳评需要关注的重点；同时还需对区片综合地价的有效性进行关注，对于涉及村民住宅的还需要以村民意愿为中心提供多元保障方式，保障其居住权利和合法的财产权益。

调整的亮点还是将开展社会稳定风险评估纳入征地前期工作范围，并将风险评估结果作为申请土地征收的重要依据，为被征地人员参与到前期准备中提供了必要的通道。

三、引发征地社会稳定风险的因素

影响社会稳定风险的因素，往往包括征地补偿和安置所有的、潜在的风险，这些风险都会在土地征收实施过程中集中释放出来。作为利益博弈的双方，征地主体与被征地人之间是矛盾的两个方面，需要从全局出发来衡量判断，补偿的合理性可能会成为引起社会风险不稳定的导火索。根据以往对土地征收项目的调研和开展稳评座谈情况可知，在征地过程中相关利益者对征地行为不理解、不认同、不满意、不支持的原因而引发征地社会稳定风险大概可以分为以下几种类型。

（一）经济风险

经济风险是基于财政负担承受能力，在征地过程中会以不同形式发生并转化成社会稳定风险。如补偿价格过低、安置补偿费用不能足额发放、对失地后长远生计的担忧等现象都会引发社会不稳定风险。目前，征地补偿一般采取货币补偿结合产权调换的安置方式，但由于区域经济发达程度不一致，土地补偿的区片价格相差较大，人口红利也会因此释放，实质性的补偿标准还有可能进一步放大。区域价格平衡被打破，使被征收人的心态失去了平衡，容易引发社会稳定风险。

（二）环境风险

土地征收的本质是对土地进行再开发利用，而这种再开发利用势必会对当地的环境产生一定的影响，如改变原有农地及配套设施的布局，甚至大面积征地还有可能破坏当地生态环境，可能会导致被征地人及相关利益群体产生负面情绪，从而引发社会稳定风险。

（三）治安风险

治安风险主要包括非正常形式的协议签订、被征收人的安置问题、房屋拆除的治安情况、工程实施期间周边居民的安全感等。这些问题都有可能激发非主要风险向风险事件的转变，破坏原有的社会稳定环境，引发当地居民不满情绪，若不能妥善处理这些问题，有可能诱发社会稳定风险。

（四）制度风险

制度风险主要是由于征地过程的信息公开透明、责任监管、公众参与、司法救济等制度的完备性及可执行力不足所产生的风险。信息不够公开透明，容易引起猜疑和引发暗箱操作，如未按规定张贴拟征地公告或公告内容不规范等；责任监管缺失则会降低各方人员化解风险和解决矛盾的主动性和积极性，如因征地产生的历史遗留问题一直没有得到解决等；公众参与度不高，被征收人或利益相关群体的真实意愿和诉求不能有效表达等问题，如未征询被征收人的意愿、被征收人诉求渠道和方式不当等；司法救济是对被征收权利进行事后保障的关键制度，在裁决征收纠纷时，若司法机关无视被征地人员的整体利益，必然会加大利益各方的冲突。这些制度的不完善也会导致风险事件的产生。

（五）评估风险

在开展社会稳定风险评估过程中，需按照客观、科学、系统、全面性原则开展风险调查，并以调查结果为基础进行风险分析、评估。因评估过程缺乏规范性，对各类风险因素权重的确定和发生的概率存在一定的主观性，不同的评估人员对风险偏好和风险容忍度也会因自身的因素产生不一样结论。若在风险调查中亦不能有效全面地识别风险，必然会将可信度存在瑕疵的评估结论处于评估行为自身的风险中，可能引起社会稳定风险。

四、新土地管理对征地稳评关注的风险因素

新《土地管理法》在以坚持正确方法、问题导向为原则下，明确在申请征收集体土地前开展社会稳定风险评估，同时也明确了征地稳评所需关注的方向，涉及对征地稳定的法律条文六条，从而使征收集体土地在特定的用地范围内进行，征地的程序更加透明、规范。隐藏在法律中细化的征收农村集体土地程序所涉及的各个方面，为开展征地社会稳定风险识别明确了政策性、程序性的分析思路与依据。基于合法性、合理性、可行性、可控性和互适性等方面对照土地管理法关于土地征收的规定，从中识别可能引发社会稳定风险的因素（表1）。

可能引起社会稳定风险的因素

表1

序号	风险因素	序号	风险因素
1	历史遗留问题没有解决	12	不同片区补偿标准存在差异
2	补偿价格过低	13	抢种及搭建违章建筑的处置方式
3	落实就业和社会保障措施不到位	14	居民安置房源与百姓诉求不符
4	被征收人不愿意	15	地上农作物当季收益处置不当
5	集体资产处置不明确	16	征用大量土地引发的风险
6	征地过程中农户田地被拆分	17	受影响房屋需待拆诉求
7	群众诉求渠道、方式不当	18	困难群体人性化操作不够
8	资金拨付不及时	19	应急预案、措施不到位
9	政策与操作透明度不够	20	司法救济不力
10	被征收人对补偿期望值过高	21	风险评估结论不全面
11	补偿标准不统一		

（一）合法性

主要是指发布的《征收土地预公告》涉及征地用途、流程、主体、决策权限是否符合法律、法规和相关规定。《土地管理法》在第四十五条、第四十六条和第四十七条第一款中作出了明确规定。要求征收集体土地是基于公共利益的需要，并且按照相关的法定流程进行。

（二）合理性

主要是指征地决策是否符合科学发展、生态优先、节约用地等要求，征地实施过程中的补偿价格是否合理，补偿方案是否合理兼顾了不同利益者的诉求。《土地管理法》在第十七条，第三十一条，第四十五条第四、五款，第四十八条作出了相应的规定。征收集体土地涉及众多利益群体的长远利益和短期利益，在符合国家政策和公共利益的前提下需进行合理性判断。

（三）可行性

主要是指征地决策和实施的时机和条件是否基本到位，补偿资金是否能及时足额到位，项目建设是否与当地经济和财力相配，及能否得到大多数利益群体的支持和认可。《土地管理法》在第三十一条，第四十七条第三款，第四十八条第三款作出了相应的规定。地方政府不能盲目征地，需要根据当地的经济发展水平及财力，项目建成后能促进当地经济发展，且能惠及周边民众。

（四）可控性

主要是指在征地实施过程中是否制定了预警机制和应急处置等防范风险的措施，对引发的风险是否可以把控并能得到有效防范和化解。征地是政府行政的一种强制行为，补偿标准不可能全覆盖被征收人的全部诉求，有可能引发个体的风险事件，或在处理集体资产时考虑问题不够全面也可能引发群体性事件，为减少此类风险事件的发生，新《土地管理法》调整了征地流程，强调先补补后征收，同时在第四十八条和第四十九条提出相关原则为后续制定补偿方案指明方向。

（五）互适性

主要指征地及项目实施后能否与当地的社会环境融为一体，是否被当地人文条件所接纳，这也是对被征收人知情权、参与权、表达权、监督权实现的保障。《土地管理法》在第四十七条要求听取被征地的农村集体经济组织及其成员、村民委员会和其他利害关系人的意见，甚至要求听证。

五、结语

征地社会稳定风险评估是对在征收农村集体土地过程中可能引发的社会稳定风险状况进行全面、综合研判，通过对可能引起社会不稳定的风险因素进行识别分析，发现并确定所有的潜在风险点，并提出风险防范措施和建议，目的是为有效应对风险、推动项目实施提供基于证据的信息和分析，也是风险管理的要求。若不能在较短的时间内准确地识别征地过程中的风险，就错过了处理这些风险的最佳时机。同时，准确的风险识别并非一蹴而就、一劳永逸的事情，需要当在征收实施的全过程中自始至终反复进行，风险一旦被识别，就可以启动风险应对措施并根据实时需要进行修订，使之达到更加针对有效的效果。

参考文献：

[1] 李志宪，王富宝，梅林.社会稳定风险分析与评估实施指南 [M].北京：首都师范大学出版社，2017.

[2] 王雅茹，徐云涛，徐建，杨国新.项目建设中征地拆迁政策风险化解措施 [J].经济技术协作信息，2016（10）.

[3] 胡琴，吴克宁，王桂华，包斯琴.基于征地试点的社会稳定风险评估体系探索 [J].中国国土资源经济，2018（02）.

[4] 张雅，陈龙，宋振华.土地征收项目社会稳定风险评估问题研究 [J].经济与社会发展研究，2020（11）.

作者联系方式

姓　　名：胡新良　郭　毅

单　　位：上海城市房地产估价有限公司

地　　址：上海北京西路 1 号

邮　　箱：13917300771@163.com；gy@surea.com

注册号：胡新良（3620000121），郭毅（3120120012）

估价业务风险评价机制及防范措施

廖双波　阅遵荣　张书洧

摘　要：近年来，业务收入排名位于前列的房地产估价机构营业收入再创新高，估价报告数量逐年增长，估价业务红红火火，同时估价机构和估价师被起诉承担民事责任或刑事责任的案件逐年增多，令人担忧。房地产估价服务作为第三方中介服务，虽然不是具体经济行为的利害关系人，但由于评估结论对经济行为利害关系人的经济行为产生重大影响，且往往金额巨大，因此评估机构和评估师的责任不容小觑，特别是近些年的评估处罚案件更是给人敲响警钟。因此估价机构和估价师在业务承接和执业过程中，对估价业务进行风险评价，并制定相应的风险防范措施，对估价机构和估价师的执业安全具有重要意义。本文主要探讨如何识别估价风险，建立估价业务的风险评价机制，并且制定相应的防范制度及措施。

关键词：房地产估价；业务风险评价；风险防范

通过在裁判文书网检索得知，评估机构或评估师被刑事处罚或承担民事责任的案件屡见不鲜，评估师们有时自嘲评估行业"如履薄冰"，并自讽为"刀尖上的舞者"。诚然，随着《资产评估法》的实施以及我国社会经济发展和人民维权意识的增强，评估机构不慎执业，就容易惹祸上身。然而，法律是公平的，执业规范是明确的，我们要做的就是熟识相关法律，深谙估价规范，在业务承接和执业过程中建立一套风险评价机制，过滤和排查风险，将估价风险降到最低，实现估价机构和估价师安全执业。

一、估价业务风险识别

要做好风险防范，首先要对风险因素进行识别。估价业务的风险产生的因素，可以分为客观因素和主观因素。客观因素也可以称为外部因素，包括委托方因素、信息不对称、故意错误诱导、评估程序无法完整履行等。主观因素也可以称为内部因素，包括重视程度不够、风险意识薄弱、职业道德缺失等。在业务承接阶段，为了充分识别业务风险，了解风险程度，可从房地产估价的基本事项及关键程序出发，对风险因素进行识别及分析，建立风险因素识别表，进而评价其风险程度及综合评价。笔者根据工作经验将风险因素大致分成以下 11 大类，每个大类下面再进行细分，以此形成"房地产估价业务风险因素识别对比表"（表 1 ）。

二、估价业务风险程度及评价机制

在"房地产估价业务风险因素识别对比表"的基础上，不同的评估机构和评估师可以

房地产估价业务风险因素识别对比表　　　　　　　　　表 1

类别	序号	具体类型
一、评估目的	1	抵押估价
	2	拆迁评估
	3	城市更新评估
	4	司法鉴定（执行案件）
	5	司法鉴定（民事案件）
	6	国有企业房产收购处置评估
	7	上市公司财务报告目的评估
	8	资产证券化底层资产评估
	9	其他类
二、估价委托方	1	政府部门
	2	司法部门
	3	国有企业
	4	上市公司
	5	其他
三、估价对象	1	住宅
	2	商铺
	3	写字楼
	4	土地
	5	在建工程
	6	其他非常见估价对象
四、价值时点	1	现势性评估
	2	追溯性评估
	3	预测性评估
五、价值类型	1	市场价值、市场价格
	2	抵押价值、抵押净值
	3	其他类
六、估值要求	1	无要求
	2	有一定估值需求
	3	严重不合理估值需求
七、评估程序	1	委托方原因导致评估程序不能完全履行
	2	资产占有方导致评估程序不能完全履行
	3	因报告时间短导致不够时间完全履行
	4	正常履行

类别	序号	具体类型
八、其他报告使用者	1	常见的上级集团或者管理单位、监管部门
	2	非常规情况，如涉及公安、法院、检察院等多种部门
九、外部专家协助	1	无引用外部专家协助结果
	2	有引用外部专家协助结果
十、报告出具时间	1	正常
	2	宽裕
	3	紧张
十一、评估经验	1	机构无相关评估经验，且经办估价师无相关经验
	2	机构有相关评估经验，但经办估价师无相关经验
	3	机构无相关评估经验，但经办估价师有相关经验
	4	机构有相关评估经验，且经办估价师有相关经验

根据表 1 中的 11 大类风险因素，结合自身的风险偏好，确定每个因素对应的风险权重 W（0～100%）以及本机构对不同具体类型对应的参考风险程度 R（0～1），整体风险权重加和值为 100%。在针对具体业务时，评估机构和评估师可以根据具体业务对应的业务类型进行赋值，估计每一项风险因素的风险程度 R。最后计算具体业务的综合风险值，等于 W×R，综合风险值的结果介于 0～1 之间。以下以一项常见的抵押评估业务为例，举例说明风险程度估算及综合风险值的估值结果（表 2）。

房地产估价业务综合风险值测算表　　　　表 2

类别	序号	具体类型	风险权重（W）	本机构参考风险程度（R）	本项目情况描述	本项目风险程度（R）	综合风险值（W×R）
一、评估目的	1	抵押估价	15%	0.20	抵押估价	0.20	0.03
	2	拆迁评估		0.60			
	3	城市更新评估		0.60			
	4	司法鉴定（执行案件）		0.70			
	5	司法鉴定（民事案件）		1.00			
	6	国有企业房产收购处置评估		0.60			
	7	上市公司财务报告目的评估		0.60			
	8	资产证券化底层资产评估		0.60			
	9	其他类		0～1			
二、估价委托方	1	政府部门	5%	0.80	其他，私营企业委托	0.20	0.01
	2	司法部门		1.00			
	3	国有企业		0.80			

续表

类别	序号	具体类型	风险权重（W）	本机构参考风险程度（R）	本项目情况描述	本项目风险程度（R）	综合风险值（W×R）
二、估价委托方	4	上市公司	5%	0.60	其他，私营企业委托	0.20	0.01
	5	其他		0～1			
三、估价对象	1	住宅	5%	0.20	商铺	0.40	0.02
	2	商铺		0.40			
	3	写字楼		0.30			
	4	土地		0.60			
	5	在建工程		0.80			
	6	其他非常见估价对象		0.5～1			
四、价值时点	1	现势性评估	10%	0.20	现势性评估	0.20	0.02
	2	追溯性评估		1.00			
	3	预测性评估		0.50			
五、价值类型	1	市场价值、市场价格	5%	0.50	抵押价值	0.30	0.02
	2	抵押价值、抵押净值		0.30			
	3	其他类		0～1			
六、估值要求	1	无要求	10%	0.20	有一定估值要求	0.50	0.05
	2	有一定估值需求		0.50			
	3	严重不合理估值需求		1.00			
七、评估程序	1	委托方原因导致评估程序不能完全履行	20%	1.00	由于租客原因（资产占有方）不能入内查勘	0.5	0.1
	2	资产占有方导致评估程序不能完全履行		0.50			
	3	因报告时间短导致不够时间完全履行		0.80			
	4	正常履行		0.20			
八、其他报告使用者	1	常见的上级集团或者管理单位、监管部门	5%	0.50	常见的监管部门	0.50	0.03
	2	非常规情况，如涉及公安、法院、检察院等多种部门		1.00			
九、外部专家协助	1	无引用外部专家协助结果	10%	0.20	无外部协助	0.20	0.02
	2	有引用外部专家协助结果		1.00			
十、报告出具时间	1	正常	5%	0.50	时间紧张，要求三天出具报告	1.00	0.05
	2	宽裕		0.20			
	3	紧张		1.00			

续表

类别	序号	具体类型	风险权重（W）	本机构参考风险程度（R）	本项目情况描述	本项目风险程度（R）	综合风险值（W×R）
十一、评估经验	1	机构无相关评估经验，且经办估价师无相关经验	10%	1.00	机构有相关评估经验，但经办估价师无相关经验	0.50	0.05
	2	机构有相关评估经验，但经办估价师无相关经验		0.50			
	3	机构无相关评估经验，但经办估价师有相关经验		0.50			
	4	机构有相关评估经验，且经办估价师有相关经验		0.20			
合计：			100.0%				0.39

由表 2 分析可见，案例中的抵押评估业务，由于委托方对估值有一定要求，且时间紧迫要求三天内出具报告，以及虽然评估机构有评估经验，但经办评估师缺少该类评估经验而导致该项业务的综合风险值为 0.39。

参考社会稳定风险评估关于风险程度判断的参数，可初步拟定房地产估价业务的综合风险判断区间（表 3）。

综合风险值风险等级评判参考标准表　　表 3

风险等级	高风险	中风险	低风险
总体判断标准	公司及评估师缺乏经验，项目复杂，涉及重大公共利益且对估值有要求，时间紧迫	存在项目本身较复杂且缺乏经验，或者由于客户对估值有要求且配合程度不够等	公司有同类项目经验，项目简单，委托方配合且不干预评估结果，不涉及重大公共利益
综合风险值评判标准	> 0.64	0.36 ~ 0.64	< 0.36

因此，参考表 3 可知，本次列举的案例，由于综合风险值为 0.39，位于中风险段，由此判定该项目风险程度等级为中风险。

三、估价风险防范制度及措施

计算项目的综合风险程度等级的目的在于为评估机构在项目承接和执行过程中提供帮助，在业务承接阶段可根据风险程度决定是否承接，在项目执行过程中，可采用相应的措施，以降低风险等级，比如通过指派具有相应经验的评估师、争取更多的出报告时间、要求委托方解除影响评估程序履行的障碍等。

因此估价机构还应根据自身特长、风险偏好及实际情况，制定估价机构自身的风险防范措施，比如针对不同风险等级业务如何取舍及审批权限，执行过程中采取何种措施进行风险防范等。以下举例说明确定风险等级后的估价业务风险管理措施（表 4）。

估价业务风险管理措施　　　　　　　　　　　表 4

风险等级	高风险	中风险	低风险
综合风险值评判标准	＞ 0.64	0.36 ～ 0.64	＜ 0.36
业务承接建议	不承接	可承接	承接
业务承接审批权限	法定代表人及技术总监	技术总监	部门经理
业务承接后采取的降低风险等级的措施	具体描述		
采取措施后风险值及等级情况	根据采取的措施重新测算综合风险值，重新判断风险等级		
评估报告审核签发权限	法定代表人及技术总监	技术总监	部门经理

四、结语

　　笔者根据自身工作经验，探讨了房地产估价业务风险识别、风险估计和评价以及制定相对应的风险防范措施，虽然不同的估价机构和估价师可能在具体的执行过程中对风险偏好方面有所不同，甚至于风险因素的识别也会有所差异，但对估价业务按业务类型、估价程序等进行风险分析并量化，采取积极防范措施，对提高估价机构和估价师的执业安全、降低执业风险具有积极的、开创性的、抛砖引玉性的意义。

参考文献：

[1] 张玉强，王燕妮．房地产评估的风险分析及防范对策 [J]．中国房地产业，2019（11）．

[2] 马宁．新时期资产评估风险识别及防范策略综述 [J]．农村经济与科技，2020（16）．

作者联系方式

姓　名：廖双波（18898541698）　张书洧（13632380562）

单　位：广东均正房地产与土地估价有限公司

地　址：广州市天河区黄埔大道 163 号富星商贸大厦东塔七楼 GHI 室

邮　箱：644356261@qq.com；215578792@qq.com

注册号：廖双波（4420120137），张书洧（4420150104）

姓　名：闵遵荣（13590732957）

单　位：中山市佳信土地房地产估价有限公司

地　址：中山市石岐区豪程路 8 号彩云居 25、26、27 卡

邮　箱：1024278448@qq.com

注册号：4420130084

征拆过程中风险控制浅析

徐 燕 樊海恋 刘同愿

摘 要：国有土地上房屋征收和集体土地上房屋拆迁都存在利益冲突大、社会矛盾集中、影响因素多等特点，在征拆项目中容易产生大量的成本风险、行政风险、审计风险和法律风险。结合多个征拆项目的管理经验和对征拆项目及相关政策的研究分析，征拆风险控制的方法主要有以下方面：加强征拆实施方案的政策性合理性研究并严格贯彻落实，一把尺子量到底；全面提升征拆工作涉及的征收、拆迁、土地、房屋、罚没、拆违、规划、税务、合同管理、法务等综合专业水平，提高防范风险的能力；借助科技手段，提高项目操作过程中的透明度，全程接受监督，防止暗箱操作，控制征拆风险；加强人员教育和监督，加大惩治力度；针对滞留户要在政策方案的前提下有针对性、耐心细致地做工作，确保政策不突破；提前为后期的强制执行做好准备，规避法律风险。通过上述方法，在控制风险的同时也起到了很好的促签作用，力争使征拆项目实现风险控制和签约完成双达标。

关键词：房屋征拆；实施方案；风险控制

国有土地上房屋征收和集体土地上房屋拆迁都存在着利益冲突大、社会矛盾集中、涉及单位和人员众多、思想工作复杂、影响因素多等特点，不仅工作难度大，也蕴含着大量的风险，以至于在全国很多征拆项目中产生了大量的风险和隐患。如何进行风险控制是相关政府部门和每一个项目都面临的问题。

征拆过程中的风险主要有：一是成本风险，当前征拆成本越来越高，金额巨大、利益攸关，征拆难度越来越大，拆迁过程中能否坚定不移地做到"一把尺子量到底"是一件很难的事情，尤其是征拆后期滞留户漫天要价，导致征拆成本难以控制，造成大量的风险和隐患。二是行政风险，目前国有土地上房屋征收和集体土地上房屋拆迁均为政府主导或组织实施，对于政策合规和程序要求非常严格。而不同项目的实际情况均不相同，不同项目的政策依据和补偿标准也一直处于变动之中，而且征拆项目政策涉及专业面广，包含土地、房屋、征收、拆迁、规划、罚没、拆违、合同管理、法务等相关方面，如何能够在规定时间内合法合规地妥善解决好各类问题难度很大，容易产生很大的行政风险和诉讼风险。三是审计风险，征拆项目往往情况复杂，涉及人员构成情况、房地产权属情况、房屋买卖情况、纠纷情况、继承情况、困难户情况、历史遗留和特殊情况等。征拆补偿会有货币补偿、房屋安置、原址回迁、异地安置等多种方式，所有的环节和问题解决都需要严扣政策、符合规范，如果处理不好，会留下大量的后期审计风险和财务风险。四是法律风险，征拆过程中涉及的各种人员众多，会有部分不法人员意图从国家的征拆补偿款中分一杯羹，有投机取巧者，有趁机钻营者，甚至有知法犯法者，如果没有严格的审查和防范，会造成项目征拆补偿款的大量流失和项目的法律风险。

虽然征拆工作难度大，情况复杂，专业性高，容易出现各种风险，但是通过提高综合的专业能力和风险控制意识，还是能够有效地控制相关风险。笔者结合多个征拆项目的管理经验和通过对相关政策和多个征拆项目的研究和分析，认为征拆风险控制的方法主要有以下几个方面：

一、加强征拆实施方案的政策性和合理性研究

制定合法合规合理的征拆实施方案是项目成功的关键，征拆实施方案是贯彻整个项目的标尺，"一把尺子量到底"，首先要确保尺子的合法合规合理性，方能贯彻始终。

一是加强征拆实施方案的政策研究，针对国家、省市和区县的相关政策进行深入研究。鉴于征拆方案涉及的内容多，专业性强，需要对土地、房屋、拆迁、征收、罚没、拆违、规划、税务、合同管理等相关专业进行研究分析，将实施方案的相关政策依据、认定依据和各项补偿标准做细做扎实，真正做到有法可依，合法依据依规。这样不仅方案严谨，降低法律风险，而且面对被征拆人的询问和质疑，也做到有理有据，合法征拆。

二是详细调研和分析项目的情况，尽量详尽地获取第一手资料，除了现场获取资料，还要到相关部门调取相关材料，结合资料进行逐户分析，根据每一户的情况进行总结提炼，汇总出共性问题和个性问题，量身打造针对性强、实操性强的实施方案。并充分尊重民意，认真听取每一户的意见，在合法依法合规的前提下，力争绝大多数被征拆人能够接受。

三是深入调研同区域内其他类似项目和其他区域内的同类型项目，借鉴其他项目方案的亮点和难点解决方案，修正优化项目实施方案，使实施方案切实可行，有利于项目的征拆工作。

二、严格执行征拆实施方案，一把尺子量到底

制定了依法合规、量身打造、切实可行的征拆实施方案，必须严格执行不走样，确保项目质量和征拆补偿款的不流失，控制法律风险和审计风险。

一是加强征拆实施方案的培训工作，根据实施方案制定通俗易懂的培训材料和政策案例解读，针对不同单位、不同岗位职责人员在不同阶段进行培训工作，确保相关人员充分理解实施方案，专业过关、口径一致，保障方案实施不走样。

二是加强征拆实施方案的宣传。只有公开到位，才能做到公平公正，才能得以贯彻执行，所以对被征拆人关于实施方案的宣传解读很重要。采取多种手段进行实施方案的宣传，比如通过发放宣传手册、组织宣讲会、微信公众号推送、横幅标语张贴、媒体宣传报道、帮被征拆人算账和相声小品等喜闻乐见的方式进行宣传和解读实施方案，使被征拆人自己能充分理解方案，明白自家账，这样既避免被征拆人上当受骗，又容易理解支持政策，也使方案在实施过程中接受群众监督，确保方案实施不走样。

三、全面提升综合专业水平，借助科技手段，控制征拆风险

一是认真研究相关政策和法规，确保相关文本材料和工作程序的合法合规性，避免行政和诉讼风险。针对实施方案、各期会议纪要、认定依据和标准等材料、货币补偿和房屋安置

等各种协议书、委托书、承诺书等相关文本进行专业研究，并听取法务意见，确保所有文件材料依法合规，有据可依。另外，结合政策方案和项目的实际情况确定项目具体工作流程和倒排工期，征收项目严格按照《国有土地上房屋征收与补偿条例》结合项目实际情况合理制定"九步五公开"流程；拆迁项目严格按照《土地管理法》及《土地管理法实施条例》结合项目实际情况合理制定集体土地征拆流程。务必使项目步骤和程序依法合规、合理可行，避免出现诉讼风险。

二是加强项目相关材料的公示，真正做到公开公平公正。对项目暂停公告、选定房地产评估机构、房屋权属情况调查登记情况、项目实施补偿方案、认定情况、补偿情况等要及时公示，接受被征拆人的监督，确保相关政策和实施方案贯彻落实到位，程序实施到位，既能获得被征拆人的理解和支持，也可规避项目的合规性风险。

三是建立征拆管理系统，全程全面接受监督。运用征拆管理系统，实现征收拆迁基础数据和相关档案文件的信息化和数字化，相关测算表单和补偿安置协议合同文本根据基础数据和方案标准通过系统自动生成，减少人为因素影响，避免暗箱操作；同时实现对相关各方在档案审核、数据测算、签约过程的实时监控，提高征拆实施流程的监督和规范，全程接受监督，全面公开、公平、公正，确保实施方案具体落实到每一户。杜绝暗箱操作和营私舞弊风险，确保征拆补偿款的准确无误和安全。

四是与审计全程对接，提高项目要求。在征拆过程中，要有审计思维，从审计的视角对项目的入户调查登记工作、内业处理工作、认定工作、签约工作、组卷归档工作和放款工作全面提高要求，不仅有征拆专业的要求，同时融入审计的要求，确保每一户的权属证明、档案资料、补偿依据和补偿金额准确无误，确保项目不留后遗症，后期审计无风险。

五是提供权属方面的专业支持。征拆工作中存在很多权属不清的问题、历史遗留问题，给项目补偿的合法合规性带来很多的不确定因素，需要对项目中的权属认定问题提供专业咨询意见，配合相关部门完成房屋权属和建筑面积等相关补偿依据的认定工作，规避项目的权属风险，保障项目的顺利推进。

六是对房地产评估工作提高要求，确保项目的评估工作严格按照房地产估价规范合规操作。比如项目负责人需具备房地产估价师资格，房地产估价师须全程参与实地查勘、撰写估价报告等工作，入户底表需要各方签字且不得随意涂改，评估结果必须按时出具且定稿后不得无故修改，涉及多个评估机构的需统一评估标准等。评估报告是重要的补偿依据和档案资料，确保评估报告的合理和合法合规，既能够保障被征拆人的合法权益，推动征拆工作，又避免后期的纠纷和法律风险。

四、加强人员教育和纪检部门全程监督，防范征拆风险

一是加强反腐倡廉警示教育和相关法制教育。由于利益的驱动，征拆领域极易发生骗取征拆补偿款、损害被征拆人合法权益的违法乱纪行为。为遏制违法乱纪行为的发生，对项目涉及的相关工作人员通过介绍以往的犯罪案例、相关的法律条款等进行警示教育，并全体签订廉洁承诺书。严格执行行业主管部门制定的相关规范制度，对违法违纪的单位及个人严惩不贷。

二是项目组成员加入纪检部门，为防范征拆风险提供组织保障。纪检部门对参与征拆的相关人员进行全程监督，对征拆工作进行合规性检查。设置征拆工作中的工作节点和检查节

点，例如合同签订节点和安置房选房节点等，在每一个节点进行严格把控，并对相关工作进行实时跟踪、分析、检查和监督，确保项目拆迁工作顺利推进，不留风险隐患。

五、针对滞留户要在政策方案的前提下有针对性、耐心细致地做工作，确保政策不突破，避免项目后期风险

大部分的征拆项目往往都会有少数滞留户，针对这种情况工作人员应该逐户分析其不同的诉求和原因，耐心细致地做工作，切忌简单粗暴，急于求成，这样容易欲速则不达，还容易引发新的矛盾和违法违规。

滞留户的主要原因有：被征拆人信息不对称、认知不到位；被征拆人期望过高，漫天要价；不患寡而患不均，担心吃亏；重大利益面前，敏感纠结难决策；历史遗留矛盾，在征拆工作中激化。

针对这种情况，主要采取以下措施：专门安排答疑人员负责解答被征拆人关于政策方面的疑问，认真细致地进行政策答疑，让被征拆人从心底理解，签得明白、拆得放心；加大公示核查力度，设立投诉热线等质疑反馈通道，从方方面面体现公开、公平、公正，打消顾虑，放心签约；采取科学算账、后果预判等有效措施让其认识到不签约的损失，引导其回归理性、促使其尽快签约；科学引导，发挥群众正面作用，帮助和督促其决策签约；深入了解被征拆人的历史矛盾，避免激化矛盾和做好调解工作；法务全程介入，从法律角度提出专业性意见建议，并向滞留户提供法律援助。

通过耐心细致的针对性工作，绝大多数的被征拆人都能化解心中疑虑，促成签约。这样既能使工作圆满完成，又避免引发项目风险。

六、在征拆过程中，同步完善相关手续和文件，为后期的强制执行做好准备，规避法律风险和诉讼风险

按照相关法规规定，征收和拆迁在后期都会采取强制执行的措施。《国有土地上房屋征收与补偿条例》规定，"被征收人在法定期限内不申请行政复议或者不提起行政诉讼，在补偿决定规定的期限内又不搬迁的，由做出房屋征收决定的市、县级人民政府依法申请人民法院强制执行"。《土地管理法实施条例》也规定，"对个别未达成征地补偿安置协议的应当作出征地补偿安置决定，并依法组织实施"。无论是国有土地上房屋征收，还是集体土地上房屋拆迁均有对滞留户作出补偿决定、依法组织实施的强制手段的相关法律依据，确保少数无法签订补偿安置协议的滞留户能按时搬迁，使项目能够继续推进。但强制执行实施中仍然存在着实施周期长、实施手续繁琐等缺点，也易造成冲突矛盾激化、形成上访户等不稳定社会因素。为了确保强制执行顺利实施，需要在征拆过程中提前做好充分的准备工作。

首先，在征拆过程中要同步准备好未来强制执行所需的相关材料，主要包括被征收房屋的权属资料、被征收人的具体补偿方案、作出补偿决定的请示等相关材料、被征收房屋的分户评估报告及送达凭证、实施方案、项目公示内容等材料，充分翔实、准确无误的材料准备是强制执行顺利实施的重要条件。

另外要注意送达的方式和送达证据的合法性。按照政策要求，补偿决定文书、分户评估报告、催告书、履行征收补偿决定等材料都需要依法送达被征收人，并保存送达的证据。送

达可采取直接送达、留置送达、电子送达、邮寄送达、公告送达等方式，要依据各省市的相关政策注意送达的方式、流程、证据的合法依规性，确保合法有效。避免因此而引起的诉讼风险和工作延误。

再者，在征拆过程中，要加强对强制执行的宣传，宣传强制执行的案例、后果和对被征收人的不利因素，提醒和震慑部分期望过高，不予配合的滞留户，促其尽早签约。

虽然国有土地上房屋征收和集体土地上房屋拆迁都存在难度大，风险隐患多的问题，但是通过提高专业水平、风险意识、法律意识、审计意识，尤其是提高细化项目方案的专业实操性、提高项目操作过程中的透明度、全程全面接受监督，可以很好地降低和控制风险，在控制风险的同时也起到了很好的促签作用。当前在奖励期内全部签约的项目屡见不鲜，说明风险控制和签约完成双达标只要努力是可实现的。

当前，随着相关政策的日趋完善，人员专业化水平的逐步提高，征拆风气的日益净化，被征拆人的素质越来越高和越来越理性，为征拆工作的风险控制也提供了越来越好的环境基础。"征拆无小事"，在征拆项目中，只要我们更加提高风险认识，更好地提高专业水准、更加认真地研究对待每一个被征拆人的具体诉求和情况，更加严格落实征拆工作的公开公平公正原则，相信征拆工作会越来越顺利，征拆风险也越来越可控。

作者联系方式

姓　名：徐　燕　樊海恋　刘同愿

单　位：北京华信房地产评估有限公司

地　址：北京市西城区安德路 83 号新安大厦 401

邮　箱：872194877@qq.com

注册号：徐燕（1119980091），刘同愿（1120200058）

试论房地产估价实践中的法律风险识别与控制

谢　旦　谢　剑

摘　要：房地产估价工作必须以相关法律、政策为根本，只有重视法律风险的识别与控制，才能够保证估价工作的顺利进行。在本文中，笔者就房地产估价实践中存在的法律风险提出了具体的识别方法。对如何控制估价实践中的法律风险展开研究，并提出了几点建议。

关键词：房地产估价；法律风险；识别；控制策略

房地产估价是一项专业性很强的工作，对于解决房地产的征收、租赁、抵押、买卖、补偿、征用等问题有着重要作用。同时，这项工作的政策性与法律性也很强，工作过程中必须严格参照相关法律法规。然而，实际工作中会面临很多难以预计的问题，这些问题会给估价工作带来不可预知的法律风险。评估人员必须掌握控制风险、识别风险的能力，降低风险对估价工作造成的影响。

一、房地产估价实践中与法律风险概述

（一）估价概述

房地产估价工作主要围绕着房屋、土地、土地附着物展开，主要服务于抵押贷款、征收征用、司法拍卖、财产分割、损害赔偿。工作中，评估人员根据具体工作要求展开工作，以相关法律法规、政策条例为工作原则，对房、地、地面附着物展开客观、公正的评估。评估要求一般由评估目的决定，评估结果也会受评估目的影响。目的不同，评估人员采取的工作方法、秉承的工作原则也不相同。

（二）法律风险

房地产估价涉及的金额巨大，且权属证明复杂。评估工作中操作失误很容易造成政府、委托方或当事人的经济损失，甚至触犯法律。

房地产估价工作主要面临的法律风险可分为以下几种：第一，评估工作存在着民事赔偿的风险。在《民法典》《中华人民共和国资产评估法》等法律中明确指出，评估人员估价失误造成当事人的经济损失，当事人有权利向评估人员所在单位提出赔偿要求。第二，评估工作存在着行政处罚的风险。这项工作是一项政策性较强的工作，评估人员需要以相关法律法规、政策条例为依据开展工作。如果评估人员因与委托人私相授受导致评估结果失真，或造成重大损失，需受到行政处罚，比如没收非法所得、吊销执业资格证书、罚款等等。第三，评估工作存在着刑事处罚的风险。《中华人民共和国刑法》中明确规定，如果从业人员在工作中有意提供不真实的证明文件，造成严重后果的，需受到刑事处罚，包括拘役并

处罚金、有期徒刑等。

（三）风险管理意义

评估房地产的价值需要参考当下的国家法律政策、地方法律政策、评估所在区块的政策，并明确房地产的权属问题，评估人员要根据自身的专业能力承接评估工作，以免出现法律问题。房地产估价工作中一旦出现法律问题，会为评估人员本人、评估人员所在单位带来严重的声誉影响及经济影响。管理风险的意义在于将问题发生的可能性降到最低。评估人员在评估发起、计划、执行、收尾等阶段对可能出现的法律问题进行防控，及时发现并解决工作中存在的风险，避免各种风险影响评估结果的准确性。只有采取严格的风险管理措施，才能够消除工作中可能出现的隐患，避免出现重大的法律问题。

二、识别房地产估价中法律风险的具体方法

（一）列举工作清单，重点分析易出错环节

识别房地产估价工作中的风险没有确切的方法，评估人员只能结合自身的工作经验，针对每一个不同的评估对象，预测可能出现的不同的风险问题，并对其进行风险识别。列举工作清单可以帮助评估人员理清工作思路，找出工作的易出错点，从而准确识别出工作中的风险。比如，在进行房地产拆迁评估、房地产抵押评估、课税评估等工作时，评估人员在工作清单的帮助下重点分析房地产的产权归属问题，产权的合法化问题，防止产权混乱影响评估结果，避免发生民事法律问题或行政法律问题。

（二）使用德尔菲法，提升评估工作质量

德尔菲法是一种专业的风险预测方法，以匿名反馈为本质，可以通过集中意见、专家调整，再征求意见、专家再调整优化工作方案，实现对风险的识别与控制。开展评估工作时，由专家列举出工作中可能会发生的问题，并将专家提出的工作意见下发给评估人员，以采取匿名反馈的方式开展首轮调研。调研期间，由评估人员对专家提出的内容进行补充或追问，并通过专人整理转呈给专家，进一步调整方案。此外，在使用德尔菲法时，评估单位也可以借助评估行业内数据库内容调整方案，从而提升风险识别工作效率。

（三）进行头脑风暴，列举存在的法律隐患

开展评估工作时，由项目成员、外聘专家、委托方或客户等各方人员组成风险识别小组，并组织风险识别会议。会议期间，小组内的评估人员对自身工作经验、相关工作案例、相关法律法规展开分析，提出工作中可能违反法律法规、政策条例的问题，并将各个观点记录下来，确保风险可控。

（四）设计流程图，分析法律隐患的原因

根据流程图，评估人员可以直观地了解到造成法律问题的主要原因和次要原因，并采取专业的方法解决法律问题。以房地产抵押估价为例，分析造成评估价值误差较大的原因时，评估人员绘制流程图，从人员因素、环境因素、方法因素等方面找原因。通过层层递推确定产生法律问题的根本原因和次要原因，解决评估问题。

（五）设立并执行职业风险金制度

职业风险金是国家机关针对行业性质，规定以项目为基数，按照一定比例提取的职业风险基金。比如，国家税务总局制定的《税务师事务所职业风险基金管理办法》。房地产估价行业的职业风险金制度可根据《中华人民共和国资产评估法》《资产评估行业财政监督管理

办法》（中华人民共和国财政部令第86号）的要求设立。评估机构应由相关部门统筹安排，分工执行。设立各业务岗位薪酬一定比例的职业风险金。员工的职业风险金跟评估人员参与的评估项目挂钩，并在项目验收合格按制度规定退还。

三、控制房地产估价法律风险的具体策略

（一）重点研究政策改变方向，控制法律变动风险

评估房地产的价值时需要结合当前的法律与政策。一旦相关法律法规、政策条例发生变动，会对评估工作造成巨大的影响。如果评估人员没有研究好法律、政策的改变方向，很可能因触犯某条规章制度影响评估工作成果，甚至造成民事、行政法律问题。

以××市实施A路与B路升级改造工程征迁评估工作为例，××市房产测绘中心的实测图表明，产权人房屋全部面积为136.41m^2，其中用于住宅用途的房屋面积为30.82m^2，营业用途的房屋面积为72.69m^2，但是申请人却只对产权人房产证上的面积进行了评估计算，对于产权人其余的房屋面积不同意进行补偿，《中华人民共和国物权法》第30条规定：因合法建造、拆除房屋等事实行为设立或者消灭物权的，自事实行为成就时发生效力。产权人的房屋系1998年合法建造，距今已经十余年时间，并非产权人为了多得拆迁补偿而临时加盖的房屋，同时，产权人拥有该房屋所使用土地的土地使用权，有《国有土地使用权证》可以证实，产权人在该宗土地上建造房屋并未严重影响到城市规划，因此，产权人认为应以实事求是为原则，按照实测面积进行补偿。这项工作的评估结果完全以政策为导向，评估人员需要结合当地的经济因素与地方政策文件对房地产进行评估。而地方的拆迁政策是由国家相关法律决定的。一旦《国有土地上房屋征收与补偿条例》《中华人民共和国土地管理法实施条例》等法律内容发生改变，会直接影响到地方政策，最终影响房地产的评估。日常工作中，评估人员要掌握基本的法律法规，并关注当下国内的时事政治，通过阅读专家访谈等方式研究国家政策的改变规律，并根据研究内容做好法律变动风险管理预案。

（二）认真解读相关法律法规，严格管理工作细节

从业人员要仔细浏览《房地产估价机构管理办法》《注册房地产估价师管理办法》《中华人民共和国资产评估法》《中国资产评估准则》《国有土地上房屋征收与补偿条例》《中华人民共和国土地管理法实施条例》等法律法规，做到知法、懂法、守法。深入研读相关法律条款的具体意义，分析立法目的、法律要求，明确什么是法律允许的，什么是法律禁止的，严格根据法律要求开展评估工作。评估企业要重视内部人员培训，邀请专家为企业内评估人员解读最新政策条例、法律法规，使其能够掌握基本内涵。同时，企业要重视对企业内人员的管理，加强对企业内人员工作方式方法、工作细节的管理，避免出现主观评估、私相授受的问题，避免评估人员在工作期间作出违法勾当。借鉴《监督管理办法》相关内容，在企业内建立健全相应的管理体系，细化管理内容，通过加强教育管理为评估人员树立正确的工作观念，防止其产生不良思想。

（三）在企业内落实责任制度，消除违法侥幸心理

"有法可依，有法必依，执法必严，违法必究"是我国法治的关键。在防控房地产估价风险时，评估单位要将我国的"执法16字方针"应用到管理工作当中。健全企业内管理制度，严格落实企业内部管理条例，在企业内形成客观、公正、法治的工作氛围，让评估人员意识到"违法必查处"，从根本上消除其侥幸心理。以《中华人民共和国资产评估法》《中华

人民共和国城市房地产管理法》《房地产估价规范》的具体内容为依据，在企业内落实责任管理制度，对违反企业管理条例、国家法律的评估人员进行追责。一旦评估人员存在弄虚作假的问题，需视情节轻重程度对其进行追责处理，比如责令其停止从业、吊销其从业执照、罚款等。

（四）严格落实奖励惩罚制度，解决法律隐患问题

在企业内落实奖惩制度能够增强评估人员的法律意识，在平时以较高的行为准则约束自己，防止评估人员"积小错成大过"。企业内管理人员结合国家相关法律，如《中华人民共和国民法典》《中华人民共和国资产评估法》等，制定鲜明的奖惩规定。同时，要做到防微杜渐，就要重视对"小问题"的管理。评估人员在房地产估价工作中使用了不真实的资料、私下收取被估价对象的费用、同时在两个或两个以上评估机构中任职等，需要受到严厉的惩罚，比如批评警告、罚款、开除。同时，对于在企业内表现良好的评估人员，企业要采取相应的奖励措施，比如发放奖金、增加绩效等，使其能够自觉遵守企业内的相关管理制度，自觉抵制违法违规行为的诱惑。

（五）提升评估人员思想水平，加强执业道德教育，杜绝虚假评估问题

评估人员是开展房地产估价工作的主体。重视对评估人员的思想教育可以提升其思想水平，使其自觉与违法犯罪行为划清界限，从根本上解决虚假评估的问题。评估企业要在企业内形成良好的企业文化，在日常工作、休闲活动中渗透法律教育内容与道德教育内容，在潜移默化的过程中让评估人员掌握更多的法律知识，积累更多的识别、控制法律风险的工作经验，提升自身的综合工作能力。比如，组织企业内评估人员就行业内违法犯罪新闻进行讨论，分析案例中造成法律问题的根本原因与次要原因，并对违法人员展开分析，通过分析讨论让评估人员意识到坚持原则的重要性，使其做到"不以恶小而为之"。

（六）提升程序合法意识，加强与委托方在评估及征迁程序上的交流

法定的房地产估价流程分为确定估价基本事项、设计估价工作方案、收集工作需要的具体资料、对估价对象进行实地勘察几大步骤。实际工作中，评估人员要重视程序的合法性，必须按照相关法律规定进行评估工作，才能够避免发生法律问题。

以浙江省内××市旧镇改建项目房屋征收评估工作为例，××房地产评估有限公司评估程序不合法，存在实地勘察记录时间晚于出具报告时间、评估报告形式违反《房地产估价规范》的问题。在浙江省住房和城乡建设厅的调查下，确定了××房地产评估有限公司的行政违法行为，并根据《国有土地上房屋征收与补偿条例》第三十四条、《浙江省住房和城乡建设系统行政处罚裁量基准（2018版）》相关内容作出行政处罚，包括处罚款10万元整、限期改正等。根据这一案例，可以看出房地产评估程序合法性的重要性。在对征迁的房地产进行估价时，评估单位工作人员要加强与委托方在征迁程序上的交流。以国家、地方的法律法规为基础，设计合法合规、程序正确的评估方案。

（七）加强对特殊房地产的产权合法性的审核，保证评估工作依据充足

房地产估价的重要原则中有一项合法性原则，对房地产估价中的产权性质进行合法性审核，是资产评估法对评估人员最基本的要求。由于现行被征迁户法律意识的强化，在征迁中，从利益最大化角度考虑，评估机构在出具评估报告时，因对报告在后期鉴定中有可能存在的问题和所需要提交的合法性材料要提前准备。

例如浙江省某市高铁项目建设中，涉及某户被征收房地产，房屋用途为办公，土地用途为住宅，经档案查询与产权证的核对，该户原为乡镇税务所办公房地产，改制后卖给了该

户，该户通过补办出让手续，将办公的划拨用途变为了出让的住宅用途，土地容积率是按0.21补交，且补交了仅一项改变用途的出让金，未补交改变容积率的土地出让金，现征迁碰到该户，我方应请求征收方对以下内容明确予以评估（该市有关部门，如住房和城乡建设、自然资源与规划、城市管理等会议纪要形式或其他书面形式明确）：

（1）对宗地范围内未经登记建筑数量、结构以本公司前期测量、查勘结果为准进行确认，如不确认，根据国有土地征收条例，未经登记房屋不予评估补偿；

（2）根据现状的产权为房地用途不一致，明确进行该户被征收房屋评估设定用途。即究竟是按住宅用途还是办公用途进行评估（应二选一）。如需折中，应有明确的系数。

（3）评估该户超土地超容积率部分的土地价值，设定明确的容积率。是按现状容积率评估，还是另行设定容积率评估（本条亦可由该市国有土地上房屋征收评估专家委员会出具书面意见）。

四、结语

综上所述，建立健全法律风险识别与控制体系是非常有必要的。在企业层面，相关负责人要制定并落实相关管理制度，通过控制评估工作细节消除法律隐患。在个人层面，估价人员要提高自身的思想认识，以严谨的工作态度和专业的工作观念对待估价工作。不仅要认真解读当下的法律政策，还要做好预估、预测管理，防止法律变动影响工作的正常开展。

参考文献：

[1] 罗海浩. 试论房地产评估行业的现状问题与对策 [J]. 中国市场，2020（30）：78-79.

[2] 彭靖. 房地产估价机构如何适应并服务于房地产市场 [J]. 房地产世界，2020（20）：10-12.

[3] 林风. 试论房地产估价质量管理 [J]. 上海质量，2020（10）：63-68.

[4] 张迎霞. 房地产评估业风险形成机制及防范措施分析 [J]. 企业改革与管理，2020（17）：210-211.

[5] 李永军，王欢. 资产评估行业的刑事风险及防范 [J]. 中国价格监管与反垄断，2020（06）：46-60.

[6] 王若霏. 我国房地产税法律制度研究 [D]. 哈尔滨：哈尔滨商业大学，2020.

作者联系方式

姓 名：谢旦 谢剑

单 位：浙江湖州中启房地产资产评估有限责任公司

地 址：浙江省湖州市安吉县昌硕街道胜利西路 699 号

邮 箱：312941671@qq.com

注册号：谢旦（3320080013），谢剑（3320190026）

浅谈房地产估价机构的内控制度建设与风险防范

邓文斌

摘　要： 随着房地产市场的日趋成熟，我国的房地产估价行业得到了蓬勃发展，房地产估价机构在发展的同时也经受严峻的考验，机遇和挑战并存，面临广泛的风险。本文从分析房地产估价机构的风险现状入手，指出房地产估价机构内部控制存在的主要问题，针对内控制度建设及风险防范提出一些建议。

关键词： 房地产估价；内部控制；风险防范

房地产估价作为涉及政府和社会各方面重大经济利益的中介服务行业，在房地产买卖、租赁、抵押、拍卖、征收、征用、课税以及企业改制、破产清算、承包经营、投资决策等社会经济活动中发挥着重要作用。房地产估价行业在发展过程中，面临着多重风险。提高风险防范意识，加强内控制度建设，积极采取有效措施来规避风险，是房地产估价机构的一项重要工作内容。

一、房地产估价机构的内部风险

房地产估价中的风险主要是房地产评估师在房地产估价机构执业过程中出具的估价结果与房地产真实价值偏差的程度，以及发生较大偏差的可能性，这种偏差就是风险的发生源。

按照来源，风险可分为外部风险和内部风险。外部风险是指房地产估价机构及评估师不能直接控制的，但有可能导致估价结果发生重大偏差的风险，主要包括政策风险、市场风险、行业竞争风险、委托方过错风险等。内部风险是指房地产估价机构及评估师能够防范的风险，内部风险的高低取决于估价机构内部控制及管理制度的完善程度，以及评估师的专业素质及职业道德水平的高低。

本文主要从内部风险的角度出发，分析其类型，并提出防范措施。内部风险可分为以下几种类型。

（一）业务风险

房地产估价机构为争取更多的业务，不考虑本机构的实际情况，承接估价机构资质范围之外的业务、技术复杂超过评估师执业能力的业务、之前未接触的新型业务、与委托方或关联方存在利益冲突的业务；为迎合估价委托人，故意高估、低估估价对象价值；估价人员不对评估活动中使用的有关文件、证明和资料的真实性、准确性和完整性进行核查和验证；不按照估价规范进行估价、作业程序不规范、报告审核不严谨、档案资料保存不完善等，这些内部管理制度的不健全会给估价机构及估价人员带来很大的风险隐患。

（二）技术风险

房地产估价是一门科学也是一门艺术，对专业性和技术性要求很高，估价人员既要有扎实的理论基础，也要有丰富的实践经验，还需要具备法律、经济、建筑、财务等多方面的知识。执业水平较低的评估师可能会发生不同程度的差错，如估价原则错用，估价程序错误，估计方法选取不当，选用参数缺乏依据，价值定义不准确，应聘却未聘专家而自行勉强估价，对限制条款、假设条件及估价师声明这些保护性条款不重视，报告叙述不完整等，最终导致估价结果发生较大偏差，估价报告质量低下，从而大大增加了评估风险。

（三）职业道德风险

房地产评估是专业化的中介服务行业，估价机构和估价人员应恪守职业道德，独立、客观、公正地进行执业。有些估价机构采用欺骗、利诱、恶意压价等不正当手段招揽业务，允许他人以本人名义从事业务，或者冒用他人名义从事业务，为谋取不正当利益而故意出具虚假报告，也有些估价人员私自接受委托从事评估业务，责任心不够，对估价对象没有进行认真实地勘察，对产权资料收集不全面，撰写报告粗制滥造，这些行为都违背了职业道德，导致估价结果失真，对相关利益主体产生很大影响，同时也极大伤害了评估行业的诚信度，损害了行业的健康发展。

二、房地产估价机构内部控制的主要问题

《资产评估法》中规定："评估机构应当依法独立、客观、公正开展业务，建立健全质量控制制度，保证评估报告的客观、真实、合理。评估机构应当建立健全内部管理制度，对本机构的评估专业人员遵守法律、行政法规和评估准则的情况进行监督，并对其行为负责。"房地产估价机构建立和健全内部控制制度，才能够确保有关法律法规及规章的贯彻执行，加强对业务流程的控制力和人员的有效配置，提高经营效率和效果，从而有效避免和控制风险。

房地产估价机构的内控制度，主要存在的问题有以下几方面。

（一）对内部控制重视不够，内控制度执行形式化

很多房地产估价机构规模小，竞争力不强，重业务而轻管理，重眼前利润而轻长远规划，没有将内部控制制度的建设放到影响机构生存及发展的战略层面来考量，没有在组织机构、业务程序及人员管理上建立一套科学严谨且行之有效的制度体系。也有一些房地产估价机构虽然设立了内部控制，但是执行不严格，如估价机构公章及估价师印章被随意使用，没有统一的评估报告格式，审核机制落实不到位，对估价人员没有进行专业培训及职业道德教育，从而使得内部控制制度执行的自觉性和执行效果大打折扣，没有发挥应有的作用。

（二）外部环境要求不高

外部环境对房地产估价机构内部控制要求不高，很多时候估价业务需要靠各方面人际关系去开展，报告质量及机构口碑只是起到辅助作用。很多估价机构仍然持有以评估规模、评估额为发展目标的经营思想，存在重规模轻质量、重报告轻程序、重经验轻数据的风控误区，并不关心健全的内部控制制度可以给机构带来的经济和社会利益，甚至会因为走"打擦边球"的路线可以得到短期的经济利益就无视法规及管理制度。

（三）内控制度体系不完善

很多房地产估价机构在从事估价业务时，没有建立适宜的组织架构，没有严格按照业务

程序设置部门和配置人员，存在岗位设置缺失、职责划分模糊的问题，从而不能发挥岗位之间互相制约和互相促进的作用。业务程序的安排不够完善清晰，如在承接业务环节，没有对项目进行独立性、胜任能力和客户风险评估；在估价作业环节，对资料核验和实地查勘把关不严；在报告出具环节，没有严格的审核制度；在归档保存环节，不注重工作底稿及相关档案资料的保存，从而造成机构对业务关键环节的管理和监督力度不到位，估价风险就无法得到有效控制。

（四）机构人员素质参差不齐

科学完善的内部控制制度要落实到位，需要机构上下一致地贯彻执行，人员素质的高低对执行效果起着非常重要的作用。房地产估价机构和人员法治观念不强，风险防控意识淡薄，技术水平不高，执业经验欠缺，责任心不足，职业道德缺乏等弊端都会影响到内部控制的效果。

三、估价机构的内控制度建设与风险防范措施

（一）加强法律、风险及职业道德培训，建立定期培训制度

房地产估价机构应建立完善的定期培训制度。首先，要加强对估价人员的法律培训，特别是加强与估价行业密切相关的法律法规学习，如《资产评估法》《城市房地产管理法》《土地管理法》《物权法》等，明确了解估价机构及估价人员的法律责任，增强法律意识，坚定依法执业的信念。其次，要增强估价机构及估价人员的风险防范意识，充分意识到房地产估价风险存在的广泛性和危害性，保持应有的职业谨慎，克服短期利益驱动的心理，树立起高质量、好口碑和持续发展的竞争意识。再次，要加强职业道德教育，让每一位估价人员清楚知道在执业中应该做什么，不应该做什么，应该怎么做，不应该怎么做，并充分意识到恪守职业道德和良好职业修养对机构生存及个人职业发展的重要性，严格自律，并自觉接受监督。

（二）建立健全完善的内部质量控制体系

完善的内部质量控制体系是评估业务顺利运行的基础，也是保证评估质量的核心。该体系应覆盖评估项目的全过程，从获取业务受理估价委托，到制定作业方案搜集资料实地查勘，再到报告的撰写、审核及交付，最后到估价资料归档，各个环节都要建立起相应的控制程序。

第一，在承接业务环节，要对估价目的、估价对象、价值时点、报告使用人等进行充分了解，对客户的特殊要求要谨慎对待，并对项目进行独立性、胜任能力和客户风险评估，不得承接与关联方有利益关系、超出本机构资质范围及专业能力的业务。

第二，在估价作业环节，要制定详细的估价资料清单，认真核实委托人提供的相关资料，尤其要注意验证估价对象的权属证明文件，若权证不全时，应要求委托人或相关当事人提供，若产权界定不清晰，或存在瑕疵时，应向相关主管部门申请调取产权档案，不能只听委托人的说法而不做核查验证，更不能迁就委托人或相关当事人的不合理要求。要制定详细的实地查勘要求，估价师应亲自到估价对象现场观察、检查、记录估价对象状况，不能仅凭委托人提供的照片等资料而省略实地查勘这个必要步骤，并注意将实际状况与所收集的资料进行比对和核实。实地查勘记录应真实、完整、详细、准确。市场调查是对相关资料的补充，针对特定对象制定相应的调查内容，如住宅应注意调查其所处位置、面积、容积率、小

区配套设施、交通、周边环境以及规划情况；商业办公房应注意调查对象的临街状况、人流量、客流量、租金水平、周边中介挂牌价格、周边环境及交通等。

第三，在报告出具环节，估价师要严格按照《房地产估价规范》的要求撰写估价报告，尤其注意估价报告中的特别说明事项、估价基准日期后的重大事项提示、估价报告的法律效力等条款要严谨合理，合理使用估价的假设和限制条件，尽披露义务，保证估价结果的合理性，减少委托人提出异议的可能性。房地产估价机构要建立估价报告三级审核制度，即初审、复审及终审。初审由估价报告撰写人负责，对估价报告全文的准确性和完整性进行审核，复审由项目经理负责，将重点审核估价方法、技术思路、估价测算过程、重大事项披露等，进一步确认估价结果的合理性。终审由总评估师或总经理负责，将对估价报告中的核心内容、估价结果的合理性及合规性再次严格审查。各级审核人员都应遵循合法、合理、合规的原则，对资料搜集情况、实地查勘情况、市场调查情况、报告成果质量各方面严格把关，重视细节，对可能出现估价风险的地方要进行充分审核和分析判断。

第四，在归档保存环节，档案资料需要包含完整的工作底稿，如估价委托书、估价过程中收集的资料、实地查勘记录、市场调查表、估价测算的底稿、内部审核资料、估价报告及附件等。资料应及时整理归档，并按照法律规定的保存年限妥善保管。如果估价机构遭遇诉讼，完整的档案资料就是最直接最有力的证明，可以有效地防范风险。

（三）加强专业学习，提高估价人员的专业技能和素质

房地产估价是一项专业性和技术性很强的工作，房地产估价机构及估价人员都要高度重视专业学习。一方面，估价机构要持续开展业务培训，由有经验的评估师定期进行理论指导及实践经验分享，必要时可以聘请专家来进行培训；对新颁布的法律法规、行业新公布的准则、技术标准等，及时进行学习研究；积极组织估价人员参加行业举办的继续教育活动和学术交流活动；和其他评估机构加强交流，对一些新公布的案例及新型估价业务进行研究探讨。另一方面，估价人员也应加强自身学习，主动参加公司及行业培训，及时更新知识体系，提高专业技能和素质，顺应时代发展。

（四）建立配套的内部管理制度

房地产估价机构在抓质量的同时，也要完善机构的规章制度，建立健全与质量控制体系配套的内部管理制度，包括建立规范的财务制度、完善的人事制度、合理的奖惩制度，从而调动估价人员的积极性，提高责任感，最大限度发挥员工才干，上下一心，把估价机构发展壮大。

四、结语

房地产估价机构要正确认识风险的来源及影响，建立健全科学合理的内部控制制度，发挥专业优势、人才优势和管理优势，才能有效规避和防范风险，实现机构的可持续发展。

参考文献：

[1] 胡园园.房地产估价风险及防范探析[J].丽水学院学报.2007，29（04）.

[2] 隋玉明.王雪玲.姜春碧.我国房地产估价机构业务流程内部控制设计研究[J].陇东学院学报.2009，20（06）.

[3] 王延龙.在《资产评估法》规范下的房地产估价机构风险控制[C]//2016中国房地产估价年会

论文集，2016.

[4] 袁瑞英. 王建旺. 王艳艳. 基于《资产评估法》的房地产评估风险分析及防范措施 [C]//2016 中国房地产估价年会论文集，2018.

[5] 吴俊杰. 房地产估价机构内部风险及防范措施 [C]//2018 中国房地产估价年会论文集，2018.

作者联系方式

姓　　名：邓文斌

单　　位：江苏中策行土地房地产资产评估咨询有限公司

地　　址：江苏省苏州市苏州工业园区领汇商务广场 1 幢 1705 至 1706 室

邮　　箱：365174954@qq.com

估价师注册号：3220120030

第七部分

———

其　他

咨询报告法律责任及监管研究

——以房地产价值咨询为例

雷小军　郭　华　张　静　陈周杰　张丹妮

摘　要： 现阶段估价业务呈现出由传统的价格鉴证服务向价值咨询服务转变的趋势，但在实际业务开展中，一些评估机构及估价人员曲解价值咨询报告内涵，采用咨询报告的形式来规避法律风险，这种行为实质上并不能真正规避风险。本文以房地产价值咨询为切入点，在对"房地产价值咨询"的概念进行界定的基础上，总结了房地产价值咨询报告的特征，然后从相关法律法规的角度分析出了房地产价值咨询报告应承担的法律责任，以及咨询报告形式代替估价报告用来规避监管和法律责任等行为认定的情况，最后提出了相关建议，以期完善房地产咨询报告监管制度，维护社会经济秩序。

关键词： 房地产价值咨询；法律责任；监管

一、研究背景

近几年，随着房地产中介服务市场快速发展，市场对房地产估价服务需求呈现出多样化发展趋势。房地产估价机构除了从事房地产价值评估业务，还能从事各种房地产咨询业务。在此背景下，房地产估价领域的"定制化"服务越来越多，而这类定制化的评估多以价值咨询报告的形式出具，因此咨询报告形式运用的情形也越来越多。

由于房地产价值咨询业务为市场新兴业务，发展规模远不及房地产传统估价业务，缺乏完善的执业标准和规范，使得咨询报告的使用超出了其应有的范围，有的甚至偏离了其原本的报告属性。同时，在实际执业中，由于相关法律监管制度的不健全，一些咨询机构通过出具咨询报告形式来规避法律风险，以及部分从业人员专业水平的不足，出具了部分有失公允的报告。实质上这些行为与形式不能够真正规避风险，反而带来了巨大的行业风险。

二、房地产价值咨询报告概念界定

（一）房地产价值咨询报告的定义

"房地产价值咨询"是指由专业机构的专业咨询人员运用科学的方法对房地产的价值或价格进行分析、测算和判断，并以房地产价值咨询报告等形式提供专业意见，为委托方管理或运营房地产等行为提供价值参考依据的活动。

一般来说，按照不同的表现形式，房地产价值咨询可以分为口头咨询和书面咨询。书面咨询又可分为一般式书面咨询、方案式书面咨询和报告式书面咨询。报告式书面咨询是以正式的书面文字来进行表达，并通过政策法律、数据和文字分析等多种形式来表现。"房地产价值咨询报告"正是一种报告式书面咨询。

《房地产估价理论与方法》一书中指出，《资产评估法》中评估范围一般为鉴证性估价，而不包括咨询性估价。在房地产估价执业活动中，按照估价目的、价值类型等方面的不同将房地产估价执业活动分为"房地产价值咨询"和"房地产价值评估"。本文中的"房地产价值评估"是"鉴证性估价"的其中一类，同样"房地产价值咨询"是"咨询性估价"的一类。

（二）房地产价值咨询报告的特点

"房地产价值咨询报告"具有下列两方面明显特点。

1）定制化。定制化主要指房地产价值咨询报告仅为委托方使用，即以委托方的需求为导向，是一种"私人产品"。简单来说，房地产价值咨询报告可以根据委托方的要求来给出合理化的评估结果，但既然是带有某一方的特定要求，也就代表他的公信力有待商榷，因此，只能供委托方使用，而不能用于向第三方证明或说服第三方。

2）灵活性。房地产价值咨询报告的灵活性主要表现为以下三点：一是"房地产价值咨询报告"可不受《房地产估价规范》和《城镇土地估价规程》等规范的标准化格式限制，报告形式上灵活性更大；二是"房地产价值咨询报告"可以是定量的数值结果、区间的数值结果，也可以是方案式的建议或总结，结论的具体呈现形式可以按照委托方的需求进行确定，其结果表现形式较为多元化；三是执业主体的广泛性，一方面承接单位可以不完全限制于房地产估价机构，部分房地产经纪人机构及其他相关机构也可以从事部分房地产价值咨询的工作，另一方面对执业人员没有行业准入的要求，仅需其具备水平级的执业能力即可。

（三）"房地产价值咨询报告"与"房地产价值评估报告"的区别

"房地产价值咨询"和"房地产价值评估"所对应的成果分别为"房地产价值咨询报告"和"房地产价值评估报告"。

"房地产价值咨询报告"是向委托人提供的，供委托人自己使用的估价报告，如"为委托人了解房地产租赁价格提供参考依据而评估房地产租赁市场价值"，这一类估价通常属于咨询性或参考性的服务；"房地产价值评估报告"是指房地产估价机构为委托人提供给第三方使用，或者为委托人进行内部管理、接受外部监管而出具的起着房地产价值证明作用的估价。这类估价通常是为了估价委托人向第三方证明或者说服第三方，即这类估价报告是给委托人以外的特定第三方，特别是给众多的不特定的第三方使用的，如为"委托方进行房屋征收补偿价值提供参考而评估的房地产市场价值"，这一类估价通常属于鉴证性的服务。因此，从房地产估价执业的角度来看，"房地产价值咨询报告"与"房地产价值评估报告"是两种不同性质的报告，区别如表1所示。

"房地产价值咨询报告"和"房地产价值评估报告"的区别 表1

报告类型 \ 不同点	报告使用人	报告形式	报告作用	估价目的	价值类型	报告法律效力
房地产价值咨询报告	仅限于委托方使用	无固定报告形式，灵活性较大，可不要求估价师签字	用于内部决策、投资参考等	租金咨询、其他特定条件下的房地产价值咨询等	市场价值、投资价值、租金水平、其他设定条件下的价值等	不具有明显的法律约束力

续表

不同点 报告类型	报告 使用人	报告形式	报告作用	估价目的	价值类型	报告法 律效力
房地产价值评估报告	委托方或其他第三方使用	需严格遵循规范，报告形式规范，且报告必须有估价师签字	用于内部管理或外部监管	抵押、司法鉴定、征收补偿、交易课税、企业改制上市等	抵押价值、市场价值、交易价值等、计税价值、保险价值等	具备明显的法律约束力

三、房地产价值咨询报告的法律责任分析

（一）法律责任的梳理及分析

将法律责任按照责任行为违反的法律性质进行分类，可分为：刑事法律责任、民事法律责任、行政法律责任。

民事法律责任是民事主体对于自己因违反合同，不履行其他民事义务，或者侵害国家的、集体的财产，侵害他人的人身财产、人身权利所造成法律后果，依法应当承担的民事法律责任。《资产评估法》第五十条和《民法典》第五百七十七条也明确规定了如果给委托人或者其他相关当事人造成损失的，都应依法承担赔偿责任。对民事法律责任而言，根据民事责任的相关法律，并结合房地产价值咨询报告的性质和特征，如果咨询机构或者咨询专业人员违反了相关规定和合同义务，或者是提供了虚假资料，给委托人和相关利益人造成损失的，咨询机构和咨询专业人员应承担相应的民事法律责任。

行政责任是指犯有一般违法行为的单位或个人，依照法律法规的规定应承担的法律责任。《资产评估法》第四十五条和第四十八条规定：评估专业人员或者评估机构，签署或者出具了虚假评估报告的，由有关评估行政管理部门责令停止、没收违法所得或者是吊销营业执照。对行政法律责任而言，由于房地产价值咨询报告并无直接的法律法规和行业规范对其进行约束，不具备明显的法律约束力，以及出具房地产价值咨询报告可以不要求估价师签字，不会出现行政违法，因此现阶段出具房地产价值咨询报告无需承担行政责任。

刑事责任是指犯罪人因实施犯罪行为应当承担的法律责任，按刑事法律的规定追究其法律责任。《资产评估法》第四十四条和第四十七条对评估专业人员和评估机构出具重大遗漏的评估报告作出了明文规定，并且构成犯罪的，将依法追究刑事责任。《中华人民共和国刑法》中明确规定了提供虚假证明文件罪、出具证明文件重大失实罪。对刑事法律责任而言，由于房地产价值咨询报告"定制化"和"灵活性"等特征，以及出具的咨询报告仅供委托人自己使用，作为管理或运营房地产的价值参考，因此出具房地产价值咨询报告很难构成犯罪行为，存在刑事责任的可能较小。

综上分析，出具房地产价值咨询报告所要承担的法律责任主要为民事责任。

（二）房地产价值咨询报告应承担的法律责任

根据不同的标准，民事责任可以分为合同责任和非合同责任、共同责任和单独责任、双方责任和单方责任、财产责任和非财产责任等。根据咨询报告的特征和民事责任的分类，出具咨询性质的报告涉及承担的法律责任主要为合同责任和财产责任。

对于咨询机构或者咨询专业人员出具咨询报告应承担的合同责任主要有：咨询机构或者

咨询专业人员单方延迟或者没有提交咨询报告；所出具的咨询报告不符合约定；咨询机构或者咨询专业人员造成委托人利益受到损害等。当违反合同约定时，就应该让违约方承担责任和给予守约方以救济来惩罚，以显示法律的强制性。

当咨询机构或者咨询专业人员在出具咨询报告时，由于执业不严谨或者未履行应承担的责任而造成委托人的损失时，就必须承担相应的民事损害赔偿责任。

四、滥用咨询报告的情形及建议

（一）滥用咨询报告规避监管和法律责任的情形

本文对"房地产价值咨询报告"的概念进行了界定，梳理了房地产价值咨询报告的特征，以及"房地产价值咨询报告"和"房地产价值评估报告"的区别，并在分析房地产价值咨询报告应承担的法律责任的基础上，总结出了咨询报告形式代替估价报告用来规避监管和法律责任等行为认定的情况，主要有以下几种。

1. 违反合同约定，出具咨询报告的行为

是指在合同约定明确的情况下，擅自出具不符合合同约定的价值咨询报告、评估咨询报告等其他形式的文件。即明知报告的特定用途，在未改变任何评估重大事项的条件下出具咨询报告，该类行为存在规避嫌疑，但往往起不到规避的作用。

2. 咨询目的不明确，以咨询报告形式模糊评估目的的行为

估价目的是评估业务对估价结果的具体用途，一般情况下，估价目的贯穿于估价的全过程，影响估价人员对估价对象的界定、价值类型的选择，是估价人员在进行具体估价时必须首先明确的基本事项。在实践中，可能会存在委托方简要介绍其目的是价值咨询，房地产价值咨询机构就以此出具了咨询报告的情况，这一判定标准往往较为片面。在执业过程中，需要核实委托方具体的目的，而不能模糊化处理，以咨询报告形式掩盖报告的真实目的。

3. 滥用假设和限制条件，以咨询报告形式出具不合理报告的行为

任何房地产估价都是有估价假设前提条件的，房地产价值咨询业不例外，但该假设应当是必要的、合理的、有依据的，而不是随意作出的，更不得为了规避应尽的审慎检查资料、尽职调查情况等勤勉尽责估价义务而胡乱假设。执业人员不得滥用假设和限制条件，应当针对房地产价值咨询业务的具体情况，在报告中合理且有依据地明确相关假设和限制条件。假设和限制条件对估价结果有重大影响，应当在报告中予以披露，说明其对估价结果可能产生的影响。

4. 以咨询报告形式出具价值偏离报告的行为

在房地产价值咨询执业活动中，部分执业人员片面认为出具房地产价值咨询报告不用对外负法律责任或者是主观认为承担的法律责任较小，而有意或无意曲解房地产价值咨询报告的用途，企图用房地产价值咨询报告的外衣来掩盖或者降低高评低估房地产价值带来的风险。根据前述分析，在实际执业中，无论报告的性质如何，都应该公平公正地为委托方提供房地产价格参考意见。

5. 因估价程序不合法不合规，而采取出具咨询报告的行为

无论何种情况下，只要进入评估工作流程，所有估价程序都应当合法合规，这是评估最基本也最重要的前提。实际执业过程中，不乏有估价人员因估价程序不合法不合规，如委托程序不正规、未进行详细的实地查勘核实估价对象、现场勘验的估价人员不符合规范要求

等，而企图以出具房地产价值咨询报告来规避法律责任，这种行为往往也是不能达到规避责任的目的，无论何种报告形式都不能规避评估流程不规范而应负的相关责任。

6. 报告使用超出范围的行为

在实际的执业过程中，一般房地产价值咨询报告的使用限制里面应该提示该类报告仅用于委托方内部参考使用，而不能用于抵押、征收等其他任何目的。这个实际上进行了两个方面的报告使用提示，一方面是限制了报告的使用人仅为委托方，另一方面是报告的使用目的仅为内部参考使用，若违背了这两条提示而去使用房地产价值咨询报告，实际是改变了报告的性质，所以这需要委托方或者报告的其他使用人一定注意报告的使用范围，若超出了限制范围使用报告，则报告已属无效。

（二）建议

现阶段，虽然相关的法律法规对出具"评估报告"和"咨询报告"应负的法律责任边界没有一个明确的界定，但可以确定的是，以逃避法律监管责任为目的而违规出具"房地产价值咨询报告"不仅不能起到规避法律责任的作用，反而会引发行业执业风险。因此为了规范房地产价值咨询报告，本文提出了以下几点建议。

1. 监管机构：加快完善相关法律体系

（1）抓紧完善房地产价值咨询相关法律法规

由于房地产价值咨询业务涉及的范围广、实践性强，相关部门应抓紧立法工作，补上监管体系方面法律法规依据不明晰的漏洞。房地产价值咨询业务立法工作的内容应该包括：房地产价值咨询从业人员的机构的法律地位及职责、权利和义务；房地产价值咨询机构的资质管理；房地产价值咨询报告的法律责任；协会的职责、权利和义务等。

（2）加快行业标准的制定

房地产价值咨询业务涉及房地产、宏微观经济、法律等多方面，因此技术规范和操作规范的公布程序理应简约、表达方式理应通俗，适应性、针对性、配套性理应增强，在标准体系的建设上，这些内容应当着重加快制定、公布和实施，以为相关法律法规提供配套。

（3）加大追究房地产价值咨询机构法律责任的力度

我国应加大追究房地产价值咨询机构法律责任的力度，明确房地产价值咨询机构的违法行为、行为过错以及造成损害后果的认定，"提醒千次，不如问责一人"，形成从机制上倒逼从业人员自发提高履职能力，不断提高评估机构及从业人员的职业道德感和执业荣誉感，加大对不法牟利行为的追责力度，从而维护委托方的合法利益。

2. 执业机构：加强房地产价值咨询机构和从业人员的内部管理

（1）完善咨询机构自身的风险管理体系

一方面，房地产价值咨询机构要建立风险管理机制，不仅能够消除无效活动，还能提高服务效率。例如对重大的房地产价值咨询问题实行会审制度、对房地产价值咨询成果质量实行评价制度等。另一方面，房地产价值咨询机构也要建立有效的内部风险监督机构，这样才能保证风险管理的顺利执行。

（2）加强对从业人员的管理和培育

一方面，房地产价值咨询机构要自上而下建立从业人员管理的责任体系。在组织机构、职能分工、工作机制、操作流程、奖惩考核等方面进行全面安排，明确从业人员管理部门和责任人体系，严格执行三级质量控制制度。另一方面，房地产价值咨询业属于知识密集型产业，人才是重要的生产力，要坚持严格选人、持续育人。

3. 行业协会：强化监管部门与行业的协作共治

（1）制定完善的专业鉴定规则

对于房地产价值咨询来说，目前的法律法规对专家责任的归责原则没有进行规定，因此行业协会可以依据相关法律法规赋予的法定职责，制定完善的专业鉴定规则，全面认定专业人员、咨询机构的专家责任，包括咨询程序、咨询过程、咨询报告是否执行评估准则，咨询结果是否客观公正，咨询行为是否具有过错。对认证结果要经过充分的质证后才可作为证据，用于诉讼、仲裁，乃至职业责任保险赔偿的依据。

（2）建立政府监管与行业自律双重协作体系

在房地产价值咨询报告的监管问题上，创建政府监管与行业自律社会监管形成双重协作的监管体系，通过不同的主体、不同的手段和方式对房地产价值咨询业务进行监督和管理，形成政府监管与行业自律互相促进、互相协作的良好循环，不断推动房地产价值咨询市场向更健康、高质量的方向发展，满足日益增长的市场多元化需求。

参考文献：

[1] 柴强. 房地产估价理论与方法 [M]. 北京：中国建筑工业出版社，2021.

[2] 陈蕾，于田. 新形势下资产评估职业法律风险及其防范探究 [J]. 中国资产评估，2018（04）：4-9.

[3] 梁津. 任重而道远——《资产评估法》中的专家责任及责任认定 [J]. 中国房地产估价与经纪，2016（06）：5.

[4] 党致远. 我国房地产市场监管法律问题研究 [D]. 兰州：兰州财经大学，2018.

作者联系方式

姓　　名：雷小军　郭　华　张　静　陈周杰　张丹妮

单　　位：永业行（湖北）土地房地产评估咨询有限公司

地　　址：武汉武昌区徐家棚匠心城 11 楼

邮　　箱：124987288@qq.com

注册号：雷小军（4220040072）

以市场比较法为例分析粤港澳大湾区 房地产估价方法异同点

孙丹桂　　毛小源

摘　要：粤港澳大湾区是我国开放程度最高、经济活力最强的区域之一，评估行业是市场经济的重要参与者，但是受历史发展、经济环境及法律制度等因素影响，粤港澳三地的房地产估价标准存在一定的差异，本文主要研究《房地产估价规范》与《香港测量师学会评估标准》中关于估价方法的差异，给估价行业从业人员有益的启示。

关键词：粤港澳大湾区；房地产估价；估价方法

一、《房地产估价规范》中估价方法选用的规定

（一）方法的种类

在估价方法运用中，最常用的估价方法有比较法、收益法、成本法、假设开发法四种。为适应业务类型的多样性，在以上估价方法基础上根据估价目的和估价对象等情况估价规范提供了基准地价修正法、路线价法、标准价调整法、多元回归分析法、修复成本法、损失资本化法、价差法等其他多种方法。

（二）方法选取考虑的因素

不同估价方法适合于不同的估价对象或估价目的，可根据估价对象及其所在地的房地产市场状况等客观条件及其估价目的，逐一分析各估价方法是否适用，如：估价对象的同类房地产有较多交易的，应选用比较法；估价对象或其同类房地产通常有租金等经济收入的，应选用收益法；估价对象可假定为独立的开发建设项目进行重新开发建设的，或当估价对象的同类房地产没有交易或交易很少，且估价对象或其同类房地产没有租金等经济收入时，应选用成本法；估价对象具有开发或再开发潜力且开发完成后的价值可采用除成本法以外的方法测算的，应选用假设开发法；估价目的为房地产损害赔偿的，可选损失资本化法、修复成本法、价差法；估价目的涉及课税批量估价的，可选标准价调整法、多元回归分析法等。

（三）方法的数量要求

当估价对象仅适用一种估价方法进行估价时，可只选用一种估价方法进行估价。当估价对象适用两种或两种以上估价方法进行估价时，宜同时选用所有适用的估价方法进行估价，不得随意取舍。

二、《香港测量师学会评估标准》中估值方法选用的规定

（一）估值方法的种类

总的估值方法主要有三种：市场法、收益法、成本法。这三种方法都是基于价格均衡、预期收益或替代的经济原理。虽然本标准对成本、市场和收入等方面进行了规定，但没有提供详尽的阐述。会员可以使用在标准或 IVS 中未定义或未提及的估值方法，仍然是符合本标准的。

（二）方法选取考虑的因素

根据香港评估准则，估价师要负责采用和证明（如有必要）履行具体评估任务过程中所使用的评估方法。选择评估方法时必须考虑：

所评估资产（或负债）的性质；

具体评估任务的目的、预期用途和背景；

适用于所有法定要求或其他强制性要求。

（三）方法的数量要求

根据香港评估准则，当考虑到估价对象的情况，及估价师对单一方法的准确性和可靠性具有高度信心时，估价师不需要使用一种以上的方法来对资产进行估值。但是，当事实或可观察的数据不足以采用一种方法产生一个可靠的结论时，估价师应考虑使用多种方法，作为价值参考的标准。如果使用了多种方法，估价师应将不同的值进行分析并将其总结为单个结论而非只求平均值。

三、估价方法选用的对比分析

《房地产估价规范》GB/T 50291—2015 规定的主要方法有比较法、收益法、成本法、假设开发法四种；方法的数量上要求同时使用所有的适用方法，当估价对象仅适用一种估价方法进行估价时，可只选用一种估价方法进行估价；能用几种方法就尽量用几种方法，一般是用两种或两种以上的估价方法。

《香港测量师学会评估标准》规定主要方法是市场法、收益法、成本法三种；方法的数量上要求如果单一的方法可靠性和准确性高，就不需要再采用其他方法，如果一种方法不足以可靠和准确，就使用多用方法，方法的数量依据方法的可靠性来确定。

在方法的适用条件上，《房地产估价规范》GB/T 50291—2015 主要针对房地产项目，规定了各种不同方法的适用范围以及适用条件，结合不同的估价方法进行约定，内容细分明确；《香港测量师学会评估标准》是在资产项目的基础上，只是注明了方法选取时总体考虑的因素，从方向上进行指导，三个方法涵盖内容较为广泛。

四、以市场比较法为例分析

1.《房地产估价规范》中的规定

（1）方法的名称：比较法。

（2）方法的定义：比较法是选取一定数量的可比实例，将它们与估价对象进行比较，根

据其间的差异对可比实例成交价格进行处理后得到估价对象价值或价格的方法。

（3）方法的适用性：比较法适用于同类房地产数量较多、经常发生交易且具有一定可比性的房地产，如住宅，特别是数量较多、可比性较好的存量成套住宅；写字楼；商铺；标准厂房；房地产开发用地等。

（4）案例选择的要求：

a. 可比实例应从交易实例中选取且不得少于三个；

b. 可比实例的交易方式应适合估价目的；

c. 可比实例房地产应与估价对象房地产相似；

d. 可比实例的成交日期应接近价值时点，与价值时点相差不宜超过一年，且不得超过两年；

e. 可比实例的成交价格应为正常价格或可修正为正常价格；

f. 在同等条件下，应将位置与估价对象较近、成交日期与价值时点较近的交易实例选为可比实例。

（5）方法运用的步骤：

运用比较法进行房地产估价时，应按下列步骤进行：

a. 搜集交易实例；

b. 选取可比实例；

c. 建立比较基础；

d. 进行交易情况修正；

e. 进行市场状况调整；

f. 进行房地产状况调整；

g. 计算比较价值。

（6）影响价格的修正因素：

将可比实例与估价对象进行比较，进行交易情况修正、市场状况调整、区位状况调整、实物状况调整、权益状况调整等得出估价对象价值或价格。

a. 房地产状况调整应消除可比实例状况与估价对象状况不同造成的价格差异，包括区位状况调整、实物状况调整和权益状况调整。

b. 进行区位状况调整时，应将可比实例在自身区位状况下的价格调整为在估价对象区位状况下的价格，且调整的内容应包括位置、交通、外部配套设施、周围环境等，单套住宅的调整内容还应包括所处楼幢、楼层和朝向。

c. 进行实物状况调整时，应将可比实例在自身实物状况下的价格调整为在估价对象实物状况下的价格。土地实物状况调整的内容应包括土地的面积、形状、地形、地势、地质、土壤、开发程度等；建筑物实物状况调整的内容应包括建筑规模、建筑结构、设施设备、装饰装修、空间布局、建筑功能、外观、新旧程度等。

d. 进行权益状况调整时，应将可比实例在自身权益状况下的价格调整为在估价对象权益状况下的价格，且调整的内容应包括规划条件、土地使用期限、共有情况、用益物权设立情况、担保物权设立情况、租赁或占用情况、拖欠税费情况、查封等形式限制权利情况、权属清晰情况等。

e. 进行交易情况修正、市场状况调整、区位状况调整、实物状况调整、权益状况调整时，应符合下列规定：

a）分别对可比实例成交价格的修正或调整幅度不宜超过 20%，共同对可比实例成交价格的修正和调整幅度不宜超过 30%；

b）经修正和调整后的各个可比实例价格中，最高价与最低价的比值不宜大于 1.2；

c）当幅度或比值超出本条规定时，宜更换可比实例；

d）当因估价对象或市场状况特殊，无更合适的可比实例替换时，应在估价报告中说明并陈述理由。

（7）方法运用中的具体要求：

a. 可比实例及其有关信息应真实、可靠，不得虚构。应对可比实例的外部状况和区位状况进行实地查勘，并应在估价报告中说明可比实例的名称、位置及附位置图和外观照片；

b. 选取可比实例后，应建立比较基础，对可比实例的成交价格进行标准化处理，包括统一财产范围、统一付款方式、统一融资条件、统一税费负担和统一计价单位，使可比实例成交价格与估价对象价值或价格之间、各个可比实例的成交价格之间的口径一致、相互可比。

2.《香港测量师学会评估标准》中的规定

（1）方法的名称：市场法。

（2）方法的定义：市场法通过将该资产与有价格信息的相同或类似的资产进行比较，从而提供价值依据。

（3）方法的适用条件：

在下列情况下，应采用市场法并给予相当的重视：

a. 所评估资产近期的成交价格符合价值的定义；

b. 所评估资产的可比实例交易活跃；

c. 相似的可比实例有较多或近期的交易。

如果不符合上述标准，以下是可以采用市场法并给予较大权重的其他情况。在下列情况下使用市场法时，估价师应考虑是否可采用其他方法并加以加权，以验证市场法的结果：

a）考虑到市场的波动性和活跃程度，涉及的标的资产与基本类似资产的交易时间不够接近。

b）资产或基本类似的资产公开交易不活跃。

c）有市场交易信息，但可比资产与标的资产有显著差异，可能需要主观调整。

d）关于最近交易的信息不可靠（例如传闻、信息缺失、协同买家、非公允交易、低价出售等）。

e）影响资产价值的关键因素是其在市场上的价格，而不是再生产成本或其创收能力。

（4）案例选择的要求：

A. 可比交易法

估价师应在下列情况下选择具有可比性的交易：

a. 有多个交易的案例通常比单一交易更可取；

b. 与交易价格需要大幅调整的资产相比，来自非常相似资产或相同的交易案例提供了更好的价值依据；

c. 与更早的估值日相比，在估值日附近发生的交易更能代表该日期的市场，特别是在市场波动激烈的情况下；

d. 对于大多数价值基础而言，交易应该是非关联方之间的公平交易；

e. 交易信息充足可使估价人员对可比资产有合理的理解；

f. 有关可比交易的信息应来自可靠和可信的来源；

g. 实际交易比预期交易提供更好的估价证据。

B. 公开交易可比法

估价师应在下列情况下选择公开交易的比较案例：

a. 考虑多个公开交易的可比案例，好于使用单一可比案例；

b. 来自类似公开交易的比较案例（例如具有类似的市场细分、地理区域、收入、资产规模、增长率、利润率、杠杆、流动性和多样化），比需要进行重大调整的比较案例提供更好的价值依据；

c. 活跃交易的证券比不活跃交易的证券提供更有意义的价值依据。

（5）方法运用的步骤：

A. 可比交易法

可比交易法的主要步骤：

a. 统一相关市场参与者使用的比较单位；

b. 识别相关可比交易并计算这些交易的关键估值指标；

c. 对可比资产与标的资产在定性和定量方面的异同进行一致的比较分析；

d. 对估值标准作出必要调整，以反映标的资产和可比资产之间的差异；

e. 将调整后的估值指标应用于标的资产；

f. 如果使用多种估值指标，调和价值指标。

B. 公开交易可比法

公开交易可比法的主要步骤是：

a. 确定相关市场参与者使用的估值指标；

b. 确定相关的准则——公开交易的比较案例，并计算这些交易的关键估值指标；

c. 对公开交易可比案例与标的资产在定性和定量上的异同进行一致的比较分析；

d. 进行必要的估值调整，以反映标的资产与公开交易的比较案例之间的差异；

e. 将调整后的估值指标应用于标的资产；

f. 如果使用多种估值指标，需分配权重。

（6）影响价格的修正因素：

A. 可比交易法

估价师应分析并调整可比交易与标的资产之间的重大差异，可以作出调整的共同差异的因素可包括但不限于：

a. 材料特性（年龄、尺寸、规格等）；

b. 对标的资产或可比资产的相关限制；

c. 地理位置以及相关的经济和监管环境；

d. 资产的盈利能力；

e. 历史和预期增长；

f. 收益率或息票利率；

g. 抵押品的类型；

h. 可比性交易中非常规年期；

i. 市场流动性差异和控制权差异；

j. 所有权特征（如法律形式所有权、持股比例或金额）。

B. 公开交易可比法

估价师应分析和调整上市可比资产与标的资产之间的任何重大差异。可以作出调整的共同差异的因素可包括但不限于：

a. 材料特性（年龄、尺寸、规格等）；

b. 有关折扣和溢价；

c. 对标的资产或可比资产的相关限制；

d. 标的公司的地理位置以及相关的经济和监管环境；

e. 资产的盈利能力；

f. 历史和预期增长；

g. 市场流动性差异和控制权差异；

h. 所有权类型。

3. 市场比较法的对比分析

（1）相同或者相似点：①方法的名称相似；②评估思路相接近；③案例选择要求中案例的相似程度相类似，例如：与更早的估值日相比，在估值日附近发生的交易更能代表该日期的市场；④估价过程的主要步骤相似；⑤方法的适用条件接近，都是适用于同类资产交易数量较多、经常发生交易且具有一定可比性的项目。

（2）不同点：在市场比较法的比较过程中，最大的差异为《房地产估价规范》GB/T 50291—2015 中关于市场比较法的主要适用对象是房地产，而《香港测量师学会评估标准》所说的市场比较法不仅指单项房地产，还包括了权益，所以有两种称谓（可比交易法和公开交易可比法），并涉及流动性折扣和控股权溢价，对于标的资产与指导交易或上市证券之间的差异有一个折扣和溢价的调整。

进一步分析来看，《香港测量师学会评估标准》影响价格的修正因素分别按可比交易法和公开交易可比法进行相关的规定，实质区别是公开交易可比法是可比交易法中的一种，因案例的来源不同而进行的区别，在其提到的公开交易可比法和可比交易法中，可比交易法与《房地产估价规范》GB/T 50291—2015 中房地产的比较法更加接近。但在大致相同的前提下，细节也会有所不同。

《房地产估价规范》GB/T 50291—2015 名称上叫比较法。案例有明确要求：交易实例中选取且不得少于三个，成交日期与价值时点相差不宜超过一年，且不得超过两年；要求可比案例必须是实际成交的交易案例。影响价格的因素主要从房地产的角度进行规定；在比较修正的过程中，可以选用直接修正法和间接修正法。不同用途的房地产，影响其价值或价格的区位、实物和权益状况因素有所不同，在实际估价中，应根据估价对象的用途确定调整的具体内容和比较因素。

《香港测量师学会评估标准》名称上叫市场法。不同于《房地产估价规范》GB/T 50291—2015，香港评估准则对案例要求只强调类似和可比性，但没有具体明确的数量上的要求，并没有规定可比实例不得少于三个，但是在实际操作上也偏向采用不少于三个可比案例，除非找到与估价对象极为相似的案例，才可以少于三个。案例成交日期规定尽量接近估值日，但是没有具体时长的约定；如果近期发生的交易很少，评估时可以采用相似或相同资产的叫价作为可比案例，并需要严格分析和记录可比案例的相关信息。如果只采用叫价作为可比案例，则不可以单一采用比较法作为评估方法，但可与其他方法一起运用。在实际运用时，如果同时采用了叫价和实际成交的不同可比案例，应给予实际成交或已达成买卖协议比未完成成交的可比案例更多的权重。

参考文献：

[1] 黄心月.粤港澳大湾区发展背景下深圳现代服务业人才需求探析[J].新教育时代电子杂志（教师版），2019（15）：181.

[2] 李文勇、张雪玉、全小燕.粤港澳大湾区视域下珠三角服务业开放思路与服务贸易发展研究[J].对外经贸，2020（08）：68-70.

作者联系方式

姓　　名：孙丹桂　毛小源

单　　位：国众联资产评估土地房地产估价有限公司

地　　址：深圳市罗湖区深南东路 2019 号东乐大厦 10 楼

邮　　箱：547987675@qq.com

注册号：孙丹桂（4220000017）

房产税的国际经验

李秀荣 张露沁 陈宇晟 梁振杰

摘 要：房产税作为一种针对存量的显见型税赋，一般被经济学家认为是"好的"。国际上许多国家都尝试过增加或改革其房产税，然而在实践过程中，房产税改革往往困难重重，这不仅来源于房产税本身的特征，还与各级政府面临的环境有关。本文针对房产税改革面临的困难，借鉴国际上的处理经验，尝试为中国房产税提出一些可借鉴的建议。

关键词：房产税；房地产改革实施困境；政策经验

一、房产税的国际特征和设定流程

（一）房产税的国际特征

经济学家常常会说：房产税这种针对资产的税收是一种"好的"税收，税基与税收用途之间的关联较为明确。因此他们认为，房产税应该是地方政府的优良和主要财政收入来源。但在实际实践中，不论是政府还是个人都面临着许多困境，使得大部分人都不愿意去动这块蛋糕。在国际上，不论是发展中国家还是发达国家，都面临着一些房产税自带特征带来的困境；与此同时，不同国家和各级政府还面临着自身发展阶段与发展需求衍生而来的独有困境。为了缓解甚至于有野心地尝试解决这些困境，许多国家都做了许多实践上的试验与改革，包括而不仅限于：免征线的设置、纳税延迟计划和年度性房产价值评估等。

（二）房产税的设定流程

房产税有着众多的好处：房产不会跑，所以很难逃税；房产资源的分配一般在缴税之前，因此房产税对资源配置的扭曲相对较小；房产税针对存量而非流量征税，房产税的波动对经济活动的冲击影响同样也相对较小；房产税取之于房用之于房的显见性特征也让人可以直接观察到自己税收最终的去向，并且增加公共服务也能提高自己资产的价值。

但是，在房产税设定的四个流程：决定税基、评估税基、设定税率和系统性实施中，任意一个流程上的设定都有着许多难以解决的问题，从而使得房产税并不总是受政府欢迎的。

1. 决定税基

决定哪些房产应该缴税是房产税的首要问题。当然，从理论上来说，对所有的房产都收税是符合直觉的。但现实永远不是理论，总是有一些房产会被减免税收，最常见的例子便是诸如学校、医院、公园和图书馆等。在某些国家，更甚者连农业用地上的建筑和住宅群也会纳入到免征范围内。当然，经济学家总是想当然地认为，这些公共服务设施也占用土地，所以也应该缴税，并且存在免征对象也会扭曲不同企业或者企业与政府之间的竞争关系，甚至于扭曲经济活动中诸多决策。另外，他们还认为税基侵蚀和区域间差异同样会是选择性房产税的弊端，本质上这些都是代理人问题，需要的或许并非直接对所有房产征税或者惩罚有减免房产税动机的地方政府，而是中央政府的信息整合与整体规划。

2. 税基评估

这便是与评估紧密相关的步骤。在此流程中，主流的评估方法有两种：基于面积和基于价值。基于价值的方法还可以细分为基于资产价值和基于租赁价值。部分发达国家以自我评估为主，但更多经济学家认为对资产（或市场）价值征税是更好的选择：最终房产税带来的公共设施等增益在资产价值而非资产总量上能够更好地得到体现。实践当中大多数国家则是以混合形式来试验到底哪种评估方式能够更好地满足征收房产税的目标，因此不同需求带来了不同侧重的混合。当然，其中不能体现相对价值变动的评估方法，如基于面积的评估，会导致明显的不公平问题。但因资源不足或政治上不可接受等困境，往往基于面积的评估会是最终得以实现的评估方法。政府更"小"的国家，如爱尔兰，不得不更加妥协地使用房产拥有者自我评估的方式来实现这一流程。显而易见，这是一个不是办法的办法。

3. 决定税率

显然，通过中央政府设置税率和让各个地方政府设置自己的税率得到的结果截然不同：中央政府设定有助于明晰房产价值评估，但使得地方政府没有动力去使用房产税进行进一步的城市建设；反之，地方政府设定有助于促使地方政府更好地使用税款，但地方政府更加灵活的税率变动使得税额变动难以被普通民众接受。混合形式的仅由中央政府设置约束，在此之上地方政府再行设置的方式也较为常见。类似于决定税基流程中的讨论，是否应该设置最低/最高税率也是经济学家与现实实践中常常讨论并存在矛盾的两个流程点：设置一个较小的最低税率而非免征税显然有助于减缓选择性税基带来的税赋竞争性扭曲，设置最高税率同样也是为了缓解税赋转移性扭曲问题。但房产税本身带来的扭曲并不是很高，设置最低/最高税率的实际管理成本有可能超过其带来的好处。

4. 实施

地方政府自己定义税基和税率尽管在理论上具备一定的优势，但一个国家或地区内，并非所有的地方政府都具备强而有力的税收管理能力。在实施这一流程步骤中，有三个理所当然的核心点：识别税基，也就是明确自己管辖范围内到底哪些房产是应该缴交房产税的；准备对税基的准确描述与评估，并准备好对应的评估修正方案；开具税单，征收税款以及处理欠款等实务上的细则和管理。识别税基不只需要获取税基的必要信息，还需要进一步保证后续更新的一致性。同理，评估税基也不是一锤子买卖，需要不断地更新，并保证每次更新的真实准确。因此，识别、评估和最后实务部分都需要纠错机制，来允许可能的错误被修正或至少被上报。可以看到，实施过程中的高成本也可能成为房产税实现流程中的一大障碍。

（三）美国房产税的设定流程实例

表1给出了美国50个州政府房产税的具体设定。以纽约市为例，房产税的确定分为四个步骤：

第一步，确定房产的市场价值。基于附近相似房产的近期销售价格等数据，建立统计模型对房产进行估价。假定房产的市场价值为一百万美元；

第二步，房产评估值是其市场价的百分比，用于确定房产的年度税费。按照该市相关法律，房产的评估值不得每年增长超过6%或者在五年内增长超过20%，新建或翻新房产则不受此限。此外，房产的评估值不得超过市场价值的6%。由此房产的评估价为一百万乘以

0.06 即六万美元；

第三步，免税额度的确定。针对不同房主人群如老年人、退役军人、残疾人等设立不同额度的免税额。假定该房产的免税额为两千美元；

第四步，评估值减去免税额得到应税价值（六万减去两千得到五万八千美元）之后，采用逐年调整的税率（例如 2021 年的 0.21045）进行计算应收房产税（58000*0.21045=12206.1）。如有相应的减税政策，需要对应收房产税进行相应的削减（396），得到最终的应收房产税总额（12206.1-396=11810.1）。

美国各州的房产税描述性统计（2006—2016 年平均） 表1

州	房产税收入（百万）	国内生产总值（百万）	人口（千人）	联邦转移支出（百万）	房产税率	家庭规模
亚拉巴马州	2448	182397	4771	9170	0.0039	2.52
阿拉斯加	1306	52434	713	2892	0.0102	2.77
亚利桑那州	6791	268778	6476	11368	0.0065	2.70
阿肯色州	1756	106734	2919	6045	0.0059	2.51
加利福尼亚州	53002	2162854	37556	73316	0.0074	2.93
科罗拉多州	6712	274227	5109	7134	0.0060	2.53
康涅狄格州	9224	243089	3567	3144	0.0146	2.55
特拉华州	693	61082	905	1599	0.0049	2.60
佛罗里达州	26028	792266	19179	23337	0.0100	2.56
佐治亚州	10479	447658	9755	12357	0.0089	2.70
夏威夷	1331	72254	1371	2059	0.0029	2.93
爱达荷州	1365	58532	1576	2382	0.0071	2.65
伊利诺伊州	23990	703272	12805	13200	0.0175	2.63
印第安纳州	6726	293299	6497	9378	0.0095	2.53
爱荷华州	4285	152068	3059	5527	0.0132	2.40
堪萨斯州	3893	135409	2851	3842	0.0129	2.49
肯塔基州	3007	171493	4346	9043	0.0076	2.49
路易斯安那州	3430	222905	4529	10288	0.0045	2.62
缅因州	2379	52794	1328	2593	0.0110	2.34
马里兰州	8031	326434	5819	9035	0.0090	2.64
马萨诸塞州	13287	431900	6608	8278	0.0104	2.52
密歇根州	13798	418479	9943	17024	0.0149	2.53
明尼苏达州	7449	288727	5339	8165	0.0103	2.46
密西西比州	2530	97831	2964	7914	0.0060	2.63
密苏里州	5614	265009	5984	7151	0.0096	2.47
蒙大拿州	1354	40172	996	2014	0.0074	2.42

续表

州	房产税收入 （百万）	国内生产总值 （百万）	人口 （千人）	联邦转移支出 （百万）	房产税率	家庭规模
内布拉斯加	2928	97913	1837	2788	0.0170	2.46
内华达州	2967	131667	2720	2682	0.0075	2.68
新罕布什尔州	3422	67009	1323	1732	0.0179	2.49
新泽西州	24947	515628	8788	11759	0.0187	2.71
新墨西哥州	1335	85888	2050	5565	0.0060	2.64
纽约	45596	1274318	19422	40021	0.0135	2.62
北卡罗来纳州	8635	439453	9583	13595	0.0079	2.51
北达科他州	789	42238	695	1549	0.0129	2.28
俄亥俄州	13562	535710	11551	12018	0.0147	2.47
俄克拉荷马州	2285	165534	3770	7849	0.0082	2.53
俄勒冈州	4904	176240	3863	7283	0.0089	2.49
宾夕法尼亚州	16640	626841	12692	23191	0.0138	2.47
罗得岛	2250	51298	1056	2470	0.0132	2.49
南卡罗来纳州	4845	175678	4658	7672	0.0055	2.53
南达科他州	977	40815	822	1410	0.0122	2.44
田纳西州	5074	277086	6378	11560	0.0074	2.51
得克萨斯州	40071	1349514	25564	33099	0.0176	2.82
犹他州	2558	127667	2790	3186	0.0061	3.11
佛蒙特州	1371	27804	625	1664	0.0157	2.36
弗吉尼亚州	11332	434326	8060	8395	0.0079	2.58
华盛顿州	8790	394926	6799	8597	0.0090	2.53
西弗吉尼亚州	1408	66055	1844	3908	0.0050	2.41
威斯康星州	9242	268659	5689	9967	0.0168	2.42
怀俄明州	1287	37703	562	1246	0.0055	2.47

数据来源：世界银行。此处的房产税率为房产市场价格的百分比，而非评估价的百分比。

二、房产税实施中的主要障碍

（一）显见性

与收入税不同，房产税不可能在企业发放薪资时就代为收缴；同样地，房产税显然也不可能像消费税一样，在日常生活中小额缴交（在中国大多数人甚至不会感受到消费税的存在）。除非税款直接包含在每月的抵押贷款中，否则房产税一定需要纳税人主动地、一次性地、直接地支付。先且不论中国人罕有积极主动缴交税款的习惯，即使在有这类习惯的欧美国家，一次性收缴如此巨大的（相对于消费税）税款都将会是一种挑战。另外，房产税作为地方政府的主要收入来源之一，其用途的显见性同样使得人们并不愿意支付与周边公共设施服务不相符的税负。更进一步地，未来如果发现需要对房产税进行修正，这种显见性使得纳税人必须再一次调整自己的习惯，可以想象，这将是一件多么困难的事情。（芬兰允许通过养老金或者工作单位代为缴纳房产税。）

（二）缺乏流动性

许多国家中反对房产税的主力人群都是老年人，他们的共同特征便是缺乏流动性——拥有较多的资产，但现金流上却较为匮乏。如果仅从房产这种难以快速变现的资产上直接推算应该缴纳的税额，对于上述缺乏流动性的人群而言将会是新的巨大负担：不仅需要一次性缴交，而且难以从资产的变现上获得。延迟缴交或仅在更多套房产及交易时缴交是大多数经济学家开出的药方，但在大部分国家中似乎由于"老年人的恋栈不去与舐犊情深"而并不能很好地推广和实施。（基于收入、年龄和家庭情况的税收减免也是一种设计。）（对中青年的税收延迟计划由于规划时间过长，同样困难重重。）

（三）累积性

尽管都是对资产征税，但不同人群对于房产税的不同理解导致了他们对于这个税种累积特征的不同解读：对认为房子就是用来住的人群而言，由于贫困家庭中住房支出一定是占更大比例的，因此房产税应该是累退的；而对于将房子视作资产的人群而言，自然由于资本收入在富裕家庭中具有更高的份额，而将房产税视作应该是累进的。同样地，将房产税视作土地租金或者福利税的人群对房产税的累计性质同样有着他们自己的理解。因此，房产税累进与否以及是否应该包含起征点，甚至于起征点的公平性都需要首先统一人们对房产税的认知问题。这显然依赖于政府征收房产税的目的。

（四）缺乏弹性

房产税是较为缺乏弹性的：除非税基或者税率发生变化，否则房产税的最高值很难发生变动；即使基于市场价值，其税收的变化速度仍慢于收入税或销售税。因此，想要通过增加房产税来维持经济增长中政府收入的对应增长，往往不得不提高税率（特别是在税基已经很难进一步增加的情况下）。显然这不会受到纳税人的欢迎。反之，在经济衰退阶段，同样由于房产税的缺乏弹性，其下降速度缓于收入和房产价值，同样不会受到纳税人的欢迎。

（五）波动性

这里的波动性并不是指（四）中随着经济波动而导致房产税的整体波动，而是不同区域、不同类型房产在经济周期背景下波动的参差。不过最终导致的结果较为类似：当基于市场价值计算房产税时，过热区域的人群会由于房产税的过快增长而认为房产税不再公平。与（四）中的问题一起，重新评估修正是解决这两个问题的核心方案。（但同样重新评估在实践中也难以完全实施。）

（六）预设性

正如显见性中分析的那样，房产税较难通过工作单位代缴，也很难通过拆分来降低存在感。而房产税并非基于流量而是存量的特征也将其与另外两种类型的税收区别开来：不存在可以完美定义房产税的经济活动。因此房产税从一开始就是预设的而非基于实际经济活动的一种税收。因此，房产税的税额总是难以让所有人信服，特别是缺乏弹性迫使政府提高税率时，人们对房产税不满意的程度就进一步提升了。

（七）不同层面政府需要面临的独特难题

对于中央政府而言，效率上的公共池塘资源问题、管理成本上的规模不经济、显见性在政治上的不利影响以及缺乏弹性合并公共品带来的税收低接受度都是实施房产税过程中需要面对的独特难题；反之，对于下级政府，如何与周边地区协调异质的税基来保证公平公正、如何保证税收收入稳定性、如何较为全面完善地实施房产税等主题则是中央政府不会面临的困境。

三、房产税实施的国际经验

（一）拉丁美洲

1.政府间转移支付与税收习惯

对于下级政府而言，房产税实施中征收水平是由一系列的因素决定的。这些因素包括中央政府财政管理权力下放程度、各个下级政府的融资结构、经济发展水平、房产税基的潜在规模，以及公共部门的基本制度特征等。对于拉丁美洲而言，政府间转移支付在国家以下各级财政系统中占主导地位，对房产税的征收有负面影响，而且，在大多数情况下，拉丁美洲国家以下各级政府不愿意或似乎没有能力利用这一收入来源的下放。在这种情况下，要使房产税发挥应有的作用，可能不仅仅是解决房产税本身的设计、管理和执行等复杂问题。例如，政府对纳税人需求的响应和文化因素的改善，如税收习惯的养成，可能是增加房产税征收的必要条件。

2.区域间区别对待的方案

大多数地方政府显然还需要发展其行政和技术能力。这个相当明显的建议在文献中早已得到认可，但他仍然是一个不可避免的、有待完成的任务。在这方面，两个可能的策略是实施不对称的房产税分配和向那些行政能力较低的地方政府提供技术和财政援助，从而让地方政府了解自身税收的重要性，并向纳税人展示房产税支付和地方服务之间的联系。这不是一项容易的任务，但成功的经验，如波哥大和利马市所提供的经验，可以作为相关的例子。

总的来说，与直觉相悖，拉丁美洲地方政府如果想要更有效地使用房产税，来获得更大的收入自主权，反而需要中央政府更深入地参与房产税的管理、收集和执行。

（二）新兴欧洲经济体

新兴欧洲经济体一般希望经常性房产税是基于价值而非面积或自我评估的，但引入基于价值的经常性房产税需要满足一些条件，主要是一个全面的产权登记系统，可以从中得出税单，关于交易价格的高质量数据，以便能够估计可比财产的价值；符合国际公认标准的评估师标准和资格的评估基础设施；以及一个高效的税收系统。房产税往往是不受欢迎的，改革可能会遇到政治阻力。他们往往缺乏财政部的支持，在一个稳定的财政体系中的作用也没有得到广泛的理解。那些最有效地利用房产税的国家需要时间来发展他们的系统。关于如何组织房产税，没有一个普遍的模式，但各国都会遇到一些共同的问题，并且可以从其他国家的经验中吸取教训。

（三）发展中国家

多个发展中国家的房产税往往不被看作是一项独立的政策，他们往往将房产税与更广泛的公共部门管理挂钩，将房产税视作是对旨在改善治理和公共服务的更广泛的公共部门管理的支持性投入。这将有助于将收入动员和改善服务联系起来，这是鼓励自觉缴税的一个必要因素。

类似于拉丁美洲，房产税需要政治、技术和民众支持，但部分发展中国家认为所有的管理都是动态的，因此需要政府系统地监测和定期调整房产税政策和行政策略，以确保有效实施和实现预期的收入、公平和效率目标，如避免出现"一旦免征，永远免征"的情况。另外，由于预设性和累积性特征，发展中国家并不希望税率结构过于复杂并极力避免累进式的房产税率。而简化的数据采集、数据管理和税收绘图程序、适当的估值方法、透明的评估程序、负责任的收集机制、有效的执法系统、有针对性的纳税人服务和计算机辅助行政支持系统则是不同发展中国家选择的保证税收管理质量的常见策略。

发展中国家的税务部门经常将职能拆分，根据效率、问责制、规模经济、公平的需要、避免利益冲突的需要以及调动政治意愿的需要等不同需求因素，将这些职能分配给各级政府和（或）私人部门。这样做将提高税收管理的成本效益、公平和效率。采取过渡性的、渐进式的方法，根据税收管理部门和纳税人的吸收能力，分阶段实施改革也是部分发展中国家的策略。国际经验表明，全国性的房产税改革可能需要5—15年才能实现可持续的结果。

（四）房产税针对性策略

如表2所示，我们对抽象后的房产税实施过程中的一些主要障碍给出了国际经验性的一些有效政策。

房产税征收的策略 表 2

主要障碍	策略
显见性：房产税比其他税种更引人注意	将征收房产税与改善地方服务紧密结合，从收入发放单位预扣税款或提供其他纳税方式，非一次性的税率/税基变化
缺乏流动性：纳税人的收入和房产税不存在正相关关系，特别是对老年人而言	为缺乏流动性人群提供税收延迟，提供其他纳税方式，非一次性的税率/税基变化
累积性：低收入纳税人的税收占收入的百分比较高	房产税抵免、延期或贷款，税率与支出波动捆绑
波动性：对一些纳税人来说，税收有可能出现较大的波动	每年进行重新评估，索引税基
预设性：房产税的设定不依赖于实际的经济活动	对目标纳税人潜移默化地教育，方便的公众咨询渠道，保障上诉纠错程序，非一次性的税率/税基变化
缺乏弹性：房产税并不随着经济增长而增长	每年进行重新评估，索引税基，非一次性的税率/税基变化

四、结语

近期房产税试点地区扩大和政策执行力度加强，是对"房住不炒"精神的具体落地。房产税作为在世界范围内被各国政府广泛使用的有效政策工具，不仅可以增加持有成本从而抑制投机性炒房需求；还可以取代土地财政和地方政府债务，为城市基础设施建设和维护提供充分的经费支持；更重要的，为城市建设中不可避免的拆迁工作提供了高效可行的房产评估功能。平时按照房产价值征收房产税，拆迁时根据房产税反推房产价值，在经济收益的反复权衡中最终得到让各方承认的房产价值。土地和房产是一种特殊商品，每套房子之间都有差异，每块土地都不能完全替代另一块土地。如果没有房产税提供定价标准，在面对城市拆迁工作时，就难以避免开发商低价强拆或者钉子户漫天要价的两难局面。

征收房产税势在必行，本文初步分析了房产税征收流程：决定税基、税基评估、决定税率和具体征收；各国实践中遇到的主要障碍：显见性、缺乏流动性、累积性、缺乏弹性、波动性、预设性和不同层面政府面临的难题。尝试性地总结了各国征收房产税的经验，有针对性地对各个困难提出了相应的应对策略。

参考文献：

[1] Rolheiser L. Commercial Property Tax Incidence：Evidence from Urban and Suburban Office Rental Markets[J]. Available at SSRN 2993371，2019.

[2] Sepulveda C，Martinez-Vazquez J. Explaining property tax collections in developing countries：the case of Latin America[M]//Decentralization and reform in Latin America. Edward Elgar Publishing，2012.

[3] Grover R，Törhönen M P，Munro-Faure P，et al. Achieving successful implementation of value-based property tax reforms in emerging European economies[J]. Journal of European Real Estate Research，2017.

[4] Oliviero T，Sacchi A，Scognamiglio A，et al. House prices and immovable property tax：Evidence from OECD countries[J]. Metroeconomica，2019，70（4）：776-792.

[5] Slack E，Bird R M. How to reform the property tax：lessons from around the world[M]. Institute on Municipal Finance and Governance，2015.

[6] Kelly R. Implementing sustainable property tax reform in developing countries[M]//Taxation and Development：The Weakest Link?. Edward Elgar Publishing，2014.

[7] Slack E. The Property Tax-in Theory and Practice[M]. Institute on Municipal Finance & Governance，Munk School of Global Affairs，University of Toronto，2011.

[8] Presbitero A F，Sacchi A，Zazzaro A. Property tax and fiscal discipline in OECD countries[J]. Economics Letters，2014，124（3）：428-433.

[9] Kang S H，Skidmore M，Reese L. The effects of changes in property tax rates and school spending on residential and business property value growth[J]. Real Estate Economics，2015，43（2）：300-333.

[10] Di John J. The political economy of taxation and tax reform in developing countries[M]. WIDER research paper，2006.

作者联系方式

姓　　名：李秀荣　张露沁

单　　位：厦门市云评众联科技有限公司

地　　址：厦门市思明区金星路 41 号

邮　　箱：Lixiurong@vip.sina.com，59261013@qq.com

注册号：张露沁（3520110015）

姓 名：陈宇晟
单 位：集美大学财金学院
地 址：厦门市思明区厦门大学嘉庚一 110
邮 箱：616458796@qq.com

姓 名：梁振杰
单 位：厦门大学经济学院
地 址：厦门市思明区厦门大学嘉庚一 110
邮 箱：zjliangcn@gmail.com

房地产估价主要方法中增值税计算的思考

——以上海为例

林　风

　　摘　要：2016年全面"营改增"后，大部分的房地产估价机构为了计算的方便以及与营业税平稳过渡，普遍采用简易计税方法计算增值税。随着"营改增"的不断推进，适用简易计税方法计算的老项目越来越少，在有关政策要求新项目以一般计税方法计算的前提下，厘清增值税计算在各主要房地产估价方法上的科学应用显得尤为迫切和重要。作者参考有关法规和规范并结合实践就增值税在主要估价方法中的计算提出一些思考，供房地产估价从业人员参考及讨论。

　　关键词：增值税；估价方法；一般计税法

一、政策背景

　　2016年3月23日，财政部和国家税务总局发布了《关于全面推开营业税改征增值税试点的通知》（财税〔2016〕36号）。该通知规定，自2016年5月1日起，在全国范围内全面推开营业税改征增值税（以下简称"营改增"）试点，将建筑业、房地产业、金融业、生活服务业等全部营业税纳税人，纳入试点范围，由缴纳营业税改为缴纳增值税。

　　2016年3月31日，国家税务总局发布了《纳税人转让不动产增值税征收管理暂行办法》（国家税务总局公告2016年第14号）。该暂行办法规定，一般纳税人转让其2016年4月30日前取得或者自建的不动产，可以选择适用简易计税方法计税也可以选择适用一般计税方法计税。一般纳税人转让其2016年5月1日后取得或者自建的不动产，适用一般计税方法。

　　自2016年5月1日起在全国范围内全面推开营业税改征增值税，"营改增"后对房地产业产生重大影响的同时，也要求房地产估价中相关内容及估价数据根据法律规定做相应的更新。

二、不同计税方式的优越性及局限性分析

　　在增值税计算中仍采用两种方式：即简易计税法和一般计税法。

　　（一）简易计税方式的优越性

　　《中华人民共和国增值税暂行条例》规定，小规模纳税人及个人发生应税销售行为时，按照简易计税方法计算应纳税额；其应纳税额仅与销售额和征收率有关，因此简易计税方法计算更为简单、便捷。同时，对于小规模纳税人而言，其计算结果与实际接近。

（二）简易计税方式的局限性

对于一般纳税人而言，由于其计算过程完全不考虑进项，因此对于两个销售额和税率相同的企业，简易计税方法计算结果是一致的，但实际生产生活中，可能由于两个企业获得进项税额的不同，导致其各自的税负存在极大的差异，因此简易计税方法测算的结果与实际情况会产生背离，从而导致最终估价结果的偏差。

（三）一般计税方式的优越性

由于增值税是多环节征税，即对各环节的增值额征税，从而可以有效解决重复征税的问题。一般计税人往往可以通过销项与进项的互相抵扣，从而降低企业税负。而在估价过程中，采用一般计税方法，更为贴近一般纳税人实际发生的税费支出，从而能够更准确地完成相关的估价工作。

（四）一般计税方式的局限性

也正由于贴近实际生产经营状态所承担的税费，因此在估价工作中，准确判断税费，更依赖于估价师收集相关资料的齐全程度，以及对各销项进项税额的准确判断，因此对于工作量、工作时间，以及对于估价师工作能力要求都极高。

（五）未来趋势

全面"营改增"后，大部分的房地产估价机构为了计算的方便以及与营业税平稳过渡，普遍采用简易计税方法计算增值税。随着"营改增"的不断推进，适用简易计税方法计算的老项目越来越少，在有关政策要求新项目以一般计税方法计算的前提下，厘清增值税计算在各主要房地产估价方法上的科学应用显得尤为迫切和重要。

三、主要估价方法中增值税计算的思考

（一）比较法

1. 统一税费负担的问题

根据《房地产估价规范》GB/T 50291—2015 的要求，选取可比实例后，应建立比较基础，对可比实例的成交价格进行标准化处理，而标准化处理就包括统一税费负担。统一税费负担应将可比实例在交易税费非正常负担下的价格，调整为在交易税费正常负担下的价格。按照法律法规的要求，增值税应该由卖方缴纳。

2. 可比实例成交价格增值税调整的问题

目前上海地区的房地产交易环节合同申报价格实际的操作口径是按照包含增值税的价格确定的，或者说房地产估价师查询到的交易案例实际上绝大多数是"价税合计"的成交价格。而增值税的缴纳金额受到纳税人身份、持有房地产年限、国家减免税政策等诸多复杂因素影响。虽然理论上可以通过房地产估价师的调查分析将各种税负情况进行"换算""还原"，但是在实践中开展此类的调查极其困难。因此，建议根据估价结果的内涵分两种情况处理。

（1）估价结果的内涵包含增值税

根据委托人的要求，估价结果的内涵确定为包含增值税。则不再区分应不同纳税人身份、持有房地产年限、国家减免税政策等诸多复杂因素造成的增值税缴纳额差异，均视为交易案例的增值税计算方式与估价对象的增值税计算方式相同。对于房地产估价师查询到的交易案例不再做特别处理。

（2）估价结果的内涵不包含增值税

根据委托人的要求，估价结果的内涵确定为不包含增值税。则不再区分应不同纳税人身份、持有房地产年限、国家减免税政策等诸多复杂因素造成的增值税缴纳额差异，建议均视为交易案例的增值税计算方式为简易计税方法。计算公式为：

不包含增值税的可比实例成交价格 = 包含增值税的可比实例成交价格 ÷（1+5%）

（二）收益法

1. 居住类房地产的出租

在居住类房地产出租中缴纳的增值税金额受到纳税人身份、国家减免税政策等诸多复杂因素影响存在差异，这一差异影响的是不同业主的增值税税负，进而影响不同业主的房地产投资收益率，而不应影响房地产的客观正常的市场价格。同一房地产的客观正常市场价格不应随业主身份变化产生差异。

目前，上海地区的居住类房地产出租的主要形式是个人出租自有的居住房屋收取租金，企业出租居住房屋收取租金的情况占比相对较低。此外，考虑到上海目前大量建设的租赁住宅项目，数年后专业租赁企业的租赁住房也将占据一定的市场份额。因此，建议收益法在处理居住类房地产的出租时以按照个人出租自有的居住房屋收取租金征收综合税的模式为主考虑。同时兼顾以按照专业租赁企业出租居住房屋收取租金的模式。

需要指出的是上海地区个人出租自有的居住房屋收取租金目前采取的是将增值税、房产税、个人所得税等税费打包的综合税征收方式。而专业租赁企业出租居住房屋则应该按照《关于完善住房租赁有关税收政策的公告》（财政部 税务总局 住房和城乡建设部公告 2021年第24号）的有关规定计算相关税费。

（1）估价结果的内涵包含增值税

根据委托人的要求，估价结果的内涵确定为包含增值税。市场租金案例为包含综合税的租金价格，则扣除综合税计算净收益时按照如下公式计算：

公式一（月租金不足15万）：不包含综合税的租金价格 = 包含综合税的租金价格 – 包含综合税的租金价格 ÷（1+5%）× 2.5%

公式二（月租金超过15万）：不包含综合税的租金价格 = 包含综合税的租金价格 – 包含综合税的租金价格 ÷（1+5%）× 4%

在扣除其他各类费用后计算得到净收益，使用报酬率（个人出租住宅净收益与包含增值税的市场价格提取）计算得到包含增值税的估价结果。

市场租金案例为不包含综合税的租金价格，则跳过上述扣除综合税计算的环节，在扣除其他各类费用后计算得到净收益，使用报酬率（个人出租住宅净收益与包含增值税的市场价格提取）计算得到包含增值税的估价结果。

（2）估价结果的内涵不包含增值税

根据委托人的要求，估价结果的内涵确定为不包含增值税。可以按照上述计算方式得到包含增值税的估价结果，通过以下公式换算：

不包含增值税的估价结果 = 包含增值税的估价结果 ÷（1+5%）

（3）企业出租模式

如果估价目的或者委托方要求按照企业出租居住房屋收取租金模式则做个案特别处理。市场租金案例为包含增值税的租金价格，按照《关于完善住房租赁有关税收政策的公告》（财政部 税务总局 住房和城乡建设部公告2021年第24号）的有关规定计算相关税费，在扣除其他各类费用后计算得到净收益，使用报酬率（企业出租住宅净收益与包含增值税的市场价格提取）计算得到包含增值税的估价结果。

根据委托人的要求，估价结果的内涵确定为不包含增值税。可以按照上述计算方式得到包含增值税的估价结果，通过以下公式换算：

不包含增值税的估价结果＝包含增值税的估价结果－包含增值税的估价结果÷（1+5%）×1.5%

备注：《关于完善住房租赁有关税收政策的公告》（财政部 税务总局 住房和城乡建设部公告2021年第24号）规定："住房租赁企业中的增值税一般纳税人向个人出租住房取得的全部出租收入，可以选择适用简易计税方法，按照5%的征收率减按1.5%计算缴纳增值税，或适用一般计税方法计算缴纳增值税。住房租赁企业中的增值税小规模纳税人向个人出租住房，按照5%的征收率减按1.5%计算缴纳增值税。"

2. 非居类房地产的出租

与居住类房地产的出租相同，非居类房地产的出租不同业主的增值税税负差异只影响不同业主的房地产投资收益率，而不应影响房地产的客观正常的市场价格。

目前，上海地区的非居住类房地产出租的主要形式是企业出租自有的非居住房屋收取租金，个人出租非居住房屋收取租金的情况占比相对较低。需要指出的是出租自有的非居住房屋收取租金的企业以一般纳税人为主体。因此，建议收益法在处理非居住类房地产的出租时以按照企业出租自有的非居住房屋收取租金，并以一般纳税人的模式为主考虑。同时兼顾以按照个人出租非居住房屋收取租金的模式。

（1）估价结果的内涵包含增值税

根据委托人的要求，估价结果的内涵确定为包含增值税。市场租金案例为包含增值税的"价税合计"租金价格，则扣除增值税计算净收益时按照如下公式计算：

公式：不包含增值税的租金价格＝包含增值税的租金价格÷（1+9%）

在扣除其他各类费用后计算得到净收益，使用报酬率（企业出租非居住房地产的净收益与包含增值税的市场价格提取）计算得到包含增值税的估价结果。

市场租金案例为不包含增值税的租金价格，则跳过上述扣除增值税计算的环节，在扣除其他各类费用后计算得到净收益，使用报酬率（企业出租非居住房地产的净收益与包含增值税的市场价格提取）计算得到包含增值税的估价结果。

（2）估价结果的内涵不包含增值税

根据委托人的要求，估价结果的内涵确定为不包含增值税。可以按照上述计算方式得到包含增值税的估价结果，通过以下公式换算：

不包含增值税的估价结果＝包含增值税的估价结果÷（1+9%）

（3）个人出租模式

如果估价目的或者委托方要求按照个人出租非居住房屋收取租金模式则做个案特别处理。市场租金案例为包含增值税的租金价格，按照个人出租非居住房屋的有关规定计算相关税费，在扣除其他各类费用后计算得到净收益，使用报酬率（个人出租非居住房地产的净收益与包含增值税的市场价格提取）计算得到包含增值税的估价结果。

根据委托人的要求，估价结果的内涵确定为不包含增值税。可以按照上述计算方式得到包含增值税的估价结果，通过以下公式换算：

不包含增值税的估价结果＝包含增值税的估价结果÷（1+5%）

（三）成本法

1.估价结果的内涵包含增值税

根据委托人的要求，估价结果的内涵确定为包含增值税。主要成本法构成项目参数取值要点如下。

（1）土地成本

房地产开发企业通过出让方式取得土地的价格不包含增值税，也无法取得增值税专用发票。办理土地权属证书时缴纳的契税基数也是不包含增值税的土地价格。

（2）建设成本

建设成本一般包括建筑安装工程费、勘察设计和前期工程费、基础设施建设费、公共配套设施建设费、其他工程费、开发间接费用等成本费用。

其中建筑安装工程费、前期工程费、其他工程费以及基础设施建设费、公共配套设施建设费、开发间接费用中需要由专业的施工单位完成的内容按照9%的增值税率考虑进项税额。工程报价案例为包含增值税的"价税合计"报价，则按照如下公式换算为不包含增值税的报价：

公式：不包含增值税的工程报价＝包含增值税的工程报价÷（1+9%）

不包含增值税的工程报价计入成本项目，增值税进项税额在计算增值税缴纳额时与增值税销项税额做抵扣，但是不作为成本项目。

勘察设计费、开发间接费用等中需要由专业的机构完成的专业服务内容按照6%的增值税率考虑进项税。专业服务费报价案例为包含增值税的"价税合计"报价，则按照如下公式换算为不包含增值税的报价：

公式：不包含增值税的专业服务费＝包含增值税的专业服务费÷（1+6%）

不包含增值税的专业服务费计入成本项目，增值税进项税额在计算增值税缴纳额时与增值税销项税额做抵扣，但是不作为成本项目。

基础设施建设费、公共配套设施建设费等中缴纳给政府的各类规费均为不包含增值税的金额，直接计入成本项目。

（3）管理费用

通常管理费用以建设成本的一定比例取值。考虑到管理费用中的人员工资与福利占较大比例，且这部分支出是不包含增值税的。因此，可以考虑管理费用以建设成本的一定比例取值，不再特别计算增值税。

（4）投资利息（财务费用）

根据《营业税改征增值税试点有关事项的规定》（财政部 国家税务总局 财税〔2016〕36号）规定，"纳税人接受贷款服务向贷款方支付的与该笔贷款直接相关的投融资顾问费、手续费、咨询费等费用，其进项税额不得从销项税额中抵扣"。因此，可以考虑投资利息以利率与投资年限为依据取值，不再特别计算增值税。

（5）开发利润

开发利润可以是成本利润率、投资利润率和销售利润率等，按照相应的公式计算，不再特别计算增值税。

（6）销售费用

销售费用通常需要由专业的销售代理机构完成的专业服务内容按照6%的增值税率考虑进项税。专业服务费报价案例为包含增值税的"价税合计"报价，则按照如下公式换算为不包含增值税的报价：

公式：不包含增值税的专业服务费 = 包含增值税的专业服务费 ÷（1+6%）

不包含增值税的专业服务费计入成本项目，增值税进项税额在计算增值税缴纳额时与增值税销项税额做抵扣，但是不作为成本项目。

（7）销售税金

房地产开发企业销售环节的税金由增值税和增值税附加组成。增值税缴纳额的计算如下：

应缴纳的增值税 = 销项税额 − 进项税额

销项税额 = 销售额 × 9%

销售额 =（全部价款和价外费用 − 当期允许扣除的土地价款）÷（1+9%）

进项税额 = 以上不包含增值税的各类工程报价 × 9%+ 以上不包含增值税的各类专业服务费 × 6%

增值税附加按照城市维护建设税 7%、教育费附加 3% 和地方教育费附加 2% 计算，合计为实际缴纳增值税的 12%。

计算销售税金时，销售额可以视同估价结果，将其设为未知数"x"，以求解方程的方式计算。

（8）估价结果的确定

包含增值税的房地产成本价格 = 土地成本 + 建设成本 + 管理费用 + 投资利息 + 销售费用 + 销售税金 + 开发利润 − 折旧

2.估价结果的内涵不包含增值税

根据委托人的要求，估价结果的内涵确定为不包含增值税。可以按照上述计算方式得到包含增值税的估价结果，通过以下公式换算：

不包含增值税的估价结果 = 包含增值税的估价结果 ÷（1+9%）

（四）假设开发法

1.估价结果的内涵包含增值税

（1）根据委托人的要求，估价结果的内涵确定为包含增值税。

主要假设开发法构成项目参数取值要点基本参考成本法。其基本公式为：

包含增值税的待开发房地产价格 = 开发完成后的价值（包含增值税）− 后续建设成本 + 后续管理费用 − 后续投资利息 − 后续销售费用 − 后续销售税金 − 后续开发利润

（2）对于开发完成后的价值采用市场法或收益法测算的，参考市场法和收益法的增值税计算要点。

2.估价结果的内涵不包含增值税

根据委托人的要求，估价结果的内涵确定为不包含增值税。可以按照上述计算方式得到包含增值税的估价结果，通过以下公式换算：

不包含增值税的估价结果 = 包含增值税的估价结果 ÷（1+9%）

四、相关建议

据了解，目前全国范围内已有《河南省房地产估价技术指引之四（试行）——营业税改征增值税后房地产估价中应注意的问题》与《新疆房地产业协会〈房地产估价实务中增值税计算技术指引〉》。建议由中房学组织专家、学者及估价机构的专业力量，在充分讨论研究的基础上，尽快出台《房地产估价增值税计算的指导意见》，为估价行业统一增值税计算提供依据。

考虑到增值税计算，尤其是一般计算方法的复杂性，建议学会组织更多层次的有关房地产估价中应用增值税计算的业务学习。例如：可以邀请税务机关和税务师事务所的税务专家讲解有关增值税计算的问题，提升行业的业务能力。

参考文献：

[1] GB/T 50291—2015 房地产估价规范 [S]. 北京：中国建筑工业出版社，2015.

[2] 柴强 . 房地产估价理论与方法 [M]. 北京：中国建筑工业出版社，2017.

作者联系方式

姓　名：林　风

单　位：上海城市房地产估价有限公司

地　址：上海市北京西路 1 号新金桥广场 16 楼

邮　箱：lf@surea.com

注册号：3120060011

与房地产估价相关的增值税政策法规
初步整理与分析

张俊骅 朱 敏

摘 要：自2016年5月1日起在全国范围内全面推开营业税改征增值税（以下称"营改增"）试点，建筑业、房地产业、金融业、生活服务业等全部营业税纳税人纳入试点范围，由缴纳营业税改为缴纳增值税。"营改增"对房地产业产生重大影响的同时，也要求在房地产评估中针对涉及的增值税既需要考虑不同纳税主体适用的计税方式，也需要考虑不同行为的计税税率，本文对相关现行政策进行初步整理与分析，供房地产估价从业人员参考。

关键词：房地产估价；增值税；一般计税方法；简易计税方法

自2016年5月1日起在全国范围内全面推开营业税改征增值税（以下称营改增）试点，建筑业、房地产业、金融业、生活服务业等全部营业税纳税人，纳入试点范围，由缴纳营业税改为缴纳增值税。"营改增"对房地产业产生重大影响的同时，也要求在房地产评估中针对涉及的增值税既需要考虑不同纳税主体适用的计税方式，也需要考虑不同行为的计税税率。

根据应税行为的年应征增值税销售额，现行增值税制度将纳税人分为一般纳税人和小规模纳税人。一般纳税人发生应税行为适用一般计税方法计税。一般纳税人发生财政部和国家税务总局规定的特定应税行为，可以选择适用简易计税方法计税，但一经选择，36个月内不得变更。小规模纳税人发生应税行为适用简易计税方法计税。年应税销售额超过规定标准的其他个人不属于一般纳税人。

本文依据不同的纳税主体（其他个人作为特殊的小规模纳税人单独考虑），对其在不同行为下适用的增值税相关政策进行整理。

一、一般纳税人增值税相关政策整理

一般纳税人是房地产领域最常见的纳税主体，其往往出现在各个应税行为。因此依据房地产开发过程各应税行为可能涉及的相关政策进行分别整理。

（一）开发建设

开发建设包括：前期投资决策、可行性研究、获取土地使用权、工程建设及竣工验收。在此阶段中可能涉及的预售环节，相关政策更接近销售，因此在下一阶段（销售阶段）进行细述。对于一般纳税人而言，该阶段更多涉及的是取得的可抵扣进项税的相关政策（表1）。

非正常损失的不动产、在建工程，以及该不动产和在建工程所耗用构成不动产实体的购进材料和设备、设计服务和建筑服务，其进项税额不得从销项税额中抵扣。

一般纳税人销售自行开发的房地产项目无法划分不得抵扣的进项税额的，应以《建筑工

开发建设过程涉及的可抵扣进项税 表1

成本支出分类		进项税抵扣	
土地取得成本	一级市场通过招拍挂方式取得	以纳税人实际支付的土地价款为限，抵减销售额	应当取得省级以上（含省级）财政部门监（印）制的财政票据
	二级市场取得	可抵扣	凭票抵扣，按9%抵扣
	大市政配套费	不得抵扣	
	契税、耕地占用税等税金	不得抵扣	
	拆迁补偿支出	凭票据抵减销售额	应提供拆迁协议、拆迁双方支付和取得拆迁补偿费用凭证
前期工程费	勘察、测绘、规划、设计、可行性研究等	可抵扣	凭票抵扣，按6%抵扣
	场地平整	可抵扣	凭票抵扣，按9%抵扣
建筑安装工程	开发项目建筑工程费及安装工程费	可抵扣	凭票抵扣，按9%抵扣
装饰装修工程	房地产开发企业销售精装修房，已在《商品房买卖合同》中注明的装修费用；房地产企业销售时赠家电	可抵扣	凭票抵扣，装修费用按9%抵扣；家电设备按13%抵扣
基础设施建设	红线内七通一平等及环境绿化工程费	可抵扣	凭票抵扣，按9%抵扣
公共配套设施费	小区配套归属于全体业主或无偿移交政府等公共配套设施支出	可抵扣	凭票抵扣，按9%抵扣
开发间接费 管理费用 销售费用	工资薪金及职工福利	不允许抵扣	
	折旧费	不允许抵扣	
	修理费	可抵扣	凭票抵扣
	水、电、通信费	可抵扣	凭票抵扣
	办公费	可抵扣	凭票抵扣
	租赁他人房屋	可抵扣	凭票抵扣，按9%抵扣
	物业管理费	可抵扣	凭票抵扣，按6%抵扣
	营销代理费	可抵扣	凭票抵扣，按6%抵扣
	广告费	可抵扣	凭票抵扣，按6%抵扣
	营销设施建造费	可抵扣	凭票抵扣，按9%抵扣
	与取得贷款相关的顾问费、手续费、咨询费	不允许抵扣	
财务费用	利息支出	不允许抵扣	

程施工许可证》注明的"建设规模"为依据进行划分。

（二）销售

销售是指纳税人以有偿转让的方式转移不动产所有权或自然资源使用权。销售环节包括：期房预售和现房销售。在销售阶段产生的增值税主要是由于销售带来的销项税额。在销售环节，销项税额的计算方式依据纳税主体是否为房地产开发企业，存在一定差异。

1.房地产开发企业销售不动产应纳税额计算方法（表2）

房地产开发企业销售不动产应纳税额计算方法 表2

销售环节	项目分类	计税方法	应纳税额计算方法	
			预缴税款	纳税申报
预售	老项目	简易计税方法	预收款 ÷（1+5%）×3%	全部价款和价外费用 ÷（1+5%）×5%-预缴税款 未抵减完的预缴税款可以结转下期继续抵减
	老项目	一般计税方法	预收款 ÷（1+9%）×3%	（全部价款和价外费用-当期允许扣除的土地价款）÷（1+9%）×9%-预缴税款-进项税额 未抵减完的预缴税款可以结转下期继续抵减
	新项目			
销售	老项目	简易计税方法	全部价款和价外费用 ÷（1+5%）×5%	
	老项目	一般计税方法	（全部价款和价外费用-当期允许扣除的土地价款）÷（1+9%）×9%-进项税额	
	新项目		当期允许扣除的土地价款=（当期销售房地产项目建筑面积 ÷ 房地产项目可供销售建筑面积）× 支付的土地价款	

上表中老项目，是指：

（1）《建筑工程施工许可证》注明的合同开工日期在2016年4月30日前的建筑工程项目；

（2）未取得《建筑工程施工许可证》的，建筑工程承包合同注明的开工日期在2016年4月30日前的建筑工程项目。

房地产开发企业不论预缴还是纳税申报均向企业主管税务机关缴税。

2.非房地产开发企业销售不动产应纳税额计算方法（表3）

非房地产开发企业销售不动产应纳税额计算方法 表3

取得时间	计税方法	类型	应纳税额计算方法	
			预缴（不动产所在地主管税务机关）	纳税申报（机构所在地主管税务机关）
2016年4月30日前取得	简易计税方法	自建	全部价款和价外费用 ÷（1+5%）×5%	
		非自建	（全部价款和价外费用-购置原价或者取得不动产时的作价）÷（1+5%）×5%	
2016年4月30日前取得	一般计税方法	自建	全部价款和价外费用 ÷（1+5%）×5%	全部价款和价外费用 ÷（1+9%）×9%-预缴税款-进项税额
2016年5月1日后取得		非自建	（全部价款和价外费用-购置原价或者取得不动产时的作价）÷（1+5%）×5%	全部价款和价外费用 ÷（1+9%）×9%-预缴税款-进项税额

（三）出租

出租是指纳税人在约定的期间内，将不动产使用权让与承租人以获取租金的行为。在该阶段既存在纳税人取得租金收入产生的销项税额，也有可能存在纳税人对物业维修保养，以及购买相关保险等支出行为产生的进项税额。

1.一般纳税人出租不动产应纳税额的计算方法（表4）

一般纳税人出租不动产应纳税额的计算方法　　表4

时间	计税方法	应纳税额计算方法	
		预缴（不动产所在地）	纳税申报（机构所在地主管税务机关）
2016年4月30日前取得	简易计税方法	含税销售额÷（1+5%）×5%	含税销售额÷（1+5%）×5%
	一般计税方法	含税销售额÷（1+9%）×3%	含税销售额÷（1+9%）×9%－进项税额
2016年4月30日后取得	一般计税方法	含税销售额÷（1+9%）×3%	含税销售额÷（1+9%）×9%－进项税额

2.一般纳税人出租不动产现行减征政策

自2021年10月1日起，住房租赁企业中向个人出租住房取得的全部出租收入，可以选择适用简易计税方法，按照5%的征收率减按1.5%计算缴纳增值税，或适用一般计税方法计算缴纳增值税。住房租赁企业向个人出租住房适用上述简易计税方法并进行预缴的，减按1.5%预征率预缴增值税。

3.一般纳税人出租不动产现行免征政策

自2019年1月1日至2023年12月31日，对公租房经营管理单位经营公租房所取得的租金收入，免征增值税。公租房经营管理单位应单独核算公租房租金收入，未单独核算的，不得享受免征增值税优惠政策。

（四）自营

自营的房地产纳税人既是物业所有者也是经营者，其租金收入与企业经营利润密不可分。该阶段的进项税多来源于日常经营所需支付的水、电、通信费用，维修费用和保险费等，而销项税往往与经营者所在行业类别与税收政策息息相关，因此本文仅列举部分行业的特殊增值税政策。

自2019年10月1日至2021年12月31日，允许生活性服务业纳税人按照当期可抵扣进项税额加计15%，抵减应纳税额。按照现行规定不得从销项税额中抵扣的进项税额，不得计提加计抵减额。

二、小规模纳税人相关政策整理

小规模纳税人采用简易计税方法，没有进项税额抵扣，因此着重分析其销项税额的计算及缴纳申报相关要求。

（一）销售

1.房地产开发企业销售不动产应纳税额计算方法（表5）

房地产开发企业销售不动产应纳税额计算方法　　表5

销售环节	计税方法	应纳税额计算方法	
		预缴税款	纳税申报
预售	简易计税方法	预收款÷（1+5%）×3%	当期销售额÷（1+5%）×5%－预缴税款 未抵减完的预缴税款可以结转下期继续抵减
销售	简易计税方法	全部价款和价外费用÷（1+5%）×5%	

房地产开发企业不论预缴还是纳税申报均向企业主管税务机关缴税。

小规模纳税人销售自行开发的房地产项目，可以向主管税务机关申请代开增值税专用发票，但购买方为其他个人时，不得申请代开增值税专用发票。2016 年 4 月 30 日前已收取预收款，未开具营业税发票的，可开具增值税普通发票，不得申请代开增值税专用发票。

2. 非房地产开发企业销售不动产应纳税额计算方法（表 6）

非房地产开发企业销售不动产应纳税额计算方法 表 6

不动产类型	应纳税额计算方法	
	预缴（不动产所在地主管税务机关）	纳税申报（机构所在地主管税务机关）
自建	全部价款和价外费用 ÷（1+5%）× 5%	全部价款和价外费用 ÷（1+5%）× 5%
非自建	（全部价款和价外费用 - 购置原价或者取得不动产时的作价）÷（1+5%）× 5%	（全部价款和价外费用 - 购置原价或者取得不动产时的作价）÷（1+5%）× 5%

自 2019 年 1 月 1 日至 2021 年 12 月 31 日，小规模纳税人可以在 50% 的税额幅度内减征资源税、城市维护建设税、房产税、城镇土地使用税、印花税（不含证券交易印花税）、耕地占用税和教育费附加、地方教育附加。并且该减征政策可以与其他优惠政策叠加。

（二）出租

1. 小规模纳税人出租不动产应纳税额的计算方法（表 7）

小规模纳税人出租不动产应纳税额的计算方法 表 7

物业类型	应纳税额计算方法	
	预缴（不动产所在地）	纳税申报（机构所在地主管税务机关）
住宅	含税销售额 ÷（1+5%）× 1.5%	含税销售额 ÷（1+5%）× 1.5%
非住宅	含税销售额 ÷（1+5%）× 5%	含税销售额 ÷（1+5%）× 5%

2. 小规模纳税人出租不动产现行免征政策

自 2021 年 4 月 1 日至 2022 年 12 月 31 日，小规模纳税人及其他个人，采取一次性收取租金形式出租不动产取得的租金收入，可在对应的租赁期内平均分摊，分摊后的月租金收入未超过 15 万元的，免征增值税。

三、个人相关政策整理

根据相关规定，增值税相关政策中的个人，是指个体工商户和其他个人。在纳税主体为个人的增值税应税交易过程中，涉及房地产相关的主要包括销售和租赁两种应税行为。而在整个应税交易过程中，对于部分情况会有相应的减免政策，纳税人发生应税交易适用减税、免税规定的，也可以选择放弃减税、免税，依照一般规定缴纳增值税，因此本文将一般规定与特殊减免政策分别整理。

（一）销售

1. 一般规定（表 8）

需注意的是，个体工商户应向住房所在地主管税务机关预缴税款，向机构所在地主管税务机关申报纳税，其他个人向住房所在地主管税务机关申报纳税。

销售类个人应税行为一般规定　　　　　　　　　　表 8

不动产类型	自购买之日起	
	不足 5 年	5 年以上（含 5 年）
普通住宅	全部价款和价外费用 ÷（1+5%）× 5%	免征
非普通住宅	全部价款和价外费用 ÷（1+5%）× 5%	（全部价款和价外费用 – 购置原价或者取得不动产时的作价）÷（1+5%）× 5%
非住宅	（全部价款和价外费用 – 购置原价或者取得不动产时的作价）÷（1+5%）× 5%	

2. 个人销售不动产现行免征政策

（1）自 2016 年 5 月 1 日起，个人销售自建自用住房，及涉及家庭财产分割的个人无偿转让不动产、土地使用权，免征增值税。

（2）上海市自 2021 年 1 月 22 日起，个人将购买 5 年以上（含 5 年）的普通住房对外销售的，免征增值税。

（二）出租

1. 一般规定（表 9）

租赁类个人应税行为一般规定　　　　　　　　　　表 9

计税方法	类型	应纳税额计算方法
简易计税方法	住宅	含税销售额 ÷（1+5%）× 1.5%
	非住宅	含税销售额 ÷（1+5%）× 5%

需注意的是，其他个人出租不动产直接向不动产所在地主管税务机关申报纳税。

2. 个人出租不动产现行免征政策

自 2021 年 4 月 1 日至 2022 年 12 月 31 日，个人采取一次性收取租金形式出租不动产取得的租金收入，可在对应的租赁期内平均分摊，分摊后的月租金收入未超过 15 万元的，免征增值税。

四、税率适用依据及税率调整汇总

根据相关规定，增值税适用的税率以应税行为发生的时间为依据。因此，将 2016 年 5 月 1 日后增值税税率相关调整整理如下。

（一）简易计税方式涉及的税率变化（表 10）

简易计税方式涉及的税率变化　　　　　　　　　　表 10

纳税人	简易计税方式	2016.5.1—2020.1.31	2020.2.1—2021.12.31（除湖北省外）
		征收率	
小规模纳税人	小规模纳税人销售货物或者加工、修理修配劳务，销售应税服务、无形资产	3%	1%

续表

纳税人	简易计税方式	2016.5.1—2020.1.31	2020.2.1—2021.12.31（除湖北省外）
		征收率	
允许适用简易计税方式计税的一般纳税人	一般纳税人发生按规定适用或者可以选择简易计税方法计税的特定应税行为，但适用5%征收率的除外	3%	
允许适用简易计税方式计税的一般纳税人	销售不动产；符合条件的经营租赁不动产（土地使用税）；转让营改增前取得的土地使用权；房地产开发企业销售、出租自行开发的房地产老项目；符合条件的不动产融资租赁；选择差额纳税的劳务派遣、安全保护服务；一般纳税人提供人力资源外包服务	5%	
	纳税人销售旧货；小规模纳税人（不含其他个人）以及符合规定情形的一般纳税人销售自己使用过的固定资产，可依3%征收率减按2%征收增值税	3%减按2%	

自2020年3月1日至2021年3月31日，对湖北省增值税小规模纳税人，适用3%征收率的应税销售收入，免征增值税；适用3%预征率的预缴增值税项目，暂停预缴增值税。自2021年4月1日至2021年12月31日，湖北省增值税小规模纳税人适用3%征收率的应税销售收入，减按1%征收率征收增值税；适用3%预征率的预缴增值税项目，减按1%预征率预缴增值税。

自2020年3月1日至2021年12月31日，除湖北省外，其他省、自治区、直辖市的增值税小规模纳税人，适用3%征收率的应税销售收入，减按1%征收率征收增值税；适用3%预征率的预缴增值税项目，减按1%预征率预缴增值税。

（二）一般计税方式涉及的税率变化（表11）

一般计税方式涉及的税率变化　　　　表11

增值税项目		各应税时点适用税率			
		2019.4.1至今	2018.5.1—2019.3.31	2017.7.1—2018.4.30	2016.5.1—2017.6.30
销售或者进口货物（除特殊列举外）；销售劳务、有形动产租赁服务		13%	16%	17%	17%
销售或者进口货物（特殊列举）	自来水、暖气、冷气、热水、煤气、石油液化气、天然气、二甲醚、沼气、居民用煤炭制品	9%	10%	11%	13%
建筑服务	工程服务、安装服务、修缮服务、装饰服务和其他建筑服务	9%	10%	11%	13%
销售不动产	转让建筑物、构筑物等不动产所有权	9%	10%	11%	13%
金融服务	贷款服务、直接收费金融服务、保险服务和金融商品转让	6%	6%	6%	6%

续表

增值税项目		各应税时点适用税率			
		2019.4.1至今	2018.5.1—2019.3.31	2017.7.1—2018.4.30	2016.5.1—2017.6.30
现代服务	研发和技术服务、信息技术服务、文化创意服务、物流辅助服务、租赁服务、鉴证咨询服务、广播影视服务、商务辅助服务、其他现代服务	6%	6%	6%	6%
现代服务	不动产租赁服务	9%	10%	11%	13%
生活服务	文化体育服务、教育医疗服务、旅游娱乐服务、餐饮住宿服务、居民日常服务、其他生活服务	6%	6%	6%	6%
销售无形资产	转让技术、商标、著作权、商誉、自然资源使用权和其他权益性无形资产使用权或所有权	6%	6%	6%	6%
	转让土地使用权	9%	10%	11%	13%

五、房地产估价相关增值税政策适用注意点

（一）计算方式由简易计税方法向一般计税方法转变

在全面"营改增"后，大部分的房地产估价机构为了计算的方便以及与营业税平稳过渡，普遍采用简易计税方法计算增值税。随着"营改增"的不断推进，适用简易计税方法计算的老项目越来越少，在有关政策要求新项目以一般计税方法计算的前提下，房地产估价应当适时更新相关涉及增值税部分的计算方式和计算参数，以便在估价过程中涉及增值税部分更符合实际情况。

（二）纳税主体及适用税率随价值时点调整

在房地产估价过程中涉及增值税部分时，需要同时考虑纳税主体资格的转变以及其所在行业的税率调整。由于增值税适用的税率以应税行为发生的时间为依据，因此在评估工作中需要特别注意价值时点对应的税率问题，特别是在采用一般计税方式分别计算销项税额和进项税额时，应当合理判断各应税行为对应的税率。

（三）及时关注减税、免税政策的适用范围和适用条件

由于现行的减税、免税政策随着时间的推移而发生变化、终止、延期等效果，因此要时刻关注相关减免税的政策的适用范围和适用条件，在不同的估价工作中，应当充分考虑相关减免政策对于房地产估价结果的影响。

参考文献：

[1]《关于发布〈纳税人转让不动产增值税征收管理暂行办法〉的公告》（国家税务总局公告2016年第14号）（2016年3月31日发布，自2016年5月1日起施行）。

[2]《关于发布〈纳税人提供不动产经营租赁服务增值税征收管理暂行办法〉的公告》（国家税务总局公告2016年第16号）（2016年3月31日发布，自2016年5月1日起施行）。

[3]《房地产开发企业销售自行开发的房地产项目增值税征收管理暂行办法》(国家税务总局公告 2016 年第 18 号)(2016 年 3 月 31 日发布,自 2016 年 5 月 1 日起施行)。

[4]《营业税改征增值税试点实施办法》(财政部 国家税务总局 财税〔2016〕36 号)(2016 年 3 月 23 日发布,自 2016 年 5 月 1 日起施行)。

[5]《营业税改征增值税试点有关事项的规定》(财政部 国家税务总局 财税〔2016〕36 号)(2016 年 3 月 23 日发布,自 2016 年 5 月 1 日起施行)。

[6]《营业税改征增值税试点过渡政策的规定》(财政部 国家税务总局 财税〔2016〕36 号)(2016 年 3 月 23 日发布,自 2016 年 5 月 1 日起施行)。

[7]《关于进一步明确全面推开营改增试点有关再保险不动产租赁和非学历教育等政策的通知》(财政部 国家税务总局 财税〔2016〕68 号)(2016 年 3 月 23 日发布,自 2016 年 5 月 1 日起施行)。

[8]《关于纳税人转让不动产缴纳增值税差额扣除有关问题的公告》(国家税务总局公告 2016 年第 73 号)(2016 年 11 月 24 日发布,自发布之日起执行)。

[9]《关于土地价款扣除时间等增值税征管问题的公告》(国家税务总局公告 2016 年第 86 号)(2016 年 12 月 24 日发布,自发布之日起执行)。

[10]《关于实施小微企业普惠性税收减免政策的通知》(财政部 国家税务总局财税〔2019〕13 号)(2019 年 1 月 17 日发布,自 2019 年 1 月 1 日至 2021 年 12 月 31 日执行)。

[11]《财政部 税务总局 海关总署关于深化增值税改革有关政策的公告》(财政部 税务总局 海关总署公告 2019 年第 39 号)(2019 年 03 月 20 日发布,自 2019 年 04 月 01 日起施行)。

[12]《关于公共租赁住房税收优惠政策的公告》(财政部 税务总局公告 2019 年第 61 号)(2019 年 4 月 15 日发布,自 2019 年 1 月 1 日至 2020 年 12 月 31 日起执行)。

[13]《关于明确生活性服务业增值税加计抵减政策的公告》(财政部 税务总局公告 2019 年第 87 号)(2019 年 09 月 30 日发布,自 2019 年 10 月 01 日至 2021 年 12 月 31 日施行)。

[14]《关于明确国有农用地出租等增值税政策的公告》(财政部 税务总局公告 2020 年第 2 号)(2020 年 1 月 20 日发布,自发布之日起执行)。

[15]《国家税务总局关于小规模纳税人免征增值税征管问题的公告》(国家税务总局公告 2021 年第 5 号)(2021 年 3 月 31 日发布,自 2021 年 4 月 1 日至 2022 年 12 月 31 日执行)。

[16]《关于延长部分税收优惠政策执行期限的公告》(财政部 税务总局公告 2021 年第 6 号)(2021 年 3 月 23 日发布,自发布之日起执行)。

[17]《关于完善住房租赁有关税收政策的公告》(财政部 税务总局 住房和城乡建设部公告 2021 年第 24 号)(2021 年 7 月 15 日发布,自 2021 年 10 月 1 日起执行)。

[18]《关于促进本市房地产市场平稳健康发展的意见》(沪建房管联(2021)48 号)(2021 年 1 月 21 日发布,自 2021 年 1 月 22 日起施行)。

作者联系方式

姓　名:张俊骅　朱　敏

单　位:上海城市房地产估价有限公司

地　址:上海市北京西路 1 号新金桥广场 15-18 楼

邮　箱:zjh@surea.com;zm@surea.com

注册号:张俊骅(3120150022),朱敏(3120180009)

增值税在房地产估价中的价值内涵探究

田蓉泉 王沪俣

摘 要： 房地产估价的价值内涵中是否包含增值税，估价结果是否为"含税价"，尚未在房地产估价行业内部达成完全共识。本文拟通过广泛地调查，听取不同委托人、咨询机构等对于估价结果是否包含增值税的意见，分析相关资料，为房地产估价行业在不同估价目的下估价结果是否包含增值税提供参考。

关键词： 房地产估价；增值税；价值内涵

随着房地产行业的高质量发展，对于房地产估价行业的要求也与日俱增。对于房地产价值内涵的定义也随着时代的变化而更新。近年来，随着"营改增"政策的不断完善，房地产估价行业始终被一个问题所困扰，即房地产估价的价值内涵中是否包含增值税。估价结果是否为"含税价"尚未在房地产估价行业内部达成完全共识。在房地产估价行业中主张价值内涵不包含增值税的基本理由：由于增值税的特殊性，不同纳税人的身份可能会造成税负的差异，如果包含增值税就会造成房地产市场价格由于权利人的不同而产生差异，这与房地产估价理论对于房地产市场价格的客观性基本认识相违背。而主张价值内涵包含增值税的基本理由：由于2016年"营改增"前房地产交易缴纳营业税。作为价内税的营业税一直是包含在价格中的。如果改成不包含增值税将会面临对外向委托人解释的困难，对内则是历史数据内涵的"断层"。

以上两种观点、两种做法长期并存的现象显然不利于行业的规范性和统一性，因此全面探讨研究不同估价目的下的估价结果是否包含增值税，形成基本参照意见，有利于房地产估价行业高质量发展的未来。

本文拟通过广泛地调查及分析相关资料，听取不同房地产开发商、政府部门等委托人，其他咨询机构（税务咨询、资产评估、造价咨询、会计审计）以及报告应用单位（法院、银行等）对于估价结果是否包含增值税的意见，通过了解各行各业的惯例，为房地产估价行业在不同估价目的下的估价结果是否包含增值税的价值内涵提供参考。

一、调研与分析

本次调研对象分为两类：第一类是房地产估价委托单位，如商业银行、人民法院、房地产开发商、税务部门等；第二类是鉴证类服务机构，如资产评估机构、房地产估价机构、税务师事务所等。最后根据调研内容、进行分析并形成了结论。

（一）房地产估价委托单位的调研

1.商业银行

房地产估价机构在银行的业务主要为抵押评估。此次调研对象主要为银行风险控制部门。其意见如下。

（1）关于价值内涵

目前大部分银行要求估价公司提供市场价值、抵押价值和变现净值。其中增值税在变现净值里扣除。所以银行认为：市场价值为含税价值；变现净值（除特别说明的外）为不含税价值。

（2）关于计税方法

对于银行而言，抵押评估主要目的为控制风险。同时由于不同的业主增值税负担存在差异，实务中要求贷款人提供更多的资料比较困难，所以通常按照简易计税方式计算。一般而言，按照简易计税方式计算的增值税金额比一般计税方式要高，对于银行的风险控制更为安全，故目前银行一般用简易计税方式。

（3）关于计税抵扣项

根据纳税人的性质不同，则抵扣项也不同。具体抵扣项应根据客户提供的资料而定。

2.人民法院

房地产估价机构在法院的业务主要有民事庭委托和执法庭委托两类。

（1）为民事庭完成各类司法鉴定报告

由于民事庭的诉讼目的繁多，如：买卖合同纠纷；离婚纠纷；金融纠纷等，不同的诉讼目的所对应的价值内涵也各不相同。如：房屋买卖合同通常需要含税价格；离婚纠纷则通常需要不含税价格。故本次调研过程中，民事庭法官建议以后在进行房地产评估时，可由法官指明需要评估的价值内涵，并根据估价师的要求提供相应的资料和数据。

（2）为执法庭完成各类司法鉴定报告

为执法庭完成各类司法鉴定类报告其评估目的是为人民法院确定财产处置参考价提供参考依据。目前执法庭对于房地产估价市场价值内涵默认为含税价格。

根据《涉执房地产处置司法评估指导意见（试行）》，今后执行庭的司法鉴定报告需要根据法院的要求来定义价值内涵。

3.房地产开发商

房地产开发商的调研主要针对房地产开发环节增值税销项与进项计算等问题。由于后者在房地产增值税政策整理中已有叙述，在此不再重复。

作为房地产估价的委托方，房地产开发商主要委托期房定价咨询和招拍挂拿地咨询等为主。此类委托的估价结果是否包含增值税以未来合同价格的内涵为准。比如：期房合同价格通常包含增值税，则估价结果也应该包含增值税；招拍挂土地价格通常不包含增值税，则估价结果也应该不包含增值税。

4.税务部门

从税务部门的调研结果看：就交易而言，上海一二手房买卖合同价格均为默认含税价；就房地产估价报告而言，税务部门默认评估公司所提供的评估报告均为含税价格。关于价值内涵，基层税务部门建议：尽快与税务总局沟通协商，统一评估目的为涉税评估的报告，其价值内涵均定义为含税价格。

（二）鉴证类服务机构的调研

1. 资产评估机构

资产评估公司对于估价结果是否应该含税的问题，目前在认知及具体操作上仍无法达成一致。本次调研的资产评估机构认为。

（1）不同的评估方法对应的价值内涵

在进行房地产评估项目时，按评估方法区分评估价值内涵：一般比较法得到的估价结果为含税价值。其余估价方法均为不含税价格。尤其指出收益法为不含税价格。

（2）关于计税方法

由于目前资产评估机构所涉及的项目特别是房地产评估这方面，多为老项目，故大部分的项目仍采用简易计税方式。若有开发类新项目，则需采用一般计税方式。

（3）关于计税抵扣项

根据纳税人的性质不同，则抵扣项也不同。且需根据客户提供的资料而定。

（4）不同的评估目的对应的价值内涵

在进行房地产评估项目时，按评估目的区分评估价值内涵。以委托方要求为准，也应该有所不同。

2. 房地产估价机构

（1）估价报告的价值内涵

除了特殊要求外的多数估价目的（主要为抵押、鉴定、征收、转让），大部分估价机构均评估含税价格，税负各自承担。评估房屋建安重置价时，根据清单清册，也是含税价格。在建工程一般为不含税价。

（2）关于计税方法

目前房地产估价公司在一般情况下，均采用简易计税法计算，只有在资料齐全、数据充分时才采用一般计税法计算。部分房地产估价公司在计税方法上还存在区别，尚不能统一，从而产生疑惑。如运用比较法、收益法时，大多采用简易计税法；在运用成本法、假设开发法时则采用一般计税方式。

（3）计税抵扣项

根据纳税人的性质不同，抵扣项也不同，很难整齐划一。

3. 税务师事务所

税务师事务所的调研主要针对税费的概念及房地产开发中的抵扣项等。由于后者在房地产开发企业调研中已有叙述，在此不再重复。

（三）调研结果分析

1. 房地产估价机构

根据本次调研情况分析，上海大部分房地产估价机构在出具房地产估价报告评估房地产价格时，无论估价目的，评估结果均为含税价格，税负各自承担。（银行抵押评估在银行有要求的前提下，会分别出具不同价值内涵的评估价格。）

在计税方式方面，大部分房地产估价公司面对2016年前的项目均采用简易计税法计算，只有在资料齐全，数据充分时才采用一般计税法计算。仅少数房地产估价公司在采用成本法和假设开发法时用一般计税方式。

在计税抵扣项方面均是根据纳税人的性质而定，纳税人性质不同，则抵扣项也不同。

2.资产评估机构

资产评估公司对于估价结果是否应该含税的问题,目前在认知及具体操作上仍无法达成一致。在计税方式及计税抵扣项方面则与房地产评估公司较接近,此处不再赘述。

3.房地产估价委托单位

房地产估价委托单位较为关心的是估价结果的价值内涵。而从目前调研情况看,调研的房地产估价委托单位目前一般都默认房地产评估结果为含税价格。但委托单位的需求也开始多元化,银行虽默认房地产评估结果为含税价格,但有部分银行需要评估机构出具抵押价值和变现净值,其中增值税在变现净值里应扣除。法院目前虽默认房地产评估结果均为含税价格,但也提出要根据案件的性质而选择评估结果的价值内涵。

二、估价结果中有关增值税的价值内涵总结

(一)是否包含增值税的总结

在对各类委托单位和估价机构的调研基础上,本文拟对估价结果是否包含增值税提出如下建议和结论(表1)。

估价结果中有关增值税的价值内涵　　　　　　　　　　表1

估价目的	推荐方式	备注
抵押贷款	估价结果包含增值税	净值计算扣除增值税
房屋征收(或国有土地收储)	估价结果不包含增值税	具体需求以委托人委托为准
征地房屋(或集体土地收储)	估价结果不包含增值税	具体需求以委托人委托为准
司法鉴定(执行庭)	估价结果包含增值税	具体需求以委托人委托为准
司法鉴定(民事庭)	按照办案需要	具体需求以委托人委托为准
税务核价	估价结果包含增值税	具体需求以委托人委托为准

综上所述,尽管目前房地产估价委托单位大都默认估价结果为含税价格,但简单地想统一给出估价结果是否含增值税的结论是不科学的。研究表明:价值内涵应由评估机构根据委托方提供的纳税人主体、评估对象、估价时点、评估目的等相关内容,由估价师提供相关专业知识后,委托方根据需求确定估价结果是否含税,并在估价报告中予以说明,才能体现估价的专业性、严谨性和权威性;才能做到精细化估价的高质量服务。

(二)是否包含增值税的优缺点分析

税法规定:房地产交易价格不应该含增值税。故从理论上而言,估价结果应为不含税的价格。但由于目前各行政管理部门对于交易价格口径尚未统一。根据本次调研得知:交易中心登记价格通常为含税价格。

因此,大部分房地产评估公司在评估房地产价格时,不论何种估价目的均评估的是含税价格,且一般情况下,采用简易计税法计算。

1.估价结果含增值税的优越性在于

(1)客户接受度普遍较高

根据调研结果,目前大部分委托方均默认评估结果为含税价格。

（2）可比实例较易修正

由于大部分房地产评估对象需要使用估价案例，而目前市场上无论是房地产交易登记价格或是挂牌价格均为含税价格，故在进行房地产价格计算时，较易求得估价结果。

2. 估价结果含增值税的局限性在于

（1）与现阶段的税法不符

根据税法，房地产交易价格不应该含增值税，故房地产评估结果根据税法理应为不含税价。

（2）与增值税内涵不符

增值税是价外税，只与商品在流转过程中的增值部分相关。故根据增值税的定义，房地产评估结果理应为不含税价。

（3）与其他估价方法价值内涵一致性有一定的调整难度

成本法及假设开发法在采用增值税方式（尤其是一般计税方法）时，增值税进项税额取值较难把握，也就是可抵扣项基本较难准确测算或客观反映，若数据收集上有偏差，则会造成估价结果的偏差。

3. 估价结果不含增值税的优越性在于

（1）符合现阶段的税法

理由同上。

（2）符合增值税内涵定义

理由同上。

（3）与资产评估、税务咨询等在价值内涵上较为统一

通过对于资产评估、税务咨询等行业的调研，发现相当一部分的资产评估和税务咨询机构基本都认为估价结果不含增值税。因此，估价结果不含增值税便于和这些行业的内涵统一。

4. 估价结果不含增值税的局限性在于

（1）案例数据较难处理

在进行房地产评估时，运用的可比实例均为含税价格，且很难对于案例本身进行去除增值税的处理，因为无法得知买卖双方即纳税人的信息，也就无法判断其纳税人的性质，无法确定抵扣项及抵扣额。

（2）增值税计算结果较难与税务部门计算结果相一致

税务部门根据税务相关政策计算增值税，且委托方提供的资料可能比提供给估价公司的更全面。这样估价结果很难与税务部门得到的增值税税费相一致。故可在税务部门的建议下，估价报告中可加以说明：根据委托方提供的资料，加上估价师对增值税相关政策的理解，计算增值税的结果如与税务部门的结果不一致时，以税务部门的结果为准。

三、估价报告中有关增值税价值内涵的应用建议

（一）估价目的

与委托人充分沟通，明确估价目的，明确是否需要计算增值税及如何计算增值税。

（二）价值时点

与委托人充分沟通，确定价值时点，明确增值税的计税方法。

（三）估价对象

区分估价对象的项目类型。

（四）价值类型

1. 对评估价值的说明

评估价值是指通过房地产估价活动得到的估价对象价值或价格。评估价值一般为市场价格。市场价格是指某种房地产在市场上的平均交易价格，交易价格一般为包含增值税的交易价格。因此，在房地产估价报告中，应说明估价结果价值内涵是否包含增值税。

2. 对抵押净值内涵的说明

抵押净值为抵押价值减去预期实现抵押权的费用和税金后的价值。此税金应包含房地产转让时所计算的增值税。因此，在房地产估价报告中，也应加以说明。

作者联系方式

姓　　名：田蓉泉　王㵾傈

单　　位：上海科东房地产土地估价有限公司

地　　址：上海市浦东新区浦东南路 379 号 26 楼

邮　　箱：clover_t@126.com

注册号：田蓉泉（3120110022）

"两师整合"背景下国内房地产
估价研究可视化分析

王仁靖　陈宇彬　宗俐灵

摘　要：本文以房地产估价师和土地估价师"两师整合"为背景，为了把握中国房地产估价发展的研究现状，利用 CiteSpace 可视化软件对 1992—2021 年 CNKI 中文核心期刊、CSCD 中国科学引文数据库及 CSSCI 中文社会科学引文数据库中研究房地产估价的相关文献进行分析。通过统计发文量与高频被引文献以及绘制核心作者、关键词等科学知识图谱，探究国内房地产估价研究的发展阶段、研究热点。从发文量和发文时间看，国内房地产估价研究总体上呈现出下降趋势，但存在跟随房地产周期而波动的情况，发文时间分为 4 个阶段；从高频引用文献看，在被引次数大于 50 的 8 篇文献中，主要从三个角度出发，分别为估价方法的改进、估价影响因素的分析和估价原则的讨论；从研究者群体来看，房地产估价领域中作者之间的合作关系较为分散，以小规模的合作形式发文较多；从关键词来看，土地估价方向研究热度更高，GIS 和批量评估成为 2010 年之后的研究重点，需要注意的是近 5 年房地产估价研究明显进入低潮。文章还结合时代热点和研究趋势剖析未来研究方向，在评估业务方面可以向集体土地上评估业务扩展，在评估技术领域注重现有方法对集体土地评估的适用性以及大数据与评估业务的结合。

关键词：房地产估价；土地估价；CiteSpace；两师整合

一、引言

房地产估价，全称房地产价格评估。是以房地产为对象，对其客观合理价格的估计、推测或判断。作为房地产业的重要组成部分，房地产估价行业伴随着社会主义经济和房地产经济的迅猛发展，也在蓬勃发展。对房地产的研究历来都是房和地的综合研究，理论上房地产估价也包含房产估价和土地估价，房地产估价和土地估价是密不可分的。但对现实情况而言，土地估价和房地产估价始终是两套序列，双轨运行，其中既有部门职能划分问题，也有双方历史渊源的关系。事实上，土地管理职能已经划归国土，尤其是现在规划和不动产登记职能都统一划归为自然资源部，住房和城乡建设部的职能行使不包含土地管理；从世界通行的估价行业和协会看，其主体都为地产评估，房屋本身价值评估相对简单；国家土地管理局很早开始系统建设土地估价行业和标准，国家土地管理局和住房和城乡建设部也曾多次就共同认证估价师展开协商，但始终没有达成一致，两师并存局面一直延续至今。这种局面极大影响了房地产估价实践操作和行业发展。20 世纪 90 年代初，张光远就房地产估价管理职责不清提出建议，估价师考试由土地部门、建设部门会同物价部门共同管理。房地产估价师和土地估价师"两师整合"的呼声随着估价行业的发展日益增高。季如进分析房地产估价行业问题时指出了政出多头和多头管理体制的弊端，提出要尽快建立统一的房地产估价管体制。叶剑平明确指出了土地估价师和房地产估价师联合是建立房地产市场的要求，更符合国际标准。直至 2014 年国家取消土地估价师认定，合并话题热度才稍有缩减。

2021 年 10 月 15 日，住房和城乡建设部、自然资源部正式印发了《房地产估价师职业资格制度规定》和《房地产估价师职业资格考试实施办法》，房地产估价师和土地估价师"两师整合"正式启动，房地产估价师为目前评估行业的唯一准入类证书。此次整合，明确了房地产估价领域"房地合一"的原则，建立起统一的房地产估价管理体制。"两师整合"不仅是积极适应城乡一体化下土地制度改革的发展进程，确保房地产估价能与时俱进，及时服务于城乡一体化的改革大局的举措，同时也是深化资产管理体制改革，扎实开展资产调查监测、确权登记等统计工作，加快国家对资产显化研究的措施之一，对于房地产税开征有着重要的辅助意义。

但由于历史原因，房地产估价研究和土地估价研究一直呈现出并行不交融的发展态势，两者缺乏深层次的交流学习。基于此，为了更加清楚过去房地产估价和土地估价的研究脉络和研究热点，本文针对房地产估价领域核心文献进行文献计量学研究，对发文量、高频被引文献、核心作者和关键词进行可视化分析，并提出未来研究热点和发展方向，以期为"两师整合"后的房地产估价师提供一些研究思路，为后续房地产估价研究提供参考。

二、研究方法和数据来源

（一）研究方法

本文采用文献计量法与可视化方法，选用 CiteSpace 软件对相关文献进行分析和可视化制作。文献计量分析方法是用来表现出一门学科或专业在发展过程中书面沟通材料的变化与特点的研究方法，采取的方法可以是对书面交流材料的各个方面（题目、作者、发表时间和主要内容等）进行量性分析。CiteSpace 是由陈超美教授创制的一个文献计量学工具，可用于观察某个研究领域的研究趋势或动向，并以可视化的方式加以呈现。

（二）数据来源

为保证所选文献的权威性、全面性和前沿性，本研究检索文献来源于中国知网（CNKI）数据库，选取的检索范围限定于 CNKI 中文核心期刊、CSCD 中国科学引文数据库及 CSSCI 中文社会科学引文数据库。使用高级检索，检索主题为"房地产估价"OR"不动产估价"OR"房产估价"OR"土地估价"等，检索时间无限制，检索后发现第一篇文献出现于 1992 年，便将检索时间跨度设置为 1992—2021 年，剔除协会公告、规定、新闻等以及其他与主题明显无关的文献，最终得到 429 条文献。

三、统计与分析

（一）发文量的时间分析

文献发布量的时间分析可以反映该研究领域的热度变化。根据筛选文献的发文量时间分析（图 1），我国房地产估价研究经历了 4 个阶段，同时房地产估价发文量与宏观经济走势和房地产市场状况是紧密相关的。

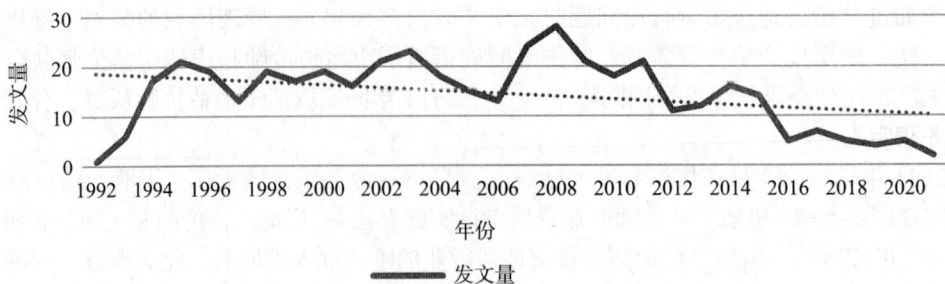

图 1 房地产估价文献历年发文量

国内的房地产估价研究开始于20世纪90年代，从1992年第一篇文献开始，房地产估价研究就呈现出迅猛增长的态势，并始终保持着一定的热度，期间伴随着1998年福利分房制度的终结和2001年中国加入世界贸易组织等时间点，发文量呈现出小范围的波动，一直到2006年都维持在相对稳定的状态。2007—2012年，房地产估价研究出现了一个大的波动。2007年美国金融危机迹象初现至2008年全球金融危机爆发，中国为了应对此次危机的冲击，推出宽松的货币政策，直接推动了房地产价格的上涨，房地产市场迎来爆发式增长，暴涨之后带来各种问题，国家再次调控房地产市场的非正常膨胀。到了2012年初见成效，房地产市场逐渐稳定，与此对应的房地产估价研究也呈现出暴涨到趋于常态的趋势。2013—2016年，随着国家宏观经济的上涨，房地产市场再次迎来周期性波动，整体估价研究跟随市场发生了一次平稳波动。2017年至今，房地产估价研究呈现萎缩状态，发文量在小幅度波动中缓慢下降。从房地产估价研究整体来看，发文量呈现出了缓慢下降的趋势，2015年之后尤为明显。

（二）高频被引文文献分析

根据引文分析学，文献被引用的频率一定程度上反映了该文献的学术价值和参考价值，直接反映了该领域研究者对其认可度。通过对房地产估价高频被引文献的梳理与分析，有助于直接、准确、快速把握该领域的研究热点和趋势。

本文选取了被引次数在50次以上文献，从选取的文献（表1）看，其中主要分为三大类：第一类是讨论房地产估价的方法以及方法改进问题，结合我国房和地的特点，对于不同类型的评估主体给出了方法总结和具体评估计算上的更优方法。第二类主要是对房地产评估中的影响因素的分析，如容积率、宗地面积等如何影响价格评估。第三类则着重从法律层面谈论房地产估价实施原则、注意事项等，多与拆迁补偿同时进行谈论，为完善我国房地产估价在征地补偿中建构了理论性原则和方法。

高频被引文献 表1

被引次数	作者	篇名
155	吴宇哲，吴次芳	基于 Kriging 技术的城市基准地价评估研究
101	张协奎，陈伟清，成文山，李树丞	基于模糊数学的市场比较法研究
84	鲍振洪，李朝奎	城市建筑容积率研究进展
80	王克稳	改革我国拆迁补偿制度的立法建议

续表

被引次数	作者	篇名
79	申玲，唐安淮	基于 BP 神经网络的房地产市场比较法价格评估
72	罗罡辉，吴次芳，郑娟尔	宗地面积对住宅地价的影响
64	刘幼慈，詹诗华，余国培，王秀梅	我国城市地价评估模型及其空间分布规律研究
54	施建刚，白庆华	基于模糊数学的"快速递减加权式"在比较法评估房地产价格中的应用研究

（三）核心作者分析

作者共现图谱分析能够识别出某领域的核心作者以及作者间的合作强度，核心作者往往也拥有较强的领域导向作用，他们研究的方向通常也是该领域研究的热点。通过运用 CiteSpace 对收集的文献进行作者共现分析，得到较为直观的信息。分析该图谱一共有 539 个节点（N）和 396 条连线（E），密度为 0.0027。说明在房地产估价领域中作者之间的合作关系较为分散，以小规模的合作形式发文较多。

从图 2 中可以明显看到存在 7 个较大节点，分别为彭补拙、李恒凯、王秀丽、吴次芳、宋鸿良、周生路、耿继进。发文量最多的是彭补拙，发文量为 7 篇。其他几位作者发文量也相差不大，最少为 4 篇。而其中除王秀丽是讨论市场比较法在房地产评估中的运用，吴次芳和宋鸿良研究方向为城市基准地价评估和农地价格评估外，其余作者均为地理信息系统背景，研究信息系统在房地产估价中的运用。另外从时间角度考虑核心作者，发文时间均在 2012 年之前，2012 年之后没有产生较大节点的核心作者。相较其他领域可以看出，专业房地产估价背景的研究者发文量不足，相互之间合作深度也有所欠缺。

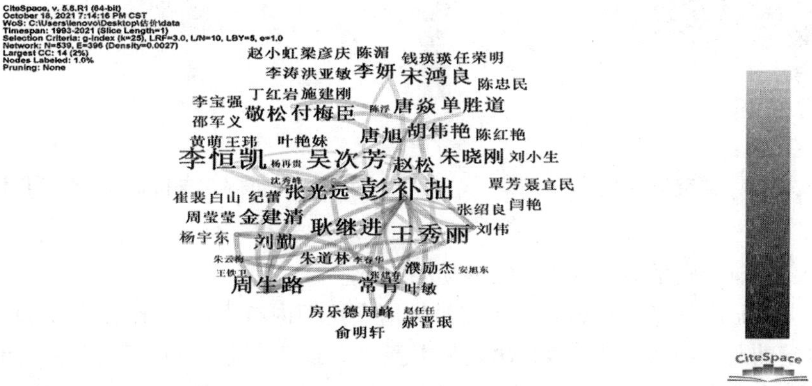

图 2 作者共现图谱

（四）关键词分析

1. 基于关键词共现的研究热点与发展动态分析

文献的关键词是对文章的精准凝练和浓缩，承载着文章最主要信息，对于关键词的分析有助于对收集文献的共性和研究热点进行把握。因此，本文利用检索到的 429 篇文章的标题、摘要、关键词等题录信息数据，进行关键词聚类分析，确定过去 29 年学者们有关房地产估价的研究热点。

　　结合表2和图3、图4分析，可见国内关于房地产估价研究集中在土地估价、基准地价、估价方法以及估价人员和机构等方面。由此可见，作为房地产估价研究中的主体——房产估价并不在研究者们热衷研究的领域。究其原因，房产估价作为艺术性和专业性的结合，其理论方法体系已基本完备、技术标准基本配套，评估注重实操性和具体性，可讨论的大多集中在对于个别案例带来的方法改进的思考。而土地估价因为我国土地权力束的复杂性，涉及利益群体多，估价金额大，评估面积广，带来很多值得探讨的研究点。

关键词共现表　　　　　　　　　　　　　　　　　　　　　　表2

频次	中介中心性	关键词	频次	中介中心性	关键词
73	0.48	房地产	25	0.18	市场比较法
45	0.28	土地估价	24	0.09	估价师
43	0.27	地价评估	13	0.01	估价对象
29	0.09	基准地价	12	0.03	估价机构
25	0.21	房地产估价	12	0.12	GIS

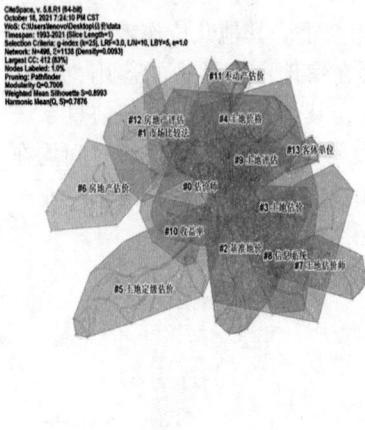

图3　关键词共现图谱

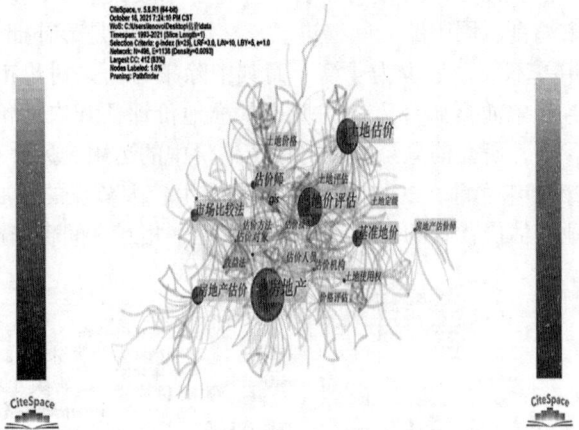

图4　关键词聚类分析图谱

2. 基于关键词突现的研究热点与发展动态分析

　　"突现（Burst）"的基本意思是一个变量的值在短期内有很大变化。"突现词"是表示研究主题在设定的研究期间内某一时期出现频次骤然增加的关键词节点。突现词的出现通常意味着这一主题在其突现的时间段内受到研究者的高度关注。通常在研究中用突现分析可以实现对研究领域内经典问题和发展趋势的分析。通过对研究数据进行突现分析得到关键词突现分析表（表3）。

　　从结果上看，在2005年之前，估价原则、估价机构、估价师和估价时点都属于一段时期内讨论的热点话题，这一阶段研究者们重点对房地产估价的流程和标准进行架构和规范。2005年至2010年期间，由于房地产业的爆发，相应的估价研究重点转移到了对于估价方法的完善和改进，依此来面对估价业务量的增多和业务类型的繁杂。2010年以后，一方面对估价方法的研究并未中止，另一方面，批量评估开始成为多年研究的热点。批量评估更像是估价研究者多年研究的总结，将估价原则、估价时点作为基础，纳入各类研究方法，并结合 GIS 等新时代信息系统，成为不同专业背景的研究者们通力合作的方向。需要注意的是，并没有关键词突现到 2021 年，这与上文发文量的时间描述相符合，从 2016 年开始，房地产估价研究文献就陷入低量稳定的状态，从发文量和突现词综合判断，房地产估价研究近 5 年进入了一个停滞时期。

关键词突现前 12 位统计表　　　　　　　　　　表 3

突显词	强度	开始时间 / 年	结束时间 / 年
地价评估	5.24	1993	2000
房地产价格评估	2.10	1993	1998
估价原则	2.05	1993	1997
房地产评估机构	1.91	1998	2003
估价师	3.30	2001	2003
估价时点	1.97	2001	2007
房地产估价	4.21	2006	2010
市场比较法	2.20	2006	2013
GIS	2.60	2007	2012
公允价值	2.28	2009	2012
投资性房地产	2.28	2009	2012
批量评估	2.09	2011	2017

四、讨论

基于上述分析，对我国房地产估价研究的趋势进行分析。

（一）房地产估价业务发展

房产估价业务一直是传统房地产估价机构的着力点和承重点，然而随着经济形势的变化，网络云估价业务兴起，估价机构不断增加，房地产估价机构业务面在不断缩小，生存机遇时刻面临挑战。面对现状，建议估价机构以"两师整合"作为业务扩大基点，在估价范围领域，把握原有城市估价业务的基础上，积极向农村扩展；从服务产品上，从传统单一估价向咨询、策划等方向转型发展。在业务范畴，紧跟社会发展潮流和国家政策导向，开拓和发展新业务，如集体经营性建设用地入市评估、低效用地再开发相关评估、土地经营权流转等领域，增强自身实力，迎接新兴业务，勇于突破自身实现可持续发展。

在"双师整合"的背景下，房地产估价行业研究方向应该向集体土地扩展，在城乡一体化新态势下，集体土地估价业务还存在很多问题，如市场价值评估缺乏法律法规和技术依据，估价业务少，缺乏可参考实例等。除集体土地的出让与转让外，还包括集体土地上房地产的转让、抵押，以及集体土地房屋征收补偿标准等，这些业务领域既要求估价人员对房地产领域的熟知，也要求对农村土地价值的判断，而"双师整合"正好提供这样一个机会，来促使我国集体土地上评估业务的科学化和标准化。

（二）房地产估价技术发展

随着我国城镇化水平持续提升，房屋交易业务量的增长，评估市场化程度日益完善，房地产估价对评估机构的评估资质、项目经验、技术水平等都提出更大的考验。从上述分析中可以看到，房地产估价方法和技术研究已经日渐式微，这对于估价领域无疑是又一个挑战。在"双师整合"的背景下，业务层面对于房地产估价方法和技术也提出了更高的要求。

市场比较法、收益法、成本法是房地产估价的三大基本方法，虽然经过多年发展已经形成相对完整的理论成果和技术体系，但仍存在一些实际操作中有待商榷的问题，如市场比较法中可比实例选取的主观性带来的误差和科学性问题讨论等。并且随着估价业务的扩大，在旧方法如何适用到新兴业务上，积极探索非城市房地产估价的技术方法，如收益法评估农用地，方法匹配程度如何，过程与房产评估的差异性，结果是否客观、公正等，诸多问题都摆在研究者面前。此外，经济发展带来的就是对估价精度的要求，对于高价值房地产，其精度不同带来的差异会显著区别于其他估价业务，如何进一步提高评估精度无疑是值得不断研究和推进的。

新时代批量评估、GIS成为研究者们的关注热点，新技术对于估价行业的影响应当被重视。众多新技术对于房地产估价机构的冲击在不断加大，如现在兴起的微信租金评估、网站在线评估等，在不断压缩传统估价机构的业务量，但同时也为传统估价机构带来转型契机。就目前而言，信息系统和新技术由于精度问题和政策原因，还不能取代线下评估。如何利用估价机构多年的案例积累和经验总结，结合信息系统、大数据等，来提高估价效率，降低估价成本，并且利用科技信息的研发，使得传统估价机构向创新型、信息化企业转型，是当下房地产估价师应该研究的重点。

五、结语

本文以"双师整合"为背景，为了把握中国房地产估价发展的研究现状，基于CiteSpace科学知识图谱对中国房地产估价研究的发文量、高频被引文献、研究者全体和关键词进行分析。从发文量和发文时间看，国内房地产估价研究总体上呈现出下降趋势，但存在跟随房地产周期而波动情况，发文时间分为了4个阶段；从高频引用文献看，在被引次数大于50的8篇文献中，主要从三个角度出发，分别为估价方法的改进、估价影响因素的分析和估价原则的讨论，不论是高频被引文献还是扩展到所有文献，对于估价方法和技术讨论的文献均占到主体；从研究者群体来看，房地产估价领域中作者之间的合作关系较为分散，以小规模的合作形式发文较多；从关键词来看，土地估价方向研究热度更高，GIS和批量评估成为2010年之后的研究重点，需要注意的是近5年房地产估价研究明显进入低潮，结合时代热点和研究趋势分析，建议研究学者可以向估价业务扩展、估价技术的改进和结合大数据进行信息化估价等方向进行讨论，估价机构也可借这些业务转型发展。

参考文献：

[1] 张协奎，陈伟清. 中外房地产估价发展综述 [J]. 河南城建高等专科学校学报，2000（02）：52-57.

[2] 陈志敏. 国外房地产估价制度的分析比较 [J]. 财经科学，2001（S1）：266-268.

[3] 张光远. 房地产估价的几个问题 [J]. 中国物价，1993（03）.

[4] 叶剑平.我国房地产估价的发展趋势与对策 [J].中国房地产，2001（08）：76-78.

[5] 如进.我国房地产价格评估业的现状与发展 [J].中国房地产估价师，1998（01）.

[6] 赵蓉英，许丽敏.文献计量学发展演进与研究前沿的知识图谱探析 [J].中国图书馆学报，2010，36（05）：60-68.

[7] 陈悦，陈超美，刘则渊，胡志刚，王贤文.CiteSpace 知识图谱的方法论功能 [J].科学学研究，2015，33（02）：242-253.

[8] 侯剑华，胡志刚.CiteSpace 软件应用研究的回顾与展望 [J].现代情报，2013，33（04）：99-103.

[9] 蒋宇芳.房地产估价行业发展现状、趋势及对策分析 [J].住宅与房地产，2019（22）：9.

[10] 黄小庆.农用地流转过程中土地估价问题及方法研究 [J].住宅与房地产，2020（27）：36+38.

[11] 罗海浩.大数据对房地产估价行业的影响研究 [J].企业改革与管理，2020（10）：56-57.

作者联系方式

姓　名：王仁靖　陈宇彬　宗俐灵

单　位：山西财经大学

地　址：山西省太原市小店区坞城路 696 号

邮　箱：cyb2016213219@163.com

基于人工智能的房地产自动估价方法研究

胡 彦 倪 念 金 笛

摘 要： 随着"互联网＋信息技术"的快速发展，拥有海量爆炸信息的"大数据时代"已经来临，将大数据与人工智能进行深度结合，运用人工智能技术实现全过程的房地产自动化估价，是当前房地产估价行业转型发展的主要方向之一。与比较法、收益法、成本法、假设开发法等传统估价方法相比，基于人工智能算法的房地产自动估价方法，可以在提高估价速度的同时，大幅减少房地产估价过程中的主观人为因素，降低估价人工成本，更符合行业转型升级、提高服务质量的目标要求。

关键词： 人工智能；自动估价；随机森林算法；人工神经网络方法

人工智能作为计算机研究学科的一个分支，主要研究利用计算机来模拟人的思维过程和智能行为，以达到使用计算机代替人类处理一些需要人类智力才能解决的问题。目前人工智能技术主要有四大分支：模式识别、机器学习、数据挖掘、智能算法，运用人工智能工具能够轻松实现自动识别资料信息、筛选有用信息、进行数据分析、挖掘数据价值、快速获取复杂的计算结果等基础数据处理工作。

随着"互联网＋信息技术"的快速发展，拥有海量爆炸信息的"大数据时代"已经来临，量大、种类繁多、价值量低和速度快、时效高的数据信息，颠覆了传统的数据处理方式，对人类的数据驾驭能力提出了新的挑战，也为人们挖掘更加全面、深刻的数据分析结果提供了更多机会。使用人工智能工具快速、精确处理海量数据信息、分析数据规律、挖掘数据价值，通过科技智慧手段使行业管理增效、技术增收，已经成为各行各业发展的必经之路。房地产估价作为一个数据密集型行业，变革更是势在必行，充分利用估价实践积累的数据基础，建立不动产数据库，将大数据与人工智能进行深度结合，运用人工智能方法充分挖掘数据信息、提高估价结果的客观性和准确性、实现常规房地产项目自动估价，是当前房地产估价行业转型发展的主要方向之一。

一、建设自动估价的基础——不动产信息数据系统

不动产信息数据系统建设是人工智能工具运用于房地产估价的基础。不动产信息数据系统的建设，一般都是依托企业自身收集整理的大量房地产租售信息，同时联合中介、银行、物业等其他相关渠道将不动产信息共同纳入数据系统，形成一个比较全面、能实时反映城市、区域房屋租售价格及供需情况的不动产信息数据系统。当前国内已有较多比较成熟的不动产信息数据系统，如禧泰数据库、CREIS中指数据、克尔瑞CRIC数据库、贝壳Realdata等。房地产经纪公司凭借自身海量的房屋交易信息，拥有建设不动产信息数据系统的先天优

势，目前知名度较高的房地产信息数据系统也大都由房地产经纪公司开发，但是由于专业要求的不同，房地产估价所要求的一些数据库字段设计、信息提取内容、数据标准化方法和转换标准等都与房地产经纪存在一定差别，直接借用现有不动产信息数据系统可能仍需要进行较多的数据转换处理工作，影响工作效率。

因此，建议房地产估价机构在自动化估价发展的初期可以适当采用外部的不动产数据信息系统，在企业发展到一定程度拥有足够的数据积累和项目需求时，还是应该充分利用房地产估价机构长期积累的实践项目数据，建设企业自己的不动产估价数据信息系统，从数据系统的初始字段设计、价格信息的提取、信息采集的要求到影响因素提取、数据标准化和转换标准等都严格按照房地产估价的要求进行，构建更加符合房地产自动化估价要求的专业的房地产估价信息系统。

二、基于智能算法的自动估价方法研究

作为人工智能三大基石"数据、算法、计算能力"之一，智能算法地位重要，在各行业应用广泛，目前在房地产自动估价领域应用比较多的智能算法主要有：回归分析法、时间趋势分析法、模糊数学方法、随机森林算法、人工神经网络方法等。

1. 回归分析法

主要包括多元线性回归分析和多元非线性回归分析，主要基于大规模的房地产市场交易样本，选择价格影响因素（区位、交通、楼层等），运用最小二乘法拟合影响因素与房地产价格之间的关系，构建线性或者非线性拟合模型，用于测算类似房地产的价格。回归分析法是一种比较经典、实用、成熟、运用广泛的预测方法，但该方法要求有大量的样本数据，且无法解决因变量之间多重共线性的问题，实际运用中对样本数量、变量选择、模型选择都要较高的要求。

2. 时间趋势分析法

时间趋势分析法也称时间序列预测法，与回归分析法一样属于传统数学的定量方法。主要是对历史房价序列数据进行统计分析，求出长期趋势、季节变动和不规则变动的预测值，推测出房价的发展趋势，求取未来房价的预测值。该方法预测房价简单快速，但由于很难考虑到社会经济发展中出现的新情况或其他特殊因素的影响，准确性较差，实践应用中需要根据实际情况，对预测结果作必要的修正。该方法主要运用于房地产市场走势分析、房价发展预测分析等。

3. 模糊数学方法

模糊数学方法的运用主要是在房地产批量评估时，运用模糊数学贴近度理论，通过构建隶属函数测算所选特征因素指标的隶属值，计算各待估房地产两两之间的贴近度，将待估房地产进行分组，为构建批量评估测算模型奠定基础。

4. 随机森林算法

随机森林算法作为一种高度灵活的机器学习算法，是采用集成学习的思想将多棵决策树的结果集合成最终结果的一种算法，它的基本单元是决策树。采用有放回的随机采样方式来抽取样本采样集作为每棵决策树的训练集，每棵树的训练集都不一样但又存在部分重复样本，这样训练出来的决策树（分类器／预测模型），既有各自的独立性，又有一定相关性。所有决策树（分类器／预测模型）各自独立地训练学习和作出预测，最后将所有预测结果集

合成最终的预测结果，优于一般单分类做出的预测。随机森林算法的集合策略比较简单，对于分类问题，通常使用简单投票法，以得到最多票数的类别为最终的输出结果；对于回归问题，通常使用简单平均法，对多个预测模型得到的回归结果进行算术平均得到最终的模型输出。实践证明，随机森林算法可以很好地学习房地产价值数据的特征规律，比传统回归方法更加适合房价评估问题。

5. 人工神经网络方法

人工神经网络方法是，通过模拟人脑神经元的网络结构和功能，构建数学模型模拟神经元活动，利用由大量的节点（或称神经元）之间相互连接构成的复杂网络结构进行信息处理的一种智能算法。基于人工神经网络方法的房地产估价，主要是建立以房地产价格的影响因素作为输入神经元，房地产价格作为输出神经元的单层或多层神经网络模型，借助神经网络超强的学习能力和处理非线性关系的能力，通过对已有案例或交易实例的样本进行反复学习训练，发现房地产价格与其影响因素之间的客观规律，建立房地产估价的神经网络模型。

早在20世纪90年代，人工神经网络方法就开始被应用于自动评估技术，由于神经网络具有超强的适应能力、学习能力和非线性映射能力，且对被建模对象的先验知识要求不多，与传统的数据处理方法相比，神经网络技术在处理模糊数据、随机性数据、非线性数据方面具有明显优势，在自动估价领域有广阔的应用前景。

三、实现房地产自动估价

与比较法、收益法、成本法、假设开发法等传统估价方法相比，基于人工智能算法的房地产自动估价方法，可以在提高估价速度的同时，大幅减少房地产估价过程中的主观人为因素，降低估价人工成本。尤其是人工神经网络方法和随机森林算法均属于基于集成学习思想的机器学习算法，借助机器的超强学习能力，通过反复学习训练输出的结果，比传统的回归分析、时间序列法等数量模型更贴合实际情况，预测精度和拟合效果都更好，在如今大数据、大样本的时代应用前景广阔。

在建立不动产估价数据信息系统的基础上，运用房地产自动估价方法，尤其是人工神经网络方法、随机森林算法等机器学习算法进行房地产价格测算，减少估价结果的主观人为因素，智能一键生成估价报告，实现全过程的房地产自动化估价，最大程度上减少估价过程中的人工投入，提供低人工成本且快速、准确、客观的估价服务，对常规房地产价格评估尤其是批量住宅房地产价格的评估具有重要实践意义。

实现房地产自动估价，将估价师从重复繁重的基础测算工作中解放出来，专注于更加复杂、更有意义的专业研究，为客户提供更具有针对性和个性化的估价咨询服务产品，将会大幅提高估价机构的服务深度和广度，为行业发展转型升级打开新局面。

参考文献：

[1] 刘洪玉，李妍.基于模糊数学的房地产批量评估[J].清华大学学报（自然科学版），2017，57（11）.

[2] 董睿琳，董楠.基于房地产大数据的自动估价系统研究[J].智能计算机与应用，2019，9（3）.

[3] 杨黎萌，刘开第.BP神经网络在房地产估价中的应用[J].河北建筑科技学院学报，2004，21（2）.

[4] 申玲，唐安淮. 基于 BP 神经网络的房地产市场比较法价格评估 [J]. 系统工程理论与实践，1998，18（05）.

[5] 杨沐晞. 基于随机森林模型的二手房价格评估研究 [D]. 长沙：中南大学，2014.

[6] 陈钊. 基于随机森林模型的房产税税基批量评估研究 [D]. 哈尔滨：哈尔滨工业大学，2015.

[7] 莫连光，洪源. 基于 RS-GA-BP 神经网络的住宅房地产估价模型与应用 [J]. 湖南城市学院学报（自然科学版），2013（04）.

[8] 李刚. 基于人工神经网络的房地产估价研究 [D]. 西安：长安大学，2006.

[9] 谢德. 人工神经网络在房地产评估中的应用研究 [D]. 武汉：武汉大学，2006.

作者联系方式

姓　名：胡彦 倪念 金笛

单　位：武汉洪房房地产土地估价有限公司

地　址：武汉市武昌区徐东大街 8 号匠心城 1201 室

邮　箱：11172781@qq.com

注册号：胡彦（4220000042）

商办市场监测机制建设的研究

——以上海市为例

许 军 陈 敏 金娅娅

摘 要：近年来，我国房地产开发活动保持高速增长，在国民经济发展中发挥着举足轻重的作用。随着住宅市场的政策调控不断加码，商办地产成为越来越多房地产开发企业的选择。商办地产开发的快速扩张，同时受到互联网、居家办公、新零售模式等的挑战，供求失衡等问题不断显现，商办市场的经营效率低下是对社会资源的严重浪费，对商办市场的整体规划、增量供应管控、建设情况监测、存量摸排等的研究亟待展开。本文以上海商办市场为例，尝试从目前现状及存在的问题出发，提出相关政策建议，即形成一套商办市场的监测机制，便于实时监控商办市场发展，规范商办市场行为，为政府了解商办市场运行情况及制定相关政策提供参考依据。

关键词：房地产开发；商办市场；监测机制

一、现阶段上海商办市场总体情况及主要问题

（一）总体存量充裕，后续供应量仍然较大

商办市场是城市房地产发展和经济发展的晴雨表。本文阐述的商办物业通俗地讲分为两大类，一类为土地、房屋用途均为办公的物业（写字楼），另一类为产业园区、创意园区内的办公物业（园区办公物业）。第一类办公物业截至 2020 年 12 月，上海总存量约 10158 万 m^2。第二类园区办公物业的总存量目前暂无权威数据统计，笔者从上海市物业管理行业协会、楼宇租赁大数据企业办办网挂牌房源等渠道进行调研估算，保守估算园区办公物业约 0.6 亿～1 亿 m^2。因此，上海共有商办物业总量约 1.6 亿～2.0 亿 m^2，2019 年上海三产从业人口 999.7 万人[①]，剔除不需要办公物业的相关产业从业人口，需要办公的三产从业人员约 818 万人，估算出上海人均办公建筑面积约 20～24m^2，参照国际上人均办公建面约 12～18m^2，上海的办公物业总量相对宽裕。

另一方面，2018—2020 年上海共成交了 109 幅含办公地块，预计未来三年有 600 多万 m^2 的办公新项目入市，增量供应较为充沛，其中外环外占比约 60%。目前郊区商办市场的消化速度远落后于供应速度，而据"十四五"规划和"五个新城"规划，明确上海仍将提升外围区域的商办用地供应，若不加大产业经济导入力度，郊区商办市场供求失衡现象或将加重。

---

① 数据来源：国家统计局。

（二）近 2 年上海市办公租金一路下滑，空置率持续上升

近两年，据联城行监测的办公租赁指数统计显示：上海办公租赁价格指数直线下行，2021年 Q1 全市平均办公租金同比下降约 5.5 个百分点，较 2019 年 Q1 下降约 9 个百分点（图 1）。

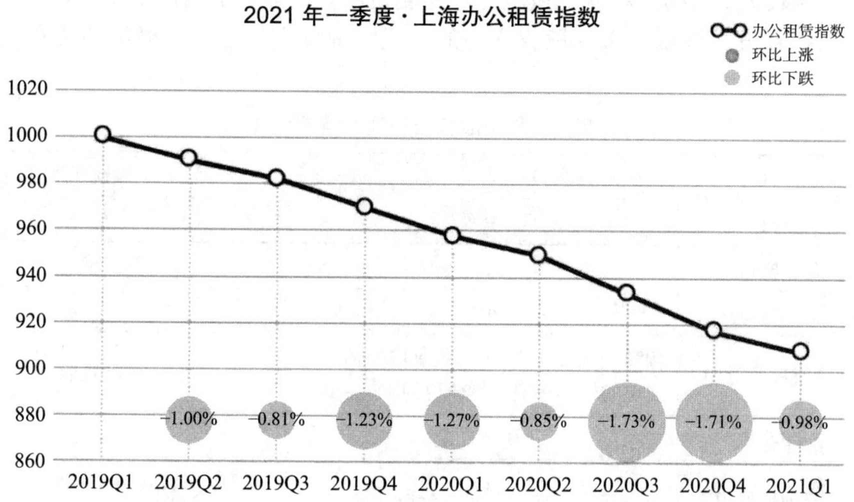

图 1　2019—2021 年一季度上海办公租赁指数

从空置率来看，全市办公空置率持续攀升，2021 年 Q1 上海办公空置率为 19.9%，北京为 15.8%，深圳为 25.4%。对比国外核心城市，2021 年 Q1 伦敦办公楼空置率仅为 8.3%，曼哈顿为 16.1%，在疫情未爆发的 2019 年，伦敦办公市场空置率约 5%，曼哈顿约 10%，均远低于上海（图 2）。

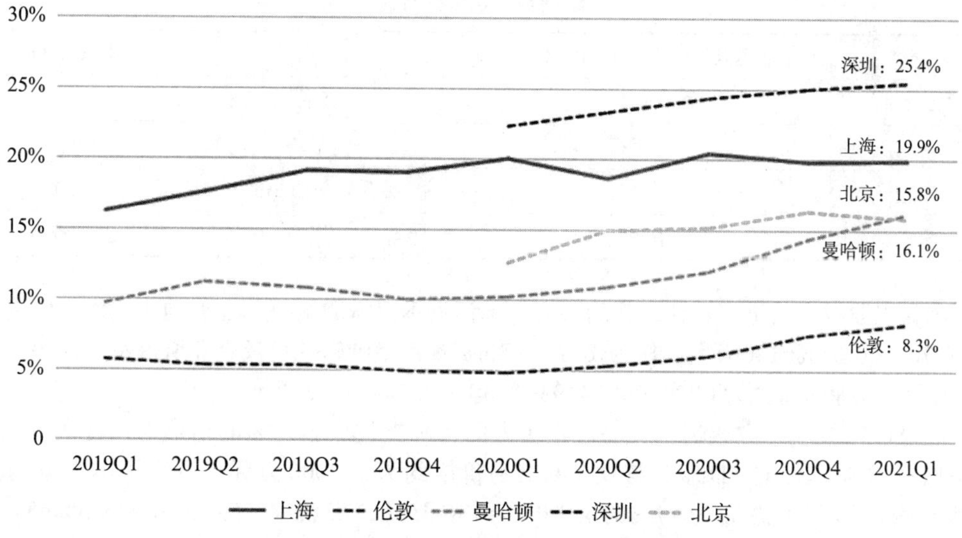

图 2　上海及国内外一线城市办公楼空置率情况①

---

① 数据来源：高力国际、联城行。

（三）商办二手市场上 80% 采用股权交易代替产权交易以节省税费

商办二手市场的交易分为股权交易和产权交易两种方式，据仲量联行不完全统计：商办二手市场股权交易占整个二手市场交易的比例约80%。股权交易成本较低，缴纳的税费较少，但风险较大（除物业本身的风险外，还涵盖了公司经营的风险等）。从节省成本的角度出发，买卖双方一般都会采用股权交易的方式。两种交易方式需缴纳的税费差异如表1所示。

产权交易与股权交易税费情况对比　　　　　　　　　　　　表1

	税种	产权交易	股权交易
		税率	税率
卖方	企业所得税	25%	25%
	个人所得税	20%	20%
	增值税及附加	10%一般征收，5%简易征收增值税附加税的标准一般是增值税的8%～12%	不征收
	印花税	万分之五	万分之五
	土地增值税	按照30%～60%分段计算	目前股权转让多不征收，少数地方对于转让股权仅仅是房地产的会征收
买方	契税	3%～4%	不征收
	印花税	万分之五	万分之五

笔者选取2018年4季度基汇资本以27.97亿元以股权交易的方式从华润资本收购华润万象城一期（A、B、C、D座）为例来进行模拟分析，物业基本信息如表2所示。

案例物业基本信息表　　　　　　　　　　　　表2

项目名	华润万象城一期（A、B、C、D座）	交易时间	2018年Q4
项目地址	吴中路1799号	环线	中外环
区域	闵行	板块	金虹桥
用途	办公	计容建面（m²）	60807
卖方	华润资本	买家	基汇资本

项目以股权方式进行转让，作为买方，基汇资本仅需缴纳万分之五的印花税，税收总额为279700×0.05%=140万元。作为卖方，华润资本需缴纳印花税及企业所得税[①]，印花税为140万元，企业所得税为（279700−74793−140）×25%=51192万元。

假设以产权交易方式进行交易，在买方的实际支付成本相当的情形下，资产包（华润万象城一期A、B、C、D座四栋楼）的交易价格约为272000万元，基汇资本需缴纳印花税和契税，印花税总额为272000×0.05%=136万元，契税总额为272000×3%=8160万元。华润资本需缴纳的印花税、增值税及附加、土地增值税、企业所得税[②]。其中，印花税

---

① 假设该项目为企业唯一经营活动，项目成本为74793万元且发生在当年，成本估算见后文。

② 假设该项目为企业唯一经营活动，项目成本为74793万元且发生在当年，成本估算见后文。

为 27200×0.05%=136 万元；增值税及附加约：272000×11%=29920 万元；土地增值税的计算相对复杂，需要追溯项目的初始价值，我们按照 12300元/m² 的初始价值[①]来计算增值，项目初始价值为：12300×6.08=74793 万元，则项目增值总额为：272000-74793=197207 万元，按照速算公式，土地增值税总额为：197207×60%-74793×35%=92147 万元；企业所得税为（272000-136-29920-92146.7-74793）×25%=18751 万元。具体如表 3 所示。

案例产权交易与股权交易税费对比表 表3

	税种	产权交易	股权交易
		应纳税额（万元）	应纳税额（万元）
华润资本	企业所得税	18751	51192
	增值税及附加	29920	0
	印花税	136	140
	土地增值税	92147	0
	合计	140954	51332
基汇资本	契税	8160	0
	印花税	136	140
	合计	8296	140
总计		149250	51472

产权交易模式下，买方实际支付款项为：272000+8296=280296 万元，卖方实得为：272000-140954=131046 万元，共缴纳税款 149250 万元。股权交易模式下，买方实际支付款项为：279700+140=279840 万元，卖方实得为：279700-51332=228368 万元，共缴纳税款 51472 万元。产权交易买卖双方共需多缴纳税费约为 149249.8-51471.6=97778.2 万元，此宗交易通过股权交易节省的税费约为资产标的金额的 35%。

综上所述，两种交易方式需缴纳的税费差异较大。因此在商办市场会出现大量股权交易代替产权交易的情况，股权交易代替产权交易的行为，造成大量的税收损失，且后续追踪监测难度较大。

二、商办市场监测机制现状与问题

商办市场存在的诸多问题，与商办项目的开发周期长、监管部门多、市场缺乏一个有效的监管平台息息相关，因此，笔者建议，加强商办市场监管，搭建一个统一的商办监测平台，有效监测商办市场，根据监测结果为政府制定相关调控政策提供支撑。笔者调研了商办市场的相关管理部门如规资局、房管局、发改委、经信委、联合产权交易所、税务局等，对商办市场监测存在的问题总结如下。

[①] 因对地块及建成楼宇期间多次实质性的权属变更是否缴纳增值税不能确定，以华润置地取得地块的楼板价约 4300 元/m²，其他相关成本估算 8000 元/m²。

（一）商办市场系统庞杂、监测内容缺乏相应的导向性原则

商办市场相关的经济活动复杂、涉及的管理主体较多，监测的导向性原则不够清晰，指标的梳理也会比较迷茫。一方面，指标的监测范围来源于管理需求，即我们要达到何种管理目标；另一方面，监测指标体系的构建也要遵循市场的特点及其市场基本规律。

（二）商办市场数据分散，缺乏统一的数据标准

如五大行咨询公司都聚焦于甲级写字楼的监测，但实际上，甲级写字楼的定义并无官方数据标准。在统计商办物业租金水平时，通常是按照月度单位面积的租金来统计，但是单位面积是建筑面积还是使用面积，不同企业的统计口径也不一样。

（三）商办市场监测管理缺乏牵头管理部门

商办市场的健康发展需要将相关管理数据集成到一个系统平台上，最终形成一个涵盖商办物业全生命周期的监测平台，通过平台的各项数据交叉整合来指导市场管理活动，但目前，商办全生命周期数据分散于各管理部门。未实现系统集成，造成"头痛医头，脚痛医脚"，相关管理部门只是从自身管理诉求出发制定相关政策，如：规资部门负责商办用地规划、土地出让、规划审批等，可掌握到某区域或板块内商办用地的规划及出让数据，可预判未来一段时间内该区域的商办项目增量情况，但对于已竣工项目建成后的使用情况，建成的物业能否正常推向市场出租或出售、板块内租金水平是否合理、板块内空置率是否正常等问题则不甚清楚。可是，空置率过高的区域或板块规资局是否有继续推地的必要？高空置率是暂时还是长久现象？这些问题是在用地规划或推地前需深入思考研究并明确的。经调研相关部门，我们认为目前未实现商办管理数据集成的原因在于缺乏一个牵头管理部门，来统一进行数据的整合协调，最终形成商办监测闭环系统。

（四）部分监测数据的获取有难度

从笔者对经信委的实地调研来看，经信委作为产业园区的主管部门，并未全面掌握园区办公物业的总体存量情况。园区改建为办公的总体物业体量较大，这部分物业建筑总面积无从得知。同时，如前所述，商办市场在存量交易阶段，股权交易代替产权交易的行为导致商办市场的二手交易数据无法获取。再者，商办物业租户租赁备案登记的不及时，导致商办楼宇究竟是谁在租、空置率如何、租户经营状况无从得知。

三、商办市场监测机制的建设

基于前文论述中提到的商办市场监测机制的主要问题，笔者初步提出针对性的解决方案，包括明确一套商办监测理论、形成一套商办数据标准、建立一套商办监测指标、设置一个商办监测流程、打造一个商办监测平台。

（一）以市场供求平衡理论、项目全生命周期监测作为商办市场监测的理论基础

1. 市场供求平衡理论

市场经济条件下，供给与需求是相互对立又相互依存的两个方面。当市场上供给与需求相等时，商品价格为均衡价格，他是由市场的供求关系决定的。基于市场供求平衡理论，我们需要关注影响商办市场供求关系的关键因素。从深层次的需求角度来看，商办市场的需求在于各类企业、单位对办公空间的需求。而企业对办公空间的需求又与经济运行状态、行业景气程度、企业发展状况等息息相关。因此从需求角度预计要监测商办物业的租户规模及经营情况、经济发展状况、劳动力就业状况等相关指标。从供应角度，预计需要关注的指标包括：商办物业总存量及空置率、商办土地的供应量、新增商办物业的竣工量、存量交易活跃度等。

2.房地产项目全生命周期理论

商办物业的开发周期较长，对于长周期经济活动进行监测，需要围绕其开发建设运营的全生命周期建立相应的监测体系。具体而言，商办项目从土地规划直至项目的灭失或土地、房屋用途的改变，是房地产的全生命周期过程。从一级市场获取土地，到项目竣工投放市场，就需要两年甚至更长的时间，因此会对市场调控的节点把控带来挑战，从市场供求研判角度，应该加强前瞻性和预见性，避免在市场已经饱和的情况下仍不断有新的增量供应，或者市场供不应求的时候再开始增加土地供应，所谓"远水难解近渴"，因此理想状态下我们需要动态监测商办市场的整体规划量、土地供应量、施工建设量、开业运营量、存量交易活跃度、灭失量等。抓住房地产生命周期的特点，重点关注预测指标、前瞻指标，如：商办用地供应量、施工建设量等。

（二）建立一套商办数据标准

商办市场目前缺乏一套统一的数据标准，各企业单位及政府机构对商办市场的档次分类、板块划分、数据定义、统计方法等缺乏统一认知。数据的采集首先要对商办市场的数据信息进行分类，形成一套统一的数据标准，如对商办物业档次划分的标准统一、商办物业板块划分的标准统一、商办物业基础数据的定义及计算方式的统一等。数据标准的制定可参照住房和城乡建设部为规范房地产市场基础信息数据采集、处理、分析和发布而制定的《房地产市场基础信息数据标准》JGJ/T 252—2011。

（三）设计一套商办监测指标

构造一个商办市场监测机制，核心问题在于监测什么？有了具体的监测内容才会有谁来监测、如何监测等执行细节问题，因此，明确商办监测内容、建立一个商办监测指标体系是首先要做的。在商办数据标准统一的前提下，可根据市场供求平衡理论、房地产项目全生命周期理论，注重供需两端的监测指标，注重监测指标的全局性、前瞻性和预测性。预计首先要将商办市场监测内容浓缩成商办市场监测指标体系，鉴于商办数据采集难度较大，再根据监测指标的选取原则，进一步选取一套短期可执行的重点监测指标进行局部区域试点监测，在试点过程中，也不断完善监测指标体系。

（四）设置一个商办监测流程

在监测指标体系明确后，根据房地产开发生命周期的管理现状，厘清监测指标所涉及的各项数据来源，追溯到各相关管理部门，明确各管理部门需提供的相关统计内容。以上海为例：商办用地成交总建筑面积需由规资局提供，竣工验收通过的商办项目总建筑面积需由住建委提供，取得物业销售许可证的商办总建筑面积则需由房管局来提供。根据商办项目的管理现状明确谁来提供数据后，还需进一步明确何时提供数据，向谁提供数据。何时提供数据可根据对应监测指标的统计周期来确定，如供地阶段的商办用地成交总建筑面积是以季度为周期提供，那么相应地，规资局每个季度初提供上一季度的相关统计数据即可。关于向谁提供数据，是整个数据监测流程中的一个关键点，笔者认为即牵头管理的部门。

（五）搭建一个商办监测平台

此处平台有两层含义：第一层含义是指建设一个有形的商办信息系统监测平台，建议由房状中心来搭建；另一层含义是建设一个由多个相关商办管理部门协同的监测工作组平台，工作组平台首先要涵盖涉及商办市场管理的各委、局，其次，需确定牵头管理部门，统筹管理，加强相关管理部门的配合和联动；再者，除政府相关管理部门发挥平台的主导作用外，还需要充分发挥高校及科研院所、民间研究机构的作用，如空置率、在租物业的租金水平获取难度较大，需定期市场调研，预计需向市场机构采购。市场监测平台工作小组需由专人负责，以市政府文件的形式明确各相关管理部门应配合的内容，保障商办监测工作的顺利进行。

四、建立上海市商办市场监测机制的相关政策建议

（一）成立商办市场监测的市级联合工作组，确定工作组牵头部门

成立商办市场监测的市级联合工作组，首先工作组包含相关委、局，其次要确定牵头管理部门。牵头管理部门在明确监测指标、统一数据标准、厘清各部门职责的基础上制定商办监测管理工作方案，管理协调监测数据的收集、核算、录入、存储及运用，出台相应的数据管理规范，建立合适的数据共享机制。

（二）强化上海商办物业的租赁登记备案制度

对于商办物业市场，供需双方的租赁交易频繁度要明显高于买卖，因此，对商办市场的租赁行为管理尤为重要。1994年7月通过的《中华人民共和国城市房地产管理法》和2010年12月住房和城乡建设部发布的《商品房屋租赁管理办法》明确提出了房屋租赁备案管理的方法及操作细节。但在实践中，非住宅包括商办物业租赁很少有当事人到政府房管部门进行合同登记备案。租赁登记备案的缺失，导致商办物业租赁行为得不到充分有效的管理引导。商办物业的租户是谁？物业租金及空置率水平怎样？这些商办市场的关键疑点都得不到解答。

因此，强化商办物业租赁的信息备案制度，是促进商办租赁市场健康稳定运行必不可少的。如何调动企业办理租赁备案的积极性，笔者建议参考住宅物业登记备案制度的执行情况，个人租赁住宅物业去办理登记备案，一般是落户或办理居住证时需提供居住证明，而落户或办理居住证与个人买房、子女上学等切身利益息息相关。那么，企业在进行工商变更、税务申报、企业年检时，是否可考虑需要企业提供真实的办公地址，而提供真实的办公地址即需要租赁证明，以此来提高企业进行租赁合同备案登记的比例。

（三）建立因股权变更而引起的产权潜在变化的商办产权登记监测机制

对于通过股权交易实质上形成房地产产权转移的情况，建议出台相关政策进行管理，从税收、不动产登记、交易管理等角度完善股权交易的潜在漏洞，同时适当给予一定的优惠政策支持，鼓励企业股权交易和产权交易同步，产权交易的流程也可适当优化管理，为交易双方尽可能地提供便利。同时笔者建议建立因股权变更而引起的产权潜在变化的商办产权登记监测机制，对于有实体商办物业的企业，在进行股权变更时，工商可做出相应的标注，而商办监测平台可获取工商局做出相应标注的企业及其商办物业信息。

（四）建立重点区域商办市场动态监测机制

如前所述，商办市场的部分数据如：物业总量、空置率、二手交易量价等数据的准确获取较为困难。预计短时间内难于实现上海全市范围内的动态监测，因此建议商办市场监测由点及面，从重点区域入手，短期目标是建立重点区域商办市场的动态监测机制，短期目标实现后，再达成长期目标，即建立全市范围内的商办市场监测平台。

（五）建立商办用地出让的科学决策机制

目前上海商办物业的整体空置率处于较高水平，局部区域存在供过于求的风险。商办监测平台建设完成后，在商办用地规划或出让时，可参考板块内的商办空置率、租金水平等，增加区域／板块供求平衡专项分析，对于存量较大、供过于求、空置率较高的区域或板块，可暂停土地出让，或考虑实行先招商、再出让的供应模式，即"看存控增"；制定工业／研发用地可转化为办公用地的具体条件，工业／研发用地的转化需满足区域／板块的整体用地平衡，在有既定标准的情况下，实现"依规转化"。

参考文献：

[1] 陆志锋. 城市写字楼市场预警研究 [D]. 杭州：浙江大学，2008.

[2] 谢家平. 管理运筹学 [M]. 北京：中国人民大学出版社，2010.

[3] 谢经荣. 地产泡沫与金融危机 [M]. 北京：经济管理出版社，2002.

[4] 汤庆园，王宝平，李陈. 1980—2010 年上海土地开发利用时空演变研究 [J]. 城乡规划研究，2020（02）：95-101.

作者联系方式

姓　名：许 军　陈　敏　金娅娅

单　位：上海联城房地产评估咨询有限公司

地　址：上海市静安区康定路 979 号

邮　箱：XJ@uvaluation.com，Chenmin@uvaluation.com，jinyaya@uvaluation.com

注册号：许军（3119970004）

基于多元线性回归模型的上海四大新城
二手写字楼价格影响因素分析

朋 雁

摘 要：作为上海"十四五"重大战略任务，嘉定、青浦、松江、奉贤、南汇"五大新城"规划建设成为长三角城市群中具有辐射带动作用的综合性节点城市，由于南汇新城归属于浦东新区，在数据的整理分析过程中剥离工作较为困难，故本文将嘉定、青浦、松江、奉贤四大新城的二手写字楼价格作为研究对象，基于多元线性回归模型，对影响办公房价的因素进行分析，探究房价定价机制。得出结论：四大新城二手写字楼价格主要受房屋面积、到地铁站的距离、写字楼等级、容积率、生活便捷度、到区政府的距离、到市政府的距离、所在区生产总值增速、所在建筑物已使用年限、所在建筑物总层数以及车位配比的影响。

关键词：二手写字楼价格；五大新城；四大新城；多元线性回归

一、选题背景

《上海市城市总体规划（2017—2035 年）》在研究市域空间结构时，选取了位于重要区域廊道上、发展基础较好的嘉定、松江、青浦、奉贤、南汇等 5 个新城，要求建设成为长三角城市群中具有辐射带动作用的综合性节点城市。五大新城不是简单承接中心城人口和功能疏解，而是按照集聚百万人口规模、形成独立综合功能的要求，打造"长三角城市网络中的综合性节点城市"。"五大新城"的建设意在寻求新的发展空间，五个新城环绕在上海中心城区周边，意味着上海的城市空间将从单中心变成多中心。将视线投向整个长三角，"五大新城"是纽带，是战略支点，是上海融入、服务长三角的前沿阵地，"五大新城"将跳出上海市域的"中心城＋郊区"的二元空间模式，和长三角城市群其余 40 多个城市一样，建成现代化的大城市和长三角的增长极。

关于上海新城的规划从 1999 年的 11 座新城起中间经历"十一五""十二五""十三五"的演变，于"十四五"定位升级。想必上海市不仅仅拘泥于成为法国经济学家弗朗索瓦·佩鲁所提出的"发展极"，而是着眼未来，打造出城市群——是城市发展到成熟阶段的最高空间组织形式，是在地域上集中分布的若干特大城市和大城市集聚而成的庞大的、多核心、多层次城市集团，是大都市区的联合体。新城的建设目标将提升城市产业能级、提高公共服务品质、确立交通枢纽地位、优化人居环境质量等作为重点，强化实施结合创新政策。五座新城迎来了新的发展机会，投资方向向人才吸引、土地保障、财税金融支持、优化营商环境等领域展开。其中，在加强产业支撑大幅提升新城经济活力和能级的环节，新城必将打造一批高品质的商务商业集聚区，使其更好承载新城核心功能，带动创新人才和高端功能加快集聚推进新城产业园区，此外也将推进大学校区和城镇生活区的设施共享、空间联动和功能融合。在新城产业社区中增加租赁住房、公共空间和服务设施，提升整体品质、促进职住平衡。鼓励改造现有老旧商务楼宇和商业网点设施，兼具租赁住房、研发、休闲等复合功能，为创新企业和创业人才提供低成本、嵌入式产业空间和创新空间。

在此背景下，五大新城的二手写字楼的价格也备受关注，办公用房的定价机制也十分具有研究的意义。本文将通过二手写字楼特征模型分析影响其价格的因素。

二、数据采集和变量选择

在收集数据的前期，考虑到南汇新城归属于浦东新区，在资料收集和数据剥离阶段的工作难以推进，故本文的研究范围缩小为对嘉定、青浦、松江、奉贤四大新城的二手写字楼价格影响因素进行研究。文中的二手办公成交价格案例均来自于 Res 房地产数据分析系统，为消除宏观因素及市场供求因素等受时间因素干扰的条件的影响，本文采用了 2021 年 5 月的横截面数据，选取来自 79 个楼盘共 275 个样本。影响因素变量选择如下：房屋面积（X_1）、到地铁站的距离（X_2）、所处环线位置（X_3）、写字楼等级（X_4）、物业费（X_5）、绿地率（X_6）、容积率（X_7）生活便捷度（X_8）、到区政府的距离（X_9）、到市政府的距离（X_{10}）、所在区的 GDP 总量（X_{11}）、所在区的 GDP 增速（X_{12}）、所在建筑物已使用年限（X_{13}）、所在建筑物总层数（X_{14}）、车位配比（X_{15}）。影响因素的数据收集于百度地图、房天下网站、安居客网站以及吉屋网等。

本次收集了 275 个二手写字楼价格及其对应影响因素样本数据，建立以二手写字楼单位面积的价格为因变量，15 个特征值为自变量的多元线性回归方程，使用统计软件 Stata16 进行回归分析。

三、指标体系建立和量化

因为回归方程中的某些自变量因素本身不以数字来衡量，所以本文采用了一定标准的赋值法使其具备数量特征（指标体系的值有待进一步研究）。每种变量的单位以及赋值标准如下。

（1）房屋面积（X_1）为成交案例中二手写字楼的建筑面积，单位为 m^2。

（2）到地铁站的距离（X_2），为二手写字楼到最近地铁站的距离，单位为 km。

（3）所处环线位置（X_3），上海可被环线划分为内环内、内中环间、中外环间、外郊环间、郊环以外。本次根据样本二手写字楼所处环线位置建立如下指标体系（表 1）。

所处环线位置指标体系 表 1

评级	郊环以外	外郊环间	中外环间	内中环间	内环内
评分	1	2	3	4	5

（4）写字楼等级（X_4），我国由于写字楼发展历程短，分类标准尚不成熟，目前，国内写字楼划分主要有三种标准，本文采用了三种标准之一的"甲"系列的分类方法，并将商住楼和其他归于丙级写字楼，建立了如下指标体系（表 2）。

写字楼等级指标体系　　　　　　　　　　表 2

评级	丙级	乙级	甲级	顶级
评分	1	2	3	4

（5）物业费（X_5），采用了样本所在楼盘物业费实际价格，单位为元/平方米/月。

（6）绿地率（X_6），采用了所在楼盘绿地率的实际数值。

（7）容积率（X_7），采用了所在楼盘容积率的实际数值。

（8）生活便捷度（X_8），二手写字楼区别于住宅对周边教育设施的需求并不大，其主要服务的群体为上班族，多对饮食、购物、娱乐需求较大，即办公物业周边的商场等商业综合体的数量和距离所反映的生活便捷度对办公物业的价格有影响。根据样本到周边商场的距离以及对应商场的数量，建立了如下指标体系（表3）。

生活便捷度指标体系　　　　　　　　　　表 3

评级	评分
1000m 内无商场	0
500m 内无商场 1000m 内有商场	1
500m 内有商场 1～2 家	2
500m 内有商场 3 家及以上	3

（9）到区政府的距离（X_9），为样本房地产到区政府的距离，单位为 km。区政府作为一区行政中心，多亦为文化、经济、交通的集建区。

（10）到市政府的距离（X_{10}），为样本房地产到上海市人民政府的距离，单位为 km。

（11）所在区的 GDP 总量（X_{11}），选取 2020 年嘉定、青浦、松江、奉贤的 GDP 总量，具体情况详见表4，单位为千亿元人民币。

所在区的 GDP 总量及增速　　　　　　　　　表 4

区县	GDP（千亿元）	增速（%）
嘉定区	2.4884	−3.9
松江区	1.63711	3.9
青浦区	1.19401	3.8
奉贤区	1.19019	2

（12）所在区的 GDP 增速（X_{12}），选取 2020 年嘉定、青浦、松江、奉贤的 GDP 增速，具体情况详见表3，单位为 %。

（13）所在建筑物已使用年限（X_{13}），为样本所在建筑物自竣工以来已使用年限，单位为年。

（14）所在建筑物总层数（X_{14}），单位为层。

（15）车位配比（X_{15}），为样本所在楼盘的车位总数/总户数。

四、数据的处理结果与分析

（一）数据处理结果

用 OLS 法进行多元线性回归分析，结果显示如图 1 所示。

Source	SS	df	MS		
Model	8.0605e+09	15	537366649	Number of obs = 271 F(15, 255) = 46.50 Prob > F = 0.0000	
Residual	2.9471e+09	255	11557122.2	R-squared = 0.7323 Adj R-squared = 0.7165	
Total	1.1008e+10	270	40768762.6	Root MSE = 3399.6	

y	Coef.	Std. Err.	t	P>|t|	[95% Conf. Interval]
x1	41.64817	5.901045	7.06	0.000	30.02718 53.26916
x2	-785.1027	166.573	-4.71	0.000	-1113.137 -457.0688
x3	-324.9931	752.7753	-0.43	0.666	-1807.441 1157.455
x4	1357.282	430.2138	3.15	0.002	510.0573 2204.506
x5	193.8619	144.982	1.34	0.182	-91.65258 479.3764
x6	5488.799	3045.214	1.80	0.073	-508.1727 11485.77
x7	1231.517	276.1059	4.46	0.000	687.7786 1775.255
x8	1316.506	273.4684	4.81	0.000	777.9623 1855.051
x9	-170.8889	72.4428	-2.36	0.019	-313.5513 -28.22654
x10	-326.6427	63.6242	-5.13	0.000	-451.9385 -201.3469
x11	1288.779	1073.153	1.20	0.231	-824.5924 3402.15
x12	574.755	153.8263	3.74	0.000	271.8231 877.6868
x13	-792.2819	79.4523	-9.97	0.000	-948.7481 -635.8156
x14	-212.5058	36.61488	-5.80	0.000	-284.6119 -140.3998
x15	2051.264	673.309	3.05	0.003	725.3096 3377.219
_cons	23654.67	4124.653	5.73	0.000	15531.94 31777.39

图 1 OLS 法回归结果

可知：$y=23654.67+41.65X_1-785.1X_2-325X_3+1357.28X_4+193.86X_5+5488.8X_6+1231.52X_7+1316.51X_8-170.89X_9-326.64X_{10}+1288.78X_{11}+574.76X_{12}-792.28X_{13}-212.51X_{14}+2051.264X_{15}+\varepsilon$

$R^2=0.7323$ $F(15, 255)=46.5$

（二）回归结果分析

（1）R^2 表示拟合优度，此次统计结果得出 $R^2=0.7323$，样本回归直线对样本观测值的拟合程度较好，其意义为解释变量 73.23% 可以解释被解释变量。

（2）F 检验为联合显著性检验，由于其 P 值为 0.0000 小于设定的显著性水平 0.05，故拒绝原假设 Ho：$\beta_1=\beta_2=\beta_3=\beta_4=\beta_5=\beta_6=\beta_7=\beta_8=\beta_9=\beta_{10}=\beta_{11}=\beta_{12}=\beta_{13}=\beta_{14}=\beta_{15}=0$，即十五个解释变量对四大新城的二手写字楼价格的联合影响显著。

（3）在检验单个变量的显著性时，因为 P 值小于 0.05 时效果好，故解释变量所处环线位置（X_3）、物业费（X_5）、绿地率（X_6）、所在区的 GDP 总量（X_{11}）没有通过显著性检验，即对四大新城二手写字楼价格的影响不显著。

（4）多重共线性检验，共线性是指回归变量之间存在着近似线性的关系，即某个自变量能近似的用其他自变量的线性函数来描述。当共线性趋势非常明显时，会对模型的拟合带来严重的影响。掩盖自变量与因变量之间的真实关系；当去掉一两个变量或者记录时，方程的回归系数值将发生剧烈抖动，非常不稳定；整个回归方程的统计检验为 $P < 0.05$，但所有偏回归系数的检验均无统计学意义。因而，对变量进行共线性检验非常必要。结果如表 5 所示。

多重共线性检验结果　　　　　　　　　　　　　　　　　　　表 5

Variable	X11	X12	X10	X9	X3	X5	X2	X4	X1	X13	X7	X15	X8	X6	X14	Mean VIF
VIF	7.9	6.68	6	4.24	2.26	2.09	2.06	2.01	1.94	1.5	1.42	1.35	1.35	1.34	1.33	2.9

方差膨胀因子的值都低于 10，说明不存在多重共线性。

（5）异方差检验，经过怀特检验后，发现 P 值为 0.000，小于 0.05 的显著性水平，拒绝原假设，即模型存在异方差。由于若是数据存在异方差问题，则 OLS 估计法会失效。采用异方差稳健标准误可以处理模型存在的异方差和自相关的问题，怀特曾表明异方差标准误虽然会损失一些效率但他有简单、需要信息少等优点，如今他成了日常实证中最常使用的方法。在本文样本容量较大的前提下，所有参数估计和假设检验均可正常进行使用。处理后的模型结果如图 2 所示。

```
Linear regression                          Number of obs   =        271
                                           F(15, 255)      =      38.05
                                           Prob > F        =     0.0000
                                           R-squared       =     0.7323
                                           Root MSE        =     3399.6


                          Robust
          y       Coef.   Std. Err.      t     P>|t|     [95% Conf. Interval]

         x1    41.64817    7.52489     5.53    0.000     26.82932    56.46701
         x2   -785.1027   148.9977    -5.27    0.000    -1078.525     -491.68
         x3   -324.9931   759.0091    -0.43    0.669    -1819.718    1169.731
         x4    1357.282   577.6085     2.35    0.020     219.7913    2494.772
         x5    193.8619   248.2033     0.78    0.435    -294.9275    682.6514
         x6    5488.799   3734.512     1.47    0.143    -1865.614    12843.21
         x7    1231.517     278.15     4.43    0.000     683.7533    1779.281
         x8    1316.506   273.1877     4.82    0.000     778.5149    1854.498
         x9   -170.8889   73.61341    -2.32    0.021    -315.8566   -25.92124
        x10   -326.6427   58.83353    -5.55    0.000    -442.5042   -210.7812
        x11    1288.779   1066.833     1.21    0.228    -812.1466    3389.705
        x12     574.755    159.016     3.61    0.000      261.603    887.9069
        x13   -792.2819   98.73564    -8.02    0.000     -986.723   -597.8407
        x14   -212.5058    38.4098    -5.53    0.000    -288.1467    -136.865
        x15    2051.264   693.0273     2.96    0.003     686.4782     3416.05
       _cons    23654.67   4300.888     5.50    0.000     15184.88    32124.45
```

图 2　异方差稳健标准误处理后的回归结果

（6）经济意义分析：在每次仅一个自变量变动的同时其他变量保持不变的情况下：面积每上升 1 单位，二手写字楼单价上升 41.65 元 /m²；到地铁站的距离每增加 1 单位，二手写字楼单价下降 785.1 元 /m²；所处环线位置每上升 1 单位，二手写字楼单价下降 325 元 /m²；写字楼等级每上升 1 单位，二手写字楼单价上升 1357.28 元 /m²；物业费每上升 1 单位，二手写字楼单价上升 193.86 元 /m²；绿地率每上升 1 单位，二手写字楼单价上升 5488.79 元 /m²；容积率每上升 1 单位，二手写字楼单价上升 1231.52 元 /m²；生活便捷度每上升 1 单位，二手写字楼单价上升 1316.51 元 /m²；到区政府的距离每上升 1 单位，二手写字楼单价下降 170.89 元 /m²；到市政府的距离每上升 1 单位，二手写字楼单价下降 326.64 元 /m²；所在区的 GDP 总量每上升 1 单位，二手写字楼单价上升 1288.78 元 /m²；所在区的 GDP 增速每上升 1 单位，二手写字楼单价上升 574.76 元 /m²；所在建筑物已使用年限每上升 1 单位，二手写字楼单价下降 792.28 元 /m²；所在建筑物总层数每上升 1 单位，二手写字楼单价下降 212.51 元 /m²；车位配比每上升 1 单位，二手写字楼单价上升 2051.26 元 /m²。

五、模型的结果解释

(一)符号分析

自变量对因变量的影响有正负之分,本文选择的区位性变量除了所处环线这一因素以外,在理论上对于房价的影响应该都是负的,从表和回归方程中可以看出,确实到地铁站的距离、到区政府的距离、到市政府的距离对价格具有负的影响;建筑物房龄也符合假设与房价为负相关关系。写字楼等级、物业费、绿地率、生活便捷度、所在区的 GDP 总量和增速等均对被解释变量有正相关的关系。统计分析的结论大部分是与假设相符合的,但此外也出现了几个变量对办公房价的影响与预期不符的情况,理论上来说,二手写字楼所处的环线位置越靠内越好,对价格应该是有积极作用,二手写字楼的单价也应随着建筑面积的增大而减小,但回归结果却与假设背离。

(二)结果解释

此次回归发现解释变量所处环线位置、物业费、绿地率、所在区的 GDP 总量对二手办公房价的影响不显著,结合实际情况分析:虽然上海有内环、中环、外环、郊环的划分,其在地理位置上自然有一定的意义,越是靠里离市中心越近,但是由于各个片区发展水平、定位不一,时常会出现产业聚集区地带租售价居高不下的情况,随着各新城的建设完善,最终会达成独立综合功能的要求,因此不能简单地靠环线来判断地段的价值。从传统理解,高绿地率可以给人带来舒适感从而需要付出物质上的代价,企业作为写字楼的入驻主体,追求的目标是利润最大化,鲜少关注办公场地绿地率等问题。物业公司在提供优质的服务的同时也将收取相应的物业费,物业费与服务内容和物业设备设施等因素挂钩,但过高的物业费会导致消费者效用低,在存在替代品物业的情况下会造成客户流失、楼盘滞销的问题,从而供求不均衡使得价格降低,综合后物业费对办公房价的影响不显著。GDP 指标对经济活动反映不全面,其并不对经济发展带来的负面效应进行统计,也未反映产品和劳务的销售、实现情况,因此指标的增长并不一定能带来居民收入的普遍提高等。这些不足使得 GDP 不可以作为衡量经济发展水平的唯一指标,且各区的人口、侧重的产业等差异也会造成 GDP 总量对区域内办公房价的解释力度欠缺的问题。

城市轨道交通是一种快捷高效、安全舒适、节能环保的大容量城市客运交通方式,由于大城市普遍存在交通拥挤、环境污染和土地资源短缺等问题,地铁被广泛认为是解决这些矛盾和问题的途径,交通的便利也带动了房价的上涨。容积率反映了总建筑面积与用地面积的比率,直接涉及舒适度,舒适度越高房价也越高,但是过低的容积率会造成土地等资源的浪费,反而办公物业会因为容积率随着入驻企业的增加,而有利于人口聚集、商务聚集度的提高,有利于发展规模经济,综合后容积率对价格是正面影响。写字楼等级硬件方面包括楼宇外观设计、内外公众装修标准是否具有超前性;设备设施如电梯等候时间、中央空调管式数量、停车场数量及配套等方面是否与世界甲级写字楼水平同步,软件方面主要指物业管理服务是否达到星级酒店标准,因此写字楼等级、服务项目和小区设施的配备情况具有正相关性,从而对房价的影响也是正的。生活便捷度,到区政府、市政府的距离体现了商务商业繁华度、区位因素对价格的贡献。建筑物房龄越大对价格越不利。建筑物总层数越高,可能会伴随着电梯等待时间的加长以及一些安全性问题的加剧,因此与价格呈负相关。过少的车位配比会大大降低客户居住舒适性和安全性,导致人车矛盾,增加物业管理难度,增加停车耗费的时间，所以车位配比越多办公房产价格也越高。

六、结语

通过对四大新城的二手写字楼价格特征分析，找出大中小企业及个人购房者的偏好。从消费者的效用角度来考虑，说明最影响二手办公房价的因素也是企业及个人这类消费者对房屋最为关注的因素。通过实证分析，得出真正影响二手写字楼价格的因素以及各影响因素的影响程度：房屋面积、到地铁站的距离、写字楼等级、容积率、生活便捷度、到区政府的距离、到市政府的距离、所在区生产总值增速、所在建筑物已使用年限、所在建筑物总层数以及车位配比对二手写字楼价格有很大影响，其中生活便捷度即周边商业聚集度对价格的影响最为显著。成功构建四大新城二手写字楼的定价模型，对开发商在择地选址和楼盘设计建设等方面有借鉴意义，也有助于购房者形成合理的预期价格，在购买房产时实现最佳性价比。

参考文献：

[1] 周洪伟. 南京市二手房定价模型及其应用 [J]. 经济师，2014（02）.

[2] 朝克，吕丽娟. 基于多元线性回归的内蒙古自治区房价影响因素研究 [J]. 内蒙古科技与经济，2011（11）.

[3] 张冕. 基于 Hedonic 模型的浦东新区住宅价格特征分析 [D]，上海：同济大学，2008.

作者联系方式

姓　名：朋　雁

单　位：深圳市世联土地房地产评估有限公司

地　址：上海市静安区万荣路 777 弄大宁音乐广场 H 座 6 楼 602 室

邮　箱：pengy@ruiunion.com.cn

办公物业收益乘数的量化研究

肖历一

摘 要： 本文对上海市纯办公物业的收益率指标——收益乘数进行了量化研究。对 64 个二手交易相对活跃的办公物业，调研其收益乘数的市场表现，以及其他相关属性。通过多元线性回归模型，揭示了影响收益乘数的因素：是否位于外环外、1000m 半径内的办公体量、最近的轨交出口步行距离以及月租金。通过模拟误差数据，判断模型的预测精度，与人工判断的误差进行比较。最后，对相关问题进行了思考与探讨。

关键词： 办公物业；收益乘数；量化研究；回归模型；误差预测

一、多元回归模型的建立

（一）研究目标

采用量化的方式，是期望能够以科学、客观的方式，来准确地反映市场的客观表现，从而有助于更为合理、客观的房地产估价和咨询作业。

首先，直接资本化法中，未来第一年的收益，可以等同当前的市场收益，以及当前的市场价值，都是相对容易从市场中获取，较为客观。而在报酬资本化法中，还需要判断未来 n 年的收益数据，需要依托估价师的经验判断，主观成分较大，不适宜客观量化分析。因此，选择直接资本化法中的收益乘数（等同直接资本化率）作为量化研究的对象。

其次，相对于新房市场，二级市场的案例更为丰富与广泛，交易更为活跃。受营销、操盘的影响最小，更有利于揭示市场规律。因此，本次研究界定为对二手交易市场的办公物业收益乘数的量化研究。

此外，在实际用途上，以最为普遍的纯办公物业为研究对象。此次以上海纯办公物业为研究对象。

结合对客观数据状况的分析，以及实际业务的需求，期望模型的预测误差一般不要超过 ±10%，最大不超过 ±15%。

（二）数据准备

1. 案例筛选

由于研究对象是收益乘数，需要筛选出既有租赁又有买卖的项目。绝大多数办公项目都有租赁，而具有二手买卖的项目比例不高，因此需要筛选出具有活跃二手买卖的项目。

在上海城市房地产估价有限公司的办公物业数据库中，收录了 4000 多个办公物业项目数据，包含了 13000 多个办公楼栋数据。为本次的量化研究提供了坚实的数据基础。

1）项目二手成交活跃度筛选

选取近 5 年内年均成交案例数 5 个及以上的项目，为增加远郊案例，适当放宽了远郊项目的案例数要求。

2）项目用途筛选

剔除公寓式办公和酒店式办公等其他用途的项目，仅保留纯办公项目。

3）案例数据有效性筛选

再剔除如下情况的项目：一是虽为二手交易，实质为批量转让的大宗交易；二是对于上市不久仍处于培育期的项目，成交价格和租金受开发商定价影响较大的项目。

2.数据标准化

对于多楼栋的办公项目，其内部也会存在价格和因素的差异。因此，研究中的案例数据都会明确到具体的楼栋，并设定基准单元，以基准单元的数据进行量化研究。

基准单元的设定标准：位于楼栋的中间楼层，面积为楼栋内所有单元的主力面积，含地面及吊顶装修的基础交付标准，不考虑（或排除）景观、视野等其他个别因素。

基准单元的市场价值与市场租金也进行内涵统一。

市场价值：基于税费各付的前提；

市场租金：基于两年租约，业主提供一个月免租期及一个月中介费的前提下的月租金。按上述月租金乘以11个月得到年租金。

（三）模型测算

1.样本数据

基于上述的案例筛选，本次研究最终选取了64个纯办公楼栋，并在其中设置基准单元作为样本点。以这64个样本点为此次研究的样本数据。

2.因变量

因变量为样本点的收益乘数，即在上述统一内涵下，各样本点的市场价值除以年租金。

3.自变量

由于因变量是市场价值与市场租金的比值，所以无论影响市场价值的因素，还是影响市场租金的因素，都有可能影响收益乘数。因此本次研究的实质，就是发现对两者影响程度不同的因素，并进行量化。

此外，本次研究以某一时点的截面数据为研究对象，即从项目自身因素的差异去发现对收益乘数的影响规律。因此，自变量的筛选主要从样本点的实物、区位及权益因素来分析。（如果历史数据储备充分，结合外部因素，应用面板数据进行量化研究，效果应该更为理想。）

基于上述的技术思路，筛选了不同的因素进行量化、试算与迭代，最终筛选出了4个自变量：

（1）是否外环外，是取值为1，否取值为0；

（2）样点1km半径内办公物业体量，经标准化后取值1～10，体量越大取值越大；

（3）离样点最近地铁口步行距离，经标准化后取值1～11，距离越近取值越大，3000m以上取值为1。

（4）样点月租金，以楼栋主力面积乘以单位平方米的月租金计算得到。经标准化后取值1～15，月租金越大取值越大，月租金达到15万元及以上取值为15。

4.建立模型

在因变量与自变量的相关分析中，最显著的表现都是线性相关关系。因此，选用多元线性回归模型进行建模。得到如下公式：

$Y=25.830+3.105X_1+0.561X_2-0.248X_3-0.302X_4$

式中：

Y：收益乘数

X_1：是否外环外

X_2：月租金

X_3：样点一公里半径内办公物业体量

X_4：离样点最近地铁口步行距离

5. 模型检验

1）拟合优度（表1）

模型汇总 表1

模型	R	R方	调整R方	标准 估计的误差	Durbin-Watson
1	0.761	0.579	0.550	1.646810549	2.526

2）F检验（表2）

F检验 表2

模型	平方和	df	均方	F	Sig.
回归	219.762	4	54.940	20.258	0.000ª
残差	160.007	59	2.712		
总计	379.769	63			

3）T检验与共线性诊断（表3）

系数 表3

模型	非标准化系数		标准系数	t	Sig.	B的95.0%置信区间		共线性统计量	
	B	标准误差	试用版			下限	上限	容差	VIF
（常量）	25.830	1.303		19.830	0.000	23.223	28.436		
外环外	3.105	0.735	0.463	4.226	0.000	1.635	4.575	0.595	1.679
1000米办公聚集打分	−0.248	0.087	−0.289	−2.844	0.006	−0.423	−0.074	0.694	1.442
轨交距离打分	−0.302	0.129	−0.245	−2.338	0.023	−0.560	−0.043	0.648	1.543
月租金打分	0.561	0.124	0.436	4.527	0.000	0.313	0.809	0.769	1.300

4）异方差性检验（图1）

F检验及T检验显示整体模型及四个解释变量通过显著性检验，解释变量之间未存在多重共线性的情况。根据散点图观察，残差没有呈现明显的异方差性。

模型整体的拟合优度指标偏低，调整R方仅为0.55，显示模型存在影响因素缺失或一定程度的数据误差。

因变量：修正收益乘数（335）

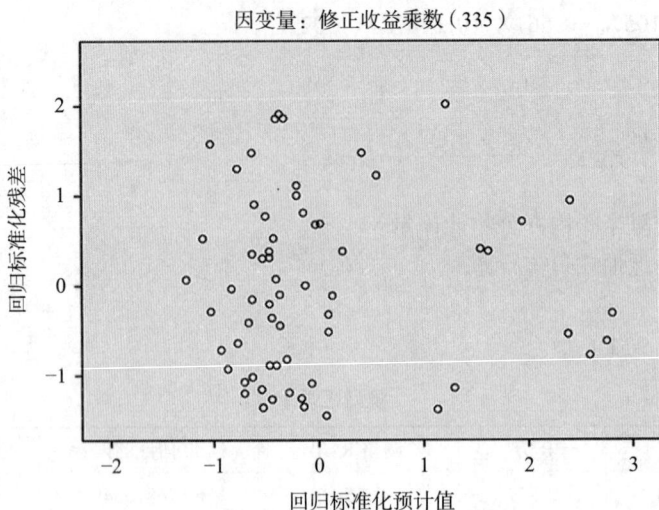

图 1　散点图

二、模型的有效性分析

模型是否有效，最终的评价标准是模型的预测精度是否达到预期的目标。调整 R 方仅是一个统计指标，在一定程度上体现了模型的优劣，但不能反映模型的预测精度，也不能评价模型的有效性。

（一）要评价模型的有效性，首先要评价样本数据的误差水平

四个自变量：是否外环外、最近地铁口步行距离、1000m 内办公物业体量以及月租金，都是相对客观数据，通过数据检查，不会产生明显的差错，不会对模型结果产生影响。

样本数据的误差主要来自收益乘数。虽然样点已经选择了最具流动性的办公项目，但相较于住宅，办公物业的二手市场流动性依然较差，挂牌和成交数据的质量参差不齐。在人工调研判断市场价格时，受估价师主观因素影响仍然较大，这一过程必然存在着数据的误差。实际操作中，只能由不同的估价师分别进行独立的评估，再对不同估价师的评估结果进行比对，来预估样点数据大致的误差水平。

此次通过人工抽查的方式来预估样本数据的误差水平。对 12 个样点数据的收益乘数进行了抽查。以抽查估价师的结果为基准，得到的误差数据为：误差的绝对值的平均值为8.93%，最大值为 19.41%，大于 15% 的有三个样点。这个结果显然并不乐观，甚至有声音直接否定模型的有效性。

虽然抽查的估价师的调研结果本身也一定存有误差，本着谨慎原则，以及预留一定程度的质量安全边界，采纳偏向悲观的误差评判结果，即样点的收益乘数真实误差水平可能是：误差的绝对值的平均值可能达到10%，最大值可能达到20%。

（二）已知样点数据误差水平，是否可以判断预测数据的误差水平

基于对多元回归模型的认知，在样点数据充足的前提下，且大部分样点数据在合理范围时，模型往往具有对数据的"净化"和"修复"作用。简单来说，在满足统计检验的基础上，模型的预测精度往往要好于模型本身的样点数据精度。

验证过程如下。

1. 验证逻辑

仍然采用本次研究的 64 个样点数据，保留使用样点的自变量数据，用此次研究得到的模型，对 64 个样点的收益乘数进行预测，得到预测的收益乘数。假设这 64 个样点的预测收益乘数是"客观真实"的数据。在此基础上，分别按 10%、15% 和 20% 的标准差，以 0 为期望值，生成（0，±1）之间的随机数，再加 1，再乘以"客观真实"的收益乘数。这样就得到了含有确定误差水平的模拟样点收益乘数数据。

以此数据再做模型回归，得到了模拟不同程度误差下的回归方程。最后用模拟得到的方程得到"预测值"，再和"客观真实"的收益乘数进行误差分析，就可以得到不同样点数据误差水平下的模型预测精度水平，从而可以判别本次研究中得到的模型的预测精度水平。

2. 模拟生成含误差的样点收益乘数

由于人工主观判断的偏差可能存在一定的偏向性（即偏高偏小的数量不均衡），而随机数的生成是均衡的（即偏大偏小的数量基本一致），为了更为客观地模拟人工的数据误差，将 10% 标准差的随机数，在不改变偏离程度的前提下，正偏差数与负偏差数的比例从 1:1，通过随机抽取，调整到 4:1。

此外，为了避免随机数生成偶然性数据，每个程度的误差随机数都做两遍。

3. 模拟生成回归方程

用模拟生成的样点收益乘数作为因变量，自变量仍采用原样点的自变量数据，进行模型的回归（表 4）。

不同误差情况下得到的回归模型 表 4

设定的模型	收益乘数 =25.830+3.105（外环外）+0.561（月租金）−0.248（1000m 办公聚集）−0.302（最近轨交距离）
10% 误差标准差模型（1）	收益乘数 =27.606+3.181（外环外）+0.488（月租金）−0.110（1000m 办公聚集）−0.577（最近轨交距离）
10% 误差标准差模型（2）	收益乘数 =26.691+3.570（外环外）+0.534（月租金）−0.340（1000m 办公聚集）−0.313（最近轨交距离）
10% 偏误差标准差模型（1）	收益乘数 =27.561+4.069（外环外）+0.479（月租金）−0.120（1000m 办公聚集）−0.460（最近轨交距离）
10% 偏误差标准差模型（2）	收益乘数 =25.790+5.004（外环外）+0.509（月租金） 0.286（1000m 办公聚集）−0.192（最近轨交距离）
15% 误差标准差模型（1）	收益乘数 =25.996+4.036（外环外）+0.638（月租金）−0.466（1000m 办公聚集）−0.258（最近轨交距离）
15% 误差标准差模型（2）	收益乘数 =19.908+5.628（外环外）+0.616（月租金）−0.290（1000m 办公聚集）+0.328（最近轨交距离）
20% 误差标准差模型（1）	收益乘数 =22.051+5.058（外环外）+1.033（月租金）+0.042（1000m 办公聚集）−0.189（最近轨交距离）
20% 误差标准差模型（2）	收益乘数 =24.324+4.720（外环外）+0.998（月租金）−0.443（1000m 办公聚集）−0.212（最近轨交距离）

4. 统计模拟方程的预测精度

用模拟方程对 64 个样点数据进行预测，得到模拟方程的预测收益乘数。与设定的"真实客观"收益乘数进行误差统计，得到模拟方程的预测精度（表 5）。

不同误差情况下的预测差异　　　　　　　　　　　　　　表 5

	案例误差绝对值平均	案例误差绝对值最大	模型的调整 R 方	预测误差绝对值平均	预测误差绝对值最大
设定数据的模型	0	0	1	0	0
10% 误差标准差模型（第 1 次）	7.31%	25.22%	0.467	2.32%	5.67%
10% 误差标准差模型（第 2 次）	7.56%	26.03%	0.434	1.86%	4.19%
10% 偏误差标准差模型（第 1 次）	7.31%	25.22%	0.52	3.20%	8.92%
10% 偏误差标准差模型（第 2 次）	7.56%	26.03%	0.551	4.07%	11.49%
15% 误差标准差模型（第 1 次）	13.68%	43.51%	0.204	2.38%	6.73%
15% 误差标准差模型（第 2 次）	11.22%	35.44%	0.273	3.28%	13.67%
20% 误差标准差模型（第 1 次）	13.71%	61.68%	0.242	4.30%	24.85%
20% 误差标准差模型（第 2 次）	13.88%	39.28%	0.267	3.11%	13.46%

5. 分析与结论

表 5 给出了收益乘数在不同误差水平下，其生成的模型的预测精度以及模型调整 R 方值。从表 4 和表 5 的实验数据可以得到如下的分析与结论：

1）案例误差均衡分布时，模型的预测数据误差水平明显小于案例数据误差水平。在 15% 和 20% 的误差标准差模型中，部分自变量的 T 检验已经出现不合格的情况，在统计上模型已不能成立，但该规律依然存在。

2）案例误差有偏分布时，模型的预测数据误差水平仍然明显小于案例数据的误差水平，验证了回归模型本身具有数据"净化"和"修复"的作用。但相比误差均衡的模型，预测精度有较大的下降。

3）调整 R 方的值，与案例数据的误差大小基本呈现正相关。但当误差有偏的时候，预测精度变差，调整 R 方反而提高。说明了：调整 R 方仅是一个统计指标，在一定程度上体现了模型的优劣，但不能反映模型的预测精度。

4）模拟方程的调整 R 方不足 1 的部分，完全由数据的误差导致，而研究得到的预测模型的调整 R 方不足 1 的部分由数据误差和因素缺失两个因素所致。从这个角度来说，研究中实际的收益乘数误差应该更小。

5）前文中偏向悲观地预估本次研究中样点收益乘数的误差水平为：绝对值在 10% 左右，绝对值最大在 20% 左右。考虑人工调研的误差是有偏的，在模拟的误差数据中，与 10% 误差标准差有偏的模拟情况最为接近，并且模型的调整 R 方数据也非常接近。基于谨慎原则，较为保守地认为，本次研究得到的回归模型的预测精度水平为：误差的绝对值平均数大概率不超过 5%，误差绝对值的最大值大概率不超过 12%。符合本次研究的预期目标，模型有效。

6）从表 4 中可以看到，不同误差模拟的方程中，常数项和自变量的系数，随着误差的不同而有明显的差异。因此，即便认为模型整体预测能力有效，但常数项与自变量的参数仍然存在较大偏差。对于精度要求较高的研究，不适宜应用于单因素的解释。

三、思考与借鉴

（一）关于误差的思考

早在公元前 3 世纪古希腊天文学家已经能够准确测量出地球的直径，而在今天不同的估价师在严格执行估价规范和原则的基础上，仍有可能对同一房地产给出不同的市场评估价值。在自然科学领域，由于客观存在着"标准答案"，在科学技术水平达到的时候，就能进行准确的测量。房地产估价领域是否有这样的"标准答案"？应该是没有。估价师评估的是某个市场中典型的买家和卖家愿意支付和让渡的市场价格。不同的典型买家和卖家给出的市场价格也会不同，同样的典型买家和卖家在今天给出和明天给出的市场价格也会不同。对于交易并不活跃的房地产，典型的买家和卖家可能并不明确。因此，市场价值的评估一定受到估价师的主观经验影响，不同的估价师给出不同的估价结果是常态。只要都在合理的范围内，都可以接受。

在量化研究过程中，以一个估价师的评估结果统计另一个估价师评价结果的误差或者预测结果的误差，与自然科学中测量的误差，实际上不是一个概念。在数据层面，可以称之为误差，并且这个误差一定存在，而且可能还不小。

本次研究中，采用模拟误差数据的方式，来分析最终的模型预测精度，对比估价师人工的评判结果具有一定的创新性。是否可行，希望得到广大估价师和专家的意见和反馈。

（二）增加因素改进模型

本次研究还有较大的提升空间，拟合优度的数据反映了解释变量不足的情况。实际研究中，由于数据采集的难度等因素，并未对所有预期的因素进行试算。

比如最为关键的空置率数据，同样的租金，空置率不同，买家会给出不同的价格。还有外部因素如制度政策因素、经济因素、社会因素及国际因素等，都可以作为进一步研究的方向。

（三）选择时机采集数据

此次数据采集的时间在 2021 年的 5 月到 6 月，正好是本次新冠疫情发生一年多的时间，办公物业市场受到较大冲击后，正处于逐步回暖的过程。无论是大业主还是小业主，对市场租金和价格的表达分歧较大。增加了对市场租金和价格的判断难度。此次研究的时机并不理想。对于需要市场提取数据的量化研究，应优先选择市场平稳的时期。

（四）关于模型的解释

1. 区位因素

模型的四个自变量中，有三个变量反映了区位因素对收益乘数的影响。是否外环外，属于宏观区位，外环内的纯办公物业收益率高于外环外的纯办公物业收益率。1000m 半径内办公物业体量，反映了项目是否位于办公聚集区的属性，属于中观区位，项目位于办公聚集区的，其收益率高于非聚集区项目。最近地铁口步行距离，属于微观区位，项目离地铁口步行距离越近，收益率越高。

2. 实物因素

月租金属于实物因素指标，月租金的高低与买卖总价直接相关。月租金（即总价）越高，收益率指标越低。可以解读为，投资总额越大的，对收益率的要求相对较低。另一种解读可以是：在二手可交易的纯办公项目中，由于高档写字楼占比较低（实际情况如此），导致高档写字楼在市场中出现溢价状况，从而导致总价越高收益率越低的市场现象。

3.权益因素

早前的模型中有土地剩余年限的指标，土地剩余年限越低，收益率越高。可以理解为，当剩余年限越低的时候，买家愿意支付的总价下降，但租客并不受年限影响。

本次模型试算中，该因素不再显著。原因是在 2019 年更新的"城市房地产管理法"中进一步明确了非居物业无特殊情况可以续期。且市场预期费用不会太高。经与多名经纪人了解，在实际购买过程中，该因素对大多数买家已经影响不大。

上述的因素分析，是模型所揭示的市场规律或表现。随着市场的不断演化，市场的表现或者规律会产生变化。因此，模型具有时效性。

四、结语

此次研究为纯办公物业的收益率指标提供了量化的研究方式和探索，很大程度上揭示了收益乘数的市场表现与规律。模型对案例进行标准化处理，意图剔除细小因素的影响，从而有利于揭示主要影响因素。此外，模型检验显示仍有遗漏因素，这些都需要估价师结合经验，从而得到更为合理的估价结果。

虽有不足，但量化研究与探索仍然具有意义。在房地产估价和咨询中，很多领域可以通过量化的方式来揭示市场的规律和表现，从而提升房地产估价和咨询的科学性，更有利于和人工经验的结合，提升房地产估价和咨询解决社会经济问题的能力和水平。

作者联系方式

姓　　名：肖历一

单　　位：上海城市房地产估价有限公司

地　　址：上海市北京西路 1 号 15 楼 A

邮　　编：200003

邮　　箱：xly@surea.com

层次分析法在土地评估市场法中的应用

刘勋涛　杨　奕　邓玉涵

摘　要：市场法作为土地价值评估的基本方法，在因素修正过程中的主观性和随意性问题会影响估价结果的准确性，从而导致估价结果不能客观反映土地价值。本文针对现行土地市场法区域因素修正过程中的不足，引入层次分析法进行改进，并结合案例进行计算分析，证实运用层次分析法进行区域因素修正的可行性和优越性。

关键词：市场法；区域因素修正；层次分析法；土地估价

一、研究背景

市场法是在土地估价实践中非常常用的评估方法，其测算方法以及应用原理都相对简单，而且贴近市场，易被接受。但在实务操作中，各因素修正因子较多，尤其是区域因素的修正，往往会受评估人员的主观性影响，容易形成偏差。在市场法中，如果能够尽量减少区域因素修正时的主观性，就可以提高评估结果的准确性，对完善市场法有重要意义。

本文通过引进层次分析法，合理确定各因子修正权重，减少估价过程中主观性因素的影响，尽可能使估价结果贴合市场，更具客观性。

二、现行土地估价市场法分析

（一）土地估价市场法概述

市场法也称比较法、市场比较法，其基本含义为：在评估某一待估宗地时，依据替代原则在近期公开的土地交易市场上寻找与待估宗地可比的类似交易案例，并将这些可比交易案例与待估宗地相关情况和因素状况进行对比分析，然后根据差异进行修正。这样就可以得到每一个可比案例的比准价格，然后采用相关数学公式，从而得到评估基准日下待估宗地价格的评估方法。

土地评估市场法公式：

$$P=(P_{比1}+P_{比2}+P_{比3})/3 \tag{1}$$

$$P_{比}=P' \times 可比实例各项因素修正系数 \tag{2}$$

式中：P——待估宗地价格；

　　　$P_{比}$——可比交易案例比准价格；

　　　P'——可比交易案例价格。

本文主要讨论区域因素修正。

（二）现行土地估价市场法区域因素修正时存在的不足

1. 修正方法

目前土地估价市场法区域因素修正时采用的方法主要有两种，分别为直接比较法和间接比较法。直接比较法以待估宗地的区域因素状况作为比较基准，通过比较待估对象与可比实例在区域因素方面存在的差异性，得出区域因素修正比率。间接比较法则是以设定的某一标准宗地的区域因素状况为基准，得出一个标准的修正系数，再通过对比待估宗地与可比案例区域因素状况，进行打分，得到一个区域因素修正系数，然后将两个修正系数与可比案例价格相乘，得到待估宗地的价格。

2. 存在的不足

在土地评估实操中，区域因素的修正往往比较简单，具有比较大的主观随意性，缺乏规范的标准和理论支撑，影响土地估价结果的客观性。而且评估人员能力水平参差不齐，从业时间有长有短，从业经验有多有少，这就会导致区域因素的修正结果的不同，使估价结果出现偏差，不能客观反映土地价值。

三、运用层次分析法进行区域因素修正的可行性分析

（一）层次分析法概述

层次分析法（Analytic Hierachy Process，AHP）根据问题的性质和要达到的总目标，将问题分解成不同的组成因素，按照因素间的相互关联影响以及隶属关系，将因素按不同层次聚集组合，形成一个多层次的分析结构模型，从而最终使问题归结为最低层相对于最高层的相对重要权值的确定或相对优劣次序的排定。具体的操作流程如下：

（1）建立评价指标层次结构。

（2）构建判断矩阵。

从层次结构模型的第二层开始，对于从属于或影响上一层每个因素的同一层诸因素，构建判断矩阵。判断矩阵 A 其中的元素 aij 由 Satty 给出的 9 级标度法（表 1）给出。

$$A=\left(a_{ij}\right)_{n \times n}=\begin{bmatrix} a_{11} & a_{12} & \cdots & a_{1n} \\ a_{21} & a_{22} & \cdots & a_{2n} \\ a_{31} & a_{32} & \cdots & a_{3n} \end{bmatrix} \quad （判断矩阵 A）$$

判断矩阵的元素 a_{ij} 9 级评价尺度　　　　　　　　　　　　　　　　表 1

含义	标度
两个指标因素相比，具有相同的重要性	1
两个指标因素相比，前者比后者稍重要	3
两个指标因素相比，前者比后者明显重要	5
两个指标因素相比，前者比后者强烈重要	7
两个指标因素相比，前者比后者极端重要	9
表示相邻判断的中间值	2，4，6，8
若指标因素 i 与指标因素 j 的重要性之比为 a_{ij}，那么指标因素 j 与指标因素 i 重要性之比 $a_{ij}=1/a_{ij}$	倒数

（3）层次单排序以及一致性检验。

判断矩阵 A 是一个两两相互比较的正负反矩阵，当且仅当其最大特征值 $\lambda = n$（n 为 n 阶一致矩阵的唯一非零特征根）时，判断矩阵为一致矩阵。一般用 CI 作为一致性指标，表示为：

$$CI = \frac{\lambda_{max} - n}{n - 1} \tag{3}$$

CI 越小，说明一致性越大。

引入修正值 RI 来衡量 CI 大小（表2）。

RI 标准值表　　　　　　　　　　　　　　表 2

矩阵阶数	1	2	3	4	5	6
RI	0	0	0.58	0.90	1.12	1.24

另外，还需要将 CI 与 RI 进行比较，求得 CR，公式如下：

$$CR = \frac{CI}{RI} \tag{4}$$

一般，如果 $CR < 0.1$，则认为该判断矩阵通过一致性检验。

（4）层次总排序及其一致性检验。

（二）层次分析法下区域因素的修正

运用层次分析法对区域因素进行修正，主要体现在对因素权重的确定上。权重反映的是各因素对估价结果的影响程度，区域因素的选取：（1）所选择的因素对于该类型土地价值的估价结果有显著影响。（2）所选择的因素应该有针对性地适用于待估宗地。层次分析法将因素修正的过程数字化，增加了因素修正过程中的定量分析元素，有利于提高估价结果的准确性和客观性。

四、实例论证分析

（一）估价对象描述

本次估价对象为 S 科技公司拥有的位于 S 工业新区的项目地块，坐落于 S 市工业新区，由 S 市政府以挂牌方式出让，有 50 年的土地使用年限，约定交地时间为 2020 年 11 月，故本次评估基准日选择 2020 年 11 月 30 日。

待估宗地处于 S 市工业新区，面积为 16693m²，工业用地四级，成交总价为 319 万元，即 191.10 元 /m²。北临建设大道，东临车城西路，处于十字路口的交界处；附近 300m 内有 3 个公交站，途径公交 20 辆，交通出行方便；距离最近的高速路为 5.3km，距离最近的港口 16.4km，距离 2.5km 有 H 物流园；周边有幼儿园、连锁酒店、H 诊所等，超市、便利店、药店，配套设施比较齐全。

（二）估价过程

1. 选取可比交易案例

根据替代原则，结合待估宗地的实际情况，选择了以下三块工业用地作为此次的可比交易实例（表3）。

可比案例基本情况　　　　　　　　　　表3

案例	案例一	案例二	案例三
土地位置	S市西城经济开发区	S市工业新区C园	茅箭区东城开发区何家沟工业园
项目名称	S汽车零部件有限公司零部件加工及工业气体充装项目	张政储出（2020）G号	S汽车零部件有限公司
面积（m²）	7911	20660	33695
土地级别	四级	四级	四级
土地用途	工业用地	工业用地	工业用地
出让年限	50	50	50
交易日期	2021/2/4	2020/9/17	2020/8/31
价值类型	地面地价	地面地价	地面地价
交易方式	挂牌出让	挂牌出让	挂牌出让
成交价（万元）	152	389	632
单价	192.14	188.29	187.56

数据来源：网络数据整理所得

　　本次所选择的交易案例与待估工业用地在土地用途、交易情况、交易方式、使用年限这些方面都保持一致，交易时间也接近，故不对这些因素进行修正，权重取100。

　　2.改进前评估测算

　　待估宗地与可比交易实例各自的因素条件进行说明（表4）。

因素条件说明表　　　　　　　　　　表4

		待估宗地	可比实例A	可比实例B	可比实例C
位置		S市工业新区	S市西城经济开发区	S市工业新区C园	M区东城开发区何家沟工业园
土地面积（m²）		16693	7911	20660	33695
交易总价（万元）		—	152	389	632
容积率		1～1.5	1～1.5	1～1.5	1～1.5
交易地价（元/m²）		—	192.14	188.29	187.56
交易情况		挂牌出让	挂牌出让	挂牌出让	挂牌出让
交易时间		2020/11/3	2021/2/4	2020/9/17	2020/8/31
土地用途		工业用地	工业用地	工业用地	工业用地
区域因素	基础设施 配套设施	五通：通电、通路、通讯、通上水、通下水	五通：通电、通路、通讯、通上水、通下水	五通：通电、通路、通讯、通上水、通下水	五通：通电、通路、通讯、通上水、通下水

			待估宗地	可比实例 A	可比实例 B	可比实例 C
区域因素	交通便捷程度	交通配置以及限制条件	配置较齐全，无限制	配置较齐全，无限制	配置较齐全，无限制	配置较齐全，无限制
		道路通达程度	北、东临主干道	北临主干道，西临次干道	北、东临主干道	与次干道通达程度较高
		距离火车站距离	6km	8km	6km	5km
		距离汽车站（公交站）距离	距离 300m 左右有 3 个公交站点，途经 20 辆公交	距离 300m 左右有 2 个公交站点，途经 7 辆公交	距离 300m 以内有 3 个公交站点，途经 20 辆公交	距离 300m 左右有 3 个公交站点，途经 2 辆公交
	商服繁华程度	工业集聚状况	较高	较高	较高	较高
		商业聚集程度	较高	一般	较高	一般
		距离商圈距离	距最近商圈 2.7km，离城区较近	距最近商圈 3.5km，离城区稍远	距最近商圈 2.7km，离城区较近	距最近商圈 3.1km，离城区较近
		环境质量	较好	较好	较好	一般
	行政因素	有无规划限制	无	无	无	无
		有无政策支持	有	无	有	无
个别因素		街面位置（临路状况）	临路	临路	临路	临路
		宗地面积	宗地大小较适合其土地利用类型	宗地大小较适合其土地利用类型	宗地大小较适合其土地利用类型	宗地大小较适合其土地利用类型
		宗地形状	形状规则，土地可利用充分	形状规则，土地可利用充分	形状规则，土地可利用充分	形状规则，土地可利用充分
		地质条件	无不良地质现象	无不良地质现象	无不良地质现象	无不良地质现象
		地形	平坦	平坦	平坦	平坦
		开发程度	平整	平整	平整	平整

对各可比实例进行修正，根据相关工业用地宗地地价区域因素修正系数指标说明表和工业用地宗地面积修正表，具体修正情况如表 5 所示。

因素修正表 表 5

	待估宗地	可比实例 A	可比实例 B	可比实例 C
位置	S 市 Z 新区	S 市西城经济开发区	S 市工业新区 C 园	M 区东城开发区 H 工业园
容积率	100	100	100	100
交易情况	100	100	100	100
交易时间	100	100	100	100
土地用途	100	100	100	100

续表

			待估宗地	可比实例A	可比实例B	可比实例C
区域因素	基础设施	配套设施	100	100	100	100
	交通便捷程度	交通配置以及限制条件	100	100	100	100
		道路通达程度	100	98	100	96
		距离火车站距离	100	98	100	101
		距离汽车站（公交站）距离	100	96	100	94
	商服繁华程度	工业集聚状况	100	102	100	102
		商业聚集程度	100	98	100	98
		距离商圈距离	100	98	100	100
	环境质量		100	100	100	100
	行政规划		100	100	100	100
个别因素	街面位置（临路状况）		100	100	100	100
	宗地面积		100	100	100	100
	宗地形状		100	100	100	100
	地质条件		100	100	100	100
	地形		100	100	100	100
	开发程度		100	100	100	100
因素修正系数			—	1.0433	0.9585	1.0976
总修正系数			—	1.0433	0.9585	1.0976
比准单位价格			—	200.46	180.47	201.75

对得到的三个比准单位价格，进行算术平均得到待估宗地单价。

待估宗地单价 =（200.46+180.47+201.75）/3 =194.23（元 /m²）

待估宗地总价 =194.23 × 16693 =3,242,300.00（元）（估价结果保留至百位）

3. 改进后评估测算

本文采用层次分析法对区域因素进行修正，具体修正过程如下：

由于本次所选择的可比交易实例与待估对象在个别区域因素上具有相似性，本次采用层次分析法主要针对有差异性的区域因素进行修正。首先建立层次分析结构（表6）。

层次分析结构表 表6

目标层 A	因素层 B
区域因素 A	道路通达程度 B1
	距离火车站距离 B2
	距离汽车站距离 B3

续表

目标层 A	因素层 B
区域因素 A	工业集聚程度 B4
	距离商圈距离 B5
	商业集聚程度 B6

在建立了区域因素层次分析结构后，下一步则是建立相应判断矩阵，并根据 9 级标度法邀请专家对因素进行打分（表 7）。

区域因素权重判断矩阵　　　　表 7

区域因素 A	道路通达度 B1	距离火车站距离 B2	距离汽车站距离 B3	工业集聚程度 B4	距离商圈距离 B5	商业聚集程度 B6
道路通达度 B1	1	4	3	1/5	4	6
距离火车站距离 B2	1/4	1	2	1/5	1/3	1/5
距离汽车站距离 B3	1/3	1/2	1	1/5	1/2	1/3
工业集聚程度 B4	3	5	5	1	7	5
距离商圈距离 B5	1/5	1/3	2	1/7	1	1/2
商业聚集程度 B6	1/6	5	3	1/5	2	1

得到判断矩阵后就需要进行运算，首先对矩阵分别进行列向量归一化和行向量归一化，得到 W_{Bi}=[0.246，0.063，0.054，0.434，0.061，0.142]。此时判断矩阵的 λmax=6.395，根据上文中的公式 3 可以求出 CI=0.079，此判断矩阵为 6 阶矩阵，查表可知 RI=1.24；故根据公式 4 可以求出 CR=0.064 < 0.1，满足一致性检验。

算出了相应的权重，就需要根据指标 Bi 对四个地块进行打分（表 8）。

比较因素评分　　　　表 8

因素指标	权重	可比实例 A		可比实例 B		可比实例 C		待估宗地 A	
		Xi	WiXi	Xi	WiXi	Xi	WiXi	Xi	WiXi
B1	0.246	86	21.156	90	22.14	80	19.68	90	22.14
B2	0.063	80	5.04	85	5.355	87	5.481	85	5.355
B3	0.054	90	4.86	95	5.13	88	4.752	95	5.13
B4	0.434	88	38.192	85	36.89	88	38.192	85	36.89
B5	0.061	85	5.815	90	5.49	84	5.124	90	5.49
B6	0.142	85	12.07	90	12.78	82	11.644	90	12.78
总分	1.000		86.503		87.785		84.873		87.785

$$故待估宗地单价 = \left(192.14 \times \frac{87.785}{86.503} + 188.29 \times \frac{87.785}{87.785} + 187.56 \times \frac{87.785}{84.783}\right) \Big/ 3$$

$$=192.42\left(\text{元}/\text{m}^2\right)$$

待估宗地总价 $=192.42\times16693$

$$=3212100.00（\text{元}）（\text{保留至百位}）$$

4. 改进前后对比

对比改进前后，现行市场法评估宗地单价为 194.32 元 /m²，层次分析法下宗地单价为 192.42 元 /m²，两者相差将近 2 元 /m²。待估宗地的交易价格为 191.10 元 /m²，层次分析法的计算结果更为贴近。这表明了层次分析法在区域因素修正方面的可行性和优越性。由于本次选择的可比交易实例与待估宗地具有较大的相似性，市场法下区域因素的修正偏差相对较小，层次分析法的优越性没有很好地显现。层次分析法相较于现行的区域因素修正方法，其定量性分析元素更多，在因素权重的确定上更具合理性；修正后得到的比准价格也更具客观性，减少了因主观性导致的估价结果偏差。

五、结语

本文借用层次分析法对现行市场法区域因素修正进行改进，对比改进前后，层次分析法展示出了一定的优越性。但是在实务操作过程中，层次分析法也存在问题，主要是以下两点：一是层次分析法需要相关的计算量，尤其是当需要修正的因素较多时，会加大工作量，可能会使得工作效率降低。二是层次分析法涉及专家打分的部分，人为因素主观性导致的误差还是不可避免，留待下一步探讨和改进。

参考文献：

[1] 陈晨 . 房地产估价市场比较法的改进研究 [D]. 青岛理工大学，2018.

[2] 冯右骏 . 改进市场比较法中区域因素修正的 GIS 方法 [J]. 中国土地科学，2008（12）：53-57.

[3] 王鹏宇、王秀兰 . 网络层次分析法（ANP）在土地估价市场比较法中的应用研究 [D]. 华中农业大学，2009.

作者联系方式

姓　　名：刘勋涛　杨　奕　邓玉函

单　　位：永业行（湖北）土地房地产评估咨询有限公司

地　　址：湖北武汉市武昌区友谊大道 303 号武车路福星惠誉水岸国际 K6-1 栋 2319 室

邮　　箱：564367396@qq.com

北京市农用地区片综合地价制定浅析

聂燕军 郝 强 马候霞

摘 要：新的《土地管理法》规定，征收农用地的土地补偿费、安置补助费标准由省、自治区、直辖市通过制定公布区片综合地价确定。为依法做好征地补偿安置工作，实现征地补偿标准公平公开，维护被征地农民的合法权益，需科学合理制定区片综合地价。笔者有幸参与北京市征收农用地区片地综合地价制定工作，在制定过程中面临诸多问题和难点。本文就制定工作进行分析总结，重点围绕制定过程中遇到的问题进行分析讨论，并提出几点建议。

关键词：区片综合地价；制定；方法；难点

一、北京市区片综合地价制定的背景

2019 年 8 月通过的新《土地管理法》规定，征收土地应当给予公平、合理的补偿，保障被征地农民原有生活水平不降低、长远生计有保障。征收农用地的土地补偿费、安置补助费标准由省、自治区、直辖市通过制定公布区片综合地价确定。征收农用地以外的其他土地、地上附着物和青苗等的补偿标准，由省、自治区、直辖市制定。

北京现行征地补偿政策主要依据《北京市建设征地补偿安置办法》(市政府 148 号令，以下简称"148 号令")，自 2004 年 7 月 1 日起施行，至今已经执行 17 年时间。148 号令规定，征地补偿费最低保护标准由市土地行政主管部门确定报市人民政府批准后公布执行。征地单位与被征地农村集体经济组织或者村民委员会应当在不低于本市征地补偿费最低保护标准的基础上，协商签订书面征地补偿安置协议。

新土地管理法实施后，北京市征地补偿费最低保护标准，不能满足实际工作的需要。制定北京市区片综合地价既是贯彻落实法律规定，也是保障被征地农民的重要举措，具有重要意义。北京华信评估公司在 2020 年初被确定为该项目的技术支撑单位。自项目启动后，项目组按照有关要求，按质按量如期完成了北京市全部 14 个涉农区的区片综合地价测算工作。2021 年 5 月北京市政府公布北京市征收农用地区片综合地价标准。

二、北京市区片综合地价制定过程中的问题及难点

（一）北京市现行征地补偿政策内涵与上位法的内涵不同

新法规定土地补偿费是对农民集体土地所有权的补偿，安置补助费是被征地农民重新安排生产生活的补助。此前北京市征地过程中主要依据 148 号令，实行征地最低保护价政策，并且形成"逢征必转"模式。这种做法为北京市独有的特色。148 号令中的征地补偿费用包

括土地补偿费和安置补助费，虽然安置补助费与新法中的安置补偿费名称一致，但实际内涵不同。148号令中的安置补助费主要用于缴纳被征地农民的社会保障费用。而新法规定的安置补助费主要指重新安排被征地农民生产生活的补助。按照有关规定，制定区片综合地价时，安置补助费中的社会保障费用需要扣除。所以北京市既往征地涉及安置补助费和新法规定的安置补助费的内涵不一致，导致区片综合地价测算成为制定过程中的一个难点。

（二）提前农转非地区社保费用的剥离问题

根据调研及有关资料分析，北京市部分区、乡（镇）、村存在提前农转非情况。整建制农转非区域为区级或乡镇统筹，统一垫资对整建制范围内的农民进行农转非，采用往后年度的征地项目产生的征地补偿费将垫资部分分期回收。涉及农转非的项目实际执行中农转非费用在征地补偿协议中体现为土地补偿费，内涵与新法规定的土地补偿费也有差异。按照有关规定，该部分费用也需要剔除剥离。如何剥离用于转非人员的社保费用也是测算过程中的一大问题。

（三）测算方法的难度

根据相关文件规定，区片综合地价测算主要依据农用地产值修正法和征地案例比较法等方法。但相关政策文件中均未有明确的测算公式和参数的取值来源等规定，特别是农用地产值修正法如何修正、参数如何选择、修正幅度如何确定等。国内其他省份也未有成熟做法。如何进行测算在制定过程中亦是一大难点。

（四）确定区片综合地价水平的难度

由于各区的实际情况和经济发展水平差异大，且过去的项目中征地补偿费用是通过协商确定的，相邻区之间的征地项目实际征地补偿费结果差异大。如何确定区片综合地价水平也是一个难点。

三、北京市区片综合地价的测算

（一）区片综合地价内涵确定

新法规定的区片综合地价是征收农民集体农用地的土地补偿费和安置补助费标准，不包括法律规定用于社会保险缴费补贴的被征地农民社会保障费用、征收农用地涉及的地上附着物和青苗等的补偿费用。

北京市现行征地补偿政策主要依据148号令，征地单位支付的征地补偿费包括土地补偿费和安置补助费。征地补偿费用于人员安置后，其余部分作为土地补偿费支付给被征地的农村集体经济组织或者村民委员会，用于农村村民生产生活。该部分实际为保证转非劳动力和超转人员的社会保障费用。本次制定北京市区片综合地价标准时，统一将该部分费用剔除。

在统一测算区片综合地价的基础上，分别明确土地补偿费和安置补助费标准和比例。土地补偿费是对农民集体土地所有权的补偿，安置补助费是被征地农民重新安排生产生活的补助。

（二）区片综合地价的技术路线

制定区片综合地价工作遵照新法的要求，综合考虑土地类型、土地区位、人均耕地数量和当地经济发展水平等因素科学划定征地区片，并分别测算征地区片内的价格，即总体采取"先划片、再定价"的技术思路。技术路线如图1所示。

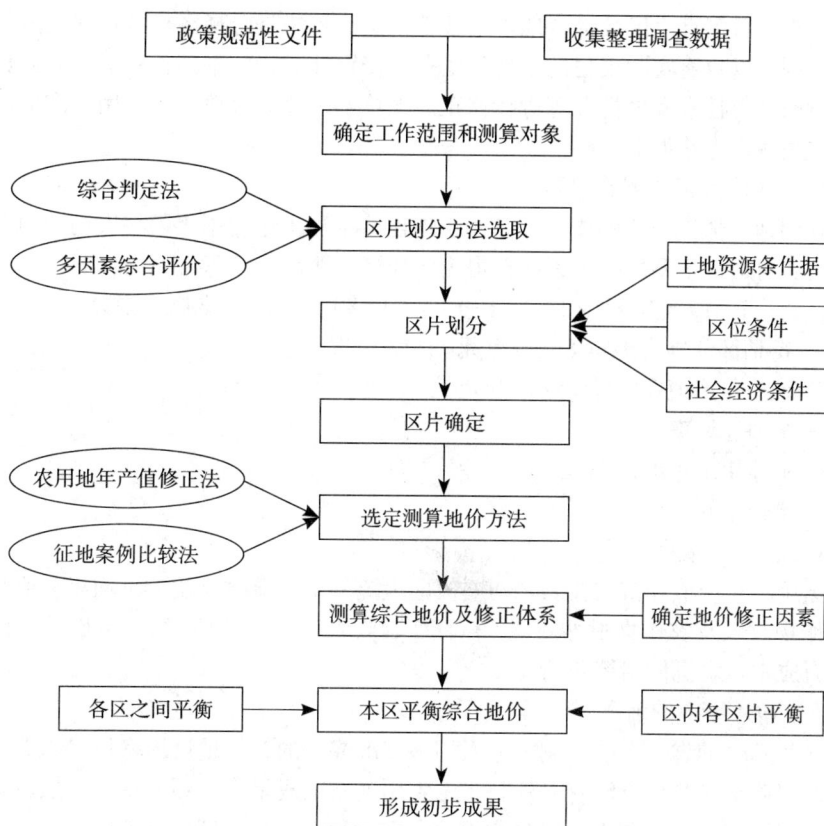

图1 北京市区片综合地价制定技术路线图

(三)区片划分

1.划分原则

以区为单位,根据农用地条件相近的原则,将区域划分为一个或几个区片,作为测算区片综合地价的基本单元。划定区片原则上不打破村级行政界线,可以将同一乡镇的多个行政村归并为一个区片,也可以将不同乡镇的多个行政村归并为一个区片;确有必要的,可依据河流、道路等线状地物确定区片边界。

2.区片划分

结合北京市实际情况,选取与区片综合地价影响较大的因素作为划定区片的主要因素。本次划分区片以本区村级行政区域为基本单元,选择土地类型、土地产值、土地区位、耕地等级、人均耕地、土地供求关系、当地经济发展水平等影响征地补偿的主要因素,建立评价指标体系,确定每一个基本单元的综合分值,然后将综合分值相近的单元进行归并和调整划定区片。根据实际情况采用综合判定法和多因素综合评价法,结合上述两种方法结果,最后综合考虑确定区片。

(四)区片综合地价测算

区片综合地价测算重点采用农用地产值修正法和征地案例比较法。其中,农用地产值修正法是以当地主导耕作制度为测算基础,通过将当地主导耕作制度预期产值还原到当期,并结合被征地农民安置需要,综合考虑土地区位、土地供求关系、人口以及经济社会发展水平等因素进行修正后测算出区片综合地价；征地案例比较法是选择区片内近三至五年来实施征地的典型案例，以政府实际支付的土地补偿费和安置补助费为基础，剔除政府支付的社会保障费用，根据经济社会发展情况等进行修正后测算出区片综合地价。农用地产值修正法和征地案例比较法测算思路如下：

1. 农用地产值修正法测算思路

结合农用地产值修正法的概念，利用土地还原率和土地使用年限将农用地预期收益还原至基准时点，再通过主要影响因素修正得出区片综合地价。计算公式为：

$$V=A \div (Y-g) \times \{1-[(1+g) \div (1+Y)]^n\} \times 因素修正系数$$

式中：V——待估区片综合地价（元或万元）；

　　　A——统一年产值净收益（元或万元）；

　　　Y——土地还原率（%）；

　　　n——土地使用年限；

　　　g——增长率（%）。

（1）A 统一年产值净收益

测算出统一年产值和亩均投入之间差值即为统一年产值净收益。亩均年产值收益主要包括主导农作物收入及农作物附加收益（秸秆变卖收入、政府补贴等）。亩均投入包括购买种子、劳动力成本、农机使用等费用。

（2）Y 土地还原率的确定

制定区片综合的省市有统一制定的农用地基准成果的，土地还原率可以参考农用地基准的土地还原率确定。北京市没有对外公布的农用地基准成果，按照安全利率加风险调整值来确定。土地还原率 = 安全利率 + 风险调整值。安全利率选用同期一年期国债年利率或银行一年期定期存款年利率；风险调整值根据所在省市近三年农村居民家庭人均可支配收入指数、农村居民家庭人均消费支出指数、社会消费品零售总额指数、固定资产投资价格指数、工业生产者购进价格指数、人均消费指数等对其影响程度综合确定各项指数环比上涨率及各项指数占权重比例确定。

（3）增长率确定

根据近三年本区经济统计年鉴中农用产品产量、价格、农民收入水平及消费水平均呈现上涨趋势，考虑本区整体发展趋势，考虑到物价水平上涨及通货膨胀等因素综合确定。

（4）因素修正系数确定

主要参考土地类型、土地产值、土地区位、人均耕地、总产值、农民可支配收入、土地供求关系、耕地等别等因素确定修正因素。

根据《多因素打分表》确定影响因素和分值，结合农村集体经济组织、农民群众以及政府有关部门对各因素打分及权重调查结果测算出以村为单位的各因素影响分值，进而可以测算出全区各因素平均分值及各乡镇的平均分值，再测算出各因素平均值与全区平均值差值，对照各因素影响修正幅度表测算出最终的各因素修正系数，各因素修正系数累加确定出各乡镇最终的因素修正系数。

2. 征地案例比较法测算思路

征地案例比较法是选择区片内近三至五年来实施征地的典型案例，以政府实际支付的土地补偿费和安置补助费为基础，剔除政府支付的社会保障费用，根据经济社会发展情况等进行修正后测算区片综合地价。计算公式为：

$$P_z = P_b \times 100 \div A_1 \times 100 \div A_2 \times A_T$$

式中：P_z——待估征地区片综合地价；

　　　P_b——征地案例标准；

　　　A_1——区域因素修正系数；

　　　A_2——个别因素修正系数；

　　　A_T——时间修正指数。

具体测算过程中的主要步骤如下：

选择典型案例。从调查的案例当中选择有效的征地案例。

统一可比内涵。征地案例的可比内涵要与征地区片综合地价的设定内涵一致，主要是指在对案例进行整理时，要将青苗补偿费、附着作物补偿费和其他额外损失的补偿费用等剔除。具体表现在征地面积、土地类型、土地等级、征地单价、征地地块形状等方面尽量保持一致或可以修正为一致。

进行比较。对征地案例的比较修正应考虑区域因素、个别因素和时间因素等。其中区域和个别因素修正参照前述多因素综合法的相关指标加权平均后综合确定，时间因素修正是根据征地案例费用发生的日期对补偿费用进行调整。

（五）区片综合地价结果确定

农用地产值修正法和征地案例比较法分别测算出区片综合地价后，根据新法要求，在保障被征地农民原有生活水平不降低、长远生计有保障原则下，对两种方法测算结果进行分析，综合确定区片综合地价结果。

四、相关建议

（一）区片综合地价制定的测算方法选择

区片综合地价的主要测算方法为农用地产值修正法和征地案例比较法。笔者认为在测算区片综合地价过程中需要根据所在区的收集资料和经济发展情况进行方法的适用性分析。如区位相对较好，经济发展速度较快的地区，农民赖以生存的方式已经发生变化，从事土地生产的收益远远低于参加就业收入，除基本农田外大都撂荒，无产值数据，不宜采用农用地产值修正法；区位较差或者经济水平较低的地区，城市化进程缓慢，待估征地区片内近 $3 \sim 5$ 年发生的征地案不足三个，农民主要从事农业生产，宜采用农用地产值修正法。

（二）影响因素确定

根据新法要求，区片综合地价制定需要考虑土地区位、土地供求关系、人口以及经济社会发展水平等因素确定修正因素，考虑到因素的重要性及区域差异性，可具体确定影响征地的因素，如包括总产值、耕地等别、土地类型、土地产值、土地区位、人均耕地、农民可支配收入、土地供求关系等因素，再根据特尔斐专家咨询法确定征地区片影响因素的分值和权重。相关分析结果可以应用在两个方面，一是应用于区片划分，将选取的修正因素取权重，建立评价指标体系确定每一个基本单元的综合分值，然后将综合分值相近的单元进行归并和调整划定区片；二是应用于测算方法中的修正因素，农用地产值修正法和征地案例比较法的计算过程中均涉及因素修正系数，可根据各因素的分值建立修正体系，确定修正系数。

（三）重视基础数据收集工作

制定区片综合地价要重视基础数据收集调查工作，统筹协调区农业农村、区发改等部门和各乡镇等提供相关资料，确保数据来源真实可靠。按照全市统一的标准和口径，核实数据的真实性、合理性、准确性。对于存在疑问的数据，及时与相关单位进行核实、确认，尽可能地减少理解误差、减少人为主观因素。在完成初步测算成果后，与各区规划自然资源部门进行沟通、对接，统一思想认识和政策理解，及时研究和解决测算过程中存在的问题。在充分听取各区农业农村、人力社保、民政等部门及乡镇、村对初步测算成果意见后，在符合全市统一技术方法要求的前提下，做出合理性的技术修正，确保测算成果符合各区征地实际情况。

作者联系方式
姓　　名：聂燕军　郝　强　马候霞
单　　位：北京华信房地产评估有限公司
地　　址：北京市西城区安德路 83 号新安大厦 401 室
邮　　箱：303692051@qq.com

关于房地产估价远程查勘的几点思考

吴映如 肖 斌

摘 要：新冠疫情来袭，多地出台了房地产、土地估价在疫情期间的远程查勘指引，也开始了远程查勘的初步实践。由此，引起了笔者对在房地产、土地估价过程中对远程查勘的需求、执行的可能性、执行的限制和要求等方面的思考。随着环境的不断变化和科学技术的不断发展，在风险可控、确保真实的前提下，估价行业可以尝试探索更多的查勘形式，作为现场实地查勘的补充。

关键词：房地产估价；远程查勘；辅助查勘

在 2020 年新冠肺炎疫情期间，基于疫情防控和正常经营活动的需要，行业提出了房地产、土地估价过程中远程查勘的需求。北京、广东、河南、海南等地的房地产估价行业协会纷纷出台了远程查勘的工作指引或规定，如《北京市新冠疫情期间房地产土地估价远程在线实地查勘工作指引》《河南省房地产估价师与经纪人协会关于发布〈新冠肺炎疫情防控期间房地产估价工作指引〉的通知》《广东省防控新冠肺炎疫情期间土地估价实地查勘工作指引》《海南省房地产估价与经纪业协会关于新冠肺炎防控期间评估作业远程现场查勘工作指引》《中国土地估价师与土地登记代理人协会关于印发〈土地估价与登记代理行业有序复工工作指引〉的通知》等，这些工作指引或规定均为疫情防控期间的临时规定，均要求在疫情防控解除时失效。笔者在参与"房地产估价远程查勘工作指引"课题研究中也对远程勘查的可能性、合法性、可执行性进行了探索和思考，探讨远程查勘是否可以作为新形势下房地产估价现场查勘的一种补充方式或常态化方式。

一、远程查勘的需求

（一）估价对象确实存在不宜或无法现场实地查勘的情况

随着社会的发展，估价对象涉及方方面面，覆盖范围越来越广，确实存在不宜或无法现场实地查勘的情况。如受灾害限制、国家特殊管制或涉及国家机密限制、受境外环境、出入境管理限制等无法或不宜亲临现场实地查勘。还有评估人员已亲临现场但无法或确实难以近距离接触实地查勘的项目，如危房，不宜攀爬的高空烟囱、桥梁桥墩，难以进出的涵洞，面积过大而无法查勘全部现场的林地、园地、草地、湿地等，而现场查勘是估价程序中必不可少的环节，因此，此类项目的评估需要一种可替代或辅助现场实地查勘的方式，以确保实地查勘环节完整，准确、真实地获取估价对象的现场信息。

（二）自动估价的普遍性

伴随着大数据时代的到来，同质化程度高、市场交易量大、价格透明的房地产自动估价线上作业系统已成型，并应用于日常的估价工作中。自动估价系统的应用，从房地产信息标准化录入到评估测算，再到报告生成，其经济、便捷让估价机构节省不少成本，而能否实现远程查勘则是线上作业尚未打通的一环。另一方面，以房地产大数据为基础，结合公开的房地产信息资料，对房地产的基本信息可以得到很大程度的确认，因此对适合自动估价的房地产进行远程查勘的真实性风险也基本可控。因此，随着自动估价应用的普遍开展，估价机构对线上远程查勘的需求也越来越凸显。

二、远程查勘的合法性

现有评估相关法律法规及规范性文件均对现场实地查勘提出了不同程度的要求。

《资产评估法》第二十五条规定：评估专业人员应当根据评估业务具体情况，对评估对象进行现场调查，收集权属证明、财务会计信息和其他资料并进行核查验证、分析整理，作为评估的依据。其释义为：现场调查是评估专业人员确保评估对象真实、合法和评估资料真实、完整的有效手段和基础性工作。现场调查的方式主要有：询问、函证、核对、监盘、勘查、检查等。在执行现场调查时无法或者不宜对评估范围内所有资产、负债等有关内容进行逐项检查的，可以根据重要程度采用抽样调查等方式进行调查。同时，评估专业人员应当根据评估业务需要和评估业务实施过程中的情况变化，及时补充或者调整现场调查工作。

《房地产估价规范》GB/T 50291—2015 第3.0.7条要求，估价对象的实地查勘应符合下列规定：（1）应观察、询问、检查、核对估价对象的区位状况、实物状况和权益状况；（2）应拍摄反映估价对象内部状况、外部状况和周围环境状况的照片等影像资料，并应补充搜集估价所需的关于估价对象其他资料；（3）应制作实地查看记录，并记载实地查勘的对象、内容、结果、时间和人员及其签名，记载的内容应真实、客观、准确、完整、清晰。第3.0.8条则列出了对无法进入内部实地查勘时的要求：当无法进入估价对象内部进行实地查勘时，应对估价对象的外部状况和区位状况进行实地查勘，并应在估价报告中说明未进入估价对象内部进行实地查勘及其具体原因。对未进行实地查勘的估价对象内部状况，应作为估价中的依据不足假设在估价报告中说明。

《国有土地上房屋征收评估办法》（建房〔2011〕77号）第十二条、《房地产抵押估价指导意见》第十四条等也分别提出了"应当"安排房地产估价师进行实地查勘。

除了房地产行业的相关要求外，土地估价也有类似的要求，如《城镇土地估价规程》GB/T 18508—2014的第8.5条、《农用地估价规程》GB/T 28406—2012的第6.5条等均对实地查勘估价对象提出了具体的要求。

从《资产评估法》看，现场调查是评估师应当履行的义务，目的是确保评估对象真实、合法和评估资料真实、完整。《房地产估价规范》GB/T 50291—2015条文说明中也明确实地查勘是房地产估价工作中不可省略的步骤。但《资产评估法》释义中也表述了评估人员应当根据评估业务需要和评估业务实施过程中的情况变化，及时补充或者调整现场调查工作；《房地产估价规范》GB/T 50291—2015和条文说明中也明确了几种无法进入估价对象内部进行实地查勘情形的处理方式。因此，当出现特殊情况而限制了履行实地查勘的程序时，采取远程查勘等方式代替或辅助实地查勘，可以理解为是不违背相关法律法规和规范性文件的文件精神的。

远程查勘并未取消查勘的程序，但也无法完全替代现场实地查勘，其只是作为一种特殊查勘方式，作为辅助或解决不能实地查勘的补充方式。现实估价工作中，履行了现场查勘程序的估价行为与采取替代程序或作出合理假设的估价行为所要承担的执业风险大不相同。因此，在不违背法律法规，能合理把控估价风险，具有相应设施设备支持的前提下，采取远程查勘辅助估价是可行的。

三、远程查勘的可能性

（一）硬件的支持

当前，信息化技术日渐成熟，智能手机能实现的位置共享、视频、语音连线，为远程查勘提供了技术支持。无人机的使用已开始普及，操作简便，普通人群也可以快速掌握无人机的飞行技术并应用，评估专业人员可以通过无人机到达自身无法达到或目击的区域。信息技术的发展，为远程查勘提供了支持。

（二）信息化公开程度的提高

随着大数据和"互联网＋"的出现，信息化技术的不断发展，房地产数据的信息化程度也越来越高。房地产开发项目线上公示系统、房地产市场交易备案系统等的使用，使房地产基础数据及交易信息越来越透明化。近年来，不动产登记信息开始联网，接驳人口、信用等管理数据，致力于建成公开、透明的不动产信息系统，助力房地产的管理。相应地，群众获取相关信息的渠道也越来越多。多地正在建设的智慧城市系列工作、不动产登记信息的公示、房地产市场交易的公开化等，都为我们获取众多房地产信息提供了可靠的渠道。

信息化的公开程度越来越高，获取数据的渠道越来越多样和可靠，这为远程查勘提供了数据支撑。

四、远程查勘的使用应当有所限制

（一）远程查勘并非适用所有估价项目

并非所有的估价项目都可以采用远程查勘，应当是在确保真实、准确、风险可控的情况下，符合一定的条件方可选择远程查勘。若房地产估价项目情况复杂、价值量大、社会影响大，如房屋征收补偿、法定业务等，不建议采用远程查勘。笔者认为以下项目类型可考虑采用远程查勘。

一是受疫情限制、灾害限制、国家特殊管制或涉及国家机密限制、境外环境和出入境管理限制、受恶劣自然环境限制等情况下，评估专业人员无法或确实不宜亲临现场实地查勘，其限制性影响未消除且无法推迟评估的房地产估价项目。

二是评估专业人员已亲临现场，但现场人员受估价对象实物状况限制，无法或确实难以接触查勘的房地产估价项目。

三是在信息化公开程度高的情况下，同质化程度高、市场交易量大、价格透明的单套房估价项目。

（二）使用远程查勘应当防范相关估价风险

当前，现有法律法规并未明确允许远程查勘，对实地查勘的有关要求和规定也尚不完全和具体。因使用远程查勘而造成的估价报告失实或有重要纰漏等情况的，在法律上依然需要估价机构和估价师承担责任。当然，远程查勘是近年提出的查勘方式，有关法律法规和规范性文件的规定也待完善，执行的方式和要求也有待探索。在充分考虑估价风险、确保估价对象信息完整准确的前提下，可以探索远程查勘的合理使用，并有效防范有关估价风险。使用远程查勘，估价师应当充分考虑其使用的条件和可能带来的执业风险，不能滥用远程查勘。

五、结语

笔者认为，随着当代科学技术的不断更新迭代，高新技术的不断开发，在风险可控、确保真实的前提下，估价行业可以尝试探索更多的查勘形式，作为现场实地查勘的补充。一方面是行业发展需要跟上社会的不断变化，适应当前多变的社会环境；另一方面也更有利于行业与当前高新技术的更好融合，探索更有效率和规范的现场查勘。当然，现场实地查勘依然是估价中必不可少的环节，也是估价师在估价过程中勤勉尽职的一个重要表现，有了远程查勘等方式的辅助，也不应该成为估价师不履行实地查勘的借口。

参考文献：

[1] 柴强. 重视并做好估价对象实地查勘工作 [J]. 中国房地产估价与经纪，2020（03）：45-48.

[2] 印长江，范建勇. 硬核！估价师在线远程查勘法律风险最全解读 [EB/OL]. https：//www.163.com/dy/article/F6SR752E0518J0KP.html.

作者联系方式

姓　　名：吴映如　肖　斌

单　　位：海南正理房地产资产评估测绘有限公司

地　　址：海南省海口市龙华区椰海大道 321 号喜盈门国际大厦 A 区写字楼 11 层

邮　　箱：wuyingru0901@163.com

注册号：吴映如（4620170004），肖斌（4619970042）

"十四五"规划对上海房地产估价行业的影响
——基于风险防范角度分析

徐 杰 邓 薇 张 媛

摘 要：本篇首先列举了"十四五"规划期间的主要任务及方向，这些给房地产估价行业带来新的机遇和挑战。其后对房地产估价行业面临的业务风险进行论述，包括估价机构面临的业务萎缩风险和估价师及专业人员执业风险等。最后结合"十四五"规划展望估价行业的风险防范策略：行业协会要深化自律管理，加强监督工作；估价机构需不断提高内部控制水平，加强对估价师及专业人员的管理以及信用体系建设，还要及时有效地组织人员培训；估价人员积极配合机构组织的培训活动，了解并学习政策变动，并将其应用于估价实务中，尽可能降低因不了解政策变动而带来的执业风险。

关键词：房地产估价；风险防范；"十四五"规划

一、前言

通过学习《上海市住房发展"十四五"规划》了解到"十四五"期间上海房地产行业主要任务囊括八个方向：一、坚持租购并举，构建住房租赁体系；二、聚焦精准施策，保持房地产市场平稳健康发展；三、深化城市更新，改善既有住房居住条件；四、服务住房民生，提升住房保障水平；五、提升治理效能，增强住宅小区宜居性；六、强化科技驱动，提高住房整体品质；七、致力提质增效，发挥住房公积金支持效应；八、夯实保障措施，推进住房规划全面实施。结合《上海市住房发展"十四五"规划》，同时深入了解并学习了《上海市房地产估价行业发展'十四五'规划研究》，坚持"房住不炒"的定位，为防范市场风险和过度金融化，促进房地产市场健康发展，破除制约要素合理流动的堵点，矫正资源要素失衡错配，从源头上畅通国民经济循环，实施房地产市场平稳健康发展长效机制，促进房地产与实体经济均衡发展，要进一步优化房地产金融审慎管理制度，防止资金违规流入房地产市场，实施分类管理，加强房地产金融市场监测分析，防范房地产金融风险。这给房地产估价行业带来新的机遇和挑战。

近年来不断有房地产估价机构和估价专业人员在估价活动中因违背相关规定被追究责任，被行业协会予以自律处分，给企业经营造成不良影响，根本原因在于估价机构及估价专业人员无法及时甄别相关风险，因此，如何识别、计量并控制风险成为房地产估价机构、房地产估价师及专业人员共同面临的问题。基于此，本文主要从风险防范角度探讨"十四五"规划对房地产估价行业的影响。

二、房地产估价行业的业务风险识别与计量

（一）宏观政策促使房地产市场价格随机波动，中小型估价机构传统业务萎缩，短板明显，业务风险显著加剧

房地产行业从短期、中期和长期来看，都是受政策影响大的行业。货币政策、金融闸口对房地产是短期效用，土地制度、管治手段带有中期效用的意味，而"十四五"规划则毫无疑问是事关房地产未来命运的长期政策。房地产宏观调控的政策对房地产估价行业的业务量和业务结构将会带来重大影响。

房地产估价行业的发展依托于房地产市场，房地产市场的长期健康发展促进房地产估价行业的发展，房地产市场的宏观调控是促进房地产市场长期健康发展重要手段。宏观调控政策影响房地产市场的供求关系，从而引起房地产市场的价格随机波动。有效的房地产宏观调控政策对不同市场主体的影响，于房地产市场而言，易引起市场交易量的明显波动，出现大幅下降或上升趋势。过热的房地产市场在调控下出现市场交易量变小的局面，使房地产估价机构的估价业务总量减少。2016年至2019年，房地产估价行业收入的主要来源还是传统业务，其中抵押估价业务占比最高，但也从2016年的30%降低到2019年的23.9%，房地产估价机构主要以抵押类、征收类、司法鉴定类和出让地价评估等类型的业务为主，受宏观调控政策的影响，其业务结构会产生不同变化，如抵押类的业务主要是以房地产作为贷款担保，银行贷款额度的宏观调整使房地产开发企业、个人投资者融资规模受限，中小型房地产估价机构业务模式简单，随着抵押类业务减少，失去抵押估价业务的支撑，充分暴露出业务短板；同时，他国货币融资、联合开发经营等新形式的房地产估价业务会出现，迫使房地产估价机构对其业务结构重新调整转型。目前国内全国性、综合性、有10家以上跨省（不同省份）分公司的房地产估价公司屈指可数，国内排名靠前的房地产估价公司也大都以估价、咨询为主线，业务线不够丰富。

此外，"十四五"规划中提到：发挥住房税收调节作用，推进房地产税施行。房地产税很早就被提出，一直没有施行，"十四五"规划似乎为其加上时间概念，只是早出台还是晚出台的关系。房地产税如果出台，会极大改变我国整个的房地产市场，房地产市场的改变会引起经济的变数，从而对房地产估价行业造成影响。这一切尚未可知，未知的总带有一些风险意味。由此带来的业务风险需要引起房地产估价机构足够重视。

（二）房地产估价师及其专业人员的业务风险识别与计量

房地产估价机构以及房地产估价师可能在业务承接、估价测算、报告撰写与审核以及报告提交和归档等几个阶段中出现风险。首先，在业务承接阶段，房地产估价师及其专业人员对于估价委托人提供的资料中对估价对象的真实性、权属关系的合法性、对于委托方的经济行为是否与估价目的相匹配存在疑虑。其次，在估价测算阶段，房地产估价师及其专业人员对于估价方法的选取是否合理，估价参数的调整是否得当存在技术风险。再次，在报告撰写与审核阶段，房地产估价师及其专业人员对房地产估价规范、相关法律法规和政策的感知和理解，会影响职业判断，存在操作风险。最后，在报告提交和归档阶段易出现不正当利益诱使房地产估价师及其专业人员作出不当调整，因此，存在职业道德风险。

三、"十四五"期间房地产估价行业风险防范对策

房地产估价活动中不存在没有风险的估价业务，所以房地产估价机构、房地产估价师及专业人员需要在风险防范方面加大力度，要采取有效的对策来规避部分风险，否则将面临业务风险等危及企业正常经营、个人信誉。因此，可采取的措施有以下几点。

（一）行业自律管理不断深化，房地产估价机构加强内部控制防范业务风险

当前我国房地产估价的监督管理体系为法律统一规范、政府监督指导、行业自我管理。2016年《资产评估法》的出台为行业的监督提供了统一的法律准绳，与《中华人民共和国城市房地产管理法》等法律相结合为房地产估价行业提供法律保障。还应完善法律法规制度，没有应用于房地产估价的法律尽快建立，修订已有法律中不适应实际情况的部分。为房地产估价行业的监督管理工作进入规范化，也为估价人员进行作业时创造一个有序的法制环境，保护其合法权益。

中国房地产估价师协会也应完善其监督、服务职能，对行业中不规范的行为，房地产估价机构风险行为应当及时发现指出、监督纠正。对重大项目出现风险提示时还应特别关注和跟踪监督，不漏放一个细节，将监督管理落到实处。这不仅有利于房地产估价行业健康发展，还有利于提高房地产估价机构抵御风险的能力。

房地产估价机构还需完善对自身风险的识别方式，需对风险防范建立和完善相关的内部监督管理制度，保证房地产估价工作的客观公正，防备技术风险、业务风险等。内部监督管理制度可从估价流程来完善，估价报告质量的提升需参照《房地产估价规范》《房地产估价基本术语》《房地产抵押估价指导意见》等规范估价报告专业用语、业务操作程序，避免白话和操作流程错乱引起报告内容错乱的情况。此外，还需要房地产估价师及专业人员有针对性、及时性地收集信息，并需要及时整理、归类成为技术档案，可分别用纸质版保存和电子版保存。最后，完善三级审察制度和专家审察制度，有利于从多方位避免风险的发生。三级审察制度首先是由房地产估价师自我审查后，发现报告格式、文字排版等问题及时纠正。再由部门二级审查，如估价技术路线的选择是否合理、估价测算步骤是否适当。最后，由总估价师对存在的问题复核，把控关键技术的指导和重大问题的披露。专家审查制度中专家可由估价机构、行业协会、涉及的法律、会计等专家组成，其在相应领域的成果为房地产估价机构提供专业意见，起到技术支持和鉴定的作用。三级审察制度和专家审察制度相结合，每一环节落实到位，环环相扣，从估价源头到估价过程将房地产估价机构内部的风险降到最低，促进企业长远发展。

（二）房地产估价机构业务精细化操作，多元化发展，降低经营业务风险

由于传统业务不断萎缩，房地产估价机构需要在激烈的市场竞争中找寻出路，首先要做的是在一个领域内深耕细作，发掘新的业务需求，细化服务项目，丰富服务内容，提供个性化服务产品巩固传统业务领域，除此之外还要积极参与并提供全生命周期、全产业链服务，这需要估价机构强化市场意识和服务意识，通过多种方式打通上下游阻隔，达成纵横向和上下游的交流合作，以实现横向发展，多元化经营，分散业务经营风险，提高企业竞争力。基于目前的房地产市场情况，估价业务逐步拓展为咨询业务，从全产业链看，包括房地产市场分析咨询、房地产开发咨询、房地产置业咨询以及房地产贷款咨询等。

除了在传统业务上精细化操作，积极拓展新业务也是房地产估价机构的必行之路，是促

进房地产估价机构长久发展的不竭动力，其基本目标是进一步促进行业高质量发展。估价机构还需要开拓如城市更新、税务咨询以及资产证券化等创新业务类型，尽可能多向发展从而弥补业务短板带来的风险。

（三）房地产估价师执业能力的提升化解业务风险

房地产估价师处于房地产估价机构、房地产估价行业中重要的一部分，通过加强对专业技术的学习研究来弥补专业素养的短板，房地产估价机构也应重视新政策和法规的学习培训，房地产估价师及专业人员应及时准确学习了解政策，并应用于估价实务操作中，尽可能地降低业务风险。

此外，对房地产估价师可能存在的不良行为还需加强房地产估价师信用体系的建设。完善房地产估价师信息档案，建成房地产估价师信息数据库，对房地产估价师违反职业道德的不良行为及时披露于数据库，实现动态监管，起到警示作用，有利于改善房地产估价行业的执业风气。房地产估价机构也应组织学习相关法律法规、行业自律管理规定和内部审查机制，强化风险防范意识教育。

四、结语

回首"十三五"，行业风险防范取得一些成效，协会组织学习相关法律法规和行业自律管理规定，推行"两承诺"制度，积极配合行政部门做好备案工作，并开展行业评优及违法违规案件查处工作，进一步健全自律管理制度，这些都需要在未来继续保持，但也存在一些问题需要在"十四五"期间得到改善，如不正当市场竞争，内部控制不完善，估价执业能力与态度不到位，这些问题就需要行业协会不断深化自律管理，估价机构加强内部控制，估价人员提升执业能力，提高职业素养。防范行业风险是实现"十四五"规划及行业长期稳定健康发展的重要保障，全行业应当共同努力。

作者联系方式

姓　　名：徐　杰　邓　薇　张　媛

单　　位：上海立信中诚房地产土地估价有限公司

地　　址：上海市黄浦区九江路 69 号

邮　　箱：149017587@qq.com

注册号：徐杰（3120150031）

房地产价值评估新路径探索

——基于跨学科基础理论应用的思考

王 卓 臧曼君

摘 要：伴随社会、经济、文化、科技的持续发展与演变，房地产价值评估的影响因素也在不断变化，新的评估路径、技术与方法不断出现，并且跨学科理论与方法的融合借鉴更加显著。本文从房地产评估与跨学科基础理论、新技术新方法的回顾与借鉴出发，结合对新形势下房地产价值影响因素的探究，为房地产价值评估新路径的提出提供思路。

关键词：房地产评估；价值评估；评估理论；评估方法

房地产评估是一个传统而古老的行业，其理论基础植根于经济学基本原理，发展已有百年历史。迄今为止，经济学领域理论持续演化，延伸出行为经济学等创新理论，开拓了价值评估的新思路。同时，与房地产评估息息相关，如城市规划、空间地理、心理学等其他跨学科的理论与技术创新也在不断丰富。在房地产行业进入新的发展阶段，市场底层逻辑解构与重构的当下，回归跨学科基础理论应用研究，探索房地产价值评估新路径，提升房地产评估专业性与科学性势在必行。

一、房地产价值评估基础方法

不论是房地产评估还是更宽泛的资产评估，其基础的评估方法均为比较法、收益法、成本法，被称为"三方法"，可以看作是房地产估价学术领域的开端，于 20 世纪初开始发展，其后房地产评估方法的发展与衍进均是以此为基础。

（一）房地产评估"三方法"及其衍生发展回顾

1903 年，理查德·赫德写作了《城市土地价值原理》，该书是第一本论述城市土地估价理论的著作。在书中赫德分析了影响城市中物业价值的因素和经济力量，并引入两种形式的价值概念，即内在价值（物业所获得租金的资本化价值）和交换价值（市场交易的平均价值，即"公平市场价值"概念的雏形）。1924 年，弗雷德里克·巴布科克出版《房地产估价》，提出估价的八种方法，之后在第二版中将估价方法改为七种，并将他们归为三类，即市场比较法、收益法、成本法，这也是第一次试图将房地产评估的各种方法和技术统一在一起的专著。James C. Bonbright 则在其 1937 年的经典著作 *Valuation Of Property* 描述到评估任何资产都只有三种方法，即比较法、收益法、成本法。在此后的发展中，三种基本方法有过不同的叫法，比如收益法有时会被称为收益资本化法，比较法在房地产评估时候会被称为市场比较法或销售比较法，用于企业评估时，被称为指标公司对比法等。但无论事件中赋予其什么名字、衍生出何种新方法，其本质都是比较法、收益法、成本法的修改或者变形（图1）。

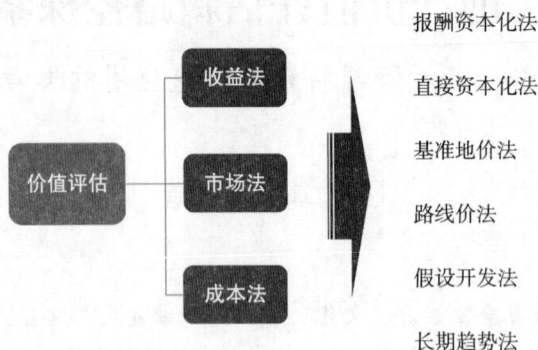

图1　价值评估"三方法"

（数据来源：世联评估价值研究院整理）

（二）传统估价方法局限性与资本化率应用的思考

"三方法"为房地产乃至资产评估行业的发展奠定了基础并被广泛应用，至今仍是评估实践中的主要以及首选方法。但是伴随着房地产市场发展复杂性持续增加，市场对于估价结果的准确性、科学性、高效性等各方面提出了更高的要求。在这一过程中，传统估价方法逐步显现出局限性，譬如：存在一定主观性，在实践中往往需要依赖估价师的经验和水平，各个估价师收集的资料范围不一致、资料的选取和分析主观意见不统一，必然会造成估价结果的差异，导致估价结果的准确性得不到保证；无法适应大批量价格评估的需求，传统的估价模式依赖估价师对每一宗地和物业进行具体分析，难以进行高效地大量评估；传统的估价作业方式仍会局限于对具体宗地或不动产价格的评估，对于一个城市或区域来说，缺乏系统性考虑等。

在欧美发达国家，伴随着科学技术和资本市场的不断成熟，利用直接资本化法和资本化率（Capitalization Rate）对房地产价值进行估价成为备受青睐的一种方法。直接资本化法（Direct Capitalization）作为收益法的一种延伸，是将估价对象未来某一年的某种预期收益除以适当的资本化率或者乘以适当的收益乘数来求取估价对象价值的方法。利用资本化率将年收益转换为价值的直接资本化法的常用公式是：

V（房地产价值）＝ NOI（房地产未来第一年净收益）/R（资本化率）

从公式中可以看出，估价结果的准确性取决于估价师对于纯收益和资本化率的确定，尤其是资本化率，这一重要参数的一点微小变化都将对估价结果产生很大影响。资本化率的确定更多的是采用市场提取法，这就依托于大量的实际交易案例的支撑，因而更多地适用于房地产市场发展比较成熟、交易比较活跃、市场租金和交易价格等数据易于获取的市场。近年来伴随我国资本市场的持续发展，资本化率在房地产价值评估领域应用的研究与呼吁越来越多，但是结合我国当前发展现状，当下资本化率在房地产评估领域的应用仍有较大限制，应当辩证地看待其应用范围与领域。总的来说，国际资本市场经过多年发展，已经十分成熟，在长期积累过程中形成大量的案例与数据支撑，但是国内资本市场发展仍不完善，资本化率的应用有其局限性，目前来看仅适合小范围内同一区域、同类物业的估值。

二、房地产价值评估跨学科基础理论应用

影响房地产价值与价格的因素纷繁复杂，但总体上，房地产价值或价格形成与变化的基本规律是一致的，从而构成了房地产估价的基本理论，如地租理论、供求理论、区位理论、购买者行为理论、效用价值理论、生产费用价值理论、替代原理、生产要素组合的均衡原理、收益与分配原理、预期原理等。在这些估价理论的基础之上，形成了一整套系统而严谨的估价方法及评估步骤，使房地产估价有章可循。

而伴随着世界发展日新月异，人类社会生活也在持续创新的科学技术的影响下，持续演化，新的理论研究也不断涌现，这就要求我们应当紧跟新的基础理论研究来不断更新改进评估思路与方法。进入 20 世纪 80 年代，房地产估价理论的创新已不多见，主要表现在估价方法和技术方面，比如基于 GIS、大数据、人工智能等技术应用的房地产估价探索，包括基于云理论的不动产价格影响因素权重确定方法、基于模糊理论的不动产估价、基于人工神经网络的估价模式等。但总体上，我国评估行业在具体实践中，仍然是以传统评估方法为主，对于新技术、新方法、新理论的探索应用相对迟滞。本文中，我们就地租理论、城市规划中的微区位理论以及经济学中的行为经济学理论在房地产价值评估中的应用进行探讨与思考。

（一）地租理论

地租理论是房地产价值形成十分重要的基础理论之一。所谓地租，是指土地所有者凭借土地所有权而获得的收入，其产生的根本原因在于土地的稀缺性，并由此派生出租金、准租金和经济租金等实现形式。在不同的社会制度下，土地所有权的性质不同，地租的性质、形式也就不同。地租在中国特色社会主义市场经济条件下，由于存在着土地所有权（国有、集体所有）的差异，尤其是土地资源紧缺国情实际决定了地租的存在，并成为节约使用和有效配置土地资源的重要手段（图 2）。

"级差地租"是理解城市房地产价值的重要概念，级差地租促使土地使用者在空间上寻找最合理的地点，成为城市经济、城市规划、城市地理等学科探讨人类活动空间选择规律的起点。深入思考级差地租产生的根源，有利于我们更好地理解城市房地产价值评估的逻辑。级差地租主要受到两个方面的影响，其一是由土地自身的资源禀赋和地理区位带来的，其二

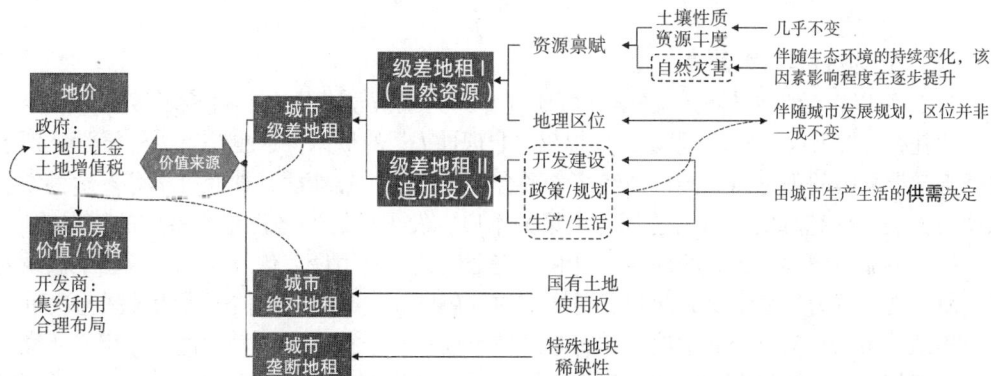

图 2 地租与城市房地产价值评估逻辑

数据来源：世联评估价值研究院整理

是土地利用过程中的追加投入带来的。在对其影响因素分析的过程中，我们发现，过往人们普遍认为由于土地自身资源禀赋带来的影响是几乎不变的，但实际上不然。从近年来全球自然环境问题的频发来看，突发性自然灾害等因素的影响程度在持续加深，在评估中需要纳入考量。

（二）微区位理论

从地租理论出发，可以看到"区位"是决定城市地租的重要因素，对于区位的研究和深层次理解，是帮助估价师提升房地产价值评估的重要组成。20世纪60年代以来，以人本主义、马克思主义、新福特主义、新经济地理学、新城市主义等为代表的新城市空间研究思潮开始发展，并引领城市诸学科进行"社会—文化思潮的转向"。受新人文主义思潮的影响，空间经济学、经济地理学等区位相关研究开始转向寻求与社会科学的整合，并着力揭示人与区位之间的关系规律，阐释区位背后隐藏的行为文化特征。从而，传统区位观从早期的"距离决定论"转向"物质结构论"再到"区位融合社会、物质与精神性要素"，微观的社会行为文化区位论成为"新"经济地理学研究的核心（图3）。

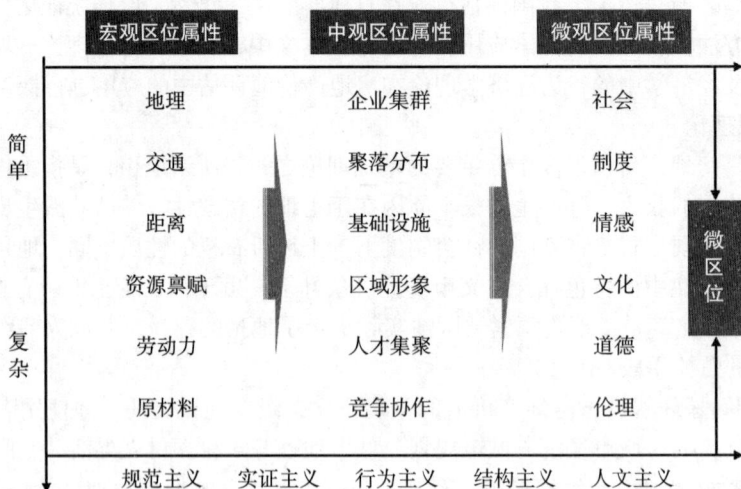

图3　区位研究尺度的变化

数据来源：参考文献 [6]；世联评估价值研究院整理

（三）行为经济学理论

21世纪以来最为火热的经济学领域研究非行为经济学莫属，其挑战了传统西方经济学理论的基石，"理性经济人"假设，并提出"非理性人"的概念，这也是行为经济学区别于传统经济学最关键的理论前提。行为经济学融合了经济学、心理学、神经科学等多学科领域的原理与方法，研究真实人行为选择与决策的本质，发现传统经济理论模型中的错误或遗漏，进而修正主流经济学关于人的理性、自利、完全信息、效用最大化及偏好一致基本假设的不足。简言之，行为经济学研究回归了经济学的最初目标，即经济主体的行为选择与决策。

房地产市场作为一个非常典型的有限理性市场，对于行为经济学理论的应用与研究十分必要。近年来，也有较多学者注意到市场情绪是对房价产生影响的重要因素之一，从而借鉴资本市场构建投资者情绪指数的方法，基于行为金融学理论，从供需两方面选取合适的情绪指标，并结合大数据、文本分析等技术来构建房地产市场情绪指数影响房价的模型，实证研究市场情绪对房地产价格的影响。除了从消费者或投资者角度的市场情绪研究外，基于行为经济学理论的房地产市场研究，也涉及政府土地出让、开发商定价及营销行为等多角度，但总体上仍是以消费者的行为研究为主。越来越多研究表明房地产市场微观主体尤其是个体参与者的心理和行为因素作为宏观计量分析的一种补充，对于帮助解释和预测房地产价格的变化是十分重要的。因此，从房地产市场个体参与者的行为以及产生这种行为的更深层次的心理动因来研究房价的波动问题逐渐成为房地产经济学中一个新的研究方向。

三、"房住不炒"趋势下住房价值与价格评估新思路

基于前述理论回顾，我们认为未来不动产价值评估，应回归以"人"为核心的研究与分析。城市作为房地产市场的空间载体，也是实现人类社会活动，满足人类社会生活的载体，可以说，城市空间和房地产因人的需求而产生。伴随着社会与科学技术的进步，人的本质需求并没有变化，变化的只是需求的表现形式以及实现需求的方式，并由此带来城市空间、区位形成与构建逻辑的改变（图 4 ）。

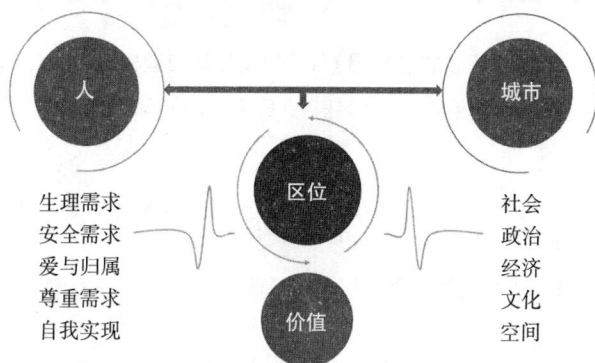

图 4　价值评估回归"人"的研究

数据来源：世联评估价值研究院整理

以当前国家大力支持的住房租赁市场为例，租赁住房的租金价格评估方法的探索对于推动住房租赁领域的发展十分重要，而相关价格构成分析与模型构建，应当结合当前新的理论与研究方法，从而形成更有效、更具现实性和实践性的方法与路径。

在需求端，我们认为应当回归对于"人"的需求的深入研究与认识，从消费者心理、价值预期、支付能力以及影响消费者租赁行为的各方因素分析着眼；在供给端，政策（如住房补贴及相关支持政策）、规划设计、建设资金成本投入乃至投资者收益预期等各方面都会对租赁住房价格产生影响。因而，住房租赁价格定价或评估的方法或模型的构建，必然是多种评估方法与技术的结合（图 5 ）。

总体而言，房地产市场新趋势下，持续提升价值评估专业性、科学性尤为重要，同时新技术应用使得回归"以人为本"的价值分析成为可能。因而，作为房地产评估从业机构与估价师，一方面，需要更加注重跨领域跨学科的合作，以及更加深入的专业化探索，另一方面，新形势新环境下市场对价值评估提出更高要求，从而对从业人员综合素质与专业能力提出更高要求，估价师应当在实践中保持对于新理论、新技术与新方法的学习与掌握。

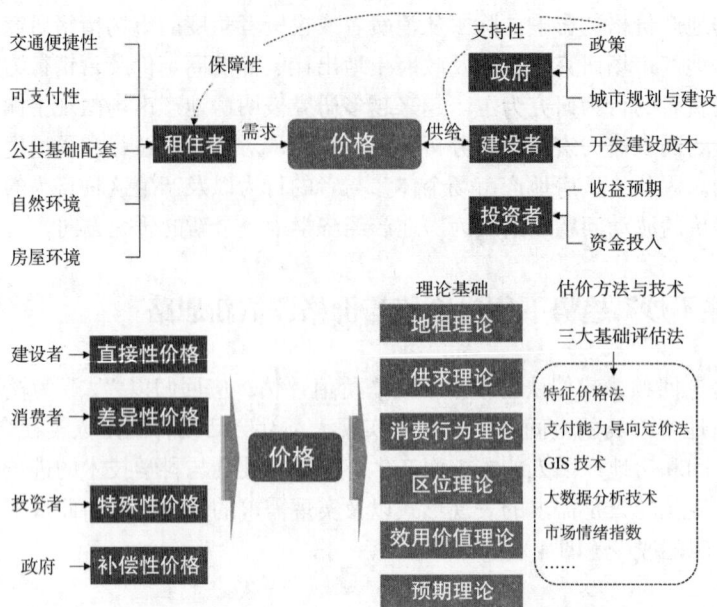

图5　租赁住房价格影响因素（上）及评估模型构建思路（下）

数据来源：参考文献 [4]；世联评估价值研究院整理

参考文献：

[1] 杨华，冯梓洋.房地产价值链的价值创造机理——基于顾客价值的视角 [J].现代管理科学，2012（02）：57-59.

[2] 姜松.房地产价格评估方法前沿动态及其应用研究 [J].重庆理工大学学报（社会科学），2015，29（11）：47-56.

[3] 黄燕芬，洪文斌，余华义.市场情绪如何影响城市房价 [J].经济理论与经济管理，2019（07）：75-88.

[4] 王林秀，曾兰，陶飞.REITs 型公共租赁住房租金定价模型设计 [J].中国工程科学，2014，16（10）：94-99.

[5] 那艺，贺京同.行为经济学的兴起及其与新古典经济学关系的演变 [J].中国社会科学，2019（05）：60-77.

[6] 张中华.微区位原理分析 [J].社会科学家，2020（01）：28-34.

[7] 何雄浪.空间经济学及其新发展：新经济地理学 [J].西南民族大学学报（人文社会科学版），2021，42（01）：88-97.

作者联系方式：

姓　名：王　卓　臧曼君

单　位：深圳市世联土地房地产评估有限公司、世联评估价值研究院

地　址：北京市朝阳区西大望路 15 号外企大厦 B 座 13 层

邮　箱：wangzhuo@ruiunion.com.cn；zangmj@ruiunion.com.cn

注册号：王卓（3720020068）

上海大居配套商业特点及对评估的影响分析

卫依莉 唐永峰 严 彬

摘 要：本文重点阐述了上海大型居住社区公建配套商业在收购及出租时的特殊性，以及不同情况下对应的不同价值内涵，进而探讨其对估价方法和估价结果产生的影响。

关键词：大型居住社区；公建配套商业；价值内涵；租约和限制条件

在平时的估价工作中，筛选案例是我们每天都在做的常规操作，但每当见到一些价格明显偏离市场且是批量成交的业务时，出于职业敏感度，就会在心里产生疑惑，很想进一步探知这些价格内涵的真相（图1）。

楼盘名称	地址	均价（元）	面积	总价（万元）	房屋类型
商业	3号	10795	108.8	117	商铺
商业	9号	10795	42.84	46	商铺
商业	7号	10795	17.05	18	商铺
商业	7号	10795	49.69	53	商铺
商业	5号	10795	44.15	47	商铺
商业	7号	10795	81.6	88	商铺
商业	9号	10795	61.22	66	商铺
商业	1号	10795	43.52	46	商铺
商业	3号	10795	85.86	92	商铺
商业	5号	10795	19.54	21	商铺
商业	1号	10795	42.27	45	商铺
商业	1号	10795	58.75	63	商铺
商业	3号	10795	31.01	33	商铺
商业	7号	10795	40.68	43	商铺
商业	1号	10795	30.93	33	尚铺
商业	5号	10795	95.74	103	商铺
商业	9号	10795	33.17	35	商铺
商业	1号	10795	27.88	30	商铺
商业	9号	10795	44.24	47	商铺

图1 某小区配套商业成交案例截图

从图 1 可以看出，某社区配套商业价格明显低于市场价，且无论楼层、位置、规模是否有差异，成交单价都是相同的，这明显是不符合市场行为的。经过近两年的关注，了解到该类房地产统一称为"上海大型居住社区公建配套商业"（简称"大居配套商业"），现对该类房地产成交的价格内涵进行分析。

一、背景介绍

（一）指导文件

根据"沪府发〔2009〕44号"文，推进大型居住社区建设，是优化本市房地产市场结构，加快旧区改造、改善市民群众居住条件，促进上海经济社会健康、持续发展的重大举措。把推进本市大型居住社区建设基地（以下简称"建设基地"）的市政公建配套设施建设和管理，作为保民生、保增长、构建社会主义和谐社会的重要措施，创新工作机制，加大政策支持，举全市之力，将建设基地建成规划科学、配套健全、环境良好、工程优质的和谐社区。

由市商业、国资、金融、邮政等部门会同相关区政府将建设基地商业、金融、邮政等网点配套列为发展社区服务的重中之重。商业配套设施建成后，由建设基地所在区按照成本价收购，并通过"两年零租金""三年租金减半"先期入驻企业亏损补贴以及相关税收优惠政策等措施，引入银行网点和大中型商业集团先进零售业态、中华老字号等品牌企业，促进居民就近就业，鼓励居民自主创业，在居住区周边开设加盟连锁等小型商业服务网点。邮政配套设施由邮政企业按照成本价收购后及时开办。

（二）商业配套收购流程

由上海市大型居住社区建设推进办公室出函，向某区人民政府明确收购主体，一般回购主体为镇属全资集体企业。

由上海市大型居住社区建设推进办公室通知某区推进办，确定综合成本价（有效期为一年），同时要求其及时与上海市住宅建设发展中心对接，签订收购协议并办理相关手续，督促收购单位及时落实商业配套设施的开办和运营。

由建设方、收购方、鉴证两方（上海市住宅建设发展中心和区政府管理部门）四方签订收购协议且作出相关约定。

二、价值内涵

由指导文件可知，收购价即为市政府确定的综合成本价。

三、承诺条件

收购方承诺确保所涉商业配套设施满足居民日常"开门七件事"需求，以及区（镇）政府对基地内商业网点布局的要求，根据"沪府发〔2009〕44号"文件精神，未经政府同意，不得擅自将其转让，也不能擅自改变其用途。

收购方承诺优先引入银行网点和大中型商业集团先进零售业态、标准化菜市场和社区智慧微菜场、早餐工程企业网点、便利店、AAA级零售药店等生活服务必备业态、中华老字号等品牌企业，并给予入驻企业"两年零租金"或"三年租金减半"补贴。

四、租赁模式

笔者在日常工作中，对该类房地产项目进行了资料的收集和整理，文中罗列了其中几个样本案例，用于更好地说明该类房地产租赁市场存在的规律。

（一）整体出租（表 1、表 2、图 2）

按项目整体出租，再由承租人转租经营。（举例说明租赁情况）

样本案例 1（包括三个地块）租约信息汇总表 表 1

承租人	上海 × × 有限公司		
出租范围	× × 大居 × × 地块商业配套项目（A、B、C 三个地块），总建筑面积约为 25000m²		
其中	商业一	A 地块沿 × × 路西侧、× × 路南侧，建筑面积为 7000m²	
	商业二	B 地块沿 × × 路西侧，建筑面积为 9000m²	
	商业三	C 地块沿 × × 路北侧、× × 路西侧，建筑面积为 8000m²	
租期	20 年		
租金	年期	租赁期限	日租金（元 /m²/ 天）
	第 1 ～ 2 年	2018 年 1 月 1 日—2019 年 12 月 31 日	免租期
	第 3 年	2020 年 1 月 1 日—2020 年 12 月 31 日	1.3
	第 4 ～ 6 年	2021 年 1 月 1 日—2023 年 12 月 31 日	1.34
	第 7 ～ 9 年	2024 年 1 月 1 日—2026 年 12 月 31 日	1.41
	第 10 ～ 11 年	2027 年 1 月 1 日—2028 年 12 月 31 日	1.62
	第 12 ～ 20 年	2029 年 1 月 1 日—2037 年 12 月 31 日	每 2 年递增 5%
支付方式	按季支付		
备注	样本案例 1 满足 "两年零租金" 的条件		

样本案例 2 租约信息汇总表 表 2

承租人	上海 × × 有限公司		
租赁部位	× × 大居 × × 地块商业配套项目（D、E 两个地块），总建筑面积约为 2000m²		
其中	商业一	D 地块沿 × × 路西侧、× × 路南侧，建筑面积为约 2000m²	
	商业二	E 地块位于 × × 小区内部，建筑面积为 160m²	
租赁期限	19 年，自 2019 年 5 月 1 日起至 2038 年 4 月 30 日止		
租金	年期	租赁期限	日租金（元 /m²/ 天）
	第 1 ～ 2 年	2019 年 5 月 1 日—2021 年 4 月 30 日止	1.4
	第 3 ～ 5 年	2021 年 5 月 1 日—2024 年 4 月 30 日止	2.8
	第 6 ～ 8 年	2024 年 5 月 1 日—2027 年 4 月 30 日止	2.88
	第 9 年起	至合同期满	每 3 年递增 3%
支付方式	按季支付		
备注	样本案例 2 于 2018 年购入，至 2021 年 4 月底已满三年，满足 "三年租金减半" 的条件		

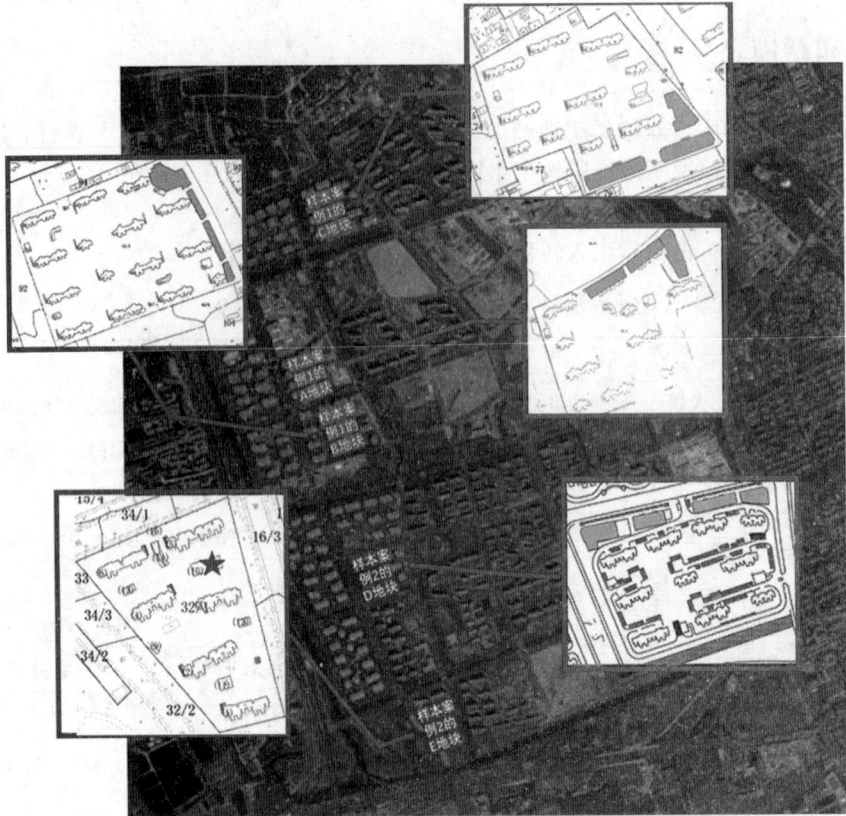

图2　样本案例1、2所在地块位置及商业分布示意图

整体出租的一般的规律为：整租规模大、租期长，商铺的楼层、位置、规模对日租金均无较大影响，且日租金较低。

（二）分套出租（表3、图3）

根据承租人需求分套出租。（举例说明租赁情况）

样本案例3租约信息汇总表（节选）　　　　　　　　　　　　　　　　表3

承租人	租赁部位	面积（m²）	年租金（元）（即为三年租金减半后）	减半后日租金（元/m²/天）	租赁期
××教育	××路××号二层，××路××号一层楼梯，××路××号一、二层，××路××号二层，××号一、二层	1186.4	569604.40	1.33	2018.12.31—2023.12.30
××小店	××路××号一层	186	115413.00	1.72	2018.12.11—2021.12.10
××网络	××路××号1层	121	75080.52	1.72	2018.12.21—2021.12.20
××食品	××路××号1层	60.5	37540.25	1.72	2018.12.31—2021.12.30
××实业	××路××号1层	60.49	37534.08	1.72	2019.7.1—2022.6.30

续表

承租人	租赁部位	面积（m²）	年租金（元）（即为三年租金减半后）	减半后日租金（元/m²/天）	租赁期
××花店	××路××号1层	28.03	17392.68	1.72	2019.9.1—2022.8.31
××中心	××路××号2层部分	40	21900.00	1.52	2020.11.20—2023.11.19
××药店	××路××号1～2层	249	131783.28	1.47	2018.12.11—2021.12.10
××便利店	××路××号一层	122.98	76309.08	1.72	2019.6.16—2023.12.30
××餐饮店	××路××号一层	61.5	38160.75	1.72	2018.12.31—2021.12.30
××便利店	××路××号二层，××号一、二层，××路××号二层	1006	511554.80	1.41	2018.12.31—2023.12.30
××银行	××路××号，××号一、二层	347.92	190530.00	1.52	2019.1.1—2023.12.31
××美容店	××路××号1～2层、××号2层	481.65	224266.92	1.29	2019.5.1—2022.4.30
××营业厅	××路××号1层	116.1	72040.08	1.72	2019.5.1—2022.4.30
××餐饮	××路××号1层	58.1	36051.12	1.72	2018.12.11—2021.12.10
××餐饮	××路××号1层	61	37850.52	1.72	2018.12.11—2021.12.10
××烟酒店	××路××号1层	29.04	18019.32	1.72	2019.5.1—2022.4.30
××布艺	××路××号一、二层，××号二层	393.7	192137.16	1.36	2018.12.31—2023.12.30
××便利店	××路××号1层	116.5	72288.24	1.72	2018.12.11—2021.12.10
××餐饮	××路××号1层	49.62	30789.24	1.72	2019.8.1—2022.7.31
××家政	××路××号1层	57.5	35678.76	1.72	2018.12.11—2021.12.10
××房产中介	××路××号1层	57.5	41975.04	2.03	2021.3.1—2024.2.29
××美容美发	××路××号1～2层	230	121727.52	1.47	2018.12.21—2021.12.20
××眼镜	××路××号1层	77.1	47840.64	1.72	2018.12.11—2021.12.10
××装饰店	××路××号一层，××路××号一、二层，××路号××二层	609.6	340654.56	1.55	2018.12.11—2023.12.10
××餐饮	××路××号一、二层	320	169360.00	1.47	2018.12.31—2023.12.30
××文具店	××路××号一层	117.7	73032.85	1.72	2018.12.31—2021.12.30
社区服务	××路××号二层	293.4	136119.45	1.29	2018.12.31—2021.12.30
××餐饮	××路××号1—3层	1274.21	634536.84	1.38	2019.5.1—2024.4.30
××干洗店	××路××号1层	70.66	43844.52	1.72	2019.6.1—2022.5.31
××房产中介	××路××号1层	74.25	46072.08	1.72	2019.5.16—2022.5.15
××农副产品	××路××号1层	124.89	77494.32	1.72	2019.7.1—2022.6.30
××餐饮	××路××号、××号1～3层	970.33	474493.08	1.36	2019.9.1—2024.8.31
××房产中介	××路××号1层	74.25	46072.08	1.72	2020.11.20—2023.11.19

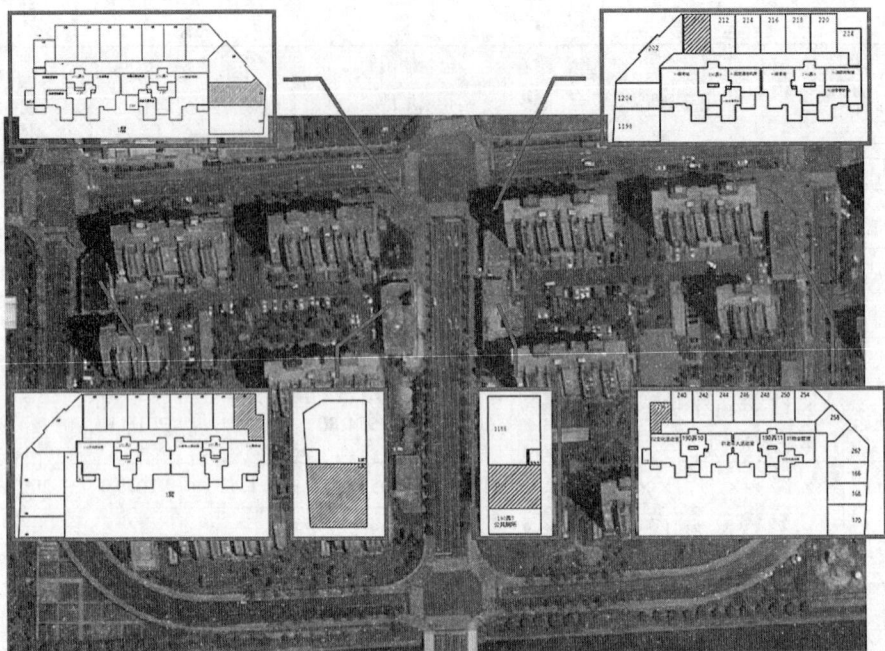

图3　样本案例3商业配套所在位置及平面布置示意图

分套出租的一般的规律为：根据承租人需求的规模出租，租期一般在3～5年，商铺的楼层、位置、规模对日租金均有影响，日租金符合市场规律。

（三）经营业态

商业业态基本为居民生活基本需求的菜场、超市、餐饮、中介、药店、水果行、足浴、美容美发等服务设施。

五、该类房地产价值内涵对房地产评估的影响

（一）评估方法适用性选择

笔者在工作中碰到两种抵押评估，我们应根据情况不同加以区分价值内涵，从而选择更适合的评估方法。

情况1：收购方购房贷款

上文所述，收购方一般为镇属全资集体所有企业，收购时，建设基地上配套商业套数多，规模大，总价相对较高，大部分情况下均需向银行申请购房贷款。基于上文对该类房地产的背景介绍可知，该种情况的抵押评估价值内涵应为政府指定的收购单位回购综合成本价。因此，我们选用的评估方法应优先考虑成本法。抵押后金融机构对押品后续的出租市场、现金流、还款来源等也尤为关注，故该种情况下选用的评估方法应以成本法为主，以收益法为辅。

需要重点提出的是，现在很多银行普遍要求评估公司每年对押品进行重估，购房贷款之后的每年重估工作需要对之前的情况进行充分的了解，否则就容易误认为是常见的抵押贷款重估，而混淆了价值内涵，用错估价方法，最终导致估价结果的偏差。

情况 2：收购以后抵押贷款

收购方在完成交易之后，再以该类房地产抵押给银行申请贷款，该种情况下的未设立法定优先受偿权下的价值应为市场价值。因该类房地产有转让限制条件，政府指导意见主要在于引进居民所需配套商业，推进大型居住社区建设，故而后续的租赁和经营市场尤为重要。在这种背景条件下，对大居配套商业的市场价值评估应以收益法为主，比较法为辅。

（二）评估测算中应注意的问题

1. 不同的价值内涵

不同的估价目的对应不同的价值内涵，应选用不同的估价方法，我们所要收集的资料也不同，得出的估价结果也不同。

对于成本法，我们在测算过程中，土地的重置成本选用的案例，不应为商品房宅地，而应该选用动迁安置房宅地，这样才能保证权益匹配，建筑物重置成本也理应考虑选用动迁安置配套用房来进行比较，也可用分部分项法进行测算。

对于比较法，我们所选用的可比实例的区域位置、项目品质、周边客流量等实物状况与我们的估价对象接近。

对于收益法，应充分考虑租金对房地产价值的影响（详见下文描述）。

2. 租金对房地产价值的影响

1）整租和分租的区别

对于建设基地上的配套商业，整体规模较大，但实际经营中整租和分租都是普遍存在的现象，我们要加以区分，不能笼统对待，笔者对这两种情况的不同之处进行了分析整理（表4）。

整租和分租的区别 表4

项目	整租	分租
租期	较长，常见为10年以上，最长20年	较短，常见为3～5年
租金水平	略低于客观租金	基本持平
影响因素	租金不考虑规模楼层位置等影响因素	楼层位置规模对租金水平有一定的影响
规模	整体规模大	分套规模较小

2）约定条件

整租和分租虽有不同，但也有相同之处，主要为两方面：其一，商铺的经营业态均为居民日常生活必备的类型；其二，均需满足"两年零租金"或"三年租金减半"的承诺。

3）不同租赁模式在收益法中的处理

（1）承租人权益

对于带租约的房地产，我们在用收益法进行测算时，通常都是租约期内用实际租金，租约期外用客观租金。整租租期较长，且租金水平略低，因而整体存在承租人权益，这部分价值需要在估价结果中体现。分租租期较短，整体租金水平应与客观租金较为接近，若存在个别租金较低的情况，个别计算承租人权益。

（2）个别因素影响

价值内涵为综合成本价时，可不考虑规模、楼层、位置等个别因素对房地产价值的影响。价值内涵为市场价时，需考虑个别因素对租金及房地产价值的影响，测算时对影响因素进行适当的修正。

（3）优惠条件

不管以哪种租赁模式，均需满足"两年零租金"或"三年租金减半"的承诺，故我们在做收益法测算的时候必须遵照该条件执行。尤其是在刚取得该类房地产还未出租就已经委托评估的情况下，虽无租约限制，但收益模式也一定不能忽略该优惠条件。

3. 限制条件对房地产价值的影响

大型居住社区公建配套商业在办理《不动产权证书》后，一般附记上均会记载："大居商业配套用房，依法转让或改变用途还需区政府同意。"笔者认为，该限制条件对房地产价值有一定的影响。当我们用比较法测算时必须作权益上的修正；当我们用成本法测算时需选用具有同样权益的动迁安置房宅地，而不采用普通的商品房宅地；当我们用收益法测算时，应优先选用全剩余寿命的收益模式，非必要不建议采用租转售模式，否则需做出修正。

六、结语

不同的价值内涵，产生不同的价格结果。笔者认为存在的一般规律为：大居配套商业用房的综合成本价＜大居配套商业用房的市场价＜周边商品房商业用房市场价。

我们在做房地产估价的时候，切忌套用常规思路，以为所有的抵押估价均是市场价扣除法定优先受偿款，草率行事。我们收到估价委托的同时，应首先要尽心了解项目背景，多收集项目资料，多学习政府文件，对有疑惑的地方多向委托人、权利人求证，才能对价值内涵做出正确的判断，才能选出最优的估价方法，才能筛选出最佳的估价数据，最后做出正确的估价结果。

作者联系方式

姓　　名：卫依莉　唐永峰　严　彬

单　　位：建银（浙江）房地产土地资产评估有限公司上海分公司

地　　址：上海市黄浦区淮海中路 200 号 1005 室

邮　　箱：13482717878@163.com；rjnobody@163.com；121970912@qq.com

注册号：卫依莉（3120080029），唐永峰（3120060007），严彬（3120110014）

存量房产管理数字化转型路径探索

黄 海

摘 要： 当前房地产领域数字化转型是大势所趋，依托房地产评估咨询的专业能力和经验提供数字化建设咨询服务将是房地产估价行业的新兴业务领域。对其中的存量房产管理数字化转型工作，本文尝试归纳通用路径，提出了数字化转型的四个环节，分析了如何结合 GIS 技术实现基础资料数字化，常态化管理流程数字化，为决策管理定制分析和可视化以及借助物联设备延伸管理感知。

关键词： 存量房产管理；数字化转型

一、引言

数字化正以不可逆转的趋势改变人类社会，已然成为推动经济社会发展的核心驱动力，特别是新冠疫情进一步加速推动数字时代的全面到来。2021 年年初上海吹响了全面推进城市数字化转型的号角，提出到 2035 年建成具有世界影响力的国际数字之都。自此，全国掀起了新一轮城市数字化浪潮。

城市数字化转型涵盖经济、生活、治理三大领域的全面转型、整体提升。在房地产领域，随着市场环境的变化和国家宏观调控政策的持续收紧，房地产行业的土地红利和金融红利逐步消失，行业整体进入低增长、低利润的时代，企业与行政主管部门都面临数字化转型的挑战与机遇。

数字化转型不仅仅是一个信息技术问题，还是房地产行业知识问题，涉及组织、流程、文化、人员等方方面面，这离不开一套正确的顶层规划设计。在房地产企业和行政主管部门推进数字化过程中，需要专业咨询机构为其制定相适应的数字化解决方案，而房地产估价公司相比一般信息技术公司在从事数字化建设咨询业务方面具有独特的优势。由于房地产估价公司对房地产全生命周期均有全面的认知，熟悉房地产开发、经营等各阶段房地产过程及相关政策法规，能够更准确、有效地理解政府和企业在房地产管理上的专业需求，在补充一定的信息技术力量后，将具备提供数字化建设咨询服务的强大潜力。

二、存量房产管理数字化转型需求

存量时代，房地产企业的利润将由开发、销售环节转向运营和服务环节，房地产企业不得不通过精细化运营管理实现各个业务环节的降本增效，而精细化管理离不开数字化技术的支撑。存量房产作为各个环节中的重点，如何让存量房产以更高效的方式运营，最大化释放存量房产的价值，成为企业亟须思考的一个命题。从行业整体来看，存量房产运营尚处于初级阶段，而存量房产通常权属复杂、区位分散、类型多样，传统严重依赖人工的方式，企业很难准确掌握存量房产实际情况，何谈对症下药进行精准管理，为企业带来新的盈利增长点。因此，存量房产市场的资产管理、物业管理、存量更新、房产租赁等诸多场景势必成为房地产企业数字化投入的重要方向，以科技为业务赋能成为房地产企业提升经营效益、实现高质量发展的必然选择。

顺应行业新变化和数字化发展大趋势，行政主管部门也要积极运用数字技术创新行业监督和管理模式。对行政主管部门而言，存量房产管理是重要管理对象，其涵盖内容复杂，包括房产租售市场、住房保障、房屋物业、房屋使用安全等方面，涉及细分管理对象多元，并且随着社会经济的发展，房屋的形态和利用方式越来越丰富，政府对于管理精细度的要求越来越高。继续以人工管理为主的方式成本花费巨大，为进一步提高治理效能、实现精细化治理，行政主管部门必须利用数字化方式创造性解决治理难题，以数据驱动监督和管理流程再造，着力提升房管系统治理能力和水平。

面对以上存量房产管理的数字化转型需求，虽然具体管理需求的指向不同，但是工作内容的基本框架类似。本文根据笔者参与的数字化咨询实践进行思考总结，尝试归纳出通用路径，以期为相关咨询服务提供参考。

三、数字化转型路径

虽然存量房产管理涉及内容多种多样，但是管理始终是围绕房产这个核心对象开展工作。因此，本文围绕房产特征将存量房产管理数字化转型路径归纳为以下四个环节：结合GIS技术将基础资料数字化、将常态化管理流程数字化、为决策管理定制分析和可视化、物联设备延伸管理感知。

（一）结合GIS技术将基础资料数字化

管理是通过计划、组织、控制、激励和领导等环节协调各类资源，来实现组织目标的过程。这项工作依赖于各种当前的、历史的相关信息，以这些信息为基础，提炼出各类规律作为参考，能够更合理地进行协调和决策。

信息的记录方式在数字化之前普遍存在两类问题，一是信息形式混杂，针对同一类信息有文档、表格、图片、视频等不同表现形式，存放的载体有电子档、也有纸质档；二是信息版本多样，同一个数据内容零散地分布在不同的人员手中，有着各式各样的版本。这些问题都会影响信息获取的便利性和准确度，无形中提高了管理成本。

所以，基础资料的数字化是数字化转型的基础，通过资料的数字化，使资料中的信息更容易获取，同时也提高获取信息的准确性。基础资料数字化大致分为以下三步。

1. 运用GIS技术突出地理空间信息

基础资料数字化，首先应考虑核心对象的特征，即房产特征，第一，他在位置上是固定的，不可移动；第二，他是客观排他的，在同样的空间、时间上不可能出现其他的房产。由此可见地理空间信息应该作为房产相关数据构建的核心，而GIS技术是针对地理空间中的有关地理分布数据进行采集、储存、管理、运算、分析、显示和描述的技术，通过GIS技术能够对房产的特征进行更量化地存储和更直观地表达（图1）。

2. 整体设计数据标准并转换数据

数据标准是为了在管理范围内达成数据的最佳秩序。存量房产管理内容多样，对企业

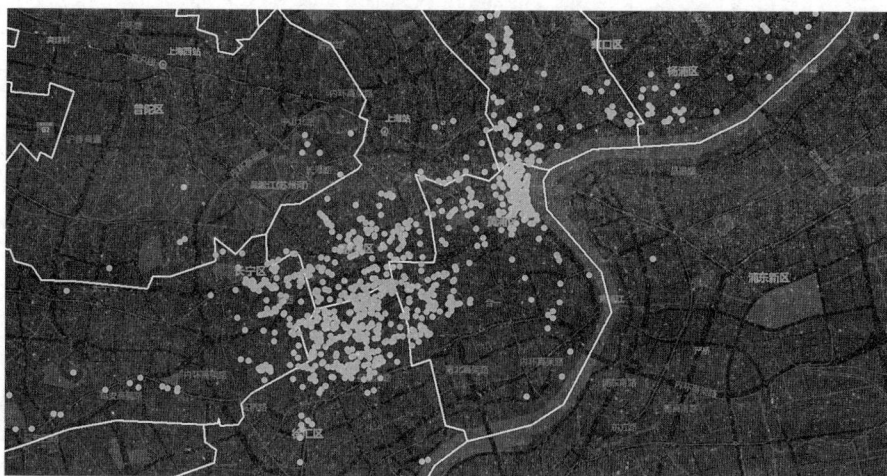

图 1　空间数据 GIS 呈现示意图

来说有房产租赁、房产更新改造、房产物业管理等不同业务方向，而行政主管部门通常重点关注房产安全、居民住房保障、租售市场监管等。在进行管理时，除了涉及房产自身基本信息，还会集成该业务方向的对应信息，如房产租赁管理需要合同信息和市场信息、房屋安全管理需要现状使用信息和历史修缮信息等，这通常是一个数量庞大、结构复杂的数据体系。因此，数字化过程应根据管理的实际需求整体设计数据标准，一方面数据标准可以明确数据内涵，为组织内数据共享构建共识；另一方面数据标准通过优化数据逻辑，提高数据管理效率。根据数据标准完成原始数据的转换后，将本身弱关系的零碎数据融合一体，在管理范围内能够得到更好地利用和维护。

3. 搭建中心化数据平台

中心化数据平台是指所有的人员、应用、设备都围绕数据平台维护和调取数据。通过中心化的方式，使不同使用者、不同场景应用的数据内容保持一致。在数据平台中，通过对数据库结构、数据管理功能等进行设计，使系统自动执行数据的限制性条件和数据间逻辑判断，能够辅助数据标准落地，也能在一定程度提高数据质量。

（二）将常态化管理流程数字化

房产管理工作在具体操作执行层面内容尤为繁复，处理环节多，涉及人员广，例如房产租赁业务会在收房、装配、出租、租后四个阶段细分出众多环节，涉及租客、运营团队、施工团队、销售团队等多方人员。同时也由于执行层面的繁复，进而导致管理方在纵向难以准确掌握进度，在横向难以形成整体视角，并且过程难以回溯。

将常态化管理流程进行数字化，能够将复杂管理的最佳实践经验进行固化，并将此标准通过系统传达给每一位管理工作的参与者，提高管理质量和效率，并控制风险。同时管理工作的关键步骤均通过系统进行了结构化地记录，将准确反映工作进度，后续通过数据分析汇总将为更顶层的管理决策提供支撑。

1. 识别数字化流程管理需求

需要构建数字化流程的管理工作通常具备三个特征：目标重要、重复进行、多人协同。构建数字化流程之前应当从实际需求出发进行识别，首先，只定位核心工作，如果将重要程度低的工作形成标准化流程并固化在系统中，反而造成管理成本和收益的倒挂，其次，流程仅针对重复进行的事项，一次性、独特的项目不在流程管理的范畴内，最后仅将多人协同的流程进行数字化流程管理，单人完成的流程一般在数据平台中直接维护更有效率。

2.搭建线上流程操作系统

明确数字化流程构建需求后，应尽可能召集相关人员，一方面梳理历史线下流程和管理经验，另一方面根据已更新的数据标准考虑流程重构，最终总结形成最佳实践和关键环节。通过搭建线上流程操作系统，将以上内容进行固化，使复杂管理过程能够自动化推进和记录。

3.线上流程联动数据更新

设计线上流程操作系统时，应该尽可能考虑流程数据和基础数据的相互关系，在推进管理进度时，能够让基础数据与之联动，以较小成本提升基础资料的现势性。

（三）为决策管理定制分析和可视化

基于基础资料和流程的数字化，系统将具备完备的结构化数据，结构化数据已经能够大幅度减低信息传递的难度，但是简单查询功能对于管理者来说能够直接利用和理解的信息是有限的。

根据管理业务的需求定制分析算法和可视化界面，能够增强数据的利用程度，提高信息的传递效率，进而为管理工作赋能增效。

1.梳理应用场景

与选择构建流程相同，应用场景的确定应从管理业务的实际需求出发，首先找到核心管理工作，同时构建当前工作的客观场景状况，然后在客观场景的基础上分析总结实际管理需求，最终结合管理需求和数据资源，确认目标应用场景。

2.突出空间分析的算法体系设计

算法是成熟管理经验和方法的归纳，通过计算机程序自动实现，并将该程序在组织内共享。对房产管理来说，还应充分考虑房产的空间特性，通过空间分析，如空间叠加分析、密度分析、领域分析等帮助管理者提炼管理对象的区位特征。

另外也可以通过算法的设计实现数据脱敏，将敏感信息进行统计处理后提供给原本无权限人员使用，在保证数据安全的同时，提高数据的利用程度。

3.结合地图进行可视化界面设计

根据不同应用场景的特征，对系统模块进行可视化设计，利用地图、图形、图表、用户界面等对数据进行更直观地呈现，更高效地传递信息，促进使用者对信息的理解。对于房产管理来说，应重点关注地图的可视化应用，地图能够将房产的空间数据转换成可视化形态。通过将具有空间特征的数据或者数据分析结果形象地表现在地图上，使得管理者可以更加容易理解房产的区位规律和趋势。

（四）物联设备延伸管理感知

房产作为一个复杂的空间实体对象，对于管理者来说天然存在空间屏障，一方面是房产本身与管理者的距离，另一方面是房产复杂的内部构造。单纯使用人工搜集信息的方式通常来说成本较高，且信息受人力投入的影响会存在滞后性。

引入物联感知设备，能够延伸管理者的感知范围。首先通过布设的传感器持续对管理对象进行信息采集，然后通过网络及时回传数据中心进行初步的数据筛选和清洗，再通过算法模型提炼特征信息，最后在相应的应用场景中呈现给管理者。有效缩短管理者与管理对象的"距离"，降低管理成本，提高管理敏捷程度。

1. 选择合适的物联感知设备

与房产管理内容相关的物联感知设备主要分 6 类：图像感知，能够获取图像；压力感知，能够获取区域的压力变化；温度感知，能够测量环境温度；湿度感知，能够测量环境湿度；加速度感知，能够测量所在设备的加速度；磁场感知，能够感知磁场并辨别方向。

根据房产管理的不同业务方向，综合考虑布设成本，选择对应的物联感知设备，或使用多种感知设备组合布设。例如在房屋安全管理中，应用加速度和磁场传感器结合，能够持续监测建筑物倾斜、震动、沉降等问题。

2. 结合经验和实践构建特征算法模型

由于物联感知设备获取的数据量较大、不易理解，除图像感知设备之外，通常不会直接使用，而是通过算法模型转换成管理需要的特征信息再进行应用。在特征算法模型的构建上，前期可以根据历史管理经验和外部相关算法形成初步算法，后续应根据实际测量数据和目标实际情况持续对算法进行优化，有条件的可以引入机器学习模型对算法模型进行调优（图 2）。

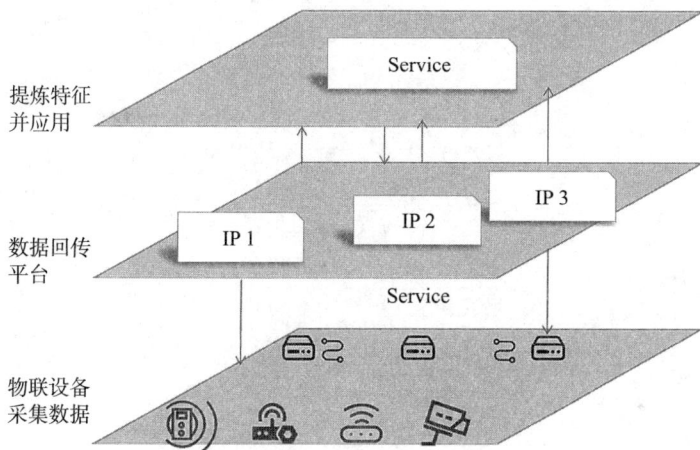

图 2　物联感知设备架构示意图

四、结语

综上所述，本文尝试对存量房产管理数字化转型的通用路径进行归纳，根据上述路径，能够帮助房地产企业和行政主管部门形成一套满足当前管理需求的数字化管理体系。但是管理需求是动态变化的，管理方如何建立机制促使数字化管理体系不断使用和迭代、保持生命力，这些问题还需要在实践中研究解决。

另外，对于涉足存量房产管理数字化转型咨询服务的房地产估价公司，需要同时具备房产相关专业知识和信息技术能力。一方面，知识重心要从存量房产的价值延伸至存量房产涉及的各个管理环节，能够准确解析管理方的管理需求；另一方面，在信息技术能力上需要进行充实和提升，能够实现数字化转型的落地实现，包括：软件开发能力、数据处理能力、数据分析和可视化能力、物联设备集成能力。

最后，站在房地产估价的行业高度，我们应该清醒地意识到，当下房地产估价业务正从传统评估业务向更宽广的咨询业务领域转变，需要更多机构的参与才能加快此进程的速度，并形成市场规模和焕然一新的气象。

作者联系方式

姓　名：黄　海

单　位：上海城市房地产估价有限公司

地　址：上海市黄浦区北京西路 1 号 15-18 楼

邮　箱：ysea1991@163.com

我国房地产市场面临问题的探析

张超逸 吴 容

摘 要：目前我国二手房价格增长十分迅速，一方面是经济问题，另一方面也是社会问题的综合体现。本文进行二手房价格研究，可以使大部分中低收入群体在面对住房问题时可以有更多的选择权，解决他们最基本的生活问题，进而对社会稳定做出一点贡献。我国目前众多一线城市以及部分二线城市的房地产市场重心已经转移到了二手房市场，想必各大二线城市未来的发展也将会是这样的趋势。而我们国家也根据这一现象制定了许多房地产相关政策，从而可以更好地去引领房地产重心的转变，并且希望可以促进二手房市场的良性发展。同时在市场起决定性作用的这个大背景之下，二手房中介对二手房市场的影响也是巨大。本篇论文不仅可以对消费者进行价格引导，所研究的数据也可以对二手房中介提供一定帮助，以及对政府制定相关政策提供一定的数据支撑，具有较好的现实意义。

关键词：市场；形势及问题；数据支撑

一、目前房地产面临的形势和问题

在持续不断的调控下，房地产市场终于从"量变"转为"质变"。8 月 15 日，国家统计局发布 2021 年 8 月 70 大中城市房价数据，以及前 8 月房地产投资和销售数据。在众多数据指标中，量与价的变化最引人关注。今年 8 月单月，全国商品房销售面积为 12545 万 m²，销售额 12617 亿元。无论同比还是环比，均连续两个月下滑。

价格方面，8 月 70 大中城市的房价涨幅以持平和回落为主。被视为市场先导指标的二手房价格，下降的城市数量达到 34 个，近几年来首次多于上涨的城市数量，若以市场化属性更强的二手房价格作为参照，8 月楼市的变化可总结为"量价齐跌"。不少分析人士认为，楼市出现"拐点"，在供需两端的持续调控下，快速发展后的调整期即将到来，作为传统旺季的"金九银十"，成色恐将不足。今年二手房指导价政策显效以来，房地产销售的增长曲线一直在下行。

2021 年前 8 月，全国商品房销售面积 114193 万 m²，同比增长 15.9%；商品房销售额 119047 亿元，同比增长 22.8%。与年初（2021 年 1～2 月）超过 100% 的增速相比，已经明显放缓。

这一方面是因为 2021 年年中以后，市场销售的增速逐渐乏力；另一方面则是由于疫情影响导致去年年初基数较低，此后市场逐渐复苏，基数也明显提高，下半年以来，房地产市场交易规模在冲高后出现回落。

7 月和 8 月，月度交易量连续下滑，8 月的商品房销售面积甚至低于 2019 年同期。贝壳研究院高级分析师潘浩指出，除了去年的高基数外，季节因素和政策因素导致的销售下滑也不容忽视。据贝壳研究院统计，8 月房地产市场调控类政策出台 36 次，自 4 月以来调控频次持续增加，调控持续加码。其中，近期多地集中出台的二手房指导价调整，已经直接影响到交易价格。"二手房指导价"是指二手房交易的参考价格。近期，已有包括深圳、上海、广州、合肥、西安、东莞等在内的 13 个城市对二手房指导价进行调整，从而遏制实际交易价格过高。从 8 月的房价表现来看，这种调整效果十分明显。

8 月，一二三线城市的新房价格平均环比涨幅分别为 0.3%、0.2% 和 0.2%，以回落和持平为主。同期的二手房价格涨幅分别为 0.2%、0.2% 和 0.1%，略低于新房价格涨幅。

分城市来看，在新房价格仍以上涨为主的情况下，8 月二手房价格下跌的城市达到 34 个，上涨的城市数量仅有 27 个。若抛开去年年初疫情的影响，最近 6 年来，二手房价上涨的城市数量达到最低。其中，二三线城市成为下跌的主体，昆明、南充、石家庄、牡丹江的价格跌幅靠前。

贝壳研究院认为，除了指导价调整的因素外，市场下行的预期在二手房市场传递得更快。相对而言，重点城市新房限价下仍存在一二手倒挂，吸引购房需求转向新房市场，全国房价拐点已经出现。中原地产首席分析师张大伟认为，2021 年 9 月后，随着信贷政策由宽松回归正常，未来房价涨幅有望放缓，房价下调城市的数量将不断增加。"金九银十"恐落空支撑"拐点"的论据，除了量与价的变化外，还包括投资、融资、拿地等一系列指标的变化。

8 月，全国房地产投资（累计）增速已从年初的 38.3% 降至 10.9%。除中部地区仍保持两位数增长外，东部、西部和东北地区的增速都已降至个位数。同期，房地产开发企业土地购置面积 10733 万 m²，同比下降 10.2%；土地成交价款 6647 亿元，下降 6.2%。受"三条红线""五档管理"等政策的影响，房企融资也受到限制。

2021 年 1～8 月份，房地产开发企业到位资金 134364 亿元，增速从年初的 51.2% 降至 14.8%。值得注意的是，7 月和 8 月以来，部分房企采用降价的方式促进销售，并回笼资金，但效果并不理想。由于 7 月和 8 月的销售规模出现下滑，房企资金来源中的"定金及预售款""个人按揭贷款"两项指标的增速均出现下滑。

北京某上市房企相关负责人向 21 世纪经济报道记者表示，调控政策对供需两端都带来限制，这也导致房企信心普遍有所减退。同时，市场信号的传导，也带来一系列的连锁反应：销售不佳影响回款、回款不畅影响融资、融资不足影响投资。统计局发布的另一组数据显示，8 月房地产开发景气指数为 100.85，为 2021 年以来的最低值。前述房企人士还认为，在近期的第二轮集中供地中，因报名人数不足而流拍的现象明显增多，说明房企的信心仍然不足。

在这种情况下，作为传统旺季的"金九银十"，市场走势如何？潘浩认为，由于企业融资端持续承压，因此销售回款将继续成为房企运营的生命线。面对传统"金九银十"的销售节点，房企为应对市场不确定性、确保年度销售任务的达成、稳定回笼资金以及为年底拿地准备筹码，推出一定的促销措施是常规操作。其中，部分存在较大现金流压力的房企，可能进行较大力度的促销。前述房企人士则认为，在现有的政策压力和市场信心下，"金九银十"的热度势必不会太大。相反，在年末冲刺业绩的阶段，房企会实施较大力度的促销活动，市场也有望在年末出现"翘尾"。

2021 年上半年，全国房地产市场整体仍处于上升周期，商品房销售面积、销售额均创出历史同期新高。但进入下半年（尤其是 8 月份以来）房地产市场出现快速降温，其主要原因与房地产金融持续收紧有关，也与某些头部房地产开发企业的债务风险从 7 月中旬之后出现恶化有关。为了实现"稳地价、稳房价和稳预期"的目标，笔者认为房地产调控政策需要进行微调。

根据国家统计局数据，商品房销售依然保持较快增长，1—7 月份，商品住宅销售面积同比增长 21.59%，两年平均增长 7.09%；商品住宅销售额同比增长 30.76%，两年平均增长 13.19%。但 7 月份之后销售数据快速下降。7 月份，商品房销售面积 13012.83 万 m^2，同比下降 8.5496%；销售额 13499.12 亿元，同比下降 7.08%。8 月份，商品房销售面积 12544.82 万 m^2，同比下降 15.559%，环比下降 3.6%。商品房销售额 12616.58 亿元，同比下降 18.719%，环比下降 6.5%。这是 2008 年全球金融危机之后我国房地产市场最差的销售纪录。

在成交量快速下滑的同时，房地产价格也出现明显下降。根据国家统计局数据，8 月份，一线城市新建商品住宅销售价格环比上涨 0.39%，涨幅比上月回落 0.1 个百分点。一线城市二手住宅销售价格环比上涨 0.2%，涨幅比上月回落 0.2 个百分点。二线城市新建商品住宅销售价格环比上涨 0.296 个百分点，涨幅比上月回落 0.2 个百分点；二手住宅销售价格环比由上月上涨 0.2% 转为持平。三线城市新建商品住宅销售价格环比由上月上涨 0.296 个百分点转为持平；二手住宅销售价格环比下降 0.19%，连续两个月下降。

根据贝壳 50 城（包括所有省会城市和计划单列市及部分热点城市）二手房监测数据，8 月 50 城二手房整体成交量环比下降 20%，降幅较 7 月扩大，成交量连续 5 个月下降。8 月二手房价格指数环比下跌 0.696%，为 2020 年 1 月以来首次下跌：50 个城市中有 35 个城市二手房价格指数下跌，占比七成，带动市场整体价格向下调整。分城市看，太原、长沙、西安、嘉兴、佛山 8 月房价跌幅位列前五，跌幅均达到 2% 以上。上半年市场热度较高的西安、成都、上海、杭州等重点城市房价均由涨转跌。

从上述数据可以看出，进入 2021 年下半年房地产市场出现了明显的拐点信号，楼市的成交量和价格的下降速度过快值得高度关注。2020 年下半年至 2021 年上半年，由于货币政策环境相对宽松，部分城市出现房价快速上涨的现象，在紧缩房地产金融及其他房地产调控政策的作用下，房地产市场出现一定程度降温是正常现象，但如果房地产市场降温速度过快则可能会出现次生风险，不仅影响投资增速和宏观经济平稳运行，还影响到金融市场的平稳运行。根据笔者的观察及市场调研资料分析，导致当前房地产市场快速降温的主要原因是多方面的，既有房地产调控政策作用的结果，也与某些房地产龙头企业出现债务危机有关。

2020 年 8 月份有关部门针对房地产开发企业的财务指标出台了"三线四档"要求，2020 年底又对商业银行的房地产金融业务集中度管理提出具体指标要求。这些房地产金融调控政策对遏制房地产开发企业的高负债扩张起到了良好作用，有利于完善房地产市场的长效机制。有关部门在出台"三线四档"政策时，考虑到市场的稳定，对财务数据不达标的房地产开发企业设置了三年过渡期，但此政策在执行过程中出现层层加码现象，财务不达标的企业基本失去了融资能力，出现了一定程度的流动性梗阻。

全国排名前 50 名的房地产开发企业中"三线"均达标的企业只有 16 家，占比不到三分之一，这意味着大多数房地产开发企业的融资受到了严重限制。进入下半年，商业银行的房地产信贷资源相对短缺，财务指标未达到"三线四档"要求的房地产开发企业的融资更加艰难。实施二手房指导价措施加剧了楼市的流动性困局。为了遏制部分城市的房价过快上涨，有关部门出台了二手房指导价政策，居民购房申请按揭贷款必须按照指导价进行，降低了居民购房的财务杠杆，对降低房地产金融的风险是有积极意义的。但此政策在出台之初对市场需求的抑制作用是十分显著的，直接表现是市场交易量出现大幅度萎缩。深圳是首先推出二手房指导价格的城市，在出台此项政策后，深圳二手房交易量降到了每月 2000 套左右，相当于政策出台之前的 20% 左右。

上海在 8 月推出二手房申请房贷参考合同网签价、银行评估价、涉税评估价，将"三价就低"原则作为贷款申请房价标准，这是 8 月上海二手房成交量下降的最主要原因。

二手房指导价措施使得楼市的流动性受到较大的冲击，个别城市的二手房指导价措施对整体的房地产市场影响有限，但如果越来越多的城市开始实施二手房指导价措施，其负面影响是不可忽视的。笔者注意到，除上海外，金华、衢州、合肥、温州、广州等城市也在 8 月相继提出建立二手房参考价制度，并落实参考价格在金融信贷方面的应用。住房信贷环境持续收紧。商业银行为了满足房地产金融集中度的要求，必须对房地产金融业务作适度调整，有些银行分支机构出现了按揭贷款放款慢的现象，停贷范围扩大。根据线上调查，目前重点城市平均房贷放贷周期延长到 60 多天，放贷周期明显延长。西安、南京、上海、北京、昆明等城市部分银行二手房房贷业务暂停，部分银行已通知客户额度紧张，放贷可能需要等至 2022 年。大型地产公司的债务违约对房地产市场产生了较大冲击。最近两年来，先后有数家大型房地产开发企业出现债务违约事件，典型案例如：泰禾集团、华夏幸福、蓝光集团等，但这些企业的规模都相对有限，这几家公司的年销售额均在 1000 亿元左右，债务规模也在 1000 亿元左右。这些房地产开发企业的债务违约不会对房地产的全局产生大的影响。

但最近几个月来，有头部地产公司的违约事件对市场产生了巨大的冲击。为了应对债务危机，该公司有打折卖房或以房抵债的情况。该公司在全国上千个城市都有在售的楼盘，该公司打折卖房对市场预期有直接冲击。在其影响下，更多的房地产开发企业加入降价卖房的行列，市场进入恶性循环。此外，该公司的债务危机还直接影响到金融机构对房地产金融业务的信心。那么，当前的房地产市场是否需要出台救市政策？对此，需要进一步观察。房地产市场刚刚开始调整，此时如果政策调控放松，会进步强化市场对于政策的投鼠忌器心理，不利于贯彻"房住不炒"方针。房地产市场一旦下跌趋势形成就会形成价格的自我强化现象。

当前的房地产市场正在形成加速下跌趋势，有必要对房地产调控政策进行适度微调，对龙头房地产开发企业进行有条件的救助，防止出现房地产市场的硬着陆。首先，以"稳地价、稳房价、稳预期"为目标，因城施策，发挥地方政府在维护房地产市场稳定中的积极作用，在坚持"房住不炒"前提下鼓励地方政府采取适度措施活跃市场。对于出台二手房指导价政策要慎之又慎，对于已经出台二手房指导价政策的城市要根据市场实际运行情况进行适度调整，拟出台二手房指导价的城市可以暂缓。其次，在落实"三线四档"政策过程中，防止层层加码，对于没有达标的企业明确三年的过渡期。对于商业银行房地产金融集中度管理也要循序渐进，防止出现房地产金融的过度紧缩。可以对按揭贷款进行窗口指导，对于已经受理的按揭贷款可以适度加快放款速度。最后，对于化解龙头房企的财务危机，有关部门应该尽快成立专门的工作小组。因为龙头房企已出现"大而不能倒"的问题，成立工作小组可以有效缓解市场的恐慌情绪，也有利于公司财产保全，防止出现债权人的利益受到损失。为了防止出现道德风险，在国家提供流动性支持时要设置前提条件，比如实际控制人应该将其自有资产为集团公司提供流动性支持。

二、房地产行业的发展对策

中国房地产市场似乎患上了和股市一样的病症，需要用"政策"这剂猛药来医治，只不过与股市不同的是，股市需要用利好的政策来刺激，促使股市繁荣，而房地产市场需要用严厉的政策来打压，对其过热的投资和过高的房价进行降温。

（一）持续做好行业疫情防控为前提

2021年2月1日，中国人民银行、财政部、银保监会、证监会、国家外汇管理局五部门联合发布《关于进一步强化金融支持防控新型冠状病毒感染肺炎疫情的通知》，鼓励适当下调贷款利率，合理延期个人房贷。全国超60城下文关闭商品房售楼部。万达、龙湖、华润、新城、远洋等超二十家房企对商业地产推出减免租金的举措。

（二）加大政策支持

房地产行业作为中国经济的压舱石，政策导向尤为重要，在疫情期间，政府也出台了一揽子支持政策来保证市场的稳定，中央可以鼓励地方政府出让更多优质土地，在出让底价、销售限价、配建措施等出让条件上给予优惠。坚持"房住不炒"的主基调，保持在政策大框架不变的背景下，出于维系经济增长和扩大实物商品消费之需，楼市落地政策将中性偏松。

（三）优化产业结构

房地产开发应坚持高端、适度、有序的原则，合理控制房地产开发规模、优化房地产产业结构，培育新的增长点，促进房地产业与旅游、医疗、养老等产业相融合，跨界发展，逐步构建以经营性旅游地产为主导，居住、商业、养老和办公地产协调发展的产品体系。通过总部经济、金融、会展、文化、创意等新兴产业的发展，推动房地产业转型升级；通过引进智慧产业和健康产业，与房地产业相融合。

三、结语

房地产行业与市场的任何变化都牵动着社会各个层面，要根据房地产行业与市场供需的变化，适时采取相应措施，既保障国民经济健康有序发展，行业生态良性循环，也要有效地解决老百姓安居乐业的需求，满足人们对更高质量生活水平的追求。

参考文献：

[1] 冯新怡，崔灿. 城市二手房价格空间分异及影响因素研究——以成都市为例 [J]. 城市住宅，2021，28（06）：93-95.

[2] 张凤玲. 北京四月楼市升幅显著 [J]. 中国品牌，2021（06）：72-73.

[3] 赵健. 不动产登记对房地产经济的影响探讨 [J]. 环渤海经济瞭望，2021（05）：54-55.

[4] 万里平. 重庆市二手房房价影响因素研究——基于分层模型的分析 [J]. 现代营销（下旬刊），2021（04）：112-113.

[5] 闫铭，赵玲. 长春市二手房价格影响因素研究 [J]. 沈阳工程学院学报（社会科学版），2021，17（02）：35-39.

[6] 宋杰. 全国政协委员、房天下控股董事长莫天全：二手房市场高度集中，建议加强寡头企业

监管 [J]. 中国经济周刊，2021（05）：106-107.

[7] 戴毅，杨敏 . 我国主要城市楼市的投机性分析 [J]. 住宅与房地产，2021（06）：1-3.

[8] 李宇嘉 . 深圳楼市迎来"铁心"调控 [J]. 城市开发，2021（04）：43-45.

[9] 邓雅蔓 . 不能让高房价透支未来的竞争力 [J]. 中国经济周刊，2020（16）：23-25.

[10] 刘冰，朱建国，金跃强 . 南京市二手房房价影响因素的主成分回归分析 [J]. 南通职业大学学报，2020，34（02）：66-68.

[11] 孙婷婷，丁硕权 . 房价数据抓取与分析系统设计与实现 [J]. 电脑知识与技术，2020，16（15）：24-27.

[12] 陈家文 . 广州旧改爆发！5条村公开招标！超180公顷！[J]. 房地产导刊，2020（05）：20-23.

[13] 郑鸿 . 不动产登记对房地产经济的影响探讨 [J]. 山西农经，2020（06）：66-67.

作者联系方式

姓　名：张超逸　吴　容

单　位：永业行（湖北）土地房地产评估咨询有限公司

地　址：武汉市武昌区友谊大道 303 号武车路水岸国际 K6-1-2201

邮　箱：729279728@qq.com

注册号：张超逸（4220210001），吴容（4220170066）

澳大利亚房地产市场疫情前后的演变及未来房地产市场预测

张逸凡 赵 华 王静静

摘 要：本文将对 2019—2021 年澳大利亚房地产价格的演变进行分析，先介绍了 2019 年澳大利亚房地产价格的情况，接着着重分析 2020 年疫情前后澳大利亚房地产市场的变化情况，最后对 2021 下半年澳大利亚房地产市场的走向进行预测。由于澳大利亚地广人稀，所以本文房地产市场研究的主要城市是人口较多、较繁华的首府城市，如新南威尔士州首府悉尼和维多利亚州首府墨尔本等。澳大利亚作为大洋洲最大的发达国家，其房地产市场不是一个投机型的市场，而是一个相对健康的房地产市场，买房者的主要动机是家庭居住或合法避税（购房支出可以税前扣除，因此购房具有避税功能）。分析新冠肺炎疫情前后澳大利亚房地产市场的变化，有助于加深对房地产市场趋势的理解，并对后疫情时代的房地产市场走势做出合理的预测。

关键词：新冠疫情；澳大利亚房地产市场；市场演变

一、2019 年疫情前澳大利亚房地产市场

（一）房地产销售市场——房价先降后升

2019 年澳大利亚房地产价格经历了先下降再上升，整体呈复苏趋势。2019 年上半年，首府城市住宅价格略有下降，同比下降了 3.8%。悉尼公寓单套价格甚至一度低于 70 万美元，独立式住宅价格一度低于 90 万美元。2019 年下半年，首府城市住宅价格逐渐回升并达到 2017 年以来的房价峰值。其中，2019 年 3 季度涨幅最大，比 2019 年 2 季度上涨了 4%，这也是自 2009 年 11 月后，任意 3 个月全国住宅增长的最快速度。2019 年 12 月，全国平均房价同比上涨 1.1%，其中悉尼和墨尔本涨幅引领全国，同比分别上涨 1.7% 和 1.4%。事实上，悉尼和墨尔本作为澳大利亚两大经济中心，这两个城市的房地产市场几乎是澳大利亚房地产市场的风向标，一旦这两个城市的房地产市场回暖，就会带动整个澳大利亚的房地产市场。

从图 1 可以看出，2019 年 12 月，澳大利亚房价月同比涨幅为 1.1%，2019 年澳大利亚年同比涨幅为 2.3%。在房价方面，悉尼是澳大利亚首府城市中房价最高的城市，独立式别墅平均价格已经回升至 97 万澳元 / 套，公寓平均价格约为 75 万澳元 / 套；达尔文是澳大利亚首府城市中房价最低的城市，独立式别墅平均价格约为 46 万澳元 / 套，公寓平均价格约为 28 万澳元 / 套。在房价涨幅方面，2019 年 12 月，房价月同比涨幅最高的城市为悉尼和墨尔本，分别为 1.7% 和 1.4%；房价月同比涨幅最低的是达尔文，为 -0.5%，而达尔文也是 2019 年 12 月，唯一一个月同比涨幅为负值，即房价同比下跌的城市。2019 年，房价年涨幅最大的城市为悉尼和墨尔本，均为 5.3%，房价年涨幅最低的城市为达尔文，为 -9.7%，即

房价同比下跌 9.7%，房价同比下跌的城市还有珀斯，同比下跌 6.8%。在澳大利亚首府城市中，阿德莱德是唯一一个 2019 年 12 月房价月同比上涨，但 2019 年年平均房价同比下降的城市，即 12 月月房价同比上涨 0.5%，2019 年年平均房价同比下降 0.2%（图 1）。

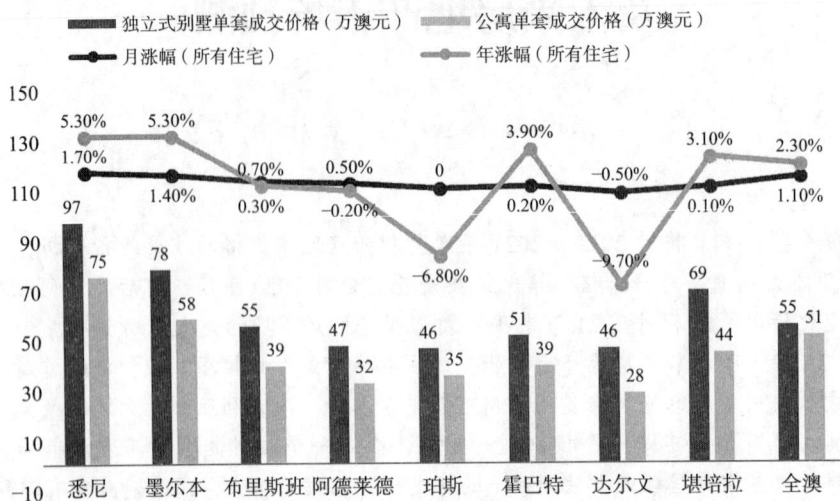

图 1　2019 年 12 月澳洲各首府城市住宅同比涨幅与价格情况

2019 年，澳大利亚房价经历了低谷和高潮，积极的年终业绩掩盖了上半年房价的下降。抵押贷款利率下降、借款人服务能力评估放宽、住房负担能力提升和联邦选举后实行的房产税政策，一系列利好推动了房价反弹。

（二）房地产租赁市场——市场下行

2019 年澳大利亚房地产租赁市场下行主要表现在租金下降、空置率升高、成交量下降。根据 2019 年底的数据，2019 年澳大利亚独立式别墅每周租金同比下降 0.7%，降至 446 澳元；公寓每周租金同比下降 0.9%，降至 454 澳元。悉尼仍然是澳大利亚房地产租金最高的城市，2019 年整年平均租金几乎保持不变，独立式别墅每周租金水平约为 520 澳元，公寓每周租金约为 510 澳元。但是新建设公寓的增加和人口增长放缓，导致 2019 年 12 月全国房地产空置率从 2018 年的 3.5% 上升至 3.7%。较高的空置率导致租金下跌，导致 2019 年全年的租赁房地产交易额也比 2018 年减少了 3%。

二、2020 年疫情时期的澳大利亚房地产市场

（一）房地产销售市场——疫情使市场复苏戛然而止，政府刺激市场回暖

在疫情暴发前，澳大利亚八个首府的房地产市场中有五个房价创下历史新高。由于联盟党获胜（负扣税保持不变），银行提出三项降息、减税政策，房价复苏从 2020 年 1 月全面展开。与此同时，澳大利亚首府城市的租金出现了温和增长。1 月全国房地产价格同比增长了 1.1%。其中增长最快的城市是悉尼和墨尔本，分别上涨 1.7% 和 1.2%。截至 2020 年 2 月底，房地产价格指数仅比 2017 年的峰值低 1.2%。2020 年 3 月初疫情彻底暴发，经济衰退和短期内大量移民的流失严重打击了房地产市场，澳大利亚房地产市场复苏戛然而止。2020 年 3 月和 4 月，全国房地产销售成交量同比下降了 40%，上半年澳大利亚全国物业价值与 2019

年底相比下跌了 2.1%。

房价的上涨是疫情有效控制和政府政策刺激双重作用的结果。截至 2020 年底，政府在应对疫情方面投入的资金超过 1000 亿澳元，疫情在 2020 年下半年得到有效控制。同时提供了超低利率，并增加了廉价融资计划，以此来刺激购房需求，2020 下半年澳联储已将官方利率降至 0.1% 的历史新低。随着澳大利亚疫情在 2020 年下半年好转以及经济的快速复苏，消费者对澳大利亚房产业的信心在 9～12 月飙升了 41 个指数点，这是有史以来最大的涨幅。同时，越来越多的澳大利亚人选择搬离市中心，全国 12 月城郊住宅平均价格同比增长5.7%。截至 11 月，澳大利亚房屋价格已完成反弹，全年同比上涨 1.1%，到 2020 年底，全年房价同比上涨达 2.7%。

（二）房地产租赁市场——市场萎缩严重，年底略有回暖

疫情的迅速暴发对房地产租赁市场造成了前所未有的冲击，2020 年边境的关闭导致澳大利亚境内外来人口总量下降，大量短期移民离开澳大利亚。各国留学生尤其是中国留学生滞留国内，约五分之一的学生签证持有人尚未抵达澳大利亚，导致租赁市场的需求量大幅降低。根据澳大利亚政府的数据，2020 年底，澳大利亚的人口比疫情暴发之前减少 1.5%，相当于减少约 40 万名居民。大规模的人口下降导致第一季度全国租金同比下降约 10%。同时，国际游客和国内游客的急剧下降，也进一步减少了租赁需求。

政府针对这种情况，采取了一些措施改善租赁市场情况。一是在 2020 年 3 月下旬政府通过了新的政策，修改了租赁住房市场的立法以应对疫情。该立法限制房东驱逐因受疫情影响屋里支付房租的租客。相应地，房东可以得到与他们给予租金减免幅度相对应的土地税减免。二是由于 2020 年初经济情况依然不太乐观，一些州对因疫情而陷入财务困难的租户提供经济援助。截至 2020 年 12 月，全澳大利亚房地产租赁市场租金整体上涨 0.6%，在此情况下，政府在 2020 年 12 月取消了租金驱逐令。

三、房地产市场未来的走向预测

（一）房地产销售市场走向预测——价格将会持续上涨

房地产价格的走势和国家经济形势正相关，目前澳大利亚已经处于疫情后期，虽然疫情在 2021 年 3—6 月在悉尼和墨尔本还有陆续的爆发，但是，疫情形势总体趋于平缓，根据调研数据，消费者信心指数上升，预计未来经济状况转好。

根据房地产市场行情、政策和消费者信心指数，预计 2021 年下半年购房者的购房需求将持续走高，房价将会保持上涨。主要表现在以下几个方面：一是澳大利亚各地的房价都在上涨，拍卖的清盘率居高不下；二是融资住房审批也处于创纪录的水平，表明更多的人正在考虑买入房产；三是疫情造成的失业状况也得到有效改善，因疫情造成的失业者中超过90% 的人已经再就业；四是消费者和企业的信心也明显上升，澳大利业家庭的储蓄比 2020年多出 1200 亿澳元——相当于全国生产总值的 6%。

澳大利亚房价上涨的主要因素除了政府实施积极的货币政策和财政政策外，更重要的是大量基础设施建设投入以及人口的不断增长，后者也是房地产增值的主要原因。基础设施建设方面，以悉尼为例，政府近年来投资超过三百亿美元建造有轨电车。这些投资不是通过有轨电车票收回（平均车票不到 3 澳元），而是转化成了沿线土地的价值。根据统计发现，有轨电车建成后，悉尼市中心沿线房价在 2 年内上涨幅度超过 30%，远超过其他地区的房价增幅。人口方面，澳大利亚人口每年增长超过30万人。如果按一个家庭一套住宅共居住三人来分析，这意味着全国每年需要建造超过十万新住宅来容纳新的家庭。澳大利亚人口增长的60%依赖于移民。尽管2021年人口增长下降，但一旦开放国界，人口增长必然会恢复（图2）。

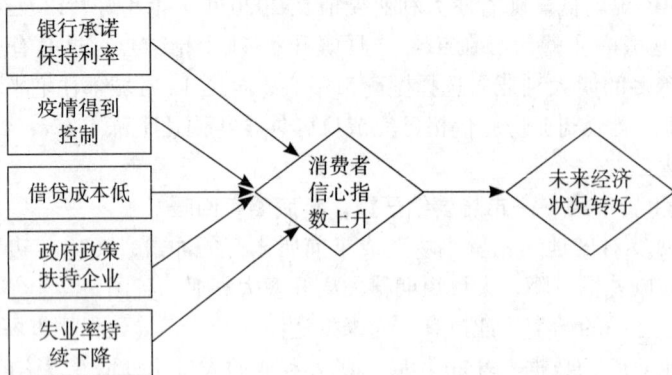

图2　澳大利亚疫情后期经济形势预测

（二）房地产租赁市场走向预测——租金上涨，涨幅不同

随着疫情影响结束，未来租金可能会持续上涨。因政府在疫情期间加大了对房地产市场的刺激力度，未来放松对疫情的管控后，由于经济的迅速恢复，澳大利亚主要区域的租金将会持续上涨，且各个首府租金上涨速度也可能存在差异。主要原因是各首府城市受疫情影响不同，而疫情一定程度上影响了消费者的购房偏好。比如疫情主要集中的悉尼、墨尔本等大城市，持续的封城对旅游业产生了巨大影响，从而影响了房地产租赁市场。而且，疫情发生后，人们更乐于在偏远地区租房，而不是市中心，从而导致小首府城市的租金上涨速度将会超过大城市。

四、结语

房地产是一种价值量大的商品，房地产市场是一个国家的支柱行业，受国家经济形势影响巨大。对澳大利亚来说，新冠疫情对房地产市场影响巨大，虽然政府采取一列政策刺激经济恢复，刺激房地产市场回暖，但疫情在一定程度上改变了首府城市的房地产市场格局和消费者对于房地产的偏好。未来随着疫情的结束，在基础设施投资和人口增加的双重拉动下，澳大利亚房地产市场需求将会进一步增加，价格将会进一步上升。

参考文献：

[1] Michael Yardney.What's ahead in our housing markets in the next year or two?[J].2021：1-7.

[2] KirstenCraze. Australian rental market finishes 2020 with unexpected decade-high growth[J].News Corp Australia，2021：3-5.

[3] Richard Evans，Tom Rosewall and Aaron Wong. The Rental Market and COVID-19[J].Australian Economy，2020：10-12.

[4] Nassim Khadem.2019 house price review[J]. ABC Chinese，2019：1-7.

作者联系方式

姓　名：张逸凡　赵　华　王静静

单　位：江苏天地恒安房地产土地资产评估有限公司

地　址：江苏省苏州高新区珠江路 117 号创新中心 C 座 201 室

邮　箱：sztdpg@163.com

注册号：王静静（3220160031）

完善"小块并大块、以奖代补"农地整治模式
推进农地经营权流转规模化的探讨

李　敏

摘　要：在国家大力推行"三权分置"农地制度改革下，农地经营权流转规模化对农地资源优化配置，调整农业产业结构，发展农村经济，实现农业生产机械化、现代化、规模化，成为农业强国有重大作用。本文在分析当前农地经营权流转存在的现状问题和原因后，提出"小块并大块、以奖代补"农地整治新模式对农地经营权规模流转的重要性和实践性，通过对该模式的特点和取得的现实成效方面的分析，提出了进一步完善该模式推进农地经营权流转规模化的建议。

关键词：农地整治；农地经营权流转；小块并大块；以奖代补；规模化

改革开放初期，为了解决吃不饱饭、生产力水平低下等问题，中国开始实行家庭联产承包责任制，实现了农村土地所有权与承包经营权的"两权分离"，充分调动了农民群众的生产积极性，有效解决了温饱问题，农业生产力水平也得到了全面提升，农村经济迅速发展。随着市场经济的发展和"两权分离"制度弊端的凸显，农地承包经营权开始流转，形成农地承包权与经营权相分离的局面。2014年中央一号文件正式提出了农村土地三权分置，该文件强调"在落实农村土地集体所有权的基础上，稳定农户承包权、放活土地经营权"。2016年，中共中央办公厅、国务院办公厅印发了《关于完善农村土地所有权承包权经营权分置办法的意见》，"三权分置"的重大现实意义在该《意见》中得到充分认识，同时提出了完善"三权分置"的办法，这表明"三权分置"对优化配置农地资源及形成农业规模化生产有极大的促进作用。在"三权分置"改革实践中，农地承包权与经营权的分离是其中的关键，有利于促进农地经营的规模化和现代化，促使我国农业发展由传统农业向现代化农业转变，形成一个有效率有活力的新型农业经营体系。因此，如何促进农地经营权流转形成规模化经营对我国农业改革至关重要。我国现代化的农地整治已实施二十余年，对增加耕地面积、提高耕地质量，提升农业基础设施条件，保障国家粮食安全做出了重大贡献。近年来，各地区出现了"小块并大块、以奖代补"的新型农地整治模式，该新型模式比传统模式在减轻耕地细碎化、实现耕地集中连片经营等方面更具优势。鉴于此，本文在分析当前农地经营权流转现状问题及其原因的基础上，剖析"小块并大块、以奖代补"农地整治新模式的特点与成效，进而提出完善该新农地整治模式推进农地经营权流转规模化的建议。

一、当前农地经营权流转现状问题

（一）流转面积扩大，但未形成适度规模经营

通过战略性调整农业产业的结构，推动农业农村现代化发展，农地流转面积不断增加，规模不断扩大。以湖南为例，2016 年上半年，全省通过转包、转让、互换、入股、出租等流转形式流转耕地面积 2015.17 万亩，占总面积的 38.46%，但转包和出租为主要的形式，分别占流转耕地的 34.6% 和 45.21%。调查数据显示，在农民承包土地的面积中，经营权流转的面积仅为 26% 左右，农地承包大户（承包 50 亩土地以上）有 287 万家，家庭农场经营面积平均在 200 亩，我国农地流转面积已达到一定的规模 ①。然而，不少农地经营权流转都是短期的、农户私人之间的流转，呈现出农地经营权分散不集中、经营权流转水平不高、流转市场化程度不高的特点，很多农地流转尚未达到适度规模经营的水平。

（二）农地流转形式多样化，但流转主体仍以农户与农户之间为主

在城镇化、工业化的背景下，农民外出务工与农业生产效益特别是种粮效益的剪刀差逐步扩大。在比较利益驱使下，很多农村劳动力向城镇转移，农地流转自然应运而生。由于地区差异化及生产条件的限制，使得农地流转形式多样化。但从流转主体看，目前大部分的农地流转依然以农户自发流转为主，流转对象大多为村里的邻居或者亲戚，而农户与家庭农场、种粮大户、专业合作社等新型经营主体之间的流转相对较少。

二、农地经营权流转现状问题产生的原因

（一）承包地细碎化

在我国农村，特别是丘陵地区，农地普遍存在着严重的耕地细碎化现象。农地细碎化的形成原因主要有自然因素和人为因素两个方面，自然因素主要是指地形地貌、水文等自然条件，对农地细碎化的形成具有基础和结构性的作用，人为因素主要包括制度因素（土地均分制度、诸子均分的土地继承制、市场机制）、人多地少的资源禀赋条件等，实质为农地产权所致。在农业生产力还不高，使用农业机械不多的年代，农地细碎化并没有给农业生产产生较大影响；然而到了 20 世纪末期特别是进入 21 世纪以来，农地细碎化的弊端愈加突出，严重阻碍了现代农业机械的使用，制约了农业现代化的发展，不利于农地大规模流转，难以形成规模连片集中化经营。

（二）新型规模经营主体偏少

当前我国农村经济仍然不发达，特别是经济较为落后的地区，由于交通不发达、基础设施不完善，以及严重的农地细碎化现象，难以吸引农业龙头企业入村流转农地，很多地方的农村合作社又很难发挥出较高的效应。在一些地方，即使有一些农业龙头企业愿意入村进行农地流转从事农业生产活动，但有些农户缺乏长期合作的意识，不愿与企业签订长期稳定的流转合同。另外，规模农业生产具有周期长、投资大、资金回收慢的特点，而大部分家庭农场、种养大户、专业合作社等农业新型经营主体从金融机构获取信贷支持较为困难，融资难也阻碍了新型经营主体的进入。因此，当前我国新型经营主体数量虽然在不断增加，但依然

---

① 土流网：http://www.tuliu.com/read-53019.html.

偏少，仍然需要大力培育众多的农业新型经营主体，推动我国农业现代化发展。

（三）农村社保制度不完善，土地依赖程度高

农地具有社会保障功能，当前依然有很多农民一直把农地当作他们生存的保障。尽管当前农村许多中青年进城打工，农村空心化、老龄化现象普遍存在，但农民对土地的依赖性仍然很大。这主要是因为我国农村社保制度不是很完善，农民失业后缺乏保障，因而即便农民当前不种地，他们也不愿将土地流转出去，而是选择以让亲戚"代耕"的形式，保障自己可以随时收回土地。这种现象反映出农民在"保留"农地经营权和"放弃"农地经营权间难以抉择的心态，最终影响到农地经营权长期的流转，不利于规模经营的发展。

有学者指出，劳动力非农就业、农地流转和农地细碎化在中国农业生产环境中是同时存在的。农地细碎化增加了农地流转市场的交易成本，农村劳动力非农转移导致农业生产中劳动力出现季节性稀缺现象，而农地细碎化增加了劳动投工量，并制约了现代农业机械的使用，对农业生产效率的负向影响愈加突出。因此，本文认为农地细碎化是影响农地规模经营的重大因素，阻碍了农地经营权的顺利流转。为推动农地经营权规模化流转，必须破解农地细碎化问题，实现农地集中连片，从而实现农地规模化经营。农地经营的规模化是农业适度规模经营的重要方面，它的实现有利于促进大规模的农地流转，扩大农地经营权流转的规模最终又能反过来推动农业适度规模经营，实现农业现代化发展。而创新型的"小块并大块"农地整治模式能有效解决农地细碎化问题，一直被认为是治理农地细碎化的有效模式，并在国内有很多研究成果和成果案例。将农地"化整为零"，形成集中连片平整的土地，并通过农户自发的农田基础设施建设，减少新型规模经营主体的前期投资，有力地减轻经营主体资金压力，能极大地吸引农业龙头企业加入，进而实现农业现代化规模经营。

三、"小块并大块、以奖代补"农地整治新模式的特点与成效

"小块并大块"的农地整治新模式最先由广西上龙乡上龙村弄农屯5个村民自发组织开展的耕地平整并块互换，通过这种形式土地经济效益取得显著提高。随后龙州政府出台相关文件规范并引导该模式的推广，通过实践创新实施"小块并大块，分钱不分田"农地整治的"龙州模式"，促使龙州经济快速发展，成为全国农业发展的典型模范。湖南、湖北、浙江等地也先后开展"小块并大块"农地整治，并在实践中创新提出"农民自建、以奖代补"的农地整治新模式，选择试点开展项目不断完善模式后推广，取得显著成效。

（一）该模式的特点

"小块并大块、以奖代补"模式之所以取得成功，主要有以下几点：一是农民为主，政府指导为辅。农地整治项目由农民自发自愿参与申请并开展建设，政府部门如国土部门、财政部门、农业部门等在项目规划设计、预算编制、施工招投标等方面指派专人指导，并协助农民解决项目过程中的问题。这种方式让农民充分参与项目，能最大限度发挥农民的主动性和能动性，保障项目的进展顺利和项目实际效用最大化。二是合作模式多样化。农地实施"小块并大块"以后，农民自行组建合作社，通过土地入股，按占股比例联合经营模式开展农业生产；也可出租土地以收取租金的方式流转土地经营权，实施"农业龙头企业"经营模式。三是资金筹集多元化。《湖南省农村土地整治"先建后补、以补促建"试点方案》中规定政府先将农地整治工程建设资金的10%预付给农民，由农民自行开展农地整治工程建设，其余工程款待项目验收全部合格后支付；湖北一些地方要求龙头企业和合作社自建项目需承

担不低于 15% 的资金投入比例；浙江为鼓励各地区村民积极参与农地整治工程，制定了各种奖励和补助措施。

（二）该模式取得的成效

1.增加了农地面积，提高了农地质量

通过农地整治项目的土地平整工程措施，将原来的零散分散的小地块平整后合并为大地块，合理设置农田机耕路，减少不必要的田埂路，大大增加了农地面积；而修筑灌溉排水渠道、改善农地基础设施条件、增加土壤肥料等农地整治项目措施，使得农地质量得到很大的提升。

2.促进了农地经营权流转规模化，实现农业生产现代化

农地"小块并大块"后，形成了"田成方、路成行、沟相通、渠相连"高标准的基本农田，现代农业机械利用效率提高，为农业生产规模化提供了良好条件，同时吸引了大批农业龙头企业加入其中。由于农地耕种条件的改善，农业企业能节约大量的成本，农业投资效益增加，相应地分配给农民的利益也增加，这增加了农民流转农地经营权的意愿，大规模的农地经营权发生流转，建成了很多有特色的农业生态示范区，实现了当地农业生产机械化、现代化，促进了农村经济发展。

3.工程建设质量和后期维护有保障，延长了工程使用寿命

通过实施创新模式，改变了传统模式中因项目工程设计不符合实际而致使工程建成后无法发挥实效的情况，以最了解农地整治工程需求的农民为主体，保证了工程设计的合理性，因项目关系农民切身利益，农民必然会加强对工程质量的监管，且项目竣工后必须达到验收标准才可获得工程款，工程质量保障高。农地整治项目竣工后会直接服务于农业规模化生产，项目工程后期也能得到有效管护。

4.促进了农村生态文明的建设

传统农业产业发展无序，在单纯追求农产品产量上升和收入增长的目标驱动下，长期、大量和不合理使用农药化肥，严重污染了农村生态环境。创新模式下形成的现代农业规模化经营，实行科学种植、科学管理，科学合理地使用农药化肥，利用先进科学技术提高农产品的产量，减轻了水土污染；地块平整后，农地整体形态呈现出"四四方方、整整齐齐"，田园生态景观优美，水源清澈，促进了农村的生态文明建设，真正使农村呈现出生态家园的面貌。

综上，"小块并大块、以奖代补"农地整治新模式在农村土地整治方面确实发挥了极大的作用，特别是对农地经营权流转的规模化产生了很大的推动力，推动了我国农业现代规模化发展进程。然而依旧存在着一些因素制约着该模式，影响农地经营权的流转，比如农民主动参与"小块并大块"农地整治的意识还不高；农地产权登记制度不完善，流转后纠纷多；农民转移就业难等。鉴于此，我们需要正视和解决农地整治新模式中存在的问题，充分利用该模式大力推动农地经营权流转，促进我国农村农业健康可持续发展。

四、完善该模式推进农地经营权流转规模化的建议

（一）加大宣传，转变农民意识，提高主动参与度

农民是典型的"利己主义者"，他们参与经济行为以实现利益最大化为目标。农地整治项目是一项有利于农民的工程，然而在实际操作过程中由于农民参与度低，导致农地整治项

目未能达到预期效果，也未能给农民带来预期的利益，降低了农民的满意度。政府需加大宣传力度，让农民意识到农地整治项目对于他们是一项意义重大的工程，宣传"小块并大块、以奖代补"农地整治模式的运行模式，让农民了解和认识该模式的运行过程，同时优化该模式程序，设计更简便的农民参与模式，让农民有机会参与；加大"以奖代补"的力度，组织专业团队协助农民成立专业合作社，引进农业龙头企业，发展当地农业特色产业，让农民清楚知道自建工程"并地"后能得到更多的农地收入，消除他们的疑虑，让农民有动力参与；宣传农地整治工程知识，开展培训，发展农业专业技术型人才，让农民有能力参与。让农民有机会、有动力、有能力积极主动地开展农地整治工程建设，扩大农地平整范围，为规模经营提供条件。

（二）多渠道拓展农民转移就业，提高经营权流转意愿

农地平整并地后仍然有很多农民不愿意流转农地经营权或长期流转，主要是因为农村农业人口多，农地流转规模化后农村剩余劳动力增多，而农民进城就业困难，生活难以保障。一是需加快促进新型城镇化，大力发展二三产业，为农民进城提供更多的就业岗位，同时解决农民在城市中子女就学、社保等问题，让农民能真正融入城市。二是在发展特色农业规模化经营中，充分利用当地的人力资源，农业龙头企业等新型经营主体返聘农民，就地解决农民就业问题。农民转移就业问题能得到解决，农民生活有保障，无后顾之忧，自然愿意流转农地经营权。

（三）完善农地经营权流转登记、备案制度，保障农地规模流转健康化

当期农地实施"小块并大块"后，由于缺乏有效的土地权属分配登记制度，土地流转未登记备案，使得农民和农地经营者权益难以保障，纠纷频频发生，严重阻碍了农地经营权的流转。因此，在实施"并地"前，农业部门、自然（国土）部门等政府部门需协助乡镇村集体经济组织制定规范合理的土地产权分配制度，确保土地归并平整后的合理分配，并实施土地产权登记制度，促进农地流转透明合理化；同时开展系列合同法方面的知识培训，让农民充分认识到签署合同的重要性，出台相应法规文件规范农地经营权流转中的合同，让农民的利益得到保障，减少流转过程中的纠纷，增加农民流转土地的意愿。促进农地经营权流转规模化的稳定健康发展，能优化农地资源配置，实现农业产业结构的调整，培养农地交易产权市场，保障粮食生产安全。

参考文献：

[1] 黄延廷，高铭远．农地承包权与经营权分离的特殊价值与风险防范 [J]．江苏农业科学，2016，44（05）：1-4．

[2] 文高辉，杨钢桥，汪文雄，等．基于农户视角的耕地细碎化程度评价：以湖北省"江夏区—咸安区—通山县"为例 [J]．地理科学进展，2016，35（09）：1129-1143．

[3] 文高辉，杨钢桥，李岩等．农地整治对耕地细碎化的治理效果及其原因分析——以湖北省江夏、咸安、通山三区（县）为实证 [J]．中国土地科学，2016，30（09）：82-89．

[4] 王连巧，田光．邢台市农地经营权流转问题研究 [J]．邢台学院学报，2017，32（01）：27-29．

[5] 黄祖辉，王建英，陈志钢．非农就业、土地流转与土地细碎化对稻农技术效率的影响 [J]．中国农村经济，2014（11）：4-16．

[6] 卞琦娟，周曙东，易小燕等．农户农地流转现状、特征及其区域差异分析——以浙江省为例 [J]．资源科学，2011，33（02）：308-314．

[7] 田孟，贺雪峰．中国的农地细碎化及其治理之道 [J].江西财经大学学报，2015（02）：88-96.

[8] 卫学众．湖南省农村土地整治新模式分析 [J].国土资源导刊，2015，12（01）：55-59.

[9] 李敏．农地整治项目农民有效参与的区域差异研究——以湖北省为例然 [D].武汉：华中农业大学，2015.

[10] 张广鹏．论新型城镇化背景下的土地承包经营权流转——以"三权分置"为中心 [D].上海：华东政法大学，2016.

作者联系方式

姓　名：李　敏

单　位：湖南公信合达房地产土地资产评估有限公司

后 记

本论文集由中国房地产估价师与房地产经纪人学会主编。在论文征集及编辑过程中，柴强会长提出会议主题及征文的方向；赵鑫明副会长兼秘书长给予了具体指导及大力支持；王霞副秘书长对全书进行了审定；研究中心程敏敏主任负责此次征文活动及论文集出版工作；宋梦美承担了具体编校工作；王明珠、涂丽、魏杨、陈胜棋、张茹、刘朵等同志对论文集的部分文章作了修改，并对本论文集的编辑出版提供了许多帮助。

在编辑过程中，华中师范大学经济与工商管理学院教授高炳华、山西财经大学公共管理学院副教授郝俊英、河南宏基房地产评估测绘有限公司董事长丁金礼、江西省房协房地产估价分会会长陶满德、辽宁中资房地产土地评估有限公司总经理王洪明、安徽中安房地产评估咨询有限公司总经理常忠文、北京仁达房地产评估有限公司技术总监张映红、浙江恒基房地产土地资产评估有限公司总估价师韩宣伟等专家学者对部分文章进行了审阅；编者对部分论文的题目、格式、文句、内容等做了适当修改，并予以分类编排。本论文集凝聚了各位作者的才智和心血，还有许多人士为其编辑出版付出了辛勤劳动，在此一并表示感谢。

由于文稿数量较多，编辑工作量较大、时间紧，且编者水平有限，如有不当之处，敬请读者指正。

中国房地产估价师与房地产经纪人学会

2022 年 3 月